4月14日　享誉世界的社会学家、哈佛大学费正清东亚研究中心原主任傅高义教授应邀来到我校九龙湖校区，作题为"邓小平与中国的政治、经济改革"的演讲

5月4日　我校2013年五四表彰大会暨"我的中国梦"主题教育活动在九龙湖校区润良报告厅隆重举行

5月8日　"走进中山陵"——孙中山纪念馆与东南大学外国语学院共建十周年纪念活动在孙中山纪念馆举行

5月12日　由教务处主办，土木工程学院承办，建筑学院、机械与工程学院、材料科学与工程学院、交通学院协办的东南大学第十二届结构创新竞赛暨第二届南京高校结构创新邀请赛在我校九龙湖校区闭幕

东南大学年鉴 2013年

5月22日 主题为"我是毕业生，领show影响力"的东南大学2013年最具影响力毕业生现场评选活动在九龙湖校区润良报告厅举行

5月23日 "2013年山东聊城·东南大学产学研对接交流会"在聊城市会议中心举行

5月25日 "中国艺术国际传播战略协同创新中心"揭牌仪式暨专题研讨会在我校四牌楼校区举行

5月28日 由我校关工委牵头发起，党委老干部处、艺术学院、研究生会以及江苏省书画研究会东南分会联袂承办的"艺术、东大、人生"画展在焦廷标馆二楼展厅开幕

6月5日 "东大科技园-紫金创投学生创业基金"签约仪式在我校举行

6月6日 东南大学建校111周年全体校领导与嘉宾合影

6月6日 东南大学111周年庆祝大会现场

6月19日 中国国学研究与交流中心项目设计合同签约仪式在我校举行

6月21日 "公民道德与社会风尚协同创新中心"在我校揭牌成立

7月18日 第二十七届世界大学生夏季运动会在俄罗斯喀山闭幕,在先前举行的游泳比赛中,我校人文学院2011级学生郭璠在女子100米蝶泳比赛中获得银牌,这是中国代表团在本届世界大学生运动会游泳项目中获得的唯一奖牌,也是我校游泳队连续四届参加世界大学生运动会以来取得的最好成绩

9月3日 应白俄罗斯明斯克国立语言大学及孔子学院的邀请,国务院参事、孔子学院总部总干事、国家汉办主任许琳率国家汉办代表团在中国驻白俄大使馆教育参赞王大军先生的陪同下访问了东南大学-明斯克国立语言大学孔子学院

9月16日 "2013东南大学新生文化季"开幕式在九龙湖校区大学生活动中心广场隆重举行

9月18日 法国雷恩一大校长 Guy Cathelineau 来访并与我校续签合作协议

10月9日至11日 "艾默生创新杯"第二届全国大学生金相技能大赛在我校九龙湖校区举行

10月15日 易红校长率团访问了中南控股集团,与中南控股集团董事长陈锦石就校企双方全面战略合作举行会谈

10月20日 著名建筑学家、国家级建筑大师、中国科学院院士、我校建筑学院齐康教授应邀在九龙湖校区李文正图书馆润良报告厅为东大学子作主题为"我的建筑梦·我的爱国梦"的精彩演讲

10月28日至29日 法国巴黎电子与信息学校（EFREI）校长弗雷德里克·莫涅尔（Frédéric Meunier）先生一行来校访问

10月30日 美国田纳西大学校长Jimmy cheek一行访问东南大学

11月14日 由东南大学和苏州市人民政府主办，我校科研院和苏州市科学技术局承办的"科技行——走进东大"暨2013年东南大学—苏州市产学研合作对接会在九龙湖宾馆举行

12月8日 "江苏决策咨询国际智库高层专家研讨会"在我校举行

12月26日 中共东南大学第十三届代表大会2012年年会、第七届教职工代表大会第二次全体会议在九龙湖校区李文正图书馆三楼报告厅召开

11月22日 我校团委和艺术指导中心主办,校教育基金会、文化素质教育中心和关心下一代委员会协办的"2013东南大学新生文化季"闭幕式暨新生文艺汇演在九龙湖校区焦廷标馆剧场举行

东南大学年鉴

(2013)

东南大学校长办公室 编

东南大学出版社
·南京·

图书在版编目(CIP)数据

东南大学年鉴.2013/东南大学校长办公室编.—南京:东南大学出版社,2016.12
 ISBN 978-7-5641-6930-5

Ⅰ.①东… Ⅱ.①东… Ⅲ.①东南大学—2013—年鉴 Ⅳ.G649.285.31-54

中国版本图书馆CIP数据核字(2016)第322700号

东南大学出版社出版发行
(南京四牌楼2号 邮编210096)
出版人:江建中
网　　址:http://www.seupress.com
电子邮件:press@seupress.com
全国各地新华书店经销　江苏凤凰扬州鑫华印刷有限公司
开本:787 mm×1092 mm　1/16　印张:50.75　彩插:7面　字数:1217千字
2016年12月第1版　2016年12月第1次印刷
ISBN 978-7-5641-6930-5
定价:120.00元

本社图书若有印装质量问题,请直接与读者服务部联系。电话(传真):025-83791830

主　　审　金志军

主　　编　姜平波

副 主 编　梅震宇　赵　光

主要编写人员（以姓氏笔画为序）

丁　苏　　王　萍　　孔庆燕　　邢　彤　　刘丽勤　　汤咏梅
许启彬　　李　星　　李　震　　李吉海　　李宇青　　李昭昊
李庭红　　李黎藜　　谷洪良　　张宇欣　　陈　华　　赵会泽
郝庆九　　钮长慧　　段梅娟　　徐　军　　徐继红　　唐　瑭
黄红富　　舒晓梅　　褚炜雯　　蔡永林　　滕　航　　潘京苏

目 录

概况 ··· (1)
  学校概况 ·· (1)
  机构与干部 ··· (4)
    党群系统 ··· (4)
      中国共产党东南大学第十三届委员会组成名单 ··· (4)
      中国共产党东南大学第十三届纪律检查委员会组成名单 ····································· (4)
      东南大学第七届教代会暨十四届工会委员会组成人员名单 ································· (5)
      共青团东南大学第十九届委员会名单 ·· (5)
      东南大学党群系统机构及干部名单 ·· (5)
      中共东南大学各校区工委、基层党委、党总支、直属党支部及干部名单 ··············· (8)
    行政系统 ··· (12)
      校长及校长助理 ··· (12)
      行政机构及干部名单 ·· (12)
      校区、院系及干部名单 ·· (16)
      直（附）属单位及负责人名单 ··· (19)
      各级人大代表、政协委员、民主党派成员、省政府参事任职情况及有关机
      构设置 ··· (22)
      2013年成立或调整的各类委员会、领导小组名单 ·· (25)

重要文件与讲话 ··· (38)
  中共东南大学委员会2012年工作总结和2013年工作要点 ·· (38)
  中共东南大学委员会2013年上半年工作小结和下半年工作补充要点 ························ (48)
  东南大学2012年工作总结和2013年工作纲要 ·· (54)
  东南大学2013年上半年工作总结和下半年工作补充安排 ·· (61)
  在2013年全校春季中层干部大会上的讲话 ··· (66)
  共树机关新作风　汇聚发展正能量
    ——在2013年机关作风建设大会的讲话 ·· (77)
  在东南大学党的群众路线教育实践活动动员大会上的讲话 ······································· (81)
  在东南大学2013年暑期研讨会上的讲话 ·· (88)

在2013年秋季中层干部大会上的讲话 ……………………………………………… (93)
在东南大学领导班子专题民主生活会情况通报会上的通报 …………………… (100)
扎实推进科技体制机制改革,更好地服务于国家和区域经济社会发展 ……… (107)
用青春的力量开创美好的明天
　　——在2013年本科新生开学典礼上的讲话 …………………………… (112)
向着美好未来开启新的奋斗
　　——在东南大学111周年校庆大会上的讲话 ………………………… (114)
在2013年庆祝教师节大会上的讲话 ……………………………………………… (117)
在2013年研究生毕业典礼暨学位授予仪式上的讲话 …………………………… (120)
关于第十三届学位评定委员会下设部分学位评定分委员会成员调整的通知
　……………………………………………………………………………………… (123)
关于调整党委书记、副书记和有关常委工作分工的通知 ……………………… (125)
关于校长、副校长、校长助理工作分工的通知 ………………………………… (126)
关于印发2012年纪检监察工作总结和2013年纪检监察工作要点的通知 …… (127)
关于林萍华等同志任职的通知 …………………………………………………… (128)
关于胡敏强等同志职务任免的通知 ……………………………………………… (128)
关于刘京南、刘鸿健同志任职的通知 …………………………………………… (128)
东南大学全日制工程硕士专业学位研究生培养方案指导意见 ………………… (129)
关于进一步加强和改进校理论学习中心组学习的意见 ………………………… (132)
东南大学关于进一步支持成贤学院建设发展的原则意见 ……………………… (134)
东南大学房地产、家具管理暂行办法 …………………………………………… (135)
东南大学关于鼓励承接科技重大项目的若干补充规定 ………………………… (140)
东南大学贯彻落实《苏南现代化建设示范区规划》实施意见 ………………… (142)
东南大学研究生学籍管理规定 …………………………………………………… (145)
东南大学全日制专业学位硕士研究生培养方案 ………………………………… (150)
东南大学博士学位研究生招生工作办法(试行) ………………………………… (153)
东南大学公派出国留学研究生管理办法 ………………………………………… (155)
关于加强外协服务支出管理的补充规定 ………………………………………… (157)

发展规划工作 ………………………………………………………………… (159)
　综述 ……………………………………………………………………………… (159)

党建与思想政治工作 ……………………………………………………… (163)
　党风廉政建设与纪检监察工作 ………………………………………………… (163)
　组织工作 ………………………………………………………………………… (165)
　宣传思想工作 …………………………………………………………………… (169)
　安全保卫工作 …………………………………………………………………… (172)

统战工作	(174)
老干部工作	(176)
国防教育人民武装工作	(178)
工会工作	(181)
共青团工作	(183)

学科建设与研究生教育 (189)

综述	(189)
2013—2014年度博士学位研究生招生专业及指导教师名单	(195)
2013—2014年度硕士学位研究生招生学科、专业	(200)
专业学位招生类别、领域表	(202)
全国优秀博士学位论文获奖名单(2013)	(204)
全国优秀博士学位论文提名奖名单(2013)	(204)
江苏省优秀博士学位论文获奖名单(2013)	(204)
江苏省优秀硕士学位论文获奖名单(2013)	(205)
东南大学入选2013年度江苏省普通高校研究生科研创新计划项目名单(省立省助)	(207)
东南大学入选2013年度江苏省普通高校研究生科研创新计划项目名单(省立校助)	(210)
东南大学入选江苏省2013年度研究生创新与学术交流中心特色活动名单	(213)
东南大学入选江苏省2013年度研究生教育教学改革研究与实践课题名单	(213)
东南大学入选江苏省2013年度江苏省企业研究生工作站名单	(214)
2013年度东南大学新增博士研究生指导教师名单	(216)
2013年度东南大学新增硕士研究生指导教师名单	(217)
2013年博士学位授予名单	(219)
2013年学术型硕士学位授予名单	(222)
2013年硕士专业学位授予名单	(234)

科技工作 (244)

综述	(244)
2013年国家自然科学基金项目表	(249)
2013年国家"973"计划项目表	(269)
2013年国家"863"计划项目表	(269)
2013年国家科技支撑计划项目表	(270)
2013年国家重大专项表	(270)

2013年各部委项目表 …………………………………………… (271)
2013年江苏省自然科学基金项目表 …………………………… (273)
2013年江苏省科技支撑计划
　　——工业项目表 …………………………………………… (279)
2013年江苏省科技支撑计划
　　——社会发展项目表 ……………………………………… (280)
2013年江苏省科技支撑计划
　　——农业项目表 …………………………………………… (280)
2013年江苏省其他厅局项目表 ………………………………… (280)
2013年度"新世纪优秀人才支持计划"资助名单 ……………… (281)
2013年省产学研联合创新资金立项清单 ……………………… (282)
2013年全校各院、系专利申请数预算表 ……………………… (282)
2013年省重大科技成果转化专项资金立项清单 ……………… (285)
2013年省级协同创新中心表 …………………………………… (285)
2012年被SCI、EI、ISTP收录论文统计(2013年发布) ………… (286)

人文社会科学研究工作 …………………………………………… (287)
综述 ……………………………………………………………… (287)
2013年人文社会科学主要科研统计表 ………………………… (289)

本科教育 ……………………………………………………………… (295)
综述 ……………………………………………………………… (295)
本科专业设置一览表 …………………………………………… (296)
2013—2017年高等学校教学指导委员会委员名单 …………… (299)
2013年国家级专业综合改革试点项目 ………………………… (301)
第二批国家级资源共享课程立项建设项目 …………………… (301)
第三批国家级资源共享课程立项建设项目 …………………… (302)
2013年国家级视频公开课 ……………………………………… (303)
2013年江苏省高等学校优秀多媒体课件 ……………………… (303)
2013年省级高等教育教改项目 ………………………………… (303)
2013年江苏省高等学校重点新编教材 ………………………… (304)
2013年江苏省高等学校重点修订教材 ………………………… (304)
2013年省级实验教学与实践教育中心建设点遴选结果 ……… (305)
2013年国家级实验教学示范中心名单 ………………………… (305)
卓越计划获批本科专业表 ……………………………………… (305)
2013年医学教学基地名单 ……………………………………… (306)
2013年国家大学生创新训练计划项目一览表 ………………… (308)

2013年江苏省高等学校大学生实践创新训练项目一览表 ……………… (314)
2013年基于教师科研的SRTP项目一览表 …………………………… (320)
2013年东南大学国家大学生创新创业训练计划项目名单 ……………… (325)
2013年文化素质教育中心讲座统计表 ………………………………… (338)
2013届本科毕业生名册 ………………………………………………… (342)

国际交流合作与港澳台合作 …………………………………………… (360)

综述 …………………………………………………………………… (360)
2013年与国(境)外高等院校及科研机构合作交流一览表 …………… (363)
2013年东南大学授予国外(或地区)学者名誉教授、客座教授和名誉顾问名单
……………………………………………………………………………… (367)
2013年东南大学举办国际会议情况 …………………………………… (368)
2013年华英文化教育基金会推荐资助"华英学者"出国研究一览表 …… (369)
2013年华英文化教育基金会奖助回国教学访问学者一览表 ………… (370)

人才与人事工作 ………………………………………………………… (371)

综述 …………………………………………………………………… (371)
院士名录 ……………………………………………………………… (375)
"千人计划"专家名单 ………………………………………………… (376)
"青年千人计划"专家名单 …………………………………………… (377)
国家特支计划专家名单 ……………………………………………… (377)
青年拔尖人才支持计划专家名单 …………………………………… (377)
"长江学者奖励计划"特聘教授、讲座教授名单 …………………… (377)
人事部"百千万人才工程"入选人员名单 …………………………… (378)
2013年度江苏省双创人才入选人员名单 …………………………… (379)
2013年度入选江苏省双创团队名单 ………………………………… (379)
2013年度入选江苏创新创业人才奖名单 …………………………… (380)
江苏省"333高层次人才培养工程"第四期培养对象名单 ………… (380)
江苏省有突出贡献青年专家名单 …………………………………… (381)
2013年度江苏省"六大人才高峰"入选人员名单表 ………………… (382)
江苏特聘教授名单 …………………………………………………… (383)
2013年度东南大学"优秀青年教师教学科研资助计划"表 ………… (383)
2013年度入选东南大学青年特聘教授名单 ………………………… (384)
2013年度入选东南大学校内特聘教授名单 ………………………… (384)
2013年东南大学兼职专家一览表 …………………………………… (384)
2013年晋升高级专业技术职务人员名单 …………………………… (386)
2013年专任教师年龄情况统计表 …………………………………… (390)

2013年专任教师学历情况统计表 …………………………………………（390）
博士后科研流动站一览表 …………………………………………………（390）
2013年年底在站博士后名单 ………………………………………………（393）
2013年博士后获中国博士后科学基金特别资助情况统计表 ……………（396）
2013年博士后获中国博士后科学基金资助情况统计表 …………………（396）
2013年博士后获江苏省博士后科研资助计划资助情况统计表 …………（398）
2013年调入引进人员名单 …………………………………………………（401）
2013年毕业生进校名单 ……………………………………………………（401）
2013年离校人员名单 ………………………………………………………（402）
2013年退休人员名单 ………………………………………………………（402）
2013年死亡人员名单 ………………………………………………………（402）

学生工作 …………………………………………………………………（403）
综述 …………………………………………………………………………（403）

实验室建设与设备管理 ………………………………………………（415）
综述 …………………………………………………………………………（415）
2012—2013年实验室利用情况统计表 ……………………………………（418）
2012—2013年度教学科研仪器设备分布情况统计 ………………………（425）

财务审计工作 ……………………………………………………………（427）
财务工作 ……………………………………………………………………（427）
审计工作 ……………………………………………………………………（435）

继续教育 …………………………………………………………………（439）
综述 …………………………………………………………………………（439）
远程教育专业设置一览(2013年) …………………………………………（442）
远程教育学生人数统计(2013年) …………………………………………（442）
成人高等教育专业设置一览(2013年) ……………………………………（443）
成人教育学生人数统计(2013年) …………………………………………（444）
2013年远程教育高起专毕业生名单(春季) ………………………………（444）
2013年远程教育专升本毕业生名单(春季) ………………………………（447）
2013年远程教育高起专毕业生名单(夏季) ………………………………（450）
2013年远程教育专升本毕业生名单(夏季) ………………………………（452）
2013年成人教育业余专科毕业生名单 ……………………………………（453）
2013年成人教育业余专升本毕业生名单 …………………………………（456）
2013年成人教育函授专科毕业生名单 ……………………………………（462）

2013年成人教育函授专升本毕业生名单 …………………………………………… (469)

教学科研服务工作 …………………………………………… (473)
图书馆工作综述 …………………………………………… (473)
2013年图书馆数据统计表 …………………………………… (476)
档案馆工作综述 …………………………………………… (477)
出版社工作综述 …………………………………………… (481)
学报（自然科学版）工作综述 ……………………………… (484)
学报（哲学社会科学版）工作综述 ………………………… (485)
学报（医学版）工作综述 …………………………………… (486)
网络与信息管理工作综述 …………………………………… (486)

后勤管理与基本建设工作 …………………………………… (489)
后勤管理工作综述 ………………………………………… (489)
基本建设工作综述 ………………………………………… (492)
后勤服务集团工作综述 …………………………………… (496)

医疗卫生工作 ………………………………………………… (505)
东南大学附属中大医院工作综述 …………………………… (505)
东南大学医院工作综述 …………………………………… (509)

资产经营与管理工作 ………………………………………… (514)
综述 ………………………………………………………… (514)

合作共建与校友会工作 ……………………………………… (524)
基金会工作综述 …………………………………………… (524)
2013年东南大学教育基金会奖助项目设置一览表 ………… (525)
校友会工作综述 …………………………………………… (532)

校区与院系及其他 …………………………………………… (536)
丁家桥校区 ………………………………………………… (536)
建筑学院 …………………………………………………… (538)
机械工程学院 ……………………………………………… (543)
能源与环境学院 …………………………………………… (544)
信息科学与工程学院 ……………………………………… (547)
土木工程学院 ……………………………………………… (551)
电子科学与工程学院、IC学院 …………………………… (555)

数学系……………………………………………………………………………(561)
　　自动化学院………………………………………………………………………(565)
　　计算机科学与工程学院、软件学院………………………………………………(570)
　　物理系……………………………………………………………………………(574)
　　生物科学与医学工程学院…………………………………………………………(579)
　　材料科学与工程学院………………………………………………………………(584)
　　人文学院…………………………………………………………………………(587)
　　艺术学院…………………………………………………………………………(592)
　　法学院……………………………………………………………………………(597)
　　经济管理学院……………………………………………………………………(603)
　　电气工程学院……………………………………………………………………(608)
　　外国语学院………………………………………………………………………(612)
　　体育系……………………………………………………………………………(620)
　　化学化工学院……………………………………………………………………(634)
　　交通学院…………………………………………………………………………(638)
　　仪器科学与工程学院………………………………………………………………(645)
　　医学院……………………………………………………………………………(649)
　　公共卫生学院……………………………………………………………………(653)
　　马克思主义学院…………………………………………………………………(655)
　　吴健雄学院………………………………………………………………………(658)
　　海外教育学院……………………………………………………………………(661)
　　无锡分校…………………………………………………………………………(663)
　　成贤学院…………………………………………………………………………(666)
　　苏州研究院………………………………………………………………………(672)
　　建筑研究所………………………………………………………………………(675)
　　学习科学研究中心………………………………………………………………(675)
　　智能运输系统(ITS)研究中心……………………………………………………(679)
　　生命科学研究院…………………………………………………………………(681)

奖励与表彰……………………………………………………………………………(685)
　2013年获上级表彰的先进集体、先进个人名单…………………………………(685)
　东南大学校级荣誉名单……………………………………………………………(692)
　2013年科研成果获奖情况…………………………………………………………(692)
　2013年教学成果获奖情况…………………………………………………………(694)
　2013年度学习优秀生名单…………………………………………………………(716)
　2014届推荐免试攻读硕士学位研究生名单………………………………………(720)
　2009级七年制生物医学工程专业本硕连读学生名单……………………………(723)
　2008级七年制临床医学专业本硕连读学生名单…………………………………(723)

2013年江苏省本科优秀毕业设计(论文)评选获奖情况 …………………………(724)
2013届校级优秀毕业设计(论文)名单 ……………………………………………(725)
2012—2013学年三好研究生、优秀研究生干部、单项奖和先进班集体名单 …(729)
2013届第一批优秀硕士毕业生名单 ………………………………………………(740)
2013届第二批优秀硕士毕业生名单 ………………………………………………(742)
2012—2013学年江苏省三好学生、优秀学生干部和先进班集体名单 …………(744)
2012—2013学年东南大学先进班集体、三好学生标兵、优秀学生干部和三好学生名单
　………………………………………………………………………………………(746)
2013届优秀本科毕业生名单 ………………………………………………………(753)
2013届国防生表彰名单 ……………………………………………………………(755)
2012—2013学年东南大学获国家奖学金学生名单 ………………………………(755)
2011—2012学年校长奖学金表彰名单 ……………………………………………(757)
2012—2013学年奖教金、奖学金获奖名单 ………………………………………(759)
2013届到基层就业的本科生表彰名单 ……………………………………………(789)
2013届最具影响力毕业生表彰名单 ………………………………………………(789)

大事记 ……………………………………………………………………………(790)

概　　况

学 校 概 况

东南大学是中央直管、教育部直属的全国重点大学,是"985工程"和"211工程"重点建设的大学之一。学校坐落于历史文化名城南京,占地面积5880亩,建有四牌楼、九龙湖、丁家桥等校区。

东南大学是我国最早建立的高等学府之一,素有"学府圣地"和"东南学府第一流"之美誉。东南大学前身是创建于1902年的三江师范学堂。1921年经近代著名教育家郭秉文先生竭力倡导,以南京高等师范学校为基础正式建立国立东南大学,成为当时国内仅有的两所国立综合性大学之一。郭秉文先生出任首任校长,他周咨博访、广延名师,数十位著名学者、专家荟萃东大,遂有"北大以文史哲著称、东大以科学名世"之美誉。1928年学校改名为国立中央大学,设理、工、医、农、文、法、教育七个学院,学科之全和规模之大为全国高校之冠。1952年全国院系调整,学校文理等科迁出,以原中央大学工学院为主体,先后并入复旦大学、交通大学、浙江大学、金陵大学等校的有关系科,在中央大学本部原址建立了南京工学院。1988年5月,学校复更名为东南大学,校庆日为每年6月6日(原国立东南大学校庆日)。2000年4月,原东南大学、南京铁道医学院、南京交通高等专科学校合并,南京地质学校并入,组建了新的东南大学。

东南大学不断探索办学、育人之道,积淀了优良深厚的历史传统。从两江优级师范学堂"嚼得菜根,做得大事"的理念,到"民族、民主、科学"的南高精神;从国立东南大学"止於至善"的校训,到国立中央大学"诚、朴、雄、伟"之学风,到南京工学院"严谨、求实、团结、奋进"的校风,百余年来,东南大学为发展科学、振兴中华而自强不息、追求卓越的奋斗精神,激励着每一个东大人去创造辉煌的业绩。

经过一百多年的创业发展,如今的东南大学已成为一所以工科为主要特色,理学、工学、医学、文学、法学、哲学、教育学、经济学、管理学、艺术学等多学科协调发展的综合性、研究型大学。全日制在校生32 000余人,其中研究生13 000余人,另有在职硕士研究生

3 100余人。专任教师2 573人,其中正、副教授1 800余人,博士生指导教师743人,硕士生指导教师1 713人,两院院士11人,国务院学位委员会委员2人,国务院学科评议组成员12人,国家"千人计划"专家24人,"长江学者奖励计划"特聘教授、讲座教授35人,国家级教学名师奖获得者5人,国家杰出青年科学基金获得者35人,国家"十二五"高技术研究发展计划(863计划)主题专家3人,国家科技计划专项专家1人,国家重大专项专家2人,"百千万人才工程"国家级人选19人。

目前,学校设有29个院(系),拥有75个本科专业,29个博士学位一级学科授权点,49个硕士学位一级学科授权点,5个国家一级重点学科(涵盖15个二级学科),5个国家二级重点学科,1个国家重点(培育)学科,11个江苏高校优势学科建设工程一期项目立项学科(群),14个江苏省一级学科重点学科,28个博士后科研流动站。有3个国家重点实验室,3个国家工程研究中心,2个国家工程技术研究中心,1个国家专业实验室,11个教育部重点实验室,5个教育部工程研究中心,并以此为依托形成了一批重点科研基地。近年来,学校大力加强学科建设,取得丰硕成果。在2012年第三轮全国学科评估中,15个学科进入前20%,有12个学科进入全国前七位,有10个学科位列全国前五位,其中生物医学工程、交通运输工程、艺术学理论等3个学科位列全国第一位,建筑学、电子科学与技术、风景园林学等3个学科位列全国第二位,土木工程、城乡规划学等2个学科位列全国第三位,信息与通信工程位列全国第四位,仪器科学与技术位列全国第五位,动力工程及工程热物理位列全国第六位,公共卫生与预防医学位列全国第七位,排名第一的学科数并列全国高校第七位。工程学、材料科学、数学、物理学、化学、临床医学和计算机科学等7个学科进入ESI世界前1%;工程学上升到第83位。

在长期的办学实践中,东南大学坚持"育人为本"的办学理念,不断加大教学投入,深化教育教学改革,努力推进素质教育,着力培养学生的创新精神和实践能力。学校在坚持"重基础、重实践、重素质"本科教育教学传统的同时,又进一步提出"卓越化、国际化、研究型"本科教育教学的新境界。东南大学是教育部、中国工程院联合实施高等工程教育改革试点的十所高校之一,是教育部"卓越工程师教育培养计划"和"国家大学生创新性实验计划"首批实施高校,是教育部、卫生部第一批"卓越医生教育培养计划"项目试点高校之一,是拔尖创新医学人才培养模式改革试点和五年制临床医学人才培养模式改革试点学校之一。学校共有5个专业入选国家级综合改革试点项目,23个专业入选国家特色专业建设点,40门课程入选国家精品课程,35门课程入选国家级资源共享课程立项建设项目,5门课程获国家级视频公开课荣誉称号,8个实验中心入选国家级实验教学示范中心及建设点。52位教授当选新一届全国教学指导委员会委员,其中5位教授当选高等学校相应专业教学指导委员会主任委员,7位教授当选高等学校相应专业教学指导委员会副主任委员。11个团队入选国家级教学创新团队,18项成果荣获近两届国家教学成果奖。21种42本教材获批"十二五"普通高等教育本科国家级规划教材。学校建有4个国家级基地、12个国家级人才培养模式创新实验区和12个国家级工程实践教育中心。吴健雄学院依托学校的重点学科,汇集学校一流教师,享用学校一流资源,采用分级导师制,是东南大学精英教育的"人才培养特区"。学校建有一大批校内外实践基地,课外科技文化活动丰富多彩。在第八届"挑战杯"中国大学生创业计划竞赛中获得两金一银;总分并列全国高校第一名。在研究生教育方面,东南大学以"培养高素质拔尖创新人才"为己任,积极推进研究生教育教学改革,不断转变教学模式,优化课程体系。2013年获得全国百篇优秀博士学位论文4篇,获全国百篇优秀博士学位论文提名奖3篇。目前,学校共获得全国百篇优秀博士学位论文20篇,全国百篇优秀博士学位论文提名奖31篇。2007年起,学校连续开展了"国家建设高水平大学公派出国留学项目"的选拔和推荐工作,共派出研究生805名,其中攻读博士学位314人。同时积极开展广泛的国内外学术交流,大力推进联合办学,与澳大利亚蒙纳士大学合作的东南大学—蒙纳士大学苏州联合研究生学院是教育部批准的第一个中外联合研究生院,已正式招生218人;与法国雷恩一大的合作,开辟了研究生培养和科研合作的新渠道。接受多个国家和地区的留学生来我校学习,目前在校的硕士和博士留学生约300人。

东南大学以"科教兴国"为己任,从国民经济和社会发展的需要出发,积极开展基础研究、应用基础研究和重大战略高技术研究,已成为在国内外具有较大社会影响的高新技术研究和辐射的重要基地。2013年,科研经费到款15.61亿元。发明专利申请1 611件,发明专利授权668件,申请PCT专利32件。SCI论文收录1 475篇,位列全国高校第16位;EI收录论文1 618篇,排名第12位。我校尤肖虎教授团队获2011年度国家技术发明奖一等奖。2013年,以第一完成单位获得国家自然科学二等奖1项,国家技术发明二等奖1项,国家科技进步二等奖2项。近五年来,东南大学共牵头获得国家级科技奖项15项。

学校服务地方经济建设成效显著。2011年江苏省内高校科技工作为江苏服务情况统计结果显示,东南大学在科技项目及团队、科技经费、科技基地、"四技"经费、科技成果转化及科技项目验收鉴定、专利情况、科技成果获奖等七项指标中六项指标名列第一。东南大学国家大学科技园作为科技成果转化和战略性新兴产业孵化平台,目前按照"一园多区、资源共享、专业错位、各具特色"的办园宗旨推进科技园区的建设和发展,成功培育了以江苏金智科技股份有限公司、途牛旅游网、江苏东大集成电路系统工程技术有限公司、南京三宝科技集团有限公司等为代表的一批高科技企业。东南大学国家大学科技园大学生创新创业中心2010年10月被科技部、教育部认定为全国首批"高校学生科技创业实习基地"。

东南大学是我国具有较大国际影响的大学之一。改革开放以来,国际交流活动更加活跃,已与英国剑桥大学,美国麻省理工学院、马里兰大学、里海大学,瑞士联邦苏黎世高工,日本东北大学,德国慕尼黑工业大学、乌尔姆大学,澳大利亚蒙纳士大学,法国雷恩第一大学等100多所大学和研究机构签订了合作交流协议。现有来自100多个国家的留学生1 600余人,其中学历生1 200余人。学校在美国和白俄罗斯设有3个孔子学院。

2006年夏季起,学校主教学区迁至九龙湖校区,由此掀开东南大学发展史上崭新的一页。九龙湖校区位于江宁经济技术开发区南部,总面积3 752.35亩。九龙湖校区建筑规划以东南大学的历史文脉为依据,采取公共核心教学组团与专业教学族群组团相结合的校园建筑形态,形成中西合璧、绿色开放的森林之城和活力之城。九龙湖校区已建成教学区、科研实验区、行政区、本科生生活区、研究生生活区、教师生活区、后勤保卫区等,总建筑面积约69万平方米。目前,学校图书馆面积6.69万平方米,藏有各类图书资料

383.88万册。

今日的东南大学将秉承优良办学传统,按照"开拓创新、争先进位"的跨越式发展思路,凝心聚力,集成创新,团结奋进,坚持快速发展、特色发展、内涵发展、和谐发展,力争在2020年前后建设成为国际知名高水平研究型大学、在2035年前后跻身世界一流大学行列。

机构与干部

党群系统

中国共产党东南大学第十三届委员会组成名单

书　　　记　郭广银
常务副书记　左　惟(—2013.05)　刘京南(2013.12—)
副 书 记　刘　波(女)　刘京南(—2013.12)　刘鸿健(2013.12—)
常 务 委 员　(以姓氏笔画为序)
　　　　　　丁　辉　王保平　左　惟(—2013.05)　刘　波(女)　刘京南　刘鸿健
　　　　　　沈　炯　林萍华(2013.03—)　易　红　郑家茂　郭广银　胡敏强
　　　　　　浦跃朴　黄大卫(2013.03—)
委　　　员　(以姓氏笔画为序)
　　　　　　丁　辉　王　炜　王志功　王保平　左　惟(—2013.05)　仲伟俊
　　　　　　刘　波(女)　刘乃丰　刘京南　刘鸿健　李建清　吴应宇　时巨涛
　　　　　　沈　炯　陆祖宏　林萍华(2013.03—)　易　红　郑家茂　赵启满
　　　　　　胡汉辉　胡敏强　郭广银　高建国　浦跃朴　黄大卫　管　平　樊和平

中国共产党东南大学第十三届纪律检查委员会组成名单

书　　　记　刘京南
副 书 记　孟　新
委　　　员　(以姓氏笔画为序):
　　　　　　史兰新　朱小良　任祖平　刘京南　李久贤　李和渝　陈宝安　孟　新
　　　　　　孟怀义　施建宁　秦　霞　郭小明

东南大学第七届教代会暨十四届工会委员会组成人员名单

主　　席　胡汉辉
副 主 席　吴映红　刘国兴　吴国新（兼职）　贾民平（兼职）
教代会暨工会执行委员会委员（25名，按姓氏笔画为序）
　　　　　归柯庭　任卫时　刘国兴　孙伟锋　李　旗　李坤宇　步　兵　吴应宇
　　　　　吴国新　吴荣顺　吴映红　张建琼　张福保　陈　烨　周　勇　周克毅
　　　　　周建成　胡汉辉　姜平波　姚润月　贾民平　钱卫平　唐　萌　黄晓明
　　　　　管　平
教代会暨工会委员会委员（51名，按姓氏笔画为序）
　　　　　王　滢　王兴平　王跃东　归柯庭　冯莉莉　任卫时　刘汉义　刘国兴
　　　　　江伟新　孙伟锋　杜国平　李　军　李　旗　李坤宇　李蓓蕾　步　兵
　　　　　吴国新　吴荣顺　吴映红　邱振清　张建琼　张福保　陈　烨　陈文彦
　　　　　范　斌　范克勤　周　勇　周克毅　周建成　赵志远　胡汉辉　胡伍生
　　　　　姜平波　洪宗训　姚建楠　姚润月　贾　宁　贾民平　顾灿美　钱卫平
　　　　　高庆华　郭正兴　唐　萌　唐慕萱　黄晓明　崔长征　蒋　珉　蒋明霞
　　　　　管　平　缪　江

共青团东南大学第十九届委员会名单

书　　记　周　勇
副 书 记　陆　挺　赵剑锋
常务委员　（按姓氏笔画为序）
　　　　　王安懿　付小鸥　纪　静　杨文燮　宋美娜　张　华　张　璐　陆　挺
　　　　　周　勇　周文娜　赵剑锋

东南大学党群系统机构及干部名单

书　　记　郭广银
常务副书记　左　惟（—2013.05）　刘京南（2013.12—）
副 书 记　刘　波　刘京南（—2013.12）　刘鸿健（2013.12—）

纪　委
　　书　　记　刘京南
　　副 书 记　孟　新

纪委办公室主任　孟　新(兼)
　　　　　副主任　李吉海
纪　检　员　李　瑛　夏建春　刘　静　吴　娟(挂职)(2012.12—2013.03)
　　　　　　刘　岚(挂职)(2013.10—)

党委办公室
　　主　　　任　时巨涛
　　副　主　任　周　虹(兼)　顾永红(兼)　杨树东(兼)
　　副处长级秘书　顾永红

党委统战部
　　部　　　长　时巨涛
　　副　部　长　杨树东　周　虹(兼)

党委发展规划部
　　部　　　长　仲伟俊
　　副　部　长　张　胤(兼)

党　校
　　校　　　长　郭广银(兼)
　　副　校　长　刘鸿健(兼)

社会主义学院
　　院　　　长　郭广银(兼)
　　副　院　长　刘鸿健(兼)

党委组织部
　　部　　　长　刘鸿健
　　副　部　长　顾　芳(—2013.06)
　　组　织　员　陆　玲　李庭红　许　燕

党委宣传部
　　部　　　长　毛惠西
　　副　部　长　施　畅　李小男
《东南大学报》主编　郑立琪

党委武装部
　　部　　长　姜亚辉
　　军事教研室主任　姜亚辉

党委学生工作部
　　部　　长　李　鑫（—2013.05）　孙莉玲（2013.05—）
　　副部长　王　荣
　　心理咨询中心主任　李　鑫（兼）（—2013.05）　孙莉玲（兼）（2013.05—）
　　思想政治教研室主任　李　鑫（兼）（—2013.05）　孙莉玲（兼）（2013.05—）

党委研究生工作部
　　部　　长　金保昇
　　副部长　赵松立

党委保卫部
　　部　　长　任祖平
　　副部长　马　强（兼）（—2013.06）　吴　扬（兼）　刘培高（兼）
　　　　　　李建平（兼）（2013.10—）

党委老干部处
　　处　　长　许映秋
　　副处长　张赛娟

保密委员会办公室
　　主　　任　沈　炯（兼）
　　常务副主任　李建清（兼）
　　副主任　周　虹

工　会
　　主　　席　胡汉辉
　　副主席　吴映红　刘国兴　吴国新（兼）　贾民平（兼）

团　委
　　书　　记　周　勇
　　副书记　陆　挺　赵剑锋
　　附：大学生艺术指导中心主任　洪海军

中共东南大学各校区工委、基层党委、党总支、直属党支部及干部名单

丁家桥校区工委
  书 记 蒋 波（2012.05—）
  副 书 记 王 亮（2013.01—）

建筑学院党委
  书 记 陆卓谟
  副 书 记 李向锋

机械工程学院党委
  书 记 张立武
  副 书 记 张志胜

能源与环境学院党委
  书 记 朱小良
  副 书 记 司凤琪

信息科学与工程学院党委
  书 记 李久贤
  副 书 记 孙 威

土木工程学院党委
  书 记 张 星
  副 书 记 陈 镭

电子科学与工程学院、集成电路学院党委
  书 记 施建宁
  副 书 记 宋晓燕

数学系党委
  书 记 李 涛
  副 书 记 曹海燕

自动化学院党委
　　书　　记　袁晓辉
　　副书记　金立左

计算机科学与工程学院、软件学院党委
　　书　　记　金远平
　　副书记　王　滢（—2013.05）　裴　峰（2013.05—）

物理系党委
　　书　　记　王勇刚
　　副书记　裴　锋（—2013.05）　潘永涛（2013.06—）

生物科学与医学工程学院党委
　　书　　记　洪宗训
　　副书记　程　斌

材料科学与工程学院党委
　　书　　记　封卫东
　　副书记　李　磊

人文学院党委
　　书　　记　孟怀义（—2013.07）（保留原级别待遇）　王　珏（2013.07—）
　　副书记　王　兵　何　熠

经济管理学院党委
　　书　　记　陈良华
　　副书记　祝　虹

电气工程学院党委
　　书　　记　冯建明
　　副书记　杨　蕙

外国语学院党委
　　书　　记　孙莉玲（—2013.05）　马　强（2013.06—）
　　副书记　刘思明　汤顶华

化学化工学院党委
　　书　　记　肖　健

副 书 记 陆　娟(2013.01—)

交通学院党委
　　书　　记 秦　霞
　　副 书 记 陈　怡

仪器科学与工程学院党委
　　书　　记 王　军
　　副 书 记 张豪裕

公共卫生学院党委
　　书　　记 蒋羽飞
　　副 书 记 张　力

附属中大医院党委
　　书　　记 管　平
　　副 书 记 陈宝安

附属中大医院纪委
　　书　　记 陈宝安(兼)

医学院党委
　　书　　记 曾水林(—2013.05)(保留原级别待遇)　谭东伟(—2013.05)
　　副 书 记 张俊琴

无锡分校党委
　　书　　记 徐　悦
　　副 书 记 王　斌

继续教育学院党委
　　书　　记 陆　海

成贤学院党委
　　书　　记 李和渝
　　副 书 记 邢纪红

苏州研究院党委
　　书　　记 谭东伟(—2013.05)　顾　芳(2013.06—)

副书记 于向军

校机关党委
书　　记 吴　娟

离休干部党委
书　　记 钱炳昌
副书记 张　楠　殷　立

丁家桥校区离休干部党委
书　　记 方明宇
副书记 付逊芳　张赛娟

后勤服务集团党委
书　　记 何　林
副书记 邱佳川

产业党工委
书　　记 吴荣顺
副书记 王松林　朱玉先(兼)(—2013.09)(保留原级别待遇)
　　　　 高　嵩(兼)　李　涛(兼)(2013.09—)

体育系党总支
书　　记 王　强

吴健雄学院党总支
书　　记 李爱群(兼)
副书记 钟　辉

艺术学院党总支
书　　记 王和平
副书记 徐　进(2013.01—)

法学院党总支
书　　记 孟　红
副书记 高　歌

马克思主义学院党总支
  书   记 袁久红（兼）
  副 书 记 袁建红

图书馆党总支
  书   记 黄松莺

东南大学医院直属党支部
  书   记 李向阳

生命科学研究院直属党支部
  书   记 邱振清（副处级）

行 政 系 统

校长及校长助理

  校   长 易 红
  常务副校长 胡敏强
  副 校 长 浦跃朴 刘 波(兼)(女) 郑家茂 沈 炯 王保平
       林萍华(2013.03—,正厅级) 黄大卫(2013.03—)
  总 会 计 师 丁 辉
  校 长 助 理 刘乃丰 黄大卫 吴应宇(—2013.10) 谢建明(—2013.07)

行政机构及干部名单

校长办公室
  主   任 黄大卫(—2013.05) 李 鑫(2013.05—)
  副 主 任 华为国 姜平波
  副处长级秘书 赵会泽
    合作共建办公室
      主   任 黄大卫(—2013.05) 李 鑫(2013.05—)

驻北京办事处
　　　　主　　任　金志军(正处级,2013.07—2013.12)
　　　　副 主 任　金志军(副处级,—2013.07)
　　网络与信息中心
　　　　主　　任　金志军(正高岗,2013.12—)(保留正处级待遇)
　　　　副 主 任　王　健

国际合作处(港澳台办公室)
　　处　　长　史兰新
　　副 处 长　王　利　李启明(兼)
　　港澳台办公室副主任

研究生院
　　院　　长　沈　炯(兼)
　　常务副院长　金保昇
　　副 院 长　熊宏齐　王修信(兼)　董寅生(兼)　苟少华(兼)
　　学科建设办公室
　　主　　任　赵林度
　　副 主 任　张为公(兼)
　　研究生招生工作办公室主任　宛　敏

　　研究生培养与学籍管理办公室
　　主　　任　袁榴娣
　　副 主 任　舒华忠(兼)
　　学位与研究生教育研究办公室主任　郭　彤
　　研究生管理办公室主任　赵松立(兼)

教务处
　　处　　长　雷　威
　　副 处 长　李　涛(—2013.10)　朱　明　王栓宏　张继文　丁德胜(兼)
　　　　　　　张文锦(兼)(—2013.09)　吴　涓(2013.10—)　沈孝兵(2013.10—)
　　　　　　　梅姝娥(兼)
　　教育技术中心主任　姜昌金

科研院
　　院　　长　胡敏强(兼)(2013.04—)
　　常务副院长　李建清
　　副 院 长　黄培林

基础研究与海外合作办公室主任　黄培林　邱　腾(副处级,2013.01—)
先进技术与装备办公室主任　张晓兵
应用技术办公室主任　郑建勇
高新技术与社会发展办公室主任　陆卫兵
重大专项与协同创新办公室主任　任　刚
科研成果与基地管理办公室主任　方　红
先进技术与装备院(国防科学技术院)院长　李建清(兼)
先进技术与装备院(国防科学技术院)副院长　张晓兵　王继刚(2013.05—,挂职西藏民族学院科研处副处长3年)
应用技术院院长　黄培林(兼)
应用技术院副院长　郑建勇
科技服务中心主任　李建清(兼)

社会科学处
　　处　　长　邱　斌

人事处
　　处　　长　郭小明
　　副 处 长　达飞鹏　刘明芬　吴凌尧　孙子林(兼)

学生处
　　处　　长　李　鑫(—2013.05)　孙莉玲(2013.05—)
　　副 处 长　蔡　亮　张晓坚　江雪华

发展委员会
　　主　　任　浦跃朴(兼)
　　常务副主任　谢建明(—2013.07)
　　副 主 任　胡　焱　李　爽

发展规划处
　　处　　长　仲伟俊(兼)
　　副 处 长　张　胤

保卫处
　　处　　长　任祖平
　　副 处 长　马　强(—2013.06)　吴　扬　刘培高(兼)　李建平(2013.10—)

财务处
  处　　　长　任卫时
  副　处　长　李智敏（—2013.03，保留原级别待遇）　张晓红　孙红霞
       王绍玲（2013.05—）
  校园一卡通管理中心主任　高　进

审计处
  处　　　长　冀民
  副　处　长　季永华　张宇欣　周勤（兼）

监察处
  处　　　长　孟新
  副　处　长　李瑛　李吉海（兼）
  监　察　员　夏建春　刘静

后勤管理处
  处　　　长　梁书亭
  副　处　长　李维滨　林晓　周建华　姚志彪　胡建人（兼）
  总务办公室主任　林晓（兼）
  国有资产管理办公室主任　姚志彪
  基建办公室（基建规划办公室）主任　李维滨（兼）

基本建设处
  处　　　长　李维滨（2013.06—）
  副　处　长　李维滨（—2013.06）

保密办公室
  主　　　任　胡敏强（兼）
  常务副主任　李建清
  副　主　任　周虹　张宁馨

资产经营管理处
  处　　　长　吴荣顺（兼）
  副　处　长　闻一鸣　过秀成
  东南大学国家大学科技园管理委员会办公室主任

实验室与设备管理处
  处　　　长　孙岳明

副　处　长　钱杰生(—2013.06)　孟正大

校区、院系及干部名单

丁家桥校区管理委员会
　　主　　任　蒋　波
　　校区党政办公室主任　王　亮(兼)(2013.01—)
　　保卫办公室主任　刘培高
　　后勤办公室主任　胡建人
　　党委老干部处丁家桥校区办公室主任　张赛娟(兼)

医学院
　　院　　长　滕皋军
　　副 院 长　张建琼　孙子林　王立新　张俊琴(兼)
　　　　　　　卜晓东(2013.05—)　赵春杰(2013.06—)

建筑学院
　　院　　长　王建国
　　副 院 长　董　卫　段　进　冷嘉伟　龚　恺　吴　晓　李向锋(兼)

机械工程学院
　　院　　长　汤文成
　　副 院 长　贾民平　陈云飞　倪中华　张文锦(—2013.09)　张志胜(兼)

工业发展与培训中心
　　主　　任　张远明
　　副 主 任　张文锦(兼)(—2013.09)

能源与环境学院
　　院　　长　钟文琪
　　副 院 长　王明春　陈晓平　吕锡武(—2013.04)(保留原级别待遇)
　　　　　　　黄亚继　傅行军(兼)　朱光灿(2013.05—)
　　　　　　　李舒宏(2013.05—)　司凤琪(兼)

信息科学与工程学院
　　院　　长　尤肖虎
　　常务副院长　洪　伟

副 院 长 陈晓曙 崔铁军 孟 桥 孙 威(兼)

土木工程学院
　　院　　　长　吴　刚
　　副 院 长　叶继红　舒赣平　童小东　傅大放　陈　镭(兼)

电子科学与工程学院
　　院　　　长　时龙兴
　　副 院 长　汤勇明　孙立涛　叶莉华　孙伟锋　宋晓燕(兼)

集成电路学院
　　院　　　长　时龙兴
　　副 院 长　李智群(兼)　孙伟锋　宋晓燕(兼)

数学系
　　主　　　任　刘继军
　　常务副主任　张福保
　　副 主 任　薛星美　林金官　陈文彦　曹海燕(兼)

自动化学院
　　院　　　长　费树岷
　　副 院 长　叶　桦　孙长银　魏海坤　金立左(兼)

计算机科学与工程学院
　　院　　　长　罗军舟
　　副 院 长　曹玖新　舒华忠　耿　新　王　滢(兼)(—2013.05)
　　　　　　　程　光(2013.01—)　裴　锋(兼)(2013.05—)

软件学院
　　院　　　长　罗军舟(兼)
　　副 院 长　曹玖新　耿　新　王　滢(兼)(—2013.05)
　　　　　　　程　光(2013.01—)　裴　锋(兼)(2013.05—)

物理系
　　主　　　任　杨永宏
　　副 主 任　施智祥　汪　军　戴玉蓉　裴　锋(兼)(—2013.05)
　　　　　　　潘勇涛(兼)(2013.06—)

生物科学与医学工程学院
　　院　　　长　顾　宁
　　副 院 长　汪　丰　谢建明　徐春祥　程　斌(兼)

材料科学与工程学院
　　院　　　长　潘　冶
　　副 院 长　余新泉　薛　烽　张亚梅　李　磊(兼)

人文学院
　　院　　　长　樊和平
　　副 院 长　王　珏(—2013.07)　高晓红　张天来　王　兵(兼)　何　熠(兼)

艺术学院
　　院　　　长　王廷信
　　副 院 长　程明震(—2013.09)　崔天剑　徐　进(兼)(2013.01—)

法学院
　　院　　　长　周佑勇
　　副 院 长　孟鸿志　龚向和　高　歌(兼)

经济管理学院
　　院　　　长　徐康宁
　　副 院 长　何建敏　李　东　周　勤　张玉林　仲伟俊(兼)　祝　虹(兼)

电气工程学院
　　院　　　长　黄学良
　　副 院 长　赵剑锋　吴在军　高　山　杨　蕙(兼)

外国语学院
　　院　　　长　陈美华
　　常务副院长　刘思明
　　副 院 长　袁晓宁　朱宏清　汤顶华(兼)　刘克华(2013.01—)

体育系
　　主　　　任　蔡晓波
　　副 主 任　章　迅　方信荣　沈　辉　金　凯

化学化工学院
  院 长 林保平
  副 院 长 周钰明 肖国民 熊仁根 刘松琴 陆 娟(兼)(2013.01—)

交通学院
  院 长 王 炜
  副 院 长 黄晓明 陈一梅 陆 建 丁建明 程建川 陈 怡(兼)

仪器科学与工程学院
  院 长 宋爱国
  副 院 长 倪江生 李宏生 吴 涓(—2013.10) 张豪裕(兼)

公共卫生学院
  院 长 刘 沛(—2013.05) 尹立红(2013.05—)
  副 院 长 尹立红(—2013.05) 沈孝兵(—2013.10) 张 力(兼)

吴健雄学院
  院 长 易 红(兼)
  常务副院长 李爱群
  副 院 长 况迎辉 钟 辉(兼)

海外教育学院
  院 长 黄 凯(—2013.09) 邱 斌(2013.09—)
  副 院 长 杨智勇 陶 咏
  白俄罗斯孔子学院院长 许克琪(副处级)
  孔子学院工作办公室

马克思主义学院
  院 长 刘 波(兼)
  常务副院长 袁久红
  副 院 长 袁健红(兼)

直(附)属单位及负责人名单

图书馆
  馆 长 顾建新
  副 馆 长 范 斌 李爱国 钱 鹏(2013.11—)

档案馆
 馆 长 苏卫平(—2013.06,正高岗)(保留原级别待遇)
       钱杰生(正高岗)(2013.06—)
 副 馆 长 肖太陶 李宇青

学报(自然科学版)编辑部
 主 编 毛善锋

学报(哲学社会科学版)编辑部
 主 编 徐子方

学报(医学版)编辑部
 主 编 唐 萌

高等教育研究所
 所 长 仲伟俊(兼)

附属中大医院
 院 长 刘乃丰
 副 院 长 刘志勇 刘必成 邱海波 朱亚东(—2013.04)(保留原级别待遇)
       滕皋军(兼) 卢 斌(2013.06—,分管后勤)

校医院
 院 长 卫平民
 副 院 长 龚丽萍 叶 伟

后勤服务集团
 总 经 理 潘久松
 副 总 经 理 虞献辉 冯国强 章荣琦

继续教育学院
 院 长 归柯庭
 副 院 长 曹效英 王燕蓉

无锡分校
 校 长 刘京南(兼)(—2013.09) 沈 炯(兼)(2013.09—)
 常务副校长 时龙兴(兼)
 副 校 长 米永强 凌 明(—2013.12) 王 斌(兼)

苏州研究院
  院　　　长　胡敏强(兼)(—2013.09)　沈　炯(兼)(2013.09—)
  常务副院长　张为公
  副 院 长　李成明

常州研究院
  院　　　长　刘京南(兼)(—2013.09)　胡敏强(兼)(2013.09—)
  副 院 长　张小松

建筑研究所
  所　　　长　齐康

学习科学研究中心
  名 誉 主 任　韦钰
  主　　　任　陆祖宏
  副 主 任　刘晓芸　柏　毅　钱卫平

教师教学发展中心
  主　　　任　李霄翔

智能运输系统(ITS)研究中心
  主　　　任　黄卫(兼)
  副 主 任　钱振东

空间科学与技术研究院(AMS研究中心)
  副 主 任　罗军舟(兼)

汽车工程研究院
  院　　　长　易红(兼)

生命科学研究院
  院　　　长　谢维
  副 院 长　赵春杰(—2013.06)

东南大学—南京通信技术研究院
  理 事 长　易红(兼)
  院　　　长　尤肖虎(兼)
  常务副院长　宋铁成

九龙湖校区建设一期工程后期工作处理小组
 组   长 郭学军(兼)
 副 组 长 陆惠民 倪秋云

出版社
 社   长 江建中

建筑设计研究院
 院   长 葛爱荣

城市规划设计研究院
 名 誉 院 长 齐 康
 院   长 王建国(兼)
 常务副院长 段 进
 总 规 划 师 段 进(兼)
 总 建 筑 师

各级人大代表、政协委员、民主党派成员、省政府参事任职情况及有关机构设置

各级人大代表

  全国十二届人大代表： 易 红 崔铁军
  江苏省十二届人大代表： 马向真(常委)
  南京市十五届人大代表： 张建琼
  鼓楼区十七届人大代表： 汤文浩
  玄武区十七届人大代表： 吕晓迎 李建清 陈永平
  江宁区十六届人大代表： 黄大卫

各级政协委员

  全国十二届政协委员： 洪 伟
  江苏省十一届政协委员： 罗立民(常委,科技) 舒华忠(教育)
             何小元(党派) 周 勤(党派) 薛 涛(党派)
             滕皋军(党派) 肖国民(常委,科技) 李启明(党派)
             尹立红(党派) 赵春杰(党派) 王雪梅(教育)
             刘灿铭(党派) 达庆利(常委,宗教) 吴智深(常委,教育)
             王建国(教育)

江苏省十一届政协专门委员会:
提案委员会:李启明
文史委员会:王建国
经济委员会:周　勤
人口资源环境委员会:吴智深
教育文化委员会:刘灿铭　赵春杰
医卫体育委员会:尹立红
港澳台侨(外事)委员会:薛　涛
南京市十三届政协委员:许苏明(常委)　仇向洋　陈庆宁　杨永宏　陈　薇
鼓楼区十一届政协委员:孙子林
玄武区十一届政协委员:贾民平(政协副主席)　孔令龙　徐盈之
浦口区三届政协委员:董寅生
秦淮区十一届政协委员:李维滨(政协副主席)　王　铮　赵　军
江宁区十届政协委员:陈美华(常委)

全国第九届伊斯兰教协会副会长:达庆利(2011.09)
江苏省第六届伊斯兰教协会会长:达庆利(2013.11.28)
全国中央文史馆馆员:陶思炎(2011.02)

民主党派成员、侨联成员在中央、江苏省、南京市的任职情况

民盟十一届中央委员:刘灿铭
农工十五届中央委员:成　虎
九三十三届中央委员:罗立民
农工党十五届中央科技工作委员会委员:吴智深
民革十届江苏省委员会:　　　常　　委　马向真
民盟十一届江苏省委员会:　　　常　　委　肖国民
　　　　　　　　　　　　　　　委　　员　梅姝娥
民建八届江苏省委员会:　　　　委　　员　苟少华
民进八届江苏省委员会:　　　　常　　委　尹立红
　　　　　　　　　　　　　　　委　　员　吴国新
农工党十一届江苏省委员会:　　副主任委员　吴智深
　　　　　　　　　　　　　　　常　　委　何小元
　　　　　　　　　　　　　　　委　　员　孙子林
农工党江苏省直属工委:　　　　副主任委员　贾民平
农工党江苏省科教文委:　　　　主　　委　黄培林
　　　　　　　　　　　　　　　副主任委员　刘松琴
　　　　　　　　　　　　　　　委　　员　衡伟
农工党江苏省中青委:　　　　　副主任委员　陈惠苏

	委　　　员	张绍东
农工党江苏省经济联络委：	副 主 委	林保平
	委　　　员	高建明
农工党江苏省妇女委员会：	委　　　员	徐隽
	委　　　员	王玉华
农工党江苏省医卫委：	副主任委员	刘志勇
	副主任委员	孙子林
致公党五届江苏省委员会：	常　　　委	赵春杰
	委　　　员	薛涛
九三七届江苏省委员会：	副主任委员	罗立民
	委　　　员	王修信　刘胜利
江苏省归国华侨联合会六届：	常　　　委	吕晓迎
江苏省侨界专家委员会：	副秘书长	崔铁军
	委　　　员	李先宁　顾忠泽
南京留学人员联谊会：	副 会 长	舒华忠
	常务理事	滕皋军
	理　　　事	王修信　崔铁军
江苏省党外知识分子联谊会：	理　　　事	崔铁军　陆巍
南京市三届党外知识分子联谊会：	理　　　事	邱腾　肖睿　杨永宏

省、市政府参事任职情况

　　江苏省政府参事室聘任参事：高祥生　何建敏

　　南京市政府参事室聘任参事：许苏明

民主党派东南大学机构设置

民革一届东南大学总支部委员会

　　主 任 委 员：马向真

　　副主任委员：周　勤　李　伟

民盟东南大学委员会

　　主 任 委 员：肖国民

　　副主任委员：周予谦　王积伟　钱瑞明　梅姝娥

　　委　　　员：王秋严　陆建民　周子华　何　平　黄　清　金志军　魏家泰

　　　　　　　　徐立臻　薛星美　杨舒惠　吴祖民　康学军　毛世怀

民建一届东南大学总支部委员会

　　主 任 委 员：李启明

　　副主任委员：苟少华　滕皋军

　　委　　　员：周革利　朱纪军

民进四届东南大学委员会
　　主 任 委 员:尹立红
　　副主任委员:董寅生　郭　毅　曹玖新
　　委　　　员:孙　瑾　郭　斐　韩俊海　梁衡弘　戴启明　高　冲

农工三届东南大学委员会
　　主 任 委 员:何小元
　　副主任委员:贾民平　刘志勇　林保平　孙子林
　　委　　　员:章美华　高建民　王玉华　蔡永胜

致公党三届东南大学总支委员会
　　主 任 委 员:赵春杰
　　副主任委员:李智群　薛　涛
　　委　　　员:马民华　程明霞

九三三届东南大学委员会
　　主 任 委 员:王修信
　　副主任委员:赵剑峰　刘胜利　舒华忠　叶行舟
　　委　　　员:戴　丽　祁争建　辛海洋　郑意楠　柳　萍　徐启平　徐盈之
　　　　　　　 施智祥　俞　燕　袁榴娣

社会团体机构设置

东南大学侨联四届
　　名 誉 主 席:林中达　林金明
　　主　　　席:吕晓迎
　　副　主　席:李先宁　丁锡宁　李　丽
　　委　　　员:孙清江　李俐平

2013 年成立或调整的各类委员会、领导小组名单

关于调整东南大学教育基金会组成人员的通知

2013 年 1 月 3 日

各校区,各院、系、所,各处、室、直属单位:
　　因工作需要,经研究,决定调整东南大学教育基金会组成人员。现将调整后的组成人员名单公布如下:
　　理　事　长:郭广银

副理事长:浦跃朴 刘京南 刘 波
理　　事:(以姓氏笔画为序)
　　　　　丁　辉　史兰新　任卫时　刘　波　刘京南　孙岳明　李　鑫
　　　　　李建清　时巨涛　吴荣顺　金保昇　周　勇　周佑勇　施建辉
　　　　　徐康宁　郭小明　郭广银　浦跃朴　黄大卫　谢建明　雷　威
秘 书 长:谢建明
副秘书长:李　爽　胡　焱
监　　事:孟　新　冀　民

(校通知〔2013〕1号)

关于调整东南大学学报(哲学社会科学版)第四届编委会成员名单的通知

2013年1月9日

各校区,各院、系、所,各处、室、直属单位、各学术业务单位:

因工作需要,经研究决定,对东南大学学报(哲学社会科学版)第四届编辑委员会成员进行调整,现将名单公布如下:

主　　任:郭广银
副 主 任:左　惟　沈　炯　徐子方
委　　员:(按姓氏笔画为序)
　　　　　王廷信　左　惟　田海平　乔光辉　仲伟俊　刘克华　许苏明
　　　　　达庆利　沈　炯　余珊萍　张宗庆　李霄翔　邱　斌　陈良华
　　　　　陈美华　陈　薇　周佑勇　周少华　郑家茂　夏保华　胡汉辉
　　　　　凌继尧　徐子方　徐康宁　袁久红　郭广银　陶思炎　顾建新
　　　　　蔡晓波　樊和平

(校通知〔2013〕5号)

关于东南大学第十三届学位评定委员会组成人员调整的通知

2013年1月10日

各校区,各院、系、所,各处、室、直属单位,各学术业务单位:

因工作需要,经研究决定,东南大学第十三届学位评定委员会组成人员调整如下:

主　　席:易　红
副 主 席:齐　康　吕志涛　沈　炯
委　　员:(以姓氏笔画为序)
　　　　　尤肖虎　王　炜　王保平　刘乃丰　刘继军　宋爱国　时龙兴
　　　　　罗军舟　陈美华　郑家茂　金保昇　胡敏强　费树岷　凌继尧
　　　　　徐康宁　浦跃朴　郭广银　顾　宁　黄学良　樊和平　潘　冶

(校通知〔2013〕7号)

关于第十三届学位评定委员会下设部分学位评定分委员会成员调整的通知

2013 年 1 月 21 日

各校区，各院、系、所，各处、室、直属单位，各学术业务单位：

经校学位评定委员会批准，东南大学第十三届学位评定委员会下设的九个学位评定分委员会成员有所调整。现将调整后的九个分委员会成员名单公布如下（委员以姓氏笔画为序）：

1. 动力工程及工程热物理、环境科学与工程学科学位评定分委员会

主　　席：金保昇
副 主 席：钟文琪
委　　员：归柯庭　吕剑虹　吕锡武　朱小良　仲兆平　沈　炯　沈来宏
　　　　　张小松　陈晓平　陈振乾　周克毅　顾　璠　黄亚继
秘　　书：王　沛

2. 数学、物理学学科学位评定分委员会

主　　席：刘继军
副 主 席：杨永宏
委　　员：王金兰　王勇刚　李　涛　邱　腾　汪　军　陈建龙　林文松
　　　　　林金官　施智祥　徐庆宇　徐君祥　曹进德　薛星美
秘　　书：谢静琪

3. 生物医学工程学科学位评定分委员会

主　　席：顾　宁
副 主 席：陆祖宏
委　　员：万遂人　吉　民　孙　啸　李志勇　汪　丰　罗立民　洪宗训
　　　　　袁春伟　顾忠泽　徐春祥　谢建明
秘　　书：关佑丽

4. 材料科学与工程、化学工程与技术、化学学科学位评定分委员会

主　　席：潘　冶
副 主 席：林保平
委　　员：孙　伟　孙岳明　肖　健　余新泉　周钰明　封卫东　顾　宁
　　　　　钱春香　董寅生　蒋建清　缪昌文　熊仁根　薛　烽
秘　　书：穆　玮

5. 经济学、管理学、系统科学学科学位评定分委员会

主　　席：徐康宁
副　主　席：何建敏
委　　员：王文平　王海燕　仲伟俊　刘晓星　李　东　邱　斌　张玉林
　　　　　陈志斌　陈良华　陈淑梅　周　勤　赵林度　顾建新　徐盈之
　　　　　舒　嘉
秘　　书：张秀娟

6. 电气工程学科学位评定分委员会

主　　席：黄学良
副　主　席：陆于平
委　　员：王念春　冯建明　李　扬　林明耀　林鹤云　郑建勇　胡敏强
　　　　　赵剑锋　程　明
秘　　书：杨　燕

7. 仪器科学与技术学科学位评定分委员会

主　　席：宋爱国
副　主　席：徐晓苏
委　　员：王　军　王　庆　严如强　李宏生　宋光明　张为公　陈俊杰
　　　　　陈熙源　秦文虎　倪江生　蔡体菁
秘　　书：朱　青

8. 艺术学理论、美术学、设计学学科学位评定分委员会

主　　席：凌继尧
副　主　席：王廷信　陶思炎
委　　员：王和平　刘灿铭　汪小洋　李倍雷　张乾元　胡　平　崔天剑
　　　　　程明震
秘　　书：周　渝

9. 外国语言文学、体育学、教育学学科学位评定分委员会

主　　席：陈美华
副　主　席：蔡晓波
委　　员：孙莉玲　张　胤　陆　华　郑玉琪　姜飞月　曹效英
秘　　书：葛培玲

（校通知〔2013〕19号）

关于成立唐仲英基金会项目评审遴选小组的通知

2013 年 3 月 27 日

各院、系、所,各处、室、直属单位:

为进一步规范唐仲英基金会项目评审工作,经研究决定,成立东南大学唐仲英基金会项目评审遴选小组,成员名单如下:

组　　　长:浦跃朴
组　　　员:(按姓氏笔画排序)
　　　　　冯建明　仲伟俊　邱　斌　胡汉辉　秦　霞　谢建明
秘　　　书:李　爽

(校通知〔2013〕40 号)

关于成立国家教育体制改革试点项目领导小组的通知

2013 年 4 月 17 日

各校区,各院、系、所,各处、室、直属单位,各学术业务单位:

为加强对我校承担的国家教育体制改革试点项目的组织领导和管理,保证项目的顺利实施,特成立国家教育体制改革试点项目领导小组,现将成员名单通知如下:

组　　　长:易　红
副　组　长:胡敏强
成　　　员:(按姓氏笔画为序)
　　　　　史兰新　任卫时　仲伟俊　李建清　李　鑫　时巨涛　邱　斌
　　　　　金保昇　郭小明　黄大卫　梁书亭　雷　威
秘　　　书:张　胤

(校通知〔2013〕59 号)

关于成立东南大学特种设备安全管理领导小组和工作小组的通知

2013 年 5 月 21 日

各校区,各院、系、所,各处、室、直属单位,各学术业务单位:

根据《特种设备安全监察条例》(国务院第 549 号)及《特种设备使用单位安全管理准则》(DB32/1253—2009)文件要求,经研究决定,成立东南大学特种设备安全管理领导小组和工作小组,成员名单如下:

一、领导小组

组　　　长:胡敏强

副　　组　　长：郑家茂　黄大卫
组　　　　员：(以姓氏笔画为序)
　　　　　　卫平民　任祖平　孙岳明　吴荣顺　李建清　李维滨　金保升
　　　　　　梁书亭　雷　威　潘久松
秘　　　　书：吴　杨　钱杰生

二、工作小组

组　　　　长：孙岳明
副　　组　　长：任祖平
组　　　　员：(以姓氏笔画为序)
　　　　　　丁　乐　于宁庆　张继文　季万龙　胡荣光　柳　青　贾武宝
　　　　　　钱杰生　徐　军　嵇巧华　熊宏齐
秘　　　　书：李建平　朱菊芬

(校通知〔2013〕73号)

关于成立中央高校改善基本办学条件专项资金领导小组的通知

2013年6月18日

学校各单位：

为加强中央高校改善基本办学条件专项的项目申报和资金使用管理，做好项目遴选、排序、申报、实施等工作，形成计划编制的联动机制，保证建设任务的顺利实施，特成立中央高校改善基本办学条件专项资金领导小组，现将成员名单通知如下：

组　　　　长：胡敏强
副　　组　　长：丁　辉　黄大卫
成　　　　员：(按姓氏笔画排序)
　　　　　　任卫时　任祖平　孙岳明　孙莉玲　李　鑫　李维滨　时巨涛
　　　　　　金保昇　梁书亭　雷　威　潘久松　冀　民

改善基本办学条件专项资金办公室设在财务处，办公室主任：任卫时。
特此通知。

(校通知〔2013〕94号)

关于成立教育部高校青年教师队伍建设示范项目领导小组的通知

2013年6月18日

各校区，各院、系、所，各处、室、直属单位，各学术业务单位：

为加强对我校承担的教育部"青年教师成长发展的管理机制与制度"示范项目的组织领导和管理，保障项目的顺利实施并取得实效，特成立教育部高校青年教师队伍建设示范

项目领导小组。成员名单如下:
组　　　长:王保平
副 组 长:郭小明
成　　　员:(按姓氏笔画为序)
　　　　　王保平　仲伟俊　孙莉玲　李建清　李霄翔　邱　斌　金保昇
　　　　　郭小明　梁书亭　雷　威
秘　　　书:达飞鹏

(校通知〔2013〕96号)

关于成立东南大学党的群众路线教育实践活动领导小组的通知

2013年6月25日

各党工委,各基层党委、党总支、直属党支部,党委各部、委、办、工会、团委:

为切实加强对全校党的群众路线教育实践活动的组织领导,经研究,决定成立东南大学党的群众路线教育实践活动领导小组。领导小组成员名单如下:

组　　　长:郭广银　易　红
副 组 长:胡敏强　刘京南　刘　波
成　　　员:(按姓氏笔画排序)
　　　　　毛惠西　刘鸿健　仲伟俊　任卫时　孙莉玲　时巨涛　李　鑫
　　　　　吴　娟　孟　新　金保昇　郭小明　梁书亭　冀　民
联 络 员:刘京南　刘鸿健
领导小组下设办公室,办公室成员名单如下:
主　　　任:刘鸿健
副 主 任:时巨涛　孟　新　毛惠西　李　鑫
成　　　员:(按姓氏笔画排序)
　　　　　李吉海　李昭昊　李冬梅　姜平波　顾永红　顾　芳
　　　　　施　畅　施春陵

(东大委〔2013〕26号)

关于调整校国有资产处置管理领导小组成员的通知

2013年6月25日

各校区,各院、系、所,各处、室、直属单位,各学术业务单位:

因工作需要和人员变动,经研究决定,现将校国有资产处置管理领导小组成员名单调整如下:

组　　　长:胡敏强
副 组 长:郑家茂　丁　辉　黄大卫

成　　　员:(以姓氏笔画为序)
　　　　任卫时　孙岳明　孟　新　姚志彪　顾建新　梁书亭　冀　民
秘　　　书:林　俐

(校通知〔2013〕101号)

关于调整后勤事务工作领导小组成员的通知

2013年6月26日

各校区,各院、系、所,各处、室、直属单位,各学术业务单位:
　　因工作需要,经研究决定,学校后勤事务工作领导小组成员调整如下:
　　组　　　长:黄大卫
　　副 组 长:丁　辉
　　成　　　员:(按姓氏笔画排序)
　　　　任卫时　何　林　时巨涛　李维滨　李　鑫　孟　新　郭小明
　　　　梁书亭　潘久松　冀　民
　　秘　　　书:林　晓　朱国锋

(校通知〔2013〕102号)

关于调整EMBA专业学位研究生招生考试委员会成员的通知

2013年6月28日

各校区,各院、系、所,各处、室、直属单位,各学术业务单位:
　　经研究,对原EMBA专业学位研究生招生考试委员会成员作调整。调整后成员名单如下:
　　主 任 委 员:沈　炯
　　副主任委员:徐康宁　金保昇
　　委　　　员:(按姓氏笔画排序)
　　　　李　东　李吉海　何建敏　宛　敏　熊宏齐
　　秘　　　书:朱晓红　朱卫民

(校通知〔2013〕104号)

关于调整图书馆工作委员会成员的通知

2013年7月3日

各校区,各院、系、所,各处、室、直属单位,各学术业务单位:
　　因人员变动和工作需要,经研究决定,对图书馆工作委员会成员进行调整。调整后的成员名单如下:

主　　　任：林萍华
副 主 任：顾建新
委　　　员：（按姓氏笔画排序）
　　　　　归柯庭　任卫时　刘必成　刘继军　孙莉玲　李建清　李霄翔
　　　　　杨　晶　吴　迪　吴镇扬　邱　斌　邱洪兴　张建琼　陆祖宏
　　　　　金保昇　周佑勇　郭小明　黄庆安　黄学良　龚　恺　董　群
　　　　　谢　维　雷　威

（校通知〔2013〕107号）

关于成立东南大学党的群众路线教育实践活动督导组的通知

2013年7月12日

各党工委，各基层党委、党总支，直属党支部，党委各部、委、办，工会，团委：
　　为进一步保障党的群众路线教育实践活动的实施，结合我校实际，学校成立六个督导组，负责指导、督导相关院（系）、部（处）和单位开展教育实践活动。
　　督导组组成如下：
　　第一组：郭广银　易　红
　　秘　书：李庭红
　　第二组：胡敏强　黄大卫
　　秘　书：宋业春
　　第三组：林萍华　浦跃朴
　　秘　书：崔　琳
　　第四组：刘京南　丁　辉
　　秘　书：刘　静
　　第五组：刘　波　王保平
　　秘　书：李冬梅
　　第六组：郑家茂　沈　炯
　　秘　书：李黎蓼

（东大委〔2013〕33号）

关于成立东南大学成贤学院迎接验收工作领导小组的通知

2013年7月29日

各校区，各院、系、所，各处、室、直属单位，各学术业务单位：
　　为了贯彻《独立学院设置与管理办法》（教育部令第26号），加强对东南大学成贤学院迎接教育部验收工作领导，经研究决定，成立东南大学成贤学院迎接教育部验收工作领导小组，成员名单如下：

组　　　　长：易　红
副　组　　长：胡敏强　郑家茂　丁　辉　黄大卫
组　　　　员：(以姓氏笔画为序)
　　　　　　任卫时　孙岳明　李　鑫　李建清　吴荣顺　顾建新　郭小明
　　　　　　梁书亭　程明山　雷　威　冀　民

领导小组下设资产处置组和综合工作组，工作任务参见附件，成员名单如下：

一、资产处置组

组　　　　长：丁　辉
副　组　　长：黄大卫
组　　　　员：(以姓氏笔画为序)
　　　　　　任卫时　李　鑫　吴荣顺　梁书亭　冀　民

二、综合工作组

组　　　　长：郑家茂
副　组　　长：程明山　李和渝
组　　　　员：(以姓氏笔画为序)
　　　　　　邢纪红　周伟荣　姜宁光　姚灼云　倪学思　唐小平　戚　易
　　　　　　董梅芳　潘小卉　冀京红　魏丽玲

(校通知〔2013〕112号)

关于成立机械工程及自动化、环境工程、电气工程及其自动化专业认证领导小组和工作组的通知

2013年8月31日

学校各有关单位：

　　为迎接教育部全国工程教育专业认证专家委员会对我校机械工程及自动化、环境工程、电气工程及其自动化三个专业的认证，贯彻"以评促建、以评促改、评建结合、重在建设"的精神，认真开展自评工作并做好迎接专家组对我校三个专业进行认证考察的各项准备工作，特成立专业认证领导小组和相关工作组，现将成员名单通知如下：

一、领导小组

组　　　　长：郑家茂
副　组　　长：汤文成　钟文琪　黄学良　雷　威
成　　　　员：(按姓氏笔画为序)
　　　　　　毛惠西　冯建明　吕锡武　朱　明　朱小良　任卫时　孙莉玲
　　　　　　李　鑫　吴在军　张立武　姜昌金　贾民平　顾建新　郭小明
　　　　　　梁书亭

秘　　　书：朱　明（兼）

二、工作组

1. 机械工程及自动化专业工作组

组　　　长：汤文成　张立武
副 组 长：贾民平　张志胜
成　　　员：（按姓氏笔画为序）
　　　　　王兴松　田梦倩　孙蓓蓓　张文锦　张远明　张志胜　陈云飞
　　　　　陈敏华　幸　研　钱瑞明　倪中华
秘　　　书：李晓燕　金传志

2. 环境工程专业工作组

组　　　长：钟文琪　朱小良
副 组 长：吕锡武　王明春　司风琪
成　　　员：（按姓氏笔画为序）
　　　　　王玉敏　朱光灿　仲兆平　李先宁　李舒宏　杨林军　吴　磊
　　　　　余　舟　宋海亮　张亚平　黄　瑛　魏家泰
秘　　　书：樊昭群　洪　锋　茅　佩

3. 电气工程及其自动化专业工作组

组　　　长：黄学良　冯建明
副 组 长：吴在军　杨　蕙
成　　　员：（按姓氏笔画为序）
　　　　　万秋兰　王　磊　李　扬　时　斌　林明耀　顾　伟　徐青山
　　　　　黄允凯　蒋　浩　程　明　缪　江　樊　英
秘　　　书：张小玉　蒋　莉

（校通知〔2013〕122号）

关于调整"东南大学—南京通信技术研究院"理事会成员的通知

2013年9月2日

各院、系、所，各处、室、直属单位，各学术业务单位：

因工作需要，经研究决定，"东南大学—南京通信技术研究院"理事会成员调整如下：

理 事 长：易　红
副理事长：胡敏强
理　　　事：（以姓氏笔画为序）
　　　　　尤肖虎　任卫时　孙岳明　李建清　金保昇　郭小明　梁书亭
监　　　事：孟　新

（校通知〔2013〕124号）

关于调整东南大学离退休工作领导小组成员的通知

2013 年 9 月 2 日

各党工委,各基层党委、党总支、直属党支部,党委各部、委、办,工会、团委:

因工作需要和人事变动,决定调整东南大学离退休工作领导小组组成人员。调整后的成员名单如下:

组　　　长:郭广银

副 组 长:刘京南　王保平

成　　　员:(以姓氏笔画为序)

　　　　　卫平民　任卫时　刘鸿健　许映秋　李　鑫　时巨涛　胡汉辉
　　　　　郭小明　梁书亭　管　平　潘久松

秘　　　书:张　楠　张赛娟　刘明芬

(东大委〔2013〕39 号)

关于调整校宝钢教育奖评审遴选小组的通知

2013 年 9 月 6 日

各院、系、所,各处、室、直属单位,各学术业务单位:

因工作需要,经研究,决定调整校宝钢教育奖评审遴选小组。调整后的宝钢教育奖评审遴选小组成员如下:

组　　　长:郑家茂

组　　　员:(以姓氏笔画为序)

　　　　　孙莉玲　李　爽　周　勇　金保昇　郭小明　雷　威

秘　　　书:宋云燕

(校通知〔2013〕126 号)

关于调整校基本建设领导小组成员的通知

2013 年 9 月 23 日

各校区,各院、系、所,各处、室、直属单位,各学术业务单位:

因人员变动和工作需要,经研究,决定对校基本建设领导小组及工作组成员作如下调整。

一、领导小组

组　　　长:胡敏强

副 组 长:刘京南　丁　辉　黄大卫

成　　员：(按姓氏笔画为序)
　　　　　王　健　仲伟俊　任卫时　任祖平　孙岳明　孙莉玲　李　鑫
　　　　　李建清　李维滨　金保昇　孟　新　郭小明　梁书亭　雷　威
　　　　　冀　民
秘　　书：孙红霞　汤　磊

二、工作组

组　　长：黄大卫
副组长：丁　辉
成　　员：(按姓氏笔画为序)
　　　　　王　健　任卫时　孙岳明　李维滨　孟　新　郭小明　梁书亭
　　　　　冀　民
秘　　书：姚　辰

(校通知〔2013〕140号)

重要文件与讲话

中共东南大学委员会
2012年工作总结和2013年工作要点

一、2012年工作总结

2012年,学校党委以迎接学习贯彻党的十八大和庆祝建校110周年为主线,紧紧围绕国际知名高水平研究型大学建设,党政密切配合,坚持"开拓创新、争先进位"基本方略,大力实施"十二五"改革和发展规划,努力推动发展方式转变,团结带领广大党员和师生员工锐意进取、扎实苦干,各项工作取得了长足进展。

(一) 宣传思想工作进一步加强

1. 理论学习有力加强

组织收看党的十八大开幕式,通过传达会、座谈会、辅导报告、中心组理论学习、学术论坛、组建校内"十八大精神宣讲团"等多种形式,认真学习宣传贯彻党的十八大精神。组织校级理论学习中心组学习11次,深入学习中国特色社会主义理论体系和中央大政方针,以科学理论指导学校科学发展。扎实推进中层干部网上思想政治理论学习,完成至善网改版,开辟了"学习贯彻党的十八大精神"专题栏目,思想政治教育工作网站建设不断完善。

2. 宣传工作成效明显

精心策划、综合运用各种媒体加大宣传力度,围绕尤肖虎教授及其团队荣获2011年度国家技术发明一等奖、建校110周年、党的十八大召开、新生入学和新生文化季等主题开展对外宣传,提升了学校的知名度和美誉度。在继续保持报纸、电视等传统媒体发稿量的同时,在新浪、腾讯、人人等网络媒体拓宽宣传渠道,积极开拓新媒体宣传功效,宣传工作荣获"江苏省教育宣传工作先进单位"称号。

(二) 基层党组织、干部队伍和人才队伍建设扎实推进

3. 基层党组织建设持续推进

以"基层组织建设年"活动为载体,深入开展创先争优活动。表彰先进基层党组织60个、优秀党务工作者26名、优秀共产党员129名、创先争优先进集体59个、创先争优先进个人68名。基层党组织创造力、凝聚力、战斗力进一步提升。全年发展党员3021名,其中发展学生党员2 987名,目前学生党员人数9 860余名,在职教职工党员人数3 160余名。

4. 干部和人才队伍建设深入推进

进一步完善公开选拔、竞争上岗各环节,实行党委委员、中层正职推荐干部制度和干部推荐责任制度,着力提高干部岗位匹配度和选用工作公信度。干部轮岗交流、公开选拔、竞争上岗的力度和频度加大加快,22名中层干部轮岗交流,对23个岗位公开选拔、竞争上岗,新提拔中层干部26人,8名中层干部试用期满经考核测评正式任职。顺利完成各级职员晋升工作。配合中组部检查组顺利完成选人用人工作检查,干部选用工作得到充分认可。积极选派援藏干部、扶贫干部、挂职团干部、科技镇长团、教授博士柔性进企业人员,充分发挥人才优势服务经济社会发展,组织工作荣获"全国组织系统先进集体"称号。以加强高层次人才队伍建设为核心,统筹各类人才队伍建设。专任教师博士学位比例和师资队伍海外经历比例持续提高,获"江苏省教育人才工作先进单位"称号。

(三) 办学理校能力持续提升

5. 体制机制改革稳步推进

修订了学校"十二五"改革和发展规划纲要,通过教育部审核并正式发布。现代大学制度和新型学术组织建设的探索稳步推进,国家教育体制改革试点项目顺利通过教育部中期检查。《东南大学章程》报送教育部,我校成为全国大学章程建设试点高校之一。召开了全校人才工作会议,出台了一系列政策和制度,人事制度改革进一步推进。

6. 作风建设进一步加强

密切联系基层,校领导班子成员深入院(系)联系点开展调研,党委常委坚持与民主党派及代表人物联系交友。召开了机关作风建设大会,总结机关作风建设十年成绩,部署新阶段机关作风建设任务,机关服务效能持续提高。落实党风廉政建设责任制,深入推进惩治和预防腐败体系建设工作。认真执行"三重一大"决策制度,进一步推进院(系)等二级单位"三重一大"决策制度建设,在专项检查中得到教育部高度肯定。开展了校园廉洁文化周系列活动。将学术道德与学风建设讲座纳入研究生培养方案,学术道德与学风建设

长效机制进一步完善。获"全省教育纪检监察先进集体"称号。

7. 制度建设取得新成效

出台了《关于进一步加强和改进校理论学习中心组学习的意见》《院(系)党组织工作条例》《党支部工作条例》《干部竞岗面试评委管理办法(试行)》《党风党纪监督员、特邀监察员工作条例》等制度,学校党建工作更加制度化、规范化。

(四)思想政治工作扎实推进

8. 教师思想政治建设进一步加强

坚持解决思想问题与解决实际问题并重,探索推动青年教师思想政治建设的有效机制,促进青年教师全面发展。以"争做学生喜爱的教师、辅导员"为主题,深入开展师德师风建设。通过校、院(系)两级党校,开展青年教师党员和入党积极分子培训。

9. 学生思想政治工作取得新成效

召开了全校学生工作会议,总结新世纪以来的学生工作经验,研究部署新阶段学生工作。以党建工作为统领,加强学生思想政治教育,深入推进学生心理健康教育工程。深化实践育人,加大学生理想信念和社会责任感培育力度。成功开展"支教十年"系列活动,年度西部支教学生人数位列江苏高校第一,学生志愿者为110周年校庆做出突出贡献,325名学生入选2013年亚青会贵宾陪同团志愿者。近5 000名学生参与多种形式的暑期社会实践活动,新建博士生社会实践基地1个。体育、国防教育等持续开展,获评"江苏省学生军训工作先进集体"。

(五)大学文化建设取得新进展

10. 成功举办庆祝建校110周年系列活动

以"亲情友情学术"为主题举办校庆系列活动,多位党和国家领导人以多种方式对我校建校110周年表示祝贺。向海内外直播了建校110周年庆祝大会,举办了感人至深的《风雅颂东南》大型校庆文艺汇演,并通过电视转播。邀请了包括五位诺贝尔奖获得者等在内的学术大师来校演讲,引起良好反响。校庆系列活动激发了广大师生员工和校友的爱校荣校情怀,学校在海内外的声誉进一步提升。

11. 校园文化载体建设得到加强

重视文化育人,人文大讲座、学术科技节、新生文化季、校园文化节、国防文化季、硕博论坛等文化平台的育人作用充分发挥。新立孙中山、郭秉文、萧焜焘等名人雕塑,新建"霜枫林"、"校友林"、"香樟林",校园更加美丽,更具文化魅力。重版了《东南大学史》第一卷,校史馆重新布展,校报开设《读校史、迎校庆》专栏。校史研究工作稳步推进,启动了学校口述史整理工作。举办了一代大师顾毓琇校长诞辰110周年图片展。

（六）和谐校园建设取得新成效

12. 校园民主建设进一步推进

召开了基层党委书记统战工作研讨会，出台了进一步加强统战工作和党外代表人士队伍建设的意见，支持协助民主党派和侨联组织顺利完成换届，党外代表人士在各级人大、政协任职人数稳中有升。二级教代会建设稳步推进，顺利召开团代会、研代会、学代会，学校群团组织建设进一步加强。初步构建了校、院（系）两级关工委，在老有所养、老有所医、老有所学、老有所乐的前提下，鼓励和支持离退休老同志老有所为。

13. 校园民生明显改善

大病医疗互助基金平稳增长。在提高离休老同志生活待遇后，提高了退休教职工生活补贴标准，实施了在职教职工岗位绩效津贴，实现了各类人员生活待遇的大幅度改善。以家庭经济困难学生资助工作为重点，切实关心学生日常生活与学习，加大了学生奖助学金发放力度，成功举办2012年度奖学金颁奖典礼。

14. 平安校园建设持续加强

学生安全警示教育、消防知识和技术培训持续加强。学生宿舍门禁系统、公共区域视频监控系统、消防水压远程监控系统建设进一步完善，物防、技防、人防保障有力，校园安全度不断提升。保密工作进一步加强，国防项目质量体系通过民品再认证和军品监督审核，生产许可证延续审核通过现场审查。

（七）科学发展再上新水平

15. 学科建设取得优异成绩

在2012年全国第三轮学科评估中，12个学科进入全国前10名，其中10个学科进入全国前五位，8个学科进入全国前三位，各有3个学科位列全国第一和第二位，比第二轮学科评估有较大幅度提升。

16. 拔尖创新人才培养取得新成效

深化卓越人才培养模式改革，教学内涵建设进一步加强，21种（43本）教材获国家"十二五"重点规划教材，并列全国高校第五位。1 047名学生赴境外学习交流。东南大学—蒙纳士大学苏州联合研究生院正式运行，成为国内首所中外联合办学的研究生院。入选全国百篇优秀博士论文3篇。大学生创新创业中心被认定为首批"江苏省大学生创业示范基地"，在"挑战杯"中国大学生创业计划竞赛中喜获两金一银，并列全国高校第一。

17. 科研和社会服务取得新进展

探索科研管理体制改革，加强重大科研项目申请和科技平台建设的组织协调，科研管理服务能力进一步增强。年度科技经费到款进一步增长。牵头组建4个协同创新中心,校地协同创新和服务区域经济社会发展能力不断增强。瞄准国际学术前沿,不断拓展海外科研合作。作为牵头单位荣获国家技术发明二等奖1项,国家科技进步二等奖2项。坚持集成创新、特色发展,人文社会科学创新平台建设成效显现。大力促进科技成果转化,培育高科技企业,国家大学科技园初步形成"一园七区"格局。附属中大医院新大楼顺利启用,服务医疗教学科研的能力进一步增强。

此外,学校的基础能力建设、后勤管理和服务、资产管理、发展工作、校友工作、图书档案、学报、成贤学院、继续教育等各项工作都取得了长足进展。

与实现"四个发展"的要求相比,我们的工作还存在一些困难和不足,主要有:思想政治工作、作风建设的实效有待进一步提高,党建工作科学化水平需要进一步提升;院(系)层面"三重一大"决策制度实施、院(系)务公开存在不平衡状况,科学民主依法治校需要深入推进;现有人才资源的潜力发挥不够充分,需要改革和创新体制机制进一步调动人才的积极性、创造性。

二、2013年工作要点

2013年是全面贯彻落实党的十八大精神的开局之年,是实施"十二五"改革和发展规划承上启下的关键一年。校党委工作的要求和任务是:以邓小平理论、"三个代表"重要思想、科学发展观为指导,坚持"开拓创新、争先进位"基本方略,以作风建设为主线,以内涵式发展为主题,深入学习贯彻党的十八大精神,大力加强党组织和党员队伍建设,大力加强反腐倡廉建设,大力加强作风建设,着力提升思想政治工作水平,着力提升内涵式发展水平,着力提升基础能力建设水平,着力提升和谐校园建设水平,全面落实"十二五"改革和发展规划纲要,努力开拓国际知名高水平研究型大学建设新局面,为全面建成小康社会、夺取中国特色社会主义新胜利作出新的更大贡献。

(一)深入学习贯彻党的十八大精神

1. 深刻领会十八大精神实质

继续组织党员和干部原原本本学习党的十八大报告,学习新修改的党章,学习习近平总书记一系列重要讲话。在师生员工中开展形式多样、内容丰富的"中国梦"的宣传教育,组织开展"我的东大梦"主题学习讨论活动,激励广大师生员工为圆世界一流大学之梦而努力奋斗,以实际行动贯彻落实党的十八大精神。将党的十八大精神作为思想政治教育和哲学社会科学教学研究的重要内容,纳入学校党课团课和校园文化活动,推进党的十八大精神进教材、进课堂、进头脑。(党委宣传部、党委组织部、党委学工部、党委研工部、马克思主义学院、工会、团委)

2. 深入推进理论培训

制订和实施中层以上领导干部党的十八大精神专题培训计划,选派干部、思想政治课教师和辅导员等参加各级各类学习贯彻党的十八大精神培训班。(党委组织部、党委学工

部、党委研工部、马克思主义学院)

3. 认真开展群众路线教育实践活动

按照中央部署要求,开展好以为民务实清廉为主要内容的党的群众路线教育实践活动。学习试点经验,加强组织领导,制订活动工作方案,努力达到预期目标。(党委办公室、校长办公室、纪委办公室、党委组织部、党委宣传部)

(二) 加强党组织和党员队伍建设

4. 加强干部队伍建设

修订《中层干部选拔任用工作条例》,进一步扩大选人用人视野和范围,完善人岗相适的干部选拔和使用机制。召开党校工作会议,充分发挥党校的主阵地和熔炉作用。实施党委常委上党课制度,进一步加强党员培训师资队伍建设。(党委组织部、校党委党校)

5. 加强院(系)党组织建设

深入落实《中国共产党普通高校基层党组织工作条例》,完善院(系)党政共同负责制,执行党政联席会和党支部书记例会制度。结合为民务实清廉主题教育活动加强党组织建设监督检查。(党委组织部、基层党委、党总支、直属党支部)

6. 加强党支部建设

贯彻落实《关于加强和改进高校基层党支部建设的意见》,优化党组织设置,创新活动方式,强化阵地保障,创建服务型党组织。认真组织好党支部换届选举工作,严格组织生活,创新党支部活动方式,增强党员的归属感、荣誉感和党员意识。(党委组织部、基层党委、党总支、直属党支部)

7. 加强党员队伍建设

坚持和完善"多层次、广覆盖"的党员教育培训体系,整合资源,拓宽渠道,着力增强党员党性,提高党员素质。贯彻落实《关于进一步加强高校学生党员发展和教育管理服务工作的若干意见》,修订我校相关文件,提高发展党员质量。进一步探索扩大党内民主,完善党内情况通报、情况反映、重大决策征求意见制度,坚持党代会年会制度,探索党员旁听基层组织会议、党代会代表列席党委全委会和党委常委会的具体做法。(党委组织部、党委学工部、党委研工部、基层党委、党总支、直属党支部、党委办公室)

(三) 加强反腐倡廉建设

8. 维护党的政治纪律

加强党员尤其是各级领导干部遵守党的政治纪律的教育,牢固树立党员意识,自觉用党章规范言行,在任何情况下都要做到政治信仰不变、政治立场不移、政治方向不偏,加强

对政治纪律执行情况的检查。（纪委办公室、党委组织部）

9. 完善和实施惩治和预防腐败体系

根据中央、教育部惩防体系建设五年规划（2013—2017年），制订学校实施办法。深化反腐倡廉教育和校园廉政文化建设。梳理和优化校内权力运行流程，加强对权力运行的制约监督，形成不敢腐败的惩戒机制，不能腐败的防范机制，不易腐败的保障机制。实施和完善院（系）"三重一大"制度，加强对重点领域、关键环节和院（系）层面制度执行情况的监督检查，深化校务、院（系）务公开，推进"阳光治校"，运用信息化手段，加强对招投标等重大事项的监督。（纪委办公室、党委办公室、校长办公室、基层党委、党总支、直属党支部）

（四）加强作风建设

10. 加强领导班子和领导干部作风建设

按照中央政治局"八项规定"的精神要求，制订切合实际、更加具体、便于操作的办法和措施，完善党员领导干部直接联系学生、联系教职工、联系人才制度，走进师生、走进课堂、走进学生宿舍和食堂。完善科学民主决策等制度及相关议事规则。加强领导班子及成员党风廉政建设责任制和廉洁自律规定执行情况的监督检查，树立党员领导干部清正清廉良好形象，以优良党风带校风促学风。（党委办公室、校长办公室、纪委办公室、机关党委、机关各部处）

11. 深化机关作风建设

转变会风、文风，精简会议活动和文件，少开会、开短会、讲实话。带头勤俭办学，严格执行财务预算，控制行政发文，带头维护学校根本利益，把有限资金用到改善教学、科研、学习、生活条件上。实施《东南大学督促检查工作暂行办法》，加强对学校重点工程、重要工作、重大事项执行情况的督促检查，建立多部门分工负责、协同办理的机制，提高机关效能。（党委办公室、人事处、校长办公室、机关各部处）

12. 加强统一战线和群团工作

做好党外代表人士、新进各级政协委员、人大代表的培养、培训，开展专题调研、特色活动，提升参政议政能力。认真筹备、组织召开教代会年会，扩大二级教代会试点，加大二级教代会建设力度。完善党建带团建机制。认真做好第十三届"挑战杯"全国大学生课外学术科技作品竞赛参赛工作，争取优异成绩。加强学生会、研究生会及各类社团组织在学生立志修身、文化育人、学术攀峰、实践锻炼、自我发展等方面的作用。整合资源与力量，探索创业教育体系建构。探索离退休工作新机制和关工委工作长效机制。（党委统战部、老干部处、人事处、工会、团委、文化素质教育中心）

(五）提升思想政治工作水平

13. 提高德育工作实效

组织学生认真学习《社会主义核心价值体系建设实施纲要》，积极培育和践行社会主义核心价值观。深化"青马工程"、"磐石计划"，加强实践教育基地建设，深入开展学雷锋、"三下乡"等社会实践活动，认真做好亚青会志愿服务等工作。认真组织学生开展"走基层、看变化、学习贯彻党的十八大精神"主题实践活动，创造学生社会实践活动品牌。进一步加强网络思想政治教育，继续建好至善网，支持虎踞龙蟠 BBS 建设，与社会主流网站共建思政平台，形成网上网下、校内校外思想政治工作合力。按照《大学生思想政治教育工作测评体系》，组织开展好测评，充分开发利用测评结果，健全思想政治教育长效机制。实施大学生心理健康素质提升计划，大力开展高雅艺术进校园活动，积极组织参加大学生艺术展演，做好大学生艺术团赴我校孔子学院海外展演活动。加强思想政治工作队伍建设，按照《普通高校辅导员培训规划（2013—2017）》要求，增强辅导员职业能力。进一步发挥研究生导师的育人职能，建立导师与辅导员合力育人机制。（党委宣传部、党委学工部、党委研工部、团委）

14. 加强师德师风建设

贯彻落实《国务院关于加强教师队伍建设的意见》，深入开展学风建设专项教育和治理行动，加强和改进学风。大力加强和改进高校青年教师思想政治工作，结合学校师资队伍新变化加强青年教师学习制度建设，探索构建青年教师工作机制、青年教师交流平台，增强青年教师教书育人的荣誉感、责任感和爱校荣校的认同感、归属感。（人事处、教师教学发展中心、工会、团委）

15. 提高新闻宣传质量

坚持"三贴近"原则，办好校报，管好网络，巩固阵地，增强引领力、感召力、动员力，着力营造积极向上、奋发有为的校园舆论氛围。积极运用新媒体宣传渠道，增强新闻宣传的时代性，提升学校知名度、美誉度。进一步加强与主流媒体及门户网站的联络共建，构建新闻发布长效机制。加强新闻素材库建设和新闻策划，提高新闻宣传的预见性、针对性、引导性。完善突发事件新闻应急处置预案，为学校改革发展创造良好环境。（党委宣传部）

(六）提升内涵式发展水平

16. 优化学科专业

分析全国第三轮学科评估结果，总结成绩，查找不足，明确任务。调整和优化学科建设方案，进一步加强高峰学科和优势学科建设，拓展交叉学科和新兴学科建设，增强学科发展后劲，继续保持争先进位的良好态势。贯彻普通高等学校相关专业设置管理规定及目录（2012年），根据国家战略性新兴产业发展需要调整、设置新专业。大力实施各类本科卓越人才培养计划，进一步落实教授给本科生上课事项，创新教学管理与督导，促进教学内涵质量提升。落实关于深化改革提高研究生教育质量的意见，推进研究生培养模式改革。深入调研学情和教情，优化学生评价体系及标准，促进学生勤奋学习、快乐学习、成功学习。（党委发展规划部、研究生院、教务处、党委学工部、党委研工部、科研院）

17. 大力提升科研水平

深化科研体系改革，优化科研评价，激发承接重大项目的动力，释放科技创新潜能，加强基础研究项目、国际合作项目和重大科技创新项目、哲学社会科学项目申报的组织与服务，实现数量与质量的进一步提升。按照"高质量、高标准、有特色"的要求推进协同创新中心建设，力争在认定中获得优异成绩。加强协同创新中心运行模式和绩效评价机制探索，建构体现创新规律、适应国家需求、富有东大特色的协同创新中心建设模式，使其成为学科集成基地、拔尖人才集聚培养基地、创新创业成果培育基地。加大产学研合作力度，进一步拓展与地方政府、企事业单位的合作，加强已有产学研合作中心的建设，提升科技服务和成果转化效能。加强大学科技园建设，培育现代企业，扩大资产规模，增强资产回报能力。（科研院、社科处、产业工委）

18. 深化重点关键环节改革

坚持把人事制度改革作为推进学校改革发展的核心，进一步深化人事分配制度改革。根据国家事业单位改革政策，结合学校实际，完善定岗定编机制，加强编制核定与管理，提高编制运用效率。深化以岗位绩效工资为主的分配制度改革，扩大院（系）自主权，加强对院（系）分配与考核的宏观指导。加强制度设计和实施办法的政策导向，努力实现改善待遇与强化激励、近期作用与长期功能、物质激励与精神激励、推动学校发展与促进人的全面发展的有机统一，发挥绩效工资改革在增强教职工"三育人"荣誉感和责任感方面的重要作用。结合绩效考核，完善院（系）领导班子和领导干部任期考核、目标考核办法，认真制订和实施"十二五"改革和发展规划执行情况的中期检查方案，努力形成推进改革发展规划实施的有效机制。（人事处、党委组织部、党委发展规划部）

19. 大力推进依法治校

贯彻落实《全面推进依法治校实施纲要》，制订我校相关实施方案，努力创建依法治校示范高校。进一步修订完善《东南大学章程》，争取早日获得教育部核准后颁布实施，深入探索和构建现代大学制度。加强中层以上领导干部法制教育，提高依法决策能力和执行能力。加强普法宣传教育，促进师生员工依法从教、遵纪守法、依法维权。完善校内各项处分规则，健全各项申诉制度，保障师生员工合法权益。（法制办公室、党委宣传部、党委发展规划部、党委办公室、校长办公室）

（七）提升基础能力建设水平

20. 推进校园规划调整及建设

根据事业发展，调整各校区功能布局，适时修订校园建设规划。推进九龙湖体育馆、土木交通大楼建设，科学制订后续建设计划，深入推进发展重心南移进程。（党委发展规划部、基本建设处、后勤管理处）

21. 加强支撑能力建设

升级改造校园网，积极推进校园无线网络全覆盖工作。进一步完善校园信息门户，构建全方位、立体化图书情报服务平台。加强档案信息开发利用，提升信息化水平，提高档案服务师生、服务大学文化建设能力。（网络中心、图书馆、档案馆）

（八）提升和谐校园建设水平

22. 推进校园文化建设

打造精品文化活动和文化品牌项目，举办"五四红歌会"、"我的青春故事校园人物评选"、"毕业文化季"、"新生文化季"等系列精品活动。抓好国防教育及军训工作，创新入学教育、毕业教育工作。开展丰富多彩的校园文体活动，丰富师生员工文化生活。实施校园文化产品建设工程，探索有效的校园文化产品设计、传播营销机制。积极推进校史编研，继续开展校史口述史采编工作，建设中华奥委会成立旧址纪念设施。（党委宣传部、工会、团委、党委武装部、档案馆、高等教育研究所、体育系）

23. 推进校园民生建设

完善学生资助体系，健全绿色通道，形成奖学金、贷学金、助学金及社会资助等相结合的体系，扩大资助面和有效性，加强学生感恩教育，促进学生资助持续发展。鼓励毕业生到城乡基层、中西部地区、艰苦边远的地方就业，拓展毕业生到战略性新兴产业、先进制造业、现代服务业等就业的渠道，支持和引导更多学生自主创业，促进创业带动就业，为学生实现更高质量就业提供优质服务。进一步探寻多种方式和途径关心青年教师住房问题，使其安居乐业。充分利用社会资源为离退休老同志服务，探索家庭、社区、学校相结合的居家养老服务体系，进一步关注离退休老同志高龄养老问题。（学生处、党委学工部、研究生院、党委研工部、人事处、老干部处）

24. 推进平安校园建设

加强课堂、讲座、校报、校内广播电视和校园网的管理。加大舆论引导力度，营造良好的校园氛围。贯彻落实校园安全管理和深化平安校园建设的意见，集中开展学校及周边治安秩序专项整治行动。不断提高学校技防水平。巩固和提升保密资格认证复查成果，持续提高保密技术防范和保密管理水平。（党委宣传部、党委办公室、校长办公室、保卫处、保密办）

中共东南大学委员会 2013 年上半年工作小结和下半年工作补充要点

一、上半年工作小结

2013年上半年,校党委以中国特色社会主义理论体系为指导,深入贯彻落实党的十八大精神,坚持"开拓创新、争先进位"基本方略,以作风建设为主线,以"三重一大"决策制度的贯彻落实为重点,深化改革创新,加强现代大学制度建设,促进内涵式发展,认真实施"十二五"改革和发展规划纲要,加快推进国际知名高水平研究型大学建设,年初确定的各项任务有效落实。

(一) 宣传思想工作进一步加强

1. 深入学习贯彻党的十八大精神

围绕"学习党的十八大精神、坐标轴上看发展"等主题,举行中层干部理论学习报告会2场。举办了中层干部学习十八大精神专题培训班,培训中层以上干部近400人。坚持开展中层以上领导干部党的十八大精神网上学习培训。改版至善网,定期上传党的十八大精神、中国梦宣传教育及党的群众路线教育实践活动等专题学习资料。

2. 宣传工作保持良好态势

持续转变宣传思路,走进基层,贴近师生,深挖新闻线索,提炼新闻素材,加强新闻策划,传递正能量。围绕获得国家科技奖励、学科评估、自主招生、协同创新、中国梦主题活动等深入开展宣传报道。上半年新闻发稿量700余篇,超过2012年度总和。百度新闻搜索相关新闻统计半年总数204 000篇,较去年同期增长25 000篇。加强网络宣传,初步形成"网前策划、网上推广、媒体跟进、二次网传"的新闻传播和推介机制。充分发挥新媒体效用,新浪微博粉丝从年初6万增至8万人,腾讯微博人气指数居全国高校第四名,形成了有力的微博矩阵宣传群。《东南大学报》在江苏高校校报优秀作品评选中获奖总数和等次位列全省第一,获全国高校校报优秀作品一等奖3项。

(二) 作风建设扎实推进

3. 全面启动党的群众路线教育实践活动

根据中央统一部署,我校参加第一批党的群众路线教育实践活动。按照早发动、早部署、早准备的要求,召开了党委常委扩大会、党委部门负责人会、基层党委书记会等,全面学习习近平总书记等中央领导同志讲话精神。召开了基层党委书记,各级人大代表、政协委员,民主党派代表,教代会执委,老同志代表等参加的专题座谈会,听取意见建议。成立了学校教育实践活动领导小组及办公室,明确工作职责,制定了《东南大学深入开展党的群众路线教育实践活动实施方案》。召开了党的群众路线教育实践活动动员大会,对深入开展教育实践活动作了全面动员部署。

4. 制定和实施改进作风相关制度规定

贯彻落实中央八项规定和教育部九条意见,结合学校实际,制定了《东南大学贯彻落实中央改进工作作风、密切联系群众〈八项规定〉和〈实施细则〉的实施办法》。出台了《东南大学督促检查工作实施办法》,加强督查督办,推进工作落实。加强对机关作风建设考评体系的研究,进一步增强考评的导向作用和激励功能,促进机关作风建设深入开展。

(三)干部队伍建设和基层组织建设持续深化

5. 干部人事制度改革继续深化

修订了东南大学中层领导干部选拔任用工作条例相关规定,调整了中层干部首任年龄,扩大选人用人范围,进一步调动广大干部干事创业的积极性。干部轮岗交流、公开选拔、竞争上岗的力度和频度加大加快,8名干部轮岗交流、岗位调整,新提拔中层干部18人。选派2名干部滇西挂职、1名干部援藏工作,组织推荐第六批科技镇长团团长人选2名、成员8名。选派"教授博士柔性进企业"人员27名。

6. 基层组织建设有力加强

加强学习型党组织建设,广泛动员、积极组织全校广大党员参与中组部和省委组织的学习党的十八大报告和党章知识竞赛活动。加强创新型党组织建设,开展了"最佳党日活动"评选工作,通过表彰先进,激励全校党组织,创新党日活动和组织生活方式。制定了《东南大学党建研究项目管理办法(试行)》,通过研究项目立项和优秀实践项目评选,引领创新型党组织建设。党员发展和培训工作持续加强,发展党员1542人,其中学生党员1520人,教职工党员22人。培训新任支部书记及支委198名,培训预备党员1 222人,培训党员发展对象1 884人。

(四)学生思想政治工作扎实推进

7. 学生德育工作进一步深化

实施"马克思主义理论学科建设跃升计划",举办"思想的力量"学术报告2期。积极推进马克思主义理论研究和传播。推出马克思主义理论系列研究丛书,出版专著3部。完成思想政治教育课程新任教师的选拔、培训。举办了辅导员职业技能竞赛,持续搭建学生工作经验交流平台。举办了2011级流动助教欢送会暨辅导员宣誓仪式,增强辅导员队伍的职业认同感、归属感和凝聚力。持续加强学生心育工作,开展日常心理健康教育普及活动及"3·20心理健康周"、"5·25心理健康月"等活动。继续加强学生国防教育,启动2013国防文化季活动。持续开展感恩教育,组织2013年"回访母校谢师恩"主题寒暑假

8. 实践育人成效显著

深入开展2013年东南大学学生志愿者暑期文化科技卫生"三下乡"社会实践活动,派出校级重点团队76支,院(系)级重点团队400余支。积极参与2013年"远洋之帆"第五届大学生社会实践活动。亚青会志愿者的招募、选拔、培训、管理等工作有序开展。创新创业教育多元发展,积极组织参与"挑战杯"全国大学生课外科技作品竞赛,6件作品入围全国赛。举办以"创新点缀人生,科技放飞梦想"为主题的学生科技节,组织活动336场,20 000多人次参与。成立了东南大学大学生国际创业赛事俱乐部,储备国际高水平赛事项目和人才。参赛团队入围香港理工大学国际大学创新挑战赛最终决赛。培育学生创业竞赛团队10余支,孵化学生创业企业2家。积极组织完成国家级大学生创新创业训练计划,培育学生创业竞赛团队10余支。3支创业团队获南京市青年大学生优秀创业项目共计85万元资助,占总资助额度近四分之一,其中1个项目名列第一,获最高额度50万元资助。组织完成国家级大学生创新创业训练计划,选拔9支国创团队并成功立项,资助经费额度达32万元。

9. 研究生工作进一步加强

开展科学道德和学风建设宣讲教育报告会6场。开展"我最喜爱的研究生导师"评选活动,激励研究生导师以学术造诣和人格风范引领研究生成长成才。加强研究生的形势与政策教育。举办了"校庆研究生学术报告会",收到论文1 890篇,评选出优秀论文163篇。

(五)现代大学制度建设进一步推进

10. 现代大学制度构建取得新进展

根据教育部要求,对《东南大学章程》作了进一步修改完善,并提交教育部审批。根据《东南大学章程》要求,开展了学校学术委员会、学位委员会、教学指导委员会等学术组织章程的修订。完成了我校承担的《加快构建现代大学制度,推动新型学术组织建设》国家教育体制改革试点项目的中期总结。

11. 学校发展战略进一步完善

根据国务院发布的《苏南现代化建设示范区规划》,制定了《东南大学贯彻落实〈苏南现代化建设示范区规划〉实施意见》,进一步明确了加快世界一流大学、服务苏南现代化建设示范区的重大意义、目标任务和具体举措,使学校改革发展更好融入国家区域发展大局。

12. 加强制度实施的检查

完成了二级单位"三重一大"决策制度执行情况监督检查工作,全校所有院(系)均完成"三重一大"决策制度制定工作，二级单位领导班子决策科学化、规范化、民主化水平得到提升。加强对人、财、物等重点部位和关键环节权力运行的监督检查，对违规招标等及时纠正整改。围绕科研经费管理等重点领域，开展多层面反腐倡廉教育，推进校园廉洁文化建设。及时受理群众举报，认真核查案件线索，严肃查处违纪违法行为。

（六）和谐校园建设进一步加强

13. 校园民生建设不断深化

组织"图书馆杯环湖健身走"、"后勤集团杯环湖健身走"、"女教职工广播体操比赛"、"教职工智力运动会"、"校机关第五届迎校庆龙舟赛"等多项文体活动，丰富校园文化生活。组织大龄青年参加在宁高校、部属科研院所青年联谊专场活动。组织开展2012年度教职工大病医疗互助金的发放工作，共补助患大病教职工549人次，补助总额284万余元。主动开拓和利用社区资源，初步构建了多方合作共建的社区居家养老服务新体系。充分发挥离退休老同志作用，积极稳妥推进关心下一代工作常态化、系统化、特色化。

14. 民主校园建设进一步推进

召开了学校七届二次教代会提案落实工作推进会。举办了党外知识分子培训班，启动"提交一份有影响力的提案，开展一项有特色的活动，撰写一份有分量的调研报告"活动，鼓励、引导和帮助党外代表人士提高参政议政水平。

上半年，在学校党政的密切配合和全校师生员工的共同努力下，学校在学科内涵建设、教育教学改革、人事制度改革、基本建设、科研及产学研合作、国际化办学、后勤服务、产业、校友工作、发展工作、医疗卫生服务等各方面均取得了显著成绩，为下半年工作顺利开展打下了坚实基础。

二、下半年工作补充要点

下半年，学校党委将按照年初确定的工作总要求和总部署，以作风建设为主线，以深入开展党的群众路线教育实践活动、"十二五"改革和发展规划实施情况中期检查为重点，推进作风转变，加快改革创新，力争国际知名高水平研究型大学建设再上新台阶。

1. 深入开展党的群众路线教育实践活动

贯彻实施教育实践活动实施方案。抓好学习教育、听取意见环节，组织理论学习和思想教育，做好作风建设评议，走基层听民声，深入调查研究。抓好查找问题、开展批评环节，围绕为民务实清廉要求，采取多种形式，认真查摆"四风"方面的问题，开展好批评和自我批评，开好校院（系）两级民主生活会。抓好整改落实、建章立制环节，梳理和完善规章制度，着力解决师生反映强烈的突出问题，保障教育实践活动健康开展、取得实效。以教育实践活动为契机，深化机关作风建设，进一步完善机关作风考评体系，发挥机关党委网站的作用，及时表彰先进和处理投诉，不断优化净化机关风气。（教育实践活动领导小组办公室、机关党委、机关各部处、各院系）

2. 加强理论学习和思想建设

继续深入学习和宣传贯彻落实党的十八大精神。围绕党的群众路线教育实践活动和党的十八大精神，开展理论研究工作。组织广大党员采用多种方式，原原本本学习研读《论群众路线——重要论述摘编》《党的群众路线教育实践活动学习文件选编》《厉行节约、反对浪费——重要论述摘编》等文献。进一步加强和改进理论学习，端正和优化学风，延请理论名师，切实提升理论学习实效。继续深化"中国梦·东大梦·我的梦"主题教育活动，进一步集聚建设高水平大学乃至世界一流大学的强大精神力量。（党委宣传部、党委学工部、党委研工部、团委）

3. 持续加强宣传工作

加强新闻预判与策划机制建设，根据学校重要工作节点，及时做好相关宣传工作。进一步建好师生宣传队伍，整合网络媒体宣传队伍。创新新闻报道模式，进一步面向师生、面向基层、面向实际。加强学生采写队伍建设，提升专职编辑水平，完善和拓展校报功能，加强校报网络平台建设。（党委宣传部）

4. 继续深化干部人事制度改革

认真贯彻全国组织工作会议精神，加强干部队伍建设，进一步修订《东南大学中层领导干部选拔任用工作条例》，改进竞争性选拔方式方法，引导干部在实干实绩上竞争。召开党校工作会议，修订和出台党校工作系列文件，改革创新党员干部学习和培训机制。（党委组织部）

5. 加快内涵式发展步伐

启动学校"十二五"改革和发展规划实施情况中期检查工作，制定科学有效的中期检查方案。对比争先进位的国际化指标和赶超目标，总结经验，寻找差距，深入贯彻落实学校发展规划。加快推进学术性组织章程修订工作，积极开展"大学章程建设试点高校"的各项建设工作，经教育部核准后正式颁布实施《东南大学章程》。（党委发展规划部、各院系）

6. 加强学生思想政治工作

持续加强学生关爱体系建设，对学习困难、生活困难和就业困难的毕业生开展跟踪服务。做好2013级新生入学教育和军训工作。做好对新任研究生党支部书记的培训工作。做好对研究生最佳党日活动的评选工作。贯彻暑期研讨会精神，加强研究生科学道德教育和学风建设。深入推进关工委工作常态化、系统化、特色化建设。做好亚青会志愿者总结表彰工作。开展好各级各类志愿者的招募、审核、培训、派遣等工作。（党委学工部、党委研工部、团委、人民武装部、党委老干部处、各基层党委）

7. 深入推进党风廉政建设

建立健全工作机制，完善符合高等教育办学特点的惩防体系。加强监督检查，推进反腐倡廉建设。按照厉行节约、反对浪费的要求，努力促进节约型校园建设。加强财务信息公开和"三公经费"的管理。以教育部专项检查为契机，深入开展对科研人员的政策法规教育，建立健全科研经费监管长效机制。深入推进廉政文化建设，深化廉洁教育"三进"工作。依托相关学科，组织开展高校反腐倡廉理论研究。（纪委、科研院、社科处）

8. 加强温馨校园建设

以庆祝教师节为契机，开展"教师回报社会"系列活动，进一步增强教职工的荣誉感和社会责任感。深入开展"三育人"积极分子评比活动，以榜样的力量激励教职工立德树人。做好海外归国人员和新归侨工作。充分借助各级社会主义学院加强对青年民主党派成员和无党派代表人士的培训。（工会、党委统战部）

9. 加强校园文化建设

做好 2013 年东南大学"新生文化季"各项工作，上好新生入学第一堂文化课。推进中华体育协进会成立会址纪念设施建设，围绕青奥会开展体育文化建设。继续加强校报历史回溯栏目建设，深化校史研究，加强校史资料积累。加强对校园古树名木和历史建筑遗存的保护工作。（校团委、文化素质教育中心、党委宣传部、档案馆、后勤管理处）

10. 深入建设平安校园

继续修订和完善校园稳定工作机制，加强培训，落实好突发事件应急处置预案。加强对师生尤其是新生的安全教育。完善校园安防体系建设，进一步提高校园安全度。持续加强保密教育，提升保密工作能力和管理水平。（稳定工作领导小组及办公室、党委保卫部、保密办等）

（东大委〔2013〕36 号）

东南大学2012年工作总结和2013年工作纲要

一

2012年,是全校师生员工凝心聚力、奋勇拼搏的一年,是开拓创新、争先进位工作取得丰硕成果的一年。一年来,学校在教育部和江苏省委、省政府的正确领导下,深入贯彻落实科学发展观,进一步解放思想,改革创新,紧紧围绕年初制定的工作目标,扎实有效地开展工作,较好地完成了预定任务,取得了优异的成绩。

(一)学科评估再创佳绩,学科建设和研究生教育水平明显提高

完成"211工程"三期建设项目验收和"985工程"阶段检查总结工作。在第三轮全国学科评估中,15个学科进入前20%,较上一轮增加了7个,其中有3个学科位列全国第一位,有3个学科位列全国第二位,均较上一轮增加了2个,排名第一的学科数并列全国高校第七位;有8个学科进入全国前三位,较上一轮增加了4个;有12个学科进入全国前七位,有10个学科位列全国前5位,均较上一轮增加了5个。进入ESI世界前1%的7个学科排名均大幅提升,其中工程学上升至105位。在江苏高校优势学科建设工程一期项目中期评审中,2个学科获评优秀。新增江苏省一级学科重点学科4个。启动博士生招生申请—考核制试点工作,以此录取博士生27名。获得全国优秀博士学位论文3篇,数量并列全国高校第四位,创历史最好成绩,获全国优秀博士学位论文提名奖2篇。入选"江苏省研究生培养创新工程"项目220项,较去年增加25%。组织建设全英文硕士专业15个。东南大学—蒙纳士大学苏州联合研究生院正式运行,招收硕士生90名。通过多种举措提高研究生生源质量,接收外校推免生总数较去年增加了15%。

(二)继续强化内涵建设,本科教学和人才培养质量不断提升

开展英文试点专业7个,开设英文授课课程108门,双语授课课程169门。获国家级专业综合改革试点项目4个,获批省级重点专业建设项目33个。获牵头国家级规划教材21种,获批数量并列全国高校第五位。新增国家级实验示范中心1个,国家级大学生创新性实验项目125项。获批国家"卓越工程师教育培养计划"专业14个,国家级"工程实践教育中心"12个。获批国家首批"卓越医生教育培养计划"专业1个,并承担了"拔尖创新医学人才培养模式改革试点"和"五年制临床医学人才培养模式改革试点"项目。获首批国家级教师教学发展示范中心建设点,获"宝钢优秀教师特等奖"1项,"宝钢优秀学生特等奖"1项。在第八届"挑战杯"中国大学生创业计划竞赛中获得两金一银,总分并列全国高校第一名。本科生生源质量进一步提升,2012年年终学生总就业率达到99.08%。

(三) 创新能力不断增强,科技工作保持快速发展的良好势头

获国家自然科学基金项目资助273项,资助经费1.65亿元,经费数较上一年增长了33%。获牵头"973"项目1项,使学校连续七年每年均获得牵头"973"项目资助。获自然科学基金委创新群体1个,教育部创新团队1个,新增国家杰出青年基金获得者1人。获"863"课题牵头项目5项,支撑计划项目5项。获国防重大、重点项目6项。牵头培育组建协同创新中心4个。作为牵头单位获国家技术发明二等奖1项,国家科技进步二等奖2项。作为牵头单位获教育部技术发明一等奖1项,教育部科技进步一等奖3项,江苏省科技奖一等奖2项。获国家部省共建工程研究中心1个,使国家级工程(技术)研究中心达到5个。3个国家重点实验室和2个教育部重点实验室以优异成绩通过评估。科研经费到款13.61亿元,较前一年增长了11.6%,其中国防科研经费到款首次超过1亿元。发明专利申请1 348件,发明专利授权638件,较前一年增长了42.9%,申请PCT专利13件。SCI论文收录1 457篇,较前一个统计年增长了186篇,继续位列全国高校第17位。质量体系通过民品再认证和军品监督审核,生产许可证延续申请通过现场审查。成功申报江苏省技术转移示范中心,与企业共建校企联合研发中心11个。组建成立了科研院,制订了《东南大学异地研究院管理暂行办法》等科研管理办法。制订《东南大学哲学社会科学(2011—2020)繁荣计划》。获得国家社科基金项目立项16项,其中重大项目1项,重点项目2项,特别委托项目1项,获教育部人文社科重大委托项目1项。获教育部人文社科优秀成果奖5项,江苏省第十二届哲学社会科学优秀成果奖14项,其中一等奖3项。获全国普通高校哲学社科研究管理"先进集体"称号。

(四) 加快实施人才强校战略,队伍建设和人事制度改革扎实推进

新增"千人计划"国家特聘专家5人,"青年千人计划"5人,新增"长江学者"3人。引进具有博士学位的教师131人,其中具有海外博士学位或一年以上海外留学经历的教师74人。引进急需的学科带头人12人,其中国家杰出青年基金获得者2人。专任教师总数达到2 534人,其中具有博士学位的比例达到69.5%。新增江苏省特聘教授3人,江苏省"科技创新团队"1个,江苏省高层次创新创业人才3人,新入选江苏省"六大人才高峰"14人,"青蓝工程"创新团队2个,带头人10名,骨干教师8名。聘任"江苏产业教授"31位。派出赴国(境)外进修的青年骨干教师82名。新增博士后科研流动站5个,博士后科研流动站总数达到28个,在站人数达到372人。实施《东南大学教师系列正高级专业技术职务评聘校外同行专家学术评议工作暂行办法》,完成年度专业技术职务评聘工作。完成2012年度专业技术岗位定岗分级和职员晋升评聘工作。2013年新评聘东南大学特聘教授41人、青年特聘教授11人。自筹资金全面兑现退休人员生活补贴,对在职教职工校内岗位绩效津贴进行调整,较大幅度地提高了广大教职工的实际收入。

(五) 拓展深化合作领域,国际交流合作与港澳台工作成效明显

与澳大利亚蒙纳士大学联合申请的"东南大学—蒙纳士大学苏州联合研究生院"得到上级部门批准,成为国内唯一获得正式批准的研究生教育层次的中外合作办学机构。与法国雷恩第一大学联合培养研究生的专业新增1个。与美国田纳西大学和得克萨斯大学达拉斯分校合作新建了2所孔子学院,与境外12所大学正式建立了合作关系。派出赴国(境)外攻读学位、短期学习、交流的学生1047名。派出赴国(境)外参加国际学术会议、学术交流、合作和考察的教师800人次。聘请来校讲学、合作研究的外国专家843名,开设全英文专业课程的外籍语言专家及专业外籍教师47名。主办国际学术会议25场。海外留学生总人数1 389人,较去年增长了15.6%,其中学历生1 021人,占总人数的73.5%,学历生中留学研究生289人。

(六)围绕学校中心工作,其他各项工作进展顺利

隆重举行110周年校庆活动。多位党和国家领导人分别题词或致贺信,温家宝总理专门题词"以科学名世,以人才报国"以示祝贺。举办了隆重热烈的校庆大会,开展了多场丰富多彩的学术活动,举办了感人至深的校庆文艺晚会,回顾总结了东南大学110年来成功的办学经验和优良的文化传统,展现了东南大学面向未来建设世界一流大学的信心和决心,充分激发了全校师生和广大校友的爱校之情和自豪之感,在海内外产生了重大反响。

校教育基金会荣获"5A级社会组织"称号,获得各类捐赠款到账14 065万元,奖助学金、奖教金发放达到1 030万元,取得历史性突破。江苏东南大学资产经营有限公司获评产业规范化建设A级,连续三年获得优秀单位称号,公司运行取得较好成绩。全面推进大学科技园建设工作,与南京市玄武、栖霞、建邺、浦口、江宁、下关、鼓楼等七区和扬州市政府共建大学科技园。

成立了基本建设处,完成博士后公寓二期建设,基本完成九龙湖校区材料化工教学科研楼建设项目。完成九龙湖一期工程的财务竣工决算和十个项目的竣工备案工作。完成九龙湖研究生宿舍3号院和土木交通教学科研楼前期工作,即将开工建设。修缮金陵院、大礼堂、校友会堂、丁家桥校区科技会堂等重要建筑1.2万平方米。改造九龙湖校区二环路分隔带及两侧绿地6万平方米。

此外,2012年学校安全稳定工作取得新成效,保密工作常抓不懈,有力地保障了各中心工作的开展;财务制度更加健全,财务运行和审计监察更加规范有效;对外宣传尤其是校庆宣传取得明显成效,进一步扩大了学校声誉和社会影响力;依法治校、民主管理、对口支援工作取得新进展;机关服务意识进一步增强,服务质量有较大提升;数字化校园建设顺利推进,为师生带来更大便利;校园文化和学生科技活动丰富多彩。各校区、各院系、各直属单位在学校领导下积极开展工作,均取得较好成绩。附属中大医院新病房大楼投入使用,极大改善了医院的发展空间和硬件条件,医院的医疗服务、学科建设、科研、教育教学、管理等各项事业都取得了较快的发展。

已过去的2012年,学校各项事业蓬勃发展,高水平大学建设的关键性办学指标获得长足进步:新一轮学科评估成绩显著;全国优秀博士学位论文数量创历史新高;高水平论文快速增长;牵头国家级奖励连续四年取得较好成绩;海外留学生人数和学历生比例进一步提高;110周年校庆活动进一步凝聚人心。这一系列成绩表明,我们治学理校的思路愈发明晰,深化改革的举措更加有力,探索创新的成效日益明显,广大师生员工同心同向、无

私奉献,学校的办学实力、社会声誉和国际影响力进一步提升。但是,在成绩面前,我们要保持清醒的头脑,既看到成绩和进步,更要看到差距和不足,增强责任意识和质量意识,增进对事业发展的期望和信心,增强科学发展的能力和水平,不断开拓创新、争先进位。

二

2013年,是学校全面贯彻落实党的十八大精神的重要一年,是学校全面实施"十二五"发展规划纲要的关键之年,也是在更高起点上加快推进学校改革创新、为创建国际知名高水平研究型大学奠定坚实基础的奋斗之年。做好今年的各项工作,对促进学校健康快速发展、早日实现"十二五"规划目标具有十分重要的意义。为此,2013年,我们将进一步贯彻落实"三步走"战略部署和"开拓创新、争先进位"基本方略,坚持科学发展的主旋律,坚持内涵式发展的主方向,主动适应高等教育发展的新形势和新要求,有效推进新一轮改革,有效破解发展难题,有力促进质量效能的提升,科学规划,调整政策,强化统筹,确保重点,以实施《东南大学章程》为契机,深化人事分配制度改革和体制机制创新,完善各项制度和配套措施,努力构建具有东大特色的现代大学制度,进一步提高人才培养、科学研究、社会服务和文化传承创新的能力与水平,促进学校综合实力和核心竞争力的显著提升。

(一)科学规划,加强协调,积极推进学科建设与研究生教育工作

认真总结第三轮全国学科评估中的建设经验和存在的问题,加强学科发展的顶层设计和宏观规划,把握学科发展全局,逐步形成良好的学科发展生态。进一步加强"985工程"建设中的管理和协调能力,加强建设经费绩效考核,提高学科建设成效,确保以优异成绩完成"985工程"总结验收工作。加强国家重点学科评估的组织和协调能力,启动国际学科评估工作,力争在国际学科评估中取得较好成绩。统筹和加强院士申报工作,力争院士申报工作取得好成绩。继续深化博士生招生制度改革,完善博士生招生申请—考核制,扩大导师招生自主权,在确保公平的基础上科学选拔优秀创新人才。积极推进研究型教学示范课程建设。进一步扩大优秀博士基金资助力度,优秀博士基金立项40—50项,加强教育部"博士研究生学术新人奖"和学校优秀博士学位论文的培育工作,力争获得全国优秀博士学位论文2篇以上。继续做好国家公派留学生工作,选派100多名优秀研究生至世界一流大学攻读学位或进行联合培养,进一步提升联合培养研究生的研究成果质量。在高等数学课程试行研究生助教制度的基础上,在更大范围内大力推行研究生助教工作。

(二)强化内涵,提高质量,继续加强本科教学与人才培养工作

加强"高等学校本科教学改革与质量工程"项目建设,不断深化"卓越工程师教育培养计划",认真做好"卓越医生教育培养计划"拔尖创新医学人才培养改革试点工作,积极探索"卓越法律人才教育培养计划"、"卓越文科人才教育培养计划"等卓越人才培养改革。力争获批国家"卓越工程师教育培养计划"专业3个、卓越法律人才教育培养基地1个、国家级专业综合改革试点项目1—2项。加强精品视频公开课、精品资源共享课和课程中心建设,加强教师教学发展示范中心、实验教学示范中心和大学生校外实践教育基地建设。

力争获国家级精品资源共享课首批启动立项建设课程15门左右,国家级大学生创新创业训练计划项目100项,"国家高层次人才特殊支持计划"教学名师1—2名。做好国家教学成果奖申报工作,力争取得优异成绩。加快国际化教育教学进程,力争参加国际交流的本科生比例达到5%左右。加强教师教学培养与教学考核,建立教师课程教学基本要求和任务标准,强化本科教学督导制度。积极开展专业评估(认证)、课程评估和院(系)本科教学评估考核,加强院(系)二级教学管理,促进提高教学质量。

(三)调整政策,有效激励,着力推进科研创新与科技服务工作

进一步调整科研管理政策,充分调动学院(系)、科研机构和教师开展科研工作的积极性,鼓励广大教师申报"973"、"863"、重大专项、支撑计划等重大重点项目,确保获得牵头"973"项目1—2项,获得牵头重大重点项目2—3项。确保获得国家杰出青年基金项目2项,自然科学基金项目资助数量较上一年增长15%。科研经费在上一年的基础上力争增长15%以上。有效促进高水平论文的进一步快速增长。力争发明专利申请量较上一年增长20%,逐步提升发明专利申请的质量,申请PCT专利30件以上。重点抓好成果的申报工作,力争牵头获得国家级科技奖励2项以上,并提前酝酿和培育部省级科技奖励项目。重点推进协同创新中心建设和培育组建工作,力争获得国家2011协同创新中心认定1个,获得江苏省2011协同创新中心培育2个。加强高水平科研团队和科研基地建设,力争获教育部创新团队1个。进一步调整国防科研政策,力争在国防重大重点科研项目、国防重大专项等方面有新的突破,国防科研经费力争较上一年增长20%。继续探索新形势下产学研合作新途径,调整产学研合作思路,新建产学研联合研究中心10个,区域性研究院2个,实现与10家以上大型企业开展科技对接。召开第二届哲学社会科学大会,全面落实《东南大学哲学社会科学(2011—2020)繁荣计划》。继续做好标志性国家社科基金、教育部人文社科研究项目和省社科基金的立项工作,积极推进人文社科"2011计划"建设和教育部人文社科重点研究基地申报工作。

(四)深化改革,聚才引智,着重抓好队伍建设与人事改革工作

继续抓好人才引进工作,努力从海内外引进更多拔尖创新人才,结合东南大学国家重点创新项目、国家重点学科和重点实验室,着力做好海外高层次人才的引进工作,认真做好国家"千人计划"、"长江学者"以及江苏省和学校各类人才工程的人才引进和选拔工作,调整和规范各类人才的支持体系,力争新增"千人计划"国家特聘专家2—3人,"青年千人计划"4—5人,新增"长江学者"2—3人,做好"万人计划"的申报推荐工作,力争取得较好成绩。全年计划引进具有博士学位的教师100名以上,其中具有海外博士学位的教师不少于40名,专任教师中具有博士学位的比例力争达到75%以上。根据发展规划,引进急需的学科带头人10人以上。进一步做好青年教师公派出国培养工作,加强派出成效考核。继续做好博士后管理工作,重点加强新批博士后流动站的建设工作。进一步改革用人、考核、晋升制度,完善同行评议制度,做好2013年专业技术职务评聘工作以及专业技术职务岗位的设岗分级工作。总结经验,适时推进2013年职员晋升工作。制定岗位绩效津贴考核奖励方案,调整突出成果奖励政策。完成学校专任教师、其他专技人员和机关管

理人员的定岗定编工作。规范教授上课制度,制定具体实施方案和考核奖励办法。

(五)拓宽渠道,提升层次,扎实开展国际合作交流与港澳台工作

继续与卡内基梅隆大学和谢菲尔德大学等国际知名大学开展合作,在高水平、实质性国际合作方面取得突破。继续重点推进与澳大利亚蒙纳士大学的全面合作,抓好"东南大学—蒙纳士大学苏州联合研究生院"的招生培养以及东南大学蒙纳士大学联合研究院工作。做好美国田纳西大学"孔子学院"和得克萨斯大学达拉斯分校"孔子学院"中方院长与教师的派遣工作。进一步做好智力引进工作,重点落实完成3个国家引进智力"111计划"专项所设定的各项工作,全年计划聘请来校参与教学和科研合作的外国专家800名以上。全年计划派出出国(境)进修、学习和参加国际学术会议的教师800人次以上,派出出国(境)学习和交流的学生1 000人次以上。积极举办高水平国际学术会议,力争举办高水平国际学术会议10—12个。开拓招生渠道,继续拓宽学科覆盖面,提高留学生层次尤其是提高留学研究生、博士后和访问学者的比例,力争使海外留学生的人数达到1 500人,其中学位生1 150人。

(六)强化统筹,确保重点,逐项落实2013年重点工作

重点调整并健全学术委员会、学位委员会、教学委员会等学术机构的职责,依据《东南大学章程》制定学术机构章程和运行规则,保证其充分发挥学术权力。重点加强人事政策与科研政策调整力度,加强科研基地管理与考核力度,完善职称评审、博导评审、特聘教授与青年特聘教授评聘等规则;充分调动教师申报各类重大重点科研项目和重要军工项目的积极性;加强高水平科研团队建设,大力培育高水平科技成果和高水平论文。重点强化服务学生发展理念,优化服务流程和方式,梳理并完善专业分流、转系转专业等相关教学管理政策,使之更加适应高素质优秀人才培养的需要。重点推进教师教学发展工作,大力推进教授为本科生上课制度,更大力度实施并完善教学督导和学生评教工作,加强对教师教学质量和效果的评测与考核,对经考核不能胜任教学岗位的教师开展培训,帮助其提高教学水平,对自愿参加教学培训的教师做好培训服务工作。重点研讨和梳理实验室设备共享的政策和体制,建立科学合理的实验设备管理与维护机制,提高实验设备使用效能。重点加强学术特区扩展与深化工作,完善学术特区用人方式、薪酬体系和考核机制,组建新的学术特区,使学术特区建设取得新成效。重点完善校园建设规划方案,根据学校事业发展需要,制定学校长期建设规划方案和未来十年建设规划方案,合理调整各校区功能定位和布局。重点完善财务管理体制,重组国有资产监管体系,研讨国有资产和会计监管改革方案,为逐步建立全成本核算体系、资源有偿使用制度、绩效评估制度奠定基础。

(七)需要努力推进的其他工作

加快推进后勤集团下属企业改制和后勤体制改革工作。以现代企业制度统筹考虑九龙湖宾馆、榴园宾馆、文园宾馆、格林宾馆等宾馆的经营管理和改制工作。积极推进九龙湖体育馆、研究生宿舍3号院、土木交通大楼等基本建设工程,完成九龙湖本科生学生宿舍与食堂的项目立项和前期工作,启动电子信息教学科研楼的调研工作。全面巩固产业规范化建设成果,进一步做实做强做大大学科技园。提前酝酿并认真论证改善基本办学条件专项,确保改善基本办学条件专项的科学性与可行性。完善专项经费和科研经费管理制度,加强对专项经费和科研经费的管理和绩效考核。研讨定岗核编方案,启动学校定岗核编工作。研讨无锡分校、苏州研究院管理体制与运行机制,积极争取地方政府对苏州研究院的政策支持,解决中澳研究生院体制问题。加强成贤学院建设,完善有关政策,着力解决专业负责人、教学骨干的问题,以及东大教师兼职兼课和学生辅修问题。积极推进校园无线网络全覆盖工作,为广大师生提供便利服务。大力推进依法治校工作,做好对口支援工作。积极实施各项民生工程,进一步推进教授治学和民主管理,完善各类学术机构,努力建设和谐校园。

2013年充满着期待和希望。进入新阶段,站在新起点,全校各单位要认真学习贯彻党的十八大精神,进一步落实科学发展观,进一步明确高等教育的内涵式发展道路,紧紧抓住实施"十二五"发展规划纲要的重要机遇,以发展为主线,以改革为动力,以更加昂扬的斗志,更加进取的精神,更加扎实的工作,开拓创新,争先进位,进一步提升学校的整体实力和核心竞争力,为东南大学创建世界一流大学而努力奋斗!

(校通知〔2013〕26号)

东南大学 2013 年上半年工作总结和下半年工作补充安排

一

2013年上半年，学校认真学习贯彻党的十八大精神，进一步落实科学发展观，紧紧抓住实施"十二五"发展规划纲要的重要机遇，围绕年度工作计划，开拓创新，争先进位，各项工作均取得较好成绩。

（一）高水平学科建设目标进一步强化，学科建设与研究生教育工作取得新进展

对学校在第三轮全国学科评估中的建设经验和存在的问题进行了整体总结和分析，各参评学科根据评估情况正在制定学科发展思路和规划。完成江苏省"十二五"重点学科中期检查工作，3个学科获评优秀，位列全省首位。稳步推进研究生招生制度改革，出台《东南大学博士研究生招生工作办法》，通过申请—考核制录取博士研究生42名。继续做好"国家建设高水平大学公派研究生出国留学项目"的选拔和推荐工作，派出研究生100名。进一步加大优秀博士论文基金资助力度，遴选优秀博士论文基金20项。获江苏省2013年优秀博士学位论文13篇。大力推进合作办学，组织建设全英文授课硕士专业15个。稳步推进东南大学—蒙纳士大学苏州联合研究生院建设工作，研究生联合培养工作进展顺利。大力实施研究生助教制度，完成研究生助教的选派工作。

（二）人才培养质量进一步提升，本科教学与人才培养工作取得新成效

修订《转院（系）、转专业类实施办法》《学籍预警与学籍处理实施细则》等规定。获江苏省教学成果奖特等奖4项，一等奖7项，二等奖6项。入选2012年度"国家高层次人才特殊支持计划"教学名师2人。新增国家专业综合改革试点专业1个。52位教授当选新一届全国教指委委员，其中主任委员5位，主任委员人数并列全国第三。1个专业以优秀成绩通过住建部专业评估。新增卓越工程师教育培养计划专业4个，新建卓越工程师联合培养基地5个。获国际数学建模竞赛一等奖12项，国家级大学生创新创业训练计划项目立项115项。本科生生源质量大幅提高，为优秀人才培养提供了良好基础。

（三）创新能力进一步增强，科学研究与科技服务工作取得新成绩

获"973项目"（青年科学家专题）1项，3名教师通过国家杰出青年基金最后一轮评审，6名教师通过国家优秀青年基金最后一轮评审。获江苏省杰出青年基金8项，位列江苏高校第一。酝酿和培育国家级科技奖励，4个项目通过国家奖的初审答辩。获江苏省首批立项建设高校协同创新中心2个，新增校级协同创新中心2个。新增江苏省重点实验室1个，组建校企产学研联合研发中心11个。组织完成2012—2013年度质量管理体系的内部审核、管理评审工作，完善武器装备科研生产许可规章制度，完成自查工作。获国家社科基金一般项目（含青年项目）16项，资助项目数创历史新高。获江苏高校人文社科重点项目5项。建成江苏高校社科优秀创新团队1个，江苏高校国际问题研究中心培育基地1个。在教育部第六届高等学校科学研究优秀成果奖（人文社会科学）评审中，获一等奖1项，二等奖1项，三等奖3项，取得历史最好成绩。获江苏"社科应用精品工程"优秀成果奖5项，其中一等奖2项。

（四）人才强校战略进一步推进，师资队伍建设与人事工作取得新突破

新进教师67人，其中海外博士学位人员28人。专任教师达到2 573人，其中具有博士学位的比例达到70.46%。派出青年骨干教师出国进修（含访问学者）40人。新增"千人计划"国家特聘专家2人，"青年千人计划"1人。入选江苏省双创团队1个，"江苏省重点创新项目、重点学科、重点实验室高层次人才引进计划"3人。新增江苏省特聘教授5人，引进国家杰出青年基金获得者1人。入选"333工程"第四期培养对象73人，"青蓝工程"科技创新团队2个、中青年学术带头人10人、优秀青年骨干教师8人，入选"六大人才高峰"15人。新增"长江学者奖励计划"讲座教授1人，入选"百千万人才工程"国家级人选3人。博士后在站人数达到421人，较去年增长13%。

（五）开放办学进一步深化，国际化与港澳台工作取得新成果

继续深化与蒙纳士大学等国际知名高校的交流与合作，签署校际合作协议1份。赴国（境）外与会、交流、合作和考察的教师565人次，出国（境）学习和交流的学生466名。聘请来校讲学、合作研究的外国专家和学者426名，聘请开设全英文授课专业课程的专业外籍教师42名，外籍语言专家9名。举办国际学术会议11个。接待港澳台团队来访200余人，接待研习营1个。海外留学生总数达1400人，其中学历生1021人，占总人数的73%。

（六）围绕学校中心工作，其他各项事业进展良好

完成东南大学城市规划设计研究院改制工作。依托学校自主知识产权组建科技企业2家。推进大学科技园栖霞园区、高新园区等"一园多区"孵化载体和公共服务平台建设。

完成地下管网信息系统和建筑节能监管平台一期工程建设。完成部分住宅区水电直供改造，推进水电管理社会化进程。完成九龙湖教学楼、图书馆和周边景观提升工作。出新校舍1.3万平方米。完成学校土地权证的办理工作。完成九龙湖校区材料化工教学科研楼、四牌楼校区博士后公寓二期建设，开工建设九龙湖校区土木交通教学科研楼。

加强校内资金预算管理和专项资金使用管理，强化预算执行进度和项目绩效考核力度，以财务预决算审计、领导干部经济责任审计、建设工程跟踪和竣工决算审计为重点，加强审计工作力度。加强财务信息公开和"三公经费"管理，努力促进节约型校园建设。加强监察工作力度，开展财经监督检查和科研经费管理自查自纠工作，重点加强二级单位"三重一大"决策制度执行情况、"小金库"专项检查和科研项目的外协、转出款等重点领域的监督检查，对检查中存在的问题认真加以整改，大力推进"阳光治校"。

教育基金会评审奖助学金项目184项，奖助学金总金额达1 249万元，较去年同期增长21%。

继续重点推进"平安校园"建设,完善了消防水压远程监控系统的设计工作。继续加强保密和保密工作责任体系建设。进一步深化数字化校园应用与建设,完善运行维护机制。优化校园网基础架构,改善网络性能和网络安全状况,推进校园无线网覆盖。加大对外宣传力度,宣传工作成效明显。为学生服务的意识与能力进一步提高,学生管理与服务工作取得新进展。依法治校工作取得较好成绩。机关服务意识进一步增强,服务质量有所提高。附属中大医院各项事业均取得了较快发展。各校区、各院系、各直属单位在学校领导下顺利开展工作。

上半年,学校各项工作顺利进行,为全面实现全年工作目标打下了坚实基础。下半年,我们需要进一步明确工作思路,突出工作重点,坚定信心,齐心协力,扎实有效地推进各项工作。

二

根据《东南大学2012年工作总结和2013年工作纲要》,下半年,学校要重点推进和完成以下工作任务。

(一) 学科建设与研究生教育工作

结合第三轮全国学科评估情况和学科发展实际,加强学科发展的顶层设计和宏观规划。继续加强"985工程"、江苏省优势学科、江苏省重点学科的管理和协调能力,提高学科建设成效。做好"985工程"校内验收工作,确保以优异成绩完成"985工程"的总结验收。继续加强院士申报工作,力争院士申报工作取得好成绩。加强国家重点学科评估的组织和协调能力,开展国际学科评估试点工作。继续推进研究生招生制度改革,进一步完善博士生招生申请—考核制,扩大导师招生自主权,在确保公平的基础上科学选拔优秀创新人才。进一步加大优秀博士论文基金资助力度,优秀博士论文基金立项20—30项,加强优秀博士学位论文培育力度,力争获得全国优秀博士学位论文2篇以上。继续推进研究生教育国际化进程,深化与蒙纳士大学、雷恩第一大学等国际知名高校的合作,大力建设全英文授课硕士专业。进一步完善研究生助教制度,在更大范围内推行研究生助教工作。

(二) 本科教学与人才培养工作

继续深化卓越人才教育培养基地、国家级大学生实践教育中心的建设工作。力争成功申报卓越法律人才教育培养计划和校外实践基地,继续完善"卓越医生教育培养计划"培养方案。继续做好国家教学成果奖申报工作,力争在第七届国家级教学成果奖评审中取得优异成绩。加强国家精品开放课程建设,力争获国家精品开放课程10门左右,确保3个专业以优秀成绩通过专业认证。加强教师教学发展示范中心、实验教学示范中心和大学生校外实践教育基地建设。加速推进国际化教育教学进程,大力拓展本科生文化交流项目和交换生项目,参加各类国际交流的在校本科生比例达到5%左右。进一步完善教学决策、教学投入、教学发展、教学认证评价等教学质量保障体系建设,不断提高教学质量。

(三) 科研创新与科技服务工作

继续推进科研管理体制机制改革,完善各项科研管理制度,出台科研基地建设与考核办法、重大专项经费管理办法,修订重大科技项目岗评聘办法,力争在"973计划"、"863计划"、重大专项、科技支撑计划、国家自然科学基金重大重点项目等方面取得突破。继续重点推进协同创新中心建设和培育组建工作。重点抓好科研经费到款和发明专利申请工作,力争科研经费在上一年的基础上增长15%以上,发明专利申请量较上一年增长20%,申请PCT专利30件以上。继续加强高水平科研团队和科研基地建设,力争获教育部创新团队1个,确保2个教育部重点实验室(B类)通过验收。进一步调整国防科研政策,力争在国防重大重点科研项目、国防重大专项等方面有新的突破,国防科研经费力争较上一年增长20%。进一步总结产学研合作经验,提升产学研合作水平,与10家以上大型企业开展科技对接。召开第二届哲学社会科学大会,落实哲学社会科学繁荣计划的细化方案和实施措施。力争在教育部跨学科基地建设和省级人文社科协同创新中心申报中取得突破。

(四) 师资队伍建设与人事工作

继续采取积极有效措施做好人才引进工作,引进具有海外博士学位的教师15名左右,力争专任教师中具有博士学位的比例达到或接近75%。力争新增"千人计划"国家特聘专家1—2人、"青年千人计划"3—4人。认真做好长江学者申报工作,力争新增长江学者1—2名。继续做好江苏省特聘教授、东南大学特聘教授、东南大学青年特聘教授、东南大学优秀青年教师教学科研资助计划的选拔工作,做好江苏省"青蓝工程"、"六大人才高峰"等人才工程的推荐选拔工作,进一步调整和规范各类人才的支持体系。继续派出青年骨干教师出国进修,加强派出成效考核。加强各类岗位人员的定岗定编工作,完善各类教师、实验技术人员和机关工作人员的定岗定编办法。进一步完善用人、考核、晋升制度和同行评议制度,做好2013年专业技术职务岗位的设岗分级以及职员晋升工作。修订《东南大学特聘教授条例》、《东南大学青年特聘教授条例》、《东南大学突出成果奖励条例》、《东南大学专业技术岗位推荐条件》等规章制度。

(五) 国际合作交流与港澳台工作

继续与国际知名大学开展合作,在高水平、实质性国际合作方面取得突破。继续重点推进与澳大利亚蒙纳士大学的全面合作,抓好"东南大学—蒙纳士大学苏州联合研究生院"的招生培养以及东南大学蒙纳士大学联合研究院工作,做好"东南大学—蒙纳士大学苏州联合研究生院"大楼的竣工和启用工作。做好中国与非洲"20+20"合作项目,推进与赞比亚大学的合作交流。继续做好高层次人才智力引进工作,力争聘请来校参与教学和科研合作的外国专家400名左右。力争派出参与国际合作、赴国(境)外进修和参加国际学术会议的教师300名左右,赴国(境)外交流、进修和攻读学位的学生600名左右。积极举办高水平国际学术会议,力争举办国际学术会议6个。做好与台湾十余所高校的学生互换短期学习工作。留学生总人数力争达到1500人以上,其中学历生1150人以上。

(六) 其他需要推进的工作

按照中央统一部署,在中央督导组的指导和学校党委的领导下,结合学校实际,认真扎实地开展好党的群众路线教育实践活动。贯彻"四句话"总要求,聚焦"四风"问题,转变工作作风,密切联系师生员工,提高工作能力和服务水平,做到"两不误、两促进"。树立新形象,培育新作风,振奋新精神,推动形成风清气正、昂扬向上、努力进取的工作氛围,促进学校创建高水平大学跃上新台阶。

进一步完善《东南大学章程》,以章程为基础,进一步梳理和完善学校内部的各项规章制度,加快构建体系完备、特色鲜明、科学规范的现代大学制度。

继续推进和完善"学部制",积极开展"学术特区"建设,新建学术特区1个。进一步加强校友会、基金会工作,力争取得新成效。进一步完善保密工作责任体系,加强质量管理体系监督审核的整改工作。

巩固学校产业规范化建设成果,完成后勤所属企业的改制和东大集团的关门注销工作。完善科技成果转化和产业化机制,提升科技企业培育和孵化能力。

推进各校区校园规划及校园建设计划制定工作,完成九龙湖校区体育馆和东大门建设工作,推进九龙湖校区土木交通教学科研楼、研究生三号院建设项目。继续拆除违章建筑,整治校园环境。进行基础设施和楼宇节能改造,打造生态、节能校园。全面展开四牌楼和丁家桥校区电力增容及线路改造工作,为学生宿舍装设空调创造条件。开工校东和晓庄住宅区水电增容、直供改造工程。按照公益性和经营性相结合的原则,继续深化后勤管理体制改革,大力提高后勤保障水平和服务质量。

进一步加强科研经费的使用管理和财政专项资金使用考核力度,确保财务运行的安全、可靠、高效。以教育部确定的2013年为财务管理年为契机,全面梳理学校各项财经政策和制度,对照上级部门和校内各项检查意见和建议,认真逐项落实整改,并建立长效机制。科研经费监管关口前移,财务、科研、审计、监察等各部门共同参与,切实推进科研项目绩效考核机制建设,做好迎接教育部直属高校科研经费管理专项检查工作。完成2011—2012年财务预决算审计工作,继续做好建设工程跟踪审计和竣工结算审计。大力开展重点领域的监督检查,加大在基本建设、物资采购、干部选任等领域的监督工作力度,保障权力规范运行。

继续加强校园安全、稳定及综合治理工作,深化平安校园建设。改版校园门户,建设师生综合服务平台,升级OA系统,实现移动办公,升级邮件系统,完成校园无线网全覆盖。继续积极支持附属中大医院建设,帮助其提高医疗水平和教学科研水平。

学校各单位,特别是各级领导干部,要进一步振奋精神、凝心聚力,立足本职、积极进取,紧紧围绕学校中心工作,不断开拓创新、争先进位,确保圆满完成2013年度工作目标和要求。

(校通知〔2013〕113号)

在 2013 年全校春季中层干部大会上的讲话

党委书记 郭广银

(2013 年 2 月 22 日)

同志们：

今天是正月十三，还在蛇年春节里，我们在这里召开 2013 年春季中层干部大会，首先我代表学校党委和行政，向大家拜个晚年，祝大家在新的一年里身心健康、工作顺利、家庭幸福！

这次会议的任务是，总结 2012 年工作，部署 2013 年工作。下面，请易红校长作报告。大家欢迎！

2012 年，可以说是大事、喜事多，捷报频传，催人奋进。刚才，易红校长代表校行政，对学校 2012 年的行政工作作了全面回顾和总结，全面部署了 2013 年的行政工作，提出了推进各项工作落实的具体要求。这个报告是经过校长办公会讨论决定的，我完全赞同。

2012 年，学校党委以迎接学习贯彻党的十八大和庆祝建校 110 周年为主线，紧紧围绕国际知名高水平研究型大学建设，党政密切配合，坚持"开拓创新、争先进位"基本方略，大力实施"十二五"改革和发展规划，努力推动发展方式转变，团结带领广大党员和师生员工锐意进取、扎实苦干，各项工作取得了长足进展。

一、宣传思想工作进一步加强

1. 理论学习有力加强

组织收看党的十八大开幕式，通过传达会、座谈会、辅导报告、中心组理论学习、学术论坛、组建校内"十八大精神宣讲团"等多种形式，认真学习宣传贯彻党的十八大精神。组织校级理论学习中心组学习 11 次，深入学习中国特色社会主义理论体系和中央大政方针，以科学理论指导学校科学发展。扎实推进中层干部网上思想政治理论学习，完成至善网改版，开辟了"学习贯彻党的十八大精神"专题栏目，思想政治教育工作网站建设不断完善。

2. 宣传工作成效明显

精心策划、综合运用各种媒体加大宣传力度，围绕尤肖虎教授及其团队荣获 2011 年度国家技术发明一等奖、建校 110 周年、党的十八大召开、新生入学和新生文化季等主题开展对外宣传，提升了学校的知名度和美誉度。在继续保持报纸、电视等传统媒体发稿量的同时，在新浪、腾讯、人人等网络媒体拓宽宣传渠道，积极开拓新媒体宣传功效，宣传工作荣获"江苏省教育宣传工作先进单位"称号。

二、基层党组织、干部队伍和人才队伍建设扎实推进

3. 基层党组织建设持续推进

以"基层组织建设年"活动为载体,深入开展创先争优活动。表彰先进基层党组织60个、优秀党务工作者26名、优秀共产党员129名、创先争优先进集体59个、创先争优先进个人68名。基层党组织创造力、凝聚力、战斗力进一步提升。全年发展党员3 021名,其中发展学生党员2 987名,目前学生党员人数9 860余名,在职教职工党员人数3 160余名。

4. 干部和人才队伍建设深入推进

进一步完善公开选拔、竞争上岗各环节,实行党委委员、中层正职推荐干部制度和干部推荐责任制度,着力提高干部岗位匹配度和选用工作公信度。干部轮岗交流、公开选拔、竞争上岗的力度和频度加大加快,22名中层干部轮岗交流,对23个岗位公开选拔、竞争上岗,新提拔中层干部26人,8名中层干部试用期满经考核测评正式任职。顺利完成各级职员晋升工作。配合中组部检查组顺利完成选人用人工作检查,干部选用工作得到充分认可。积极选派援藏干部、扶贫干部、挂职团干部、科技镇长团、教授博士柔性进企业人员,充分发挥人才优势服务经济社会发展,组织工作荣获"全国组织系统先进集体"称号。以加强高层次人才队伍建设为核心,统筹各类人才队伍建设。专任教师博士学位比例和师资队伍海外经历比例持续提高,获"江苏省教育人才工作先进单位"称号。

三、办学理校能力持续提升

5. 体制机制改革稳步推进

修订了学校"十二五"改革和发展规划纲要,通过教育部审核并正式发布。现代大学制度和新型学术组织建设的探索稳步推进,国家教育体制改革试点项目顺利通过教育部中期检查。《东南大学章程》报送教育部,我校成为全国大学章程建设试点高校之一。召开了全校人才工作会议,出台了一系列政策和制度,人事制度改革进一步推进。

6. 作风建设进一步加强

密切联系基层,校领导班子成员深入院(系)联系点开展调研,党委常委坚持与民主党派及代表人物联系交友。召开了机关作风建设大会,总结机关作风建设十年成绩,部署新阶段机关作风建设任务,机关服务效能持续提高。落实党风廉政建设责任制,深入推进惩治和预防腐败体系建设工作。认真执行"三重一大"决策制度,进一步推进院(系)等二级单位"三重一大"决策制度建设,在专项检查中得到教育部高度肯定。开展了校园廉洁文化周系列活动。将学术道德与学风建设讲座纳入研究生培养方案,学术道德与学风建设长效机制进一步完善。获"全省教育纪检监察先进集体"称号。

7. 制度建设取得新成效

出台了《关于进一步加强和改进校理论学习中心组学习的意见》《院(系)党组织工作条例》《党支部工作条例》《干部竞岗面试评委管理办法(试行)》《党风党纪监督员、特邀监察员工作条例》等制度,学校党建工作更加制度化、规范化。

四、思想政治工作扎实推进

8. 教师思想政治建设进一步加强

坚持解决思想问题与解决实际问题并重,探索推动青年教师思想政治建设的有效机制,促进青年教师全面发展。以"争做学生喜爱的教师、辅导员"为主题,深入开展师德师风建设。通过校、院(系)两级党校,开展青年教师党员和入党积极分子培训。

9. 学生思想政治工作取得新成效

召开了全校学生工作会议,总结新世纪以来的学生工作经验,研究部署新阶段学生工作。以党建工作为统领,加强学生思想政治教育,深入推进学生心理健康教育工程。深化实践育人,加大学生理想信念和社会责任感培育力度。成功开展"支教十年"系列活动,年度西部支教学生人数位列江苏高校第一,学生志愿者为110周年校庆做出突出贡献,325名学生入选2013年亚青会贵宾陪同团志愿者。近5 000名学生参与多种形式的暑期社会实践活动,新建博士生社会实践基地1个。体育、国防教育等持续开展,获评"江苏省学生军训工作先进集体"。

五、大学文化建设取得新进展

10. 成功举办庆祝建校110周年系列活动

以"亲情友情学术"为主题举办校庆系列活动,多位党和国家领导人以多种方式对我校建校110周年表示祝贺。向海内外直播了建校110周年庆祝大会,举办了感人至深的《风雅颂东南》大型校庆文艺汇演,并通过电视转播。邀请了包括五位诺贝尔奖获得者等在内的学术大师来校演讲,引起良好反响。校庆系列活动激发了广大师生员工和校友的爱校荣校情怀,学校在海内外的声誉进一步提升。

11. 校园文化载体建设得到加强

重视文化育人,人文大讲座、学术科技节、新生文化季、校园文化节、国防文化季、硕博论坛等文化平台的育人作用充分发挥。新立孙中山、郭秉文、萧崑焘等名人雕塑,新建"霜枫林"、"校友林"、"香樟林",校园更加美丽,更具文化魅力。重版了《东南大学史》第一卷,校史馆重新布展,校报开设《读校史、迎校庆》专栏。校史研究工作稳步推进,启动了学校口述史整理工作。举办了一代大师顾毓琇校长诞辰110周年图片展。

六、和谐校园建设取得新成效

12. 校园民主建设进一步推进

召开了基层党委书记统战工作研讨会,出台了进一步加强统战工作和党外代表人士队伍建设的意见,支持协助民主党派和侨联组织顺利完成换届,党外代表人士在各级人大政协任职人数稳中有升。二级教代会建设稳步推进,顺利召开团代会、研代会、学代会,学校群团组织建设进一步加强。初步构建了校、院(系)两级关工委,在老有所养、老有所医、老有所学、老有所乐的前提下,鼓励和支持离退休老同志老有所为。

13. 校园民生明显改善

大病医疗互助基金平稳增长。在提高离休老同志生活待遇后,提高了退休教职工生活补贴标准,实施了在职教职工岗位绩效津贴,实现了各类人员生活待遇的大幅度改善。以家庭经济困难学生资助工作为重点,切实关心学生日常生活与学习,加大了学生奖助学金发放力度,成功举办2012年度奖学金颁奖典礼。

14. 平安校园建设持续加强

学生安全警示教育、消防知识和技术培训持续加强。学生宿舍门禁系统、公共区域视频监控系统、消防水压远程监控系统建设进一步完善,物防、技防、人防保障有力,校园安全度不断提升。保密工作进一步加强,国防项目质量体系通过民品再认证和军品监督审核,生产许可证延续审核通过现场审查。

七、科学发展再上新水平

15. 学科建设取得优异成绩

在2012年全国第三轮学科评估中,12个学科进入全国前10名,其中10个学科进入全国前五位,8个学科进入全国前三位,各有3个学科位列全国第一和第二位,比第二轮学科评估有较大幅度提升。

16. 拔尖创新人才培养取得新成效

深化卓越人才培养模式改革,教学内涵建设进一步加强,21种(43本)教材获国家"十二五"重点规划教材,并列全国高校第五位。1 047名学生赴境外学习交流。东南大学—蒙纳士大学苏州联合研究生院正式运行,成为国内首所中外联合办学的研究生院。入选全国百篇优秀博士论文3篇。大学生创新创业中心被认定为首批"江苏省大学生创业示范基地",在"挑战杯"中国大学生创业计划竞赛中喜获两金一银,并列全国高校第一。

17. 科研和社会服务取得新进展

探索科研管理体制改革,加强重大科研项目申请和科技平台建设的组织协调,科研管理服务能力进一步增强。年度科技经费到款进一步增长。牵头组建4个协同创新中心,校地协同创新和服务区域经济社会发展能力不断增强。瞄准国际学术前沿,不断拓展海外科研合作。作为牵头单位荣获国家技术发明二等奖1项,国家科技进步二等奖2项。坚持集成创新、特色发展,人文社会科学创新平台建设成效显现。大力促进科技成果转化,培育高科技企业,国家大学科技园初步形成"一园七区"格局。附属中大医院新大楼顺利启用,服务医疗教学科研的能力进一步增强。

此外,学校的基础能力建设、后勤管理和服务、资产管理、发展工作、校友工作、图书档案、学报、成贤学院、继续教育等各项工作都取得了长足进展。

与实现"四个发展"的要求相比,我们的工作还存在一些困难和不足,主要有:思想政治工作、作风建设的实效有待进一步提高,党建工作科学化水平需要进一步提升;院(系)层面"三重一大"决策制度实施、院(系)务公开存在不平衡状况,科学民主依法治校需要深入推进;现有人才资源的潜力发挥不够充分,需要改革和创新体制机制进一步调动人才的积极性、创造性。上述这些困难和不足,需要我们校、院(系)两级领导班子和领导干部团结一心,依靠全校师生员工智慧和力量,通过创造性的工作,努力克服并加以解决。

2013年是全面贯彻落实党的十八大精神的开局之年,是实施"十二五"发展规划承上启下的关键一年。校党委工作的要求和任务是:以邓小平理论、"三个代表"重要思想和科学发展观为指导,坚持"开拓创新、争先进位"基本方略,以作风建设为主线,以内涵式发展为主题,深入学习贯彻党的十八大精神,大力加强党组织和党员队伍建设,大力加强反腐倡廉建设,大力加强作风建设,着力提升思想政治工作水平,着力提升内涵式发展水平,着力提升基础能力建设水平,着力提升和谐校园建设水平,全面落实"十二五"改革和发展规划纲要,努力开拓国际知名高水平研究型大学建设新局面,为全面建成小康社会、夺取中国特色社会主义新胜利作出新的更大贡献。

工作要点将校党委2013年的工作概括为八个大的方面,共24个要点,可以概括为"一个深入、三个加强、四个提升"。工作要点已经印发给大家,请大家认真阅读。下面,围绕学校党委的工作要点,我主要讲以下几点意见。

一、深入学习贯彻党的十八大精神,进一步明确学校建设的任务要求

党的十八大对教育发展作了重大部署,提出了明确要求,我们要深入学习领会、全面贯彻落实。一是明确了教育的发展道路,就是高举中国特色社会主义伟大旗帜,坚持教育优先发展,全面贯彻党的教育方针,坚持教育为社会主义现代化建设服务、为人民服务,坚定不移地走中国特色社会主义教育发展道路。二是明确了教育发展的奋斗目标,就是全民受教育程度和创新人才培养水平明显提高,进入人才强国和人力资源强国行列,教育现代化基本实现。三是明确了教育发展的总体要求,就是大力促进教育公平,提高家庭经济困难学生资助水平,积极推动农民工子女平等接受教育,努力办好人民满意的教育。四是明确了教育发展的根本任务,就是立德树人,全面实施素质教育,培养学生社会责任感、创新精神和实践能力,培养德智体美全面发展的社会主义建设者和接班人,让每一个孩子都能成为有用之才。五是明确了教育发展的根本方式,就是合理配置教育资源,促进各级各类教育协调发展,提高教育质量,促进高等教育内涵式发展,鼓励引导社会力量兴办教育。

六是明确了教育的发展动力,就是深化教育领域综合改革,不断完善促进教育事业科学发展的体制机制。七是明确了教育的工作重点,就是加强教师队伍建设,增强教师教书育人的荣誉感和责任感,这是教育事业发展最重要的基础工作。八是明确了教育的社会责任,积极参与知识创新体系和技术创新体系建设,积极参与社会主义核心价值体系建设。

作为国家"985工程"重点建设的高水平大学,我们要原原本本、持之以恒地学习十八大报告,在深刻领会和掌握精神实质上求深入,进一步增强服务"两个一百年"目标、中华民族伟大复兴"中国梦"的大局意识,进一步加深对十八大有关教育各项部署任务的理解与认识,进一步丰富我校高水平大学建设的目标内涵,进一步明确新一轮改革发展的战略和思路,使我校各方面工作与十八大精神相一致、要求相衔接、标准有提升、落实有创新,努力走在全国高校前列。

二、保持争先进位良好态势,推动学校整体水平快速提升

"开拓创新、争先进位"是近几年我们推进学校改革发展的基本方略。能否争先进位,关系到我校能否实现党和国家赋予的建设人力资源强国和高等教育强国的崇高使命,也事关东南大学在全国高校中的地位和作用。

教育部最近公布了第三轮全国学科评估结果,我校有15个学科进入前20%,较上一轮增加了7个,其中有12个学科进入全国前七位,有10个学科位列全国前五位,均较上一轮增加了5个;有8个学科进入全国前三位,较上一轮增加了4个;有3个学科位列全国第一位,有3个学科位列全国第二位,都比上一轮增加了2个,排名全国第一的学科数并列全国高校第七位。同时,进入ESI世界前1‰的7个学科排名均大幅提升,其中工程学上升至世界第105位。学科是师资、教学、科研、成果以及国际化等多方面综合的要素,既是学校建设的龙头,也是评价一所高校建设与发展绩效的核心指标。这次全国学科评估的结果表明,我校在争先进位方面取得了重大进展,学校整体争先进位的良好态势进一步得到了巩固。这也充分证明,学校"开拓创新、争先进位"基本方略的选择是十分正确的,贯彻是十分有力的,成效是十分明显的。

全国学科评估是教育部主导的、多方高度认可的官方评估,评估结果将作为高校投入的重要参考,评估工作每隔几年就要做一次,具有权威性和动态性的特点。不久前教育部财政部公布的《"985工程"建设管理办法》明确提出,"985工程"建设实行绩效考评制度,并根据检查考核结果对有关学校的建设项目和分年度预算进行动态调整。我在去年年底的党代会年会上曾讲过,"逆水行舟,慢进则退",我们一方面要充分肯定来之不易的争先进位成绩,大力宣传和开发利用这次评估结果,放大评估成绩的影响,鼓舞广大师生员工和海内外校友的士气和斗志,扩大学校在各方面的影响,并以此吸引和集聚更多优秀人才,努力争取更多资源支持新一轮的建设。另一方面还要未雨绸缪,根据学科呈现的动态竞争态势,取得好成绩的学科要自豪而不能自满,对照国内国际一流学科查找不足、差距,明确今后一个时期学科建设的思路、任务和目标,进一步提升学科建设水平,努力在下一轮学科评估中实现新的进位;位次下降的学科要自省而不能自卑,认真、深入地分析原因,寻找解决问题的思路和对策,实实在在地练好内功,力争在下一轮评估中争先进位。总之,领导班子和领导干部要与学科带头人、广大教师坐下来好好分析,把指标内容研究透

彻，分析各自学科现状，把兄弟高校的学科优势弄清楚，抓好左邻右舍对比，明确今后一个时期学科发展的新定位。

三、树立全员质量意识，推动学校内涵式发展

党的十八大报告明确提出了"推动高等教育内涵式发展"和"着力提升教育质量"的要求，指明了高等教育事业科学发展的根本方向。质量是高校发展的核心，是内涵式发展的目标，应该内化为师生员工的价值追求。实际上，"止于至善"的校训、"两型一化"的拔尖创新人才培养模式、一流创新成果的培育、一流社会服务的提供，以及这些工作已经产生的一系列成绩，等等，都体现了我校追求卓越、拒绝平庸的先进理念和务实探索，这为我们进一步推动内涵式发展提供了良好的基础。可以说，如果我们不是尤为注重质量，我校就不可能在基础相对薄弱的条件下取得这么大的成绩，达到今天这样的办学水平，世界一流大学的理想追求也无从谈起。

我们教职工总体上是严谨的、注重质量的。同时，我们也要看到，当前有的教职工仍然缺少质量意识，一些工作环节缺乏质量规范，"差不多"、"过得去"甚至敷衍交差的现象仍然存在，学生和社会还有许多不满意的地方。质量既是现实的任务，又是长期的、永恒的主题，需要我们牢记在心，内化到我们的各项工作、各类人员。

内涵式发展是系统工程，牵涉到学校的方方面面。比如，在人才培养方面，的确还存在少数教师只重课时而忽视上课质量的现象，教学效果不好，影响了学生学习积极性。我们既要要求教师都要上课，尤其是教授都要走上本科生讲台，同时又要强调不同层次、年龄的教师结合自身的情况，科学合理地承担课程，好好地上课、上好每一门每一堂课，切实提高教学质量。在科学研究方面，我们很多研究仍存在小而散、低水平重复的现象，教授应该着重开展前沿研究，把握好国家重大战略需求，要着重抓好高水平论文、专著、教材、发明专利以及"973"、"863"、自然科学基金、国家社科基金等重大项目的申报与承接。在师资队伍方面，近年来我校师资队伍得到快速壮大，博士教师比例快速提升，生师比进一步下降，正在向层次优化转变。同时，也存在教师占编不出活甚至不出力的现象，这需要我们要贯彻"人才以用为本"的理念，既要重视人才引进，更要注重作用发挥。在学生服务方面，我们仍存在害怕出事、以管为主的倾向，"以学生为中心"的理念尚未很好地落实，这需要我们坚持立德树人，关心、关爱、关怀学生，促进学生勤奋学习、快乐学习、成功学习。在机关管理方面，经过十一年的作风建设，我们已经基本解决了"门难进、脸难看"的浅层次问题，但"表太多、事难办"的现象仍然存在，这需要今后重视机关效能转变，提升精细化管理水平。在后勤服务方面，餐饮、洗浴、宿舍管理等仍处在满足基本需求层面，不能很好地适应90后学生生活学习的新要求，亟待向优质服务转变。在校园支撑能力方面，在不断建好新楼、修缮老楼的同时，还要加强软硬件的协调，建立美丽校园、无线校园，更好地适合求学、更好地适合从教。总的来说，内涵式发展本身的内涵也需要在实践中丰富发展，我们可通过认真学习党的十八大精神，借鉴世界一流大学建设的成功经验，结合学校实际，探索出富有特色的内涵式发展模式，努力为丰富和发展中国社会主义教育制度作出我们的贡献。

四、继续加大改革创新力度,进一步增强学校发展动力

改革创新是推动学校事业发展的强大动力。近年来,学校坚持把人事制度改革作为推进学校改革发展的核心,先后修订、制定了50多项人才工作的制度,人事制度改革取得了明显的成效,推进了人才强校战略的贯彻落实,有力支撑了学校改革发展的各项目标任务顺利实现。去年召开的全校人才工作会议,总结了前一阶段人才工作的成绩和经验,会上和会后又提出、制定和出台了一系列文件。要切实加大这些文件规定的贯彻落实,进一步发挥人事制度改革的激励作用。

当前,学校改革已进入深水区、攻坚期,小富即安、动力不足的问题在一些方面不同程度的存在,有的方面还显得比较突出,制约了学校发展战略的实施和目标任务的实现。我们一定要以更大的勇气和智慧深化改革创新,进一步增强改革创新的自觉性、坚定性。党委工作要点和行政工作纲要都提出了加快各方面改革的工作任务,这里我强调以下三方面工作:一要根据国家事业单位改革政策,结合学校实际,完善定岗定编机制,加强编制核定与管理,提高编制运用效率。深化以岗位绩效工资为主的分配制度改革,扩大院(系)自主权,加强对院(系)分配与考核的宏观指导,加强制度设计和实施办法的政策导向,努力实现改善待遇与强化激励、近期作用与长期功能、物质激励与精神激励、推动学校发展与促进人的全面发展的有机统一,发挥绩效工资改革在增强教职工"三育人"荣誉感和责任感方面的重要作用。二要以《东南大学章程》的颁布实施为契机,进一步理顺行政权力与学术权力关系,调整并健全学术委员会、学位委员会、教学委员会等学术机构的职责,制定学术机构章程和运行规则,保证其充分行使学术权力,明确教授治学的范围和途径,创造学术发展的内在动力。三要结合绩效考核,完善院(系)领导班子和领导干部任期考核、目标考核办法,认真制定和实施"十二五"规划执行情况的中期检查方案,努力形成推进改革发展规划实施的有效机制。

五、努力提高党建科学化水平,充分发挥保证监督作用

党的十八大统筹伟大事业与伟大工程,对全面提高党的建设科学化水平提出了总体要求,明确了加强执政能力建设、先进性和纯洁性建设的主线,解放思想、改革创新和党要管党、从严治党的方针,增强"四自"能力的要求,建设"三型"马克思主义执政党的目标,提出了8个方面的重大任务。第21次全国高校党建工作会,对高校贯彻落实伟大工程作了具体部署。对照十八大的要求和21次党建会的部署,我们在党建方面还存在一些不足之处,比如党建工作创新还不够,思想政治工作的实效还不明显,基层党组织建设不平衡,党支部建设规范化水平有待进一步提高,党建工作与学校科学发展之间还有"两张皮"现象,这需要我们进一步结合学校实际,把握党建规律、突出学校党建特色,创造性地推进学校党建工作。

贯彻十八大精神关于党建伟大工程的部署要求,推动学校既定发展目标的早日实现,要求我们必须全面加强和改进学校党的建设,提高党建科学化水平,充分发挥校党委的领导核心作用、院(系)党组织的政治核心作用、党支部的战斗堡垒作用和共产党员的先锋作用,坚持以党的建设科学发展推进学校科学发展。一要加强党组织和党员队伍建设,完善院（系）党政共同负责制，执行党政联席会和党支部书记例会制度，加强党组织建设监督检查。创建服务型党组织，认真组织好党支部换届选举工作。修订我校相关文件，提高党员发展质量。坚持党代会年会制度，开展党员旁听基层组织会议、党代会代表列席党委全委会、党委常委会等做法。修订《中层干部选拔任用工作条例》，完善人岗适配的干部选拔和使用机制。二要加强思想政治工作。积极培育和践行社会主义核心价值观。深化"青马工程"、"磐石计划"，认真组织学生开展"走基层、看变化、学习贯彻党的十八大精神"主题实践活动，深入开展学雷锋、"三下乡"等社会实践活动，做好亚青会等志愿服务工作。进一步加强网络思想政治教育，实施大学生心理健康素质提升计划，积极组织参加大学生艺术展演。提升辅导员职业能力，发挥导师育人职能。加强和改进学风建设，深入开展学风建设专项教育和治理行动，大力加强和改进高校青年教师思想政治工作，探索构建青年教师工作机制、青年教师交流平台，提升青年教师教书育人荣誉感和责任感，增强青年教师归属感。三要完善和实施惩治和预防腐败体系。制定学校惩防体系建设五年规划实施办法，深化反腐倡廉教育和校园廉政文化建设，梳理和优化校内权力运行流程，实施和完善院（系）"三重一大"制度，深化校务、院（系）务公开，推进"阳光治校"，运用信息化手段加强对招投标等重大事项的监督。四要提升新闻宣传质量，坚持"三贴近"原则，办好校报，管好网络，巩固阵地，构建新闻发布长效机制，积极运用新媒体宣传渠道，加强新闻素材库建设和新闻策划，完善突发事件新闻应急处置预案，提高新闻宣传的时代性、预见性、针对性、引导性，提升学校知名度、美誉度。

六、抓好八项规定落实，下大力气改进作风

中央政治局制定了关于改进工作作风、密切联系群众的八项规定，并率先垂范。体现了党中央从严要求、党要管党、从严治党，是对人民群众期盼作出的积极回应。中央领导同志不止一次强调，八项规定不是最高标准，更不是最终目的，只是改进作风的第一步，是作为共产党人应该做到的基本要求。最近，江苏省委、南京市委等都制定实施了相关的规定。省市两级党委春节后干部大会的主题就是作风建设，提的要求很明确，措施很具体。高校是师生员工和海内外校友的精神家园，是人所共知的象牙塔，最根本的任务是立德树人，培养造就中国社会主义事业合格建设者和可靠接班人，这决定了高校作风具有特殊的意义和很高的要求。

校党委工作要点把 2013 年作为作风建设年，对改进作风作了安排。一是加强领导班子和领导干部作风建设。要按照中央政治局"八项规定"的精神要求，制定切合实际、更加具体、便于操作的办法和措施，完善党员领导干部直接联系学生、联系教职工、联系人才制度，走进师生、走进课堂、走进学生宿舍和食堂。完善科学民主决策等制度及相关议事规则。加强领导班子及成员党风廉政建设责任制和廉洁自律规定执行情况的监督检查，树立党员领导干部清正清廉良好形象，以优良党风带校风促学风。二是深化机关作风建设。转变会风、文风，精简会议活动和文件，少开会、开短会、讲实话。带头勤俭办学，严格执行财务预算，控制行政发文，带头维护学校根本利益，把有限资金用到改善教学、科研学习生活条件上。实施《东南大学督促检查工作暂行办法》，加强对学校重点工程、重要工作、重大事项执行情况的督促检查，建立多部门分工负责、协同办理的机制，提高机关效能。三

是加强统一战线和群团工作。做好党外代表人士、新进各级政协委员、人大代表的培养、培训，开展专题调研、特色活动，提升参政议政能力和党派组织凝聚力、向心力。认真筹备、组织召开教代会年会，扩大二级教代会试点，加大二级教代会建设力度。完善党建带团建机制。加强学生会、研究生会及各类社团组织在学生立志修身、文化育人、学术攀峰、实践锻炼、自我发展等方面的作用。探索离退休工作新机制和关工委工作长效机制。

有关改进作风的安排还只是初步的，有的内容还比较宏观，要产生实际效果，关键在于包括今天在座的各位中层以上领导干部首先要以身作则。一要摆正个人与学校事业、师生员工的关系。刘云山同志曾经在《为了谁依靠谁我是谁》一文中指出，我们的干部与群众的关系，是舟和水、鱼和水、公仆和主人、学生和老师的关系，这个问题对于每个党员干部来说非常重要。只有弄清"我是谁"，才能更好地认清自己、定位自己。弄清"我是谁"看似简单，但的确有人是忘了根本，不懂感恩，不尊重师生员工，只记得了自己是个什么"长"。要把学校的事业摆在首位，带头坚决维护学校发展大局，带头维护学校根本利益，带头遵守各项规章制度；要把师生员工放在心中，坚持领导就是服务，在高校尤其是要反对特权思想、特权现象，增强服务师生意识，提高服务师生能力，全心全意依靠师生员工办学校。要按照中央部署要求，开展好以为民务实清廉为主要内容的党的群众路线教育实践活动，密切领导班子和领导干部与师生员工的联系。二要坚持和发扬艰苦奋斗精神。党的十八大提出教育优先发展，4%的目标也已经实现，教育经费尤其是"985工程"建设经费得到很大增长，国家对科技的投入大幅增加。总的来说，部门、院（系）以及教师个人掌握的经费多了，社会上奢靡之风、奢华之风也正在影响高校。在春节前召开的全校财务管理工作会议上，易红校长对我校的情况也深入分析了一些典型案例，有的情况还是比较惊人的。"成由勤俭破由奢"，浪费的钱多了，用于发展的钱、改善民生的钱就相应少了。习近平总书记在中纪委第二次全会上强调，抓改进工作作风，各项工作都很重要，但根本是要坚持和发扬艰苦奋斗精神。群众的眼睛是雪亮的，领导干部的一言一行、一举一动，师生员工都看在眼里、记在心上，中层以上领导干部要按照总书记的要求，带头坚持勤俭办学，抓好精细化管理，遏制铺张浪费行为，把有限的资金花在刀刃上，花出"响声"来。三要保持良好的精神状态。良好的精神状态，是做好一切工作的重要前提。就一个单位、一个部门而言，干部的精神状态好，就会群情激昂，群策群力，高标准、高质量、高效率地完成各项目标任务，创造出一流的工作业绩；相反，干部的精神状态不好，则会暮气沉沉，一盘散沙，对工作敷衍应付、推诿扯皮，结果错失机遇、贻误发展。在工作顺利的时候，保持良好的精神状态并不难。难的是在遇到矛盾、困难和挫折时，能够始终保持昂扬向上、奋发有为的精神状态。当前，学校各方面工作都面临提质量、上水平的任务，不同程度遇到了资源、体制、制度以及外部竞争等因素制约的矛盾困难，有的干部和教师在客观上产生了畏难情绪，有的甚至安于现状、不思作为，这对当前的发展、对学校的事业是十分有害的。在任何时候，做任何工作，都会有矛盾、有困难，解决矛盾和困难是领导干部的职责所在，是对工作能力和水平的考验。学校党政尤其是行政工作纲要提出了6大方面的工作任务、9项要重点推进的工作，其中很多都涉及制度建设和利益调整，具体推进过程中难免会遇到一些矛盾和困难。人总是要有一股子精神的，沧海横流方显英雄本色。面对矛盾和困难，我们要有革命乐观主义的精神，要有大无畏气概，要有攻坚克难的勇气，从战略上藐视矛盾和困难,在战术上重视矛盾和困难,千方百计化解矛盾、战胜困难,这才能显示出领导干部的真本领、真功夫,才能对得起自己所处的位置,对得起师生员工的信任。

党委和行政的其他很多重要工作,在要点和纲要中都一一列出来了,希望大家认真阅读领会,及时传达学习,创造性地贯彻落实。时代在发展,要求在提高,2013年学校改革发展的任务非常繁重,让我们紧密团结在以习近平同志为总书记的党中央周围,紧紧依靠全校师生员工,开拓创新,锐意进取,真抓实干,勇争一流,圆满完成2013年的各项工作任务。

共树机关新作风　汇聚发展正能量
——在2013年机关作风建设大会的讲话
党委书记　郭广银
（2013年5月21日）

同志们：

大家下午好！

刚才吴娟同志代表校机关党委，对2012年以来机关作风建设的情况进行了总结，对各个部门机关作风的亮点进行了点评，对存在的不足和需要整改的方面也作了分析，并提出了今年机关作风建设的目标和任务，讲得很好，我完全赞同。一年来，学校机关的精神面貌、服务态度、服务效能和管理水平持续提升，师生满意度不断提高，很大程度上体现在学校改革发展上，机关作风建设成果通过学校事业发展取得的良好成绩得到检验和印证。在这里，我代表学校党委和行政对机关同志长期以来在服务和管理战线为学校发展付出的艰辛努力和团结奉献表示衷心的感谢！

同时，今天我们开这个会议，不仅仅是总结成绩，表彰先进，更重要的是在已有的工作基础上，按照新的要求，适应新的形势，进一步地动员和部署，认识上再提高，措施上再加力，成效上更明显，切实深化机关作风建设，共树机关新作风，汇聚发展正能量。

下面，我就如何看待机关作风建设的深化，怎样深化机关作风建设，谈一些体会，与大家交流。

一、要在认识上再提高

机关作风建设是密切联系师生的需要，是推动学校事业发展的保障，是展示学校对内对外形象的窗口。11年来我们持之以恒地推进机关作风建设，难能可贵。机关作风建设成果应当共享，效益应当放大，内涵应当扩展，应该更加注重提升服务管理的效能，养成好的作风，落实到个人的本职工作中。

我们只有在"怎么看"的问题上认识到位，才能在"怎么做"的问题上更加自觉。不管是从中央的要求，还是学校发展的形势，直至学校机关本身的建设来说，我们对作风建设都有一个再认识、再提高的需要。

党的十八大之后，新一届中央领导集体以作风建设来开局起步，专门就改进工作作风、密切联系群众制定了八项规定。习近平总书记在讲话中多次强调作风建设，并作出重要批示。中央政治局常委会2013年工作要点更明确提出，要"讲真话、干实事，敢作为、勇担当，言必信、行必果"。为贯彻落实中央要求，江苏省委出台了改进作风的十项规定。教育部出台了《贯彻落实中央改进工作作风、密切联系群众〈八项规定〉和〈实施细则〉的实施办法》，从改进调查研究、热情服务群众、精简会议文件、规范出访活动、改进新闻报道、厉行勤俭节约等9个方面，提出20项具体要求。与此同时，中央领导同志身体力行、率先垂范，得到了人民群众的衷心拥护，也为各级领导干部放好了样子、树立了榜样，社会各界普遍反映新风扑面。

高校是人才培养的重要阵地，是社会风尚的引领者。良好的育人环境，是培养优秀人才的重要基础。营造良好的校园风气，需要方方面面的努力，其中重要的一条就是要通过不断净化、优化机关风气，以干部清正、机关清廉、政治清明，发挥对整个校园风气的导向作用，使师生员工在清风正气的影响下见贤思齐，在风雨同舟的浸润中凝心聚力。上周五，学校党委常委会专门听取了校机关党委关于2012年度机关作风建设的情况汇报，讨论并原则通过了我校落实中央《八项规定》的实施意见，要求进一步完善后于近期发布实施。俗话说，下面看上面，基层看机关，群众看干部。改进作风，需要领导带头、机关带头，首先从学校党委常委会及成员做起，从我本人做起，带头执行《实施意见》的具体要求。同时，也希望机关的同志们都要以身作则，一级带一级，促进校机关作风有一个更新的气象。

创建世界一流大学，不仅要靠一流的教学科研，也离不开一流的管理和服务。前不久，国务院批准了《苏南现代化建设示范区规划》，明确提出支持我校建设世界一流大学。经过110多年尤其是改革开放以来的快速发展，我们离世界一流大学的目标比任何时候都要接近。机关各个部门承担着协助校领导作决策、定政策，抓落实的重要职责，在学校改革发展全局中具有重要的地位和作用。深化机关作风建设的目的就是要让机关能够更好地履行自己的职能、尽好自己的责任。检验作风建设的成效如何，关键是看服务学校改革发展、推进一流大学建设的水平有没有得到提高。机关的同志们要切实增强追求一流的意识，树立勇创一流的雄心，尽最大努力提供一流的服务，做世界一流大学的促进者，而决不能落后于新的发展形势，甚至在管理和服务方面拖后腿。

二、要在措施上再加力

我校的机关作风建设已抓了11年，机关服务意识、服务能力和水平有了长足的进步。一件事情做得久了，一方面会形成好的机制，产生好的效果；另一方面会出现审美疲劳，有时还会出现疲惫感。作风建设贵在坚持，重在创新，如此才能从浅层次的服务态度向解决深层次的突出问题转变。

一要强化责任。党的十八大以来，党中央对办人民满意的高等教育提出了新要求。习近平总书记在新一届政治局常委与记者见面会上，强调了对民族的责任、对人民的责任、对党的责任。落实到我们机关干部和职员，就是对学校事业发展负责任、对广大师生服务负责任、对党的教育事业负责任。这种责任意识，使得我们必须勇于担当，坚守服务和管理的底线，做到"不让事情在我这里耽误、不让差错在我这里发生，不让学校的形象在我这里受损"。同时，还要再更进一步，努力做到"办事态度要好、办事程序要简、办事时间要短、办事质量要高、办事成本要低"。

二要保持廉洁。作为学校公共管理和服务部门，机关干部和职员手中握有或大或小的权力和资源的掌控权。这些权力是人民所赋予，用来为人民利益和教育事业服务的。我们要按照党风廉政建设责任制的要求，切实加强勤政廉政教育。通过教育，使广大机关干部和职员牢固树立正确的世界观权力观事业观,进一步增强自律意识,提高自我约束、自我控制的能力,筑牢思想道德防线,自觉做到自重、自省、自警、自励,经得起各种考验,坚决杜绝假公济私、仗权设卡、以岗谋利的管、卡、要等现象,在机关形成比工作、比干劲、讲廉洁、讲奉献的风气,更好地树立起机关干部廉洁自律的良好形象。随着国家对教育投入的增加,我们的办学条件已经有力得到改善,我们仍然要坚持勤俭办学的优良传统,努力提高教育经费的使用效益。今年是教育部确定的"教育经费管理年"。学校机关在教育经费的使用上,要严格遵守学校财经制度和规范,严格编制和执行财务预算,统筹近期任务和长远目标、日常经费和专项经费、硬件建设和软件建设,坚决杜绝讲排场、比阔气、奢侈浪费的不良现象,使每一分钱都花到"刀刃"上,使每一笔经费都照到"阳光"。

三要推动创新。创新增动力、增活力,创新出效果、出满意。在管理和服务过程中,我们的确不同程度地存在老办法不管用、新办法不会用的现象。有些办法过去有效,现在未必有用,有些办法过去不合实际,可能现在势在必行。如果只是老套路、旧办法,以不变应万变,即使费了劲,师生也不一定买账。要积极探索机关工作的新方法、新模式,破除墨守成规、安于现状的思想,以思维观念创新,带动工作思路创新,破解管理和服务中的难题,提高工作效率,让学校的决策部署、发展思路、管理服务符合师生意愿和时代要求。问题是时代的声音。要坚持以问题为中心,找到问题,发现问题,破解难题,把决策、管理和服务植根于实践和师生中。深入基层和工作一线调研,从基层发现创新的动力,眼睛向下看、身子往下沉,带着问题下去、找到办法上来,通过掌握第一手资料,总结成功做法,凝练优秀经验,为制定和完善科学的政策提供依据。通过直接与师生打交道,找到解师生之忧、暖师生人心、促事业发展切实管用的办法,真正实现服务和管理的创新,多为师生提供"适销对路"的服务。

三、要抓好几个重要环节

第一,以服务型党支部建设引领服务型机关建设。党的十八大报告首次提出建设学习型、服务型、创新型政党,这是党建工作思想的重要创新,是基层组织工作功能定位的一种深化。学校机关工作人员中党员的比例占大多数,机关基层党支部在机关作风建设中有着独特的组织优势和政治优势。支部好了,作风就硬,就能发挥龙头和引领作用。要明确机关党组织的地位和职能,实现从一般的行政管理向"服务型"转变,使服务师生成为机关党支部的自觉追求、基本职责和工作标准,牢固树立服务师生的价值理念、行为取向,把服务师生作为工作中心、工作主线,让师生来评判和检验我们的工作。要加强支部建设,完善机关支部设置,配强支部书记。部门领导要支持支部工作,使支部成为战斗堡垒,发挥共产党员的先锋模范作用,引领部门工作提质增效。要以学习型党组织建设为载体,切实提高机关同志服务师生的能力和本领。光有好的愿望不够,还要有服务师生的本领。在高等教育飞速发展的今天,机关客观上存在着不同程度的本领恐慌。学习是立业之基、兴国之基,学习者智、学习者胜、学习者强。机关要大兴学习之风,要不断加强学习,通过团体学习、全程学习、调研学习、培训学习等方式,实现工作学习化,学习工作化,不断提高政治理论素养和业务素质,解决服务和管理中的本领恐慌、本领不足、本领落后的问题,适应高水平大学建设的新要求。

第二，以制度建设推进服务管理科学化。制度建设是关乎全局工作的基础，是各项工作有效运转的保障。邓小平同志指出，制度问题"带有根本性、全局性、稳定性和长期性"。要以贯彻实施《东南大学章程》为契机，认真做好规章制度的完善和修改，建设行之有效的制度体系，有效推进服务和管理的科学化，以良好的制度规训优良的作风。要完善机关服务机制，提高服务效能，抓好首问负责制、限时办结制、服务承诺制、AB角工作制、岗位责任制、定期调研制等制度建设，尝试推行机关作风标准化建设，以良好的工作机制提高日常服务和办事的效率。要建立多元化的机关作风立体监督机制。"制度的约束是有限度的，有许多制度约束不到的地方，必须通过监督才能保证达到预定的目标。"要进一步健全和完善机关作风监督和考评制度。广开言路，通过座谈会、信箱、校园网等方式，广泛征求师生服务对象意见，充分发挥民主监督、群众监督和舆论监督的作用，通过健全和完善机关作风建设考评机制，要考准、考实，既考出先进又考出差距，更考出动力，持续保持百舸争流、奋勇争先的氛围。

第三，以优秀机关文化建设拓展机关作风新境界。管理的最高境界是文化。优秀文化能为人提供不竭的精神动力，能激发人的工作潜能。要着力推动机关文化从"官本位"倾向的行政管理文化向"师生本位"、"学术本位"的服务文化转型。李瑞清校长曾倡导"视教育若性命、视学校若家庭、视学生若子弟"的爱岗敬业、爱校如家、仁慈博爱的精神，我们要把学校当成东大人共同的家来经营，把教师当成兄弟姐妹来对待，把学生当成自己的孩子来培育，带着爱心和亲情为广大师生服务，使东大成为东大人共同的精神家园。要倡导机关之间的协同文化。坚持"以邻为友"反对"以邻为壑"，通过"跟位补台、协同服务"解决需要多个部门联手解决的复杂问题；探索"简政放权，重心下移"，推进校机关和院（系）机关协同，使师生能在院（系）机关解决的问题，不用跑学校机关；学会"结网布点、堵漏补缺"，使师生能在一个校区解决的问题，不用跑其他校区；善于"足不出户、宁静致远"，充分利用现代技术手段改进服务和管理，使师生能用键盘解决的问题不用跑腿。要建设有归属感和凝聚力的机关文化。积极发挥机关党支部、机关工会等党群组织的作用，通过丰富有效的党日活动、文体活动等，增强机关部门的凝聚力和协调性，增进机关各部门间以及机关内部成员间的联系与交流，建设有归属感、幸福感和向心力的机关。

同志们，校党委把今年确定为作风建设年，让我们广大机关同志，以抓铁有痕的决心和踏石留印的行动，携手共树机关新作风，汇聚加快高水平大学乃至世界一流大学建设的正能量，为实现学校既定的目标更加积极努力地提供坚强有力的保障！

谢谢大家！

在东南大学党的群众路线教育实践活动动员大会上的讲话

党委书记 郭广银

(2013 年 7 月 3 日)

尊敬的朱玉泉组长、张爱龙副组长,督导组的各位领导,老师们、同志们:

根据中央的统一决策部署,从今年下半年开始到明年 7 月,围绕保持党的先进性和纯洁性,在全党深入开展以为民务实清廉为主要内容的党的群众路线教育实践活动。我校作为第一批开展活动的单位,今天召开大会,认真学习贯彻中央精神,对学校教育实践活动进行动员部署。

中央对中管高校教育实践活动高度重视,把活动放在第一批进行,并专门成立了督导组对高校教育实践活动进行督查指导。今天,中央督导组组长、华中科技大学原党委书记朱玉泉,督导组副组长、教育部高等教育司副巡视员张爱龙等 6 位同志亲临动员大会现场进行指导,朱玉泉同志还将发表重要讲话,传达中央精神,对我校教育实践活动提要求、作指导,请大家一定要认真学习贯彻落实。

下面,我受学校党委和教育实践活动领导小组委托,就我校深入开展教育实践活动讲四个方面的内容。

一、深刻学习领会中央决策部署精神,迅速投身到教育实践活动中来

认识是实践的理性升华,思想是行动的先导。中央对教育实践活动高度重视,党的十八大以来,习近平总书记多次作出重要指示,中央政治局常委会、中央政治局会议多次进行研究,中央于 5 月 9 日下发了《关于在全党深入开展党的群众路线教育实践活动的意见》(中发〔2013〕4 号)(简称《意见》)。6 月 18 日,中央召开了党的群众路线教育实践活动工作会议,习近平总书记等中央领导同志作了重要讲话,对教育实践活动进行了全面部署。上述文件和重要讲话精神,是我们开展这次活动的基本遵循。全校各级党组织和党员、干部要切实领会精神实质,用中央精神统一思想,联系实际提高认识,针对问题警醒自我,把中央精神学习好、领会好、贯彻好。

第一,开展教育实践活动,是确保我们党始终成为中国特色社会主义事业坚强领导核心的重大战略。党坚强有力,党同人民保持血肉联系,国家就繁荣稳定,人民就幸福安康。习近平总书记的重要讲话,从实现"两个一百年"奋斗目标和中华民族伟大复兴中国梦的高度,运用马克思主义群众观点,站在历史唯物主义群众立场,深刻阐述了历史新时期开展教育实践活动的重大意义。我体会,可以从以下四个方面入手提高认识、统一思想。

一是在深刻领会"三个重大"的新概括中提高认识、统一思想。在革命、建设、改革长期实践中,我们党始终要求全党同志坚持光荣传统、发扬优良作风,这些年先后开展了整党、"三讲"教育、保持共产党员先进性教育、深入学习实践科学发展观活动等,有力地推动了党的自身建设。习近平总书记指出,党的群众路线教育实践活动,是我们党在新形势下坚持党要管党、从严治党的重大决策,是顺应群众期盼、加强学习型服务型创新型马克思主义执政党建设的重大部署,是推进中国特色社会主义的重大举措。这"三个重大",总结了我们党集中教育的成功经验,指明了进一步创新和推动加强党的自身建设的重大战略意义。

二是在深刻领会"三个必然要求"的新论述中提高认识、统一思想。习近平总书记指出,开展党的群众路线教育实践活动,是实现党的十八大确定的奋斗目标的必然要求,是保持党的先进性和纯洁性、巩固党的执政基础和执政地位的必然要求,是解决群众反映强烈的突出问题的必然要求。实现党的十八大确定的奋斗目标和中国梦,要求全党同志必须有优良作风;保持党的先进性和纯洁性、巩固党的执政基础和执政地位,最重要的就是要靠坚持党的群众路线、密切联系群众;切实解决人民群众反映强烈的突出问题,就要对作风之弊、行为之垢来一次大排查、大检修、大扫除。我们要把"必然要求"变成"必要行动",真正成为教育实践活动的主体。

三是在深刻领会对"四风"问题的新剖析中提高认识、统一思想。中央明确提出,这次教育实践活动要着力解决"四风"问题,即坚决反对形式主义、官僚主义、享乐主义和奢靡之风。习近平总书记在讲话中不仅对聚焦"四风"问题的重要性、必要性作出了深刻的阐述,而且对"四风"问题的种种表现作了详尽的列举、生动的刻画、深刻的剖析。这些阐述语言朴实生动、下接地气,针砭时弊、击中要害,确实让人深感触动、深感警醒。我们要深刻体味、对照反思,进一步增强对"四风"危害性的认识,切实提高参与教育实践活动的责任感、使命感。

四是在深刻领会一系列重要群众观点的新阐述中提高认识、统一思想。习近平总书记指出,"群众路线是我们党的生命线和根本工作路线","马克思主义执政党的最大危险就是脱离群众","密切联系群众,是党的性质和宗旨的体现,是中国共产党区别于其他政党的显著标志,也是党发展壮大的重要原因","人心向背关系党的生死存亡"。他明确指出,能否保持党同人民群众的血肉联系,决定着党的事业的成败。在任何时候任何情况下,与人民同呼吸共命运的立场不能变,全心全意为人民服务的宗旨不能忘,群众是真正英雄的历史唯物主义观点不能丢。我们要把这些群众观点不断地内化于心、外化于行、固化于制,使我们在思想认识上有一个大提高。

第二,开展教育实践活动,是学校全面贯彻党的教育方针、办好人民满意高等教育的迫切需要。教育是民族振兴和社会进步的基石。开展教育实践活动,对高校推进科学发展、办好人民满意教育具有特殊意义。

一是全面贯彻党的教育方针的需要。党的十八大指出,"坚持教育为社会主义现代化建设服务、为人民服务,把立德树人作为教育的根本任务,培育德智体美全面发展的社会主义建设者和接班人。"只有树立好的作风,密切联系广大师生员工,才能把以人为本实化为"办学以教师为主体,教育以学生为本",才能把全面贯彻党的教育方针融入人才培养、科学研究、社会服务和文化传承创新的全过程,才能全力培养具有社会责任感、创新精神和实践能力的一代新人。

二是实现教育发展新目标的需要。党的十八大强调,到2020年,"全民受教育程度和创新人才培养水平明显提高,进入人才强国和人力资源强国行列,教育现代化基本实现",

明确提出"努力办好人民满意的教育"的目标。教育强国梦、世界一流大学梦是中国梦的重要组成部分。实现东大世界一流大学之梦，进而为实现教育强国梦、中华民族伟大复兴中国梦作出更大贡献，需要充分发挥密切联系群众的独特优势，把全校师生员工更好地凝聚到党的教育发展目标上来，以优良作风汇聚起推动学校改革发展的正能量。

三是深化学校教育改革创新的需要。人民满意的教育，一定是更高质量的教育。达到这一要求，必须以更大的勇气、更好的作风深化改革创新。党的十八大提出，"全面实施素质教育，深化教育领域综合改革，着力提高教育质量"，"推动高等教育内涵式发展"。当前，改革已进入"深水区"，改革创新的动力在哪里，办法从何处来，就是要在根植师生员工、联系师生员工中来，从我校科教兴国的优良办学传统中来，从"严谨、求实、团结、奋进"的优良校风中来。

第三，开展教育实践活动，是增强学校各级领导班子和党员领导干部"四自"能力的重大契机。"流水不腐，户枢不蠹"。只有不断增强自我净化、自我完善、自我革新、自我提高的能力，才能经受风险考验，适应发展要求，实现自我提升。

中央《意见》印发后，校党委通过走访院系、座谈交流等方式，认真听取基层党委书记、人大代表、政协委员、民主党派成员、教代会执委等各方面对学校教育实践活动的意见建议，并结合今年初师生员工对领导班子所提意见、机关作风建设考评所提意见，认真梳理，查明情况，摸清底数。近年来，在中央以及中组部、教育部、江苏省委省政府的正确领导下，我校的改革发展成效明显，党委领导下的校长负责制得到认真坚持和不断完善，党组织政治核心作用有效发挥，引领推动学校科学发展的能力和水平不断提高，世界一流大学建设进程不断加快，各级领导班子和领导干部贯彻执行党的群众路线总体情况是好的，党群干群关系也是好的，领导班子和领导干部队伍整体素质和作风形象是好的。这是主流，必须充分肯定。

"物必自腐而后虫生"。我们要清醒地看到，当前党内存在的"四风"问题的种种表现，在我们学校也不同程度存在。例如，在形式主义方面，有的不认真学习党的理论和做好工作所需要的知识，存在老办法不管用、新办法不会用、师生不买账的现象。有的工作形式大于内容、程序高于实质，习惯于表格满天飞。有的抓工作搞活动，没有领导出场的不下功夫、粗枝大叶。在官僚主义方面，有的同志一味地屁股决定脑袋，做决策出政策搞工程考虑部门利益，不能很好地考虑基层和师生实际需求。有的动不动拿规定压人，用繁文缛节折腾人，让师生在校区、部门之间来回奔波；有的"以邻为壑"而不是"以邻为友"，人为设置部门单位壁垒，遇事推诿扯皮，把容易的留给自己、把困难的派给别人。有的习惯包打天下，不能很好地听取他人意见，甚至闹不团结。在享乐主义方面，有的小富即安，不愿意提新目标、新要求，遇到困难绕开走，不敢作为、不肯担当，占着位置、拿着待遇舒舒服服过日子。有的对学校内外部变化反应不够敏捷，改革创新意识不够强，对上级改革决策缺乏关注和跟进，工作执行力较弱，习惯固守原有的工作模式，停留在原有的工作状态，满足于已有的工作成绩。在奢靡之风方面，有的超规格消费，住高档酒店，吃高档菜肴，喝高档美酒。极少数的还利用职权吃拿卡要，收受好处，甚至走上违法乱纪的道路。上面这些情况，只是初步查摆的结果，可能不止这些，有的问题可能更突出一些。

当前，对深入开展教育实践活动，在学校党员干部中还存在一些模糊认识。有的同志认为党政机关是作风问题的"重灾区",高校的问题相对来说只是"小巫见大巫",对解决自身存在问题的紧迫性自觉性不够高;有的同志认为作风问题积习难改,就算解决了高校的问题也无助于改变全局,存在畏难情绪、信心不足;有的认为业务忙,担心影响教学科研;有的同志认为高校是知识分子集中的地方,面子观念比较重,搞不好会得罪人、伤感情、坏关系。

实践证明,办好学校,关键在于加强和改进党的领导;营造良好的育人氛围,最重要的是以优良的党风作引领。师生对学校党员干部作风存在的问题更敏感,对突出问题产生的不良后果更痛恨,对教育实践活动取得成效也就更期待。我们现在的教师中有70%具有博士学位,大量青年教师具有国外留学背景;我们的生源质量非常好,学生非常优秀。以什么样的作风把他们引导好、培养好,这是我们必须认真思考的问题。常言道,"先禁己身而后人","学高为师,身正为范",高校领导班子和党员干部的作风,应当比社会其他行业要高。毛主席曾指出:"世界上怕就怕'认真'二字,共产党就最讲'认真'。"我们从事教育事业,最大的特点和最大的优势就是认真。在改进作风方面,我们的态度要更好、境界要更高。

"上下同欲者胜"。习近平总书记强调,"这次教育实践活动意义重大、任务繁重,全党同志要积极参与到活动中来,以实际行动密切党群干群关系。"中央还明确,这次活动中央政治局带头开展,率先行动,为全党放出样子。中央对这次活动的态度是严肃的、要求是明确的、决心也是坚定的。希望全校各级领导班子和党员领导干部做到思想上高度重视、认识上高度统一、行动上高度自觉,打消顾虑,抓住契机,充分认识"四风"之害,看一看职责、清一清认识、摆一摆位置,使得自己的认识从"要我改"转变为"我要改",以从小我做起、舍我其谁的精神,努力走在第一批教育实践活动前列,让师生员工满意,让党中央放心。

二、准确把握教育实践活动的指导思想、主要内容和基本原则,确保我校教育实践活动有条不紊推进

校党委在认真学习领会中央工作会议精神的基础上,结合学校实际,研究制定了《东南大学深入开展党的群众路线教育实践活动实施方案》,对我校深入开展教育实践活动作出了具体安排。《实施方案》经中央督导组审阅,修改完善后已正式印发给大家,希望大家认真贯彻落实。

第一,准确把握教育实践活动的指导思想。深入开展教育实践活动,要高举中国特色社会主义伟大旗帜,坚持以马克思列宁主义、毛泽东思想、邓小平理论、"三个代表"重要思想、科学发展观为指导,认真学习贯彻党的十八大、中央《意见》和习近平总书记一系列重要讲话精神,紧紧围绕保持和发展党的先进性和纯洁性,以为民务实清廉为主要内容,以"树为民务实清廉新风,聚一流大学发展新力"为导向,以校院(系)两级领导班子、机关部门和中层以上党员领导干部为重点,切实加强全校党员马克思主义群众观点和群众路线教育。把贯彻落实中央八项规定、教育部党组九项规定和我校九个方面的贯彻要求作为切入点,进一步突出作风建设,坚决反对形式主义、官僚主义、享乐主义和奢靡之风,切实解决师生员工反映强烈的突出问题,提高做好新形势下高校群众工作的能力,保持党同人民群众的血肉联系,坚持"办学以教师为主体,教育以学生为本",弘扬"止于至善"精神,最大限度地汇聚"开拓创新、争先进位"正能量,为推进学校快速发展、内涵发展、特色发展、和谐发展,为谱写世界一流大学梦的新篇章提供坚强保证。

第二,准确把握教育实践活动的主要内容。习近平总书记在中央工作会议讲话开篇即指出,"围绕保持党的先进性和纯洁性,在全党深入开展以为民务实清廉为主要内容的党的群众路线教育实践活动,是党的十八大作出的一项重大部署"。开展教育实践活动,就是要落实为民务实清廉要求,集中精力查一查自身的为民宗旨强不强、务实作风实不实、清廉要求严不严。中央《意见》对为民务实清廉提出了明确要求,大家要认真学习贯彻。我个人体会,具体到我们学校,为民,就是要坚持全心全意依靠师生员工治校理教,坚持以师生为本、为师生员工全面发展服务。务实,就是要坚持开拓创新、争先进位,坚持真理、学术至上,汇聚人才、培育人才。清廉,就是要廉洁从政、廉洁从教,艰苦奋斗、勤俭办学,坚决反对一切消极腐败现象,做到干部清正、机关清廉、校园清明。

第三,准确把握教育实践活动的基本原则。中央指出,这次教育实践活动借鉴了延安整风的经验,必须遵循正确的原则,保证教育实践活动沿着健康的轨道进行。要坚持正面教育为主,把学习教育放在第一位,组织全校广大党员深入开展集中学习,通过个人自学、党委理论学习组研学、网上论学等方式,原原本本地学习研读《论群众路线——重要论述摘编》《党的群众路线教育实践活动学习文件选编》《厉行节约、反对浪费——重要论述摘编》三本资料,使大家在宗旨意识、群众观点方面有一个大的提高。要坚持批评和自我批评,组织领导班子和党员干部拿起批评和自我批评的武器,敢于抛开面子、揭短亮丑、红红脸、出出汗、排排毒,在动真碰硬、敢于交锋中解决突出问题,在深挖根源、触动灵魂中恢复批评和自我批评的"利器"功能。要坚持讲求实效、开门搞活动,群众的眼睛是雪亮的,党员、干部身上的问题,师生员工看得最清楚、最有发言权。教育实践活动的每个环节都要组织师生员工有序参与,过程和成效都要接受师生员工的监督和评议。除此之外,还要坚持分类指导,不搞一刀切;要坚持领导带头(关于这两点,在后面还要强调)。

三、紧紧抓住教育实践活动的总要求、目标任务和方法步骤,高质量地完成教育实践活动各项任务

"知易行难"。做好任何工作,既要提高认识、端正态度,更要掌握方法、抓住重点,才能达到预期目标。中央《意见》和习近平总书记等中央领导重要讲话,对教育实践活动的总要求、目标任务和方法步骤作了系统、生动的阐述,我们要结合学校实际,遵照执行。

第一,紧紧抓住教育实践活动的总要求。中央《意见》明确要求,党的群众路线教育实践活动全过程,要贯穿"照镜子、正衣冠、洗洗澡、治治病"的总要求。习近平总书记在中央工作会议讲话中全面阐述了总要求的深刻内涵。照镜子,主要是以党章为镜,在宗旨意识、工作作风、廉洁自律上摆问题、找差距、明方向。习近平总书记强调,这次主要是用镜子照自己。正衣冠,主要是在照镜子的基础上,敢于触及思想、正视矛盾和问题,自觉把党性修养正一正、把党员义务理一理、把党纪国法紧一紧,保持共产党人良好形象。习近平总书记指出,正衣冠要"吾日三省吾身"。"洗洗澡",主要是以整风的精神开展批评和自我批评,清洗思想和行为上的灰尘,保持共产党人的政治本色。习近平总书记指出,对那些不愿意"洗澡"的人,同志们、组织上要帮助他们"洗澡"。"治治病",主要是坚持惩前毖后、

治病救人方式,对作风方面存在问题的党员、干部进行教育提醒,对问题严重的进行查处,对不正之风和突出问题进行专项治理。习近平总书记指出,治治病要切实体现从严治党的要求。这4句话、12个字是有机整体,简洁明了、各有侧重、相互关联。我们要按照这个总要求,敢于拿大镜子照照全身,时不时地正正衣冠,主动把澡洗一洗,有必要的时候吃点良药,做到闻过自喜、防微杜渐,有则改之、无则加勉,真正在"自我净化、自我完善、自我革新、自我提高"上有进步、见实效。

第二,紧紧抓住教育实践活动的目标任务。"有的才能放矢"。这次教育实践活动的主要任务聚焦在作风建设上,集中力量解决形式主义、官僚主义、享乐主义和奢靡之风这"四风"问题,体现了中央"伤其十指不如断其一指"的决断。反对形式主义,就是要着重解决工作不实的问题;反对官僚主义,就是要着重解决在人民群众利益上不维护、不作为的问题;反对享乐主义,就是要着重克服及时行乐思想和特权现象;反对奢靡之风,就是要着重狠刹挥霍享乐和骄奢淫逸的不良风气。要按照"聚焦"不"散光"的要求,结合学校和个人实际找准解决"四风"问题的靶子,逐一查摆、逐个剖析、逐项评议,使全校党员干部思想进一步提高、作风进一步转变,党群干群关系进一步密切,为民务实清廉形象进一步树立,师生员工正能量进一步汇聚。

第三,紧紧抓住教育实践活动的方法步骤。这次教育实践活动,在方法步骤方面提出了三个环节的规定动作。学习教育、听取意见环节,重点是搞好学习宣传和思想教育,深入开展调查研究,广泛听取干部群众意见。主要工作是开好动员大会、组织作风建设评议、多形式进行学习和教育、走基层听民声求良策。查找问题、开展批评环节,重点是围绕为民务实清廉要求,通过群众提、自己找、上级点、互相帮,认真查摆"四风"方面的问题,进行党性分析和自我剖析,开展批评和自我批评。主要工作是中层以上领导干部认真撰写对照检查材料,组织校院(系)两级领导班子召开一次高质量的专题民主生活会、进行民主评议。每个党员都要参加所在党支部的专题组织生活会,针对存在问题,提出改进措施和办法。整改落实、建章立制环节,重点是针对存在问题,提出解决对策,制定和落实整改方案;对一些突出问题,进行集中治理。主要工作是强化正风肃纪、提高群众工作能力、加强制度建设。学习教育、听取意见是基础,查摆问题、开展批评是关键,整改落实、建章立制是根本。这三个环节不分阶段、不搞转段,这是一个创新。我们从现在开始就要针对存在的问题,结合现代大学制度建设,对现有的制度进行一次集中梳理,该废除的废除,该修订的修订,该新立的抓紧研究制定,努力做到边学边改、边查边改、边整边改,保证各个环节融会贯通、有机衔接。

四、加强组织督导,确保我校教育实践活动有序有效推进

中央反复强调,要用好的作风组织开展教育实践活动。全校各级领导班子和党员领导干部要高度重视、认真组织,狠抓落实、扎实推进,确保我校教育实践活动规定动作不虚不空不偏、自选动作可见可信可学。

第一,落实组织领导。按照中央要求和督导组意见,学校已经成立了教育实践活动领导小组,易红校长和我任组长,胡敏强、刘京南、刘波同志任副组长,相关部门主要负责同志任成员,在校党委的领导下开展工作。同时成立了领导小组办公室及综合、宣传、联络、督导等具体工作组,刘鸿健同志任办公室主任,并抽调了精干力量充实进来开展工作。各基层党委也要成立教育实践活动领导小组,按照学校实施方案制定本单位的活动计划,并负责组织实施。作为学校教育实践活动的第一责任人,我将和校领导班子成员以及各基层党委书记一起,认真当好指挥员和战斗员,力争认识高一层、学习深一步、实践先一着、剖析解决问题好一等。领导小组办公室要充分发挥工作枢纽作用,加强学习研究、提出工作建议、畅通信息渠道、搞好上传下达。各具体工作小组要各司其职,协同工作,切实履行好职责。

第二,加强督查引导。学校领导小组办公室及督导组要及时掌握全校各单位活动开展情况,帮助纠正问题,弥补工作不足,督促整改落实,保证全校教育实践活动按照方案要求扎实稳步推进,认真完成规定动作。结合校领导分工和院(系)联系点,建立党的群众路线教育实践活动联系点,确保校领导到联系点参加动员会议和民主生活会,开展一次调研指导,鼓励和支持联系点探索、创造一些有特色的自选动作。要通过校园网、校报、微博、短信、微信等媒介积极宣传中央的决策部署、学校开展活动的进展及经验成效,为教育实践活动营造良好的校园舆论氛围。

第三,坚持统筹兼顾。学校即将放假,招生就业等工作正抓紧进行;假期中,大家要坚持教学科研,调配充实各类资源以备新生入学开学,做好夏令营、亚青会志愿服务等各项工作;下学期,要组织"十二五"发展规划中期检查工作,工作任务非常繁重。我们要加把劲、多吃苦、挤时间、巧安排。既不脱离中心工作、丢掉具体任务孤立开展活动,也不借口发展压力大、业务工作忙敷衍应付活动。要按照中央要求,把开展活动同做好当前改革发展稳定各项工作紧密结合起来,同完成学校及各个部门单位各项任务紧密结合起来,做到两手抓、两不误、两促进,在教育实践活动中,更加有力有效地推进创建世界高水平研究型大学乃至世界一流大学的各项工作。

第四,服从督导检查。中央督导组领导和成员对高等教育、干部教育管理和监督等工作非常熟悉,这必将为我们开展好教育实践活动提供强有力的指导。中央督导组共负责8所中管高校的督导工作,要在5个省市之间多次转战,工作任务十分繁重。我们要诚恳请示、虚心请教,认真接受督查指导,全力落实中央督导组的各项指令和安排,主动汇报学校活动开展情况,做到无缝对接。同时,要为中央督导组顺利有效开展工作创造便利条件,为我校教育实践活动取得圆满成功提供坚实的保障。

中央政治局在教育实践活动上已经为我们提供了范例。我在这里代表校领导班子表个态,一定坚决贯彻中央要求,带头参加活动,认真配合中央督导组工作,自觉接受全校师生员工和党员干部监督,切实发挥好表率示范作用。

同志们,以这次会议为标志,我校深入开展以为民务实清廉为主要内容的党的群众路线教育实践活动正式启动。我们相信,在以习近平同志为总书记的党中央坚强领导下,在中央党的群众路线教育实践活动领导小组及督导组的正确指导下,在学校党委、各级党组织和全体党员的共同努力下,在广大师生员工的大力支持和帮助下,我们一定能够高质量地完成教育实践活动的各项任务,努力取得师生员工满意的成效,共树新风,凝聚新力,开创我校世界一流大学建设的新局面。

在东南大学 2013 年暑期研讨会上的讲话

党委书记　郭广银

(2013 年 8 月 15 日)

各位老师,各位同志:

这次学校暑期工作研讨会,以"深化研究生培养机制改革,提高研究生培养质量"为主题,是教育部视频工作会议精神的一次传达学习会,也是进一步提升我校研究生培养质量的一次动员会。

这次会议筹备充分、开得紧凑、效率很高。易校长作了主题报告,沈炯副校长和浦跃朴副校长作了发言,金保昇、钟文琪、吴刚、徐康宁、林保平、滕皋军等几位同志结合各自的工作,都作了很好的经验发言,对提高我校研究生培养质量提出很好的意见和建议。易校长的主题报告,阐述了研究生教育的战略地位,总结了近年来我校研究生教育取得的成绩,分析了研究生教育中存在的若干问题,提出了加强研究生教育的思路和对策,并就我校提高研究生培养质量工作进行了部署。对此,我完全同意。

研究生教育是教育的顶端,是高层次的精英教育,在建设高水平大学乃至世界一流大学中具有重要的地位和作用。多年来,我校按照学校发展规划,始终坚持"本科生教育是立校之本,研究生教育是强校之路",稳步扩大研究生培养规模,不断提高研究生培养质量,推动和支撑了学校向研究型大学的转变。

一是研究生教育推动了学校培养结构的优化升级。在进入新世纪以来,学校坚持走以创新为主导的研究型大学发展道路,根据高水平大学和世界一流大学建设规律,在稳定本科教育规模的基础上,不断扩大研究生培养规模,正如上午易校长所说,目前学校各类研究生数量达 16000 多名,与本科生数量大体相当,实现了研究生教育和本科教育并重发展的新格局,研究生教育在学校整体发展中的战略地位突出。

二是研究生成为学校科研的重要生力军。多年来,研究生在导师的指导下,通过参与科研项目,提高了科研水平和实践能力,同时也为学校的科研作出了重要贡献,在学科评估、国家科技大奖、全国优博论文、专利、三大检索论文发表数量等重要指标上都得到了充分体现。研究生已成为我校不可或缺的重要科研力量,在提升学校科研实力、扩大学校知名度等方面发挥着重要作用。

三是研究生教育改革不断深化。近年来,学校根据经济社会发展需求变化,不断优化研究生培养结构,巩固学术型研究生培养,扩大专业型研究生培养;探索研究生招生制度改革,不断提高生源质量;推进研究生公共课程改革,提高课程教学实效;实施优博培育基金、改革博士学位成果考核标准、资助研究生国际交流等措施,不断提高研究生创新能力。同时,学校还与蒙纳士大学合作建立了苏州研究生院,开启了以研究生院为单位开展中外合作培养研究生人才的先河。当前,我校研究生教育进入了稳规模、调结构、提质量的新阶段。

四是形成了多样化的培养风格和文化。各院(系)和研究生导师紧紧依托学科优势,挖掘和创新学科文化,在不断完善培养方案的同时,探索学科文化育人方式。例如,交通土建学科的现场问题导向模式、学习科学中心的交叉培养模式、临床医学的病症导向模式、经管学科的科研报告制、人文社会学科的经典研读和研究作坊,等等,营造了浓厚的学术研究氛围,在推动学校研究生教育特色发展中发挥越来越重要的作用。

这些工作的进展,是在国家加大高等教育投入、扩大研究生培养规模的发展形势下取得的,是学校紧紧抓住发展机遇、不断开拓创新取得的,更是广大导师严谨治学、潜心育人的努力奉献取得的。

大家在前面的发言已讲得比较全面了。下面,我根据大家的报告和发言,结合自己的思考,就发挥高水平导师主导作用、促进研究生培养质量提升,讲以下几点意见,与大家一起讨论。

一、充分认识导师在研究生培养中的主导作用

研究生教育综合改革要有效推进,研究生培养质量要不断提升,关键靠建立一支高水平的导师队伍。导师是研究生专业知识结构的设计者和建构者,是研究生科研的指导者,是研究生培养方案的具体实施者,也是研究生学业绩效的评估者,在研究生培养过程中具有主导作用。

第一,导师主导着研究生培养的主要环节。研究生教育19世初在德国起源时,采用的是"学徒式"的培养模式,即研究生从入学到毕业,其学习内容和研究任务,都由一位导师全包。19世纪中后期,美国在德国模式的基础上建立了研究生院,采用了"专业式"和"导师小组"的培养模式,但在关键的论文环节上,起主导作用的仍然是某一位导师。因此,从世界范围来看,尽管在入学标准、资助形式和具体培养环节等方面存在差异,但研究生培养的主要方式是导师制。

第二,导师主导着研究生教育目标的具体实践及其实现。研究生教育的目标是研究者的教育,是让研究生学会研究的教育。包括"专业学位"研究生的新类型在内,与一般的实践型人才教育不同,重在培养研究生的以研究为核心的创新精神和实践能力。与一般的规格化教育不同,导师通过自己的研究示范行为、与学生的合作等,对学生进行个别指导。研究生培养过程是课程教学与科研实践融合化、师生关系合作化、学生成长个体化的复杂过程,需要导师能动、艺术地加以实施和控制,从而使研究生培养的各项质量标准目标得以最终实现。

第三,高水平导师是培养优秀人才的主体力量。名师出高徒,好的老师在学生学习中具有十分重要的作用,能够使学生很快进步。美国近200位诺贝尔奖得主得到过150多位诺贝尔奖得主的指导。原中央大学教授、国学大师黄侃年轻时找老师求学,章太炎向他推荐了杨守敬、孙诒让两位大师,但黄侃最终选择了章太炎为师,从此学业大进,很快也成为近代著名的国学大师。务学不如务求师,得到一个好导师指导是学生梦寐以求的事情。中国古代的"程门立雪"、"张良拜师"、"魏照学师"等典故都说明了高水平导师对学生成长

成才的重要性。据统计，在1999年以来评选的全国优秀博士学位论文中，有超过9%是由32位导师培育的。因此，对于一所大学来说，培养和集聚高水平导师，才能更好地吸引优秀研究生生源，培养高素质的研究生。

因此，推动研究生教育综合改革，提高研究生培养质量，首要的是要坚持和完善研究生导师制度，建设一支高水平的导师队伍，切实发挥导师在研究生教育中的主导作用。

二、充分认识导师队伍建设面临的问题和挑战

随着高水平研究型大学建设不断推进，我校研究生导师队伍的学历结构、学缘结构、年龄结构、所属学科专业等方面发生了巨大变化，为培养高层次创新型人才做出了巨大贡献，成为学校进一步提高研究生培养质量的依靠力量。同时也要看到，由于多种因素，导师队伍建设也存在一些值得关注和重视的问题。

一是岗位职责与资格名誉的不平衡。导师的岗位与资格应该是对应的，职责与名誉理应是统一的，在培养学生过程中的关系应该是平衡的。但有的同志对导师资格非常重视，在遴选时千方百计争取，取得导师资格后却把岗位职责丢到一边。有些导师恪守"师傅领进门，修行在个人"的传统观念，把开阔学术视野、进行学术训练当作研究生的"私事"，对学生的论文也只是象征性提点意见。有的计较招生数量，但学生入学后却不闻不问、放之任之，让学生自我学习、自然成长。古人说："名者，实至宾也。"意思是说，名誉只是实际的一种反映。如果只看重研究生导师的名气，而忽视名誉背后的实际职责，研究生导师的名称就会变味、价值就会贬值。

二是培养学生与使用学生的不平衡。在使用中培养学生，这是应该的，也是必要的。但使用的根本目的是为了让学生得到训练，培养学生的创新精神和实践能力。现在的问题是，有的导师把研究生当廉价劳动力，把大量低水平的科研项目、行政事务甚至生活琐事交给研究生去做，师生关系变成了老板和雇员的关系。有的导师对"不好用"的学生让其早点毕业，对"好用"的学生超期使用、不让毕业，导致师生关系紧张。

三是科研训练与课程教学的不平衡。研究生要通过科研活动发现问题、进而解决问题，才能提高创新能力。研究生课程教学能够建构知识结构、拓宽专业基础、传授方法工具，在研究生科研能力提升方面具有重要作用。研究生培养中存在两种极端的现象：有的导师只注重科研，不能很好地把科研成果转化为教学内容，所承担的研究生专业课程被项目化；有的导师不承担科研项目、不重视科研活动，所承担的研究生课程内容陈旧。当前，科研训练与课程教学仍存在"两张皮"现象，在研究生培养过程中还没有很好地得到融合，研究生课程教学目的实用化、内容方法本科化、教学方式讲座化等现象比较突出。

以上三个方面的不平衡现象，不是新问题，也可能不止这些，大家在一些场合也或多或少提到过。今天在这里提出来，希望能让我们更加明确地认识这些问题，更好地把导师队伍建设好，把导师主导作用发挥好。

三、着力塑造一支卓越导师队伍

学海明灯指航程，春风化雨润心田。鲁迅先生曾经说过："与其找糊涂导师，倒不如自己走，可以省却寻觅的功夫，横竖他也什么都不知道。"打铁还须自身硬，要鼓励导师自觉

提高自身素质、努力追求卓越，做明灯型导师而不是明星式导师，真正履行好学科前沿引导、科研方法指导和学术规范教导的责任。

一是导师要瞄准学科前沿。有人研究过，近50年来，人类社会创造的知识比过去3 000年的总和还要多。"仰之弥高，钻之弥坚"。作为知识的创造者和创新人才的培育者，研究生导师对学科前沿的把握越准确、越及时、越全面，就越能够给学生以正确的指引，学生对研究的兴趣就越强烈、所走的弯路就越少、就越能够迅速地掌握学科前沿，从而被深深地打上前沿意识的烙印，更有可能到达研究的顶峰。

导师发挥学科前沿引导作用，一靠主动，二靠激励，三靠压力。主动，就是导师要自觉适应知识经济发展要求，不断反思现有研究与学科前沿的差距，坚持终身学习理念，始终瞄准前沿开展研究，不断更新和优化知识结构，努力提升自身科研水平，朝着明灯型导师的目标努力。激励，就是要重视研究生导师的发展，有计划地组织导师培训、交流培养经验、参加海内外学术交流和学术休假等，让导师及时充充电，防止"吃老本"。压力，就是要在遴选和考核上下功夫，学校今年修订出台了研究生导师遴选的相关文件，就是要进一步加强导师队伍的动态调整，防止导师资格终身化，避免有的同志当上导师后精神懈怠，出现"船到码头车到站"的现象。如果我们的导师始终站在学科前沿、发挥引导作用，我们培养的研究生的眼光和视野就会产生新的飞跃。

二是导师要指导科研方法。授之以鱼，不如授之以渔。研究生教育除了专业知识的系统深度传承之外，更重要的是通过导师的直接指导，使研究生掌握正确的科学方法，培养研究生独立开展研究工作的能力。因此，导师是否高明，工作是否有效，一个重要的指标就是能否帮助研究生掌握符合自身知识结构的研究方法。

"自明然后明人"，首先要自己清楚，才能够去指导别人。自己会做研究，不一定就能当好导师。研究方法实际上是一种研究的艺术，需要经过长期的潜心积累才能够掌握、成熟、运用和创新。同时，科学研究没有普遍的模式，研究生不可能熟记几条方法就能够一劳永逸地去做研究工作。所谓题无定法，科技迅速发展、人类发展的问题层出不穷，研究的方法也在不断发展之中。导师必须在不断变革的时代环境中发现、掌握最新的科学方法。此外，在高等教育大众化条件下，研究生的知识结构、研究兴趣等存在差异化，导师必须针对每一位研究生的具体情况因材施教、进行个别指导。只有师生开展面对面的精神对话，科学方法才能够内化于心、外化于行。如果导师忙于自己的科研和其他事情，很少和学生见面，学生获得的研究方法指导就很少，就不能很好地确保研究生培养质量。因此，保证导师的精力投入，密切师生关系，增加导师直接指导研究生的频率，是发挥导师研究方法指导作用的前提。

三是导师要教导学术规范。"经师易遇，人师难遭"。意思是懂业务的老师容易遇到，但善于教学生做人的教师不容易碰到。与其他的教育层次不是的是，研究生一般的社会公德和个人私德的培养，主要不是导师的责任。而对于研究生科研品德尤其是学术规范的培养，则是导师应尽的责任。学术规范教导始终为世界一流大学普遍重视，哈佛大学《学习生活指南》明确指出："美国高等教育体系以最严肃的态度反对把他人的著作或者观点化为己有——即所谓剽窃。"斯坦福大学鼓励教师在课堂上运用文件夹教会学生如何进行研究和避免构成剽窃。达特茅斯学院明文规定教师的三项职责，即持续地向学生提供什么是学术诚实的指导、改善能够增强学生荣誉的程序和环境、经常性地审查荣誉守则的执行效果。

学术规范是从事学术研究、指导研究生的基本底线。导师首先要以身作则,树立良好的师德师风,严格遵守学术规范,所谓近朱者赤,近墨者黑,要以自身坚持真理、严谨治学的行为向学生展示研究工作的神圣性和严肃性。导师要坚持立德树人。斯坦福大学前校长唐纳德·肯尼迪曾说,"我觉得我们在培养年轻的学术接班人时偏重于他们各自的学术领域,却忽视了那些让他们成为成功的负责任的学术公民所必需的其他知识和技能。"我们的导师要站在培养德智体美全面发展的社会主义建设者和接班人高度定位自己的工作,不仅要传授知识、培养能力,还要有意识地把社会主义核心价值观融入研究生教育,引导学生树立远大理想和抱负,增强社会责任感,始终守住底线。同时,要在科研实践和课程教学中加强文献引注、实验过程、实验数据处理等具体规范的培养,循序渐进地进行科学系统的学术规范训练,使研究生打牢学术规范的基础,形成遵守学术规范的自觉意识和良好习惯。

研究生导师是开展研究生教育最根本的依靠力量,建设好卓越导师队伍、发挥好教育主导作用,必须强化服务与管理。一要尊重导师在研究生培养中的主体地位和主导作用,在研究生招生、培养、学位申请与授予等方面,研究生导师应享有充分的知情权、发言权和决策参与权,在研究生课程改革、教材建设、质量评估标准设置、实验实习平台建设、培养过程控制等方面发挥主导作用,保障导师的基本权利。二要完善导师制度。强化导师与学生互选制度,提升导师个体指导能力,既尊重导师选择学生的权力,也要尊重学生选择导师的权利。根据学科交叉发展、教育国际化不断推进的形势,探索跨院(系)、跨学科、跨地域、跨行业、跨校际直到跨国度的双导师或多导师制度,强化导师激发研究生自我学习、自我发展、自我完善的积极性和主动性。三要建立健全考核激励机制。认真执行新修订的研究生导师评审办法,进一步完善导师轮训制度和考核评价制度,强化导师责任。建立导师的奖惩制度,根据考核评价结果,对导师进行动态调整,对于无法完成指导任务的导师取消导师资格。要探索建立研究生导师相关荣誉制度,在职称职级晋升、课题申报、平台建设等方面向优秀导师倾斜,激发广大导师从事研究生指导工作的责任感、荣誉感和成就感。

同志们,这次会议总结了成绩,分析了形势,查找了不足,明确了任务,提出了举措,达到了预期的效果。会后,研究生院要进一步广泛征求意见,集思广益,修订和出台相关文件,激发导师、研究生和广大教职员工的积极性和创造性。各部门、各院(系)通过召开领导班子会议、教职工会议等形式,认真做好会议精神的传达、宣传和贯彻,提出本单位相应的工作思路和对策,切实提高研究生教育培养质量,努力实现本科教育和研究生教育并重均衡发展、质量共同提升的新局面!

谢谢大家!

在 2013 年秋季中层干部大会上的讲话

党委书记　郭广银

(2013 年 8 月 18 日)

同志们:

刚才易校长就学校行政工作和改革发展等问题作了详细的讲话。在这里,我就党委上半年的工作作简要的回顾,然后对下半年及今后一个时期的工作讲几点体会和看法,与大家一起讨论。

一、上半年的工作进展情况

2013 年上半年,校党委以中国特色社会主义理论体系为指导,全面贯彻落实党的十八大精神,坚持"开拓创新、争先进位"基本方略,以作风建设为主线,以"三重一大"决策制度的贯彻落实为重点,深化改革创新,加强现代大学制度建设,促进内涵式发展,认真贯彻实施"十二五"改革发展规划纲要,加快国际知名高水平研究型大学建设,有效落实年初确定的各项任务。

(一) 宣传思想工作进一步加强

一是深入学习贯彻党的十八大精神。围绕"学习党的十八大精神、坐标轴上看发展"等主题,举行中层干部理论学习报告会 2 场。举办了中层干部学习十八大精神专题培训班,培训中层以上干部近 400 人。坚持开展中层以上领导干部党的十八大精神网上学习培训。改版至善网,定期上传党的十八大精神、中国梦宣传教育及党的群众路线教育实践活动等专题学习资料。

二是宣传工作保持良好态势。持续转变宣传思路,走进基层,贴近师生,深挖新闻线索,提炼新闻素材,加强新闻策划,传递正能量。围绕获得国家科技奖励、学科评估、自主招生、协同创新、中国梦主题活动等深入开展宣传报道。上半年新闻发稿量 700 余篇,超过 2012 年度总和。百度新闻搜索相关新闻统计半年总数 20 4000 篇,较去年同期增长 25 000 篇。加强网络宣传,初步形成"网前策划、网上推广、媒体跟进、二次网传"的新闻传播和推介机制。充分发挥新媒体效用,新浪微博粉丝从年初 6 万增至 8 万人,腾讯微博人气指数居全国高校第四名,形成了有力的微博矩阵宣传群。《东南大学报》在江苏高校校报优秀作品评选中获奖总数和等第位列全省第一,获全国高校校报优秀作品一等奖 3 项。

(二) 作风建设扎实推进

一是全面启动党的群众路线教育实践活动。根据中央统一部署,我校参加第一批党的群众路线教育实践活动。按照早发动、早部署、早准备的要求,召开了党委常委扩大会、党委部门负责人会、基层党委书记会等,全面学习习近平总书记等中央领导同志讲话精神。召开了基层党委书记,各级人大代表、政协委员、民主党派代表,教代会执委,老同志代表等参加的专题座谈会,听取意见建议。成立了学校教育实践活动领导小组及办公室,明确工作职责,制定了《东南大学深入开展党的群众路线教育实践活动实施方案》。召开了党的群众路线教育实践活动动员大会,对深入开展教育实践活动作了全面动员部署。

二是制定和实施改进作风相关制度规定。贯彻落实中央八项规定和教育部九条意见,结合学校实际,制定了《东南大学贯彻落实中央改进工作作风、密切联系群众〈八项规定〉和〈实施细则〉的实施办法》。出台了《东南大学督促检查工作实施办法》,加强督查督办,推进工作落实。加强对机关作风建设考评体系的研究,进一步增强考评的导向作用和激励功能,促进机关作风建设深入开展。

(三) 干部队伍建设和基层组织建设持续深化

一是干部人事制度改革继续深化。修订了《东南大学中层领导干部选拔任用工作条例》,调整了中层干部首任年龄,扩大选人用人范围,进一步调动广大干部干事创业的积极性。干部轮岗交流、公开选拔、竞争上岗的力度和频度加大加快,8名干部轮岗交流、岗位调整,新提拔中层干部18人。选派2名干部滇西挂职、1名干部援藏工作,组织推荐第六批科技镇长团团长人选2名、成员8名。选派"教授博士柔性进企业"人员27名。

二是基层组织建设有力加强。加强学习型党组织建设,广泛动员、积极组织全校广大党员参与中组部和省委组织的学习党的十八大报告和党章知识竞赛活动。加强创新型党组织建设,开展了"最佳党日活动"评选工作,通过表彰先进,激励全校党组织,创新党日活动和组织生活方式。制定了《东南大学党建研究项目管理办法(试行)》,通过研究项目立项和优秀实践项目评选,引领创新型党组织建设。党员发展和培训工作持续加强,发展党员1 542人,其中学生党员1 520人,教职工党员22人。培训新任支部书记及支委198名,培训预备党员1 222人,培训党员发展对象1 884人。

(四) 学生思想政治工作扎实推进

一是学生德育工作进一步深化。实施"马克思主义理论学科建设跃升计划",举办"思想的力量"学术报告2期。积极推进马克思主义理论研究和传播。推出马克思主义理论系列研究丛书,出版专著3部。完成思想政治教育课程新任教师的选拔、培训。举办了辅导员职业技能竞赛,持续搭建学生工作经验交流平台。举办了2011级流动助教欢送会暨辅导员宣誓仪式,增强辅导员队伍的职业认同感、归属感和凝聚力。持续加强学生心育工作,开展日常心理健康教育普及活动及"3·20心理健康周"、"5·25心理健康月"等活动。继续加强学生国防教育,启动2013国防文化季活动。持续开展感恩教育,组织了2013年"回访母校谢师恩"主题寒暑假社会实践活动。

二是实践育人成效显著。深入开展2013年东南大学学生志愿者暑期文化科技卫生"三下乡"社会实践活动,派出校级重点团队76支,院(系)级重点团队400余支。积极参与2013年"远洋之帆"第五届大学生社会实践活动。亚青会志愿者的招募、选拔、培训、管理等工作有序开展。创新创业教育多元发展,积极组织参与"挑战杯"全国大学生课外科技作品竞赛,6件作品入围全国赛。举办以"创新点缀人生,科技放飞梦想"为主题的学生科技节,组织活动336场,20 000多人次参与。成立了东南大学大学生国际创业赛事俱乐部,储备国际高水平赛事项目和人才。参赛团队入围香港理工大学国际学生创新挑战赛最终决赛。培育学生创业竞赛团队10余支,孵化学生创业企业2家。积极组织完成国家级大学生创新创业训练计划,培育学生创业竞赛团队10余支。3支创业团队获南京市青年大学生优秀创业项目共计85万元资助,占总资助额度近四分之一,其中1个项目名列第一,获最高额度50万元资助。组织完成国家级大学生创新创业训练计划,选拔9支国创团队并成功立项,资助经费额度达32万元。

三是研究生工作进一步加强。开展科学道德和学风建设宣讲教育报告会6场。开展了"我最喜爱的研究生导师"评选活动,激励研究生导师以学术造诣和人格风范引领研究生成长成才。加强研究生的形势与政策教育。举办了"校庆研究生学术报告会",收到论文1 890篇,评选出优秀论文163篇。

(五) 现代大学制度建设进一步推进

一是现代大学制度构建取得新进展。根据教育部要求,对《东南大学章程》作了进一步修改完善,并提交教育部审批。根据《东南大学章程》要求,开展了学校学术委员会、学位委员会、教学指导委员会等学术组织章程的修订。完成了我校承担的《加快构建现代大学制度,推动新型学术组织建设》国家教育体制改革试点项目的中期总结。

二是学校发展战略进一步完善。根据国务院发布的《苏南现代化建设示范区规划》,制定了《东南大学贯彻落实〈苏南现代化建设示范区规划〉实施意见》,进一步明确了加快世界一流大学、服务苏南现代化建设示范区的重大意义、目标任务和具体举措,使学校改革发展更好融入国家区域发展大局。

三是加强制度实施的检查。完成了二级单位"三重一大"决策制度执行情况监督检查工作,全校所有院(系)均完成"三重一大"决策制度制定工作,二级单位领导班子决策科学化、规范化、民主化水平得到提升。加强对人、财、物等重点部位和关键环节权力运行的监督检查,对违规招标等及时纠正整改。围绕科研经费管理等重点领域,开展多层面反腐倡廉教育,推进校园廉洁文化建设。及时受理群众举报,认真核查案件线索,严肃查处违纪违法行为。

(六) 和谐校园建设进一步加强

一是校园民生建设不断深化。组织"图书馆杯环湖健身走"、"后勤集团杯环湖健身走"、"女教职工广播体操比赛"、"教职工智力运动会"、"校机关第五届迎校庆龙舟赛"等多项文体活动,丰富校园文化生活。组织大龄青年参加在宁高校、部属科研院所青年联谊专场活动。组织开展2012年度教职工大病医疗互助金的发放工作,共补助患大病教职工549人次,补助总额284万余元。主动开拓和利用社区资源,初步构建了多方合作共建的社区居家养老服务新体系。充分发挥离退休老同志作用,积极稳妥推进关心下一代工作常态化、系统化、特色化。

二是民主校园建设进一步推进。召开了学校七届二次教代会提案落实工作推进会。举办了党外知识分子培训班,启动"提交一份有影响力的提案,开展一项有特色的活动,撰写一份有分量的调研报告"活动,鼓励、引导和帮助党外代表人士提高参政议政能力和水平。

上半年,在学校党政的密切配合和全校师生员工的共同努力下,学校在学科内涵建设、教育教学改革、人事制度改革、基本建设、科研及产学研合作、国际化办学、后勤服务、产业、校友工作、发展工作、医疗卫生服务等各方面均取得了显著成绩,为下半年工作顺利开展打下了坚实基础。

二、下半年工作思路和重点工作

下半年,学校党的群众路线教育实践活动将深入开展,"十二五"改革和发展规划进入中期检查阶段,我们要坚持以作风建设为主线,牢牢把握工作重点,加快推进作风转变,加快改革创新,力争国际知名高水平研究型大学建设再上新台阶。下半年的工作补充要点已经发给大家,在这里我不再一一讲述。这里我就几项重点工作谈一谈工作思路和大家交流。

(一) 把握主线,抓好群众路线教育实践活动

暑假前,我们召开了党的群众路线教育实践活动动员大会,同志们利用暑期进行了自学。8月2日,学校党委理论学习中心组举行了专题学习会,围绕教育实践活动进行专题学习,对教育实践活动的开展有了更深的认识,并对开学后深入开展教育实践活动进行了研究部署。新学期,各部门院系要按照教育实践活动实施方案和工作计划的要求,把教育实践活动与学校中心工作有机结合抓好抓实。一是抓好学习。广大党员领导干部要在暑期自学基础上继续加强学习,进一步提高对开展教育实践活动必要性和重要性的认识,增强搞好活动的责任感和紧迫感。要继续深入学习贯彻落实党的十八大精神,各级党组织要采用多种方式,组织党员干部原原本本学习研读《论群众路线——重要论述摘编》《党的群众路线教育实践活动学习文件选编》《厉行节约、反对浪费——重要论述摘编》以及习近平总书记和中央领导同志系列讲话等重要文献,认真研究学校教育实践活动方案,做到教育实践活动指导思想扎根在心,开展方法步骤胸中有数,为教育实践活动的开展打下扎实的思想和理论基础。二是突出实干。"一步实际运动比一打纲领更重要",教育实践活动能否取得实效关键在于实实在在的行动。校院(系)两级领导班子要开好民主生活会,组织好开门评议,开展好批评和自我批评。认真听取师生意见,要保持攻坚克难的劲头和状态,认认真真梳理、切切实实解决一些师生反映强烈的突出问题。抓好整改落实,尤其要梳理和建设制度,根据事业发展需要做好制度的废、改、立工作,通过制度建设巩固活动成果。通过行动践行制度,真正让广大师生看到变化、看到实效。三是加强针对。要找准靶子,有的放矢地解决"四风"问题。为使教育实践活动达到预期效果,学校教育实践活动领导小组专门拟定了围绕"四风问题"征求意见的提纲,就是希望通过合理设计问题,把广大师生员工对我们"四风问题"的真意见、真想法有效地征集到。刘云山同志特别强调,听不到意见、找不出问题本身就是问题。希望各院(系)部门采用切实有效的方式,征集意见、

察纳良言,听到真话,交到诤友,做到以真抓实干、求真务实对治形式主义,以深入基层、密切联系群众对治官僚主义,以艰苦奋斗、奋发有为对治享乐主义,以勤俭节约、反对浪费对治奢靡之风。要抓好校院(系)两级领导班子、中层以上领导干部和机关部门等三大重点,以提升办学理校能力为重点,促改革、重内涵,着力建设开拓务实型领导班子。办实事、解难题,着力建设清廉实干型干部队伍。强服务、暖人心,着力建设服务创新型机关部门。重节约、反浪费,着力建设节约型校园。力争通过教育实践活动,以优良的党风带动校风教风学风转变。

(二) 把握重点,推进学校事业内涵式发展

推动高等教育内涵式发展,是党的十八大确立的新历史时期高等教育科学发展的方向,也是我校建设国际知名高水平大学的内在要求。

一是认真实施"十二五"改革和发展规划,加快学校内涵式发展。我校实施"十二五"规划已经进入第三个年头,为确保规划目标和任务的顺利完成,对"十二五"规划的执行中期检查十分必要。本学期,学校将由发展规划部(处)牵头对"十二五"规划纲要的实施情况进行中期检查。各院(系)要高度重视,认真比对规划指标、国际化指标和赶超目标——美国伊利诺伊大学香槟分校的发展状况,做好自查和评估。总结经验,寻找差距,优化和调整规划的实施进程,确保规划目标的顺利的实现。我们要继续坚持争先进位开拓创新发展方略,在发展坐标上,坚持参照国际排名,对比学校发展。我们并不一味地强调排行榜的引导,但坚持以一个国际排行榜为参照系,可以帮助我们保持开阔的眼界,立足亚洲,着眼全球高等教育竞技场,更好地促使我们加快开拓创新,争先进位的步伐。

二是引育并举,深入实施人才强校战略。建设世界一流大学,必须有强大的人才队伍支持。经过长期建设,我校人才队伍建设在专任教师博士学位比、海外经历比例等方面取得了显著成绩。初步形成了学术大师级人才、高端人才、优秀中青年骨干人才、青年俊才四个层次的人才队伍。但与我们的发展目标相比,以院士、千人计划国聘专家、杰出青年基金获得者、长江学者特聘教授等为主要标志的高端人才队伍建设仍显不足。今年暑期中组部公布了万人计划第一批杰出人才、科技创新领军人才和青年拔尖人才入选名单,我校2人入选科技创新领军人才,1人入选青年拔尖人才,入选的人数与我们的预期仍有差距。高端人才计划的申报存在着显著的"马太效应",如果在入选人数上长期没有突破,将会固化学校在人们心目中的地位,从而影响下一轮申报,形不成良性循环。因此,我们要增强忧患意识,要进一步强化学校意志,认真研究高端人才计划申报对策,加大工作力度,力争在高端人才引进、青年人才培养和支持、国家重点人才计划等方面取得新突破,促进人才队伍优化升级。

三是加快推进协同创新和学科交叉融合。要密切跟踪国际科技前沿,结合国家经济社会发展重大战略需求,紧紧把握2011计划的宝贵机遇,积极建设和培育协同创新中心,争取进入2011计划第二批国家协同创新中心行列,争取更多协同创新中心进入省级协同创新中心行列,同时通过协同创新促进新兴学科的交叉融合。

四是深化改革创新。当前高等教育改革发展面临的最大难题是改革的动力不足。改革的动力在于制度创新。我们必须坚持不懈地推进制度创新战略,坚定不移地深入探索

和构建现代大学制度,为学校的事业发展提供优良的体制机制保障。近些年来,学校党政密切配合,结合我国高等教育发展趋势和我校基本校情,以制定《东南大学章程》为契机,着力推进现代大学制度建设,取得了阶段性成果。近日,学校报教育部审批的《东南大学章程》,正在进行社会公示。经教育部核准后,《东南大学章程》将正式颁布实施。我们要充分认识《大学章程》对现代大学制度构建的基础作用,加快推进学术性组织章程的修订,力争在教授治学等方面取得新突破,力争在按章办学、自主办学、自律办学方面走在全国高校前列,为学校加快内涵式发展打下良好的制度基础。

(三) 建设开拓进取、求真务实的强有力的干部队伍

要建设国际知名高水平大学,关键在人。完成学校党政确立的工作目标,加快推进学校改革发展,关键是中层以上领导干部能够真抓实干、狠抓落实。

一要想干事。时代在发展,竞争在加剧,需要我们进一步增强干事创业的意识。这好比体育运动员的竞技状态往往左右比赛成绩,一个地方、一个单位的发展水平和成效,往往取决于干部的精神状态。我认为,我们的中层以上领导干部绝大多数都是想干事的。但同时也要看到,有的同志的确对学校的事业不关心、对自己承担的职责不上心,甚至精神懈怠、不愿担当和作为。要树立正确的权利观,不能乱作为和不作为。要始终思考"我能为学校发展做什么"这个问题,牢固树立"学校落后我耻辱"的观念。要切实立足自身找差距,要把对学校工作的不满足、不满意转化为自身干事的动力,坚持为打开局面、工作成功想办法,不为工作落后、进展不利找理由,更不能为自身的工作不力甚至失误到别人那里找理由、推责任。总之,想干事就是要用心思、有激情,以积极主动的心态,充沛旺盛的精力,奋发争先的热情,乐观自信的精神,勤奋工作,干事创业,开拓进取。

二要会干事。现在各行各业都在谈论"本领恐慌"的问题,主要指的就是干部不适应自身岗位的一面。我们很多工作落实不够得力、成效不够明显,除了精神状态的问题外,还与一部分干部习惯于按老思路老套路应对新情况有关。会干事的方法要与时俱进。如何掌握会干事的方法呢?关键是要不断地学习。习总书记一直强调:"好学才能上进"。要改进我们的学风、端正学习态度,既要向书本学习,又要在工作实践中学习;要真心实意向师生员工学习,也要向国内外其他高校学习。通过学用结合增强本领、提高素质,增强自身工作的科学性、预见性、主动性,使自身的领导和决策体现时代性、把握规律性、富于创造性。总之,会干事就是要用智慧、讲方法,把实干精神与科学方法结合起来,重实际、鼓实劲、出实招、求实效。

三要干成事。是不是真的想干事、会干事,最终要用事实来说话。我们确定的建设高水平大学乃至世界一流大学的时间表,归根到底需要实实在在的工作成绩来积累、去实现。因此,机关部门每年都要摆得出硬邦邦的亮点,院(系)要拿得出沉甸甸的成果。现在,我们有的干部在工作中是存在虚假马虎、挑肥拣瘦、拈轻怕重等现象的,导致一些工作目标过低、项目争取不利。现在是激烈竞争的时代,高校之间比学赶超态势已成常态,坐一坐、等一等、松一松,很多发展机会就会在不经意间失去,我们前几年千辛万苦争取来的发展"窗口期"就有可能会关闭,宝贵的机遇就会丧失,甚至遭遇不利于我们的马太效应。为此,必须强化责任制,根据学校发展规划和年度工作计划,建立各项工作项目负责人制,

加强精细化管理,做到重点工作的人员落实到位、政策落实到位、资源保障落实到位。每位同志尤其是中层以上领导干部都能铆足劲,全校上下拧成一股绳,不达目的不罢休。总之,干成事就是要用劲干、不怕苦,真正把发展目标和工作任务落到一件又一件实实在在的实际成效上。

  同志们,新的学期已经开始,让我们携手努力、团结奋进,以昂扬的精神状态、饱满的工作热情,努力开拓创新,不断争先进位,全面实现学校党政年初确定的各项工作目标。

在东南大学领导班子专题民主生活会情况通报会上的通报

党委书记 郭广银

(2013 年 11 月 21 日)

一、会议基本情况

根据中央要求、中央督导组的具体安排和我校教育实践活动具体实施方案,11 月 13 日,我校领导班子召开了专题民主生活会。中央第 43 督导组组长朱玉泉、教育部高教司副司长刘贵芹、中央督导组副组长张爱龙到会指导,中央督导组成员祝江南、高东锋、许敏敏、刘红军等出席会议。

这次专题民主生活会的主题是,认真学习贯彻习近平总书记在参加河北省委常委班子专题民主生活会时的重要讲话精神,紧紧围绕保持党的先进性和纯洁性,按照"照镜子、正衣冠、洗洗澡、治治病"的总要求,以为民务实清廉为主题,以"反对'四风'、服务师生"为重点,坚持开展批评和自我批评,严肃认真、实事求是、民主团结,认真解决校领导班子及成员在"四风"方面存在的突出问题,促使校领导班子成员坚定理想信念,坚持以社会主义政治家教育家的标准严格要求自己,牢固树立宗旨意识和马克思主义群众观点,践行"以师生为本"的理念,树为民务实清廉新风,聚一流大学发展新力,提高办学理校能力,深化改革创新,全力推动学校快速发展、特色发展、内涵发展、和谐发展,加快国际知名高水平研究型大学建设步伐,以内涵式发展的新成效服务"两个一百年"奋斗目标,为实现中华民族伟大复兴的中国梦作出更大贡献。

这次专题民主生活会是我校开展教育实践活动的重要内容,会议开得很成功。中央督导组组长朱玉泉同志认为,这次专题民主生活会主题鲜明、准备充分、气氛端正,大家敞开心扉、畅所欲言、言无不尽,谈了很多发自内心的感受和体会,既有深刻的自我剖析和自我批评,又有中肯的批评和善意的相互提醒,会议的气氛很好,有质量、有成效,起到了"照镜整容、洗澡除尘、祛病健身"的初步效果,达到了"团结—批评—团结"的目的。高教司副司长刘贵芹同志认为,这次民主生活会主题重点突出,不偏;直面存在问题,不虚;整改目标明确,不空;主要领导带头批评和自我批评,作出了很好的示范,是一次高质量、大团结、提升战斗力的民主生活会。

这次会议开了一整天三个单位时间(2 个半天和 1 个晚上),我先代表校领导班子作了对照检查,然后每位班子成员逐一对照检查,并开展了严肃认真的批评帮助。概括起来,这次专题民主生活会有以下特点:

一是会前准备充分。领导班子成员在学习教育、广泛征求意见的基础上,围绕"四风"认真查摆问题。校党委先后召开 3 次常委会,对征求到的师生员工意见建议逐一整理归类,根据班子成员分工逐项分析认领,提出整改落实的思路和措施。我和易红校长主持班子对照检查材料起草工作,班子成员自己动手撰写对照检查材料。领导班子对照检查材料初稿形成后,校党委召开常委扩大会议,用半天时间进行集中讨论修改。中央督导组对班子及个人对照检查材料进行了认真审核把关,多次提出指导和修改意见。班子以及我和易红校长的对照检查材料还经中央教育实践活动领导小组办公室、教育部等多部门审核。所有对照检查材料都经历了几上几下、反复修改完善的过程。班子成员之间深入开展谈心谈话,我和易红校长与班子成员逐个进行开诚布公的谈心,班子成员之间面对面推心置腹地开展谈心谈话,沟通思想、交流意见、互相启发、互相促进,把问题和矛盾解决在专题民主生活会之前。

二是聚焦"四风"紧密。校党委按照"照镜子、正衣冠、洗洗澡、治治病"的总要求,聚焦反对"四风",以对党、对人民教育事业、对学校事业发展高度负责的精神,真正把自己摆进去,把责任担起来,自觉对照党章,对照中央八项规定精神,对照师生意愿,对照社会主义政治家教育家标准,逐一检查"四风"方面存在的突出问题,指出具体表现,分析典型事例,对群众反映强烈的问题积极主动、实事求是地作出回应。总的来说,班子及个人"四风"方面每一项突出问题都有具体表现,都有事例佐证,做到了衡量尺子严、查摆问题准、整改措施实。

三是气氛民主团结。会上,中央督导组的领导和成员、教育部有关部门领导出席会议指导。我和易红同志带头发言,进行自我批评,接受班子每位成员的批评帮助。同时,班子其他成员也进行了自我批评和相互批评,我和易红校长对班子每位成员进行批评帮助。在批评与自我批评过程中,大家敞开心扉、坦诚相见、畅所欲言,讲真话、讲实话、讲心里话,既从思想认识上找差距,又在工作生活中找短板,既立足分管工作,又积极分担班子责任;既直言不讳地提出别人的问题,又反躬自省自身应担的责任,真正做到了知无不言、言无不尽,有则改之、无则加勉。这次专题民主生活会,既有红红脸、出出汗的紧张与严肃,又有加加油、鼓鼓劲的宽松与和谐。

四是批评和自我批评严肃认真。在对照检查中,领导班子成员自我批评态度端正、深刻到位,勇于揭短亮丑,敢于正视问题。在相互批评中,开门见山、直奔主题,推心置腹、真诚帮助。在自我对照检查中,全体同志着眼东大事业发展全局,紧密结合自身思想、工作和生活实际,联系个人成长经历,从世界观、人生观、价值观入手,从理想信念、宗旨意识、党性修养、政治纪律、政绩观、艰苦奋斗精神等方面,深刻剖析问题产生的原因,认清问题实质,狠挖思想根源,达到了"洗澡"、"治病"的初步效果。

五是整改方向清晰明确。班子集体和班子成员,在认领师生员工意见建议的基础上,把聚焦反对"四风"与推进学校事业发展结合起来,对听取到的师生意见建议分类处理。第一类是当前整改条件成熟的,坚持即知即改、立行立改;第二类是当前基本具备条件、但需要认真讨论研究的,要尽快调研论证,提出解决方案,提交党委常委会或校长办公会研究讨论决定;第三类是当前不具备条件、但从长远看确实需要整改的,尽可能创造条件解决,需要向师生做好说明并持续努力;第四类是现实条件不具备或师生员工因对情况不了解、不清楚而提出不同意见建议的,要尽快反馈,做好解释和沟通工作,并进一步完善学校的信息公开渠道。会议要求既立足当前,又着眼长远,及时制定领导班子整改方案,进一步明确路线图、任务书、时间表和责任人,推动整改措施落地生根、开花结果。

二、校领导班子对照检查情况

按照中央教育实践活动领导小组办公室的要求,领导班子对遵守党的政治纪律情况进行了检查,对贯彻中央八项规定精神、转变作风的情况进行了回顾,聚焦"四风"查找出了15个方面的突出问题。

关于形式主义问题,主要是贯彻落实内涵式发展新要求不够全面深入、与时俱进深化制度创新还有一定差距、发扬钉钉子的精神铆足劲抓落实力度不大、解决"三多一杂"现象的措施还不得力等四个方面的问题比较突出。具体表现主要有:对硬指标的显性增长关注较多,对软实力的内在提升重视不够,质量立校意识强化不够。对特色发展、内涵发展、和谐发展辩证把握还不够,尤其是在提高教育质量、推进内涵发展方面的思路措施研究不够。推动学校向以质量提升为核心的内涵式发展方面的转变力度还不大、进展还不快。制度建设还不能满足学校事业发展需要、不能适应经济社会发展变化的情况日益突出。对事关学校长远发展的重要领域和重大事项,虽然基本上都有规划,但有些事项在如何落实、由谁落实、何时落实等方面没有具体的计划,规划执行意识淡化,工作缺乏韧劲、狠劲和一抓到底的精神。有把开了会、发了文作为工作完成标志的思维惯性,存在用填表、盖章签字维系工作运转的行为习惯,会议多、填表多、签字盖章多和办事流程复杂的问题仍比较严重。

关于官僚主义问题,主要是密切联系基层师生不够广泛深入、民主决策和简政放权还有差距、师生深入了解校情参与管理的机制还不健全、党建工作的服务职能转变不够到位、抓机关作风建设的力度还需要进一步加大等五个方面的问题比较突出。具体表现主要有:召集干部教师开会多,进教室、进实验室、进宿舍接触师生较少。到院(系)调研听汇报较多,听意见较少,作指示较多,解决问题较少,一般走走看看较多,驻点深入调研"解剖麻雀"较少。班子成员在联系院(系)、干部、教师、党外人士等方面还不均衡。与师生干部交流谈工作、提要求、派任务比较多,谈思想、聊生活、拉家常比较少。听批评话、刺耳话的胸襟还不够宽。存在发扬民主不够、正确集中不够、开展批评不够、严肃纪律不够的现象。听意见、做决策、定政策时"沉底"不够,存在"浮光掠影"现象。制定政策征求部门和院(系)领导层面意见多,听取普通教职工意见建议不够。基层和师生反映的意见建议常常不能及时传递到领导班子,师生提出的问题不容易得到及时反馈。校情下传机制不够畅通,学校的情况还未能让师生全面深入地了解。党建工作与学校事业发展、与师生全面发展仍有脱节的地方,存在"两张皮"现象。机关服务态度根本转变、服务效能有效提升等深层次的问题未完全解决。

关于享乐主义问题。主要是战略分析和顶层设计意识不够强,工作主动性不够、担当精神不强、改革创新魄力不强、攻坚克难力度不大等三个方面的问题比较突出。具体表现主要有:传承了学校务实的传统和风格,但对一些涉及高等教育发展规律性、趋势性和引领性的重大宏观问题关注还不够,在聚焦高等教育改革发展顶层设计的研究方面,还没有花足够的精力、集中足够的力量,一定程度上导致把握学校发展的前瞻性不够。有时在一些复杂问题上存在怕"捅马蜂窝"的思想,回避问题和矛盾、怕冒风险、不敢承担责任,在作为、干事方面有缩手缩脚的现象。在改革进入深水区、矛盾积累更突出、利益关系更复杂、牵一发而动全身的条件下，加大力度解决深层次矛盾的态度还不够坚决，破解改革难题的办法还不多，这几年也出现了满足现状、求稳守成的思想苗头。鼓励院（系）大胆探索、先行先试的力度不够，主动为基层改革创新分担压力、承担责任不够。

关于奢靡之风问题，主要是公务接待约束不够、存在铺张浪费现象，资源盘点管理不细、厉行节约不到位，监督管理还有漏洞、党风廉政建设责任制落实还不够等三个方面的问题比较突出。具体表现主要有：在中央八项规定出台之前，有时为了学校发展，班子成员存在超标准接待的情况。没有很好地从制度和管理上落实厉行节约，存在管理粗放、成本意识不强的现象。有时在一些事项上责任意识不够强，执行规章制度不够严格，对分管部门及干部管理监督上有所欠缺，出现有的干部律己不严甚至违纪违法的问题。

在领导班子查摆问题的基础上，班子成员个人也分别对照党章，对照中央新要求、师生新期盼和先进典型，主动把自己摆进去，聚焦"四风"查找了自身存在的问题。概括起来主要有以下几个方面：一是运用科学理论解决实际问题存在不足。很多同志谈到，平时忙于各种事务，没有真正把学习作为硬任务，学习不够深入系统，对新知识掌握不够及时，有时切实感受到了"本领不足"、"本领恐慌"、"本领落后"。有的同志谈到，虽然平时也注重理论学习，但学用结合不够紧密，运用所学谋划学校发展思路举措、解决改革发展难题方面还缺乏学以致用的真功夫。二是调查研究存在重形式轻实效的现象。很多同志谈到，在工作中调查研究不深入，联系部处和院（系）不广泛不深入，与普通师生联系沟通少，解决涉及师生员工切身利益问题的主动性不够，服务师生的能力与水平需要进一步提升。三是对内涵式发展认识不深。有同志谈到，有时存在急于求成的心态，缺乏"功成不必在我"的境界，自觉不自觉地追求"看得见、摸得着"的成绩，对如何推动内涵式发展思考不深、推动不力。四是改革创新勇气不够足，担当意识不够强。不少同志谈到，改革进入深水区后，矛盾更突出、利益关系更复杂，牵一发而动全身，存在"怕捅马蜂窝"思想，迎难而上的工作劲头不够，不敢下大力气深入推进改革。五是勤俭办学意识有所淡化。很多同志谈到，随着办学条件改善，艰苦奋斗、过紧日子的意识有所弱化。中央八项规定出台以前，迎来送往中有重面子、重形象、讲排场的思想，存在超标准接待的情况。

校领导班子针对查找出的问题，深入分析了问题产生的根源。大家一致认为，"四风"方面存在的突出问题，究其原因主要还是没有不断解决好世界观、人生观、价值观这个"总开关"问题，我们党所倡导的"三大作风"、"两个务必"、"八个坚持八个反对"、为民务实清廉等优良作风未能很好地在思想深处牢固扎根。

一是理想信念不够牢固。领导班子认为，"四风"问题说到底，是与理想信念不坚定、不牢固联系在一起的。领导班子在办学理校实践中，对遇到的困难、风险、挑战把握不够精准，不断改造主观世界和不断加强党性修养的意识有所放松，不能很好地按照社会主义政治家教育家的标准进一步严格要求自己，日常的理论学习不够系统深入，没有很好地掌握理论的精神实质，未能很好地把对马克思主义的坚定信仰、对共产主义和中国特色社会主义的坚定信念内化于心、外化于行。在自觉运用马克思主义的立场、观点、方法正确分析问题、准确把握大势、科学解决问题上难免存在偏差。

二是宗旨意识有所弱化。领导班子认为，"四风"问题的产生，是与对"群众是真正的英雄"认识不深密切相关的。班子成员对"为了谁、依靠谁、我是谁"的问题,有时没有自觉地去思考、认真地去弄清,"官本位"的思想残余难免泛起,服务意识和公仆意识减弱,以师生为本的理念未能很好地落地生根。在全心全意为师生服务、依靠广大师生员工办学理校的观点方面松动了,没有始终把师生满意不满意、答应不答应、拥护不拥护作为各项工作的根本评判标准。

三是正确政绩观坚持不够。领导班子认为,内涵式发展要求贯彻不够全面深入,"四个发展"方面存在的不平衡、改革创新的动力不足,归根到底是没有更好地把党的教育方针融会贯通到创建高水平大学的实践中,没有充分地体现在推进内涵式发展、不断提高教育质量这一要求上来。不能很好地克服怕担风险、怕出乱子的思想,没有很好地突破已有框子、既有经验的束缚,在更高目标上谋划改革,在更高层次上推动发展。在进一步提高办学理校工作的科学性、预见性、主动性方面着力不够。

四是艰苦奋斗精神发扬不够。领导班子认为,班子及成员对"奢靡之始、危亡之渐"警惕不够。学校办学经费与过去相比宽裕些,办学条件大为改善,或多或少有些满足感、优越感,自力更生、艰苦创业的意识没有过去那么强了,过紧日子、把钱花在刀刃上的观念有所淡薄了,追求舒坦、安逸享受的思想有所抬头,在抵制享乐主义、奢靡之风上不那么坚决了。经费使用、资源配置等方面讲人情面子、讲形象排场的观念有所增长,对教学科研、师生生活学习工作实际需求的考虑有所弱化。

三、领导班子改进作风的努力方向和整改举措

在民主生活会召开之前,根据查摆出来的"四风"问题,校领导班子先后召开3次党委常委会进行了分析、认领,制定了初步整改思路和打算。教育实践活动开展以来,学校结合《东南大学章程》颁布实施,及时启动规章制度梳理,完成了全校规章制度目录整理,明确了规章制度废、改、立、行的思路。在民主生活会上,班子进一步明确了整改方向,制定整改措施,一致表示要从以下五个方面着手加强自身建设。

一是继续狠抓思想政治建设。紧紧抓住产生"四风"问题的最重要根源,坚持把坚定理想信念放在首位,切实把共产党人精神上的"钙"补足补好。要强化理论中心组学习,大兴学习之风,坚决同以习近平同志为总书记的党中央在思想上政治上行动上保持高度一致。要强化班子凝聚力建设,坚持民主集中制,贯彻落实党委领导下的校长负责制,使班子成员在严格的党内生活锻炼中增强党性,率先做到职务待遇上"知足",工作事业上"知进"。要强化思想政治工作,牢牢把握意识形态工作的领导权、管理权、话语权,把立德树人落到实处。完善干部选拔管理监督机制,更加注重对党员干部的严格教育、严格要求、严格管理、严格监督,进一步形成想干事、能干事、干成事的良好局面。

二是深入践行师生为本理念。把"办学以教师为本,教育以学生为本"内化于心、外化于行。要健全联系师生制度,制定《校领导班子深入基层密切联系群众的实施意见》,建立班子成员参加院(系)活动规范、联系青年教师和党外人士制度,健全院(系)联系点制度、与分管部门院(系)干部交心谈心制度。要完善科学民主依法决策机制,进一步优化党委常委会、校长办公会的议事决策程序,严格执行"三重一大"制度。要改进群众工作方法,以师生欢迎、受益、满意的标准推动基层党组织工作创新,构建全覆盖的群众工作网络,修

订完善信息公开、党务公开、校务公开等条例,提升学校事务的公开度透明度,最大限度地把师生员工的智慧力量凝聚到高水平大学建设上来。

三是全面落实内涵发展要求。进一步推进快速发展,更加注重特色发展、内涵发展、和谐发展。要加强顶层设计,以"功成不必在我"的态度深入实施"十二五"发展规划,研究修订《校园建设规划》《中层干部选拔任用工作条例》,制定《校园文化建设实施纲要》,健全《学术委员会章程》等系列学术组织章程,把学校已经确定的蓝图抓到底。要推进工作落实,健全会议制度,强化督查督办,强化责任追究制,建立项目负责人制,维护上级重大政策、学校集体决策事项的严肃性和权威性。要加强分类指导,推进教学、科研、社会服务和文化传承创新等方面的综合改革,进一步推动简政放权,大力推进试点学院改革,鼓励支持部门院(系)先行先试,激活改革创新潜力,进一步向改革创新要红利。

四是认真办好服务师生事项。选择亟须解决的若干问题即知即改、立行立改,务求终端见效、基层能干。要开展教学环境优化专项活动,改善教师休息室环境,增设学生研讨室,推动教室设施、教学设备维修维护常态化,实施丁家桥校区运动场维修工程。要开展机关提高服务质量专项活动,进一步明确机关部门各校区办公时间,推动各项管理和服务在各校区有效覆盖。修订本科生、研究生手册,推进四牌楼、丁家桥校区电力增容改造工程。加快解决已出售教职工住房"两证"存在的问题。加强财务咨询服务,促进政策执行与师生需求的有机统一。调整退离休工作领导小组,进一步加强退离休工作。加大教职工体检投入,关心教职工健康。要开展支持青年教师发展专项活动,研究提高青年教师住房货币化补贴、绩效津贴及优化发放方式的相关政策,研究制定青年教师出国进修期间绩效津贴的相关规定,促进青年教师安心进修、潜心进修。

五是坚决落实中央八项规定。通过祛除"四风"净化党风、优化校风。要优化机关作风建设考评制度,制定《进一步加强机关作风建设的意见》,将机关作风考评与部门及个人年度绩效考评结合起来。要优化管理流程和规范行为,推进学校内部管理制度专项清理,全面建立制度台账,分门别类推进制度的废止、修订、执行和建立。制定《进一步加快校园信息化建设的意见》,加强各领域基础数据充实和整合,最大限度减少重复填表现象。要健全"三公"经费预算支出控制制度,细化公务接待管理制度,严格执行上级有关领导干部出国出境考察的相关规定。开展廉洁文化周活动。要强化节约型校园建设,完善物业管理、各类设备、基建工程、修缮项目、办公用品、实验耗材等招标采购制度,防患于未然。制定大型设备购置及共享管理的有关规定,提高设备使用效率。大力实施"节粮、节水、节电"活动,强化水电费用收管。根据南京地铁3号线建设进度,提前研究做好教职工班车方案调整、地铁站接驳等事项,在更好满足教职工工作交通出行需要的同时,减少直至杜绝车轮上的浪费。

当前,全国教育实践活动第一批参加单位已陆续进入整改落实、建章立制环节。校领导班子一定要按照中央的要求,在开展好"回头看"的基础上,认真制定整改方案,热情接受师生员工监督,做到一诺千金、有诺必践,以实际行动取信于广大师生员工。同时,各单位也要按照校教育实践活动领导小组办公室的部署安排,聚焦"四风"深入查摆和剖析突出问题,认真撰写和修改对照检查材料,组织开好高质量的专题民主生活会,推动全校面上活动的深入开展。

校领导班子成员一致表示，坚决维护以习近平同志为总书记的党中央权威，在思想上政治上行动上坚决同党中央保持高度一致，不折不扣地贯彻落实中央、教育部和江苏省委省政府的决策部署，切实做到坚持两手抓、两不误、两促进，把整改落实、建章立制与学习贯彻党的十八届三中全会精神紧密结合起来，把教育实践活动与学校改革发展实际紧密结合起来，进一步形成班子整改方案、专项整治方案和制度建设计划，以狠劲、准劲和韧劲抓好整改落实、建章立制各项工作，以为民务实清廉的优良作风，与全校师生员工一道团结拼搏，共同创造内涵式发展的丰硕成果，加快推进东南大学建设国际知名高水平研究型大学和世界一流大学的进程，为实现"两个一百年"奋斗目标、谱写中华民族伟大复兴的中国梦新篇章作出更大贡献。

扎实推进科技体制机制改革，更好地服务于国家和区域经济社会发展

校长 易红

我今天主要汇报近几年东南大学推进科技体制机制改革、以更好地服务于国家和区域经济社会发展的做法和成效，并就未来推进科技体制改革提出建议。

一、东南大学科技创新工作的新定位

近年来，我校针对我国实施创新驱动发展战略对科技创新的新需求，紧紧围绕建设国际知名高水平研究型大学和世界一流大学的奋斗目标，按照"坚定不移地走以创新为主导的研究型大学发展道路，坚定不移地走与国家和区域经济建设与社会发展相结合的建设道路，坚定不移地走国际化办学的强校道路"的发展战略，对科技创新工作进行了新的战略思考，形成了"三位一体"的新的战略定位：

一是要准确瞄准当代国际科技发展前沿，切实加强基础研究，努力增强原始创新能力，尽快取得一批原创性和突破性的研究成果，为我国实施创新驱动发展战略、全面建成小康社会、实现中华民族伟大复兴的中国梦提供战略支撑。

二是要深入结合我国和江苏战略性新兴产业与高技术产业发展以及民生改善的重大战略需要，努力攻克一批战略高技术和产业关键核心技术，支持我国和江苏企业向产业链的高端和核心环节攀登，争取国际竞争的话语权和主导权，为实现经济转型升级发挥重要作用。

三是要紧紧围绕我国和江苏广大企业发展以及传统产业技术改造升级的现实需要，主动提供技术转移、技术开发、技术咨询、技术培训等各种优质服务，支持广大企业增强持续发展能力和核心竞争力，为尽快提升经济发展质量和效益作出新的更大的贡献。

二、东南大学以体制机制改革促进科技创新的主要做法

为实施新的科技创新战略定位，近年来我校按照"积极稳妥、试点先行"的原则，以人事制度改革为突破口，以新型学术组织和产学研合作组织建设为重点，多维协同大力推进体制机制改革，加快构建现代大学制度，取得显著进展。

1. 借鉴世界一流大学制度建设经验，推进新型学术特区建设

我校在改革创新过程中深深感到，建设世界一流大学，应该积极借鉴现有世界一流大学的制度建设经验。考虑到目前环境下内外部改革发展环境的明显不配套，要在我校这样的百年老校全面推进有关制度改革是非常困难的。为此，我校在新的科研机构建设中，

积极采用与国际接轨的体制机制,重点推进了若干新型学术特区的建设,为吸引海外高层次创新人才、增强原始创新能力发挥了重要的作用。

《东南大学学术特区建设实施意见》明确规定,学术特区必须是学校多个不同优势学科或重点发展学科的交叉研究领域,必须是国家经济社会发展迫切需要的基础性、前瞻性、战略性领域。学术特区必须由院士或"千人计划"国家特聘专家、长江学者领衔,特区的岗位教授或高级研究员实行合同聘用,工资、待遇等与工作绩效挂钩。实行协议年薪制,其责任和义务均按合同约定进行规范管理,并向全球公开招聘。特区内每位岗位教授或高级研究员可配备助手和技术人员,所有人员均采用岗位合同聘任。

这种新的与国际接轨的制度建设已经显现出很大的作用。我校首个学术特区"城市工程科学技术研究院",经过短短三年多的建设,已组建形成了由20多位教授、副教授、教授助理等组成的创新团队,全职引进千人、青年千人,兼职引进长江学者、外专高端专家等高层次人才6人,包括原美国加州理工大学工学院院长M. Noori教授,他是江苏首位非华裔千人计划国家特聘专家。该创新团队在碳纤维、玄武岩纤维等高技术纤维复合材料的生产和应用领域攻克了多项核心技术,取得了国际领先水平的成果,申请国际和国家发明专利50余项,荣获国家科学技术进步奖二等奖和教育部高校科技成果一等奖,牵头获批玄武岩纤维生产及应用技术国家地方联合工程研究中心。学术特区的高水平建设带动了产学研合作水平的提升,科技部启动了2 000多万元的玄武岩纤维性能提升生产技术研究课题,江苏省科技厅启动了2 000万元的联合重大创新载体建设项目,南京市建邺区新城科技园为团队专门建设了15 000平方米的研发大楼。

我校按学术特区模式筹建的另一个研究机构"生命科学研究院",经过短短几年的建设也取得很显著的成效,尤其是在师资队伍的国际化建设方面成绩突出,2010年以来已经从海外引进正副教授12名,目前全院教师队伍中具有海外留学经历的15人,占教师总数的86.6%。师资队伍建设水平的提高带动了高水平科技创新成果的涌现,2010年以来已发表SCI收录论文40余篇,其中在生命科学领域国际顶尖学术刊物上已发表论文近10篇,充分展示其已经形成的强大科技创新能力。目前正在完全按学术特区的要求进一步改造该研究机构。

2. 加大现有科研机构和院系的改革力度,充分挖掘利用学校现有资源

我校在高度重视运用与国际接轨的体制机制建设新的科研机构的同时,还积极推进现有高水平科研机构的改革,加强试点学院建设,充分挖掘利用学校现有资源。

无线通信国家重点实验室及其所在的通信学科是我校的优势学科之一,为进一步提升其建设水平,我校利用其为主体建设"无线通信技术协同创新中心"的机会,推进了一系列新的体制新机制改革。借鉴美国国家实验室的建设经验,成立了独立法人的事业单位:通信技术研究院,研究院实行理事会领导下的院长负责制,根据科研重点任务需要确定相应的研究及科研辅助岗位数,实行符合国际惯例和以任务为牵引的人才引进与聘用制度,按需设岗,实行公开招聘、竞争上岗、合同管理。研究院的人员分为全职研究人员、兼职研究人员、科研辅助及行政人员三类。研究院实行目标考核管理机制,建立各类各级人员的考核办法,依据合同对相应人员进行考核和管理。为鼓励科研人员在研究院合作共建的单位之间跨单位进行科研合作,研究院实行科研人员双聘机制,以流动不调动方式充分发挥科研人员的能力所长,科研人员流动期间所在单位的基本工资保持不变,绩效工资由临时聘用单位支付。

我校还积极推进现有院系的体制机制改革,正在开展试点学院建设,作为全校实施全面综合改革的试点。我校的试点学院建设着力推进了多方面的改革举措。其中在教职工的遴选、聘用、晋升、考核评价及科研工作的团队组建与合作机制上,主要学习国外一流大学的经验,全面实行聘用制度,探索实施人员流转退出机制,对现有在编人员强化聘期管理与考核,实行"能上能下、非聘即转";对新聘人员加强目标考核,实行"非聘即走""非升即走"。

3. 创新产学研合作体制机制,更好地服务于国家和地方经济社会发展

在加强校内体制机制改革的同时,我校还主动适应国家和区域经济社会发展对科技创新的新需求,通过成立东南大学应用技术研究院,加快改革传统的校企以项目为主的合作模式,着力抓好产学研合作创新载体建设,加快产学研合作长效机制构建,探索出了多种产学研合作的新模式,形成了多种模式协同推进产学研合作的新格局。首先是加强与地方政府的合作建立区域研究院,服务于区域创新体系建设;其次是与地方政府、企业或企业联盟合作建立专业研究院,为区域产业攻克和掌握共性核心技术提供强有力的支持;再有是加强与企业的长效合作,成立校企联合研发中心;另外就是建立多层次的技术转移中心,加快新技术和新成果向企业和产业的转移转化。

多层次、立体式的协同推进,使我校的产学研合作再上新台阶。目前我校已经成立了东南大学苏州研究院、东南大学无锡分校(科技创新平台)和东南大学常州研究院等多家区域研究院,建立了东南大学江阴新材料研究院、东南大学宜兴环保装备研究院等8家专业研究院,与国内外重点优势企业建立校企产学研联合研发中心近70家。我校还于2012年成功申报江苏省技术转移示范中心,并在南通、常熟、镇江、盐都、张家港、宝应、六合、泰州、连云港等地区建立了20多家分中心。

4. 改革师资队伍建设模式及其评价激励机制,增强持续创新能力

毫无疑问,实施创新驱动发展战略,增强自主创新能力,人才是第一资源。近年来我校把人事制度改革摆在最核心位置,紧紧围绕国际知名高水平研究型大学的建设目标,综合采取多种举措加快学校现代人力资源开发体系的构建。在师资队伍构成方面,改革传统的学校师资队伍中只有专任教师且终身雇佣的做法,推进多元化的师资队伍结构,即既有同时从事教学和科研工作、长期聘用的专任教师,也有长期聘用的专职科研人员,还有合同聘用、到期解除聘用关系的专职科研人员,以新型的师资队伍结构促进有国际竞争力的高水平师资队伍建设。在对教职工以及院系部门的评价考核激励方面,近几年我校新出台或新修订了《东南大学专业技术岗位晋升条件》《东南大学突出成果奖励暂行条例》《东南大学特聘教授条例》《东南大学青年特聘教授条例》《东南大学部门单位综合考核及年度奖励性岗位绩效津贴分配办法》等一系列的政策文件,形成了比较完整的考核激励体系,引导学校各单位和广大教师积极争取承接重大科研项目,努力产出原创性和突破性的

研究成果,更紧密结合国家和区域经济社会发展的重大战略需要开展科技创新。同时,我校还特别重视加强青年教师队伍建设。首先,在青年教师的引进上,重视引进有国际背景的人才,目前学校每年引进的新教师中获得海外博士学位的比例已超过三分之一,而对没有海外经历的教师,每年派出100人到海外进修与合作研究;其次,对新引进的青年教师,学校设立专门的经费加大对其支持的力度,促进其快速成长;再有,对成长较快的优秀青年教师,设立东南大学青年骨干教师与青年特聘教授岗位,给予更大的专门的扶持,使其尽快成为领军创新人才。一系列的人事制度改革为我校近几年科技创新能力的增强提供了强有力的保障。

三、东南大学推进体制机制改革的初步成效

我校围绕科技创新工作的新定位大力推进体制机制改革,促进了自主创新能力和学科建设水平的快速提升。

一是基础研究水平和原始创新能力快速提升。近几年,由于我校对基础研究和原始创新的高度重视,承接国家重大基础研究项目的能力大大增强,持续多年都能牵头承担国家"973"计划项目。承担高层次项目带动产出了一批高质量的基础研究成果,2012年我校发表SCI收录论文1457篇,在全国高校中名列第16位,相比2008年数量增加1.75倍,名次提升了6位。特别可喜的是,形成了一批突破性的研究成果。如关于新型人工电磁材料研究的相关成果分别发表在 *Science*(2009)等国际顶尖期刊上,入选"2010年度中国科学十大进展";在通信理论方面的研究成果获2011年度通信国际学术界有重要影响的IEEE Rice最佳论文奖,这是大陆学者首获此殊荣;在相控阵天线方面的研究成果2011年获IEEE P. L. E. Uslenghi Best Paper Award,也是大陆学者首获此奖项。

二是战略高技术和产业核心技术攻关成绩斐然。近年来,我校围绕我国和江苏战略性新兴产业和高技术产业发展迫切需要的战略高技术和关键核心技术努力攻关,取得了一批有重要影响的研究成果。除2011年我校尤肖虎教授领衔完成的"宽带移动通信容量逼近传输技术及产业化应用"获得国家技术发明一等奖之外,2010年以来我校还牵头获得12项国家级奖励,仅2013年就有4项成果通过国家科学技术奖励第二轮答辩。同时,发明专利申请和授权也取得长足进步,2010年以来发明专利申请量4 678项,发明专利授权量2 083项,PCT专利67项,连续多年位列江苏高校第一,全国高校第六。

三是服务地方经济社会发展的能力继续增强。2010年以来,我校作为技术支撑单位参与江苏省重大成果转化项目45项,名列江苏省高校首位。每年服务于企业签订的"四技"服务合同金额超过4亿元,按照我校2 000名理工科专任教师计算,人均每年超过20万元,达到了相当高的水平。江苏省教育厅组织的江苏省本科院校科技工作为江苏服务情况统计的全部七项指标中,我校持续多年六项指标位列第一。

四是学科建设水平大幅提升。高质量科技创新成果产出的快速增加显著支撑了我校学科建设水平的大幅提升。近几年我校进入ESI排名的学科数量由2个快速增加到7个,包括工程学、材料科学、数学、物理学、化学、临床医学和计算机科学。按照2013年9月的最新统计,我校工程学排名已达到全球第85位。2012年教育部开展的第三轮全国学科评估中,我校有3个学科排名全国第一,位列全国高校并列第7位。同时,与第二轮

学科评估相比,我校的学科在全国的排名实现全面大幅提升,有8个学科进入全国前三位,较上一轮增加4个;分别有3个学科位列全国第一和第二位,均较上一轮增加了2个。

四、未来推进科技体制改革的几点建议

近年来在江苏省委省政府的正确领导下,在江苏省科技厅等有关部门的大力支持下,在江苏全省各界的积极帮助下,我校的科技创新工作取得了一定的成绩。但是我们深知,从党和政府以及广大人民群众对高等教育发展的要求看,从建设国际知名高水平研究型大学和世界一流大学的奋斗目标看,我们的发展任务还非常艰巨,我们的改革还必须攻坚克难。未来我校将按照《国家中前期教育改革和发展规划纲要》以及省委省政府的要求,以人事制度改革为重点,继续大力推进体制机制改革,加快构建现代大学制度,向着国际知名高水平研究型大学和世界一流大学的建设目标奋进。

为此,我们也希望政府和社会各方为高校发展营造更好的环境,加快推进相关的体制机制改革。

1. 改革对高校科技创新工作的评价和支持方式

自从我国提出建设创新型国家、江苏实施创新型省份的建设目标以来,我国和江苏的科技创新取得巨大成就。当前,我国和江苏的科技发展已经进入新的阶段,必须更加重视基础研究和原始创新,更需要掌握战略高技术和占领科技创新制高点,更需要攻克产业核心技术和共性技术,由此科技创新的难度更大,风险更高,突破需要的时间更长。这种情况下,需要改革对高校科技创新工作的评价和管理,改进对高校科技创新工作的支持模式,特别要通过建构更加科学的评价体系和支持模式,鼓励广大教师心无旁骛、专心和持续地开展高水平的科技创新工作,以求取得越来越多的原创性和突破性的成果,改变目前相对而言有些急功近利的评价和支持方法。

2. 为高校的异地科研和成果转化机构提供更多的政策支持

我校为主动适应国家和区域经济社会发展对科技创新的新需求,着力抓好产学研合作创新载体建设,成立了较多的区域研究院、专业研究院等异地科研和成果转化机构,而这些机构的运行迫切希望得到地方各级政府的长期持续的关心与支持,希望能够完善相关支持政策。

以上是我的汇报和一些浅显建议,就教于各位领导,不当之处请指正。

谢谢!

用青春的力量开创美好的明天

——在 2013 年本科新生开学典礼上的讲话

校 长 易 红

（2013 年 8 月 27 日）

亲爱的 2013 级全体新同学：

今天，我们欢聚一堂，隆重举行 2013 级本科新生开学典礼。此时此刻，我想同学们的内心一定是激动和快乐的。因为就在今天，就在这里，你们收获了属于自己的一份光荣与梦想，开启了自己的大学旅程。在这个喜悦、隆重而庄严的时刻，我首先代表学校，向你们表示衷心的祝贺和热烈的欢迎！

带着成功的喜悦，带着殷切的祝愿，带着热切的向往，你们走进了东南大学，为东南大学这棵枝繁叶茂的大树增添了新绿。十年寒窗苦读，初尝成功果实，此时此刻的你们，内心会有诸多的喜悦与快乐，也一定有些许的紧张和忐忑。为了使同学们能够尽快适应大学生活，作为校长和一名老师，我向大家提出几点建议和希望，与同学们共勉：

首先，走进东大，你们要认真感受厚重古朴、生机勃发的大学氛围。111 年前，两江总督张之洞等先贤在南京四牌楼 2 号创办了三江师范学堂，开启了东南大学的建校历史。111 年来，学校传承"严谨、求实、团结、奋进"的优良校风，弘扬"诚朴求实、止于至善"的精神传统，培养了 25 万名优秀人才，涌现出 200 多位两院院士。在风云激荡的 111 年中，东南大学虽数易校名，屡经分合，但她始终抱定教育强国、科技兴邦的理念与志向，筚路蓝缕，弦歌不辍，以科学名世、以人才报国，为国家富强和民族振兴作出了积极的努力和卓越的贡献。这是一所具有一流品格和一流志向的大学，也是一所正在努力创建世界一流的高水平大学。新时期以来，学校提出了"开拓创新，争先进位"的发展思路，制定了"三个坚定不移"的发展战略，明确了实施"三步走"的发展目标，力争 2035 年前后跻身世界一流大学行列。今日的东南大学，因为你们的到来，将汇聚更大的力量，焕发更加昂扬的生机，铸就更加辉煌的明天。

其次，走进东大，你们要细心体悟"嚼得菜根，做得大事"的精神品格。"嚼得菜根，做得大事"是两江师范学堂时的校训。嚼得菜根，意味着你要拿得起、放得下，能够吃得起苦，静得下心，沉得住气；做得大事，意味着你要志存高远、敢为人先，要以天下为己任，先天下之忧而忧，后天下之乐而乐，始终将自身的追求与科学真理、与国家和民族的命运紧密地结合在一起。热爱祖国、造福人民、服务社会是东南大学的优秀传统，也是东南大学一以贯之并将长期坚持的不懈追求。东南大学的这种价值观和使命感与时代赋予当代大学生的历史责任是一致的，也是相通的。作为青年人，作为东大人，大家首先要意识和汲取的就是这一点。因此一方面，我希望同学们要更加脚踏实地，把一颗求学的心放在书本，放在课堂，放在东南大学。另一方面，也希望同学们要仰望星空，站得更高一点，看得更远一点，想得更多一点，多一份家国情怀，多一份社会责任。要学会用一颗报国为民的心去思考、去行动、去奋斗。

最后，走进东大，你们要努力成就敢于担当、争创一流的精彩人生。作为一流大学的学生，你们要永远有一颗争一流的心，要力争成就一流的事业。在这方面，我们的校训"止于至善"就是最权威和最准确的解释。希望同学们牢记校训的要义，严格要求自己，树立一流的目标，做出一流的成绩。我想告诉同学们的是，东南大学是国家"985工程"重点支持建设的研究型、创新型的高水平大学，我们肩负着为国家培养优秀创新人才的历史使命，东南大学的毕业生绝不应仅满足于成为一般性的技术人才，而是要立志成为各行各业的领军人物和社会精英。因此，同学们进校后不要仅仅满足于书本知识的学习，仅仅满足于分数和学分，也不要仅仅满足于毕业后有一份相对稳定和较高报酬的工作，而是要树立更加远大的理想，蕴涵更加宏伟的抱负，预设更加高远的目标，以报国荣校、造福人类的博大胸怀去积极探求人生的真谛，立志为民族复兴的"中国梦"和世界一流的"东大梦"发挥重要作用，建立特殊功勋。

同学们，择天下英才而育之，是东南大学的一贯追求。你们带着美好的梦想，选择了东大，走进了东大，成为了东大人，为此，我们深感责任重大。但请同学们放心，努力打造最好的本科教育，把你们培养成可靠、可造和可用的高素质人才，是学校坚定不移的宗旨和追求，也是学校永恒不变的工作重心。同时我也要强调，进步和发展最重要的依靠一定是内因，决定自己前途和命运的不是别人，而是自己。请你们记住，考入东南大学只代表了过去，绝不代表未来；走进东南大学的目的是要走出东南大学，走上成长成才、创新创业的道路。因此，希望同学们继续发扬勤奋、刻苦、进取的优良学风，自主学习，独立思考，确保顺利完成学业，向祖国和人民，向学校、家庭和自己交上一份满意的答卷。

亲爱的同学们，东南大学是你们新的人生起点，也是你们新的精神家园。我们深知，离开家，离开父母亲朋，离开自己熟悉的环境，对你们当中的很多人来说，一时可能难以适应。但东南大学是一个温暖和谐的大家庭，同学情是一生最为珍贵而美好的情谊，学校的老师既是你们的学业引路人，也是你们成长道路上的好朋友。我们将积极创造条件，进一步做好服务育人工作，努力创造更加良好、更加舒适、更加温馨的学习、生活条件，让你们在紧张的学习生活中更加体验到学校这个大家庭的温暖。

海阔凭鱼跃，天高任鸟飞。亲爱的同学们，新的人生旅程已经启航，新的美好未来等待着我们去创造。让我们牢记祖国、人民和父母的嘱托，勤奋学习，修养身心，刻苦钻研，大胆创新，用青春的力量开创美好的明天，为自己的人生谱写新的辉煌篇章！

谢谢大家！

向着美好未来开启新的奋斗
——在东南大学111周年校庆大会上的讲话

校 长 易 红

（2013年6月6日）

尊敬的各位来宾，亲爱的校友们、老师们、同学们：

初夏江南，生机盎然。今天，是东南大学111岁生日，各地校友和各位来宾盛情光临，一起来见证和欢度这个喜庆的时刻，美丽的校园里处处洋溢着激情与喜悦。此时此刻，请允许我代表学校，向一如既往关心、支持和帮助学校发展的各级领导、海内外校友、社会各界朋友致以衷心的感谢！向曾经和正在为学校发展作出贡献的离退休教职员工和全体师生致以诚挚的问候！

去年，我们成功举办了隆重热烈的110周年校庆，在聚会、回忆和感恩中，我们回顾了学校的发展历程，总结了近十年的发展新貌，使所有的东大人深刻感知到这个大家庭的温馨与友爱，也让社会深刻了解到这所大学的魅力与品格。在刚刚过去的一年里，学校继续以创建世界一流大学为自己的神圣使命与崇高责任，进一步解放思想，开拓创新，争先进位，推动了学校各项事业的持续健康发展。

一年来，我们进一步加强了学科内涵建设，完善了学科布局，形成了工、理、医、文、管、法、艺等协调发展的学科生态，综合性大学的格局在更高水平上形成。在最新一轮全国一级学科评估中，我们有3个学科位列全国第一，3个学科位列全国第二，排名第一的学科数和排名前两位的学科总数均并列全国高校第七位。进入ESI世界前1‰的7个学科，排名均较上一年有大幅提升。在江苏高校优势学科建设工程一期项目中期评审中，2个学科获评优秀。新增江苏省一级学科重点学科4个。

一年来，我们进一步深化教育教学改革和教学基本建设，拔尖创新人才培养工作取得了新成效。获得全国优秀博士学位论文3篇，数量并列全国高校第四位，创历史最好成绩，获全国优秀博士学位论文提名奖2篇。推进博士生招生制度改革，启动博士生招生申请—考核制试点工作，以此录取博士生27名。获国家级专业综合改革试点项目4个，获牵头国家级规划教材21种，获批数量并列全国高校第五位。新增国家级实验教学示范中心1个，国家级大学生创新性实验项目125项。获批国家"卓越工程师教育培养计划"专业14个，国家级"工程实践教育中心"12个。获首批国家级教师教学发展示范中心建设点，获"宝钢优秀教师特等奖"1项，"宝钢优秀学生特等奖"1项。在第八届"挑战杯"中国大学生创业计划竞赛中获得两金一银，总分并列全国高校第一名。

一年来，我们继续深化人事制度改革，大力推进"人才强校"战略，强化高水平师资建设，高层次人才队伍不断壮大。新增"千人计划"国家特聘专家5人，"青年千人计划"

5人,新增"长江学者"3人,国家杰出青年基金获得者3人。专任教师总数达到2534人,其中具有博士学位的比例增长到69.5%。新增博士后科研流动站5个,博士后科研流动站总数达到28个。

一年来,我们进一步创新科技管理体制机制,加强基础研究和战略高技术研究,加大协同创新力度,科技工作取得显著成绩。获国家自然科学基金项目资助273项,资助经费1.65亿元,经费数较上一年增长了33%。获牵头973项目1项,使学校连续七年每年均获得牵头973项目资助。获自然科学基金委创新群体1个,教育部创新团队1个。牵头培育组建协同创新中心5个,其中两个获得江苏省首批立项建设。作为牵头单位获国家技术发明二等奖1项,国家科技进步二等奖2项。作为牵头单位获教育部、江苏省科技奖一等奖6项。获国家部省共建工程研究中心1个,使国家级工程(技术)研究中心达到5个。科研经费到款13.61亿元,较前一年增长了11.6%。发明专利授权数量较前一年增长42.9%。SCI论文收录较前一个统计年增长了186篇,继续位列全国高校第17位。获得国家社科基金项目立项16项,其中重大项目1项,重点项目2项,特别委托项目1项。

一年来,我们大力实施国际化办学战略,深化国际交流与合作工作,国际化办学水平大幅提高。与澳大利亚蒙纳士大学联合申请的"东南大学—蒙纳士大学苏州联合研究生院"得到上级部门批准,成为国内唯一获得正式批准的研究生教育层次的中外合作办学机构。与美国田纳西大学和得克萨斯大学达拉斯分校合作新建了两所孔子学院。主办国际学术会议25场。海外留学生总人数1389人,较去年增长了15.6%,其中学历生1021人,占总人数的73.5%,学历生中留学研究生289人。

一年来,我们的办学继续得到各级各地政府的关心与帮助,得到广大海内外校友和社会各界的鼎力支持。尤其在学生成长方面,各界朋友予以了无私的关爱,在东南大学设立的奖助学金项目数量和金额继续大幅增长。一年里,共设立奖助学金项目180多项,较上一年增长14.3%,总金额1249万元,较上一年增长21%,受益学生3400多人。在奖助学金设立过程中,涌现了许许多多令我们感动、敬仰和记取的事例。今天,借校庆之际,我们同时举行奖助学金颁发仪式,在这一充满温暖与希望的时刻,让我们心怀感激之心,向长期以来关心、帮助、支持我校建设发展事业的各界朋友和广大校友送上我们最为诚挚的敬意和感谢!

发展蕴含精彩,使命催人奋进。我们欣喜地看到,学校积极推进的以人事分配制度改革为核心的改革创新举措,在新的一年里又取得了明显成效,综合实力进一步得到提升,国际国内的综合评价和关键办学指标均有明显进步,呈现出强劲的发展活力和蓬勃的发展势头。今天,我们在这里隆重地举行校庆活动,不仅要与大家分享这份喜悦与荣耀,更要激励我们的全体老师、同学和干部职工,与海内外校友同心协力,顽强拼搏,去开启新的奋斗,去创造新的辉煌。

开启新的奋斗,我们要构建具有东大特色的现代大学制度。我们深知,在今后一段时期里,改革创新仍将是我们的重心和关键。我们要通过《东南大学章程》的实施,进一步深化人事分配制度改革和体制机制创新,完善各项制度和配套措施,构建具有东大特色的现代大学制度,以进一步推动学校各项事业的持续健康发展,快速、全方位提升学校实力,为创建国际知名高水平研究型大学和世界一流大学奠定更加坚实的基础。

开启新的奋斗,我们要构筑具有世界水准的一流人才高地。我们深刻地感知到,在学校111年的办学进程中,正是难以数计的教师们呕心沥血的创造和奉献,方铸就了百年东南的辉煌和进步。同样,把东南大学建成世界一流大学,这不仅是历史和时代赋予我们的光荣使命,更是我们每一个东大人坚定不移的梦想和追求。在今后一段时期里,在更高水平上实施"人才强校"战略,引进和培养国际性的领军式人才,仍将是我们工作的重中之重。因此,我由衷地希望我们的全体老师,时刻牢记建设世界一流大学这一神圣使命,以更加开阔的胸襟、更加广阔的视野、更加执着的追求和更加严格的要求来开展工作,时刻以世界一流作为努力的方向。同时,学校也将积极努力,尽一切可能为广大教师创造更好的事业环境、发展空间和生活条件。我们坚信,通过不懈努力,东南大学一定会涌现出更多的学术大师,更多的领军人物,更多的世界级专家,将东南大学111年的优良传统和"止于至善"的校训不断发扬光大!

开启新的奋斗,我们要实践符合时代要求的内涵发展模式。我们清醒地意识到,内涵发展是高等教育的生命线,是高等教育科学发展的必然选择,是我们建设世界一流大学的必由之路。注重内涵发展,就是强调核心竞争力,强调不断提高质量。在今后一段时期里,我们必须深刻领会高等教育内涵发展的精神实质,进一步更新发展理念,转变发展方式,加大统筹兼顾的力度,把各项工作的重心和目标转移到提升内涵和提高质量上来,坚持不懈地追求高质量、高标准。为此,我们将更加注重人才培养在学校工作中的核心地位,紧紧围绕提高人才培养质量这一主线,深化教育教学改革;更加注重科研、教学与学习紧密结合,鼓励拔尖与创新;更加注重高水平师资队伍建设,完善学术评价制度,打造一流人才队伍;更加注重协同创新,着力提高国际竞争能力;更加注重文化传承与创新,进一步丰富东南大学的文化内涵,提升东南大学的文化品位,促进科学与人文的良性互动,促进各类优秀文化的和谐共生!

尊敬的各位来宾,亲爱的校友们、老师们、同学们,东南大学111年兴学育人,以科学名世,以人才报国,桃李满天下。111年的光辉历史和昔日辉煌,已成为我们美好而难忘的记忆,而建设世界一流大学才是我们未来孜孜以求的梦想。今天,我想再次说起曾经说过的话,既然我们的目标已经确立,不管前面的道路多么漫长曲折,我们必须坚定不移、义无反顾地走下去,因为"既然选择了远方,便只能风雨兼程"!我也始终坚信,只要我们全体东大人团结一致,开拓创新,奋发图强,东南大学的明天一定会更加美好、更加辉煌!

谢谢大家!

在 2013 年庆祝教师节大会上的讲话

校长 易红

(2013 年 9 月 10 日)

老师们,同志们,同学们:

在这硕果累累的金秋九月,我们欢聚一堂,共同庆贺第 29 个教师节。在这个喜庆的时刻,我首先代表学校党政,向常年工作在教学、科研岗位上的老师们,向奋斗在管理、服务和医疗岗位上的全体教职员工和广大离退休老教师、老同志,致以崇高的敬意和美好的祝愿!

教师是大学办学的核心,是学校建设发展的中流砥柱。在东南大学走过的 111 年里,几代东大人栉风沐雨,艰苦创业,学校取得了卓越的办学成就,呈现出持续快速发展的良好势头。过去的一年,全校广大师生员工积极进取,奋力拼搏,学校的学科建设、人才培养、师资队伍、科学研究、国际合作等各项事业进展顺利,取得了更进一步的发展,为学校创建世界一流大学奠定了更为坚实的基础。

高水平学科建设取得新进展,学科竞争力大幅提升。在第三轮全国学科评估中,有 3 个学科位列全国第一位,3 个学科位列全国第二位,均较上一轮增加了 2 个,排名第一的学科数和排名前两位的学科总数均并列全国高校第七。进入 ESI 世界前 1‰ 的 7 个学科排名均大幅提升,其中工程学上升至 87 位。

人事制度改革扎实推进,高层次人才队伍不断壮大。专任教师达到 2 573 人,其中具有博士学位的比例超过了 70%。新增"千人计划"国家特聘专家 7 人,"青年千人计划" 6 人。新增"长江学者"4 人,新增国家杰出青年基金获得者 4 人。博士后在站人数达到 421 人,较前一年增长了 13%。

人才培养质量进一步提高,本科教学与人才培养工作取得新成效。获江苏省教学成果奖特等奖 4 项,一等奖 7 项,二等奖 6 项。入选 2012 年度"国家高层次人才特殊支持计划"教学名师 2 人。新增国家专业综合改革试点专业 1 个。博士生申请-考核制、国家建设高水平大学公派出国留学项目、优博论文培育等工作进展顺利,成效明显。

创新能力不断增强,科研保持快速发展的良好势头。获"973 项目"(青年科学家专题)1 项。3 名教师通过国家杰出青年基金项目评审并已完成公示,6 名教师获国家优秀青年基金项目资助,均为历史最好水平。获江苏省杰出青年基金 8 项,位列江苏高校第一。以我校牵头申报的 4 个项目通过了国家奖的第一、第二轮评审,且奖种覆盖了国家三大奖励。获国家社科基金一般项目(含青年项目)16 项,资助项目数创历史新高。在教育部第六届高等学校科学研究优秀成果奖(人文社会科学)评审中,获一等奖 1 项,二等奖 1 项,三等奖 3 项,取得历史最好成绩。

国际交流与合作不断深化,国际化程度大幅提高。继续深化与蒙纳士大学等国际知名高校的交流与合作。"东南大学—蒙纳士大学苏州联合研究生院"招生、培养工作进展顺利。举办国际学术会议11个。海外留学生总数达1 400人,其中学历生达1 021人,占总人数的73%。

通过全校师生的不懈努力,学校改革创新的成效更加明显,综合实力继续快速提升,学校声誉和影响力进一步扩大。尤其是广大教师,始终以饱满的热情和高度负责的态度,投入到学校建设世界一流大学的宏伟事业当中,为推进学校的建设发展奉献自己的力量。可以看到,学校发展的每一个进步,学校事业的每一份成绩,都凝聚着广大教师的心血和汗水,饱含着广大教师的智慧与辛劳。借此机会,请允许我代表学校,向广大教师致以最诚挚的谢意!

当前及今后一段时间里,我国的高等教育面临着良好的发展机遇。尤其是党的十八大报告,对高等教育工作作出了新定位,提出了新要求,并强调高等教育必须走内涵式发展道路,这些为我国高等教育的未来发展指明了方向。作为科技第一生产力和人才第一资源的重要结合点,高水平大学必须站在国家乃至世界发展的大格局下去谋划发展,必须担负起自己的神圣使命与社会责任,这是高水平大学发展的本质要求,也是大学发展的内在动力。作为中央直管、教育部直属并列入国家"985工程"的全国重点大学,我们在其中必须扮演重要角色,理应发挥重要作用。因此,快速、全方位地提升学校实力,促进高水平研究型大学建设迈上新台阶,仍然是我们今后相当长一段时期内的主要任务。为此,我向全体老师提几点希望,与大家共勉:

首先,希望广大教师真正做到学高为师、德高为范,努力提高自身的职业道德素养。教师被誉为"人类灵魂工程师",广大教师要把崇高师德内化为自觉价值追求和行为取向,忠诚于教育事业,牢固树立为教育事业献身的精神,始终以教书育人为神圣职责,立足岗位、忠于职守、淡泊名利、甘为人梯。坚持以德立身,立德树人,自觉加强师德修养,不断提高师德水平,做社会主义核心价值体系的模范践行者,做良好社会风尚的积极推动者,树立起新时期人民教师的新形象。

其次,希望广大教师积极投身教育改革创新与实践,努力把东大学子培养成真正的拔尖创新人才。人才培养是大学的核心任务,是大学的立校之本,而教书育人是教师最为基本和最为重要的职责。我希望广大教师牢固树立以学生为本的理念,把教学作为第一学术责任,热爱教学、投入教学,始终以人才培养为根本。请大家记住,把我们的学生培养成具有远大的目标、坚定的信念、健全的人格、健康的体魄、宽阔的国际视野、扎实的知识基础和优秀的创新能力,将是摆在我们面前的一项光荣而艰巨的任务。

最后,希望广大教师勇攀科研高峰,争创一流成果,努力开创东南大学科研工作的新局面。大学是研究高深学问之所,学术能力是衡量一所大学办学层次和办学水平的最重要的标准。在今天,大学承担着发展文化、创新知识的重要使命。一所不具备高水准的学术能力、无法开展高水平科学研究的大学注定是平庸的、无所作为的。我们花大力气选聘具有国际水平的优秀人才、建设高水平的学科、承担重大的科研任务、开展高水平的国际合作,都是在为大力提升学术创新能力而努力。因此,我希望广大教师牢记科技工作的崇高使命,开拓创新,积极探索,力争早日跻身国内学科领域的最前沿,在国际范围内抢占更多的科技制高点,谋求更多的学术话语权。

老师们,改革是学校事业持续快速发展的强大动力。在新的阶段,我们必须进一步解放思想,大力推进新一轮改革,以实施《东南大学章程》为契机,深化人事分配制度改革和体制机制创新,完善各项制度和配套措施,构建具有东大特色的现代大学制度,以进一步推动学校各项事业的持续健康发展,为创建国际知名高水平研究型大学和世界一流大学奠定更加坚实的基础。在推进这一系统工作时,广大教师将是最为重要的依靠,因此,我希望广大教师进一步牢固树立主人翁意识,热爱东大,关心东大,积极参与到学校的各项改革和建设事业中,以学校主人的责任感对各项工作存在的不足提出建设性的意见和建议,团结起来为了东大的事业贡献出全身心的力量。同时,我更加希望广大教师能够珍惜自己的健康,爱护自己的身体,科学地安排作息,平衡好、处理好学校与个人、事业与家庭、工作与休息的关系,力争使自己身体更加健康,心情更加愉悦,家庭更加和美,事业更加成功。

老师们,同志们,同学们,百年大计,教育为本;国运兴衰,系于教育。"立德树人,同心共筑中国梦",是我们每位教师必须履行的崇高使命;振兴东大,争建一流,是我们每个东大人必须承担的历史重任。让我们紧紧抓住"十二五"规划的重要机遇期,改革创新,团结拼搏,为东南大学事业发展贡献出全身心的力量和智慧,为民族复兴的中国梦作出新的更大的贡献!

最后,再次祝大家节日快乐,工作顺利,阖家安康!

谢谢大家。

在 2013 年研究生毕业典礼暨学位授予仪式上的讲话

校长 易红

(2013 年 6 月 22 日)

同学们:

你们圆满地完成了研究生阶段的学习,顺利度过了人生中重要的成长阶段。今天,你们即将走出校门,踏上新的人生征程。临行前,请允许我代表学校党政和全体师生,向你们的毕业表示热烈的祝贺和真诚的祝福!

回首研究生阶段的求学经历,你们用勤奋和探索,用青春和理想,在东大校园里描绘了一幅幅动人的多彩画卷。你们不仅积累了更加广博和扎实的知识基础,培养了独立思考和创新求实的精神,更在学习和生活中坚定了信念,锤炼了意志,健全了人格,锻炼了体魄,开阔了视野,也收获了终生难忘的师生情和同窗谊。我相信,在东南大学成长、成才的历程,将成为大家一生中最为珍贵的财富,成为大家永远珍藏的美好回忆。我也坚信,在东南大学攻读研究生的经历,必将为大家的事业发展奠定更加坚实的基础,提供更加坚实的保障。

今天,我们在这里相聚,隆重地为大家送行。我十分高兴地与你们一起分享此时此刻的荣耀与幸福。在这样一个特殊的日子里,我特别要代表学校向大家表示衷心的感谢。

一方面,衷心感谢你们对学校的研究生教育培养工作的充分理解和大力支持。研究生教育和培养在东南大学事业发展中占据极其重要的战略地位,是我们建设高水平研究型大学的重要标志,是提高学校综合实力和核心竞争力的关键性工作。近年来,学校不断深化研究生培养模式改革,推进体制机制创新,加强研究生教学基础设施和基本条件建设;不断提高研究生学位论文质量,努力加强优秀博士和硕士学位论文的培育;积极引进外籍教师,建设高水平的全英文课程和双语授课教学试点项目;大力资助研究生出国交流、访问和参加会议,积极开展"国家建设高水平大学公派出国留学项目";改革博士生导师遴选办法和博士学位申请的科研成果考核标准,等等。这一系列的改革和举措,都是希望能够提升研究生的综合素质,努力把同学们培养成学有专长的高层次人才,成为祖国建设的栋梁。但是,改革是个艰苦的探索过程,各项制度和举措也都存在一个逐步健全和完善的过程。而令我非常感动的是,大家不仅对学校的改革和各项工作给予了充分的理解,积极予以配合和支持,同时也以高度负责的态度,对学校工作存在的不足提出自己的意见和建议。

另一方面,衷心感谢你们在学校创建高水平研究型大学实践中所作出的重要贡献。研究生是学校开展科研工作的一支重要生力军,在学校科研活动以及事业发展中扮演越来越重要的角色。而你们在校期间所取得的每一份成绩,获得的每一个进步,都为学校事业腾飞提供了坚实的保障和不竭的动力。在大家的帮助和积极努力下，近年来学校事业蓬勃发展，成效显著。学校学科布局更趋合理，学科竞争力大幅提升。在刚刚公布的最新一轮全国学科评估中，排名第一位和第二位的学科数均由上一轮的1个增加到3个，排名第一的学科数和排名前两位的学科总数并列全国高校第七位。进入ESI世界前1%的7个学科排名均大幅提升，综合性大学的格局在更高水平上形成。师资队伍规模和质量稳步提高，高层次人才队伍不断壮大。专任教师中具有博士学位的比例达到69.5%。重要科学技术成果不断涌现，国家级科技奖励快速增长。近四年作为牵头单位共获得国家级科技奖励11项，较前一个四年增长了9项，其中2011年获得一项国家技术发明一等奖。专利申请量和授权量逐年攀升，发明专利申请量和授权量年均增长30%以上，多年位居全国高校前六位。高水平论文不断涌现。据最新统计，SCI论文收录1457篇，位列全国高校第十七位，其中不少论文是由研究生以第一作者身份发表的。学校承担重大基础研究的能力快速提高。自2006年在牵头承担"973"项目方面取得零的突破以后，每年均获得牵头"973"项目，近几年共获得牵头"973"项目10项。人文社科科研也取得重要进展。2012年获得国家社科基金项目立项16项，其中重大项目1项，重点项目2项。迄今为止，我校共获得全国优秀博士学位论文16篇，全国优秀博士学位论文提名奖28篇，其中2013年获得全国优秀博士学位论文3篇，全国优秀博士论文提名奖2篇，取得历史最好成绩。

同学们，这些成绩的取得，凝结着你们的智慧和汗水，饱含了你们的辛勤劳动和无私奉献。今天，你们就要离开东南大学这片热土，离开朝夕相处的老师和同学，去为祖国的建设大业和自己的人生理想而拼搏。此时此刻，作为校长和一名老师，我想提几点希望，与大家共勉。

第一，希望同学们树立更加高远的理想，确立更加远大的目标。时刻把祖国、人民放在心中，把个人命运和祖国命运结合起来，顺应历史潮流，不懈奋斗，努力追求，做一个有理想、有抱负、有作为的人，在艰苦奋斗中去实现自己的人生价值。大家要秉承母校"止于至善"的校训和"严谨求实，团结奋进"的校风，在工作中敬业奉献，开拓创新，使自己始终奋进在时代的前列，为祖国的建设事业作出积极的贡献。

第二，希望同学们诚实守信做人，脚踏实地做事。同学们跨出校门之后，要尽快地适应社会，融入集体；要做到守法、诚信、勤勉、谦逊，求真务实。人生多风雨，花无百日红。我们要始终保持乐观开朗的心态、接纳生活的诚意和进取不息的精神。今后，无论于工作还是生活，于事业还是家庭，在顺境中要居安思危，保持清醒的头脑；面对挫折要坚韧不拔，保持本色，坚强地应对和战胜各种困难。

第三，希望同学们不断加强学习，迎接新的挑战。在探求真知、追求真理的攀登中，刻苦学习才是到达光辉顶点的途径。学习没有终点，追求永无止境。同学们毕业后要继续保持强烈的求知欲望和创新热情，继续保持勤奋学习和精益求精的良好习惯，继续保持对国内外相关领域前沿知识的高度关注，不断地充实和提高自己，以适应未来社会的需要，迎接未来新的挑战。

第四，希望同学们更加热爱东大，加倍维护母校。东大是我们成长的沃土，是我们共同的家园，是我们人生路上永远抹不去的美好记忆。110多年来，东大校友遍布海内外，他们在各自的岗位上勤奋工作,默默地肩负着国家和人民赋予的重任,用知识和智慧报效祖国、回报母校。今后,希望同学们无论在哪个岗位,无论在任何场合,都要以前辈校友们为榜样,努力地维护母校的形象和声誉,以优秀的表现和卓越的成绩来证明自己,同时也为母校增添光彩!

我们有理由相信,从东南大学走出去的你们,应该有着巍巍钟山、浩浩长江的宏大气魄,有着诚朴雄伟、止于至善的东大品格,有着学以致用、实干兴邦的理想担当。同学们,新的人生旅程等待着你们,实现"中国梦"的光荣使命期待着你们,灿烂美好的明天召唤着你们。

最后,我真诚地祝愿同学们工作顺利,生活美满,事业辉煌!

谢谢大家!

关于第十三届学位评定委员会下设部分学位评定分委员会成员调整的通知

(2013 年 1 月 21 日)

各校区,各院、系、所,各处、室、直属单位,各学术业务单位:

经校学位评定委员会批准,东南大学第十三届学位评定委员会下设的九个学位评定分委员会成员有所调整。现将调整后的九个分委员会成员名单公布如下(委员以姓氏笔画为序):

1. 动力工程及工程热物理、环境科学与工程学科学位评定分委员会

主　席:金保昇

副主席:钟文琪

委　员:归柯庭　吕剑虹　吕锡武　朱小良　仲兆平　沈　炯　沈来宏
　　　　张小松　陈晓平　陈振乾　周克毅　顾　璠　黄亚继

秘　书:王　沛

2. 数学、物理学学科学位评定分委员会

主　席:刘继军

副主席:杨永宏

委　员:王金兰　王勇刚　李　涛　邱　腾　汪　军　陈建龙　林文松
　　　　林金官　施智祥　徐庆宇　徐君祥　曹进德　薛星美

秘　书:谢静琪

3. 生物医学工程学科学位评定分委员会

主　席:顾　宁

副主席:陆祖宏

委　员:万遂人　吉　民　孙　啸　李志勇　汪　丰　罗立民　洪宗训
　　　　袁春伟　顾忠泽　徐春祥　谢建明

秘　书:关佑丽

4. 材料科学与工程、化学工程与技术、化学学科学位评定分委员会

主　席:潘　冶

副主席:林保平

委　员:孙　伟　孙岳明　肖　健　余新泉　周钰明　封卫东　顾　宁
　　　　钱春香　董寅生　蒋建清　缪昌文　熊仁根　薛　烽

秘　书:穆　玮

5. 经济学、管理学、系统科学学科学位评定分委员会

主　席:徐康宁

副主席:何建敏

委　员:王文平　王海燕　仲伟俊　刘晓星　李　东　邱　斌　张玉林
　　　　陈志斌　陈良华　陈淑梅　周　勤　赵林度　顾建新　徐盈之

舒　嘉

秘　书：张秀娟

6. 电气工程学科学位评定分委员会

主　席：黄学良

副主席：陆于平

委　员：王念春　冯建明　李　扬　林明耀　林鹤云　郑建勇　胡敏强
　　　　赵剑锋　程　明

秘　书：杨　燕

7. 仪器科学与技术学科学位评定分委员会

主　席：宋爱国

副主席：徐晓苏

委　员：王　军　王　庆　严如强　李宏生　宋光明　张为公　陈俊杰
　　　　陈熙源　秦文虎　倪江生　蔡体菁

秘　书：朱　青

8. 艺术学理论、美术学、设计学学科学位评定分委员会

主　席：凌继尧

副主席：王廷信　陶思炎

委　员：王和平　刘灿铭　汪小洋　李倍雷　张乾元　胡　平　崔天剑
　　　　程明震

秘　书：周　渝

9. 外国语言文学、体育学、教育学学科学位评定分委员会

主　席：陈美华

副主席：蔡晓波

委　员：孙莉玲　张　胤　陆　华　郑玉琪　姜飞月　曹效英

秘　书：葛培玲

（校通知〔2013〕19号）

关于调整党委书记、副书记和有关常委工作分工的通知

(2013年5月22日)

各党工委，各基层党委、党总支，直属党支部，党委各部、委、办、工会、团委：

因人事变动，根据工作需要，现将党委书记、副书记和有关常委工作分工调整如下：

党委书记　郭广银

全面负责学校党委工作，分管组织、政策研究与发展规划、老干部工作。

党委副书记兼纪委书记　刘京南

负责纪检、统战、教代会、工会工作，协管老干部工作；分管党委办公室、党委统战部、纪委办公室、党委老干部处、工会。受校长委托，负责监察、审计工作；分管监察处、审计处。

党委副书记兼副校长　刘波

负责宣传、教职工思想政治教育、学生思想政治教育、国防教育与人民武装、共青团、政治保卫工作；分管党委宣传部、党委学工部、党委研工部、党委武装部、党委保卫部、团委。受校长委托，负责学生、体育工作；分管学生处。

党委常委、党委组织部部长　刘鸿健

协助分管领导负责基层党组织和党员队伍建设，主持党委组织部、党校日常工作。

中共东南大学委员会
（东大委〔2013〕19号）

关于校长、副校长、校长助理工作分工的通知

(2013年3月29日)

各校区，各院、系、所，各处、室、直属单位，各学术业务单位：
　　经研究，现将校长、副校长、校长助理工作分工通知如下：
　　校　　　长　易　红
　　全面负责学校行政工作；分管学科建设工作。
　　常务副校长　胡敏强
　　分管学校日常行政工作；分管科技、保密、治安保卫、综合治理、信访等工作。
　　副　校　长　林萍华
　　分管图书、档案、继续教育、学报等工作。
　　副　校　长　浦跃朴
　　分管医学和生命科学、医疗、计划生育、国际及港澳台合作、地方合作联络、发展委员会、丁家桥校区等工作。
　　副校长（兼）　刘　波
　　分管学生、体育工作。
　　副　校　长　郑家茂
　　分管本科教育教学、实验设备等工作。
　　副　校　长　沈　炯
　　分管研究生教育、异地办学等工作；协管学科建设工作。
　　副　校　长　王保平
　　分管人事、产业、大学科技园、出版等工作。
　　总 会 计 师　丁　辉
　　分管财务工作。
　　副　校　长　黄大卫
　　分管基本建设、后勤等工作。
　　校 长 助 理　刘乃丰
　　负责中大医院工作；协管医疗工作。
　　校 长 助 理　吴应宇
　　协管产业、大学科技园工作。
　　校 长 助 理　谢建明
　　协管发展委员会及地方合作联络工作。

(校通知〔2013〕42号)

关于印发2012年纪检监察工作总结和 2013年纪检监察工作要点的通知

(2013年3月14日)

各党工委,各基层党委、党总支,直属党支部,党委各部、委、办、工会、团委;各院、系、所,各处、室、直属单位,各学术业务单位:

现将2012年纪检监察工作总结和2013年纪检监察工作要点印发给你们,请遵照贯彻执行。

中共东南大学委员会
(东大委〔2013〕11号)

关于林萍华等同志任职的通知

（2013年3月25日）

各校区，各院、系、所，各处、室、直属单位，各学术业务单位：
　　接教育部2013年3月6日教任〔2013〕11号文件通知，任命林萍华为东南大学副校长（正厅级）；黄大卫为东南大学副校长。

校长：易红
二〇一三年三月二十五日
（校任免〔2013〕4号）

关于胡敏强等同志职务任免的通知

（2013年4月16日）

各校区，各院、系、所，各处、室、直属单位，各学术业务单位：
　　因工作需要，经研究决定：
　　胡敏强同志任科研院院长（兼）。
　　因年龄原因，免去吕锡武同志能源与环境学院副院长职务。

校长：易红
二〇一三年四月十六日
（校任免〔2013〕6号）

关于刘京南、刘鸿健同志任职的通知

（2013年12月31日）

各党工委，各基层党委、党总支、直属党支部，党委各部、委、办，工会、团委：
　　接2013年12月24日中共教育部党组文件通知（教党任〔2013〕132号），教育部党组研究决定：
　　刘京南同志任中共东南大学委员会常务副书记（正厅级）；
　　刘鸿健同志任中共东南大学委员会副书记。

中共东南大学委员会
2013年12月31日
（东大委〔2013〕62号）

东南大学全日制工程硕士专业学位研究生培养方案指导意见

(2013年1月4日)

一、培养目标

培养应面向未来国家建设需要,适应未来科技进步,德智体全面发展,掌握本学科的基础理论和专业知识;了解本学科的技术现状和发展趋势,掌握解决工程问题的先进技术方法和现代技术手段;能胜任工程项目的研究、设计、施工、管理等工作,具有良好的创新能力、国际视野和领导意识的高层次工程技术应用型人才。

二、培养标准

我校全日制工程硕士专业学位研究生教育定位于培养未来优秀设计型、研究型的高层次工程技术应用型人才,主要从事产品或工程项目的研究、设计与开发,应达到如下知识、能力与素质要求:

1. 具有丰富的人文科学素养、强烈的社会责任感和良好的工程职业道德;
2. 具有从事工程开发和设计所需的自然科学、经济管理以及人文科学知识;
3. 掌握扎实的工程原理、工程技术和本专业的理论知识,具有综合运用所学科学理论方法和技术手段独立地分析和解决工程问题的能力;
4. 具有开拓创新意识和进行产品开发和设计的能力,以及工程项目集成的基本能力;
5. 具有工程技术创新和开发的基本能力和处理工程与社会和自然和谐的基本能力;
6. 熟悉本专业领域技术标准,相关行业的政策、法律和法规;
7. 具有良好的组织管理能力,较强的交流沟通、环境适应和团队合作的能力;
8. 具有信息获取、知识更新和终身学习的能力。

三、学习年限和培养方式

学习年限一般为二年。采用课程学习、实践教学和学位论文相结合的培养模式。课程学习主要在校内完成,实习、实践教学鼓励在现场或基地完成。

四、学分要求和课程设置

全日制工程硕士研究生培养方案设置公共课程、基础理论类课程、专业技术类课程。总学分最低要求为26学分,其中学位课最低要求为16学分。此外,还应完成必修环节2学分。

1. 课程类型及学分要求

   a. 公共课程(政治理论、外语等):不少于7学分;
   b. 基础理论类课程和专业技术类课程:不少于19学分;

c. 必修环节:选听人文和科学素养系列讲座、参加学术活动及学术论文撰写训练各1学分。

2. 课程内容与教学模式

a. 企业工程师参与讲授课程(或课程的部分章节)或指导的实践教学环节,应不少于4学分或累计不少于72学时(其中实践2小时折算1学时)。

b. 设置实践教学系列课程。各专业领域须构建基于工程实际项目研究的项目课程、企业实践类课程(含企业生产实践或运营实习)等不少于5学分。其中项目课程不少于2门,每门不超过2学分,企业实践类课程每门一般为1学分。实践教学系列课程学分纳入基础理论类课程和专业技术类课程总学分要求。

c. 根据专业培养要求合理设置法律、经济、知识产权、企业综合管理、企业发展战略类等课程。

3. 努力增加学生自主学习的选择性,保持选修课学分的比例原则上不低于40%。

五、培养要求

1. 培养计划

应根据本领域研究生培养方案的要求并结合个人的具体情况,于入学后两周内在导师指导下制订培养计划。

2. 开题报告

选题应来源于应用课题或实际问题,必须要有明确的职业背景和应用价值。

研究生在选题、实践调研的基础上写出开题报告。

开题报告应在第三学期开学后两个月内完成,开题报告应在本学科范围内公开进行,由学科负责人或导师(指导小组负责人)组织5名相关学科专家对开题报告进行论证,其中至少有一名是企业导师。开题报告审核通过后至少半年方可申请答辩,详见《东南大学研究生论文选题、开题报告的原则和要求》。

3. 中期考核

全日制工程硕士专业学位研究生在入学后的第三学期末进行中期考核(三年制研究生顺延半年)。中期考核内容包括:课程学习情况、开题报告完成情况及创新研究潜力等。根据中期考核结果决定其是继续攻读硕士学位或分流、淘汰。具体按《东南大学硕士研究生中期考核与筛选办法》执行。

4. 实践教学

在学期间,累计参加实践教学时间原则上不少于1年。实践教学贯穿于整个培养过程,实践教学包括实践类课程教学与专业实践。面向行业领域进行高质量的专业实践是专业学位教育质量的重要保证。专业实践的组织工作应贯彻和体现"集中实践与分段实践"相结合、"校内实践与现场实践"相结合、"专业实践与论文工作"相结合的原则。专业实践实行"双导师制",校内导师和校外导师共同指导。以校内导师指导为主,校外导师参与企业实践类课程、学位论文选题和答辩等环节的指导工作。

5. 学位论文

学位论文研究是全日制工程硕士专业学位研究生专业实践教学的重要组成部分。论文形式由相关院(系、所)根据培养方案要求确定。学位论文应独立完成,要体现研究生综合运用科学理论、方法和技术解决实际问题的能力。学位论文的字数,可以根据不同专业学位的特点和选题要求确定,除少数专业外,一般不能少于2万字。论文写作标准和规范参照《东南大学研究生学位论文格式规定》。

6. 成果要求

全日制工程硕士专业学位研究生成果考核要求根据相应学位评定分委员会的要求执行。

六、学位论文答辩和学位申请

全日制工程硕士专业学位研究生完成培养方案中规定的所有环节,修满规定学分,可申请答辩。学位论文评阅人和答辩委员会成员中,应有相关行业实践领域具有高级专业技术职务的专家。符合《东南大学授予硕士、博士学位暂行工作细则》者,发放硕士研究生毕业证书,授予硕士专业学位。有关提前答辩和延期答辩的规定详见《东南大学研究生学籍管理规定》。

(校通知〔2013〕2号)

关于进一步加强和改进校理论学习中心组学习的意见

(2013年1月11日)

各党工委,各基层党委、党总支、直属党支部,工会、团委:

为进一步加强校领导班子思想政治建设,提高推进学校科学发展的能力和水平,加快国际知名高水平研究型大学建设进程,根据中央、教育部党组和江苏省委关于加强学习型党组织建设和领导班子思想政治建设的部署和要求,结合学校实际,现就加强和改进校理论学习中心组学习提出以下意见:

一、加强和改进校理论学习中心组学习的重要意义

1. 校理论学习中心组是推进学习型党组织建设的重要载体。进入新世纪新阶段以来,党中央坚持把学习放在更加突出的位置,中央政治局带头坚持集体学习制度,为我们树立了榜样。我校领导班子和领导干部以理论学习中心组为载体,不断加强学习,提高科学决策水平,推动学校改革发展稳定各项工作不断迈上新台阶。为此,必须进一步提高对理论中心组学习重要性的认识,与时俱进地加强和改进校理论中心组学习,在全校形成推进学习型党组织建设的良好氛围。

2. 校理论学习中心组是提升领导班子思想政治建设的重要途径。校领导班子是学校改革发展稳定的决策者、组织者和推动者,高等教育快速发展的新形势,学校开拓创新、争先进位的新任务,对领导班子办学治校能力提出了新的更高要求。按照社会主义政治家和教育家的要求,进一步加强和改进校理论学习中心组的学习,有利于全面增强校级领导班子的战略性、前瞻性和引领性,更好地履行建设国际知名高水平研究型大学的历史使命,为建设高等教育强国和人力资源强国作出更大贡献。

二、校理论学习中心组的学习内容、形式和时间安排

1. 校理论学习中心组的学习主要围绕重大的理论问题、热点问题和现实问题开展学习和研讨,内容涵盖五个方面:一是深入学习马克思列宁主义、毛泽东思想、邓小平理论和中国特色社会主义理论体系,领会、贯彻党和国家的路线、方针和政策;二是积极关注国际国内和社会重大的时事政治及社会热点、难点问题,研讨并分析其深层次原因;三是围绕高等教育改革发展的重大问题进行学习和研讨,对上级出台的涉及高等教育发展的重大部署、政策等进行研究,把握高等教育发展趋势;四是不断完善知识结构,紧跟时代的步伐,将学习党的创新理论与学习高等教育管理、经济、科技、法律、文化等方面的新知识、新理论、新方法有机结合起来,增强运用科学理论分析和解决问题的能力;五是围绕学校改革与发展过程中面临的重点、难点问题,进行有针对性的研讨,提出可操作性的解决方案。

2. 校理论学习中心组学习以自学和集中学习研讨、调研相结合,主要形式包括以下几个方面:一是在组长的主持下,围绕主题,开展集体学习并进行研讨;二是邀请校内外著名的专家学者,围绕重大的理论问题和社会时事热点进行讲解并开展研讨;三是中心组某位成员针对相关主题,进行重点发言,并开展集体研讨;四是围绕学习主题,组织外出调研、学习考察,在进行集中研讨之后,形成调研报告;五是利用业余时间自主学习,中心组成员根据分管工作以及关注点和兴趣,开展自主学习,形成学习体会和理论文章。此外,也可以利用发展战略研讨会、基层党委书记例会和校长、院长(系主任)、处长联席会等传达学习上级有关会议和文件精神,开展工作研讨。校理论学习中心组成员要利用业余时间加强自学,结合自身情况制订自学计划,自主安排自学时间,自觉提高思想政治素养。

3. 校理论学习中心组集中学习的时间安排:校理论学习中心组的成员除自学和参与党委宣传部安排的全校中层正职干部学习、中层以上干部的集中学习以外,每月参加一次集中学习研讨,时间安排在每月第三周的星期三下午 2:00—5:00(或晚上 6:00—9:00)。必要时可以在党委常委会、校长办公会的会前或会后单独安排学习。

三、校理论学习中心组理论学习的组织领导

1. 校理论学习中心组成员包括党委常委、副校长、校长助理、党办主任、校办主任、纪委副书记、党委组织部部长、党委宣传部部长、党委发展规划部部长、党委办公室副主任、校长办公室副主任、发展规划部副部长。校理论学习中心组成员,根据学习主题可扩大至其他党委部门及部处负责人、院(系)基层党委书记、院长(系主任)等相关人员。

2. 校理论学习中心组由党委主要负责人担任组长,分管宣传思想工作的校领导任副组长。由副组长负责审定学习计划、确定学习主题,提出学习要求,主持学习活动,指导和检查中心组成员的学习;党委宣传部分管思政教育的副部长任秘书,职责是协助组长做好以上的相关工作。

3. 党委宣传部作为校理论学习中心组的秘书单位,应协同相关部门一起做好学习的服务工作。党委宣传部要做好学习的具体组织与落实,包括制订学习计划和学习内容、安排学习时间、通知学习成员、提供学习资料和记录本、组织重点发言、做好会议记录等。要与党委办公室等部门协助,做好与学习相关的会议服务工作。

四、校理论学习中心组理论学习理论成果的应用

校理论学习中心组理论学习要强调学以致用,理论联系实际,中心组成员要带头到分管部门和联系院(系)的理论学习中心组做讲座、传达会议精神、参与重点问题研讨,为学校事业改革发展营造良好思想氛围。

中共东南大学委员会
(东大委〔2013〕3 号)

东南大学关于进一步支持成贤学院建设发展的原则意见

(2013年7月29日)

各校区，各院、系、所，各处、室、直属单位，各学术业务单位：

为进一步支持东南大学成贤学院的建设发展，实现创建国内一流独立学院的办学目标，经校长办公会讨论决定，作出如下原则意见。

一、根据东南大学近期及中长期人才队伍建设规划，综合考虑成贤学院师资建设的需要、教师个体多元发展的需要，制定以下政策：

（一）建立东南大学教师到成贤学院工作的政策通道。鼓励和支持具备一定的教学科研经验、有志到成贤学院并能胜任成贤学院人才培养需要的教师和管理人员，经本人申请，报成贤学院和东南大学人事处审批同意后，到成贤学院工作。凡到成贤学院工作的人员，保留其东南大学编制身份至法定退休年龄，届时在东南大学原单位办理退休手续。

（二）有针对性地遴选、鼓励和支持到成贤学院有更大发展空间的中青年学术骨干或接近退休年龄的专家学者到成贤学院担任系主任和专业负责人。

（三）到成贤学院任教的教师，晋升专业技术职务可选择从东南大学或成贤学院两个不同序列申报。若从东南大学序列晋升，享受具有东南大学相应职称到成贤学院工作的薪酬待遇；若从成贤学院序列晋升，享受成贤学院相应的薪酬待遇。

（四）将成贤学院的"青蓝工程""省级重点专业""省级示范性实验室""工程硕士点"等列入东南大学的建设规划，统筹考虑，统一布局。

（五）东南大学到成贤学院工作的教师，具备东南大学硕士生导师任职资格者，可申请东南大学研究生导师并根据需要指导研究生。

（六）支持未满工作量的教师到成贤学院兼课兼职，其教学工作量可以计入东南大学对教师年度、聘期和晋升的教学考核。

（七）凡到成贤学院工作的东南大学人员，由成贤学院按照其工作职责进行考核，考核结果报东南大学备案，并享受成贤学院相应的薪酬待遇。

二、出台相应的规定、政策，引导和鼓励东南大学有关科研平台、各实验室向成贤学院教师开放，并面向成贤学院教师设立开放课题；在各级各类课题申报、成果申报、专利申请等方面，视情况对成贤学院予以支持。

三、参照东南大学与对口支援高校联合培养的办法，探索以下联合培养模式，为成贤学院优秀学生提供更好的成长舞台：

（一）在化工、电子、计算机、土木、环境设计等具备基本条件的专业进行联合培养工程硕士试点，为成贤学院申报工程硕士点奠定基础，创造条件。

（二）接受成贤学院一年级优秀生（每年25人左右）到东南大学学习一年；在学生出国交流、暑期学校、辅修专业、毕业设计等方面为成贤学院优秀生进一步拓展成才空间。

请各有关部门根据校长办公会会议的决定，提出进一步支持成贤学院建设和发展的建议，并尽快制订具体细则予以落实。

（校通知〔2013〕111号）

东南大学房地产、家具管理暂行办法

(2013年1月16日)

第一章 总 则

第一条 为了加强学校固定资产管理,提高固定资产的使用效益,保证学校各项工作的正常进行,促进学校教育事业的发展,根据国家《事业单位国有资产管理暂行办法》和《东南大学固定资产处置管理暂行办法》等有关规定,结合学校实际,特制定本办法。

第二条 学校的固定资产,是保证完成教学、科研、生产和行政等任务的必备条件之一。学校固定资产实行归口、分类、分级管理。根据学校管理职能的划分及《高等学校固定资产分类及编码》,后勤管理处归口管理固定资产的范围为:房屋及构筑物、土地、家具、行政办公设备等四大类。

第三条 学校的固定资产按"统一领导,分级管理"的原则实行后勤管理处、使用单位二级管理体制。后勤管理处在主管校长的领导下,负责全校固定资产的统一管理工作;各使用单位负责本单位所管辖的固定资产的日常管理工作,并接受后勤管理处的监督、检查。

第二章 固定资产标准

第四条 符合下列标准的列为后勤管理处管理的固定资产:

(一)使用期限在一年以上,单位价值在1 000元以上(含1 000元)的家具、行政办公设备或单位价值虽未达到规定标准,但耐用时间在一年以上的大批同类家具。

(二)各类房屋指学校拥有产权或使用权的房屋和建筑物,包括办公用房、教学科研用房、学生宿舍用房、职工宿舍用房、食堂及其他用房等。

(三)各类构筑物,包括道路、运动场、蓄水池、水井、围墙等。

第三章 固定资产使用管理

第五条 后勤管理处、财务处和使用单位应定期核对账目,使账账、账物保持一致。后勤管理处定期(每年)组织资产清查核对,对清查盘点中发现的问题,各单位应查明原因,说明情况,按管理权限报相关部门及主管领导批准后,调整固定资产账目。同时应积极配合、主动接受审计部门的审计监督。

第六条 各单位必须建立健全登记审批制度,加强对因工作需要配备给个人使用的固定资产的管理,严格履行领用和交还手续,确保其安全完整。

第七条 领用学校固定资产的教职工,在发生人事变动时,如出国留学、退休、调离等,必须到所在单位办理固定资产清点交接手续,并报后勤管理处备案。

第八条 后勤管理处有权对长期闲置、低效运转但尚可使用的固定资产在校内进行调剂;固定资产调剂到校外的须经校长审批,超过规定额度还应报上级部门批准。

第四章　固定资产账务管理

第九条　固定资产入账手续的办理

（一）房屋及构筑物

1. 新建的房屋及构筑物

新建房屋及构筑物形成固定资产，一般应在学校、承建单位、政府质检等部门共同验收确认工程质量合格办理竣工决算后，由基建财务出具基本建设项目交付使用资产明细表办理固定资产登记手续。与新增房屋建筑物一起交付的配套设施（如电梯、中央空调等大型设备）需在学校设备处办理备案；单独新购电梯、中央空调等大型设备需在设备处办理登记手续。对于已交付使用，尚未办理固定资产入账手续的房屋及构筑物，应先根据预算、概算等相关资料估价入账，待办理竣工决算后，再据实调整。

2. 改、扩建的房屋及构筑物

改、扩建的房屋及构筑物增加原价值时，应在项目验收并经过审计确认工程造价后，由项目管理部门到后勤管理处办理固定资产登记，具体验收程序和固定资产入账程序与新建房屋及构筑物相同。

（二）家具类（包括行政办公设备）

增加固定资产时，持购置发票、购销合同、验收报告等资料，到后勤管理处办理固定资产入账等手续。必须明确使用地点、使用责任人和管理责任人。使用责任人和管理责任人必须是东南大学在职人员，不得虚挂虚列。

（三）接受捐赠的固定资产，应由接收部门出具固定资产交接单、捐赠意向书、发票等凭证，办理有关固定资产登记手续。

第十条　学校各单位不论通过何种资金渠道购置、兴建的固定资产都应办理固定资产登记。未办理固定资产登记手续，财务部门不予报销。

第十一条　固定资产经上级主管部门批准报废后，由后勤管理处进行实物处理，办理财务销账手续。各单位在未办理报废手续之前不得擅自处置固定资产。

第十二条　固定资产的处置必须经上级主管部门审批后方可办理财务销账手续，详见《东南大学固定资产处置管理暂行办法》

（校通知〔2013〕3号）

第五章　固定资产处置管理

第十三条　根据《中央级事业单位国有资产处置管理暂行办法》，国有资产处置的范围包括：闲置资产，报废、淘汰资产，产权或使用权转移的资产，盘亏、呆账及非正常损失的资产，以及依照国家有关规定需要处置的其他资产。

第十四条　固定资产处置方式包括无偿调拨（划转）、出售、出让、转让、置换、报废、报损等。

第十五条　固定资产处置时，按规定限额要求履行审批手续。

（一）凡各单位处置固定资产单价低于10万元（不含10万元）的事项，由各单位分管领导签字盖章，报后勤管理处、审计处审批。

（二）凡各单位处置固定资产单价高于10万元（含10万元）且低于100万元（不含100万元）的事项，由各单位分管领导签字盖章，报后勤管理处、审计处、分管校长审批。

（三）凡各单位处置固定资产单价高于100万元（含100万元）且低于500万元（不含500万元）的事项，或者账面价值低于500万元但实际价值高于50万元（含50万元）的其他较重要的事项，由各单位分管领导签字盖章，报后勤管理处，由校国有资产处置管理领导小组审核，报校长办公会批复后报教育部备案。

（四）凡各单位处置固定资产单价高于500万元（含500万元）且低于800万元（不含800万元）的事项，由各单位分管领导签字盖章，报后勤管理处，由校国有资产处置管理领导小组审核，报校长办公会批复后报教育部审批。

（五）凡各单位处置固定资产单价高于800万元（含800万元）的事项，由各单位分管领导签字盖章，报后勤管理处，由校国有资产处置管理领导小组审核，报校长办公会批复后报教育部，由教育部报财政部审批。

第十六条　无偿调拨（划转）是指在不改变固定资产性质的前提下，以无偿转让的方式变更固定资产占有、使用权的行为。

校内各院、部、处转移固定资产，经后勤管理处审批同意后，由双方填写校内调拨单，履行审批手续。

任何单位和个人不得将固定资产擅自调拨划转、对外捐赠，如需对校外调拨划转、对外捐赠的，按《东南大学固定资产处置管理暂行办法》规定执行。

第十七条　出售、出让、转让是指变更固定资产所有权或占有、使用权并取得相应收益的行为；置换是指我校与其他单位以非货币性资产为主进行的交换，这种交换不涉及或只涉及少量的货币性资产。如需出售、出让、转让、置换的，按《东南大学固定资产处置管理暂行办法》规定执行。

第十八条　报废是按有关规定或经有关部门、专家鉴定，对已不能继续使用的固定资产，进行产权注销的资产处置行为；报损是指由于发生呆账损失、非正常损失等原因，按有关规定对固定资产进行产权注销的资产处置行为。

（一）学校房屋建筑物因校园规划或经鉴定为危房须整体拆除的，必须经主管校长批准，方可拆除。按财政部规定要求备齐相关材料，履行审批手续。

（二）固定资产正常报废，应具备下列情况之一：

1. 由于使用年限较长或质量问题，造成损坏且无法修复；
2. 修复费用超过或接近于新购价值；
3. 由于意外灾害或突然事故，受到严重破坏不能修复；
4. 凡上级及主管部门文件规定属于淘汰或不准再用的产品；
5. 虽仍可使用，但因教学、科研、生产需要，须永久拆散改作他用；
6. 库存多年的积压家具或已丧失使用功能的家具，经学校批准的。

（三）固定资产的报废，由使用单位填写《东南大学固定资产报损、报废、外调审批表（后勤）》，报后勤管理处审批，并根据财政部规定备齐相关材料，按规定限额要求履行报废审批手续。

（四）非正常损失减少的固定资产，使用单位应及时报告后勤管理处，由后勤管理处会同有关部门进行鉴定后,查明非正常损失原因,根据鉴定意见和对单位责任人的处理意见,并备齐财政部规定的相关材料,按规定限额要求履行报损审批手续。

(五) 凡单台件固定资产原值超过5万元(含5万元)或批量处理原值超过10万元(含10万元)的事项,须通过公开招标的方式定期批量拍卖。低于该标准的事项须进行议标处置。

第十九条 处置收入是指在出售、出让、转让、置换、报废、报损等处置过程中获得的收入。

固定资产处置的收入,按照国家有关规定办理。

第六章 资产产权证管理

第二十条 加强我校资产产权证管理,全面了解和掌握资产产权证的占有与变动情况,确保学校资产产权明晰,防止资产流失。

第二十一条 本章中所称产权证,指本校列入国有固定资产中已办理产权手续的资产权属证明(房产证、土地证)。

第二十二条 东南大学资产产权证是维护学校合法权益的重要凭证,具有永久保存价值。后勤管理处应及时做好部门归档立卷工作,做到材料齐全,手续完备,移交给档案馆实行集中管理。

后勤管理处应明确本部门兼职档案员,按照归档工作要求,统一负责收集、整理全校已办理完毕产权手续的产权证,填报归档目录清单,向档案馆移交并认真履行相应手续。

档案馆应明确专人负责,严格按照档案工作法规和业务规范要求,认真履行相应手续,做好学校资产产权证的接收与日常管理工作。

第二十三条 采取有效措施,严防各类产权证灭失、遗失等情况发生。对产权证的借用或影印必须实行严格的管理和控制。如有特殊原因确需取出产权证使用或影印,借用人必须书面提出申请,说明借用原因,承担保护产权证安全的责任,再由学校后勤管理处主管领导签字同意,并经保管人员确认后,方可办理。借用人应填写单据,注明出借时间及返还时间,单据留存在保管部门。使用完毕后应立即归还,并在单据归还栏签字确认归还时间,保管人员应根据单据做好权证借用和归还登记。借出产权证未在规定时间内归还的,保管人员应及时督促借用人归还,并向上级领导报告。

第二十四条 保管人应定期对所保管的权证按册进行清点和核实,保证所保管权证不被盗、不丢失、不损坏。并对各类公开展示的证照进行清洁和保护,防止污损和霉烂。

第二十五条 相关部门应及时办理固定资产权登记手续,防止产权失去法律效力,确保学校资产安全。

第二十六条 固定资产、无形资产等资产转让、出售,必须确保所得价款全部到账,保管人必须凭财务处提供的款项入账证明,方可将产权证交受让人,协助受让人办理产权过户手续。

第七章 责 任

第二十七条 为了增强师生员工爱护固定资产的责任心,加强固定资产的有效使用,避免损坏和丢失,各使用单位和个人有下列行为之一的,后勤管理处有权责令其改正,并按管理权限和程序追究相关责任人的经济责任。

(一)对所管辖或保管使用的固定资产造成严重损失不报告,不采取相应管理措施的;

(二)擅自处置固定资产,不办理有关手续的;

(三)弄虚作假,以各种名义侵占固定资产的;

(四)其他造成固定资产损失的行为。

第八章 附 则

第二十八条 本办法中提及的固定资产是指房屋及构筑物、土地、家具、行政办公设备,固定资产中仪器设备部分按《东南大学仪器设备管理办法》管理。

第二十九条 本办法由后勤管理处负责解释。

第三十条 本办法自颁布之日起执行,原《东南大学固定资产管理暂行办法(修订)》同时作废。

(校通知〔2013〕14号)

东南大学关于鼓励承接科技重大项目的若干补充规定

(2013年6月6日)

第一章 总 则

第一条 为进一步贯彻落实《国家中长期科技发展规划纲要(2006—2020)》精神,加快实现我校创建国际知名的高水平研究型大学与"争先进位"目标,促进校内科技资源的整合利用和学科交叉,有效提升科技源头创新、集成创新和协同创新能力,培育有较强实力争取或牵头承担国家科技重大项目的杰出领军人物和科研团队,特制定本办法。

第二条 本办法旨在进一步调动全校科技人员参与国家重大科研任务的积极性,鼓励科技人员努力争取和勇于承担国家级重大科技项目,更好地稳定和壮大科研队伍,优化人力资源配置,集中校内科研力量,按时高质量地完成国家科技重大项目。同时,引导和鼓励校内外优质资源的强强联合和学科间的交叉融合,以国家重大战略需求为目标导向,紧密围绕产业共性技术、关键技术和前沿技术开展高水平的科学研究。

第三条 通过本办法的实施,开拓新的研究方向,加强学科间交叉,产生重大原创性成果以及为国家科技进步、社会发展、国家安全作出主要贡献的标志性成果。

第二章 范 围

第四条 符合下列条件之一的项目可列入本办法管理范畴:

A类:

牵头承担的国家"973"项目、自然科学基金重大项目、国家重大专项、"863"计划项目、支撑计划项目,且项目合同总经费不低于1000万元(其中,学校到款经费不少于500万元);

B类:

重大科学研究计划项目、国家杰出青年基金项目、国家自然基金委创新群体、青年"973"项目,作为牵头单位承担的国家其他纵向项目学校扣款经费500万元以上;

C类:

牵头承担的横向项目学校扣款经费1 200万元以上。

第三章 管 理

第五条 科研院负责帮助项目组协调各类重大项目的前期预研、项目组织申报以及项目执行过程中出现的相关问题。

第六条 针对我校牵头承担的A、C类重大项目,必要时可成立由校领导、相关职能部门、学院人员组成的项目领导(协调)小组。

第七条 财务处按照国家的有关规定,负责重大项目从预算到决算的全过程财务管理,提供相应的咨询及支撑服务,提高经费使用效率。

第八条　各项目组可成立由项目负责人牵头、课题负责人参加的项目执行小组,具体负责与协调项目执行过程出现的技术问题;有条件的项目可以成立由国内同行专家组成的专家咨询组,对项目的技术问题提出咨询建议。

第九条　科研院负责组织重大项目的合同评审,对C类项目学校法制办应进行合同审核并出具法律意见书,经科研院审批,必要时需主管校长同意后方可提交项目合同或任务书。

第四章　政　策

第十条　按照重大项目要求,学校鼓励与支持多院系、多学科学术带头人和教授开展跨学科的科研研讨与沙龙,鼓励开展科研合作。

第十一条　对申报A、B类项目,通过函审(或入库)后,学校可资助项目先行启动费。具体办法:

一、国家"973"项目资助20万元;

二、重大科学研究计划项目、自然科学基金重大项目、自然基金创新群体、青年"973"项目资助10万元;

三、国家重大专项、"863"计划项目、支撑计划项目、自然基金杰出青年基金项目资助5万元。

上述所有资助项目经费一次划拨给首席科学家(项目负责人)。

第十二条　重大项目合同(任务书)签订后,在项目经费到校之前,可由重大项目负责人提出申请,经科研院、财务处认定,按学校科技项目管理和财务管理规定提前启动该项目的财务运行。

第十三条　为鼓励校内合作科研,经科研院批准,项目可设定若干子课题(具体要求需符合《东南大学科技经费实施细则》),由项目负责人与子课题负责人签订内部合作合同,双方所在学院(系)、科研院签章后,课题经费在符合经费总预算和项目负责人总负责的前提下,切割给子课题负责人支配,并计入子课题负责人所在学院经费统计范畴。

第十四条　重大项目负责人和主要技术骨干可按重大项目岗条例规定申报晋升职称。"973"项目课题负责人可视为承担1项国家项目负责人。

第十五条　为了支持重大项目的开展,A、C类项目在项目合同执行期内,学校同意所在院系给已是博士生导师的首席科学家(项目第一负责人)每年增加1名博士研究生招生名额。

第五章　附　则

第十六条　学校其他管理办法(规定)若与本规定有冲突之处,以本规定为准。

第十七条　本规定由学校科研院会同相关职能部门组织实施,由学校科研院负责解释。

第十八条　本规定自公布之日起执行。

(校通知〔2013〕81号)

东南大学贯彻落实《苏南现代化建设示范区规划》实施意见

为深入贯彻《苏南现代化建设示范区规划》,具体落实《中共江苏省委、江苏省人民政府关于贯彻落实〈苏南现代化建设示范区规划〉的实施意见》、《苏南现代化建设示范区"十二五"期间推进计划(2013—2015)》和"苏南现代化建设示范区工作会议"精神,结合东南大学建设国际知名高水平研究型和世界一流大学的战略部署,特制定本实施意见。

一、指导思想

高举中国特色社会主义伟大旗帜,以邓小平理论、"三个代表"重要思想、科学发展观为指导,紧紧围绕苏南经济现代化、城乡现代化、社会现代化和政治文明、生态文明建设目标,服务于将苏南建设成为我国重要的自主创新先导区、现代产业集聚区、城乡发展一体化先行区、开放合作引领区、富裕文明宜居区的总体要求,坚持以服务求支持、以贡献促发展,高水平推进我校的学科建设、人才培养、科技创新、社会服务和文化传承等各项工作,带动学校的快速发展、内涵发展、特色发展、和谐发展,实现苏南现代化建设与我校世界一流大学建设的有机融合和良性互动,使我校尽早进入国际知名高水平研究型大学和世界一流大学行列。

二、主要任务

(一)加快我校世界一流大学建设步伐

按照《苏南现代化建设示范区规划》,我校要紧紧围绕高水平学科建设与和谐校园建设,大力推动人才培养、科技创新、队伍建设和国际合作,切实加强党的建设、制度创新和文化建设,坚定不移地走以创新为主导的研究型大学发展道路,坚定不移地走与国家和区域经济社会发展相结合的建设道路,坚定不移地走国际化办学的强校道路,培养德智体美全面发展的拔尖创新人才,创造原创性科技成果,使若干高峰学科率先达到世界一流水平,加快我校国际知名高水平研究型大学和世界一流大学的建设步伐,尽早实现《苏南现代化建设示范区规划》明确的我校发展目标。

(二)强化原始创新,积极参与苏南自主创新先导区建设

紧紧围绕苏南实施创新驱动发展战略、建设自主创新先导区的要求,服务于苏南经济现代化、城乡现代化、社会现代化和政治文明、生态文明建设对科技创新的巨大和紧迫需求,通过超前部署,加强组织协调,调整科技创新政策,优化科技资源配置,在基础科学、战略高技术、行业共性核心技术以及新兴尖端技术等研究领域,大力开展交叉和集成研究,力争取得一批重大核心技术突破,大幅增强学校的原始创新能力,积极服务于苏南自主创新先导区建设。

(三)加强校地协同,主动服务苏南现代产业集聚区建设

服务于苏南大力发展电子商务、云计算服务、物联网应用服务、数字文化、工业设计、

环境服务、科技服务、软件和信息服务、知识产权服务、文化、旅游等现代服务业或新型业态的需要,切实针对苏南加快发展高端装备制造、节能环保、新一代信息技术、生物、新能源、新材料等战略性新兴产业的科技需求,通过大力推进中国(南京)无线谷、东南大学苏州研究院、东南大学无锡分校、东南大学常州研究院、东南大学镇江研究院等校地协同创新中心建设,加快发展一批苏南企业与我校联合建立的校企联合研发中心,在苏南产业化一批我校承担的国家重大科技专项、"973"计划、"863"计划和科技支撑计划取得的成果,为苏南建设现代产业集聚区提供有力的科技支撑。

(四)充分发挥学科优势,大力支持苏南城乡发展一体化先行区和富裕文明宜居区建设

充分发挥我校建筑、土木、交通、环境、能源、生物医药、公共卫生等学科的特色和优势,切实针对苏南城乡发展一体化和生态文明建设的需要,加强我校的现代城市交通技术、先进土木工程材料等"江苏高校协同创新中心"建设,加快组建和积极推进新型建筑工业化、中国城镇历史文化环境、人类智能评测与支持、中国艺术国际传播战略等协同创新中心建设,着力实施"夏热冬冷地区建筑节能关键技术研究"、"长三角发达地区生态化村庄建设关键技术集成研究"、"村镇宜居地区社区与小康住宅重大科技工程研究"等一批国家科技支撑计划项目在苏南的研发和成果转化,支持苏南尽早实现城乡协同发展、低碳绿色发展,达到人与自然和谐相处。

(五)推动人文社科特色发展,切实发挥苏南现代化建设智库作用

服务于苏南经济现代化、城乡现代化、社会现代化和政治文明、生态文明建设,组织整合全校力量,大力加强苏南现代化研究,推进我校人文社会科学学科的特色发展,重点加强江苏创新驱动研究基地、江苏省科技创新体系建设思想库、江苏省区域经济与发展研究基地、江苏经济全球化研究中心、江苏民生幸福研究基地、江苏省重点物流研究基地、江苏省交通运输行业政策法规重点研究基地、道德哲学与中国道德发展研究所、艺术学研究中心等一批省级人文社会科学研究基地的建设,使其在提供苏南现代化示范区建设的重大战略决策咨询,以及发掘苏南现代化文化意蕴、塑造苏南现代化文化内涵、推动苏南社会和谐发展等方面发挥重要智库作用。

(六)深化人事制度改革,着力支持苏南国际化人才高地建设

服务于苏南现代化建设和东南大学世界一流大学建设的需要,深化我校的人事制度改革,建立各类高级岗位的全球招聘制度,加大青年骨干教师的培养力度,深化考核和奖励制度改革,不断优化我校的引人、用人环境,大力引进海外高层次创新人才,深入实施国家"千人计划"、国家"外专千人计划"和江苏省"外专百人计划"等各类人才计划,着力打造一支既能为东南大学建成世界一流大学服务,又能为苏南现代化建设提供有力支持的高水平师资队伍,造就一批达到国际前沿水平的拔尖人才。

(七)加强创新人才培养,为苏南现代化建设源源不断提供优质人力资源

呼应苏南现代化建设需要,加快我校的人才培养模式改革,深入落实我校承担的教育部"高等学校本科教学改革与质量工程",持续推进"卓越工程师教育培养计划"、"卓越医生教育培养计划"、"卓越法律人才教育培养计划"和"卓越文科人才教育培养计划",促进我校的人才培养结构和质量与苏南人才需求的良好对接。加强与苏南地方政府的合作,不断提升东南大学—蒙纳士苏州联合研究生院、无锡分校等的建设水平。加强与苏南知

名企业对接,共同培养专业硕士,支持更多的研究生进入苏南企业工作站学习工作,通过培养和使用的有机结合为苏南造就一批层次高、素质优、能力强的创新人才,为苏南现代化建设源源不断提供优质人力资源。

三、推进措施

（一）加强组织领导

学校成立由学校主要领导担任组长的"东南大学贯彻落实《苏南现代化建设示范区规划》工作领导小组"（见附件），加强对我校参与苏南现代化建设的组织领导。成立由相关部门组成的工作小组和专家委员会，协调各方力量，扎实推进各项工作的开展。

（二）加大政策支持

学校将制定专门的政策,设立专项资金,鼓励和支持各相关院系、广大教师和学生积极参与苏南现代化建设示范区工作,对帮助苏南解决现代化建设过程中面临的突出和复杂问题、取得较大成效的单位和个人,予以表彰和奖励。

（三）密切与政府和产业的联系

学校将通过组建东南大学苏南现代化研究院、举办东南大学苏南现代化建设示范区论坛、加强走访与交流等方式和途径,加强与江苏省相关部门、苏南各地方政府和企业等的对接和交流,在苏南建立高水平的政、产、学、研合作机制,及时了解需求,更好提供服务。

（四）开展绩效评估

结合落实本实施意见,定期评估我校参与苏南现代化建设示范区工作的成效,并予以发布,引导校内更多的单位和师生更积极和深入地参与苏南现代化建设。

附件：东南大学贯彻落实《苏南现代化建设示范区规划》工作领导小组名单

组　　长：郭广银　易　红

副组长：胡敏强　刘　波

成　　员：（按姓氏笔画排序）

史兰新　任卫时　仲伟俊　李　鑫　李建清　时巨涛　吴荣顺

金保昇　郭小明　雷　威

秘　　书：华卫国

东南大学研究生学籍管理规定

(2013年3月1日)

为了贯彻国家的教育方针,维护正常的教学秩序,依法治校,加强和完善研究生的学籍管理,促进研究生德、智、体、美全面发展,保证研究生培养质量,依据教育法、高等教育法以及其他法律、法规,特制定本规定。

第一章 入学与注册

第一条 新生应当按规定日期,持入学通知书,携带必要证明材料来校办理入学手续。如因特殊原因,不能按时入学者,应当事前向研究生院请假并附有关证明。请假不得超过两周。未经请假或请假逾期者,除因不可抗力等正当事由外,取消入学资格。

第二条 新生入学时,经学校指定的二级甲等及以上医院体检合格者,准予注册,并取得学籍。在体检复查中发现患有疾病不能坚持学习者,经学校指定医院证明,短期治疗不能达到入学标准的,取消入学资格;短期可以治愈的,由研究生院批准保留入学资格一年,回家或回原单位治疗,所有费用自理。保留入学资格者不具有学籍。待次年新生入学前三个月由本人提出入学申请,并经学校指定医院复查合格,方可重新办理入学手续。复查仍不合格或逾期不办理入学手续者,取消入学资格。

第三条 新生入学后,学校将按招生规定复查。凡属弄虚作假、徇私舞弊取得学籍者,一经查实,取消学籍(注:对于在校生,不论何时发现都作取消学籍处理)。

第四条 每学期开学时,研究生须按时到校并在各院(系、所)办理报到注册手续。因故不能如期报到注册者,必须履行暂缓注册手续,批准后方为有效。未缴纳学费或其他不符合注册条件的不予注册。无正当理由未履行暂缓注册手续不按时注册超过2周的,视为自动退学。

第二章 学 制

第五条 研究生学制根据各专业培养方案确定,硕士研究生(以下简称硕士生)学习年限一般为二～三年,博士研究生(以下简称博士生)学习年限一般为三～四年。直博生学习年限一般为五年。从入学起在校最长年限(含休学和延长学习年限),硕士生不超过四年,博士不超过六年,直博生不超过七年。

第六条 硕士生在培养方案规定时间内尚未答辩,可申请延期答辩,期限一般在半年之内。由研究生本人申请,指导教师签署意见并注明延长年限(累计不超过一年),院(系、所)同意后,报研究生院审批备案。

第七条 博士生在培养方案规定时间内尚未答辩,可申请延期答辩,期限一般在一年之内。由研究生本人申请,指导教师签署意见并注明延长年限(累计不超过二年),院(系、所)同意后,报研究生院审批备案,必要时组织专家进行评审。

第八条 申请延期后仍不能按期完成答辩的,一般不再同意办理延期手续,并按本规定有关条目予以退学、肄业或结业处理。

第九条 经同意延长学习年限的研究生在延长期间费用自理。

第十条 凡提前完成本专业培养方案中所有环节，成绩合格，符合答辩申请条件者，在培养方案规定学制内，最多准予提前半年申请答辩。

第三章 考 勤

第十一条 研究生必须完成学校规定的培养计划并积极参加学校或院（系、所）、班级安排的活动。

第十二条 研究生请病、事假的审核要求：

（一）研究生本人书面提出请病、事假，经研究生指导教师同意，由各院（系、所）负责人批准。请病、事假两周以内的，由各院（系、所）备案，请病、事假两周以上的，须报研究生院备案。

（二）研究生请病假，需凭学校医院证明或经学校医院认可的县级及以上医院证明。研究生请事假必须履行请假手续，经批准后方为有效，否则以旷课论处（旷课一天按6学时计算）。

（三）一学期累计病、事假原则上不得超过一个月。

第十三条 研究生出国请假办理要求：

（一）研究生在学期间自费出国进行学术交流的申请、审核、批准程序按《东南大学公派出国留学研究生管理办法（试行）》办理。

（二）研究生因私出国（旅游、探亲）原则上须安排在寒、暑假，并履行请假手续。

第十四条 经批准的研究生病、事假，假期结束应当及时办理销假手续。未办理销假者，超假时间作未请假处理。

第四章 奖励和处分

第十五条 学校定期对研究生进行德、智、体全面考核，对于品学兼优的研究生予以表彰和奖励。表彰和奖励采取精神鼓励和物质奖励结合，以精神鼓励为主的原则。表彰与奖励的形式有：通报表扬，发给奖状、证书、奖品、奖金，授予荣誉称号等。

第十六条 对有违法、违规、违纪行为的研究生，视其情节轻重予以通报批评或纪律处分。纪律处分分五种：（1）警告；（2）严重警告；（3）记过；（4）留校察看；（5）开除学籍。具体规定见《东南大学学生违纪处分条例》。

第十七条 被开除学籍的研究生，由学校发给学习证明，并应当在一周内办理完离校手续，档案、户口退回其家庭户籍所在地。

第十八条 研究生的鉴定、奖励、处分等材料归入本人档案。

第五章 转专业、转导师和转学

第十九条 研究生转专业、转导师规定详见《东南大学研究生转专业、转导师管理规定》

（校通知〔2012〕51号）

第二十条 研究生一般应当在本校完成学业。如患病或确有特殊困难，无法继续在本校学习的,可以申请转学。

第二十一条　有下列情形之一的,不得转学:

(一)入学未满一学期的;

(二)招生时确定为定向、委托培养的;

(三)应予退学的;

(四)其他无正当理由的。

第二十二条　凡申请转学者,需向所属院(系、所)提出申请,经指导教师同意,院(系、所)负责人签署意见后报研究生院审核,确认后方可按规定程序办理转学或转专业手续,并报国家教育部和省有关部门备案。

第二十三条　外校研究生申请转入本校学习,经研究生院对该生政治、健康和业务审查合格后,征得拟转入院(系、所)及指导教师同意,报校长会议审议通过后,报省教育厅批准方可转入本校有关专业学习,并报国家教育部备案。

第六章　休学与复学

第二十四条　研究生因病需休学,由指导教师和院(系、所)负责人审查同意,经研究生院批准后予以休学。因病休学一般以一学期为限,期满后仍不能复学的可继续申请休学,但累计不得超过一年。

第二十五条　研究生因其他原因申请休学,由指导教师和院(系、所)负责人审查同意,经研究生院批准后予以休学。一般以一学期为限,累计不得超过一年。

第二十六条　已婚女研究生应当按国家计划生育的要求晚育。若因特殊原因生育者,须办理休学手续,生育费用和独生子女等费用,除国家有规定的按国家规定办理,学校不承担其他费用。已婚研究生的独生子女,学校不承担其任何费用。

第二十七条　休学的研究生,休学期间不享受在校学习学生待遇。因病休学学生的医疗费用按学校相关医疗规定办理。研究生休学应当离校回家或回原单位,其往返路费由本人自理。

第二十八条　研究生应征参加中国人民解放军(含中国人民武装警察部队),学校保留其学籍至退役后一年。

第二十九条　休学期满的研究生,应当在休学期满前一周向所属院(系、所)提出复学申请并办理复学手续。因病休学的研究生,须提交二级甲等及以上医院的痊愈诊断证明,审核通过后,方可办理复学手续。

第七章　退　学

第三十条　研究生在学期间,校内外任何单位不得擅自抽调。被擅自抽调的研究生,予以退学。

第三十一条　研究生在课程学习期间具有下列情况之一,应予退学:

(一)硕士生在同一学期学位课程考试有两门以上(含两门)不及格;或有一门学位课程重修后仍不及格;或有一门学位课程无故旷考。

(二)博士生有一门学位课程重修后仍不及格;或有一门学位课程无故旷考。

第三十二条 研究生有下列情况之一，应予退学：
（一）本人申请；
（二）无正当理由未履行暂缓注册手续，不按时注册超过2周；
（三）休学期满，在学校规定期限内未提出复学申请或因病休学申请复学经复查不合格；
（四）未请假离校连续两周未参加学校规定的教学活动的；
（五）科研能力不能满足学位论文工作要求；
（六）经学校指定医院确诊患有疾病或者意外伤残无法在校继续学习；
（七）在学校规定年限内（含休学）未完成学业；
（八）其他经审查、考核，认为不宜继续培养。

第三十三条 对研究生退学处理，由校长会议研究决定。对退学的研究生，由学校出具退学决定书并送交本人，同时报江苏省教育厅备案。

第三十四条 退学的研究生应当在收到退学决定书（或退学申请被批准）后15日内办理完离校手续，由学校发给退学证明。

第三十五条 退学的研究生，按已有毕业学历和就业政策可以就业的，由学校报省毕业生就业部门办理相关手续；在学校规定期限内没有聘用单位的，档案、户口退回其家庭户籍所在地。

第三十六条 研究生对退学处理有异议的，按照《东南大学学生申诉实施办法》办理。

第八章 毕业、结业和肄业

第三十七条 在研究生毕业前，由院（系、所）对其德、智、体进行全面考核，写出评语，做好毕业鉴定。

第三十八条 硕士研究生按培养计划的规定，完成课程学习和必修环节，成绩合格，完成学位论文并通过答辩，考核合格，准予毕业并发给毕业证书。符合学位授予条件者，颁发学位证书，详见《东南大学授予硕士、博士学位暂行工作细则》。

第三十九条 博士研究生在学习年限内，完成培养环节且科研成果达到《东南大学博士研究生申请博士学位时科研成果考核标准（暂行）》（以下简称《成果考核标准》）所规定的要求，可提出学位论文答辩申请，通过学位论文答辩且符合学位授予条件者，颁发学位证书。

在校时间满四年，完成培养环节且在校期间至少正式发表一篇《成果考核标准》所要求的目录刊物学术论文（本人为第一作者，东南大学为第一署名单位），可申请博士学位论文答辩。

在校时间达到最长学习年限，已完成培养环节且在校期间至少正式发表一篇《成果考核标准》所要求的目录刊物学术论文（本人为第一作者，东南大学为第一署名单位），必须申请博士学位论文答辩或博士毕业论文答辩。

博士研究生通过学位（毕业）论文答辩，考核合格，准予毕业并发给毕业证书。通过学位论文答辩者，在两年内，其科研成果达到《成果考核标准》，可提出博士学位申请；通过毕业论文答辩者，在两年内，其科研成果达到《成果考核标准》，且通过学位论文答辩，可提出博士学位申请。符合学位授予条件者，颁发学位证书。详见《东南大学授予硕士、博士学位暂行工作细则》。

第四十条　博士研究生达到最长学习年限，完成培养环节，其科研成果达到博士生毕业要求，但未通过学位（毕业）论文答辩，或已完成学位（毕业）论文但因故未能答辩，按结业处理，发给结业证书。博士研究生在校时间达到最长学习年限，其科研成果未能达到博士生毕业要求，则一律按肄业处理。

第四十一条　未通过学位论文答辩，经答辩委员会讨论，认为可补行答辩者，在不超过最长学习年限的前提下，在一年内可补行答辩一次（补行答辩的所有费用自理）。答辩通过者可换发毕业证书，并按有关规定申请学位。答辩仍未通过者，则不得再补行答辩。

第四十二条　学满一学年以上退学的学生，完成培养计划要求的全部课程学习且成绩合格者，由学校发给肄业证书。

第四十三条　研究生毕业后，应当在规定时间内办理离校手续。逾期不办手续者，按有关规定处理。定向或委托培养的毕业研究生，按规定回定向或委托单位工作。

第四十四条　肄业、结业研究生，应当在一周内办理完离校手续。在规定时间内有用人单位接收的，可列入推荐就业计划。无用人单位接收的，学校不负责安排就业，并将户口、档案等关系转回家庭户籍所在地。

第四十五条　毕业、结业、肄业证书和学位证书遗失或者损坏，由本人申请并经学校核实后，发给相应的证明书。证明书与原证书具有同等效力。

第九章　附　则

第四十六条　医学七年一贯制学生的学籍管理按照学校有关规定办理；港澳台研究生在本校学习期间的学籍管理参照本规定办理；外国留学生在本校学习期间的学籍管理，按照国家和学校有关规定办理，留学生学历证书的发放按照教育部有关规定办理。

第四十七条　本规定自公布之日起执行。原《东南大学研究生学籍管理规定》同时废止，其他管理规定与本规定相冲突的，以本规定为准。

第四十八条　本规定由研究生院负责解释。

（校通知〔2013〕29号）

东南大学全日制专业学位硕士研究生培养方案

（2013年8月27日）

一、培养目标

培养拥护党的基本路线和方针政策，热爱祖国，遵纪守法，具有良好的职业道德和创新精神，掌握某一特定职业领域坚实的基础理论和宽广的专业知识，具有较强的专业能力和职业素养，能够创造性地从事实际工作的高层次应用型专门人才。

二、培养年限

全日制专业学位硕士研究生培养年限一般为2~3年（其中，工程硕士一般为2年，其他专业领域根据培养方案确定），最长学习年限不超过四年。

三、培养方式

采用课程学习、实践教学和学位论文三模块相结合的培养方式。实行"双导师制"，校内导师和校外导师共同指导。以校内导师指导为主，校外导师参与实践教学、论文选题和答辩等环节的指导工作。

四、学分要求和课程设置

（一）全日制工程硕士研究生在校期间课程总学分最低要求为26学分，其中学位课最低要求为16学分。此外，还应完成必修环节2学分。

1. 学位课：

中国特色社会主义理论与实践研究	2学分
硕士学位外语（含专业外语）	4学分
基础理论类课程和专业技术类必修课程	至少10学分

2. 非学位课：

自然辩证法概论	1学分
其余选修门数应满足总学分要求	

3. 必修环节：

选听人文和科学素养系列讲座	1学分
参加学术活动及学术论文撰写训练	1学分

基础理论类课程和专业技术类必修课程须含：

① 企业工程师讲授课程或指导的实践教学环节不少于4学分（累计不少于72学时，实践教学2小时折算1学时）。

② 不少于5学分的基于工程实际项目研究的项目课程、企业实践类课程（含企业生产实践或运营实习）等。

(二) 其他类别全日制专业学位硕士研究生的课程设置及学分要求按照《全日制硕士专业学位(分类别)研究生指导性培养方案》(学位办〔2009〕23号)文件要求执行。其中，中国特色社会主义理论与实践研究、硕士学位外语、自然辩证法概论、选听人文和科学素养系列讲座、参加学术活动及学术论文撰写训练等课程与环节按学校规定要求执行。

(三) 其他要求：

1. 所有课程学分应在入学后一学年半内完成，其中学位课程学分应在入学后一学年内完成。

2. 非学位课应根据学生知识结构和论文工作的需要在当年的开课目录中选择。

3. 选听人文和科学素养系列讲座：在中期考核前应至少选听8次系列讲座，其中必须选听科学道德与学风建设、法律、心理健康讲座至少各1次。经考核合格后计1学分。

4. 参加学术活动及学术论文撰写训练：在学期间应在本学科范围内参加学术活动至少2次，并撰写学术论文1篇，经导师签字认可后刊登在院系研究生学术报告会论文集或其他学术刊物上。申请答辩前将经导师签字的书面材料交所在院系研究生秘书计1学分。

五、培养要求

(一) 培养计划

应根据本学位类别全日制专业学位硕士研究生培养方案的要求并结合个人的具体情况，于入学后两周内在导师指导下制订培养计划。

(二) 开题报告

开题报告应在入学后的第三学期内完成(三年制研究生顺延半年)，且开题报告审核通过后至少半年方可申请答辩，详见《东南大学研究生论文选题、开题报告的原则和要求》。

(三) 中期考核

入学后第三学期末进行中期考核(三年制研究生顺延半年)。中期考核内容包括：课程学习情况、开题报告完成情况、创新研究潜力等。根据中期考核结果决定其是继续攻读硕士学位或分流、淘汰。具体参照《东南大学硕士研究生中期考核与筛选办法》执行。

(四) 实践教学

全日制专业学位研究生的实践教学贯穿于整个培养过程，实践教学包括实践类课程教学与专业实践。专业实践是重要的教学环节，专业实践的组织工作应贯彻和体现"集中实践与分段实践"相结合、"校内实践和现场实践"相结合、"专业实践与论文工作"相结合的原则。

全日制专业学位硕士研究生参加专业实践活动，应记录专业实践工作笔记。专业实践结束后，研究生应上网提交《东南大学全日制专业学位硕士研究生专业实践考核表》，并打印纸质文档签字确认后交院系秘书存档，经研究生秘书审核、上网确认后记相应学分。专业实践考核未通过，不得申请学位论文答辩。

(五) 学位论文

学位论文课题来源于应用课题或现实问题，必须要有明确的职业背景和应用价值。

论文形式由相关院(系、所)根据培养方案要求确定。学位论文应独立完成,要体现研究生综合运用科学理论、方法和技术解决实际问题的能力。学位论文的字数,可以根据不同专业学位的特点和选题要求确定,除少数专业外,一般不能少于2万字。学位论文评阅人和答辩委员会成员中,应有相关行业实践领域具有高级专业技术职务的专家。论文写作标准和规范参照《东南大学研究生学位论文格式规定》。

六、毕业与学位

全日制专业学位硕士研究生完成培养方案中规定的所有环节,修满规定学分,符合《东南大学研究生学籍管理规定》和《东南大学授予硕士、博士学位暂行工作细则》者,发放硕士研究生毕业证书,授予硕士专业学位。

(校通知〔2013〕120号)

东南大学博士学位研究生招生工作办法(试行)

(2013年6月24日)

为提高生源质量,推进博士学位研究生(下简称"博士生")招生制度改革,根据教育部文件精神,本着公平、公正和有利于选拔拔尖创新人才的原则,特制定本办法。

第一章 指导思想

第一条 根据教育部博士生招生机制改革的要求,着力提高博士生招生选拔质量。改革招考方式,积极发挥学科和导师的作用,加强对考生学术水平、科研能力及综合素质的考察;拓宽选拔途径,有利于选拔有突出学术专长和培养潜质的创新型人才。

第二章 管理机构及职责

第二条 学校研究生招生工作领导小组负责制定博士生招生的相关政策,审议博士生招生的考核结果与录取情况,指导和监督全校博士生招生工作。

第三条 学校研究生招生办公室负责制定学校当年博士生招生工作办法并组织实施。

第三章 招生方式

第四条 博士生招生方式包括:本科直博、硕博连读、申请考核和公开招考。

一、本科直博是面向符合报考条件的校内外取得学术学位推荐免试资格的优秀应届本科毕业生直接遴选博士生的招生方式。具体要求详见当年本科直博生招生工作相关规定。

二、硕博连读是面向符合报考条件的校内全日制学术学位优秀的在读硕士生遴选博士生的招生方式。具体要求详见当年硕博连读生招生工作的相关规定。

三、申请考核是面向符合报考条件的校内外优秀的全日制应届或往届硕士生,或已取得国外一流大学硕士学位的研究生(须持有"教育部留学服务中心"签发的认证书)遴选博士生的招生方式。具体要求详见当年申请考核博士生招生工作的相关规定。

四、公开招考是面向符合报考条件的已获得硕士学位人员和应届硕士毕业生遴选博士生的招生方式。具体要求详见当年公开招考博士生招生简章。

第四章 招生原则

第五条 本科直博一般在理、工、医类学科范围内招生,其他方式的招生学科均以当年博士生招生专业目录为准。

第六条 博士生招生工作主要安排在每学年秋季学期,次年春季学期视招生计划剩余情况进行适当补充。

第七条 研究生院根据考生所提供的信息和材料进行资格审核,通过资格审核的考生方可参加相应的考试(考核)。

第八条 本科直博和硕博连读的考核由各院(系、所)组织,主要采用面试的方式。申请考核的综合考核由各院(系、所)组织,一般采用笔试和面试相结合的方式。公开招考由学校统一组织笔试,由各院(系、所)组织面试。

第九条 各院(系、所)根据《东南大学研究生复试录取办法》制定本单位复试录取工作细则,根据考生综合成绩情况,按学校相关规定和下达的招生指标确定拟录取名单,报学校研究生招生工作领导小组审批、公示。

第五章 招生计划

第十条 学校根据国家下达的招生计划数和可招生的博导数(以招生目录为准),以及实际报考生源情况等核定各院(系、所)招生计划数。

第十一条 符合学校招收博士生要求且拟在下一年度招收博士生的导师,必须由本人提出申请,按要求填写《东南大学导师招收博士生申请表》,经所在院(系、所)审核后报研究生院审批。只有审批通过的博导才能列入下一年度博士生招生目录。

第十二条 通过本科直博、硕博连读、申请考核和公开招考方式录取的博士生,均占导师当年度招生名额。

第十三条 每位博导每年的招生名额一般为一名。第一次招生的博导最多招收一名非委培生。兼职博导(即人事关系不在我校)一年最多招收一名非委培生。在读博士生人数超过十二名的博导一年最多招收一名博士生。

第十四条 对于以下情况可适当增加招生名额,但总数不超过两名。

一、院士、国家"千人计划"特聘专家、"长江学者奖励计划"特聘教授、国家杰出青年基金获得者;

二、当年度全国优博(含提名)指导教师;

三、累计每派出两名在读博士生公派联培的博导;

四、现主持多项国家重大科研项目的博导;

五、现指导博士生取得突出科研成果的博导。

第十五条 如确有特殊原因要超过两名,必须提交书面申请,报送学校研究生招生领导小组讨论决定。

第六章 其 他

第十六条 本办法由研究生院负责解释。未尽事宜按国家有关规定执行。

第十七条 本办法自颁布之日起执行,以前发布的相关规定与本办法有抵触时,以本办法为准。

(校通知〔2013〕99号)

东南大学公派出国留学研究生管理办法

(2013 年 9 月 16 日)

第一章 总 则

第一条 为加快东南大学国际化发展进程,切实做好公派研究生的出国管理工作,根据教育部和东南大学的相关文件精神,特制定本管理办法。

第二条 本办法所称公派研究生是指由国家留学基金委资助赴国外攻读学位的研究生、在国内攻读博士学位期间赴国外从事课题研究的联合培养博士研究生以及由东南大学资助赴国外从事课题研究的联合培养博士研究生。

第三条 政府间合作委托学校与国外高校或科研机构进行合作培养的研究生(委培、定向除外)可参照本办法执行。

第二章 细 则

第一节 学籍与管理

第四条 公派研究生经学校批准后按要求办理相关学籍、离校手续。出国时间计入学校规定的研究生在校年限。超过学制范围者按学校有关学籍管理规定处理。

第五条 应届毕业生公派出国攻读学位,留学期限内档案及户籍按相关规定办理手续。

第六条 公派研究生超过规定留学期限未归,按退学处理,学校不再出具任何学习、学历证明。

第七条 联合培养研究生公派出国期间的奖励评定按照《东南大学研究生奖励办法》执行。

第二节 联合培养博士研究生的培养管理

第八条 学位论文答辩原则上在校内进行。

第九条 出国前已开题并在网上提交者,根据实际情况需要到研究生院培养办办理学位论文延期答辩等相关手续。

第十条 出国前已修完规定学分但尚未开题者,须征得国内指导教师同意后,根据《东南大学研究生论文选题、开题报告的原则和要求》的规定进行通信开题。导师在国内邀请 3—5 名相关学科的专家对开题报告进行评议,并给出明确的书面意见,由国内指导教师报研究生院备案。出国期间通信开题的网上信息维护可委托他人。

第十一条 出国前尚未修完学分者,在导师指导下对个人的培养计划进行调整,报研究生院培养办备案。回国后,根据当年度本学科、专业的培养方案修改计划,并办理相关变更手续。

第十二条 出国期间,原则上按期参加中期考核。因客观原因无法按时参加中期考核者应根据《东南大学博士研究生中期考核与筛选办法》办理延期考核申请。

第十三条　出国前，研究生本人在研的校、省、部级项目须按项目协议书和补充协议的要求办理相关手续。

第三节　联合培养博士研究生培养基金的申请与管理

第十四条　联合培养博士研究生自离校当月起，原来享受的普通助学金停止发放。回国办理报到手续后，到校报到下月起正常发放，发放期限不得超过学制要求年限。

第十五条　东南大学优秀博士学位论文基金项目资助对象、培育对象出国期间，原来享受的生活补助费停止发放。回国办理报到手续后，对其学习、科研情况进行审核，符合要求者，回校报到下月起正常发放。

第四节　办理出国、回国报到的手续与要求

第十六条　联合培养博士研究生出国前须在研究生院公派办办理请假手续，并填写《东南大学公派出国研究生（临时离、到）校通知单》。

第十七条　联合培养博士研究生出国前应与东南大学签订《东南大学联合培养博士研究生公派出国协议》。

第十八条　联合培养博士研究生回国后须在两周内到研究生院公派办办理销假手续，并填写《东南大学公派出国研究生（临时离、到）校通知单》。

第十九条　在办理出国手续过程中，凡弄虚作假或有损学校名誉者，一经查出，按《东南大学学生违纪处分条例》处理。

第五节　国外管理与联系

第二十条　各派出院（系、所、中心）应为公派研究生指定专门联系人（或指导教师），专门联系人（或指导教师）应与公派研究生保持经常性联系，发现问题及时解决并向所在院（系、所、中心）、研究生院报告。

第二十一条　联合培养研究生必须定期向指导教师汇报学习进展、保持学术等各方面的联系。指导教师应适时地对派出学生进行学术指导。

第二十二条　由国家留学基金委资助的公派研究生因研究工作需要延期或提前回国者，应征得国外导师的同意（联合培养博士生还需国内导师同意），按《国家公派出国留学研究生管理规定》（试行）（教外留〔2007〕46号）的要求办理相关手续，并提前三个月向研究生院提出书面申请。

第二十三条　由东南大学资助的公派研究生因研究工作需要延期者，应征得国内外导师的同意，并提前一个月向研究生院公派办提出书面申请。

第三章　附　则

第二十四条　本办法自公布之日起执行。此前已实施的有关规定与本办法相抵触的，以本办法为准。

第二十五条　本办法由研究生院负责解释。

（校通知〔2013〕131号）

关于加强外协服务支出管理的补充规定

(2013年8月26日)

各校区，各院、系、所，各处、室、直属单位，各学术业务单位：

为进一步加强我校外协服务业务管理，规范各类经费的使用，在《东南大学外协服务支出管理办法（暂行）》的基础上，经科研院、实验室与设备管理处和财务处共同协商，现对学校外协服务支出管理有关业务作以下补充规定，请各单位遵照执行。

一、适用范围

外协服务业务范围包括但不仅限于《东南大学外协服务支出管理办法（暂行）》文件所列的测试、加工、化验、流片等开展项目所需的外部协作服务项目，科研项目中预算批复可转出的合（协）作经费（转出款）除外。

二、业务归口管理部门

科研院是科研项目外协服务业务的归口管理部门，其他项目的外协服务业务由实验室与设备管理处归口管理。

因项目业务开展需要签订外协服务合同加盖东南大学经济合同专用章的，须事先经过业务归口管理部门审查同意，方可到招标办办理。

三、协作单位资质审查

业务归口管理部门、项目所在单位和项目负责人要根据项目任务目标的需要，强化对外协服务业务真实性、相关性、可行性和合规性的审核。尤其要对项目协作单位的法人地位、履约能力、业务相关性、价格合理性等内容进行审核把关。

协作单位是公司、企业的，项目负责人应要求对方当事人提供协作单位法人营业执照、组织机构代码证、税务登记证、资质证书等相关资料；协作单位是高校、科研院所、社会团体等公益性组织的，应提供协作单位组织机构代码、资质证书等相关资料。

对方当事人授权相关人员签订合同的，还应要求提供证明经办人有权代表该当事人签订相应外协服务合同的授权委托手续。

四、关联交易审核

项目负责人应确保外协服务合同中价格的公允性与合理性，在合同（或协议）签章前，项目负责人须就本人及其亲属、利害关系人与项目协作单位（包括单位主要负责人）之间是否存在投资、联营、参与管理或其他利益关系；以及合同价格的公允性与合理性等事项向业务归口管理部门提交外协服务项目审核表（外协服务项目审核表在业务归口管理部门网站上下载），并对申报内容的真实性负责。

业务归口管理部门和项目所在单位应当加强对上述事项的审查、核实工作，项目负责人应当给予必要的配合。

五、外协服务项目验收

外协服务项目执行完毕后,项目负责人应及时组织项目验收,并将验收结论报业务归口管理部门。10万元(不含)以下外协服务项目由项目所在单位组织验收,10万元以上(含)外协服务项目由业务归口管理部门组织相关专家验收。验收人不得少于两人。

六、其他

严禁以外协服务之名将经费转入外协服务的业务协作单位,虚假支出或挪作他用。

不具法人资格的学校下属单位擅自签订外协服务合同并导致学校对外承担义务的,应补偿学校因此而产生的一切损失。对有关责任人,学校视情节轻重给予处罚。

本规定如有与国家有关规定不相符的,以国家规定为准。

本规定与《东南大学外协服务支出管理办法(暂行)》中不符的地方以本规定为准。

本规定自发文之日起实施,由财务处负责解释。

(校通知〔2013〕119号)

发展规划工作

综　　述

2013年,发展规划部(处)、高等教育研究所在学校党政的正确领导下,按照"积极开展调研、不断强化理论研究、精心设计工作方案、注重形成工作实效"的思路开展各项工作,形成各种文件、报告、工作方案,以及开展统计调查分析等累计超过50余项。经梳理,2013年主要完成了下列几方面工作。

一、认真做好《东南大学章程》的修改完善、工作总结和经验介绍等工作

2013年,我单位与校法制办等部门协同,根据教育部章程审核专家委员会专家等的意见,继续对我校报送教育部的《东南大学章程》修改完善,同时积极总结我校章程的特点以及编制工作的做法和经验,形成了一系列的文字材料。在学校党政的正确领导下,通过学校多个参与部门的共同努力和多方面的大力支持,《东南大学章程》被教育部遴选为首批6个对社会征求意见的大学章程之一,于2013年8月在教育部网站进行公示,2013年11月16日,《东南大学章程》正式通过教育部核准,我校成为全国被教育部核准率先实施大学章程的6所高校之一,改变了我校新中国成立以来没有大学章程的历史。

《东南大学章程》共十三章八十六条款,包括《总则》《举办者与学校》《教职工》《学生》《中国共产党东南大学委员会、纪律委员会及党委部门》《校长、校长办公会议及行政部门》《学术性组织》《教职工代表大会、学生代表大会及群众组织》《学院》《其他机构》《经费、资产及管理制度》《校训、校旗、校标、校徽、校歌、校庆日及学校网址》及《附则》部分,从不同角度规定了学校的制度框架、治理结构以及各主体的权利义务等重大制度性问题。

我校章程得到了多方面较高的评价。教育部专家认为我校章程"特点突出",既注重了保障教职工与学生的基本权益,又彰显了学校办学特色,同时还将学校改革发展的经验予以总结和固化,且强调了落实学校办学自主权与加强学校权力自律的平衡统一;许多兄弟院校对我校章程也表示了高度认可,华中科技大学、大连理工大学、电子科技大学、兰州大学、兰州理工大学、安徽大学、河海大学、江苏第一师范大学等纷纷来我校进行章程编制工作的调研。

《东南大学章程》在全国征求意见和正式发布后,在全国高等教育领域产生了较大的积极影响。在今年暑期召开的教育部直属高校工作咨询委员会第二十三次全体会议上,易红校长受邀做了题为"以章程制定促进现代大学制度建设"的大会发言,并接受《中国高等教育》杂志社的专访,发表了专题论文;我单位仲伟俊同志受教育部邀请,在教育部举办的约有400人参加的"高校章程与依法治校专题探讨培训班"上就大学章程编制工作做经验介绍;在章程公示期间和正式颁布后,中央电视台、中国教育电视台,以及《中国教育报》《新华日报》《新京报》《现代快报》《金陵晚报》《扬子晚报》等全国许多媒体对我校章程编制工作进行了采访报道,并予以正面报道和积极肯定。

二、编制学术委员会、教学委员会、学位委员会等学术组织章程草案

发展规划部与研究生院、科研院和教务处等部门一道,积极展开理论研究和实地调研,探讨学术权力与行政权力关系,厘清各自职权边界,起草或修订了学术委员会、教学委员会、学位委员会等学术组织的章程,对相关学术权力及其履行和保障的程序等进行更系统、更科学的界定,使之更加符合《东南大学章程》的规定,更好地发挥学术组织的作用。目前各学术组织章程草案已经提交校领导,其中《东南大学学术委员会章程》(草案)五章33条,4 000余字;《东南大学教学委员会章程》(草案)五章24条,3 000余字;《东南大学学位评定委员会章程》(草案)五章31条,4 500余字。

三、仔细梳理全校规章制度

按照学校党的群众路线教育实践活动领导小组的部署和要求,我单位配合学校开展党的群众路线教育实践活动,制定了《东南大学规章制度和管理办法梳理工作方案》,同时对各个院系和部门报送的规章制度和管理办法的废、改、立情况进行汇总,形成全校规章制度废、改、立等情况清单。统计出目前学校共有1415项规章制度,拟废除154项,修订331项,新制定99项,并编制形成了《东南大学规章制度和管理办法梳理情况汇总》。

四、顺利完成《东南大学"985工程"改革方案实施情况报告》

根据学校布置,发展规划部承担了"985工程"改革方案实施情况报告的起草,该报告作为"985工程"实施情况的两大主体报告之一,就我校在"985工程"建设期间进行的现代大学制度整体构建、现代人事制度构建、科研体制改革、人才培养模式改革等各项改革工作推进情况进行全面梳理汇报。规划部数易其稿,完成了一万三千多字的改革报告,全面系统地总结了学校改革事业的成效。

五、编制《东南大学贯彻落实〈苏南现代化建设示范区规划〉实施意见》

为支持苏南现代化建设示范区的建设,加快我校国际知名高水平研究型大学和世界一流大学的建设步伐,按照学校的部署和要求,我单位编制了《东南大学贯彻落实〈苏南现代化建设示范区规划〉实施意见》,结合我校实际,明确了其指导思想、主要任务和推进措施。

六、迎接现代大学制度阶段性总结工作

围绕我校承担的国家教育体制改革试点项目《加快构建现代大学制度，推动新型学术组织建设》，按照教育部的要求，填写《教育体制改革试点项目阶段总结表》，撰写东南大学国家教育体制改革试点项目阶段总结报告《加快构建现代大学制度，推动新型学术组织建设：以改革创新加快国际知名高水平研究型大学建设步伐》，提交东南大学改革经验典型案例《彰学术之重，显特区之"特"》，总结了学校近年来推进改革的经验，明确了下一步改革的方向。

七、起草多项重要管理办法、方案、各类文稿等

起草《唐仲英基金会高等教育项目经费管理办法》等系列文件。根据校领导的部署和要求，为感谢唐仲英基金会对我校的大力支持，由我单位帮助基金会设计相应的系列管理办法。为此，起草了《唐仲英基金会高等教育项目经费管理办法》，并配套编写、编制了《唐仲英基金会高等教育项目申报通知（模板）》《唐仲英基金会高等教育项目申报书（模板）》《唐仲英基金会高等教育项目专家评审表》《唐仲英基金会高等教育项目合同书（模板）》《唐仲英基金会高等教育项目年度执行情况总结报告（模板）》《唐仲英基金会高等教育项目验收总结报告（模板）》《唐仲英基金会高等教育项目专家验收评审表》和《唐仲英基金会高等教育项目经费管理办法》。这一系列的文件已经得到唐仲英基金会管理人员的好评。

草拟《东南大学名誉院长聘任管理办法》。根据学校发展需要，在多方面调查和研究的基础上形成了《东南大学关于设立名誉院长岗位的调研报告》，草拟了《东南大学名誉院长聘任管理办法》，明确了荣誉院长聘请的标准、流程，为学校的规范管理发挥了积极的作用。

起草《东南大学试点学院改革方案》。在对我国17所高校开展试点学院建设情况的调研、总结和分析的基础上，充分考虑我校改革发展现状和要求，与学校人事处等部门配合，起草了《东南大学试点学院改革方案》，初步明确了我校试点学院改革的目的、原则、内容和保障。

根据教育部的要求，对相关调查等起草回复材料。如《东南大学对教育部政策法规司征求作风建设意见的回复》《东南大学对教育部发展规划司征求意见建议的函的回复》等。

起草校领导的讲话、文稿等近10份。除上述工作外，规划部积极完成领导交办的各项工作，组织并参加了多次调研，撰写了大量报告，积极完成学校布置的各项工作。

八、主动开展相关研究工作，服务学校发展和现代大学制度建设

编制《中外大学制度比较研究》。规划部积极开展调研，比较分析国内外大学在各项主要办学活动方面的制度设计和具体做法，形成近30万字的研究报告《中外大学制度比较研究》，提交校领导和各部门、院系主要负责人，供其改革决策参考之用，反响良好。

撰写《东南大学与其他"985"、江苏省"211"高校重要指标比较分析报告》。发展规划部就我校发展的主要办学指标与全国同类"985"高校及省内"211"高校进行对比分析，撰写了近7万字的《东南大学与其他"985"、江苏省"211"高校重要指标比较分析报告》，供校

领导和各部门领导决策参考。

撰写《关于成立海洋工程研究院的报告》《关于推动空间科学与技术研究院进一步发展的建议》和《苏州研究院建设情况分析和运行模式思考》。在调研了国内同类高校相关学科发展的基础上，规划部提交了上述报告，供学校学科建设参考。

九、认真做好各项数据统计工作

在人事处、教务处、研究生院、继续教育学院、后勤管理处等 20 个部门的积极配合下，发展规划处按时高质量完成了教育部和省教育厅部署的学校 2013/2014 学年初高等教育基层统计报表的数据统计及报送工作。另外，按照上级的部署和要求，开展了《在宁高校与南京互动发展评估调查》《驻区高校服务江宁创新发展情况调查》《全球研究型高校概括调研》《高校服务海洋产业情况统计》以及《教育部直属高校基本情况统计报表》的统计工作，牵头完成了教育部数据质量核查首次检查工作。

十、踏实推进高等教育学科建设工作

积极承担各项课题。发展规划部（高等教育研究所）将规划工作和研究工作有机结合起来，鼓励教师承接与学校发展规划相关的各项教育研究课题。2013 年除了继续做好已有省部及各级课题研究之外，又新获江苏省研究生教育课题等多个项目。

做好人才培养工作。目前本部门有在读研究生近 30 人，发展规划部（高等教育研究所）认真组织本年度新生入学、课程教学、学生中期考核、毕业论文预审等各项工作，学生培养和管理工作继续有条不紊地开展。2013 年 7 名硕士生顺利通过论文答辩并准予毕业。

（发展规划处　陈　华）

党建与思想政治工作

党风廉政建设与纪检监察工作

2013年,纪检监察部门以邓小平理论、"三个代表"重要思想、科学发展观为指导,贯彻落实党的十八大和十八届三中全会精神,深入开展党的群众路线教育实践活动,加强纪律监督,改进工作作风,强化源头治理,为学校改革发展提供有力的政治保障。被江苏省委教育工委、江苏省教育厅表彰为"江苏省教育纪检监察先进集体"。

一、深入开展党的群众路线教育实践活动,扎实推进党的作风建设

在教育实践活动中,纪检监察部门作为督导组从严从实抓好督导工作,教育实践活动深入到哪里,督导工作就跟进到哪里。认真制定督导工作方案,及时做好学校6个校领导督导组联系秘书的培训指导工作。根据学校教育实践活动的日程安排,明确时间节点,把握工作节奏,督促指导机关部处、院系按期完成各项规定动作。在学习教育、征求意见环节,指导各单位组织专题学习,采取多种形式开门听取干部群众意见,并及时将收集到的意见分类梳理;在查摆问题、开展批评环节,指导各单位深入开展对照检查,开好专题民主生活会并做好情况通报;在整改落实、建章立制环节,指导各单位制定整改方案,对一些突出问题进行集中整治,建立健全制度,形成加强作风建设的长效机制。

纪检监察部门按照学校党委部署,自身深入开展教育实践活动,结合工作实际,认真制订实施方案。多次组织专题学习习近平总书记有关讲话精神以及《党的群众路线教育实践活动学习文件选编》等有关书籍;通过班子成员谈心、党支部专题组织生活会、各类座谈会等多种形式,广泛征求教职工对部门领导班子的意见和建议,认真开展对照检查,开好专题民主生活会,扎实抓好整改落实工作。深入开展公款送礼、公款吃喝、奢侈浪费专项整治工作,对反映党员干部违反廉洁自律规定的线索,迅速进行核查。在纪检监察系统及全校中层领导干部中开展会员卡专项清退活动。全体纪委委员、专职纪检干部以及全校中层领导干部都作出零持有报告。及时转发江苏省教育厅《关于严禁用公款购买印制寄送贺年卡等物品的通知》,公布举报电话、电子邮箱,畅通监督渠道,营造风清气正的校园氛围。

二、加强监督检查,保障权力正确行使

积极开展对重点领域、关键环节的监督检查。在干部选拔任用领域,深入参与资格审查、面试答辩以及考察测评等重点环节,对拟任干部的廉洁自律及选拔程序是否规范等情况,作出书面意见,全年共参加了16个岗位、33人次中层干部选拔任用监督工作。认真做好招、投标监督工作。如监督招、投标过程是否符合相关程序和规定;在专家库抽取评标专家,监督评标、定标过程,参与招、投标项目的考察及合同项目完成后的验收监督。全年共参与学校自主组织招标、议标207项,合同金额1.5亿多元。做好本科生招生、研究生招生、文艺及体育特长生测试以及四、六级考试等各类招生考试监督工作,深入推进招生"阳光工程"。

认真开展科研经费管理使用以及"三重一大"决策制度执行情况的监督检查。按照教育部科研经费专项检查的要求,与科研院、财务处等相关部门协作,开展自查自纠,重点检查执行国家政策规定情况、制度建设和制度执行情况、科研经费使用情况、各院系和课题负责人履职情况,及时发现和解决科研经费使用与管理工作中存在的问题,进一步规范科研行为、维护科研秩序。成立专项检查组,对信息科学与工程学院、数学系和交通学院等院系贯彻执行"三重一大"决策制度情况、党政联席会议、院(系)务公开、科学民主议事规则等情况进行了全面、深入的了解和检查,促进院系领导班子重视科学民主决策,提高领导班子决策的科学化、规范化和民主化。

三、深入开展反腐倡廉宣传教育,加强校园廉洁文化建设

组织后勤处、基建处、设备处等关键岗位近50名工作人员参观南京市浦口监狱,通过听取服刑人员现身说法等形式,加强党员领导干部理想信念教育,筑牢反腐倡廉思想防线;邀请玄武区检察院检察官为基建处等部门30多名重点岗位的工作人员做警示教育报告;纪委书记刘京南同志为2013级新生党员上了一堂"正确认识社会腐败现象"的专题党课,教育、引导新生党员树立正确的人生观、世界观;纪委副书记孟新同志在新任处级领导干部培训班上作反腐倡廉教育报告;继续推进机关新任处级领导干部到纪委监察处挂职锻炼工作,1名正处级干部(机关党委书记)挂职。会同马克思主义学院、法学院共同承担完成了江苏省教育纪工委组织的"教育系统职务犯罪典型案例剖析"编写工作,结合典型案例,从违纪、违法、伦理等方面进行深入剖析研究,从源头上揭示腐败风险,有针对性地开展预防腐败教育。

积极开展"2013年东南大学校园廉洁文化活动周"活动,在全校教师、学生当中开展廉政书法、绘画、艺术表演以及创新项目等比赛,对各单位报送的作品进行评选,并选送优秀作品参加江苏省廉洁文化作品评选,绘画《君子风范》、书法《清廉》获得二等奖。

四、严肃查处违纪违法行为,发挥查办案件的综合效应

创新信访举报、案件查处工作机制,严肃查处违纪违法行为。拓宽信访举报渠道,运用科技手段,进一步完善"信、访、网、电"四位一体的信访举报体系,畅通师生诉求表达渠

道。全年受理群众信访举报40件次,其中来信28件,来访6批次,电话举报6件。加大信访及案件查处力度。围绕涉及领导干部违纪违法和群众反映强烈的问题,认真核实师生员工来信来访线索,加大信访及案件查处力度,坚决纠正损害师生利益的不正之风。全年立案2件,纪律处分3人,责任追究11人次。创新信访工作机制,建立完善信访季度分析报告、信访监督谈话等制度,提升信访举报工作水平。加强信访结果运用,发挥信访办案治本功能。利用典型案件在适当场合开展警示教育,以案说法,以案明纪,进一步教育各级领导干部加强廉洁自律,遵章守纪,推进各单位健全制度,规范管理。

五、加强队伍建设,提高履职能力

召开第十三届纪委八次全委会,学习贯彻十八届中央纪委第二次全会、教育部党风廉政建设视频会议及2013年江苏省教育工作会议精神,研讨进一步推进学校反腐倡廉建设的方法举措;组织3名专职纪检干部参加教育部、省教育纪工委及南京市玄武区预防职务犯罪协会举行的业务培训,提高履职水平。积极开展廉政理论研究,努力提高反腐倡廉建设理论化水平。牵头承担教育部直属高校纪检监察第四片组的理论研究任务,形成了"规范高校党员领导干部、教师兼职行为"研究成果;申报"高校惩防体系科学化建设的研究"等学校党建研究项目课题2项;承担的教育部人文社会专项课题"基于全寿命周期的高校廉政风险评估体系的建构研究"顺利结题,相关成果受到专家高度评价与肯定。

(纪委 李吉海)

组 织 工 作

2013年,在校党委的领导下,党委组织部按照学校和上级部门的要求,以改革创新为动力,紧紧围绕学校中心工作,深入学习贯彻党的十八大和十八届三中全会精神,认真开展党的群众路线教育实践活动,继续强化干部人事管理的科学化、规范化、制度化建设,努力推进基层党组织建设,加大对党员、干部、入党积极分子等的教育培训力度,做好人才工作,不断加强自身建设和机关作风建设,努力开创组织工作新局面。

一、切实加强干部队伍建设,推进干部工作的科学化、规范化、制度化

按照干部选拔任用工作"民主、公开、竞争、择优"的要求,进一步完善干部选拔任用各个环节,继续实行面试预告、考察预告制度,进一步完善干部竞岗面试评委库,继续推行党委委员、纪委委员、中层正职推荐干部制度和干部推荐责任制度,进一步提高干部岗位的匹配度和选拔任用工作的公信度。继续修订完善《东南大学中层领导干部选拔任用工作条例》,经过充分的调研和讨论,制定了关于外派干部回校后工作安排等相关规定,调整了中层干部首任年龄:男同志55周岁,女同志50周岁。

随着干部人事制度改革不断深入,干部轮岗交流、公开选拔、竞争上岗的力度和频度加大加快,全年有12名中层干部进行了轮岗交流、岗位调整;有8名中层干部退居二线;启动了18个岗位的公开竞岗和民主推荐程序,考察竞岗人选33人,新提拔中层干部22人;对17名试用期满中层干部进行了考核测评、正式任职;拟任干部征求纪委意见函发出

33份;中层干部离任审计通知发出17份。

进一步完善党务科级干部选拔任用工作,试行对院系党组织审查推荐的拟晋升党务科级的干部进行网络测评。上半年进行了党务科级选拔和评聘工作,审核申报材料27人,任免24人。

二、加强基层党组织建设和党员队伍建设,提升基层党组织的凝聚力、战斗力、创造力

1. 组织全校基层党组织和党员、干部深入学习贯彻党的十八大和十八届三中全会精神及新修改的《中国共产党章程》,积极参与共产党员网"共筑中国梦"学习交流活动。按照中央组织部印发的《关于组织开展学习党的十八大报告和党章知识竞赛活动的通知》(组厅字〔2012〕62号),江苏省委印发的《关于组织党员参加学习党的十八大报告和党章知识竞赛活动的通知》(苏组办〔2012〕34号)的文件要求,认真进行宣传、发动和组织工作,广泛动员全校广大党员干部群众积极参与竞赛活动,结合竞赛活动的开展,组织党员和干部继续原原本本学习党的十八大报告、学习新修改的党章,引导广大党员干部群众把思想统一到党的十八大精神上来,把力量凝聚到建设国际知名高水平研究型大学、推进江苏"两个率先"、全面建成小康社会的伟大实践上来。

根据中组部《关于组织广大党员参与共产党员网"共筑中国梦"学习交流活动的函》(党教函字〔2013〕32号),我校在学校网站首页显著位置建立了"共筑中国梦"专题网页链接,在校园BBS开通了"我们的中国梦"等专题论坛,组织和引导广大党员踊跃参与、深入学习、广泛交流。

2. 按照中央部署要求,下半年开展了以"为民务实清廉"为主要内容的党的群众路线教育实践活动。6月下旬学校开始动员部署,7月3日上午召开动员大会。组织部在校党委的统一领导下,在群众路线教育实践活动领导小组办公室的具体领导下,认真做好全校活动的组织协调、上情下达、指导等日常工作。具体负责起草了相关文件,并收集各院系的相关材料等相关工作。

按照学校要求,开展好组织部教育实践活动的各环节活动。在学习教育、征求意见环节,采取集中学习、分散自学、自由讨论等方式组织党员特别是党员领导干部进行专题学习。认真学习研读《论群众路线——重要论述摘编》《党的群众路线教育实践活动学习文件选编》《厉行节约、反对浪费——重要论述摘编》等学习资料。召开了党委秘书座谈会,认真听取大家对党员领导干部作风方面的意见、对开展教育实践活动的意见建议。对收集到的意见进行了认真梳理汇总、分类分析。在查摆问题、开展批评环节,党员干部认真撰写对照检查材料,在专题民主生活会上,进行深刻的自我批评,也开展了诚恳的相互批评,并对梳理汇总的群众意见进行回应,针对作风方面存在的问题,提出解决对策,在整改落实、建章立制环节,进行落实和整改。

3. 加强基层党组织建设和党员队伍建设,做好党员发展工作。认真贯彻党的十八大精神,充分发挥党建工作的龙头作用。贯彻落实《关于加强和改进高校基层党支部建设的意见》,优化党组织设置,创新活动方式,强化阵地保障,创建服务型党组织。认真组织好党支部换届选举工作,全校近800个党支部完成期满换届工作。进一步探索扩大党内民主,完善党内情况通报、情况反映、重大决策征求意见制度,坚持党代会年会制度,探索党员旁听基层组织会议、党代会代表列席党委全委会的具体做法。按照教育部的要求,完成了贯彻落实高校基层组织工作条例的自查报告。

根据江苏省教育工委指示精神,结合我校党建工作实际,2012—2013学年我校以"学习、贯彻、落实十八大精神"为主题,深入开展基层党组织主题教育活动。按照江苏省委教育工委有关通知要求,在全校范围内征集的58个党支部工作法案例中组织遴选出10个优秀材料上报了省委教育工委,其中有6个党支部工作法案例入选《江苏高校基层党组织优秀工作案例100例》。进行了2012年"最佳党日活动"评选工作,共评选出"最佳党日活动"一等奖四个(其中选送两个参加2012年度江苏省教育工委"最佳党日活动"评选,获得优胜奖)、二等奖七个、三等奖十七个。通过表彰,激励全校基层党组织以党日活动为载体,结合学校中心工作,组织开展主题突出、立意新颖、形式多样、内容丰富、参与率高的支部活动,充分发挥基层党组织的政治核心作用和战斗堡垒作用。

进一步加强发展党员和党员管理工作,全面推行党组织和党员管理信息系统。根据江苏省教育工委文件精神,结合我校实际,制定了《东南大学关于加强新形势下发展党员和党员管理工作的实施意见》《关于进一步加强2013届毕业生党员教育管理和服务工作的通知》,切实做好发展党员和党员教育管理工作,加强毕业生党员离校前教育工作,进一步发挥党员先锋模范作用。切实做好教师党员发展工作,注意充分发挥党员骨干教师在教学、科研等各项工作中的模范带头作用和教书育人、科研育人作用。全年发展党员近3 000人,接转组织关系近5 500人次。

为提高我校党建研究和实践工作水平,在全校范围内组织开展党建研究项目立项工作和优秀实践项目评选工作,为加强项目管理,同时制定了《东南大学党建研究项目管理办法(试行)》。共收到28份申报材料,经基层党组织初审、推荐,项目评审组评审,确定了12个立项项目。

三、不断加强和改进党校工作,开展多层次、广覆盖、重实效的教育培训,构建适应学校发展需要的教育培训体系

坚持和完善"多层次、广覆盖、重实效"的党员教育培训体系,整合资源,拓宽渠道,充分发挥党校的主阵地,着力增强党员党性,提高党员素质。实施党委常委上党课制度,进一步完善制度建设,充实党课内容,健全师资队伍。继续实施党校兼职教师集体备课制,不断提高党校教师的教育教学水平,每学期初组织兼职党校教师进行集体备课,以分专题的形式进行了教学经验分享和授课示范,并就党课教学思路、教学目的、教学方法、重点和难点等进行了研讨。

加强干部教育培训工作,认真落实《中共中央关于认真学习宣传贯彻党的十八大精神的通知》(中发〔2012〕10号)精神,按照中组部有关要求和学校党委2013年工作部署,与党委宣传部共同举办中层领导干部学习贯彻党的十八大精神专题培训班。培训采取集中辅导、自学、网络学习、分组研讨和大会交流等形式。2013年5月28日至6月28日期间组织干部进行网络学习,采用国家教育行政学院的网络资源,中国教育干部培训网(www.ceat.edu.cn)"教育系统学习贯彻党的十八大精神远程专题培训"平台,要求每位

干部完成20学时的专题培训视频课程学习。选派了4名中层干部参加中组部、教育部及江苏省教工委举办的培训班,选派了10名中层干部参加由九所高校联合委托江苏省委党校举办的"高校党政干部培训班",暑期举办了2013年新任中层干部培训班,有37位干部参加了培训学习,举办了第三期教师党支部书记暨首期青年骨干教师专题培训班,有36位教师参加了培训学习,各类培训均取得了良好效果。

不断加强党员、入党积极分子的教育培训工作。举办了2013年本科生新任党支部书记培训班,198名新任支部书记及支委参加了培训。举办了第十五、十六期预备党员培训班,共培训预备党员2 646人。举办了2013级本科新生党员培训班,121名新生党员参加了培训。全年全校举办发展对象培训班20个班次,培训学员近2 800人。按照党校发展对象培训班"统一计划、统一教材、统一备课、统一大纲、统一考核"的要求,对培训班的考核形式作了调整,考核采取笔试闭卷考试的方式进行,每学期统一组织两次考试。

四、按照校党委要求,牵头抓总做好人才工作,发挥优势,促进交流,为地方经济社会发展服务

开展了教育部定点联系滇西边境山区挂职干部、西藏民族学院挂职干部等的选派工作,第6批"科技镇长团"成员推荐工作,第14批博士服务团成员选派工作,积极参与省委组织部"教授博士柔性进企业"活动,组织科研人员与企业开展产学研深度合作,帮助企业进行产业转型升级和技术创新,促进校地之间的交流与合作,为区域经济建设和社会发展做出积极贡献。选派2名干部到滇西挂职,1名干部援藏工作;组织推荐第六批科技镇长团团长人选2人,成员8人;"教授博士柔性进企业"选派工作中审核申报材料45人,选派27人。

接收对口支援学校、长三角高校优秀中青年干部挂职项目等来我校挂职干部7人,对挂职干部进行了任命、送岗,并做好安排住宿、校园卡办理、挂职结束后的鉴定等相关工作。

五、努力加强部门自身建设

把树"讲党性、重品行、做表率"的组工干部形象与机关作风建设紧密结合起来,充分发挥好组织部的职能作用,体现组织部门"党员之家"、"干部之家"、"人才之家"的良好形象。在不断深化工作形式和内容的过程中,注意落实以人为本,努力把服务师生工作做得更细、更实、更到位,不断优化服务质量。对于来电、来函、来访,做到热情接待,并根据不同情况,增加了主动联系、加强指导、登门拜访、及时回访等环节,更加注重工作的效果和质量。

附1 2013年基层党组织及党员队伍基本情况统计

截至2013年底,全校党组织共有工委2个,基层党委30个,党总支6个,直属党支部2个,党支部812个。

截至2013年底,全校共有党员16 321人,其中:学生党员11 153人(占同类人员总数的27.57%),其中:博士研究生党员1 586人(占同类人员总数的47.41%),硕士研究生党员6 402人(占同类人员总数的59.64%),普通本科生党员3 165人(占同类人员总数的12.00%）。在岗职工党员3 340人（占同类人员总数59.17%），其中：专任教师党员1 353人（占同类人员总数的55.96%），具有正高职称的专任教师党员382人（占同类人员总数的63.77%），具有副高职称的专任教师党员535人（占同类人员总数的55.15%）。离退休党员1 683人。

2013年全校共发展党员2 595人，其中发展学生党员2 566人。截至2013年底，全校申请入党人数为12 949人，入党积极分子人数为6 494人。

附2　2013年中层及以上干部队伍基本情况统计

截至2013年底，全校共有中层及以上干部385人，其中：领导干部326人，调研员及退居二线等59人。中层领导干部中正职90人，其中具有博士学位的占55.56%，具有硕士学位的占17.78%，副高级及以上职称的占95.56%。中层领导干部中副职201人，其中具有博士学位的占51.24%，具有硕士学位的占26.87%，副高级及以上职称的占72.14%。

（组织部　许　燕　李庭红）

宣传思想工作

2013年，东南大学紧紧围绕学习宣传贯彻落实党的十八大精神、"中国梦"主题教育活动、党的群众路线教育实践活动以及学校各项中心工作，深入基层服务师生、创新宣传思想工作方式、积极拓展宣传思想工作新格局，扎实开展思想政治教育、校内外宣传、网络宣传及校园文化建设，各项工作均取得了突出的成绩。

一、学习宣传贯彻落实党的十八大精神，扎实推进党的群众路线教育实践活动，思想政治教育和精神文明建设取得新成绩

2013年，学校共组织了4次干部理论学习专题报告会、9次校理论学习中心组学习；举办了中层干部学习贯彻党的十八大精神专题培训班；与国家教育行政学院合作，组织全校中层以上领导干部通过网络认真学习党的十八大精神；对东南大学思想政治教育专题网站——"至善网"进行了改版。

在积极开展党的群众路线教育实践活动期间，学校建设开通了教育实践活动专题网站，并编发了37期工作简报。

今年，学校与新华社《半月谈》杂志合作举办了"我的梦·东大梦·中国梦"的主题系列教育与宣传活动。

学校理论研究工作取得了新成绩，《建设学习型、服务型、创新型党组织研究》获2013年江苏省哲学社会科学规划办批准立项，《全媒体环境下高校舆论危机事件应对机制研究》、《宣传思想文化干部能力素质建设研究》获2013年学校基本业务费立项资助，《全媒体时代公共舆论危机应对策略研究》等5篇研究成果在国内重点期刊发表。

今年，《"微"传大爱——东南大学着力打造网络育人新平台》项目获得2013年教育部第七届高校校园文化建设优秀成果特等奖，取得了多年来我校在该奖项评选中的最好成绩，东南大学也是今年江苏省唯一获特等奖的高校。

2013年,东南大学荣获了2010—2012年"江苏省文明单位"光荣称号。

二、积极策划,精心组织,亮点频出,新闻宣传工作量质齐升,学校影响力不断扩大,知名度与美誉度不断提高

2013年,东南大学重点加强了与中央级新闻媒体的联系与合作,新闻宣传工作重点突出,主题鲜明,对外宣传稿件量质齐升。全年共在各级各类新闻媒体上刊发宣传稿件2000余篇次,其中,中央级平面媒体120余篇次,中央电视台17次(《新闻联播》节目3次),中国教育电视台4次。

今年,学校继续做好新闻发布和突发事件的媒体应对工作,全年共举办各类新闻发布活动20多次。学校还积极加强微博、微信等新媒体与传统媒体的良性互动开展对外宣传工作,特别是在建筑学院五学子同上哈佛、爱心迎接独自报到的云南新生等主题宣传工作中实现了传统媒体与新媒体融合互动,取得了良好的宣传效果。

2013年,学校还积极拓展海外宣传渠道,利用凤凰卫视、凤凰周刊、欧洲新闻媒体采访团来校采访的契机,与海外媒体建立了联系,加强了合作,通过它们宣传东南大学,扩大了学校的国际影响。

三、加强新媒体平台建设,建立并扩大矩阵式宣传网络,网络宣传工作取得突出成绩

2013年,学校新开通新华网、人民网微博,腾讯官方微信,开通了全国高校第一个腾讯官方微视,使得东南大学各新媒体平台覆盖受众面达35万人次。学校构建了以东南大学新浪官方微博为核心,包括66个部处、院系、社团,22个教工及若干有相当影响力的校友V认证的新浪微博矩阵宣传群。

今年,学校成为教育部新闻办"高校微博联盟"的首批成员,承办了教育部思政司全国高校网络舆情工作会议和全国高校新媒体发展论坛,荣获了腾讯网授予的"全国高校新媒体综合影响力十强"称号,新华社新华网授予的"2013中国最具魅力高校"称号。

先声网站完成功能转型,研发了基于腾讯微信平台的校园信息服务系统——"小猴偷米"和先声网站手机APP应用程序。

四、《东南大学报》在2013年度江苏省高校校报优秀作品评选中共有16件作品获得7个一等奖、5个二等奖、4个三等奖,获奖等第和获奖总数继续蝉联全省第一

获奖作品中,《国家主席胡锦涛视察南京"无线谷"我校实验室》(作者宋铁成)、《骑单车行万里路 为青奥当"报喜鸟"》(作者唐瑭)获消息类一等奖;《使中国音乐化——参加"三高"爱乐之友交响乐团演出侧记》(作者郑立琪)、《她将粉煤灰变成"粉黄金"》(作者唐瑭)获通讯类一等奖;《学校声誉管理与校园文化建设进入微时代》(摄影丛婕)、《2013东南大学本科新生军训汇报大会》(摄影曲钢)获得新闻图片类一等奖;《衣钵传承、脱胎换骨——听现代京剧〈飘逸的红纱巾〉随笔》(作者郑立琪)获文学作品类一等奖。

另外,在江苏省高校校报2013年度《新芳杯》《涌泉杯》优秀作品竞赛中,《东南大学报》共有24件作品获得了4个一等奖,11个二等奖,9个三等奖。

2013年,《东南大学报》刊登的《她将粉煤灰变成"粉黄金"》(作者唐瑭)还获得江苏省2013年度报纸优秀作品通讯类二等奖。

五、2013年东南大学十大新闻

1. 7月3日,学校召开全校党的群众路线教育实践活动动员大会,动员部署了相关工作。8月26日,校领导班子举行了集中学习讨论会。9月30日,党委召开常委扩大会议,集中查摆校领导班子"四风"方面存在的问题。会议同时传达学习了习近平总书记有关重要讲话精神。11月13日,学校召开了党的群众路线教育实践活动专题民主生活会。11月21日,举行专题民主生活会情况通报会。活动期间,校领导组成了六个督导组通过多种方式,广泛听取意见,并指导、督导院系、部处开展教育实践活动。学校还开通了东南大学"党的群众路线学习网",编发了37期工作简报,举行了多场主题辅导报告会,党的群众路线教育实践活动正逐步深入开展。

2. 1月29日,教育部2012年学科评估结果揭晓。我校22个学科参评,其中生物医学工程、交通运输工程、艺术学理论获得第一名;建筑学、电子科学与技术、风景园林学获得第二名;土木工程、城乡规划学获得第三名;信息与通信工程获得第四名;仪器科学与技术获得第五名;动力工程及工程热物理获得第六名;公共卫生与预防医学获得第七名。排名大幅提升。

3. 1月18日,2012年度国家科学技术奖励大会在北京召开。我校获得国家技术发明奖二等奖一项、国家科技进步奖二等奖两项。其中,由东南大学交通学院刘松玉教授团队领衔完成的"钉形双向搅拌桩和排水粉喷桩复合地基新技术与应用"成果获得技术发明二等奖,由土木工程学院吴智深教授团队领衔完成的"纤维增强复合材料的高性能及结构性能提升关键技术与应用"以及由交通学院王炜教授团队领衔完成的"地面公交高效能组织与控制关键技术及其工程应用"分获科技进步二等奖。这是我校连续三年获得三项国家科学技术大奖。

4. 10月24日,"东南大学—蒙纳士大学苏州联合研究生院暨联合研究院"正式成立仪式在苏州举行。该研究生院是2012年3月27日经教育部正式批准的国内首所研究生培养层次的中外合作办学机构,也是澳大利亚高校与中国高校联合建立的首个研究生院。澳大利亚总理阿博特发来贺信。同日下午,蒙纳士大学在联合研究院举行仪式,向我校易红校长等五位名誉毕业生授予名誉博士学位。

5. 我校能源与环境学院博士生殷勇高(指导教师张小松)、信息科学与工程学院博士生程钰间(指导教师洪伟)、交通学院博士生蔡国军(指导教师刘松玉)的学位论文入选全国优秀博士学位论文,入选篇数取得历史最好成绩。另外,生物科学与医学工程学院博士生卫敏(指导教师顾忠泽)、电气工程学院博士生赵文祥(指导教师程明)的学位论文入选全国优秀博士学位论文提名论文。

6. 11月28日,我校和中国人民大学、东华大学、上海外国语大学、武汉理工大学、华中师范大学等6所高校接收了教育部颁发的第一批高等学校章程核准书。《东南大学章程》正式获准颁布。

7. 1月31日,"感动南京"2012年度人物与第十一届南京好市民颁奖仪式举行。我校信息科学与工程学院院长、东南大学移动通信国家重点实验室主任尤肖虎教授等 10 组个人或团体被评为"感动南京"2012 年度人物。我校能源与环境学院副院长、博士生导师吕锡武教授等 99 位市民被授予"南京好市民"称号。

8. 1月25日,最新一期 Science 杂志刊发了以我校为第一完成单位的关于分子铁电晶体的重要阶段性研究进展的论文。有序物质科学研究中心熊仁根教授、付大伟老师分别为该文通讯作者之一和第一作者。

9. 2013 年,国务院批准的《苏南现代化建设示范区规划》明确提出了要支持东南大学建设世界一流大学,这为学校的未来发展提供了良好的机遇。

10. 12月4日下午,由新华社新华网主办的 2013 年新华教育论坛——"大国教育之声"活动在北京国家会议中心举行。论坛上,我校与北京大学、浙江大学、大连理工大学等 12 所高校一起被授予了"2013 中国最具魅力高校"荣誉称号。

(宣传部 李 震)

安全保卫工作

2013 年度我校安全保卫工作在学校党政的正确领导下,在省、市政府有关部门的大力支持下,在全校各级安全责任人、安全保卫人员、广大师生员工的不懈努力下,取得了优异的成绩,安全责任制得到进一步落实,安全管理规章制度进一步完善,校园安全防范网络进一步完善;持续开展安全宣传教育,加强整顿校园及周边治安秩序,全面提升"平安东大"建设水平。

一、加强信息收集和情况调研,全面做好校园稳定工作

保卫处紧紧围绕师生员工关注的热点和焦点问题,深入基层,调查研究,掌握校园思想动态,强化信息预警机制,深入开展思想隐患排查,采取有效措施,配合相关部门积极开展工作,及时处理涉稳事件 28 起,上报各类信息 46 期。及时发现并处置四牌楼图书馆立柱上的"法轮功"宣传品,及时发现"法轮功"宣传手册 2 本,全面检查并清除反动宣传标语共计 21 处。妥善处理各种矛盾纠纷(特别是一些历史遗留问题),先后出动千余人次,及时协调公安部门,全力配合学校妥善处理原铁医职工王×持续来校缠访、两起学生自杀死亡事件(建筑学院)、两起意外死亡事件(软件学院一研究生跳楼身亡,成贤学院一物业人员猝死)、吴健雄学院学生生病住院引发家长多次来校纠缠事件、仪科学院一研究生曾冒用他人户口事件、九龙湖校区东门外两名学生遭遇车祸(一死一伤)等多起不安定事件,避免了事件的升级与扩大。

二、注重加强宣传教育,不断提高师生员工的安全防范意识

1. 认真开展各类防灾减灾教育活动,发放《校园安全警示录》8 000 多册、《抗震知识安全手册》8 000 多册、《消防使用手册》8 000 多册等,为 4 000 余名本科新生举办消防安全知识讲座和消防灭火演练。

2. 积极组织大学生安全知识考试,发放《大学生安全知识读本》8 000 余册,本科生及

研究生新生人手一册。组织全校 4 109 名本科新生参加安全知识考试,平均考分达到 82 分,其中考分在 98 分以上的成绩优异学生共有 35 名。

3. 组织开展法治与安全防范宣传月的有奖竞答活动,以"校园安全心牵挂,答题有奖等你拿"为主题,向我校师生宣扬安全知识,提高师生安全防范意识,增强师生自我保护能力。

4. 针对午休期间有学生财物在教室被盗的现象,保卫处利用午休时间对教室进行明察暗访,巡视拍照,并及时查找安全漏洞,发布网上警示、友情提醒等宣传品 1200 余份,提高学生自我防范能力。

三、全面抓好校园消防安全管理工作

1. 根据教育部办公厅《关于进一步加强高等学校实验室危险化学品安全管理工作的通知》(教技厅〔2013〕1 号)、市公安局《关于开展驻宁高校危化物品清理整顿专项行动的工作意见》(宁公内〔2013〕29 号)协同实验室与设备管理处在全校范围内开展了特种设备及危化品安全隐患整治排查专项行动,在学校层面建立健全了"东南大学危险化学品管理办法""东南大学放射性同位素与射线装置防护管理办法""东南大学特种设备安全管理暂行规定"等多个制度,初步建立了东南大学实验室在特种设备、危化品、辐射场所等方面的制度管理体系;成立了东南大学特种设备安全管理领导小组和工作小组(校通知〔2013〕73 号文),分管副校长为组长,保卫处、后勤管理处、实验室与设备管理处等相关职能部门负责人为组员,全面领导开展特种设备安全管理工作。

2. 认真完成各校区的消防控制系统及相关设施、器材的检查、维修、更新工作,维修消防栓的破碎玻璃 316 块、损坏的消防栓门框 29 个,维修更新各种不同类型的灭火器材 6 050 具,新增灭火器 420 具、消防水带和灭火器箱各 50 具,增加消防管网水压和水箱远程监测系统 22 套,完成学生宿舍灭火毯的安装 960 套。

3. 严格管理化学危险物品的审批、使用、储存,严格监督检查动火情况。审核易制毒化学试剂购买申请 203 件、动火申请 43 件、施工申请 46 件,安装安全疏散指示图 150 块,及时发现并扑救火情 6 起。

四、加强综合治理,不断完善安全防范体系建设

1. 广泛组织开展多种形式、多项内容的安全检查,及时整改安全隐患,认真检查全部校车 48 辆、学生宿舍 6 400 间、各校区食堂 7 个和 19 个实验室等,整治化解安全隐患 61 件,严厉打击不法分子犯罪行为,抓获并移交公安机关的犯罪嫌疑人 22 人。

2. 加大校园交通管理力度,制定各种具体措施,妥善处理交通矛盾;在人流高峰时段和易发事故地段增加人力,安排人员检查值守、疏导交通,与校内施工单位签订责任书 12 份,加强对施工车辆的管理。

3. 全面做好各类大型活动的安全保卫工作,圆满完成大型活动安全保障 64 场次。

4. 根据实际需要,对全校的监控报警系统进行不间断地维护、检查和完善,并增加无灾盗视频监控系统 9 台,其中四牌楼 8 台,丁家桥 1 台,安装高清网络摄像机 21 台、高清网络硬盘录像机两套。增加硬盘 16 块、网络交换机 7 台、核心交换机 1 台、光纤收发器 12 只。

五、加强队伍建设,全心全意为师生员工服务

办理出境手续1 121人,出具政审证明178人,新办、审验校园一卡通1 407份,整理学生各类档案39 292份,户口变动6 958人,出具户籍证明5 750份、落户通知单86份,发放户口迁移证3 308份,办理身份证1 696份,办理学生离校手续10 135人,办理教工离、到校手续120人,新办校园车辆通行卡506份,维修更换、挂失补办共277份。发还自行车、电动车共179辆,发还师生员工各类物品42件,现金827.5元,无人认领的现金上缴学校财务742.9元。

(保卫处 谷洪良)

统战工作

2013年,党委统战部在校党委的领导下,以"服务学校中心工作、加强民主党派自身建设"为主题,以打造"同心工程"为载体,切实加强党外代表人士队伍建设。在2012年成功换届的基础上,进一步发挥民主党派和党外同志在政治协商、民主监督、参政议政中的作用,团结和凝聚各方力量,成立了无党派知识分子联谊会,继续提升统战工作科学化、规范化水平,加强统战管理信息建设工作,完善统战管理信息系统,获得了中央统战部组织评选的"全国统战工作实践创新成果奖",是全国47个获此殊荣单位中的唯一高校,开创了我校统战工作的新局面。

1. 加强思想建设。组织开展多种形式的学习培训,一是通过会议、重要文件传达以及情况通报会等形式,组织各级人大代表、政协委员、党派主委学习贯彻党的十八大精神和中央统战会议精神,了解掌握党和国家有关方针政策和学校改革建设进展情况,加强学习和理论武装。二是举办党外知识分子培训班,通过"民族、宗教与社会和谐"的主题讲座,进一步提升党外代表人士对当今世界格局及中国所处周边环境的判断,牢固树立"同心"思想。三是充分借助各级社会主义学院加强对年轻党派成员和无党派代表培训,今年共选派了肖国民、何勇、石邢、倪振华等4人参加了省市有关部门组织的培训。四是组织撰写提案议案经验交流会,加强民主党派和党外人士参政议政意识和水平。

2. 加强组织建设。一是协助九三学社按照九三省委要求顺利完成换届选举工作。至此,全校有6个党派换届工作基本完成,通过换届,实现了新老交替和政治交接,组织机构更加健全,领导班子年龄结构和知识结构更加合理,一批年富力强、业务基础好、参政议政能力强、群众认可度高、社会影响力大的同志走上党派领导岗位。二是成立了无党派知识分子联谊会,由崔铁军教授担任首任会长。无党派知识分子联谊会的成立,将有利于加强校党委与无党派知识分子的联系,有利于党外优秀人才的发现和培养,更好地维护无党派知识分子的权益,发挥其为学校改革发展建言献策的作用。

3. 加强后备干部队伍建设。按照尽早谋划、统筹安排、悉心培养、合理使用的原则,大力加强了党外代表人士的队伍建设。目前,党外干部在全校干部队伍中的比重有较大幅度的增加。中层正职中党外人士的数量从3人增加到8人,党外中层正职比例由两年前的 3.33% 增加到目前的 8.89%,中层副职增加至 32 余人,比例达到 16%。向外输送党外代表人士力度加大,鼓励社会任职,党外人大代表、政协委员的分布更加合理,代表性更强。目前,我校有近 50 位党外人士在各级人大、政协和民主党派省级组织中任职:党外人士中现有全国人大代表 1 人,省人大常委 1 人,市人大代表 1 人,区人大代表 1 人;全国政协委员 1 人,省政协委员 14 人(其中常委 4 人),市、区政协委员(含常委、区政协副主席)12 人;民主党派中央委员 3 人,民主党派省委委员 15 人,其中担任副主委 2 人,担任常委 6 人;全国伊斯兰教协会副主席 1 人;中央文史馆馆员 1 人;省政府参事 2 人,市政府参事 1 人。一支政治上可靠、业务水平高、参政议政能力强、社会影响大的党外代表人士队伍正在逐步建成。

4. 鼓励民主党派和党外人士积极参政议政,主动服务社会。一是围绕国家发展、学校中心工作积极建言献策。在今年召开的"两会"上,担任全国人大代表、政协委员的党外同志分别提交了关于扶持"海归"创新创业的建议;关于在北京建立朝鲜战争纪念馆的建议,关于保护扬州普哈丁园、帮助整治提升内外环境的提案,关于改革我国学术刊物审批机制的建议等 4 项提案、议案。此外,还有一大批在各级人大、政协任职或兼任政府行风监督员和学校行政职务的党外同志,也积极建言献策,努力工作,得到各级有关部门的认可。二是开展有影响力和实效性的服务社会品牌活动。如协助致公党省委开展第四届"引凤工程",吸引 50 余名海外留学人员与我校相关专业进行面对面的洽谈,在前三届活动中,我校通过"引凤工程"这个平台成功引进 4 位教师。协助农工党开展"庆祝教师节——教师回馈社会义诊活动",邀请了 7 所医院的 20 余名医疗专家坐诊,累计问诊 200 余人次。协助民进东南大学委员会与民进镇江市委会对接交流。做好与常州市统战部"聚智聚力,校企对接"活动,组织 4 位教师参加今年校企对接洽谈会,服务地方经济发展。三是开展"提交一份有影响力的提案,开展一项有特色的活动,撰写一份有分量的调研报告"的"三个一"活动,鼓励、引导每个党派发挥专业特长,围绕"党派发展、学校建设和服务社会"三个层面,组织调研、提交议案,更多地参与到学校改革建设等中心工作中,更好地服务于国家和地方经济建设和社会发展事业。就目前收集到的提案议案数据显示,民建提交 5 项,民进提交 2 项,农工提交 11 项,致公提交 8 项,九三学社提交 15 项。

5. 提升统战工作科学管理水平。一是加强制度建设。建立了统战工作人员、民主党派主委和相关负责人阅文制度。定期将有关上级文件、统战动态、各类经验做法在一定范围内进行传阅。做到精神及时传达,动态及时公布,经验及时交流。二是完善统战管理信息系统,提升了统战工作科学化、信息化管理水平。这项工作获中央统战部全国统战工作实践创新成果奖,并成为全国 47 个获此殊荣单位中唯一的高校。

今年,我校统战工作成效显著,各个党派、侨联基层组织均获得所在党派省委或省直工委的表彰,杨锡宁、马坤岭、任晓妹、吴国新、张燕、薛涛、王修信等分别获得所在党派的省级先进个人表彰;吕晓迎获第二届江苏省侨界贡献奖等。

(统战部 李黎蓉)

老干部工作

2013年,针对"双高期"老同志多样化、个性化的需求,老干部处除了履行部门基本职责外,开展了创建老干部工作新模式、创建老干部工作服务新体系、创新老干部工作新载体的三个创建活动。

本年度,我们将IT领域新近推出的一种运作模式"云服务"引入我们的老干部服务工作中,通过建构校内网、社区网、信息网这三张网,将校内资源、社区资源、科技资源有机结合,提出并具体践行了"基于网格管理的问候记录即时服务制度""基于点对点联系的子女赡养为主单位帮扶为辅制度""基于科技助老的普遍关心基础上的重点关爱制度",以及"让自己动起来基础上的老同志互助式结对关爱制度""各类志愿资源开发基础上的全方位助老服务制度",等等,最终形成"关于做好我校关爱离休干部工作意见"的制度性文件;我们还牵手人事处,就东南大学离退休工作的优化完善问题进行了认真的思考,提出了系统的建议,并执笔起草了东南大学关于离退休工作实行校、院(部)两级管理的实施意见(讨论稿),等等。

本年度,我们开始创建以学校为主导、社区为主体、志愿者服务为辅助、企业参与为补充的多方合作共建的社区居家养老服务体系。为此进行了以如何更好地服务离退休干部为主题的专项调研,通过走访调查老干部居住的社区、发放调查问卷征求群众意见建议、与企业沟通交流座谈等方式,对老干部的家庭情况、健康情况、服务需求和社会活动等进行详细了解,对老干部需求情况、社区周边环境、社区现有资源、社区服务承载能力等进行全面梳理,在知己知彼的基础上,统筹规划,科学调度。除此之外,我们还着力进行三支队伍的建设,第一支是以社区所在的东南大学学生、教师为主体,以社区医生、机关公务员等为辅助的队伍,第二支是由我校老干部处、离退休协会的老龄工作者组成的队伍,第三支是社区老年互助队伍。经过我们上述工作的努力,社区、企业、学校有关部门陆续与我们合作开展了一系列的为老服务:如,我们依托老同志所住社区与国家农业部和江苏省农业技术推广示范基地、江苏省无公害农产品生产示范园——南京林大生态园合作开展"放心蔬菜进家门"活动。又如,联系南京中科集团在端午节之际为东南大学社区的离退休干部举办"千里美言话端午,中科温暖进东南"亲情活动。再如,医学院的学生先后在多个居住有我们老同志的社区(如玄武区梅园新村街道东南大学社区、鼓楼区中央门街道青石村社区等)开展"健康同伴之家""白衣天使健康伴我行"等活动。还如,民间志愿组织"一家圆心灵保姆服务中心"引入南京中医药大学自强社、中药社的学生志愿者,以"传播中药之典,奉献关爱之心"为主题,在我校老干部居住较集中的梅园街道多个社区组织了别开生面的"药粥药茶暖人心,亲力亲为慰(为)老人"活动。

运用现代科学技术,完善老干部服务网络系统是老干部工作的发展方向,也是必然趋势,我们着力建立健全各类数字化服务载体,利用网站(如老干部处夕阳红网站、江苏省离退休干部之家网上服务平台等)、手机短信、QQ、微信等数字化载体的广泛性、即时性、交互性等优势,让我们的老干部足不出户就能享受各类高效、优质的服务,就能看到外面的世界,我们还将数字化服务的触须伸向相关社区,引导多个社区创建了功能多样、内容丰富的"东南大学社区在线",通过这一全新的数字化社区服务系统,我们的老干部可以随时随地获取所在社区更多的资讯,可以在网上与更多的朋友进行精神交流与生命展示。

本年度,学校将老干部处作为东大关工委秘书处挂靠单位,承担着作为校关工委办事机构的有关职责,一年来,秘书处认真履责,年初拟定工作计划,年底撰写工作总结,平时总是保持着与关工委上下级机关及有关部门的热线联系,每次会议做好准备、记录,搞好文件、资料的收发和管理,通过各种途径和方式了解掌握各级关工委工作情况,及时维护更新关工委网站,编发关工委简讯以及具体处理校关工委的各类日常事务,等等。为充分发挥关工委老同志们的余热,积极稳妥地推进我校关心下一代工作常态化、系统化、深入化,春节前夕,老同志们给大学生们送去了热情洋溢的贺年卡,温暖了寒冬里备考的学子之心;4月25日老干部处牵头召开了我校关心下一代工作专题大会及院系二级关工委工作推进会;5月16日组织校关工委及院系二级关工委骨干成员前往全国教育系统关心下一代工作先进单位——江苏大学现场观摩学习;5月下旬,组织关工委老同志与艺术学院、研究生会共同举办"艺术、东大、人生"书画展,到"霜枫林"补种了3棵大树,庆祝东南大学建校111周年华诞。6月份,为祝贺成贤学院建院10周年,关工委骨干自书"桃李满天下,雨露遍神州"匾额赠送,盛赞成贤学院在教育事业上所取得的成就,表达关工委成员对成贤学院发展的美好祝愿;7~8月份暑假期间,组织对书法绘画具有一定造诣的关工委同志为海外教育学院的外国留学生们开设别开生面的中国书、画课;9月14日组织关工委成员观看2013新生军训表演,增进与下一代的情感交流;10月29日,邀请我校关工委骨干、心理学教授郭晋宁围绕如何与大学生进行有效沟通向同为关工委骨干的40余位成员进行了精彩的现身说法式传授;11月6日,组织近10名关工委骨干参加在扬州海事职业学院举办的江苏省高校关工委第十三期骨干培训班学习,等等。通过交流学习,关工委成员开阔了视野,实际工作能力得到不断提高;在一系列工作推动下,我校院系二级关工委的常态化建设也有序开展,医学院、仪科学院、经济管理学院、电气工程学院等分别召开了专题研讨会,研究制定并有效实施了各具特色的关心下一代工作举措,相关报道均被省教育系统关工委网站刊登。

本年度,我们的辛勤工作,引起了《南京日报》《扬子晚报》、新华网、江苏教育电视台等多家的媒体的关注,先后多次宣传报道了老干部处组织的活动。老干部处还获得了多项荣誉,主要包括:教育部2013年离退休干部统计报表优秀单位、江苏省2013年度老干部工作部门信息工作先进集体、江苏省教育厅关工委工作常态化建设合格单位,芦颖同志荣获江苏省2013年度老干部工作部门信息工作先进个人称号,董本植、许映泉两位同志荣获"江苏省教育系统关心下一代工作先进个人"称号。综上,2013年的老干部工作基本做到了"做好服务、让上级领导放心;细化服务、让老干部开心;完善服务、不断增强全处人员的工作信心",为东南大学的和谐稳定、文化建设、美誉度的不断提高作出了应有的贡献。

(老干部处 王 萍)

国防教育人民武装工作

根据学校党委的工作部署和武装部的年度工作计划,一年来,武装部(军事教研室)在学生军训和国防教育领域为学校人才培养目标和发展战略做贡献,继续保持在全国高校的领先地位。经过部门全体老师的共同努力,取得了较为突出的工作成绩。

一、以满分通过全省首批"国防教育示范学校"检查验收

根据苏国教〔2013〕6号文件通知,由省教育厅、省国防教育办公室组织的全省首批"国防教育示范学校"检查评比组于12月初来我校,通过听取汇报、召开座谈、查看现场和历史档案记录等形式,对我校开展的内容丰富、形式多样的领导干部、师生员工的国防教育活动与成果高度赞赏,尤其欣赏我校国防教育有顶层设计,有领导干部与职工的国防教育活动。检查组一致同意以满分通过对我校的检查验收。我们在收集与整理材料的过程中发现,除了我部组织的国防教育活动外,各院系与学生还自觉地举行了很多与国家安全相关的活动,真切地感受到热爱祖国、关心国家安危的自强不息文化活动已成为东大特有的文化景观。

二、学生军训成果与成熟的做法受到总参机关与媒体的关注

我校2013级本科生军事技能训练于8月25日至9月14日在九龙湖校区实施。在校党委的统一领导下以及学生处、团委、后勤处等部门的协同合作下,4 183名新生在21天中,先后进行了实弹射击、步兵战术、行军拉练、自救互救和紧急疏散等10个科目的训练,圆满完成了预定的训练任务。

在训练中,为确保安全与训练效果,我们对高风险科目实弹射击与拉练专门做预案,对行军路线、射击编组、靶场指挥、信号联络、靶台与靶壕保障与安全、车辆运输与调度指挥、餐饮保障等作了详细计划与安排,并在实施过程中视情灵活处置,非常安全顺利地完成了该科目的训练与考核工作。

在军训成果汇报大会上,江苏省军区参谋长、解放军理工大学副校长和南京警备区司令员亲临现场观看了学生表演的项目,省军区参谋长和解放军理工大学副校长分别即兴讲话,对我校学生军训成果给予高度评价。

我校学生军训组织严密、计划翔实、制度健全、措施到位,且内容丰富、宽严有度,多年来打靶拉练安全无事故、拓展训练有趣味,受到媒体的关注。《国防报》(2013年8月29日3版)、《新华日报》(9月4日A06版)、《金陵晚报》(9月2日E05版)、《南京晨报》(9月5日A11版)、《江南时报》(9月5日A15版)、新华网(8月23日)、中新网(9月12日、15日)等媒体全程跟踪报道了我校军训内容、做法和新闻、趣闻。6月总参动员部派出考察组专门来我校调研学生军训情况,详细了解我校的军训做法和军事理论课教学情况,还组织在南京培训的60多名全军学生军训教学骨干来校观摩、交流军训与军事理论教学方法和体会。

三、军事课课程建设成果喜人,师资队伍建设取得长足进步

2013年全年完成本科生共53个班约4 896人的《军事理论课》的教学任务。有4名在职研究生完成学位论文答辩毕业。申报的2门通识课程"军事谋略及应用"和"大国关系"通过学校专家审议,使军事教研室通识课程增加到6门。

参加全省第五届军事课授课竞赛的3名教师中有2名获得二等奖,1名获得三等奖。

引进1名多年讲授研究军事战略的资深专家,他曾在军内外学术杂志上发表80余篇论文,其中在《中国军事科学》(军事科学院主办的国内军事科学最高学术杂志)上发表过3篇论文。1名教师顺利晋升为教授,目前军事教研室有教授1名,副教授4名,讲师5名。

与军队院校合作出版了《信息化战争条件下军队建设前沿理论问题研究》和《网络空间战争制权问题研究》两本著作,我教研室教师分别担任第二主编和副主编。

发表了5篇学术与教学论文,其中有2篇发表于中文核心期刊:《清华大学教育研究》和《和平与发展》;《盛世也须强国防》发表于《中国社会科学报》2013年7月29日A05版。

策划、组织本教研室和军队专家共同撰写、出版《普通高校军事通识课丛书》(8册约180万字),为普通高校军事课教师学习与备课提供教学参考资料,同时面向社会发行,目前各分册撰写工作近半,拟2014年上半年完成出版。

四、我校成为全省高校武装部规范化建设试点单位

根据苏司学〔2013〕1号、2号文件通知,省军区、省教育厅确定我校为全省高校武装部规范化建设试点单位之一。在多年来工作成果的基础上,我们按党管武装工作、学生军训工作、国防教育工作、兵役工作、民兵工作和国防生培养等六个方面完成6项工作细则和"四室一库"硬件建设;较好地完成了我校武装工作规范化建设的汇报文字材料和视频材料,按照计划迎接全省武装工作规范化建设试点验收。

五、多名教师走向外校、外省授课、作讲座,甚至到军校为外国学员授课

全年共给省内外12所高校(含军队院校)作8个专题15场讲座。6月在教育部主办的全国首届军事教师高级研修班暨江苏省第11期军事课教师培训班作"高校军事教师科研方法"讲座;7月受南京陆军指挥学院国际军事交流中心邀请,为68个国家的学员讲授《孙子兵法战略思维》课程;为中南财经政法大学3S MBA学员讲授了10讲《孙子兵法战略思维》课程;为河南省第3期高校军事教师培训班学员作《毛泽东积极防御战略思想发展与运用》《怎样上好军事理论课》讲座;给浙江科技学院作《孙子兵法及应用》学术讲座。给南京农业大学、晓庄学院、警官学院等南京7所高校作《朝鲜核问题与中国安全思考》《孙子战略应用》《叙利亚危机与大国角力》等5个专题讲座。

六、举办"国防文化季"形式的国防教育系列活动,支持指导"军协"工作

2013国防文化季系列活动于4月开幕。外聘中国科普作家协会国防委员会副主任、空军大校焦国力作"中国梦——中国航母和大飞机秘闻"讲座;我室专家也作了多场国家

安全与国际安全形势讲座,如为产业集团讲"中国安全形势与思考";为研究生讲"关注叙利亚危机";为本科生讲"关注钓鱼岛,理性爱国";在李文正图书馆举办"中国当代先进陆海空武器装备""东南大学学生军训展""东南大学国防教育活动"等图片展览;组织学生参加省教育厅举办的以"我为国防作贡献"为主题的国防教育征文竞赛活动,取得一等奖2名、二等奖2名、三等奖1名的优异成绩,学校获得最佳组织奖。

另外,指导东南大学学生军事爱好者协会(以下简称"军协")开展国防教育主题活动。6月主办了驻宁高校学生"强国论坛"活动,有多个学校派队参加;10月军协受邀参加中国科技大学学生组织的国防知识竞赛活动;11月参加了南京地区高校真人CS联赛获得三等奖;12月初军协在河海大学参加南京高校国防教育协会联盟军事辩论赛获得一等奖。

七、兵役工作取得新成绩

我校的兵役工作近年来以兵源层次高、素质优被媒体广泛关注。《解放军报》头版报道我校新兵刻苦训练的事迹。我校入伍的士兵几乎全被评为优秀士兵。今年有4名学生如愿参军入伍,其中2名是应届毕业生,2名是在校生。武装部给这4名学生送行,勉励他们在部队建功立业。我部一直跟踪了解学生士兵在部队的成长情况。今夏初我们走访部队了解到2011级博士生沈毅(来自化学化工学院)已被部队提拔为军官,正在某军校进行岗位职能培训。

八、参加全国大学生运动枪射击锦标赛再创佳绩,为学校争光

我校射击队7月参加在沈阳举行的全国大学生运动枪射击锦标赛,获得总团体第三,女子团体第二,男子团体第三,女子个人第二、第八和男子个人第七的优秀成绩,再次为学校争光。

九、发挥江苏高校国防教育研究会理事长、秘书长单位的作用,协助上级机关完成全省国防教育相关工作

作为秘书长单位,积极协助上级机关筹划、组织相关活动。配合江苏省教育厅承办了全国首届军事教师高级研修班暨江苏省第十一期军事教师培训的组织工作,制订培训计划,确定培训内容。姜亚辉秘书长成功邀请并主持了著名军事专家、央视评论员罗援少将的国际形势报告会,我校一名专家作了"高校军事教师科研方法"讲座,受到研修教师的欢迎。

另外,参加省教育厅、省军区组织的国防教育征文评选工作、学生军训调研工作、授课竞赛和研究会理事会会议等工作。

(人武部 潘京苏)

工 会 工 作

一、依托教职工代表大会,继续推进校园民主管理

1. 依据调研成果,逐步推进二级教代会工作。根据教代会执委会关于"二级教代会建设和完善"的调研成果,2013年校工会召开专题会议部署该项工作,草拟了二级教代会工作制度,并全程指导体育系、医学院等二级单位筹建、召开院系教职工代表大会,进一步推动了学校的基层民主管理。

2. 发挥教代会执委会民主管理、民主监督作用。2013年,工会组织教代会执委先后讨论了《东南大学2013年财务预算报告》《东南大学单位综合考核及年度奖励性岗位绩效津贴分配办法》等6项关系学校发展和教职工切身利益的重要文件。在党的群众路线教育实践活动中,组织执委们提出意见建议并整理提交校党委。

3. 继续完善提案评价机制。2013年,为了保护教职工民主参与校园管理的积极性,配合学校机关作风建设,在原有对提案办理结果满意度测评的基础上,增加了对提案办理态度的满意度测评。据统计,七届二次教代会共立案提案37份,提案人对职能部门办理提案工作态度的满意率达到97.3%(包括满意和基本满意,下同),对办理提案结果的满意率达到91.9%。

二、全面发挥维护职能,努力打造和谐劳动关系

1. 认真做好申(投)诉工作,保障教职工相关权益。2013年,校专业技术职务评审工作申诉审议委员会收到2份教师系列专业技术职务评审的书面投诉材料,并对此进行了认真的调查和讨论,最终认定学科评议无违规行为。针对一位申诉人材料中涉及的有关学术不端行为的内容,经与本人和科研院联系后,转交我校学术不端委员会处理。校岗位聘用与考核申诉委员会收到3份关于岗位晋级的书面申诉材料,均已办理。

2. 端正服务态度,维护工会会员合法权益。工会始终秉持服务教职工的理念,在工作中重视维护会员的合法权益,在2013年中接待了多位教职工的来访,依照相关政策法规帮助他们处理问题或者做好解释工作。

3. 积极调研,稳步推进非在编人员入会工作。2013年,校工会根据上级工会组织的文件精神,在学校党委的领导下,关注非在编人员的状况,开展非在编人员入会的研讨工作,组织非在编人员较多的部门工会主席召开专题研讨会,起草非在编人员入会的调研报告和实施办法。

三、加强自身建设,进一步提升工会干部队伍素质

1. 坚持内部学习,促进沟通和交流。校工会坚持集体理论学习制度,2013年围绕党的十八大精神、党的群众路线教育实践活动、中国工会十六大精神等确定主题,定期展开学习和讨论。

2. 开展多种形式的学习活动,增强工会干部能力。举办校教代会执委、工会主席干部培训班,就推进基层民主管理和如何开好高校教职工代表大会展开理论学习;围绕中国工会十六大精神,组织在宁高校东片工会干部和我校工会干部参加知识竞赛活动。

3. 增进校际交流,学习工作经验。参加江苏省党建带工建工作经验交流会议,学习交流党建带工建工作的成果和经验;参加江苏省教代会经验交流会议,并作为高校代表作了题为《创新高校教代会工作,推进东大民主建设》的大会发言;此外,还接待了北京航空航天大学等兄弟院校的来访,交流讨论了教代会建设、大病医疗互助和非在编人员入会等工作。

四、坚持以教职工为本,细致做好各项服务工作

1. 关爱贫困教职工,开展劳模专项慰问。2013年春节前夕,校工会开展了"双节"送温暖活动,向校内困难教职工、劳动模范送去了节日的问候,并发放慰问金;代表江苏省教育科技工会送去对劳模的关怀和慰问。"五一"前夕,组织开展了劳模慰问活动。

2. 精挑细选,严格做好教职工福利工作。2013年,校工会福利工作委员会秉持对教职工负责的态度,严格把控福利品的质量和价格,顺利完成教职工福利的发放工作,在发放过程中,还为人数较多的院(系)、部门送货上门。

3. 大病互助,在校园内传递爱心和力量。2013年初大病互助委员会完成了2012年度教职工大病医疗互助金的统计工作,发放补助金284万余元,补助患大病教职工549人次。为了更好地为教职工服务,开发并试运行教职工大病医疗互助录入系统软件。

4. 精心准备,做好教职工暑期疗休养活动。暑期前,精心策划、合理安排,7月组织70余名教职工进行疗休养,让教职工在紧张的工作之后,身心得到放松和休息。

5. 重心下移,继续做好基层"建家"工作。2013年,校工会坚持贯彻上级工会组织的精神,重心下移,按每人每年40元的标准向部门工会拨付活动经费,鼓励部门工会多开展、开展好有益于教职工的活动,还对8个部门工会创建"先进教工之家"给予资金支持。

五、服务学校大局,助力和谐校园建设

1. 开展评选表彰,激发广大教职工的奋斗热情。2013年,通过向上级工会组织和妇女组织的推荐,我校孙伟老师获"全国师德标兵"荣誉称号;多个部门和集体荣获"江苏省巾帼文明岗"、省教科系统"模范职工小家""工人先锋号""五一巾帼标兵岗"称号,3名女教职工荣获省教育科技系统"五一巾帼标兵"称号。协助校办做好教师节表彰大会工作;开展"教师回报社会"的义诊活动;此外,还在校内开展了"三育人"积极分子、"工会工作先进集体"和"优秀工会积极分子"的评选活动。

2. 关心青年教工,搭建联谊交友的良好平台。组织我校大龄青年参加在宁高校、部属科研院所青年联谊专场活动。主办"缘分的天空——金秋缘聚珍珠泉"青年联谊的首场活动,共有来自11个在宁高校、科研院所的130余名单身青年参加活动。我校被推选为"江苏省教育科技工会青年联谊会"会长单位。

3. 关爱女教职工,开展主题活动凝聚"半边天"。举办了女教职工广播体操比赛,组织学校30个部门工会共900余名女教职工共庆"三八"国际劳动妇女节。"女知联"工作

持续开展,组织形式多样的活动,为女知识分子提供交流的机会,继续关心女大学生的成长,为她们讲授"女大学生素养"的课程,举办"分享阅读 品味人生"女性发展沙龙,为推动"全民阅读""书香江苏"工作发挥了示范引领作用。

4. 以文体活动为载体,汇聚教职工健康正能量。发挥各校区工会协作片作用,举办"图书馆杯环湖健身走""后勤集团杯环湖健身走"等活动,参加教职工共计800余人;举办教职工智力运动会,乒乓球、网球等专项比赛,促进各类活动在学校的推广和普及;此外,组织教职工积极参加校外的球类运动比赛、智力运动比赛、钓鱼比赛、书画展、摄影展等,极大地丰富了教职工的业余文化生活,达到了促进教职工身心健康,引领积极向上的文化生活理念,服务和谐校园建设大局的效果。

(工会 丁 苏)

共青团工作

2013年,校团委根据校党政部署,服务学校中心任务,以"文化引领、实践育人"为理念、以"激发基层团组织和广大青年活力"为主题,着力服务于青年学生的思想引领与成长成才,全面推进我校共青团的能力建设,实现共青团工作的新发展。

一、专注思想引领工作,重点加强理想信念教育

1. 以贯彻落实党的十八大、团的十七大精神为主线,加强思想引领。通过学习教育活动,增强青年学生党性意识,培养广大学生关注国事和社会责任意识。以中国共产主义青年团第十七次全国代表大会召开为契机,通过组织学习大会精神、主题研讨会和座谈交流会等形式加强团干部对共青团工作的思考,引导团干部用社会主义核心价值体系教育青年,指导青年深入开展主题团日活动。校团委书记周勇同志参加共青团江苏省第十四次代表大会并当选为团省委委员,作为江苏代表团成员参加共青团第十七次全国代表大会,将十四次团代会精神和团十七大精神在全校团系统认真传达和落实。同时通过校园媒体集中宣传、理论研讨、撰写感想、邀请专家解读、报告会等活动,引导学生深入学习贯彻团的十七大精神。同时结合重要节日,发挥好思想引领功能。

2. 围绕"中国梦·东大梦·我的梦",深入开展主题教育活动。借隆重举行五四表彰大会契机,邀请优秀东大学子代表面向全体团员青年,深入开展"我的中国梦"主题教育活动。通过全国自强之星、江苏省优秀志愿者、优秀基层团委书记、优秀团支部代表等分享青春梦想和感人经历,进一步深化"中国梦"主题教育,用梦想的力量领航青年团员。以开展"中国梦·东大梦·我的梦"主题座谈会、"高举团旗跟党走"主题团日活动等活动,引导广大团员青年坚定跟党走中国特色社会主义道路的理想信念,树立为实现中华民族伟大复兴的"中国梦"而不懈奋斗的远大理想。

二、围绕组织建设内核,扎实推进组织队伍建设

3. 以"党的群众路线教育活动"为契机,积极开展"青春邀约走基层·服务青年听转办"主题实践活动。以提升基层团支部战斗堡垒作用为着力点,进一步加强共青团密切联系广大青年的作风建设,加强团委对团支部建设情况的了解和有效指导,全面调动基层团组织的工作主动性和创造性,重点增强基层团支部的活力。团干部围绕"团课微讲堂""主题微调研""实现微心愿""青年微联系""就业创业微助力""才艺微舞台""环保微行动""心理微疏导""志愿微公益"等活动内容走入基层一线、走进青年团员,倾听青年心愿,为青年办实事,为青年解难题,切实做好青年学生的成才服务工作,从而促进团建工作在凝聚青年、引导青年、服务青年中发挥更积极的作用。结合党的群众路线教育活动,增强与基层团员青年的联系。

4. 努力依托"磐石计划",倾情打造活力团支部:

(1) 围绕"中国梦,东大梦""十八大精神在校园""庆祝团的十七大胜利召开""青奥精神,活力南京"等多个主题,广泛开展别具特色的团日活动,最终确定其中 84 个团日活动作为 2013 年"磐石计划"立项项目,共下拨基层组织建设经费 5 万元。

(2) 完成全部项目结题工作,共有来自 24 个院系的 103 个团支部参加了结题答辩,最终评选出 14 个优秀项目。

(3) 展示基层团支部团日活动的特色经验做法,编写"磐石计划"成果汇编,进一步规范基层团支部的组织建设,全面调动其工作主动性和创造性的同时增强团员的政治意识、组织意识和模范意识。

(4) 在总结经验的基础上,完善《共青团东南大学委员会"磐石计划"(基层团支部主题团日活动专项)实施办法》,大力保障基层团组织工作的持续开展。

(5) 开展 2012—2013 学年东南大学基层团委建设成果汇编工作。展示各基层团委建设的成果和特色,总结基层团委建设的经验,探索新形势下进一步做好工作的方法与途径,开展基层团委建设成果汇编工作,从建设理念、基本情况、工作成果、特色创新、总结思考等五个方面全面呈现基层团委的各项工作。

5. 继续做好"青马工程",着力推进团学骨干队伍建设:

(1) 分别面向新任团支书、本科生骨干、研究生骨干、新任专兼职团干部开设培训班,通过理论培训和实践锻炼等方式,不断提高学生干部的思想政治素质、政策理论水平、创新实践能力和组织协调能力。进一步加强专兼职团干部培训,提升专兼职团干部政治理论素养和业务知识,提高工作水平和能力。2013 年,校级"青马工程"培训 550 人,院系级"青马工程"培训 6 000 余人。

(2) 积极选派优秀团员参加国家、省级"青马工程",2013 年共选派 5 名本科、研究生骨干参加团中央、团省委举办的"青马工程"培训班。

(3) 按照团中央和教育部党组要求,向苏北选派 1 名优秀团干部挂职,通过校地结合的方式加快优秀团干部的培养。

6. 积极通过评优推优,用榜样的力量带动青年团员。通过开展五四表彰工作,评选"东南大学青年五四奖章"获得者、优秀团务工作者、优秀团干、优秀团员、先进团委、国旗团支部。顺利完成推优工作,2013 年我校一批集体和个人获得多项团中央和团省委五四表彰奖励。其中,计算机科学与工程学院 090093 团支部获得"全国五四红旗团支部"称号;校团委获得"全省共青团工作先进单位"称号;土木工程学院团委获得"江苏省五四红旗团委"称号;交通学院10级茅以升团支部获得"江苏省五四红旗团支部"称号;土木工程学院院长吴刚获得第八届"江苏青年五四奖章";校团委书记周勇获得"全省共青团工作先进工作者"称号,校团委宣传部兼文体部部长凤启龙获得"江苏省优秀共青团干部"称号;外国语学院吴婵同学和交通学院杨轩铭同学分别获得"江苏省优秀共青团员"称号。三名青年教师当选省青联委员。

三、打造文化品牌活动,着力营造校园文化氛围

7. 开展"2013年新生文化季"活动,助力新生梦想起航。校团委牵头设组织实施了面向2013级全体新生的"2013东南大学新生文化季"活动。在2013级新生刚刚进入东南大学之际,成功开展了包含中国科学院院士杨叔子、中国台湾地区"中央大学"黄俊杰教授等十余位科学大师、人文名家、学界泰斗在内"初识东南"系列名家高层演讲、"我的青春故事——讲述大学的生活"、"我爱东大"校史知识竞赛、"我的讲台我的娃——支教背后的故事"、东南大学学生团体招新、"中华赞"经典诵读大赛等七大板块共30余场重要活动,吸引了近万名学生积极参与其中,使新生同学充分感受到东南大学所独有的精神内涵和价值追求,让他们在大学的第一堂文化课中充分体认、分享文化的真善美,帮助他们开启新的人生征程。活动得到社会广泛关注,中国青年网、中国新闻网等相关网站以及江苏教育电视台、《现代快报》《扬子晚报》等媒体对"2013东南大学新生文化季"活动进行了专门报道。

8. 加强文化艺术熏陶,活跃校园文化氛围。依托"校长文化专项基金",按照多校区的格局,从院系团委、校学生会、校研究生会和学团联等多个渠道支持各级团组织和学生组织开展文化活动,极大丰富了校园的文化氛围,为多校区格局下的和谐校园建设提供了积极的支撑。其中,"第27届校园文化节"在校团委的组织领导和"校长文化专项基金"的支持下,24个院系的团委、上百个学生团体、万余名同学在历时三个半月的时间里,开展了包括文艺娱乐、体育运动、公益实践、迎新主题和科技创新等五大类别、360多项精彩的文化活动。

四、完善实践育人体系,大力弘扬志愿服务精神

9. 开展2013年"回访母校谢师恩"主题寒假社会实践活动。近2 000余名同学通过"送一份祝福""做一次回访""与高三学生做一次交流""写一份心得体会或调查报告"的具体活动要求回到自己的母校开展了形式多样、内容丰富的社会实践活动。这是一次很好的感恩教育,也极大提升了东大学子的爱校情怀。

10. 扎实开展2013年东南大学学生志愿者暑期文化科技卫生"三下乡"社会实践活动。紧密围绕"实践激扬青春志,奋斗成就中国梦"的主题,坚持"受教育、长才干、作贡献"的宗旨,遵循"全面部署与重点组织相结合、社会实践与社会观察相结合、项目实施与有效传播相结合"和"按需设项、据项组团、双向受益"的原则,组建了包括基层宣讲、科技支农、教育帮扶、文化宣传、全民阅读、医疗卫生、生态环保、创新实践、创优创业、团建促进、彩虹人生、实践寻访等12大类在内的512支服务团队(其中全国重点1支,省级重点团队30支,校级重点团队82支)。积极参加"2013年远洋之帆第五届大学生社会实践活动"。重

点鼓励我校学生关注少数民族地区发展,弘扬少数民族文化,并通过丰富多彩的助学支教活动扶持少数民族地区及偏远贫困地区教育的可持续发展,共组建41支教育助学类主题社会实践团队。有6支团队入围"远洋之帆"全国优秀奖项评选。

11. 完善工作制度,巩固品牌项目,打造特色志愿服务体系:

(1) 系统开展第十五届研究生支教团的培训工作,全面提高支教队员的综合素质,进一步推进支教团培训和管理工作的科学化、制度化与规范化。通过开展"我的讲台我的娃"活动为契机,在校园中营造出到西部奉献青春智慧的热潮。2013年,顺利增设贵州平坝为我校第四个支教服务地,同时,配合我校在云南开展的扶贫工作,在南华县安排了2位研究生支教团成员从事支教工作。

(2) 细致做好江苏大学生志愿服务西部计划和苏北计划工作。按照上级要求,认真落实、严格管理、及时协调,有步骤、有计划地开展"两个计划"各项工作。2013年,有2位应届毕业生成为苏北计划和西部计划志愿者,前往基层开展工作。

(3) 全程参与第二届亚洲青年运动会志愿者招募、选拔、培训、演练、上岗等一系列工作,我校共有290余名学生担任此次赛事的志愿者,最终担任亚青村团队NOC助理的东大学子用出色的工作表现得到了各参赛代表团的高度认可和广泛好评,我校团委获得第二届亚洲青年运动会先进集体荣誉称号,百余名志愿者获得服务达人、明星志愿者等奖励。

(4) 全面启动2014年青奥会志愿者校内选拔工作,在广泛宣传、积极动员的基础上,我校4 000多名同学报名参加青奥志愿者。

(5) 组织并指导5 000余名东大学子奔赴贵州、四川、陕西、云南、广西等中西部地区及全国各地,开展了圆梦中国公益行志愿服务、服务地方经济社会发展、服务青年学生成长成才等主题鲜明的实践活动,直接服务群众数近40 000名。

(6) 指导各院系和各学生组织成立志愿服务队伍,广泛参与"情系夕阳红、温暖老人心"关爱孤寡老人活动、"用爱,点燃希望"帮助智障儿童活动、关爱农民工子女的爱心支教活动。

五、推进创新创业教育体系化,进一步提升校园的创业氛围

12. 推进学生科技创新工作的体系化建设:

(1) 加强与教务处、科研院、社科处等职能部门以及院系的合作,整合学生科技创新资源,逐步建设以全覆盖的SRTP为基础,多层次多类型的竞赛为引导,课外研学讲座、课外科技作品展等为辅助的大学生课外科技创新体系。

(2) 举办2013年东南大学学生科技节,以"创新点缀人生,科技放飞梦想"为主题,历时3个月,举办了319场包括科技讲座、学术交流、科技活动、竞赛评比四大类的学术科技活动,参与达10 000多人次。

(3) 承办由中国科协及教育部牵头组织的"全国青少年高校科学营"活动,策划为期六天形式活泼、内容丰富的科技夏令营活动,共举办科技讲座、动手实践、参观学习、交流访谈等近30场活动,帮助来自全国各地的250余名高中生了解前沿科技新知、品位大师成长历程、感悟科学精神、感知大学文化。

(4) 促进科普与教育结合、加大教育科普资源开发共享、传播科学知识、提高公众科学素质,以"科普创作与传播试点高校"建设为契机,全方位提高课外学术科技影响力。

13. 以"挑战杯"竞赛为龙头,不断提升学生创新水平。组织我校9个项目参加第十三届"挑战杯"全国大学生课外学术科技作品竞赛江苏省选拔赛,最终6件作品入围"挑战杯"国赛;组织参加第十三届"挑战杯"全国大学生课外学术科技作品竞赛,最终获得特等奖1项,二等奖3项,三等奖1项。其中医学院的《中国慢性病防治"四位一体"管理模式的探索——基于南京九社区老年糖尿病患者的调查与服务实践》获特等奖。及时总结经验、谋划未来发展,举办"挑战杯"赛后座谈会——"挑战归来话挑战",就项目选拔、培育、支撑、保障等倾听师生代表的建议和意见。

14. 加强创业教育支撑体系建设:

（1）正式聘任并积极组织2012期青年创业导师投身到学生创业指导工作中,本学期共有15名青创导师作为指导教师参与到2013年国家级大学生创业训练项目、香港理工大学国际大学生创新挑战赛及其他校内外创业计划大赛中。

（2）开办"创业骨干雏鹰计划",对校团委创业实践部及学生创业协会的骨干成员进行学生干部专项培训,保证学生工作队伍的专业、高效和活力。

（3）积极拓展研究生学生组织、院系团委、学生社团的工作队伍,在研究生会、创业就业类学生社团以及人文学院等院系团委下新增创业部,进一步延伸创业教育工作队伍。

（4）成立国际创业赛事俱乐部,为国际高水平赛事储备项目和人才,入围本年度香港理工大学国际大学创新挑战赛最终决赛。

（5）积极组织完成国家级大学生创新创业训练计划,以"过程管理为导向",围绕"国家级大学生创新创业训练计划"的育人目标,完成2013期国创项目立项选拔,帮助9支国创团队成功立项,其中2支为创业实践项目,7支为创业训练项目,资助经费额度达27万元。

15. 开展多渠道、多元化的创业活动,形成以"创新"为内核的创业文化氛围。结合我校育人理念,以"创新"为导向开展形式多元的校园创业活动160余项,17 000人次参与,持续开展"创业大讲堂""沙场点兵校园营销大赛""创业主题沙龙""走进创业园"等品牌活动,此外还完成了与雨花台区软件谷合办创业项目展示会等工作。完成了与学生处就业办共建"就业创业指导站"的工作。建立校园创业微博、微信平台,通过新媒体进一步在全校范围内普及创业信息,营造创业氛围,提升创业素养,开拓创业视野,达到普及创业教育的目标,形成具有东大特色的创业文化氛围。

16. 积极整合校内外资源,为学生创业者保驾护航:

（1）以南京市创业新政为契机,加强和政府、企业的合作共建,引入优质资源,扶持学生创业团队;积极组织"2013年南京市优秀大学生创业项目校内预申报",挖掘出40支学生创业项目,其中5个项目入围南京市大创办的最终选拔。

（2）主动挖掘南京市政府、江宁区政府、白下区创业园、东大科技园等校内外相关部门的办公、师资、资金等优质资源,帮助4家学生创业团队注册成立公司。

（3）依托78个创新创业实践基地,引进150家企业,成功举办"2013年东南大学暑期实习招聘会",新增创业企业实习专场,提供实习见习岗位1 500个。

（4）积极推进"东大科技园——紫金创投学生创业基金"的成立,引进300万基金支持我校学生进一步实现创业梦想,并联合东大科技园完成了紫金创投项目一期的投资评审工作,资助7个学生创业团队共140万元。

(5)完成"江苏省大学生创业教育示范校"验收检查工作,并以此为契机对近三年来我校创业教育工作进行了整体梳理。

六、充分运用多种媒介渠道,大力提升团组织影响力

17. 运用人人、微博、微信等新媒体宣传平台。一方面将共青团组织重大活动的预告、宣传、新闻等内容在新媒体上及时发布;另一方面通过专门的新媒体工作小组将东大学子校园生活的感悟和青春岁月的印迹发表到微博,以充分发挥团组织在青年学生中的思想引领和价值导向作用。深入加强与《中国教育报》《中国青年报》《现代快报》、中国青年网、中国新闻网、腾讯网、新华网、凤凰网的双向沟通和协作,围绕"我的中国梦"主题教育活动暨五四表彰大会、暑期社会实践活动、大学生学术科技节、挑战杯科技作品展示会和新生文化季等重点工作,积极组织各类媒体对相关工作进行广泛报道和宣传,全年发稿总数达34篇。

18. 办好"一报一刊一网",发挥好传统媒介功能。《东南大学共青团工作简报》至今共刊发28期,通过对最能引领青年、服务青年、教育青年、最受青年欢迎的讯息进行搜集、整理,及时、有效、立体地传达和报道校内的主流讯息。高质量完成5期《东大青年》简刊,全面而深入挖掘青年学生思想关注的热点和焦点,进行有效而生动的宣传和引导。办好"东南大学共青团"网站,认真完成网站的常规管理和信息发布,全年更新信息共计223条。

19. 坚持树立青年典型,发挥榜样引导力。举办首届"东大好青年"评选活动,以全媒体方式在全体东大青年中广泛宣传此次评选活动,评选出7位"东大好青年",其中自强之星袁方国获得"中国大学生自强之星"称号。

七、加强对学生社团的指导,充分发挥"三自"功能

20. 指导学生会完成"我的青春故事"——江苏省大学生成长故事报告会、十佳歌手大赛、首届啦啦操大赛等一百余项校园文化活动,引导学生会全面完善校园服务工作体系;指导研究生会完成研究生干部培训班、"十八届三中全会主题论坛"、"在宁高校优博论坛"、研究生四大体育联赛等三百余项各类活动;指导研究生会进一步完善校、院两级研究生会体系建设;指导学团联开展好第十届全体大会及第四届学生团体发展精英论坛、新年游园会等活动,进一步强化学团联对学生社团的服务引领职能。

21. 以文化专项基金为依托,开展好183项立项资助的文化活动。通过实施学生社团精品活动工程,确保社团的特色活动有所传承、创新活动有所增加,促进社团在繁荣校园文化方面有新作为,共遴选出"青春博爱公益奉献"等6个精品社团活动,达到社团活动的精品化示范带动效果。以完善管理制度为基础,促进社团组织载体的集约化发展,本年度修订并完善了学生社团奖学金评选办法,提升了荣誉表彰和物质奖励的覆盖面,全年共通过各类文化活动1832项,极大激发了学生社团干部的工作积极性和集体荣誉感。

(团委 唐 瑭)

学科建设与研究生教育

综　述

在邓小平理论、"三个代表"重要思想和科学发展观指引下，在学校党政的正确领导下，在兄弟部门和全校师生的支持帮助下，研究生院紧紧围绕制定的2013年工作目标，创新工作思路，改进工作方法，提高工作效率，脚踏实地做好本职工作，圆满完成了各项工作任务。

一、学科建设工作

（一）ESI 学科排名均迅速上升

2013年我校进入 ESI 的7个学科排名均迅速上升，其中工程学由年初的105位跃升为83位，提前完成我校"十二五"发展规划要求的到2015年年底工程学进入前100名的任务。

（二）完成"985工程"（2010—2013年）总结检查工作

根据教育部财政部"985工程"办公室的相关文件精神，完成了《东南大学"985工程"（2010—2013年）建设情况的报告》《东南大学"985工程"改革方案实施情况的报告》以及《标志性成果简介》，经相关高校互评，取得了优异的成绩，获得5 000多万元的绩效奖励，并将进一步获得国家的高额绩效奖励。

（三）省重点学科评审获得优异成绩

全省188个参评学科全部通过评估，其中14个学科评估结果为"优秀"，我校有艺术学理论、仪器科学与技术和城乡规划学等3个学科被评为优秀，为全省第一。

（四）完成新一轮院士遴选工作

认真做好院士申报的组织、沟通等工作，王建国教授在中国工程院进入最后一轮答辩阶段。

（五）组织参加江苏省硕士学位授权一级学科点评估工作

认真组织力学、基础医学参加硕士学位授权一级学科点评估工作。另外，还组织49个一级学科硕士点完成2013年度硕士学位授权一级学科点基本状态数据填报工作。

（六）导师遴选工作

组织2014年度博士研究生指导教师和硕士研究生指导教师的遴选工作，新增博士研究生指导教师52人、新增硕士研究生指导教师34人。

二、研究生招生工作

（一）顺利完成本年度研究生招生考试和录取工作

顺利完成2013年度各类研究生考试和招生录取工作。2013年获"江苏省研究生招生管理优秀报考点"和"江苏省研究生优秀招生单位"称号。

（二）稳步推进博士生招生制度改革

根据近几年招生工作实践和改革试点的经验和教训，制定了《东南大学博士研究生招生工作办法》。通过大力推进博士生招生制度改革，优质生源比例明显超过往年，本科直博、硕博连读和申请考核三类生源比例从去年的37%提高到今年的55%以上，其中本科直博生数从去年的32名增加到今年的97名。

（三）继续加大力度吸引优秀生源

继续加大力度，采取多种措施吸引优秀生源，如举办暑期夏令营活动，增加与卓越联盟高校互推免试生比例，组织专人赴外地进行招生宣传和现场咨询活动等。在录取的2013级硕士生中，来自"985"高校的生源比前一年增长10.7%。

（四）东南大学—蒙纳士大学双硕士学位研究生招生取得新进展

2013年，我校正式以东南大学—蒙纳士大学苏州联合研究生院的名义招收5个专业的双硕士学位研究生，经过初试筛选，并通过由双方学校相关专业老师组成的考核小组的面试，最终录取了141名硕士生。

三、研究生培养工作

（一）教学教务工作

顺利完成了全校所有研究生的 1 614 门课程、2 018 个教学班的教学任务的管理工作；完成了英语、政治等 11 门公共课程的考试管理工作，涉及 5 个校区（四牌楼、九龙湖、丁家桥、苏州、无锡），244 个考试教室，505 名监考老师。完成 2 601 人次的研究生四、六级报名相关工作。

健全教学质量检查和评估制度，建立了网上评教系统；制定了《东南大学研究生课程教学管理规定》，对全校研究生教学进行规范化管理。

积极开展研究生教育教学改革。立项建设了"车辆工程专业全英文研究生课程教学改革研究与实践"等 11 个校级研究生教改课题，分别与 11 个项目负责人签订立项协议书，并给予每个课题 2 万元的经费资助。

（二）全面推进非英语专业研究生学位英语教学改革

为提高我校研究生的国际交流沟通、校园英语沟通能力和科技研究规范和能力，在 2012 年试点的基础上，全面推进非英语专业研究生公共英语教学改革，制定了新的教学大纲和教学内容，改革了教学方法和考核方式，受到了学生的一致好评。

（三）改革全日制专业学位研究生的培养模式

组织修订了全日制硕士专业学位研究生培养方案，并在 2013 级研究生中实施。其中全日制工程硕士专业学位研究生课程总学分从 31 学分调整为 26 学分，要求企业老师上课不少于 4 学分或累计不少于 72 学时；5 学分实践教学课程，以设计教学、项目教学或企业实践等形式开展教学活动。

（四）加强优秀博士学位论文的培育

2013 年，通过导师推荐和学生申报及所在学位评定分委员会同意，经初审和专家委员会复审，共遴选出 51 项优博基金及 12 个培育对象项目进行跟踪培育。同时对 43 名优博基金获得者进行了中期检查，有 28 名研究生按期结题。

（五）江苏省研究生培养创新工程的申报和管理工作

积极动员院系和导师进行项目申报，并组织校内专家评审。获研究生科技创新计划省立省助项目 67 项，省立校助项目 60 项；省教育教学改革研究课题 10 项；省研究生培养创新与学术交流中心特色活动项目 2 项；省企业研究生工作站 53 个，使我校企业研究生工作站增加到 169 个。

（六）强化研究生培养的过程管理

本学期共对 343 名硕士研究生、459 名博士生进行了中期考核；对学制为两年和两年半的2012级硕士研究生、2011秋季博士研究生及部分因故批准延期考核的往届博士生、2010级直博生的中期考核工作正在进行中。

(七) 加强研究生全英文专业和课程的建设

已立项建设16个研究生全英文专业。每个全英文专业建设全英文专业课程6—8门。利用"985工程"三期创新人才培养经费，总计已划拨118万元给相关院系进行全英文专业的建设。目前，各专业负责人已经制定了全英文专业的培养方案，并加快进行英文网站及相关资源建设。

另经专家评审，在"985工程"三期和部分江苏省优势学科建设经费的支持下，本年度，共有"城市设计前沿"等52门全英文课程的负责人邀请了56位国内外知名的教授来我校讲授全英文课程。

(八) 积极申报国家建设高水平大学公派研究生项目

2013年我校共有101人被录取，其中攻读博士学位23人，攻读硕士学位8人，联合培养70人。为做好2014年申报国家公派研究生项目工作，分别在九龙湖校区、四牌楼校区、丁家桥校区举办了公派宣讲会。

(九) 资助博士生参加国际学术会议和短期访学

2013年总共遴选资助博士生参加国际学术会议130人。2013年遴选资助博士生14人参加3—6个月的国际短期访学。

四、研究生学位工作

(一) 学位委员会工作

召开了校学位评定委员会第十三届第四、五、六次会议，共授予426人博士学位及4 013人硕士学位（其中非学历硕士学位679人），完成了以上人员的学位证书制作（其中留学生博士5人、硕士31人）和学位信息上报工作。

(二) 学位论文评审及答辩工作

在本年度的学位论文双盲评审中，送审博士研究生学位论文1 400篇，硕士研究生学位论文1 200篇，接受外校送审博、硕士学位论文2 531本，发放评阅费604 390元。接受并审核501名博士研究生的答辩申请材料。

(三) 优秀学位论文的遴选

由校学位评定分委员会推选出东南大学博士论文62篇、硕士学位论文56篇，经专家评审并公示，评选出2013年度东南大学优秀博士26篇、硕士学位论文30篇；组织申报参评2013年度江苏省优秀博士学位论文17篇、优秀硕士学位论文26篇，并获2013年度江苏省优秀博士学位论文13篇、优秀硕士学位论文15篇。

在 2013 年度全国优秀博士学位论文评选中,共有 4 篇论文获得优秀博士学位论文奖、3 篇获提名奖,再创历史新高。

(四)完成研究生档案和论文报送工作

向学校档案馆报送博士档案 412 份,硕士档案 3 882 份。向学校图书馆报送博士论文 412 本,硕士论文 3 890 本。向国家图书馆报送博士论文 412 本。向中国科学技术信息所报送博士论文 412 本,硕士论文 3 889 本。总计:报送档案 4 294 份,报送论文 9 015 本。

(五)学位授予信息的核查、补充和修正

对 2006—2012 年度 144 名学位获得者的备案数据进行了照片补报。其中,学历博士补报 2 人,学历硕士补报 1 人,专业学位硕士补报 141 人。

对于 2006—2012 年度暂不提供网上查询的学位授予备案数据进行了下载核查,并对 20 条正确数据进行了说明,对 278 条错误数据进行了修正。有 1261 名学士学位获得者缺少照片,补报 845 人。

(六)完成在职研究生招生录取工作

2013 年年初,录取 624 名 2013 级在职人员攻读硕士学位研究生,其中工程硕士 407 人(含软件工程硕士单招 56 人)、法律硕士 75 人、公共管理硕士 74 人、公共卫生硕士 31 人、艺术硕士 26 人、风景园林硕士 11 人。

(七)学位论文质量控制

根据江苏省教育评估院的通知,报送我校在 2012 年 9 月 1 日至 2013 年 8 月 31 日期间取得博士及硕士学位的研究生名单(不含境外留学生和专业学位研究生)2 585 人,被评估院抽中博士生 36 人(其中 1 人论文涉密)、硕士生 72 人,共计 108 人。已将被抽中 107 人研究生的学位论文等材料报送江苏省教育评估院,目前正在评审中。

(八)研讨和确认联合/合作培养研究生的学位论文标准及学位发放形式

就东南大学—蒙纳士大学苏州联合研究生院、东南大学—台湾地区"中央"大学(机械、土木工程)合作培养研究生的学位论文标准、学位发放形式等问题进行了研讨和确认。

五、研究生管理工作

(一)保质保量完成研究生毕业审核及其他学籍工作

截至 2013 年 11 月底共毕业研究生 3 631 人,其中硕士生 3 231 人,博士生 400 人;已完成了上述毕业研究生的学历注册工作。全年共办理研究生休学 16 人,退学 47 人,休学复学 6 人。

(二) 继续做好研究生评优评奖和资助工作

本年度共评选出硕士优秀毕业生 263 人,校级优秀研究生干部 379 人、校级三好研究生 744 人、校级研究生先进班级 8 个、校级研究生单项奖 302 人。另有 5 人获"江苏省三好学生",7 人获"江苏省优秀研究生干部",5 个班集体获"江苏省先进班集体"的荣誉称号。

电气工程学院博士研究生曹瑞武荣获 2013 年度"宝钢优秀学生特等奖",我校研究生已连续三年获得该奖项。

截止到 2013 年 11 月份共发博士奖学金 233.688 万元,硕士奖学金 146.38 万元。

2013 年度共评定校友奖、助学金 108 项,获奖研究生 859 人次,奖助金额达 321.35 万元。获奖人数和奖项都比去年有所增加,获奖金额比去年增加了 50.8 万元。

在 2013 年度,共选拔、派遣了研究生助管约 1 120 人次,发放助管报酬 55 万余元。在本科高等数学课程和研究生外语课程中开设研究生助教,选拔、招聘高数助教 50 名,研究生外语课程助教 58 名(外籍留学生 29 名),共计发放酬金 39 万余元(发放到 10 月份),并出台《东南大学研究生助教管理办法(试行)》。新生贷款 69 人,老生续放款 77 人,共计放款 87.6 万元。

(三) 圆满完成研究生国家奖学金的评选工作

我校 2013 年研究生国家奖学金名额 378 人,其中:博士生名额 123 人,硕士生名额 255 人。

(四) 举办研究生人文与科学素养系列讲座

邀请国内外专家名人开设研究生人文与科学素养系列讲座近 150 场,涵盖心理健康、法律、学术道德、前沿科技、人文、经济、管理、职业规划等 8 个主题,听讲研究生达 3.7 万人次。

六、其他工作

(一) 管理信息系统改造和升级

根据新的研究生管理办法和流程,对研究生院管理信息系统做了相应的改造和升级。增加了研究生评优评干申报审核子系统、国家奖学金管理子系统,将原博士答辩审核管理拆分为毕业答辩申请审核和学位答辩申请审核管理。

(二) 承办 2014 年国家公派出国留学选派工作会议

承办全国的 2014 年国家公派出国留学选派工作会议。在其他部门的大力协助下,经过全院的共同努力,会议取得了圆满成功。受到了与会 700 多名代表的赞扬和国家留学基金委的表扬。

(三) 建章立制工作

为了进一步推动学位与研究生教育工作,改善服务质量,提高管理水平,经过广泛调研和研讨,认真梳理已有的规章制度和管理办法,制订/修订了研究生招生、培养、管理、学位授予以及导师遴选等方面19个相关文件。

2013—2014年度博士学位研究生招生专业及指导教师名单

学科门类	学科(一级学科)	专业(二级学科)	指导教师(以姓名拼音为序)
哲学(01)	哲学	中国哲学	董 群 乔光辉 魏福明 许建良 田海平
		外国哲学	田海平
		伦理学	樊和平 郭广银 马向真 王 珏 徐 嘉 姚新中(兼) 张 萍
		科学技术哲学	李建清 马 雷 夏保华
经济学(02)	应用经济学	区域经济学	陈淑梅 刘修岩 邱 斌 邵 军 王兴平 徐康宁 徐盈之
		金融学	华 生 刘晓星 周 勤
		产业经济学	胡汉辉 华 生 吴利华 周 勤
		国际贸易学	陈淑梅 邱 斌 邵 军 徐康宁
法学(03)	马克思主义理论	马克思主义基本原理	高晓红 龚向和 刘 魁 孟鸿志 施建辉 汪进元 袁健红 袁久红 周少华 周佑勇
		思想政治教育	胡汉辉 李霄翔 刘艳红 许苏明
理学(07)	数学	(按一级学科招生)	曹进德 陈建龙 李玉祥 梁金玲 林文松 刘继军 刘淑君 孙志忠 唐达林 王栓宏 徐君祥 余星火
	统计学	(按一级学科招生)	林金官 刘 沛 王海燕 徐盈之
	物理学	(按一级学科招生)	陈世华 崔铁军 董 帅 董正高 范吉阳 郭 昊 侯净敏 蒋维洲 李 旗 吕 准 倪振华 邱 腾 施智祥 汪 军 王金兰 徐春祥 徐明祥 徐庆宇 薛 鹏 杨文星 杨永宏 叶 魏 翟 亚
	生物学	(按一级学科招生)	陈礼明 樊 红 方 明 韩俊海 加正平 蒋礼阳 刘向东 王大勇 王 坚(兼) 谢 维 袁榴娣 张建琼 赵春杰
工学(08)	力学	固体力学	郭小明 何小元 李兆霞 杨福俊
		工程力学	费庆国 郭 力 郭小明 何小元 靳 慧 李兆霞 吕令毅

（续 表）

学科门类	学科（一级学科）	专业（二级学科）	指导教师（以姓名拼音为序）
工学(08)	机械工程	机械制造及其自动化	陈　南　贾民平　蒋书运　李　普　倪中华 彭倚天　苏　春　孙蓓蓓　汤文成　幸　研 许飞云　易　红　张建润　张永康　钟秉林
		机械电子工程	韩　良　贾民平　史金飞　帅立国　王兴松 许飞云　易　红　张志胜　周忠元
		机械设计及理论	毕可东　陈云飞　蒋书运　刘　磊　罗　翔 彭倚天　王兴松
		车辆工程	陈　南　李　普　孙蓓蓓　殷国栋　张建润
		★工业设计	汤文成
		★制造业工业工程	苏　春
	光学工程	（按一级学科招生）	崔一平　雷　威　李　青　李晓华　娄朝刚 吕昌贵　屠　彦　王保平　王著元　夏　军 张家雨　张晓兵　张　雄　张　雄（外籍） 赵志伟
	仪器科学与技术	（按一级学科招生）	蔡体菁　陈俊杰　陈熙源　程向红 房　建(兼)　李宏生　李建清　李　旭 潘树国　秦文虎　宋爱国　宋光明　王爱民 王　庆　吴　涓　徐晓苏　严如强 杨功流(兼)　张　彤　张为公　赵正旭(兼)
	材料科学与工程	（按一级学科招生）	陈　锋　陈惠苏　储成林　董寅生　高建明 郭丽萍　郭新立　蒋建清　李　敏　廖恒成 林萍华　刘加平　刘玉付　缪昌文　潘钢华 潘　冶　钱春香　沈宝龙　孙　伟　王继刚 王增梅　薛　烽　于　金　余新泉　张亚梅 张友法　张云升　朱鸣芳
		材料物理与化学	丁收年　付德刚　付国东　苟少华　雷立旭 林保平　刘松琴　祁争健　钱　鹰　孙柏旺 孙岳明　王明亮　王怡红　肖国民　谢一兵 熊仁根　袁春伟　张　闻　赵　红　周建成 周钰明　诸海滨
	动力工程及工程 热物理	（按一级学科招生）	蔡　亮　陈晓平　陈亚平　陈永平　陈振乾 邓艾东　杜　垲　段钰锋　顾　璠　归柯庭 黄亚继　金保昇　李舒宏　李益国　梁　财 梁彩华　吕剑虹　钱　华　沈　炯　沈来宏 盛昌栋　司风琪　宋　敏　王培红　向文国 肖　睿　熊源泉　许传龙　杨建刚　杨林军 虞维平　袁竹林　张　军　张小松　张耀明 赵伶玲　钟文琪　仲兆平　周克毅
		★能源环境工程	陈晓平　段钰锋　顾　璠　归柯庭　黄亚继 金保昇　肖　睿　熊源泉　钟文琪　仲兆平

（续　表）

学科门类	学科（一级学科）	专业（二级学科）	指导教师（以姓名拼音为序）
工学(08)	电气工程	（按一级学科招生）	陈　中　程　明　樊　英　房淑华　高丙团 高赐威　高　山　顾　伟　胡敏强　胡仁杰 花　为　黄学良　黄允凯　蒋　平　金　龙 李　扬　林鹤云　林明耀　陆于平　王蓓蓓 王　政　吴在军　徐青山　薛禹胜　余海涛 张建忠　赵剑锋　郑建勇
	电子科学与技术	物理电子学	崔一平　雷　威　李　青　李晓华　娄朝刚 吕昌贵　孙小菡　屠　彦　王保平　王著元 夏　军　肖金标　张家雨　张　彤　张晓兵 张　雄　张　雄(外籍)　赵志伟
		电路与系统	陈莹梅　樊祥宁　冯　军　胡庆生　黄风义 李文渊　李智群　孟　桥　苗　澎　王志功 吴建辉　杨　春　朱　恩
		微电子学与固体电子学	单伟伟　丁德胜　胡　晨　黄庆安　廖小平 陆生礼　尚金堂　时龙兴　孙立涛　孙伟锋 吴建辉　徐　峰　杨　军
		电磁场与微波技术	陈继新　程　强　崔铁军　窦文斌　郝张成 洪　伟　华　光　陆卫兵　孙忠良　王海明 吴　柯　徐金平　殷晓星　余旭涛　周后型 周健义　朱晓维
		★集成电路设计	单伟伟　丁德胜　胡　晨　陆生礼　时龙兴 孙伟锋　杨　军
	信息与通信工程	（按一级学科招生）	陈　明　陈　阳　丁　峙　方世良　高西奇 衡　伟　胡爱群　黄永明　金　石　李万林 刘　楠　孟　桥　潘志文　裴文江　沈连丰 盛　彬　宋铁成　王东明　王　桥　王晓东 王　炎　徐平平　杨绿溪　尤肖虎　张　华 张在琛　赵春明　赵　力　赵新胜　郑福春 郑　军　郑文明
		★信息安全	程　光　胡爱群　黄　杰
	控制科学与工程	控制理论与控制工程	曹进德　达飞鹏　戴先中　费树岷　李　奇 李世华　孙长银　田玉平　汪　峥　魏海坤 武玉强(兼)　严洪森　余星火　张凯锋 张侃健
		检测技术与自动化装置	路小波　周杏鹏
		系统工程	韩瑞珠　何　勇　李四杰　王海燕　赵林度
		模式识别与智能系统	达飞鹏　费树岷　李新德　孙长银　魏海坤
		导航、制导与控制	蔡体菁　程向红　田玉平　徐晓苏
	计算机科学与技术	（按一级学科招生）	曹玖新　陈汉武　程　光　丁　伟　高志强 耿　新　龚　俭　蒋嶷川　李宝生(兼) 李必信　李小平　李幼平　罗军舟　罗立民 漆桂林　沈　军　舒华忠　宋爱波　汪　芸 王红兵

（续 表）

学科门类	学科（一级学科）	专业（二级学科）	指导教师（以姓名拼音为序）
工学(08)	建筑学	（按一级学科招生）	陈薇　程泰宁　戴航　单踊　董卫 高祥生　韩冬青　冷嘉伟　李飚 孟建民(兼)　齐康　石邢　王建国 杨维菊　张宏　张十庆　张彤　郑炘 周琦　周颖
	土木工程	（按一级学科招生）	Mohammad Noori　曹双寅　陈锦祥　陈忠范 戴国亮　丁汉山　丁幼亮　冯健　冯若强 龚维明　郭彤　郭正兴　李爱群　李维滨 梁书亭　刘伟庆(兼)　刘钊　吕令毅 吕志涛　罗斌　孟少平　潘金龙　秦顺全 邱洪兴　舒赣平　王景全　吴刚　吴京 吴智深　徐赵东　杨才千　叶继红　张继文 张建　张晋　宗周红
		岩土工程	蔡国军　邓永锋　杜延军　洪振舜　刘松玉 缪林昌　童立元　章定文　朱志铎
		市政工程	傅大放　杨小丽
		供热、供燃气、通风及空调工程	蔡亮　陈亚平　陈永平　陈振乾　杜垲 李舒宏　梁彩华　钱华　张小松
		桥梁与隧道工程	黄侨　万水　王克海(兼)　王文炜
		★土木工程建造与管理	郭正兴　李启明　李维滨
		★土木工程材料	陈惠苏　高建明　李敏　缪昌文　潘钢华 钱春香　孙伟　张亚梅　张云升
	化学工程与技术	（按一级学科招生）	付国东　苟少华　姜勇　雷立旭　李新松 廖志新　林保平　刘松琴　骆培成　祁争健 钱鹰　孙柏旺　孙岳明　王明亮　王怡红 卫伟　吴东方　肖国民　谢一兵　杨洪 张一卫　张袁健　赵红　周建成　周钰明
	交通运输工程	（按一级学科招生）	陈峻　陈淑燕　陈学武　程建川　程琳 邓卫　傅智(兼)　高英　顾兴宇 郭建华　过秀成　何杰　黄卫　黄晓明 季彦婕　李铁柱　李文权　李志烜　刘攀 陆建　毛海军　闵召辉　倪富健 潘玉利(兼)　钱吮智　钱振东　冉斌 任刚　孙璐　王昊　王声乐　王炜 夏井新　项乔君　杨军　杨敏　叶智锐 张磊　张永　赵池航　赵永利
		★交通测绘与信息技术	高成发　胡伍生　翁永玲
		★交通地下工程	蔡国军　邓永锋　杜延军　洪振舜　刘松玉 缪林昌　童立元　章定文　朱志铎
	环境科学与工程	（按一级学科招生）	陈晓平　段钰锋　归柯庭　黄亚继　金保昇 李先宁　吕锡武　沈来宏　盛昌栋　宋敏 肖睿　熊源泉　杨林军　张军　赵伶玲 钟文琪　仲兆平

（续 表）

学科门类	学科（一级学科）	专业（二级学科）	指导教师（以姓名拼音为序）
工学(08)	生物医学工程	（按一级学科招生）	巴 龙　白云飞　陈 扬　陈 战　付德刚 葛丽芹　顾 宁　顾忠泽　何农跃　黄宁平 吉 民　李志勇　刘乃丰　刘全俊　陆祖宏 吕晓迎　罗立民　钱卫平　孙清江　孙 啸 唐达林　万遂人　王进科　王雪梅　夏 强 肖鹏峰　肖忠党　徐春祥　袁春伟　张天柱 张 宇　赵祥伟　赵远锦
		★学习科学	邓慧华　葛芹玉　蒋 犁　康学军　卢 青 陆祖宏　王海贤　周仁来（兼）
		★神经信息工程	韦 钰　禹东川　郑文明
	城乡规划学	（按一级学科招生）	董 卫　段 进　胡明星　李百浩　王建国 王兴平　吴 晓　阳建强　杨俊宴
	风景园林学	（按一级学科招生）	成玉宁　王晓俊　郑 炘
	软件工程	（按一级学科招生）	曹玖新　陈汉武　高志强　耿 新　蒋嶷川 李必信　李小平　罗军舟　漆桂林　沈 军 汪 芸　王红兵
医学(10)	基础医学	免疫学	窦 骏　何友吉　孟继鸿　沈传来　沈传陆 王立新　张建琼　郑 杰
	临床医学	内科学	陈宝安　陈平圣　樊 红　黄培林　李 玲 刘必成　刘乃丰　刘志红　马根山　马坤岭 孟继鸿　邱海波　孙子林　汤成春　王少华 王书奎（兼）余卫平　张晓良　赵 伟（兼）
		儿科	蒋 犁　王 坚（兼）
		神经病学	柏 峰　任庆国　闫福岭　袁榴娣　袁勇贵 张向荣　张志珺
		影像医学与核医学	郭金和　居胜红　马根山　滕皋军　张东生
		临床检验诊断学	王立新　吴国球
		外科学	陈 明　嵇振岭　吴小涛　周家华
		妇产科学	陈 明　窦 骏
		肿瘤学	陈宝安　郭金和　何友吉　黄培林　唐秋莎 滕皋军　王彩莲　吴国球
	公共卫生与预防医学	流行病与卫生统计学	刘 沛　王 蓓　卫平民
		劳动卫生与环境卫生学	李先宁　梁戈玉　刘 冉　吕锡武　浦跃朴 吴 巍　尹立红
		营养与食品卫生学	康学军　孙桂菊　许 茜
		卫生毒理学	顾 宁　唐 萌　王大勇

(续 表)

学科门类	学科(一级学科)	专业(二级学科)	指导教师(以姓名拼音为序)
管理学 (12)	管理科学与工程	(按一级学科招生)	陈良华　陈伟达　陈志斌　成　虎　何建敏 李　东　李廉水　李　敏　李启明　刘新旺 吕鸿江　梅姝娥　舒　嘉　王文平　吴应宇 徐泽水(兼)　张建坤　张玉林　仲伟俊 庄亚明
		★金融工程	何建敏　刘晓星　庄亚明
艺术学 (13)	艺术学理论	(按一级学科招生)	甘　锋　李蓓蕾　凌继尧　沈亚丹　陶思炎 汪小洋　王廷信　谢建明　徐习文　徐子方

注:★为自主设置的二级学科

2013—2014年度硕士学位研究生招生学科、专业

学科门类	学科(一级学科)	学科、专业(二级学科)
哲学	•哲学	
经济学	应用经济学	国民经济学;区域经济学;金融学;产业经济学;国际贸易学
法学	•法学	
	政治学	政治学理论
	•社会学	
	•马克思主义理论	
教育学	教育学	课程与教学论;高等教育学;职业技术教育学;教育技术学
	心理学	应用心理学
	•体育学	
文学	中国语言文学	中国古代文学;中国现当代文学
	外国语言文学	英语语言文学;日语语言文学;外国语言学及应用语言学
理学	•数学	
	•物理学	
	•化学	
	•生物学	生物物理学
	•生态学	
	•统计学	
	基础医学	病原生物学

(续 表)

学科门类	学科(一级学科)	学科、专业(二级学科)
工学	·力学	
	机械工程	机械制造及其自动化;机械电子工程;机械设计及理论;车辆工程;机械工程(工业设计);机械工程(工业工程)
	·光学工程	
	·仪器科学与技术	
	·材料科学与工程	材料物理与化学
	·动力工程及工程热物理	动力工程及工程热物理(能源环境工程)
	·电气工程	
	电子科学与技术	物理电子学;电路与系统;微电子学与固体电子学;电磁场与微波技术;电子科学与技术(集成电路设计)
	·信息与通信工程	信息与通信工程(信息安全)
	控制科学与工程	控制理论与控制工程;检测技术与自动化装置;系统工程;模式识别与智能系统;导航、制导与控制
	·计算机科学与技术	
	·建筑学	
	·土木工程	岩土工程;市政工程;供热、供燃气、通风及空调工程;桥梁与隧道工程;土木工程(土木工程材料);土木工程(土木工程建造与管理)
	水利工程	港口、海岸及近海工程
	测绘科学与技术	大地测量学与测量工程;摄影测量与遥感;地图制图学与地理信息工程
	·化学工程与技术	
	交通运输工程	道路与铁道工程;交通信息工程及控制;交通运输规划与管理;载运工具运用工程;交通运输工程(交通测绘与信息技术);交通运输工程(交通地下工程)
	·环境科学与工程	
	·生物医学工程	生物医学工程(神经信息工程);生物医学工程(学习科学)
	·城乡规划学	
	·风景园林学	
	·软件工程	
	·设计学	

(续 表)

学科门类	学科(一级学科)	学科、专业(二级学科)
医学	基础医学	人体解剖与组织胚胎学;免疫学;病理学与病理生理学
	临床医学	内科学;儿科学;神经病学;精神病与精神卫生学;影像医学与核医学;临床检验诊断学;外科学;妇产科学;眼科学;耳鼻咽喉科学;急诊医学;肿瘤学;麻醉学
	公共卫生与预防医学	流行病与卫生统计学;劳动卫生与环境卫生学;营养与食品卫生学;卫生毒理学
	中医学	中医内科学
	药学	药理学
	•护理学	
管理学	•管理科学与工程	
	工商管理	会计学;企业管理;旅游管理;技术经济及管理
	公共管理	行政管理;社会保障
	•图书情报与档案管理	
艺术学	•艺术学理论	
	•美术学	
	•设计学	

注:•按一级学科招生

专业学位招生类别、领域表

学科门类	类 别	领 域
经济学	金融	
	应用统计	
	国际商务	
	资产评估	
法学	法律	法律(非法学) 法律(法学)
教育学	教育	科学与技术教育
文学	翻译	英语笔译 英语口译

(续 表)

学科门类	类 别	领 域
工学	建筑学	
	工程	机械工程 仪器仪表工程 材料工程 动力工程 电气工程 电子与通信工程 集成电路工程 控制工程 计算机技术 软件工程 建筑与土木工程 水利工程 测绘工程 化学工程 交通运输工程 环境工程 工业设计工程 物流工程
	城市规划	
	风景园林	
医学	临床医学	内科学 儿科学 神经病学 精神病与精神卫生学 影像医学与核医学 临床检验诊断学 外科学 妇产科学 眼科学 耳鼻咽喉科学 肿瘤学 麻醉学 急诊医学 中医内科学 全科医学
	公共卫生	
管理学	工商管理	
	公共管理	
	会计	
	旅游管理	
	工程管理	
艺术学	艺术	美术 艺术设计

全国优秀博士学位论文获奖名单(2013)

序号	院系	姓名	学科名称	论文题目	指导教师
1	建筑学院	朱 渊	建筑设计及其理论	现世的乌托邦——基于"中介"(in-between)视角的"十次小组"(Team 10)城市建筑理论研究	王建国
2	信息科学与工程学院	蒋卫祥	电磁场与微波技术	变换光学及其应用	崔铁军
3	信息科学与工程学院	李 潇	通信与信息系统	利用统计信道状态信息的MIMO闭环传输理论研究	高西奇
4	能源与环境学院	张 勇	能源环境工程	气固流化床非球异质颗粒介观混合特性的实验研究与三维DEM直接数值模拟	金保昇

全国优秀博士学位论文提名奖名单(2013)

序号	院系	姓名	学科名称	论文题目	指导教师
1	数学系	王 俊	应用数学	强不定问题的变分方法与同宿轨问题	徐君祥
2	经济管理学院	李守伟	管理科学与工程	基于复杂网络的银行间传染风险及其演化模型研究	何建敏
3	医学院	柏 峰	内科学	遗忘型轻度认知障碍患者多模态磁共振成像研究	张志珺

江苏省优秀博士学位论文获奖名单(2013)

序号	院系	姓名	学科名称	论文题目	指导教师
1	能源与环境学院	赵传文	环境工程	钾基固体吸收剂脱除CO_2特性及机理研究	赵长遂
2	能源与环境学院	刘杨先	动力工程及工程热物理	UV/H_2O_2高级氧化工艺一体化脱硫脱硝研究	张 军
3	能源与环境学院	姜小祥	环境工程	基于组分分离的松木残渣生物油品质提升与老化预测模型研究	仲兆平

(续 表)

序号	院系	姓名	学科名称	论文题目	指导教师
4	土木工程学院	蔡建国	结构工程	新型可展结构的形态分析与运动过程研究	冯健
5	土木工程学院	潘钻峰	结构工程	混凝土结构的时变效应及受剪性能试验与理论研究	吕志涛
6	电子科学与工程学院	陈静	物理电子学	硒化镉量子点敏化太阳能电池的制备与研究	雷威
7	电子科学与工程学院	戴俊	光学工程	氧化锌微纳米结构中回音壁模受激辐射研究	徐春祥
8	生物科学与医学工程学院	李树春	生物医学工程	基于microRNA表达谱的纳米材料与细胞作用研究	肖忠党
9	电气工程学院	孙西凯	电气工程	电气无级变速双功率流风力发电系统关键基础研究	程明
10	化学化工学院	代云茜	材料物理与化学	电纺陶瓷纳米纤维和电喷陶瓷微球的功能化及其在催化、环境和能源中的应用	孙岳明
11	化学化工学院	吴亚锋	应用化学	基于表面原子转移自由基聚合和纳米探针的生物分析新方法	刘松琴
12	医学院	汤日宁	内科学	厄贝沙坦对糖尿病大鼠心肌血管内皮细胞转分化的影响及意义探讨	刘必成
13	生命科学研究院	曹进国	遗传学	果蝇金属磷酸酯酶dMPPE介导视紫红质寡糖链修剪的分子机制研究	谢维

江苏省优秀硕士学位论文获奖名单(2013)

序号	院系	姓名	学科名称	论文题目	指导教师
1	建筑学院	蒋瑞明	城市规划与设计	新型城市化背景下的城市残疾人就业空间研究——以南京市老城区为例	王兴平
2	建筑学院	吴国栋	建筑设计及其理论	传统风貌区中建筑设计的关键问题解析及应对策略——以泰州柴墟水景街区为例	韩冬青

(续 表)

序号	院系	姓名	学科名称	论文题目	指导教师
3	能源与环境学院	徐铭梓	动力工程及工程热物理	热处理对生物质焦燃烧特性的影响	盛昌栋
4	信息科学与工程学院	周 斌	电磁场与微波技术	基于新型人工电磁材料的新型天线研究	崔铁军
5	信息科学与工程学院	应鹏魁	信息与通信工程	高效通信系统仿真	吴乐南
6	计算机科学与工程学院	杨梦冬	计算机软件与理论	基于频繁模式图划分的分布式 RDF 数据处理技术研究	漆桂林
7	生物科学与医学工程学院	常虎成	生物医学工程	石墨烯及其复合物在电化学生物传感中应用	王雪梅
8	人文学院	陈倩倩	政治学理论	当代西方生态运动的政治哲学研究	刘云虹
9	人文学院	甘雅娟	伦理学	机遇伦理与教育场域——布迪厄的教育场域伦理学研究	田海平
10	经济管理学院	杨阿婷	系统工程	基于生物细胞弹性理论的流通主导型医药供应链弹性研究	赵林度
11	电气工程学院	吴 峰	电气工程	统一电能质量调节器（UPQC）的分析及其控制策略的研究	郑建勇
12	交通学院	沈雪峰	大地测量学与测量工程	基于星型拓扑结构的网络RTK关键算法及实时精密钟差研究	高成发
13	仪器科学与工程学院	王 楠	仪器科学与技术	基于物联网的远程康复训练机器人系统	宋爱国
14	法学院	马驰骋	宪法学与行政法学	论行政规划裁量及其法律规制	周佑勇
15	医学院	王心怡	影像医学与核医学	双功能分子影像探针标记的内皮祖细胞在肿瘤血管新生中的活体成像	居胜红

东南大学入选2013年度江苏省普通高校研究生科研创新计划项目名单(省立省助)

代码	院系	姓名	项目名称	类别	导师
CXZZ13_0107	建筑学院	陈饶	江苏城镇规划纲要研究	自然科学	董卫
CXZZ13_0128	建筑学院	史宜	我国特大城市空间形态的分形定量研究	自然科学	杨俊宴
CXZZ13_0106	建筑研究所	邵继中	江苏城市核心区地下空间设计研究	自然科学	齐康
CXZZ13_0085	机械工程学院	吴青聪	套锁驱动重力平衡上肢康复外骨骼的研究与设计	自然科学	王兴松
CXZZ13_0086	机械工程学院	陈平	回转类零件在线测量关键技术研究	自然科学	张志胜
CXZZ13_0087	机械工程学院	裘英华	硅纳米通道中离子输运研究	自然科学	陈云飞
CXZZ13_0092	能源与环境学院	姚峰	分形树状微反应器内甲醇水蒸气重整反应及热质输运研究	自然科学	陈永平
CXZZ13_0093	能源与环境学院	朱纯	改性生物质活性焦脱汞协同脱硫脱硝的机理研究	自然科学	段钰锋
CXZZ13_0098	信息科学与工程学院	王金元	可见光通信系统的容量分析	自然科学	陈明
CXZZ13_0099	信息科学与工程学院	梁天	基于协作的绿色通信能效关键技术研究	自然科学	衡伟
CXZZ13_0100	信息科学与工程学院	张雷	认知无线传感器网络中的动态频谱接入技术研究	自然科学	宋铁成
CXZZ13_0101	信息科学与工程学院	苗圃	新型塑料光纤宽带接入网调制解调器	自然科学	吴乐南
CXZZ13_0084	土木工程学院	李彦斌	热-声-振作用下复合材料结构动响应分析方法研究	自然科学	费庆国
CXZZ13_0108	土木工程学院	李宗京	新型桁架钢板剪力墙的受力机理与性能研究	自然科学	舒赣平
CXZZ13_0109	土木工程学院	牛杰	基于参数不确定性的梁桥结构概率损伤识别方法及其应用	自然科学	宗周红
CXZZ13_0111	土木工程学院	邓勇亮	网络化运营条件下地铁系统物理脆弱性评估及控制研究	自然科学	李启明
CXZZ13_0088	电子科学与工程学院	伍磊	表面增强拉曼散射免疫探针的制备及应用	自然科学	崔一平
CXZZ13_0097	电子科学与工程学院	严静	聚合物稳定的蓝相液晶光电子器件研究	自然科学	李青
CXZZ13_0078	数学系	汪羊玲	基于切换拓扑结构下的复杂网络的趋同行为研究	自然科学	曹进德
CXZZ13_0083	数学系	张孔生	Copula生成及参数统计推断研究	自然科学	林金官

(续 表)

代码	院系	姓名	项目名称	类别	导师
CXZZ13_0102	自动化学院	刘熔洁	最优控制理论关键问题研究	自然科学	李世华
CXZZ13_0103	自动化学院	杜涛	基于信息缺失的初始对准抗干扰估计理论若干研究	自然科学	郭雷
CXZZ13_0105	计算机科学与工程学院	樊继豪	构造量子渐进好码的关键技术研究	自然科学	陈汉武
CXZZ13_0079	物理系	毛文娟	高能散射过程中与自旋相关的不对称度研究	自然科学	吕准
CXZZ13_0080	物理系	任重丹	拓扑超导体约瑟夫森结 Majorana 费米子的研究	自然科学	汪军
CXZZ13_0081	物理系	罗小光	面向热电热机和制冷机的设计及优化理论	自然科学	邱腾
CXZZ13_0122	生物科学与医学工程学院	王宏银	跨膜电位对于磷脂双分子层翻转动力学的影响	自然科学	陈战
CXZZ13_0123	生物科学与医学工程学院	唐勇军	基于磁在位多重 PCR 及双色荧光的绿脓杆菌 SNP 分析研究	自然科学	何农跃
CXZZ13_0124	生物科学与医学工程学院	卢文卜	生物分子为基础的亚微米树脂球在生物传感中的应用	自然科学	钱卫平
CXZZ13_0125	生物科学与医学工程学院	朱延亮	exosomes 在肿瘤发生过程中作用机制及作为基因载体研究	自然科学	肖忠党
CXZZ13_0126	生物科学与医学工程学院	牟忠德	基于光子晶体的 3DSERS 基底制备及其应用	自然科学	顾忠泽
CXZZ13_0127	生物科学与医学工程学院	金皓俊	DNA 分子光功能化	自然科学	孙清江
CXZZ13_0076	经济管理学院	张兵兵	国际碳排放约束与中国经济低碳转型研究	人文社科	徐康宁
CXZZ13_0104	经济管理学院	张鹏	传统渠道与网上渠道二维整合协调研究	自然科学	何勇
CXZZ13_0137	经济管理学院	赵江	基于电商平台的定向广告投放优化机制研究	自然科学	梅姝娥
CXZZ13_0138	经济管理学院	秦晋栋	基于二型模糊系统理论的在线商务个性化推荐应用研究	自然科学	刘新旺
CXZZ13_0139	经济管理学院	张小路	犹豫模糊环境下的多属性决策方法及聚类算法研究	自然科学	徐泽水
CXZZ13_0140	经济管理学院	王献东	模糊随机环境下的期权定价及应用研究	自然科学	何建敏
CXZZ13_0094	电气工程学院	孙毅超	级联型功率变换器并网控制策略分析与研究	自然科学	赵剑锋
CXZZ13_0095	电气工程学院	阳辉	磁通切换型可变磁通记忆电机理论研究	自然科学	林鹤云
CXZZ13_0096	电气工程学院	於锋	基于载波 PWM 多目标化多电平逆变器关键技术研究	自然科学	邹国棠

(续表)

代码	院系	姓名	项目名称	类别	导师
CXZZ13_0090	化学化工学院	黄斌	基于飒的双极蓝色磷光主体材料的分子设计、合成及器件	自然科学	孙岳明
CXZZ13_0091	化学化工学院	张涛	纤维形态LDHs基复合材料的仿生制备及其红外辐射性能研究	自然科学	周钰明
CXZZ13_0112	化学化工学院	周铭昊	水相生物油中羧酸类加氢制备多元醇催化剂制备与研究	自然科学	肖国民
CXZZ13_0110	交通学院	蒋正文	钢-FRP板结合梁桥螺栓连接结构疲劳性能研究	自然科学	万水
CXZZ13_0113	交通学院	高磊	乳化沥青冷再生混合料的细观结构研究	自然科学	倪富健
CXZZ13_0114	交通学院	张志刚	自愈合高延性水泥基复合材料的自愈合机理与抗渗研究	自然科学	钱晓智
CXZZ13_0115	交通学院	聂庆慧	城市道路行程时间融合预测及可靠性分析	自然科学	钱振东
CXZZ13_0116	交通学院	纪翔峰	城市综合客运枢纽内行人运动机理研究及仿真系统设计	自然科学	冉斌
CXZZ13_0117	交通学院	陆丽丽	信号控制交叉口行人过街的群集特性研究	自然科学	任刚
CXZZ13_0118	交通学院	赵德	多模式公共交通的换乘效能提升研究	自然科学	王炜
CXZZ13_0119	交通学院	刘擎超	基于集成学习的交通状态预报技术研究	自然科学	陆建
CXZZ13_0120	交通学院	俞灏	城市交通诱导与信号控制协同仿真研究	自然科学	刘攀
CXZZ13_0121	交通学院	沈金星	城市收费车道设置及其对路段通行能力的影响研究	自然科学	李文权
CXZZ13_0089	仪器科学与工程学院	罗堪	基于压缩感知超低功耗无线ECG节点研发	自然科学	李建清
CXZZ13_0075	人文学院	李丹丹	当代电影叙事中的女性主义伦理思想研究	人文社科	乔光辉
CXZZ13_0141	艺术学院	张兰芳	媒介演化与艺术传播研究	人文社科	王廷信
CXZZ13_0077	法学院	储陈城	刑事一体化下的医事刑法研究	人文社科	刘艳红
CXZZ13_0082	生命科学研究院	吴华彰	DNMT3A1启动子功能性tag-SNP与胃癌的遗传易感性分析及功能研究	自然科学	樊红
CXZZ13_0134	公共卫生学院	张艳秋	肺癌干细胞的microRNAs表达调控及生物标志研究	自然科学	梁戈玉
CXZZ13_0135	公共卫生学院	孙蓉丽	吸入性慢性苯中毒造血干细胞的代谢特征及损伤机制研究	自然科学	浦跃朴

(续　表)

代码	院系	姓名	项目名称	类别	导师
CXZZ13_0136	公共卫生学院	赵云利	乳酸菌预防氧化石墨烯致秀丽线虫慢性毒性的机理研究	自然科学	王大勇
CXZZ13_0129	医学院	张洪义	上调 miR-7 并抑制 lincRNA-Hotair 表达来抑制乳腺癌干细胞侵袭转移	自然科学	窦　骏
CXZZ13_0130	医学院	蔡晓辉	血小板靶向载药系统的研制及其抗白血病效应的研究	自然科学	陈宝安
CXZZ13_0131	医学院	谢　波	同伴支持联合物联技术对社区2型糖尿病患者干预的效果评价	自然科学	孙子林
CXZZ13_0132	医学院	刘　晶	非酒精性脂肪肝形成中 mTOR 在 LDL 受体表达失调中的作用	自然科学	刘必成
CXZZ13_0133	医学院	刘大闯	miR-361-5p、STAT3、miR-21 和 SP1 在前列腺癌中相互调控的分子机制	自然科学	陈　明

东南大学入选 2013 年度江苏省普通高校研究生科研创新计划项目名单(省立校助)

代码	院系	姓名	项目名称	类别	导师
CXLX13_079	机械工程学院	刘晨曦	基于运行状态信息的小样本数控刀架可靠性分析	自然科学	陈　南
CXLX13_080	机械工程学院	黄　笛	基于惯性及介电泳技术的稀有细胞多级分选装置研究	自然科学	易　红
CXLX13_081	机械工程学院	洪慧慧	网球与球拍碰撞过程的动力学建模与实验研究	自然科学	韩　良
CXLX13_082	机械工程学院	邵　将	头戴式显示界面设计与评价方法研究	自然科学	汤文成
CXLX13_092	信息科学与工程学院	王　健	石墨烯表面等离子体器件基础研究	自然科学	陆卫兵
CXLX13_093	信息科学与工程学院	蒋慧琳	新型无线网络中增强的小区间干扰协调优化算法研究	自然科学	潘志文
CXLX13_094	信息科学与工程学院	王小明	无线通信网络中能效协作技术研究	自然科学	尤肖虎
CXLX13_090	信息科学与工程学院	张有明	硅基太赫兹传输线模型研究	自然科学	黄凤义
CXLX13_099	土木工程学院	马　康	代替不同粒径骨料再生混凝土施工性能和力学性能研究	自然科学	李维滨
CXLX13_100	土木工程学院	董志强	极端腐蚀环境下 FRP 筋及其增强混凝土结构长期性能研究	自然科学	吴　刚

(续表)

代码	院系	姓名	项目名称	类别	导师
CXLX13_101	土木工程学院	陈春超	古建筑木结构榫卯节点力学性能研究	自然科学	邱洪兴
CXLX13_102	土木工程学院	王少杰	城市轻轨高架桥服役性态监测试验与异化识别研究	自然科学	徐赵东
CXLX13_103	土木工程学院	付倩	高铁HRBF500钢筋砼桩头抗震及累积损伤性能研究	自然科学	梁书亭
CXLX13_104	土木工程学院	丁晓燕	再生混凝土自保温砌块的热工性能研究	自然科学	陈忠范
CXLX13_105	土木工程学院	肖全东	装配混凝土剪力墙结构抗震性能研究	自然科学	郭正兴
CXLX13_126	土木工程学院	王效容	保障房居住区对城市社会空间的影响机制研究	人文社科	张建坤
CXLX13_089	电子科学与工程学院	张玉	基于视觉稳态诱发电位的人机交互技术研究	自然科学	张雄
CXLX13_091	电子科学与工程学院	沈昱婷	石墨烯微观有序自组装和按需构筑	自然科学	孙立涛
CXLX13_072	数学系	朱辉辉	环上(广义/伪)Drazin逆的研究	自然科学	陈建龙
CXLX13_073	数学系	王文佳	拟线性趋化方程组解在有限时刻的Blow-up	自然科学	李玉祥
CXLX13_074	数学系	陆雪竹	近可积哈密顿系统退化低维不变环面的保持性	自然科学	徐君祥
CXLX13_075	数学系	李宁	切换系统在神经网络中的应用	自然科学	林文松
CXLX13_095	自动化学院	薛磊	群智能算法的研究与应用	自然科学	孙长银
CXLX13_096	自动化学院	庞国臣	齐次多项式函数减小鲁棒性的保守性	自然科学	张侃健
CXLX13_076	物理系	邵健	磁响应特异介质中耦合共振的光学特性研究	自然科学	董正高
CXLX13_112	生物科学与医学工程学院	浦丹	高通量生物信息检测技术和系统生物学	自然科学	肖鹏峰
CXLX13_113	生物科学与医学工程学院	裴璇	动脉粥样硬化斑块疲劳破坏的数值模拟研究	自然科学	李志勇
CXLX13_114	生物科学与医学工程学院	张军毅	太湖蓝藻水华的宏基因组学研究	自然科学	陆祖宏
CXLX13_117	生物科学与医学工程学院	李影	基于石墨烯层状化合物一维光子晶体薄膜制备及应用研究	自然科学	葛丽芹
CXLX13_118	生物科学与医学工程学院	马晓娥	新型光控微凝胶制备及卵巢癌细胞三维培养应用研究	自然科学	张天柱

(续 表)

代码	院系	姓名	项目名称	类别	导师
CXLX13_115	学习科学中心	刘亚鹏	MAOA基因和父母养育对儿童问题行为的作用机制研究	自然科学	邓慧华
CXLX13_116	学习科学中心	韦茂彬	抑郁症患者静息态网络的动态特性研究	自然科学	卢青
CXLX13_097	经济管理学院	吴军建	不完美生产过程中生产存储策略研究	自然科学	王海燕
CXLX13_124	经济管理学院	方玲	网络环境下企业信息系统安全策略及其制定方法研究	自然科学	仲伟俊
CXLX13_125	经济管理学院	黄琦炜	高科技多代电子产品的扩散和定价研究	自然科学	张玉林
CXLX13_088	电气工程学院	陈琛	磁谐振式无线电能传输系统中高频逆变与整流技术及其应用研究	自然科学	黄学良
CXLX13_086	化学化工学院	张瑞	用二氧化碳的电化学还原收获太阳能	自然科学	雷立旭
CXLX13_087	化学化工学院	王忠霞	基于贵金属簇的荧光效应及DNA特异性反应检测重金属离子	自然科学	丁收年
CXLX13_106	化学化工学院	夏勇	有机硅共聚物的可控制备及其反应动力学研究	自然科学	祁争健
CXLX13_107	化学化工学院	王虎传	无磷无氮荧光标识聚醚缓蚀阻垢剂的研究	自然科学	周钰明
CXLX13_098	交通学院	骆俊晖	地铁移动荷载作用下软土的动软化特性及动本构模型研究	自然科学	缪林昌
CXLX13_108	交通学院	郑敦勇	基于神经网络技术的区域电离层延迟改正模型研究	自然科学	胡伍生
CXLX13_109	交通学院	谷健	基于数据挖掘的城市快速路交通流分析	自然科学	陈淑燕
CXLX13_110	交通学院	吴鼎新	基于元胞自动机的城市快速公交运营仿真研究	自然科学	邓卫
CXLX13_111	交通学院	钱森	不同应力路径下天然沉积土压缩灵敏度评价基准研究	自然科学	洪振舜
CXLX13_083	仪器科学与工程学院	张红	原子自旋陀螺仪高效磁屏蔽与磁补偿方法研究	自然科学	陈熙源
CXLX13_084	仪器科学与工程学院	吴常铖	多自由度康复训练机器人设计与研究	自然科学	宋爱国
CXLX13_085	仪器科学与工程学院	乔贵方	非结构化环境中自重机器人的仿生运动控制	自然科学	宋光明
CXLX13_067	人文学院	阳姣	伦理主义医学人文学的哲学基础研究	人文社科	樊和平
CXLX13_068	人文学院	潘锡杨	区域性产学研协同创新体系的建构与运行机制研究	人文社科	李建清

(续表)

代码	院系	姓名	项目名称	类别	导师
CXLX13_070	人文学院	雷鸣	中国梦的理论内涵与实现路径研究	人文社科	许苏明
CXLX13_071	艺术学院	韩吉安	艺术创意在企业品牌塑造中的价值研究	人文社科	凌继尧
CXLX13_069	法学院	刘启川	现代城市法治化治理下的交通警察权研究	人文社科	周佑勇
CXLX13_077	生命科学研究院	沈炜	FoxG1对中间神经元发育的影响	自然科学	赵春杰
CXLX13_078	生命科学研究院	王洁	转运BCBM细胞特异性受体siRNA的靶向诊疗纳米探针的构建及鉴定	自然科学	张建琼
CXLX13_119	医学院	周猛	巨噬细胞促进肿瘤细胞来源自噬小体(Dribbles)活化B细胞及其机制研究	自然科学	王立新
CXLX13_120	医学院	常立功	内源性脂肪酸代谢调节大肠癌恶性表型及其分子机制的研究	自然科学	黄培林
CXLX13_121	医学院	丁粉干	金纳米粒对缺氧的肾小管上皮细胞的作用及分子机制研究	自然科学	陈平圣
CXLX13_122	医学院	宋志霞	TRPC6在糖尿病肾病足细胞损伤中的作用机制研究	自然科学	张晓良
CXLX13_123	医学院	陈齐红	MSC微泡对ALI肺血管内皮通透性的作用及机制研究	自然科学	邱海波

东南大学入选江苏省2013年度研究生创新与学术交流中心特色活动名单

序号	承办院系	中心名称	项目名称
1	能源与环境学院	能源领域研究生创新与学术交流中心	"生物质能源化利用"研究生企业行
2	电子科学与工程学院	电子信息领域研究生创新与学术交流中心	2013年全国电子信息领域研究生暑期学校

东南大学入选江苏省2013年度研究生教育教学改革研究与实践课题名单

编号	院系名称	课题名称	主持人	备注
JGZZ13_006	研究生院	企业研究生工作站绩效管理研究	熊宏齐	省助重点
JGZZ13_007	研究生院	构建与完善的投入机制相匹配的研究生招生选拔制度	宛敏	省立省助

(续 表)

编号	院系名称	课题名称	主持人	备注
JGZZ13_008	研究生院	学位与研究生教育信息管理与服务平台研究与实践	蒲安建	省立省助
JGZZ13_009	高等教育研究所	工程硕士校外指导教师角色定位、素质标准及行为规范研究	张胤	省立省助
JGZZ13_010	医学院	综合性大学临床医学专业学位研究生培养模式改革探索与实践	陈洪	省立省助
JGLX13_002	计算机科学与工程学院	理论与项目并重的研究生专业学位教学改革与实践	曹玖新	省立校助
JGLX13_003	医学院	同伴支持对医学研究生心理状况的影响	鞠昌萍	省立校助
JGLX13_004	高等教育研究所	教育督导视角下一流大学研究生课程教学质量评价研究	耿有权	省立校助
JGLX13_005	经济管理学院	物流工程专业学位研究生培养模式改革创新研究与实践	王海燕	省立校助
JGLX13_006	情报科学研究所	基于知识地图的研究生专业课程资源组织模式研究	刘利	省立校助

东南大学入选江苏省2013年度江苏省企业研究生工作站名单

序号	企业名称	进站学院
1	常州泰得塑胶地板有限公司	机械工程学院
2	江苏双腾管业有限公司	机械工程学院
3	南京威孚金宁有限公司	机械工程学院
4	南通金泰科技有限公司	机械工程学院
5	苏州博杰思达机械有限公司	机械工程学院
6	常熟皮爱尔奇磁性科技有限公司	机械工程学院
7	江苏联冠机械有限公司	机械工程学院
8	上海新闵(东台)重型锻造有限公司	机械工程学院
9	中建材光电装备(太仓)有限公司	机械工程学院
10	固耐重工(苏州)有限公司	机械工程学院
11	常熟市东南应用技术研究院	能源与环境学院
12	南京远达无线技术有限公司	信息科学与工程学院
13	江苏亨鑫科技有限公司	信息科学与工程学院
14	江苏鼎泽环境工程有限公司	土木工程学院
15	南通明诺机械有限公司	土木工程学院

(续 表)

序号	企业名称	进站学院
16	江苏省城市轨道交通研究设计院股份有限公司	土木工程学院
17	无锡芯朋微电子股份有限公司	电子科学与工程学院
18	江苏英特神斯科技有限公司	电子科学与工程学院
19	南京鼎尔特科技有限公司	自动化学院
20	方正国际软件有限公司	计算机科学与工程学院
21	南京普爱射线影像设备有限公司	计算机科学与工程学院
22	南京基蛋生物科技有限公司	生物科学与医学工程学院
23	江苏金贸建设集团有限公司	材料科学与工程学院
24	江苏天工工具有限公司	材料科学与工程学院
25	苏州欣荣博尔特医疗器械有限公司	材料科学与工程学院
26	苏州金仓合金新材料有限公司	材料科学与工程学院
27	江苏博特材料有限公司	材料科学与工程学院、交通学院
28	张家港市盛港绿色防火建材有限公司	材料科学与工程学院
29	张家港市创基机械设备制造有限公司	材料科学与工程学院
30	张家港市隆旌汽车零部件有限公司	材料科学与工程学院
31	江苏仪征金派内燃机配件有限公司	材料科学与工程学院
32	江苏神通阀门股份有限公司	材料科学与工程学院
33	苏宁云商集团股份有限公司	经济管理学院
34	江苏苏美达集团有限公司	经济管理学院
35	广发银行南京分行	经济管理学院
36	江苏南瑞泰事达电气有限公司	电气工程学院
37	江苏方程电力科技有限公司	电气工程学院
38	江苏大全长江电器股份有限公司	电气工程学院
39	张家港朗信电气有限公司	电气工程学院
40	光一科技股份有限公司	电气工程学院、经济管理学院
41	南京钛能电气有限公司	电气工程学院
42	山亿新能源股份有限公司	电气工程学院
43	张家港康得新光电材料有限公司	化学化工学院
44	旭川化学(苏州)有限公司	化学化工学院
45	江苏海田技术有限公司	化学化工学院
46	南京市城市与交通规划设计研究院有限责任公司	交通学院

(续表)

序号	企业名称	进站学院
47	江苏圣泰环境科技股份有限公司	交通学院
48	江苏骏通信息科技发展有限公司	交通学院
49	南京拓诺传感网络科技有限公司	仪器科学与工程学院
50	日宝科技有限责任公司	仪器科学与工程学院（苏州研究院）
51	南京地铁集团有限公司	法学院
52	苏州中科集成电路设计中心有限公司	集成电路学院
53	中共张家港市委宣传部	马克思主义学院

2013年度东南大学新增博士研究生指导教师名单

建筑设计及其理论：　　　　周　颖　单　踊　李　飚
城市规划与设计：　　　　　胡明星
机械制造及其自动化：　　　张永康
机械设计及理论：　　　　　刘　磊　毕可东
机械电子工程：　　　　　　罗　翔
热能工程：　　　　　　　　梁　财　赵伶玲
制冷及低温工程：　　　　　蔡　亮
环境工程：　　　　　　　　宋　敏
动力机械及工程：　　　　　邓艾东
电磁场与微波技术：　　　　华　光　余旭涛　陈继新
通信与信息系统：　　　　　盛　彬　张　华
电路与系统：　　　　　　　苗　澎
信息安全：　　　　　　　　黄　杰
结构工程：　　　　　　　　陈锦祥　杨才千　张　晋
防灾减灾工程及防护工程：　冯若强
市政工程：　　　　　　　　杨小丽
物理电子学：　　　　　　　夏　军
微电子学与固体电子学：　　徐　峰　单伟伟
运筹学与控制论：　　　　　刘淑君
凝聚态物理：　　　　　　　郭　昊
光学：　　　　　　　　　　陈世华
模式识别与智能系统：　　　李新德
计算机应用技术：　　　　　宋爱波
生物医学工程：　　　　　　赵远锦　赵祥伟　唐达林

生物信息技术： 白云飞 葛芹玉
材料学： 沈宝龙 张友法 郭丽萍 刘加平
应用化学： 张一卫 卫伟 杨洪 张袁健
马克思主义基本原理： 袁健红 刘魁
系统工程： 韩瑞珠
区域经济学： 刘修岩
管理科学与工程： 吕鸿江
电力系统及其自动化： 高赐威 王蓓蓓 陈中
电力电子与电力传动： 高丙团
电机与电器： 房淑华 黄允凯
精密仪器及机械： 潘树国 李旭
测试计量技术及仪器： 吴涓
交通信息工程及控制： 夏井新 闵召辉
交通测绘与信息技术： 翁永玲 高成发
交通运输规划与管理： 王昊 季彦婕
道路与铁道工程： 张磊
岩土工程： 童立元 蔡国军
载运工具运用工程： 张永
艺术学理论： 谢庆生
流行病与卫生统计学： 卫平民
卫生毒理学： 唐萌
内科学： 柏峰 李玲 闫福岭 余卫平
神经病学： 任庆国
肿瘤学： 王彩莲
精神病与精神卫生学： 张向荣
生物化学与分子生物学： 陈礼明

2013年度东南大学新增硕士研究生指导教师名单

建筑设计及其理论： 万邦伟 李向锋 夏兵
建筑技术科学： 淳庆 尹鸿玺
城乡规划学： 王海卉 季松
机械制造及其自动化： 程洁
机械设计及理论： 杨决宽 沙菁
热能工程： 段伦博 周宾
制冷及低温工程： 殷勇高
环境工程： 沈凯 张亚平
通信与信息系统： 朱鹏程 姜明 夏玮玮 王家恒

信号与信息处理：	李春国　冯　熳　王　开
电磁场与微波技术：	杨　非　孟洪福　李卫东
结构工程：	陆金钰　刘建勋　汪　昕
市政工程：	邓　琳
防灾减灾工程及防护工程：	王燕华
桥梁与隧道工程：	徐伟炜　杨　明
土木工程建造与管理：	吴伟巍
流体力学：	洪　俊
管理科学与工程：	林艺馨
电路与系统：	董志芳
微电子学与固体电子学：	单伟伟　王学香　聂　萌　徐　峰　张　哲
光学工程：	王春雷　顾　兵
基础数学：	张敏珠
计算数学：	李铁香
理论物理：	郝　雷
凝聚态物理：	吴秀梅　郭　昊
光学：	白艳锋
控制理论与控制工程：	李　俊
计算机软件与理论：	李慧颖
计算机应用技术：	杨　鹏　刘　波　杨　明　周德宇
图像处理与科学可视化：	章品正
生物医学工程：	李敏俐　周　昕　杨　芳　谢雪英　赵远锦　姜　晖
学习科学：	葛　盛
材料物理与化学：	陈　坚
材料学：	蒋金洋　庞超明　张友法
化学工程：	焦　真
生物化工：	蔡　进　陈峻青
应用化学：	张袁健
外国哲学：	梁卫霞
刑法学：	李　川
民商法学：	张忆红
国际法学：	陆　璐　朱鹏飞
政治学理论：	叶海涛
社会学：	何志宁
马克思主义基本原理：	刘　魁
思想政治教育：	廖小琴　周　勇
中国古代文学：	王华宝
行政管理：	盛凌振

国际贸易学：	刘修岩　熊艳艳
企业管理：	吕鸿江
情报学：	刘　利
电机与电器：	房淑华
电力系统及其自动化：	陈　中
电力电子与电力传动：	王宝安
精密仪器及机械：	王立辉　王慧青　张小国
测试计量技术及仪器：	莫凌飞
载运工具运用工程：	鲍香台
岩土工程：	蔡国军　丁建文
港口海岸及近海工程：	耿艳芬　徐宿东
艺术学理论：	章旭清
美术学：	张乾元
神经生物学：	周子凯
生物化学与分子生物学：	陈礼明
免疫学：	赵枫姝
内科学：	柏　峰　王　骏　智　宏
外科学：	陈陆馗　陆　军　芮云峰
劳动卫生与环境卫生学：	李晓波　张　娟

2013年博士学位授予名单

学历博士研究生（共426人）

专　业	姓　名
材料加工工程：	初雅杰　潘诗琰
材料物理与化学：	徐海青　操小栋　张晓艳　袁　亮
材料学：	庄　园　黄　蓓　张文华　许文祥　刘建忠　王彩辉
	于　诚　吕　忠　皮锦红　刘志勇
城市规划与设计：	罗萍嘉　汤晔峥　殷　铭　胡　晔
导航、制导与控制：	李寅寅
道路与铁道工程：	魏建军　陈　飞　陈光伟
电磁场与微波技术：	刘震国　徐文虎　贺新毅　龚　克　侯德彬　孙　丹
	周　骏　于志强　向　博
电路与系统：	李　斌　黄　宁　林　叶　张　萌　陈　亮　顾皋蔚
	张　翼　吴晨健
电气工程：	尤　鋆　邹玉炜　王玉荣　周士贵　黄明明　张宁宇
	蒋春容　颜建虎　吴　熙　许　扬　徐　友　曹瑞武
	马兆兴　卢闻州

电子科学与技术(集成电路设计)：华国环
动力工程及工程热物理：熊桂龙 张程宾 杨春振 任 冰 薛志鹏 孟庆敏
宋国辉 马修元 张思文 张万福
防灾减灾工程及防护工程：刘文政 孙传智 张香成 朱俊涛
工程力学：陈志文
供热、供燃气、通风及空调工程：王 庚
管理科学与工程：林 琳 刘 俊 李 琰 汉 德 夏 冰 陈菊花
顾永红 张苏荣 来向红 谢 刚 刘建平 徐 伟
王卫则 张建强 丁胜红 林欣怡 崔维军 杨树东
章蓓蓓 黄幸婷 韩 豫
管理科学与工程(金融工程)：孙 艳
光学工程：邵海宝 朱刚毅 徐淑宏
环境工程(硕博连读)：缪蜀江
环境科学与工程：萨 哈 左 武 罗 素 史 静
机械电子工程：刘树青 张来喜 郑恩来 万 宏 陈 林 张 磊
机械工程(工业设计)：卢兆麟 周 明 薛澄岐
机械设计及理论：李家鹏
机械制造及其自动化：宋春峰 刘庭煜
计算机科学与技术(图像处理与科学可视化)：
朱 健 马 宁
计算机系统结构：赵生慧
计算机软件与理论：刘志昊 康祖令 谢春丽 陶传奇 文万志 葛唯益
计算机应用技术(硕博连读)：谭 晶
计算机应用技术：胡新平 吴文甲 王 巍 董 仕 王 维 周 经
罗香玉
建筑历史与理论：张剑葳 乐 志 喻梦哲
建筑设计及其理论：钟华颖 彭 冀 徐 宁 蒋 楠 陈 宁 顾媛媛
孙磊磊 彭小青 崔陇鹏 竺剡瑶 姜 辉 陈一新
李冬冬 耿 涛 陈瑞罡 方 榕 胡晓明
土木工程(土木工程建造与管理)：段凯元 陈 敏
交通运输工程：刘 贺 王 强 朱浩然 包丹文 李春燕 韩文君
张 东 陈 敏 杨 洁 冉江宇 薛彦卿 程迎迎
白 桦 何 亮 郭银涛 叶晓飞 孙祥龙 程 远
曾维理 张德育 敬 明 赵 星 王 勇 白琦峰
陈小兵 李凌林 卓 曦 荣 婧 周 君 邱松林
吕伟华 陈丽君 魏 运 冷海洋 曲 栩 白 桃
王江洋 陈 春
交通运输规划与管理：肖忠斌 万 千

结构工程：	吴　元	朱奕锋	徐艳红	姚　山	张　聪	梁仁杰
	汤　卓	孙泽阳	唐永圣			
科学技术哲学：	张学义	赵志成	刘宝杰			
控制理论与控制工程：	张海涛	商志根	潘俊涛	穆朝絮	孙海滨	王　芹
	刘庆全	张瑞民	许耀照	李　娟	欧美英	黄宜庆
	陈永刚	孙中喜				
检测技术与自动化装置：	王冬生	张　淳				
劳动卫生与环境卫生学：	韩淑芬	向　红	袁金涛			
伦理学：	刘　波	贾　佳	魏　艾	胡　娟	王　军	张　雷
	徐萍萍	莫　楠	李冬梅	周　琛	刘国云	陆爱勇
	高尚荣	刘胜梅				
产业经济学：	钱　炳	周世军				
马克思主义基本原理：	张马林	钱　卿	袁　立	熊樟林	李晓东	左　权
	陆　寒	董宏伟	王传干	袁楚风		
模式识别与智能系统：	沈继锋	郑东亮	祖　晖	仰燕兰	孙晓洁	王辰星
内科学：	孙思庆	陈　珑	陈立娟	曹远东	汤　睿	倪　杰
	丁家华	刘艾然	浦梦佳	王　松	田小强	许佩佩
	王新超	牟晓冬	陈秋华	曾　玉	李　科	陆　静
	陈　龙					
凝聚态物理：	刘　敏	黄兆聪	张　林	李永涛	丁　祎	杨志红
	袁雪平	王彦彪	张婷婷	田宏玉	傅　钰	
桥梁与隧道工程：	俞先林	马　莹	刘　杰	杨丙文	贺志启	
热能工程：	徐啸虎					
生物医学工程：	伍家松	吕兰欣	黄　斌	王　孟	曹　敏	崔　燕
	郑　明	李水红	叶宝芬	孙立国	刘颖勋	郭大伟
生物医学工程（学习科学）：	高　鑫	邱寅晨	徐晓东	皋　伟		
生物医学工程（制药工程）：	孙艳艳	张蓓蓓	房旭彬	曹　萌	尹双青	
免疫学：	程险峰	张建华	李卫霞	张　莹	张爱凤	于　红
思想政治教育：	汤丽芳	侯　旭	宇业力	陈　怡	马改然	
微电子学与固体电子学：	周昕杰	徐　勐	钱钦松	刘　星	贾　侃	王立峰
	唐　玲	阮兼雄	黄　凯	华　迪	杨　淼	刘　波
	刘海韵					
卫生毒理学：	蔡慧珍	王少康				
物理电子学：	韦　朴	洪　俊	陈　丽	李巧芬	张若虎	万洪丹
	朱　笛	阿诗玛				
系统工程：	孙胜楠	王义宏	江亿平			
信息与通信工程：	吴海洋	梁　霄	靳　一	吴　怡	王　浩	王海荣
	陈贤卿	张　军	周　健	黄程韦	张潇丹	奚　吉

	梁雪松	陆 峰	张索非	罗昕炜	黄志亮	党 建
	何世文	吴 亮				
岩土工程：	高新南	易耀林	谢胜华	张亚军	宋锦虎	曹玉鹏
仪器科学与技术：	杨仁桓	李 新	蔡英凤	李晓娜	张印强	潘礼正
	张 军					
遗传学：	杨 林	田 垚	唐 超	仇雪梅		
艺术学：	赵 屹	王 玮	黄海令	刘 凯	张 波	赵 刘
	许克琪	陆薇薇	姚 丹	李 鹏	吴 婷	
应用化学：	薛蒙伟	朱 存	高李璟	苏 明	王文祥	刘广卿
	董宝利	王 恋	黄镜怡	尚倩倩		
应用数学：	汪 凯	赵海峰	张 慧	郭双建	潘立军	言方荣
	李文喜	刘琼玲	冯 云			
影像医学与核医学：	张 佳	李 岭	朱西琪	马 珺	聂 芳	樊树峰
	朱海东	林 梅	文 颂			

2013年学术型硕士学位授予名单

一、学历硕士研究生（共2210人）

专 业	姓 名					
病理学与病理生理学：	侯欣欣	陈 洋	可 飞	卢颖辉		
病原生物学：	陈飞燕	刘玉荣				
材料科学与工程：	樊俊江	黄 琴	王 伟	吴 洁	杨 媛	殷晓燕
	袁 江	储 钢	董晓真	韩云阁	后奕锟	黄艳萍
	李正扬	马海峰	彭婷婷	祁 兵	钱 帅	张必明
	周 鸢	易 燕	朱 鹏	黄修飞	何为桥	董 鹏
	王 煜	陈海楠	李杰青	李晓雪	孙兴隆	张鸿升
	杨兆全	孙莹杰	苏小强	王会肖	周张松	叶庆辰
	邱克超	孙 青	王 琳	胡迎波	金志华	李龙志
	李司晨	王青青	王宇东	薛晓波	张国荣	张 异
	曹瀚中	钱小勇	汤 铨	陈美荣	王双双	周 忠
	鲍步传					
材料科学与工程(生物材料与组织工程)：						
	高 歌	樊 凯	毛书林	潘美玲	朱宗哲	季进凯
	王文文					
材料物理与化学：	宋建刚	杨品品	杨 文	叶跃雯	罗晓燕	王 芬
	顾云良	张 蕴	张 飞	张 琦	苗春存	罗蔓利
测试计量技术及仪器：	杜志红	宋振华	王 婧	袁 栋	金苏柯	
产业经济学：	陈佳妹	袁 卓	张秋菊	陈斐倩	郭 静	邱 林

	袁 濛	张 振	陈録飞	高道燕	陈昌才	何园园
	李 楠	张 可	王 珊			
车辆工程：	丁承文	王学云	张 政	汪 卓	居翠翠	余 峰
	阴俊红	章守杰				
城市规划与设计：	潘奕巍	史 宜	宁雅静	顾超溢	何舒炜	刘 鹏
	王竞楠	丛喜静	滕珊珊	黄少侃	曹 尚	高 尚
	黄潇仪	田正勇	王 慧	游晔琳	原雅捷	叶如博
	陆晓喻	刘 铨	杨 玫	张译丹	鲁道夫	姜中月
	汪 艳	顾周琦	王 瑶	徐怡丽		
大地测量学与测量工程：	李剑锋	彭 勃	靳璐岩			
导航、制导与控制：	胡 杰	杨海波	刘伟丰	衡 敏	王海鹏	金 洋
	莫 磊	董 洁	潘 杨	朱 静		
道路与铁道工程：	曾 靖	胡 林	蔡海泉	陈泳陶	李泽昊	宋 鑫
	许 静	丁杨敏	郑 彧	景晶晶	杨 洋	陈 晗
	黄子珍	蒋隆建	王浩仰	张景琳	李小鹏	郭 锐
	兰勇烽	陆子文	徐志峰	徐忠乾	许 江	杨 晨
	于华洋	朱亚洲	耿 磊	吴 昊	康荣根	王克利
	秦 龙	庄大新	董尼娅	邓爱军	王 媛	于 鹏
	刘小娜	刘晓珊				
地图制图学与地理信息工程：	钱 雁	陈佰权	杨欣虹			
电磁场与微波技术：	戴琳琳	文 超	吴黄洁	徐志明	许 睿	杨 岭
	张京雷	王 静	史 蓉	张 柳	吴 涛	柳 超
	苏 冬	陈 泽	范成志	季国新	李辉宇	刘 洪
	马 晨	祁 全	谈 敏	王 玲	谢 彪	杨丰瑞
	杨 洋	张 飞	汤 强	胡 月	张文超	樊 瑞
	郑 钰	周 悟	胡 俊	徐 杰	王爱丽	承昊新
	郭 飞	陶竟成	颜子良	冯莹莹	房玉龙	林 涛
	罗 浩	马 健	沈洪飞	史 珺	吴玉俊	徐小杰
	张 伟	周永春	朱 超	许红菊	李 朕	冉 喆
	姚 磊	朱 薇	刘耀中	黎重孝		
电力电子与电力传动：	赵传伟	杨小兰				
电路与系统：	高丕龙	谢晓宁	魏衍龙	郭昱辰	黄 晶	李 韬
	邵明驰	谭玉龙	王裕杰	徐慧丽	俞 露	王津飞
	江 超	罗旭程	颜 文	杨 婷	高 剑	燕 翔
	张 鑫	赵大伟	张 茜	张有明	刘宏清	徐龙涛
	吴文进	邓 博	沈玉阳	刘 露	蔡 菠	蔡 鹏
	王雪晴	尚福海	宰大伟	郭梦晗	程灵芝	郑 洋
	周应栋	咸小清	蔡 琰	王 原	鲜平华	许申申

电气工程：	谈其凤	肖用铭	王 涛	李 伟	吴 曦	庄云彩
	陈平阳	王 君				
	陈蓓蓓	承 超	刘海东	谈金晶	谢晓清	严 栋
	晏 阳	陈 凡	骆 钊	施振川	吴中泽	王义永
	梁 茜	徐海华	陈家静	陈凯金	郭 勋	居 茜
	梁甜甜	陆金凤	商 姣	沈 洁	唐钰政	吴 晨
	谢 森	杨赛男	姚春桂	朱皓斌	朱秋琦	张 冲
	张义莲	于若英	索 亮	张雪菲	林德清	段明才
	陈 诚	邓继文	范秋杰	胡晓军	还留龙	吉青晶
	金小香	荆江平	刘青红	刘学军	孟 玮	潘小辉
	邵 林	沈梦云	王元元	吴栋伟	吴祥峰	吴玉锟
	谢 杨	许永宾	杨 晶	杨文燮	俞豪君	岳付昌
	张 帆	张 宁	张 钰	陈华锋	高 燕	凌爱斌
	范守婷	刘 宾	赵 波	王成珠	王 欣	唐法雷
	孟庆刚	王 伟	裴召刚	王 雨	夏 苗	谢玲玲
	洪 丽	房婷婷	崔翰韬			
电子科学与技术（集成电路设计）：	汪振民	王 浩	秦昌兵	李 俊	黄枭伟	姜新望
	段宗明	汤晓东	王 喆	朱孔举	郭丽波	蔡 睿
	刘海龙	梁 雷	徐德胜	付 卓	李鹏程	
动力工程及工程热物理：	冒咏秋	赵 春	张平平	张岩琛	潘志越	赵沐雯
	秦振华	陈定千	董成键	龚广杰	姜中孝	刘 伟
	刘 云	刘志华	陶晶亮	俞 刚	张 涛	祖可云
	郎 骥	殷 岳	闫伟伟	冯浩然	刘书旺	秦 宏
	赵 汶	卢 伟	徐腾飞	汤 涛	杨 涛	李 阳
	蔡星辰	陈皓宇	陈 卉	陈露露	丁 一	韩国庆
	金恒宇	李 扬	钱达蔚	商宇薇	孙溢璠	王胜南
	王 源	吴仲武	曾庆猛	张元舒	张 赟	赵明艳
	赵秀雅	朱鸿飞	韩冠楠	陈 浩	陈 阳	吕 艳
	彭 飞	葛举生	潘高峰	沈 坤	俞元元	杨永久
	李 鹏	徐亮亮	彭少华	沙春发	余 跃	刘成兴
	李汉明	王彦伟	胡 颢	王军龙	赵亚仙	曹 静
	谢文霞	张海洋	陈军伟	田功克	张 怿	黎颖慧
	陈 霈	董 宸	张 波	赵宜丽	方 博	
儿科学：	摆 翔	付爱学				
法学理论：	石 乐	张 燕	朱 珠	龚飞凤	王瑜晨	
分析化学：	徐 师	朱 琳	李传燕	张 玲	周 洁	邢 雪
	韦 婷	陈 靖	晏 嫣			
妇产科学：	王丽平	乔东艳	刘 俊			

概率论与数理统计：	陈 果	钱秋梦	孙碧清	王心语	程白彬	刘 丹
	贾斌平					
计算数学：	郝朝鹏	魏 贞	刘长迎	李 协	王昭丽	罗 曼
高等教育学：	温媛媛	单兰兰	王丽娅	汪 琴	胡菲菲	王 娜
	闫园园					
高分子化学与物理：	孟 丹	张玉虎	杨 冉	肖 娟	章 曙	殷 园
	朱阁磊	卢高远	李福增	段 林	周晓梅	
工程力学：	宋佰涵	耿书东	靳文冰	卫滨洲	姚登登	江智远
	缪海萍	李 烨				
供热、供燃气、通风及空调工程：	倪明龙	张湘圆	陈世玉	丁 洁	贺 婷	刘 芬
	石露露	张婷婷	周盈盈	左文昭		
固体力学：	夏 杰	戴维斯	耿 敏	俞 媛	于 雪	王纪伟
管理科学与工程：	郭 君	李 侃	李盈盈	施海峰	吕俊友	李 昊
	戴 萌	高 丹	庄 园	朱明凯	徐 慧	董美曾
	杜 慧	李秀丽	潘玉娟	金芝	彭艳艳	陶 鼎
	王成成	吴亚婷	颜 超	陈 晨	丁海啸	邵 骐
	吴德生	卢 静	顾莹琰	刘 娟	孙 婧	张 静
	肖 婵	薛许坤	蒋卓见	李 懋	史纯子	赵伟光
	王 彬	王 帆	李 蓓	杨 娟	苏文涛	程 立
	王保雪	朱玮玮	黄莉雅	张 宁	曹青芳	赵爱梅
	陈 磊	刘琼泽	倪文君	乔 石	陶 龙	徐金杰
	汪 阳	王 梅	杨 惠	张雅清	安诗群	王 平
	郭晓妮	韩婷婷	杨 昊	黄祖学	曹建萍	
光学工程：	李 威	叶明朗	范卓妮	周一丹	侯 聪	孙新然
	陈洪钧	王润环	闫以建	张沛元	王 煜	吴建涛
	李 运	鲁少华	吴立枢	金竹林	马 骏	陈国锋
	王红娜					
国际贸易学：	塞利特	崔 玮	施静娜	邬秋艳	吴晓怡	姚 丹
	赵 欢	赵 伟	杨 音	袁琳美	苗 健	陈 璎
	汪 叶	刘晓沛	邢 筱	彭 博	王 娜	王 静
	徐 猛	王聪聪	陈丽珍	夏 锐	玛缇娜	海罗娜
	罗利亚马	萨托	珍 妮	戴 琳	雅丽德	布特斯
	阿 力	卡 萨	杨氏青梅			
国民经济学：	高 雅	周 超	王 进	吕 璐	张 赟	李文娟
化学工程与技术：	李 珍	叶春林	杨 慧	赵 静	朱晓文	苏 婷
	葛 恒	张洪娟	蔡良英	黄小梅	李遵陕	熊 振
	李 怡	杨前前	逯梦亚	王 艳	范海娟	吕 品
	曹翠翠	马兴军	周冰瑶	朱云霞	施君君	葛传芹

| | 张　华 | 程婷婷 | 李　楠 | 凌　磊 | 杨永乐 | 杨素勤 |
| | 张　蕾 | 吕夏毅 | 王义成 | 孔　利 | | |
环境科学与工程： | 孔　赟 | 严　青 | 周　莹 | 余露露 | 吴海苗 | 桑圣欢 |
	仓　宁	姜　敏	赵悬悬	耿德晔	韦婷婷	龙　海
	雷晓芬	郑美玲	谈艳秋	顾　倩	程　伟	李　楠
	李江平	林海梅	宋晓丽			
会计学：	曹佳益	张　进	陈　君	成效倩	黄春雪	刘　葱
	唐　倩	王　静	杨　阳	曾　韵	高俊弘	姜天源
	王海燕	王　宵	杨晓星	王　敏	周　雅	徐孝铖
	孙海田	朱立颖				
机械电子工程：	戈亦文	李万宝	梁嘉震	徐文龙	赵国平	闫雪娜
	李　程	沈　毅	张　伟	常　安	张　浩	司曼娜
	杨晓刚	魏兵兵	何　凡	陆　靖	缪　磊	庞士君
	吴　健	杨　剑	尤海飞	张海明	吴　进	陈　浩
	王春华	赵庆涛	陈景会	沙红卫	王　龙	李　源
	柳慧艳	吴卫忠	胡　清	柯　攀	杨　威	武闯闯
	王裕鹏					
机械工程（工业设计）：	柳林东					
机械工程（制造业工业工程）：	范淑瑾	许爱娟	曹白雪	付叶群	瞿众洲	施浩然
机械设计及理论：	杨闫景	荣　杰	顾　钧	田宇杰	王　威	程　涛
	汪羽丰	张玉海	余成龙	魏小龙	付红艳	周欣欣
机械制造及其自动化：	陈福东	高清清	顾　伟	钱　伟	王　璐	杨章群
	邹　琳	刘　立	张石根	殷　健	金德升	谢小欣
	袁　磊	陈　丽	龚　俊	缪鑫涛	沈佩云	谢尧林
	尹　乐	吕崇明	许庆诚	张　帆	丁　涛	姜　云
	李　芸	王　霏	高　超	赵　勇	张亚洋	王树桥
	许　俊	孙启飞	刘振光	毕　晨	曹　洋	郭墨涵
	鲁　森	刘　羚				
急诊医学：	夏飞萍	许晓蓉	徐　杉	毛自若		
技术经济及管理：	刘　峥	王立永	申振佳	吴　健	麻黎明	蒋晓雯
	陈　林					
计算机科学与技术（图像处理与科学可视化）：						
	黄　希	徐法明	李　翔	王　军	韩　琨	
	王明宇	商　帅	王　寅	赵法林	姚　兰	岳芳冰
计算机软件与理论：	吴晓娜	陈　新	宋　锐	刘翠翠	施嘉鸿	司　远
	郑　玄	张欣怡	吴碧晗	黄继建	张彭成	孔德华
	王　威	凌妙根	张前东	王晓珺	尹　超	赵翠方
	崔荣存	王华兰	齐珊珊	杨　沛	程小军	马培生

	周建祥	王福泽				
计算机系统结构：	韩佳松	苏艳珺	孙成峰	何　丽	赵　昕	仇　进
	何建斌	蔡少敏	李　翔	徐欣如	徐宇宙	张　阳
	沈　是	王恒波	汪红斌	吕少阳		
计算机应用技术：	姚振笛	李　聪	付团结	张黎萍	陈　明	李哲娴
	崔翡翡	傅煜川	姜海建	柳　津	唐作用	杨　婧
	鲍娌娜	韩雪娇	丁　玲	吴寿建	徐　涛	黄茂峰
	陈咸彰	包佳佳	贲　飞	陈义松	樊　维	顾　君
	刘智杰	毛振洪	王菲菲	徐晓希	周思进	郭　超
	李龙生	杨　俊	周　翔	石　伟	吴光雷	杨　阳
	张　磊	徐　顺	宋天宝	咸　超	梁宇斌	胡　磊
	徐　露	涂　莹	张婧文	匡民安	唐从明	吴战宾
	赵祎娟	卢孝勋	徐传立	蔡　伟	高　松	吴　珂
	陈　合	范　文	蔡冬杰	李　辉	邱坤浦	
检测技术与自动化装置：	章丛余	徐千州	尹　斌	皋　宇	李　靖	杨　黎
	于文科	敬　锐	耿　威	梁　栋	肖　锐	顾小亮
	汤传吉	郑铁钧				
建筑技术科学：	武鼎鑫	夏晨晨	黄　莹	黄金辰	王　陶	郑一林
	朱　堃	张　良	王婧茹	许　杰	岳文昆	李　蕊
建筑历史与理论：	姜汶林	李　倩	孙晓倩	高　幸	林晓钰	梁　勇
	耿欣欣	殷茹清	龙萧合	李国龙	张崇霞	
建筑学(建筑遗产保护与管理)：	姜　诚					
建筑学(景观建筑学)：	叶　南	赵　楠	陈　思	李舒扬	苏雅茜	
交通信息工程及控制：	戴　洁	孙海波	马党生	谭　昊	贾　通	王暂盈
	高祥云	王雪梅				
交通运输工程(交通地下工程)：	王冉冉					
交通运输工程(交通测绘与信息技术)：						
	王　浩	苏　宁				
交通运输规划与管理：	陆丽丽	唐　亮	李向阳	许　贺	陈　澍	张　聪
	林叶倩	许庆盼	熊　刚	陈琳英	周文娜	沈劲石
	徐　岳	朱仁伟	梁启宇	寇美玲	蒋　璇	李　丹
	李小倩	盛　飞	顾姗姗	张文波	周　洋	张志学
	柏　璐	鲍辰瑜	陈亚维	纪尚志	姜兔平	祁玥
	申迅信	谢昭瑞	杨丽丽	马俊梅	王　建	赵　颉
	朱友雪	孙　婵				
结构工程：	赵东卓	海斯因				
金融学：	刘秋萍	姚　瑶	杜雯雯	李　莹	王　珊	
科学技术哲学：	李广乐	任兆妮				

控制理论与控制工程：	董东辉	高 翔	郭 青	徐洪菊	陈 曙	舒超洋
	侯溪溪	桑青华	陈朋芳	胡江峰	秦焰飞	王 凯
	曾 露	郑兴淦	周婷婷	周 展	朱小燕	刘乔乔
	陈 梅	张 驰	瞿虎林	范金松	樊少卿	董大著
	刘有时	汤锦杰	王朝阳	余云跃	周 源	卜 乐
	董富强	方 旭	李江龙	陈海强	胡路遥	黄 维
	马 威	王楚楠	张秀龙	夏皇松	潘秋萍	孙启瑞
	孟 石	方文超	许彦平	张书伟	陈新海	程汇川
	詹 俊	林啸晨	密兴峰	高 佳	刘 欣	臧 恒
	曹 娟	刘楠楠	钱 来	夏正仙	续龙飞	曹 阳
	张 晓	顾小波	陆文伟	陈 昊		
劳动卫生与环境卫生学：	刘湘琳	徐 恬	周 珏	周倩倩	王 佳	夏超一
临床医学(本硕连读)：	马 苏					
流行病与卫生统计学：	李 伟	董玉颖	蒋文瀚	李万庆	王诗远	张 钰
	朱 一	杨传坤	张 琪	涂志斌		
旅游管理：	徐 红	徐渝峰	应 舒	张集良	邹春丽	陈 辰
	李梦芸	蒋俊霞	罗润凤	闻明利	彭 丽	张 桦
	曾小丽					
伦理学：	赵 浩	付彦会	李 凯	陈 斌	孙 卫	张 燕
麻醉学：	熊霞佩					
马克思主义理论：	成朋朋	黄义琳	张 萍	张 丹	丁 谌	徐波娜
	顾 洁	张 楠	高百宇			
美术学：	张 凯	郭萌萌	高 琰	黄 昊	黄海滨	赵树望
	赵恒芳	公丕普	唐梦柯	崔 岚	李冬冬	
免疫学：	樊 飞	曹文虎	樊 杰	王昀展	刘云婧	
民商法学：	李 波	李亚飞	陈 雪	白明会	陈 静	陈 思
	生沛文	吴汉明	袁 帅	郎书雅	刘建军	毛家宝
	黄 莎	花 莎	汪 芳	倪 媛	余颖燕	卞亚穹
模式识别与智能系统：	赵春霞	孙海军	郁佳佳	朱 刚	窦俊丽	贺俊旺
	任峥峥	沈才云	王霁平	王 康	于 荣	何佳明
	刘 琳	孙 迪	唐 枫	郑 明	陈 龙	鞠 园
	任 仁	苏 军	王世威	严宗琦	曹 飞	谢 倩
	陈 哲	赵 婷	曹勇全	孙大洋		
内科学：	黄 荣	彭苗新	袁 纯	朱紫薇	张佳菊	王 冬
	陈 哲	黄 艳	曹玉涵	傅 聪	潘 英	王茜茜
	陈婷婷	曲青蓉				
企业管理：	苗 滕	徐媛媛	崔希晶	刘 蕾	刘月宁	乔 佳
	汪凤娇	张 翰	郁何芳	朱 晶	刘 璐	吴 涛

	布玉真	贾 戈	李 慧	陆 佳	叶 阳	
桥梁与隧道工程：	畅卫杰	陈 帅	李西芝	毛 铮	向苇康	唐明敏
	黄舒文	汤秋华	许学娟	马雪媛	赵 飞	李后川
港口、海岸及近海工程：	宋 佳	唐杰平	李少斌	张贵平		
区域经济学：	赵 岚	李 楠	钱 祎	杨 青	程 博	张一枝
	孙玲芸	朱晴晴	李乃彬	王 超		
日语语言文学：	陈 甜	孙素建	康 颖			
软件工程：	徐 寅					
设计艺术学：	吴茜茜	周之澄	戴 苑	董燕娜	李 蓉	刘 欣
	濮 媛	王心同	黄大昭	刘华建	尚伟伟	王 伟
	陈宇翰					
摄影测量与遥感：	陶金梅	杨 波				
社会保障：	宋 蕾	王艺敏	郭 炜	杜 巍	许珍子	张晶晶
	高 翠					
神经病学：	陈 俊	吴冠瑾				
生物化学与分子生物学：	崔院平	葛 亮	兰云意	段娟丽		
生物物理学：	王 玮	凌小倩	郭 伟			
生物医学工程：	裴 璇	张 薇	黄素雯	孙 茜	陶 琴	
	上官凤栖	李俊吉	沈燕婉	王歆媛	顾翠艳	
	纪徐源	孔婧琳	缪姝妹	潘 艳	石俊财	王晓莉
	叶晓峰	张倩倩	成 飞	刘 卫	施 展	张 毅
	高 雷	刘志龙	于 航	张 路	李建生	陈桂花
	张 君	郭星木	卢坤虎	陈 蛟	崔燕南	戴利文
	邓学阳	丁 彦	焦宏宇	薛冬青	王春晓	陈 婧
	江红荣	艾 鸽	刘 铮	杨敬东	姜 涛	王 昕
	王 秀	陈衍玲	程 铅	郑元元	史正涛	万 语
	孙 颖	谢 丽	丁佳丽	曾云洁	王晨迪	刘方菁
	么学智	余 飞	商 萍	杨 舟	朱文琦	韩 芹
	彭丽成	王 洁	卢红霞	唐 勤	张博博	孔凡亮
	黄 超	赵志亮	严长志	戴作雷	汪志鹏	阿伯德
	孔 亮	薛 文	苏蜜女	曾益强	薄腾飞	张启英
	张宇翔	左 凯	赵晓杰	张 鑫	石 红	梅晓敏
	王一夫	王 衡	杨晓锋	周昱薇	李艺辉	
生物医学工程(学习科学)：	芮造杰	冯天从	王晓菲	朱海天	胡晨晨	韩 旭
	王 毅	翟传英	李浩然			
生物医学工程(制药工程)：	喻庆仁					
市政工程：	陈李达	洪 凯	王 斌	张 瑞	周 娜	
	任 峰	李志超				

体育教育训练学：	王安妮	孙晓玲	沈怀准	宋振智		
体育人文社会学：	黄　颖					
图书馆学：	洪　霞	贾慧卿	周　波			
土木工程：	范沈龙	王龙花	张　洋	王高新	孙崇芳	范桂珍
	龚启宏	杭锡英	花晶晶	金辰华	李　亮	吕静静
	邵　云	王　凯	王绍安	王子豪	余冠群	曾以华
	庄丽萍	杨　丹	董洛廷	汪　卫	顾承龙	罗绍华
	唐飞燕	黄小伟	黄桂新	朱　莹	郑　龙	杨　龙
	刘彦冰	曾颐婷	张立聪	马　涛	鄢　亮	魏红召
	武东超	刘增辉	王流金	王成志	丁桂平	顾乐明
	顾训荣	郭维阳	胡　抗	黄　卿	刘立基	刘文坤
	刘　欣	陆　波	潘　勇	齐曼亦	钱文浩	裘赵云
	施凯捷	王　铮	王志兰	夏爱军	夏仕洋	谢俊龙
	许凌志	要永琴	尹　亮	余　浩	袁晶晶	张保龙
	朱亚智	刘　铁	朱　瑾	葛金明	陈　曦	陈振龙
	王义春	戴　冕	张　婷	赖俊明	杨　阳	张国栋
	支　清	王　斌	王　健	谷建锋	潘正义	张同进
	徐建成	赵　娜	王冰晶	刘　杰	白瑞芳	闫　理
	杨　浩	王　薇	周晓光	黎少华	张　图	李嵩林
	李维维	石先旺	杨　柳	周青山	胡江贝	鄢植树
	柳杨青	何　婧	花　夏	赵斌斌	钟国齐	王　杰
	徐伟杰					
土木工程（土木工程建造与管理）：	杜文涛	刘　丽	李　明	张　鸿	马　帅	袁　富
	储方舟	郝　伟	袁许林	周　瑞	陈　伟	方　捷
	张海涛	陈　强	崔　苗	李培广	鲁海燕	王　晶
	阳　蕾	刘克山				
外国语言学及应用语言学：	姚　怿	金　欣	李　喆	陈　婷	程　慧	蒋海薇
	刘洪云	谢　慜	蒋碧茹	冯雅莉	朱　羽	许姗姗
	王　迟	李婷婷	闫　蕾	陈赞红	赵莹莹	
外国哲学：	薛　佳					
外科学：	时　睿	汪　鑫	王善正	任广辉		
微电子学与固体电子学：	白春风	邱　峰	张　宇	匡　蕾	陆晓霞	孙　丽
	虞海宇	赵　岩	周　晓	高　庆	张白雪	崔　萌
	王旭东	朱健隆	周永丽	蔡　诚	陈文雅	程　林
	方　圆	葛芳莉	蒯文林	李胜平	王陈浩	王亭亭
	项天彧	徐富荣	杨　刚	张理振	张　睿	朱　肖
	朱雁青	顾　勇	王　岩	张凌云	周　锐	浦　炬
	王　靖	王　磊	王　银	温峻峰	万维俊	魏文龙

	柯鑫翔	杨 效	张 义	潘红伟	梅 森	秦顺金
	袁 玲	张翼翔	朱佳梁	刘 超	苏简雷	张振江
	钱进进	蔡 勇	马 璐	周 宏	蒋辉雁	刘少鹏
	吴晓青	陈 磊	陈志远	刘辟径	秦 娟	眭莉莉
	孙声震	袁 璐	张亚伟	赵 强	马文力	王 龙
	杨 国	曹 敏	李 磊	申云飞	吴 锋	杜 越
卫生毒理学：	刘晓闯	杜金莎				
物理电子学：	张成祥	陈 众	黄 夔	王 莹	许婷婷	印中举
	尹志乐	郑林虎	汲小丛	蔡万杰	陈永强	陈禹翔
	崔勇扬	丁 涛	谷磊磊	谷 振	郭 平	胡 政
	鞠 霞	李清蓉	李文俊	缪陈峰	田 涛	王文轩
	吴科星	许正英	杨岱旭	俞 斌	袁欣龙	占丽萍
	朱 露	朱晓莉	刘文强	王璨璨	武 艺	朱 珠
	方盛江	朱 洁	郭 翔	徐 伟	马善乐	何 雷
	汪海洋					
物理化学(含：化学物理)：	朱 伟	沈 伟	祁昊楠	李红英	孙 茹	曹青娜
	黄鸣鹤	张慧君	曹 喆	景 尧	姚 萌	魏 斌
	姚 莉	毕静如	王千秋	徐 茜	赵 晔	蒋 婧
	贾 敏	韩梦婷	张志强	陈金梅	王 娟	徐庆艳
	李 洋	王晶晶	张德敏	朱润强	胡婷婷	姚 博
	李倩倩	张 超	杨文娜	方秀琴		
物理学：	陈晓劼	印 胤	王贵玲	侯小亮	刘家涛	孙弘扬
	杨泳丹	侯庆腾	司小飞	赵 宽	王 震	张 楠
	晁文彪	叶秋萍	袁学勇	马 迎	张 华	
系统分析与集成：	李富稳	柳 涛				
系统工程：	马仪琳	易 舒	苗晓翠	徐 倩	管小琴	陆启登
	张益清	祝静静	宋厚飞	裴英超	宋 阳	
宪法学与行政法学：	张 荟	李爱华	石洺弟	刘 彬	王薇薇	袁丹清
	蒋胜琴	毛家梅	王文文	李方方	米晓晶	周 乐
	李奕虹	刘庆玲	杨 奕			
信息与通信工程：	杨夏青	欧阳霞	陈晓阳	丁海燕	葛 成	蒋丰亦
	吕 岑	孟向阳	潘玲蓉	王 琦	吴达旻	赵晶晶
	贺 鸣	邱洋帆	申晓雁	徐 晨	谢 鑫	杨少杰
	毛云川	仲华雷	戴咏玉	龚淑蕾	潘乐园	宋 扬
	孙 滢	王 琳	伍德斌	许凯凯	赵慧霞	叶必兴
	许海波	刘 杨	林晓瀚	姜 帆	陈天福	王传亮
	程 强	邓 蕾	顾 超	李 欣	马 宁	刘 青
	毛春强	周 楠	林 艳	谭君红	王永倩	姬 艳

	王 影	朱矿岩	汤 捷	陈艺方	孙敏玲	王改革
	卜怿鑫	于红颖	李希婷	刘小虎	杨 帆	全 文
	黄氏明心	阮氏金清	裴氏鸿	崔 城		
	张 惊	宋云燕	张 超	程英辉	左朋辉	李 鹏
	沈叶锋	陈国平	谷 跃	黄振中	田安龙	张斌斌
	张 波	戴海阔	项泳彪	刘小纯	王来莉	虞天昊
	程莉慧	王雪萌	李 民	沈东生	卫 森	李 倩
	苏德荣	顾黎斌	杨 娟	范小飞	赵 梅	承昊翔
	居彩霞	程梦莉	曹亚兰	孙兵兵	黄进慧	林万华
	刘 畅	施 鑫	邹均胜	王 兴	兰	李 铮
	张永海	陈歆伟	蒋燕玲	刘朝阳	王 鹏	吴科峰
	忻 晨	于思敏	朱 磊	朱云浩	张 宇	朱明哲
	陈巧丽	许小影	王 敏	姚 嫚	焦 烈	黄仁亮
	刘 萌	文 婷	廖荣晶	杨娟娟	黄春花	叶少朋
	李 尤	黄荣芳	薛敏迪	瞿培培	徐 帆	陈芳芳
	张 鹏	姚新宇	卜倩倩	马 甜	王士玉	余 静
	王 伟	王 敏	黄海宇	蓝智灵	史 啸	田华梅
	卢 苗	倪鹏宇	周冬冬	黄 泽	崇卫微	郝婷婷
	谢启辉	刘 晓	徐 辉	何营营	钱妍池	唐小川
	吴鹤意	朱德来	孟跃伟	梁 莉	唐 磊	卡玛巴
	欧阳文全	胡志超	冯宏星	冯义亮	张昌海	
	聂 晴	程 超	黄学华	时飞飞	陈 寅	朱良峰
行政管理：	张晓艳	胡 帅	莫培培	陈建群	郭 妍	李文慧
	吕 晨	汤晶晶	张燕倩	沈 瑜	徐 琴	张国庆
	倪慧萍	顾 艳	傅建群	江建华	肖 沛	姜晓艳
	张胜楠	彭少勇	张远娜	陈 东	李 林	孙颖丽
	崔 璨					
岩土工程：	邹海峰	毛淑欣	龚文宗	陈志龙	田松伟	王 晋
	李春苗	赵 宇				
一般力学与力学基础：	史勤丰					
遗传学：	王 洁	戴仕奎	陈 爽	李培培	马娇龙	劳英斌
	李明莉	孟 慧	左 晓	范孟雪	赵承承	汪 雄
	曹珊珊					
仪器科学与技术：	仲小丽	史红叶	刘二虎	张 亮	柯 欣	谷士鹏
	柏 云	韩 杰	季 健	江文娜	茅 晨	邵锡晟
	苏 涛	孙 俊	王津津	王 蔚	毛志鹏	陈拓汉
	杨宇荣	曹 阳	孔丽珍	孙行行	宋钰涛	张净霞
	胡 妍	钱倩云	曹 寅	徐铭萱	韩 婷	贡成龙

	陈 晨	陈 阳	葛 剑	李 烽	齐荣臣	孙 超
	唐 成	王 攀	徐 永	严 菊	于忠洲	卜世平
	吴 松	曲 谛	沈 江	李 洋	王 坤	毛小波
	邢晓珍	徐泽杨	冷志源	刘丙圣	张志博	温 泉
	谭文琴	郑 玄	吴 铧	陈俊杰	宋 坤	韩 雷
	李小敏	孙洪涛	李 臻			
艺术学：	王 萃	汪未晗	许 天	申晓旭	王 莉	孙菲萍
	何含子	张 健	陈忆澄	吴彦颐	曹 卫	马宏君
	李 花	王 欢	刘娉婷	彭 超	王 言	徐慧极
	茅 懋					
英语语言文学：	沈其亮	王孟妍	孟 晓	沈晓婷	苑旭飞	罗 赟
	杨 舟	陈 晨	沈婷婷	史永洁	廖延延	田 艺
	俞慧中	隋晓璇	陈 晓	霍 宇	李 静	职佩佩
	卢小青	谭钧丹				
营养与食品卫生学：	周思宇	李亭亭	何贤松	刘福康	王婷婷	刘 文
	刘 琳	朱谦让				
影像医学与核医学：	侯居攀	卢 瞳	李慧君	吴志平	陈井亚	甘 振
	凌 龙	王 瑞	王亚玲	许秦凤		
应用数学：	杨绍富	石路路	张 鑫	王 惟	张海玲	胡建强
	刘金花					
应用心理学：	刘瑞京	施晓明	张慧晶	梁黛婧	周雅琴	谢岩岩
	刘 芹	车家杰	丁小利	张安慰	李美华	孙 敏
	唐 鑫	庞海克				
运筹学与控制论：	沈辰立	张国均	杨利平			
载运工具运用工程：	黄 伟	凌云飞	卢 静	连 捷	章 晨	卜万成
	何菲菲	蒋 辰	苏 晨			
政治学理论：	陈秀平	陈 颖	李聪敏	张海江	董 奇	吴 梅
	尹 新	黄武贤	杨海明	田 牧		
职业技术教育学：	吴欣欣					
中国古代文学：	王秀婷	庄建菊	石 兵	宋金楠	孟庆曼	吴孔平
	戴金晔					
中国现当代文学：	许 晨	苗 娜	徐凤飞	谢益凤	胡美玲	苏 焕
	马琳琼					
肿瘤学：	冉 刚	项 丹				

二、非学历硕士研究生（共 41 人）

同等学力	姓　名					
外国语言学及应用语言学：	刘必旺	张立菁	仇旭燕	蒋明霞	刘婷婷	李 薇
	黄伟伟	蔡雪英				

神经病学：	邵 荣
外科学：	吴晓勇
内科学：	陆 叶　汤晓东　于 洁　陈 华　谢作玲　葛天玮
	李 丽　艾 敏
临床检验诊断学：	汪慧芸　林 江
妇产科学：	梅 吉
肿瘤学：	鲁世慧
麻醉学：	袁 静　陆新健　王 瑾
急诊医学：	何喜军　张雪峰

高校教师	姓　名
概率论与数理统计：	杨艳兵
基础数学：	崔 进　石正华　张 琼
计算数学：	郝朝鹏　魏 贞　刘长迎　李 协　王昭丽
应用数学：	王丹丹
高等教育学(国防教育方向)：	王登岳　张雪生　王大鹏　马雯瑄

2013年硕士专业学位授予名单

一、学历硕士研究生(共1124人)

工程硕士

专业学位领域	姓　名
材料工程：	姜 骞　于 娟　王 洋　杨 超　张 超　倪 磊
	孙召亮　杨 杰　黄 莉　谢 雪　施 超　刘国平
电气工程：	张光来　陈 晨　陈 颖　胡昊明　黄文洁　沈培勇
	王华雷　王允鹏　徐华泽　曹 鹏　崔志伟　费 科
	卢志伟　赵鸿鑫　赵家明　陈艳龙　黄 进　陈 昆
	陈 琦　吴 威　陈海超　陈 爽　刘德颖　张 璨
	杜先波　王 琦　赵丽莉　张 丽　王 维
电子与通信工程：	蒋 乐　来 斌　李 凯　马小瑜　宋文慧　朱 磊
	李亚洲　刘俊波　孙小鹏　卓盛龙　张叠翠　李骐博
	张 俊　卜倩妮　刘 青　徐毓青　朱 瑶　彭 瑶
	马亮义　张海洋　仇 帅　丁 飞　李 灏　孙 青
	周湘竹　姜 辉　王 洁　颜小超　贾明合　沈长果
	罗小牛　石 乐　徐海飞　张 继
动力工程：	贾纪强　焦峰斌　游 健　管士扬　王 峰　谭 震
	张 颖　阮慧锋　陈 星　李德龙　于 程　王 睿
	沈 燕　吴红斐　侯聪聪　程 诚　李清海　刘 彬
	乔正辉　程小静　李 翔　袁 琦　郝一辰　肖本超

	何陆灿	姜小伟	潘 玄	钱成龙	李 崇	杨 璨
	王欢欢	王 俊	王亚欧	周冠文	李韩冬	乐小龙
化学工程：	王献伟	顾泉峰	潘 广	吴李瑞	张 芹	王彬彬
	陈 靖	孙晓媛	王海燕	战 磊	张琳淋	颜培胜
	王宗宾	林海萍	王改改	汤 波		
环境工程：	余磊磊	朱春艳	王 林	郭彦鹏		
工业设计工程：	沈张帆	田 静	熊远博			
机械工程：	文 涛	王永魁	郭纬川	王慧军	尹 薇	张 磊
	张 哲	张志庆	王 翔	张 悦	常文凯	彭 飞
	方 琪	李海澄	徐 旭	张春银	王 旭	盛 陈
	晏 鸿	满 跃	黄国放	刘小四	李远安	邹里云
	李志连	胡 斌	赵 清	王玉章	张小平	吴 杰
	周 璐	陈 浩	安树良	郝洪鹏	陈金龙	
集成电路工程：	陈 宁	李 帅	芮榕榕	汤 峰	唐 磊	徐怡倩
	张薇薇	李 进	刘芳兵	周 飞	刘 建	朱 斌
	陈敏敏	林 杨	李庆凤	高红攀	韩海青	任思魁
	陈闪闪	袁金刚	秦登温	罗 艳	张继从	黎 明
	丁 成	王 皓	张福龙	程志勇	邢向明	安 钢
	周其俊	林颜章	李建明	卢云皓	彭旭安	王 伦
	王如军	赵元宝	朱荣华	范桂盛	张 维	罗仁虎
	丁日韦	侯 波	刘玉军	刘雪莲	郭良谦	鞠 勇
	张晴威	孙 戈	姜毅鑫	章旭东	刘冰子	刘盼盼
	徐 杰	张唐彪	陈茂奎	曹彦萍	康长宇	姜雨晴
	赵凤刚	袁啸宇	胡姮菲	刘 野	邹新越	骆威勇
	刘文龙	何 勇	卢新民	胡大君	鞠国维	包冰莹
	唐正华	余自然	孟 红	杨朝松	陈 蓉	娄秀丽
	陆 静	张伟国	赵天福	程传芹	张晓阳	郑现庆
	杜红霞	周丙章	魏小刚	许 倩	赵荣淳	蔡 浩
	徐安安	陈 浩	胡宏斌	余慧林	付 翔	刘伟庆
	陈 奇	胡 慧	刘翠春	王一帆	关晓龙	叶建军
	张 青	叶楚楚	张云鹏	徐金涛	张 龙	尹晓伟
	张治忠	艾 迪	温保明	吴 迪	郭 磊	陈 扬
计算机技术：	陈 堃	刘锡文	谷 勇	宋红叶	王佳俊	王 轩
	周晓艳	粟 华	张 勇	姜哲民	方丽平	黄国强
	高四辈	黎睿知	余刚刚	杨 鹏	谢世光	孙林翠
	贾方伟	赵 飞	黄虹影	张 扬		
建筑与土木工程：	李峰峰	吴晓璐	刘海红	朱 洁	王晓伟	戚家南
	龚 俊	顾 勇	廖云柱	时 丹	宋南南	朱方彤

	彭 鹏	黄 昌	詹民旺	别 倩	陈 喆	胡心一
	刘 巍	唐 煜	夏冬平	崔明勋	王文学	颜荟杰
	周 琼	李 响	高海平	钱荆宜	宋 姣	李 岩
	宋磊鹏	郑兆辉	翟 艳	胡岳峰	张 堃	苏正昊
	舒光波	余奇异	赵小玲	陈其蒙	谢洪恩	朱晓琳
	汪宗伟	李 磊	向 涛	张 敏	丁明珉	夏铭谦
	黄祖冠	费 莹	杨 慧	韩 丽	梁止水	张 凯
	张树杰					
测绘工程：	李 庆					
化学工程：	赵素青	骆文龙	岳 丹	方文丹	李慧文	杨婷婷
交通运输工程：	黄亚丽	纪 魁	唐宗鑫	吴 尧	张苏龙	赵 磊
	丁钰玲	任蓓蓓	安成川	刘 夔	张宏杰	张久鹏
	孔冬雷	丁闪闪	毕晓莹	陈丽丽	冯 伟	耿大卫
	郭玉英	黄烨旻	金 莹	井 蕾	吕凤永	魏佳明
	徐 婷	郑 海	周 健	朱 辰	徐海波	焦恬恬
	谭 敏	贾海峰	刘辰阳	王 潇	郭 莉	寇 玮
	韩海宏	王洪臣	袁 龙	张焕荣	王孟霞	任冰心
	魏海伟	李 维	祝谭雍	何丁军	张鹤鸣	赵署光
	杜 龙	耿 威				
控制工程：	陈昌昊	胡臣波	李传业	凌学梦	刘 艺	胥保花
	严 浩	杨 烨	姚 喻	熊 阳	陈 玺	邓顺敏
	李再冉	郑 杰	许 森	陈宏伟	靳亚莉	盛瑞峰
	缪 煜					
软件工程：	詹黎明	冯燕辉	向征远	樊 伟	薛 炜	刘 铭
	甘津瑞	曾 强	王勇武	刘俊俊	张 红	程维昶
	俞居正	李剑豪	李娟娟	霍新亚	夏园园	汤凤岐
	陆 杨	丰文君	诸 远	顾苏玉	李晓静	张少君
	宗 欣	郑建波	冯玉玺	张屏翀	于 婕	曹怡然
	徐雄峰	焦亚鹏	丰宝龙	陶 鹏	陈媞媞	陆 波
	洪尉程	潘 虩	邱 飞	朱梦莹	林 晨	刘 坤
	张晓琼	于利民	赵彦彬	江 川	邹孝杰	张海涛
	石凌云	夏斯青	黎 鑫	刘振盛	赵荣臻	朱 蔚
	马千里	刘 良	王 全	赵 琳	景方阳	朱明明
	常 伟	梁 龙	陈 健	王鹏振	陈 金	李 聪
	李 涛	华 晶	吴博文	任 亮	王筱竹	王秋平
	乔 磊	袁继锋	王智芳	庞文迪	张亚茹	曹博琦
	车霄宇	黄 锴	柴 园	王 伟	刘 超	孙晨阳
	茅 倩	王一博	刘博妍	毛志成	徐 倩	祖 彬

江夏　王卜　刘张　郭曾　茅丁　叶刘　陈陈　张黄
新舜　华冠　迁忠彤　雪逸　浩丽　智才　丹建　远坤
雯贝　　　　　　　　桃熙　　　勇　　国
（名单续）

顾叶　雷陈　刘张　杨闫　胡沈　吴马　陆曹　李秦
枫涛　真昊　飞海　栋浩　虢宇　龙彪　玥飞　东金
　　　　　　　　亮营　　磊屿　鑫　全龙　　华

王红　裴董　李王　胡胡　李张　赵余　陶孔　蔡王
迁忠彤　抒墨　钊祥　世畔　庆迎　郑浩　小晨　园存
　　　　　　　　　　　伟芳　　芳洋　丽晨　园哲

梁旭　程姚　吴何　吕尹　潘张　王陈　许徐　张朱
东智　雪诚　仙敏　俊爽　新星舟静　晓明　小泽　如俊杰
　　　倩　男　　　　　　鑫　宁顺　勇炜　全良

黄莹　王陈　黄钱　赵洪　李宋　余罗　刘戴　张朱
旭维　若继飞　英男赵　仙英立东彤如盛　熊文凯

戴源　林明　张莹　邓玉　林新　颜璐　丁然　张邵
林骏　颖　洁霞　新　然　磊　爽潘鹏　杨瑾王守利　王浩高艳　马风李露

　　　　　　　　　　　　　　　　　　　专　业
　　　　　　　　　　　　　　　　　　　　　　　　　　姓　名

临床医学硕士

临床医学（本硕连读）：

包一星　高琪　张和平　王欣　黄鹄　徐云杉　李云颖　花晓敏　陈明潇　沈晨　潘尚　叶锦坤　张锦玮　许蓉蓉　孔祥怡　李寅翔　王磊　王俊英

王波　马千云　沈剑彝　单晓东　张磊　陈茜媛　石丽杰　沈郑玉　王张敏　张萍玲　李薛缪群　郭杨茂辉　李芸芸　朱琳　彭霄

项丹　赵镇　许晓莉　刘春辉　沈枫枫　英敏　刘勇　王晶　万蛟龙　胡晨静　成杰　陈燕燕　李文平　封旭　高洁　徐艳娟　胡嘉璐　任大枫　卞文

厉智　周睿　闫磊　周婷婷　陈露　林永娟　李丽　查志义　黄文盛　赵哲夫　张林亮　朱董洋虹　何胡清蒙　王周超祎　窦志敏

庄丹丹　王利利　俞晓帆　石寒　蔡晓刚　陆金晶　陈岩　沈振丽　齐陶晨　钱丹雯　曹雨娟　樊欣鑫　周旻　孙晓燕　李季丹　龚步旭　钟旭锋

刘雅静　贺佳佳　张夏琦　罗云枫　王婧　单滢　薛丽雯　费夏玮　常小峰　杨帆　孙燕　张强　张晓敏　黄长根　卢凯　张子龙　印贺健　钱伟

	许 伟	陈思敏	蒋略韬	郝梦薇	曹鹏飞	林洪池
	张运行	曾 娅				
内科学(临床):	尼克力	拉 杰				
外科学(临床):	曾令斌	李廷栋	赵宇明			
影像医学与核医学:	高 启	毕 卡	思 蒙	思 凯		
眼科学(临床):	杨 超					
法律硕士:	曹 元	姚燕芳	张 博	富 敏	梁超升	陈小连
	高晓亮	李 红	廖 萍	刘熙春	娄钟耀	卢 轶
	齐丽莉	王 凯	吴 艳	徐 彰	姚 瑶	张媛媛
	季 敏	马 琛	刘小龄	杨旭东	华智极	茆亚男
	沈 阳	尹 慷	方学翰	侯婷婷	袁 媛	云 赟
	谢 凡	李楚熊	崔荣生	田 恬	刘 莎	温广浩
	盛晓理	程莉云				
风景园林硕士:	张 萌	姚辰华	赵霁月	孙丛溪	经雨舟	孙欣如
	张瑞芝	盛 楠	祝文凯	胡 文	陈 希	李 觐
	刘 思	汤 洁				
工商管理硕士:	古 泉	万乾刚	魏 强	魏晓龙	奚 斌	夏 阳
	张敏瑶	常国刚	陈朝军	陈 钢	陈浩颖	陈览月
	陈 琦	陈晓月	陈 展	谌聪明	戴新海	戴志强
	董 静	董伟锋	方 亮	冯 霞	耿立侦	宫 敏
	顾 波	顾 熹	郭海洋	韩文芳	杭小露	何 平
	黄健刚	黄莹莹	贾振宏	金一鸣	兰 娴	李 红
	李 丽	李凌凌	李平凡	李守用	李英杰	李志明
	梁 超	刘 春	刘翠红	刘华兰	刘剑平	刘 磊
	刘巧珍	刘向奎	陆玲玲	栾 奕	罗建椿	马云盛
	芈 然	缪承志	缪佳兴	缪 毅	尼 宁	倪 军
	潘昀斐	裴玉蕾	浦淑敏	乔 治	邱文荣	饶群英
	任 鹏	沈 瑜	舒元勇	宋 平	孙大春	孙 珂
	孙艳兵	唐 崇	唐 丽	陶亚宁	汪 琪	王聪慧
	王戴卓	王栋栋	王桂琴	王 晗	王君国	王 倩
	王晓菁	王燚晗	韦 华	韦雯沁	魏志刚	吴海涛
	吴 静	吴小勇	吴渊俊	吴振亮	肖圣文	肖 玥
	谢 健	徐浩恩	徐建国	徐科威	徐仕锋	许小毅
	严佳珺	杨 波	杨东东	杨 惠	杨 敏	叶国青
	殷积锋	尹淑烨	尤 丹	尤 峰	尤文田	俞 淼
	袁 园	张 程	张 睿	张 舒	张 薇	张小伟
	张晓静	张 玉	张在进	赵 亮	赵淞冉	赵晓佳
	赵 跃	郑薇薇	仲怀公	周玮奇	周锡锋	周 翔

	朱　婷	邹　继	邹　凌	吕　浩	周　勇	卢晨子
	骆冠昌	沈江峰	王成栋	王馨晨	王　彧	王　治
	谢　贵	许　敏	杨　越	俞海燕	张海艳	章　琴
	赵　倩					
建筑设计及其理论：	汪星池	盛　吉	杨　林	朱晓松		
建筑学硕士：	张　弛	辛晓东	邱伟杰	王歆慧	柴文远	景文娟
	李小溪	王　欣	吴欢瑜	杨　宇	黄　晶	王　奕
	刘　振	杨　璟	高　坤	敖　雷	程若尘	崔慧岳
	高　浩	高雪莹	康鹏飞	李竹青	马韶霞	孟　成
	唐　伟	王杰思	谢晓晔	许任飞	展亚东	张梦薇
	郑克卿	祝彦彦	刘　嵘	徐燕青	熊　玮	戴　炜
	黄晓慧	李晓东	孙　瑞	郑恒祥	陈　晟	葛晓峰
	王雪寅	雍玉洁	俞　君	艾　迪	郭　翔	贾　若
	蒋文君	李敏蕙	沙菲菲	唐超乐	魏亚文	严　鑫
	张　立	周　慧	刘　茜	吴　昊	张永前	董雍娴
	王璧君	王奕影	夏　翀	崔　磊	曲　冰	刘　聪
	张　帆	杨　晨	张文涛	史汉柯	鲍阳艳	陆　林
	柴熙婷					
应用统计硕士：	邱　丹	赵　霞	汪家楠	汤擎宇	赵　慧	王　健
	覃　爽	刘　颖				
国际商务硕士：	高　菲	陆　婷	许　斐	章靓瑶	李香华	李　艳
	张思琦	陆　玚	阮亚劲	江　源	王　玲	张二丽
	葛映琳	施　洋	杨大屏			
资产评估硕士：	刘婷婷	武苏婷	谢鲁琳	李晓琳	殷雅莉	郭娅薇
	方姗姗	王　俊	范　琳	王海娟	谢丽丽	
翻译硕士：	邓广瀛	黄芳芳	蒋侃婕	李　茜	杨　欢	王晓蕊
	刘珍珍	黄　丹	曹哲伟	余慧青	王　倩	冯　敏
	俞　凤	张　澍	王嘉丽	苏金六	廖思婧	贺丹丹
	刘　阳					
会计硕士：	常慕懿	龚　雪	陆　倩	徐　萍	朱津菡	严　斐
	张　媛	潘江平	奚　源	时瑞雪	张雨晨	彭传志
	何　林	王　琦	陈玉琴	肖向红	张　茜	韩　煦
	黄　超	张希晶	宛　如			
教育硕士(科学与技术教育)：	郝　睿	王　洋	魏舟静	陈赢男	阮庆宇	刘　婷
公共管理硕士：	阮丽峰	葛振兴	顾佳恒	邱　雪	汪　洋	王中云
	吴铜霞					

二、非学历硕士研究生(共 643 人)

工程硕士

专业学位领域	姓　名					
电气工程：	张　鑫	汪志成	唐治国	周欢荣	吴　杰	奚　康
	冯隆基	高淑婷	甘　强	陆　路	李文亮	周　航
	周科峰	冯　伟	黄敏均	纪　陵	柴继东	汤　浃
	王文双	殷　俊	汪　辉	沈重威	李广克	陈　嵘
	张　行	王　娜	王　弢	陈冰冰	孙　冬	杨广才
	周红勇	姚成忠	王　磊	于国才	田　苑	黄晓磊
	李　臻					
电子与通信工程：	王　栋	高　晨	马晓龙	张　林	潘建军	许金星
	洪　凌	潘　敏	胡静娟	李文君	王　锋	刘　晗
	陆美珠	金　熠	王　其	刘国平	向云帆	陈新锋
	李　鹏	孟育伟	李　斌	季大习	刘国凤	田　航
动力工程：	徐春荣	刘立军	沈照人	张海峰		
工业工程：	王志平	闫　锋	胡　炜	张春秋		
机械工程：	彭玲怡	陈利君	袁建梅	韩君祥	王浦国	付洪平
	顾立勇	吴　江	江林秋	应正惠	顾怡文	张晓辉
	张　俊					
计算机技术：	王　飞	杨　昆	卞轶静	张国林	刘新宇	管文坛
	姜　飞	许智立	杜　亮	张　然	祁华鹏	蔡艳婧
	程娟娟	赵　莹	魏玲玲	季文军	徐　晔	陆成林
	李丽芬	杨芬红				
建筑与土木工程：	狄蓉蓉	王　洁	魏　嘉	陈永林	张齐全	李德寒
	方霄燕	吴　迪	张红改	冯春红	翁　奇	张晋绪
	卢　锦	卓士梅	张　莉	何　菲	高云翔	李敬平
	朱浦宁	吴　燕	王小峰	薛春领	代靖敏	厉　晔
	张中军	徐　俊	杨建林	卓为顶		
交通运输工程：	沈　震	安小龙	陈　钧	魏　琳	江　琦	夏　颖
	施　展	尹建兵	罗明秋	汤　祥	王勇明	王歆钰
	朱　纬	吴巨贵	黄海明	姚建平	薛春红	万　莉
	梅　峰	梁　岳	郭峥春	朱　琳	曹新洪	王　锐
	何　翔	张　冲	张伦超			
控制工程：	陈友明	张露妍	胡　玲	杨　杰	朱　丹	陈　青
	蔺　杰	温家刚	王晶景	岑志波	杨慧敏	钱雯滨
	魏　巍	孟　伟	王晓会			
环境工程：	黄　兴	陆静静	吴泉钱	吉佳宇	刘致平	梁艳杰
	焦　洁					

软件工程： 翟长国 陶性铭 杨同穆 钱理峰 顾家乐 王君丽
沈 茜 沈硕经 宛 霞 王 磊 高治国 郝荣国
花宏炼 张强胜 咸大阳 王 健 潘 昊 黄 扬
张玉玲 王蔚翔 吴 杰 王一海 沈军峰 姜一晶
袁长建 招启东 何敏华 李 植 刘文君 许成涛
张 鸣 杨维雄 陈彦平 徐少甫 孙志达 张智成
王志翠 顾立松 赵品彰 王信翔 周志祥 张 楠
付 琛 顾 祥 张 睿 徐新宇 彭 亮 谢利民
郭 晖 张艳飞 华 歆 吴 霖 万 清 苏郁秋
赵晓冬 王 斌 侯海燕 张晋文 姚 丽 史 韬
郭子淳 刘柏卿 高 飞 魏 炜 屈志强 高 明
李月峰 杨新建 沈 孚 阎东影 张斐力 桂 涛
祝君乔 李伟敏 归成希 金 浩 李 成 孙雅倩
陈天皓 朱洪达 周自珍 万兰平 赵虎成 王权成
魏慧莹 沈高柯 刘艳文 沈勤丰 顾 盼 承 蓓
刘汉苏 唐春有 陈礼华 何晓燕 徐 杰 丁燕萍
罗志华 范 刚 冯 洁 邵文忠 袁先祥 朱为民
方 江 周迓然 庞 伟 凌江波 葛 李 惠喜岷
张 凌 沈 健 赵国赟 郭 维 赵 炜 刘红军
王 生 李 俊 石畠磊 高向东 夏勇杰 张国贤
张 韬 邹宇彤 陈 玉 陈 汹 陈伽佳 徐 然
沈克菲 孔小满 周渝果 吕 雷 曹过林吉 张华兰
张 丽 赵淑坛 黄 伟 雍存宝 牟雨婷 赵永兵
王 安 杨梦煜 鲍 莹 刘 骁 矫宏博 殷 俊
物流工程： 史勤波 董素琴 朱黎辉 舒旭丽 彭晓婷 裴 奇
付 娴 朱本胜 傅 坤 陈晓娟 刘 瑞 励梦驹
项目管理： 王 润 刘海燕 周向华 张 荔 张春明 王 盈
骆名刚 刘晓昕 刘 晨 李 智 钱仰升 张春喜
王旭丰 王 俊 宋宸依 潘荻颖 戴国栋 王 俊
王建成 胡剑英 刘 薇 夏旻怡 张荣国 张 彦
李 智 谢 毅 陈 海 朱骏幼 沈晓旻 吴 伟
沈 晗 王寒芳 冯元芝 程 磊 周 凯 孔祥君
韩善清 王 莉 黄阿梅 吴 叶 瞿春建 高婷婷
陈 臻 陈振中 王 伟   武红立

专　业	姓　名					
风景园林硕士：	曹 隽	殷 韵				
法律硕士：	张 丹	李安华	苏玉贵	陆 伟	戴小波	耿红梅
	颜 超	李 瑾	朱 威	孙荣杰	胡 昊	刘 娟

		吴艳丽	段艺琨	储昱	丁捷	邓云霞	王勇
		王强	鞠磊	李卞宗	李鹏浩	沈群慧	吴俊
		王立维					
艺术硕士：		杨婷					
工商管理硕士：		王成现	李兴	白建霞	梅小伟	余涛	钱金泉
		谢洪平	卜凡林	伯丽娟	韦华	周长军	李建
		王存建	冀昌权	崔振杰	孙恺	张云翔	张善云
		赵茹	李进军	颜潇	郭青松	赵舒	凤蕴
		蒋伟	袁非	卢旺	叶舟	刘红	秦志伟
		高强	徐烨	尤煦明			
高级管理人员工商管理硕士：		徐燕	汪家宝	陈胜	郁鹏	夏淑萍	李春敏
		徐国飞	郭素强	张勇	周刚	谢国庆	刘肖娟
		王宇帆	孔维成	李烜	夏泓波	张云刚	朱凌林
		章文	陈芳	王进	陈宗华	张涛	陈先俊
		王兆茹	刘万福	王华	左勇春	潘晶晶	杨海兵
		黎明	殷浩	蔡德熙	周荣勤	左辉	宋云翔
		江海	丁欢	邬雄	吴鸣	雷民	谌灿霞
		王芳芳	张杰	符莉娟	周君		
公共管理硕士：		朱怡璇	王佳	王茜	刘浩	鲁声伟	孙涓
		范文博	罗大明	刘峰	时燕乐	薛梅	徐凌
		张婷	梁贵军	芈强	周婷	章志锋	陈志俊
		陆萍	许玉婷	邹锐平	叶蓓	张璐	邱益萍
		莫俊	孙璐	姚群	徐咏	葛静静	周翔
		史长龙	刘莎莉	陈平	王冬冬	郑洁	周士晶
		张晓芹	杨小敏	上官志芳	唐小强	杨周宏	
		吴锦国	夏时琴	朱悦	刘贻强	姚斓	陈蕾
		徐平	邢科东	盛丹	万伟	吴昊	朱文真
		周妍	朱凌玲	邓加忠	叶青	杨冰	谭瑞
		徐同亮	余长河	洪斌	方芳	王晓伟	朱丹
		黄桦	陈红	戴迎新	刘鑫	陶金	周星晶
		丁羽	张淑芳	许海强	苗君	张鹏	卢波
		赵喆	黄晓兰	唐海亮	葛长春	钟武斌	谢胡裕
		杨春勇	汪钟辉	李天夏	陆伶俐	韩欢	冷晔
		张中中	葛晨雨	韩海	琚玉华	叶建华	徐青华
		张云	朱晓江	王亮凡	张勇	王琼	卢莉
		戴新云	蔡华健	马犇	沈慧	俞晓艳	王华
		邵东艳	周悦	周娟娟	杨健	王丽	余震海
		吴琳	张乐园	崔晓荫	吴雪霁	陈璐莹	

	厉 莉	陈丹凤	王 宇	胡 薇	沈 洋	戴红伟
	沈铭劼	翁再宁	于 艳	汪义娟	徐 千	史兴元
	笪沁儿	高 杰	史国刚	蔡海霞	唐 炜	林雪华
公共卫生硕士:	马 燕	沈晓文	刘念龙	苏 明	徐 亮	谢玉兰
	汪 瑞	黄文光	魏 强	张 磊	成 浩	赵俊华
	金 俊	戴 春	崔玉艳	束国防		

(研究生院 黄红富)

科 技 工 作

综 述

在学校党政的正确领导下,在全校广大师生的共同努力下,在兄弟部处的通力协作下,科研院全体同志团结一致、奋发有为,通过强化顶层设计,注重交流对接,加强载体建设,狠抓项目申报,优化服务管理,推动我校科技事业稳步发展,科研总收入达到 15.61 亿元,创历史新高,取得了以"12345"为代表的科技亮点(即 1 项"973"项目、2 个省级协同创新中心、3 个国家杰出青年科学基金获得者、4 项牵头国家科技奖、5 项历史新高)。

下面是具体工作的总结。

一、强化顶层设计,提升科技创新及支撑学校整体发展能力

完成科研院改革,结合学校建章立制工作,推动出台了一系列涉及科研创新的改革措施及相应的制度文件,包括《东南大学关于鼓励承接科技重大项目的管理办法》《东南大学科研绩效管理暂行办法》《东南大学协同创新中心管理暂行办法》《东南大学技术转移中心地方分中心管理办法(暂行)》《关于国家自然科学基金项目安排间接费用的管理规定》《东南大学科研项目(课题)中合作行为管理的补充规定》等,鼓励组建"大团队"、承接"大项目"、产出"大成果",重视科技创新能力建设,注重人事、财务、学科、人才培养、科研等各方面制度的衔接协调,充分发挥学校整体政策对科研创新的引导与激励作用以及科研发展对学校整体发展的支撑与推动作用。

以"2011 计划"为契机,联合校内各单位,有计划有重点地推进协同创新中心的组织策划、培育组建、申报认定及运行管理工作,优化配置学校各方面资源,全面探索体制机制创新,促进我校学科、人才、科研三位一体创新能力提升。与社科处密切配合,新组建个体化健康工程、中国城镇历史文化环境、中国文化国际传播战略、公民道德与社会风尚等 4 个协同创新中心,先进土木工程材料、现代城市交通技术两个中心入选首批江苏高校协同创新中心,各级各类协同创新中心达到 8 个。

组织开展海洋开发技术、卫星通讯与导航技术利用、生物材料、微纳光电子学研究

进展等科技沙龙系列活动,提前谋划布局海洋工程、新型城镇化、空间技术、生命和健康等未来重点发展方向,通过基本科研业务费、科研资助计划等重点支持有创新潜力的年轻教师、理医等基础学科、有培育前景的重大项目和成果,实现我校科研工作可持续发展。

二、注重交流对接,提升学校的影响力和科技服务社会能力

通过各种方式,加强与科技部、总装备部、教育部、国家自然科学基金委、工信部、交通运输部、住建部、卫生部、环保部、铁道总公司(原铁道部)等行业部委科技主管部门,以及地方科技主管部门与行业厅局的密切联系,获取项目信息并强化策划组织工作。

积极开展校地大型产学研合作交流活动,参加各地市组织的科技对接活动50余次,接待各类政府来校交流活动30余次,组织落实江苏省第四届"科洽会"、福建"6·18"海交会、上海"工博会"等大型展览活动,组织召开2013年东南大学校地产学研合作信息交流会议,和金陵石化公司、中兴通讯、中南集团、美国哈曼集团等10余家大型企业进行了对接交流和项目合作,为下一步深层次全面合作奠定了基础。

进一步加强与国防研究院所、高校之间的联系,与中电11所签署战略合作协议,与电科院签署"电磁计算服务平台"合作协议。组织前往中国电科、航空、航天、中船、兵器、总参、总装、中科院等近40家单位的交流活动,涉及电子、信息、控制、导航、结构、材料等多个研究领域。组织了中国载人航天工程陈善广副总设计师、核动力研究院于俊崇院士等带队的10余个单位高层次代表团至我校的调研活动。

作为江苏省高校科协的挂靠单位,组织策划了"江苏省青年科学家科技沙龙"系列活动,得到了科协领导和各成员高校的高度肯定。组织参加省科协的20多项活动,组织策划了由院士、长江学者参加全省在宁高校的"科学前沿"高端科技沙龙。积极指导大学生科协组织的"科技嘉年华""科技快车""科技节""水火箭比赛"等活动。

积极拓展国际合作交流。参加第41届瑞士日内瓦国际发明展会,送展了3个具有自主知识产权的发明项目,获得金奖1项、银奖2项。我校与澳大利亚蒙纳士大学在苏州联合建立的联合研究院正式落成,并在开幕期间举办了东—蒙"科技研讨会"和"企业家论坛",促进了中澳双方的合作交流。与澳大利亚科技大学联盟(ATN)开展会议探讨和沟通,确定了第一个合作项目"再生水中的病原体的检测",拟进行校际间的经费支持。积极参与国际应用科技开发协作网(简称ISTA)活动,并再次被推举为第八届副理事长单位。

三、加强载体建设,有效构建可持续的科研平台和发展环境

组织成功申报了江苏省高技术重点实验室1个(江苏省城市智能交通重点实验室),江苏省工程技术研究中心2个(江苏省道路养护工程技术研究中心、江苏省城市密集地区空间集约与功能提升工程技术研究中心),南京市科技公共平台建设计划项目2个(江苏省土木工程材料高技术研究重点实验室、江苏省微纳生物医疗器械设计与制造重点实验室)。与企业联合申报各级各类研究中心4个,江苏省中小企业服务平台1个。积极筹备申报信息显示科学国际联合实验室。

规范和加强科研基地(平台)的过程管理,全力做好已有的国家级科研基地的建设工作及部省级科研基地的建设提升工作,培育、组织申报各类科研基地。完成3个国家重点实验室下个5年10 703万的设备采购预算申报;组织完成3个国家重点实验室运行经费、18个省部级重点实验室基本科研业务费预算的制定工作;江苏省微纳生物医疗器械设计与制造重点实验室、江苏省土木工程材料重点实验室、南京通信技术国家实验室(筹建)等科研基地以优异成绩通过建设论证、中期考核和验收。国防基地建设方面,2个教育部重点实验室(B类)经过4年的建设通过了教育部组织的现场验收。

进一步规范和加强对已建产学研合作载体的管理和考核。已完成对校企研发中心2013年度的工作考核,完成14家新建校企产学研联合研发中心的材料审核、论证工作,已正式发文成立12家,新建校企产学研研发中心今年到款超过3 000万元。积极推进东南大学技术转移中心分中心建设工作,在连云港、泰州、聊城、安庆等省内外城市成立12家分中心。抓好分中心专职人员来校业务学习和培训工作,推动分中心的日常工作步入正常轨道。启动异地研究院的调研和梳理工作,撰写异地研究院调研报告,为学校下一步推进研究院建设和管理提供建议。

加强对无线通信技术、先进土木工程材料、现代城市交通技术、新型建筑工业化、个体化健康工程等已建协同创新中心以及光电子共建工程中心的引导和管理,推动与南京江宁、建邺等地方政府及科技园的合作,建设各种实体形式的运行载体和创新示范基地,积极推进协同创新中心和工程中心的实质性运转,在构建自身良好发展环境的同时服务行业产业和区域发展。

四、狠抓项目申报,全力获取优质科技资源和高显示度成果

(一) 首获青年"973"项目立项,连续八年牵头"973"项目

通过提前策划酝酿,本年度共申报"973"项目15项,其中重点基础研究项目13项(含青年科学家专题6项),重大研究计划项目2项(含青年科学家专题1项),涉及信息、制造、纳米等多个领域。其中,李兆霞的"重大工程结构多尺度损伤预后与全寿命安全的基础理论"、付大伟的青年科学家专题"分子铁电多功能存储材料的前沿交叉研究"进入会评阶段,最终付大伟的青年科学家专题获得立项支持,使得我校连续八年获国家"973"计划立项。

(二) 创造机会,积极申报"863"计划及支撑计划

积极开展国家科技计划2014年备选项目入库的申报工作,涵盖了高新技术领域、社会发展领域、农村领域等。克服限额申报的不利条件,积极与各推荐主体沟通,尽可能多争取牵头申报的推荐指标,同时积极和各地方科技部门及边远地区高校沟通,争取联合申报机会。总计牵头申报7项,其中高新技术领域5项,社会发展领域2项(含青年科学家专题1项);从教育部推荐5项,国家工程中心直报1项,无锡高新技术开发区推荐1项。其他合作参与申报的项目约10项。目前有2项进入了立项环节,另有2项拟进入立项环节。

(三) 重大专项、行业专项和各部委计划项目呈现新亮点

本年度共申报国家科技重大专项项目19项,其中新一代宽带无线移动通信网专项项

目9项,极大规模集成电路制造装备及成套工艺项目1项,艾滋病和病毒性肝炎等重大传染病防治项目2项,物联网专项项目3项,其他专项3项。科技部重大仪器专项共申报了9项,其中1项经教育部评审后推荐科技部,进入了科技部评审环节。申报各部委项目34项,其中牵头国家文物局项目9项,牵头交通部项目7项,向教育部推荐高技术船舶科研项目1项。完成了交通运输行业协同创新平台的申报工作,牵头申报2个平台,参与企业申报6个。

据目前统计,我校申报成功率很高,新承担重大专项15项(2012年共12项),国家各部委项目19项(尚有10多项在评审过程中,2012年共2项),其中国家文物局项目4项,占江苏全省7项的半数强。申报成功2014年度国际合作项目数2项,核定专项经费共计480万元。

(四)国家自然科学基金资助数、资助额和资助率均创历史新高

积极动员一切力量申报国家自然科学基金项目889项,其中,申报面上项目530项、青年科学基金项目247项、国家杰出青年科学基金18项、优秀青年科学基金38项、重点项目21项、重大研究计划10项、各类专项基金7项、联合基金项目4项、国际(地区)合作与交流项目9项、海外及港澳学者合作研究基金2项、重大仪器专项2项。最终,面上项目获资助149项,资助率达28.1%;青年基金项目获资助98项,资助率达39.7%;国家杰出青年科学基金项目获资助3项,优秀青年科学基金项目获资助6项,均达到历史最好水平;重点项目2项,重大项目子课题2项;仪器专项1项;国际合作项目11项(其中重大国际合作项目3项);重大研究计划5项,联合基金2项,其他专项项目3项。在申报数下降的情况下,立项数比去年增加了9项。

(五)人才类项目申报取得新成绩

申报博士点基金项目博导类62项,新教师类78项,优先发展领域8项,香港合作课题3项。获资助情况为博导类17项,新教师类22项,优先发展领域2项,资助总金额为368万元。新世纪优秀人才申报25人,立项15人,立项率高达60%。申报霍英东基金11项,其中基础类项目申报4项,应用类项目申报6项,青年教师奖申报1项。留学回国人员科研启动基金获得资助人数共计10人。南京市留学人员科技活动项目择优资助人数共计12名。申报成功江苏省创新团队1个。

(六)江苏省各类纵向项目申报领跑全省高校

申报省基金"杰青"14项、面上项目40项(以上两类项目为限项申报)、青年基金114项。获得立项80项,其中省"杰青"8项,名列全省第一,面上项目22项,青年基金50项,获得资助金额2 020万元,比去年增加了36%。

完成了2013年度江苏省科技支撑计划(工业)项目的申报和合同签订工作,该类项目亦属限项申报,我校共有13项参加申报,立项4项,立项数在高校中排名第一;申报江苏省科技支撑计划(社会发展)项目5项,立项2项;申报江苏省科技支撑计划(农业)项目2项,立项1项。组织申报了江苏省环保科研课题项目共6项,江苏省交通科学计划项目共2项,江苏省住房和城乡建设厅项目2项。

（七）政府产学研项目申报取得新进展

作为技术依托单位申报江苏省重大科技成果转化项目50项,其中8项获得批准;负责江苏省产学研前瞻项目申报32项,共有10项获批,获得资助金额650万元。与沙钢联合申报重大战略新兴产品项目获得省科技厅立项。申报省科技厅"未来网络前瞻性研究项目"13项,其中重点5项,面上8项;申报广东省省部产学研合作专项资金项目3项;组织申报了2013年度南京市产学研合作项目4项。

（八）国防科研经费创新高

组织"973"项目、探索项目、重大专项、预研项目、GF"863"项目及航空、船舶等各类项目和基金的申报工作,牵头申报的GF"973"项目已通过专业局和预研局的审查;组织申报探索项目3项。新增重大专项项目3项,"863"项目1项,"973"课题1项、专题6项,预研基金9项,航空基金7项,其他基金2项。已签署各类国防横向合同150多项,合同额近8 000万元,办理技术贸易合同约54项,认定金额2千余万,国防切块经费1.15亿元。

（九）国家奖和省部级奖实现了历史性的突破

2013年是我校国家奖获奖数量最多的一年,也是获奖类别涵盖最全面的一年,实现了历史性的突破。争取了7个推荐国家奖的指标（江苏省4个、教育部2个、中华医学会1个）,经过多方通力合作和努力,我校以第一完成单位获得了4项国家奖（公示中）。另外,以合作单位获得国家科技进步奖2项（公示中）。

组织申报了18项江苏省科学技术奖（含省卫生厅推荐5项）,19项高等学校科学技术奖（含军工类1项）。截至目前,我校作为牵头单位获得省部级奖共计16项（不含三等奖）。获得江苏省奖总数为8项,其中一等奖4项,获奖数名列全省第一位;获得教育部奖总数为8项,其中一等奖5项,在全国高校名列前茅。

今年我校获得南京市科学技术进步奖7项（待批中,含合作2项）。获得中国机械工业协会一等奖1项、中国建筑材料联合会一等奖1项。另外,还参与完成了30余项国家和省部及其他社会力量报奖工作。推荐江苏省军工学会军民结合科技创新奖2项,均已通过专家初审及现场审查。

（十）"三大检索"论文和专利等成果产出继续稳步上升

根据中国科学技术信息研究所发布的2012年度中国科技论文统计数据,我校"三大检索论文"和表现不俗论文在全国高校中排名如下：2012年我校SCI收录论文1475篇,排名第16位,较去年排名上升1位;EI收录论文1 618篇,排名第12位,与去年排名持平;ISTP收录论文392篇,排名第27位,较去年排名上升2位;表现不俗论文385篇,排名第25位,表现不俗论文占本机构论文比例26.66%,排名第20位。另外,我校发表国内论文数量总计1 857篇,排名第30位,较去年排名上升9位。

到目前为止,发明专利的申请量已达到1 611件,授权668件,已超过去年全年的申请量。

五、优化服务管理,努力创建让全校师生满意的服务型机关

进一步加强国防资质申报与维护工作,通过制度建设,规范质量、生产许可、保密资格证书的使用。组织完成了我校2012—2013年度的质量管理体系的内部审核工作、管理评

审工作,通过中国新时代认证中心质量管理体系的民品的第一次监督审核和军品的第二次监督审核。装备承制资格已通过现场审查。

结合党的群众路线教育实践活动和机关作风建设活动,拟定完善各项工作制度,简化并公开各项办事流程,改进工作作风,规范科研管理,提升工作效能和服务水平。主动服务上门,定期到各个院系、基地或课题组宣讲科研政策和项目申报事项;完成2013年度教师职称评审的材料审核、优秀青年教师科研资助计划的材料审核、博硕导评审的材料审核、重大科技项目岗申报评审等工作;完成所有项目的经费切块、经费转账、结题和向校内各相关部门及对各级政府部门的数据统计、上报工作;做好与财务处、设备处及招标办的配合协调;针对多校区办学特点,坚持九龙湖日常办公和院领导值班制度。

今后科研院将居安思危、凝神聚力,进一步谋划事关长远的发展问题,进一步抓好影响当前的重点事项,在全体师生的共同努力下,稳步提升我校的科研实力,为学校的开拓创新、争先进位做出更大的贡献。

2013年国家自然科学基金项目表

编号	序号	项目负责人	单位	项目名称	项目类别	批准金额(万元)
2027	1	陶岸君	建筑学院	基于地域功能理论的中小尺度功能空间组织机理研究	青年科学基金项目	24
2028	2	朱 渊	建筑学院	行为叙事的空间启动——以空间句法为研究媒介的建筑空间生成研究	青年科学基金项目	25
2029	3	沈 旸	建筑学院	基于"事件性"的"革命旧址类"文物建筑保护的理论和方法研究	青年科学基金项目	25
2030	4	陈晓东	建筑学院	基于城市空间网络分析技术的地标性大型公共建筑空间分布研究	青年科学基金项目	24
2031	5	江 泓	建筑学院	基于产权视角的民居类历史街区形态分析理论及保护更新策略研究:以南京市为例	青年科学基金项目	25
2032	6	顾 凯	建筑学院	应用视野下的晚明以来江南园林叠山历史发展与技艺传承研究	青年科学基金项目	25
2033	7	金 星	建筑学院	蓄能建筑墙体中相变材料部分熔化特性与非对称模型研究	青年科学基金项目	25
2034	8	虞 刚	建筑学院	基于普及运算的互动建筑界面原型研究	面上项目	70

(续 表)

编号	序号	项目负责人	单位	项目名称	项目类别	批准金额(万元)
2035	9	屠苏南	建筑学院	城市中低价住宅用地的交通便利性模型实证研究——以长三角地区为例	面上项目	64
2036	10	金 俊	建筑研究所	基于中微观尺度评价的城市空间形态紧凑度定量研究	面上项目	80
2037	11	张十庆	建筑研究所	宋技术背景下东亚中日建筑技术书的比较研究	面上项目	70
2038	12	孙东科	机械学院	纳流体环境下单个DNA分子的过孔动力学研究	青年科学基金项目	25
2039	13	罗 翔	机械学院	机器人仿人高速步行的关键机理、控制方法和实现技术	面上项目	80
2040	14	陈 南	机械学院	四轮独立电动轮直驱汽车底盘系统机电耦合摆振控制	面上项目	80
2041	15	倪中华	机械学院	单根精度纳米线的高柔性与大规模操控技术研究	面上项目	90
2042	16	张赤斌	机械学院	植入种子辅助磁性药物靶向的多相流输运和渗透微观理论和实验研究	面上项目	80
2043	17	李 普	机械学院	大努森数下具有穿孔谐振结构的MEMS器件挤压膜阻尼分子动力学机理	面上项目	80
2044	18	沙菁契	机械学院	面向肿瘤标志物检测的纳流体单分子传感器的关键技术及机理研究	面上项目	80
2045	19	幸 研	机械学院	聚焦离子束气体辅助刻蚀工艺机理与界面演化模拟方法研究	面上项目	80
2046	20	周建新	能环学院	Oxy—CFB锅炉燃烧系统动态模型及其耦合特性研究	青年科学基金项目	24
2047	21	张程宾	能环学院	分形树状微小结构中流动沸腾传热机理及气液两相流动力学行为	青年科学基金项目	26
2048	22	张亚平	能环学院	铈掺杂钛基固溶体催化剂的制备与催化还原NO_x的机理研究	青年科学基金项目	26

（续 表）

编号	序号	项目负责人	单位	项目名称	项目类别	批准金额(万元)
2049	23	刘道银	能环学院	湿颗粒体系的流态化行为及机理研究	青年科学基金项目	26
2050	24	张会岩	能环学院	生物质催化热解制备先进液体燃料中催化剂积碳行为及其调控研究	青年科学基金项目	25
2051	25	殷勇高	能环学院	基于双工质对的低位太阳能驱动吸收式制冷循环研究	面上项目	80
2052	26	张小松	能环学院	一种低温溶液除湿自主再生热泵空调系统的基础研究	面上项目	91
2053	27	赵伶玲	能环学院	O_2/CO_2 煤燃烧数学模型的研究	面上项目	80
2054	28	段钰锋	能环学院	高硫石油焦制备富硫高活性吸附剂烟气喷射脱汞的机理研究	面上项目	80
2055	29	熊源泉	能环学院	多元溶液湿法撞击流燃煤烟气同时脱硫脱硝的机理研究	面上项目	80
2056	30	陆勇	能环学院	煤粉/生物质颗粒混合燃料气力输送特性的基础研究	面上项目	80
2057	31	许传龙	能环学院	雾化蒸发过程液滴多参数彩虹与空间滤波集成测量方法研究	面上项目	80
2058	32	钱华	能环学院	自然通风房间内呼吸道传染病传播机理及工程控制	面上项目	80
2059	33	杨非	信息学院	超导混频接收中全固态本振的若干关键技术研究	青年科学基金项目	25
2060	34	鲍迪	信息学院	基于新型人工电磁材料的超级传输器件研究	青年科学基金项目	27
2061	35	张彦	信息学院	毫米波亚毫米波平面集成反射阵和传输阵的设计研究	青年科学基金项目	30
2062	36	陈辉	信息学院	微波高频段复杂海环境雷达杂波仿真与多普勒谱分析	青年科学基金项目	26
2063	37	冯熳	信息学院	高效 EBPSK 传输系统抗衰落性能研究	青年科学基金项目	24

（续表）

编号	序号	项目负责人	单位	项目名称	项目类别	批准金额(万元)
2064	38	戚晨皓	信息学院	大规模 MIMO 系统中信道估计与导频设计研究	青年科学基金项目	24
2065	39	郭海燕	信息学院	基于压缩感知的单通道混合语音分离理论及算法研究	青年科学基金项目	24
2066	40	李连鸣	信息学院	CMOS 太赫兹信号源相位噪声下降与输出功率提升理论及技术研究	青年科学基金项目	29
2067	41	王 蓉	信息学院	标准 CMOS 工艺光电集成接收机的宽带低噪设计的建模研究	青年科学基金项目	25
2068	42	尤肖虎	信息学院	IEEE 无线通信与网络 2013 年度会议	国际(地区)合作与交流项目	6
2069	43	高西奇	信息学院	大规模 MIMO 无线通信理论与技术研究	国际(地区)合作与交流项目	305
2070	44	盛 彬	信息学院	基于分布式天线系统的绿色通信技术研究	面上项目	76
2071	45	杨绿溪	信息学院	面向 B4G/5G 移动通信系统的大规模 MIMO 传输方案研究及其优化设计	面上项目	78
2072	46	陈立全	信息学院	智能物联节点云连接中匿名认证及全同态加密技术研究	面上项目	80
2073	47	胡 静	信息学院	认知无线传感网络关键技术研究	面上项目	76
2074	48	郑 军	信息学院	车载自组织网络路侧单元的优化部署与调度理论和方法研究	面上项目	76
2075	49	陈 明	信息学院	支持大量可拉远天线单元即插即用的智能基站研究	面上项目	78
2076	50	邹采荣	信息学院	混叠声场景下的语音识别—合成补偿助听器关键算法研究	面上项目	81
2077	51	洪 俊	土木学院	伴随多面体粒子破碎的散粒体系统离散元数值研究	青年科学基金项目	23

(续 表)

编号	序号	项目负责人	单位	项目名称	项目类别	批准金额(万元)
2078	52	何小元	土木学院	采用相机阵列的高分辨全场应变测量方法研究与测量系统研制	专项基金项目	290
2079	53	许 妍	土木学院	地球化学特征对太湖底泥中多氯联苯微生物厌氧脱氯的影响研究	青年科学基金项目	25
2080	54	朱明亮	土木学院	基于向量式有限元的预应力空间结构施工力学分析方法研究	青年科学基金项目	26
2081	55	蔡建国	土木学院	索支撑径向开合屋盖结构体系及其运动过程研究	青年科学基金项目	25
2082	56	刘宏月	土木学院	碳纤维复合材料腐蚀环境及状态分布式光纤多参量协同监测机制研究	青年科学基金项目	25
2083	57	孙 安	土木学院	基于光纤超声波传感器的桥梁沉降分布式监测技术研究	青年科学基金项目	25
2084	58	陆 莹	土木学院	建筑工程施工安全风险智能诊断方法及关键技术研究	青年科学基金项目	25
2085	59	涂永明	土木学院	预应力混凝土结构多尺度多因素耦合的耐久性研究	面上项目	80
2086	60	范圣刚	土木学院	火灾下不锈钢结构行为反应与抗火设计理论研究	面上项目	80
2087	61	丁汉山	土木学院	波形钢腹板组合曲线箱梁的扭转性能研究	面上项目	80
2088	62	郭 彤	土木学院	摩擦耗能式自定心预应力混凝土墙的抗震性能评估及生命周期成本分析	面上项目	75
2089	63	惠 卓	土木学院	高性能碳纤维—索穹顶结构体系研究	面上项目	80
2090	64	汪 昕	土木学院	大直径FRP拉索锚固方法及其在长期荷载作用下的退化机理研究	面上项目	80
2091	65	王景全	土木学院	斜拉桥近场地震"活断层-土-结构"一体化分析理论与试验研究	面上项目	80

（续表）

编号	序号	项目负责人	单位	项目名称	项目类别	批准金额（万元）
2092	66	王 浩	土木学院	台风作用下大跨度缆索支承桥梁非平稳抖振多尺度分析及验证	面上项目	76
2093	67	宗周红	土木学院	基于健康监测的桥梁结构多尺度损伤预后方法研究	面上项目	80
2094	68	李德智	土木学院	公共租赁住房项目可持续性的前摄性定量评价方法研究	青年科学基金项目	20
2095	69	徐 照	土木学院	基于信息交互和4D模拟的建设项目可持续性动态评价和控制方法研究	青年科学基金项目	20
2096	70	邓小鹏	土木学院	国际工程中政治风险的集成度量及智能决策研究：理论、实证及应用	面上项目	59
2097	71	董志芳	电子学院	滑动窗离散正交变换快速算法及应用研究	青年科学基金项目	22
2098	72	恽斌峰	电子学院	基于单个金属纳米棒和金属薄膜间纳米间隙模近场增强的发光、局域热效应及SERS机理研究	面上项目	88
2099	73	丁德胜	电子学院	无衍射爱里声束及其非线性传播的研究	面上项目	89
2100	74	赵志伟	电子学院	用于微型微生物燃料电池阳极的聚吡咯/石墨烯复合纳米线的可控生长机理研究	青年科学基金项目	25
2101	75	谢 骁	电子学院	用于生物单分子检测的新型二维纳米材料的按需构筑方法及机理研究	青年科学基金项目	24
2102	76	Matt Cole（雷威）	电子学院	Carbon Nanotube and Graphene-based Field Emission Microfocus X-ray Sources	国际（地区）合作与交流项目	20
2103	77	徐 峰	电子学院	皮米分辨下石墨烯基锂离子电池电极微结构演化的原位动态表征与嵌/脱锂机制研究	面上项目	80
2104	78	黄见秋	电子学院	低温环境快速响应MEMS湿度传感器研究	青年科学基金项目	26

（续 表）

编号	序号	项目负责人	单位	项目名称	项目类别	批准金额(万元)
2105	79	钱钦松	电子学院	功率 SiC-JBS 器件可靠性机理研究	青年科学基金项目	25
2106	80	王 磊	电子学院	微机械加工多晶硅薄膜辐射效应基础研究	青年科学基金项目	25
2107	81	吴 俊	电子学院	超疏水表面的可回复电润湿机理及器件研究	青年科学基金项目	25
2108	82	张晓阳	电子学院	基于银纳米旗的可调谐高 Q 等离子激元谐振腔近场光学特性研究	青年科学基金项目	24
2109	83	万 能	电子学院	金属-石墨烯接触的原位构建及原子分辨界面微结构与电学特性研究	面上项目	80
2110	84	雷 威	电子学院	多维复合纳米材料的超强场致发射及器件的研究	面上项目	80
2111	85	常昌远	电子学院	数字控制 DC-DC 变换器的非线性建模与单输入模糊 PID 控制算法研究	面上项目	80
2112	86	朱 利	电子学院	基于时间-空间二维分辨微流混合技术的蛋白质折叠动力学研究	面上项目	75
2113	87	吴 霞	数学系	代数 K-理论中与 Tame 核相关的问题的研究	青年科学基金项目	22
2114	88	徐新冬	数学系	哈密顿偏微分方程中的小分母问题	青年科学基金项目	22
2115	89	汪红霞	数学系	具有复杂相关结构时空模型的非参数估计与预测	青年科学基金项目	22
2116	90	王海兵	数学系	介质不连续性的反演方法及其数值实现	青年科学基金项目	22
2117	91	温广辉	数学系	通信时间受限的多智能体系统一致性控制及应用	青年科学基金项目	25
2118	92	王栓宏	数学系	有界型量子超群胚上的 Pontryagin 对偶、Galois 对象和张量范畴表示	面上项目	62

(续 表)

编号	序号	项目负责人	单位	项目名称	项目类别	批准金额(万元)
2119	93	陈建龙	数学系	正则性及广义逆理论	面上项目	62
2120	94	徐君祥	数学系	哈密顿系统与 KAM 理论若干问题研究	面上项目	62
2121	95	程尊水	数学系	随机时滞动态网络的分岔控制与优化	面上项目	59
2122	96	虞文武	数学系	复杂网络与多智能体系统群体行为	优秀青年科学基金项目	100
2123	97	刘淑君	数学系	随机控制与优化	优秀青年科学基金项目	100
2124	98	杨 俊	自动化学院	高海拔风能系统的可靠高效运行控制	国际(地区)合作与交流项目	12.9
2125	99	柴 琳	自动化学院	基于压制法的非线性时滞系统的镇定控制与自适应控制研究	面上项目	78
2126	100	李 俊	自动化学院	作用域局部重叠的多机工程系统的优化调度与协调控制	面上项目	78
2127	101	路小波	自动化学院	交通监控中面向行驶车辆的图像超分辨率重建方法研究	面上项目	80
2128	102	汪 峥	自动化学院	克服库存不精确的鲁棒集成补货、生产控制及分销策略	面上项目	78
2129	103	皋 军	自动化学院	基于低秩表示理论的图像识别方法研究	面上项目	58
2130	104	张侃健	自动化学院	南极科考支撑平台发电机组的故障预测与优化切换控制	面上项目	60
2131	105	张三峰	计算机学院	基于网络编码和机会转发的无线 Mesh 网关键技术研究	青年科学基金项目	22
2132	106	吴巍炜	计算机学院	带能量供给与变速延迟约束的电压调整节能调度算法研究	青年科学基金项目	28
2133	107	刘肖凡	计算机学院	动态自适应社会系统中创新扩散的实证、建模及干预研究	青年科学基金项目	26
2134	108	罗军舟	计算机学院	AMS 大数据处理关键技术研究	国际(地区)合作与交流项目	290

(续 表)

编号	序号	项目负责人	单位	项目名称	项目类别	批准金额(万元)
2135	109	倪巍伟	计算机学院	位置服务中隐私偏好查询与隐藏关键技术研究	面上项目	75
2136	110	沈 军	计算机学院	支持网络服务可持续动态部署的关键机制及其节点模型	面上项目	72
2137	111	宋爱波	计算机学院	云环境下面向大数据并行计算的工作流执行优化研究	面上项目	76
2138	112	刘 波	计算机学院	基于群智感知的移动社会网络可信位置服务研究	面上项目	76
2139	113	陶 军	计算机学院	受控移动辅助的无线传感网长效运行关键技术研究	面上项目	73
2140	114	薛 晖	计算机学院	基于广义核的多核学习及拓展研究	面上项目	78
2141	115	陈 阳	计算机学院	低剂量CT成像新算法研究与临床应用	面上项目	65
2142	116	侯吉旋	物理系	线性纠缠高分子的弛豫过程的研究	青年科学基金项目	25
2143	117	章 文	物理系	单晶Fe_3O_4磁畴壁存储器件中临界电流密度的研究	青年科学基金项目	25
2144	118	董 帅	物理系	过渡金属氧化物	优秀青年科学基金项目	100
2145	119	董正高	物理系	等离激元特异介质中的磁涡旋偶极矩及其光学相关特性	面上项目	89
2146	120	杨文星	物理系	少周期脉冲激光诱导半导体微结构超快动力学及量子相干控制	面上项目	76
2147	121	周海清	物理系	双玻色子交换效应与$N/\pi/\Delta$(1232)形状因子、Qweak及Vud的精确测量	面上项目	72
2148	122	王金兰	物理系	过渡金属二硫族类石墨烯二维材料电子结构与光学性质的理论研究	面上项目	80

(续表)

编号	序号	项目负责人	单位	项目名称	项目类别	批准金额(万元)
2149	123	白艳锋	物理系	湍流对基于纠缠源关联成像的影响	面上项目	76
2150	124	倪振华	物理系	石墨烯与半导体纳米结构的耦合及光电性能研究	面上项目	80
2151	125	蔡彦	生医学院	非小细胞肺癌抗血管生成治疗中微环境正常化及其对化疗药物输运影响的生物力学研究	青年科学基金项目	26
2152	126	韩晓锋	生医学院	表面组装多肽结构及其抗细菌功能的研究	青年科学基金项目	25
2153	127	吴富根	生医学院	和频振动光谱研究药物分子与细胞膜模型体系相互作用的分子基础	青年科学基金项目	26
2154	128	陈强	生医学院	骨组织再生过程中支架-骨系统力学性能的研究	青年科学基金项目	23
2155	129	赵祥伟	生医学院	基于光子晶体编码微球的微流控分析芯片及其应用研究	面上项目	83
2156	130	孙清江	生医学院	用于G-四链体DNA识别的量子点/大环分子荧光探针研究	面上项目	90
2157	131	杨芳	生医学院	多功能微纳气泡的构建及应用于医学诊疗一体化的研究	面上项目	85
2158	132	肖忠党	生医学院	基于超高分辨成像技术的miRNA作用机制研究	面上项目	77
2159	133	刘宏德	生医学院	多样本核小体动态定位识别	面上项目	60
2160	134	刘全俊	生医学院	复合纳米孔器件的研制及其稳定性研究	面上项目	80
2161	135	顾忠泽	生医学院	国际自组装功能材料会议	国际(地区)合作与交流项目	4
2162	136	鲁武(顾宁)	生医学院	基于氮化铝镓/氮化镓场效应的细胞电生理传感研究	海外及港澳学者合作研究基金	20
2163	137	周雪峰	材料学院	高速钢多组分合金碳化物回火粗化行为原子尺度研究	青年科学基金项目	25

(续　表)

编号	序号	项目负责人	单位	项目名称	项目类别	批准金额(万元)
2164	138	邵起越	材料学院	基于上转换发光材料的多功能集成纳米加热器研究	青年科学基金项目	25
2165	139	戎志丹	材料学院	生态型纳米超高性能水泥基复合材料的制备及微结构演变规律	青年科学基金项目	26
2166	140	宋丹	材料学院	氯离子侵蚀下表面纳米化耐蚀钢筋在混凝土中的腐蚀行为和机理研究	青年科学基金项目	25
2167	141	张萍	材料学院	基于多维/多尺度的水泥基材料盐冻破坏规律研究	青年科学基金项目	26
2168	142	方峰	材料学院	超大形变珠光体中的"位错贫乏"现象及影响机制研究	面上项目	80
2169	143	朱鸣芳	材料学院	合金凝固过程中枝晶共晶和显微气孔形成的模拟研究	面上项目	80
2170	144	钱春香	材料学院	生态性生物磷酸盐胶凝材料及其在土木工程中的应用基础研究	面上项目	80
2171	145	郭丽萍	材料学院	生态纳米超高延性水泥基复合材料的设计理论与关键技术	面上项目	80
2172	146	蒋金洋	材料学院	核电牺牲混凝土制备与作用机理研究	面上项目	85
2173	147	张亚梅	材料学院	碱激发矿渣的微结构表征、优化及其与宏观行为的关系	面上项目	82
2174	148	张云升	材料学院	基于微结构的混凝土材料传输特性及本构关系	面上项目	80
2175	149	刘玉付	材料学院	快速循环热机械疲劳条件下热障涂层TGO皱褶行为演变	面上项目	76
2176	150	贾鸿雁	人文学院	民国时期旅游管理思想研究(1912—1949)	面上项目	50
2177	151	岳书敬	经管学院	基于绿色生产函数理论的区域绿色发展评价及政策设计研究	青年科学基金项目	20
2178	152	薛巍立	经管学院	现货价格波动下供应链违约风险的防范和管理研究	青年科学基金项目	23

(续 表)

编号	序号	项目负责人	单位	项目名称	项目类别	批准金额(万元)
2179	153	何 勇	经管学院	供需不确定情形下折损产品供应链动态协调策略研究	面上项目	57.5
2180	154	李四杰	经管学院	基于消费者策略行为的互补产品供应链决策和绩效研究	面上项目	56
2181	155	刘新旺	经管学院	二型模糊系统理论及其在知识个性化推荐中的应用	面上项目	57
2182	156	仲伟俊	经管学院	电子商务中定向广告精准性优化模型和方法研究	面上项目	56
2183	157	何建敏	经管学院	基于复杂网络与 Multi-Agent 融合的金融市场间风险溢出效应研究	面上项目	56
2184	158	李 东	经管学院	科技型初创企业的能力陷阱与商业模式实验创新过程研究：基于结构化理论的分析	面上项目	56
2185	159	张晓玲	经管学院	共性技术商业化过程中的合作客户价值主张生成机理与促进策略研究	面上项目	56
2186	160	付兴贺	电气学院	直线旋转两自由度双定子永磁电机及其控制系统研究	青年科学基金项目	26
2187	161	窦晓波	电气学院	负控高参与度下的微电网多时间尺度运行控制策略与方法	青年科学基金项目	24
2188	162	陈 武	电气学院	无互联模块化非对称双向高频直流变换器基础研究	青年科学基金项目	26
2189	163	程 明	电气学院	新型双定子无刷双馈风力发电系统及其控制	国际(地区)合作与交流项目	240
2190	164	花 为	电气学院	新能源汽车用新型电机系统	优秀青年科学基金项目	100
2191	165	胡敏强	电气学院	利用流体中钝体绕流的压电发电技术研究	面上项目	80
2192	166	黄允凯	电气学院	电动车辆再生制动用新型轴向飞轮储能电机系统的基础研究	面上项目	80
2193	167	林鹤云	电气学院	磁通切换型可变磁通记忆电机及其在线调磁驱动协调控制基础研究	面上项目	88

（续　表）

编号	序号	项目负责人	单位	项目名称	项目类别	批准金额(万元)
2194	168	徐青山	电气学院	面向多环节不确定的共济型光储发电系统递阶式配置研究	面上项目	74
2195	169	陆于平	电气学院	新型充分式含DG配网保护策略研究	面上项目	78
2196	170	樊英	电气学院	电动汽车高可靠开绕组混合励磁电机驱动系统容错运行关键技术研究	面上项目	77
2197	171	付大伟	化工学院	分子基多功能铁电单晶的设计、合成与调控	青年科学基金项目	35
2198	172	孙莹	化工学院	基于偶极矩调控和侧链修饰的新型聚合物材料的设计、制备与光电性能研究	青年科学基金项目	25
2199	173	姚芳	化工学院	连续加工过程中点击化学反应制备结构规整的一维凝胶器件的研究	青年科学基金项目	25
2200	174	盛晓莉	化工学院	基于质子型离子液体介微孔材料负载型烷基化催化剂的研究	青年科学基金项目	25
2201	175	代云茜	化工学院	一维石墨烯/半导体纤维微观结构中的光生电子输运机制研究	国际(地区)合作与交流项目	4
2202	176	孙柏旺	化工学院	抗体介导靶向性铂化合物设计、合成及生物活性研究	面上项目	80
2203	177	张毅	化工学院	具有磁、介电响应的分子基铁电和介电材料	面上项目	85
2204	178	谢一兵	化工学院	导通取向的有序纳米阵列膜及其全柔性超级电容储能研究	面上项目	83
2205	179	杨洪	化工学院	基于法向热传导的垂直取向液晶高分子薄膜研究	面上项目	80
2206	180	刘松琴	化工学院	细胞色素P450酶复合组装与代谢行为及其生物分析应用研究	面上项目	80
2207	181	吴东方	化工学院	整体式催化剂活性物质抗脱落性能研究	面上项目	86

（续 表）

编号	序号	项目负责人	单位	项目名称	项目类别	批准金额(万元)
2208	182	张一卫	化工学院	基于聚合物封装与活性炭模板双功能调控机制的Pt基多孔催化剂的制备及反应性能研究	面上项目	80
2209	183	李新松	化工学院	基于氨基酸两性离子的水凝胶生物材料：制备与眼科应用	面上项目	80
2210	184	刘松玉	交通学院	城市化过程中天然沉积土污染演化机理与控制技术研究	重点项目	300
2211	185	王 炜	交通学院	现代城市多模式公共交通系统基础理论与效能提升关键技术	重点项目	300
2212	186	杜广印	交通学院	十字共振翼共振法处理可液化地基的加固机理与设计理论	面上项目	70
2213	187	洪振舜	交通学院	盐分浸析作用下天然沉积海相黏土劣化性状与定量评价	面上项目	77
2214	188	张国柱	交通学院	隧道衬砌换热器的传热特性及其热交换管与衬砌相互力学作用研究	青年科学基金项目	25
2215	189	叶智锐	交通学院	面向高速公路的广义交通事故预测模型构建方法研究	青年科学基金项目	25
2216	190	张 健	交通学院	车联网环境下公交车辆行车计划智能化编制及优化方法研究	青年科学基金项目	25
2217	191	王 非	交通学院	地下压力管线力学特性的大型模型试验及数值计算方法研究	国际(地区)合作与交流项目	0.7
2218	192	刘 攀	交通学院	交通安全设计和评价	优秀青年科学基金项目	100
2219	193	马 涛	交通学院	SMA路面热再生机理与关键技术研究	面上项目	80
2220	194	邓永锋	交通学院	孔隙水盐分溶脱过程天然沉积软黏土工程性质演化及机理研究	面上项目	80
2221	195	丁建文	交通学院	考虑颗粒径向移动影响的疏浚泥砂井大应变固结模型研究	面上项目	82
2222	196	程 琳	交通学院	系统柔韧性导向的城市多方式交通网络设计技术	面上项目	75

(续表)

编号	序号	项目负责人	单位	项目名称	项目类别	批准金额(万元)
2223	197	杨敏	交通学院	居住外迁个体通勤活动链中的多维出行决策机理	面上项目	77
2224	198	黄晓明	交通学院	基于路表宏观纹理特征的沥青路面全周期抗滑行为研究	面上项目	80
2225	199	赵永利	交通学院	大旧料掺量再生沥青混合料的高模量化设计理论与性能研究	面上项目	80
2226	200	陈淑燕	交通学院	物联网环境下的城市道路交通事件自动检测与交通诱导	面上项目	79
2227	201	张永	交通学院	扰动下可持续生物燃料供应链系统鲁棒优化与仿真研究	面上项目	55
2228	202	林国余	仪科学院	车轮力传感器的运动-力解耦关键技术研究	青年科学基金项目	27
2229	203	孙立博	仪科学院	基于人群密度的虚拟人群行为建模及仿真技术研究	青年科学基金项目	22
2230	204	陈熙源	仪科学院	复杂环境下面向机载遥感应用基于惯性组合的高精度鲁棒测量理论和精度估计	面上项目	80
2231	205	张涛	仪科学院	基于惯导及声学导航的自主水下航行器新型组合导航技术研究	面上项目	75
2232	206	程向红	仪科学院	基于动力学模型辅助的自主增强型深海 AUV 组合导航技术研究	面上项目	76
2233	207	宋光明	仪科学院	多旋翼飞行器安全编队飞行的共享控制方法研究	面上项目	79
2234	208	陈磊磊	ITS	沥青混合料细观断裂行为的观测与模拟技术研究	青年科学基金项目	25
2235	209	钱振东	ITS	基于瞬态传热理论的钢桥面板摊铺温度效应研究	面上项目	80
2236	210	张婷	公卫学院	常用金属纳米材料的毒性效应及定量构效关系(QSAR)研究	青年科学基金项目	23
2237	211	王晓英	公卫学院	多重信号协同放大电化学免疫新方法及其超高灵敏快速检测p53蛋白的应用研究	青年科学基金项目	23

(续 表)

编号	序号	项目负责人	单位	项目名称	项目类别	批准金额(万元)
2238	212	王适之	公卫学院	miR-143基因启动子区遗传变异影响基因转录调控机制及与宫颈癌发生危险性的研究	青年科学基金项目	23
2239	213	王少康	公卫学院	叶酸及一碳单位代谢相关B族维生素与食管癌发病关系及其作用机制研究	面上项目	65
2240	214	翟成凯	公卫学院	我国五谷为养模式中全谷豆DF对IR的作用及机制研究	面上项目	70
2241	215	张 娟	公卫学院	慢性苯中毒造血毒性的代谢特征及生物标志研究	面上项目	60
2242	216	张 晓	公卫学院	改进与完善医疗保险重特大疾病支付管理的研究——基于恶性肿瘤等疾病的医保支付制度系统性改革与整体设计视角	面上项目	56
2243	217	张子超	生命研究院	PQBP1调节脆性X智力迟滞蛋白FMR1功能的机制研究	青年科学基金项目	24
2244	218	史兴娟	生命研究院	中心体蛋白Cep70的泛素化修饰及功能研究	青年科学基金项目	25
2245	219	谢 浩	生命研究院	NSE4增强p53促凋亡功能的机制研究	青年科学基金项目	20
2246	220	张光珍	学习中心	社交退缩行为的发展：遗传因素与环境因素的影响	青年科学基金项目	22
2247	221	卢 青	学习中心	抑郁症脑功能网络微状态及其动态特性的研究	面上项目	80
2248	222	谢雪英	学习中心	基于因子图的K562跨组学基因调控网络的构建与分析	面上项目	78
2249	223	王海贤	学习中心	基于L1-范数的EEG判别模式研究：同时鲁棒滤波、半监督学习及通道选取	面上项目	80
2250	224	苏振毅	医学院	钙调蛋白磷酸酶B亚基(CnB)联合IFN-γ对肿瘤相关巨噬细胞功能的影响及其在抗肿瘤中的应用研究	青年科学基金项目	22
2251	225	陆文彬	医学院	脾Ly6Chigh/low单核细胞快速动员对MSCs移植治疗急性心肌梗死心肌修复的影响及机制研究	青年科学基金项目	23

（续 表）

编号	序号	项目负责人	单位	项目名称	项目类别	批准金额(万元)
2252	226	张红梅	医学院	孕期雌、孕激素对戊型肝炎病毒复制的影响及其机制研究	青年科学基金项目	23
2253	227	卢娜	医学院	氧化石墨烯杀菌作用及其机制研究	青年科学基金项目	23
2254	228	杨健	医学院	多巴胺受体2在精神分裂症患者肺癌发病中的作用研究	青年科学基金项目	23
2255	229	吴旭平	医学院	端粒酶抑制剂-imetelstat对食管鳞癌放射增敏及机制的实验研究	青年科学基金项目	23
2256	230	孙玲美	医学院	2-金刚烷胺对唑类药物抗白色念珠菌的增效活性及其经由脂筏信号通路的作用机制	青年科学基金项目	23
2257	231	姚红红	医学院	成瘾性药物滥用与神经炎性反应	优秀青年科学基金项目	100
2258	232	韩国荣	医学院	雌激素及受体、免疫反应影响HBV感染孕产妇慢乙肝活动的前瞻性研究及功能验证	面上项目	70
2259	233	陈平圣	医学院	肾小管基底膜增厚的新机制——缺氧对MMP-2活性调控影响的机制探讨	面上项目	70
2260	234	唐伟	医学院	炎症致胰岛β细胞功能障碍的新机制-异常折叠胰岛素原积聚	面上项目	61
2261	235	张建琼	医学院	MR/NIRF双模态分子影像指导下靶向肽-siRNA复合体在乳腺癌脑转移中的应用研究	面上项目	70
2262	236	黄培林	医学院	KrasG12D-LOH介导的AMPK和REDD1对胰腺癌能量代谢和生物学行为的影响及其机理研究	面上项目	70
2263	237	沈传来	医学院	多功能PLGA微粒式人工抗原提呈细胞对肿瘤的主动免疫治疗	面上项目	70
2264	238	赵伟	医学院	肝细胞自噬对乙型肝炎病毒感染抗原交叉提呈免疫应答的影响及机制研究	面上项目	16

(续 表)

编号	序号	项目负责人	单位	项目名称	项目类别	批准金额(万元)
2265	239	王立新	医学院	B细胞交叉提呈肿瘤细胞来源自噬小体(DRibble)抗原及其诱导抗肿瘤T细胞应答的机制研究	面上项目	80
2266	240	赵晟	医学院	RFamide相关肽(RFRP)在精子生成过程中的功能。	面上项目	15
2267	241	潘纯	中大医院	三维应力环境下SDF-1/CXCR4轴调控间充质干细胞对ARDS内皮细胞修复的影响	青年科学基金项目	24
2268	242	刘艾然	中大医院	MSC抑制ALI过度炎症反应的新机制——Wnt/β-catenin信号途径活化诱导调节性DC	青年科学基金项目	23
2269	243	李洋	中大医院	冠状动脉扭曲的血流动力学研究	青年科学基金项目	23
2270	244	魏芹	中大医院	血管钙化新机制-GDF15介导的单核/巨噬细胞破骨样转分化调节机制研究	青年科学基金项目	23
2271	245	陆静	中大医院	EPO调控心肌细胞SERCA2a表达及其对糖尿病心肌病防治作用的机制研究	青年科学基金项目	23
2272	246	孙超	中大医院	去细胞神经支架复合骨髓间充质干细胞构建组织工程神经修复阴茎海绵体神经缺损的研究	青年科学基金项目	23
2273	247	陈珑	中大医院	CCN3对肾小球系膜细胞胞外基质的影响及microRNA-29在其中的作用机制探讨	青年科学基金项目	23
2274	248	徐治	中大医院	色氨酸羟化酶2基因(TPH2)和环境相互作用与抗抑郁剂疗效的关系：表观遗传学机制研究	青年科学基金项目	23.5
2275	249	安艳丽	中大医院	靶向肝癌EpCAM+肿瘤干细胞双模分子影像探针构建及其在肝癌早期诊断中的实验研究	青年科学基金项目	23
2276	250	聂芳	中大医院	可跨越血脑屏障的磁共振/光学双模态靶向分子探针的构建及其在乳腺癌脑转移瘤早期诊断中的应用研究	青年科学基金项目	23

(续　表)

编号	序号	项目负责人	单位	项目名称	项目类别	批准金额(万元)
2277	251	顾　斌	中大医院	人类疱疹病毒6型DR7基因编码蛋白在调控人神经胶质瘤发生中的作用	青年科学基金项目	23
2278	252	刘必成	中大医院	肾脏纤维化研究进展	国际(地区)合作与交流项目	6
2279	253	刘松桥	中大医院	高频振荡通气对急性呼吸窘迫综合征肺局部气体分布的影响与呼吸机相关肺损伤机制研究	面上项目	16
2280	254	汤成春	中大医院	钾离子通道Kir2.1调控血管损伤后血管平滑肌细胞表型转换的作用及其机制	面上项目	65
2281	255	陈宝安	中大医院	血小板靶向载药系统的研制及其抗白血病效应的研究	面上项目	70
2282	256	蒋　犁	中大医院	rEPO联合MSCs移植治疗早产儿脑白质损伤的疗效及其机制研究	面上项目	69
2283	257	张晓良	中大医院	活性维生素D3调控巨噬细胞替代活化途径防治糖尿病肾病足细胞损伤	面上项目	70
2284	258	陈　明	中大医院	雌激素/雌激素受体-RUNX1-miR-29家族-OX40、ICOS调控通路在记忆T细胞介导的移植免疫中的作用及机制研究	面上项目	70
2285	259	孙子林	中大医院	2型糖尿病大鼠胰岛星状细胞的生物学特性及其活化机制	面上项目	75
2286	260	汤日宁	中大医院	糖尿病血管钙化的新机制:高糖诱导内皮细胞-成骨细胞转分化的研究	面上项目	70
2287	261	王少华	中大医院	糖基化终产物致糖尿病认知障碍:BDNF-TrkB-CREB信号介导的海马重塑神经网络机制研究	面上项目	16
2288	262	张向荣	中大医院	慢性缺陷型精神分裂症外周免疫系统分子遗传与表观遗传特征研究	面上项目	70

(续 表)

编号	序号	项目负责人	单位	项目名称	项目类别	批准金额(万元)
2289	263	袁勇贵	中大医院	基于5-羟色胺通路的抑郁症脑网络异常:药物影像遗传学研究	面上项目	70
2290	264	居胜红	中大医院	心肾综合征中p38MAPK通路相关机制和干预治疗的多模态MR研究	面上项目	85
2291	265	张海军	中大医院	基于纳米囊多元化治疗难治/复发急性髓性白血病制剂的设计及机制研究	面上项目	70
2292	266	邱海波	中大医院	血管紧张素Ⅱ促进骨髓间充质干细胞跨肺微血管内皮迁移的机制研究	面上项目	70
2293	267	张志珺	中大医院	TREK-1双孔钾离子通道拮抗效应与抗抑郁治疗快速起效分子机制研究	面上项目	98
2294	268	钟文琪	能环学院	气固两相流	杰青	200
2295	269	宋爱国	仪科学院	力触觉临场感遥操作机器人基础研究	杰青	200
2296	270	王雪梅	生医学院	纳米医学	杰青	200
2297	271	刘继军	数学系	基于微分方程模型的介质成像和图像处理的数值方法	重大研究计划	70
2298	272	柏峰	中大医院	Aβ-淀粉样蛋白代谢通路基因相关神经网络动态演变模式在阿尔茨海默病风险人群早期诊断中的作用	重大研究计划	80
2299	273	谢春明	中大医院	抑郁症快感缺失的神经环路基础及其与多巴胺系统基因多态性关联机制	重大研究计划	60
2300	274	刘磊	机械学院	基于同步辐射的POSS-聚合物纳米复合材料微观结构与阻燃机理研究	联合基金项目	68
2301	275	仲兆平	能环学院	流化床中煤与生物质混烧的实验及模拟研究	联合基金项目	60
2302	276	王玉娟	机械学院	猪笼草捕虫笼蜡质滑移区捕获刚毛类昆虫机理的实验研究	专项基金项目	15

(续 表)

编号	序号	项目负责人	单位	项目名称	项目类别	批准金额(万元)
2303	277	黄宁平	生医学院	生物材料仿生支架促进间充质干细胞向成骨细胞分化的机制研究	专项基金项目	15
2304	278	张袁健	化工学院	石墨相氮化碳聚合物新型光电转换材料研究	重大研究计划	91
2305	279	雷威	电子学院	基于纳米金属氧化物的高效量子点发光二极管的研究	重大研究计划	91
2306	280	钟文琪	能环学院	气固湍流的多尺度结构演化与相互作用机理	重大项目课题	275
2307	281	赵林度	经管学院	低碳和安全物流运营管理	重大项目课题	280
2308	282	丁收年	化工学院	增强型量子点固态电致化学发光研究及其生物分析新方法	专项基金项目	10
2309	283	Mostafa Kamali Ardak(孙璐)	交通学院	Statistical Data Mining for Modeling Freeway Traffic Flow	国际(地区)合作与交流项目	20

2013年国家"973"计划项目表

项目类型	项目名称	负责人	所在学院	课题经费(万元)
牵头青年"973"项目	分子铁电多功能存储材料的前沿交叉研究	付大伟	化工学院	500
"973"课题	分子铁电多功能存储材料的前沿交叉研究	付大伟	化工学院	216
"973"课题	插层结构的纳米效应与功能强化	熊仁根	化工学院	264

2013年国家"863"计划项目表

项目类型	项目名称	负责人	所在学院	课题经费(万元)
"863"课题	物联网安全感知技术及验证平台的研究	黄杰	电子学院	473
"863"课题	面向移动终端的触觉再现和交互技术研究	宋爱国	仪科学院	290
"863"课题	可见光通信系统关键技术与评估方法	陈明	信息学院	365
"863"课题	基于内容聚类与兴趣适配的高效内容分发技术	罗军舟	计算机学院	287
"863"课题	无线、无源、多参数微纳传感器与系统	秦明	电子学院	567

2013年国家科技支撑计划项目表

项目类型	项目名称	负责人	所在学院	课题经费(万元)
国家科技支撑计划课题	砒砂岩固结促生技术研发	杨才千	土木学院	251
国家科技支撑计划课题	城镇化发展用地实地核查技术研究	李冰	电子学院	482
国家科技支撑计划课题	水网密集地区村镇宜居社区与工业化小康住宅建设关键技术研究与集成示范	石邢	建筑学院	831

2013年国家重大专项表

序号	校内负责人	单位	项目名称	专项类别	批准金额(万元)
1	熊非	生医学院	中药五类新药原料鸡骨草总黄酮碳苷的临床前研究	重大新药创制	30
2	张小国	仪器科学与工程学院	村镇建设用地再开发调查技术装备关键技术研究	国家科技重大专项	205
3	何农跃	生医学院	传染病病原体现场检测系列新方法及技术平台研究	艾滋病、肝炎等重大传染病防治	168.010 8
4	朱纪军	生医学院	重金属电化学分析新方法与新型在线/便携式重金属检测系统的研制	国家重大仪器设备开发专项	98
5	张华	信息学院	后IMT-Advanced移动通信技术及发展策略研究	新一代宽带无线移动通信网	128.19
6	黄永明	信息学院	3DMIMO技术研究与验证	新一代宽带无线移动通信网	117.48
7	赵新胜	信息学院	基于TD-LTE公网集群业务系统研发与验证	新一代宽带无线移动通信网	64.98
8	朱晓维	信息学院	多模终端射频功率放大器芯片测试模块	新一代宽带无线移动通信网	99.2
9	潘志文	信息学院	面向LTE-Advanced的多层/多小区协作关键技术研究	新一代宽带无线移动通信网	142.28

(续 表)

序号	校内负责人	单位	项目名称	专项类别	批准金额(万元)
10	刘昊	电子学院	TD-LTE多频射频商用芯片研发	新一代宽带无线移动通信网	110.25
11	张念祖	信息学院	多天线无线信道模拟关键技术研究和多天线无线信道模拟器射频前端与基带模块研制	新一代宽带无线移动通信网	643.39
12	朱光灿	能源与环境学院	无锡市太湖水深度处理关键技术研究与示范	水体污染控制与治理	100
13	汤文成	机械学院	高性能滚动部件开发与应用研究	高档数控机床与基础制造装备	105.6
14	苟少华	化学化工学院	抗肿瘤及糖尿病新药开发企业创新综合平台建设	重大新药创制	99.6
15	赵春明	信息学院	TD-LTE-Advanced终端基带芯片工程样品研发	新一代宽带无线移动通信网	235.81

2013年各部委项目表

序号	部委名称	课题名称	课题负责人	所在学院	经费(万元)
1	交通部	船联网传输网关键技术研究	王霄峻	信息学院	58
2	教育部	中国教育和科研计算机网主干网和重点学科学习服务体系升级扩容工程	龚俭	计算机学院	92
3	中科院	中国当代建筑设计发展战略国际高端论坛	王静	建筑学院	50
4	发改委	无线智能终端安全检测服务能力建设	胡爱群	信息学院	200
5	国土资源部	地籍快速调查技术	王慧青	仪器科学与工程学院	236
6	国土资源部	国产卫星数据处理和信息提取技术研究	周少红、戚浩平	化工学院、交通学院	20
7	中国工程院	脑与信息系统交互技术研究之四:对人智力发展的促进与评测	韦钰	学习科学中心	60

(续 表)

序号	部委名称	课题名称	课题负责人	所在学院	经费(万元)
8	住房和城乡建设部	综合客运枢纽行人流集散的模拟研究	童蔚苹	交通学院	自筹4万
9	住房和城乡建设部	关于加强建筑设计水平的政策措施研究	程泰宁	建筑学院	20
10	国土资源部	低丘缓坡山地开发土地规划与监管技术与示范	张小国	仪器科学与工程学院	55
11	国土资源部	村镇建设用地再开发关键技术研究与示范	张小国	仪器科学与工程学院	205
12	国家文物局	基于水热迁移的土遗址保护辅助决策软件开发与应用	李永辉	建筑学院	30
13	住房和城乡建设部	2012年全国工程招标代理机构统计分析及工程招标代理机构诚信评价探索研究	郑磊	土木学院	10
14	中国工程院	中国创新设计发展现状及技术路线图研究	徐江	机械学院	10
15	中国铁路总公司	高寒地区高速铁路路基冻胀综合防治技术实验研究	陈先华、蒋金洋	交通学院、材料学院	90
16	交通部科技项目	路面状况检测器检测技术及检测方法研究	韩磊	电子科学与工程	3
17	中国工程院	儿童早期发展前沿研究工程前沿技术研究	韦钰	学习科学中心	5
18	科技部	赛伐珠单抗联合细胞毒药抗HCC血管生成作用及机制研究	刘琳	中大医院	1.6
19	卫生部	miR-301b对胃癌诊断和治疗价值的研究	陈洪	中大医院	10
20	国家质检总局	电磁兼容(EMC)-第4-20部分:试验和测量技术-横电磁波波导中的发射和抗扰度试验	周忠元	机械学院	1.5
21	国家质检总局	电磁兼容:试验和测量技术-混波室试验方法	周忠元	机械学院	3.5
22	交通部	正交异性钢桥面板疲劳行为特性及损伤理论研究	丁幼亮	土木学院	28

2013年江苏省自然科学基金项目表

单位:万元

序号	类别	项目编号	项目名称	承担单位	负责人	完成时间	省拨款
1	杰青	BK20130016	石墨烯/二硫化钼层状材料生长机理与光电性质及其在太阳能利用方面的研究	东南大学	王金兰	2016	100
2	杰青	BK20130017	基因表达时间序列数据的建模、估计和鲁棒控制研究	东南大学	梁金玲	2016	100
3	杰青	BK20130018	干扰观测控制理论及其工业应用研究	东南大学	李世华	2016	100
4	杰青	BK20130019	无线通信信号处理研究	东南大学	黄永明	2016	100
5	杰青	BK20130020	多模态情感信息处理	东南大学	郑文明	2016	100
6	杰青	BK20130021	功率SOI-LIGBT器件可靠性机理研究	东南大学	孙伟锋	2016	100
7	杰青	BK20130022	加压中高温稠密气固反应体系的基础科学问题研究	东南大学	钟文琪	2016	100
8	杰青	BK20130023	大跨钢桥全寿命周期疲劳可靠度的评估与优化	东南大学	郭彤	2016	100
9	"973"配套	BK20130057	多模态像技术在缺血性脑卒中半暗带亮化研究中的运用	东南大学	滕皋军	2016	100
10	面上项目	BK20131283	杂化磁响应特异介质中的光学特性研究	东南大学	董正高	2016	10
11	面上项目	BK20131284	复合拓扑超导体与马约拉纳费米子输运性质研究	东南大学	汪军	2016	10
12	面上项目	BK20131285	随机系统正规形理论的推广及其应用	东南大学	吴昊	2016	10
13	面上项目	BK20131286	非对称核物质状态方程与相关核天体物理的研究	东南大学	蒋维洲	2016	10

(续 表)

序号	类别	项目编号	项目名称	承担单位	负责人	完成时间	省拨款
14	面上项目	BK20131287	治理高盐分芳香磺酸废水的离子交换树脂合成及适配机制	东南大学	孙　越	2016	10
15	面上项目	BK20131288	基于双功能调控机制的Pt基多孔催化剂制备及反应性能研究	东南大学	张一卫	2016	10
16	面上项目	BK20131289	具有多手性元素螺旋链的构筑及其在不对称亨利反应中的应用	东南大学	程　林	2016	10
17	面上项目	BK20131290	触觉分子机制研究	东南大学	蒋礼阳	2016	10
18	面上项目	BK20131291	hnRPUL1拮抗XRCC1参与紫外线损伤修复的分子机制	东南大学	洪泽辉	2016	10
19	面上项目	BK20131292	规模化V2G入网变换器的谐振抑制技术研究	东南大学	肖华锋	2016	10
20	面上项目	BK20131293	基于结构成色的彩色隐形眼镜制备及功能化研究	东南大学	谢卓颖	2016	10
21	面上项目	BK20131294	苏锡常地面沉降区西气东输管线灾变机理及预警技术研究	东南大学	王　非	2016	10
22	面上项目	BK20131295	6自由度单片集成微惯性测量单元研究	东南大学	夏敦柱	2016	10
23	面上项目	BK20131296	基于稀疏特征学习和概率图模型的目标检测与分类研究	东南大学	潘　泓	2016	10
24	面上项目	BK20131297	超快微流混合器联合多光谱探针蛋白质折叠早期事件研究	东南大学	朱　利	2016	10
25	面上项目	BK20131298	基于不定性的多核学习研究	东南大学	薛　晖	2016	10
26	面上项目	BK20131299	基于协作的绿色无线通信系统能效关键技术研究	东南大学	衡　伟	2016	10

（续　表）

序号	类别	项目编号	项目名称	承担单位	负责人	完成时间	省拨款
27	面上项目	BK20131300	南极科考支撑平台运行控制与健康维护研究	东南大学	方仕雄	2016	10
28	面上项目	BK20131301	基于社会系统适应性演化机制的创新扩散建模与干预研究	东南大学	刘肖凡	2016	10
29	面上项目	BK20131302	CXCL12/CXCR7 通过自分泌机制促进 MSC 特异性向 ALI 肺组织定植研究	东南大学	刘　玲	2016	10
30	面上项目	BK20131303	rEPO-NPs 通过 SDF-1/CXCR-4 对于 MSCs 治疗早产儿脑白质损伤的归巢研究	东南大学	蒋　犁	2016	10
31	面上项目	BK20131304	人软骨细胞和骨髓间充质干细胞共培养构建组织工程软骨的成瘤和促瘤作用的研究	东南大学	常　青	2016	10
32	青年基金	BK20130593	靶向乏氧环境治疗实体肿瘤的多尺度生物力学研究	东南大学	蔡　彦	2016	20
33	青年基金	BK20130594	基于 Helmholtz 方程组的波场逆散射及数值解	东南大学	王海兵	2016	20
34	青年基金	BK20130595	基于间歇通信的多智能体系统一致性控制及应用	东南大学	温广辉	2016	20
35	青年基金	BK20130596	分数阶扩散方程反问题及其在图像处理中的应用	东南大学	杨　明	2016	20
36	青年基金	BK20130597	基于电射流的 3D 生物打印的流体动力学研究	东南大学	何　平	2016	20
37	青年基金	BK20130598	带强记忆项黏弹性阻尼方程解的正则性研究	东南大学	吕小俊	2016	20

(续表)

序号	类别	项目编号	项目名称	承担单位	负责人	完成时间	省拨款
38	青年基金	BK20130599	环的内射性与相关正则性	东南大学	沈亮	2016	20
39	青年基金	BK20130600	分子铁电材料的构筑与高性能化研究	东南大学	付大伟	2016	20
40	青年基金	BK20130601	小分子药物与磷脂双层膜相互作用的非线性光谱研究	东南大学	吴富根	2016	20
41	青年基金	BK20130602	基于超临界二氧化碳的制备两亲嵌段聚合物载药胶束的应用基础研究	东南大学	焦真	2016	20
42	青年基金	BK20130603	含功能氮杂环配体的单核及双核抗肿瘤铂（Ⅱ）配合物的研究	东南大学	徐刚	2016	20
43	青年基金	BK20130604	缠结高分子熔体的弛豫过程的研究	东南大学	侯吉旋	2016	20
44	青年基金	BK20130605	CtBP 拮抗 Polycomb 介导转录阻遏的机制研究	东南大学	谢浩	2016	20
45	青年基金	BK20130606	脆性 x 综合征致病基因 PQBP1 的功能研究	东南大学	张子超	2016	20
46	青年基金	BK20130607	Parkin 对中心体蛋白 Cep70 的功能调控及机制研究	东南大学	史兴娟	2016	20
47	青年基金	BK20130608	应力介导的磁性微纳材料成骨效应研究	东南大学	李艳	2016	20
48	青年基金	BK20130609	儿童意志控制与问题行为：基因与抚养环境的病因学研究	东南大学	梁宗保	2016	20
49	青年基金	BK20130610	从行为抑制性到社会退缩：基因与环境的影响	东南大学	张光珍	2016	20
50	青年基金	BK20130611	圆筒型两自由度复合运动永磁电机及其控制系统研究	东南大学	付兴贺	2016	20

(续　表)

序号	类别	项目编号	项目名称	承担单位	负责人	完成时间	省拨款
51	青年基金	BK20130612	富氧燃烧循环流化床动态模型与控制特性研究	东南大学	周建新	2016	20
52	青年基金	BK20130613	海浪发电用新型超导混合励磁直线发电机设计及最大能量捕获控制策略研究	东南大学	黄　磊	2016	20
53	青年基金	BK20130614	大跨度几何可变屋盖结构的形态分析与运动过程研究	东南大学	蔡建国	2016	20
54	青年基金	BK20130615	生物质催化热解中催化剂烃池和结焦的形成与调控规律	东南大学	张会岩	2016	20
55	青年基金	BK20130616	地铁施工安全风险自动识别方法及关键技术研究	东南大学	陆　莹	2016	20
56	青年基金	BK20130617	分子刷型嵌段共轭聚电解质的合成及其对聚合物光电器件的界面调控	东南大学	张雪勤	2016	20
57	青年基金	BK20130618	微纳米结构表面微流体浸润特性的电学控制研究	东南大学	吴　俊	2016	20
58	青年基金	BK20130619	聚合物材料分子偶极矩的调控及其光电性能研究	东南大学	孙　莹	2016	20
59	青年基金	BK20130620	光纤超声波传感器的桥梁沉降分布式监测技术研究	东南大学	孙　安	2016	20
60	青年基金	BK20130621	微热管中蒸发-冷凝耦合传热传质机理的基础研究	东南大学	张程宾	2016	20
61	青年基金	BK20130622	能源地铁隧道传热机理及其换热器与结构的相互力学作用	东南大学	张国柱	2016	20
62	青年基金	BK20130623	耐碱玄武岩纤维的组分、结构性能研究	东南大学	刘建勋	2016	20

(续 表)

序号	类别	项目编号	项目名称	承担单位	负责人	完成时间	省拨款
63	青年基金	BK20130624	基于源荷协调的微电网多时间尺度运行控制策略与方法	东南大学	窦晓波	2016	20
64	青年基金	BK20130625	相变蓄能建筑围护结构部分熔化吸放热分析与模型构建	东南大学	金 星	2016	20
65	青年基金	BK20130626	载锰活性炭对水中典型抗生素和重金属复合污染的共吸附机理研究	东南大学	秦庆东	2016	20
66	青年基金	BK20130627	基于模块化多电平技术的高压电机拖动系统控制策略研究	东南大学	王宝安	2016	20
67	青年基金	BK20130628	惯性/重力/偏振光/计程仪组合导航关键技术	东南大学	祝燕华	2016	20
68	青年基金	BK20130629	时序彩色显示中的视觉感知理论及其应用研究	东南大学	张宇宁	2016	20
69	青年基金	BK20130630	基于等离子激元纳米波导的SERS近场成像技术	东南大学	张晓阳	2016	20
70	青年基金	BK20130631	基于基片集成波导技术的毫米波差分天线技术研究	东南大学	余 晨	2016	20
71	青年基金	BK20130632	超高频射频识别准确定位技术研究	东南大学	莫凌飞	2016	20
72	青年基金	BK20130633	剖析复杂路径的关键技术研究	东南大学	王璐璐	2016	20
73	青年基金	BK20130634	能量供给与变速延迟约束下的电压调整节能调度研究	东南大学	吴巍炜	2016	20
74	青年基金	BK20130635	LED型光学互感器光纤功能技术研究	东南大学	韦 朴	2016	20
75	青年基金	BK20130636	异步多传感器状态融合估计在组合导航技术中的应用	东南大学	王 鹏	2016	20

(续 表)

序号	类别	项目编号	项目名称	承担单位	负责人	完成时间	省拨款
76	青年基金	BK20130637	太赫兹波肖特混频接收一体化中的若干关键技术研究	东南大学	杨非	2016	20
77	青年基金	BK20130638	基于人群密度的虚拟人群仿真技术研究	东南大学	孙立博	2016	20
78	青年基金	BK20130639	基于迁移学习的在线社交网络环境下的人脸识别	东南大学	夏思宇	2016	20
79	青年基金	BK20130640	2-金刚烷胺通过脂筏信号通路逆转唑类耐药的作用机制	东南大学	孙玲美	2016	20
80	青年基金	BK20130641	miR-21基因启动子区多态变异与宫颈癌遗传易感性及其机制探讨	东南大学	王适之	2016	20
81	青年基金	BK20130642	信号通路PKCβ-P66Shc-NADPH氧化酶在肾小管上皮细胞损伤中的作用探讨	东南大学	成于思	2016	20

2013年江苏省科技支撑计划——工业项目表

编号	项目类别	项目名称	项目负责人	立项部门	经费(万元)	所在院系
1	科技支撑计划——工业	面向海洋工程的非传统水下光纤激光切割技术与装备研究	张永康	江苏省科技厅	60	机械工程学院
2	科技支撑计划——工业	高精密数控机床用初级永磁直线电机系统关键技术研发	胡敏强	江苏省科技厅	60	电气学院
3	科技支撑计划——工业	光电建筑中新型石墨烯-纳米晶光伏组件集成研究	孙岳明	江苏省科技厅	60	化学化工学院
4	科技支撑计划——工业	太阳能与生物质能联产多级热利用技术及示范	张耀明	江苏省科技厅	60	能源与环境学院

2013年江苏省科技支撑计划——社会发展项目表

编号	项目类别	项目名称	项目负责人	立项部门	经费(万元)	所在院系
1	科技支撑计划——社会发展	基于微电子神经桥技术的偏瘫病人肢体康复系统研究与开发	王志功	江苏省科技厅	50	信息科学与工程学院
2	科技支撑计划——社会发展	生物质富氧高温气化制备城镇清洁能源的应用研究与示范	金保昇	江苏省科技厅	50	能源与环境学院
3	科技支撑计划——社会发展	江苏省医学影像与介入放射诊疗临床医学研究中心	滕皋军	江苏省科技厅	1360	中大医院
4	科技支撑计划——社会发展	急性呼吸窘迫综合征的规范化诊疗研究及示范应用	邱海波	江苏省科技厅	400	中大医院

2013年江苏省科技支撑计划——农业项目表

编号	项目类别	项目名称	项目负责人	立项部门	经费(万元)	所在院系
1	科技支撑计划——农业	江苏省农村科技服务超市"网上展厅"信息化系统研发	周杏鹏	江苏省科技厅	100	自动化学院

2013年江苏省其他厅局项目表

编号	项目名称	项目负责人	立项部门	经费(万元)	所在院系
1	脊柱手法治疗髌骨软化症的研究	屈留新	江苏省卫生厅	2	附属中大医院
2	去甲肾上腺素对限制性输液老年手术患者脑氧代谢及认知功能的影响	邱晓东	江苏省卫生厅	2	附属中大医院
3	慢传输型便秘模型的建立、评价及济川煎干预的研究	张波	江苏省卫生厅	2	附属中大医院

(续 表)

编号	项目名称	项目负责人	立项部门	经费(万元)	所在院系
4	环境雌激素暴露与其代谢酶遗传多态性对子宫肌瘤发病的影响	沈 杨	江苏省卫生厅	3	附属中大医院
5	光子晶体编码微球生物芯片在肿瘤诊断中的应用	张孝平	江苏省卫生厅	2	附属中大医院
6	农村生活污水处理设施效能评估与建设规范研究	张亚平	江苏省太湖办	19	能源与环境学院
7	江苏省"十二五"产业结构调整和升级情况中期评估	胡汉辉	江苏省发改委	10	工会
8	江苏省传统产业的改造与提升研究	胡汉辉	江苏省经信委	9	工会
9	共振法处理液化地基技术规程	杜广印	江苏省质监局	3	交通学院

2013年度"新世纪优秀人才支持计划"资助名单

1	NCET-13-0117	柏 峰	中大医院	2013
2	NCET-13-0118	蔡国军	交通学院	2013
3	NCET-13-0119	范吉阳	物理系	2013
4	NCET-13-0120	冯若强	土木学院	2013
5	NCET-13-0121	付大伟	化工学院	2013
6	NCET-13-0122	黄亚继	能环学院	2013
7	NCET-13-0123	李四杰	经管学院	2013
8	NCET-13-0124	刘 冉	公卫学院	2013
9	NCET-13-0125	欧阳本祺	法学院	2013
10	NCET-13-0126	孙剑飞	生医学院	2013
11	NCET-13-0127	万亚坤	生命研究院	2013
12	NCET-13-0128	王 浩	土木学院	2013
13	NCET-13-0129	吴在军	电气学院	2013
14	NCET-13-0130	张敏灵	计算机学院	2013
15	NCET-13-0131	赵远锦	生医学院	2013

2013年省产学研联合创新资金立项清单

序号	项目名称	承担单位	校内负责人
1	先进铅酸电池的循环生产技术及其产业化	化学化工学院	雷立旭
2	甲苯选择性氯化制备对氯甲苯工艺研究	化学化工学院	葛裕华
3	MgB2超导线材及50千瓦超导电机技术研发	能源与环境学院	梁文清
4	面向电子商务的大数据存储与分析技术及其应用	计算机科学与工程学院	东方
5	高效能非晶合金变压器的主动噪声控制与装置	电气工程学院	张建忠
6	大型火电机组自适应模糊预测控制方法研究	能源与环境学院	沈炯
7	超电小尺寸三维分形Meta滤波器理论及其在紧凑型多阵元微带天线阵列中的应用研究	信息科学与工程学院	曹振新
8	PLC型波长/功分集成芯片技术研究	电子科学与工程学院	孙小菡
9	燃煤烟气高效脱汞技术及装置研发	能源与环境学院	段钰锋
10	动态生物膜通量提升关键技术研究	土木工程学院	傅大放

2013年全校各院、系专利申请数预算表

2013年1月1日—12月31日

单位	申请数					授权数				计算机软件著作权登记	集成电路布图设计登记
	发明申请数		实用新型申请数	外观设计申请数	PCT申请数	发明授权数	实用新型授权数	外观授权数	国外授权数		
	目前实际完成总数	全年应完成计划总数									
建筑学院	17	10	2			1	5			2	
机械工程学院	47	50	29	4	1	22	17	7		5	
能源与环境学院	127	140	50		5	71	36			4	

（续　表）

单位	申请数					授权数				计算机软件著作权登记	集成电路布图设计登记
	发明申请数		实用新型申请数	外观设计申请数	PCT申请数	发明授权数	实用新型授权数	外观授权数	国外授权数		
	目前实际完成总数	全年应完成计划总数									
信息科学与工程学院	233	230	27		7	127	18		1	11	
土木工程学院	106	200	49			43	57			9	
电子科学与工程学院	267	230	52		1	134	47	1	3		2
数学系		2									
自动化学院	33	60	1			27			1	12	
计算机科学与工程学院	38	40				13				4	
物理系	4	20									
生物科学与医学工程学院	52	70	6		3	41	7			2	
材料科学与工程学院	72	50	2		2	37					
艺术系				20				334			
经济管理学院	6	1				1					
外国语学院						2					
电气工程学院	228	90	52	1		38	37			3	
化学化工学院	64	80	6		2	44	5				
交通学院	157	150	24			50	21			9	
仪器科学与工程学院	79	120	16			53	28			13	
软件学院		4									
规划研究院		2									

(续表)

单位	申请数					授权数				计算机软件著作权登记	集成电路布图设计登记
	发明申请数		实用新型申请数	外观设计申请数	PCT申请数	发明授权数	实用新型授权数	外观授权数	国外授权数		
	目前实际完成总数	全年应完成计划总数									
智能运输系统研究中心	4	4	1			1	3				
城市工程科学技术研究院	3	4	3			1	2				
空间科学与技术研究院	4										
学习科学与研究中心	5	4									
建筑设计院			1				1				
AMS 研究中心										6	
生命科学研究院	6	10									
医学院	24	20	1			10	5				
公共卫生学院	7	8									
科研院	28										
无锡分校											
合 计	1 611	1 600	321	25	21	716	289	342	5	80	2
申请专利总数	1 957				21	1 347			5	80	2

2013年省重大科技成果转化专项资金立项清单

序号	项目名称	学校经费/总经费（单位：万元）	承担单位	校内负责人
1	高端中空纤维耐溶剂纳滤膜和精细超滤膜及其系统的研发与产业化	45/300	化学化工学院	李新松
2	基于物联网和数字对讲机的无线专网核心芯片的研发和产业化	80/400	电子科学与工程学院	凌 明
3	交互式情景训练智能康复机器人的研发及产业化	60/300	仪器科学与工程学院	宋爱国
4	数字化全科诊断健康云系统关键技术开发与产业化	90/600	机械工程学院	易 红
5	基于MIMO技术的新型移动通信天线的研发与产业化	105/700	信息科学与工程学院	华 光
6	非常规天然气深冷液化技术及成套装备研发与产业化	150/1000	机械工程学院	倪中华
7	全集成智能控制节能电机的研发与产业化	105/700	电气工程学院	林明耀
8	沥青路面高效环保智能化就地热再生施工机组的研发及产业化	100/500	交通学院	赵永利

2013年省级协同创新中心表

序号	校内牵头人	牵头单位	中心名称	类别	批准金额（万元）
1	缪昌文	材料学院	先进土木工程材料协同创新中心	省级协同创新中心	2 000
2	王 炜	交通学院	现代城市交通技术协同创新中心	省级协同创新中心	2 000

2012年被SCI、EI、ISTP收录论文统计(2013年发布)

序号	院　系	SSCI	SCI	EI	ISTP	表现不俗论文
1	建筑学院		3	8	8	0
2	机械工程学院	1	30	49	19	9
3	能源与环境学院		85	185	24	35
4	信息科学与工程学院		122	182	60	19
5	土木工程学院	1	62	114	11	9
6	电子科学与工程学院		118	101	36	32
7	数学系		92	33	1	30
8	自动化学院		71	116	10	19
9	计算机科学与工程学院		28	79	8	6
10	物理系		121	49	8	33
11	生物科学与医学工程学院		97	74	9	37
12	材料科学与工程学院		38	37	4	17
13	经济管理学院	15	30	36	7	8
14	电气工程学院		51	87	40	7
15	化学化工学院		183	84	2	49
16	交通学院		47	127	31	3
17	仪器科学与工程学院		26	68	14	4
19	医学院		38	7	3	6
20	公共卫生学院	1	18	5	7	3
21	生命科学研究院		7	1	0	1
22	中大医院		109	5	17	19
23	学习科学研究中心		18	6	0	5
24	其他		81	165	73	34
	合计	21	1 475	1 618	392	385

注明:"其他"是无院系认领的论文。

(科技处　徐　军)

人文社会科学研究工作

综　　述

　　社会科学处根据学校"十二五"发展规划,围绕年度工作重点,务实创新,在项目、基地、成果和学术活动等方面都取得良好成绩。

一、年度主要工作

　　1. 重视申报,立项成绩突出。2013年组织申报各类社科项目596项,新增科研项目286项,比2012年增加104项,获得校外科研经费1 970万元(其中纵向经费1 592.4万元,横向项目经费377.58万元),比2012年增加近500万元。各类标志性社科项目均取得历史最好成绩:国家社科基金立项18项,省内排名跃居第三。其中规划项目16项,立项率19%,高于13.3%的全国平均立项率;艺术学项目1项;国家社科基金重大项目1项,这是我校连续第4年获得国家社科基金重大项目。教育部人文社科基金项目立项20项。江苏省社科基金各类项目21项,其中重点项目4项。江苏省高校哲学社会科学研究重大重点项目5项。国家和省软科学项目及其他省部级以上社科项目32项。各标志性项目立项指标在省内均名列前茅。

　　2. 建设智库,基地发展迅速。2013年是社科处确定的"平台建设年",根据年度工作计划,社科处积极推进基地建设,发挥社科基地智库功能。本年度新建"道德国情调查研究基地""公民道德与社会风尚研究基地""江苏决策咨询国际智库合作基地"等3个省级社科基地,成功申报"中国传统艺术的传承与传播研究"省高校优秀社科创新团队1个,建立江苏省高校国际问题研究"亚太语言政策研究中心"培育基地1个。建立2个校级2011协同创新中心。基地积极承担各类研究课题,参与长三角高校协同创新平台和江苏省2011协同创新中心的建设,承担江苏省政府、上海市政府的若干决策咨询课题。积极筹备教育部新一轮跨学科重点研究基地建设工作。基地在承担课题、提出成果、培养人才、服务地方以及体制机制改革等方面积极探索,发挥了重要作用。

　　3. 推出成果,促进科研转化。2013年获得教育部第六届高等学校科学研究优秀成果奖(人文社会科学)5项,其中一等奖1项,二等奖1项,三等奖3项,并首次获得该奖项的一等奖;教育部科技进步二等奖1项;国家旅游局优秀旅游学术成果三等奖1项;民政部优秀论文奖1项;江苏省"社科应用精品工程"优秀成果奖5项,其中一等奖2项,二等奖3项;江苏省第十一届高等教育科学研究优秀成果奖3项,其中一等奖1项,三等奖2项。

2012年我校出版人文社科类著作107部,含专著83部(其中被译成外文4部)、教材21部、译著3部;发表论文459篇,含SSCI(A&HCI)国际论文82篇,其中以第一单位发表59篇,比2012年增加11篇。撰写研究与咨询报告26篇,被相关部门采纳23篇。人文社科院系申请专利29件(其中发明专利9件),获专利授权335件。

4. 开展学术活动,加强合作研究。2013年主办学术会议24场,与外单位合办学术会议20场,参加学术会议875人次,提交会议论文367篇,派出讲学和社科考察191人次,邀请来校讲学和考察49人次。社科处举办了《中国社会科学》期刊研讨、长三角高校协同创新平台建设等主题社科沙龙;下半年成功主办"江苏决策咨询国际高层专家研讨会"。本次会议为"江苏决策咨询国际智库"的首次会议,得到了省领导的高度重视。省委副书记、省长李学勇专门接见出席高层专家研讨会的"罗马俱乐部"等相关机构的高层专家。郭广银书记表示,此次研讨会是江苏智库领域的一次盛会,为我校加强与国际智库机构的交流合作、学习借鉴提供了一次重要机遇,必将对我校国际化办学产生积极影响。

二、经验与特色

1. 特色发展,推进学科交叉。我处坚持学校特色发展文科的方针,大力推进文理工医多学科的交叉融合,整合资源,理工医各院系、机关部处和直属单位积极申报社科项目,建筑学院、土木工程学院、交通学院、化学化工学院、数学系等理工院系及学报编辑部、出版社、图书馆、教师教学发展研究中心、科研院等部门和直属单位均获得国家社科基金、教育部人文社科基金、江苏省社科基金立项资助,充分体现了学科交叉、集成创新的特点。

2. 突出重点,做好前期培育。社科处以国家社科基金、教育部人文社科基金和江苏省社科基金为标志性项目,重点做好项目前期引导和培育、课题遴选、前期论证和团队建设工作,利用中央高校基本科研业务费基金,对社科重大项目、基础扶持项目和基地课题进行定向引导和前期培育,取得了良好的资助效果。在重大科研项目的组织申报和项目研究过程中,积极依托校内外相关学科专家的力量,通过评审会、研讨会等多种形式,群策群力,做好工作,效果明显。

3. 走群众路线,加强作风建设。在2013年的教育实践活动中,社科处加强"服务型、学习型、创新型"处室建设。处领导带队深入到文科院系及数学系、土木学院、成贤学院、出版社等单位,介绍社科发展概况和科研现状,具体指导项目申报、基地建设和成果出版。同时加强与国家规划办、教育部、省委宣传部规划办、省社科联和省教育厅、文化厅等主管部门的联系,做到提前介入,精心组织,多方协调,全程提供科研管理的优质服务。社科处强化内部管理,全体员工廉政务实、勤于奉献,加强业务学习,创新管理方法,提高服务水平,我校国家社科基金申报书模板被省规划办公室采纳并向全省推广,我校教育部统计工作得到省主管部门充分肯定,并受托指导省内其他高校年终统计工作。

三、存在的问题

1. 在科研管理体制、机制建设方面，需要与学校及相关职能部门进一步沟通、协作，以取得实质性进展。

2. 在重大社科攻关项目的组织、跨学科重点研究基地和智库建设等方面，需要继续加大组织工作力度。

3. 在探索我校社科发展途径、改革评价体系等方面，需要进一步加强调查研究，明确发展思路。

2013 年人文社会科学主要科研统计表

1. 2013 年国家社会科学基金项目

序号	项目批准号	项目名称	项目类别	负责人	单位	完成时间
1	13&ZD066	生命伦理的道德形态学研究	重大项目	田海平	人文学院	2016.12
2	13BKS095	当前我国青年精神生活质量调查研究	一般项目	廖小琴	马克思主义学院	2016.6
3	13BZX081	现代医疗技术中的生命伦理问题研究	一般项目	岳瑨	人文学院	2016.12
4	13BZX092	宋代墓葬图像的文化与审美研究	一般项目	徐习文	艺术学院	2015.12
5	13BJL002	不同社会环境下民主制度对腐败现象治理效应的经济学研究	一般项目	董斌	经管学院	2016.6
6	13BFX001	法学类国家社科基金项目创新体制转型研究	一般项目	张洪涛	法学院	2015.6
7	13BZJ043	中国墓室壁画的图像体系研究	一般项目	汪小洋	艺术学院	2015.12
8	13BZW085	《脉望馆钞校本古今杂剧》整理与研究	一般项目	徐子方	艺术学院	2016.6
9	13BYY153	中国英语学习者句法与语义加工的 ERP 研究	一般项目	李霄翔	外国语学院	2016.12
10	13BTQ023	数字阅读机制与导读策略研究	一般项目	袁曦临	图书馆	2016.6
11	13BTQ025	大数据时代图书馆用户信息的资源化研究	一般项目	李爱国	图书馆	2016.12
12	13CZX012	马克思承认哲学思想及其当代价值研究	青年项目	陈良斌	马克思主义学院	2016.12

(续 表)

序号	项目批准号	项目名称	项目类别	负责人	单位	完成时间
13	13CFX026	城市交通管制法制化问题研究	青年项目	李煜兴	法学院	2016.6
14	13CFX101	私法视野下的水权配置研究	青年项目	单平基	法学院	2016.6
15	13CZS064	明清江南地区医疗生活史研究	青年项目	程国斌	人文学院	2016.12
16	13CZS065	《道德经》在英语世界的传播与影响研究	青年项目	吴雪萌	海外学院	2016.12
17	13CTQ053	云计算环境下电子文件一体化管理实证研究	青年项目	毕建新	科研院	2015.12
18	13BA007	西方艺术方法论研究	一般项目	郁火星	艺术学院	2016.6

2. 2013年度教育部人文社会科学基金项目

序号	项目批准号	项目名称	项目类别	负责人	单 位	完成时间
1	13YJA820057	双阶理论下政府采购体系化问题研究——基于法学和工程管理的双重视角	规划项目	叶树理	法学院	2015.12
2	13YJA630035	利益相关者视角下多重CAS建模的公立医院补偿机制研究	规划项目	江其玟	经管学院	2014.12
3	13YJA630134	商业模式特性对企业绩效影响机制研究	规划项目	张晓玲	经管学院	2014.12
4	13YJA790027	服务业集聚的多样化、专业化对城市经济的影响及其机制研究——基于演化经济学的视角	规划项目	管驰明	经管学院	2014.12
5	13YJA790147	外资的区域转移、集聚与城镇化的渐进互动研究	规划项目	臧 新	经管学院	2014.12
6	13YJC790027	基于本土市场效应的产业创新机制及其实现路径研究	青年项目	冯 伟	经管学院	2014.12
7	13YJAZH077	敦煌文献中的女性角色研究	规划项目	邵文实	人文学院	2014.12
8	13YJA770032	《史记》金陵书局本与点校本校勘研究	规划项目	王华宝	人文学院	2014.12
9	13YJCZH120	地铁运营安全风险动态预测与监控方法研究	青年项目	陆 莹	土木工程学院	2014.12
10	13YJC790067	基于IAD框架的保障性住房多中心协同供应研究	青年项目	李德智	土木工程学院	2014.12

（续 表）

序号	项目批准号	项目名称	项目类别	负责人	单位	完成时间
11	13YJC880010	本科工程教育课程改革的机理与路径研究：工程哲学的视角	青年项目	崔 军	教师教学发展中心	2014.12
12	13YJC880107	"学术资本主义"与教师评价体系：基于中国大学的定性研究	青年项目	张静宁	外国语学院	2013.9
13	13YJA740056	动态系统理论对CAF三维互动模式的阐释及其在二语习得中的应用研究	规划项目	王 涛	外国语学院	2014.12
14	13YJC710075	"分析的马克思主义"的社会主义价值观研究	青年项目	朱菊生	马克思主义学院	2014.12
15	13YJC910006	扩散非一致的非参数回归方法应用研究	青年项目	黄性芳	数学系	2014.12
16	13YJA760006	"老字号"国货品牌形象设计创新模式研究	规划项目	陈 绘	艺术学院	2014.12
17	13YJA760014	范式与突破——西方当代艺术传播理论的多维透视	规划项目	甘 锋	艺术学院	2014.12
18	13YJA760022	基于艺术学理论的中国艺术史学方法研究	规划项目	李倍雷	艺术学院	2014.12
19	13YJC630197	需求受库存水平及货架期影响的易逝品管理策略研究	青年项目	薛巍立	经管学院	2014.12
20	13JDGC011	土木工程建造与法律跨学科研究生培养改革与实践研究	工程人才	沈 杰	土木工程学院	2013.12

3. 2013年江苏省社会科学基金项目

序号	项目批准号	项目名称	项目类别	负责人	单位	完成时间
1	13EYB007	江苏城镇化进程与住房市场协同发展研究	一般项目	杜 静	土木工程学院	2015.12
2	13EYC018	江苏应对TPP启动自贸区建设的可行性分析及其对策研究	青年项目	顾 欣	经管学院	2015.12
3	13GLA001	江苏城乡医疗服务资源均等化研究	重点项目	赵林度	经管学院	2016.12
4	13GLB004	江苏产学研协同创新的路径优化及机制研究	一般项目	浦正宁	经管学院	2015.12

(续 表)

序号	项目批准号	项目名称	项目类别	负责人	单位	完成时间
5	13GLB005	江苏智慧城市建设与发展研究	一般项目	袁竞峰	土木工程学院	2015.12
6	13SHB004	培育积极健康的社会心态研究	一般项目	李林艳	人文学院	2016.12
7	13FXC013	基于风险管控的社区矫正理论与实践研究	青年项目	李 川	法学院	2016.12
8	13YYA001	大学英语对中国文化传播的现状及思考	重点项目	金 晶	外国语学院	2016.12
9	13YSB005	南朝陵墓雕刻数字化影像研究	一般项目	章孔畅	艺术学院	2015.12
10	13YSB006	中国古代书画著录序跋文献整理与研究	一般项目	郭建平	艺术学院	2016.12
11	13YSC016	基于江苏城市化进程中的景观设计研究	一般项目	曾 伟	艺术学院	2016.12
12	13TYA001	提升江苏中小学生体质健康水平研究	重点项目	卫平民	东大医院	2015.12
13	13ZHA001	江苏生态文明建设的重点难点和有效路径研究	重点项目	张宗庆	经管学院	2015.12
14	13ZHC007	促进江苏低收入群体就业研究	青年项目	熊艳艳	经管学院	2015.12
15	13DSD1010	建设学习型、服务型、创新型党组织研究	自筹经费	李冬梅	党委宣传部	2016.12
16	13GLD018	利率市场模型构建及在我国的应用研究	自筹经费	唐 攀	经管学院	2016.12
17	13JDA008	江苏基本实现现代化道路的国际比较与战略选择	基地重点	徐康宁	经管学院	2015.12
18	13JDB024	江苏新型城镇化的难点、制约因素与对策研究	基地一般	刘修岩	经管学院	2015.12
19	13WTB025	江苏增强文化创造活力的实现路径及对策研究	党代一般	冯 伟	经管学院	2015.03
20	13DWB001	公民道德发展理论研究	委托项目	樊和平	人文学院	2013.12
21	13DYB003	境外机构资助江苏社科研究情况的调查与研究	委托项目	胡汉辉	工会	2014.6

4. 2013年高校哲学社会科学研究重大重点项目

序号	项目批准号	项目名称	项目类别	负责人	单位	完成时间
1	2013ZDIXM001	当代中国现实道德问题研究	重点	田海平	人文学院	2015.12
2	2013ZDIXM006	新产业革命和江苏经济结构转型研究	重点	陈良华	经管学院	2015.06
3	2013ZDIXM017	江苏网络经济发展现状与对策研究	重点	吴清烈	经管学院	2015.12
4	2013ZDIXM018	江苏网络经济发展现状与对策研究	重点	侯赟慧	经管学院	2015.12
5	2013ZDIXM029	江苏省大学科技园与地方高新园区协同创新体制机制研究	重点	徐盈之	经管学院	2015.05

5. 2013年江苏省教育科学"十二五"规划课题

序号	项目批准号	项目名称	项目类别	负责人	单位	完成时间
1	B-a/2013/01/038	江苏省大学生意外伤害现况及干预策略研究	重点资助	杜国平	建筑学院	2015.12
2	B-b/2013/01/005	江苏高校创业教育开展现状评价及改革对策研究	重点自筹	吴斌	经管学院	2015.12
3	B-b/2013/01/033	基于移动网络平台的大学教学绩效的形成性评测机制研究	重点自筹	杨安康	教师教学发展中心	2015.12
4	D/2013/01/036	基于问题的大学生金融素养教育的教学模式研究	立项	朱涛	经管学院	2015.12
5	D/2013/01/037	基于知识地图的大学专业课程资源组织与网站开发研究	立项	刘利	图书馆	2015.12
6	D/2013/01/123	独立学院生源数量变化及多元影响因素研究——以江苏省为例	立项	周继荣	成贤学院	2015.12
7	C-b/2013/01/022	本科工程教育质量标准与课程改革研究	青年自筹	崔军	教务处	2015.12
8	C-c/2013/01/053	高校教师市场行为和职称评定改革研究	立项	张静宁	外国语学院	2015.12
9	T-c/2013/020	多元文化背景下我国高校大学生体育生活方式评价体系研究	立项	韩军生	体育系	2015.12

6. 2013年建成省级社会科学研究基地

序号	基地名称	首席专家	依托单位	主管部门	批准时间
1	道德国情调查研究基地	王 珏	人文学院	江苏省社科联	2013.4
2	中国传统艺术的传承与传播研究	王廷信	艺术学院	江苏高校优秀社科创新团队	2013.8
3	亚太语言政策研究中心	陈美华	外语学院	江苏高校国际问题研究中心（培育）	2013.7
4	公民道德提升与人的现代化研究	田海平	人文学院	江苏省社科规划办	2013.10
5	江苏国际智库合作研究基地	邱 斌	海外学院	江苏省社科联	2013.12

（社会科学处　段梅娟）

本科教育

综 述

2013年东南大学本科教育教学工作认真贯彻教育部《关于全面提高高等教育质量的若干意见》的文件精神,按照《东南大学2013年工作纲要》的目标要求,坚持走内涵式发展道路,优化变革人才培养模式,改革创新课程教学方式,深入开展评估认证,不断拓展合作办学,持续改善教学保障条件,确保了人才培养质量稳步提升。

一、优化专业结构,营造和谐专业布局

根据教育部《普通高等学校本科专业目录(2012年)》《普通高等学校本科专业设置管理规定》等文件,梳理、整并现有专业设置,按照新目录规范专业名称、学制及学科门类,营造了和谐的专业生态。目前,75个本科专业中拥有在国内高校中名列前茅的建筑土木类、电子信息类、机械动力类、能源交通类等主干学科和专业,有以高新技术为主要内容的新兴边缘学科专业以及适应战略产业发展需要的新专业。大多数本科专业都以重点学科、国家本科人才培养基地、国家或部委重点实验室为依托,学术队伍、教学和科研条件得到有效保障。

二、创新培养模式,全面提升教学质量

2013年,通过修订《人才培养方案》,改革创新课程教学方式,持续改善教学条件,拓展合作办学途径,使得本科人才培养质量不断提升。2012—2013学年我校共有795人次获省级以上各类学科竞赛奖(其中国际奖项144人次,国家级奖项272人次),土木工程学院赵曦蕾等同学在全国土木工程专业本科生优秀创新实践成果奖决赛中获得一等奖。132人获校长奖,近13 000人次获课程奖。有近4 000人次本科生参加本校第三届大学生学术报告会,收到266篇论文(较去年增长70%),有148篇入选优秀论文、90篇参加大会报告;从中推荐徐依澜同学参加2013全国大学物理学术会议,获得该次会议唯一由学生获得的优秀论文奖(优秀论文奖共9篇);2013年国家大学生创新创业计划项目立项115项,江苏省创新创业训练项目立项120项,比上年增加200%。推荐12篇省优毕业设计(论文),3个省优毕业设计(论文)团队。建立跨国集团(公司)实习模式,开展跨校合作教学项目,与德国HELLA公司合作开展德—中夏令营活动,资助6个大学生课外研学项目。45名优秀本科生在国家留学基金委的CSC项目支持下,到国外知名大学交换学习。

三、加强内涵建设,实施综合改革显成效

以项目建设为抓手、以综合改革为着力点,我校课程、专业、队伍等内涵建设取得明显成效。2013年获省级教学成果奖特等奖4项、一等奖7项、二等奖6项,位列全省第二。省级教改课题重中之重项目2项、重点项目3项、一般项目6项,位于全省前列。临床医学获第二批次国家级专业综合改革试点项目,目前共有5个国家级专业综合改革试点项目。城市规划专业通过住房和城乡建设部"专业教学质量中期督查";土木工程专业以优异成绩通过住房和城乡建设部评估;机械工程及自动化、电气工程及其自动化接受全国工程教育认证。52位教授当选2013—2017年高等学校教学指导委员会委员,总数较上届增加较多,其中主任委员5名(位于全国前列),副主任委员7名。一位教授荣获"2013年度宝钢优秀教师特等奖",三位教授荣获"宝钢优秀教师奖"。5门课程获国家级"精品视频公开课"称号;36门获批国家级资源共享课立项建设(19门已上线)。开设企业(校企联合)授课课程100多门;70多位国外教授开设82门本科生课程。5部教材获当年省高等学校省重点修编教材立项;2部获省重点新编教材立项。3部作品获当年省高等学校优秀多媒体课件一类奖,3部课件获二类奖。校级实习基地总数已达500多家(新建13个);校级卓越工程师联合基地达到50个。实施"高雅艺术进校园"工程,开设高水平人文讲座近80场,大型演出活动4场。

四、践行"服务师生"宗旨,恪守"师生满意"信念

通过调查研究、梳理流程、提前部署、周密安排,不断提高服务效率。走访15个院(系),召开专项工作研讨交流会20余次(其中有十余场为专题学生座谈会和宣讲会,倾听同学意见)。"教务运行计划表"面向全校师生,公布每学期教学运行工作;通过"教务与学籍运行简报"总结各阶段工作;确保近7 000门次课程教学平稳运行。

本科专业设置一览表

序号	院系	专业代码	专业名称	修业年限	学位授予门类	备注
1	建筑学院	082801	建筑学	五年	建筑学	
2		082802	城乡规划	五年	工学	
3		082803	风景园林	五年	工学	

（续　表）

序号	院系	专业代码	专业名称	修业年限	学位授予门类	备注
4	机械工程学院	080201	机械工程	四年	工学	
5		120701	工业工程	四年	工学	
6	能源与环境学院	080501	能源与动力工程	四年	工学	
7		081002	建筑环境与能源应用工程	四年	工学	
8		082502	环境工程	四年	工学	
9		082201	核工程与核技术	四年	工学	
10	信息科学与工程学院	080706	信息工程	四年	工学	
11		080703	通信工程	四年	工学	暂缓招生
12	土木工程学院	081001	土木工程	四年	工学	
13		120103	工程管理	四年	工学	
14		080102	工程力学	四年	工学	
15		081003	给排水科学与工程	四年	工学	
16	电子科学与工程学院	080702	电子科学与技术	四年	工学	
17		080905	物联网工程	四年	工学	
18		080414T	新能源材料与器件	四年	工学	
19		080704	微电子科学与工程	四年	工学	暂缓招生
20	数学系	070101	数学与应用数学	四年	理学	
21		070102	信息与计算科学	四年	理学	
22		071201	统计学	四年	理学	
23	自动化学院	080801	自动化	四年	工学	
24	计算机科学与工程学院	080901	计算机科学与技术	四年	工学	
25		080902	软件工程	四年	工学	
26	物理系	070201	物理学	四年	理学	
27		070202	应用物理学	四年	理学	
28		080705	光电信息科学与工程	四年	理学	
29	生物科学与医学工程学院	082601	生物医学工程	七年	工学	长学制专业
30		082601	生物医学工程	四年	工学	
31		071003	生物信息学	四年	工学	
32	材料科学与工程学院	080401	材料科学与工程	四年	工学	

(续 表)

序号	院系	专业代码	专业名称	修业年限	学位授予门类	备注
33	人文学院	030201	政治学与行政学	四年	法学	
34		120901K	旅游管理	四年	管理学	
35		030301	社会学	四年	法学	
36		050101	汉语言文学	四年	文学	
37		010101	哲学	四年	哲学	
38	经济管理学院	120201K	工商管理	四年	管理学	
39		020401	国际经济与贸易	四年	经济学	
40		120102	信息管理与信息系统	四年	管理学	
41		120203K	会计学	四年	管理学	
42		020301K	金融学	四年	经济学	
43		020101	经济学	四年	经济学	
44		120801	电子商务	四年	管理学	
45		120601	物流管理	四年	管理学	
46		020302	金融工程	四年	经济学	
47	电气工程学院	080601	电气工程及其自动化	四年	工学	
48	外国语学院	050201	英语	四年	文学	
49		050207	日语	四年	文学	
50	化学化工学院	081301	化学工程与工艺	四年	工学	
51		081302	制药工程	四年	工学	
52		070301	化学	四年	理学	
53	交通学院	081802	交通工程	四年	工学	
54		081801	交通运输	四年	工学	
55		081201	测绘工程	四年	工学	
56		081103	港口航道与海岸工程	四年	工学	
57		070504	地理信息科学	四年	理学	
58		081005T	城市地下空间工程	四年	工学	
59		081006T	道路桥梁与渡河工程	四年	工学	
60	仪器科学与工程学院	080301	测控技术与仪器	四年	工学	

(续表)

序号	院系	专业代码	专业名称	修业年限	学位授予门类	备注
61	艺术学院	130310	动画	四年	艺术学	
62		130401	美术学	四年	艺术学	
63		130502	视觉传达设计	四年	艺术学	暂缓招生
64		130503	环境设计	四年	艺术学	暂缓招生
65		130504	产品设计	四年	艺术学	
66	法学院	030101K	法学	四年	法学	
67	医学院	100201K	临床医学	七年	医学	长学制专业
68		100201K	临床医学	五年	医学	
69		100203TK	医学影像学	五年	医学	
70		101101	护理学	四年	理学	
71		101001	医学检验技术	四年	理学	
72		083001	生物工程	四年	工学	
73	公共卫生学院	100401K	预防医学	五年	医学	
74		120403	劳动与社会保障	四年	管理学	
75	学习科学研究中心	040102	科学教育	四年	教育学	

2013—2017年高等学校教学指导委员会委员名单

序号	姓名	单位	教学指导委员会名称	职务
1	易红	校办	实验教学指导委员会	主任委员
2	熊宏齐	研究生院	实验教学指导委员会	秘书长
3	郑家茂	数学系	大学数学课程教学指导委员会	副主任委员
4	王建国	建筑学院	建筑学专业指导委员会	主任委员
5	韩冬青	建筑学院	建筑学专业指导委员会	委员
6	刘博敏	建筑学院	城市规划专业指导委员会	委员
7	成玉宁	建筑学院	风景园林专业指导小组	委员
8	贾民平	机械学院	机械类专业教学指导委员会	委员
9	许映秋	机械学院	工业工程类专业教学指导委员会	委员
10	钱瑞明	机械学院	机械基础课程教学指导委员会	委员
11	张远明	机械学院	工程训练教学指导委员会	委员

（续 表）

序号	姓名	单位	教学指导委员会名称	职务
12	金保昇	能环学院	能源动力类专业教学指导委员会	委员
13	陈振乾	能环学院	建筑环境与设备工程专业指导委员会	委员
14	王志功	信息学院	电工电子基础课程教学指导委员会	主任委员
15	孟桥	信息学院	电工电子基础课程教学指导委员会	秘书长
16	洪伟	信息学院	电子信息类专业教学指导委员会	委员
17	胡爱群	信息学院	信息安全专业教学指导委员会	委员
18	李爱群	土木学院	土木工程专业指导委员会	副主任委员
19	李启明	土木学院	工程管理专业指导委员会	委员
20	吕令毅	土木学院	力学基础课程教学指导委员会	委员
21	林金官	数学系	统计学类专业教学指导委员会	委员
22	戴先中	自动化学院	自动化类专业教学指导委员会	副主任委员
23	罗军舟	计算机学院	计算机类专业教学指导委员会	委员
24	周雨青	物理系	大学物理课程教学指导委员会	委员
25	万遂人	生医学院	生物医学工程类专业教学指导委员会	主任委员
26	李志勇	生医学院	生物医学工程类专业教学指导委员会	秘书长
27	谢维	生命科学院	生物技术、生物工程类专业教学指导委员会	委员
28	张亚梅	材料学院	无机非金属材料专业教学指导分委员会	委员
29	樊和平	人文学院	哲学类专业教学指导委员会	委员
30	徐康宁	经管学院	经济与贸易类专业教学指导委员会	副主任委员
31	赵林度	经管学院	物流管理与工程类专业教学指导委员会	副主任委员
32	仲伟俊	经管学院	管理科学与工程类专业教学指导委员会	委员
33	张玉林	经管学院	电子商务类专业教学指导委员会	委员
34	周勤	经管学院	经济学类专业教学指导委员会	委员
35	刘晓星	经管学院	金融学类专业教学指导委员会	委员
36	胡敏强	电气学院	电气类专业教学指导委员会	主任委员
37	吴在军	电气学院	电气类专业教学指导委员会	秘书长
38	李霄翔	外语学院	大学外语教学指导委员会	副主任委员
39	陈一梅	交通学院	水利类专业教学指导委员会	委员
40	胡伍生	交通学院	测绘类专业教学指导委员会（含地理信息专业）	委员

(续表)

序号	姓名	单位	教学指导委员会名称	职务
41	王 炜	交通学院	交通工程教学指导分委员会	委员
42	陈 峻	交通学院	交通工程教学指导分委员会	委员
43	毛海军	交通学院	道路运输与工程教学指导分委员会	委员
44	宋爱国	仪科学院	仪器类专业教学指导委员会	委员
45	王廷信	艺术学院	艺术学理论类专业教学指导委员会	委员
46	刘灿铭	艺术学院	美术学类专业教学指导委员会	委员
47	周佑勇	法学院	法学类专业教学指导委员会	委员
48	王立新	医学院	基础医学类专业教学指导委员会	委员
49	刘乃丰	医学院	临床医学类专业教学指导委员会	委员
50	张开金	医学院	医学人文素质教学指导委员会	委员
51	滕皋军	医学院	医学技术类专业教学指导委员会	委员
52	浦跃朴	公卫学院	公共卫生与预防医学类专业教学指导委员会	副主任委员

2013年国家级专业综合改革试点项目

临床医学

第二批国家级资源共享课程立项建设项目

序号	院系	课程名称	负责人	备注
1	物理系	大学物理实验(工科)	钱 锋	
2	物理系	大学物理	周雨青	首批上线
3	外国语学院	大学英语	李霄翔	
4	建筑学院	建筑设计	王建国	
5	机械工程学院	机械工程测试与控制技术	贾民平	
6	信息科学与工程学院	数字信号处理	吴镇扬	
7	信息科学与工程学院	信号与系统	孟 桥	
8	土木工程学院	工程结构抗震与防灾	叶继红	
9	土木工程学院	土木工程施工	郭正兴	
10	数学系	线性代数与解析几何	陈建龙	
11	数学系	数学建模与数学实验	刘继军	

(续　表)

序号	院系	课程名称	负责人	备注
12	自动化学院	检测技术	周杏鹏	
13	计算机科学与工程学院	数据库原理	徐立臻	
14	文学院	唐宋诗词鉴赏	王步高	
15	交通学院	路基路面工程	黄晓明	
16	仪器科学与工程学院	传感器技术	宋爱国	
17	医学院	放射诊断学	滕皋军	
18	电工电子中心	电工电子实践课程	胡仁杰	
19	经济管理学院	财务管理(网络教育)	陈良华	

第三批国家级资源共享课程立项建设项目

序号	院系	课程名称	负责人
1	建筑学院	中国建筑史	陈薇
2	机械工程学院	机电控制技术	王兴松
3	土木工程学院	工程合同管理	李启明
4	土木工程学院	工程结构设计原理	曹双寅
5	土木工程学院	建筑结构设计	邱洪兴
6	电子科学与工程学院	电子电路基础	吴建辉
7	数学系	高等数学	潮小李
8	自动化学院	微机系统与接口	马旭东
9	物理系	双语物理导论	朱明
10	人文学院	大学语文	王步高
11	经济管理学院	供应链与物流管理	赵林度
12	体育系	大学体育	蔡晓波
13	交通学院	交通规划	陈学武
14	交通学院	结构设计原理	吴文清
15	电工电子中心	数字系统课程设计	胡仁杰
16	电工电子中心	综合电子系统设计	堵国樑
17	医学院	病理学	陈平圣

2013年国家级视频公开课

序号	院系	课程名称	负责人	备注
1	艺术学院	戏曲史话	王廷信	2012年(首批)
2	经济管理学院	管理学——解剖组织成长与揭示前沿趋势	李 东	2012年(第二批)
3	医学院	传统文化与中医养生	王长松	2012年(第二批)
4	文学院	唐诗鉴赏	王步高	2013年(第三批)
5	交通学院	现代绿色交通	黄晓明	2013年(第四批)

2013年江苏省高等学校优秀多媒体课件

作品名称	院系	第一作者	遴选结果
中国近现代史纲要	人文学院	张三保	一类
设计心理学	艺术学院	许继峰	一类
全新版大学英语视听阅读	外语学院	陈美华	一类
时装艺术鉴赏	艺术学院	陈靖雨	二类
大学体验英语网络版	外语学院	石 玲	二类
脑出血病变的影像诊断	医学院	邓 钢	二类

2013年省级高等教育教改项目

编号	课题名称	指南	单位	主持人	类型
2013JSJG007	江苏省高校实验教学示范中心运行与发展机制研究	5—1	江苏省高校实验室研究会	孙岳明 胡 凯	重中之重
2013JSJG001	电工电子实验教学基本标准的研究及实践	3—2	东南大学、南京邮电大学、南京师范大学	胡仁杰	重中之重
2013JSJG014	交通运输工程优势学科与特色专业协调建设的资源转换与共享研究	2—4	东南大学	陈 峻	重点

(续 表)

编号	课题名称	指南	单位	主持人	类型
2013JSJG457	基于学习共同体的大学生英语学习策略模型	8—9	东南大学	陈美华	重点
2013JSJG068	"卓越工程师教育培养计划"背景下工程教育改革模式探索	1—5	江苏省高等学校教学管理研究会	雷 威 张继文	重点
2013JSJG113	基于"三维支撑"的建筑动画复合型人才培养模式的探索与实践	1—9	东南大学成贤学院	高祥生	一般
2013JSJG114	有机化学研究性教学模式的构建与实践	2—6	化工学院	王明亮 郭玲香	一般
2013JSJG115	基于一级学科的风景园林专业教学体系综合创新与实践	2—6	建筑学院	成玉宁	一般
2013JSJG116	基于实验和问题引入的研究型大学物理教学模式探索	3—1	物理系	杨永宏 周智勇	一般
2013JSJG117	公共卫生实验课程体系改革及开放式创新性实践教学平台的构建	5—1	公卫学院	沈孝兵 尹立红	一般
2013JSJG118	创建国际贸易、国际商务类专业学生实习基地群的新模式	5—2	经管学院	王文武 陈淑梅	一般

2013年江苏省高等学校重点新编教材

序号	教材名称	主编姓名	出版社
1	刑法学	刘艳红	北京大学出版社
2	电工电子实践基础	胡仁杰	机械工业出版社

2013年江苏省高等学校重点修订教材

序号	教材名称	主编姓名	版次	标准书号	出版社
1	工程项目管理	成 虎	2009年9月第3版	ISBN 978-7-112-11101-5	中国建筑工业出版社
2	疫苗工程学	窦 骏	2007年10月第1版	ISBN 978-7-5641-0969-1	东南大学出版社

(续 表)

序号	教材名称	主编姓名	版次	标准书号	出版社
3	信号与线性系统	孟桥	2011年6月第5版	ISBN 978-7-04-030971-3	高等教育出版社
4	线性代数	陈建龙	2007年2月第1版	ISBN 978-7-03-018452-8	科学出版社
5	路基路面工程	黄晓明	2011年6月第2版	ISBN 978-7-5641-2626-1	东南大学出版社

2013年省级实验教学与实践教育中心建设点遴选结果

序号	学校名称	申报中心名称	中心类型
1	东南大学	测控技术与仪器学科综合训练中心	学科综合训练中心
2	东南大学	自动化工程实践教育中心	实践教育中心

2013年国家级实验教学示范中心名单

学校	中心名称
东南大学	电工电子实验中心
东南大学	物理实验中心
东南大学	机电综合工程训练中心
东南大学	计算机教学实验中心
东南大学	土木工程实验教学中心
东南大学	道路交通工程实验教学中心

卓越计划获批本科专业表

序号	本科专业名称	本科专业代码	授予学位	获批批次
1	机械工程及自动化	080305Y	学士	第一批（2010年）
2	测控技术与仪器	80401	学士	第一批（2010年）
3	热能与动力工程	80501	学士	第一批（2010年）
4	电气工程及其自动化	80601	学士	第一批（2010年）

（续　表）

序　号	本科专业名称	本科专业代码	授予学位	获批批次
5	自动化	80602	学士	第一批(2010年)
6	计算机科学与技术	80605	学士	第二批(2011年)
7	电子科学与技术	80606	学士	第一批(2010年)
8	生物医学工程	80607	学士	第一批(2010年)
9	信息工程	080609Y	学士	第一批(2010年)
10	软件工程	080611W	学士	第一批(2010年)
11	建筑学	80701	学士	第一批(2010年)
12	土木工程	80703	学士	第一批(2010年)
13	环境工程	81001	学士	第一批(2010年)
14	交通工程	81202	学士	第一批(2010年)
15	道路桥梁与渡河工程	081006t	学士	第三批(2013年)
16	拔尖创新医学人才培养模式改革试点/五年制临床医学人才培养模式改革试点	100201K	学士	第一批卓越医师（2012年）

2013年医学教学基地名单

附属医院：
1. 中大医院
2. 徐州市第四人民医院
3. 扬州市第一人民医院
4. 蚌埠市第一人民医院
5. 江北人民医院
6. 蚌埠市第三人民医院
7. 南京市第二医院
8. 马鞍山市人民医院
9. 江阴市人民医院
10. 盐城市第三人民医院
11. 南京同仁医院

教学医院：
1. 北京铁路总医院
2. 天津铁路中心医院
3. 济南铁路中心医院
4. 郑州铁路中心医院
5. 宜兴市人民医院
6. 广州铁路中心医院

7. 上海崇明县中心医院 202150
8. 南京市第一医院
9. 南京鼓楼医院
10. 徐州铁路医院
11. 南京铁路分局中心医院
12. 金坛市人民医院
13. 姜堰市人民医院
14. 丹阳市人民医院
15. 江都市人民医院
16. 宿迁市人民医院
17. 新沂市人民医院
18. 无锡市第二人民医院
19. 靖江市人民医院
20. 苏北人民医院
21. 淄博铁路医院
22. 南京市胸科医院
23. 成都铁路中心医院
24. 武汉铁路中心医院
25. 柳州铁路中心医院
26. 西安铁路中心医院
27. 蚌埠铁路中心医院
28. 南京市江宁医院
29. 镇江市解放军三五九医院
30. 淮安市解放军八二医院
31. 连云港市人民医院
32. 常州戚墅堰车辆厂职工医院
33. 南京市浦口区中心医院
34. 南京市六合区人民医院
35. 南京明基医院

教学防疫站：
1. 江苏省疾病预防控制中心
2. 南京市疾病预防控制中心
3. 南京铁路卫生防疫站
4. 北京铁路中心卫生防疫站
5. 沈阳铁路中心卫生防疫站
6. 齐齐哈尔铁路中心卫生防疫站
7. 郑州铁路中心卫生防疫站
8. 济南铁路中心卫生防疫站
9. 广州铁路中心卫生防疫站

10. 上海铁路中心卫生防疫站
11. 成都铁路中心卫生防疫站
12. 福州铁路中心卫生防疫站
13. 丹阳市疾病预防控制中心
14. 嘉兴市第二医院
15. 徐州市彭城社区卫生服务中心
16. 南京市模范西路社区卫生服务中心
17. 南京市虹桥社区卫生服务中心
18. 南京市小市社区卫生服务中心
19. 南京市中华路社区卫生服务中心
20. 西藏自治区拉萨市疾病预防控制中心

2013年国家大学生创新训练计划项目一览表

项目编号	项目名称	负责人	指导老师	院系
1310286001	橄榄球式可折叠车轮	史昀珂	钱瑞明	机械工程学院
1310286002	自动仓库的agv设计	于健	周一帆	机械工程学院
1310286003	简易智能运输车	李乔宇	王兴松	机械工程学院
1310286004	高杆灯灯盘对接装置的关键技术研究	郭亮	韩良	机械工程学院
1310286005	异物自动捞取船	张国飞	周一帆	机械工程学院
1310286006	保温-散热双模式水杯	田永清	徐啸虎	能源环境学院
1310286007	基于半导体制冷片的快速制冷小冰箱	安雪冬	袁竹林	能源环境学院
1310286008	液浸式冷却硅基聚光光伏组件研究	缪晨阳	杨帆	能源环境学院
1310286009	"智能交通"关于驾驶员的视觉信息处理研究	李成蹊	杨艳	信息科学与工程学院
1310286010	移动互联网上的图形交互技术	花盛悦	王桥	信息科学与工程学院
1310286011	基于嵌入式平台和Kinect传感器的人体追踪机械臂	朱锐	唐路	信息科学与工程学院
1310286012	主动探测人员行动轨迹服务系统	周慕菁	宋宇波	信息科学与工程学院
1310286013	正八边形钢管再生混凝土短柱轴压承载力的研究	杜洋	舒赣平	土木工程学院
1310286014	轴压作用下屈曲约束支撑核心板屈曲过程试验研究	李晴	王春林	土木工程学院
1310286015	秸秆材料的性能研究及其在建筑结构中的应用推广	蒋丛笑	黄镇	土木工程学院

(续表)

项目编号	项目名称	负责人	指导老师	院系
1310286016	基于软钢的新型分阶段耗能器的抗震性能研究	丁智霞	范圣刚	土木工程学院
1310286017	新型索杆全张力大跨度屋盖结构的形态分析及模型实现研究	曹徐阳	陆金钰 朱明亮	土木工程学院
1310286018	多点输入地震波下大跨空间网格结构力学性能及实验研究	夏定风	陆金钰 缪志伟	土木工程学院
1310286019	废弃作物对动态膜生物反应器强化脱氮效果研究	陶赟	马金霞	土木工程学院
1310286020	端部约束超高韧性水泥基复合材料梁高温后受力性能的试验研究	李志昂	徐明	土木工程学院
1310286021	铁锰复合氧化物处理染料废水的研究	马燕	秦庆东	土木工程学院
1310286022	基于多方利益的大型体育场馆融资模式探讨——以南京市为例	赵明扬	杜静	土木工程学院
1310286023	饮用水标准的比较及发展研究	刘婉莹	傅大放	土木工程学院
1310286024	新型预制混凝土框架结构连接及抗震性能研究	丁菡	张继文	土木工程学院
1310286025	高效率水相量子点敏化太阳能电池的制备	张楚凡	王春雷	电子科学与工程学院
1310286026	基于纳米粒子掺杂的量子点随机激光研究	亢吉男	叶莉华	电子科学与工程学院
1310286027	半导体量子点在白光 LED 上的应用	周大利	张家雨	电子科学与工程学院
1310286028	基于表面增强拉曼散射的"金属-有机物-金属"三明治型光学免疫检测探针	郑凌晨	王著元	电子科学与工程学院
1310286029	表面增强拉曼散射探针的制备及其在液相免疫检测中的应用	罗雨帆	崔一平	电子科学与工程学院
1310286030	基于黏弹模型的矩形挠曲面碟式镜组设计方法	阳鹏	匡荛	数学系
1310286031	基于摄像头的火焰检测与定位	刘松岩	达飞鹏	自动化学院
1310286032	无线 Mesh 网络中多类型流的公平性研究	韩春楠	吉逸	计算机科学与工程学院
1310286033	群智能方法在机器人路径规划中的应用	吕青	倪庆剑	计算机科学与工程学院
1310286034	机会网络中的节点移动性建模和预测	张睿	张三峰	计算机科学与工程学院
1310286035	基于手势识别的虚拟触控板	姚逸云	倪庆剑	计算机科学与工程学院
1310286036	金属特异介质中的杂化磁共振模及其发射特性研究	刘宗邦	董正高	物理系

(续 表)

项目编号	项目名称	负责人	指导老师	院系
1310286037	有序可控的三维蜂窝状银纳米碗阵列的制备及其表面增强拉曼散射特性研究	李徐钰	邱腾	物理系
1310286038	磁/光核-壳纳米结构的形状磁各向异性	魏铭	翟亚	物理系
1310286039	单层MoS2表面对过渡金属原子的吸附行为及其磁性的研究	欧阳艺昕	陈乾	物理系
1310286040	掺杂镧系双钙钛矿氧化物的磁电阻效应研究	胡建忠	徐明祥	物理系
1310286041	太赫兹(THz)干涉成像仪	王晓舟	陈华	物理系
1310286042	掺杂石墨烯的制备与电磁特性的研究	郭磊	施智祥	物理系
1310286043	基于表面等离子体共振的石墨烯传感器	郑鹏飞	倪振华	物理系
1310286044	磁电阻效应的蒙特卡洛模拟	林玲芳	董帅	物理系
1310286045	高灵敏光学传感纳米结构的制造技术研究	周泽冀	徐丽娜	生物科学与医学工程学院
1310286046	基于IRDye800cw-MNPs的肿瘤光动力疗法	谢宏梅	王进科	生物科学与医学工程学院
1310286047	三维灌注式细胞培养平台的构建	邹昕	赵远锦	生物科学与医学工程学院
1310286048	三维石墨烯复合材料的制备及其研究	文若曦	郭新立	材料科学与工程学院
1310286049	VT法制备类石墨烯层状拓扑绝缘体材料及其特性研究	陆骏	王增梅	材料科学与工程学院
1310286050	基于问题的大学生金融素养教育的教学模式研究	吴越	朱涛	经济管理学院
1310286051	南京市住宅小区停车位管理现状分析及改进方案	陈楠	周勤	经济管理学院
1310286052	市政工程管道网络的优化设计方法研究	黄苏雨	林宏志	经济管理学院
1310286053	人口结构与经济增长——基于全球资本视角的研究	张冰灵	刘晓星	经济管理学院
1310286054	大型突发事件背景下食品应急物流体系的建设	马雪	陆琼明 杨立刚	经济管理学院
1310286055	电动汽车电机用高性能驱动电路的研究与设计	谢家昊	花为	电气工程学院
1310286056	基于两种模式的模拟风力发电装置的研究与开发	曹戈	胡仁杰 蒋玮	电气工程学院
1310286057	基于模块化变换器的超级电容器储能系统	丁一阳	胡仁杰 蒋玮	电气工程学院

(续表)

项目编号	项目名称	负责人	指导老师	院系
1310286058	仿人颈柔性并联机器人	郭少雄	高丙团	电气工程学院
1310286059	基于MEMES的空间摆角无线检测技术	郎伊紫禾	高丙团	电气工程学院
1310286060	甲基丙烯酰氧乙基三甲基氯化铵新合成工艺研究	沈权豪	周建成	化学化工学院
1310286061	新型水溶性聚噻吩荧光探针中间体的合成研究	缪智辉	祁争健	化学化工学院
1310286062	空心纳米管结构的纳米Au/介孔SiO_2催化剂的制备与反应性能研究	王 飞	张一卫	化学化工学院
1310286063	基于TranStar软件的公交网络配流算法与辅助分析模块开发	罗斯达	王 昊	交通学院
1310286064	沥青路面研究现状调查	季 予	高 英	交通学院
1310286065	基于无线视频传感器的路面裂缝信息感知技术研究	曾琳惠	赵池航	交通学院
1310286066	基于Abaqus的钢管腹梁结构力学性能研究	江神文	杨 明	交通学院
1310286067	城市道路分隔绿化带对交通安全影响的调查与分析	周 昊	程建川	交通学院
1310286068	南京道路照明的视觉功效研究和优化设计	岳 阳	陈淑燕	交通学院
1310286069	第三方物流企业服务链碳排放监控系统设计与开发	刘自颉	张 永	交通学院
1310286070	城市道路交叉口群范围界定仿真研究	韩 笑	过秀成	交通学院
1310286071	航道工程中节能减排问题研究	徐星璐	陈一梅	交通学院
1310286072	矿渣-电石渣处理铅/铜污染土试验研究	卿学文	杜广印	交通学院
1310286073	南京老年公交乘客出行行为特征研究	杨宛钰	李铁柱	交通学院
1310286074	高模量FRP筋实现方法与性能评价	缪逸辰	顾兴宇	交通学院
1310286075	盐碱地蜂窝式开发利用方式的模拟	翟泰然	柏春广	交通学院
1310286076	信号交叉口左转/直行可变导向车道自适应控制方法研究	吕 旻	项乔君 马永锋	交通学院
1310286077	沥青及沥青混合料疲劳自愈合特性的研究	廖 辉	杨 军	交通学院
1310286078	R&B地铁站设置自行车停车位方案设计	薛思洁	何 杰 杭 文	交通学院

(续表)

项目编号	项目名称	负责人	指导老师	院 系
1310286079	基于MEMS陀螺的相机稳定平台伺服系统设计	塔高明	程向红	仪器科学与工程学院
1310286080	基于LBS的社交网络服务设计与实现	刘天琴	王慧青	仪器科学与工程学院
1310286081	基于LBS的移动车辆查询预订系统	柳雨新	莫凌飞	仪器科学与工程学院
1310286082	无线脉搏诊断系统	罗 怡	严如强	仪器科学与工程学院
1310286083	面向空间探测的力觉临场感遥操作机器人	黄安杰	宋爱国崔建伟	仪器科学与工程学院
1310286084	基于WSN/INS的组合导航系统融合技术	刘石钫	陈熙源	仪器科学与工程学院
1310286085	关于我国大学生科技伦理状况的实证研究	顾泽慧	陈爱华	法学院
1310286086	高速公路节假日免收规费的行政法问题研究	景 逸	孟鸿志	法学院
1310286087	社区矫正的实际执行情况与机能	郭 珩	李 川	法学院
1310286088	中国地方协商民主实践:问题与对策——以浙江温岭和四川巴中为例	昊沈洁	汪进元	法学院
1310286089	南京市停车新政实施效果调查及法律分析	程 霏	顾大松	法学院
1310286090	封装磁性纳米颗粒及盐酸阿霉素的红细胞靶向治疗肿瘤的研究	曹国瑞	周 昕	医学院
1310286091	催产素调节骨代谢的体内实验验证及其调节成骨细胞分化相关miRNA的初步筛选	鲁 荐	刘 璇	医学院
1310286092	同伴互助干预模式对南京社区糖尿病患者疗效评价	高圆圆	孙子林	医学院
1310286093	主动靶向肿瘤干细胞的pH敏感智能上转换荧光探针的制备	刘海雁	柳东芳	医学院
1310286094	双模标记内皮祖细胞及其活体成像检测	周 武	丁 洁	医学院
1310286095	研讨中枢TRPV1在胃食管反流性咳嗽豚鼠咳嗽敏感性增高机制中的作用	顾大川	林 勇董 榕	医学院
1310286096	柯萨奇病毒A16型单克隆抗体的研制和应用	陈德柱	孟继鸿	医学院
1310286097	枸杞多糖荧光标记研究及其在大鼠血浆中检测方法的建立	马 月	孙桂菊	公共卫生学院

(续　表)

项目编号	项目名称	负责人	指导老师	院系
1310286098	正常与高脂血症人群餐后脂代谢与动脉粥样硬化关系研究	秦　存	张　红 杨立刚	公共卫生学院
1310286099	支原体液体培养基的检测效果评价及改良	连大帅	王　蓓	公共卫生学院
1310286100	基于可见光通信的信息广播系统	张建飞	张　华	吴健雄学院
1310286101	具有跳跃功能的小车	李建宇	戴先中	吴健雄学院
1310286102	"kinect"投影触控屏(可使任意投影屏实现触控操作功能)	刘念泽	李骏扬	吴健雄学院
1310286103	矿洞无线监测智能预警系统	周　杨	秦　明 孙伟锋	吴健雄学院
1310286104	适用于中小桥梁快速检测的激振器开发	沙　奔	张　建	吴健雄学院
1310286105	Wifi智能机器人	杨　奕	谈英姿	吴健雄学院
1310286106	基于液晶屏的短距离可见光通信	马晓琳	李文渊	吴健雄学院
1310286107	东南韵文化传播有限公司	张子捷	陈　绘 王育亮 李　花 许继峰 郑德东	艺术学院
1310286108	炫动科技有限责任公司	赵　聪	陈菊花 汪　丰	生物科学与医学工程学院
1310286109	"思维工厂"服务产品的调研与开发	杨　旸	张志胜 李雪松 林　琼	机械工程学院
1310286110	小e科技工作室	粟海辉	朱志坚 林　琼	经济管理学院
1310286111	面向九龙湖校区的系统性宣传体系	高　磊	吴　斌 祁　磊	信息科学与工程学院
1310286112	南京数码产品淘汰处理状况调研及相应解决措施建议	金晓月	施卫东 钱怡君	经济管理学院
1310286113	Di梦	李双双	朱志坚 单平基	法学院
1310286114	新市场理论的实践应用	陈泽玮	朱志坚 丁媛静	信息科学与工程学院
1310286115	校园电商与本土平台结合的BLM模式研究	周冠霖	杜　静 何　雯	土木工程学院

2013年江苏省高等学校大学生实践创新训练项目一览表

项目编号	项目名称	负责人	指导老师	所属院系
S2013001	基于六足机器人的多功能机器人设计	石然	张文锦	机械工程学院
S2013002	墙面清洁机器人	李玉杰	张文锦	机械工程学院
S2013003	基于初始磁导率方法的高铁钢轨裂纹预警技术研究	赵天菲	帅立国	机械工程学院
S2013004	自动化光纤点胶系统关键技术研究	杨焘	韩良	机械工程学院
S2013005	高楼逃生舱	田奥克	张志胜	机械工程学院
S2013006	基于单片机的光强调节系统	张新开	王培红	能源与环境学院
S2013007	基于GPS及蓝牙的精确定位技术	陈鹏鹏	徐啸虎	能源与环境学院
S2013008	利用人体常规运动的发电储能装置及其应用	李华君	郭瑞	能源与环境学院
S2013009	交通流体力学研究-地铁人群流动问题	宋伟嘉	王秋颖	能源与环境学院
S2013010	对纸质滑翔机模型的翼型的测试与有限元分析和基于双目定位技术的飞行试验	查健锐	汪军	能源与环境学院
S2013011	基于IF-97公式的多平台水和水蒸气计算软件	李昂	华永明	能源与环境学院
S2013012	基于模块化设计的多功能日用直线电机	王梓旭	安良	信息科学与工程学院
S2013013	智能家居控制系统	杨中华	吴镇扬	信息科学与工程学院
S2013014	基于忆阻器的呼吸灯控制电路	贺正然	唐路	信息科学与工程学院
S2013015	基于ARM的数字单镜头反射相机无线遥控摄像平台	杨力	张圣清	信息科学与工程学院
S2013016	现代消防云梯多角度优化研究	李敏	舒赣平	土木工程学院
S2013017	不锈钢梁抗火性能的理论分析与试验研究	林雨豪	范圣刚	土木工程学院
S2013018	基于全生命周期综合效益的绿色住宅推广现状及发展对策研究	虞丽婷	陆惠民	土木工程学院
S2013019	约束受压条件下BRB核心部件在递减压力作用下的变形和受力行为研究	娄凡	吴京	土木工程学院
S2013020	矩形平面弦支叉筒网壳结构研究	王恺	朱明亮	土木工程学院

(续 表)

项目编号	项目名称	负责人	指导老师	所属院系
S2013021	面向施工人员的建筑工程项目激励体系建设的研究	戴国斌	陆惠民	土木工程学院
S2013022	基于模拟实验的砂土地基上建筑物抗震性状研究	王浩哲	童小东	土木工程学院
S2013023	基于仿生学的自由面空间网壳结构构建、优化及稳定性研究	于得水	陆金钰	土木工程学院
S2013024	超高延性水泥基复合材料的干缩性能及约束条件下的收缩抗裂性能	常 成	郭丽萍	土木工程学院
S2013025	交叉路口路面隆起破坏的力学分析	凌必超	郭 力	土木工程学院
S2013026	开缝钢板剪力墙的耗能及承载力参数化研究	洪 曼	陆金钰	土木工程学院
S2013027	大型渡槽—水体耦合体系对地震动力响应的研究	黄瑞瑞	黄跃平	土木工程学院
S2013028	用工业废渣和固体建筑垃圾制作碱激发胶凝材料	詹 兰	郭丽萍	土木工程学院
S2013029	移动式可拆卸集装箱房的研究及应用	杨 森	舒赣平	土木工程学院
S2013030	江苏地区"985"高校教师敬业度调查	向林凯	杜 静	土木工程学院
S2013031	具有端部约束的混凝土楼板耐火性能试验研究	韩露露	徐 明	土木工程学院
S2013032	四面受火木梁拉伸试验和拉伸受弯abaqus软件耦合	李红伟	张 晋	土木工程学院
S2013033	骨架支承式帐篷连接方式的研究——一种典型可折叠式骨架支撑式帐篷的改良	魏 鹏	缪志伟	土木工程学院
S2013034	基于嵌入式和单片机的3D可视化家电中央控制系统	鲁悦顺	宋 竞	电子科学与工程学院
S2013035	高稳定低噪声恒流源的研制	马子哲	杨 春	电子科学与工程学院
S2013036	基于RFID的无线智能管理系统	姜 勖	赵 宁	电子科学与工程学院
S2013037	Fly Mouse空间鼠标	石 琦	赵 宁	电子科学与工程学院
S2013038	高功率因数可调光数字控制LED驱动电路设计	顾星煜	孙伟锋	电子科学与工程学院
S2013039	基于FPGA的变声器	马 乐	董志芳	电子科学与工程学院
S2013040	基于密码算法电路的防复制芯片及系统	张玉浩	单伟伟	电子科学与工程学院
S2013041	阴极发射特性自动测量方法研究	黄 杰	樊鹤红	电子科学与工程学院

(续 表)

项目编号	项目名称	负责人	指导老师	所属院系
S2013042	基于zigbee的心电信号实时监控系统	陈晨	董志芳	电子科学与工程学院
S2013043	三维石墨烯泡沫材料的结构控制研究	张健	尹奎波	电子科学与工程学院
S2013044	几类复杂网络系统同步行为分析与控制	王李荣	虞文武	数学系
S2013045	基于优化组合赋权法的知识化制造模式决策方法研究	李武卿	徐君祥	数学系
S2013046	搭建服务型学生团体和公益组织沟通平台，促其共同发展	李扬	林金官	数学系
S2013047	C++作业自动批改系统	王承宸	沈红梅	数学系
S2013048	通讯时间受限的非线性多智能体系统一致性控制研究	王川	温广辉	数学系
S2013049	双足及轮式混合移动方式的研究	谭淑仪	李骏扬	自动化学院
S2013050	基于人眼操控的地图浏览	朱迪	夏思宇	自动化学院
S2013051	车辆360度图像拼接	叶占伟	李骏扬	自动化学院
S2013052	基于ARM处理器和视觉制导的自主拾球车	高海丹	谈英姿	自动化学院
S2013053	空间中多卫星在轨协同控制STK仿真	张国熙	陈杨杨	自动化学院
S2013054	基于Android的校园集团长短号转换应用	徐淙浩	李凯	计算机科学与工程学院和软件学院
S2013055	基于人脸识别技术的上课点名系统	欧列川	杨冠羽	软件学院
S2013056	桌面通讯宠物与网络社区	赵子琦	李凯	计算机科学与工程学院和软件学院
S2013057	纳米器件电子输运的模拟计算	张宁远	汪军	物理系
S2013058	掺杂CuO的性能和微结构研究	潘智华	李旗	物理系
S2013059	吸附/光催化技术修复PPCPs类污染水体的研究	胡史奇	徐庆宇	物理系
S2013060	基于相位测量轮廓术的人体表面测量系统精度研究	朱统晶	周平	生物科学与医学工程学院
S2013061	一种微区pH探测的SERS探针研究	张明月	董健	生物科学与医学工程学院
S2013062	CT/荧光双模态纳米乳造影剂制备研究	周晶	张宇	生物科学与医学工程学院
S2013063	提高DNA芯片杂交特异性探针研究	陈玲	肖鹏峰	生物科学与医学工程学院

(续 表)

项目编号	项目名称	负责人	指导老师	所属院系
S2013064	纳米孔检测PNA分子和目标DNA分子的杂交行为	华先武	刘全俊	生物科学与医学工程学院
S2013065	基于新型金纳米结构的免疫检测试纸条研制	吴维峰	张 宇	生物科学与医学工程学院
S2013066	高性能海泥陶粒轻集料混凝土制备技术	阎奕汝	蒋金洋	材料科学与工程学院
S2013067	轻质高强墙体材料力学性能与热学性能组合设计及其应用	曹家瑜	庞超明	材料科学与工程学院
S2013068	保障房——阶层的空间形塑	吴朝阳	张建坤	人文学院
S2013069	关于我国高科技企业科技伦理状况的实证分析	徐彤彤	陈爱华	人文学院
S2013070	通讯寡头在大学市场的双向战略分析(以东大为例)	徐晓博	王海燕	经济管理学院
S2013071	物流专业本科生教育模式的研究和改进(以南京高校为例)	邵金安	何 勇	经济管理学院
S2013072	全国高校会计专业学生的本科培养与会计职业实践要求的调查及由此带来的启示	徐雪飞	陈志斌	经济管理学院
S2013073	大学生入伍状况调查及相关政策的整改建议	宗承渊	江 骏	经济管理学院
S2013074	电梯用高性能直驱式开关磁阻电机驱动系统的设计与控制策略研究	徐小涵	花 为	电气工程学院
S2013075	储能系统并网检测软硬件及试验技术研究	夏泽川	汤 奕	电气工程学院
S2013076	用于海洋数据浮标的波浪发电系统研究	邵雨薇	余海涛	电气工程学院
S2013077	自动化电磁轨道枪	李和丰	余海涛	电气工程学院
S2013078	聚硅橡胶固载化有机催化剂的制备与催化性能研究	王君宇	杨 洪	化学化工学院
S2013079	一种新型的长效保湿护理液配方的开发及性能研究	王亚强	王怡红	化学化工学院
S2013080	几种四价铂配合物的合成及其DNA的作用活性研究	严小璇	孙柏旺	化学化工学院
S2013081	水相生物油中糠醛类化合物加氢催化剂的制备研究	朱 恺	肖国民	化学化工学院
S2013082	新型双极传输特性蓝色磷光主体材料的合成与性能研究	苑国龙	蒋 伟	化学化工学院
S2013083	基于软件的洪涝模型研究	毛剑东	耿艳芬	交通学院

(续 表)

项目编号	项目名称	负责人	指导老师	所属院系
S2013084	连续变温与行车荷载耦合作用下钢桥面铺装力学特性分析	押书凯	罗桑	交通学院
S2013085	老旧小区改扩建地下停车场的可行性调查及案例分析	周传	童立元	交通学院
S2013086	江苏沿海区域极端风浪条件研究	曹啸尘	徐宿东	交通学院
S2013087	基于乘客感知的公交服务水平调查方法与分析模型	袁震宇	杨敏	交通学院
S2013088	90后大学生的行为特征与心理需求	陆建澄	秦霞	交通学院
S2013089	交通信号交叉口车辆启动损失时间研究	张梦可	叶智锐	交通学院
S2013090	新庄立交环形交叉口交通组织优化方案研究	李居宸	过秀成	交通学院
S2013091	轨道接运公交乘客出行特性调查与分析	曾湉然	过秀成	交通学院
S2013092	TOD模式影响下居民出行方式选择特性仿真	罗天铭	杨敏	交通学院
S2013093	废弃食用油作为沥青胶结料的可行性研究	张佳运	杨军	交通学院
S2013094	南京市P&R轨道交通与小汽车停车换乘系统的调查研究	冯晓	杭文	交通学院
S2013095	城市快速路入口匝道信号控制研究	黎淘宁	王卫	交通学院
S2013096	城市公共自行车与轨道交通换乘系统研究	钟宁	陈学武	交通学院
S2013097	长江口南通段极端天气条件下的水动力条件模拟	贾伟栋	徐宿东	交通学院
S2013098	信号交叉口上游公交站点合理位置的设置研究	林莉	程琳	交通学院
S2013099	三维立体复印机	付亚涛	张小国	仪器科学与工程学院
S2013100	六维力/力矩传感器	惠允	宋爱国	仪器科学与工程学院
S2013101	光纤陀螺数字测温系统	俱子研	王立辉	仪器科学与工程学院
S2013102	基于视觉暂留原理的全彩旋转显示屏	戴天宇	张小国	仪器科学与工程学院
S2013103	基于多传感器融合感知的小车自动泊车系统	徐楚雯	秦文虎	仪器科学与工程学院
S2013104	国家保障民生的宪政基础以及中国保障民生法律规制及其可行性的研究	陈绍文	龚向和	法学院

(续　表)

项目编号	项目名称	负责人	指导老师	所属院系
S2013105	城市文明交通建设的法律治理机制研究	李志华	孟鸿志	法学院
S2013106	江苏企业海外投资的法律风险及其防范	向晓庆	易　波	法学院
S2013107	我国国际贸易支付中的信用证欺诈例外原则研究——以英美法的比较为视角	陈盼晴	陆　璐	法学院
S2013108	"醉驾"入刑一年的思考——以某法院审判的相关案件为例	赵雪颖	孟　红	法学院
S2013109	罗格列酮联合有氧运动对高脂小鼠糖脂代谢紊乱干预的实验观察	李红霞	刘　桦	临床医学院
S2013110	中国东西部医生职业状况调查与对比	严　健	周　波	医学院
S2013111	利用Raman(红外)检测骨质疏松标志物以及研究PLA/γ-Fe_2O_3复合膜对成骨细胞的作用	单世豪	刘　璇	医学院
S2013112	YAP-TEAD纳米抗体的研究	郭　靖	万亚坤	医学院
S2013113	长期高脂饲料喂养对大鼠血脂及氧化应激的影响	朱俊超	张　红	公共卫生学院
S2013114	应用光学复合纳米纤维-固相ECL体系检测儿茶酚	高苏蒙	王晓英	公共卫生学院
S2013115	常州市钟楼区居民卫生现状调查及高血压病因分析研究	王格格	孙桂菊	公共卫生学院
S2013116	基于飞秒激光加工的石英晶圆自动钻孔装置	朱　航	朱　利	吴健雄学院
S2013117	核电汽轮机管道式汽、水动态分离器的开发研究	朱梦瑞	杨建明	吴健雄学院
S2013118	基于虚实结合的人机交互技术的研究	陈斯雨	秦文虎	吴健雄学院
S2013119	基于EMI滤波器技术的电源充电器的设计与制作	于超凡	周健义	吴健雄学院
S2013120	升级版无线遥控探测智能车	姜蘅育	吴建辉	吴健雄学院

2013年基于教师科研的SRTP项目一览表

序号	项目编号	项目名称	负责人	指导教师	所属院系
1	T13012001	特大城市中心体系的空间定量研究	李晋	杨俊宴	建筑学院
2	T13012002	山水城市空间形态的三维建模研究	曹俊	谭瑛	建筑学院
3	T13022001	电动汽车轮毂电机驱动力分配控制系统试验台架试制	解正康	王金湘	机械工程学院
4	T13022002	轮毂电机独立驱动的纯电动汽车力矩分配控制研究	殷超	殷国栋	机械工程学院
5	T13022003	纳米通道中电流调制的理论与实验研究	吴赢东	刘磊	机械工程学院
6	T13032002	多元除湿盐溶液物性测定及组分优化研究	沈子婧	殷勇高	能源环境学院
7	T13032003	基于阶跃试验的Oxy-CFB锅炉动态模型辨识	邵壮	周建新	能源环境学院
8	T13032004	一种基于矩形二维挠曲面的碟式太阳能聚光镜组	单雪舟	匡尧	能源环境学院
9	T13032006	太湖水源水中微量有机污染物的高级氧化技术研究	赵翔	朱光灿	能源环境学院
10	T13032008	基于静电感应原理的空间滤波法测量颗粒速度	陈晓波	许传龙	能源环境学院
11	T13041002	具有忆阻器架构的滤波器电路设计	熊昊	唐路	信息科学与工程学院
12	T13042001	物联网全同态安全通信原型	武展妮	陈立全	信息科学与工程学院
13	T13042004	基于移动互联网的个性化交通导航技术	王韵霞	王桥	信息科学与工程学院
14	T13042006	群智能方法在无线传感网拓扑控制中的应用	杜惠民	倪庆剑	计算机科学与工程学院
15	T13052003	长标距光纤传感信号传输的无线化及其在桥梁质量检测中的应用	陈梓涵	张建	土木工程学院
16	T13052004	任意形状粒子的构造技术	徐大成	万克树	土木工程学院
17	T13052005	后拆迁时代失地农民的生活状态变迁研究	万雨	黄有亮	土木工程学院
18	T13052006	装配式钢结构住宅体系分析、设计及施工一体化关键技术研究与应用	张艺达	范圣刚	土木工程学院
19	T13052007	钢筋增强混凝土/ECC组合柱抗震性能试验和理论研究	鲁冰	潘金龙	土木工程学院
20	T13052008	带边框低屈服点钢板剪力墙理论分析与试验研究	胡峥辉	范圣刚	土木工程学院

（续 表）

序号	项目编号	项目名称	负责人	指导教师	所属院系
21	T13052009	FRP在烟囱中的应用	陆晨	吴刚	土木工程学院
22	T13052010	后拆迁时代失地农民的社会保障问题调查及保障成本"内部化"路径研究	吴梵	黄有亮	土木工程学院
23	T13052011	荷载激励下结构动力响应特点及控制	方兴	王春林	土木工程学院
24	T13052013	大型沉井的荷载分布模式研究	薛培楠	穆保岗	土木工程学院
25	T13052014	钢-连续纤维复合筋（SFCB）增强工程水泥基复合材料（ECC）柱抗震性能试验研究	张一凡	刘建勋	土木工程学院
26	T13052015	基于振动台的模型相似实验——研究尺寸效应的影响	孙求知	王燕华	土木工程学院
27	T13061009	三维石墨烯泡沫材料的制备及性能研究	伍原成	尹奎波	电子科学与工程学院
28	T13062002	基于介孔二氧化硅的纳米药物控释系统的研究	周依潮	王著元	电子科学与工程学院
29	T13062004	可同时测量磁场方向和幅度的磁场传感器的研究	周志浩	陈洁	电子科学与工程学院
30	T13062005	表面增强拉曼散射探针的制备及其在液相免疫检测中的应用	张益之	崔一平	电子科学与工程学院
31	T13062007	用于透射电镜的光-电双功能原位测试样品杆	张师斌	徐峰 吴幸	电子科学与工程学院
32	T13071008	Gevrey光滑可逆系统不变环面的保持性	宋佳奇	张东峰	数学系
33	T13072001	基于复杂相关函数的风险度量及其应用	居晟	林金官	数学系
34	T13072002	偏微分方程的定性研究	陶为润	李玉祥	数学系
35	T13072003	Brjuno-Russmann非共振条件下可逆映射不变曲线的存在性	庄潇	徐君祥	数学系
36	T13072004	偏微分方程的定性研究	阎萧羽	李玉祥	数学系
37	T13072005	基于模糊统计方法的经济数据分析	孙丁茜	林金官	数学系
38	T13072006	中小型企业融资偏好的影响因素分析——基于江苏省中小型企业的调查	夏泳	吴芃	数学系
39	T13072007	基于有限时间的网络耦合系统动态研究	童舟	卢剑权	数学系
40	T13082001	类人形机器人行走动作设计与实现	段煜	谈英姿	自动化学院
41	T13082002	大型智能停车场综合管理系统设计	张宇智	谈英姿	自动化学院
42	T13082012	车辆周围360度多摄像机俯视图像拼接	章良君	李骏扬	自动化学院

(续表)

序号	项目编号	项目名称	负责人	指导教师	所属院系
43	T13082016	五轴水刀切割控制参数优化与切割代码自动生成软件开发	张 虹	李 俊	自动化学院
44	T13092003	双向最大切分的中文分词技术研究与实现	向伟嘉	朱 恺	计算机科学与工程学院
45	T13092004	基于本体的概念聚类算法	赵 睿	漆桂林	计算机科学与工程学院
46	T13092005	社会网络中数据分类与用户兴趣	陈佳鑫	汪 鹏	计算机科学与工程学院
47	T13092006	语义关联分类算法的设计与实现	高飞飞	张 祥	计算机科学与工程学院
48	T13092007	总线式多方通信数字电话设计	王 彬	吴 强	计算机科学与工程学院
49	T13092008	基于 XMPP 协议的 Android 即时通讯系统	吕永涛	张 祥	计算机科学与工程学院
50	T13092011	无线多跳网络的时变特性和编码传输技术研究	蓝 翔	张三峰	计算机科学与工程学院
51	T13102001	纳米器件电子输运的模拟计算	张宁远	汪 军	物理系
52	T13102002	半导体量子结构中光场的无反转增益	陆加伟	杨文星	物理系
53	T13102003	铁基超导"11"体系单晶(FeTe1-xSex)的退火、掺杂及张应力研究	张 烁	施智祥	物理系
54	T13102004	Sr、Ca 掺杂 $La_2Ni/CoMnO_6$ 的磁和电性质的研究	韩 琦	徐明祥	物理系
55	T13102006	二维纳米材料在化学修饰和应力作用下的电子结构和磁性研究	陈昶华	陈 乾	物理系
56	T13102007	$Fe_3O_4@ZnS$ 一维复合纳米短链的组装和磁场调控	魏 铭	翟 亚	物理系
57	T13112006	层层自组装方法制备结构色薄膜	赵 君	葛丽芹	生物科学与医学工程学院
58	T13112007	老人跌倒检测终端和远程监护系统研发(ZN2012080029)	赵 聪	汪 丰	生物科学与医学工程学院
59	T13112009	可视化生物传感器的研究	沈 涛	徐春祥	生物科学与医学工程学院
60	T13112010	高密度铁磁纳米点阵列的制备与应用研究	韩中骁	徐丽娜	生物科学与医学工程学院
61	T13112011	基于介孔光子晶体的传感阵列研究	吕 超	谢卓颖	生物科学与医学工程学院
62	T13112012	基于微流控光子晶体微球的可视化葡萄糖检测	郭刘洋	赵远锦	生物科学与医学工程学院

(续 表)

序号	项目编号	项目名称	负责人	指导教师	所属院系
63	T13112013	ROS 响应 SERS 探针及其生化过程中的氧化传感研究	李媛	董健	生物科学与医学工程学院
64	T13112014	纳米颗粒多酶效应及应用	肖薇	张宇	生物科学与医学工程学院
65	T13142001	基于资金约束的供应链融资与定价策略	张阳	李敏	经济管理学院
66	T13142003	建立完善的征信体系对降低中小企业融资难度的作用和重要性的研究——基于解决中小企业合同无发抵押贷款	赵一先	吴苀	经济管理学院
67	T13142004	解决中小企业与银行借贷中的信息不对称问题——基于关系型信贷的研究	孙婕	吴苀	经济管理学院
68	T13142005	老人意外事故检测系统的市场需求分析	迪拉娜	陈菊花	经济管理学院
69	T13162003	网络耦合系统动态研究在电力系统的应用	王雨薇	卢剑权	电气工程学院
70	T13192002	可湿法 OLED 器件中有机小分子电子注入和传输材料的设计、合成及性能研究	苑国龙	蒋伟	化学化工学院
71	T13192004	柔性超级电容器	夏彭仁	谢一兵	化学化工学院
72	T13211002	大城市被私人机动化人群空间活动与交通需求研究	王玥	杭文	交通学院
73	T13211004	考虑空间约束的非机动车立体停车换乘方案设计	蒋为开	杭文	交通学院
74	T13212001	动载与渗压耦合作用下钢桥面铺装水损坏机理及仿生控制研究	杨偲偲	罗桑	交通学院
75	T13212005	适应道路时间和空间资源的信号控制交叉口非机动车提前停车线设置方法	刘颖嘉	陈峻	交通学院
76	T13212006	基于 RP 与 SP 相融合的公共自行车接驳地铁出行行为调查分析与建模	郭文姝	杨敏	交通学院
77	T13212008	基于公交绿波的城市交叉口尾气排放研究	韩婧	季彦婕	交通学院
78	T13212009	船闸服务质量的评价指标与模型研究	孔庄	廖鹏	交通学院
79	T13212010	长江口深水航道生态适合度研究	杭蕴南	徐宿东	交通学院
80	T13212011	城市道路交叉口群交通控制软件开发	张倩	过秀成	交通学院
81	T13212013	基于 MIKE URBAN 的城市内涝模型的研究	毛礼磊	蒋叶璟	交通学院

(续 表)

序号	项目编号	项目名称	负责人	指导教师	所属院系
82	T13212014	超轻质高延性ECC材料的研发及材料性能的研究	周书中	钱吮智	交通学院
83	T13212015	基于步行者感知的南京市步行环境研究	姜力铭	过秀成	交通学院
84	T13222002	基于MIMU/北斗的个人便携式组合导航技术研究	吴泰洋	王 鹏	仪器科学与工程学院
85	T13222003	基于蓝牙4.0的无线人体传感器网络	郭 原	莫凌飞	仪器科学与工程学院
86	T13222004	模拟月球探测机械臂手控器及其遥操作方法研究	赵正扬	崔建伟 宋爱国	仪器科学与工程学院
87	T13222006	GPS新民用信号高灵敏度捕获方法研究	杨冬瑞	祝雪芬	仪器科学与工程学院
88	T13252002	江苏省残疾人平等参与诉讼权利研究——以江苏各级人民法院涉残案件审判与执行的实证分析为视角	景 逸	易 波	法学院
89	T13262001	基于社会网络的科学教育资源获取研究	张思启	柏 毅	学习科学研究中心
90	T13422001	功能复合纳米纤维传感平台对ras基因的电化学检测	高苏蒙	王晓英	公共卫生学院
91	T13422003	电纺纳米纤维量产技术和装置的研究	刘静静	许 茜	公共卫生学院
92	T13422004	农村老年人营养性肥胖和消瘦筛查与改善路径研究	张 颖	孙桂菊	公共卫生学院
93	T13422005	微囊藻毒素-LR致秀丽线虫神经毒性的实验研究	覃 远	李云晖	公共卫生学院
94	T13422007	不同脂肪酸构成脂肪负荷餐对高脂血症患者内皮细胞功能及氧化应激影响的研究	马婷婷	杨立刚	公共卫生学院
95	T13422009	最优健康教育费用分担机制研究	彭晓辉	路 云	公共卫生学院
96	T13422010	纳米SiO_2致大鼠肺组织损伤特异性表达miRNA的筛选	郑 祎	杨 红	公共卫生学院
97	T13612001	基于代理的城市交通流计算与虚拟城市交通流融合分析技术	张 恭	王 桥	吴健雄学院
98	T13612002	基于飞秒激光加工的微流芯片自动钻孔装置	朱 航	朱 航	吴健雄学院
99	T13612003	基于表面增强拉曼散射的"金属-有机物-金属"三明治型光学探针	丁雨晨	王著元	电子科学与工程学院
100	T13612004	分子过孔数据采集与处理系统的研究	李文桢	刘全俊	吴健雄学院

2013年东南大学国家大学生创新创业训练计划项目名单

序号	项目编号	项目名称	项目完成人		指导教师	验收结果	所属院系
1	10012089	关于人们防震意识的研究调查以及有效普及防震意识的一些建议	01108213 01108203 01108204 01108205	辛　坤 朴锦兰 薛　婷 刘丹萍	张　嵩	优秀	建筑学院
2	12022041	自动开关门装置	02010328 02010306 02010318 16010401	褚东宇 吴有旭 解正康 刘亚羽	戴　敏	优秀	机械工程学院
3	12032015	室内湿度智能调节器	03110624 03110603 71110432 04010609	陈天翊 张泊宁 黄南溪 高　媛	段伦博	优秀	能源与环境学院
4	12032106	煤气泄漏报警及应急处理装置	03010224 03010321 03010123	彭　念 赵斯楠 陈晓波	张建忠	优秀	能源与环境学院
5	12032115	车载式酒精锁	03010522 03010509 03110609 03010514	钱　琨 林　更 张舒阳 刘　恋	程　力	优秀	能源与环境学院
6	12032032	恒温热水控制阀	03010425 03010416 03010406 03010424	王瑞林 刘煜东 吴苏晨 刘　燮	刘西陲	优秀	能源与环境学院
7	12032038	太阳能无线充电器	03010228 03110625 03010229 03010203	熊承龙 叶　鹏 杨文辉 许桃东	苏中元	优秀	能源与环境学院
8	12032021	基于PIC单片机制作智能寻迹机器人	03010223 03010215 03010426	王修廷 乐胜波 金方舟	乐胜波	优秀	能源与环境学院
9	12032067	基于单片机及花盆土壤的干湿程度的自动浇花装置	03010406 03010401 03010424	吴苏晨 刘彦翔 刘　燮	沈剑贤	优秀	能源与环境学院
10	13032097	个性化自动空气净化加湿器	03110609 03110620 03111605 03011406	张舒阳 蒋　淳 李俊菲 姜清尘	殷勇高	优秀	能源与环境学院

（续 表）

序号	项目编号	项目名称	项目完成人		指导教师	验收结果	所属院系
11	13032113	利用Wifi控制、信号处理技术的气球动力小型航拍器	03110618 03010312 03010313 03010432	杜昕芮 贾小超 邵 壮 陆佳佳	程 力	优秀	能源与环境学院
12	12032071	基于单片机控制的智能花盆	04010345 03010321 03010123	付 思 赵斯楠 陈晓波	徐啸虎	优秀	能源与环境学院
13	12032011	垂直轴风轮的叶片设计	03010108 03010112 03010104 03010101	文天依 郭思奇 阮 浩 陈 婷	张建忠	优秀	能源与环境学院
14	12032044	LCD亮度自动调节系统	03010425 03010406 03010423 03010424	王瑞林 吴苏晨 蒋源冰 刘 燮	睢 刚	优秀	能源与环境学院
15	13042115	可在狭窄环境自由活动的机器蛇	04010326 04010341	阳 赛 丁博文	张圣清	优秀	信息科学与工程学院
16	12042148	基于GSM蜂窝基站的校园自行车定位系统	04010203 04210713 04210705	朱玲燕 朱 政 黄映坡	曹振新	优秀	信息科学与工程学院
17	12042130	音频转谱软件的开发	04010446 08010404 04010541 22010102	王冬贤 黄冰瑒 成茵瑛 李 昂	蒋 睿	优秀	信息科学与工程学院
18	12042124	基于单片机的光电避障智能小车	04010629 04210734 04210728	朱轩岐 王逸文 刘栋尧	常 春	优秀	信息科学与工程学院
19	12042117	基于单片机的自动水平台及仪器调平装置	04010141 21310120 04010147	李维铮 陈俊良 张书朋	王 欢	优秀	信息科学与工程学院
20	12042109	基于单片机的智能储蓄罐	04010405 04010401 04010410	云 凡 黄颖婷 韩碧秋	王 刚	优秀	信息科学与工程学院
21	12042103	自行车智能炫彩动态LED灯光系统(sparkling bike)	04010344 04010342 04010306 04010330	张逸驰 赵立成 黄舒夏 董启宏	余旭涛	优秀	信息科学与工程学院

（续　表）

序号	项目编号	项目名称	项目完成人		指导教师	验收结果	所属院系
22	12042066	自动小车行驶过程中信息的实时采集与上位机处理	04010326 04010345 04010309 04010324	阳　赛 付　思 范静洁 吴仕超	王　琼	优秀	信息科学与工程学院
23	12042037	5自由度USB接口传感器	04010220 04010126 04010227	孔德卿 付宇鹏 张　炯	张圣清	优秀	信息科学与工程学院
24	12042032	远程无线控制开关	04010223 04010228 04010214 04010218	宋　超 刘　航 徐　健 王　欢	俞　菲	优秀	信息科学与工程学院
25	12042003	基于单片机的地沟油检测仪	04010529 04010527 04010531 04010528	赵兵强 杨成业 韩　伟 王　旭	黄　清	优秀	信息科学与工程学院
26	11042130	"狠哼搜"——旋律识别搜歌软件	04009505 04009103 04009507	苏　钰 陈牧云 聂阳宁	安　良	优秀	信息科学与工程学院
27	11042055	基于51单片机的旋转式LED显示器	04009225 02609111 04009205 04009221	王桂存 江　婷 李竹萱 贾子昱	赵　扬	优秀	信息科学与工程学院
28	13052041	简单木框架抗火研究	05110514 05110521 05110502	廖　杰 吴王剑 李红伟	张　晋	优秀	土木工程学院
29	13052017	压型钢板轻质混凝土组合预制板抗弯承载力试验研究	05109308 05111229 05111334 05111330 05111227	许　章 强翰霖 王　谆 夏定风 顾嘉恒	徐　明	优秀	土木工程学院
30	12052090	GFRP筋在超高强混凝土中的应用技术研究	05110114 05110130 05110122	苏安娜 於　恒 李　敏	蒋金洋	优秀	土木工程学院
31	12052002	基于主成分分析法的饮用水特征性指标分类	05210110 05210121 05510125 05211139	杨元清 虞丽婷 林徐达 傅冠琼	李　贺	优秀	土木工程学院

（续 表）

序号	项目编号	项目名称	项目完成人	指导教师	验收结果	所属院系
32	12052094	调谐液体阻尼器(TLD)减震原理的研究	05110224 陈大伟 05110221 周 扬 05110212 薛 骁 05110222 孙 跃 05110208 沈 凯	缪志伟	优秀	土木工程学院
33	12052046	央视大楼之风致响应分析	05110109 贾贵磊 05110225 谢萌瑶 05110110 马世瑾 05110121 朱先军	吕令毅	优秀	土木工程学院
34	12052044	悬挂结构对抗震性能影响的研究	05110504 孙丞江 05110103 朱冬平 05110327 丁智霞	缪志伟	优秀	土木工程学院
35	12052009	有关九龙湖的水质分析探讨	05510131 林松年 05110537 周伟杰 05110335 唐佳男 05510109 葛春雷 05510133 邱培莹	马金霞	优秀	土木工程学院
36	12052069	关于完善东南大学课外研学讲座系统的研究	17210203 汪 亭 05210224 朱文辉 05210121 虞丽婷 05210222 马慧妍 02011402 史昀珂	方 霞	优秀	土木工程学院
37	12052013	既有旧工业建筑创新性改造	05110326 何雅雯 05110332 丁晓丽 05110306 方 兴	欧晓星	优秀	土木工程学院
38	12062043	挑战记忆曲线——基于单片机的单词学习平台	06010105 祁锦媛 06010119 郑博文 06010130 张骁彬 06010123 桂一鸣	赵 宁	优秀	电子科学与工程学院
39	12062040	指部运动训练器	06010533 林 哲 06010406 段 媛 06010516 孙 彬 06010517 房 颢	赵 宁	优秀	电子科学与工程学院
40	12061013	彩色LED艺术屏的设计	24210124 常 璨 06010402 李燕梅 06010435 蔡虹宇 06210629 吴爱东	赵 宁	优秀	电子科学与工程学院
41	12061012	数字存储示波器设计	06010127 翁俊杰 06010128 胡 畔 06010319 张 恒	赵 宁	优秀	电子科学与工程学院

（续　表）

序号	项目编号	项目名称	项目完成人		指导教师	验收结果	所属院系
42	12072020	关于东南大学通识类选修课的调查研究	07110130 07110111 07310124 05210203 07310131	秦成明 刘　超 朱江波 沈楷程 夏　泳	王栓宏	优秀	数学系
43	12072003	对校园晚间教室能源使用状况的调查与分析	07109126 07109129 07309129	王　和 袁骏青 王　维	陈平	优秀	数学系
44	12082014	线圈式电磁炮的制作和外周系统的研究	08010132	张国熙	符影杰	优秀	自动化学院
45	12082020	四轮自主拾球机	08010432 08010427 08010423	高海丹 黄永升 熊　健	谈英姿	优秀	自动化学院
46	12092031	车辆的识别与追踪	09010407 09010309 09010403 09010405	夏淑兰 刘　垚 谷娅蓉 陈泓倩	胡轶宁	优秀	计算机科学与工程学院
47	12092034	基于单片机的智能台灯	09010128 09010109 09010131 09010110 04010543	王大元 周　桓 王子超 李林晓 曹　雨	高建国	优秀	计算机科学与工程学院
48	12712021	语义关联摘要方法的研究	71110302 71110201 71110204	江晓薇 姜亚梅 赵慧玲	张祥	优秀	计算机科学与工程学院
49	12712023	语义关联索引系统的设计与实现	71110313 71110326	吕永涛 王　辰	张祥	优秀	计算机科学与工程学院
50	12102007	半导体激光器吸收光谱分析法测量氨气浓度	10209102	吕志强	李剑	优秀	物理系
51	12102005	校园多功能一体化自行车车位的研发	10210103 10210107 10210121 10210116	王　平 杨亦柳 陈　桢 陈　晥	陈世华	优秀	物理系
52	12112024	携带药物的微气泡的制备研究	11110120 11110119 11110172	金　熙 吕　政 马永豪	杨芳	优秀	生物科学与医学工程学院
53	12112012	关于刺激免疫细胞功能的磁性纳米颗粒在外场作用下的组装的研究	11210202 11210120 11210121 11210204	崔炜敏 陈中思 王烨明 开思琪	孙剑飞	优秀	生物科学与医学工程学院

（续　表）

序号	项目编号	项目名称	项目完成人		指导教师	验收结果	所属院系
54	11122025	水滑石的研究	12009302	石佩璎	王继刚	优秀	材料科学与工程学院
			12009301	于婷婷			
55	11122029	金属在不同塑形变形下受力有限元分析	12009119	沈　忱	白　晶	优秀	材料科学与工程学院
			12009401	王欢欢			
			12009306	杨　璐			
56	12132034	关于江苏省女大学生村官的社会资本与未来出路	13110104	武　岩	盛凌振	优秀	人文学院
			13110122	张伟栋			
			13110123	赵丽娟			
57	12132025	东南大学九龙湖校区图书馆内部共享空间优化方案	13410117	张晓辰	王　骏	优秀	人文学院
			14410111	周　林			
			13410116	晁慧婷			
			13210103	戴　燕			
			13310105	地力富扎			
58	12132001	海峡两岸重点高校人文素质通识课程的对比性研究	13409104	孙爱琪	刘占召	优秀	人文学院
			13409114	马　欢			
			03109624	李　彬			
			13409127	周娅梅			
59	13142130	校园自行车维护管理方案及废旧车辆经济化处理研究	14511119	张礼乐	李守伟	优秀	经济管理学院
			14511224	徐佩佩			
			14511116	尹珂凡			
60	13142007	阿尔法城模式植入电子商务的可行性	14811104	夏新凯	朱志坚	优秀	经济管理学院
			14311122	戴麒麟			
			14811120	刘　通			
			14311104	叶春霞			
			14111112	马　超			
61	13142041	大学生金融行为与金融教育调查	14911101	丁　赛	朱　涛	优秀	经济管理学院
			07311122	夏启炜			
			14911111	夏　洋			
			14511103	李元雪			
62	13142117	关于东南大学公共选修课存在问题的调查分析及其解决方案	10210126	任冰珅	徐康宁	优秀	经济管理学院
			14211104	范博强			
			14211128	叶佳炜			
			14211124	胡鹏扬			
63	13142010	公交车调度及公交线路仿真优化研究	14110111	苏　鹏	林宏志	优秀	经济管理学院
			14810129	王新槐			
			14810123	吕　斌			
64	13142009	乐助网创业计划	25010228	荣　耀	朱志坚	优秀	经济管理学院
			03011215	孙　峰			
			14411110	潘　恬			
			14111102	孙雪音			

(续 表)

序号	项目编号	项目名称	项目完成人		指导教师	验收结果	所属院系
65	12142135	金融服务水平与居民幸福指数的关系研究——以南京市为例	14510212 14510222 14510227 14510235	张端朋 张冰灵 郭晓东 沈梦姣	刘晓星	优秀	经济管理学院
66	12142172	基于东南大学人群密集点突发事件逃生的调查研究	14410127 03010516 03010130 05110325 14410119	王旭升 贾泽华 周宇盛 顾 雯 叶 叶	刁文怡	优秀	经济管理学院
67	12142060	我国上市公司公允价值计量财务信息的价值相关性研究	14410201 14410203 14410207	罗先敏 徐珊珊 徐 扬	涂建明	优秀	经济管理学院
68	12142170	东南大学经管类专业学生就业现状与问题研究	14210145 14610119 14510228 71110325	顾 惠 陆思怡 谭雨露 向 往	黄晓红	优秀	经济管理学院
69	12142201	制造业企业的碳预算管理研究	14410127 14410233 14410213	王旭升 李 畅 杨蕙宁	涂建明	优秀	经济管理学院
70	12142109	校园快递代理及优化方案	14810118 14810106 14810107 14810126 14810121	董丞珂 田 欢 刘 凡 洪玉丰 韩 创	李四杰	优秀	经济管理学院
71	12142035	高房价的经济思考及其社会影响	14510135 14510112 14510142 14210128	李瑞文 付 月 郑 晨 江倩雯	薛漫天	优秀	经济管理学院
72	12142042	从东南大学 BBS 网络二手交易平台研究校内闲置物资循环利用系统	14510131 14510204 14510206 14510134 14510108	吴佳伦 韩 湜 高古月 刘梦婷 尹力夫	黄晓红	优秀	经济管理学院
73	12142143	房产成本及其合理投资价格的研究	14510103 14510234 14510141 14510231	朱 琳 项潘龙 汪 清 李 蔚	董 斌	优秀	经济管理学院
74	12142139	大学生压力现状的调查及研究——以东南大学为例	14510238 14510201	郝鑫怡 李 妍	黄晓红	优秀	经济管理学院

（续　表）

序号	项目编号	项目名称	项目完成人		指导教师	验收结果	所属院系
75	12142178	国内开源软件开发人员的开源社区持续参与意愿研究	14509125 14709103 07310116 02010215 14110129	张代嵩 吴稚骁 陈　畅 张振海 陈　冕	朱　涛	优秀	经济管理学院
76	12142057	民营实体书店生存困境分析及模式创新探索	14609109 14609121 14609101 14609102	乌幺娜 李方舟 张汉崧 张鹏飞	张　昕	优秀	经济管理学院
77	12142006	通过调查研究在华留学生的消费习惯	14609112 14809135 17110270	苏　文 玛丽安 韩　义	岳书敬	优秀	经济管理学院
78	12142041	关于东南大学九龙湖校区电能节约问题的研究	14810111 14810110 14810114 14810123 14810124	范玉瑶 栾翔宇 祝　筱 吕　斌 刘名敏	王海燕	优秀	经济管理学院
79	12142042	从东南大学BBS网络二手交易平台研究校内闲置物资循环利用系统	14510145 14510119 14610112 14310128	寇聪姗 张朋喜 狄远帆 白　洋	黄晓红	优秀	经济管理学院
80	12142033	关于东南大学本科生双语教学问题的研究	14510215 14510220 14510240 14210127	李靖宇 侯雨佳 周存华 袁箐雯	黄晓红	优秀	经济管理学院
81	12142188	中国人口老龄化背景下对南京市锁金村社区社会保障体系的分析	14210104 16010506 22010324	王翘楚 聂颖惠 滕　达	聂春雷	优秀	经济管理学院
82	12142102	文化产业年报信息披露特征与评价：基于我国创业板市场的经验证据	14410225 14410102 14410101 14410117	王　悦 杜　智 孙艳华 桑　蕾	吴　斌	优秀	经济管理学院
83	12142154	透过预科看国家发展少数民族教育事业的政策及其影响	14310124 14310134 14510236	杨　琴 戴晶晶 周哲羽	周　宇	优秀	经济管理学院
84	12162002	九龙湖校区教室节能智能化升级改造	10109101 16010606 16010621 16010603 16010604	陆力文 苏　晨 刘　瀚 李昱瑾 孙玲玲	黄学良	优秀	电气工程学院

（续表）

序号	项目编号	项目名称	项目完成人		指导教师	验收结果	所属院系
85	12162031	智能车超声波避障	16010423 16010503 16010504	孟建建 管永丽 王培秀	蒋浩	优秀	电气工程学院
86	12162044	电动车自动泊车系统	16010416 16010420 16010424	刘博辰 李睿 刘源	茅洁	优秀	电气工程学院
87	12162015	基于DTW算法下的语音识别系统	16010305 16010309 16010313 16010304	宋阳 崔晨磊 徐恺 季媛媛	黄允凯	优秀	电气工程学院
88	12162001	弹簧振动电机的制作	16011223	甘子伦	余海涛	优秀	电气工程学院
89	11172025	中日应对地震灾害的措施与成效的比较研究	17209127 17209132	陈泽茜 周翰洋	宋善花	优秀	外国语学院
90	12192004	OLED主体蓝光材料——芴类的设计合成	19210109 19210114 19110110	咸慧 徐华 董新新	孙岳明	优秀	化学化工学院
91	12192018	聚合物太阳能电池	19110112 19310113 19110212	梁庄典 柴科斌 朱永乐	林保平	优秀	化学化工学院
92	12192010	金属磷化防锈处理	19110213 19210117	储歆 周艺秦	钱杰生	优秀	化学化工学院
93	12192022	改进阻垢剂APES的合成与纯化	19109202 19109103	邵方园 王远	姚清照	优秀	化学化工学院
94	12212096	基于仿生学的新型桥梁结构设计	21010224 21010222 21010226 21010126 21710126	蒋超 姚浩 唐睿 朱宇昊 陈若男	陈飞	优秀	交通学院
95	12212105	级配波动对AC型沥青混合料空间结构的影响分析	21710236 21710131 21710120 21710140	吴满 郭赵元 蒋继望 罗瑞林	高英	优秀	交通学院
96	12212067	基于行程时间预测的公交信号优先设计及仿真	21110115 21110209 21110201 21010127 21010225	赖僖敏 聂文涛 顾炜祎 丁剑 曹屹	杨敏	优秀	交通学院

(续 表)

序号	项目编号	项目名称	项目完成人		指导教师	验收结果	所属院系
97	12212039	地铁风能发电系统的研究与开发	21710141 21710127 21710125 21710114 21710116	李林华 李 红 左永辉 汪 勇 郑俊秋	高 英	优秀	交通学院
98	12212058	基于供需差异的校园机动车辆停放特征分析及建议	21010134 21010135 21010122 21010132 21010121	郑满意 吴启弘 徐小丹 胡婷婷 沈佳雁	陈 峻	优秀	交通学院
99	12212043	宽体混凝土斜拉桥主梁设计新构造力学性能实验研究	21110130 21710129 21710136 21110205 21710110	孙丹阳 何光曦 郑 冬 孙新毅 郭 鹏	熊 文	优秀	交通学院
100	12212127	地铁站行人宏观路径选择分析	21710228 21110208 21710220 21710232	杨思斌 袁震宇 吴 炜 李迎春	陈大伟	优秀	交通学院
101	12212012	双桥门立交桥驾驶员行为分析与交通控制方案设计	21210124 21210201 21210113 21210120	袁伟翔 范晨昊 邢 璐 江佳璐	杭 文	优秀	交通学院
102	12212131	基于改性沥青的高速公路新型路基路面设计	21110239 21610110 21710219 21610103	郭文姝 王一楠 江金峰 张 进	钱吮智	优秀	交通学院
103	12212037	掺外加剂混凝土的水灰比与强度的关系研究	21410114 21410110 21410108	邓 伟 蒋晨昱 李 锐	宣国良	优秀	交通学院
104	12212093	利用VBA二次开发AUTOCAD应用于测绘工程的绘图	21310101 21310115 21310117 21310123 21310107	姜泽宇 周轶凡 申佩佩 张小梦 袁旭洋	范国雄	优秀	交通学院
105	12212022	快速路复合枢纽冲突区域交通工程设计	21710121 21110219 21110220 21110230 21110234	张翔飞 栾 鑫 王 斌 张忆平 姜冬雪	过秀成	优秀	交通学院

（续 表）

序号	项目编号	项目名称	项目完成人	指导教师	验收结果	所属院系
106	12212101	网络变向交通的组织实现技术	21110109 段婷婷 21110238 王云波 21110121 万亚玲 21110115 赖僖敏 21110119 陈欣垚	王昊	优秀	交通学院
107	12212069	便携式地铁到站提醒装置设计	04010215 岳　帅 21210137 张林峰 21210101 赵惠丹	陈大伟	优秀	交通学院
108	12212068	直行式公交网络绿波设计与计算机仿真	21110108 黄奕慧 21110111 武丽佳 21110113 陆　漪 21110107 贡　玮 21110104 王如珺	王昊	优秀	交通学院
109	12212004	基于车辆感知的信号交叉口配时优化方案	21709227 徐翌迪 09009431 罗　星 21209111 胡　骁 21009105 刘心露 21109140 赵康嘉	陈淑燕	优秀	交通学院
110	12212002	面向开放式公交系统的乘客下车站台刷卡系统开发	21109213 张伟芳 04009131 邵　琦 21009123 崔　莹 21109203 闵　静 04009115 徐　昊	陈学武	优秀	交通学院
111	12212122	内河航道船行波的研究现状	21410118 张贺城 21410106 徐星璐 21410130 施文杰	廖鹏	优秀	交通学院
112	12212091	固化海相软土的抗硫酸盐侵蚀试验	21609107 周　帆 21609134 杨斌斌 21609116 张　乾	杜广印 易耀林	优秀	交通学院
113	11222020	高校食堂用餐导购系统	22009113 傅　博 22009116 张　海 22009114 刘建新	王澄非	优秀	仪器科学与工程学院
114	11222022	基于单片机的电机智能无线遥控器	22009126 王培宇 22009128 尹天伦 22009136 杨宇熙 22009135 王正俊	李旭	优秀	仪器科学与工程学院
115	12242022	图书馆雨伞安放设施设计	24009127 戚雅丽 24010103 孔　笛 02010215 张振海	宋备	优秀	艺术学院

(续 表)

序号	项目编号	项目名称	项目完成人		指导教师	验收结果	所属院系
116	11242046	包装色彩对开架食品的销售影响	24209109 24209123 24209115	姜 昕 刘 野 王 泓	赵天为	优秀	艺术学院
117	11242041	艺术类大学生自主创业路线研究	24109102 24109107 24109110	费婧苗 潘福玲 陈旖旎	程万里	优秀	艺术学院
118	11242035	传统灯彩与现代灯具设计	24009109 24009141 24009128 24009116	柳一清 孙 毅 刘 云 胡馨菱	胡 平	优秀	艺术学院
119	11242016	南京市公交站台的调查研究及人性化改良方案	24009126 24109111	曹 旻 许 箐	程万里	优秀	艺术学院
120	12252005	重点大学农村学生比例降低和教育公平	25009218 25009222 25009215	李秀武 杨迦凯 吴昊琪	李 可	优秀	法学院
121	12412006	肿瘤健康知识社区宣传和普及	41110111 41110129 41110124 41110103	向珍娟 王义隆 唐 威 周雅娴	樊 红	优秀	医学院
122	12412013	社区遗传病知识普及及调查	41110107 41110108 41110122 41110131	马 洁 郭嘉琪 龚琦青 周 武	樊 红	优秀	医学院
123	12412024	Id4 蛋白表达对乳腺癌细胞生长、增殖的影响	43208131 43109217 43109223	朱莉娜 徐文演 张云强	沈传陆	优秀	医学院
124	13412037	医学生志愿者服务现状的调查与分析	43210502 43210419 43210421	左 蕾 郭倚天 刘一鸣	张俊琴	优秀	医学院
125	12412009	丙型肝炎病毒 NS3 单克隆抗体的制备和应用	41110112 41110130	阳俊蓉 韦 锟	孟继鸿	优秀	医学院
126	11432102	乙肝病毒疫苗和乙肝免疫球蛋白联合应用阻断乙肝母婴传播的 META 分析	43208415 43208417 43209406	于复超 凌志新 孙 梦	金 辉	优秀	医学院
127	11432057	骨水泥不同时相负载抗生素实验	43108113 43108119 43108121	莫明·阿不来孜 刘金龙 杨 晖	魏 波	优秀	医学院

（续 表）

序号	项目编号	项目名称	项目完成人	指导教师	验收结果	所属院系
128	11432018	护理干预对2型糖尿病并发症影响的Meta分析	43508103 周碧云 43508118 韩 娟 43508152 李俊琬	金 辉	优秀	医学院
129	11412001	cortical hem 调控齿状回发育的分子机制研究	41108119 袁业锋	顾晓春	优秀	医学院
130	12422025	东南大学民族学生文化适应现状调查	43108209 伊合拉斯·赛衣达合买 42210115 排日代·托合提 42110214 则比热姆·库尔班江	高 倩	优秀	公共卫生学院
131	12422023	西藏地区常见病和多发病的现状调查	42110112 次仁央宗 42110113 米 珍 42110213 古桑央金 42210113 德吉措姆	金 辉	优秀	公共卫生学院
132	12422013	生命质量量表应用于慢性乙肝的探讨	42210121 吴 蒙 42210108 方 帅 42210104 柏红娟	巢健茜	优秀	公共卫生学院
133	12422005	不同脂肪酸构成比膳食对小鼠脂代谢的影响	42110219 詹 迪 42110201 施若莲 42110103 周 月	杨立刚	优秀	公共卫生学院
134	12612024	多功能交通监视机器人	16010004 赵懿祺 04010039 黄 骋 16010016 倪春花 22010124 王 桢	宋爱国	优秀	吴健雄学院
135	12612010	基于嵌入式服务器的监控报警系统	06010440 郝志强 04010035 于海磊 16010007 季杭为	堵国樑	优秀	吴健雄学院
136	12612002	自动调温显温淋浴系统	04010044 张 鹿 04010010 窦建青 04010009 金春蓉 04010040 张云昊	黄慧春	优秀	吴健雄学院
137	12612018	二轮自平衡小车	11110138 肖 薇 04010001 赵映红 06010544 王 朝 16010014 张 鹏	胡仁杰	优秀	吴健雄学院

2013 年文化素质教育中心讲座统计表

序 号	主讲人介绍	题 目	日 期
1	著名昆曲表演艺术家、中国戏剧"梅花奖"获得者李鸿良	至美的昆丑——中国昆曲艺术中的昆丑	2013.03.11
2	东南大学人文学院教授、博士生导师董群	不离文字悟禅意——正确理解禅宗文化	2013.03.12
3	美国伊利诺伊大学终身教授朱为模	东方传统养生方法与健身	2013.03.12
4	著名京剧表演艺术家、中国戏剧"梅花奖"获得者黄孝慈	中国京剧艺术魅力之展示	2013.03.18
5	国家级教学名师、武汉大学哲学学院教授赵林	基督宗教的历史演变和发展态势	2013.03.20
6		当代国际格局的宗教背景	2013.03.21
7	著名评弹表演艺术家、江苏省评弹团团长姜永春	吴韵流芳——江苏省评弹团专场展示会	2013.03.25
8	美国波士顿大学全球基督教研究中心研究员王忠欣	基督教建筑艺术纵览	2013.03.25
9		中国文化在美国	2013.03.26
10	著名古琴表演艺术家、中国古琴学会副会长马杰	太古遗韵·天籁之音——中国古琴艺术及赏析	2013.04.01
11	北京师范大学心理系教授、国际心理科学联盟副主席张厚粲	人格的个体差异、形成与健康发展	2013.04.02
12	北京大学中文系主任、教授陈平原	抗战烽火中的中国大学——西南联大及其他大学的追忆及阐释	2013.04.03
13	著名昆曲表演艺术家、中国戏剧"梅花奖"获得者李鸿良	至美的昆丑——中国昆曲艺术的魅力与欣赏	2013.04.08
14	著名学者、福建师范大学文学院教授孙绍振	《红楼梦》中的薛宝钗:美丽的空壳	2013.04.09
15		千年之争:唐诗中究竟哪首最好?	2013.04.10
16	哈佛大学费正清东亚研究中心原主任、哈佛大学亨利·福特二世社会学荣休教授傅高义	邓小平与中国外交	2013.04.14

（续　表)

序号	主讲人介绍	题　目	日　期
17	著名木偶表演艺术家、江苏演艺集团木偶剧团团长许虹	中国木偶艺术鉴赏	2013.04.15
18	复旦大学哲学系教授、宗教研究室主任王雷泉	法华精神与人类宗教的未来	2013.04.22
19	著名皮影表演艺术家姚其德	中国皮影戏艺术的魅力与欣赏	2013.04.23
20	《东南大学校歌》词作者、东南大学人文学院二级教授、江苏省教学名师王步高	清华大学的故事与精神——沧桑百载赋清华	2013.05.03
21	南京大学历史系主任、教授陈谦平	西藏问题的历史与现状	2013.05.09
22	国家一级演员、中国戏剧"梅花奖"得主江苏省扬剧团演员徐秀芳领衔主演	国家非物质文化遗产——扬剧艺术专场赏析会	2013.05.06
23	东南大学艺术学院教授张燕	从传统艺术看中华民族的生存智慧	2013.05.15
24	原交通部总工程师、部专家委员会主任，教授级高级工程师凤懋润	中国桥梁百年圆梦——我国现代桥梁发展的历史启示	2013.05.18
25	中国科技馆原馆长、教授、博士生导师王渝生	当代科技发展的态势与前瞻	2013.05.18
26	浙江昆剧团	大型昆曲经典《十五贯》东南大学专场演出	2013.05.20
27	武汉大学历史学院教授、博士生导师李工真	百年风雨珞珈山——武汉大学的故事	2013.05.23
28		中西音乐的杰作《梁祝》中的精华	2013.05.24
29	台湾"中央大学"哲学研究所教授冯沪祥	从国学看"中国梦"	2013.09.16
30	东南大学第十四届研究生支教团内蒙古、江西、陕西代表 东南大学支教协会成员	第五届"我的讲台，我的娃"——支教背后的故事	2013.09.17
31	著名通识教育专家、台湾中原大学人文与教育学院原院长黄坤锦	美国心灵的攀登——美国大学通识教育之理念、实践与借鉴	2013.09.23
32		大学全人教育——中西文化之视野	2013.09.24
33	东南大学经济管理学院教授、博士生导师胡汉辉	大学生活的失落与奋斗的选择	2013.09.26
34	著名历史学家、南京大学历史系主任、教授陈谦平	二十世纪的中国民族与边疆	2013.09.25
35	著名历史学家、武汉大学历史学院教授李工真	欧洲大学的兴起	2013.09.23
36		现代化大学的由来	2013.09.24
37		柏林大学模式的现代化特点	2013.09.25

(续　表)

序号	主讲人介绍	题　目	日　期
38	清华大学美术学院教授王连海	吉祥图案（上）	2013.09.27
39		吉祥图案（下）	2013.09.28
40		中国民间剪纸艺术鉴赏（上）	2013.09.29
41	昆曲《红楼梦》剧组	昆曲《红楼梦》剧组东南大学专场见面会	2013.09.27
42	著名昆曲表演艺术家：孔爱萍、李鸿良、单雯、张争耀等	大型昆曲经典《红楼梦》折子戏（上、下本）	2013.10.09
43			2013.10.10
44	北京大学东方研究院教授王邦维	"天下之中"与"日中无影"——神话、想象、天文学及其意义	2013.10.10
45	武汉大学历史学院教授、博士生导师李工真	辉煌的哥廷根时代	2013.10.08
46		德国大学生的学习与生活	2013.10.09
47		文化清洗运动与犹太科学家的流亡	2013.10.10
48	著名历史学家、南京大学历史系教授胡阿祥	"胡"说南京——感受南京的历史和文化	2013.10.17
49	南京大学历史系主任、教授陈谦平	西藏问题的历史与现状（上）	2013.10.16
50	著名民间工艺研究专家、清华大学美术学院研究员王连海	中国民间剪纸艺术鉴赏（下）	2013.10.18
51		中国传统玩具艺术赏析（上）	2013.10.19
52		中国传统玩具艺术赏析（下）	2013.10.20
53	中国科学院院士、南京航空航天大学教授赵淳生	创新·创业·实现中国梦	2013.10.19
54	中国科学院院士、建筑大师、东南大学建筑学院教授齐康	我的建筑梦·我的中国梦	2013.10.20
55	中国科学院院士、华中科技大学原校长、教授杨叔子	寻美古典诗词，践行中华文化	2013.10.25
56	台湾大学人文高级研究院院长、教授黄俊杰	21世纪大学生生命教育的学习方向及其核心价值	2013.10.23
57	武汉大学历史学院教授、博士生导师李工真	美国高校对德国流亡科学家的接受	2013.10.21
58		欧洲知识难民与美国社会	2013.10.22
59		流亡人文、社会科学家与美国大学	2013.10.23

(续　表)

序　号	主讲人介绍	题　目	日　期
60	《东南大学校歌》作者、东南大学人文学院教授王步高	沧桑百载话东大——科学的东南与人文的东南	2013.10.27
61	南京大学历史系主任、教授陈谦平	西藏问题的历史与现状	2013.10.29
62			2013.10.30
63	著名民间工艺研究专家、清华大学美术学院研究员王连海	中国民间刺绣赏析	2013.11.01
64		中国民间印染赏析	2013.11.02
65		中国民间木板年画	2013.11.03
66	东南大学人文学院院长、长江学者樊和平	从文化的角度来看现代中国社会的精神状况	2013.11.07
67	武汉大学历史学院教授、博士生导师李工真	流亡自然科学家、艺术学与美国大学	2013.11.04
68		欧洲流亡科学家与美国"曼哈顿工程"	2013.11.05
69		世界科学文化中心的洲际大转移	2013.11.06
70	著名建筑学家、中国工程院院士、华南理工大学建筑学院院长何镜堂	用智慧和汗水书写美好人生	2013.11.08
71	著名民间工艺研究专家、清华大学美术学院研究员王连海	民间信仰习俗分析	2013.11.15
72		民间美术的总体位置与基本特征	2013.11.16
73		民间美术与非物质文化遗产	2013.11.17
74	南京大学历史系主任、教授陈谦平	蒙古的历史与现状	2013.11.19
75	化学家东尼·莱恩教授 艺术家海伦·斯托	科学与艺术的联姻	2013.11.28
76	南京大学历史系主任、教授陈谦平	蒙古的历史与现状	2013.11.26
77		新疆的历史与现状（上）	2013.11.27
78	南京大学历史系主任、教授陈谦平	新疆的历史与现状（下）	2013.12.03
79			2013.12.04
80	美国杨百翰大学文学院教授韩大伟	一个外国学者看中国文化:以和为贵	2013.12.05
81	南京大学历史系主任、教授陈谦平	中国边疆问题的历史与现状——南海、东海、中缅、中越	2013.12.11
82	《江苏社会科学》主编、研究员金晓瑜	人文精神与人文社会科学研究	2013.12.12

(续 表)

序号	主讲人介绍	题目	日期
83	著名历史学家、清华大学历史系教授彭林	大国崛起的文化战略思考	2013.12.16
84	俄罗斯克麦罗沃国立交响乐团林涛（指挥）	2014东南大学新年音乐会	2013.12.26

2013届本科毕业生名册

建筑学院

011 建筑学 101

陆明玉　叶雯欣　岳碧岑　丁立南　林　念　施　婧　原　满　沈梦婵　王希娴
王　驰　隗抒悦　唐文文　冯希涛　姚　远　吴玉杰　洪喆恒　张　琦　吴超楠
刘晓帆　程蔚然　刘斐斐　李哲元　杨浩腾　闫顺凯　韩　青　朱博文　柏　方
孙旻杰　许碧宇　杨佳蓉　滑　琪　王蒙蒙　陈蓉蓉　朴锦兰　薛　婷　刘丹萍
吕婷婷　马爱迪　宋心珮　马亭亭　何涛波　陈毓璇　鲍宁馨　辛　坤　杨　浩
季　欣　徐钟海　顾国海　张　钊　徐　青　张　翔　彭文哲　钱　峥　夏　阳
任顺骏　上官永吉　马广超　万凤刘　黄　潇　钱　凯　王晓升　苏　皓　闫辰羽
奚江月　王苏华　林周赛　晏莉莉　王　柔　王　璇　黄卿云　卜莞御　邱　敏
刘　琦　袁成龙　沈宇辰　巢静敏　张　翔　孙志峰　董智伟　王正骁　王　斌
李明阳　张润泽　卢立坤　张　涵　马加伟　胡　培　曹　峰　刘宇澄　翟　炼
郭欣欣　唐晓兰　徐振欢　王嘉琪　田梦晓　王思文　金　勇　杨　升　赵音甸
魏晋源　王续韬

012 城市规划 27

杨美洁　袁　杰　王雅妮　吴晓庆　于婉红　熊伟婷　郝凌佳　路　天　李欣路
夏丝飔　徐嘉勃　陈天鹤　谢康宁　徐晓曦　钱　锋　孔　斌　晨　笛　国子健
王林星　丁孟雄　林俊杰　路思远　王里漾　钟　悠　宋志峰　邢　宇　陈明智

015 景观学 20

刘常宁　李　丹　张蓝兮　李林希　王雨晨　缪　丹　钱慧逸　李忆箫　沈禾薇
钱怡婷　何　雅　和嗣佳　李金生　陈佳强　单　文　黄　敏　李渊明　储智祺
朱冰瑶　刘明昊

612 建筑学(杨廷宝班)　23
张　莹　徐雁玲　沈晓祎　于善君　曹大卫　陈　思　王锁文　薛云舟　吉宏亮
卢德薪　王　尚　熊　鑫　余海男　顾　笑　徐雨屏　王　新　张锦松　钟　强
吕一明　莘博文　张杰亮　刘　璐　巫文超

机械工程学院

020 机械工程及自动化　148
汪亚琴　储雨奕　刘心蕊　何云喆　魏志强　侯俊同　李　佳　蔡江平　金静松
邓建忠　肖　翔　沈博文　蔡兆文　王启越　朱　熙　李晓东　王逸铭　沈　涛
沈　健　刘　剑　邓子博　邱　波　蒋英丙　李欣怡　丁　浩　杨胜金　关向新
郁茂旺　张俊卿　胡文秀　李　可　范云亮　黄晓阳　蒋丙栋　王力宇　贺　兵
朱　东　黄志昊　门俊峰　刘　通　刘　威　李　堃　戴　超　甘海权　王行洲
胡亚林　李　尧　段　聪　佟泽宇　周颖异　赵紫默　汤　洋　印　冲　余云松
后丽婷　张婷婷　王　东　王树星　鞠晓龙　顾　岩　韩　琦　徐力达　陆继政
张　喆　陈　兵　沈　迪　周　祁　蔡君丞　桂　凯　陈华宇　付建新　胡　双
伍伟竞　杨松松　陈致远　王　力　胡长国　李　蒙　桂忠奇　吴海军　金存济
刘　震　苏　洁　吉月婷　黄惠宁　郝思男　吴阅列　杨　晨　于海洋　顾小江
曹亚琪　马振兴　陈极超　姚思宇　邢　健　张　海　李弘帙　陈奇韬　张兴文
马兆华　王长宝　赖福强　丁　豪　李　伟　涂剑锋　伍奇锋　王海泓　万守彬
于海波　杨东东　王培玉　秦轶成　王　佳　叶　涛　安　醒　赵霁文　艾　青
王鹏生　王霖铁　王雁平　顾　敏　李　帅　吴庆波　晏腾飞　吴　竞　于德阳
田宇琦　尹春雷　曹旻灿　张　迪　孙小刚　戴玉东　储天闻　吕树鹏　林元载
夏范华　鲁求辉　周鑫宏　杨奕峰　王　峥　白东泽　卢　洋　阮　浩　刘　丹
沈轲飚　王　海　张　睿　左少燕

026 工业工程　46
谈　适　施杨梅　许　颖　郜凤仪　王　丹　何睿超　江　婷　师　乐　李婷婷
崔青建　杨　明　范玉斌　管培植　李向荣　袁万富　徐　硕　王　斌　徐　磊
费亚飞　徐　青　王海锋　宋洋飞　江　志　黄伟航　苏宇阳　刘伟韬　王明绍
王晓林　晋康燚　聂　形　刘　庆　赵然林　秦平贵　黄天涯　林　宁　张　强
李　阳　陈映东　丁　涛　何　天　刘冰洋　储呈斌　杨占波　庞德东　吴有志
华聪立

能源与环境学院

030 热能与动力工程　169
廖钧红　姚洋阳　黄世芳　钱呈浩　陆沈楠　陈　波　闫　翰　花亚伟　余　帆

杨　洋	胡江海	谢智鹏	陆学诗	张泽林	朱　锋	吕　潇	史超琦	王文辉
刘凌沁	王　超	徐　婧	张文娟	郑志豪	朱正香	岑　垚	陈茂军	丁佐榕
方堃炳	费　喆	何文强	黄海涛	解李杨	李东方	李松淞	李　伟	林宏斌
陆胜豪	马　欢	王恩才	王诗涛	姚　刚	赵明岳	周朝阳	朱顾全	汤可怡
徐大威	李　铮	秦　楠	刘丽娜	孙文静	王　芸	胡　彬	胡高斌	胡晓雨
黄秀勇	瞿秋霆	李　浩	李　帅	李　晔	梁明宇	林鸿亮	潘凌飞	钱文凯
沈成成	沈　阳	史　博	苏　凯	谭　强	王旭东	吴俊超	吴明州	谢先鹏
徐　民	尤　其	张　涛	周志龙	张艺颗	刘学海	顾烊烊	黄诗寓	刘栩宁
乔　媛	蒋　川	焦　健	雷志伟	李建波	刘振耀	陆　杰	马兵兵	马肖峰
毛逸扬	梅亚飞	莫浩浩	宋　震	孙　文	王艳波	杨　康	杨　翼	俞骏吉
张鸿亮	张振宇	章程明	郑周宇	周元兴	朱袁炜	邹　聪	陈飞翔	黄进凤
姜慧慧	冒小妹	王晨杨	安　平	程崇博	冯　成	洪　超	季明辉	李树洲
林博群	孙　伟	王　豪	王　玺	杨　骞	袁　强	曾骥敏	赵　达	赵佳骏
钟　厦	周　驰	朱冠臣	严智勇	李昌政	刘晓予	郭建伟	刘明玮	陈逸韵
金霄蔚	孙琪琪	张　兵	陈大为	戴逸华	单　璟	丁小骄	顾玉顺	关超珺
何　志	孔令拓	李鸿坤	李　宪	李新阳	刘思飏	陆　骑	雒志强	彭　梁
乔　侨	宋诚骁	王永文	肖业夫	许亚军	杨宗冰	赵德材	赵嘉南	赵珞卿
郑卫东	周　帆	周泽坤	夏　炜	韩泽洲	谢　忱	阿迪力·艾海提		

031 建筑环境与设备工程　45

安　璐	蔡荧荧	陈谢磊	陈　瑶	樊雪艳	郭梦旸	鞠醒柳	陆贝妮	吕昕宇
沈　卉	汤红铃	屠宏佳	徐洁月	张　青	张雨杨	曹　政	范鹏杰	古浩然
顾阳阳	郭南星	胡星星	李　彬	李无言	娄　斌	鲁洁明	桑　超	桑建飞
汤　欣	陶　涛	田志超	王明超	王　宇	王　赟	徐振耀	杨　坤	张贺志
张艺斌	张正普	赵广政	周　飞	刘冰韵	赵赛男	金智勇	黄晓龙	秦凯健

032 环境工程　33

陈　胜	陈雨霞	康　婷	刘　畅	吕安琦	欧阳佗欣	石志燕	水　娴	王世悦
夏　晋	杨可昀	赵　艳	周甲蒙	周文佳	程思超	戴喆秦	康尧尧	李承龙
李晓琦	林　森	明中远	陶智伟	王建凯	翁梓航	薛则禹	姚一思	袁昊杰
张　栋	张宇杰	赵　斌	周　迪	马琼叶	王伟杰			

信息科学与工程学院

040 信息工程　247

张梦妮	唐颖思	张硕闻	李竹颖	肖凌云	高　雅	郝胜男	赵锦程	袁云辉
段鹏飞	孔翔鸿	叶方伟	鲁　扬	梁凌轩	张祺显	吕亚骏	刘　灿	王　润
孙　文	张清华	张泽宇	吴　宪	金爵宁	胡雪川	贾国栋	袁金戈	单佳炯

本科教育

刘广毅	邵 瞳	匡肃奉	吴 昊	胥陈彧	王 晔	李德骏	陈 智	曹达明
王维亮	林光远	孙大任	张立碧	凌昕彤	施发斌	马伯啸	杨 颫	刘 岩
王科迪	陈牧云	黎洁昕	董 烨	吴珏蓉	汪 玮	徐沁怡	董云扬	邓 阳
胡瑞东	陈业宏	张强磲	徐 昊	周 天	朱欣幸	戴俊彦	魏 鼎	韦永林
梁 朝	程雨生	赵德暄	任 重	张宗源	邵 琦	李汉琛	储重胤	张晓燕
陈天一	杨彬祺	王淑朋	高成才	罗 晓	刘 洋	王从杰	张 希	郝雅娴
苏 菲	吴 影	李竹萱	贡 放	钱根双	石晓杨	王书乔	程德朋	刘军军
吕烨华	朱肖汉	朱昂昂	贾子昱	杨子江	蓝 骥	王桂存	顾 进	黄博轩
王 俊	沙 俊	陶于阳	胡应非	周博猷	黄 鑫	张新锐	孙 裕	孙守东
陈建磊	封晨艳	王 莹	秦艳荣	许佩佩	吴嫣雯	阳 析	钟 敏	李少康
邹浮舟	周郅智	杨飞飞	王国鹏	朱文远	王有东	谭杭波	施人铜	郭睿夫
赵 钱	文 斌	何臻宇	吴仕飞	阮 征	魏轶凡	曾绍祥	冯海浪	房 韬
李天伊	陈 阳	李佳波	郭 骏	周 天	石开元	周 帅	朱侯秋荻	孟 苑
周素珍	董 浩	洪烨林	夏 睿	任晓远	王 奇	官道进	梅茂奎	王晨宇
郭献之	徐锦龙	焦士坤	张淞原	黄志鹏	张显昱	余瑞驰	卢 霄	徐海健
杜劲波	董骏杰	邹 磊	陈 森	韩旺阳	房 帅	陈诗雨	陈洋洋	陈弋羽
马 潇	贺 苒	潘思宇	秦伟微	罗茂玲	苏 钰	李 峥	聂阳宁	刘 岩
黄力人	倪 蕤	田 上	王 喆	杨 晨	乔喆君	杨一翰	余志禄	李 斌
姚 冲	刘飞非	张维刚	余士喜	顾实宜	贺润国	王格伟	陈 务	庄 灿
付佳伟	朱筱赟	冯 雨	童华清	吕烨烨	顾馨月	何沐昕	邱林峥	岳 亚
张梁哲	周司易	陈超艺	张皓月	颜丽颖	周 培	张妙祯	金雨菲	刘欣洁
王许莲	张添翼	江 阳	陈 翘	齐冯伟	甘 超	刘 文	卫 锦	杨 昆
吴永首	臧若帆	顾潇腾	李弘乾	徐立洲	盛汪超	王何浚	赵安晓	余化鹏
何睿达	蒋 伟	金灿灿	侯 逸	严时杰	吴雪贞	周莹洁	孙心力	何添业
邹 耀	王 隽	殷宏峰	厉亚伟					

042 信息工程（无锡分校） 32
    杜 璟　　陆慧颖　　马 云　　符亚云　　郁圣楠　　汤 宪　　许 婧　　邱 月　　邱琳耀
    肖 铭　　施昱阳　　李峰灯　　刘 玮　　徐学斌　　李 亚　　施奕帆　　李 皓　　郑仕力
    陈悦鹏　　闻晨鹭　　李晨锋　　赵 越　　范 昕　　高 元　　杨建军　　王晓明　　李 享
    张 航　　栾小凡　　宋嘉星　　项 曦　　谭竹慧

土木工程学院

051 土木工程 160
    袁 雪　　丁函宇　　王熹宇　　蒋诗韵　　郑 珉　　解文静　　张久英　　叶逸冰　　朱家扬
    俞祚鹏　　陈 阳　　沈 骏　　吉庆彬　　陆林浩　　江 祥　　梅 伟　　陈 辉　　葛 耀
    王振飞　　王秋成　　周 洋　　明 阳　　周林江　　朱 奇　　何健伟　　周 宇　　王洪浩

耿 喆　张 露　李荣桂　李芮秋　王雨宾　朱松松　李潇潇　冯 波　章玉婷
张锦润　张素平　孔祥羽　吉 喆　林慕桥　王 琳　程颖菁　徐煜然　杜 洺
张敏之　张康琦　刚 毅　陶天友　徐 泰　卢 硕　唐伟亚　傅正平　马生金
唐 石　宋 康　李 坤　卞任远　刘文鑫　卢苇白　韩 阳　沈 洋
何永洲　唐 涛　蔡天恩　殷文骏　王江滨　杜佳佳　杨 旭　谷 雨　常建海
张博恺　周亦秋　陆明飞　贺俊豪　赵 哲　杭启兵　褚 云　王 庆　程科迪
张礼伟　江雨航　李天舒　王婷婷　郑思圆　邱梦月　温九原　许 章　李子耕
刘晶晶　孙延超　沈海彬　朱仁杰　于 越　顾 杰　宦亚鹏　曹应之　徐劭涵
高志远　陆凯麟　杨 琪　卻军校　董晓鹏　邢巍巍　朱兴波　欧阳和芳　龙起耀
董一桥　高建岗　陈子斌　胡 乔　郭 训　黄诚敏　寿 辰　陆 帅　邱介尧
蒋 鹏　高永轩　邓 杰　刘 莹　高 珊　马媛媛　张 倩　覃洁琼　李靖美
李任飞　白亚昌　周 晨　潘 瑞　陈昊天　李良晨　叶 波　张 昊　郑国志
叶子昂　王玉骏　夏明浩　尹健伟　张治齐　朱骁帆　吴瑞尧　李黄河　张涌泉
张景桥　杨耀然　杨 卫　唐 祥　李佳欣　李建喜　陈玉珩　卢开元　张慧娟
阮杨捷　周 晨　王 佳　王 潮　王 宁　李 彬　颜蓓蓓

052 工程管理　36
赵一瑾　李 爽　李晓楠　王崧璎　麻景新　樊 颖　王 帆　陈明霞　宋 佳
张 弛　李明圆　杨 洁　邢琼玛　郑晓丹　阚梦秋　王 涛　王 放　祝庆文
徐小鹏　宋 祥　孙 渊　王逸飞　邱作舟　裘 童　方耀东　徐振雄　方隆祥
孙宁虎　袁法喜　吕 鹏　蒲德才　游钧翔　司武好　范 洁　陈恺文　廖超扬

053 工程力学　26
葛天媛　胡昊容　汪 璇　王睿卉　李雪蕾　赵志川　侯士通　张雨佳　于士甲
刘 麟　李 杰　蒋令闻　陈 功　王 猛　张顺阳　张瑾琳　邵凯凯　杜和伟
奚超超　熊 峰　曹芝腑　赵 皓　王东平　刘旭东　高 诚　朱程鹏

055 给水排水工程　34
冀 翔　杨 宁　李润青　姜 磊　徐文杰　王 媚　梁艺敏　李 硕　闫冠伍
宋康康　黄力飞　邢益坤　葛 扬　房 洋　尹德强　侍亮亮　王秋阳　刘蕴哲
史锦程　陈 曦　吴靖远　汤晓慧　马 锐　谢其涵　于 睿　罗加腾　乐 凯
高 超　王其东　于搏海　褚世界　周 翔　黄克虎　曾 鹏

612 土木工程（杨廷宝班）　28
赵曦蕾　谭微棋　黄 婷　颜 嫄　李兴华　桂鹤阳　孙宇迪　袁日华　周德利
杨泽西　何佶轩　孙 岩　董思奇　张世春　张 鹏　刘 浏　骆忠祥　汪 逊
何 雨　陈 诚　许 赟　陈圣杰　李智泉　徐志俊　谭 超　程 翔　赵大星
刘 剑

电子科学与工程学院

060 电子科学与技术　　173

尚超华	沈学可	石　佳	王月霞	马芫芫	孙佳惟	刘硕硕	张普阳	梁秋实
许浩博	张　晋	曹　军	李　硕	徐　超	钱文明	高　晨	陈正宇	张　帆
杨书冠	徐　力	郭　啸	程　超	潘江涌	廖　宏	贾　森	杜　圣	陈龙珑
戎　越	周　普	郑　锴	刘　渊	郭旻轩	奚锦程	陈　琴	钱　煦	高适萱
毛宏斌	张益成	张汉斌	曾凌云	马　驰	盛　骏	阳　昕	顾　磊	周　伟
赖钰锐	刘龙俊	陈　成	宇哲伦	张　琪	倪丹丹	马荣晶	毛　铮	杨忆楠
南　苗	李晓田	邹方旭	苗明东	赵本杰	王承量	宋泽淳	路　宇	邓金磊
李　晨	黄　堃	惠肇宇	于天骥	罗晨阳	茅　祺	刘　畅	束　伟	邱俊华
罗　斌	梁积卫	叶一舟	屈　严	陈雨舟	孟　楠	吉　宇	尹　涛	袁　野
闵　晓	端晶雷	李少芳	吕力兢	李小泉	丁　杰	温　潇	张遥宏	周荣庆
高　飞	施　彬	冯艳梅	谢明珠	金舜婷	尹佳媛	陈小雪	张　亚	翁　锐
叶　然	钱程浩	桂小冬	陈燕达	吴里程	郭正波	李　浪	周玮柏	李中华
裴宏达	王焕凤	贾一钊	王志乐	王　超	周璟阳	倪　斌	林　军	杨　洋
徐爱宝	徐志丽	张超逸	蒋进松	骆　瑶	汪　佳	税昌健	曾　璐	俞人暄
王若愚	邵小强	王蔷薇	戴颖千	谷立军	贺晋尧	贾若雪	施　桦	姚红燕
丁妤婕	刘欣卓	黄　慧	李　媛	欧静诗	李祎楠	尤　田	王　军	黄建平
徐　峰	葛　畅	蒋　健	徐　季	陈　昊	杜益成	杨隆西	周　浪	李宗骏
任力争	张　俊	孙金周	刘剑峰	秦亮渤	余开浩	刘　博	彭树德	瞿　晓
徐高伟	户玎岚	程　康	张培培	张旭涛	钱雨程	周　洲	徐凯舟	刘义眤
高金伟	涂维超							

062 电子科学与技术（无锡分校）　　31

胡雅琴	陈坦坦	徐驭帆	倪　明	樊　笑	周恒恒	黄　智	陈　蕾	陆　彬
许双双	徐　耘	杨　帆	韩晓东	曹亚杰	康志强	充豪健	胡　骏	胡　琳
张　远	赵荣琦	全　泉	宋　科	朱志青	王美亚	孙文昭	姚　群	陈　彬
张建峰	王舒宁	俞璐辰	任　宁					

数 学 系

071 数学与应用数学　　34

成　飞	闫　宝	辛开开	王佶嘉	唐瑜玲	孙建坤	廖雨菁	孟祥瑞	杜　滔
虞碧芸	陈海月	周颖颖	佘祥荣	吴　凯	李东波	安庭轩	叶　青	卢　力
王爱依	李乾楠	彭伟娜	李逸群	徐　单	夏　丹	王　和	许小普	刘子熙
袁骏青	吕士文	肖亦歌	师　骁	张文虎	李缔励	黄伟锋		

072 信息与计算科学 10
龚宇　张鑫　卢文海　唐玉　秦稞　赖继辉　邢天健　沈宇峰　马诗元
吕良

073 统计学 36
刘心悦　汤高锋　陈万国　朱东博　张莉萍　徐碧泓　钱久妹　胡廷宇　江晨阳
焦仲　唐亚波　刘福星　史敏慧　俞维嘉　瞿新伟　南杰彭　高鹏　陈郑帅
刘亮　刘佳居　何子杨　王佳慧　魏良　宁秀芳　闻洋　刘欢　王维
孙徐艳　张丽　王俊　晏晓滨　谭子乔　张心语　贾植涵　高君　杨彩骏

自动化学院

080 自动化 127
沈翔宇　刘博婷　车琳　乔雪　陈鸿雁　杜祥慧　赵望　蒋森　顾凡
苏晗　李多　臧恒星　李超　杨明亮　李金柱　张伟健　张航　杨默涵
李峰　孙博　权赫　倪辉　王同济　王玉峰　徐征宇　刘春雪　冯骢
嵇登臣　孙玉阳　王宇轩　陈志胜　李梁栋　朱坤云　范琨　王星　吴观铸
王士奇　吴娜　盛小琳　虞金花　黄蓓蕾　尤卫卫　陈静　夏迎舟　万东成
张正　胡楠　胡崇晗　戴鲜强　王佳渊　杨威　周奇凡　钱琪晴　贺国睿
陈洪骏　席泽生　周啸　陆正杨　李聪　张晨　周卓　刘璐　吴昌盛
王培杰　李文昊　黄晓波　王腾　黄飞燕　纪培培　沃英格　顾丽娜　陈含思
殷璐璐　谈武　孙南勇　汤然　杜从远　赵行晟　蔡陈宇　黄洲荣　薛康俊
罗清顺　赵岳　郑伟　陈卓　徐宝　文相　彭强　吴子然　王维
来舟　茅鑫华　徐平　鲁成　刘都琥　陈达　张洪阳　杨情　李云赟
王文娟　王紫藤　廉博玲　李晓琴　彭凌蓝　朱叶盛　黄钰钧　曾孟　黄皓
吴家博　黄定刚　黄一航　王碧波　付海山　李杨韬　刘祥骁　王晨阳　杨德石
赵骁　沈天益　颜赟达　刘泓材　宋柏　吴骏　王樾哲　颜滔　黎永杰
余晓华

计算机科学与工程学院

090 计算机科学与技术 132
路云菲　李琳　宋蕊　姚梦雪　王娜　谢琛　路辉　姚尧　胡哲
黄海汇　孙锴　陆伟　潘伟　陈祥　夏一峰　王信集　贾治中　王健康
胡弘晋　黄志勇　吕希来　曹祥　赵权　严富函　李伟健　杨敏　袁晓彬
刘玉成　钟臻　刘民航　李振唐　李云鹏　陈亚昌　胡文馨　陶园　孙娜玲
毛昱音　祁悦欣　尹劼　房靖植　陈一飞　刘皋相　刘建华　汤小虎　任丛鞠
倪振宇　史亮　焦雅辉　叶敬宁　范彬彬　刘曙光　张宏波　邓齐林　张毅

薛萍 秦泽西 周世伟 陶泽杨 云惟桉 吴舒扬 雷声威 张成涛 黄智超
于佳璐 陈琪 姜路遥 陈湉 张月娇 谢宛辰 刘凡 徐镇 刘旭旸
姜峰 王磊 陆宝森 刘苗磊 任杰 郑金龙 李想 王天辰 徐剑寒
彭壮 潘陆 潘松杜 李贵亚 荀启龙 吴雪松 张磊 刘骏涛 吴自勉
陶舒嘉 徐殿林 朱禹辉 杨煜乾 赵成 陈修圣 胡毅通 杨思远 葛文韬
余洁 刘洁 王信力 马超 夏菁 吴骏 束阳雪 王天琦 徐蕴
杭存 刘悦晨 邵森 王晨 何印 刘树军 郭一方 赵成凯 李昊
罗星 陶鎏 李赛阳 徐昊 王淞 谢军 伍玉舟 谢鸿飞 李文杰
　　　　　　　　　 孙优民 贾刘平 赵伟男 高博乐 张盛业 陈航

711 软件工程 129

方华宾 钱唯 吴喆 肖渐豪 蒋娇 吴一娜 李春阳 范博阳 李丽丽
刘一童 谭诚伟 双星级 魏志强 戴炜恒 张忆楠 王力 王鑫 刘彤彤
王钧石 张骏雪 蔡俊斌 张亦俊 王杰 周东 王吟泽 荀黄洋 张正
张凌峰 曹岑 李月 赵子扬 朱天杰 李瑾 唐晓灿 李洋 谢畅
吴文豪 夏张迪 欧阳帆 闫锐 金阳韬 严强 滕雨霏 刘莉 尹徐珊
朱爽 沈海龙 赵健宇 陆地 曾宗厚 曲昶林 王威 时欣利 罗炜胜
李泓葳 刘睿 舒仕龙 陈逸宇 王立波 丁典 张骏 王利龙 曹彪
唐帅 刘宇 张境平 赖倩 张安祺 朱琳琳 邓梦洁 俞玲燕 陈梦田
朱卫东 赵翔 周全 张远涛 伍和伟 马洋洋 吴雷 郭宇 汪玉泉
金磊 缪燮 龙承一 姜建飞 周丹森 沈靖程 杨洋 李双龙 张志春
黄小洁 李方方 宋海月 汤蕾 顾明珠 李爽 刘欣 陈新 马延成
陈志平 梁倚铭 刘家俊 江俊文 叶礼铭 王超 白子一 吉丽 王丹丹
谌浩旗 朱泽策 郝沛霖 张煜 潘鹭起 戴维扬 陈旻粒 江泽颜 胡棐禹
靳炳旭 张猛 吴哲伟 王融玺 尤逸琦 谭幼秋 王琳凯 颜博 张兵
　　　　　　　　　 　　　　 李琦堃 马于瑞 石彦鑫

物 理 系

101 应用物理学 32

黄可 罗正位 徐凯 陶伟伟 张军琛 徐耀 周雨谷 王永正 陆力文
周笑超 汪芮合 李程 陈劼 刘超文 吴天 林伟坚 杨浩 郝悦
冯磊 周建 高俊平 张越 韩金康 王澍曦 龙修成 封佳 杨慧敏
　　　　　　　　　 李翔 刘书婷 岳金金 刘鹤佳 王丽琛

102 光信息科学与技术 23

张乃川 易林 赵丹 冯凯宁 徐友明 郭君健 蒋杰 周杰 吕志强
张振普 高金磊 谢碧波 韩宇翔 尤颖婷 何光鸿 李方原 彭向凯 边志浩

103 物理学　11
　　林　海　周　颖　吴其胜　廖　迪　田　舰　郑骏儿　向仟飞　毛裕佳　戴　乾
　　李　扬　吴其霖

生物科学与医学工程学院

111 生物医学工程　35
　　李文怡　朱　蕊　王　丽　林思妍　胡　悦　鲁孜恒　刘俊雅　李　朦　胡　苊
　　陈　雪　李蔼然　王文鼎　鲍嘉炜　梁　陈　都骏成　汪栋梁　李　杨　陈艳华
　　黄健源　番学洁　樊雪龙　吴海阳　李　荃　张能攀　陈牧原　刘长松　王　千
　　姚　笛　谢　晨　时伟伟　华小龙　钱　辰　崔亚琨　邵胜楠　张佳维

112 生物医学工程　34
　　王　鸥　任姣雨　蒋浩君　黄蓉蓉　赵至坤　张　卓　杨　曦　栾培玲　贾正阳
　　马孚骁　薛爱国　章元伟　袁骏杰　慈　铖　黄海诚　吴沛泽　乔子晏　缪婉琳
　　徐令仪　尚贤丹　苏小清　商珞然　王佩瑶　刘凌洁　胡松涛　康嘉兴　马腾飞
　　高　坤　张壮壮　郭　靖　张　捷　邹捷萌　李中源　武昊安

材料科学与工程学院

120 材料科学与工程　95
　　王丹芊　冯　赛　徐茜蕾　莫　秀　常云琪　丁燕青　王文政　王　林　刘　威
　　池　刚　沈　忱　唐思磊　徐全平　梁　杰　幸成贵　翟　成　陈　承　周小双
　　王燕清　刘雅冰　许婷婷　齐进艳　李婉灵　陆　冶　马　睿　王　晖　史相如
　　刘一星　安力佳　庄　筱　张玥晨　李小朋　邵理翔　周立初　赵博文　倪　斌
　　袁继刚　贾子健　陶　锐　黄文理　黄　翔　游　坤　虞文奇　谭　臻　孔维建
　　张啸驰　于婷婷　石佩璎　孙　畅　许天姝　吴嘉韡　杨　璐　钱　柳　左文强
　　甘义维　孙友康　许　冰　吴蕴骁　张凯强　李晓松　杜　冰　陈玉明　罗昕旻
　　钮玉杰　郭家岑　咸泽万　曹天骥　黄　昊　黄啸辰　焦立辉　朱俊龙　王欢欢
　　王楚妍　吴　雨　李　琦　邵　怡　钱　宬　黄　丹　卞　斌　王　瑞　邓晨皓
　　冯牧仔　刘　萍　孙　浩　吴佳斌　张景遵　周　扬　庞　龙　胡　勇　项　桦
　　唐　星　陶银博　崔　鑫　曾从远　姜成基

人文学院

131 政治学与行政学　27
张　可　金盈盈　沈戴娟　陈骏峰　徐冠男　吕卫丽　张伟宁　纳荣蓉　余娅妮
格桑德吉　次仁白姆　强　韬　卢　征　李国祥　周柯全　张　杰　曲　登
陈　杰　张一驰　强建明　欧阳新加　王君甲　王潇苡　格桑南加
米克尔阿依·别克吐尔汗　买日帕提·衣斯马义　吾守尔·吐尔迪

132 社会学　23
杨京津　渠羽希　张　楠　沈　平　吴羽西　胡　悦　王　骋　邱　婧　汤玲玲
强怡芸　舒　畅　孙文佳　陈若皓　李黎明　王　鑫　陈家齐　刘书维　杨禄衡
赵　剑　陈际际　樊奥然　廖鹏飞　戴华伟

133 旅游管理　29
刘婧文　句艳清　王世琦　李育珠　季亚婷　张莉莉　杨　忆　李丽星　刘枳杉
李昕怡　德吉拉姆　罗松拉姆　杜思韵　高　菲　肖　武　杨　熙　郭　勇　何　鹏
李　通　罗　浩　付　林　杨玉龙　侯愎忆　张子昂　张　鹏　彭　博　于　尧
玛尔江古丽·吾买尔　木黑提·阿先

134 汉语言文学　27
张　薇　叶　菁　赵洁琼　孙爱琪　毛思竹　于　燕　王凯莉　张　盼　汪楚红
王中英　王　妍　张　坤　曹素红　马　欢　程　青　朱小路　项婷婷　朱刘萍
孙　昊　刘金龙　刘　东　李世杰　孙澜涛　邓勇安　赵文博　周娅梅　狄　鹏

经济管理学院

141 信息管理与信息系统　23
张郑熠　杨　梓　聂　礼　邓　梅　祝逸超　金俊祥　潘怡澎　别丽梅　崔少东
郑嘉琦　柯明珊　张　荣　陈雅西　吴苏云　陈亮杰　郝春霞　任骏菲　钱丹维
杜菲菲　张　磊　庄　欢　熊　琪　秦小龙

142 国际经济与贸易　46
王佳楠　胡远泊　刘　玲　嵇亚黎　范陈未　许　周　丁炜彬　刘　阳　董玉明
葛露露　亢璐璐　卞海丽　刘重赟　蔡清华　何司玲　孔令达　于永龙　刘　会
刘培培　李丹阳　岳晔桦　张　楠　王海珍　梅菁晶　刘　鑫　刘康妮　王　璐
全妍霏　陈亚萍　吴洁莹　沈昱希　赵　珊　周玉洁　庄　颖　王　立　吴　昊
蒋宇晨　张子迈　华宇飞　朱航泽　岳学正　王书言　陈至人　李　恺　杨　振

徐　妙

143 工商管理　28
陈　城　赵仁强　周　洁　高华濂　徐晓捷　陈　梦　刘　茜　高玲玲　马康飞
白玛央宗　杜　鹏　任　仁　周洪运　王子彤　冯亚威　黄莉娟　达瓦普尺
谢　萍　商振雷　夏然之　朱秀梅　韦胜云　李丽玲　卢　磊　陈忠良
艾孜买提·阿里木江　阿巴斯·沙比提　努尔再比尔·买买提

144 会计学　53
何哲琳　王惠兰　曹　麟　王弘兴　陈天平　谢译萱　刘恋慈　高　峰　卞　辨
葛　骁　余瀚绎　章凌君　施　瑶　罗玉茜　陈昌健　王　正　李若昕　祖雅菲
王　欢　裴　玥　蒙亚熙　骆亦瑶　张瑜辉　程月昇　凌骏航　李彦龙　靳　娜
司正烝　汪　艳　笪彦雯　李　强　吕云莹　孙亚珍　汤石毓　陶仲羚　练　鹏
张凌骅　茅冠捷　毛芝怡　朱非易　陈　哲　赵芹瑶　王丹阳　陆安科　曹力逸
倪润清　汪　琼　张　微　朱　莉　黄基冠　海依山·海奴拉　玉苏普·喀迪尔
阿布都热依木·阿布来提

145 金融学　84
王　喆　高文婧　车　凯　夏　霁　高　雯　王　芬　王姝婷　马　燕　严璐洁
李晶晶　张　杰　周　蕾　午方舟　孙婧超　黄倩倩　贾　玲　任　婧　孟繁伟
于慧颖　屈永哲　谢彦青　唐佳蓉　唐逸恬　张代嵩　何　佳　韩慧云　于欑杰
周丽洁　顾诗逸　彭　晨　李　瑞　王高宇　孙柔嘉　丁雨佳　刘　琳　李　燕
丁　妍　左润民　张　旖　夏建新　耿彬彬　朱佳艳　韩　柯　王祎焕　于　韵
陈　静　朱　珠　王电甜　董　森　耿逸冰　娄庆沁　刘　颖　谢　玲　邵　沁
梁　茵　任许杰　王箫笛　谭音邑　王孜讴　李　沁　吴晓咪　范　哲　穆　瀛
胡筱祎　张　苓　胡青鸾　李　朗　张敏仪　沙汝刚　韩偲瑶　王真虹　吕哲安
张乃嘉　肖　莎　缪　哲　吕　雯　黄怡勤　刘军杰　卢　婧　王　芸　何洁婧
吕夏梦　李　琦　胡肖然

146 经济学　15
张汉崧　张鹏飞　王笑州　陆云霄　钱笑霏　汤　雯　宫叶楠　罗学思　吴恩民
华莹莹　柳权林　沈家俊　石　磊　李方舟　杨经纬

147 电子商务　16
刘　宁　郭　欣　吴稚骁　刘思凡　黄燕燕　程世虎　周　云　杨云志　赵　强
司茵茵　蔡宇田　孙　磊　员超超　郑晓杰　杨一鹭　黄卓俊

148 物流管理　31

邓千宁　茅沈柳　吕尚西　周　昱　陆沁妤　范超杰　赵奇微　杨绍艳　尚　斌
曹泽浩　朱勇杰　王　敏　朱珊珊　侯圆圆　奈冬冬　何　雨　刘杰利　孙光明
王　俊　彭飞云　邓　超　徐扬斌　刘　燕　徐　丹　许　静　王超越　易　娇
郭苗苗　黄志成　严桂琴　胡　正

电气工程学院

160 电气工程及其自动化　158

高　蕾　韩雪姣　胡　金　刘译胶　王　浩　顾国虎　王管建　潘牧野　蔡　晨
刘志翔　李柄汝　陈雨荣　戴桂木　郑功倍　陈维舟　杨　康　姚晶晶　吴媛媛
杨俊卿　张　远　魏　晗　张　翔　高　鑫　顾强杰　顾志杰　奚鹏飞　花　斌
高　翔　黄剑锋　魏羽翀　宋仁杰　王　锐　杨茗程　王昊伟　黎　源　鹿泉峰
仇　赟　刘　然　董美玲　马　天　袁　月　丁小叶　常　悦　严　迪　李婷婷
徐尔康　张亚光　丁继为　蔡志强　翟建建　李东鑫　林　浩　李文龙　杨　信
贺亚凯　张　力　赵成久　郭　晗　滕力阳　周　鳂　杨霞男　蔡霁霖　徐　彰
陈　歌　李金秋　郑卫伟　尚延志　张旭东　张施展　张清扬　郭众孚　缪旭瑞
邓　新　郭志城　郭晋超　王玉玺　徐　鹏　洪　骁　陈平涛　许　辉　李晨昊
张骁帆　徐意婷　白金伟　黄芃菲　殷慧兰　成幼佳　曹芳娟　言　语　崔小白
张　彪　胡洛瑄　陈　逸　张　凯　盛　梁　陈　斌　符　旺　金　勇　袁　飞
王　靖　牛修远　钱　程　王金炜　张　霓　夏骏宇　陆　军　叶　琦　郭柳柳
庞天宇　辛　欢　张柯琪　杨　阳　唐沂媛　曾　剑　王子宁　章健春　谈亚栋
朱志旭　孙正阳　陈　鹏　王春森　丁　强　石　勇　刘泓利　陈锦荣　李聪聪
向张飚　杨长俊　何岩岩　方越印　张熠然　贾望臻　张　莉　董丹丹　陶　琪
蔡秀花　曾文菁　牛晓旭　朱　朱　陈　曦　王　巍　许宏峰　薛　帅　肖　宇
曹敏健　缪陈晨　张　浩　韦宏瑞　朱　峰　徐文涛　张　宇　骆　洋　张　伟
徐哲冰　刘　昱　康雨翔　陈　磊　夏　文

外国语学院

171 英语　45

卢步云　侯佳丽　赵婷婷　石佳星　苏佳茜　杨皓皓　夏园园　陈　佳　刁若尘
岳　颖　盛俊霞　刘忠美　浦　立　粟艺辉　刘健隽　易选志　潘荣荣　张诗卉
李雪涵　马晶晶　俞　媛　林华雯　丁思莉　吴亚萍　李逢源　陈　焕　朱慧欣
关　青　陈毅来　崔大杰　向　宇　王　涵　习薇薇　陈紫薇　施学敏　倪梦蕾
李荷云　徐　鑫　杜莹梅　朱　冰　余海园　渠　婷　佘　琼　罗妙宝　刘　妍

172 日语　33
沈倩茹　钱雨佳　孙包晗　倪　雪　李孟钰　张淑华　俞佳宁　王慧中　代　英
周安琪　徐芃芃　纪晗雨　戴贤倩　张思佳　耿瑞雪　蒋艺南　李怡如　杜梦玲
游运子　周　潆　沈迩纯　吴晓琦　蒋叶璟　马　婕　李　帆　陈泽茜　林　雨
周琳璐　李　阳　吴可天　周翰洋　汪　洋　栾雅蓉

化学化工学院

191 化学工程与工艺　38
崔艺蒙　杨晓明　王　远　彭　静　徐慧媛　张胜男　孙晓妹　任　静　张玉叶
耿　舒　宋金翔　谢彬彬　李竞榛　邢朝晖　邓小文　邹信治　朱柏寒　杨　勇
王俊川　肖为引　邵方园　陈艺新　卢美艳　魏凌飞　何艺佳　李会会　汪聪敏
赵　文　施键水　李　乾　张　荣　郭路全　葛子健　蔡培源　范天驰　耿一昆
陈子骐　李立雄

192 制药工程　23
张晓玮　卢　琳　邵媛媛　凌　洋　张竹欣　王苑樱　韩　婷　李珍珍　陈　婧
李岑媛　邹　静　程安地　刘　杰　赵付伟　薛　波　姜　圩　万奕明　司孝磊
曹江明　陈　俊　邹　奔　刘川袭　贾　桢

193 化学　15
施迎亚　肖　康　苏　丹　李灿灿　冒　佳　姚　丹　赵祥玉　沈永乐　钱　坤
马　季　徐顺奇　张兆杭　李明阳　陶平洋　刘先利

交通学院

210 道路桥梁与渡河工程（茅以升班）　18
黄　恺　王馨雨　梅晨星　邱欣涛　陈　程　邱缔贤　张颖杰　李晨阳　徐　凯
牛　哲　许　翔　王　乔　陈立果　戴逸清　刘　洋　王　元　万世成　李沛丰

210 交通工程（茅以升班）　18
王晓怡　姚颖然　霍　敏　张美慧　刘心露　丁珣昊　张　宁　翟笑崧　陈　恺
杭　轩　李明军　王海啸　沈小海　汤斗南　曹雪柠　张文珺　崔　莹　林　浩

210 勘查技术与工程　2
季宇翀　王　乐

211 交通工程 83

俞睿颖	马春景	李丹枫	李苗华	董蕾娜	俞微薇	王诗琪	韩如碧	白倩楠
朱海洋	刘 俊	龙欣成	唐 超	徐 达	郭建坤	韩 旭	廖新桥	葛鸿飞
李 晖	周 扬	马晓琪	肖 泉	蔡 楠	王宇俊	臧 骁	李 军	尚 旻
李平汉	印寒骏	赵康嘉	李雨舟	杜仁杰	辛泽昊	刘尔辉	张 弘	史可正
刘贝贝	戴一臻	许 秀	熊沁源	尤雨婷	陈若昀	闵 静	夏 雪	王夕多
王 芃	张 垚	史朝霞	张伟芳	吴源涛	眭奕秦	张 勐	张海波	何永敬
文 渊	童小龙	龚彦山	郑 元	施博文	孔 雷	许跃如	李晨阳	葛 璞
林原明	崔秋硕	李 锋	赵 锴	王文杰	施晓蒙	罗杰夫	肖安林	陈海祥
朱永斌	牟 秋	钱剑培	潘亚成	张宏新	左快乐	张 恒	李 键	尹婷婷
陈洪浪	张 驰							

212 交通运输 41

杨雅芳	卞秀兰	宁方璞	尹荣蓉	喻丽丹	谢忻玥	郭 彬	张学芳	胡 骁
刘靖波	许日丰	刘文彬	邰 健	周 顺	江云剑	周 林	彭 刚	李程超
樊嘉卿	潘煜斌	何 逸	董 琳	汪元媛	李 倩	蔡悦盈	许 玲	孙佳然
刘 敏	赵 婷	陈忠康	张 聪	孙超志	张康杰	崔 凯	吴 进	贺 琨
陈建雨	谢覃禹	吴昊天	高 鹏	谢 巍				

213 测绘工程 30

刘 云	李泽文	孟逸凡	胡 浩	张晓川	杨 祥	陈煌勇	陆中祥	尤晓锋
刘远刚	汤 泉	潘守洋	李军振	罗钰峰	马盛艺	严 钰	何 帆	张天澈
仲 洁	杨菲菲	周 鑫	史其贺	孙清华	韩 伟	胡小佳	高 旺	卢国超
靳晓东	吴 波	鲁梦尧						

214 港口航道与海岸工程 28

徐婉珍	曹林君	唐月明	黄海林	张娇凤	蔡婷婷	张颖婍	戴 宾	雷文东
陈 艳	殷 锴	陶 安	高苏洋	陈雅章	徐 翔	刘翰卿	纪 恺	徐智超
朱 丹	刘 旭	王奎奎	陈 立	姜凯华	徐 骁	吴 勇	姚梦骏	毛君豪
陈屹辉								

215 地理信息系统 26

秦晓琼	庄 敏	徐天源	刘荣荣	李雪琼	费雪	江晴晴	于 洋	杨 月
徐 娅	黄晓芳	胡文俊	薛亚星	刘晓亮	沈昶烨	龚九睿	于 辉	许俊永
孙雨寒	熊超强	丁 建	李琰钊	金 鑫	刘年涛	马 浩	农立伟	

216 勘查技术与工程 30

杨 靓	任 婧	曹菁菁	田文斌	于博伟	张俊颖	周 帆	王佳奇	吴双堂

邹 通	谢 羚	胡 训	陈 强	周 恒	张 乾	王 彬	王智强	张世煜
张 宁	朱 海	王 超	陈 隆	施 科	谢思远	叶正晖	何 欢	杨斌斌
阿不都热依木·阿不都热西		迪力木拉提·买买提江			刘 勇			

217 道路桥梁与渡河工程　71

王佳岚	褚 亚	杨晓倩	王梦箐	查蓉昕	张斯琦	杨 庆	芦旭朝	顾敏佳
陈 烜	尹乘达	王 超	郭鹏飞	张冬冬	张照俊	纪天卫	常 胜	郑俊尧
彭 程	王 昭	杨 夲	高 睿	谢 金	彭跃全	顾力扬	刘永政	汪吉豪
蒋思源	王 达	杨轩铭	姚晓斌	金世安	顾珈珲	陈 婷	陈 帅	焦丽亚
夏 凌	王 蔚	曹 玮	姜靖靖	姚一宏	张建涛	李 杨	陈恒呈	王晓春
闫文亚	黄伟鹏	宋晓东	张志禹	于智光	孙 策	谢胜加	徐翌迪	鲜佳志
王昊鹏	钱朝清	周 扬	庞骁奕	李 冀	袁兴挺	覃 亨	王 锐	林 昆
牛力达	王飓奇	陆国阳	娄深鑫	钟宇龙	王潇婷	高 超	史普林	

仪器科学与工程学院

220 测控技术与仪器　91

李 娜	杨 磊	云 帆	倪玉洁	袁 晨	徐 丽	周益超	张梦阳	萧尘娴
傅 博	刘建新	朱乃瑞	张 海	沈海迪	李居康	沈 力	司云帆	李 敏
孙觉非	王培宇	王河成	尹天伦	李坤乔	孙旻希	刘 怡	王正俊	许胜东
鲍垚犇	麻佳琪	郑灵丽	张俪园	胡 淼	姚逸卿	王阳阳	刘露露	邹徐欢
谢雨宁	高 健	马 莉	韦潇潇	宁广延	李耀辉	胡异炜	郁鑫鑫	张亚光
陈 晨	唐 建	李 桢	李 想	任宗基	李志文	冉 锋	骆 杨	李 亨
马文斌	孙若斌	东源山	胡彬彬	封洁轩	刘燕萍	陈璐瑶	徐 阳	鞠玲玲
薛志慧	黄丹丹	朱碧玉	王则瑶	徐梦玲	周琪羽	马 静	刘冠雄	黄 骏
王 功	韩加峰	李 松	谭艺洋	李 腾	杨晨熙	李 锦	王曜初	方思懿
林 清	林晓晖	禹巍峰	常振楠	尤 钦	张诗若	商彦澄	李 辉	刘亚芳
刘定潮								

艺术学院

240 工业（艺术）设计　44

余 恺	杨 露	孙弦月	荆 媛	朱艾琪	尹唐瑭	李 洁	刘壬婕	柳一清
刘丹丹	于妙千	褚 光	唐 乐	刘秋洁	周亦珩	胡馨菱	徐诗平	余斯文
张 园	刘 露	施文思	严梦佼	曾 馨	尹健琳	王妤靓	曹 旻	戚雅丽
刘 云	王依平	谭雨霞	张昕昀	吕若文	潘晓良	马君飞	王子乔	赵志成
卓 晖	姚大鹏	孙 毅	孙 逊	曾媛旎	黄 升	焦瑞雯	陶松男	

241 美术学 16
　　郭语涵　费婧苗　侯　胤　盛业婷　王小桥　黄　红　潘福玲　徐晓婷　张君君
　　陈旖旎　许　箐　卜祥姿　许忠华　杜雨舟　余端峰　周　超

242 动画 23
　　周　杨　丁　婷　张轩慧　朱　玉　咸蕾蕾　欧　莹　张　利　姜　昕　王盼盼
　　叶飞扬　夏壹群　陈若曦　晁　瑞　王　泓　史　硕　王吕诞　赵爱明　李王羽
　　杨文河　刘　野　陈　波　林圣杰　刘浩宇

法 学 院

250 法学 44
　　阿加里阿木　陈弘毅　陈晓云　方　豪　杭憨燕　江世玉　林冰冰　罗　航
　　任　玲　苏　琳　谢衣旦·海来提　翟润方　张长迎　刘　宇　丁晓龙　马　益
　　孙提川　田文胜　杨　帆　张　新　杨　航　白玛康珠　包　婷　范　炜　范雅琪
　　高　婷　胡婷婷　梁露露　孟　聪　王佩媛　王　谦　王蔚然　文世春　吴昊琪
　　永曲措　安　宁　李秀武　马　龙　穆拉迪力·麦麦提　夏　伟　周亚运
　　尼加提·阿不力米提　姑扎里努尔·艾尼完尔　阿瓦古丽·克热木

学习科学研究中心

261 科学教育 18
　　房郁青　崔泽昊　李沛燃　张晓莉　王姗娜　贾　坤　陆　琪　刘一鸣　李　璇
　　徐　燕　张月飞　顾祖祥　何江明　傅汉邦　王　丰　张　昭　王泽宇　杨明达

职业技术教育学院

311 机械工程及自动化(教育) 2
　　方　虎　庄　彬

公共卫生学院

421 预防医学 38
　　安秀青　孙雅婷　罗　栎　孟　醒　李　婧　王　丽　杨碧漪　王　玮　承晓华
　　王炎炎　张久荣　杨宏梅　冉从勇　胥江俊　丁竹君　卢青青　刘晋熙　龚浩轩
　　周　洋　叶　丁　嵇冬静　赵跃媛　张相依　卓玛央宗　达　珍　普布卓玛
　　次嘎拉姆　王　凡　马依拉·买买提　黄周全　高建川　彭凡立　梁志聪
　　谢昱昊　杨　贤　宋　鑫　陈海峰　艾力夏提·努尔丁

422 劳动与社会保障　27

陆　慧　徐筱静　黄晓阳　陈　月　金思宇　凌　萍　袁　园　陈　畅　刘　攀
朱海月　刘　翠　陈秋洁　喻　青　达娃潘多　张文杰　祁余杰　朱淋雨　吴　瑞
樊　涛　符晓佩　陈　石　许龙波　艾斯卡尔·热合曼　张　浩　尤小果　顾　瑾
热沙来提·艾尔肯

医　学　院

411 生物工程　30

蔡　萌　许伯凯　李　翠　赵瑞璞　郑雅嫒　关亚娜　马方城　李佳盈　周　昀
任妍捷　吕兆霞　杜冰燕　翁颖盛　钱嫒嫒　赵　贵　鲍　映　陈慧颖　刘　佳
葛　凌　薄婷婷　方建朋　石　明　张正灏　陈建伟　涂逸灵　梁谏婷　张来斌
李　靖　周雪峰　谢　晋

431 临床医学　68

黄　蓉　马誉铷　韩丹丹　何砚如　次　央　马林秀　臧小晶　戴明娟　王　蕊
单　惟　莫明·阿不来孜　李　伟　周　锴　赵纪益　刘金龙　陈蟲然　杨　晖
蒋云龙　张　杰　胡　强　张　晨　依力亚尔·依马木　李文超　唐林云　蔡　予
钟云峰　周　健　花　瑜　王新宇　陈佳杰　崔冬冬　万家捷　王　茜　郑　娴
程　雯　单丽君　次旦卓玛　伊合拉斯·赛衣达合买提　段颖慧　王　琴　夏祖耀
李　康　张鹏程　陈远禄　龙剑海　阳泽龙　于明辉　陈　尧　吴　浩　汪　成
多吉次旺　周　祥　徐月霜　阚　通　单晶晶　仲晓荣　夏笑笑　陈　茜　李霖海
缪卫东　刘　彤　秦一丹　孙丽艳　陈腾飞　克丽比努尔·吾提库尔
阿丽亚·吐尔孙　布丽迪兴·卡那西　阿卜杜凯尤木·库尔班

432 临床医学　93

薛　明　尹华云　李　政　曹　丽　董丽婷　吴艳婷　易海玲　张晓溪　温旭智
张李玉　刘　芸　谈　莉　黄　蓉　仲星星　王　野　郑　晗　马战胜　徐仲林
姜成荣　史璐行　吉　鑫　金　汉　王　涛　倪志超　马　祥　王　鑫　刘晓晨
朱莉娜　王婷婷　蔡蓉蓉　胡姗姗　刘一乔　韩　旭　陈　璐　张曼莉　黄梦琪
孙海霞　徐　琳　李　浩　吕一正　何骏驰　叶津池　王晓波　任　东　王公道
崔青扬　崔佳瞿　丁　伟　郭子维　刘艾佳　孙　骏　潘晓雨　曹　婧　顾雪芹
何海菊　俞仁艳　汤佳莉　朱　婷　陈　祎　刘　军　叶德川　倪　明　钱柏锋
蓝春雨　孙灰灰　仲斌演　付　阳　徐　甜　王晓洁　胡明玥　王　丹　黄亚
蔡　英　徐　萌　陆　扬　周　晶　顾丽华　蔡　沁　冯书贤　贡　菊　海　曦
于复超　施　璟　凌志新　钟华龙　卢周舟　薛海燕　周兆明　嵇惠宇　张　磊
周恒才　程　浩　樊焰星

433 医学影像学 26
沈竹静 陈 婷 贺亚晴 朱海雪 陈明月 周敏杰 党婵娟 姜奕歆 袁 潇
吴莉萌 黄亚青 邱嘉卉 丁蓉蓉 丁 佳 李英豪 王从晓 杜瑞杰 程 晰
卢春强 孙霁旸 周 飞 濮正国 张 强 王 超 曹恩涛 袁方国

434 医学检验 13
张燕雪 陆 雯 高天丽 唐山山 王美娟 童 颖 孙境翊 郑 洁 金红艳
刘宏翔 杨 希 贾张军 赵 龙

435 护理学 38
张 志 周碧云 徐 倩 许含章 陈 晗 李 森 谢樱姿 田曼丽 陈 平
钱静娟 阚月新 彭卫琴 范 莉 韩 娟 袁 敏 丁秋昉 袁 媛 李玄玄
王冬梅 马 莹 胡 颖 李 霞 乔贵雪 童 阳 郁千秋 许 睿 顾腊梅
费 菲 裘奚晨卉 范美琴 芮向昱 徐 帅 陈正旭 席海明 缪 延 钱 诚
卫斐然 司瑾瑾

吴健雄学院

613 电气工程及其自动化 4
韩 笑 周铖铖 郭瑞兴 吴承澄

613 信息工程 7
石 宇 刘影彤 陈 杰 徐鹏骏 吕正荣 贾昊若 张 俊

(教务处 舒晓梅)

国际交流合作与港澳台合作

综　述

根据学校的部署，按照年初制订的工作计划，在校领导的支持和学校相关部门和院系的大力配合下，结合学校创建世界一流大学的总目标，在有效促进学校整体实力迅速提升的国际化建设指标上狠下工夫，国际合作处（港澳台办公室）积极稳妥地推进学校国际化进程，圆满完成了全年的工作计划。

下面是2013年的工作总结。

一、中外合作办学取得新突破

1. 10月24日，"东南大学—蒙纳士大学苏州联合研究生院暨联合研究院"正式成立仪式在苏州举行。该研究生院是2012年3月27日经教育部正式批准的国内首所研究生培养层次的中外合作办学机构。它的成立也是澳大利亚高校与中国高校联合建立的首个研究生院。为此，澳大利亚总理阿博特专门发来贺信，庆祝联合研究生院的正式成立。东南大学—蒙纳士大学苏州联合研究生院暨联合研究院旨在开展符合全球标准的高质量研究生教育、培养高层次人才。同时，通过一流的教学科研团队，与产业紧密结合，开展高水平的联合研究，服务经济建设，促进国家和区域的经济发展。

全国政协常委、原江苏省委书记、东南大学兼职教授、蒙纳士大学荣誉博士梁保华，江苏省政府副省长曹卫星，教育部国际合作司司长张秀琴，省经贸厅厅长马明龙，省教育厅副厅长丁晓昌，我校校长易红、常务副校长胡敏强、副校长浦跃朴、副校长沈炯和总会计师丁辉，苏州市常务副市长周伟强，苏州市委常委、宣传部部长蔡丽新，苏州市副市长王鸿声，苏州工业园区管委会主任杨知评，我校校长办公室、国际合作处、研究生院、教务处、科研院、校党委宣传部、海外教育学院、苏州研究院、苏州联合研究生院等单位负责同志及师生代表近两百人出席仪式。成立仪式由浦跃朴副校长主持。

澳大利亚联邦政府贸易与投资部部长 Andrew Robb、维多利亚州州长 Denis Napthine、维多利亚州创新部部长 Louise Asher、前州督 Kretser、维多利亚州前州长 Prof. John Brumby、蒙纳士大学拜恩校长等外宾及澳大利亚蒙纳士大学代表团 120 余人出席仪式。

易红校长在仪式上首先致辞。他说,2009 年年底,在梁保华同志的倡议下,东南大学和蒙纳士大学开启了友好合作的航程,双方经过数十次会晤与探讨,形成了数十个相关文件。今天,联合研究生院大楼建成并启用,标志着东南大学—蒙纳士大学苏州联合研究生院的正式成立。为此,易校长向国家教育部的各级领导,江苏省委、省政府,苏州市委、市政府及苏州工业园区管委会,并向澳大利亚维多利亚州政府和蒙纳士大学表示衷心的感谢。

拜恩校长在致辞中说,联合研究生院的建立得到了中国政府、江苏省和苏州市政府的大力支持,对此他表示衷心的感谢。他说,两校将在信任和共同愿景的基础上一同致力于建成中国最好的联合研究生院,建成世界级的研究院,共同迎接研究方面的重大挑战,一起为中国和世界作出重大贡献。

张秀琴司长代表国家教育部致辞,对联合研究生院的成立表示祝贺。她说,中国政府始终坚持对外开放政策,鼓励和支持中国高校与国外知名大学开展合作和交流,澳大利亚是中国对外教育交流的重要伙伴之一,两国在教育领域的交流规模不断扩大,形式更加多样。东南大学和蒙纳士大学的合作是强强合作、高水平的合作,希望联合研究生院建设成为高水平科研平台、有特色的国际化人才培养基地。

澳大利亚维多利亚州 Andrew Robb 部长在成立仪式上致辞,并宣读了澳大利亚总理阿博特的贺信。澳大利亚总理阿博特在贺信中对东南大学—蒙纳士大学联合研究生院这所中国与澳大利亚高校合作办学的首个研究生院的正式成立表示诚挚祝贺,并表示这个合作项目必将进一步加深中澳之间的合作关系。阿博特总理还在贺信中表示,东南大学—蒙纳士大学联合研究生院建立以后,将有越来越多的澳大利亚研究生、研究员享有到中国学习的机会,因此,澳大利亚非常支持这种合作模式。

江苏省副省长曹卫星在致辞中说,东南大学是我国"985"工程重点建设大学,长期以来,东大立足江苏,面向全国,为江苏的改革开放和现代化建设作出了卓越贡献,蒙纳士大学在国际上享有盛誉,两校的强强联合,必将使两省州的教育教学互动再上新水平,必将促使双方友好关系再上新台阶。

澳大利亚维多利亚州州长 Denis Napthine、苏州工业园区管委会主任杨知评也分别在仪式上致辞。最后,两校校长等主席台嘉宾共同为联合研究生院新大楼大厅落成剪彩。

仪式结束后,易红等我校领导陪同曹卫星副省长会见了澳方来宾。24 日下午,蒙纳士大学还在联合研究生院举行仪式,授予易红校长"蒙纳士大学名誉博士"学位。

10 月 23 日,原教育部副部长章新胜到联合研究生院会见了两校校长。当天,两校还共同召开了"科技研讨会"、联合研究生院管理委员会会议及学术委员会会议。

据悉,"东南大学—蒙纳士大学苏州联合研究生院暨联合研究院"将依托东南大学和蒙纳士大学的学科优势、师资力量,依托苏州的工业和经济优势,满足中国和江苏区域经济发展需求,在纳米科技、生物医药、资源环境、市政交通、信息产业、软件工程、新能源与新材料等领域,联合培养高层次、国际化、科技创新应用型硕士研究生和博士研究生,开展国际一流水平的科研和成果转化合作。

据介绍,联合研究生院已于 2012 年开始试招生,并已在工业设计工程、计算机技术、交通运输工程、国际商务和外国语言学及应用语言学等 5 个专业开展了联合培养硕士的工作,目前已有 219 名学生在读。两校教师施行全英文授课,其中蒙纳士大学所派教师承担了 50% 的教学任务。同时,东南大学和蒙纳士大学已经在水敏感城市、新型材料、能源、生物信息、生物和纳米技术等 5 个研究领域加强合作,准备联合建立实验室。

2. 与法国雷恩一大双硕士学位联合研究生培养又有新发展。在原有电子技术和影像技术两个专业的基础上,又增加了国际金融专业的联合研究生培养。

3. 此外,与美国卡内基梅隆大学和英国谢菲尔德大学合作办学事项也在密切磋商中。

二、留学生工作再上新台阶

到 2013 年年底,在校海外留学生已经达到 1 622 人,其中学历生有 1 201 人,约占海外留学生人数的 74%。

三、"孔子学院"建设取得新进展

与白俄罗斯国立明斯克语言大学,美国田纳西大学、得克萨斯大学达拉斯分校合作建立的"孔子学院"运行顺利。4 月易红校长赴美参加了田纳西大学孔子学院的揭牌仪式,我校艺术团赴美国两所孔子学院进行交流,7 月举办"汉语言文化体验夏令营",白俄罗斯国立明斯克语言大学 20 名师生来校进行为期两周的交流。向田纳西大学孔子学院派出一名志愿者和中方院长。一名教师赴达拉斯学院任教。

四、国际合作与交流向深度和广度发展

积极拓展了与国外知名高校和跨国企业的合作交流关系,加强了与美国 MIT、里海大学、马里兰大学、伍斯特理工,瑞士 ETHZ,德国慕尼黑工大、乌尔姆大学,法国巴黎高科、雷恩一大,澳大利亚蒙纳士大学,英国剑桥大学以及荷兰飞利浦公司,德国罗德与施瓦茨公司等国外著名大学和跨国企业的合作与交流;与境外 12 所大学正式建立了合作关系,如美国华盛顿州立大学、英国谢菲尔德大学、新西兰坎特伯雷大学、以色列本古利安大学等。与德国罗德与施瓦茨公司续签了合作协议;与德国海拉公司签署了合作协议。

此外,还积极开展了与南美洲和非洲大学的交流与合作。成功接待了南美女大学校长访问团,就合作事项进行了广泛磋商。顺利完成了国家交办的援非计划,与赞比亚大学开展了多项交流。

五、积极开展教师海外培训

积极配合教务处,顺利组织了两批共 46 名教师赴美国里海大学和伍斯特理工进行培训。

六、积极开展干部培训

积极配合组织部,圆满完成了23名中层干部赴美国马里兰大学的培训任务。

七、开拓渠道,扩大学生交流

采用多种形式鼓励和支持学生出国境交流学习。全年有616名学生出国境交流学习。拓宽学生国际视野,培养国际化人才。

八、鼓励和支持教师出国境参与国际合作和交流

全年共派出909余人次教师赴国外参加国际学术会议、学术交流等。

九、重视智力引进工作

1. 有两名国外著名专家入选国家"海外千人计划"。
2. 因瑞士苏黎世高工建筑学院与我校建筑学院保持了28年的友好交流和合作,为两校的合作发挥了巨大作用,我校客座教授,瑞士苏黎世高工建筑学院院长曼兹教授荣获国家"友谊奖",受到党和国家领导人的接见。
3. 邀请了近千名外国专家来校讲学、合作研究;9位外籍语言专家和百余名专业外籍教师开设全英文授课专业课程。

十、积极支持有能力的院系召开高水平的国际学术会议

全年共召开20次国际学术会议。

十一、提供优质服务,做好派出和外宾接待工作

针对派出和外宾接待工作量的大幅度增加,我处全体同志,团结一心,努力工作,提高服务意识,在加强管理的同时,加快审批程序,认真解答教师和学生提出的各项问题,全年接待外事团组近百个,认真安排好每一次外事接待,以优质服务,提升效率,为学校的国际化发展尽心尽力。

2013年与国(境)外高等院校及科研机构合作交流一览表

国别/地区	学校名称或科研机构	合作内容	签约日期(年.月.日)	标题
Albania 阿尔巴尼亚	Polytechnic University of Tirana (PUT)	框架备忘录	2013.12.16	Memorandum of Understanding between Southeast University (SEU), China and Polytechnic University of Tirana(PUT), Albania

(续 表)

国别/地区	学校名称或科研机构	合作内容	签约日期（年.月.日）	标题
America 美国	The Catholic University of America and Southeast University	框架备忘录	2013.4.10	Memorandum of Agreement between the Catholic University of America and Southeast University(中英文)
	Portland State University	框架备忘录	2013.6.3	Memorandum of Understanding between Southeast University and the Oregon State Board of Higher Education Acting by and through Portland State University(中英文)
	ARIZONA STATE UNIVERSITY	框架协议	2013.11.20	GENERAL COLLABORATION AGREEMENT BETWEEN THE ARIZONA BOARD OF REGENTS FOR AND ON BEHALF OF ARIZONA STATE UNIVERSITY ("ASU") AND SOUTHEAST UNIVERSITY
		3+2协议	2013.11.20	3+2 Program General Agreement Between The Arizona Board of Regents for and on behalf of Arizona State University and Southeast University
	澳大利亚莫纳什大学	"英语桥"服务协议 服务协议 双博士学位协议	2013.08.01 2013.08.01 2013.09.20	"英语桥"服务协议(中英文) 服务协议(中英文) 双博士学位协议(东南大学—蒙纳什大学)(中英文)
Austria 奥地利	University of Technology Vienna	院系交流协议（建筑）续签	2013.10	Extension of the Agreement between Faculty of Architecture and Planning, University of Technology Vienna, Austria and School of Architecture, Southeast University (SEU) Nanjing, P. R. China on the Exchange Program between the two schools
Belgium 比利时	根特大学 Ghent University	框架协议	2013.02.15	Memorandum of Understanding between Southeast University and Ghent University
Britain 英国	英国贝尔法斯特皇后大学	与土木学院学生交流备忘录	2013.11.21	Memorandum of Understanding between School of Architecture, Planning and Civil Engineering (SPACE) Queens University Belfast (QUB), UK & School of Civil Engineering (SCE) Southeast University (SEU) Nanjing, China
	伯明翰大学	框架性谅解备忘录	2013.10.5	东南大学-伯明翰大学谅解备忘录(中英文)

(续 表)

国别/地区	学校名称或科研机构	合作内容	签约日期(年.月.日)	标题
Canada 加拿大	滑铁卢大学	学生实习协议(针对交通学院)	2013.7.12	INTERNATIONAL WORK! STUDY ABROAD PROGRAM AGREEMENT UNIVERSITY OF WATERLOO CANADA AND SOUTHEAST UNIVERSITY P. R. CHINA
France 法国	雷恩第一大学(L'universite de Rennes 1)	框架协议	2013.09.18	中国东南大学与法国雷恩第一大学合作协议(中、法文)
	法国电子与计算机信息学校(EFREI)	学生交流项目续签	2013.10.28	AGREEMENT ON STUDENT MOBILITY Between SOUTHEAST UNIVERSITY (SEU) and EFREI, ECOLE D'INGENIEUR EN INFORMATIQUE ET TECHNOLOGIES DU NUMERIQUE (EFREI)
	法国国立工艺学院 le CNAM	框架协议	2013.6.18	合作框架协议(中、法文)
Germany 德国	沃尔姆大学 Uiv. Of Ulm	与医学院协议	2013.10.1	International Cooperation Agreement in Medicine
	Technische Universität München (TUM) 慕尼黑工大	student exchange	2013.09.26	STUDENT EXCHANGE AGREEMENT between Southeast University (SEU), China and Technische Universitat Munchen (TUM), Germany
	汉堡大学	医学院学生实习	2013	International Cooperation Agreement
Ireland 爱尔兰	Limerick Shannon China Business Foundation	框架谅解备忘录	2013.10.09	Memorandum of Understanding between Limerick Shannon China Business Foundation (LSCBF) and Southeast University Nanjing
Italy 意大利	罗马大学(Univ. of Rome "La Sapienza")	框架协议续签	2013.8.26	Extension of the General Cultural And Scientific Co-operation Agreement between Sapienza University of Rome (Italy) and the Southeast University (China)
	帕多瓦大学	框架备忘录及其附件	2013.03.19	东南大学-意大利帕多瓦大学谅解备忘录及附件(中英意大利文)

(续 表)

国别/地区	学校名称或科研机构	合作内容	签约日期(年.月.日)	标题
Japan 日本	东京大学	研究生院与工学院框架协议	2013.09.10	AGREEMENT ON ACADEMIC EXCHANGE BETWEEN GRADUATE SCHOOL OF ENGINEERING, THE UNIVERSITY OF TOKYO AND THEGRADUATESCHOO ~ SOUTHEAST UNIVERSITY
	东京工业大学	框架协议	2013.09.16	Agreement on Academic Exchange between Tokyo Institute of Techonology, Japan and Southeast University, China
Russia 俄罗斯	俄罗斯国立圣·彼得堡信息技术机械和光学大学	框架备忘录	2013.11.28	Memorandum of Understanding between Southeast University (Nanjing, PR China) and St. Petersburg National Research University of Information Technologies, Mechanics and Optics (St. Petersburg, Russian Federation)
Serbia 塞尔维亚	ALFA University	框架协议	2013.12.5	Cooperation Agreement between ALFA University, Serbia and Southeast University, China
	Metropolitan University	框架协议	2013.12.5	Cooperation Agreement between Metropolitan University, Serbia and Southeast University, China
	Megatrend University	框架协议	2013.12.5	Cooperation Agreement between Megatrend University, Serbia and Southeast University, China
Sudan 苏丹	University of Khartoum	框架备忘录	2013.10.9	Memorandum of Understanding between Southeast University and University of Khartoum
Taiwan 台湾地区	中央大学	土木工程领域硕士联合培养 土木工程领域博士联合培养	2013.11.26 2013.11.26	东南大学土木工程学院与中央大学土木工程学系合作培养硕士协议书 东南大学土木工程学院与中央大学土木工程学系合作培养博士协议书
	中山大学	框架协议 学生交流协议	2013.3.18 2013.3.18	东南大学与中山大学学术交流与合作协议(简繁) 东南大学与中山大学学生交流协议书(简繁)
	铭传大学	学术交流 学生交换	2013.5.13 2013.5.13	东南大学与铭传大学学术交流协议书(简繁) 东南大学与铭传大学学生交换协议书(简繁)
	东华大学	学术交流与合作	2013.12.28	东南大学与台湾东华大学学术交流与合作协议(繁简)

2013年东南大学授予国外(或地区)学者名誉教授、客座教授和名誉顾问名单

序号	姓名	国别、地区、单位、职务	授予名称	授予时间	授予学院
1	Chad T. Jafvert	美国普渡大学教授	客座教授	2013.01	土木学院
2	朱为模	美国伊利诺伊大学教授	客座教授	2013.03	体育系
3	史建清	英国纽卡斯尔大学教授	客座教授	2013.03	数学系
4	贾维嘉	香港城市大学教授	客座教授	2013.04	计算机学院
5	胡红明	波特兰医学中心Chiles研究所实验室主任	客座教授	2013.04	医学院
6	王新慧	美国哈佛医学院、麻省总医院	客座教授	2013.05	生命科学研究院
7	朱斌	瑞典皇家科学院	客座教授	2013.05	能环学院
8	Ian Shaw Burnett	澳大利亚皇家墨尔本理工学院教授	客座教授	2013.05	自动化学院
9	黄少聪	香港理工大学教授	客座教授	2013.05	电气学院
10	萧世伦	美国田纳西大学教授	客座教授	2013.05	交通学院
11	沈建军	美国德克萨斯大学M.D.Anderson肿瘤研究中心教授	客座教授	2013.06	医学院
12	颜文晖	美国联邦公路署土木工程研究所总工程师	客座教授	2013.06	土木学院
13	丁玉龙	英国利兹大学教授	客座教授	2013.06	能环学院
14	顾明栋	美国得州大学达拉斯分校教授,孔子学院院长	客座教授	2013.06	外语学院
15	张小平	英国伯明翰大学教授	客座教授	2013.10	电气学院
16	林文伟	台湾交通大学教授	客座教授	2013.10	数学系
17	高聪忠	美国伊利诺伊大学教授	客座教授	2013.10	土木学院
18	Susanne Eleonore Kohler	德国马斯特里赫特大学教授	客座教授	2013.11	医学院
19	Wouter Hasken Lamers	荷兰阿姆斯特丹大学教授	客座教授	2013.11	医学院
20	Gerard Memmi	法国巴黎高科电信大学教授	客座教授	2013.12	信息学院
21	Philippe Martins	法国巴黎高科电信大学教授	客座教授	2013.12	信息学院

2013年东南大学举办国际会议情况

序号	会议名称	会议时间	会议主席或召集人	论文数	代表数 内	代表数 外	总数
2013－1	中国平板显示/亚洲信息显示会议	2013.3.20—21	王保平	研讨	70	130	200
2013－2	国际信息科学与技术会议	2013.3.23—25	曹进德	361	50	150	200
2013－3	无线通信与网络2013年度会议	2013.4.7—10	尤肖虎	840	575	400	975
2013－4	中德转化医学研讨会	2013.5.2	滕皋军	研讨会	7	50	57
2013－5	玄武岩纤维国际会议	2013.5.8—11	吴智深	研讨	40	60	100
2013－6	建筑学研究前沿系列学术论坛－医疗建筑	2013.5.21	王建国	研讨	9	91	100
2013－7	国际肾脏纤维化研讨会	2013.5.23—25	刘必成	研讨	7	243	250
2013－8	第九届亚太国际贸易学术年会	2013.6.27—28	徐康宁	研讨	22	30	52
2013－9	国际雨水收集利用会议	2013.7.1—4	傅大放	97	31	80	111
2013－10	第一届中澳国际设计论坛	2013.7.4	汤文成	研讨	12	45	57
2013－11	中澳清洁能源研讨会	2013.7.18	钟文琪	研讨	6	19	25
2013－12	自组装功能材料国际会议	2013.7.20—22	顾忠泽	114	30	70	100
2013－13	国际矩阵论和环论学术研讨会	2013.7.20—23	陈建龙	研讨	12	63	75
2013－14	公民道德与现代文明国际学术交流会	2013.9.20—24	邱斌	62	22	46	68
2013－15	国际严酷环境下的混凝土会议	2013.9.23—25	缪昌文	180	135	93	228
2013－16	第四届当代建筑理论国际论坛	2013.9.22—24	王建国	研讨	15	30	45
2013－17	国际天线与传播会议	2013.10.23—25	洪伟	420	155	213	368
2013－18	中日双边纳米医学研讨会	2013.10.26	顾宁	研讨	7	20	27
2013－19	第二届工程师培养模式国际研讨会	2013.11.22	史兰新	研讨	8	48	56
2013－20	中国当代建筑设计发展战略国际高端论坛	2013.11.22—23	王建国	研讨	5	50	55

(续 表)

序号	会议名称	会议时间	会议主席或召集人	论文数	代表数 内	代表数 外	总数
2013—21	第十届中日建筑结构技术交流会	2013.11.30—12.1	吕志涛	351	49	363	412
2013—22	江苏决策咨询国际智库高层专家研讨会	2013.12.7—9	邱斌	研讨	20	40	60
2013—23	国际高级云计算与大数据会议	2013.12.13—15	罗军舟	34	28	62	90

2013年华英文化教育基金会推荐资助"华英学者"出国研究一览表

序号	系、所及学科	姓名	职称、学位	拟赴何国、何校、何教授处进修
1	信息科学与工程学院 电磁场与微波技术	陆卫兵	教授,博士	美国,亚利桑那大学(University of Arizona, UA), Prof. XIN Hao
2	建筑学院 建筑技术	淳庆	副研究员,博士	比利时 鲁汶大学 Koenraad VAN BALEN 教授
3	生物医学工程学院 学习科学研究中心 学习科学	郑文明	教授、博导、博士 (东南大学青年特聘教授)	美国伊利诺伊大学香槟分校 (UIUC), Thomas S. Huang 教授(美国工程院院士、中国科学院、工程院外籍院士)
4	土木工程学院 桥梁工程	王浩	副研究员,博士	美国 伊利诺伊大学厄巴纳-香槟分校 Billie F. Spencer Jr. 教授
5	材料科学与工程学院 材料学	李敏	教授,博士	美国 亚利桑那州立大学(与加州大学洛杉矶分校之间的联合研究中心) Narayanan Neithalath 教授
6	生物医学工程学院	肖忠党	教授,博士	英国 剑桥大学 2014年度

2013年华英文化教育基金会奖助回国教学访问学者一览表

序号	姓名	国籍	单位及职务	专业	学位	来校时间
1	理查德·索斯	美国	美国Lehigh大学土木与环境工程学院Joseph T. Stuart特聘教授 大型结构体系先进技术研究中心(Advanced Technology for Large Structural Systems Center)主任	结构工程	博士	2013.4.8—2013.4.22
2	龙泉	英国	Brunel Institute for Bioengineering, Brunel University,布鲁内尔大学生物医学工程研究所,副所长	生物医学工程	博士	2013.3.26—2013.6.20
3	海尔科维茨·爱德华·H.	美国	美国宾夕法尼亚大学放射系教授,兼任神经放射研究部主任	医学影像、数据挖掘和转化医学	医学及工学博士	2013.5.8—2013.5.23
4	杨燕敏	美国	Associate Professor (tenured), Department of Neurology and Neurological Sciences/Stanford Neuroscience Institute, Stanford University School of Medicine, USA 美国斯坦福大学医学院副教授	医学神经生物学	医学及科学博士	2013.6.15—2013.6.25
5	罗纳德·阿金	美国	School of interactive Computing, College of Computing, Georgia Institute of Technology. 职务:Vice Dean of College of Computing. Regents' Profossor(摄政教授). IEEE Fellow , Vice Chair of IEEE Fellow Evaluation Committee.	交互计算、机器人	博士	2013.7.15—2013.8.15
6	沈建军	美国	The University of Texas M. D. Anderson Cancer Center 1808 Park Rd. 1-C P. O. Box 389 Unit Number:116 Smithville, TH 78957 副教授,分子生物学资源研究中心主任	生物化学与分子生物学,人类遗传学	博士	2013.6.15—2013.7.15

(国际合作处 郝庆九)

人才与人事工作

综　述

2013年,东南大学人事处在校党政的正确领导和统一部署下,紧紧围绕建设国际知名高水平研究型大学和世界一流大学的总体目标,秉持"创新机制、突出改革、注重质量、加快建设"的工作理念,以《东南大学"十二五"改革和发展规划纲要》(东大委〔2012〕69号)为指导,以东南大学"985工程"三期建设目标为重点,围绕年初制订的人事工作计划,大力实施人才强校战略,以改革的思路,创新的理念,科学的制度进一步完善了学校的人事管理体系,超额完成了预期的工作目标,取得了优异的成绩。

一、建章立制,着力推进人事体制机制创新

2013年,人事处通过制定及修订《东南大学特聘教授条例》《东南大学青年特聘教授条例》,进一步规范理顺了校内人才选拔体系;通过修订发布了《东南大学突出成果奖励暂行条例》《东南大学专业技术岗位晋升条件》等文件,进一步规范了校内职称晋升和成果奖励的评价标准;通过制定《东南大学单位综合考核及年度奖励性岗位绩效津贴分配办法》(校发〔2013〕12号),强化了岗位绩效考核与院系职能部门综合考评工作的联系,有利于学校教学、科研水平和办学效益的综合提升。

通过系列人事制度的制定和修订,进一步完善了学校的人才激励机制、人才竞争机制和人才考核评价机制,完善了由院士、千人计划、长江学者、杰出青年、校特聘教授、青年特聘教授、35岁以下优秀青年教师、青年骨干教师构成的校内金字塔形人才梯队培养与建设体系。

二、引进培养,致力打造高水平师资队伍

(一) 加大海外高层次人才的引进力度,不断优化师资队伍结构

以引进高水平创新人才为重点,不断加大海外具有一流高校博士学位的优秀青年教师的引进力度。2013年人事处加大了海外高层次人才招聘宣传力度,进一步拓宽招聘渠道,招聘广告已刊登在世界顶尖学术期刊 Science 的中国招聘特刊(11月15日)上,同步10万次网络旗标招聘广告亦已登陆 Science 官方网站,从发布几周的情况看,已经陆续有海外高层次人才和海外博士学位人员发来求职需求,或咨询学校的相关人才引进政策。

随着海外高层次人才及具有世界一流大学博士学位的优秀人才的陆续加盟,东南大学的师资队伍建设水平得以迅速攀升,学缘结构得以不断优化。2013年,引进具有博士学位的教师117人,其中高级职称25人,具有海外博士学位45人,具有一年以上海外留学经历的82人。引进急需的学科带头人(教授)9人,其中"杰青"2人。截至2013年12月,全校专任教师人数达到2 573人,专任教师队伍中正高职称人数711人,副高职称的人数1 025人,具有高级职称的师资比例达67.5%;专任教师中具有博士学位人数1 922人,博士比例达74.7%,具有海外博士学位的人员比例达到17.74%,具有1年以上海外工作及学习经历的人员比例达到44.61%。

(二) 加快学术领军人物和创新团队建设,科学提升师资队伍建设水平

秉承一流的特色发展理念,通过培养和引进"千人计划"专家、长江学者和国家杰出青年基金获得者等国家级人才,促进了一批高层次人才和创新团队的成长;通过学术带头人、优秀学术骨干的培养和引进,在进一步优化教师队伍结构的同时,构建人才高地,人才建设成效显著。2013年新增"万人计划"科技创新领军人才2人,"万人计划"青年拔尖人才1人,"千人计划"国家特聘专家2人,"青年千人计划"3人,新增"长江学者"讲座教授1人,"百千万人才工程"国家级人选2人,国家级有突出贡献中青年专家2人,享受国务院政府特殊津贴5人,新增江苏省高层次创新创业人才1人,江苏省"双创"团队1个,"333工程"一层次增选3人,二层次增选11人,三层次增选20人,"333工程"项目资助5人,江苏省有突出贡献中青年专家1人,江苏特聘教授4人,江苏省"六大人才高峰"24人,荣获"第十三届中国青年科技奖"2人。学校荣获2013年度"江苏省教育人才工作先进单位"。

1. 加大各类拔尖创新人才的选拔和培养力度,加快领军人才队伍建设

截至2013年12月,我校共有两院院士11人,"万人计划"科技创新领军人才2人,"万人计划"青年拔尖人才1人,国家"千人计划"专家24人,享受"国务院政府特殊津贴"70人,国务院学位委员会委员2人,国务院学科评议组成员12人。"长江学者奖励计划"特聘教授、讲座教授34人,国家"十二五""863"计划领域专家4人,"973"首席专家9人,"百千万人才工程"国家级人选19人,国家级有突出贡献中青年专家20人。江苏省"333工程"第四期培养对象74人,江苏省青蓝工程创新团队5个、学科带头人64名,江苏省有突出贡献的中青年专家9名,江苏省"双创"计划人才14人,江苏省"双创"团队3个,江苏

省特聘教授 7 名，校特聘教授 66 人，校青年特聘教授 34 名，江苏产业教授 28 人，江苏省"六大人才高峰"135 人。

2013 年度的特聘教授正在评审过程之中。

2. 优化顶层设计，不断创新青年教师培养模式

人事处一方面加强拔尖创新人才及学术领军人才的选拔培养力度，另一方面大力实施校内青年特聘教授计划、优秀青年骨干教师教学科研资助计划、青年骨干教师出国研修计划等人才培养计划，加强博士后招收及培养工作。

2013 年度，破格提拔青年教授 6 名，上岗青年教授 8 名，派出青年骨干教师出国进修 63 名。实施青年骨干教师教学科研资助计划 160 名，资助博士后创新人才培养基金 16 名，优秀青年教师资助计划新增 18 名。遴选优秀青年教师资助计划 18 名。博士后在站人数达 436 人，其中 2013 年新入站 110 人，2013 年共有 11 名博士后荣获中国博士后科学基金特别资助，20 名博士后荣获"面上"一等资助，39 名博士后荣获"面上"二等资助，32 名博士后承担的科研项目列入"江苏省博士后科研资助计划"。

2013 年度的青年特聘教授、35 岁优秀青年教师资助计划正在评审过程之中。

(三) 探索新的科研和学科建设体制，创新学术特区运行机制

由"千人计划"国家特聘专家吴智深教授领衔的城市工程科学研究院学术特区，经过几年的建设，取得了可喜的成绩。截至 2013 年 12 月，共有"千人计划"专家 3 人，"青年千人"2 人，长江学者讲座教授 2 人。其团队入选教育部"长江学者和创新团队发展计划"创新团队和江苏省创新团队。整个特区在"985 工程"三期建设期间共发表论文 150 余篇，其中 SCI 检索 102 篇；申请专利 67 项，包括国际发明专利 6 项；牵头承担国家"973"项目 1 项及其他国家级项目课题共 8 项，省部级项目 7 项，总经费近 6 000 万元；牵头获国家科技进步二等奖及教育部科技进步一等奖 1 项。

由长江学者谢维教授领衔的生命科学研究院，已初具规模。截至 2013 年 12 月，生命科学研究院共有青年"千人计划"入选者 1 人，长江学者奖励计划 1 人，享受国务院政府特殊津贴 1 人，教育部新世纪优秀人才 4 人，高校青年教师奖获得者 1 人，江苏省"333 高层次人才培养工程"1 人，江苏特聘教授 1 人，江苏省创新创业人才 1 人，江苏省"六大人才高峰"2 人，东南大学特聘教授 3 人，东南大学青年特聘教授 2 人，东南大学优秀青年教师资助计划 3 人。建设期间立项的国家级项目 30 余项，参与 4 项国家重点基础研究发展计划（"973"计划），主持"863"项目 1 项，国家自然科学面上基金 19 项，重点课题 2 项，省部级科学基金项目 6 项，累计科研经费 2 900 余万元；发表论文 SCI 收录 40 余篇，影响因子 6 以上的论文 14 篇。

三、构建科学有效的岗位管理，全面推进人事管理体系建设

(一) 进一步完善岗位体系，推行人员分类管理，构建灵活高效的选人用人机制

2013 年，在学校现有人员分类及分布的基础上，人事处本着"按需设岗、公开招聘、择优聘任、合同管理"原则，进一步补充和完善岗位设置体系，针对不同的岗位要求，更加灵

活地利用博士后制度和非在编人事代理聘用办法等大幅提高非固定编制人员从事基础性教学科研工作的比例。参照国际通行的"终身教授制度"(除少数特殊专业和已能证明确是高水平的教师外),新引进教师都要有3—5年的合同试用期,试用期结束,考核合格才能签订长期或终身聘用合同。尝试建立教师学术休假制度,鼓励教师利用学术休假到国内外高水平大学或研究机构进修学习,进一步提高国际学术交流水平。进一步强化低水平低学历教师的转岗分流工作,基本完成将低水平低学历教师分流到其他非教学科研岗位的工作。基本建立了因需设岗、按岗聘任、以岗定薪、合同管理的用人分配制度,构建了较完善的校人事管理体系。

(二)推进校内考核任用制度改革,完善岗位评聘及晋升制度,建立更加科学有效的评价体系

通过对专任教师以及实验室、图书馆、档案馆等专业技术和教学辅助人员、管理岗职员、工勤人员进行分类管理和分类考核,全面推进了学校各类人员考核任用制度的改革。

1. 进一步深化职称评审制度改革,发布《关于2013年专业技术职务评聘工作的通知》,顺利完成2013年职称评审工作,高级职称评审通过141人,其中正高48人(含"戴帽"教授13人),副高93人,中初级职称评审通过178人。江苏省人才交流中心委托代评工程师评审通过12人。引进海外人员上岗高级职称通过25人,其中上岗教授(研究员)8人,副教授(副研究员)17人。

2. 坚持按岗位要求择优聘用原则,逐步实现专业技术岗位聘任与岗位聘用统一,发布《关于开展2013年专业技术岗位分级聘用工作的通知》,开展2013年专业技术岗位分级工作,此项工作正在紧张有序地进行。

3. 进一步推行职员制度,建立体现管理岗人员管理水平、业务能力、工作业绩、资格经历、岗位需要的有序等级序列。印发《东南大学职员聘用与晋升实施办法》的通知,开展2013年职员晋升工作,此项工作也在有条不紊地开展。

4. 印发《关于开展2013年我校工勤技能岗位高级技师考评工作的通知》《关于开展2013年我校工勤技能岗位技术等级考核和技师考评工作的通知》,新晋升高级技师1人,技师7人,高级工30人,中级工6人。

(三)完善岗位绩效工作制度、施行更加有效的利益分配政策,激发广大教职员工的工作热情和积极性

2012年学校出台《东南大学校内岗位绩效津贴调整方案》,大幅度提高了全校在职教职工工资待遇,2013年在此基础上,进一步出台了《东南大学单位综合考核及年度奖励性岗位绩效津贴分配办法》,加强了考核与绩效津贴的融合,强化了岗位绩效考核与院系职能部门综合考评工作的联系。

圆满完成了2013年教职工工资及津补贴发放工作,完成在职职工工资正常晋升,按照国家及江苏省规定,进一步完善我校在职职工社会劳动保障机制,完成2013年失业保险、养老保险、工伤保险的基数申报、年检及缴费工作。为243位去世教职工的遗属发放了2013年度遗属补助费,为147位20世纪50年代、60年代的下放人员发放2013年生活补助费。

(四) 做好退休人员服务工作,为退休人员提供细致周到的服务

耐心、细心、贴心是人事处服务老同志的宗旨,截至 2013 年 12 月,我校共有 3 900 名退休职工(不包括离休干部),他们的年龄结构是 100 岁 3 人,90 岁以上 53 人,80 岁以上 415 人,70 岁以上 1 604 人,60 以上 1 842 人。2013 年度,人事处一如既往地及时发放离退休人员工资及福利,并为 1 166 名寿星举办老人节祝寿系列活动,每月为退休老同志发放工资条,及时看望生病老同志,为 58 位去世的老同志承办后事。努力为退休教职创造良好的环境,提供优质的服务,提高了退休教职工的生活质量,使东南大学的退休教职工能够老有所养、老有所乐、老有所医、老有所学、老有所教、老有所为。

院 士 名 录

姓名	性别	出生年月	职称	院士名称	当选日期	所在学部	外籍院士	专业
韦 钰	女	1940.02.07	教授	工程院院士	1994.11	信息与电子工程学部		生物电子学、分子电子学
钟训正	男	1929.07.09（农历）	教授	工程院院士	1997.11	土木、水利与建筑工程学部		建筑学
孙忠良	男	1936.08.26	教授	工程院院士	2001.11	信息与电子工程学部		微波、毫米波技术
齐 康	男	1931.10.28	教授	科学院院士	1993.11	技术科学部	1997.02 法国建筑科学院	建筑设计与理论
吕志涛	男	1937.11.04	教授	工程院院士	1997.11	土木、水利与建筑工程学部		混凝土与钢筋混凝土结构
孙 伟	女	1935.11.16	教授	工程院院士	2005.11	土木、水利与建筑工程学部		无机非金属材料
张耀明	男	1943.12.09	教授	工程院院士	2001.11	化工、冶金与材料工程学部		无机非金属材料
黄 卫	男	1961.04.13	教授	工程院院士	2007	土木、水利与建筑工程学部		道路桥梁及交通工程

(续 表)

姓名	性别	出生年月	职称	院士名称	当选日期	所在学部	外籍院士	专业
程泰宁	男	1935.12.9	教授	工程院院士	2005.11	土木、水利与建筑工程学部		建筑学
李幼平	男	1935.05	教授	工程院院士	1999	信息与电子工程学部		电子与通信技术
缪昌文	男	1957.08	教授	工程院院士	2011.11	土木、水利与建筑工程学部		建筑材料与制品

"千人计划"专家名单

姓 名	性别	职称	所在单位	年度
丁 峙	男	教授	信息科学与工程学院	2009
李万林	男	教授	信息科学与工程学院	2009
吴智深	男	教授	土木工程学院	2009
史国均	男	教授	能源与环境学院	2010
郑福春	男	教授	信息科学与工程学院	2010
余星火	男	教授	自动化学院	2010
陈 战	男	教授	生物科学与医学工程学院	2010
冉 斌	男	教授	交通学院	2010
Norri N. Muhammad	男	教授	土木工程学院	2011
Arokia Nathan	男	教授	电子信息工程学院	2012
Gerard Marriott	男	教授	生物科学与医学工程学院	2012
Said Easa	男	教授	交通学院	2012
李志烨	男	教授	交通学院	2012
唐达林	男	教授	生物科学与医学工程学院	2012
孙正明	男	教授	材料科学与工程学院	2013
Rodrigo Salgado	男	教授	土木工程学院	2013

"青年千人计划"专家名单

姓名	性别	职称	所在单位	年度
郝张成	男	教授	信息科学与工程学院	2011
温海防	男	教授	交通学院	2011
张 建	男	教授	土木工程学院	2011
叶智锐	男	教授	交通学院	2012
张袁健	男	教授	化学化工学院	2013

国家特支计划专家名单

姓名	性别	职称	所在单位	类别	年度
尤肖虎	男	教授	信息科学与工程学院	科技创新领军人才	2013
王 庆	男	教授	仪器科学与工程学院	科技创新领军人才	2013

青年拔尖人才支持计划专家名单

姓名	性别	职称	所在单位	年度
钟文琪	男	教授	能源与环境学院	2012

"长江学者奖励计划"特聘教授、讲座教授名单

姓 名	性别	职 称	所在单位	入选年度
陆祖宏	男	研究员	生物科学与医学工程学院	1999
尤肖虎	男	研究员	信息科学与工程学院	2000
洪 伟	男	研究员	信息科学与工程学院	2000
王志功	男	教授	信息科学与工程学院	2000
崔一平	男	教授	电子科学与工程学院	2000
罗立民	男	教授	生物科学与医学工程学院	2000
陆 键	男	教授	交通学院	2000
黄 卫	男	教授	交通学院	2000
张十庆	男	研究员	建筑研究所	2000

（续　表）

姓　名	性　别	职　称	所在单位	入选年度
王建国	男	研究员	建筑学院	2001
崔铁军	男	教授	信息科学与工程学院	2001
田玉平	男	教授	自动化学院	2001
赵正旭	男	教授	仪器科学与工程学院	2001
谢　维	男	教授	基础医学院	2001
黄风义	男	教授	信息科学与工程学院	2003
吴　柯	男	教授	信息科学与工程学院	2003
顾忠泽	男	教授	生物科学与医学工程学院	2003
熊仁根	男	教授	化学化工学院	2004
黄庆安	男	教授	电子科学与工程学院	2005
王　炜	男	教授	交通学院	2005
吴智深	男	教授	土木学院	2005
王江舟	男	教授	信息科学与工程学院	2006
孙　璐	男	教授	交通学院	2007
丁　峙	男	教授	信息科学与工程学院	2007
黄秋庭	男	教授	电路与系统	2007
顾　宁	男	教授	生物科学与医学工程学院	2008
樊和平	男	教授	人文学院	2008
邹国棠	男	教授	电气工程学院	2008
余星火	男	教授	自动化学院	2009
王晓东	男	教授	信息科学与工程学院	2010
高西奇	男	教授	信息科学与工程学院	2011
肖　睿	男	教授	能源与环境学院	2011
姚新中	男	教授	人文学院	2011
陆　勇	男	教授	土木学院	2012

人事部"百千万人才工程"入选人员名单

姓　名	性　别	职　称	所在单位	入选年度
陆祖宏	男	研究员	生物科学与医学工程学院	1997
黄　卫	男	教授	交通学院	1997

(续表)

姓名	性别	职称	所在单位	入选年度
王志功	男	教授	信息科学与工程学院	1999
黄侨	男	教授	交通学院	1999
洪伟	男	教授	信息科学与工程学院	2000
尤肖虎	男	研究员	信息科学与工程学院	2000
王炜	男	教授	交通学院	2000
罗立民	男	教授	生物科学与医学工程学院	2000
赵春明	男	教授	信息科学与工程学院	2004
李爱群	男	教授	土木工程学院	2006
黄庆安	男	教授	电子科学与工程学院	2006
孙克勤	男	教授级高工	能源与环境学院	2006
易红	男	教授	校长办公室	2007
时龙兴	男	教授	电子科学与工程学院	2007
宋爱国	男	教授	仪器科学与工程学院	2009
周佑勇	男	教授	法学院	2009
赵春杰	女	教授	生命科学研究院	2009
崔铁军	男	教授	信息科学与工程学院	2013
刘松玉	男	教授	交通学院	2013

2013年度江苏省双创人才入选人员名单

姓名	性别	职称	所在单位
张建	男	教授	土木工程学院

2013年度入选江苏省双创团队名单

姓名	性别	职称	所在单位
冉斌	男	教授	交通学院

2013年度入选江苏创新创业人才奖名单

姓名	性别	职称	所在单位
刘松玉	男	教授	交通学院

江苏省"333高层次人才培养工程"第四期培养对象名单

首席科学家

姓名	所在单位	姓名	所在单位
樊和平	人文学院	王炜	交通学院
时龙兴	电子科学与工程学院	滕皋军	附属中大医院
缪昌文	材料科学与工程学院	刘加平	材料科学与工程学院
尤肖虎	信息科学与工程学院		

科技领军人才

姓名	所在单位	姓名	所在单位
陈云飞	机械工程学院	宋爱国	仪器科学与工程学院
易红	机械工程学院	张志珺	附属中大医院
肖睿	能源与环境学院	张永康	机械工程学院
高西奇	信息科学与工程学院	孙长银	自动化学院
崔铁军	信息科学与工程学院	舒华忠	计算机科学与工程学院
孙立涛	电子科学与工程学院	倪中华	机械工程学院
王保平	电子科学与工程学院	钱春香	材料科学与工程学院
孙伟锋	电子科学与工程学院	李爱群	土木工程学院
曹进德	数学系	钱振东	智能运输系统研究中心
顾宁	生物科学与医学工程学院	顾忠泽	生物科学与医学工程学院
周佑勇	法学院	刘必成	附属中大医院
胡敏强	电气工程学院	刘艳红	法学院
黄晓明	交通学院	尚金堂	电子科学与工程学院
赵春杰	生命科学研究院	潘志文	信息科学与工程学院

科学技术带头人

姓　名	所在单位	姓　名	所在单位
王兴平	建筑学院	陈　峻	交通学院
钟文琪	能源与环境学院	陈淑梅	经管学院
周健义	信息科学与工程学院	陈晓平	能源与环境学院
徐　建	信息科学与工程学院	程　强	信息科学与工程学院
宋铁成	信息科学与工程学院	郭　彤	土木工程学院
叶继红	土木工程学院	花　为	电气工程学院
徐赵东	土木工程学院	李世华	自动化学院
达飞鹏	自动化学院	梁戈玉	公共卫生学院
李必信	计算机科学与工程学院	梁金玲	数学系
徐庆宇	物理系	沈亚丹	艺术学院
王雪梅	生物科学与医学工程学院	宋光明	仪器科学与工程学院
肖忠党	生物科学与医学工程学院	王红兵	计算机科学与工程学院
邱　斌	经管学院	王金兰	物理系
夏保华	人文学院	王著元	电子科学与工程学院
黄学良	电气工程学院	吴东方	化学化工学院
付国东	化学化工学院	吴国球	附属中大医院
陆　建	交通学院	吴　晓	建筑学院
杜延军	交通学院	幸　研	机械工程学院
邱海波	附属中大医院	张　萍	外语学院
		周少华	法学院

江苏省有突出贡献青年专家名单

姓　名	性别	职　称	所在单位	入选年度
王建国	男	教授	建筑学院	2001
仲伟俊	男	教授	经济管理学院	2003
王　炜	男	教授	交通学院	2005
胡敏强	男	教授	电气工程学院	2006
易　红	男	教授	机械工程学院	2006
赵春杰	女	教授	基础医学院	2008
郑家茂	男	教授	校长办公室	2010
周佑勇	男	教授	法学院	2010
刘松玉	男	教授	交通学院	2012

2013年度江苏省"六大人才高峰"入选人员名单表

姓 名	所在单位	入选行业类型
石 邢	建筑学院	建筑C类
韩 良	机械工程学院	新能源B类
苏 春	机械工程学院	装备制造D类
许飞云	机械工程学院	装备制造B类
李舒宏	能源与环境学院	节能环保B类
郑 军	电子科学与工程学院	电子信息A类
丁幼亮	土木工程学院	物联网和云计算B类
冯若强	土木工程学院	建筑D类
郭 力	土木工程学院	建筑B类
李必信	计算机科学与工程学院	电子信息C类
王红兵	计算机科学与工程学院	新一代信息技术和软件B类
薛 鹏	物理系	电子信息C类
赵远锦	生物科学与医学工程学院	生物技术和新医药B类
王继刚	材料科学与工程学院	教育D类
陈 武	电气工程学院	节能环保D类
肖华锋	电气工程学院	装备制造D类
任 刚	交通学院	物联网和云计算D类
杨 军	交通学院	建筑B类
宋光明	仪器科学与工程学院	物联网和云计算D类
梁戈玉	公共卫生学院	卫生外科D类
柴人杰	生命科学研究院	卫生内科D类
陈 明	附属中大医院	卫生外科C类
李 玲	附属中大医院	卫生内科B类
芮云峰	附属中大医院	卫生外科D类

江苏特聘教授名单

姓 名	性 别	职 称	所在单位	入选年度
叶继红	女	教授	土木学院	2012
孙伟锋	男	教授	电子科学与工程学院	2012
赵春杰	女	教授	医学院	2012
姚红红	女	教授	医学院	2012
陆 巍	男	教授	生命科学研究院	2012
钟文琪	男	教授	能源与环境学院	2013
宋爱国	男	教授	仪器科学与工程学院	2013

2013年度东南大学"优秀青年教师教学科研资助计划"表

姓 名	所在单位
徐 江	机械工程学院
苏志刚	能源与环境学院
段伦博	能源与环境学院
王家恒	信息科学与工程学院
陆金钰	土木工程学院
王春雷	电子科学与工程学院
陈金兵	数学系
王 周	数学系
李 俊	自动化学院
杨 明	计算机科学与工程学院
冯红涛	物理系
周海清	物理系
熊 非	生物科学与医学工程
万克树	材料学院
刘修岩	经济管理学院
甘 锋	艺术学院
李 川	法学院
陈 武	电气工程学院
蔡 进	化学化工学院
章定文	交通学院
莫凌飞	仪器科学与工程学院
柴人杰	生命科学研究院

2013年度入选东南大学青年特聘教授名单

姓 名	性 别	职 称	所在单位
郭 彤	男	教授	东南大学土木工程学院
孙伟锋	男	教授	东南大学电子科学与工程学院
梁金玲	女	教授	东南大学数学系
董 帅	男	教授	东南大学物理系
付大伟	男	教授	东南大学化学化工学院
刘 攀	男	教授	东南大学交通学院
陈 瑞	男	教授	美国得克萨斯大学西南医学中心
姚红红	女	教授	东南大学医学院

2013年度入选东南大学校内特聘教授名单

姓 名	性 别	职 称	所在单位
阳建强	男	教授	建筑学院
钟文琪	男	教授	能源与环境工程学院
钱春香	女	教授	材料科学与工程学院
程 明	男	教授	电气工程学院
仲伟俊	男	教授	经济管理学院
田海平	男	教授	人文学院
刘必成	男	教授	附属中大医院

2013年东南大学兼职专家一览表

姓名	性别	工作单位	职称(务)	聘用单位
高 翔	男	南京大学模式动物研究所	教授	生命科学研究院
陈光辉	男	中国电科23所	研究员,副所长	电子科学与工程学院
韩建忠	男	中国电子科技集团第11研究所	研究员,所长	电子科学与工程学院
倪 明	男	南京南瑞集团	首席专家	电气工程学院

(续 表)

姓名	性别	工作单位	职称(务)	聘用单位
王亚勇	男	中国建筑科学研究院	研究员	土木工程学院
许前飞	男	省高级人民法院	院长、党组书记	法学院
雍太有	男	中国电力科学研究院	"千人计划"特聘专家	电气工程学院
魏明海	男	中山大学	教授、副校长	经济管理学院
孙铮	男	上海财经大学	教授、副校长	经济管理学院
彭盛	男	飞利浦(中国)投资有限公司	主任研究员、经理	电子科学与工程学院
于俊崇	男	中国核动力研究设计院	研究员级高工,副总设计师	能源与环境学院
曹洪波	男	美国通用电器	研究员	材料科学与工程学院
马卫民	男	中国核电工程有限公司、瑞典皇家工学院	研究员,副总工	能源与环境学院
高宗余	男	中铁大桥勘测设计院集团有限公司	教授级高工,总工程师	材料科学与工程学院
李决龙	男	海军海防工程研究中心	高级工程师,主任	材料科学与工程学院
曲晓辉	女	厦门大学	教授,院长	经济管理学院
于立新	男	中国社科院财经战略研究所	教授,研究室主任	马克思主义学院
张雁	男	建华管桩集团	研究员级高工,副总裁	交通学院
杜维明	男	北京大学高等人文研究院	教授,院长	人文学院
娄宇	男	中国电子工程设计院	教授级高工,副院长,总工程师	土木学院
贺来	男	吉林大学	教授,院长	人文学院
杨国荣	男	华东师范大学	教授	人文学院
孙正聿	男	吉林大学	教授	人文学院
李萍	女	中山大学	教授,党委副书记	人文学院
郭海成	男	香港科技大学	教授	电子科学与工程学院
黄跃龙	男	江阴万事兴技术有限公司	研究员级高工,总经理	电气工程学院
庄建军	男	南通中远船务工程有限公司	研究员级高工,副总经理,副院长	机械工程学院

2013 年晋升高级专业技术职务人员名单

正高级专业技术职务

一、校通知〔2013〕105 号

学科岗(27 人)

机械工程学院	张志胜　苏　春
能源与环境学院	许传龙
信息科学与工程学院	陈莹梅　黄　杰　郑　军(2009.01.05)
土木工程学院	戴国亮　杨福俊　丁幼亮
电子科学与工程学院	顾　兵
数学系	李玉祥
物理系	戴玉蓉　董正高　倪振华(2010.05.05)
学习科学研究中心	王海贤
材料科学与工程学院	王增梅(2010.01.25)
经济管理学院	吴　斌
电气工程学院	徐青山　高赐威
化学化工学院	付大伟(研究员)
交通学院	朱志铎　李铁柱
智能运输系统研究中心	郭建华(2010.10.26)
仪器科学与工程学院	吴　涓
艺术学院	倪　进
公共卫生学院	许　茜　刘　冉

教学岗(1 人)

土木工程学院	周志红

享受研究员级同等待遇的高级工程师(3 人)

建筑设计研究院	孙　逊　袁　玮　施明征

主任医师(4 人)

中大医院	王彩莲　王　尧　李永刚　陈陆馗

戴帽教授（研究员）

学科岗（13 人）

能源与环境学院	李益国
土木工程学院	费庆国　罗　斌
物理系	姚晓燕
生物科学与医学工程学院	赵祥伟
学习科学研究中心	卢　青
材料科学与工程学院	张　耀
高等教育研究所	耿有权
马克思主义学院	袁健红
交通学院	王文炜
艺术学院	沈亚丹　尹　文
生命科学研究院	万亚坤

二、校发〔2013〕33 号

学生思想政治教育教授（1 人）

军事理论教研室	陆　华

教育管理研究研究员（1 人）

交通学院	秦　霞

三、校发〔2014〕23 号

编审（1 人）

出版社	张新建

副高级专业技术职务

一、校通知〔2013〕105 号

学科岗（74 人）

建筑学院	王　正　朱彦东　陈洁萍　李　哲
机械工程学院	黄　鹏　徐　江
能源与环境学院	苏志刚　郑晓红　余　冉(2011.04.27)

信息科学与工程学院	王 蓉　唐 路　胡 静　田 玲　陈 鹏　王家恒(2011.10.08)
土木工程学院	缪志伟　袁竞峰　糜长稳　赵学亮　万春风(2010.01.20)
电子科学与工程学院	陈 洁　张宇宁　柏宁丰　樊鹤红　刘 昊
数学系	王 周　陈金兵　聂小兵　虞文武(2010.09.19)
自动化学院	张 亚　周 波
计算机科学与工程学院	汪 鹏　薛 晖
物理系	王 进　袁士俊　洪昆权(2008.08.25)
生物科学与医学工程学院	熊 非　董 健　周 平　戎 非
材料科学与工程学院	白 晶　郭 超
人文学院	张 敏　宣国富　刘 敏　张 娟
经济管理学院	符小玲　何玉梅
马克思主义学院	毛艳明
法学院	陈道英　李 可　易 波
电气工程学院	蒋 浩　周 赣
外国语学院	李 黎　鲁明易
化学化工学院	仲 琰　蒋 伟
交通学院	陈 茜　卞凤兰　徐宿东(2009.02.12)
智能运输系统研究中心	陆振波
仪器科学与工程学院	林国余　祝雪芬
艺术学院	程万里　崔之进
医学院	雷志年　林 岚
公共卫生学院	金 辉
生命科学研究院	万亚坤(2010.06.12)
中大医院	汤成春　周 红　郭金和　李 玲

重大科技项目岗(1人)

信息科学与工程学院	翟建锋

高级工程师(5人)

物理系	陈 乾
医学院	胡向阳
华宁监理公司	胡向前
建筑设计研究院	王新跃
教育技术中心	刘庆全

副编审(1人)

学报编辑部(自然科学版)   张晓丽

副主任医师(9人)

中大医院   刘 玲   杨兵全   徐晓燹   谢玉兰   罗 丹   秦永林   尤承忠   程张军   屈留新

副主任技师(1人)

中大医院   程科萍

副主任护师(1人)

中大医院   杨金芳

副主任药师(1人)

中大医院   厉伟兰

二、校发〔2014〕21号

副研究员(4人)

数学系   卢剑权(2009.07.22)
计算机科学与工程学院   陈 阳(2013.11.22)
生物科学与医学工程学院   谢卓颖(2013.11.22)
经济管理学院   李守伟(2013.11.22)

三、校发〔2013〕33号

学生思想政治教育副教授(1人)

电子科学与工程学院   宋晓燕

副教授(3人)

体育系   严 华   李晓智   张文静

教育管理研究副研究员(4人)

党委办公室   顾永红   李黎蓉
校长办公室   宋业春
纪委   刘 静

2013年专任教师年龄情况统计表

(单位:人)

	合 计	34岁以下	35—44岁	45—54岁	55岁以上
总　计	2 573	502	1 019	836	216
其中:女	790	168	375	214	33
正高级	711	17	152	389	153
副高级	1 025	122	487	364	52
中级及以下	837	363	380	83	11

2013年专任教师学历情况统计表

(单位:人)

总　计	合 计	博 士	硕 士	学士及以下
	2 573	1 922	426	225
其中:女	790	505	206	79
正高级	711	624	48	39
副高级	1 025	748	149	128
中级及以下	837	550	229	58

博士后科研流动站一览表

设站学科 (一级学科)	招收博士后专业 (二级学科)		批准建站 时间
建筑学			1985.10
城乡规划学			2012.09
风景园林学			2012.09
机械工程	机械制造及其自动化 机械设计及理论 工业设计	机械电子工程 车辆工程 制造业工业工程	2003.05
动力工程及工程 热物理	工程热物理 动力机械及工程 流体机械及工程 能源信息技术 新能源技术	热能工程 制冷及低温工程 化学过程机械 能源环境工程	1995.01

（续　表）

设站学科 （一级学科）	招收博士后专业 （二级学科）		批准建站时间
环境科学与工程	环境工程	环境科学	2007.08
信息与通信工程	通信与信息系统 信息安全	信号与信息处理	1985.10
土木工程	岩土工程 桥梁及隧道工程 市政工程 土木工程建造与管理	结构工程 防灾减灾工程及防护工程 供热、供燃气、通风及空调工程	1999.04
力学	工程力学 一般力学与力学基础	固体力学 流体力学	2007.08
电子科学与技术	物理电子学 微电子学与固体电子学 集成电路设计	电路与系统 电磁场与微波技术	1985.10
光学工程	（不分二级学科）		2009.09
数学	应用数学 概率论与数理统计 计算数学	基础数学 运筹学与控制论	2003.05
控制科学与工程	控制理论与控制工程 检测技术与自动化装置 导航、制导与控制	模式识别与智能系统 系统工程	1985.10
计算机科学与技术	计算机系统结构 计算机应用技术	计算机软件与理论 图像处理与科学可观性	2001.05
软件工程			2012.09
物理学	理论物理　粒子物理与原子核物理　原子与分子物理 等离子体物理　凝聚态物理　声学　光学　无线电物理		2012.09
生物医学工程	生物医学工程 生物信息技术 生物与医学纳米技术 制药工程	学习科学 医学图像与医学电子学 生物医学材料 医学信息学及工程	1999.04
材料科学与工程	材料物理与化学 材料加工工程	材料学 生物材料与组织工程	2003.05
哲学	伦理学 外国哲学 中国哲学 美学	科学技术哲学 马克思主义哲学 逻辑学 宗教学	2007.08

(续 表)

设站学科 (一级学科)	招收博士后专业 (二级学科)		批准建站时间
艺术学理论			2003.05
管理科学与工程	(不分设二级学科)		1999.04
应用经济学	国民经济学　区域经济学　财政学　金融学　产业经济学 国际贸易学　劳动经济学　统计学　数量经济学　国防经济		2012.09
电气工程	电机与电器 电力电子与电力传动 高电压与绝缘技术 电气信息技术	电力系统及其自动化 电工理论与新技术 应用电子与运动控制技术 新能源发电与分步式电源	1999.04
交通运输工程	道路与铁道工程 交通运输规划与管理 交通测绘与信息技术	交通信息工程及控制 载运工具运用工程 交通地下工程	2003.05
仪器科学与技术	精密仪器及机械 微系统与测控技术	测试计量技术及仪器	2007.08
公共卫生与预防医学	劳动卫生与环境卫生学 营养与食品卫生学 军事预防医学	流行病与卫生统计学 卫生毒理学	2007.08
生物学	遗传学 生物化学与分子生物学 植物学 水生生物学 神经生物学 生物物理学	生理学 发育生物学 动物学 微生物学 细胞生物学 生态学	2009.09
临床医学	影像医学与核医学 儿科学 临床检验诊断学 妇产科学 耳鼻咽喉科学 老年医学 皮肤病与性病学 肿瘤学 运动医学	内科学 神经病学 外科学 眼科学 急诊医学 精神病与精神卫生学 护理学 康复医学与理疗学 麻醉学	2009.09

2013年年底在站博士后名单

单 位	流动站名称	名 单	人数
建筑学院	建筑学 城乡规划学 风景园林学	奚江琳　najib　　　张鹤年　钱　维　韦　薇 何伟俊　黄　立　　　姜　军　曾　伟　罗冬华 单　晋　谭　瑛　　　代晓利　徐进亮　郑德东 赵　兵　卞素萍　　　松本康隆　张四维 周聪惠　李　哲	21
机械工程学院	机械工程	魏新江　孙东科　夏晶晶　高雪松　熊勇刚 张超锋　方叶祥　赵志国　孙丽	9
能源与环境学院	动力工程及工程热物理 环境科学与工程	肖国先　吴中伟　周晓锋　林　涛　李应林 王永谦　段伦博　常玉广　谷建功　王静静 郭铁铮　黄庠永　蒋　洁　金　星　丁洁莲 SAAD ABU-ALHAIL ARAB　周　霞 刘晓军　左　武　蔡　杰　贾　勇	21
信息科学与工程学院	信息与通信工程 电子科学与技术	干宗良　李玉峰　裔　扬　李春彪　谢胜东 吕智勇　刘　业　柏　娜　董自健　江　彬 史金辉　田　峰　孙永志　高　喜　仇小锋 雷雪梅　李正权　黄继伟　张　晶　王青云 董　俊　吴　霞　何　涛　鲁蔚锋　贺建立 董小明　贾子彦　柴争义　朱思峰　曹开田 卢桂馥　陆泽橼　万鸣华　梁庆伟　赵　睿 郭海燕　程加力　吴　游　邓杨保　何世文 杨　亮　李　君	42
土木学院	土木工程 力学	刘　毅　于清泉　俞晓帆　陈伟宏　姚　波 黄　璜　刘宏月　周培国　朱大胜　张永兴 余　洋　朱元林　张马林　董　巍　蒋金洋 缪蜀江　吴伟巍　顾卫卫　耿　飞	19
电子科学与工程学院	电子科学与技术 光学工程	姜　伟　周汉秦 GHAMGEENIZATRASHED 朱大鹏　肖素艳　王春雷　雷鑑铭　狄云松 李海鸥　周　健　刘育成　王斌杰　徐　申 赵远锦　吴　幸　蔡铜祥　成建兵　张　融 吴　俊　易明芳　迟荣华　周昕杰　李智洋 倪亚茹　徐　欧　黄兆聪	26
数学系	数学	董井成　闫　亮　刘国华　李铁香　吴云建 汪红霞　王开永　黄性芳　杨人子　隆金玲 陈秀丽　董　伟　张　海　邱　芳　熊文军 刘俊峰　毋媛媛　杜　睿	18

（续　表）

单　位	流动站名称	名　　单					人数
自动化学院	控制科学与工程	程尊水 张　雷 刘锁兰 程　勇 顾　洲 陈　瑞 卢剑权	张先飞 葛　愿 胡爱花 喻　洁 于化龙 卢阿丽	唐　磊 聂小兵 龚烨飞 魏海峰 阎　妍 陈文彦	胡家香 张化生 周兴才 吴　斌 贾红云 刘金良	钱承山 郭龙源 汪先兵 王燕清 曾维理 姚凤麒	31
计算机科学与工程学院	计算机科学与技术 软件工程	张国敏 骞　森 盖　杉 董永强	云　挺 刘　维 孙巧榆 汪　鹏	严　斌 刘　栋 高德民	王海艳 万洪林 吴　桦	李爱国 杨　鹏 李元金	17
物理系	物理学	章　文	黄自谦	李淑萍			3
生物科学与医学工程学院	生物医学工程	王　斌 武灵芝 胡华友 Muhammad Moaeen-ud-Din 王　炜 朱毅华 Muhammad Ali Abdullah Shah 王　薇 于静静 殷稼雯	陆剑波 徐　骏 何江虹 王莉娜 吕卓璇 陈陆馗 朱　杰 戴　俊	王　洁 顾耀东 蒋小华 叶明富 Asutosh Kumar Pandey 刘方舟 Rasheed Ahmad	黄志海 肖振龙 宋坤忠 张　驰 张海军 吴全玉 李盈淳	李秀伟 陈小祥 张怀红 曹　萌	36
材料科学与工程学院	化学化工学院 材料科学与工程	赵　晖 李士彬 王　永 徐国英 王先飞 曹彩红	刘洪娜 戴沈华 葛英飞 范星都 邱振均 刘广卿	王　学 宋　丹 杨晓慧 刘　昊 李　健	吴丽娜 张友法 穆　松 迟宏宵 李明华	陈晓璐 范　奇 张会岩 张培根 刘玉荣	27
人文学院	哲学	鲁从阳 韩军生	杨家友 阳　芳	朱　钧 尚建飞	董　华 沈云都	陈东英 胡　娜	10
经济管理学院	管理科学与工程 应用经济学	蒋智凯 叶宝忠 许　军 沈向民 陈景岭	温　泉 杨爱军 肖　敏 罗　琰 虞青松	王茂祥 郑晓东 吕小俊 杨顺新	王　丽 杨　洋 孔凡柱 徐晓亮	潘　芳 公彦德 方　艳 高　岳	22
电气工程学院	电气工程	张　焱 何柏娜 杨　俊	熊杰锋 吕富勇 洪芦诚	戴　罡 谢天喜 李　泰	翟军勇 嵇建飞 王辰星	王正齐 周扬忠	14

(续 表)

单 位	流动站名称	名 单	人数
交通学院	交通运输工程	何志德 徐 冰 张家滨 陈鲤梁 李文广 宋 雷 罗 钦 李鹏飞 MOSTAFA KAMALI ARDAKANI 吕德峰 Habtamu Zelelew 胡 钢 余 波 张永明 刘敬辉 吕 佳 柏春广 郭亚中 荣学亮 王 静 代磊磊 李淑琴 张方伟 李 强 吕得保 唐 亮 张丰焰 魏 明 顾大松 王维锋 吉 锋	31
仪器与科学工程学院	仪器科学与技术	陈 胜 李晓东 丁 健 陈自新 朱 清 王 慧 李庆华 赵贤林 李佩娟 郑东亮 张 军 韩亚丽 严筱永 穆朝絮	14
艺术学院	艺术学理论	金宝敬 李昌浩 荆 琦 高 阳 范丽敏 张 勇 巩天峰 石 敏 范文南 司开国 李 丹 王 彬 杨祥民 陈宏明 孙堂港 王 东 张兴龙 陆兴忍 于师号 章旭清 陈元贵 朱 剑 龙迪勇 李雪艳 崔之进 谷 莉 梁晓萍 岳晓英 陈士部 徐赣丽 周 渝 刘永涛 王 倩 甘 锋 叶海涛 樊清熹 马文友 方 浩 李 仁 张 顺 于 亮 王忠林 许继峰 方 艳 张 莹 周 锦	46
公共卫生学院	公共卫生与预防医学	石若夫 卫 伟 高玉秋 李 华	4
医学院	临床医学	文 剑 刘 娟 卢绪章 王春玲 凌 云 张光玉 武建设 张海伟 武秋立 易宏伟 李懿萍 金 虹 卢 娜 芮云峰 王永禄 徐 民 梁高峰 何向锋 成于思 高 波 陈 聪 Ravichandran Senthilkumar 王晓艳 李 皓 张 媛 张立明	26
生命科学院	生物学	邓 燕 孙玲美 郭康平	3
合计			440

2013年博士后获中国博士后科学基金特别资助情况统计表

单 位	博士后姓名	资助金额(万元)
能源与环境学院	段伦博	15
能源与环境学院	刘 猛	15
能源与环境学院	邵应娟	15
信息科学与工程学院	史金辉	15
信息科学与工程学院	孙永志	15
电子科学与工程学院	李 驰	15
电子科学与工程学院	赵远锦	15
数学系	李铁香	15
数学系	闫 亮	15
生物科学与医学工程学院	胡华友	15
材料科学与工程学院	施锦杰	15
合计		165

2013年博士后获中国博士后科学基金资助情况统计表

单 位	博士后姓名	等级	资助金额(万元)
建筑学院	谭 瑛	一等	8
建筑学院	曾 伟	二等	5
机械工程学院	赵志国	二等	5
能源与环境学院	金 星	一等	8
信息科学与工程学院	万鸣华	一等	8
信息科学与工程学院	柴争义	二等	5
信息科学与工程学院	高 喜	二等	5
信息科学与工程学院	贾子彦	二等	5
信息科学与工程学院	卢桂馥	二等	5
信息科学与工程学院	赵 睿	二等	5
土木工程学院	张永兴	二等	5
电子科学与工程学院	吴 俊	一等	8
电子科学与工程学院	徐 申	一等	8

(续 表)

单 位	博士后姓名	等级	资助金额(万元)
计算机科学与工程学院	盖 杉	一等	8
电子科学与工程学院	成建兵	二等	5
电子科学与工程学院	狄云松	二等	5
数学系	董 伟	二等	5
数学系	邱 芳	二等	5
数学系	吴 霞	二等	5
数学系	吴云建	二等	5
数学系	熊文军	二等	5
自动化学院	于化龙	一等	8
自动化学院	曾维理	一等	8
自动化学院	周兴才	一等	8
物理系	章 文	二等	5
生物科学与医学工程学院	Muhammad Ali Shah	二等	5
生物科学与医学工程学院	曹 萌	二等	5
生物科学与医学工程学院	陈陆馗	二等	5
生物科学与医学工程学院	顾耀东	二等	5
生物科学与医学工程学院	张怀红	二等	5
材料科学与工程学院	宋 丹	二等	5
经济管理学院	唐 亮	一等	8
经济管理学院	肖 敏	一等	8
经济管理学院	徐晓亮	一等	8
经济管理学院	杨爱军	一等	8
经济管理学院	方 艳	二等	5
经济管理学院	公彦德	二等	5
经济管理学院	罗 琰	二等	5
经济管理学院	潘 芳	二等	5
电气工程学院	杨 俊	一等	8
电气工程学院	洪芦诚	二等	5
电气工程学院	喻 洁	二等	5
电气工程学院	周扬忠	二等	5
交通学院	刘宏月	一等	8

(续 表)

单　位	博士后姓名	等级	资助金额(万元)
交通学院	魏　明	一等	8
交通学院	李　强	二等	5
交通学院	李淑琴	二等	5
仪器科学与工程学院	郑东亮	二等	5
艺术学院	甘　锋	一等	8
艺术学院	龙迪勇	一等	8
艺术学院	王　倩	一等	8
艺术学院	李　丹	二等	5
艺术学院	李雪艳	二等	5
艺术学院	陆兴忍	二等	5
艺术学院	叶海涛	二等	5
艺术学院	章旭清	二等	5
医学院	何向锋	一等	8
医学院	高　波	二等	5
医学院	易宏伟	二等	5
合计	—	—	355

2013年博士后获江苏省博士后科研资助计划资助情况统计表

单　位	博士后姓名	等级	资助金额(万元)
建筑学院	赵　兵	A	7
建筑学院	李　哲	B	3.5
机械工程学院	方叶祥	B	5
机械工程学院	赵志国	C	1
能源与环境学院	丁洁莲	B	4
信息科学与工程学院	曹开田	B	5
信息科学与工程学院	程加力	B	3
信息科学与工程学院	何世文	B	3
信息科学与工程学院	李　君	B	3
信息科学与工程学院	万鸣华	C	1
土木工程学院	顾卫卫	A	6

（续　表）

单　位	博士后姓名	等　级	资助金额（万元）
土木工程学院	余　洋	B	4
土木工程学院	张永兴	B	4
土木工程学院	缪蜀江	C	1.5
土木工程学院	吴伟巍	C	1.5
电子科学与工程学院	李智洋	A	6
电子科学与工程学院	狄云松	B	5
电子科学与工程学院	蔡铜祥	B	3
电子科学与工程学院	徐　欧	B	3
电子科学与工程学院	易明芳	B	3
电子科学与工程学院	倪亚茹	C	1.5
电子科学与工程学院	吴　俊	C	1
电子科学与工程学院	吴　幸	C	1
数学系	熊文军	B	4
数学系	陈秀丽	C	2
数学系	邱　芳	C	2
自动化学院	顾　洲	A	6
自动化学院	陈　瑞	B	3
自动化学院	贾红云	B	3
自动化学院	阎　妍	C	2
计算机科学与工程学院	孙巧榆	C	2
材料科学与工程学院	张培根	A	6
材料科学与工程学院	范星都	B	3.5
材料科学与工程学院	王先飞	B	3.5
材料科学与工程学院	张会岩	C	1
经济管理学院	沈向民	C	2
经济管理学院	杨　洋	C	2
经济管理学院	方　艳	C	1
经济管理学院	唐　亮	C	1
电气工程学院	王辰星	A	7
电气工程学院	周扬忠	A	6
电气工程学院	李　泰	B	5

(续表)

单 位	博士后姓名	等 级	资助金额(万元)
电气工程学院	杨 俊	B	5
电气工程学院	王正齐	B	4
化学化工学院	刘玉荣	C	1.5
交通学院	张方伟	A	6
交通学院	刘宏月	B	4
交通学院	吕得保	C	2
仪器科学与工程学院	张 军	B	3
仪器科学与工程学院	郑东亮	C	1
艺术学院	马文友	B	3
艺术学院	于 亮	B	3
艺术学院	陈士部	C	2
艺术学院	王 倩	C	2
艺术学院	崔之进	C	1
艺术学院	甘 锋	C	1
艺术学院	叶海涛	C	1
艺术学院	岳晓英	C	1
医学院	王永禄	A	6
医学院	徐 民	B	4
医学院	张立明	B	3
医学院	邓 燕	C	1
医学院	高 波	C	1
医学院	何向锋	C	1
合计	—	—	194.5

2013年调入引进人员名单

建筑学院：	闵鹤群
机械工程学院：	王荣蓉　张永康
能源与环境学院：	邵应娟　刘　猛
信息科学与工程学院：	汤文轩　夏亦犁　王俊波　杨　艳　张　川
土木工程学院：	徐　照　邓温妮
电子科学与工程学院：	Arokia Nathan　谢　骁　李　驰
数学系：	温广辉　王海兵
计算机科学与工程学院：	刘肖凡　吴巍炜　郝勇生
物理系：	侯吉旋
生物科学与医学工程学院：	陈　强　韩晓峰　吴富根　卢晓林　刘　宏
材料科学与工程学院：	张　耀　施锦杰
人文学院：	王富宜　王　珂　乔玉钰　尹　洁　姜　余
马克思主义学院：	周晓露
经济管理学院：	高彦彦　华　生　薛巍立　顾　欣　赵　驰
外国语学院：	刘　艺
交通学院：	于　斌　李志辉
ITS：	陆　庆
医学院：	朱新建　赵　晟　姚红红　沈艳飞　巢　杰　严春光
生命科学研究院：	陆　巍　魏　薇　柴人杰
附属中大医院：	尹　宁　谢春明　陈立娟　朱伟东
城市工程科学技术研究院：	张　建
校长办公室：	林萍华
保卫处：	钱　舵
军事理论教研室：	杨　新

2013年毕业生进校名单

建筑学院：	蒋　楠　徐　宁　魏志勇
能源与环境学院：	张程宾　侯德彬　梁　霄　于志强　党　建　吴　亮
土木工程学院：	贺志启　孙泽阳
电子科学与工程学院：	刘　星　王立峰　张若虎　徐淑宏
自动化学院：	仰燕兰
计算机科学与工程学院：	吴文甲　刘志昊
生物科学与医学工程学院：	朱　存　杨　煜　张学义
经济管理学院：	孙胜楠　吴　熙　李　周

化学化工学院：　　　　　　高李璟
法学院：　　　　　　　　　熊樟林　杨　洁　徐　伟
生命科学研究院：　　　　　田　垚
中大医院：　　　　　　　　刘艾然　聂　芳　朱海东

2013年离校人员名单

胡向农	孙长初	蔡宏灵	张　蓉	潘钻峰	陈天圣	蔡　恒	王　滢	刘兆斌
陈　锋	张　慧	曹　萌	何　平	荆瑞巍	陈　墨	谢建明	左　惟	张　萍
陈　忠	程明震	王孔祥	李咏华	刘红亮				

2013年退休人员名单

门传红	周志梅	吴丹霞	程金祥	张玉宏	郑丽敏	于　晔	乔淑明	卢锦兰
陈　曦	姜　佐	吴　祥	滕玉明	蓝玉萍	刘文绮	谢延顺	张玉汉	毛惠良
史锦华	张洪奎	王旭安	忻　路	马　莉	杨建明	刘亚军	徐冬梅	石南宁
陆闽宁	杨亚平	赵长遂	安　宁	王伟成	李德慧	王　蓍	严建南	谢伟江
方庆红	杨开龙	陈庆余	邵景城	张庆燕	吴亚平	周　聪	孙　锐	王桂贞
邓　跃	王顺仙	王恒玲	王世和	薛国亚	江孝感	李　亮	伍贻胜	达庆利
李鲁妮	杨明华	郁欣初	向　阳	吴明晖	胡建兰	朱道友	张　鳃	洪有洲
李秀华	程明山	姜宁光	崔长征	余嘉龙	肖国元	周静波	雷　虹	葛凤琴
刘佩兰	吴宝龙	付晓勤	颜仙领	贾翠萍	张安宁	冯清源	关桂林	李孟欣
刘建华	张大寨	杨嘉荣	杨之刚	李长玲	田慧洛	崔雪燕	徐跃英	张学芳
傅经章	倪卫泽	都　韵	储启民	项　琴	蔡玉梅	洪松根	魏宁生	周　钰
宋益群	杨天义	李长宁	曹春和	刘爱平	马红霞	杜春芳	王　勤	杨文琴
潘梅村	赵　霁	杨树林	厉　凌	冯崇毅	王振梅	陆苏萍		

2013年死亡人员名单

石祖贻	黄翠英	符文深	陈怀仁	戴经明	陈盛美	徐　蘅	刘振林	刘厚明
曾淑慎	翁善云	吕立义	朱家宝	程文瀛	苏学铭	林安汉	何德坪	陈慰增
张　哲	黄依孝	尹廷海	刘斌成	韦　方	陈士敏	邓南阳	魏国民	莫克铭
李承忠	张永廉	马振铎	陈元海	王修录	华秉铨	谢娜玲	洪　流	倪吟芳
朱鹏飞	陈德美	陈湘才	王德品	贾　炜	徐月琴	顾乃群	缪　迁	林培思
张宝柱	张继勋	夏琼琳	张爱光	吴正康	杨丽娟	王宴清	陆晓初	吕春暖
屠谷瑞	李思本	郑达龙	孟宪章	李先庆	陆　怡	韩桂华	董宏起	陈景秋
俞家圣	陈文良	罗撷芳	诸关炯	胡小毛	林希茂	李宝云	王炳成	徐志瑞
陈寿礼	韩开春	康廷春	张　克					

（人事处　汤咏梅）

学 生 工 作

综 述

2013年,党委学工部、学生处进一步探索新时期学生思想政治教育及管理工作的新思路、新方法,在招生、就业、学生教育管理及辅导员队伍建设工作中创新工作理念,改进工作方式,取得了满意的成效,切实做到了服务学生成长成才、服务学校改革发展,为构建和谐校园、创建国际知名高水平研究型大学作出了应有的贡献。

一、学生思想政治教育与队伍建设工作

(一) 学生思想政治教育

加强学生党建工作,与组织部一起做好学生党员及党支部书记的培训工作;组织师生认真学习贯彻"十八大"、两会及习近平总书记五四重要讲话的精神;邀请江苏省委党校彭玉安教授和刘力永副教授为师生解读"中国梦"的深刻内涵;举办"我的梦·东大梦·中国梦"主题征文演讲活动;学工部主办、化学化工学院承办了"反对奢侈浪费、争做节粮先锋"系列活动,在全校范围内开展"光盘"行动。2013年,生物科学与医学工程学院研究生丁彦获得江苏省大学生年度人物提名奖。

(二) 学生日常思想动态调研

通过座谈会及BBS、人人网等网络平台做好学生开学季、考试季、毕业季等特殊时段的思想动态调研,全面了解学生对两会召开、习近平总书记出访他国、李克强总理记者见面会、十八届三中全会等国内外大事的看法。

(三)辅导员队伍建设

1. 加强制度建设。本年度学工部对辅导员选聘、培训、考核、表彰以及院系学生工作考核的相关条例进行了补充和修订。

2. 通过社会公开招聘共选拔4名专职辅导员、5名流动助教转以在职方式攻读硕士学位辅导员,以及20名流动助教。

3. 建设院系—学校—省—国家多层次辅导员培训体系,全面提升我校辅导员队伍水平。组织全体学生线156名老师参加由国家教育行政学院组织的"普通高等学校辅导员专题远程培训"的学习。选派9名辅导员参加江苏省教育厅举办的辅导员能力提升专题培训班,选派11名辅导员参加由教育部组织开展的高校辅导员骨干培训班,选派1名老师参加海外学习交流。

4. 以活动为载体,提升我校辅导员职业化、专业化队伍建设。

(1) 4—5月举办第三届东南大学辅导员职业技能竞赛。9—10月举办"东南大学第三届辅导员博客大赛",评选出校优秀博文8篇,优秀博客3个,并推选5篇博文和1个博客参加教育部举办的全国辅导员博客大赛。

(2) 2—3月举办"2013辅导员工作案例征集"活动并编辑成册。9—10月举办"2013年东南大学辅导员工作精品项目评选"活动,评选出精品项目9项。其中,交通学院罗磊的《JOIN艺术团》和物理系潘勇涛的《物理系大学生自强联盟》两个项目被推选代表我校参加教育部思政司举办的全国"高校辅导员工作精品项目"评比活动。

(3) 教育部于2013年5月正式颁布了《高校辅导员誓词》,以此为契机,党委学工部举办了"你的青春我作伴——2011级流动助教欢送会暨辅导员宣誓仪式"。

(4) 4月,完成学生线奖教金评比,20位辅导员获得荣誉;11—12月,开展"2013东南大学优秀辅导员评选活动"。

5. 按照辅导员工作考核新方法,牵头做好辅导员年度考核工作,建立以工作实绩为主要内容、学生满意度为主要指标、科学性和可操作性较强的考核体系。将考核结果与绩效发放、评奖评优及校外培训资格相结合,对考核在前15%的辅导员进行表彰和宣传。

(四)学生思想政治教育系列职称评定、课题申报等

2013年共晋升助教16人,讲师2人,副教授1人,教授1人。2013年江苏省辅导员专项课题成功申报5项。另有两位老师获得高校教师资格证书。

(五)思想政治理论课程及兼职教师队伍建设

完成《思想道德修养与法律基础》《形势与政策》和《就业导论》新任教师的选拔、培训。按学校教学基本规范进一步完善集体备课制度和集体学习研讨制度。

(六)各项工作成果结果一览

1. 辅导员职业技能竞赛

一等奖:罗澍(计算机科学与工程学院、软件学院)

二等奖:徐志芳(机械工程学院)、李花(艺术学院)
三等奖:朱磊(物理系)、史红叶(仪器科学与工程学院)、纪静(吴健雄学院)
2."我的梦•东大梦•中国梦"主题征文演讲活动
优秀组织奖:经济管理学院、化学化工学院、医学院。

征文活动获奖名单:

奖项	院系	作者姓名
特等奖	人文学院	汪楚红
一等奖	土木工程学院	吴中楚
	化学化工学院	解歆宇
二等奖	人文学院	姜宁
	能源与环境学院	张宏升、杨嫒茹
	艺术学院	方跃武
	自动化学院	郝頔
三等奖	医学院	常立功
	吴健雄学院	沈治恒
	计算机科学与工程学院、软件学院	周晓
	经济管理学院	叶叶
	经济管理学院	宗承渊
	电子科学与工程学院	朱麒文
	生物科学与医学工程学院	田嫒
	外国语学院	王晓丽
	马克思主义学院	吴如彬
	医学院	热孜完古力•阿木提

演讲比赛获奖名单:

奖项	院系	演讲者姓名
一等奖	能源与环境学院	季莹鑫
二等奖	经济管理学院	王一云、卢思奇
	自动化学院	王夕冉、张鹏、华璧辰
	人文学院	汪楚红、武运帅、何念珂

(续表)

奖项	院系	演讲者姓名
三等奖	土木工程学院	吴中楚、院 伟、唐 诗
	艺术学院	方跃武
	电子科学与工程学院	朱麒文、王俊轶
	计算机科学与工程学院、软件学院	李君瑶、刘少博、崔致翰、刘金晶
	化学化工学院	薄雅楠、李 贺、王荣贵
	人文学院	姜 宁、汪 鹏、王紫岳

3. 辅导员工作精品项目评选

校精品项目9项,具体名单如下:

院系/部门	申报人	项目名称
土木工程学院	张 华	"三化一体"式班会制度建设
电子科学与工程学院	邱 峰	梦想起航 青春绽放——记《我的青春故事报告会》实践育人活动
自动化学院	许倩茹	如何有效引导90后大学生开展爱国主题教育活动——以东南大学自动化学院"重温十八大,追寻中国梦"活动为例
物理系	潘勇涛	物理系大学生自强联盟
人文学院	彭 丽	校园文化建设项目——"弘扬民族文化 感受母语魅力"
交通学院	罗 磊	JOIN艺术团
医学院	吴志龙	朋辈教育在少数民族学生教育管理中的运用
吴健雄学院	纪 静	对于《思想道德修养与法律基础》启发式教学的思考
党委研工部	奚社新	创新研究生党支部建设,积极践行党的群众路线

其中,交通学院罗磊的《JOIN艺术团》和物理系潘勇涛的《物理系大学生自强联盟》两个项目被推选代表我校参加教育部思政司举办的全国"高校辅导员工作精品项目"评比活动。

4. 2013东南大学优秀辅导员评选

优秀辅导员:钱怡君(能源与环境学院)、邱峰(电子科学与工程学院)、周文娜(交通学院)。

优秀辅导员提名:袁煜昶(数学系)、张文青(计算机科学与工程学院、软件学院)、曹奕(电气工程学院)、李花(艺术学院)。

5. 队伍建设

(1) 选拔

专职辅导员:王一卉、李奚溪、李 波、邹 琳

流动助教转在职方式攻读硕士学位辅导员：吴兆青、李朝静、罗　澍、徐雪宁、何　晶

流动助教：

序　号	姓　名	院　系	序　号	姓　名	院　系
1	刘宗涛	机械工程学院	11	宋　阳	电气工程学院
2	魏　睿	信息科学与工程学院	12	殷天然	电气工程学院
3	王嘉频	信息科学与工程学院	13	张剑楠	电气工程学院
4	舒诚忆	土木工程学院	14	周佺桢	电气工程学院
5	丁　菡	土木工程学院	15	朱宇昊	交通学院
6	席维唯	电子科学与工程学院	16	孙丹阳	交通学院
7	徐寒冰	计算机、软件学院	17	张馨岚	交通学院
8	党一菲	计算机、软件学院	18	窦一豪	法学院
9	陆珈怡	人文学院	19	赵　华	法学院
10	张丹丹	人文学院	20	吴菲菲	医学院

（2）培训

江苏省教育厅举办的辅导员能力提升专题培训班：

大学生心理危机干预专题研修：张华、顾青瑶（南京师范大学）

突发事件应急：江雪华（苏州大学）

大学生创业教育指导：林琼（江苏大学）、邱峰（南京工业大学）

大学生心理健康普测应用及心理健康老师能力发展专题研修班：栗建民（苏州大学）

高校辅导员职业规划指导能力提升专题培训班：王荣（扬州大学）

高校院系党委（总支）副书记学生事务管理能力提升专题研修班：徐进（江苏大学）

大学生创新创业教育理论与实务：潘勇涛（中国矿业大学）

教育部高校辅导员骨干培训班：

第58期：单　良（江西师范大学）井冈山精神与大学生思想政治教育

第59期：刘　鹃（南京师范大学）大学生心理危机干预

第60期：丁小丽（广西百色）革命传统教育

第61期：陈　韵（广西师范大学）辅导员科研能力提升

第62期：孟　杰（复旦大学）加强高校学生思想政治教育工作队伍培养培训

第63期：丛　宾（华东政法大学）高校学生教育管理法治化

第65期：张俊琴（西南大学）大学生民族、宗教教育与危机应对

第66期：汪新雨（浙江大学）大学生创新创业中的思想政治教育

第67期：彭　丽（福建师范大学）高校辅导员职业能力提升

第68期：韩　瑜（中南大学）全国高校大学生心理健康教育

第71期：周　宇（西南交通大学）大学生党建工作

海外学习交流:张晓坚(美国加州大学圣地亚哥分校)

(3) 考核优秀人员:

序号	单位	姓名	序号	单位	姓名
1	能源与环境学院	陆剑敏	9	经济管理学院	周宇
2	信息科学与工程学院	王婧菲	10	电气工程学院	曹奕
3	土木工程学院	张华	11	电气工程学院	付小鸥
4	电子科学与工程学院	邱峰	12	交通学院	周文娜
5	自动化学院	许倩茹	13	交通学院	张航
6	计算机科学与工程学院、软件学院	张文青	14	艺术学院	李花
7	经济管理学院	林琼	15	吴健雄学院	纪静
8	经济管理学院	王逢凤			

(4) 思想政治教育系列职称评定

教授:陆　华

副教授:宋晓燕

讲师:付小鸥、张　璐

助教:张　琰、吕明扬、祁　磊、吴兆青、王　浩、马艳峰、罗　澍、何　雯、何　菲、蔡钰萍、何天宇、林　琼、王逢凤、尉思懿、王　琳、何　晶

(5) 科研及其他

高校教师资格证书获得:许倩茹、马　慧

江苏省辅导员专项课题：

序号	课题名称	申请人
1	产学研背景下的研究生事务管理工作探析	刘鹃
2	研究型大学创新人才培养探索与实践——基于学生工作的视角	丁小丽
3	基于多元智能理论的大学生综合素质评价体系构建	江莉莉
4	新媒体环境下江苏高校思想政治教育创新探究	宋美娜
5	当代大学生学习心理障碍现状调查与对策分析	袁煜昶

二、本科生招生工作

(一) 2013年东南大学本科生招生情况

1. 录取整体情况

全国范围内共录取4 218人。男生2 564人(60.80%),女生1 654人(39.20%);文科430人(10.20%),理科3714人(88.05%),艺术类74人(1.75%)。

港澳台55人(其中,联招43人,澳门保送生5人,台湾保送生7人),语言类保送生26人,少年生7人,高水平运动员26人,体育特长生2人,自主选拔230人,艺术特长38人,预科入学学生63名,内地新疆、西藏班学生60名。

江苏省内共录取1 196人。男生638人(53.34%),女生558人(46.66%);文科132人(11.03%),理科1 029人(86.04%),艺术类35人(2.93%)。

2013年我校在全国各省、自治区、直辖市中录取分数线高出当地重本线60分以上的省、自治区、直辖市25个;录取平均分高出当地重本线80分以上的省、自治区、直辖市17个;录取平均分高出当地重本线100分以上的省、自治区、直辖市8个。其中海南、福建、黑龙江等省分数大幅上升,河北、安徽、江西、河南、湖北、广东、陕西、宁夏等省、自治区也有明显提升。

东南大学2013年在江苏省内招生成果喜人,其中,理科投档分380分,列全国各高校第9名,考生成绩全省排名2100余名,较去年上升了600余名;医学投档分362分,省排名9000余名,较去年18000余名提高了一倍;文科366分,省排名700余名。

2. 特殊类型选拔情况

2013年,共有424名考生取得我校自主选拔录取资格;31人符合少年生报名条件;27人取得保送生资格;39人获得高水平运动员及体育特长生资格;78人获得艺术特长生合格证书;211人取得艺术类专业单独考试合格资格。

(二) 招生宣传情况

以招生宣传组为先锋,以"感知东南"主题系列活动为品牌,以招办网站、招生微博、招生宣传材料为载体,建立了以学生处统筹、各招生宣传组策划实施的长效招生宣传机制,有序开展招生宣传工作、高考志愿填报咨询工作。

2013年,在校生500余人参加了"感恩母校"社会实践活动,回访了超过300所中学;参与了近20所中学校庆;省内新增"优秀生源基地"28所中学,省外新增山东、陕西、辽宁、湖南、湖北、贵州、广西、浙江等地的31所中学;全年接待了全国各地近1 000名中学生及中学教师来访;参加22个省(市)招生咨询会,高校中学校园开放日百余场;参加新浪教育高考频道、《现代快报》、《扬子晚报》、龙虎网、南报网、人民网、江苏省教育电视台等多个网络、报纸、电视的宣传及咨询访谈;参加阳光高考平台网上咨询周、江苏省普通高校网上咨询活动等网上咨询会,回复我校本科招生网自设留言板上的问题,通过招生官方微博互动,全年共发放招生简章万余本,学校介绍单页、各类宣传材料60 000余册,各类中学喜报2 000余份,为考生提供更多渠道了解我校相关信息。

"感知东南"主题系列活动开展以来,始终坚持与中学保持长期密切的交流,包括"牵手中学"优秀生源基地挂牌活动、"走近中学"东大与中学联谊活动、"教授进中学"科普讲座活动、"走进东大"中学师生参访活动、"圆梦东南"招生咨询活动及"感恩母校"社会实践活动等。

三、学生日常管理工作

学生工作办公室、学生资助管理中心以生为本,努力创建学生事务一体化服务窗口,打造奖助贷勤补系统化学生资助服务平台。

2013年,学生工作办公室、学生资助管理中心荣获2012年度高校学生资助绩效评价考核优秀;选送的电子学院的瞿晓同学和医学院的次央同学入选江苏省资助育人典型;选送的3篇资助育人论文在江苏省资助育人研究论文评选中全部入选;选送的医学院的次央同学和生物科学与医学工程学院的丁彦同学参演江苏省教育厅和资助管理中心拍摄的《资助改变命运》微电影,并在第四届中国大学生电视节闭幕式资助微电影单元展映;荣获江苏省大学生资助成效微电影作品大赛二等奖。

(一) 以日常管理工作为抓手,推进管理工作科学化、规范化

建立值班和应急反应机制,推进学生管理周报制度,每周一院(系)将一周内学生突发状况和特殊状况上报学生工作办公室。2013年收到并反馈周报事件400余条,突发事件及时稳妥处置。全年共开除学籍2人次,记过39人次,严重警告1人次,警告2人次,期满解除留校察看1人次。

切实做好学生管理与服务工作,关注学生日常生活与学习。认真做好2013年寒假期间留校学生的管理工作,校领导及职能部门领导、教师代表与在校学生共同吃年夜饭,为每位同学发放压岁钱及春节慰问品;对毕业生进行文明离校教育,精心组织各校区三场毕业典礼;布置暑期留校学生的管理和教育工作,确保学生人身财产安全;认真做好本科生参加城镇居民基本医疗保险工作,对符合低保减免条件的及时进行减免;积极协调各院(系)、后勤管理处及后勤集团,认真做好部分院(系)学生宿舍搬迁工作;认真做好少数民族学生日常管理工作,在维、回、藏等民族节日之际,筹措资金支持他们举办丰富的庆祝活动;积极开展对外交流活动,认真做好留学生、出国交流学生等选拔工作;认真做好学费催缴工作,并为家庭经济困难学生办理学费缓交手续;密切关注BBS学工部学生处信箱,加强学生工作办公室网站管理工作,了解学生思想动态,并及时答疑解惑;做好寒暑假留校、返乡学生人数统计工作,同时配合后勤集团做好全校本科生的购买火车票工作。

(二) 以奖励表彰为平台,在学生中树立典范

2013年共评选校三好学生1 212名,校三好学生标兵33名(发放奖金金额4.95万元),校优秀学生干部127名(发放奖金金额12.7万元),校先进班集体28个(发放奖金金额2.8万元),校优秀毕业生171名。江苏省级三好学生21名,省级优秀学生干部17名,省先进班集体15个(发放奖金金额4.5万元)。获国家奖学金学生共有228名,获奖金额182.4万元。继续在全校范围内开展"最具影响力毕业生评选活动",最终评选出9名"东南大学2013年最具影响力毕业生",活动获得了众多媒体的关注,激励了学生积极向上,并取得良好的社会效应。

(三) 以家庭经济困难学生资助工作为重点,切实关注学生日常生活与学习

完成我校家庭经济困难学生认定工作,构建家庭经济困难生资助体系,特别是积极开展勤工助学工作。2013年我校本科生贫困生3 398人,其中特困生1 005人。为8 000余人次提供179万余元困难补助,其中含价值十万元的寒衣300件。提供588个勤工助学岗位,发放138万余元。共评定141项企业、校友奖助学金,发放金额536万余元。

(四)诚信、感恩、励志三环紧扣,彰显资助育人实效

指导以唐仲英德育奖学金、曾宪梓奖学金、雁行动大助学金获奖学生为主体的唐仲英爱心社、曾宪梓服务小组、雁行动大志愿者小组,深入涟水中学、清水亭小学开展"大手牵小手"系列志愿者活动,成功举办"爱满四季,感动如一——唐仲英爱心社五周年汇报晚会"。以"助学·筑梦·铸人"主题征文活动,展现新一代大学生的青春奋斗风采。开展以"他们——我身边的资助"为主题的微电影创作大赛活动,展示资助育人成果。开展"国家资助 助我飞翔"东南大学励志成长成才优秀学生典型宣传评选活动,进一步推进家庭经济困难学生的励志教育;承办中国梦、谁的青春不奋斗——2013 教育部"助学·筑梦·铸人"高校主题宣讲活动。

四、毕业生就业工作

2013 年,我校毕业生就业工作紧密围绕中共中央十八届三中全会《关于全面深化改革若干重大问题的决定》中对高校毕业生就业工作进行部署的五项任务,逐一落实各项工作。

(一)毕业生就业基本情况

我校 2013 届毕业生总数 8 742 人,其中研究生 4 824 人,本科毕业生 3 918 人。

自 2012 年 9 月至 2013 年 6 月,累计举办校级专场招聘会 635 场、用人单位组团招聘会 21 场(不包括院系举办的招聘会),组织学生参加各地区人才交流会 3 场,校级接待用人单位 1515 家,全年各类校园招聘活动累计提供岗位需求 3 万余个,岗位数与毕业生人数比例近 3.5:1。

截至 2013 年 8 月 31 日,我校 2013 届毕业生总体初次就业率为 94.34%,其中研究生初次就业率为 92.26%,本科毕业生初次就业率为 96.88%;截至 2013 年 12 月 31 日,我校 2013 届毕业生年终就业率为 98.32%,其中研究生年终就业率为 98.09%,本科毕业生年终就业率为 98.60%。

(二)毕业生就业去向统计

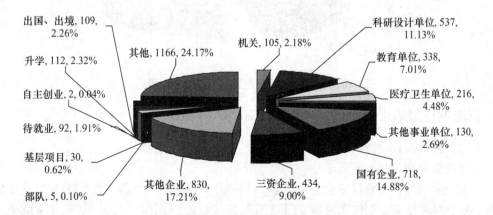

2013 届研究生就业单位性质统计图

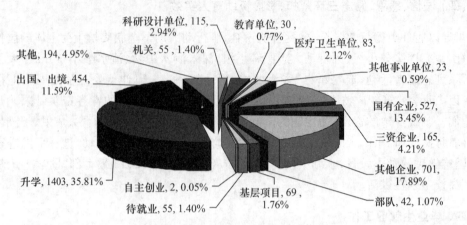

2013 届本科生就业单位性质统计图

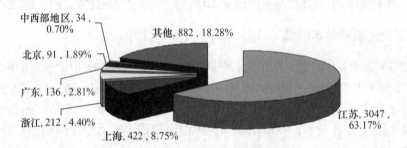

2013 届研究生毕业地区流向统计图

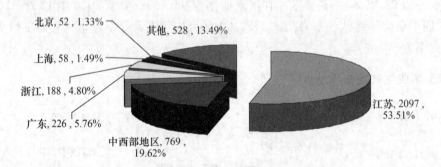

2013 届本科生毕业地区流向统计图

（三）2013 届毕业生就业工作主要做法及成效

1. 健全机制，优化服务水平

（1）高度重视，全员参与

学校党政领导高度重视毕业生就业工作，将其作为人才培养过程中的重要环节，从学校到院（系）将毕业生就业工作作为"一把手工程"，学校制定《东南大学 2013 届毕业生就业工作办法》(校通知〔2012〕123号)等数十项就业、创业规章制度,将各项就业工作落到实处。

(2) 定位市场,优质服务

学校保持和各领域用人单位的密切联系与合作,施行"请进来""走出去"并行的双向沟通机制,开发更多适合高校毕业生的就业岗位。针对用人单位,完善"用人单位网络自助模块",集成实现预约宣讲会场地、发布招聘信息、组织笔试面试等功能。

(3) 以人为本,全程渗透

以学生为本,在三校区实施就业工作一站式服务,坚持午休时间开放式办公,为学生提供便利高效服务;同时,充分发挥现代信息技术的优势,构建就业信息网、校园BBS、官方微博微信、手机短信平台、在线生涯教育与发展等全方位就业工作网络体系。

在人才培养过程中,强化大学生职业生涯发展教育,使其贯穿、渗透于整个在校学习期间。将就业指导、经济管理基础等2门必修课和26门就业创业类选修课纳入教学计划,构建科学合理的生涯教育课程体系,通过教学主渠道对学生进行系统的职业生涯发展教育。

按照就业困难生、女大学生、少数民族生及基层就业的学生等类别单独制定帮扶制度和措施;建立就业困难学生档案,发放求职补贴,由就业指导教师及专业教师一对一帮扶,推荐其就业。

2. 面向需求,提升就业工作实效

(1) 服务国家战略,引导毕业生志存高远

响应十八届三中全会"鼓励高校毕业生到基层工作"的号召,学校高度重视国家及地方基层项目的宣传与动员,鼓励和引导毕业生到城乡基层、中西部地区、艰苦边远地区和中小微企业就业。大学生村官项目83人,参加选调生项目26人,西部地区就业236人。

(2) 适应经济发展,构建创新、创业平台

学校不断深化人才培养的教育教学改革,以学生为本,以"学、思、知、行有机结合"为宗旨,以"创新驱动创业、创业支撑创新"为基本理念,建构以"基础理论活跃创新创业思维,专业知识拓展创新创业视野,实践训练强化创新创业技能,实景实战孵化创新创业成果"的创新创业教育体系,包括创新创业理论课程体系、研学体系、实践体系和网络体系。

(3) 面向社会需求,提升毕业生就业能力

为更好地实现高等教育与社会需求的无缝对接,学校高度重视和各级地方政府、企业联系,深化与各级政府及科技园、特色主导产业和战略新兴产业、大型骨干企业之间的合作,围绕培养卓越创新人才构建共同确定培养目标、共同制定培养方案、共同实施培养活动、共同建设培养基地、共同进行评价考核,已经初步构建了"卓越工程师"教育培养新体系,通过校地、校企合作保障就业质量。

校内各类就业、创业类学生社团,通过形式多样、内容丰富的活动,加强校园与社会的联系,提升学生就业、创业能力,营造校园良好就业、创业文化氛围。

3. 拓展阵地,实现就业信息共享

作为江苏就业区域联盟的牵头单位,我校于2013年12月牵头组建了南京江宁片毕业生就业工作区域联盟,制定联盟工作章程,建立联盟工作交流群。联盟于2013年组织了11场大型招聘会,联盟成员实现招聘信息共享。

另外,作为"卓越联盟"就业工作组和华东地区高校研究生就业工作协作组成员单位,

我校也同其他高校广泛开展合作交流,实现招聘信息共享,为用人单位、毕业生提供更好的服务。

五、学生心理健康教育工作

1. 日常门诊咨询。
2. 心灵之春:3·20 心理知识宣传周(3 月)。
3. 传递心能量:"5·25"心理健康教育活动月(4 月底至 5 月底)。
4. 新生心理关爱月:心理健康测试普查、访谈(9 月中旬至 10 月下旬)。
5. 感恩暖心季:感恩父母、关爱同学活动(11 月至 12 月)。
6. 专兼职教育网络队伍培养:心理委员的选拔和培训(10 月)。
7. 多主题心育系列:团体辅导、讲座、趣味心理沙龙(贯穿全年)。
8. 心理加油站:开展学习心理和宿舍心理辅导(6 月和 12 月)。
9. 危机干预:提供心理援助和支持(及时)。
10. 中心专兼职队伍培养:定期专业工作研讨活动(贯穿全年)。

(党委学工部　成　曦)

实验室建设与设备管理

综　　述

　　2013年,实验室与设备管理处按照学校的统一部署,积极参与到群众路线的学习中,把贯彻落实中央八项规定、教育部党组九项规定和学校九个方面的贯彻要求作为切入点,与学校"作风建设年"紧密结合,着力解决突出问题,着力形成长效机制。具体体现在2013年我们主要抓了下列工作。

一、实验室建设与管理工作

　　积极组织院系申报江苏省省级示范中心的工作,成功申报的"先进控制技术工程实践教育中心"和"测控技术与仪器实践教育中心"省级示范中心,并且评选成绩居全省之首。

　　按照教育部《关于开展国家级虚拟仿真实验教学中心建设工作的通知》教高司函〔2013〕94号文件要求,积极组织院系申报国家级虚拟仿真实验教学中心。协助院系老师撰写申报书和配合电教制作申报视频材料,参加建设中心网站。

　　组织召开了"2013—2017年教育部高等学校实验教学指导委员会"2013年工作会议。

　　积极组织2014年度中央级普通高校设备专项资金项目立项申报工作,物理实验中心、医学院生物安全实验室和学校动物中心项目被列入项目库。

　　组织院系实施2013年中央级普通高校改善基本办学条件项目,其中公共卫生学院项目预算243万元,电工电子中心项目预算157万元,该两项目预计年底前全部完成。

　　顺利完成2013年实验技术系列职称评审工作,分别有2人获得高级工程师和4人获得工程师职称。

　　顺利完成2012/2013年高校实验室信息统计数据上报工作(7个基表和1个综表),加强数据审核,确保了数据的准确性和完整性。

　　积极参加《2013年第十届南京国际教育装备暨科教技术展览会》,为提高实验技术人员的技术水平,了解仪器设备发展动态,组织了200余名实验室工作人员参加了该展览会,进一步提高我校实验室科学化、规范化管理水平。

二、化学危险品及实验室安全工作

特种设备管理:为进一步规范和加强我校特种设备安全管理工作,本年度进行了全校特种设备的清查和隐患整治工作,成立了《东南大学特种设备安全管理领导小组和工作小组》(校通知〔2013〕73号),明确了各使用单位特种设备安全分管领导,建立了包括电梯、压力容器、起重机械和场内专用机动车的台账,修订完善并发布了《东南大学特种设备安全管理暂行规定》(校通知〔2013〕97号)。邀请南京市锅炉压力容器检验监督研究院专家上门对全校压力容器使用单位进行了作业人员培训考核,全校共计48人参加培训考试并取得《特种设备作业人员证书》,逐步完成实验室起重机械和压力容器的检验工作。

辐射安全管理:向上级环保部门申请辐射安全许可证。将生物科学与医学工程学院、化工学院、材料科学与工程学院及物理系的8台教学科研用射线装置按规定办理相关环评手续后纳入许可证管理范围。委托南京市环境监测站对我校辐射工作场所(物理实验中心、丁家桥放射免疫实验中心、东南大学医院及材料科学与工程学院、化工学院、生物科学与医学工程学院)周围环境进行辐射监测,监测结果全部合格。辐射场所张贴电离标志、安全操作规程上墙,对使用放射性同位素和射线装置的工作人员,按规定进行上岗前培训,配备个人辐射剂量计,建立个人健康档案,安排年度健康体检。

危险化学品管理:进行全校危险化学品安全检查工作,明确了各使用单位危险化学品分管领导,掌握了我校易制毒、易制爆、剧毒等危险化学品的使用场所及品种分类;协助化学品管理办公室进行化学废弃物集中回收处理工作,本年度共集中处理4批化学品废弃物。

安全知识培训考核:在学生层面继续推行实验室安全准入制,要求新入校本科生参加实验室安全知识的在线学习考试。积极参加高等学校实验室研究会举办的《实验室安全管理高级研修班》,听取了高校实验室安全形势与政策、安全理论,以及包括化学、生物、辐射和个人防护技术等专题报告,学习兄弟高校先进管理经验,提高管理水平。

安全防护用品配备:为我校四牌楼校区、九龙湖校区、丁家桥校区的所有教学科研实验室投保了实验室公共场所责任险,凡教学科研活动发生意外事故,造成第三方人员(包括学生在内,教职工、实验室固定工作人员除外)人身伤亡或损失的,可按照保险合同约定进行理赔。辐射工作人员配备个人剂量报警仪、铅防护衣、铅防护手套和眼镜;全校各实验教学中心配备急救用药箱;会同保卫部门为实验室配备消防用灭火毯等。

军工质量体系管理:建立科研、生产设备台账及监视和测量设备台账,积极协调各部门、项目组及计量检测部门完成军工项目仪器设备的送检任务,监督项目组进行仪器设备日常维护保养工作,顺利通过本年度质量体系外审和装备承制资格审查工作。

三、设备管理工作

资产总值:截至2013年12月31日,我校设备类固定资产总值20.82亿元,118 104台(件),拥有10万元以上大型仪器设备2 558台(件),价值12.56亿元,40万元以上大型仪器设备 718 台件，价值 8.71 亿元。

新增资产：今年全校新增设备资产 2.10 亿元，完成设备固定资产建账 10 320 台（件），其中 10 万～40 万 153 台（件），合计 0.32 亿元；40 万元以上 84 台（件），合计 0.82 亿元。

资产处置：严格按照国家财政部、教育部及学校文件的规定，规范处置流程，多次组织召开校国有资产处置管理领导小组会议，完成固定资产处置销账处理 3 300 万元。

采购设备：全年采购任务，通过招标或议标采购 9 次，共计金额 336 万元；由设备科负责的零散采购审核 1 000 余个，合同金额 5 000 余万元。签订科教用品免税进口设备合同 330 余项，总价值 1 700 万美元。完成进口设备合同的审核、海关免税手续、到货验收以及账目管理等工作。

加强制度建设，发布了《东南大学固定资产处置管理暂行办法》（校通知〔2013〕3 号），修订了《东南大学仪器设备处置管理暂行办法》（校通知〔2013〕4 号）等校级公文。

四、大型装备平台建设与管理工作

制定并发布了《东南大学大型仪器设备管理流程及采购工作指南》，进一步规范了采购工作流程，加强了过程控制管理。

审核并签订了 10 万元以上各类设备购销合同 430 余份，合同金额合计近 7 500 万元，其中外贸进口合同约 287 个，合同金额近 7 600 万元；内贸合同 149 个，合同金额 4 400 余万元。

大型仪器设备购置计划论证目前已形成制度化，基本每个月组织一次大型仪器设备购置计划论证工作，今年共组织了单价超过 40 万元的大型仪器设备购置计划论证 7 次，论证拟购置大型仪器设备 70 台套，预算经费合计 9 100 余万元。进一步加强了 10 万元以上设备公开招标力度，大幅度减少了单一来源、议标方式采购设备的比重，截至目前，今年共编写并提交了各类设备公开招标文件 180 余份，全程参与了招投标相关工作，并组织了单一来源、议标谈判 52 次，合同金额 1 600 余万元。

邀请校内外专家，会同财务处、丁家桥管委会、校团委及后勤集团对学校大礼堂、群贤堂、丁家桥科技会堂、九龙湖体育场等报告演出场所音响、灯光改造计划进行方案论证。大礼堂改造项目目前执行完毕并已通过验收；其他场所改造方案招投标工作已完成，正处于施工改造阶段，预计 12 月底全部执行结束。

组织专家对大型仪器设备的收费依据进行论证，规范了各类大型仪器设备学科组用户、校内用户相应的收费标准，经学校财务处、校财经领导小组批准后已正式实施。

2012—2013年实验室利用情况统计表

实验室名称	教师获奖与成果		学生获奖情况	论文和教材情况				科研及社会服务情况				毕业设计和论文人数			实验个数		开放实验			
				三大检索收录		核心刊物		科研项目数			教研项目数						实验人数		实验人时数	
	国家级	省部级	发明专利	教学	科研	教学	科研	实验教材	省部级以上	其他	社会服务项目数	省部级以上	校级	专科生人数	本科生人数	研究生人数	校内	校外	校内	校外	校内	校外
建筑物理实验室	0	0	4	0	5	0	10	1	5	0	10	2	0	0	10	12	10	4	400	100	8 000	1 000
建筑运算与应用实验室	0	0	0	0	3	0	5	2	3	0	5	0	0	0	20	10	5	0	300	0	30 000	0
CAAD国家专业实验室	0	0	0	0	0	0	6	3	2	0	2	0	0	0	5	5	10	5	300	0	50 000	0
城市与建筑遗产教育部重点实验室	0	0	10	0	16	1	20	0	8	0	10	0	0	0	10	5	20	0	100	150	10 000	5 000
机电基础实验分中心	0	1	0	8	0	1	10	0	2	6	1	1	4	0	6	32	0	4	0	200	0	5 000
机电综合实验分中心	1	2	2	43	28	6	60	0	52	22	2	2	6	0	199	161	42	0	9 800	0	21 000	0
工业发展与培训中心	0	0	0	18	0	0	0	1	0	0	0	0	0	0	2	3	43	30	51 855	900	128 420	45 000
能源与环境学院实验中心	1	0	61	0	143	0	25	0	27	57	25	0	0	0	205	50	83	0	232	0	42 000	0
洁净煤燃烧与发电技术教育部重点实验室	0	0	0	0	7	0	14	0	5	30	10	0	0	0	0	40	50	0	40	0	2 000	0

（续）

实验室名称	教师获奖与成果			学生获奖情况	论文和教材情况					科研及社会服务情况				毕业设计和论文人数			开放实验					
	国家级	省部级	发明专利		三大检索收录		核心刊物		实验教材	科研项目数		社会服务项目数	教研项目数 省部级以上	专科生人数	本科生人数	研究生人数	实验个数		实验人数		实验人时数	
					教学	科研	教学	科研		省部级以上	其他						校内	校外	校内	校外	校内	校外
火电机组振动国家工程研究中心	0	0	20	0	0	46	0	20	0	6	30	58	0	0	205	30	10	0	205	0	10 000	0
信息科学与工程学院实验中心	0	0	0	82	0	0	0	0	2	67	45	0	0	0	0	0	17	0	1 105	0	74 800	0
移动通信国家重点实验室	0	0	27	0	0	124	0	50	0	52	39	8	0	0	12	88	34	9	60	14	0	0
毫米波国家重点实验室	0	1	29	0	7	130	6	64	0	7	6	0	1	0	55	108	4	4	68	4	170	61
射频集成电路与系统教育部工程研究中心	2	2	2	0	0	62	0	170	0	22	19	0	2	0	39	42	22	8	1 609	0	0	
信息处理实验室	0	0	0	2	0	24	0	27	0	6	7	3	0	0	25	43	6	1	10	5	0	0
江苏省数码技术工程研究中心	0	0	10	6	0	33	0	7	1	6	6	0	2	0	8	18	4	0	30	5	2 400	1 500
信息安全研究中心实验室	0	0	0	0	0	39	0	16	0	2	0	5	1	0	25	98	2	0	500	0	3 000	200
力学实验中心	0	0	0	3	0	0	0	0	0	0	0	0	0	0	2	24	22	0	0	0	18 906	0
土木工程实验中心	1	0	10	40	0	28	4	30	0	20	26	28	5	0	22	58	60	6	980	80	17 852	320
混凝土及预应力混凝土结构教育部重点实验室	0	2	28	0	0	98	0	150	0	28	104	0	0	0	0	127	0	0	0	0	0	0

（续表）

实验室名称	教师获奖与成果			学生获奖情况	论文和教材情况					科研及社会服务情况					毕业设计和论文人数			开放实验					
	国家级	省部级	发明专利		三大检索收录		核心刊物		实验教材	科研项目数		社会服务项目数	教研项目数		专科生人数	本科生人数	研究生人数	实验个数		实验人数		实验人时数	
					教学	科研	教学	科研		省部级以上	其他		省部级以上	校级				校内	校外	校内	校外	校内	校外
电子科学与工程学院实验中心	0	0	0	0	0	0	0	0	0	2	5	0	0	2	0	15	9	16	0	140	10	3 500	0
先进光子学中心	0	0	2	0	0	31	1	2	0	6	3	1	0	0	0	17	26	264	0	35	0	56 250	0
江苏省信息显示工程技术研究中心	0	0	38	0	0	35	0	35	0	24	6	0	0	0	0	35	132	6	0	762	0	2 286	0
MEMS教育部重点实验室	0	1	22	0	0	108	0	8	0	21	6	0	0	0	0	26	31	6	0	71	0	560	0
国家专用集成电路系统工程技术研究中心	0	0	47	1	34	33	2	3	0	20	2	12	20	2	0	63	68	6	0	514	0	66	0
江苏省光传媒通信与网络技术工程研究中心	0	0	0	0	0	10	0	4	15	10	5	6	4	1	0	12	30	10	0	0	0	0	0
太赫兹科学研究所	0	0	0	0	0	2	0	0	0	1	3	0	2	3	0	1	7	21	0	8	0	16	0
数学实验室	0	0	0	32	0	0	0	0	0	0	0	0	0	0	0	0	0	31	0	3 100	0	54 000	0
自动化学院教学实验中心	0	0	0	0	0	0	0	0	0	0	0	0	0	0	0	30	0	55	0	800	0	24 000	0
计算机硬件应用实验中心	0	0	0	0	0	0	0	0	0	0	0	0	0	0	0	20	0	0	0	564	0	20 000	0
复杂工程系统测量与控制教育部重点实验室	0	2	16	0	0	95	0	61	0	0	0	0	0	0	0	0	0	0	0	0	0	0	0

（续 表）

实验室名称	教师获奖与成果		学生获奖情况	论文和教材情况					科研及社会服务情况				毕业设计和论文人数			开放实验					
	国家级	省部级	发明专利		三大检索收录		核心刊物		实验教材	科研项目数		社会服务项目数	教研项目数		专科生人数	本科生人数	研究生人数	实验个数		实验人数		实验人时数	
					教学	科研	教学	科研		省部级以上	其他		省部级以上	校级				校内	校外	校内	校外	校内	校外
计算中心	0	0	0	2	0	0	0	0	1	0	0	3	0	1	0	0	0	0	0	0	0	0	0
计算机科学与工程学院实验中心	0	0	0	6	0	5	8	19	0	2	4	2	0	2	0	43	23	54	8	15 260	800	146 000	6 400
计算机网络和信息集成教育部重点实验室	0	2	2	2	0	45	2	87	0	10	6	2	2	0	0	30	35	0	0	0	0	0	0
江苏省网络与信息安全高技术研究重点实验室	0	1	0	4	0	38	4	71	2	12	2	3	1	0	0	35	26	0	0	0	0	0	0
江苏省计算机网络技术重点实验室	0	1	3	6	0	53	5	72	1	18	4	2	1	0	0	30	16	0	0	0	0	0	0
江苏省软件质量研究所	0	1	0	3	0	43	2	61	0	11	2	1	0	0	0	20	10	0	0	0	0	0	0
影像技术实验室	0	2	0	5	0	41	2	40	0	9	1	2	2	0	0	20	10	0	0	0	0	0	0
计算机教学实验中心	0	2	0	6	0	0	8	19	0	5	8	0	0	0	6	0	0	135	0	12 000	0	1 200 000	0
物理实验中心	1	2	1	99	0	40	4	3	0	20	10	3	3	12	0	50	30	43	15	3 565	525	65 000	10 500
生物技术与材料实验中心	0	0	0	0	0	0	0	0	1	0	0	0	0	0	0	0	4	35	0	53	0	11 872	0

（续 表）

实验室名称	教师获奖与成果			学生获奖情况	论文和教材情况					科研及社会服务情况					毕业设计和论文人数			开放实验					
					三大检索收录		核心刊物		实验教材	科研项目数		社会服务项目数	教研项目数					实验个数		实验人数		实验人时数	
	国家级	省部级	发明专利		教学	科研	教学	科研		省部级以上	其他		省部级以上	校级	专科生人数	本科生人数	研究生人数	校内	校外	校内	校外	校内	校外
江苏省生物材料与器件重点实验室	0	0	6	0	0	15	0	0	0	0	0	0	0	0	0	21	13	0	0		0	0	0
医学电子学实验室	0	0	2	0	0	9	0	10	0	3	6	0	0	0	0	9	30	3	0	60	0	2 200	0
医用电子技术实验中心	0	0	0	0	0	0	0	0	0	0	0	0	0	0	0	1	0	35	0	35	0	10 920	0
生物电子学国家重点实验室	0	9	33	3	65	67	0	24	3	53	0	8	25	0	0	50	337	11	17	49	20	2 600	2 880
材料科学与工程学院实验中心	0	0	0	3	0	6	3	2	0	1	4	15	1	0	0	96	48	112	0	556	0	48 760	0
东南大学分析测试中心	0	0	0	0	0	8	1	2	0	1	2	68	0	1	0	72	28	46	0	335	0	10 280	0
江苏省土木工程材料重点实验室	1	2	22	0	0	45	2	58	0	13	22	12	0	0	0	72	28	4	0	167	0	7 450	0
江苏省先进金属材料重点实验室	1	2	26	0	0	46	1	86	0	16	24	18	0	0	0	24	20	2	0	156	0	6 470	0
人文学院实验中心	0	0	0	0	0	0	0	0	0	0	0	0	0	0	0	0	0	0	0	0	0	0	0
经济管理学院实验中心	0	0	0	0	0	0	0	0	0	0	0	0	0	0	0	72	8	67	0	306	0	2 884	0
电力工程实验中心	0	0	3	33	0	16	0	1	1	7	31	5	0	1	0	31	38	48	0	1 078	0	20 421	0

（续 表）

实验室名称	教师获奖与成果			学生获奖情况	论文和教材情况					科研及社会服务情况					毕业设计和论文人数			开放实验					
					三大检索收录		核心刊物		实验教材	科研项目数		社会服务项目数	教研项目数					实验个数		实验人数		实验人时数	
	国家级	省部级	发明专利		教学	科研	教学	科研		省部级以上	其他		省部级以上	校级	专科生人数	本科生人数	研究生人数	校内	校外	校内	校外	校内	校外
Rockwell自动化实验中心	0	2	21	0	0	33	0	0	0	25	11	2	0	0	0	26	22	8	0	194	0	2 049	0
外语学习中心	0	0	0	0	0	0	0	0	0	0	0	0	0	0	0	0	0	1	0	11 000	0	160 000	0
化学化工实验中心	0	1	10	20	3	8	2	16	6	3	13	8	4	10	0	320	300	146	20	320	520	24 000	3 000
交通学院实验中心	0	3	0	3	1	11	4	28	1	21	40	0	0	6	0	310	322	208	0	605	0	172 860	0
江苏省交通规划与管理重点实验室	0	1	9	2	0	58	2	84	0	23	26	0	1	5	0	97	210	10	2	97	6	5 468	48
测控技术与仪器实验室	0	1	0	6	0	2	1	5	0	2	2	0	0	1	0	6	5	200	0	950	0	77 181	0
远程测控技术实验室	0	2	12	9	0	26	2	83	3	23	8	0	1	3	0	26	36	3	0	30	0	90	0
艺术学院实验中心	0	0	0	0	0	0	0	0	0	0	0	0	0	0	0	60	30	8	0	350	0	4 200	0
模拟法庭	0	0	0	0	0	0	0	0	0	0	0	0	0	0	0	0	0	0	0	0	0	0	0
儿童发展与学习科学教育部重点实验室	0	0	3	0	0	12	1	8	3	30	3	4	0	3	0	18	20	73	3	47	3	10 992	30
基础医学实验教学中心	0	0	0	0	0	3	0	5	1	3	1	1	3	1	0	37	0	24	0	1 438	0	45 161	0
感染与免疫实验室	0	0	0	0	0	10	1	4	0	10	8	0	0	1	0	2	9	0	0	0	0	0	0
分子病理实验室	0	0	0	0	0	8	0	45	0	16	0	0	0	0	0	0	0	1	0	36	0	288	0
神经生物学实验室	0	0	0	0	0	0	0	0	0	0	0	0	0	0	0	0	0	0	0	0	0	0	0

（续 表）

实验室名称	教师获奖与成果			学生获奖情况	论文和教材情况					科研及社会服务情况				毕业设计和论文人数			开放实验					
					三大检索收录		核心刊物		实验教材	科研项目数		社会服务项目数	教研项目数校级				实验个数		实验人数		实验人时数	
	国家级	省部级	发明专利		教学	科研	教学	科研		省部级以上	其他			专科生人数	本科生人数	研究生人数	校内	校外	校内	校外	校内	校外
心脑血管疾病行为与功能实验室	0	0	0	0	0	0	1	0	0	2	0	0	0	0	0	2	5	0	10	0	300	0
临床技能训练中心	1	0	0	0	0	0	0	0	0	0	0	0	0	0	0	0	15	10	56	40	840	400
临床医学实验中心	1	4	1	21	0	8	1	10	5	4	0	2	1	0	0	0	57	10	1 151	40	19 576	400
临床科学研究中心	0	7	0	0	0	47	0	63	0	14	0	30	0	0	27	81	678	106	195	32	17 631	4 720
江苏省分子影像与功能影像重点实验室	0	3	0	0	0	25	0	8	0	4	0	0	0	0	0	8	50	20	120	50	4 000	2 000
公共卫生学院实验中心	0	0	0	0	0	0	0	0	0	0	0	0	0	0	0	0	9	0	75	0	4 455	0
环境医学工程教育部重点实验室	0	0	3	0	0	17	0	34	0	10	0	0	2	0	27	32	32	0	110	0	1 035	0
发育与疾病相关基因教育部重点实验室	0	0	1	0	0	37	0	2	0	28	1	0	2	0	8	18	0	5	0	13	0	428
软件学院实验中心	0	0	0	0	0	0	0	0	0	0	1	0	0	0	140	40	16	0	180	0	3 600	0
电工电子实验中心	3	2	0	50	0	0	6	13	0	0	0	0	2	0	0	5	88	65	2 500	300	432 500	13 500
实验动物中心	0	0	0	0	0	0	0	1	2	7	1	0	0	0	0	0	213	17	996	60	36 500	560

2012—2013年度教学科研仪器设备分布情况统计

单位名称	合件数	金额（万元）	单价10万元以下		单价10万~40万元		单价40万元以上	
			合件数	金额（万元）	合件数	金额（万元）	合件数	金额（万元）
总　　计	82 630	175 723.04	8 0427	63 985.55	1 575	32 826.85	628	78 910.64
建筑学院	1 622	3 562.26	1 565	1 578.93	48	1 154.87	9	828.46
机械工程学院	3 144	6 963.29	3 054	2 995.63	70	1 485.98	20	2 481.68
能源与环境学院	5 211	10 417.68	5 056	4 718.80	115	2 277.84	40	3 421.04
信息科学与工程学院	6 931	26 081.86	6 511	6 758.27	276	5 954.67	144	13 368.92
土木工程学院	3 706	7 202.89	3 631	2 847.69	57	1 198.25	18	3 156.95
电子科学与工程学院	3 142	23 830.05	2 928	3 176.59	138	2 939.00	76	17 714.46
数学系	885	487.87	884	463.67	1	24.20	0	0
自动化学院	2 244	2 967.13	2 200	1 698.94	35	684.67	9	583.52
计算机科学与工程学院	6 032	8 583.26	5 938	4 291.75	74	1 534.52	20	2 756.99
物理系	3 082	3 777.81	3 056	1 849.72	15	315.39	11	1 612.70
生物科学与医学工程学院	3 415	11 326.39	3 244	3 149.47	119	2 699.51	52	5 477.41
材料科学与工程学院	2 200	5 773.18	2 121	1 678.76	57	1 109.16	22	2 985.26
电工电子实验中心	3 488	1 313.45	3 486	1 284.76	2	28.69	0	0
经济管理学院	1 068	880.40	1 061	767.08	7	113.32	0	0
电气工程学院	2 096	3 983.67	2 041	1 873.11	41	760.67	14	1 349.89
外国语学院	2 243	1 129.25	2 234	938.58	8	148.19	1	42.48
体育系	596	319.93	596	319.93	0	0	0	0
化学化工学院	2 496	4 681.97	2 430	1 782.80	45	864.94	21	2 034.23

(续 表)

单位名称	合件数	金额(万元)	单价 10 万元以下		单价 10 万~40 万元		单价 40 万元以上	
			合件数	金额(万元)	合件数	金额(万元)	合件数	金额(万元)
交通学院	5 183	8 505.79	5 068	4 227.75	88	1 819.66	27	2 458.38
仪器科学与工程学院	2 316	4 101.23	2 251	2 135.32	57	1 115.32	8	850.59
人文学院	558	426.44	554	327.55	4	98.89	0	0
继续教育学院	445	463.10	439	321.43	5	81.74	1	59.93
教育技术中心(电教)	2 881	2 881.11	2 849	1 893.20	25	478.68	7	509.23
网络与信息中心	2 498	6 022.91	2 420	1 705.08	47	960.45	31	3 357.38
建筑研究所	201	185.61	201	185.61	0	0	0	0
无锡分校	1 494	1 823.41	1 468	835.12	19	443.93	7	544.36
南京通信技术研究院	101	625.85	87	128.50	8	109.01	6	388.34
城市工程科学技术研究院	214	599.36	204	209.87	5	117.73	5	271.76
图书馆	1 679	2 379.81	1 648	1 068.13	22	419.39	9	892.29
工业培训中心	1 137	1 864.79	1 108	1 156.21	27	607.90	2	100.68
软件学院	1 008	617.05	1 007	605.81	1	11.24	0	0
AMS 实验室	268	316.42	266	274.50	2	41.92	0	0
吴健雄学院	125	61.86	125	61.86	0	0	0	0
集成电路学院	388	240.20	387	207.41	1	32.79	0	0
学习科学研究中心	901	1 607.06	882	740.77	12	244.75	7	621.54
生命科学研究院	1 259	3 433.35	1 205	1 219.03	46	974.56	8	1 239.76
医学院	5 212	14 075.76	5 098	3 664.05	70	1 412.14	44	8 999.57
公共卫生学院	957	2 012.32	923	755.90	26	541.08	8	715.34
其他教学部门	204	197.27	201	87.97	2	21.80	1	87.50

(实验室与设备管理处 徐继红)

财务审计工作

财 务 工 作

一、财务收支情况及分析

(一) 财务收支总况

2013年我校总收入300 670.89万元,比2012年增加8 045.89万元,增长率2.75%;支出253 499.64万元,比2012年增加5 562.43万元,增加2.24%。2013年的总体收支水平与上年大体持平。

(二) 收入情况及分析

东南大学2012年—2013年收入构成情况分析表　　　　(单位:万元)

项 目	2012年决算数	2013年决算数	占总收入比重(%)	增减数	增减(%)
一、教育经费拨款	137 452	136 008	45.23	−1 444	−1.05
其中:中央教育经费拨款	118 283	111 768	37.17	−6 515	−5.51
地方教育经费拨款	19 169	24 241	8.06	5 072	26.46
二、科研经费拨款	51 055	44 582	14.83	−6 473	−12.68
其中:中央科研经费拨款	38 620	36 108	12.01	−2 512	−6.50
地方科研经费拨款	12 435	8 474	2.82	−3 961	−31.86
三、其他经费拨款	7 129	7 929	2.64	800	11.22

(续 表)

项目	2012年决算数	2013年决算数	占总收入比重(%)	增减数	增减(%)
其中:中央其他经费拨款	6 566	6 863	2.28	297	4.52
地方其他经费拨款	563	1 066	0.35	503	89.34
四、上级补助收入	24	15	0.01	−9	−37.08
五、教育事业收入	26 371	28 632	9.52	2 261	8.57
六、科研事业收入	52 108	66 738	22.20	14 630	28.08
七、经营收入	0	0	0.00	0	0.00
八、附属单位缴款	88	0	0.00	−88	−100.00
九、其他收入	18 398	16 766	5.58	−1 632	−8.87
本年收入合计	292 625	300 671	100.00	8 046	2.75

2013年我校总收入300 671万元,其中教育经费拨款占总收入的45.23%,科研经费拨款占总收入的14.83%,事业收入占总收入的31.72%,三项收入合计占总收入的91.78%,是收入的主要来源。

(三) 支出情况及分析

1. 支出构成分析。2013年我校总支出253 500万元,支出构成情况详见下表:

东南大学2012年—2013年支出变动情况表 （单位:万元）

项目	2012年	2013年	增减	增减(%)
一、工资福利支出	72 438	81 299	8 861	12.23
其中:1. 基本工资	9 617	10 205	588	6.12
2. 津贴	3 600	4 178	578	16.05
3. 奖金	3 473	2 410	−1 063	−30.61
4. 社会保障缴费	955	812	−143	−14.99
5. 伙食补助	217	249	32	14.70
6. 其他	54 578	63 445	8 867	16.25
二、对个人和家庭补助支出	51 333	54 953	3 620	7.05
其中:1. 离休费	2 206	2 185	−21	−0.93
2. 退休费	24 365	25 243	878	3.60
3. 医疗费	5 050	4 736	−314	−6.23
4. 抚恤金	452	626	174	38.52
5. 住房补贴	6 026	7 090	1 064	17.65

(续 表)

项 目	2012年	2013年	增减	增减(%)
6. 助学金	11 338	13 021	1 683	14.84
三、商品和服务支出	85 569	93 259	7 690	8.99
其中:1. 办公费	2 013	2 237	224	11.12
2. 水电费	5 321	5 646	325	6.11
3. 差旅费	9 850	11 452	1 602	16.26
4. 劳务费	3 313	5 651	2 338	70.59
5. 会议费	1 709	1 502	-207	-12.13
6. 专用材料费	8 086	11 191	3 105	38.40
7. 委托业务费	10 230	10 131	-99	-0.97
8. 维修费	7 841	10 383	2 542	32.42
9. 其他商品和服务支出	20 418	23 274	2 856	13.99
四、债务利息支出	0	0	0	0.00
五、其他资本性支出	38 596	23 988	-14 608	-37.85
其中:1. 房屋建筑物购建	17 362	4 634	-12 728	-73.31
2. 办公设备购置费	1 726	698	-1 028	-59.55
3. 专用设备购置费	16 712	16 649	-63	-0.37
4. 其他资本性支出	2 590	2 007	-583	-22.53
合计	247 937	253 500	5 563	2.24

二、2013年度预算执行情况

2013年《教育部关于批复部属预算单位2013年预算的通知》(教财函〔2013〕35号)核定我校2013年预算总收入299 554.98万元,预算总支出299 554.98万元;预算总收入中,财政拨款预算111 209.98万元。预算执行情况见下表:

东南大学2013年预算执行情况表　　　　(单位:万元)

项 目	预算数	执行数	差 额	完成情况(%)
收入总计	299 554.98	300 670.89	1 115.91	100.37
一、财政拨款收入	111 209.98	122 156.10	10 946.12	109.84
二、行政单位预算外资金收入	0.00	0.00	0.00	0.00
三、上级补助收入	0.00	15.10	15.10	0.00
四、事业收入	75 400.00	136 001.58	60 601.58	180.37
其中:教育事业收入	30 000.00	28 632.00	-1 368.00	95.44

(续 表)

项　目	预算数	执行数	差　额	完成情况（%）
五、经营收入	0.00	0.00	0.00	0.00
六、附属单位上缴收入	0.00	0.00	0.00	0.00
七、其他收入	112 945.00	42 498.11	−70 446.89	−62.37
支出总计	299 554.98	253 499.64	−46 055.34	84.63
一、基本支出	137 337.78	129 371.93	−7 965.85	94.20
1. 工资福利支出	47 373.00	51 909.87	4 536.87	109.58
2. 对个人和家庭的补助	49 343.00	43 108.91	−6 234.09	87.37
3. 日常公用经费	40 621.78	34 353.15	−6 268.63	84.57
二、项目支出	162 217.20	124 127.72	−38 089.48	76.52
三、经营支出	0.00	0.00	0.00	0.00

三、2013年年末财务状况分析

2013年年末资产合计832 458万元，比上年745 520万元增加86 938万元，增长11.66%，其中：2013年年末流动资产339 711万元，比上年281 046万元增加58 665万元，增长20.87%，固定资产473 666万元，比上年447 648万元增加26 018万元，增长5.81%，2013年增加对外投资2 005万元，减少对外投资6万元。

2013年年末负债合计49 434万元，比上年48 452万元增加982万元，增加2.03%。负债类主要变化包括：通过清理往来款项，减少应付账款440万元；代管款项比2012年增加1 906万元。

2013年年末净资产合计783 024万元，比上年697 068万元增加85 956万元，增长12.33%。

其中：事业基金2013年年末116 890万元，比上年77 255万元增加39 635万元，增长51.30%。固定基金2013年年末473 666万元，比上年447 648万元增加26 018万元，增长5.81%。专用基金中留本基金年初310.76万元，年末309.16万元，减少1.6万元。其他净资产2013年年末188 108万元，比上年167 867万元增加20 241万元，增长12.06%。主要是未完成项目累计收支差额增加。具体情况见下表：

东南大学2012年—2013年财务状况分析表　　　　（单位：万元）

项　目	2012年年末数	2013年年末数	增减数	增减（%）
一、资产合计	745 520	832 458	86 938	11.66
流动资产	281 046	339 711	58 665	20.87
其中：现金	10	36	26	257.80

(续 表)

项 目	2012年年末数	2013年年末数	增减数	增减(%)
银行存款	269 973	323 774	53 801	19.93
应收账款	10 491	15 165	4 674	44.55
其他应收款	50	50	0	0.80
材料	522	685	163	31.30
对外投资	16 823	18 822	1 999	11.88
固定资产原值	447 648	473 666	26 018	5.81
减:累计折旧				
固定资产净值	447 648	473 666	26 018	5.81
财政应返还额度	2	259	257	12 842.00
无形资产	0	0	0	0.00
二、负债合计	48 452	49 434	982	2.03
借入款项	80	0	−80	−100.00
其中:银行贷款	0	0	0	0.00
应付账款	22 120	21 680	−440	−1.99
其他应付款	24 988	26 894	1 906	7.63
应缴财政专户款	0	0	0	0.00
应交税金	1 264	860	−404	−31.93
三、净资产合计	697 068	783 024	85 956	12.33
事业基金	77 255	116 890	39 635	51.30
其中:一般基金	60 432	98 068	37 636	62.28
固定基金	447 648	473 666	26 018	5.81
专用基金	4 297	4 360	63	1.46
经营结余	0	0	0	0.00
其他净资产	167 867	188 108	20 241	12.06

四、2013年度财务工作总结

2013年是教育部"教育经费管理年",我校财务工作以科学发展观统领全局,紧紧围绕学校事业发展需要,多渠道筹措资金,合理安排财力,切实加强预算、专项资金管理,不断提高服务水平和财务工作管理效益,为维护学校稳定、促进学校各项事业发展提供了很好的财力保障。

(一) 积极争取财政拨款,多渠道筹措资金,为学校发展提供资金支持

2013年,我们加强与上级主管部门沟通汇报,积极争取更多的财政拨款和专项经费补助,争取到中央高校长效机制补助经费4 000万元、捐赠配比资金4 884万元、高校绩效拨款1 921万元、预算执行绩效720万元、国产设备退税600多万元等,为我校各项工作开展提供财力支持。

(二) 统筹安排、精心组织,进一步加强专项资金管理,提高资金使用效益

各类专项资金根据"统一管理,集中核算,专款专用"的原则,由学校财务处实行统一归口核算管理,按照资金来源渠道和具体实施项目分别反映收支情况。为切实提高资金使用进度和使用效益,学校要求专项资金的使用做到早安排、早启动、早落实,从学校全局的角度出发,考量安排专项资金的项目申报,对确定的已安排的项目实行项目负责人负责制。资金使用必须严格执行国家和地方财经法律法规和学校相关规定,严禁为完成专项资金使用进度而违规、突击用钱,造成财政资金浪费。严禁擅自变更专项资金的批复预算。各类专项资金总体管理实施情况良好。

(三) 深入推进预算精细化、科学化管理

财务预算实行全口径编制,覆盖学校各部门,各类收支、结余、分配均纳入预算管理,预算的编制工作更加注重绩效考核。2013年,我校在预算编制时全盘考虑,统筹安排,改变了过去部分部门同一业务多头申报、重复安排资金的局面,收回预算安排3 000万元,暂缓下拨代管业务费2 200万元,为学校节省了大量资金,将经费更合理地分配到有需要的部门,提高了资金的使用效益,更大地发挥了经费的使用效果。

财务处强化了预算编制的严肃性,严格控制公用经费预算,细化校内专项经费的开支范围,使得预算更加透明、合理。2013年学校财务处通过预算的精细化、科学化管理,深入挖掘各类资源,提高资金使用效益,一方面对外积极为学校争取财政资金支持,另一方面通过加强规范化管理为学校节约大量资金,为学校各项事业开展提供充足的资金保障。

(四) 通过各项审计中提出的问题不断整改,提高监管水平

2013年各种财务检查和审计工作贯穿全年,全年接待省专项、会计师事务所科研经费审计202次;接受财政部、科技部、教育部各项专项检查6次,如财政部国库司国库集中支付情况进行了核查、科技部"863项目"中期检查、教育部修购专项检查等。对审计中提出的一些问题财务处一一作出整改,规范操作流程和行为,极大地提高了财务管理的水平。

2013年4月份我校财务处会同科研院开始对科研经费进行自查自纠工作,对全校2006年以来立项的6 000多个项目进行了梳理。通过开展科研经费自查自纠工作,我校对科研经费管理进行了进一步的梳理,进一步明确了各职能部门的工作职责,通过一系列整改措施,如成立科研项目申报审核小组、完善院系科研经费考核体系、进一步完善数字化校园管理系统等,有效地确保了科研预算的科学编制和科研支出按进度执行。

(五) 加强财经制度建设,规范财经行为

2013年制定或参与制定各类管理文件30多份,例如修订出台《关于材料、低值品和易耗品核算管理的规定》《关于东南大学科研项目经费支出调整的规定》《关于公务租车费用核算的管理规定(暂行)》《关于国防科研项目中有关间接费用的管理规定》《关于国家自然科学基金项目安排间接费用的管理规定》《关于会计档案查阅的管理规定》《关于财务报销无现金支付的规定》《关于九龙湖校区全面推行"无现金报销"业务的通知》《关于取消部分现金暂付款借款业务的通知》《关于印发〈东南大学非贸易非经营性用汇管理办法〉的通知》《关于印发〈东南大学经济合同管理办法(试行)〉的通知》《关于印发〈东南大学科研项目经费预算调整的规定〉的通知》《关于印发〈东南大学外协服务支出管理办法(暂行)〉的通知》《关于印发〈关于进一步加强科研行为规范建设的若干规定〉的通知》等重要文件。

根据《教育部关于做好高等学校财务信息公开工作的通知》(教财〔2012〕4号)、《关于做好高等学校财务信息公开有关事项的通知》(教财司函〔2012〕323号)文件精神,2013年,我校将高校财务信息公开工作摆上重要日程,于今年5月在我校网站上公布了"东南大学2013年部门预算",并于今年8月在学校网站上公布了"东南大学2012年部门决算"。

2013年我校认真贯彻落实《教育部关于进一步推进直属高校贯彻落实"三重一大"决策制度的意见》以及《东南大学"三重一大"决策制度实施办法》,对重大事项决策、重要人事任免、重大项目安排和大额度资金运作均由领导班子集体研究做出决定,充分发扬了民主精神,广泛听取群众意见,完善了群众参与、专家咨询和集体决策相结合的决策机制。

在内部控制制度建设方面,截至2013年,我校有单位层面的内部控制制度12个,业务层面的内部控制制度80个,评价与监督制度20个。整体而言,我校内部控制制度比较完整规范、切实可行,内部控制体系科学合理,形成了相互监督、相互制约的内部控制管理机制,确保了学校各项事业的顺利发展。

(六) 做好家庭经济困难学生资助工作

完善我校家庭经济困难学生认定工作。针对家庭经济困难学生标准和分类,采取不同的资助政策。认真做好国家励志奖学金、国家助学金的评选、发放工作。2013年东南大学获国家励志奖学金学生530名,获奖金额262万元;获国家助学金学生4556人次名,金额683.4万元。努力拓展学生奖助学金发放的途径,并根据情况,配合校友会、基金会建立不同的评选机制,2013年共评定158项企业、校友奖助学金,获奖人数1759人,发放金额536.11万元。认真做好建设银行贷款本息催缴工作以及中国银行贷款合同签订、贷款发放和还款协议签订工作。2013年,全校共有737名学生获得国家助学贷款,总金额达442.2万元。认真做好家庭经济困难新生"绿色通道"工作,确保无一名新生因交不起费用而影响入学报到。认真做好学生困难补助发放,以解学生燃眉之急。2013年发放困难补助7818人次,发放金额200万元。积极开展勤工助学工作,并保证勤工助学工资及时到位。2013年提供588个勤工助学岗位、6733余人次,发放138.5万余元。

(七)完善科研经费管理机制,加强过程管理

学校高度重视科研经费管理,制定详细的科研项目经费内部管理办法和制度,科研项目经费全部纳入学校财务统一管理,单独设账,专款专用。财务处定期与科技处组织研讨,学习国家有关政策,调整和完善学校科技政策。根据国家有关规定,加强科研项目经费支出的管理。严格科研经费预算管理,严格按照批准的预算执行,重点加强对项目管理费、劳务费、国际合作与交流费、外协服务费等支出的管理。严禁违反规定自行调整预算和挤占挪用科研项目经费、严禁各项支出超出规定的开支范围和开支标准,严禁层层转拨科研项目经费和违反有关规定将科研任务外包等。

(八)规范收费行为,强化收费许可制度

为规范学校各部门、院系的收费行为,强化收费许可制度,严格执行预算外收入"收支两条线"管理办法,财务处设有专人分管物价,加强收费管理。非学历教育培训和研究生进修班实行归口管理,分别由继续教育学院和研究生院分管。校内任何单位的收费都必须经校学生工作领导小组和校财经领导小组审批并报省物价局批准后方可收费,实行收费公示制度。各类票据由财务处统一管理和出据。财务处坚持所有行政事业性收费一律凭《收费许可证》,统一使用财政部门印(监)制的票据制度,为相关单位开具发票,加强票据发放和回收的检查工作,审查票据开具内容和标准,确保不出现乱收费行为。

(九)改革学费缴付方式,加大学费收缴力度,认真搞好收费工作

为了搞好收费工作,进一步推进财务处信息化建设,方便学生缴费和学费票据自主打印,财务处于2013年8月开通东南大学学生网上缴费第三方支付平台和学费票据自主打印系统,此项改革极大地方便了学生缴费及取得学费票据,有利于学校及时收缴学费,提高了财务处的工作效率。在教务处、学生处、财务处的共同努力下,2013年学费欠费总额由原来的1000多万元下降到目前的仅1人无故欠缴学费。

(十)强化资产管理及财政拨款结转结余资金管理

建立新型的资产管理体系,运用先进管理手段,建立健全固定资产的年度盘点制度和定期清查制度,按规定程序及时处置报废资产,做到账账相符、账卡相符、账实相符。对资产实行从形成、使用到处置全过程的实时管理和动态控制,全面掌握学校资产的存量、结构、效用和状态。加强校办产业管理,按照校办产业规范化建设的有关要求,规范校办产业管理,防范校办产业风险,促进校办产业发展,确保国有资产保值增值。增强无形资产管理意识,加强对无形资产的保护,依法合理利用无形资产。学校转让无形资产,均当按照有关规定进行资产评估,确保学校权益不受侵犯。

我校严格按照《中央部门财政拨款结转和结余资金管理办法》(财预〔2010〕7号)加强对财政拨款结转和结余资金的管理,对于项目支出结转资金结转下年按原用途继续使用。针对专项资金执行难的问题,学校对专项资金早落实、早安排,多次组织相关部门研究专项资金的预算和执行。未出现预算年度安排的项目支出两年未使用或者连续三年仍未使

用完成形成的结余资金。

(十一) 升级财务软件、改进工作方法、提高服务质量

"网上预约报销"自2011年实施以来,对解决师生报销窗口排队和等待时间过长问题,提高财务处工作效率起到了显著的作用。2013年,财务处先后在丁家桥校区和九龙湖校区实行"网上报销"业务。

为防范现金支取风险,全面提升我校财务管理和财务报销服务水平,财务处于2013年在九龙湖校区全面推行"无现金报销"业务,财务报销时将报销款直接转入预留的银行账户中,报销时不再收取和支付现金,有效规避了现金收支带来的风险。

(十二) 加强会计队伍建设

强化财会人员全局意识、责任意识、创新意识和服务意识,多种形式进行继续教育,培养造就高素质的财会人员,提高财会人员专业胜任能力。为提高财会人员的专业技能,我校根据财会人员的学历层次、专业水平及工作职务分别制订了切实可行的培训计划和培训内容,2013年组织了三批会计人员参加了教育部经费监管中心举办的高等学校财务制度培训,并内部组织财务人员学习了《高等学校财务制度》和《高等学校会计制度(修订)(征求意见稿)》。

我校注重加强财会人员职业道德建设,同时,根据财会人员的个体差异,安排合适的人在合适的岗位上,通过岗位工作的锻炼,形成职业判断能力。给予有能力的人更多的学习进修机会,挖掘其潜力和后劲,作为高层次人才队伍后备,实现人才建设的可持续发展。

(财务处　张慧丽)

审 计 工 作

2013年,我校审计工作在学校党政领导的重视、支持和关心下,紧紧围绕学校的中心工作和整体规划,按照年初制订的计划,以科学发展观为指导,以"为学校领导决策服务、为完善管理服务、为学校建设发展服务"为宗旨,以"强管理、防风险、增效益、促发展"为目标,通过深入开展以领导干部经济责任审计和基建、修缮工程审计为重点的多种类型的审计监督工作,为防范学校经济风险、强化财务管理、提高资金使用效益、促进学校党风廉政建设、保障学校经济活动健康运行发挥了积极的作用,取得了明显的成效。

一、围绕中心,突出重点,有序开展各项财务审计

全年共计完成各类财务审计项目20项,审计涉及金额1 291 766.6万元,提交审计报告20篇,经过审计分析与评价,发现问题资金金额2 650.19万元,提出审计意见10条。为促进被审单位规范财务管理发挥了积极作用,后继审计发现被审单位主动接受审计的意识明显增强,各类财务管理规范程度明显提高,各类财经纪律执行状况明显改善。

1. 强化同级财务监督,提高财务预算执行情况和决算审计的有效性

(1) 完成东南大学 2011—2012 年度财务预算执行情况和决算审计

本次预算执行审计资金总额 1 015 000.00 万元,提交审计报告 1 篇,就财务预算编制、执行和管理上存在的薄弱环节和问题提出审计建议 6 条。特别是对 2012 年校内专项经费的预算管理和执行情况进行了深入的调查,发现校内专项经费的执行中存在年初立项但全年未下拨经费、年初立项并下拨经费但全年未使用和部分项目在上年完成情况欠佳的情况下本年度仍拨款但未使用等问题,建议各部门提高预算编制的科学性,财务处强化预算执行的监督管理,切实提高学校资金的使用效益。

(2) 完成东南大学 2011—2012 年度基本建设财务预算执行情况和决算审计

随着高校事业的发展,近年来,为拓宽办学空间,学校加大了基本建设的投入和新校区建设,基本建设投入已成为推动办学规模扩大和教学事业健康发展的重要支撑。为了促进和完善基本建设管理,保证基本建设按年度计划实施,组织力量,对学校 2011—2012 年度基本建设财务预算执行情况和决算进行了审计,共审计基建资金 276 467.8 万元,提交审计报告 1 篇,提出审计意见 4 条。

2. 精心组织,规范操作,认真开展经济责任审计

受组织部委托,对我校 18 个单位的 19 个主要党政负责人进行经济责任审计,截至 12 月底已完成项目审计 12 个,金额 169.47 万元,提交审计报告 12 篇,在审项目 7 个。在经济责任审计工作中,我们本着客观公正、实事求是的基本原则,对被审计人员的经济责任履行情况进行全面分析与评价,重点审计了被审计人员任期内发生和管理的各类收入、各项支出及资金使用效益情况和其离任时的各类资产、资金结存情况;任期内债权债务、暂付款的清理情况;实物资产购置、使用、管理及大型设备使用效益情况;单位内部控制制度建设及执行情况;"三重一大"执行情况等,对增强领导干部责任意识、效益意识、依法行政意识,促进干部队伍建设和廉政建设等方面产生了积极影响。

3. 加强财务收支审计,不断完善财务管理

财务收支和经济效益审计是内审工作的一项重要任务,是确保学校资金安全、提高资金使用效益的一项重要措施,也是内审工作的基础。为此,我们在不断总结的基础上,进一步完善和改进财务收支和经济效益审计工作,一方面,通过审计,提升学校整体财务管理水平;另一方面,处理好监督与服务的关系,切实为被审计单位做好服务。

接受被审计单位委托,完成勘察设计学会、档案学会、教育管理学会、外语教学学会等审计项目 5 项,审计金额 129.33 万元,出具审计报告 5 篇,为各学会年审提供了依据。

完成"大规模海上风电场接入对上海电网的影响及协调控制研究"项目的验收决算审计,审计金额 20.00 万元,出具审计报告 1 篇。

4. 全面跟踪实施专项资金审计工作

对江苏省优势学科 11 个项目的专项资金开展全过程跟踪审计,涉及资金 50 026.1 万元,督促优势学科各参管单位和各项目负责人,能够按照江苏省和学校有关规定管理和使用资金,提高资金效益意识,为迎接年底一期建设项目的验收,做好内部审计工作。

二、积极开展工程审计,坚持原则维护学校利益

1. 认真做好基建、装饰、修缮工程项目的决算审计工作

2013年共完成工程项目竣工结算审计664项,送审金额21 656.39万元,核减1 572.03万元,综合核减率7.26%。

其中:

(1) 基本建设及零星基建项目52项,送审金额14 991.48万元,核减1 203.71万元,核减率8.03%。

(2) 修缮工程项目612项,送审金额6 664.91万元,核减368.32万元,核减率5.53%。

同时,在今年的建设工程项目竣工决算审计中,审计处继续注重抓好内部控制制度建设,实行审计员审计、复核员对审计结果复核、副处长审批签发的三级复核制,对委托事务所审计的项目实行复核、处长审批的制度,规范了审计程序,提高了审计质量。

2. 扎扎实实开展基本建设工程项目的全过程审计

为了使审计监督与审计服务贯穿于基本建设项目的全过程,在建设过程中消除矛盾,纠正错误,减少决策上的失误,由事后审计为事前、事中、事后全过程审计,提高工作效率。根据《东南大学建设工程项目全过程审计暂行办法》(校通知〔2009〕38号),审计处对学校的基本建设工程项目实施全过程跟踪审计。

今年,对五个工程项目实施跟踪审计,分别是:中大医院医疗教学大楼(74 038平方米);四牌楼校区博士后公寓2(6 499平方米);九龙湖校区研究生公寓三号院(22 673平方米);九龙湖校区材料化工科研大楼(13 716平方米);九龙湖校区体育馆(22 676平方米);土木交通教学科研楼(50 716平方米),实施跟踪审计工程项目建筑总面积为190 318平方米,其中中大医院医疗教学大楼、四牌楼校区博士后公寓2、九龙湖校区材料化工科研大楼已进入决算审计阶段。

在工程项目全过程跟踪审计中,我处十分注意对工程管理的审计,不断查找在建设过程中各管理环节上存在的薄弱环节,及时向建设单位反馈并提出合理性的建议。通过各种类型的项目审计和审计监督事项,主动发表审计建议和意见,全年提出审计建议共计120多条。

在审计监督关口前移方面,积极做好土建工程项目招标文件和招标控制价的审核,取得了明显效果。全年完成研究生宿舍三号院和土木交通大楼两个项目招标文件及招标控制价的审计。九龙湖校区研究生宿舍三号院工程量清单及招标控制价送审金额为6 494.43万元,审定金额为6 114.24万元,核减金额为380.19万元;九龙湖校区土木交通教学科研大楼工程量清单及招标控制价送审金额为15 040.72万元,审定金额为14 865.62万元,核减金额为175.10万元。通过对招标文件和合同的审核,及时提出审计建议,补充、修改、调整、进一步完善了招标文件和招标控制价,进一步规范了招投标行为,促进了投标人的有效竞争,避免了合同条款中的不利条款及漏洞,发挥了控制工程造价的重要作用。

三、强化审签制度,加强审计监督

1. 全年共审签各类科研基金项目298项,总经费7 256.5万元。我们做到服务周到,严格把关,提高了科研经费的使用效益。

2. 对全校各单位固定资产报废、报损进行审签,全年共审签固定资产报废、报损7 534台(件),其中有物无账1 379件,总金额2 914.27万元,促进了学校国有资产的严格管理。

3. 履行监督职责,参与学校招标、议标、考察、核价等监督工作,在学校的有关管理过程中发挥了积极作用。

四、加强自身建设,强化规范管理

制度建设是审计工作持续健康发展的重要保证,2013年审计处继续积极做好审计业务制度体系和审计管理制度体系的建立健全工作,对现有的各项审计管理制度进行了认真的梳理和完善,并针对审计工作实际,修订了《东南大学科研经费决算审签办法》。在审计工作繁重,审计力量依然紧张的情况下,尽量挖掘内部潜力,向规范管理要效益。一方面向兄弟学校同行学习,取长补短、相互学习、共同提高;一方面积极组织参加教育部举行的审计业务培训班,更新审计观念,提高审计理论知识水平、促进审计质量的提高。同时加强审计工作文档的管理,积极做好审计资料的整理和归档工作。

五、认真开展群众路线教育实践活动,加强干部作风建设

按照党中央和东南大学关于深入开展党的群众路线教育实践活动的工作安排,审计处领导班子积极参加了深入开展党的群众路线教育实践活动,认真学习习近平总书记在党的群众路线教育实践活动工作会议上的重要讲话精神和各种学习资料,召开了专题民主生活会、群众座谈会,领导班子成员分别到院、系和被审计单位认真听取意见,与处内同事谈心、交流,通过多种方式广泛收集意见和建议。针对征集到的意见,领导班子召开了专门学习讨论会,查摆出班子在"四风"方面存在的突出问题,认真思考反省,查找问题根源,提出了今后努力的方向和改进的措施。以群众路线教育实践活动为契机,切实转变工作作风,加强廉政建设。

(审计处　张宇欣)

继续教育

综 述

2013年，继续教育学院在学校党政的正确领导下，在相关职能部门和院系的大力支持下，认真落实党的"十八大"报告关于"积极发展继续教育"的指示，紧紧围绕学校"十二五"发展规划和学院自身的转型发展，积极贯彻学校领导关于大力发展非学历培训、稳步发展学历教育的指示，在非学历培训和学历教育两个方面都取得了较大的成绩。在非学历培训方面，我院的培训经费超过1 200万元，为前年500多万元的两倍，两年翻了一番。在学历教育方面，我院为提升办学水平，主动削减了专科生的招生名额，成教专科生招生数从前年的1 700人，降至180人，为前年的九分之一。这个一增一减，体现了我院真抓实干，勇于创新，大力发展非学历培训教育，积极提升学历教育层次的干劲与实绩。与此同时，采取有效措施，确保上交学校的总收入有所增长。据不完全统计，今年上交学校1 200多万元。

主要工作：

1. 抓好培训品牌建设，搞好各类干部培训

2013年，我院EDP中心主动走向培训市场，了解培训需求，建立培训关系，扩大培训业务。非学历培训以江苏省为主阵地，并辐射至新疆、山东、广西、湖北、浙江、四川、云南等省（自治区），地域范围不断得到拓展。

先后完成山东省东营市"网络舆情信息工作"培训班、"基层文化骨干"培训班、"城市规划建设与管理"专题班，南京市委组织部"文化传承与城市精神"高级研修班、"新型城镇化背景下城市规划建设与管理"高级研修班，南京市规划局"规划专业课程班"，淮安市清河区青年干部培训班，靖江市干部素质提升专题班，四川省委组织部"新型城镇化发展战略"专题培训班，广西壮族自治区来宾市"城市经营与管理"培训班，武汉硚口区委组织部

"城市建设与管理"培训班,马鞍山经济技术开发区委青年干部培训班,云南楚雄州领导干部素质提升专题班等26个班次的培训,培训人数达2 200多人,培训收入达330多万元,比去年增长20%以上。

2. 狠抓培训质量,做好职教师资培训工作

2013年,我院积极承担各类国家级和省级职业学校校长和骨干教师的培训,完成了教育部财政部下达的"十二五"中职"数控技术应用""电子商务""护理"三个骨干教师培训班,计算机专业中职青年教师企业实践班,全国重点职业学校校长赴德高级研修班;江苏省教育厅下达的中职第三届领军人才班,江苏省中职校长提高班,高职骨干教师理工科科研方法、电子信息技术、自动化技术三个培训班,高职信息技术专业负责人培训班;南京市职业教育教研员培训班;海南省委托的职业学校德育、班主任、护理专业骨干教师研修班,以及广西、河南、江苏等省(自治区)相关职业院校骨干教师的培训。共培训职教校长与骨干教师1 200余人,培训经费达880多万元。比去年增加30%以上。

3. 加强站点建设,规范招生宣传,调整招生结构

2013年,我院认真贯彻学校指示,进一步调整学历教育招生结构,认真做好招生宣传和校外站点的管理工作,确保招生和站点管理有序进行。

在校外站点建设方面,严格执行教育部规定,建立了一整套规范有序的招生管理与站点管理条例,认真贯彻"规范管理,提高质量"的工作思路,加强服务,提升效能。坚持不与教育培训机构、中介机构、公司、个人联合办学,按照学校的规定从严从紧执行,宁缺毋滥。2013年经过我院评选,有12个校外学习中心获得教学管理先进集体一等奖,13个校外学习中心获得招生工作先进集体一等奖,从中遴选出5个优秀校外学习中心。推荐东南大学校本部学习中心和东南大学扬州高等职业技术学校学习中心参评全国高校现代远程教育协作组的示范性优秀校外学习中心,已获批准。

在招生方面,减少专科招生规模,增加专升本招生数量。为了保证在压缩专科生的前提下,上交学校的经费不减少,适当增加了专升本层次的招生数。在招生宣传中,我院坚持招生宣传的规范化管理,坚持诚信招生原则,实事求是,不得虚假承诺和夸大宣传。招生宣传和招生广告发布严格按规定执行,各教学点不得自行发布招生广告和信息。严禁用任何借口以东南大学名义举办"全日制"脱产班。我院细致扎实的招生宣传工作,受到了江苏省教育考试院的表彰,并被评为2012—2013年度江苏教育考试网上咨询宣传优秀单位。

4. 加强教学改革,严格学籍管理,提高教学质量

今年以来,我院积极改革教学方式,对成人教育与网络教学优质资源共享进行了探索。医学专业成教有20余门课,30%的课时采用网络化教学,并组织了15门课的集体备课。与此同时,我院对远程教育护理专业的学员安排面授辅导,这种"远程教学+面授辅导集中答疑"的教学模式有力地促进了远程"教"与"学"的高度融合,深受学习学员欢迎,成为我院远程教育办学的一个特色。此外,加强对校外教学点课程考试的监督,所有远程课程都由我校教师统一出卷,每个教学点每次考试都派老师巡考,保证了考试的真实性和

考场纪律。

我院作为江苏省学籍管理组长单位,为全省成人学籍学历管理发挥了重要作用,曾获得教育部"全国高等教育学籍学历管理工作先进集体"。良好的学籍管理为保障质量、规范管理奠定了基础。2013年,我院认真做好毕业生毕业资格的审查、毕业生信息数据的核对以及学历证书照片逐一校对等工作,确保学历证书图像信息数据、即时注册信息数据和毕业证书填写内容三者完全吻合,不错报、漏报。2013年春季毕业生4 455人,其中成教毕业生2 601人,远程教育毕业生1 854人;秋季毕业生3 714人,其中成教毕业生3 111人,远程教育毕业生603人。在江苏省2013年成人高等教育学历证书即时注册工作会议上,我院成人高等教育毕业生数据全部通过了审核,并上传"学信网"后,一次性注册成功。远程教育毕业生也顺利完成毕业生的毕业资格及学位资格审查,得到了上级领导的表扬。

5. 加强教学资源建设,创出特色与品牌

2013年,我院组织建设的"财务管理"课程被遴选入围国家级网络教育精品资源共享课建设。"病理学"课程成功完成国家级网络教育精品资源共享课的申报。2013年10月底我院组织建设的江苏省继续教育特色专业建设点"会计学""护理学"双双被江苏省教育厅评为优秀,在全省成人教育高校中,我校是唯一获得双优称号的单位。

为适应现代远程教育和培训需要,跟上发展步伐,经学校招标,启动了高清录制教室建设,已建成并开始发挥作用。

我校作为教育部"高校继续教育数字化学习资源开放服务模式研究及应用项目"首批启动单位之一,已经完成了"开放资源"栏目建设,完成了10门精品课程视频公开课建设,全部免费向社会开放。省教育厅立项的高等教育教改重点课题"高校继续教育立交桥及其优质教学资源建设研究与实践"已顺利结题,东大和南大分别进行了"继续教育优质教学资源共享服务与教学管理"平台、八门共享课程演示。期望能以先进的共享互认理念和领先的教学资源共享实践及教学管理平台建设经验对校际继续教育立交桥及优质教学资源共享建设发挥引领示范作用。

远程教育专业设置一览(2013年)

类别	专业名称	学历层次
远程教育	机械设计制造及其自动化	专升本
	土木工程	专升本
	工程管理	专升本
	法学	专升本
	公共事业管理	专升本
	政治学与行政学	专升本
	会计学	专升本
	电子商务	专升本
	物流管理	专升本
	电气工程及其自动化	专升本
	护理学	专升本
	机械制造与自动化	高起专
	机电一体化技术	高起专
	建筑工程管理	高起专
	计算机应用技术	高起专
	旅游管理	高起专
	护理	高起专

远程教育学生人数统计(2013年)

(单位:人)

	毕业生数		学位授予	招生数	在校生数	毕业班学生数
	春季	秋季				
高起专	892	329	—	1 292	2 915	1 560
专升本	962	274	556	2 695	5 514	1 528
合计	1 854	603	556	3 987	8 429	3 088

成人高等教育专业设置一览(2013年)

(单位:人)

类别	学历层次	专业名称
业余	专升本	电子信息工程
		土木工程
		电子科学与技术
		国际经济与贸易
		会计学
		商务英语
		临床医学
		护理学
		医学检验
	高起专	物流管理
		会计电算化
		市场营销
		护理
		临床医学
		医学检验技术
函授	专升本	电子信息工程
		土木工程
		机械设计制造及其自动化
		工程管理
		自动化(计算机控制与管理)
		会计学
		工商管理
		电气工程及其自动化
		土木工程(道路与桥梁)
		交通工程
		测绘工程

成人教育学生人数统计(2013年)

(单位:人)

	毕业生数			招生数			在校生数		
	合计	专升本	专科	合计	专升本	专科	合计	专升本	专科
总 计	5 712	2 888	2 824	3 286	3 106	180	6 729	4 204	2 525
函 授	3 063	1 073	1 990	1 654	1 474	180	4 145	2 236	1 909
业 余	2 649	1 815	834	1 632	1 632	0	2 584	1 968	616

2013年远程教育高起专毕业生名单(春季)

护理

徐 芳	黄灿灿	张 舒	刘 佳	张继文	赵 静	王 娜	杨 娟	吴 丹
肖丽苹	张照清	戴寿银	陈 晶	王 青	王盈盈	黄 颖	周媛媛	张 静
王 影	张郑凤	高 雅	侍玉叶	姚培培	周 婕	俞 韵	吴 红	伏玉娟
田 芬	谷文文	陶 婷	吴 云	杨青香	胡建丽	荀玉凤	郑 琼	崔嘉晋
谈 薇	陆金凤	吴智艳	朱荣荣	崔红艳	汪 芳	刘春荣	顾玉正	蔡玉花
王萌萌	张 月	陈 芹	严正霞	凌 媛	杨善梅	孙海娟	朱 琼	郑 雯
韩晶利	杨 帆	沙 琪	马苏丹	丁加妹	胡 婧	张 跃	夏燕芹	唐甜甜
朱 倩	冯秀明	姚金娣	汪 婷	庄路路	宋佳佳	张爱珍	邱 莹	朱 瑾
孙 瑜	章筱姗	赵丽云	葛志霞	魏 兰	王东君	金小花	李明明	孙雪华
杨 艳	钱 丽	皮璐璐	刘 敏	缪成云	陈晓娟	黄晓倩	姚 静	李源源
许 丽	沈玲丽	王 沙	贺 敏	王 平	姚路沙	贾建梅	江 佩	李针积
孙菊敏	何正清	史艳华	沈 洁	陈海莹	严 姗	郭 慧	万 晓	刘 丽
李 盼	翁冠群	韩 雪	杨 艳	高绍娟	刘 群	严 露	吴晓航	李梦玲
李荣芳	朱曼丽	何燕燕	陈 曦	胡 静	金 晨	吴国秀	丁玉芳	王雅兰
罗春艳	陈 澄	程小梅	邵景莉	常丽娟	张悦琰	杨玉琴	蔡兴粹	陈银银
梁梦露	杨春花	张青青	郭璐婷	蒯 雪	孙 菲	曹忠翠	张腊娣	李传萍
赵元冬	李伏梅	夏 溪	陈 燕	李 玲	李 敏	陈 会	李可欣	许 悦
杨 莉	朱丽丽	柳小琴	卫 聪	王聪聪	薛正梅	王雅婷	周美霞	归和芳
朱秀芳	顾美君	夏业琳	马丽娟	杨 晴	闵红英	吴晓云	解小萍	孙丽娜
吴月娟	巢 丹	李煜春	龚常英	杨万荟	王宝琴	李 卉	汪志霞	成 婷
陈 玲	朱 巧	王 琛	孙敦俊	邰惠君	郑 婷	王雅露	符红琴	张爱萍
张海萍	孙秀萍	孙钟毓	李 琴	纪德珍	蒋梦如	费奇雨	丁 凯	张俊群
钟玲娜	孙 丹	庞凌云	姚慕桦	王胜爱	肖 娟	钱 钊	吕许鸿	成姣姣
杨丽英	张晗英	刘小青	徐雯婕	蔡香云	卢小青	刘双凤	薛文雅	叶 阳

继续教育

骆雪琴　陈珺　王璐　石春萍　陈秀丽　杨勤　荆丽萍　沈霞　戴云凤　陆晓秀　王颖　陆萍　校婷婷　时红林　张爱红　许小丽　陈娟　闵明红　徐天英　张巧玲　胡加加　纪艳　赵心钰　桂安婷　邵玉香　狄秀姣　朱艳　胥文花　杨倩　王莉　吴津津　季红花　张莹

孔雪艳　万华琴　翁杨剑　杨钰琳　彭志梅　王小琴　缪文玉　刘建梅　唐晓琴　吴正香　张丽　沈佳莹　杨兰芳　倪巧云　袁菲　蔡虹　高蓉蓉　何文　刘霞　陈静　曹云静　张欢　陈樱樱　张蓉蓉　陈芳芳　居志颖　谢远霞　陈萍　谢鸿雁　蔡璐　夏云　秦芹　袁媛

雷慧萍　刘艳　蔡玲　黄新芳　程书兰　殷爱丽　许飞　黄爱萍　邓晓光　王亦光　秦小丽　丁玉霞　卢鹤鸣　黄琴　戴曲香　鞠明芳　伏继娟　彭蔚　韩华　孙丹　袁芳芳　周瑞　韦欢　徐静　朱琳燕　仕全香　王群　张华伟　张炟艳　丁艳　汪有兰　高莹　郭丽

邵建娣　王佳　赵燕　袁玲娟　谢红梅　张晨瑶　王文妍　汪春桃　朱静　仇亚琴　戴泽妍　夏如林　王琴　王爱芹　张筱庭　印琴　郑玮玮　李金晶　夏军　吴海波　刘慧　骆蓉蓉　邢晓璐　胡玮　侯明月　许晓瑜　赵玲　徐程　姚海燕　李静　丁密　蔡玲玲

钱莹怡　赵怡　刘云芳　刘笑波　蒋小珍　王蓉　谢静华　王婷婷　石艳兰　夏慧　吴燕　顾秋菊　袁艳华　杨中华　钱德平　郑娟　王玲　王晶　顾媛媛　卢慧慧　乔梅　王海燕　费菲　肖敏　仲爱华　王莉　胡霞　巫廷花　董晶晶　刘金萍　孙文哲　张静　丁海燕　华长虹

徐妍　管丹丹　张卫芬　景雯　杨丽芹　王小平　周晓园　许华丽　王玉婷　徐华英　于小翠　戚月琴　张立峰　刘维　李羊珍　严霞　孙晓鹏　毛巨霞　王飞　高玲莉　陶叶莉　杨莉　徐昊新　唐小军　徐明霞　徐文兰　张欢月　张红梅　范蓉　刘海凤　席巧云　赵凡艳　窦妍

甘爱红　唐玥亚萍　蒋燕园　马薛新芳　朱玲蕾　朱凌素丽　丁明智　陈慧君　谢秀兰　庄秀林　陶芳琴　张建芹　张敏　沙红兰　龙翠红　胡美玲　陈月红　李玲玲　孔月　许婷　王暑　黄红霞　李静　耿珊珊　朱珊珊　傅琦婷　唐金芳　周甜甜　高银林　霞涓　孙

崔燕菁　谢江俐频　陈玉玲　袁英　朱敏尉奇　金宁　许静静　浦露露　刘邦林　李小颖　任燕君　陈志芹　朱爱琴　丁磊　吴霞　徐颖菲　刘美霞　孙薇薇　钱静　赵晔　张莉　殷小芬　贾菲　赵仁珍　谢芳　宋敏　李梅红　冯梦婷　王玉红　于静　范丽

卢洁　范莉　袁月华　葛文斐　陈磊　陈晓兰　施萍　郑苏　殷小芹　陈素芹　赵妍　杨素芹　夏秀荔　戴晓娟　李素梅　魏燕　张敏　申秋芳　陶菲　单海霞　朱海霞　王卉　张银　周婷　李佳　宋青芝　刘莉　戴倩　陈思琛　杨俊　李晔　王红艳　陈素娥　付雅静

机械制造与自动化

钱颀伟　王勇生　吴培培　栾亚军　徐翠

计算机应用技术

刘峰	张玉华	夏亭	刘志东	刘剑	陈婧	卞亚琴	瞿小娟	刘丽华
陈娟	郑林剑	戴浩	茆梅	陈聪	陈珊	张轩	王华	唐山
胡彬	李彬	朱春梅	范玉龙	葛琰	顾振飞	李益	刘朝阳	陈晓莉
谷晓露	马彦星	王蕾蕾	祖菊	张政	沈东成	芮龙	李腾	袁琳
颜路廷	许兵兵	董俊男	许志勇	蒋丽勤	金超	曹磊	陈爱松	贺守霞
范文洋	吴小丹	王书维	郑珊珊	沈龙龙	黄骏	尹俊超	傅金龙	钟雪玉
严超	李伟	杨露露	朱世彬	杨磊	李沙	郁志祥	王凯	刘杰
尚歆琪	张慧霞	李棵	徐谈	杨伟	任清鹏	孔德彬	唐耀明	周恒
张辉	严志芹	张军刚	钱慧莹	雷翰之	耿磊	张夏	吕晨	景浩涵
施娜	陈欢	黄志	王康弟	王振玉	沈辉	林新平	周健豪	葛志荣
杨波	潘佳伟	王超	戚天鹏	杨洋	井威锋	陈秀	陆鹏飞	史雨
刘飞	汪彦琛	孙燕	闵繁菲	董浩宇	黄浩	李超	姚寅	袁津
陆文	胡钢	马维恺	杨帆	杨雯	吴阳璐	李睿	杨浩	朱伟伟
张本帅	乐莹	周瑜	石志浩	嵇先飞	徐晓凡	吴娇	王浩	王保帅
赵书玄	张亦弛	邵仕申	朱玉楠	钱静	王学忠	姚岭	成康	顾杰
李凯	方舟	苗道金	邱培	金闯	李燕	徐鹏	郭远浩	梅林
张玉妮	李飞龙	陈瑜	羌迪	童丹	郑小云	杨长宝	张伟	李想
高茹	任俊	刘振林	李撼宇	周丽莎	吴静劼	秦伟新	沈卫卫	俞波
陶慧	沈彬彬	顾纹菁	夏德超						

建筑工程管理

朱小兵	丁海建	孙志秋	周丹	韩科	陈瑶	许伟	丁路红	陆明
侯杰	龚志国	张林成	潘叶明	龚义忠	王坚	陆美青	徐卫忠	叶冬明
金乐	林晶晶	张统强	李万文	张可敬	胡传友	万陆军	芮小峰	吴圆圆
李发伟	骆贤	张玉霞	赵国明	刘峰	范雪莲	彭辉	戴尔林	李玲龙
王炼	林玲	吕正兵	王亮	姜美兰	桂林	王江	张俊伟	张汉秋
宋东亚	刘军	张金良	柏文东	陈国军	郑浩鑫	樊永敏	赵涛	王正虎
廖辉	翟宁	张营辉	徐永军	章凤梅	张进	肖艳丽	周刚	胡春燕
杨维杰	闵众众	陈伟	吴永明	吴永新	杨	朱静	王成	柏传海
邓宏虎	周红	丁毅	王抗华	马树峰	胡怀秋	吴志海	刘翔	肖东建
陈建宏	戴义	张世兵	陈维军	胡雷	张建军	赵琦	郁爱强	项大银
冯苏干	张军	黄万平	黄园	石清	丁文武	魏惠鸣	陈娟	周志远
汪芳龙	吴正平	马小英	徐永林	陈星亮	齐利巧	陈项英	卢敏霞	郑航燕
叶旭	方晓	梅淑初	朱东升	朱根火	胡忠强	邹彪	金慧群	邹桃仙
李泽平	陈伟南	邵建有	曹伟	孙忠华	徐孝寅	黄旭东	李玉杉	李爱芳
李爱萍	潘友伟	曾圣忠	陶德贵	叶建新	涂志勤	王建斌	潘勇	谢光跃
周新友	丁锦阳	张胜	王伟平	王玮波	方竹高	童社富	潘红晓	刘凤庭

徐云龙　许　梅　李雪冰　赵建钢　卜玲霞　吕金龙　华美霞　方　辉　金文青
陆国林　陆跃飞　金献峰　陈爱玲　朱　雷　邵燕芳　俞思进　葛康军　赵　杭
俞洪卫　邵子斌　钱旭芬　邵洪新　朱学勤　王敏桃　何志春　吕丽莉　倪正波
方桂芳　宋桂飞　朱媛仙　涂永红　胡晓贤　汤小丽　刘苏红　祝卫霞　张媛媛
毛加业　王家乐　徐　京　黄建刚　程　正　朱根忠　贾桂钿　董锦祥　纪祥超
朱　翔　周鲁业　沈睿智　张　坤　季业清　张益锋　张　斌　王振全

旅游管理
　　曹志慧　王倩翔　陈　啸　杨啸寒　雍永波　刘　静

2013年远程教育专升本毕业生名单（春季）

电气工程及其自动化
　　苏家兰　蒋宗均　雷珺婕　刘　佳　高业钦　孔德贞　卢　丽　陈鋆滢　梁圣昌
　　巫淑琴　邬健勇　卢志云　农　刚　农淑媖　林志远　覃　飞　韦艳玲　张春林
　　谭文毅　夏　鹏　吴宗杰　郝小莉　彭仁钰　姚诗丽　周兴昌　李红明　李维群
　　陈晓峰　韦喜冰　陈友学　韦壮宝　李宁龙　刘福生　余宗儒　马翠青　黄武尧
　　黄朝捍　苏宁静　向梦蝶　温斌斌　莫俊华　陆　蓉　覃雪莲　刘　思　黄　杰
　　黄硕新　甘增志　林锋元　黄君鑫　徐　旸　丁君涛　杨文中　房志钢　宋余水
　　王跃财　徐　刚　兰春华　余其垄　汪　曙　鲁永生　陈珍红　韩允宝　杜广华
　　杜浩洋　李素华　叶　伟　刘　飞　韩　飞　刘新伟　孙太忠　和军杰　沈晨曦
　　赵文龙　周　宇　孙守彬　郭　毅　徐小琴　俞　俊　董立辉　方青帅　王　奇
　　傅长祥　马大文　黄荣军　李玉奎　金巧生　鞠新荣　付　胤　孙　芹　张　伟
　　陈华强　柴　华　耿立松　钱　麟　黄　勇　梁国平　仇龙桂　包泽为　欧阳新
　　何越月　张　霞

电子商务
　　季玉雯　孟爱俊　刘贝贝　赵　庆　汪　莹　陈　博　汤桂兰　张兰芳　赵　静
　　张敢勇　张　蕾　孙艳萍　何文洁　张　飞　周城见　王正飞　周治城　李　伟
　　钟　翔　汤昌妹　汪　洋

法学
　　丁凤梅　张　云　周舒嘉　朱海霞　王小琳　陶　颖　张　杰　姚芳芳　汤晓燕
　　许　昕　尹双雪　张伟昊　李蓉蓉　王　卉　卜晓光　陈智雨　杨超元　许　晨
　　刘苏苏　张亚俊　杨　琳　赵麒深　樊旭彤　俞　杨　葛国强　陈沛然　马可
　　刘灿灿　刘　佳　王　珏　徐俊杰　邬晓文　朱　艳　谢海婷　陈　行　窦　斌
　　祁　璐　靳志远　杨艳萍　周军红　钱小艺　杨天政　刘鸣鑫　钱启明　李红明
　　张　吉　蒋文芳　蒋宇峰　陶　艳　陶　伟　金伟宇　顾　倩　王　彬　缪国兴

顾哲峰	孙燕祥	吴 彬	吴宏达	瞿 翼	郁国强	张 荣	周 黎	朱晓敏
周 敏	张 勇	黄 浩	吴 勇	季 航	汪 洋	朱 未	陈丽娜	陶怡瑶
陈珏懿	刘剑凌	施 峰						

工程管理

马 立	单家龙	刘云琴	李 姗	徐金平	卓小春	庆良龙	王 玲	夏隽轩
尚 游	刘烨鑫	水星星	王春之	周林森	朱航宇	朱文颖	郭 萍	江 正
和园艳	张伟伟	杨 超	尹 琼	赵晓波	胡光玉	王道全	李少康	王 娟
许力伟	毛小泽	张 弛	闵 洁	葛 阳	唐 超	孙 正	卞 毅	吴 森
张 翔	甘衍强	乔小丽	霍晓敏	肖 琪	黄 健	刘昌勇	陈 飞	樊 勋
张 成	陈 凯	吕庆华	郭 茂	殷 欣	胡荣玲	胡媛媛	郑 飞	潘英姿
徐 彧	王长春	孙 洋	李永杰	汪明霞	谭 薇	马事伟	魏晓军	植春艳
沈悦菊	沈 欢	湛 帆	吴秀凤	卢朝蓉	殷志华	殷 俊	吴 昊	项 涛
田春东	徐 宏	焦 铭	丁 坚	项 鹏	孙 瑜	朱仕沛	张新松	刘盈盈
杨 帆	孙 鑫	孙 燕	杨 勇	郑 娟	史华明	于 健	姜 锋	李 毅
张乃锋	张 瑗							

公共事业管理

汪海虹

护理学

陈泱君	丁亚艳	谢海燕	方永华	王 佩	许明涛	贺成红	糜 群	华 燕
陈厚月	巫 雯	陈明红	史卫珍	陈荣霞	王翠花	许 洁	孙 娅	王 燕
桂 虹	张 珣	陈丽娟	王 琴	何玲娟	费 霏	葛 赟	汪 菲	徐孝娟
陈祖梅	杨 媛	朱 丽	汪小玲	程 妍	徐亚英	姚 芸	江 华	王 瑛
刘富梅	倪文娟	周红琳	居加琴	季雪芹	曾 莉	巫宏琴	骆云霞	巫 婧
王 慧	陈丽丽	钱心英	陈 诚	钱文娟	杨 帆	周 兰	严慧君	许 莉
张 莉	吴白云	张 蕾	王 燕	杨 丽	陈瑜芳	施仲芬	王菊华	王晔萍
吴春梅	唐毓媛	唐玉娥	徐小明	许湘丽	韩 晨	张丽霞	张 微	刘 盈
陈 颖	袁 圆	吴春燕	瞿美娣	闵建玉	徐冬梅	周 薇	周 萍	陈 芳
何一萍	冯明珠	王桂芳	杭凌云	金 娇	王 健	邹 琳	王 珍	吴 静
恽雪平	姚丽娜	戴韦琴	陈菊香	章 洁	董艳芬	陈 燕	吴素琴	贾玥娴
陈 琳	蒋 黎	蒋 涛	高 科	柳 瑛	万 静	高亚娟	丁文静	李海莲
王 燕	王溢文	辛献珍	周玉燕	马晓娟	黄云亚	李小娟	邓丽花	梅红亚
陆 梅	汤晓艳	吴云暖	时留珍	任文军	陈美华	吴素芬	张 琪	朱 婕
孙亚敏	吕燕萍	蒋 丽	孙 丽	严亚萍	高娟华	阮淮凤	芮雯燕	陈丽慧
沈建妹	施钟英	王 彦	徐爱红	张 菊	金 静	林玉婷	朱 红	罗 燕
王 赟	王 春	虞 凤	齐晓蕾	龚丽娜	张 倪	刘燕芬	蒋丽娟	唐陆秀

周敏霞 于冬梅 蒋玉平 卢芳芳 李林艳 缪娟 陈玉春 刘萍 李莹昱 徐梅 钟慧菲 王晓艳 俞永芳 李菁 胡翠菊 江娟 詹慧 范仲燕 仲高娟 耿岚 彭员秀 王建平 顾志贤 王小玲 赵玉兰 李霞

朱青 武芝兰 刘玉莹 刘娴 贺玥 卢诗旭 邵玉燕 崔丽娟 陈清熊莹 陈如娣 蒋洪霞 郭琦 谢慧娟 潘婷 赵继红 王海蓉 林琳 黄志萍 黄封琴 高红妹 坎海英 周丽 刘艳 单丹 曹芳

白建琴 刘科吉 纪俊 薛代红 张亚萍 韩璐璐 汤玲丽 徐芙蓉 吴冬梅 杨梅 郭锡萍 王东平 朱秀琴 易丽丽 万思思 温士赢 许培 戚素琴 潘丽敏 许凌云 姚薇 张蕾 苏春燕 黄群 张弘 陈会

贡亚芳 贾桢 朱娟娟 谢模霞 孙洪琳 潘献梅 秦秀玉 朱蓉蓉 黄同玲 杨艳 应晓萍 崔银霞 王秀珊 陈玲 吴洪玮 林媛媛 李梦影 缪君妹 缪锡芬 王燕霞 蒋炜霞 吴一佳 沈斓 柳敏华 姜晓琳 任佳

张启朗 赵小丹 朱泽艳 赵燕 邵培培 尹芳 张丽 蔡文琴 张耀燕 潘洁 解燕 王冬梅 金宁 冯红燕 邵正群 朱承玲 刘欣 于慧洋 洪宇平 夏彦茵 张洁玮 薛晓莉 陆敏 吴成华 翟琼 李建妹

蒋文娟 张维 潘静 漆巧玲 姜云 王喆 刘倩 邹国婷 范腾 顾淑云 莫小娟 李梅 潘龙英 杨珍 陈静 陈思 陈静 戴升英 袁丽 华银仙 倪益华 严娜萍 张萍 赵莉敏 张彩虹 李杨

潘亚峰 章金蓉 曹静 张睿莹 朱晓娟 孙晓 李玲 仇茂芳 张捷 王丽 薛玉萍 顾颖 陈秀兰 万芳 李纯 赵玲 徐艳 邹祖琴 孟丽娟 顾霞琴 胡继芳 苏姗姗 周金萍 潘卫平 宋井安 刘琼

范如秀 邵洪娟 张娟 倪蕾 蒋长明 陈旸 徐瑞婷 何玲 刘星星 高岚 方芳 黄荣 占燕 周娇娇 唐玲 沈萍 张丽娟 唐纯 林斐 刘明敏 周静洁 许敏菊 章丽 董金华 陈小辉 顾志茹 单萍

方莉 李玲 彭丽 王师红 朱兆珍 吴冬梅 白杨 高程 蒋艳萍 李婧 彭银侠 童梅 刘华 吴娟 夏仁梅 朱晓玲 王雪梅 李璿 陈英 韩燕 陈兰 王美月 许红霞 张静芳 王珂 陈金锁 朱竹华

会计学

蔡舒文 郭慧 王娟 李琳 王菊香 蒋丽萍 黄蓓瑾 李传云 王鹏

葛锦 丁健 胡芳 赵娟 朱宗珍 姜德 蒋文婷 潘莲 鲍娟

陈岚 王毅 汤小花 王伶俐 尹勇 张冰 任文华 叶程 孙丽萍

魏薇 高青 张斌 黄珍珍 王芳 游佳丽 杨红 曹张华 严亚娟

邵云云 张琼 许小凤 朱化林 吴雨婷 俞静 陈铃 范新明 李慧英

王玲 蒋媛媛 孟洁 刘云 刘正虎 李晨 韩小燕 王芳

鲁莲 邵海南 张晓俊 毛福兴 张旭东 杨薇 邓翊 黄香

陈娟 叶倩文 丁苗 黄维兰 田盛 张茜 徐宏 潘树娟

陈晓丽 张迪 熊雪萍 王红梅 马传霞 李向晶 殷江红 赵圆

机械设计制造及其自动化

许 非	沈正瑞	施卫东	潘红洋	陈文明	刘 政	王 涛	贾小亮	成 晨
许敏文	王幸福	窦高峰	李红敏	张 锋	钟立梅	刘 晗	赵 靖	胡贤强
陈光华	张盈盈	吴昌辉	王洪祥	张祖波	蒋乾振	汪万元	程 险	郝永生
刘上学	张立彬	苏平虎	吴 萍	邰志鑫	李 政	肖运畅		

土木工程

吴子舜	姚 晨	茆慧文	王永刚	徐志祥	严宏宇	赵维春	陈玉鸣	于德春
孙卫厚	蒋一凌	徐 斌	王 辉	嵇胜男	刘云磊	施中华	蒋学林	张 涛
张生根	倪小申	钱 伟	周庆松	余 健	胡 霞	赵添锊	张立本	邵加钰
张俊业	何学彦	王海果	徐桂丽	王荣幸	陈 露	黄 浩	胡 南	王 玲
夏文军	刘立侠	姜玉龙	蒋 凯	贾义月	靳 鹏	刘元树	许文艳	夏 沛
汪 杰	朱亚芹	郑茂龙	周建华	刘 新	徐 霆	毕冬生	胡传涛	周子义
李后承	梁启慧	施玉萍	仇赟翔	许小康	朱 立	史文忠	王 洁	肖坚强
徐东飚	王金存	张映胜	杜喜梅	潘春峰	陈小容	王恩剑	刘雨蛟	张 玮
蒋 昊	王业效	单杰麟	段国波	徐清泉	朱骆勇	葛盛杰	吴童恺	时 俊
黄春仁	杨宏锋	俞 芳	毛 元	彭 杨	周顺荣	相升飞	恽薇花	徐一鸣
管业权	谭 添	王 龙	骆汕民	何 昊	宗洪燕	王智颖	顾晓春	朱 健
王海洪	周庆凤	王银州	王 磊	赵九宝	张 同	翁亦健	翁凯敏	周俊杰
王戴强	邱向鑫	纪玉凤	夏中华	周彦龙	周泓俊	王美蓉	孙建兵	何爱丽
宋源园	张晓芳	朱晓波	张熠杰	李 徐	王 庆	左元龙	潘永军	刘 佳
徐宝儒	龚晓刚	张炜瑜	陆敏锋	徐 俩	钟凯利	邹干志		

政治学与行政学

任 艳	屈兴强	徐小红	林 茜	于海英	徐 兢	曹 群	李 芳	高 君
盛亚宁	王 萍	武 琦	张 将	李 玮	丁蔚晨	张 静	王文宁	戴 丽
刘栋明	刘晓军	吴 洁	张晓龙	郑 倩	潘婷婷	伏 谨	李 琳	肖延君
魏 星	林 成	李 叶	高 湘	张翠云	赵冰清	白 露	姚永佳	苏新波
杜 松	孙大伟	伏 虎						

2013年远程教育高起专毕业生名单(夏季)

护理

徐 萍	陈 煜	薛 婷	江彩云	刘 晋	张 瑜	张 燕	冯 蔚	仲崇艳
夏芳芳	夏 珠	姜 婷	张英羽	江洪琴	朱金萍	曹 洁	张 云	桑丽洁
韩菊萍	姚亚娟	杨 芳	沈敏君	夏 丁	尤 娜	夏 莹	刘玉萍	许文霞
徐 欢	朱清媛	金玉娟	项 清	刘云霞	薛丽琴	黄 琴	夏旭亚	徐琼英

李网娣	孙卫芬	姜敏敏	黄敏景	翟明芳	张娟	王红杰	洪洋	张欢
陈小娟	马月	王霄霄	徐景	刘薇	徐希琳	王凤	徐秀娟	丁玲	蒋艳
严春玲	严芳芳	刘晓露	彭荣	齐梦洁	王枫	何素莉	王春梅	伏荧荧
严静	张晓红	吴婷婷	郑静	周叶	薛琦	刘子裕	朱雅芹	小荣
丁雯	于洁	张迎秋	戈艳	徐娇	胡雨婷	周士炜	王姗姗	高玲
胡敏	姜丽	许广秀	王永香	陈海霞	苗丽	于梦叶	吴婕	钱陶然
张永晶	李媛	谢晓瑜	卜媛媛	吕晶	赵桂香	罗花妮	曹莉莉	吴萍
林露露	刘琴琴	刘玲	朱娟娟	潘静	谈云	李云欢	邵明静	周小雨
吴宝平	蒋景侠	许玉琴	唐海堂	刘玮	许娟	洪明华	袁康	张荣
刘小庆	蔡艳	陈九连	张瑜	倪幼鹃	周雯娟	史克燕	于丽	程馨仪
王义燕	沙彬娟	陈炽	金学琴	宋芳	葛兰	程庆	任燕燕	陈桂兰
许宏花	邵鸣红	吴园园	徐文亚	成巧玲	王德娣	周诚敏	许萍	王佳佳
陈英	孙伟涛	唐盈	陈昌灵	武静	吴芬	周江凤	周林梅	陈菲
戴琳	郑艳芬	郝华兰	王奕	徐敏	孙益君	蔡颖	许玲	王秋月
范玉	陈艳	张亚媛	周锦	周佩奇	徐艺文	刘菡	孙静	崔正方
冯菲飞	谢来	胡莉萍	张晶春	白炜	杨敏婷	祁琪	杨芳	姜茹
秦永华	徐娟	徐爱萍	李艳	史慧丽	吴小琴	彭爱霞	密萌	秦怡
丁凡	朱丽	吴军霞	朱雯	倪平佳	赵彩霞	欧阳静	姜云云	吴令妹
韦佳琳	赵怡	任丽	桑凌	谭金梅	丰艳	王羽	徐文静	马多朵
薛小芬	王丽萍	仇洋	刘冰卉	郑雅婧	伏黔秋	程蓓	韩宁	涂娟
陆夏萍	杨阳	夏菲	徐伟	袁竹秋	陈原青	高骊洁	吴艳	汤媛媛
周春燕	李琳	王静怡	刘凤云	董悦月	沈俊美	居君	穆晓燕	卞大艳
莫艳	陈赵燕	王姣	朱娟	潘彬	陈莉	葛其梅	姜丽丽	范云霞
杨玮玮	金翠	杨庆花	吴慧	孙敏	马吉君	吉粒粒	施长婷	李秋蓓
李悦	褚建堂	陈美	刘燕云	石蕴玉	柏林	徐月	王晓燕	蔡娟
张媛	高荣荣	姚远	左圆	戴倩	孙婷	黄平	徐燕	孙国兰
刘晓静	薛春红	陶长凤	卞革	程倩	朱慧	徐晨	杨阳	夏秋香
刘琼伟	朱娟	侯玲玲	袁莉	徐秋	朱艳	朱靖	李扬	孙燕妹
季德兰	赵春桂	姜丽萍	马德颖	史霞	居园园	杜蔡晶晶	夏秋香	薛严媛
周凤鸣	王淑欢	经媛媛	韩艳	曹静	李石	蔡晶晶	孔磊	严琳
潘璐	闵焱	薛梅花	缪宏兰	戴莉萍	顾璐洁	何婷	陈
陈玲琳								

机械制造与自动化
汤林山　谢宇

计算机应用技术
张海宁　杜少珺　许延彬　蒯伟建　胡欣然　陆唐伟　王志欣　孙修瑞　钟伟

李　锐

建筑工程管理
　　巫　健

2013 年远程教育专升本毕业生名单（夏季）

机械设计制造及其自动化
　　杨柏年　刘发亮

电气工程及其自动化
　　邹　晋　肖　隆　赵星辰　周　骏　丁团结　程　超　杨俊芳

电子商务
　　周友法　钱　进

法学
　　陶启建　金　鑫　黄　斌　张关林　叶永华　侯海东　马爱芳　孙　莉

工程管理
　　顾　协　王晓磊　李　博　吴崇献　杨　耀　鞠书明　陆建兵　顾玉陶　胡学刚
　　孟　停

护理学

叶　娜	徐园春	徐少君	何秀娣	李　星	黄佳佳	徐　艳	王　翔	周本燕
严　莉	鄢　嫋	贾晓蓉	王　婷	刘海艳	薛小妹	李秀芸	陈　欣	严　杰
杨　莉	苏美华	张　玲	邓明莉	姜　骞	李　倩	金　子	黄美琴	余　静
谢业花	杨碧潇	卞志妹	陈小平	朱伟霞	王莉莉	朱　慧	魏　琴	王丽媛
王　丹	沈爱华	王久雪	丁小红	高彩梅	黄　蓓	孙　轶	韦　霞	许双蛟
蔡　静	李海燕	陈　英	王　林	李　俊	汪　月	郁聪聪	芮　丽	王　霞
查子娟	张美华	曹丽芳	汪　莉	杨　雪	余冬娣	王　青	唐　婷	朱媛媛
王　娟	潘　宁	芮玲霞	张　茹	王海玲	朱庆华	魏金芬	吴星星	庞　静
乔雪萍	杨亚春	冯　蕾	卫燕青	张静娴	马　雯	庞文燕	厉德玉	叶　华
魏　云	邵柔玉	贾春萍	施秀云	谭静静	赵　萍	王桂兰	胡曼斐	包成杰
张白玉	张君红	何孔霞	顾爱英	陈冬芳	纪甜甜	丁　瑜	潘亚香	汤一君
郑　梅	刘莉敏	霍　婷	邹　芬	郑　琳	蒋戏亚	朱　萍	梁迎迎	华东育
高一咏	张莉华	王丽霞	张红梅	张　娜	蒋　奕	王　菁	路　敏	吕小红
周　艳	姚小飞	吴竞先	袁　烨	吴　雯	虞　蓉	杨　婕	施　益	王英媛

彭春燕	尹海娟	李燕茹	陈　艳	王　菊	李　茜	蒋　挺	朱　静	包慧英
朱　旦	吴玛丽	唐　艳	王　黎	曹文慧	沈　霞	唐　霞	翁　萍	金雪莲
邵娜君	庄佳怡	戴　佩	徐　敏	徐玉萍	薛志秋	姚　莉	丁　茹	王　华
李华琴	朱　琳	戴蒋亚	史　鸣	许文娟	陈　平	陈彩红	王梦丹	毛少娴
周　璇	陈　晨	戴　霞	姜文娟	石亮亮	孙　伟	李春燕	孙　璐	黄　萍
韩　美	沈璐璐	王　静	曹雪梅	戴慧燕	赵　霞	夏　清	陈　丹	唐　玲
佴永芹	居　莉	吴　娟	徐　玲	孙　霞	仇　燕	钱春艳	吴许丹	田亚玲
王　卉	高　迪	庄　艳	孔　萍	张玉梅	马玉萍	董潇雨	曾雯雯	曹　娟
金　苗	陶　嫒	徐　丹	吴健萍	陈　菲	潘兰妹	刘　群	陈　静	汪　蕾
张莉莉	张兴明	许爱群	姚海娟					

- 会计学

　　樊良玮　黄玉东　郑梦竹　鞠　花　赵春美　陈　敏

- 旅游管理

　　魏秀典

- 土木工程

　　刘泽勇　张　晨　顾　平　宋龙飞　胡光明　蔡丛兵　金　鑫　史志鹏　宰俊涛
　　王　志　徐　韬　孙有健　万卫东　贾庆葵　黄才福　杨　帆　赵　鑫　郝秉一
　　周仁松　周妍梅

- 政治学与行政学

　　陈　静　裴　玲　张　震　薛　诚　刘勇定　张晶剑

2013年成人教育业余专科毕业生名单

护理

安　洁	白梦秋	白　蓉	柏春芹	鲍婷婷	毕红萍	卜　云	蔡　煦	蔡长艳
曹海霞	曹佳佳	曹圣玲	陈　忱	陈　光	陈海蓝	陈金霞	陈瑾瑢	陈　娟
陈立娟	陈梦雪	陈　森	陈　敏	陈　敏	陈启红	陈　琼	陈沙沙	陈　硕
陈亭亭	陈　伟	陈兴丽	陈雅娟	陈　洋	陈　艺	陈永敏	陈　媛	崔玲玲
戴安娜	戴琳琳	戴文艳	单海微	丁晶晶	丁曼娜	丁晓敏	丁亚凤	窦道静
窦道利	杜　丽	杜亚会	范红英	范金梅	范利娟	范美娟	范　婷	范婷婷
范莹莹	方　璐	方　倩	方晓静	方竹雅	冯　莹	冯　颖	付　丽	付　瑞
傅　娟	高　慧	高丽丽	高文婷	郜　阳	戈建婷	葛冬芹	葛金花	葛玲玲
葛　琼	葛荣娟	葛晓曼	葛　雅	葛　阳	耿　静	耿　娴	耿小庆	龚　静
谷兆珊	顾春芹	顾向梅	韩丹丹	韩　双	何春艳	何　慧	侯　婧	侯青青

后红燕	胡崇梅	胡海婧	胡荷莲	胡兰	胡梦琼	胡晓丽	胡雪娇	胡艳	
胡艳	华海荣	华晶晶	华凯丽	黄传丽	黄佳	黄金花	黄玲	黄晓玲	
霍嫦娥	吉盼婷	季晓婷	江多	姜冬艳	姜焕	姜黎黎	姜玲玲	姜薇	
姜旖旎	姜莹	蒋金笑	蒋婷	蒋玉芳	金辰	金婷婷	冷文静	李贝贝	
李成凤	李丹丹	李桂芝	李会芬	李加芳	李婧	李静	李菊	李玲	
李敏	李青	李沙沙	李石岩	李婷婷	李文静	李雯雯	李小红	李晓春	
李晓梅	李艳	李莹	李悦	李珍	梁红敏	梁培培	梁笑红	林静	
刘翠红	刘桂林	刘佳佳	刘静	刘蒙	刘梦雅	刘南洋	刘茜	刘芹	
刘艳	刘燕	刘园	刘赟	龙明珠	卢洪华	卢珊	卢素萍	陆云	
吕娟娟	吕双东	吕腾月	吕伟伟	马娟	毛敏	毛荣秀	毛正萍	茆娜	
缪淼	莫颖	南金枝	倪菁	倪萍	聂苏林	牛洁	潘婷	戚红艳	
戚明明	钱单单	钱红梅	钱丽丽	钱培培	秦祥花	秦晓娟	邱志静	屈云飞	
任丹青	荣利杰	荣涛	荣小婷	荣星星	邵亚楠	佘春雪	沈会敏	沈洁	
沈思羽	沈婷	沈亚梅	沈严	石孟丽	石宁	史爱英	史洁	史良静	
宋聪聪	宋利	宋晓倩	宋延静	宋紫月	岁利荣	孙春英	孙红蕊	孙娇君	
孙玖玲	孙倩	孙茹	孙玮	孙文静	孙雪	孙也	孙园园	孙月凤	
孙云	谈大秀	汤婷婷	汤雅文	唐朝辉	田婷	屠晓梅	汪宝红	汪沫	
汪茹	汪小青	汪一婕	王爱利	王宝莹	王春娣	王娣	王海艳	王汉青	
王娟	王蕾	王立青	王利梅	王萍	王萍	王茜	王茜茜	王秋菊	
王素琴	王涛	王甜甜	王婷婷	王彤彤	王文静	王妍	王彦柳	
王艳	王艳	王燕	王一茹	王英	王莹莹	王玉立	王媛媛	王月月	
王紫涵	韦巧红	韦涛涛	魏迁	魏稳	魏笑	文艳	沃林娟	邬刘芳	
吴东艳	吴格	吴海艳	吴海燕	吴娟	吴丽	吴庭	吴婷	吴小东	
吴小路	吴小宁	吴晓利	吴星星	武玲玲	武银娥	夏凤楠	夏海艳	夏青	
谢嫦娥	邢倩	徐红艳	徐杰	徐洁	徐娟	徐兰兰	徐蕾	徐凌云	
徐梦洁	徐明明	徐舜筠	徐甜甜	徐文婷	徐笑笑	徐燕	徐莹	徐媛媛	
许江红	许晶	许培培	许婷婷	许婷婷	许兴平	薛冬红	荀娇	严露	
颜芳	杨白云	杨成成	杨欢	杨欢欢	杨会	杨慧慧	杨青青	杨琼	
杨晓艳	杨星	杨艳	杨洋	姚红萍	姚慧	叶晨	叶丹	乙笑笑	
殷亚玲	尹雪	于婷	俞思岐	虞金凤	郁苏云	郁星星	袁玲	臧娟	
张阿芳	张爱琼	张冬娇	张广梅	张海妹	张海清	张红	张洪丽	张会	
张杰	张进京	张静	张静妹	张娟	张君	张黎明	张丽	张莉	
张林云	张玲	张闽宁	张娜娜	张倩	张庆	张琼	张秋红	
张苏	张婷	张薇	张娴	张晓菲	张岩利	张艳	张艳乐	张燕	
张永丽	张玉凤	张媛	章会玲	章利娟	章文	章笑惠	章亚男	章艳	
赵彩连	赵玲丽	赵巧云	赵文巧	赵旭	赵玉蓉	郑惠	郑青	仲洁	
仲静	仲立秋	仲林利	仲玲玲	仲梦媛	仲婷婷	仲小会	仲小妹	仲媛媛	
周白	周春香	周丹丹	周凤	周蕾	周玲	周玲玲	周梦洁	周梦雪	

周敏霞 周 芹 周 青 周思源 周婷婷 周瑶瑶 周业莲 朱 丽 朱利利
朱亚娟 朱阳琴 朱 烨 竺津仙 竺婷婷 庄 会 庄金冬 卓培培 邹广华
邹 雪 左昌兰 左丹丹 左芳芳

会计电算化

安静静 白 苑 曹桂花 陈红霞 陈 茜 仇云霞 戴 勇 杜芳芳 方学娟
付子燕 傅 敏 耿国珍 耿 婷 耿小玲 何 璠 胡 坤 姜 馨 李成萍
李美娟 李 雪 李叶雯 刘绪兰 刘雅弥 龙振雪 鲁 超 鲁 文 栾 丹
骆 芳 马春梅 梅 娟 倪珊珊 潘 娟 濮潇洋 乔立君 孙帅娜 陶丽君
汪 婷 王冰冰 王海琴 王 静 王玲莉 王 敏 王兴锦 王训芳 王益林
位 露 吴琼琼 吴 燕 相桂珍 谢高娟 谢丽丽 王 杨 于 盼 翟 鹏
张 贝 张德翠 张葭蕾 张 阳 郑 舵 郑银君 周 静 周小利 周 云
朱正敏

临床医学

鲍俊成 别怀军 苍胜亮 陈红林 单雅婷 董桂江 范丽会 冯秀芹 高崇娟
高 青 葛 磊 葛盼辉 葛小林 谷 艳 谷永付 韩 娜 韩 强 郝其梅
胡红艳 胡 显 黄华兵 黄 平 霍继军 姬香凝 姜万通 蒋爱娟 靳国权
景 峰 景 永 李 闯 李大鹏 李 飞 李汉青 李锦玲 李 娟 李树光
梁道遥 刘世伟 刘素芹 刘晓峰 陆 云 苗 琪 宁成彩 潘 菊 彭小虎
钱 松 乔腊梅 乔伟丽 郄红静 秦 红 秦学青 邵文光 沈淑雨 史洁琼
侍沭中 司汉超 宋卫宁 孙洪喜 孙玮玮 孙 阳 唐连娣 汪迎华 王 璠
王海燕 王洪光 王晶晶 王立明 王乃国 王 强 王万杰 王 云 王振军
吴洪绩 吴荣昌 夏明云 夏以青 项梅芳 谢永辉 徐彩霞 徐国莉 徐 庆
徐艳红 徐 燕 许 波 颜怀安 杨 扬 叶小燕 袁 丽 张恒芳 张 慧
张加芝 张乐华 张文武 张晓静 张 艳 张玉珍 张子兵 章 勇 章志祥
赵 峰 赵计敏 赵 亮 赵兴波 赵学良 郑 兵 郑连波 周立胜 周秋伯
周晓梅 朱先才 庄冠军 庄国杰 庄国伟 左月华

市场营销

白雪锋 蔡云云 曾 涛 陈 敏 陈 群 陈文娅 陈 秀 陈 燕 陈燕洪
陈银凤 陈 源 狄世萍 董福林 范梦武 方 羽 冯 骏 古明珠 顾晓明
胡 岚 纪文俊 姜玉文 蒋永惠 金 涛 孔玮莉 李晨晨 李奶珠 李胖胖
李 全 李苏珊 李 玉 梁 亚 梁 宇 林 芳 刘 芳 刘进兵 刘晶晶
刘 郁 刘 园 刘振东 倪生高 戚玉慈 沈 俊 沈 明 沈晓萌 束丹丹
唐 杰 唐晓磊 陶婷婷 陶小利 王 超 王 丽 王 莉 王 敏 王文文
王正雪 魏 莉 吴志强 谢成菊 许 欢 薛元英 叶云 伊丽娜 殷 芹
袁华珍 张 莹 章启月 赵 黎 庄金梅 庄露露 左 利

物流管理

蔡 屹	常 诚	崔殿伟	狄 英	甘楚楚	甘雅倩	高 飞	郭 培	胡 练
黄明伟	姜 恒	康倩倩	李伟伟	李中锋	刘 斌	刘 诚	刘凤娇	刘潇潇
刘 燕	刘云莉	明广云	莫 寅	潘金中	庞 梅	钱海燕	秦玲丽	施润娴
舒巧艳	孙启丽	唐光光	田如燕	汪昌发	王德静	王建国	王坤俐	王 丽
王远刚	王志娟	吴云凤	熊世芳	徐 芳	徐 伟	许 捷	杨平平	杨 文
杨兴玉	杨 延	叶 红	应永芳	余荣荣	张光喜	张建梅	张 玲	张名星
张 芹	张秋香	周 雷	周 然	朱 强				

医学检验技术

蔡彤彤	蔡晓云	曾荣荣	陈 蓉	陈永康	戴俊涛	丁 洁	丁孝凡	杜 娟
范馨艺	郭 婧	郭 娟	韩 静	韩玉娟	胡 旻	胡 婷	胡小敏	黄 慧
嵇伶俐	姜 曼	姜一敏	李碧清	李 清	林 胜	刘菁菁	刘 萍	刘甜甜
刘一力	钮 艳	裴威利	秦 虎	秦 雪	屈士英	宋 农	孙春琼	孙庆明
孙 盛	孙香香	唐桂荣	唐 堂	王慧敏	王 珂	王美英	王 萍	王绪彩
王艺霖	吴建耀	吴永兵	伍学平	徐晓玲	许 媛	严加林	袁 亭	翟秀敏
翟又霖	张秋月	张思静	张 洋	张 云	赵春艳	赵文静	赵梓舜	郑厚健
钟华林	仲 校	周锦斌	朱晓丽	邹正洪	左月媛			

2013年成人教育业余专升本毕业生名单

电子科学与技术

卜祥建	蔡青源	陈 芳	陈智鹏	封昕妮	葛绘林	管银玲	郭 乐	姜群科
蒋 毓	李光海	李月华	马加春	毛占岩	裴玲玲	秦绪威	沈玉柱	施金云
舒 尚	宋云坤	唐 伟	王秀鉴	魏盼盼	邬汉昌	吴国栋	徐 俊	郑 超
周 尧	周艺璇							

电子信息工程

常高华	陈 瀚	陈立荣	陈梦洁	陈 璿	陈新磊	成 诚	丁树景	董沙沙
杜 彬	方 媛	付金瑞	高 兵	龚黎黎	龚 幸	郭正新	韩 冰	韩 健
韩 煦	韩寅冬	侯建廷	胡 菲	胡江博	胡义杰	黄亚萍	黄 勇	江加强
姜 军	蒋莲花	金文翔	金 宇	孔令华	李 斌	李 超	李冬梅	李明津
李 琦	李 帅	李 祥	李 响	李益平	梁琳琳	林 燕	刘 宁	刘珍珍
卢梅堃	鲁德元	陆永武	骆君东	马 璐	马跃祥	倪 洋	倪志超	欧 飞
潘 诚	钱明莉	秦金海	瞿敏辉	权 煜	任管平	施秀敏	施祖康	史 强
宋 娴	苏 晨	孙利明	孙庆峰	孙 煜	孙 越	汤厚宏	唐立源	唐 韬
王 娣	王 凡	王洪康	王克阳	王响宇	王新峰	王 瑶	王业松	王 勇

王　勇　吴春伟　吴金翠　吴　雷　吴丽丽　吴文强　伍　茜　肖平萍　徐　慧
徐　露　徐帅峰　徐　涛　许金亢　宣　寅　闫庆国　严秋生　杨德森　杨　健
叶　雷　尹　毅　尤　静　于晓阳　余永跃　袁加金　袁加跃　张　贺　张洪桃
张加峰　张力峰　张鲁宁　张兴亮　赵　阳　郑臻伟　周红林　朱俊飞　朱　龙
朱胜荣　朱延仓　朱悦坤

国际经济与贸易

柏　文　曹　杰　陈　峰　陈洪雁　陈　平　陈先锋　陈晓慧　陈志超　程道丽
戴富东　丁帮毓　丁美琴　董　源　范姣姣　冯　蕾　冯威浩　府海峰　傅春芳
顾　宸　顾丽丽　顾帅彦　顾英彦　过驾阳　胡跃红　华　阳　黄玲玲　冀春雨
贾庆国　姜　慧　李　鸿　李　静　李小娟　李　阳　李宜光　李泽芳　李章良
刘红梅　刘宏杰　刘　惠　刘晶玉　刘静燕　柳琼君　陆敏慧　马剑雯　钱　凤
钱　凯　钱　怡　秦　军　秦燕娜　曲　莉　申俊华　施　俊　宋　鹏　孙　琳
孙　森　孙　青　孙　霞　孙云翔　谭　隽　涂　欣　汪慧琳　王凤侠　王　慧
王　婧　王　军　王君超　王　伟　王义春　王永满　王　正　魏梦晶　吴金霞
吴珊珊　吴卓君　谢袁超　徐碧君　许一多　许　超　王鸦莉　杨慧娜　杨培婷
尹　苗　袁　远　瞿　云　张　敏　张琴　张秋萍　宗晓敏　邹　艳
张　敏　张　琴　张秋萍　赵晨　赵春　赵　静　赵　雨　周　娜　周仁凤
朱　琴　朱晓清　

护理学

包丽蓉　包美华　毕庆霞　步金尧　蔡　建　蔡佩青　蔡文惠　曹　欢　曹莉瑾
曹婷婷　曹婷婷　曹鑫坤　曾婷婷　查燕萍　常　艳　陈　晨　陈　冲　陈春梅
陈翠娣　陈　芳　陈国萍　陈海燕　陈佳佳　陈　静　陈　娟　陈　娟　陈　乐
陈　立　陈　琳　陈梅香　陈美兆　陈启凤　陈倩男　陈　欣　陈新新　陈燕萍
陈　尧　陈迎霞　陈颖鑫　陈玉清　陈玉蓉　陈煜文　陈　园　陈园园　成陶然
成秀英　程　琳　程晓霞　迟家兰　崇云红　崔丽娟　崔晓粉　戴惠娟　戴兰娥
戴勤锋　戴蓉蓉　戴　茹　戴　雯　戴玉亭　邓丽君　刁芳卉　刁玉梅　丁桂荣
丁海菲　丁海霞　丁　玲　丁露萍　丁美玲　丁全访　丁世云　丁寿娣　丁婷婷
丁亚艳　丁玉琴　董佳莉　董梅　董寿珍　董雯　范玥　方　芳　方　慧　方丽梅
杜亚芬　杜莹莹　端木丽　凡爱梅　樊凤英　封　倩　冯春艳　冯慧娟
方万莲　方跃美　房丽丽　费明清　费争正　丰谢华　高　晨　高　娟　高君君
冯　琪　冯　薇　傅陈玲　傅云华　皋晓艳　高陈娟　耿悦华　耿志桃　龚林林
高　琴　高艳霞　高　烨　葛　静　葛网平　葛　文　桂丽华　桂文蓓　郭　晨
高谷萍　顾　娟　顾培建　顾晓成杰　顾永娟　管雪娟　郭丽琳　郭玉芹　韩　丽
郭传芳　郭　坚　郭梅　郭建　郭　晶　郭静　郭　青　何　敏　何永凤
韩　璐　韩梅　韩祥霞　韩雪　杭晶　杭永青　何琳　何敏　何永凤
何志莲　洪　红　侯传花　侯广秀　侯　燕　胡玲玲　胡　娜　胡仁红　胡文婷

胡志嫒	华伟	华莹	黄吉霞	黄良才	黄艳	黄友云	黄赵君	霍琴霖	
嵇曹	吉志娟	纪丹	季慧	季乐	季忆	季仲璟	贾春霞	贾静霞	
贾秋萍	贾颖	江丽霞	江萍	江燕	江竹君	姜宏	姜月	姜月	
蒋洪妹	蒋丽	蒋美玲	蒋萍	蒋清云	蒋珊珊	蒋轶波	蒋玉梅	焦琳绣	
焦梅	金洁	金磊	金小花	金晓怡	居恒	李爱香	李丽丹	康小霞	
孔海燕	孔木飞	孔燕玲	孔竹青	蒯敏	景雪慧	李骞	李菁菁梅	李冬方	
李光琴	李和婷	李衡	李红艳	黎敏	李佳丽	李路漫	李文佳	李晶晶	
李娟	李丽	李丽丽	李莉	李琳	李玲	李婷婷	李妍	李敏	
李萍	李萍萍	李巧妹	李勤	李清	李晴	李亚梅	郦田敏	李文娟	
李小娟	李晓娟	李晓萌	李欣	李雪	李雪梅	李志梅	刘丹	李艳	
李焱平	李毅	李寅晨	李玉敏	李远梅	李苑翠	刘晨华	刘菊兰	梁静静	
林玲	林云	凌	凌珏华	凌茜	刘超	刘静	刘青	刘行香	
刘华英	刘辉	刘会华	刘慧	刘佳	刘家玉	刘敏	刘燕	刘娟晴	
刘娟	刘坤	刘露	刘梅花	刘敏	刘敏	刘敏	刘媛媛	刘艺	
刘飒	刘文娟	刘小莉	刘小如	刘晓霞	刘新霞	刘秀莲		刘媛媛	
刘媛媛	刘云	刘兆静	芦妈	陆军	陆荣玉	陆雯	陆小妍	马娟花	
罗静	罗琴	骆明霞	吕洪霞	吕利萍	马川徽	马欢	马晶	梅	
马莉	马宁霞	马蓉	马跃英	马云飞	毛金仙	毛娟	毛圣娴	倪卫娟	
梅恂	孟红梅	孟宪珍	孟亚萍	苗振英	缪海燕	莫国芳	倪娟娟	潘玉娟	
聂嫦玲	聂秋	聂运红	欧娟	潘国丽	潘静	潘娜	潘世红	祁倩	
潘玉梅	庞春霞	庞飞	庞素珍	庞霞	裴永红	濮维珍	齐月兰	邱硕人	
祁雅慧	钱玲玲	钱茜茜	乔莉	秦国兰	秦海珍	秦璇	秦玉梅	沙宏艳	
瞿莹	阙立燕	饶美红	戎美清	戎荣	阮晓艳	芮爱菊	芮烨	盛红梅	
尚惠玲	邵青	佘春美	申书华	沈洁	沈苗	沈敏	沈维玲	束玲玲	
盛金凤	盛莉	盛文锦	施红霞	施巧玲	石娜	时双	史敏	孙冬慧	
水向梅	宋玲波	宋时秀	宋燕	苏丹	苏凡	苏生深	眭春芳	孙晓美	
孙佳	孙江曼	孙菊	孙岚	孙丽平	孙利	孙灵敏	孙文杰	孙晓美	
孙艳红	孙莹	孙玉洁	谈春霞	谈万兰	谈兆梅	谭靓靓	谭龙侠	谭娜	
谭松梅	汤海燕	汤苗	唐芙蓉	唐厚琴	唐玲	唐莹	唐萍玉	唐三田	
陶凤	陶会敏	陶抗丰	陶蕾	陶象娣	陶美娟	陶卿	滕云烨	田丽	
徒运运	万丹丹	万秋红	汪方香	汪洁	汪美娟	汪欢	汪惠	王阿娟	
王才花	王春琴	王春燕	王飞	王府英	王恒梅	王静	王娟媛	王慧	
王佳莉	王佳萍	王瑾	王瑾	王静	王静	王静	王丽莉	王军华	
王坤	王兰	王兰云	王鹏	王黎	王丽	王丽	王丽媛	王灵燕	
王玲	王璐璐	王露	王萍	王琦	王莎	王思欣	王甜甜	王婷	
王婷瑜	王薇	王晓丹	王晓宁	王晓燕	王晓燕	王晓燕	王雪娟	王婷艳	
王艳	王燕	王晓瑶	王益惠	魏飞	魏厚红	魏娟	魏曼莉	魏苗	
魏艳丽	巫玉云	吴背香	吴彩红	吴灿	吴超	吴栋云	吴芳芳	吴佳	

吴洁亚	吴晶晶	吴婧	吴娟	吴蕾	吴丽萍	吴玲玲	吴梅	吴宁		
吴许华	吴雪红	吴媛媛	吴月红	吴武莉莉	吴郝爱凤	夏菁	夏俊	夏舒伟		
夏四美	夏翔	夏晓倩	夏媛	夏云	肖月兰	谢静	谢丽丽	谢伟		
辛苏醒	邢雪	邢羽	邢玉凤	徐波兰	徐城	徐春霞	徐海燕	徐金燕		
徐玲玲	徐龙玲	徐美玲	徐敏	徐宁	徐佩	徐顺英	徐雯	徐希茜		
徐霞	徐燕	许春红	许冬燕	许宏	许慧娟	许家艳	许俊	许俊姿		
许丽	许丽	许婷	许颜	许颖	绪祥红	薛秀琴	薛亚男	严冰		
严朝丽	严凤莲	严凌花	严琦	严琴	颜鸿芳	颜明	颜艳	杨冬青		
杨军	杨靓	杨灵娇	杨玲	杨萍	杨顺龙	杨婷婷	杨小娟	杨小燕		
杨晓娟	杨欣	杨雪	杨雪玉	杨阳	杨玉霞	姚慧	姚娜	姚荣霞		
叶爱玲	叶仙	杨易萍	殷丽辉	殷梦婕	殷琦	殷迅	殷美花	殷志萍		
尹小冬	尹艳	游梅	于菲	于菲菲	于海艳	于丽	于美花	尹晶晶		
于银	余秋苑	俞翠琴	宇凤云	郁萍	郁荣	袁莉	袁文艳	于伟娜		
翟宏丽	翟后红	翟南芳	翟秀玲	湛婷婷	张晨	张春莲	张翠红	臧洁		
张丹花	张芳凤	张凤慧	张国丽	张海霞	张红	张慧辉	张剑	张丹丹		
张俊秀	张黎霞	张立红	张丽	张丽霞	张良勤	张玲	张玲玲	张静		
张美娟	张美娟	张梦娇	张平	张茜茜	张蓓	张琴芳	张青松	张露		
张荣	张婉婉	张维玲	张雯	张小慧	张小娟	张小敏	张晓锋	张清华		
张艳	张艳利	张燕	张燕	张燕	张义兰	张瑜	张雨	张新建		
张玉杰	张玉婷	张玉婷	张钰霞	张岳云	张云	张云	张忠英	张玉娣		
赵宏梅	赵健	赵丽娟	赵玲花	赵玲玲	赵美芳	赵敏慧	赵奇秀	赵桂巍		
赵荣	赵天源	赵小艳	赵燕倩	赵允丽	褚正慧	郑晶	郑萍	赵秋		
郑爽	郑婷婷	郑文	郑志勤	钟海英	仲利君	周传芳	周芬	郑仕园		
周红霞	周洁	周静	周丽	周莉	周玲	周玲	周男	周桂芳		
周群	周蓉	周婷	周娓娓	周霞	周霞霞	周秀琴	周娅	周清芳		
周媛媛	朱宝兰	朱春玲	朱峰	朱冠玉	朱海娇	朱海霞	朱海霞	周玉梅		
朱岚	朱礼伟	朱玲	朱玲	朱陆玲	朱梅	朱庆玲	朱庆梅	朱瑾宜		
朱莎	朱小娟	朱晓林	朱晓宇	朱孝玉	朱学虹	朱妍妍	朱银银	朱蓉		
朱玉娟	朱元娣	朱玥	朱芸	朱长虹	朱	朱珠	竺春霞	朱玉芬		
宗丽平	邹春霞	邹宁						庄咪咪		

会计学

毕海琪	卞海棠	曹晗	曾庆露	曾瑶	陈爱珍	陈超	陈建华	陈丽		
陈玲	陈星	陈寅	陈宇亮	陈宇喆	戴怀芳	邓荧	丁佳灵	丁伟玲		
董莉	方洁	冯健	甫爱娟	皋桂霞	高薇薇	戈玉梅	葛丽娟	郭召婵		
郝晶	何勋	侯佳	胡恒剑	胡敏	胡敏华	胡燕霏	花卉	花倩晨		
黄婧	纪萍萍	季芹	蒋孝丹	居力	孔祥雨	蒯燕婕	蒯迎春	李蓓		
李梦	李泽伟	梁娜	凌	刘晓曲	鹿玉红	罗日禾	马瑶	毛珍珍		

倪　娜	潘　露	彭　帆	钱　芳	钱静进	钱素贵	秦照君	屈　晓	沈　萍	
盛　月	孙景霞	孙　乔	孙英杰	唐　静	唐娜娜	唐　蔷	田希文	屠芝娟	
万　颖	汪瑞娟	王爱玉	王　飞	王　捷	王金秋	王均锋	王梦颖	王苗苗	
王　明	王明星	王　倩	王婉文	王旭芝	王娅珺	王媛媛	邬婷莲	吴　迪	
吴飞飞	吴红梅	吴　杰	吴　榕	吴尚艳	吴宇洁	吴子月	武金莲	武正玉	
夏仕群	夏　炎	谢思颖	徐丽娟	徐珊珊	徐文珍	徐小凤	徐雅馨	徐　砚	
许　飞	闫　艳	严炜烨	杨　怡	殷　赔	尹　超	于　茜	余志辉	袁婷婷	
岳　欣	翟　丹	张　洁	张　静	张　静	张俊侠	张　丽	张　莉	张婷琦	
张　晴	张　涛	张文娟	张文清	张雯洁	张晓娜	张　绚	张永维	张智智	
赵　泉	赵一璇	郑晶晶	郑　娟	郑媛媛	郑志威	周桂荣	周丽丽	周宇丽	
朱成臣	朱澄旭	朱红军	朱嫣梅	朱志娟	庄静怡	邹庭亭			

计算机科学与技术

贲建军	曹　炜	陈孔龄	顾海洋	顾峻魁	贺　熹	黄道捷	季春东	贾文晶	
贾雪锋	江晓波	蒋天翔	金　时	靳红香	况作晟	李　广	李其泉	刘慧青	
刘业强	吕华山	马　刚	梅春文	邱学娟	孙　轲	王　程	王　剑	王昆俊	
韦　剑	徐科高	徐汝锋	许海峰	薛寅光	严　骏	袁海金	张　伟	赵　俊	
朱　静									

临床医学

鲍友毅	毕义欣	毕长亮	蔡　晨	常丽璟	陈　春	陈　峰	陈　峰	陈　虹	
陈　建	陈　静	陈　静	陈　娟	陈开敏	陈　科	陈　琳	陈　玲	陈　苗	
陈明霞	陈　平	陈秋萍	陈婷婷	陈　玮	陈小林	陈玉霞	陈正华	程从荐	
程　燕	池雨栩	崔　燕	戴吉祥	戴培林	戴　石	狄发娟	丁伯金	丁　峰	
丁雪俊	丁一红	丁志刚	董礼飞	窦如荣	端　繁	端淑华	凡辉文	范荣凤	
方志恒	冯　敏	高　飞	高业刚	葛云霞	弓　剑	宫爱华	郭畅畅	郭梅娣	
郭万标	郭桢文	韩志红	杭海军	何厚霞	何　俊	洪　芳	侯慧丽	胡志兰	
华新花	黄森林	黄杏花	黄阳琴	嵇家燕	吉剑锋	贾　诚	贾小红	姜银娣	
蒋丽娟	金富霞	金文华	孔尼尔	孔　晟	孔祥富	雷　明	李大鹏	李　丹	
李红花	李红梅	李建美	李　宁	李　蓉	李希斌	李信桂	李学俊	李耀忠	
李长福	林　涛	刘冬梅	刘宏军	刘荣元	刘叶明	刘增斌	刘长安	刘志春	
陆　洋	栾　丽	骆新华	吕慧敏	吕夕祥	吕重祥	马国祥	马俭云	马元虎	
马在培	毛　兵	毛红军	毛相玲	毛重祥	毛　伟	潘明亮	马　丽	裴吾勇	
彭丽丽	平克梅	秦　明	秦　强	秦　伟	邱　晶	潘士龙	庞晓晨	芮国民	
尚　飞	邵　华	邵任斌	沈　华	沈久海	沈荣国	任　娟	任志鹏	司家妹	
孙化静	孙轶萍	孙迎春	汤　年	汤　群	陶朵花	陶　亢	陶庆兰	陶晓惠	
陶绪娟	田　松	童海涛	徒宏亮	万　敏	汪国俊	汪　霞	王邦华	王德全	
王　芳	王福娣	王华军	王　化	王开健	王　坤	王　磊	王　丽	王　莉	

王　莉　王　霖　王　卿　王秋凤　王淑青　王晓蝶　王　燕　王杨祝　王玉康
王照生　王　中　魏春景　魏春岚　魏启明　魏　巍　魏馨林　文　霞　翁前进
吴勤海　吴月琴　夏定虎　夏　飞　夏锦兰　夏云凯　肖少平　谢俊杰　谢莲娟
谢志勇　邢琳玉　徐海燕　徐卫华　徐贤本　徐小艳　许国民　许晓祝　许　云
许兆燕　薛昌林　严晓宇　颜年福　杨东明　杨行进　杨家琴　杨　丽　杨　琴
杨小平　杨小燕　姚　虹　姚晶莲　业绪根　叶仲科　殷剑波　殷雪霞　尹俊彦
余海英　俞　铖　俞东霞　俞志钰　喻礼胜　翟道溪　张春红　张广显　张　红
张丽华　张　琳　张明霞　张鹏华　张士琴　张太玉　张　伟　张晓媚　张义娟
张永红　张　媛　张　振　张志伟　赵斐斐　赵　红　赵　敏　赵上红　赵　云
郑玲玲　周朝玥　周绘锦　周久梅　周　玲　周琼静　周兴龙　朱建国　朱　培
朱　铁　朱长松　邹德海　邹云飞

土木工程

毕大海　曹　峰　曹建华　曹　敏　曹　阳　晁　珺　陈冰峰　陈恩苹　陈广龙
陈　慧　陈　健　陈　力　陈　伟　陈晓东　程　卫　崔超逸　崔海峰　笪　云
戴国佳　戴守勇　单法东　丁　峰　丁历卓　董振国　段振凤　佴仁飞　方　俊
冯　娟　冯玉凡　付　龙　高　健　高星峰　葛小兵　龚钦阳　顾刚明　顾理达
顾群峰　顾水井　顾天立　韩　龙　贺美华　洪亚强　侯　媛　胡新华　胡长建
胡志平　华晓峰　黄大卫　黄卫国　黄晓龙　嵇　娟　季　剑　江梦瑶　解　斌
金晨亮　金　竞　居　闰　孔　伟　李　超　李金涛　李　静　李龙娟　李　强
李　杨　梁　芳　梁锋雷　梁少卿　林　杨　刘爱国　刘慧敏　刘家浩　刘家虎
刘　锐　柳滕亮　陆　萍　陆　廷　陆万钧　罗　镇　马丽娜　毛登全　孟凯伦
孟林峰　孟庆炜　穆　琦　欧阳可丹　潘炳寰　潘春华　潘海建　潘龙捷　彭海云
彭红伟　浦　晶　祁　锋　钱淼岗　钱汪洋　钱媛媛　强君华　乔　婷　秦红钰
邱　彬　任　浩　任　磊　任　伟　邵文东　沈海霞　沈　娟　沈周青　施向荣
施志强　时　军　束永业　宋海燕　宋鹏飞　孙　华　孙　爽　唐泽民　陶　晶
田　梦　佟　瑜　童　欢　万雪峰　王必成　王晨光　王金龙　王少琰　王铁山
王婷婷　王　艳　王　扬　王一杰　王逸东　魏欢欢　吴俊生　吴　凯　吴　敏
吴言萍　夏钲涵　冼　珂　谢　斌　谢立祥　邢　晟　邢小花　徐　多　徐华阳
徐秋辰　徐新燕　徐鑫鑫　徐映珠　徐正江　许　斌　许盼盼　许秋雯　严宝峰
严光华　杨恩霖　杨　健　杨乐玲　杨晓玲　杨　晔　杨颖颖　杨志凤　叶　明
殷　杰　尹军成　尹鲁强　尹秀磊　岳　阳　张　嫣　张　浩　张家祥　张　凯
张　磊　张强军　张　勤　张　伟　张　郑　张益国　张永兴　章丽燕　章晓雷
赵　雷　赵亮亮　赵明娟　赵重意　周　丽　周　诚　周海歆　郑　伟　郑宇轩
钟　宇　种　诚　庄　远　周浩昊　周荣梅　周　歆　周在春　朱安虎　朱明佳
朱旺昌

物流管理

汤雪栋

医学检验

柏丽丽	包冠青	陈彩云	陈海凤	陈继良	陈秀娟	陈 煦	程素红	程 侠
程 媛	仇 丽	储 雪	笪莎莎	单 娜	丁惠蓉	董飞艳	房凤梅	冯 玮
高 燕	葛 敏	顾晓萍	关保娣	郝慧敏	何莹莹	侯星星	胡艳石	黄书华
黄 鑫	吉 翔	季方园	蒋 珍	焦宇婷	李 陆	李 静	李兰亚	李 玲
李 敏	李 艳	梁 璐	刘爱民	刘 诗	陆 美	马培培	马晓丽	孟宪霜
沈 琼	司 有	宋亚萍	宋月梅	苏秀瑾	孙 会	孙皆伯	孙 瑾	孙苗苗
孙 敏	孙天英	孙维维	唐 阳	汪芬芳	王 芳	王 峰	王 浩	王梅夏
王 难	王听听	王晓静	王 星	魏 丹	吴海军	吴 旭	吴 云	伏来
谢 杨	徐欢欢	徐 蕾	徐 娜	徐同庆	徐 伟	徐英姿	徐于	严翠萍
严 青	杨春红	杨 佳	杨文娟	杨亚群	杨玉芹	姚国峰	姚 丽	殷秀红
雍 蓉	于小静	袁 甜	袁 秀	袁亚春	瞿 婧	张冬琴	张 江	张 静
张连垂	张 璐	张明方	张 桃	张 鑫	张 燕	张迎春	张媛媛	赵青
赵 雅	郑兆丽	周 倩	朱宽云	朱 露	朱 云			

英语（商贸英语）

戴甜甜	李 颖	王 薇	姚 萍	曹 宁	陈雪竹	陈志俊	单 莉	刁俊杰
丁志萍	杜姗姗	范志芳	胡媛媛	黄瑞华	居小亚	李 想	李小天	刘 蓬
陆方娟	罗 倩	骆 丽	马 琴	任 慧	陶 俊	童 岳	涂敏荣	王 春
王 芹	王 艳	夏 琼	徐 乐	徐婉哲	苟娟梅	杨 帆	姚煜宁	殷海群
於璐露	余 洋	张翠翠	张立言	张 梦	朱 茜			

2013 年成人教育函授专科毕业生名单

电子信息工程技术

卞 健	卞 萌	蔡迪生	蔡冬冬	蔡荣华	蔡守华	蔡兴华	曹丽萍	曹亚浩
曹 媛	曾庭飞	常 虹	常以亮	车春建	陈辰辰	陈 芳	陈海云	陈 浩
陈 露	陈明静	陈庆桃	陈 荣	陈文武	成 梅	程 彬	程亚男	单立勇
邓 鹏	丁娟娟	丁 乐	丁书林	丁亚博	丁 晔	董 诚	董 军	董克州
董丽华	董晓琳	樊东东	范正芹	冯沛丽	高 波	高 静	高 杨	葛 丽
贡文明	顾龙超	郭庆辉	郭雪峰	韩 欣	韩鑫瑞	韩 聪	郝 洋	何 勇
胡建平	胡锦秀	胡媛媛	胡增陆	黄陈静	黄 聪	黄婷婷	纪久江	江村东
江丽萍	姜乃玉	金 勇	靳贺贺	孔林丽	李呈明	李广洋	李洪港	江 健
李 磊	李 丽	李星花	李锱星	李 芸	李智勇	梁仕芹	梁 伟	梁哲灏
林冬成	刘丹丹	刘 东	刘光浪	刘国林	刘国明	刘海涛	刘峻峰	刘 兰

继续教育

（右起第1列）孟浩 潘宜萍 宋小莉 唐娟 王瑶瑶 吴丹 夏康康 徐慧 许王兵 杨岚岚 杨智伟 张慧 张永 仲桂州 朱婷婷

（第2列）马国琴 潘晓东 施美丽 唐传贵 王艳莉 魏啸 奚金明 徐川川 徐益 杨俊雨 杨洋 张超 张亚楠 郑小莉 朱平

（第3列）吕占强 潘琴 施成才 汤军 王静 王兴达 魏兰燕 奚吉诚 徐旭轩 颜强 颜胜男 杨旭生 袁本超 张学喜 张世宁 郑倪萍 朱森

（第4列）吕鹏 潘海燕 沈振海 孙成 王飞亭 王雅 魏九佳 吴雅 徐榕 颜强 杨旭晨 喻盛昌 张世宁 赵晓燕 朱洪萍

（第5列）陆莉莉 倪骏能 孙斌 王芳 王芹 魏敬进 吴强 邢铭钰 徐蓉蓉 严丽华 杨晓磊 俞洁 张慎艳 赵倩雯 朱锋

（第6列）陆凤媛 倪静 钱明明 苏雪雪 王芳 王露 王志宏 吴鹏 谢莉莉 徐棋 薛玉梅 杨习洲 雍自云 张巧和 赵猛 周晔

（第7列）刘志娟 倪慧 祁秀梅 苏建文 王丹丹 王玲玲 王之文 吴凯云 谢坤 徐璐 薛阳 杨帅 尹洪兵 张强 赵欢 周龙

（第8列）刘晓冬 缪海慧 戚卫 苏安 汪安 王林 王振宇 吴浩 谢春旺 徐恺丰 薛孝卿 杨巧玲 叶露 张朋 赵国良 周丽 左婷婷

（第9列）刘小燕 闵杰 浦竹修 宋长关 涂祥飞 王林 王莹 吴刚 夏青 徐金成 宣爱军 杨平江 姚旭 张加亮 赵飞龙 周德辉 朱永杰

会计电算化

（右起第1列）陈珑 杜娟 龚雪晶 黄娜娜 李坤耘 李绍兰 梁盛楠 刘长青 闵令艳 任静 宋国 孙晓娜 王逢旭 王丽娜 王媛莉 吴盼盼 薛娇 张方方 张娜

（第2列）陈凡 董继平 龚敏 黄丽丽 李君 李培军 梁彬 刘新彤 孟向南 任宏 宋牧遥 孙文静 王丽娟 王玉萍 王影 吴敏红 臧蕊 詹燕飞 张明珠

（第3列）陈培沛 丁亮 耿朝侠 贺愉 李静晓 李蒙娜 厉瑞雪 刘茹 马芝城 秦莹 宋丹 孙田迪 王翠云 王金枝 王影 吴海艳 徐重阳 喻媛丽 张莉

（第4列）曹淑丽 邓守源 高倩梅 韩金 李蒙蒙 刘秦钰 马文芝 秦常诚 宋丹 孙苗苗 王春红 王惠 王悬 魏小结 徐留洋 喻娟 张丽

（第5列）曹莉 单运梅 高倩 郭维 李惠 李颖 刘楠 吕岩霏 戚宾宾 孙松 王春红 王惠 王悬 魏小洁 徐艳琼 于艳 张磊

（第6列）曹培 程颖 房磊 郭枫 李春梅 李曼 李艳秋 刘楠 吕双双 彭涛 沈文珊 孙莉 王程 王红 王馨曼 魏莉 谢小梅 易小娟 张乐

（第7列）曹程 程娟 房磊 郭春梅 李曼 李艳秋 刘楠 吕双双 彭涛 沈文珊 孙莉 王程 王红 王馨曼 魏莉 谢小梅 易小娟 张乐

（第8列）蔡艳芹 程娟 段爱桃 郭成 李畅 李林林 李晓康 刘娜 陆昭宇 彭繁 沈大岚 孙春芝 王冰洁 王海燕 王清 王芝华 武慧婧 姚稳稳 张静

（第9列）蔡腾飞 陈影 杜文娟 关永慰 蒋翘楚 李莉 李香莲 刘莉 陆露 潘新萍 邵明浩 苏妹 田 彭鸽 王敏 王震 吴晓艳 杨盈 张欢欢

（第10列）蔡海静 陈影 杜婷婷 龚莹娜 贾朋莉 李理 李维 刘光 娄永侠 宁丹丹 邵华 苏红梅 孙艳 王凤 王梦然 王召娣 吴倩 杨洋 张逢

张青　张情　张腾　张文凤　张翔　张肖　张艳　张依　张玉亭
赵敬敬　赵桥　赵彦丽　赵雨露　赵玉敏　赵媛　钟晓盼　钟鑫磊　周李侠
周曼曼　周璇　周阳　周莹　周莹　朱春迪　朱琳　朱述翠　朱莹
庄春巧　庄巍　卓环　訾鹏程

机电一体化技术

安亭　卞国峰　卜梦茹　卜庆侠　蔡路路　蔡明雪　蔡齐芬　蔡孝龙　蔡玉亮
曹传超　曹丁健　曹洪林　曹亮　曹晔　曹玉虎　曾绍辉　曾鑫　常飞
常桑健　晁飞　晁平　车春涛　陈蚌埠　陈本其　陈兵　陈琛　陈晨
陈丹丹　陈光辉　陈广强　陈国强　陈红照　陈晖　陈辉　陈慧　陈佳男
陈九李　陈军　陈珂　陈雷　陈林林　陈龙　陈宁宁　陈佩　陈朋
陈鹏　陈鹏飞　陈如　陈胜亮　陈伟　陈曦　陈晓春　陈新　陈旭
陈永　陈玉祥　陈允环　陈珍　陈镇　陈志炎　陈忠　成金鑫　程保
程川　程浩　程鹏　程石　程仕杰　程小娜　仇飞　仇姣　仇杰
仇雪波　储启斌　崔成龙　崔冬东　崔冬冬　崔栋　崔峰　崔玉　崔旭
单多　单奇　狄思斯　丁新新　丁毅坤　董晨　董方方　董海笑　董浩
董明　董飘飘　董琪琨　董森　董志祥　董宾凯　董勇　杜彬　杜春
杜明琪　杜卫东　杜文圣　杜岳　段栋　段瑞　段新华　段增云　范凯
范雪微　方召　房巍　费帅　封亚莉　冯佳丽　冯宁　冯相国　伏萌
付刚　付化松　付李　付正腾　傅虹翔　甘洋　高峰　高嘉翼　高见
高敏　高鹏　高圣杰　高涛勇　高伟　高香菊　高洋　高有为　高智
耿道启　耿怀银　耿帅帅　龚跃　顾建强　顾进　顾浩　顾立伟　顾生亮　顾彦磊
管诗亚　管寿明　桂晶晶　郭昌明　郭歌　郭君　郭笑　郭效程　郭帅
郭硕　郭忠毅　郭洲　海亮　海苗苗　韩君　韩笑　韩效程　韩跃
韩正立　郝小凤　何喜　何晓斌　贺克召　洪凤　洪滔　侯彬　侯国军
侯捷　侯文梦　候智彬　胡君慧　胡莲莲　胡明月　胡强　胡廷良　胡绪威
胡媛　胡振海　胡振龙　胡中举　华珍　黄爱军　黄洁　黄锦桥　黄立
黄容　黄威　黄肖　黄正亮　姬海波　姬争孝　纪丹丹　季力　季森
季远见　贾建桥　贾盛军　贾兴代　江涛　姜春艳　姜冬冬　姜霖　姜明新
蒋博　蒋化龙　蒋欢　蒋旭辉　蒋雪雷　焦同意　解丹　金瑞峰　经仁赞
景娇　阚伟　阚月月　康宁　孔猜猜　寇兆祥　李昂　李豹　李炳耀
李波　李灿灿　李衬　李翠翠　李存友　李德喜　李峰　李峰华　李高建
李根　李国豪　李海峰　李海颜　李浩　李浩　李浩源　李和庆　李贺
李恒　李洪涛　李洪腾　李华如　李辉　李济学　李佳　李佳庆　李娇
李娇娇　李凯　李凯　李柯霖　李乐阳　李令来　李龙　李美玲　李蒙蒙
李明晨　李娜　李念成　李盼盼　李朋朋　李鹏　李琪琪　李强　李强
李强　李乔乔　李乔乔　李晴　李庆林　李琼　李冉　李仁义　李荣艳
李森　李圣　李圣军　李胜　李诗琪　李世财　李帅　李爽　李条条

李婷	李桐	李威	李文	李侠	李祥	李翔	李响	李晓伟	
李心愿	李兴鑫	李休	李绪	李宣	李雪	李雅鹏	李妍	李珍	李扬
李耀	李雨晴	李玉龙	李元	李战斗	李长胜	李照	李祖越	廖成	李振
李振	李震	李正	厉海伟	梁娣	梁国来	梁圣	梁祖越	廖成	
蔺光宇	蔺欢	蔺翔宇	凌珊	刘保卫	刘冰	刘超	刘超智	刘楚辉	
刘闯	刘大伟	刘丹	刘峰	刘光辉	刘国强	刘海峰	刘欢	刘辉	
刘佳	刘凯	刘磊	刘黎明	刘立亮	刘立洋	刘利娜	刘璐	刘敏	
刘鹏飞	刘庆伟	刘琼	刘全	刘涛	刘通	刘旺	刘文佳	刘文强	
刘希省	刘香	刘萧萧	刘小静	刘晓文	刘徐阳	刘学艺	刘雪维	刘训龙	
刘亚	刘亚萍	刘亚琦	刘洋	刘姚姚	刘祎	刘玥	刘云峰	刘长发	
刘兹凯	刘子嘉	柳宏亮	柳杰	卢宝军	卢洁	卢明志	卢毅	陆晨晨	
陆静轩	陆明明	陆小萍	鹿旭旭	鹿永飞	罗方红	罗根成	罗婉军	罗震	
吕昊阳	吕立超	吕爽	马超	马光敏	马海波	马雷	马立顺	马亮	
马玲玲	马腾	马文飞	马雅林	马跃	马震	满峻臣	毛京	毛鹏飞	
孟成	孟椿皓	孟凡	孟华俊	孟靖达	孟琳	孟容宇	孟宪伟	孟游	
孟游	孟雨晴	苗巧	闵凡	穆春胜	倪家政	聂礼玉	潘翠翠	潘贺	
潘品祥	潘然	裴珂	彭明旭	彭鹏	彭伟	彭珍	戚明琦	齐伟	
祁书东	祁阳光	钱程	钱玉雷	乔兵	乔飞	秦猛	秦婷	秦亚	
邱汗	邱智	瞿陆园	权婵婵	权蒙	权莹太	任红	任帅	任振亚	
阮义龙	桑猛	尚宁	尚平婷	尚帅	邵海波	邵明亮	邵卫	沈圣林	
沈言严	盛坤昆	盛英俊	师客	施春蕾	施黎明	施文	石慧	石小马	
拾井峰	史经伟	宋彪	宋浩	宋星海	宋亚情	宋炎骏	宋源	苏斌斌	
苏超楠	苏杰	苏洋	孙昂	孙贝贝	孙彬娜	孙超	孙凤其	孙海峰	
孙航	孙浩	孙惠飞	孙杰	孙进洲	孙坤坤	孙雷	孙美琴	孙猛	
孙猛猛	孙梦琪	孙晴	孙泉泉	孙统赞	孙星	孙勇	孙玉林	孙玉林	
孙志荣	孙自新	谭凯	汤继伟	陶波	陶国庆	陶子杨	滕柳	滕雪斌	
田升	佟京	佟雪	佟池	佟园	汪洪	汪宇	王本海	王斌	
王冰	王彩红	王超	王传仕	王传毅	王大伟	王贝贝	王冬	王方洋	
王峰	王海朋	王何潇	王恒	王恒	王厚星	王怀骐	王冬辉	王会	
王靳伟	王晶	王娟	王开畅	王凯	王康	王珂	王可可	王乐	
王磊	王磊	王莉	王路	王璐	王璐	王珞羽	王芒	王梦龙	
王敏	王明亚	王明月	王娜	王楠	王宁	王宁	王盼盼	王朋	
王鹏	王鹏春	王强	王强强	王钦	王瑞林	王瑞雪	王睿辰	王沙沙	
王珊	王世伟	王书伟	王舒	王帅	王帅	王顺	王涛	王涛	
王腾	王天文	王桐桐	王桐桐	王薇	王维	王伟	王伟伟	王伟欣	
王文莹	王先	王香玉	王翔	王潇	王晓阳	王笑	王鑫	王兴国	
王旭	王旭	王雪玉	王亚	王亚	王亚楠	王盐滨	王燕军	王洋	
王洋	王银春	王永刚	王宇	王玉龙	王渊	王钊	王召银	王震	

王郑磊	王志国	王作鹏	魏光辉	魏盼	魏琪	魏小祥	魏子淮	吴宝平
吴超	吴迪	吴海鹏	吴辉辉	吴建	吴凯强	吴若枫	吴世民	吴数数
吴腾飞	吴艳双	武海军	席乐乐	夏鹏	夏天	夏晓辉	夏永	相红利
相鹏	肖传标	谢飞	谢广涛	谢游曼	邢宏立	徐超	徐晨	徐晨
徐德	徐东	徐二朋	徐海青	徐昊	徐鹤	徐洁	徐磊	徐默涵
徐璞	徐扦	徐朔	徐伟	徐文飞	徐习习	徐洋	徐意	徐正清
徐忠倩	许可	许诺妮	许全	许雨晴	许治国	薛伏	薛蕾	薛亮
薛全	薛胜堂	闫畅	闫成建	闫国庆	闫洪雨	闫骏驰	闫路路	闫涛涛
闫武龙	闫鑫	闫岩	严泉	杨斌	杨雨	杨波朋	杨灿	杨成鹏
杨帆	杨光	杨广欢	杨浩	杨家鑫	杨凯	杨朋	杨鹏飞	杨森
杨维龙	杨维强	杨孝龙	杨星	杨烨	杨毅	杨震	杨中全	杨卓琦
姚卫星	叶萌	殷胜	殷永	尹想	尹雪玲	尹召亮	于波	于胜楠
于涛	于天马	余梦秋	余晓航	俞洋	郁言珍	喻欢	袁嘉	袁龙永
袁盛	岳亮	岳珍	昝驰	翟曼菁	詹涛	展逞禧	张贝克	张成魏
张闯	张冬	张峰	张伏苏	张国梁	张虎	张建峰	张建明	张剑
张杰	张奎	张利	张林娟	张林生	张龙亮	张路	张梅	张蒙
张蒙蒙	张盟	张明	张囡囡	张宁	张培沧	张佩	张倩	张强
张青	张权	张如如	张树柏	张帅	张硕	张松	张素秋	张涛
张涛	张腾腾	张通	张威	张玮玮	张向志	张新新	张栩	张旋旋
张雪	张亚萍	张扬	张瑶	张要想	张莹莹	张勇	张雨飞	张雨桐
张玉坤	张元鹏	张跃	张增明	张智	张柱	赵超	赵晨	赵川
赵海洋	赵洁洁	赵猛	赵梦	赵启蒙	赵泉发	赵善良	赵朔	赵向辉
赵小钧	赵英杰	赵震宇	甄文善	甄文暄	郑晨	郑迪	郑发展	郑飞
郑焕	郑晶晶	郑钧	郑沛	郑孝	郑艳文	郑长顺	钟腾伟	钟同斌
钟欣	仲建飞	仲义	周彬	周斌	周波	周恩道	周广程	周海洋
周浩	周计程	周健	周军厚	周明明	周明威	周鹏	周萍	周朴
周青	周涛	周童	周威	周伟	周伟	周祥贵	周晓军	周艳
周瀛	周长恒	周智勇	周忠旭	朱彩侠	朱冬	朱国庆	朱辉	朱佳娜
朱家朋	朱健明	朱静	朱静	朱俊恺	朱浪	朱明富	朱娜	朱娜
朱沙沙	朱素冈	朱涛	朱卫东	朱艳	朱友谊	朱宇	朱镇	朱祝青
庄荣信	卓冬	宗晓祥	纵泽天	祖加鹏	祖家志			

计算机网络与安全管理

耿婷婷　蒋峰　李鑫　刘桃桃　刘宇　苗凯　王烁　吴坤　尹静
张骥

计算机信息管理

蔡冯玖　曹林林　曹楠　曹培　曾京平　常路　常毅　陈勃文　陈车

陈峰　陈厚旭　陈杰　陈洁　陈孝武　陈阳　陈雨薇　陈再精　程厚璋　邓雨超
程小丹　崔玉沛　代折　戴金铭　戴世强　单俊豪　单稳稳　邓庆庆　邓高平　韩晴
丁丹　丁凯　丁镇镇　董倩　董晴　董祥波　杜凤月　冯冬陈　韩乐平　孔令冲
葛艳玲　顾陈兵　郭丹　郭梦云　郭鹏　郭森森　韩冰　韩翠翠　黄晴　李慧
郝莹　侯国辉　侯培　胡娟　胡培东　胡香香　黄灿　黄明君　孔令冲　李天翔
黄婷　黄衍蕾　黄玉龙　吉海艳　季　江丽丽　蒋林池　金宝　李冰冰　厉庆华
孔蒙蒙　孔亚军　兰鹏　雷高闯　李爱秀雯　李斌　李赛　李汉权　厉聪　刘静
李菊　李丽　李娜　李鹏　李强　李晴晴　李大卫　李生汉　刘金花　娄修名
李兴　李旭　李亚来　李亚伟　李媛　李振　刘虎　刘聪　刘子滔　马旭
廖蕾　刘峰　刘汉卿　刘红　刘泓利　刘洪伟　刘　刘颖　马文俊　秦冬梅
刘漫漫　刘佩利　刘屈　刘师勇　刘巍巍　刘文兵　马春良　马莉　马祁丽娟　时蕴来
陆柳阳　陆源　吕品品　吕亚平　吕泽瑾　马齐雪如　马时丹　孙慧新　时龙飞　童洋
毛秦艳　苗青　苗玉婷　倪鹏　潘国亮　沈绍羽婷　孙凤洁　孙亚惠　孙田波　王慧君
拾海各　全欣怡　邵刚　佘国宇　沈博亮　苏博　孙明倩　唐维江晃　王琪莉
孙孟琦　史春兰　史光莉　司苏阳　苏阳　谭建宇　汤海涛　王宏波　王鹏　魏婷
王爱庭　孙强　孙权　孙一飞　王桂芹　王茂森　王孟臣　王壮　肖含静
王洁　王璨　王充　王从虎　王露　王旭　王雨晨　王肖蓓　肖莉
王茜　王菁荟　王莉莉　王璐　王涛　吴红艳　吴宏雷　徐金虎　徐静
魏战云　王冉　王升　王淑平　吴海波　徐家坡　徐洁心　徐崇卯　许莉
肖宁　邬悦　吴迪　吴更龙　徐粉霞　徐长佳　徐志红　许冬梅　杨金萍娜
徐彭　谢季伯　徐彬　徐燕　徐义　颜玉萍　杨波　杨冬梅　杨尹　张海珍
许小磊　徐如楠　徐威威　徐瑾　严俊　杨子岳　姚海城　姚伟佳　张露露　张海苗
杨客印　许小雨　闫瑾　严海燕　杨洋威　张超　张冬婕　张端　张伟　张文
张浩　杨丽卉　杨蕊　杨文园　袁佳　张骞　张桃　张露露　张颖　张颖颖
张明　于雪辰　俞超　俞园园　张慧鹏　张涛　张瑶　张颖　张颖　赵淑丹
张晰　张洪营　张慧　张鹏晓　张衍磊　张智昊　赵洁庆　赵理想　赵齐齐　周旺
张玉英　张楠　张培莹　张正天　周磊　周梦虹　周静　周珊珊　赵松　朱婷
郑金伟　张小莉　张小蒙　周　周虹　周　朱祖佳妮　朱莉　朱庆有
周扬　张玥　张赟　朱海平　朱　朱梦　朱庄　
朱伟　郑庆洁　钟永灵　朱飞　朱庄坤　
　　朱佰席　朱雅静　朱一晨　
　　朱效忠　

建筑工程管理

白淑园　陈良东　陈云辉　戴楠楠　董顺心　杜明利　房玉环　高园春　耿建峰
郭海斌　郭振　姬良金　李根　李蒙　李苏州　李芸　李正宝　林洋洋
刘夫庆　刘倩　刘权　罗思梅　缪敏　彭向阳　任航　神骑骑　王璐
王艺晓　项德玉　肖峰　徐翰林　闫春茹　杨光　杨磊　姚龙　张成贺

张灌钟　张　燕　张永哲　张志杰　赵防震　周　政　朱　伟

三维动画设计

曹文亮	曹小月	陈古欢	陈南南	陈婷婷	陈　艳	仇为佳	戴　伟	丁晶晶
丁玉林	董常月	董　书	房素娟	冯金慧	付迎春	顾　敏	胡娟婷	花丹丹
黄玲玲	黄苗苗	黄平平	季佳慧	贾春霞	江玲玲	姜　琳	姜　婷	蒋凤连
蒋　政	孔凡贵	李春琴	李　丹	李加芬	李建菊	李梦璇	李　萍	李　青
刘　春	刘林玲	刘　玲	刘　奇	陆爱健	陆　萍	裴学祥	彭卫鑫	钱春雨
邱艳兰	沈莲子	沈灵峰	盛盼盼	史玲玲	孙爱楠	孙　娟	孙丽玲	孙伟军
汤惠琛	唐婷婷	陶　蕾	汪孟萌	王红兰	王晶晶	王　丽	王　静	王梦娴
王楠楠	王　骁	王　旭	王　燕	王玉娥	温茜茜	王　吴	吴美妹	夏晓娟
项　尚	谢　璐	徐兰兰	徐良进	徐倩倩	许　磊	严明礼	羊梦园	杨　娟
杨　凯	杨　玲	姚　远	于　倩	袁海花	袁　严	张　成	张　婕	张　婷
张惟伟	张　燕	张盈盈	张正凤	周德秀	周　玲	周玲玲	周　霞	周　艳
朱　菲	朱婉君							

市场营销

卜媛媛	曹培培	曹雪红	曹　雨	常晓青	晁贝贝	陈　晨	陈　号	陈庭庭
陈　伟	陈　香	陈晓峰	陈秀洁	陈　颖	程意光	代祥杰	党自强	丁　浩
董　浩	杜臣甄	端另恩	方宏伟	冯海燕	冯秀丽	高　露	耿珊珊	耿雪桃
郭秋言	郝沙沙	洪　洁	胡媛媛	吉　翔	贾　珍	蒋　辉	蒋　琦	阚丽娜
李　蓓	李　超	李晓云	李　飞	李华丽	李加伍	李　璐	李梦雅	李　楠
李　强	李莎莎	李晓云	李兴旺	李　阳	李玉柱	李　蕳	李　莹	刘楚燕
刘传信	刘　建	刘　洁	刘　玲	刘　苗	刘　攀	厉婉璐	刘秀秀	刘　燕
刘　颖	柳红梅	路雅晴	马　翔	马志梅	苗丽君	倪晓萱	牛春香	彭瑶田
戚佳舟	乔　权	秦　慕	邱　鹤	权雯静	尚玉爽	宋　梅	陶洪波	然　嫚
佟广晴	汪　伟	王　昌	王海燕	王金波	王　进	王可可	王　雷	王兆辉
王　蒙	王明沛	王培祥	王　闪	魏　乐	魏　冉	吴德印	夏程平	夏凡
谢可可	徐凤凤	徐文秀	徐　艳	徐艳梅	徐玉清	许丹阳	许利平	杨凡
杨海兰	杨　惠	杨明军	杨　强	杨煊晟	杨艳艳	杨　磊	姚卫敏	尹洪懿
于　雪	袁　满	张晨晨	张存良	张　慧	张开峰	张　彭	张　敏	张　强
张晴晴	张　伟	张毅超	张远远	赵国辉	赵珂	赵元	赵思梦	赵雪维
郑春香	周春燕	周　洁	周文静	朱东岳	朱　翔	朱	庄德秀	庄若桥

物流管理

卞海云	蔡大伟	陈　娟	陈苗苗	陈　娜	陈艺璇	陈泽芬	丁立莉	丁　培
郝爱娟	侯春霞	嵇月红	姜苏洋	蒋兰	接铭超	李　洁	李　磊	李修美
李月婷	练勇霞	陆爽月	路　通	蒋罗丹	钱丽清	邱　香	苏驰峰	孙琳琳

孙 荣	唐 润	唐雨婷	王丹丹	王海东	王 敏	王莎莎	王 莹	王珍珍
魏雯雯	谢溢源	许婷婷	许 映	严 园	杨娇娇	袁春雷	袁 沅	张 倩
张伟伟	张 潇	赵榓榓	周 诚	周 玉	朱春兰	朱明霞	宗 琴	

2013年成人教育函授专升本毕业生名单

测绘工程

陈 亮	陈 婷	陈延国	丁旭东	何 景	李小闯	梁 森	凌晨婷	刘江龙
刘庆翰	罗 俊	邱 亮	申 乐	石国锋	王 芳	王 娟	王上坤	翁厚涛
徐 军	姚晓伟	于 滨	臧克家	张 明	张荣船	郑剑锋	周 武	朱海燕

电气工程及其自动化

柏应权	蔡曼莉	操红梅	陈 浩	陈金龙	陈 琳	陈 荣	陈如建	陈 松
陈新伟	程 益	单文杰	单正贵	丁尚元	范世亮	冯守军	冯述祥	符壮飞
付海翔	高 飞	高怀政	韩全宾	韩 文	韩跃亮	侯欢欢	胡菲菲	胡 兢
胡 敏	黄 星	吉晓庆	纪 刚	姜官南	姜 南	解 薇	李 彬	李 斌
李海慧	李 辉	李 倪	李 丽	李明磊	李文培	李秀秀	连建立	梁乃伟
刘 春	刘凤俭	刘和兰	刘 晖	刘培培	刘润青	刘宇涛	陆军阳	马东峰
马晓波	毛文欢	潘守丽	潘绪征	钱 瑶	钱月华	邵树春	沈维成	石 宇
水国庆	司 敏	苏随锋	孙 剑	孙 凯	孙兆会	唐宏超	唐卫栋	唐正虎
屠有玮	万贵明	王帮玉	王 兵	王二鹏	王 健	王 杰	王 磊	王 磊
王 丽	王 梁	王 琪	王淑敏	魏 俊	魏现东	吴慧良	吴 陵	吴绍良
吴钟起	武 睿	夏建勋	夏明权	夏 屹	肖旭波	徐春锋	徐林清	徐 希
许其江	薛 硕	薛中杰	闫文军	杨 勇	叶 凯	于江山	臧国伟	张 浩
张化瑞	张建伟	张 磊	张令辉	张嵩涛	张挺挺	张 曦	张学文	张延俊
赵振华	赵 周	郑 诚	周保贵	周 丹	周国进	周 进	周陆杰	朱安宇
朱荣军	邹 峰							

电子信息工程

陈静和	陈 龙	陈玉玲	戴文雯	丁燕敏	顾慧慧	洪建梅	李春华	刘燕成
龙 越	陆和顺	潘 菲	戚秋媛	谈君兰	汤世全	王 服	王 露	王雅婷
吴宝玉	夏 春	杨 阳	尹加强	游庆海	张华星	赵中炜	周 林	朱健明

工程管理

鲍 剑	卞可人	蔡永清	蔡云霞	曹 伟	曾 婷	曾 伟	常 菲	陈 超
陈国伟	陈海军	陈海平	陈科伟	陈明超	陈新恒	仇崇文	代现丽	戴春荣
董平平	樊江红	范丽萍	方金凤	房敏蓉	冯利丽	傅小波	甘 霖	高 娟
高 丽	葛小龙	葛亚珍	葛紫云	顾青松	韩 锐	韩森森	韩婷婷	侯立安

胡光祎 黄　超 黄　俊 黄　文 黄　琰 黄振国 姬常忠 嵇鹤东 季雄飞
贾方永 姜飞飞 姜合长 姜　华 蒋卫兵 蒋晓芬 金克舵 金志浩 孔　琛
李　凡 李方方 李　娇 李军军 李　黎 李平飞 李倩倩 李善善 李永生
李园园 李中锋 梁　凡 林　超 刘宝银 刘　慧 刘　剑 刘　健 刘金华
刘　艳 刘　毅 刘智哲 刘宗伟 陆　波 陆　斐 陆诗远 罗争争 马连军
马敏敏 马　甜 毛　瑞 毛顺伟 钮晓明 裴海艳 彭晟祺 彭世超 钱　超
钱　城 钱　锋 秦彩虹 邱文生 商　宁 邵　雷 申夫刚 沈静媛 圣　军
施　强 史素芳 宋金玲 宋　磊 宋太平 宋秀丽 孙　艳 汤恺南 陶　健
陶　永 王　辉 王　磊 王丽娟 王　亮 王　璐 王生华 王　通 王为为
王　燕 王　影 王忠磊 韦忠树 吴洪兄 吴江青 吴俊杰 吴　敏 吴　旭
吴亚品 吴雨枫 吴　云 夏　平 谢安跃 谢　琳 徐　昊 徐李兵 徐　亮
徐喜善 许荣华 玄雁燕 鄢冲冲 严　谨 颜　雪 杨　程 杨春霞 杨光磊
杨　茜 杨皖江 杨秀珍 杨中凯 姚丽莉 伊　晶 殷会玲 尹　霆 应建宁
于　敏 俞雅婷 袁　进 张　丹 张慧楠 张　健 张　乐 张　苗 张　敏
张培培 章美丽 赵　超 赵　柳 赵　雯 郑蓓蕾 郑巨伟 郑　荣 郑左艳
钟大伟 钟美娟 钟　琪 周海波 周丽萍 周　通 朱德胜 朱立鑫 朱　楠
朱香飞 卓利泽

会计学

毕雪允 常　庆 陈　露 陈　影 陈远德 丁文竹 董兰洁 杜　萍 段　曼
高东芹 高晓洁 高　雅 高　原 葛　艳 龚　群 谷　雪 郭玉洁 韩佳佳
韩友君 杭　坤 何　静 侯懿真 胡　阳 胡　悦 黄　伴 黄　雪 季金翠
季苏东 蒋雪晴 金　福 金　芹 李　超 李春荣 李　浩 李　静 李静芝
李　恋 李　琳 李小猛 李心怡 李亚惺 梁修华 林　琳 刘　蓓 刘　璨
刘春娜 刘丹丹 刘　芳 刘　璐 刘　璐 刘　清 刘　岩 刘昱岑 刘长燕
马春梅 马　飞 马　娟 孟乐蓉 苗　琳 倪　刚 宁　伟 潘雅靓 彭　鹏
祁盼盼 秦亚奇 任　党 任太磊 邵　倩 邵　蕊 盛　倩 拾　林 宋珊珊
孙　琳 孙　炎 谭　程 谭梁英 谭一聪 唐　波 汪　晴 汪书剑 王春燕
王浩宇 王　红 王慧颖 王建萍 王　娇 王　晶 王　静 王丽黎 王莉娜
王　玲 王　玲 王森鑫 王　敏 王启俊 王　茹 王晓慧 王晓倩 王真真
吴　静 吴九转 吴　茜 吴　珍 武翠平 夏利侠 肖　岩 谢欣余 辛云霞
邢　真 徐地利 许红梅 许　睿 杨小妹 杨　岩 杨　易 叶　伟 余秀花
郁志慧 袁　娜 袁微波 袁　茵 岳桃桃 翟秀莲 张　斌 张方方 张寒华
张　姮 张静静 张　蕾 张　璐 张露露 张梦溪 张　敏 张　敏 张　虔
张　倩 张　茹 张　甜 张甜甜 张委珍 张潇婕 张　燕 张　瑶 张　烨
张　勇 张宇杰 赵　园 郑　颖 郑　钰 周　航 周佳音 朱春波 朱　言
邹　璐 邹小霞

交通工程

戴芳芳	顾正昊	李 安	李宗华	刘 靖	吕兴霞	史贵军	苏 红	王 涛	王 涛
吴建波	吴 凯	徐 晶	杨正哲	张君涛	赵明仁	郑凯元	曹 晖	曹 亮	曹 亮
曹 涛	曹艺馨	常 青	陈付康	陈 辉	陈 捷	陈 康	陈良俊	陈 婷	陈 婷
崔 晓	崔玉豹	代 明	丁连营	董 灿	董克盛	董朦朦	董铁军	董自森	董自森
杜明星	费志荣	冯玲玲	冯 帅	冯 伟	冯文凤	付 彪	付金安	高家卫	高家卫
巩欢欢	郭 环	郭 甲	郭瑞瑞	韩正林	杭如如	郝 明	侯頔品	侯翔文	侯翔文
胡 骏	胡 猛	胡 琪	纪 勇	姜爱贞	姜薪珍	姜沐灿	蒋 伟	蒋玉吉	蒋玉吉
蒋真真	焦 茹	经科技	景丹琴	郎学军	黎小峰	李凤园	李国建	李 慧	李 慧
李佳静	李 疆	李 康	李 柯	李 理	李立胜	李培欣	李 萍	李乾成	李乾成
李青兵	李庆林	李婷婷	李伟伟	李文峰	李祥成	李祥铁	李欣峰	李秀梅	李秀梅
李艳萍	李 阳	李耀芳	李 影	刘 驰	刘传林	刘 丹	刘 芬	刘 峰	刘 峰
刘稷华	刘 佳	刘 建	刘 娜	刘 青	刘 文	刘文文	刘馨月	刘亚青	刘亚青
刘艳南	刘宇鹏	刘云飞	刘振东	卢晓琴	鲁丽朋	陆红星	陆 伟	陆艳龙	陆艳龙
鹿岭岭	路明正	马 冲	马 春	马佳慧	马佩佩	满建峰	冒李晖	孟春秋	孟春秋
孟云庆	缪晓飞	年小征	聂书桥	潘 非	潘 赟	彭姗姗	彭志伟	平秀丽	平秀丽
戚加骥	钱建国	钱 俊	钱仁教	钱 珍	秦晓晓	权 朋	任业奎	沈 畅	沈 畅
沈 凯	沈祖锋	盛汝涛	石常亮	石德伟	宋 鑫	宋曜明	孙 波	孙 磊	孙 磊
孙 磊	孙良平	孙培然	孙 鹏	孙玉盼	谭晓娟	汤 宏	唐 娟	唐诗超	唐诗超
唐雯荏	滕 萌	田成宇	万里晴	王 波	王 飞	王海涛	王慧玉	王 健	王 健
王菁菁	王军杰	王柯苏	王 雷	王利书	王莉红	王 龙	王 梅	王青蓝	王青蓝
王 蓉	王 瑞	王万永	王薇薇	王奕彤	王 玉	王 志	王 韦梦	魏 倩	魏 倩
文百旭	巫郁华	吴春燕	吴 飞	吴利芳	吴庆州	吴同德	吴永强	夏庆磊	夏庆磊
夏忠卫	谢松松	徐 刚	徐 进	徐士乾	徐同德	徐鑫鑫	徐亚东	许建华	许建华
许 磊	薛丽利	严泗光	燕倩倩	杨 波	杨亮亮	杨 萌	杨 通	姚建旭	姚建旭
叶 骞	于 洋	余 洋	袁希龙	袁宇虹	岳 成	岳 鹏	张超宇	张 栋	张 栋
张芳芳	张 华	张 建	张 杰	张 坤	张 磊	张 强	张善刚	张 硕	张 硕
张庭辉	张 伟	张文浩	张 炎	张 洋	张 毅	张宇智	张泽臣	章 昊	章 昊
章彦东	赵奉生	赵甲一	赵 雷	赵 冉	赵润泽	赵 姗妍	赵 威	赵晓春	赵晓春
赵应栋	郑 鹏	郑杨锋	周 成	周 涛	周亚星	周 妍	周 仪	周 震	周 震
朱光笑	朱建峰	朱书燕	朱元亮	朱志伟	宗 泽				

土木工程（道路与桥梁）

杨 敏	包卓卓	蔡世春	蔡小健	蔡芝葳	曹伯圣	曹 培	曾玉荣	陈 波	陈 波
陈步龙	陈建祥	陈 玲	陈 龙	陈勉吾	陈森艳	陈 昕	陈亚军	陈 娅	陈 娅
成 静	程春叶	褚秋桥	崔佳富	崔荣刚	戴金国	道 飞	丁国栋	丁 锐	丁 锐
丁正勤	杜明松	段永芳	方 丽	冯会堂	高 俊	葛 虹	葛天乐	耿 帅	耿 帅
巩尊礼	顾啸天	管海军	郭 倩	郭 清	韩 强	韩 伟	杭佑铭	郝志咏	郝志咏

何 凌	何新春	何意	胡 彬	胡晨光	胡跃进	黄春达	黄 杰	黄明凡
黄赛红	黄 伟	惠希明	贾 兵	菅玉莹	江安文	江 伟	江 阳	姜文君
蒋 超	蒋孝兵	蒋学锋	解云峰	金 玉	雷锋涛	李 海	李后善	李继亮
李 坤	李 龙	李鹏军	李 强	李 涛	李 伟	李文凯	李小斌	李 鑫
李袁吉	李中华	李 壮	林 超	林 杰	林啟新	凌 玲	刘保轩	刘东波
刘 峰	刘高健	刘 海	刘连华	刘蒙蒙	刘瑞其	刘 伟	刘 伟	刘晓龙
刘 鑫	刘训飞	龙 超	龙 荣	卢小虎	卢跃峰	陆浩浩	陆江伟	栾祥林
吕康进	马洪芬	马 亮	马如幸	满 意	毛胜军	孟祥嫚	穆徐淮	牛 可
浦 严	戚耀宗	邱劲虎	渠刘伟	任 彬	阮同星	阮 鑫	桑达杰	沙开进
商志亚	邵海波	申宏志	沈曹林	沈军波	沈学波	时 旭	史丽娇	宋 伟
宋正海	苏 红	孙成立	孙 柯	孙庆东	孙媛媛	汤包文	汤 磊	汤伟伟
唐江伟	滕之松	田 欢	田 网	汪海全	王安超	王蓓蓓	王斌峰	王炳富
王丹凤	王 东	王 峰	王福生	王瀚明	王江华	王 杰	王 晶	王 军
王可平	王 涛	王 霞	王新新	王 岩	王 永	王 震	王震业	韦东升
闻 艳	吴安生	吴芳敏	吴干干	吴 健	吴其文	吴晓俊	吴玉春	吴志辉
夏 鹏	夏 闻	谢广荣	徐 丹	徐书平	徐 伟	徐晓娟	徐晓燕	许连锋
许林富	许陆成	许跃鹏	薛洪军	薛 蕾	薛孝飞	颜士尖	羊林林	杨德利
杨后伟	杨 洋	杨有基	杨 哲	杨振辉	叶 丰	叶根生	乙安刚	尹玉波
应序俊	于 坤	于 青	于永涛	岳光斌	张 波	张 城	张道金	张二飞
张虎巍	张佳林	张建峰	张 洁	张进军	张 凯	张 鹏	张鹏飞	张 琦
张 群	张 帅	张 涛	张伟春	张晓鹏	张 欣	张 燕	章 杰	赵光旭
赵 云	赵长亮	仲文君	仲小琴	周 军	周明虎	周明余	周炜程	朱斌吉
朱 惠	朱 江	朱立忠	朱良勇	朱牛锁	朱 田	朱 贤	朱小娟	朱阳阳
朱永超	朱肇瑞	祝文涛						

自动化（计算机控制与管理方向）

陈 栋	陈泽锋	丁海燕	董立超	胡莲花	胡远波	华宇新	李 甫	李祥明
李 燕	凌志峰	刘飞杰	陆佳慧	罗 杰	闵维妙	潘志威	谭维清	汤志杰
唐静文	陶小龙	王在云	许成成	严功门	杨 娟	杨兴宇	张丹丹	章 伟
赵巍伟	赵彦东	仲崇日	朱 凯	朱其宇				

（继续教育学院　邢　彤）

教学科研服务工作

图书馆工作综述

图书馆现有馆舍三座,面积66 900平方米。截至2013年年底,累积馆藏纸质文献387.7万册,电子资源折合累计317.28万册。

一、基础业务工作

1. 中文图书入藏86 442册,西文图书入藏合计4 949册。中文期刊合订本4 352册,外文期刊合订本987册,回溯11 834册,订购和使用各类数据库104种。

2. 全年入馆2 257 228人次,年度外借图书394 896册,归还399 914册,委托借还31 419册。全年电子资源下载量14 829 711篇次。

3. 为各院系使用"985""211"等经费购置的文献作登记审核工作。全年共登记审核7 430种,7 666册。

4. 完成2 250张随书附盘加工,中文图书数字化16 172种。

5. 继续完善多媒体资源,完成多媒体资源建设,转换、上传、编目各类DVD光盘560张;收集、整理和入编公开课程584门;拷贝润良报告厅视频数据161G;多媒体资源总数35 806条,点播次数53 588次。

6. 制作中外文新书推荐108期。继续开展iPad、超Pad借阅服务,为我校教学、科研提供有力的文献支撑服务。

二、履行教育职能,开展阅读推广

1. 举办东南大学第五届"爱书人的春天"读书节,通过朗读会、主题展览、讲座、淘书节等活动推广阅读。推广移动阅读和电子阅读。

2. 电子期刊《书乐园》改版,提升服务内涵。

3. 以 BBS、新浪微博、新书通报、图书推荐、书评、馆讯、电子屏等形式开展常规导读，新浪官方微博关注数突破 6 000。

4. 重视学生社团在阅读推广及书香校园建设中的作用，指导学生社团开展各种读书活动。

5. 在开展党的群众路线教育实践活动中，四牌楼校区的开放时间增加到每周 98 小时。

6. 电子阅览室实行免费开放，为学生提供更便捷的资源使用渠道。

7. 整合信息检索课程，统合教案和课件；建立信息检索课程主页。

8. 本科生信息检索课教学合计 547 学时、561 人。

9. 三校区共完成 118 场培训讲座。为 4 219 名 2013 级新生开展 8 场大型入馆培训。丁家桥校区医学分馆尝试开展面向 PBL 教学的嵌入式信息素养教育。

三、履行信息服务职能，开展学科服务

1. 完成科技查新课题 510 项，原文传递 4 413 篇，查引查证 1 734 项，代查代检 790 篇。博士生开题查新审核 422 项。为科技处每季度的 SCI、EI、ISTP 论文奖励审核 4 462 篇。

2. 为学院提供决策支撑。为人文学院、机械学院、法学院的本科/硕士点评估、机械学院工程硕士评估等提供图书馆及学院馆藏纸本、电子资源统计数据；完成各类决策、分析支持报告 20 余份。

3. 完善 16 个 Libguides 学科平台建设。

4. 定期为研究生院提供我校在 ESI 中的学科排名情况。

5. 教育部高教司发文，由清华大学、复旦大学、东南大学三校试点开展外国教材中心的资源共建共享工作，东南大学图书室牵头，联合各外教中心承担服务工作。

四、数字化建设和特色工作

1. 省内率先引进学术资源发现系统——"成贤搜索"的正式上线。

2. 完成学位论文数据库共 28 930 篇硕博士论文前 16 页的提取和核对工作，并在学位论文数据库平台上发布。

3. 改造四牌楼校区分馆国鼎图书室；改造李文正图书馆科图阅览室为基本书库，藏书增至 45 万册；筹建毓秀文化沙龙。

4. 教研室承担 234 学时的研究生课程教学，新开两门研究生课程：《科学计量学》《阅读文化研究》，教学效果良好。

5. 在各校区书库筛选特藏资源，包括《古今图书集成》《四部丛刊》《宛委别藏》等书 1 000 余册，中文过刊 571 卷(盒)，以及西文过刊 48 种 1 800 余卷。其中 400 余册图书入特藏室，特藏新书入库 93 册，订购 4 种约 40 册特藏资源。

6. 接收洪范五家属两次捐赠实物 30 余件；接收张厚生家属捐赠图书第一批 321 册及部分实物；清点并重新排架校友捐赠室藏书 1750 种 2 790 册，以及何振亚捐赠藏书 150 余册，郝英立捐赠藏书 300 余册。

五、资源共享

1. 积极参加各级文献资源保障体系建设,促成各方面协作。牵头、参与包括江苏省高校图工委读者工作委员会、南京高校(江宁区)联合体、"卓越联盟"高校、长三角三校图书馆专项合作等文献资源共享工作。

2. 完成和支持各级信息资源共享项目,包括 CALIS 馆际互借及教育部外国教材中心项目;作为江苏省工程文献信息中心项目的技术支持,按时完成数据提交任务;继续完成 CADAL 二期数字参建项目。

3. 为全省 135 所图书馆 6 329 名读者办理江苏省高校通用借书证,为我校 400 余名师生办理省通用借书证和江宁区高校通用借书证。

六、科学研究与学术交流

1. 立项情况:"国家社科基金一般项目"2 项,"省教育厅 2013 年度高校哲学社会科学基金指导项目"2 项,"江苏省教育科学'十二五'规划 2013 年度课题"1 项,"江苏省 2013 年度研究生教育教学改革研究与实践课题"1 项,"东南大学 2013 年度基础科研扶持基金项目"1 项,馆内课题 2 项。

2. 出版学术著作 1 本,在 SSCI、CSSCI 来源期刊及扩展版上发表学术论文 20 余篇。

3. 1 人赴美国印第安纳大学布鲁明顿分校图情学院访问学习;1 人赴美国参加伊利诺伊大学厄巴纳—香槟分校"中国图书馆员暑期项目"。馆员全年共参加 30 余场各类型的业务培训与交流。

七、内部管理工作

1. 2013 年年初,制定《东南大学图书馆各部门工作职责》和《东南大学图书馆馆员岗位职责》,顺利完成新一轮岗位聘任,设办公室、采编部、系统部、流通服务部、信息服务部、教研室、工学分馆、医学分馆、科技查新工作站九个部门。流通服务部面向全校为主,同时开展馆际互借、原文传递和阅读推广工作;信息服务部面向院系开展学科服务、特藏和阅览服务,教研室和查新站负责并统筹全校的信息检索课教学和查新工作。

2. 起草《东南大学图书馆考核管理及分配暂行办法》,通过多方评价打分等方法考察德、勤、能、绩等方面。

3. 2013 年 10 月,我馆联合清华大学图书馆、华东师范大学图书馆、政治大学(中国台湾地区)图书馆共同举办"纪念洪范五先生诞辰 120 周年暨图书馆学思想与实践论坛"。举办"江苏省图工委读者工作委员会 2013 年年会"以及"高校图书馆硕士点建设与研究生培养模式研讨会"。

4.《书海一生击楫忙——图书馆学家张厚生先生纪念文集》正式出版,纪念张厚生先生为东大图书馆和中国图书馆事业做出的卓越贡献。

八、获得的荣誉

1. 2012 年度中国图书馆学会"全民阅读先进单位"。

2. "教育部科技查新工作先进集体"。
3. "江苏省高校图书馆2010—2012年度先进集体"。
4. 江苏省教育科技系统工会"五一巾帼示范岗"。
5. "CALIS三期应用服务优秀示范馆"。
6. "CALIS三期联合目录项目建设杰出贡献奖"。
7. 朱佳鸣获"教育部科技查新工作站先进个人"。
8. 杨迎春获中国图书馆学会高等学校图书馆分会"2012—2013年度网站十佳通讯员"称号。
9. 2013年江苏省教学成果奖(高等教育类)一等奖:《江苏省高等学校数字图书馆工程建设与实践》(东南大学为第二单位、顾建新为第二个人)。
10. 李爱国、袁曦临获得2项国家哲学社会科学基金。
11. 顾建新当选中国图书馆学会高等学校图书馆分会第三届委员会副主任。
12. 顾建新当选教育部第四届高等学校图书情报工作指导委员会委员,并担任图书馆馆舍与环境建设工作组组长。

2013年图书馆数据统计表

馆舍面积:66 900平方米
阅览座位:5 554席
图书经费使用情况:2 109.53万元

一、馆藏情况

1. 文献累积总量 3 877 249 册
中文图书累积量
　　纸质 3 273 078 册,电子 1 709 831 册(未计入总数)
外文图书累积量
　　纸质 271 399 册,电子 48 732 册(未计入总数)
中文期刊累积量
　　纸质合订本 106 105 册,电子 481 727 册(未计入总数)
外文期刊累积量
　　纸质合订本 180 358 册,电子 932 482 册(未计入总数)
缩微资料　22 815 件
声像资料　11 660 件
2. 当年入藏
当年入藏纸质图书
中文 86 442 册,外文 4 949 册
当年入藏纸质期刊
中文 4 352 份,外文 987 份

数据库情况:
购买国内网上数据库(含镜像)29 种
购买国外网上数据库(含镜像)75 种

二、流通阅览服务情况

读者人数 40 857 人
其中,学生 33 077 人
教职工 6 694 人
校外读者 1 086 人
外借书量 394 896 册
资源共享借入量 261 册
资源共享借出量 219 册
委托借还 3 1419 册次
开馆时间 98 小时/周

三、信息服务情况

科技查新 510 项
原文传递 4 413 篇
代查代检 790 篇次
查引查证 1 734 项
信息资源讲座 118 场,8 439 人次
本科生信息检索课 547 学时,561 人

(图书馆 夏 园)

档案馆工作综述

2013 年对于档案馆来说是调整之年、换届之年、自我重审之年、重新起航之年。2013 年 8 月,档案馆的新老领导班子实现顺利交接,苏卫平同志因年龄原因退居二线,钱杰生同志 8 月份到岗,担任新一届馆长。

本年度工作方针和思路是继续推进原有工作,并根据当前的新情况新要求提出新的工作思路,为更好地服务学校中心工作打下坚实的基础。

下面是主要工作要点。

一、丰富馆藏,着力抓好档案资源建设

2013 年档案资源建设成果丰硕,主要完成档案收集、整理工作有:

1. 纸质档案收集整理工作

收集整理 2012 年文书档案纸质文件 4 327 份(226 盒),纸质文书资料 1 606 份(20 盒),保密内部文件 400 余份;收集、整理专利档案 1 728 卷,成绩档案 291 册;收集、整理

科研档案1 275卷、涉密科研档案549卷;收集、整理新生录取通知书37 847份(106盒);收集、整理研究生纸质学位材料4 237卷、涉密学位论文材料12卷;收集整理编写杨廷宝19卷工程档案文件目录;收集、整理归档蒋永生档案24卷197件,收集、整理铁医老照片相册33卷,展板照片171张;交专老照片6箱;整理、拍摄、汇编名人题词60余幅。补录1992年679卷文书案卷目录。完成文书档案回溯目录1961—1962年的录入工作,共录入文件目录1 808条,另补录1964年院系目录500余条。

2. 电子档案收集整理工作

收集整理的电子档案包括:2012年文书档案电子文件6 142份;接收、整理2013年办公系统实时归档的电子公文2 444份;审核、保存学位论文4 227篇;收集整理声像档案89 877个文件(容量63.2G);收集保存《东大要闻》新闻影像资料59个、专利扫描件1 728份、成绩档案扫描件7 728份、本科、硕士和博士录取通知书37 847份。

3. 教工与学生人事档案接收整理与转递工作

接收教工人事档案129人;接收档案材料6 123人次/6 476份;转出36人档案。移交档案材料约362人次/400余份。

接收、整理新生档案材料8 700余份;整理毕业生档案7 700余份;转出毕业生档案6 300余份;与人事处、省人才中心东大分中心交接档案280余件。登记、整理、网上录入毕业生档案投递信息7 000余人/次。

二、重视信息化,稳步推进数字档案馆建设

档案管理系统建设工作方面:在已有的工作基础上,完善"东南大学综合档案管理平台"功能,目前部分功能投入实际使用。该平台包括文书、声像、科技、学籍、毕业生论文等类档案的实时采集、综合管理、立体应用。目前已对外服务信息101 232条。

资源建设工作方面:"东南大学综合档案管理平台"今年同步信息101 232人次,并修正部分错误。

档案数字化建设工作方面:文书档案室今年录入了1961—1962年档案案卷目录;对1966—1974年的校发文可以上网的部分进行全文扫描,并供用户全文检索;补录1992年679卷档案案卷目录;补录1964年院系文书档案电子目录500余条。截至目前,1961年至今的全校文书档案文件级目录已全部录入档案管理系统数据库,1966年至今的校发文(可上网部分)已全文扫描上传到档案管理系统,全校师生可根据各自的权限查阅文件原文。

2013年,整理科研案卷目录1 275条;整理专利案卷目录1 728条;整理录入通知书电子目录37 847条;研究生论文下档号4 237条;完成了专利档案扫描电子文件重命名6 735份;成绩档案扫描电子文件重命名7 782份。

档案馆9月份用webplus平台重新制作了档案馆网站,将原网站内容全部移入新网站。下半年发送工作新闻60条;业务指导信息发送40余条。

三、夯实基础,努力提升管理工作质量

1. 行政管理规范化

2013年下半年,档案馆建立了每两周一次的馆务会,每月一次的全馆工作通报会,所有管理工作在馆务会上充分讨论,严格执行学校的"三重一大"的制度。

下半年,档案馆建立了《档案馆安全管理规定》《东南大学学籍档案管理办法》《档案馆学习制度》《档案馆关于公开发表学术论文的资助措施》《档案馆内研究课题立项管理办法》等一系列保安全、促发展的制度,使档案馆管理做到有章可循,有法可依。

2. 业务工作标准化

人事档案室一直在按照中组部印发的《关于做好文件改版涉及干部人事档案有关工作的通知》(组通字〔2012〕28号)要求,对我校管理的现职干部人事档案相关材料、设备等做了标准化调整、更换工作。

从今年下半年开始,档案馆通过开展每月一次一个主题的业务学习活动,达到"建一流队伍、育一流作风、强一流效能、创一流业务"的目的。同时采取送出去和请进来的办法,培训档案业务骨干。下半年安排48人次参加了各种培训。

四、档案编研,提高档案馆工作水平

档案编研有了新的起色,档案信息开发利用重新起航。整理《东南大学名人全宗入选人物名单》,按现任一、二级教授(130人+18人),校史上知名学者、教授(125人),1902年以来的校级领导(80人),当代杰出校友(99人),共4大类,452人。这个名单为名人档案的进一步建设提供了基本思路

整理《东南大学档案馆编研成果目录(1988—2012)》,共99项。着手全宗指南的编写(包括东南大学、铁道医学院、交通高等专科学校、地质学校、能源学院的全宗)。

今年完成江苏省档案局科技立项项目"高校数字化校园环境下学籍电子档案的建立与集成管理"的鉴定工作。

论文情况:东南大学档案馆有三篇论文参加江苏省高校档案研究会年会,其中两篇论文获得江苏省高校档案研究会论文奖。

东南大学档案馆申报的"基于数字化校园的高校档案的一体化管理与服务"入选"全省档案管理与服务创新优秀案例"。

五、服务为先,档案利用成效明显

档案馆主动服务师生,今年为电气、土木等学院院庆提供纪念活动材料。

主动做好学生的服务工作。比如,暑期结束前在档案馆网页、校bbs等栏目中提前告知档案馆延长开放时间,提前告知毕业生何时在网上能查找到自己的档案去向。假期中多次对学生的特殊要求加班特事特办。

档案馆在12月底开始启用新的成绩办理程序。档案馆克服人手紧张的困难,将吴健雄纪念馆周六下午自由参观的时间改为周一到周五全面自由参观。

档案馆在12月设立了意见箱和网上投诉邮箱,全体职工照片编号上墙,个人铭牌上桌,服务态度接受全校师生的监督。

2013年,档案馆共接待利用档案16 044人次,调档4 552卷,复印量近20万页,发挥了档案的显著效益。

为《江苏高等教育史》1949—1956年部分的编写,提供这个时期反映南京工学院科研

情况的档案;为江苏省委党史办编纂的《陈光画传》,提供陈光院长在任期间(1977—1978年),在南京工学院的讲话、活动、决策等档案;为中国共青团史志的编写提供了我校的相关档案材料;为吴觉同志史志编写提供了相关材料;为闻一多之孙提供了闻一多在东南大学活动材料等服务工作。

六、安全为要,强化档案安全保管

档案馆的安全分为实体档案安全和信息安全两类。

实体安全方面,档案馆新制定了安全工作规章制度,进一步完善档案保管、编目、利用、保密、安全保卫等规章制度,实行主要领导负总责,分管领导具体抓,层层落实,做到责任到人,堵住危及档案安全的漏洞,确保档案不丢失、不损坏、不泄密。

库房日常管理得到加强。强化档案库房防火、防水、防潮、防尘、防鼠、防盗、防光、防虫、防高温、防污染等工作。每年安放一次杀虫药剂,确保无虫霉。

11月份,档案馆特邀南京安居防火教育培训中心来馆进行了一场消防安全知识培训。

在数字档案信息安全方面,采取了双机互备份档案系统的模式。同时,档案馆备份全馆2013年电子档案和数据库文件约70G(刻录光盘54张)。

七、服务育人,两馆工作卓有成效

吴健雄纪念馆和校史馆发挥爱国主义教育、扩大学校影响、传播科学精神方面的功能作用得到进一步加强。2013年,两馆培训了三批纪念馆校史馆讲解员志愿者24人,两馆共接待了67个参观团队(至11月底),约8 000人次,自由参观约4 000人次;报告厅使用14场;作为编委成员单位参与出版大型彩色画册《走进高校博物馆》。

网上发布我校建校以来的国家级精品视频录像、人文素质学术报告录像100多场,促进了现代信息技术在档案管理中的应用,档案资源得到进一步共享。

八、抓住机会,努力扩大东南大学档案馆行业影响力

为纪念6·9国际档案日,6月9日档案馆与江苏省档案局在四牌楼校区联合举办"档案在你身边"为主题的档案宣传活动,省档案局和校有关领导出席,通过图片展览、赠阅档案馆服务手册、发放纪念品等形式,普及档案法律知识、解答档案查询利用的问题,扩大档案工作的社会影响。

11月份由东南大学档案馆组织召开了"2013年全省高校档案学术研讨会",到会134人。

今年,档案馆与大连理工大学、中国海洋大学、上海大学、重庆大学、南京理工大学、南京航空航天大学等10余所高校的同行进行了面对面的交流,通过这些交流活动,各方都有很大的收获。

(档案馆 李宇青)

出版社工作综述

2013年是进一步深化改革、贯彻落实十八大精神的关键之年,东南大学出版社深入学习领会"扎实推进社会主义文化强国建设"的思想内涵和价值导向,在实际工作中认真贯彻落实党的出版方针政策和国家的相关法律法规,依托东南大学的学科资源优势,实现了出版社的科学发展,2013年初,在首届江苏省新闻出版政府奖评选活动中被评为"先进新闻出版单位"。

一、加强板块建设,优化出版结构

2013年,我社继续充分发挥已有的高校资源优势,重视选题的板块建设,坚持以土木建筑、医药卫生、电子信息、经济管理类图书为特色,以土木建筑类图书为品牌的出版格局,进一步优化选题结构,选题的系列化和集聚化得到进一步体现,保证了出版工作的可持续发展。

2013年全年出版图书1 462种,其中新书634个品种,再版172个品种,重印656个品种,再版重印率为57%;版权贸易方面引进图书64种。

二、积极推进管理机制改革,努力向市场主体迈进

面对图书市场日益激烈的竞争环境,2013年出版社"不等、不靠、不观望",积极推进内部管理机制改革。

进行选题考核改革,减少考核过程中的利益博弈。加大对"国重""省重"选题的资助力度,调动编辑做重大、重点选题的积极性;简化考核选题类别,拉开考核档次,让贡献大的人得到更多实惠;在编辑队伍中支持团队合作,鼓励老带新、强帮弱的互助模式。

进一步增强全员质量意识,完善各项制度管理。为了进一步提高图书品质,对社内30多项管理制度进行了系统检查,并结合具体实施情况进行了修订,使图书质量保障体系日臻完善。同时严格规范图书出版流程管理:坚持重大选题备案制度、执行选题集体论证制度、落实三审三校的执行力度、遵守印刷质量标准等。坚持社内自检自查图书质量,并使之长期化、固定化、制度化。

积极进行营销发行改革,强化绩效考核。在发行部基础上,注重对社内营销力量进行整合,多项并举,多管齐下,千方百计谋增长。一方面,稳固传统渠道,教材推广与馆配业务借助外力走向专业化推广的道路;另一方面,把握新的机遇,抓住近年来网络书店兴起、各类政府采购项目勃兴的机遇,以此作为新的销售增长点。此外,积极摸索、拓宽有效的营销路径,加强媒体、渠道和网络全方位、多层次的宣传,针对部分品种组织和策划了一系列的营销活动,效果不俗。同时加大对发行绩效考核的力度,提高绩效奖励兑现标准,充分调动营销人员的积极性。

三、立足专业特色,打造精品工程

作为大学出版社,我们一直基于为教育服务的办社宗旨,始终围绕服务教育这个中心

开展工作,依托高校资源优势,密切跟踪各专业领域具有前瞻性、国际领先地位、填补空白价值的研究项目,尤其是国家自然科学基金、社会科学基金项目,以及教育部人文社会科学专项任务重大课题等,把这些学术项目成果转化成出版资源,逐渐形成了土木建筑与城市规划类图书的专业品牌,2013年我社再次增补入选"十二五"国家级重点项目1项,江苏省级重点项目5项,至此共承担了国家"十二五"重点出版项目10项(百余种图书)和江苏省"十二五"重点出版项目近20项(约70种图书),开发的"3D建筑电子书出版发行系统"入选江苏省文化产业引导资金项目。

对于重点项目,我社从组织申报到项目实施,采取了一系列措施。在组织申报环节,在原有的三级论证制度基础上,组织相应领域的专家学者进行学科论证,客观认真地给出专业性评价意见,从源头上进行筛选,保证选题质量;在管理实施环节,为了推动出版进程,提升出版质量,把重点项目的出版工作作为"一把手工程",成立"重点规划项目实施领导小组",由社长任组长,总编辑任副组长,直接指导和检查项目的实施进度和质量,定期召开重点项目推进会,解决项目实施过程中的问题;还采取一系列的措施激励作者以及社内人员的积极性,例如出台了《关于对列入"十二五"国家级及省级重点图书出版规划项目的考核与扶持暂行办法》《关于加强国家出版基金资助项目出版管理工作的规定》以及《关于对获奖图书奖励的暂行办法》等相关制度,将重点项目的规模、实施进度、实施质量、获奖情况与考核及经费扶持直接挂钩,奖惩措施分明,做到资金、人员、制度"三落实",由此精品出版工作收到实效;2013年《〈营造法式〉彩画研究》获得第四届中华优秀出版物奖图书提名奖;《朝鲜半岛古代建筑文化》和《宁波保国寺大殿:勘测分析与基础研究》入选了第四届"三个一百"原创出版工程;《绿色建筑设计与技术》等近10种图书在首届江苏省新闻出版政府奖评选活动中获图书奖、版权贸易奖等相关奖项。全年共有20余种图书获得省部级以上奖项。

四、密切关注出版新业态,尝试数字出版模式

习近平总书记在2013年"八一九"讲话中重点提到宣传思想工作需要创新,首先是要抓好理念创新。面对数字出版的大潮,在未来,纸质出版毫无置疑地会受到巨大冲击,对于数字出版,这两年我们一直在摸索着前进。2012年初,我社在信息中心基础上成立了数字出版部,2013年继续推进数字出版工作,组织新业态知识系列讲座,让大家了解出版新业态,先后开展了移动出版及解决方案、国内手机阅读状况、电子图书馆及电子样书推送系统状况、出版社ERP管理系统应用等知识讲座,开阔了大家的视野;其次是已与北京方正阿帕比技术有限公司等国内8家知名公司建立了手机阅读合作平台,整合社内数字资源,对本版图书进行数字化加工,把适合数字出版的图书分类、分批次推上平台,2013年已有300种图书实现了数字化,下一步将尝试数字出版与纸质出版同步,实现资源利用最大化,有望在未来几年见到成效;再次是高度关注数字出版的发展、技术、手段等,结合我社出版特色研发出2013年度江苏省文化产业引导资金项目"3D建筑电子书出版发行系统"。

五、拓展出版空间,积极参与全民阅读

习近平总书记的"八一九"讲话和十八届三中全会都强调宣传思想工作要坚持以民为

本,以人为本,坚持以人民为中心的工作导向。2013年,我社在做好教材和学术著作出版的基础上,在服务大众阅读方面也进行了一系列探索,包括组织策划"三农"选题,除了出版水产、养殖、种植等"三农"图书外,还发挥专业优势,出版农村建筑规划、新农村建设、农村卫生保健等图书数百种。其中《新农民新知识丛书》《新农村卫生保健》《江苏省农民培训工程系列教材》等近百个品种入选全国、江苏省"农家书屋"工程;《运动塑造健康》入选"2013全国新农村科学健身书库",《高新技术产业科普丛书》获得"2013第四届江苏省优秀科普作品二等奖"等等,这些图书都有效地促进了农村文化、科技、卫生的发展。

与此同时在一般性的大众类读物开发方面我们也进行了一些尝试,例如近几年出版了一些旅游类图书、建筑类的手绘本、家庭教育类个性化产品等。为了拓展这类图书的市场,2013年,我们在宣传营销模式上继续进行探索。例如对家教类图书《幸福家长的九堂课》进行新书发布会、媒体宣传、开设讲座、签名售书等,提升了出版社的影响力。

六、深入推进"走出去"工程

近几年来,我社一直尝试多种对外合作模式,推进"走出去"工程,2013年我社出版了中英文双语对照、由中意两国学者合作完成的《南京城墙与罗马城墙比较》,该书的英意双语版将由意大利 EDIL STAMPA editrice dell'ANCE 在意大利出版发行,对于推进中华文化走出去、促进中外文化交流合作具有重要意义和价值,使"走出去"工程向前更迈进了一步。

七、加强企业文化建设,为发展创造良好的氛围

2013年党政领导密切配合,充分发挥工会在企业文化建设中的作用,员工的主人翁地位进一步凸显,凝聚力不断增强。通过组织开展一系列特色文体活动,如环湖走、拓展集训、智力运动会等,不仅丰富了员工的精神文化生活,同时也增进了彼此的交流与了解,增强了出版社上下的凝聚力。此外,积极选派员工参加学校的教职工运动会、"三八"节排舞比赛、广播体操比赛等,均取得了优异的成绩,展示了出版社全体员工昂扬向上的精神风貌。

继续推进人才工程建设,坚持"内部提升"与"外部引进"并举,以人为本,着力构建环境留人、待遇留人、事业留人氛围。在积极引进相关板块的优秀编辑人才外,十分注重社内员工业务培训,从岗位培训、继续教育、知识交流、观摩参展等方面为出版社的人才全面充电,定期组织培训交流,邀请社内外专家学者举办出版知识系列讲座,逐步将人才培养工作细致化、全面化、常态化、制度化,并初显成效。员工不断提升了业务技能,一批又一批年轻人走上了部门领导岗位,为社里长期发展奠定了人才基础。全社已有70%以上员工取得了中高级专业职称。

(东南大学出版社 唐 允)

学报（自然科学版）工作综述

一、数据库收录和文献计量指标

2013年度出版《东南大学学报（自然科学版）》正刊6期、增刊2期，发表论文332篇；出版《东南大学学报（英文版）》正刊4期，发表论文87篇。两刊合计发表论文419篇，均被Ei Compendex数据库收录，其中东南大学论文312篇。此外，两刊还被英国《科学文摘》（INSPEC）、美国《剑桥科学文摘》（CSA）多个分册、美国《化学文摘》（CA）、俄罗斯《文摘杂志》（AJ）、美国《数学评论》（MR）、德国《数学文摘》（Zbl MATH）等其他国际重要检索数据库收录。

科技部中国科学技术信息研究所9月公布的对1994种中国科技核心期刊的统计结果显示，2012年度《东南大学学报（自然科学版）》影响因子为0.438，在工程技术大学学报类67种期刊中列第8位；总被引频次为1177，列第15位；综合评价总分列第12位。

二、表彰与奖励

（1）2013年《东南大学学报（自然科学版）》荣获江苏省委宣传部、新闻出版局、财政厅、人社厅联合颁发的2013首届江苏省新闻出版政府奖"报刊奖"，这是江苏省新闻出版界目前设立的最高等级的奖项，江苏省科技类期刊仅有10家获此殊荣。

（2）《东南大学学报（自然科学版）》被中国知网和中国科学文献计量评价研究中心评为"2013中国国际影响力优秀学术期刊"，进入Top 10%层面。

（3）《东南大学学报（自然科学版）》第三次被武汉大学中国科学评价研究中心（RCCSE）评为RCCSE中国权威学术期刊，在352种同类科技期刊中位居第9位。全国6500种社科和科技类学术期刊，327种（即前5%）入选权威期刊。

（4）《东南大学学报（自然科学版）》有5篇高被引论文入选科技部中国科学技术信息研究所"精品期刊顶尖论文平台——领跑者5000"项目（F5000项目）。该项目的总体目标是充分利用精品科技期刊评价结果，形成面向宏观科技期刊管理和科研评价工作直接需求，具有一定社会显示度和国际、国内影响的新型论文成果数据平台。

三、其他工作

（1）在不断提升学报网站http://journal.seu.edu.cn/的投稿、审稿与网络出版水平的同时，将自1955年创刊以来发表的所有论文全文和文摘导入学报网站，并为每篇论文注册了国际标准的DOI号。在全球任何一个网络通达的角落都可以自由下载、阅读其中任何一篇文章。

（2）积极参与国家新闻出版广电总局牵头的首届中国（武汉）期刊交易博览会。在通过江苏期刊展区和中国高校科技期刊展区主动展示《东南大学学报（自然科学版）》和《学报（英文版）》的同时，抓住这次难得的学习机会，向国内外同行取经问道，以期更有效地做好学报工作。

（学报（自然科学版）编辑部　乐建鑫）

学报（哲学社会科学版）工作综述

2013年，《东南大学学报（哲学社会科学版）》（以下简称社科学报）秉承精品办刊的方针继续向前发展。在校党委和分管校领导的直接关怀下，我们做了以下几方面的工作，取得了相应的成绩。

一、部门建设方面

编辑部严格执行学校制定的各项规章制度，强化内部管理和廉政建设，制定并完善《编辑部编辑职责和劳动纪律》《编辑部岗位规范》，严守工作流程，团结协作，未出现任何违纪违规行为和安全事故。

二、工作业绩

1. 圆满完成全年出刊任务

把握学报工作的关键，在质量和数量上下功夫。全年共出6期正刊，2期研究生论文专刊（增刊）。全年处理稿件1000余篇，公开发表300余篇，没有出现任何明显的政治、学术和编排印刷质量方面的错误，圆满完成了任务。不仅如此，编辑部所发文章的质量方面也特别注意把关，获得了学术界和期刊界的认同。

2. 二次文献转载创新高

据中南财经政法大学图书馆信息中心公布的统计，2011年、2012年、2013年三年本刊所发文章为《新华文摘》《中国社会科学文摘》《高校文科学报文摘》以及中国人民大学报刊复印资料各有关专题刊物转摘和转载分别为17篇、20篇、29篇，在全国综合性大学学报中排名由第41上升为第22，有了大幅度的提升。

3. 数字化、网络化工作有重要拓展

数字化、网络化已日渐成为学术期刊未来能否持续发展的关键，这方面编辑部做了大量工作，力图未雨绸缪，占得先机。年初，学报获准加入了依托"知网"，完全由一流高校学报组建的数字化网络体系——"中国高校系列专业期刊"，并以显著优势当选为专业网刊《艺术学报》的主编单位。

4. 首次入选《中国人文社会科学核心期刊》，实现"三核"目标

特别值得指出的是，不久前，中国社会科学院文献计量与科学评价研究中心最新数据发布，《东南大学学报》（哲学社会科学版）首次入选《中国人文社会科学核心期刊要览（CASS）》（2013年版），成为省内继南京大学学报、南京师范大学学报之后第三家同时为《全国中文核心期刊》《中文社会科学引文索引（CSSCI）来源期刊》《中国人文社会科学核心期刊》同时收录的江苏高校社科学报。这是继入选CSSCI来源期刊、全国中文核心期刊，荣获"全国高校社科学报事业突出贡献奖""全国高校三十佳社科期刊"并入选"教育部名栏工程"之后，东大社科学报精品办刊的又一重大突破。

所有这些，都为《东南大学学报（哲学社会科学版）》今后的发展奠定了更加广阔和坚实的基础。

（东南大学学报（哲社版）编辑部　徐子方）

学报（医学版）工作综述

《东南大学学报（医学版）》编辑部在学校党政的正确领导、编辑部全体同志的共同努力、校内外编委的大力支持、审稿专家的努力工作和广大作者共同配合下，顺利地完成了2013年度的工作计划，现总结如下：

《东南大学学报（医学版）》与《现代医学》从投稿量、被引频次、影响因子、即年指标几个方面比上一年有较明显的进步。

（1）投稿量：2013年《东南大学学报（医学版）》共投稿492篇，较上一年增加25.51%；《现代医学》共投稿1 602篇，较上一年增加45.37%。

（2）被引频次：《学报（医学版）》较上一年增加29.86%；《现代医学》较上一年增加39.26%。

（3）期刊综合影响因子：《学报（医学版）》2012年复合JIF为0.670，排位19/202，在江苏地区医学期刊中排第一位，继续保持在综合医药卫生大类前20名以内。《现代医学》2012年复合JIF较上一年增加16.28%，排位31/202，首次进入综合医药卫生大类前37名以内。

（4）即年指标：《学报（医学版）》即年综合指标增幅228.95%，其中即年指标学科平均值增幅16.67%，高影响作者发文增幅68.47%；《现代医学》高影响作者发文增幅68.83%。

《学报（医学版）》2013年度再一次获得"中国科技论文在线优秀期刊"二等奖（共7名），已经是连续第四年获此奖项。此外《学报（医学版）》编辑部2013年还被评为"东南大学安全保卫先进单位"。

（《东南大学学报（医学版）》编辑部　唐　萌）

网络与信息管理工作综述

2013年，网络与信息中心（以下简称中心）作为校园网的负责单位、学校"数字化校园"建设工作的技术支撑部门，在保证校园网的正常运行和服务的同时，积极推进学校的信息化建设工作。

1. "数字化校园"建设

数字化校园建设是中心两大重点任务之一。在数字化校园工作组及专家组的指导和帮助下，网络与信息中心在前几年建设工作的基础上，以服务为先导，以《教育信息化十年发展规划》为纲领，进一步深化数字化校园的应用推广工作，积极解决和协调数字化校园建设和应用中的各种矛盾和问题，使我校信息化建设水平和全员信息化素质有了进一步提升。

进一步深化数字化校园应用，完善和推广已建系统在学校教育管理方面的作用，通过信息化手段推进学校的改革与发展。配合人事处，在总结和优化前两年应用的基础上，开展了专业技术职称评审网上直接申报工作；配合校办利用迎新系统和离校系统较好地完成了本年度迎新和离校工作;加强对重要业务系统的支持力度,如教务系统、学工系统等。不断适应新需求、优化性能、解决BUG,在重要时间节点如选课、排课期间配备专人支持,确保不出问题、少出问题,出了问题能够及时处理;组织系统开发完成并已投入正式运行,在对党员、干部的日常管理和考评的工作中得到了广泛的好评;人事积分考核功能本年度也已开发完成,将会进一步促进数字化校园的数据深度集成和数据质量的提高,减轻了教师反复填报的困扰;综合查询系统建设也已基本完成,可以方便地在一个界面从多个视角查询和统计全校人事、科研、教学、资产和财务的各项数据并且可直接输出报表,实现了学校各种重要指标的实时展示。

利用改善高校基础办学条件专项资金建设东南大学校园资源综合地理信息系统,和数字化校园已建成的业务系统集成,可以立体地展现房产、消防、实验室、空教室等数据,对全校楼宇的平面图展示,对地下管网的展示以及全校网络机房设备、环境的监测。实现了基于移动平台的地理信息系统应用。

利用中心现有资源逐步推进全校所有网站统一集中管理,这将会极大提高网站的安全性、可靠性,并且节省了人力、财力和机房资源。

2. 校园网络基础设施建设

2013年校园网运行总体平稳,全年未出现重大断网事故,局部断网事件最长不超过2小时。校园一卡通专网、财务专网、医疗专网运行均正常运行,未出现重大断网事件。

在改善高校基础办学条件专项资金的支持下,对全校3个校区的教学、办公和部分主要室外场地实现了无线网络全覆盖,并对进香河、九龙湖校区核心交换机进行了更新换代。

改进用户认证方式,开发了基于Web认证的上网模式,改善了以前BRAS认证的繁琐设置,大大方便了移动终端的上网。

利用"985"三期经费对九龙湖数据中心进行了UPS电力扩容,解决了近年来数据中心电力负荷过高的问题。

校园网接入用户数突破3万。校园网出口带宽从年初峰值1.2G增加到1.8G,同时在线人数从去年1万人接近2万人(无线用户突破1万人)。

新铺四牌楼到进香河机房以及个别校区内光缆,并为设备处、后勤等部门的信息化应用建设了大量信息点。

通过地网中心建立了四牌楼到九龙湖跨校区第二路由光缆,确保网络贯通。

3. 运维服务体系建设

将校园网和数字化校园的服务咨询电话统一到80808服务热线,并通过校园网服务网站(help.seu.edu.cn),方便了广大师生打咨询电话和上网查询网络服务,提高了师生的满意度。

印制了东南大学校园网络使用手册(学生版),分发到所有学生宿舍,解决了学生特别是新生使用校园网遇到的常见问题。

结合我校运维人员偏少,校区多且距离远的实际情况,对网络接入端到桌面以及对数字化校园基础运行环境平台和应用平台的运维服务进行了专项服务外包,旨在提高运维服务的专业化水平,降低运行维护的总体成本,提升用户的满意度。

网络与信息中心是学校运行的支撑单位,为学校各部门以及校领导和广大师生提供高质量的网络和信息化服务是中心的根本任务。以提高用户满意度为目标,中心一年来致力于提升网络基础服务和公共应用服务以及数字化校园服务水平,从多个方面争取做到由用户报障到主动发现问题,提供到端(桌面)的服务,并且对重要基础环境和应用有应急预案,尽可能保证业务连续性和最短时间解决用户问题。

4. 加强中心工作人员的专业技术培训和服务意识、服务水平

为适应教育信息化快速发展的要求,本年度中心内部培训工作继续加强。中心认真组织国家、教育部信息化方面的方针政策学习和讨论,安排相关人员参加网络安全、信息化等方面的培训,并要求新进员工每周汇报自主专业学习情况,还请数字化校园专家组定期指导年轻员工有关信息化技术的培训与学习。

在每周的中心例会上,都会反复强调加强服务意识,提高服务水平。服务已经成为中心全体人员牢牢记住的首要工作目标。

严格执行重大决策协商制,加强廉政建设,遵守学校财经制度、招投标制度,中心全体人员团结一致,较好地完成了本年度各项工作任务。

(网络与信息中心　金志军)

后勤管理与基本建设工作

后勤管理工作综述

2013年,后勤管理处按照学校党政的决策部署,深入学习领会党的十八大精神和十八届三中全会精神,坚持以党的群众路线教育实践活动为重要契机,落实"八项规定",班子成员对照"四风问题",认真开展批评与自我批评,全处同志针对师生反映的问题和工作中存在的薄弱环节,严肃整改,力求实效,把"洗洗澡,治治病"的总要求贯穿于后勤服务和保障工作的始终,取得了思想境界的进一步提升和工作成效的显著增强。

一、开展群众路线教育,浓厚风清气正的整体氛围

根据上级《关于在党的群众路线教育实践活动中开好民主生活会的通知》《关于认真学习贯彻习近平总书记重要讲话精神切实开好专题民主生活会的通知》和我校开展教育实践活动的工作部署,后勤管理处召开了处领导班子群众路线专题教育活动。紧紧围绕保持党的先进性和纯洁性,按照"照镜子、正衣冠、洗洗澡、治治病"的总要求,以严格遵守"八项规定"为主题,以"反对四风、服务群众"为重点,坚持群众观点和宗旨意识,严肃认真、实事求是地开展对照检查,紧紧抓住后勤管理和服务工作中检查出来和师生反映的问题,站在群众工作的角度,详细剖析问题的原因和根源,从维护广大师生根本利益出发,制定改进措施,切实改进作风,班子成员达到了自我教育、自我提高、自我完善、增强党性的目的,风清气正的工作氛围进一步浓厚。

处领导和党支部在实际工作中、在群众路线教育实践活动中、在结合四风查摆问题当中,深切感受到新时期进一步加强全处的政策理论学习、进一步明确大家的工作方向和目的十分重要,也更加必要。因此,严格政治学习制度,严肃党员教育管理,用新党章、新理论、新观念武装全处同志的头脑,发挥时事政策的引导统领作用,把大家的思想认识统一到后勤保障和服务的具体工作中来,凝心聚力,奋发有为,进一步提高和激发了全处同志的工作积极性、主动性和责任感,服务师生、服务学校事业发展的工作成效、质量水平得到有力提升。

二、搞好时事政策引导,筑牢制度创新的思维工程

2013年,认真开展时事政策的学习教育,积极适应国家改革大局,适应教育改革的节奏,在后勤管理工作中进行了一系列的制度创新。

专项工程管理方面:一是加大专项的立项申请前期工作力度。所有大的专项均在可行性研究的基础上进行专家论证,论证结果报后勤事务领导小组和改善办学条件领导小组审议,最后经校长办公会批准后立项。从而更加有利于新立专项的高效实施,杜绝了匆忙上项目的弊端。二是在专项的实施过程中,加强与使用单位、管理部门的沟通和联系,将可能出现的问题和矛盾消除在萌芽或尽量弱化。三是加强了项目事后的评估和回访,建立了项目验收后半年、一年和质保终期的用户使用情况回访,利用质量回访结果建立对施工单位的评估机制。四是进一步完善了各项工程办事流程,包括零修工程、修缮工程的申请和许可及验收等;针对工程的变更事项,重点修订了《东南大学修缮等工程变更及签证管理办法的通知(暂行)》,使工程管理和投资控制更严谨规范。对物业的维修工作,加强了零修管理,主动巡视力度增大,并严格进行预算管理和控制,强化了工程后的及时决算审计,防止突破预算。

总务管理方面:一是建立和完善四牌楼物业"市场定价、校补差额、标准考核、合同管理"的管理模式,将各项服务内容标准化,做到有章可循,有据可考。二是加大对服务单位的考核,结合群众路线教育实践活动,修改以往走过场、重形式的考核方法,加大一线巡视力度,坚持做好每周、每月服务单位运行情况汇总、运行状况分析,每月、每季度根据考核情况支付服务款项,今年以来在食堂后场运行卫生状况、菜肴定价、原材料采购、商业网点服务、物业服务等方面开出整改通知单20余次,暂缓支付营业款1次,确保服务单位能严格按照合同提供优质服务。三是针对师生反映低价鸡蛋、包子供应偏少,菜肴价格分配不合理,超市物品价格高,班车停靠点不方便等事宜,广泛沟通、深入调研,征询意见。利用bbs、学生权益部门、面对面座谈会以及组织食堂开放日等形式,搭建服务单位与服务对象之间的沟通平台,让服务工作透明化,接受群众监督,科学合理提高整体后勤服务质量。

国有资产管理方面:一是对近十年未解决的历史遗留问题,分析原因、解放思想、开拓思路,在校领导的帮助下,走访相关政府部门,通过多种途径,取得主管部门的同情与理解,最后市区主管部门主动帮我们出主意、想办法,在政策许可的情况下,较快地解决了老大难的历史问题,保障学校教职工的利益。二是严格依法办事,按照国家、地方政府及学校规章制度的要求处理相关事宜。规范流程、坚持原则,方便师生、勤于沟通,以理服人,努力做到灵活性和原则性统一。

三、完善基础设施改造,升级百年名校的办学硬件

2013年度后勤管理处维修保障任务异常艰巨,涉及电力增容、供水改造,楼宇出新、环境整治、产权办理等项目多、难度大、复杂性强。为此,全处进一步明确岗位责任制,借助绩效工资、岗位津贴发放改革的有利时机,强化"职责观念、效益意识",推动和促使各级工作人员加强岗位磨炼、增强实战锻炼,从而提高了大家的工作能力,提升了工作的效率效益。全年累计共实施计划中的改善办学条件专项17项,校内临时安排专项2项,预算资金8 900余万元。主要集中在电、水、房屋维修和节能改造四大类。

在电类项目中,已实施晓庄校区和住宅区的电力增容和配电改造、四牌楼校区(东)电力增容和配电改造、老校区配电实施改造、丁家桥校区电力增容改造等大型项目,学生宿舍内部线路的设计方案也已落实,2014年项目总体实施完成后,老校区的学生宿舍将具备安装空调和集中开水器的条件,将使学生的生活条件大大改善。

在水类项目中,已实施完成四牌楼校东自来水的直供改造,晓庄校区自来水改造年内也将完成,这些改造大大地减小了水资源的"跑""冒""滴""漏"和资金浪费,同时改善了水质条件。

在房屋维修方面,共整体修缮房屋6栋,局部修缮8栋,极大改善了教学和院系科研的条件,提升了众多重点实验室的形象,受到了用户单位的好评。

在节能改造中,重点完成了"老校区地下管网完善和信息系统建设""节能监管平台建设和校区建筑能耗分项采集系统建设",在新建配电设施和改造工程中,均实现了水、电的远程智能计量,为全面实现东南大学节能监管平台打下了坚实的基础;进行了校区内保温窗的改造工程,2013年已完成近4 000平方米,2014年计划完成约7 000平方米,通过保温窗的改造,将可以节约夏冬季空调耗能20%~30%。

完成浦口校区权证办理和资产清查工作,完成违章建筑拆除6项计1 200平方米,完成公用房屋的调整、搬迁和维修13 000平方米。完成新增固定资产3076件计761万元,报废固定资产20 062件计555万元,报废资产回收残值6万元。做好江宁区人才公租房租赁协调工作,通过了第一批45名公示名单审核。

建章立制,合理规划、充分利用学生宿舍资源。完成学府二舍、文昌十一舍、求恩三舍家具更新、安装及使用验收。完成材料化工大楼公房验收、管理及按计划分配及交接。完成博士后新公寓的验收,电器、家具的配备及博士后公寓管理机制的调整。

完成九龙湖校区物业交接和商业网点的重新布局,配合体育馆、交通学院、材料化工大楼、研究生3号院建设,做好相应地块的树木移植、土方处理、景观建设,完成校友会堂、学府2舍、原印刷厂周边环境整治,修剪、砍伐老校区800余株危险树木,消除了安全隐患。添置景观石,引进大型悬铃木和雪松,改善美化行道树景观。通过全处的共同努力和各项工程的竣工,有力地拉动了校园环境的美化优化,办学条件硬件提升,获得江苏省后勤工作先进集体的称号。

四、解决疑难险重问题,服务教育教学的根本保障

加强水电巡视和检修,解决5起电类重大突发故障的抢修(包括校东高压故障2起、九龙湖宿舍电缆故障2起故障点10余处、九龙湖高压开关重大隐患1起),10起紧急故障抢修,8起自来水爆漏抢修,全年未发生人为因素重大故障。根据2012—2013年水电指标,落实了超指标部分的收费方案,并及时向学校汇报。结合改善基本办学条件专项加强了水电计量的改造,目前所有一、二级水表和二级电表均已改装具有遥测功能的智能表,所有阀门改造为不锈钢阀门,保证了正常开启,解决了部分漏水的现象、排除了不少隐患,新改造的建筑均安装智能电表,为尽快全面建成能源监管平台创造良好的基础。

严格落实巡查和考核相结合的管理监督机制,加强跟踪服务和时效管理,完成梅园食堂二楼餐厅改造,引进特色餐饮,督促食堂抓好菜肴质量增添品种,扩大了同学们的选择余地。完成九龙湖青教公寓床上用品采购,添置教员休息室电热水壶,切实解决师生员工关心的问题。确保了后勤保障和服务等各项工作任务的顺利圆满完成,确保了全年饮食安全、行车安全。

把国有资产的清查、管理放在突出和重要位置,严格落实岗位责任制,为广大教职工利益着想,开展了信息资料不全等学校公有住房和教职工住宅的产权证书办理工作,晓庄6幢楼宇、浦口校区公房的双证办理,丹凤新寓产权变更,博士后公寓A、C楼公房办证送件成功,成贤街102号、进香河33号产权变更,和学校相关部门一起,合理合法,妥善解决了遗留的历史问题。联系和配合街道办事处、社区共同完成晓庄住宅区物业化管理、楼宇出新、违建拆除,维修基金的代管审核共76余件,涉及费用25万元。

我们后勤管理处在学习教育、思想改造、制度创新和服务保障的具体实践中度过了2013年,有成绩也有遗憾,有自豪也有心酸。2014年我们将进一步深化群众路线教育实践活动的成果,加强工作的科学性、针对性和有效性,努力把后勤管理和服务保障推上新台阶。基本设想和规划如下:

1. 重点完成全校的电增容,完成主要区域的水电改造,使学生宿舍具备安装空调的条件。
2. 分批完成老旧窗户的节能保温改造更换。逐步完善九龙湖的基础设施(包括电缆管井、雨水和污水系统、道路等)综合治理。
3. 对2015年专项申请做好科学、合理、切实的方案和预算。
4. 继续推行服务项目的合同管理,细化各项服务考核指标,完善合同签署、款项支付、退出等机制。
5. 改善学生食堂硬件条件,探索利用市场机制调节食堂物价的方法,细化基本大伙标准,完善食堂维修基金的使用办法,做好食堂固定资产的保值增值。
6. 做好地铁通行后校区交通方案的基本调研工作,为新的班车运行办法做准备。
7. 以桃园、梅园学生宿舍区为核心,丰富完善周边绿化景观,增添休息设施,打造具备人文内涵的景点;以桃园生活区改建为契机,优化九龙湖校区商业网点布局,为师生提供便捷、优质、多样化服务。
8. 继续完成因历史原因未能办证的教职工住房产权证书办理,完善家具固定资产管理信息化系统。

基本建设工作综述

2013年度,基本建设处在学校党政的正确领导下,认真学习党的十八大文件精神,深入开展党的群众路线教育实践活动,紧密围绕学校"开拓创新、争先进位"基本方略,紧紧抓住实施"十二五"改革和发展纲要的重要机遇,在机关部处及各院系的支持下,统一思想、凝心聚力,努力打造精品工程,为学校学科建设和人才培养提供有力保障,在制度建设、转变作风、廉政建设、项目管理、宣传工作等方面都取得了新的重要进展。

一、完善制度建设，强化内部管理

1. 继续推进制度建设。为使基建管理更加科学、规范、有序，根据各科室工作职责和工作实际，在深入调研、广泛听取群众意见、充分酝酿的基础上，制定并完善《基本建设处工程合同管理办法》等10项规章制度，明确分工，规范各项管理流程；同时严格要求各参建单位依据规章制度落实各项工作。完善的规章制度，对推动各项工作进展，提高工作质量起到积极作用，为优质建设提供了有力支撑。

2. 注重职工政治理论和业务学习，思想教育和业务素质提高均取得新成绩。组织职工认真学习党的十八大文件精神，通过学习，全体人员增强了工作中的原则性、系统性、预见性和创造性；为提高职工综合业务素质，基建处开展多种形式专业知识学习，多次邀请业内专家授课，让大家深入了解基建前沿知识结构、行业发展，开阔视野，拓展知识面。

3. 加强队伍建设，切实履行职能职责。把队伍建设放在基建工作重要位置，要求职工树立正确价值观、权力观、事业观，切实履行职能职责；领导班子带头开展批评与自我批评，班子成员之间坦诚相见、精诚团结；坚持集体领导和个人职责相结合原则，广泛调动职工工作积极性、创造性，切实把基建队伍建设成一个勤政敬业、团结务实、开拓创新、廉洁高效的集体，以面貌新、作风硬、能吃苦全新状态，为学校建设更多精品工程。

4. 注重务实创新，增强工作实效。坚持解放思想、实事求是，杜绝基建管理工作中贪图虚名、弄虚作假、不切实际的做法；加强项目前期的详细调研和科学论证，不盲目追求建筑物的"新、大、洋"，注重建筑物本身的环境营造、使用功能的要求。督促职工不断总结和完善工作经验，提出新思路、新方案，拿出新举措，开创工作新局面。

二、深入开展党的群众路线教育实践活动，进一步转变工作作风

把开展党的群众路线教育实践活动同基本建设处的具体工作紧密结合，坚持统筹兼顾，做到两手抓、两不误、两促进，有效地推进各项工作开展。

1. 充分依靠校内外专家，通过专家座谈、专家论证等多种方式，为基建工作出谋划策，为科学决策提供依据。2013年度，共召开专家论证会10次，解决了工程设计、施工期间的重大问题，为学校节约了大量的资金，同时工程质量得到了保证。九龙湖土木交通教学科研楼基坑支护，召开两次专家论证会，对基坑支护方案进行科学优化，节省造价260万元；召集由东南大学、南京大学、南京供电公司等单位的多位专家，对九龙湖土木交通教学科研楼的供电方案提出合理化的建议，并对九龙湖校区后续用电规划进行论证；土木交通教学科研楼振动台下桩基础桩型的选用，原设计用抗拔桩，经专家论证改用抗压桩，对接头进行处理，这种方法既能保证工程质量又节约了资金20万元；邀请校内声学专家，对体育馆副馆吸音装修方案进行优化，降低造价150万元；特邀我校建筑学院景观学教授，为九龙湖体育馆、东大门两处工程的绿化方案出谋划策，降低造价150万元；九龙湖研究生宿舍三号院，经与省审图中心的专家多次、反复沟通，在不违反国家有关节能规范的前提下，取消了楼面保温，在保证工程质量的前提下，为学校节约资金约60万元。

2. 密切联系师生，广泛听取师生意见。以科学发展观为指导，坚持"以人为本"的理念，建设真正符合师生要求的各类建筑物。召开九龙湖桃园学生宿舍和桃园食堂设计方案意见征求会，邀请校团委、学生处、后勤管理处相关人员及学生代表参会，听取他们对设计方案的建议，对设计方案进行了多次优化。

3. 积极走访用户单位，落实机关院系联系制度。走访信息科学与工程学院和电子科学与工程学院，为即将启动的龙湖校区电子信息大楼建设做好前期调研，了解新大楼各项功能（包括实验室、办公楼、教学科研用房等）、各功能的相应规模、用电需求（部分实验室特殊用电需求），为项目立项做充分的基础准备工作；多次联系土木学院、交通学院，就土木交通教学科研楼设计方案、施工图、工程进展深入沟通，加深理解，统一思想，共同促进；主动联系体育系，通报九龙湖体育馆施工进度，共同解决工程阶段出现的各种疑难问题。

4. 加强部处联系，提高工作成效。在建设前期多次与后勤管理处协调，对九龙湖桃园学生宿舍、食堂设计方案进行调整、优化；配合后勤管理处做好九龙湖材料化工教学科研楼、博士后公寓二期的交付工作。共同与财务处协调投资控制，把好招投标关口，做好财务决算工作。与审计处密切配合，做好工程跟踪审计、竣工决算工作。

三、进一步开展反腐倡廉教育，廉政工作常抓不懈

组织职工认真学习、贯彻《关于加强高等学校反腐倡廉建设的意见》文件精神，加强对基建项目廉政风险点的排查。根据基建项目集体决策和按规定报批，新上项目或项目内容的变更必须经集体决策的要求，按照梳理岗位职权、规范权力流程、找准廉政风险点、评估风险等级等流程，结合工作实际，围绕思想道德、制度机制、权力运行等方面，逐一排查廉政风险点，认真梳理出招投标、现场管理、变更签证、工程款支付和结算等主要环节的风险点，制定防范措施。坚持"防""控"两手抓，从源头上筑牢防腐的防线。

1. 执行基建项目管理过程中的重点环节风险防控机制。加强廉政教育。通过开展警示教育、岗位廉政教育等形式，增强职工廉政风险防范意识。针对重要岗位开展警示教育，增强教育的针对性和实效性。请玄武区检察院同志为基建处全体职工作了题为"基建领域预防职务犯罪、反腐倡廉"的专题报告；校纪委组织基建处全体人员前往浦口监狱参观，开展预防职务犯罪警示教育活动，切实筑牢拒腐防变的思想道德防线。年底，全体职工签署了"基本建设处廉政责任书"，做到风险排查经常化、风险防控制度化。

2. 积极参加校园廉洁文化周活动，向职工宣传倡廉洁、行勤俭、树清风，引导职工领会阳光治校、廉荣贪耻精神实质。

四、强化项目过程管理，在建工程有序开展

1. 优化设计，强化目标管理。为优化设计、认真审核技术参数，总工程师办公室多次组织设计单位、工程管理科等部门召开图审会议，对各在建工程方案严格审核。对九龙湖研究生宿舍三号院、土木交通教学科研楼的施工图提出数十条合理化建议，指出图纸中错误、漏项，要求设计院进行修改；针对土木交通教学科研楼的钢屋盖、玻璃幕墙两项设计，要求设计院进一步深化，此项工作在招标前完成，避免了施工单位进场后对变更内容提高报价，减少了施工期间的扯皮，对项目总投资的控制、进度控制起到了积极作用。

对土木交通教学科研楼原基坑支护方案、工程量清单及控制价进行审核，同时进行方

案经济性分析,主动与设计人员沟通,建议设计方案优化。

2. 将投资控制的重点落实到每个环节。基建处对工程投资采取分项控制管理办法,严把设计、清单编制、招标文件起草等各个环节,分别对九龙湖校区体育馆、土木交通教学楼科研楼、研究生宿舍三号院在建工程的投资控制实行分项控制管理,都取得了较好效果。

注重与教育部、政府各级部门的沟通、协调,为学校争取基建拨款、减免前期相关费用。

3. 加强工程合同的管理监督。依据《东南大学经济合同管理办法(试行)》和《基本建设处工程合同管理办法》文件精神拟定合同。所有合同均须有关科室、处长、跟踪审计会签,80万元以上的合同须经过校法制办审核。

4. 大力加强施工阶段现场管理工作。制定了工程质量、安全检查制度,根据工程进度组织检查在建工程质量和安全,及时发现和处理材料与施工质量问题;制定了工地巡视制度,工程管理人员坚持每日巡视工地。制定了工程例会制度,项目负责人每周召开工程例会。制定了节假日值班制,值班人须每个工地巡视,做好值班记录,有事及时通报。

5. 严格工程变更、签证管理。严格执行《东南大学基建工程变更及签证管理办法(暂行)》,在项目实施过程中,严把设计变更及签证、工程签证和材料核价关口,2013年度,共核价计72项次,为学校节约建设资金100余万元。

6. 团结协作,认真完成各项建设任务。

2013年度,基建处全体人员统一思想、团结协作,相互联动,放弃休息天,坚持工地一线,本着"舍小家、为大家"奉献精神,经过大家共同努力,较好完成各项建设任务。

正式交付使用的项目有四牌楼校区博士后公寓二期,建筑面积6 400平方米,8层框架结构,总投资1 600万元可提供80套博士后公寓房,为学校高层次人才的引进,提供了房源保障;九龙湖校区材料化工教学科研楼建设项目,建筑面积13 883平方米,6层框架结构,总投资3 440万元,为学校教学、科研提供有力保障。

正在建设的项目有九龙湖校区体育馆,建筑面积22 036平方米,大跨钢结构,总投资14 052万元,主体工程已完成,进入内部装修及外环境建设阶段;九龙湖校区土木交通教学科研楼,建筑面积50 203平方米,16层框架结构,总投资26 287万元,已完成桩基工程;九龙湖校区研究生宿舍三号院,建筑面积22 911平方米,6层框架结构,总投资7 831万元,已完成基础工程;九龙湖校区桃园食堂、学生宿舍完成设计招标工作。

五、进一步做好宣传工作,提升基建工作影响力

加强对内外的宣传工作,始终是基建处的一项重要工作。利用网站、校报、东大新闻等多渠道、多方面加大基本建设处宣传力度,在网站上发表基建动态38篇,实时跟进报道在建工程进展、各项基建工作落实情况,成为校内外了解基本建设处首选平台、最佳窗口;在网站上增加"建筑知识"栏目,简单易懂、生动有趣成为校园文化一角。

(基建处 姚 辰)

后勤服务集团工作综述

一、强化发展战略,努力创建一流后勤服务保障

(一)努力为一流大学创建一流的后勤服务保障,是集团近几年的发展战略,也是集团适应学校发展的长远规划。几年以来,集团积极谋划强化实现发展战略意识,进一步确立集团的发展方向和目标,是将集团打造成一流大学所必需的一流后勤保障。

(二)努力打造"队伍建设精干化、工作服务标准化、制度管理规范化、运行机制企业化、工作手段科学化、服务育人特色化"的"六化"服务集团,确立了为实现这样的发展战略所实现的途径。

(三)通过服务、考核、分配"三位一体"及"划小服务经济体"两个强有力的抓手,全面推进集团内部管理体制及运行机制改革,全面提升集团的内部管理水平、服务质量和能力,取得了明显的效果。近几年,"三位一体"及"划小服务经济体"一直是集团生存与发展的立足点,是实践现代企业制度的灵魂,更是建立企业精神的孵化剂。在集团事业发展过程中,集团以构筑优秀企业文化和企业精神,凝心聚力,鼓足干劲,通过打造"六化"实现集团既定的发展目标,为学校打造一流的后勤服务保障。

(四)在为学校服务过程中,集团积极发挥主人翁思想和主力军作用,把为学校和师生做好服务作为第一要务。通过不断加强品牌建设和质量建设,建设文化后勤、平安后勤和绿色后勤,凝练出属于集团特色的企业文化。

过去一年来,集团在各项服务中取得优异成绩,在服务师生方面,据不完全统计,2013年bbs上收到各类表扬300例,投诉80例。同时还收到其他各类表扬信127封、锦旗12个,师生的满意率大幅提高。在经济方面,集团去年的总产值超过1.75亿元,创历史新高。

二、加强内部管理,规范经营服务行为

(一)进一步落实目标责任书签订工作

根据集团整体工作要求,积极做好"三位一体"及"划小服务经济体"的落实工作,与各中心签订年度经济目标及服务指标责任书,从经济指标和服务指标上明确工作责任。目标责任书的签订,使各中心在服务师生、确保服务质量的同时,更加明确工作任务及经济目标落实。

(二)持续推进干部制度考核

持续深入推进干部制度考核,是集团加强干部队伍管理的新举措。在征求多方意见基础上,去年重新确立集团干部考核制度,进一步细化了考核流程,规范了考核标准和行为,理顺了干部考核制度,做到干部考核有依据,考核结果和工作实绩挂钩。

(三) 进一步加强对各中心的考核工作

为加强各中心年度目标责任制的落实情况，推动"三位一体"及"划小服务经济体"工作的开展，去年，集团组织考核组对各中心进行年中以及年底两次工作考核，并走访服务对象，进行服务满意度调查，较全面地掌握和了解集团整体及各中心的服务质量和工作水平。考核组在各中心听汇报、查资料、看现场，进行深入检查，达到了以考核促建设、以建设促发展、以发展促效益的目的。各中心在服务工作创新、服务品牌创优和服务效益创收三方面都取得了新突破，为促进集团服务质量和水平的提升奠定了基础。

(四) 成立工程维修中心，精心做好学校各类工程

为适应集团发展需要，集团成立工程维修中心，全权负责集团各类工程及维修任务。去年，工程中心完成了食堂维修在内的2013年改善办学条件的多项工程并获好评。同时工程中心还完成了校西生医系改造、九龙湖学生宿舍突击抢修、晓庄大面积停水、九龙湖学生宿舍电缆抢修、校东大面积停电突击抢修施工等。四牌楼、丁家桥、长江后街地下管网表井施工，校东门球场，图书馆李国鼎图书室、科研楼改造，财务处改造等工程，学生宿舍1万多个床位家具维修近20项的工程，多项工程成为样板工程获好评。

(五) 成立九龙湖物业中心，全面接手九龙湖校区物业管理

根据学校要求，在九龙湖校区社会物业企业撤出之后，集团临危受命，全面接手九龙湖校区的物业管理工作。为更好地开展工作，8月份新成立九龙湖校区物业管理中心。新成立的物业管理中心以服务学校大局为重，在教室、行政楼、会务等各项服务工作中花大力气，全力保障校区各项大型活动，确保了新生接待、军训等大型活动的顺利开展，展示了集团良好的服务形象。

(六) 集团着力提升零修服务水平

在四牌楼校区维修工作交由集团运行一段时间以来，去年上半年，集团着力提升零修工作的报修程序、沟通及制度问题，确保做好零修的联动和服务工作，促进服务水平提升。相关中心严格按照物业维修程序和规范开展工作，及时总结，不断完善。在实际维修工作中，加强沟通，对维修未落实情况及时上报并进行情况汇总，做到在为师生服务过程中的优质服务。

三、积极稳妥地推进内部分配制度改革

从2012年开始，学校进行了一系列绩效工资改革。作为学校的服务型单位，集团还需要自谋出路，职工享受绩效工资改革的成果需要自筹资金，这对于集团的压力巨大。

根据集团工作特点，集团对工作行业进行分类，以服务型、经营型以及服务经营型为集团分配制度改革的重点，同时结合集团近几年开展的"三位一体"全成本核算，以服务质量、考核结果作为分配的依据，采取托底限高的原则，以岗位定绩效，通过半年时间，较稳妥地推进了此项工作的开展，在职工内部进行分配制度改革，让广大职工享受绩效工资改

革的成果。经过多次研讨和调研,在学校支持下,从去年3月份开始正式实行新的绩效工资发放形式。

四、进一步加强队伍建设,打造高素质的服务团队

(一)制定后备干部培养方案,选拔一批年轻干部走上工作岗位

后备干部培养是集团发展的需要。去年,集团为加强中层领导后备干部队伍建设,拓宽选人用人视野,培养和造就一支素质优良、结构合理、能够担当起集团服务、管理、改革和发展重任的党政中层后备干部队伍,制定了《后勤服务集团中层领导后备干部选拔培养暂行办法》,明确集团后备干部人选具备条件、资格和数量以及集团后备干部选拔要求和程序。

根据暂行办法,集团建立了后备干部人才库,将一些条件适合,管理水平突出的同志纳入集团的后备干部队伍,确保了干部的延续性。根据工作需要,去年上半年集团在后备干部梯队中选拔了一批年轻干部走上管理岗位,为集团的发展输入了新鲜血液,保证了集团的持续发展。下半年还专门组织后备和新任干部进行专题培训,提升各级干部的业务素质。

(二)加强干部队伍建设

加强干部队伍建设,特别是加强对年轻干部的培养,是去年集团加强干部队伍建设的全新做法。在一些干部年龄到岗的情况下,集团拿出几个岗位的正职进行公开招聘,依照组织程序,对物流中心、商贸中心支部书记以及运输中心主任等岗位进行公开招聘,将一些年轻的干部任命到工作岗位上。暑假期间,根据工作需要,集团在接手九龙湖校区物业管理后,又任命一批年轻干部,走上关键岗位。通过公开选拔干部,任用年轻干部,使集团的各个岗位充满了活力。

(三)组织干部外出调研学习,提升干部的管理水平

为提升集团中层以上干部的管理水平,学习兄弟高校的先进管理经验,暑假期间,集团组织中层以上干部赴兄弟高校学习调研。调研学习组分赴北京大学、清华大学、北京理工大学、同济大学、复旦大学、武汉大学、重庆大学以及西北工业大学等诸多"985"高校调研学习。学习过程中,集团中层以上干部实地现场查看,考察学生宿舍、学生食堂、物业等各项服务工作,学习调研这些高校在后勤管理方面的好做法。外出参观调研学习,特别是到"985"兄弟院校学习,吸取经验,取长补短,开阔了视野,达到了学习效果。

(四)组织班组长培训

为提升班组长的管理水平,去年暑假期间集团组织班组长培训。培训采取集中学习与个人自学相结合的方式,学习讨论与理论考试相结合。45名班组长集中观看了爱岗敬业的视频《感恩、责任、忠诚》,学习了《如何当好班组长》的培训资料。通过集中组织班组长学习培训,使大家更加认识肩负的责任和义务,明确集团未来发展战略,积极努力为集

团的发展贡献自己的智慧和力量。

(五) 组织各中心开展职工技能竞赛

去年年底,为提高全体员工专业素质、提升服务质量,集团针对服务工作的特点和工作中的薄弱环节,按计划陆续组织开展各中心技能竞赛,各中心参与竞赛共计百余人。竞赛充分展现了各岗位员工的风采,各中心以成绩优异者作为榜样,激励员工更加积极地投入工作,形成良好的工作氛围,促进集团和谐发展。

五、集团服务工作获得各级肯定

(一) 集团获江苏省"高校后勤工作先进集体"称号

去年上半年,在江苏省高校后勤工作先进集体颁奖大会上,我校被授予江苏省2011—2012年度"高校后勤工作先进集体"称号。此项荣誉的获得,凝结了集团广大员工的辛勤努力。在迎接检查的时间里,大家团结一心,按照学校的总体工作要求,以迎接检查作为提升服务的契机,各项服务工作得到有力提升,特别是重点检查的学生食堂和学生宿舍,各项服务管理工作得到认可。

(二) 集团获全国烹饪大赛金奖和"江苏省餐饮业服务明星"称号

去年下半年,饮食中心张志刚代表东南大学后勤集团参加首届江苏省厨师节暨第七届全国烹饪技能竞赛,并以"云上东坡醉千层"菜肴获得热菜类金奖。在首届江苏厨师节组委会和江苏省烹饪协会评比中,饮食中心贾继梅同志获"江苏省餐饮业服务明星"称号。

六、集团做好学校各类大型活动的后勤服务保障

去年,学校各项大型活动众多,集团按照学校对后勤服务的总体要求,精心组织安排,以扎实工作完成了各项后勤服务保障工作。

(一) 做好校庆111周年的服务工作

校庆111周年是学校去年上半年的重点工作,集团成立相关工作组,饮食、汽运、公寓、校园、水电等相关中心积极配合,特别是涉及学生就餐、会场等工作安排,做好校园环境、保电、用车的相关服务工作。

在集团负责的校庆会场布置、清洁、音响设备运行、照明保障工作中,做好各类保洁、会场电路电器排查、音响设备调试等工作。校庆期间,共接待庆典联欢会、艺术系音乐会、艺术巡演以及各院系学术活动30多场。沙塘园、莘园餐厅在菜肴花色品种和口味上下功夫,全力保障校庆伙食供应。还考虑校庆期间系列活动众多,吃饭日期、时间不固定,延长了供应时间,提前做好原材料的采购,保证了校庆的伙食供应。

同时,集团去年还为各学院的院庆活动做好后勤服务保障,主要涉及电气学院90周年院庆以及土木学院的院庆活动,集团做好环境、楼宇、会务、伙食供应等相关服务工作,以优质服务保障得到院系肯定。

(二) 高质量完成新生接待的各项服务工作

根据学校统一部署,8月底,集团做好一年一度新生接待所承担的接站、学生运输、伙食供应、宿舍安排、开学典礼的物业服务等工作。集团先期召开协调会,成立迎新小组,在南京火车站、南京长途汽车站、南京长途汽车东站以及南京南站设立4个接站点,每天安排近百人的接站服务队伍,一些站点24小时全天候服务。汽车运输、饮食、学生公寓、九龙湖物业、校园、水电保障等中心员工奋战在迎新第一线,一切以服务学生、服务家长为重,热情服务,展示了良好的学校形象和后勤职工的服务形象,得到了学校好评。校党政领导也在迎新期间分别到各站点、各服务点慰问后勤职工,给广大职工以极大的鼓舞。

(三) 做好研究生、本科生毕业典礼的服务保障工作

根据研究生院、教务处安排,去年集团承担了本科生、硕士研究生毕业典礼会场内外的服务保障和环境维护工作。为营造温馨的会场氛围和整洁的外围环境,集团相关中心团结协作,认真落实,切实做好毕业典礼期间后勤保障工作。与往年相比,这些活动时间长、人数多。典礼期间,四牌楼校区草坪因联谊活动留下大量垃圾,校园环卫职工对会场周边、绿地、草坪进行跟踪保洁,创造了良好的外围环境。

(四) 做好各级考试的后勤服务保障

去年学校各类考试众多,集团相关中心克服困难,确保了考试期间各项服务工作不出差错。全国大学外语四六级考试在四牌楼校区安排了69个考场,约2 000多名考生。作为"卓越""北约"两大联盟自主招生考试的四牌楼校区主考场就有考生及家长近万名,此外还有日语考试、研究生入学考试等各类各级考试。为确保各类考试顺利进行,做好服务工作,集团成立了专门的工作组,精心组织校园、工程、饮食、水电、汽运以及学生公寓等中心,做好了教室、绿化、环卫、礼堂会务、车辆使用、学生宿舍安全卫生以及维修、家长伙食供应、保水保电等各项后勤服务保障工作。

(五) 做好暑期夏令营的各项服务工作

暑假期间,集团做好学校各类暑期夏令营的服务工作,分别接待了化工学院举办的中学数理化夏令营、团委组织的全国青少年高校科学营和亚洲青年运动会志愿者培训以及吴健雄学院新生选拔夏令营等活动,学生公寓中心、饮食中心为近2 000余名学生做好入住、就餐等服务。在时间紧、任务重的情况下,广大职工顶酷暑、冒高温顺利完成每一批学生的入住接待、伙食供应工作,赢得师生好评。

(六) 做好校园积雪清扫,保障校园畅通

去年2月份的一场暴雪,给校园出行带来了极大困难。集团各中心积极投入人力,按照要求对校园内部主干道、校园生活区、校园周边包干区,环校园围墙边人行道等进行清理。集团机关、幼儿园、九龙湖宾馆,以及校园、物流、接待、商贸、饮食、水电保障、工程维修、公寓管理等中心共派出近500名员工战斗在扫雪最前沿,保障了四牌楼、九龙湖等校

区各主干道、教学区、生活区的道路畅通,受到校领导表扬。

(七)做好留校学生"年夜饭"的服务工作

去年1月初,集团接到承办留校同学"年夜饭"任务后,就与校相关部门联系。丁家桥校区医林餐厅和四牌楼校区沙塘园餐厅作为留校同学"年夜饭"的承办点,拿出具体操作方案,制订工作计划,从人员配备、菜肴品种、水果点心到餐具用具,从食材选用、加工、烹饪、出菜到上桌,每一道工序都按照流程进行了认真准备并责任到人。医林餐厅由清真厨师专门制作少数民族"年夜饭",保证少数民族同学的风俗习惯。大年三十,校党政领导郭广银、胡敏强、王保平等分别来到医林餐厅和沙塘园餐厅,与留校同学共进"年夜饭",并亲切慰问了春节期间还工作在第一线的后勤职工。

(八)做好九龙湖校区的物业服务工作

暑假期间,在学校大局面前,集团接到学校命令,全面接手九龙湖校区物业服务,体现出主人翁意识,各项服务工作得到学校认可。

由于校外服务企业临时撤出,在接手服务工作之前,在时间紧、任务重、气温高的情况下,集团从各中心抽调人手,参与到前期的物业核实、学校固定资产全面清查中,同时还组织管理机构尽快投入工作,集团党政领导都投入到实际工作中。接手之际,在服务人员没有到位的情况下,各中心每天抽调四牌楼校区工作人员支援九龙湖物业服务,检查各办公楼宇、教学楼、行政楼等公共区域的物业设施,安排人员进行临时值班、保洁等工作,确保了整个校区各项物业服务的正常运行。

(九)集团积极做好禽流感防控

针对禽流感疫情,去年上半年集团从工作实际入手积极应对,成立防控领导小组,积极做好集团范围内的安全防范工作。对涉及师生饮食、健康方面的岗位进行梳理、布置,特别是对学生宿舍、学生食堂、教室以及幼儿园等师生员工及孩子密集的重点单位,制定防控安全应急预案,切实做到了疫情防控。

(十)集团接受企业捐赠增设两台道路清扫机

去年下半年,集团接受社会企业向我校捐赠两台清扫车。捐赠的两台清扫机总价值近70万元。根据工作需要,集团将两辆清扫车分别放在四牌楼和九龙湖校区的校园中心和九龙湖物业中心进行物业服务,清扫校园主次干道,确保校园的整洁、美丽。

(十一)深入开展学生共建,促进服务工作提升

去年以来,集团在涉及为学生服务的部门,深入加强与学生的沟通交流,不断促进服务工作提升。饮食中心在四牌楼、丁家桥、九龙湖校区与研究生权益部、学生伙管会召开座谈会,征求学生在就餐中的建议和意见。学生公寓中心组织研究生和来自研究生院、保卫处相关人员进行座谈,对学生们提出的各类意见和建议积极采纳,改进服务质量,提升服务水平。

七、集团开展一系列特色服务工作

(一)实施"光盘行动"见成效

去年以来,集团积极响应国家勤俭节约的号召,在各食堂开展餐桌上的"光盘行动",得到了广大师生员工的积极响应。活动开展以来,剩菜剩饭现象明显减少,学生以"光盘"为就餐的自觉行为。根据数据显示,仅沙塘园餐厅每个月就减少3万多斤剩饭剩菜。

同时,针对学生在bbs上反映菜肴品种、口味单一的意见,去年上半年,饮食中心切实考虑并采纳广大师生需求和建议,从菜肴色泽、视觉和营养方面对荤蔬菜进行多样化配制,每个餐厅保持每天10个以上品种的替换。从菜肴出新的几个月情况看,各类新推出的菜肴受到学生的欢迎,特别是金陵大肉包等品种,成为学生喜爱的菜肴品种。

(二)公寓中心积极与学生开展互动

在为学生服务过程中,上半年公寓中心以热情服务赢得学生赞誉。学生或社团在宿舍区开展的各项活动中,都积极参与,与学生进行互动交流。学生公寓服务人员还作为评委参与校园十佳歌手总决赛。在学生大型露天舞会活动中,公寓中心为活动提供桌椅、大黑板,确保设备供电安全,配合做好活动各项事宜,确保了活动的开展。下半年,中心还和学生权益部开展勤俭节约共建活动,受到学生欢迎。

(三)校园中心各项服务工作受到好评

去年以来,校园中心各项物业服务得到好评,特别是去年暑期接手校办行政楼物业之后,力求服务上的创新。中心还细化工作流程和工作标准,将绿化和环卫队伍进行整合,探索环卫绿化工作最优方案,确保了各种重大参观、会务活动的环卫绿化保障工作。全年收发机要件5 000余件,做到数十万封信件收发零差错、零投诉,为师生解决信件收发疑难杂症,升华了服务,感动了师生。会务组克服人手紧缺和会务延时困难,推出一系列细致温馨的服务,温暖了师生。同时对新接手的老图书馆进行支援,确保了老图书馆重要会务的服务保障。

(四)幼儿园开展庆"六一"文艺汇演

去年"六一"期间,幼儿园开展以舞蹈、时装秀、动画情景剧等形式的文艺汇演,校党委书记郭广银也来到孩子们中间,与幼儿园的500名孩子、老师、家长们共同欢度六一国际儿童节。

同时幼儿园省级"十一五"规划课题"'做中学'科学活动中幼儿主动学习支持性策略的实践研究"去年上半年结题,历时三年的省级"十一五"规划课题的顺利结题,是迈进新一轮教研工作的新起点。

(五)九龙湖物业做好校区的各项物业服务

作为新成立的部门,去年以来九龙湖物业克服各种困难,积极开展各项服务工作,在会务、大型活动、教室、环境上下功夫,各项服务工作获得多方好评。同时中心还开展环保行动,做好全国大学生技能竞赛以及各级接待服务,进一步提升了服务水平。

(六) 商贸公司设立礼品专营店受好评

为更好地服务学校和师生,弘扬东南大学文化,展示东南大学风貌,去年商贸公司在四牌楼和九龙湖校区设立东南大学纪念品销售专营店,既宣传了东南大学的悠久文化,还创造了一定的经济效益。

在学校、集团领导关心支持下,文昌教育超市新店在校东原华诚超市门面顺利开业。新开业的教育超市门店干净、整洁,货品摆放整齐有序,训练有素的员工以热情、周到的服务,体现教育超市人性化、科学化、规范化的服务理念。

(七) 工程中心认真承接学校的维修工作

去年刚刚成立的工程中心积极做好学校的各项维修工作,将每项工程当作精品工程来做,在承接的各项工作中,获得多方好评。为预防校区路面积水,中心还在去年夏天雨季到来之前,完成四牌楼校区所有窨井的清淤疏通。在 10 天时间里,清理下水窨井 460 个。

(八) 九龙湖宾馆品牌建设获好评

从去年年初开始,九龙湖宾馆在餐饮行业经营不利的情况下,着力打造品牌建设,特别是加强了总台和客房的服务,全年收到各类表扬信 35 封。宾馆还积极开拓市场,特别是在婚宴市场上下功夫,确保了全年经济总量在同行中取得优异业绩。

(九) 汽运中心做好各类大型活动的运输保障

去年以来,汽运中心做好校内各类大型活动的运输保障获得好评。在校庆期间,派出精兵强将进行服务保障,完成暑期搬迁、迎新生以及学生暑期各类夏令营的运输保障,驾驶员们细致、周到的服务赢得多方好评。

(十) 物流中心严把供货源头关

为确保食品安全,把好供货源头关,去年物流中心对水产和调味品供应商进行突击检查,严把供货源头关。重点检查了水产品供应商的规模、水产品品种及价格;对调味品供应商资质、原材料采购、成品仓库、运输等环节进行现场查看,起到了很好的监督作用。

(十一) 水电中心对转岗职工进行岗前培训

为保证新进转岗职工上岗,去年上半年水电中心对转岗职工进行岗前培训,包括文明礼仪及安全教育培训,并针对不同的岗位要求明确岗位职责,提升了转岗职工的业务水平。

（十二）接待中心暑期经营形势良好

去年暑期南京高温居高不下，接待中心抓住难得机遇，战高温、夺高产，文园和格林宾馆的客房平均上客率均达到93%以上。暑期文园宾馆、格林宾馆共接待14个大小不同会议的客人。虽然期间气温连续达到红色预警，宾馆准备了绿豆汤、西瓜等消暑食品关心职工，大家一如既往地在自己的工作岗位上做好服务工作。

八、全力做好安全稳定工作

加强和落实各项安全防范，在安全生产上下功夫，是集团加强安全工作的重要举措。上半年以来，集团在安全工作中实施细则考核，全面落实安全管理，未发生一起安全事故。

（一）集团安全工作获学校表彰

2012年以来，全面落实安全管理和安全生产，在安全工作中实施细则考核。通过6月和12月两次中心安全工作考核，真正将安全工作落到实处，全年未发生一起安全事故。

根据学校《关于表彰2012年度综合治理和安全保卫责任制先进单位和先进个人的决定》，幼儿园获得2012年度东南大学社会治安综合治理先进单位；水电中心、饮食中心和物业中心获学校"安全保卫先进单位"；许爱国、张萍、林梅、高继鸣获校"治安积极分子"先进个人。

（二）做好各项安全检查

去年上半年，在重大节日和暑假前，做好春节、寒假、清明、五一、端午等假期的安全检查，集团都进行有针对性的节前安全大检查。特别是对集团所管辖的配电房、水泵房、楼宇、学生宿舍、修理厂、电梯、监控系统等重点要害部位进行细致检查。由集团组织的半年安全工作检查，按新制定的集团安全工作机制进行考核，采取听取工作汇报、安全资料检查、实地考查和灭火器使用抽查等方式，真正将安全检查落到实处。

（三）组织各类消防安全培训

为增强职工的消防安全意识，去年，公寓中心、九龙湖物业中心、九龙湖宾馆、接待中心、幼儿园、校园等部门针对工作特点，组织开展消防知识培训。培训从遇到突发火灾如何自救、如何逃生、如何使用灭火器等基本常识，进一步增强了工作人员的消防安全意识，确保了安全。

（后勤服务集团　吕　霞）

医疗卫生工作

东南大学附属中大医院工作综述

附属中大医院在职职工2 119人,有高级职称人员211人,博士140人,硕士343人,博士生导师21人,硕士生导师百余人。拥有博士后科研流动站、Ⅰ级学科博士学位授予点;江苏省优势学科1个;国家临床重点专科2个;江苏省重点学科2个;江苏省重点实验室1个;江苏省医学重点学科5个;江苏省专科(病)诊疗中心2个;省级临床重点专科17个;13个校级研究所。2013年建筑面积75 678平方米的新教学医疗大楼全面启用,期末开放床位1 398张,全年实现总收入11.43亿元,同比增长23.9%。累计完成门、急诊诊疗990 699人次,同比增长1.0%。出院病人42 412人次,同比增长18.2%,手术17 109台次,同比增长11.6%。平均住院日10.5天,重危病人抢救成功率97.9%,治疗好转率97.5%。

一、扎实开展医院迎评工作,提高科学管理水平

1. 健全医疗质量与安全管理体系。以医院等级评审为契机,构建持续改进的医疗质量与安全管理体系,原医务委员会调整为医院质量与安全管理委员会,成立投诉管理办公室,健全医院感染管理三级网络,加强医疗内涵质量实时监控。结合医院实际工作,修订完善管理、医疗、护理等相关制度,细化优化操作流程,组织全院职工分批进行应急知识、质量管理等专题培训。

2. 通过三级甲等医院等级评审。紧密围绕质量、安全、服务、管理、绩效等关键目标,形成以病人为中心、以质量与安全为重点、以落实核心制度为关键、以全体职工参与为保证的迎评战略,切实按照学习动员、自评提高、督查推进、持续改进等阶段,实施总体进程和目标控制。于3月完成自评摸底、6月上报医院自评情况、8月接受省厅调研初评,10月迎接省厅现场评审,以优异的成绩通过三甲医院评审定级。

二、持续强化医疗质量安全,加强医疗能力建设

3. 严格医疗服务要素准入管理。规范医务人员执业行为,督查签发诊断性报告科室的人员资质,分级授权管理手术和麻醉医师、病理科医技人员和放射介入科诊疗医师,授权准入管理高风险诊疗技术和普通有创诊疗操作技术。通过省厅审核第二类技术纤维支气管镜诊疗技术、全身麻醉技术、神经阻滞治疗技术、综合介入诊疗技术、外周血管介入诊疗技术、神经血管介入诊疗技术等6项。院内准入审核同意26个科室开展新技术30项、新项目33项,首次组织审核通过麻醉科、肾科等3项实验性临床医疗。医学影像科入选国家临床重点专科。

4. 落实质量安全培训与监控。组织"三基训练",开展医疗管理制度、围手术期抗菌药物合理使用、输血规范、特殊药物使用管理、病历质量控制、医疗质量事故防范等专题讲座与法律法规知识培训。进一步发挥考核指标在管理工作中导向作用,修订月综合目标和年度科室综合实力考核体系,增加外地病人、主干病种比例和抗菌药物临床应用控制等指标。开展医疗技术伦理审查83例、跟踪审查3例。开展临床路径的科室18个、病种30个,临床路径总入径1 013例,完成964例。继续开展抗菌药物临床应用专项活动,注重"三合理",加强病历处方质量监控与医院感染监测,建立完善医疗技术管理档案,完成医师定期考核电子信息登记。

5. 沉稳应对重大突发公共卫生事件。认真落实H7N9禽流感预防、控制和治疗的流程与措施,收治1例感染H7N9禽流感重症患者,多次协调、配合国家和省疾病预防控制中心专家组来院会诊及开展流行病学调查。医院专家作为省人感染H7N9禽流感疫情医疗救治专家组组长及成员,参与编写H7N9防治指南,全力救治危重患者,多次参加省内会诊,获省政府、省厅表彰三等功1人,先进个人称号4人。

三、落实改善医疗服务举措,提升患者就医感受

6. 继续开展"三好一满意"活动。开设"多学科综合门诊",优化门诊危急重症优先处置流程,实行持市民卡挂号就医,增设自助挂号机。设立预约诊疗服务中心窗口,开展现场、电话、网络、诊间、出院复诊等多形式预约服务。实行入院登记和交费一站式服务,全天候无间断提供出入院服务,在肿瘤楼新设收费点方便患者交费结算。实行院科两级出院病人随访和回访制度,创办网上交流平台。新增洪泽县、灌云县、浦口新农合即时结报合作地区。

7. 延伸优质护理服务内涵。优质护理病房覆盖率100.0%,A类病房15个、B类病房21个、C类病房2个均实施床旁护理,全面落实责任制整体护理。科学有效提升护理质量与安全,成立病区QCC小组,积极运用质量管理工具检查分析、改进及评价,举办"护理品管圈大赛"。继续创新专科特色服务,拓展居家护理服务,护士长和责任护士落实家庭随访并给予护理操作及示范指导。

四、深入开发人力资源管理,完善人才梯队建设

8. 优化人才队伍结构。引进博士研究生学历高层次人才13人,选留毕业生人事代

理 48 人、聘用合同制 196 人、劳务派遣 17 人。卫生系列新聘任正高职称 4 人，副高职称 12 人，中级职称 34 人。年度专业技术岗位增补，向大学推荐申报正高二级、三级各 1 人、副高五级 2 人、六级 3 人、中级八级 7 人、初级十一级 5 人。充分调动青年技术骨干力量，完成第一批择优非在编人事代理 5 人转校正式编制。建立健全院内收入分配激励机制，参照大学方案发放院岗位津贴，提高夜班津贴标准。

9. 提升人力资源质量。注重专业人才培养方式方法，参加江苏省公派出国项目 1 人，优势学科建设工程资助出国研修 1 人，医院公派名额 12 人，出境参加学术会议、交流访问 109 人次。国内知名医院学习进修 28 人次，外出专业技能与岗位培训 10 人次。获评省"333 工程"第一层次培养对象 1 人、"六大人才高峰"人才 3 人。开展"护理管理人才培养院内项目"，实行年轻护士长导师制。通过省厅"三级医院年轻护士素质提高行动考核组"现场检查。

五、着力提升科研创新能力，搭建成果转化平台

10. 注重科学技术创新。科研立项课题 84 项，其中国家自然基金 29 项；国家科技部"973"项目 1 项，工信部成果转化基金 1 项；教育部博士点新教师基金 4 项。科研立项经费 4 354.5 万元，同比增加 46.0%。到位经费 3 111 万元，同比增加 28.0%。全院发表论文 476 篇，其中 SCI 收录 118 篇（总影响因子 360 分，5 分以上 16 篇，6 分以上 8 篇，最高影响因子 51.658 分）、中华系列 39 篇、STP 收录 16 篇，会议交流论文 220 篇，出版学术专著及教材 17 部。接受临床试验 36 项，同比增长 80%，临床研究伦理委员会通过 SIDCER 国际认证。

11. 推进科研成果转化。科研成果获奖 14 项，其中教育部高等学校科学研究优秀成果奖自然科学一等奖 1 项；省科技进步三等奖 2 项（1 项为合作）；省医学科技成果二等奖 1 项；省厅新技术引进一等奖 1 项、二等奖 6 项；南京市科学技术奖二等奖 1 项，三等奖 2 项。获批发明专利 4 项，实用新型 4 项。

六、注重加强临床教学与培训，建设高层次人才培训基地

12. 强化住院医师、全科医师、专科护士规范化培训。组织住院医师年度专业理论、英语、感管、技能等各项考核和培训；组织中西医类别省级阶段理论统考和技能考试 61 人，取得南京市专业统考第一名 4 人；完成住院医师规范化培训第一阶段合格资格审核 36 人，结业合格资格审核 16 人，新接纳 47 人。获批全国第一批全科医生规范化培养基地建设项目医院，获评江苏省全科医生培养省级示范基地。完成省全科医师规范化培训 4 人、市社区全科医师转岗培训 2 人；新接收市全科医师规范化培训和转岗培训学员各 1 人。培训江苏省重症医学、血液净化、糖尿病专科护士 85 人，南京市护理学会肾病、急诊急救、重症医学专科知识培训班学员 60 名。

13. 做好继续医学教育。获批准继续医学教育项目 32 项，承办及协办继续教育学习班国家级项目 17 项、省级项目 11 项，组织全院学术讲座 64 次（含境外及院外专家 23 人次）。

14. 重视临床教学工作。承担理论课 8 000 学时、实验课 6 000 学时课间教学。完成

147 名研究生的临床实践管理与考核,完成本校和兄弟院校临床、影像、检验、麻醉、放疗、康复、整形美容、临床药学等专业实习生 206 人及本校五年制临床专业 30 名留学生的实习教学管理和考核。新接纳实习生 205 人(含德国乌尔姆和汉堡大学交换生 4 人),接受 20 名首批"四证合一型"的临床专业学位硕士临床实践。

七、稳步推进医院基本建设,打造医院信息化特色

15. 完成老内、外科楼维修改造工程。老内、外科楼维修改造工程正式施工,保留大部分的主管道、电缆、设备及布局。完成屋面、吊顶、墙面、地面等出新、电缆、电器等更换,给排水管道、消防系统、风机盘管、新风机、电梯等更新,一层大厅改造等工作,及水泵站、空压机、采暖换热器等配套工程。严格把控工程的安全、质量、费用和进度于年底完工。

16. 完成临床信息系统一体化建设。经详细考察调研、反复论证测评,医院信息化平台 6 月 28 日切换系统,为集成平台建设和数据获取创造条件。此次一体化建设主要信息子系统包括 HIS、电子病历、LIS、PACS 以及临床路径,以采用国家或省厅的标准数据集的电子病历为核心,遵循标准化、统一化的原则,整合临床数据,同时嵌入用药安全、感染管理、传染病上报、不良事件上报等监管控制模块。

17. 开发信息化服务临床的应用建设。顺利建成并投入使用以医院为中心的远程会诊中心,全面使用各病区无线心电图,上线使用手术麻醉系统、供应室追溯系统和病理专科管理软件,优化重症监护系统及血透管理系统,搭建完成门诊挂号收费应急系统。对照市医保,梳理并规范医院非药品库中的项目与收费。

18. 做好后勤保障工作。配合各科室使用,维修改造高压氧舱、病案室库房、药库及部分医技科室的局部区域。维护保养楼宇墙面顶面、电梯、手术室、水电暖通等设备设施及消防、智能化系统等。确保锅炉、配电、供氧和水电气、空调等动力设备运行。完成全院二次供水水箱清洗,确保供水系统正常。进一步规范食堂餐饮和停车场外包服务的监管。消毒供应室通过省厅验收。

八、全面统筹其他各项工作

19. 继续加强设备管理。成立医学装备管理委员会、耗材管理分委会,设立科室"医学装备兼职管理员",建立设备三级管理制度,进一步完善临床科室的使用管理职责。建立院内医用高值耗材统一标识码,可追溯入库、领用、使用全过程信息,逐步完善二级库管理。修订医院应急物资设备的储备目录,梳理紧急供应渠道,确保应急必备物资设备储备,实时监管全院急救类、生命支持类设备。全年采购耗材 2 335 种,22 000 万元,新增设备 798 台件,计 7 366 余万元。完成计量和强制检定 2 624 台件。

20. 切实落实社会责任。全面深化国家、省厅指派对口支援工作,派出医生 26 人次,接收陕西米脂县医院、西藏民族学院、涟水县人民医院、玄武区社区医院等 22 人次,顺利通过国家卫生计生委对口支援工作检查。安排参加南京市 12320 专家在线咨询 15 人次,组织社区健康讲座(中央门社区)4 次,承担亚青会医疗救护保障备班等南京市各类医疗保障 4 次。协调儿童福利院孤残儿童就医 41 人次,参加各类义诊活动 7 次,参与专家 34 人次,受益群众约 1 200 人次。积极参加省厅组织的"三下乡"活动,向基层医疗机构捐赠

价值 5.9 万余元的药品。

21. 全面做好安全保卫工作。组织开展消防安全教育培训及考试 23 场次，消防应急疏散演练 12 次，全院性消防安全大检查 8 次，完成新大楼气体灭火系统培训。完善动火证申报工作，制作消防标志，规范管理消防设施，强化危险物品管理。围绕十八届三中全会及亚青会，做好各项政治保卫工作。

22. 坚持做好医院廉政和行风建设工作。构建医德医风建设的长效机制，加强对重点岗位和重点人员廉洁风险防控教育，启用职工医德医风考评电子档案系统。积极参加省厅"民主评议行风"回头看活动，继续组织省厅出院患者抽样函调，召开行风社会监督员会议，组织完成行风督查、住院和门诊患者调查分析，有力促进服务质量的改进工作。据不完全统计，全年接收锦旗 130 余面，感谢信 441 封，退还患者及家属红包 95 人次、计 21.9 万余元。

23. 大力提升医院文化软实力。重视培育医院文化特色，完成医院 2013 卷年鉴编印，进一步完善医院门户网站，经医院工作会议暨四届三次教代会审议通过，医院院训确定为"厚德精业，敦行至善"。举办"凝心聚力共筑中大梦"演讲比赛，"我的中大我的爱，我的生活我的美"书画作品征集活动，及各类知识讲座、棋牌健身比赛，丰富职工生活，倡导健康的团队精神，选送职工参加省厅"卫生好声音"歌唱比赛荣获一等奖。

（东南大学附属中大医院 唐 昆）

东南大学医院工作综述

2013 年是大学实施"十二五"规划、实现跨越式发展的关键之年。在大学党政的正确领导和全院职工共同努力下，校医院紧紧围绕大学"十二五"教育教学发展规划和校医院 2013 年八项工作要点，强化管理，狠抓落实，扎实做好了三个校区门诊、急诊、健康体检、公共卫生、巡诊保健、计划生育等常规卫生服务和健康保障等各项工作。落实公共卫生突发事件应急工作，加强卫生专业人员急救培训；强化制度化管理，修订《东南大学医院岗位津贴分配及工作量考核暂行办法》等制度；完成新一届科室主任聘任；加强职工定岗分级考核工作；加强职工"三基"及有关医疗工作法律法规的学习，提高职工安全责任意识；加强公费医疗管理和服务工作；注重加强校际交流，提升校医院社会影响力。全院上下凝心聚力，围绕中心工作，充分发挥校医院在服务育人中的作用，为构建和谐校园、创建世界一流高水平研究型大学保驾护航。

一、预防保健与公共卫生工作

1. 常规体检　在全院多科室协作努力下，2013 年完成离退休及在职教职工健康体检，以及博士硕士复试、春季博士生入学以及毕业生、本科新生、硕博新生、体质调研、冬季长跑心电图、新入校职工的健康体检、零散体检等总计 19 229 人次，给每一位参加体检的离退休、在职职工发放健康指导处方和小药盒或控盐勺。及时完成了教职工体检数据的整理分析，正加快建立全校职工健康电子档案。

2. 预防接种　按照自愿参加的原则，采取集中注射和每周注射方式，在四牌楼、九龙湖、丁家桥三个校区开展预防接种,共为学生集中注射乙肝疫苗2 000余支。

3. 健康教育活动　在3·24世界结核病宣传日,发放结核病等常见疾病预防的宣传资料5 000余份;5·31世界无烟日,在四牌楼校区宣传、发放戒烟宣传资料近4 000份;10月8日全国高血压日,在四牌楼校区开展高血压咨询,为师生测量血压;12·1世界艾滋病日,在九龙湖校区开展艾滋病宣传活动,共发放各种宣传材料约5 000份。2013年8月新生入学前,自行设计并印制了针对学生传染病的彩色书签型健康教育处方,总计36 000张。在新生入学体检时发放预防肝炎、结核、肠道传染病以及艾滋病的健康教育处方共计约20 000份。制作了常见传染病和常见慢性病健康教育展板40张,分别在四牌楼医院和九龙湖医院展出;三校区共张贴《健康之窗》数十张。在三个校区医疗点大厅放置体重指数大转盘,引导和方便师生了解自己体重是否标准。本科新生入学后,对大学新生进行四大急救技术培训和心肺复苏培训。10月中旬,保健科张跃进主任应邀为图书馆部分员工讲授应急救护和心肺复苏。

4. 传染病管理　按有关部门要求,及时组织职工学习H7N9防控知识,开展全校性科学防控宣传,开设门诊分诊,每天进行就诊人数统计和上报。2013年通过中国疾病预防控制信息网络直报系统,三个校区共报告传染病30例,未出现漏报、迟报等。其中九龙湖15例,四牌楼12例,丁家桥1例,校外3例;学生28例,教工1例,离退休0例,商业服务人员1例;在报告的病例中,甲类传染病0例,乙类传染病16例,丙类传染病3例,其他非法定传染病11例。其中肝炎2例,结核7例,菌痢8例,其他感染性腹泻2例;流行性腮腺炎1例;水痘11例。对水痘患者及时采取就地隔离或居住隔离措施。对新发结核患者及时按照上级卫生行政部门的要求筛查密切接触人员,并按要求通知相关院系督促2例传染性肺结核患者办理休学手续,切实做到早发现、早报告、早隔离、早诊断和早治疗,有效控制传染病在校园蔓延。按照上级卫生行政部门的要求,定期和不定期检查门诊日志、化验室阳性登记、放射科阳性登记等,参加区疾病预防控制中心的例会。

5. 饮水和饮食卫生监测　按照校领导的要求,在多部门协助下,对九龙湖校区、四牌楼校区和丁家桥校区7个食堂每月一次卫生检查、生活用水的微生物学和余氯监测。本年度总计饮水检测98份,合格率为100%;餐具监测1 485份,其中,送检餐具716份,送检合格率为100%,抽检餐具768份,抽样合格率为85.2%,对检查中发现的不足向有关部门提出书面整改意见和建议。

二、公费医疗管理工作

1. 管理与监控　动员全院职工加强公费医疗政策宣传和执行;定时统计大处方;对明显不合理用药的人员,在有关部门的配合下,对当事人进行宣传教育;继续在四牌楼校区医院对部分门诊合理用药进行计算机控制;每月核对公费医疗享受的人员变动情况,及时完成开、停、销卡工作。

2. 日常服务　每周一、周四下午在四牌楼校区审核、办理公费医疗报销工作,定期到九龙湖、丁家桥校区进行现场医疗费报销和咨询工作;2013年报销住院材料1 140份,办理职工转诊1 855人次,学生转诊1 322人次,领取支票30余张,办理异地就医12人次。

3. 学生参保工作　完成2013年秋季入学的8 254名大学生参保工作,参保率99%。

完成学生医疗理赔工作,2013年已完成学生理赔143人,理赔金额109万余元,49人正在理赔中。做好大学生商业保险理赔工作,截至12月共理赔41人,理赔金额20.6万余元,6人正在理赔中。

4. 数据库维护　每月对校医院HIS系统数据库进行日常维护,及时对药品、材料、项目的变动进行核对、补充、修改。

5. 大病互助　整理、计算、复核了585份2012年度大病互助申请材料,发放548份大病补助金,共计284.5万余元。

三、门诊、急诊医疗工作

各科室紧紧围绕医院工作重点,精心组织、合理安排,较好地完成了全年的门诊、急诊、体检等各项医疗服务工作。

1. 门诊、急诊工作　2013年四牌楼、九龙湖、丁家桥3个校区共完成门诊、急诊量约16.08万人次,其中四牌楼111 872人次、九龙湖37 008人次、丁家桥11 916人次。中医门诊4 775人次,妇科检查247人次。四牌楼输液2 613人次,肌注1 369人次;九龙湖输液772人次,肌注186人次。

2. 医技科室工作　完成门诊、急诊常规化验检查8 981人次,生化2 330人次,免疫检查612人次;心电图870人次,B超866人次,动态心电图97人次,动态血压49人次;透视1371人次,摄片168人次。在教职工体检中,完成心电图、B超、透视、生化约2 900人次;在学生及其他体检中,完成透视和肝功等检查12 427人次。

3. 药房工作　完成西药处方159 596张,其中四牌楼109 872张,九龙湖37 708张,丁家桥12 016张;完成中药处方5 275人次,代煎草药5 415份。以"药品购进渠道规范,硬件设施齐全,制度记录健全,药品质量有保证"为目标,严格执行招标文书,统一采购药品、医技耗材、疫苗等。切实做好药品请领、统计、盘点、分发、处方调配等工作,处方调配无差配事故,盘点损耗率在正常范围。加强医疗机构的药品管理,定期召开药事委员会会议。积极响应玄武区食品药品监督管理局联合南京市民主同盟开展的2013年社会调研工作,玄武区药监局来院抽检二次均合格。在国家基本药物价格大幅调整中,药库认真比对,造表申请,公司退回了近百种在用药品的差价。药剂科人员分两次参加南京医学会抗菌药物临床应用管理学习并通过考试。根据江苏省抗菌药物临床应用分级管理目录,制定了东南大学医院抗菌药物临床应用分级管理目录2013.11版,目前我院有非限制使用、限制使用抗菌药物共21种,没有特殊使用的抗菌药物。委托校招标办公室完成我院465种西药、中成药,353种草药在用药品年度招标。顺利通过2013年南京市卫生监督开展的医疗现场校验检查。

四、医疗质量与服务工作

1. 业务学习　组织了H7N9防控知识培训、高校TB防控讲座。四牌楼医生、护理人员分别安排科室内部业务学习,全体医护人员参加学分制继续教育学习。规范了四牌楼医院急救流程,组织全院职工参加急救知识、急救技能的培训,切实提高全院职工心肺复苏等院前急救技能和应对突发疾病的能力。组织参加在宁高校卫生机构医务人员"急救技能大赛"。以质量、安全、服务为重点,对门诊病历、处方书、抗菌素使用进行抽查,完善医疗、护理、院感等台账。

2. 应急救护　九龙湖校区医院继续实行医、护、药、挂号等科室继续实行24小时值班,满足师生就医需求。加强九龙湖校区医院居住隔离室管理,在防止传染病流行中发挥了作用。校内120、110、总值班联动机制,运转良好,继续加强与同仁医院的合作,确保急救绿色通道畅通。在四牌楼校区医院设立了急救应急电话和应急绿色通道,配备并定期检查抢救设施及药品,医院每天安排医护人员负责接听师生员工医疗求助电话,并第一时间赶赴现场实施医疗救护,为师生员工身心健康保驾护航。

3. 日常保健　根据外语等级考试、运动会、足球比赛、大型活动、会议等保健需求,医院安排专人和必要的急救药品,进行现场保健60余次,较好地完成了全年的医疗保健工作。安排两名高年资医生负责老干部保健巡诊工作,做好上门保健服务。在5月、7月两次学生意外伤害事故中较好地按照学校有关部门要求做好学生家属保健工作。

五、日常行政管理工作

1. 按计划研讨修订了《东南大学医院岗位津贴分配及工作量考核暂行办法》《东南大学医院非编人员管理及绩效考核暂行办法》等相关制度。

2. 按照程序,完成了新一届科室负责人的聘任工作。

3. 做好医院信息系统维保,对挂号收费、西药、中药窗口、急诊室等重要部位设备进行了更新和升级。定期组织安全检查,做好物业报修,加强物业责任管理,修缮了门诊楼破损及存在安全隐患的地方,确保水电火安全。

4. 做好医疗废弃物管理、办公用品采购领用、医用纸质耗材印制、医院人事信息管理、会议安排、后勤保障等日常工作。

5. 认真执行大学财经制度,财务管理规范有序。扎实做好全院职工工作量统计、绩效考核相关工作。加强了医院固定资产管理,对固定资产进行全面梳理并建立电子台账,2013年完成废旧固定资产设备报废100多台次。

6. 完成了放射诊疗许可证年审、医技人员资格证书年审、护士延续注册、医师定期考核信息管理录入及审核等工作。

7. 按大学要求,做好全院职工年度考核、专业技术人员分级聘用前期准备工作。按照我院的岗位要求、绩效考核等办法,加强临时工的管理,不断提高临时工待遇,调动临时工工作积极性。

六、计划生育工作

在大学计划生育委员会领导下,做好符合政策职工、学生怀孕建卡等日常工作。持续开展"同伴教育"常规活动。认真参加区、市有关会议活动,东南大学获"南京市2012—2013年度计划生育先进单位"称号。

七、参与省高校卫生保健研究会工作

我院为江苏省高校卫生保健研究会副理事长单位、南京协作区负责单位。2013年,在省教育厅和理事会领导下,建立了信息平台,加强交流合作,引领做好高校卫生保健研究会工作,成绩斐然。

1. 加强网络联系,资源共享,建立并负责维护管理全省高校卫生保健机构负责人、在宁高校卫生保健机构负责人、高校预防保健科工作人员QQ群平台,及时收集发布有关信息。

2. 参与"高校公共卫生工作现状和对策"的专题研讨及"江苏省高校公共卫生管理规范"的修订。

3. 组织编写了面向全省中小学的健康教育教程。

4. 组织了在宁高校卫生机构负责人参加的高校公共卫生工作会议,举办了3场专题讲座。

5. 分别组织了在宁高校、全省高校卫生机构医务人员急救技能大赛。

6. 做好全省学生体质监测和健康促进指导工作,设计了"大学新生健康知识和健康行为调查问卷""江苏省大学生健康行为状况调查问卷",分别对全省24所高校新生和10所高校各年级学生进行了现场问卷调查,共约26 000人次,完成了问卷数据录入和分析。

7. 负责了全省高校"预防艾滋病宣教活动总结材料"的收集、整理、评选,组织了江苏省10所学生体质监测高校公共卫生工作汇报交流会议。编辑并印制"2013年江苏高校预防艾滋病宣教活动总结及经验交流文集""2013年江苏10所学生体质监测高校公共卫生工作总结及经验交流文集"。

8. 组织并承办江苏省高校卫生保健研究会南京协作区2013年年会。

八、注重文化建设,构建和谐医院

在医院直属党支部领导下,医院积极开展创先争优活动,支持院工会和离退休协会组织的各种集体活及开展的系列工作。在群众路线主题教育实践活动过程中,医院通过座谈和满意度问卷调查等形式,对师生提出的一系列建议和意见,进行认真梳理归纳,进行了调研并给出相应的解释和措施。医院民主建设逐步加强,按照医院工作实际,医院职代会定期组织开展职工提案工作。重视职工之家建设,积极参加院内外各项活动,并取得较好成绩。在大学举行的女教"第九套广播操"比赛中荣获一等奖。校医院工会荣获东南大学2012—2013年度工会工作先进集体。杜国平获江苏省教育科学"十二五"规划重点资助课题一项(B-a/2013/01/038);卫平民荣获"中国高等教育学会医学分会优秀科研项目二等奖";龚丽萍荣获"中国高等教育学会医学分会优秀医院管理者"称号(全国80名);杜国平荣获"中国高等教育学会医学分会优秀学会工作者"称号(全国52名)。

(东南大学医院　杜国平)

资产经营与管理工作

综　述

2013年,产业作为学校的有机组成部分,在学校党政的正确领导下,紧紧围绕学校中心工作,经过全体工作人员的共同努力,在学习型部门创建、产业规范化管理、国有资产保值增值、科技成果转化、科技园建设、党的群众路线教育实践活动等方面做了大量卓有成效的工作,实现了全年安全生产零事故、廉政建设零案件、作风建设零投诉,全面完成了学校下达的各项经营性指标。

一、党建工作卓有成效,教育实践活动深入开展

1. 深入开展党的群众路线教育实践活动

(1) 明确"五个落实"的原则要求

党的群众路线教育实践活动正式启动后,产业党工委第一时间研究制定"产业党的群众路线教育实践活动工作方案",明确要求教育实践活动紧扣产业工作的特点,致力于为广大企业和群众服务,并具体落实到以下五个方面:一是落实到促进企业的科学发展上,要把开展教育实践活动同企业中心工作相结合,与企业发展目标相统一;二是要落实到推进产业的党风廉政建设上,保持产业党员干部队伍的先进性和纯洁性;三是落实到工作作风转变上,着力解决"四风"问题,团结广大产业干部群众,真正把力量凝聚到事业上,把目标锁定在发展上,把心思花在经营上;四是要落实到确保产业安全稳定上,维护产业发展的良好环境;五是要落实到密切联系群众上,产业领导干部要做到与基层员工零距离、零隔阂沟通,坚持深入基层一线,倾听员工心声,掌握基层情况,解决基层问题。

(2) 有序推进群众路线教育实践活动

严格按照学校统一部署,有序推进产业党的群众路线教育实践活动。通过召开各层次、各方面座谈会以及产业领导班子成员谈心活动,加上学校反馈的意见和建议,及时归纳出了有关产业的5个方面21条意见和建议。班子主要领导认真审阅班子成员的对照检查材料,与班子成员一起对查摆出的问题按照"四风"归类逐条分析,查找根源;召开专题民主生活会,立足当前、着眼长远制定整改措施,明确路线图、任务书、时间表和责任人,做到了边学边改、边查边改、边整边改。

(3) 扎实整改查摆出的问题

自觉、系统、深入地抓好理论学习,不断提高班子成员的思想政治素质,强化工作的责任心和职责感,提高道德修养,树立高度的责任感和敬业精神。组织班子成员参加业务学习,提高业务水平,对于职责内的事务,做到敢于下决心、做决断。

在产业范围内全面开展艰苦奋斗教育活动,引导党员干部坚守节约光荣、浪费可耻的思想观念,狠刹挥霍享乐和骄奢淫逸的不良风气,增强勤俭节约意识,做到艰苦朴素、精打细算,将有限的资金投入到产业发展当中,为学校的跨越发展提供支持。

积极探索我校产业发展思路,配合学校做好产业发展的顶层设计,明确产业发展方向,制定产业发展规划。对重点学科型企业在资源投入方面予以倾斜,出台相关扶持政策,创造良好的发展环境,促成学校学科建设和学科型科技企业发展相得益彰,确保学校产业步入良性发展轨道。

精简成果转化工作流程,提高服务师生主动性。从院(系)办理科技成果转化业务的角度进行换位思考,重新审视办事流程并进行简化、改进,避免重复往返。公布办事指南,增强信息共享能力,少填表、少签字、少盖章,提高办事效率。服务上门,提供成果转化业务咨询和技术指导。

推进科技园内涵建设:一是整合校内资源,加快技术转移中心和校企联合中心向园区的辐射和落户;二是加强与玄武、建邺、栖霞创业园的合作,资源共享;三是主动跟踪我校科研成果进展,大力推进有自主知识产权的科技成果转化,落到大学科技园,充实科技园区的内涵建设;四是加快办理对科技园公司增资及学生创业基金的增资工作,加大对园区发展的支持力度;五是努力增强大学科技园自身造血功能,支撑大学科技园的长远发展。

加大对全资控股企业负责人考核力度,开展扎实调研,探索适应各企业发展特点的考核方案,加强对企业负责人的绩效考核,完善公司法人治理结构和机制。

加大对参股企业的管理服务力度,在健全学校经营性资产监管体系、明晰派出董监事职责的基础上,实施对参股企业的分类管理,对于不符合学校产业发展目标的参股企业择机退出。

(4) 着力构建产业健康发展的长效机制

坚持一手立规矩、定制度,一手抓整改、抓落实,用严明的制度、严格的执行、严密的监督,形成加强作风建设的长效机制。

设立书记、处长接待日,公布接待电话,接受产业职工群众的咨询投诉。

完善对全资、控股企业负责人的考核。实行企业负责人重大事项申报制度,每年年底申报一次;订立全资、控股企业负责人廉政责任书,实施廉政责任制;对于已经签订承诺书的企业负责人,就上一年度执行情况提交述职报告。

大力推行企业党组织负责人进入企业董、监事会,发挥好监督作用,进一步完善公司法人治理结构。

落实产业党工委委员联系党支部制度,做到党建工作"接地气""聚人气"。

完善产业领导班子的政治学习和业务学习制度,着力打造"好同志、好同事、好朋友"的"三好"领导团队。

2. 开拓思路,积极探索最佳党日活动新形式

产业党工委不断推进基层党组织工作创新,充分发挥党员的先锋模范作用,对企业党组织开展最佳党日活动提出新标准、新要求。2013年产业最佳党日活动形式丰富多彩,出版社党总支捐书助学、东南监理党总支持续多年坚持资助贫困学生、热电所党支部青年工作组系列活动等最佳党日活动受到了学校表彰。

3. 加大宣传工作力度,展现产业良好形象。

(1) 为展现我校产业发展历程和取得的阶段性成就,于2011年10月组建了"东南大学产业报告"编写组,对我校产业的历年的资料进行梳理。2013年完成了《东大产业报告》编纂工作,并排版付印。

(2) 不断提升《东大产业简讯》的质量,及时报道东大产业改革改制新进展、企业经营新成就和涌现出来的先进典型,努力打造特色鲜明的东大产业品牌,2013年《东大产业简讯》共编排12期。

4. 重视安全稳定工作,助力产业和谐发展

在产业范围内明晰安全责任,积极配合学校保卫处大力开展安全工作宣传教育活动,认真排查安全隐患,确保在产业范围内安全生产零事故。针对夏季高温、高湿气候对安全生产影响较大,容易导致各类安全事故的情况,召开企业负责人专题会议,强调安全生产,落实安全责任防范安全隐患。同时,组织产业工作人员参加消防安全知识培训。

针对今年春季长三角地区出现的H7N9禽流感疫情,产业党工委按照学校"关于做好H7N9禽流感防控工作的通知"精神,召开专题会议研究部署感染H7N9禽流感疫情防控工作。要求各企业做好防控预案,对企业员工开展多种形式健康教育,加强H7N9禽流感防范措施宣传,全面做好对H7N9禽流感防控工作。

5. 加强党风廉政建设,营造风清气正的发展环境

继续与全资、控股企业党政负责人签订了"党风廉政建设责任书",要求企业党政负责人切实履行对本企业党风廉政建设的全面领导责任,将党风廉政建设列入企业党总支重要议事日程,纳入企业发展规划,融入各项工作,与企业的中心工作一起部署、一起落实、一起检查、一起考核,坚持抓教育、抓制度、抓监督,管好班子,带好队伍,形成一级抓一级,层层抓落实的责任体系,营造风清气正的企业经营环境。

加强了对高校产业廉政建设工作的研究。2013年组织申报并获批了省教育厅"高校校办产业人员廉洁从业机制研究"和我校"高校产业落实党风廉政责任制的问题和对策"研究课题。

积极参加学校主办的主题为"中国梦·廉洁情"的东南大学2013年"校园廉洁文化活动周"活动，所报送的数个廉政文化作品获奖；产业党工委荣获"优秀组织奖"。

6. 凝心聚力，服务产业健康发展

产业各级党组织和各全资控股企业重视企业文化建设，积极参加校工会、校退协开展的各项活动，并作为提高企业软实力的一项重要工作来抓。2013年度产业荣获：校工会主办的女教职工第九套广播体操特等奖；教职工智力运动会团体第二名；第五届龙舟赛乙组二等奖；校教职工田径运动会团体第一名；校退休职工运动会团体第四名；校老年乒乓球比赛团体冠军；首届"夕阳红"歌咏比赛二等奖。

关心产业退休职工，重视发挥产业退协分会在联系退休职工、为退休职工服务方面的桥梁和纽带作用，做到与产业退休同志信息沟通快速稳定；组建了产业退休职工合唱团，丰富了产业退休职工文化生活。

重视发挥民主党派的作用，适时召开民主党派成员座谈会，共商产业发展大计；骨干企业在出台重大改革方案前认真听取民主党派成员的意见，形成了同舟共济、和谐发展的良好氛围。

二、深化改革，理顺产权，加强产业规范化建设

1. 企业改革改制工作

继续协助后勤集团做好后勤所属企业的改制工作，完成了后勤所属的南京格林宾馆、南京九龙湖宾馆管理有限公司、南京文园宾馆有限公司、南京东南大学物业管理公司、东南大学工贸实业总公司、江苏方顺工贸公司等拟改制的6家企业的清产核资专项审计工作，并协助处理清产核资专项审计中出现的资产财务问题。完成了物业管理公司、南京格林宾馆、东南大学工贸实业总公司及其分支机构的清产核资审计结果获得财政部、教育部批准。

对改制涉及的6家企业重新审计和资产评估，资产评估结果备案的上报已获教育部批准。

2. 企业关门清算工作

（1）东大集团税务登记已注销，正在处理投资企业的遗留问题。

（2）国电南自电力自动化公司正进行相关的清算注销工作。

（3）江苏威孚纳米科技公司解散清算，学校收回投资52.7万元。

（4）南京华显高科公司股东会已决定停业清算，现已成立善后处理小组，正在进行债务处理。

三、创新产业管理体制,推进经营性资产保值增值

1. 以资产公司作为平台,实现经营性资产保值增值

我校资产公司在68所教育部直属高校资产公司2011年度工作报告评比活动中再次获得优秀单位称号,已连续三年获得这一殊荣。2013年,国有资本经营预算工作实现突破,战略性新兴企业江苏绿材谷科技发展有限公司的"东大绿材谷公司玄武岩纤维技术研发与生产应用预算支出"被列为国有资本经营预算资本性支出。

全资、控股企业依托学校优势学科和自主的科技成果,全资、控股企业形成了具有东大特色的建筑规划与设计、工程监理与检测、文化出版、酒店管理、科技服务等五大板块的科技型企业,各家企业在受到全国范围投资增速下滑和流动性紧缩影响的情况下,资产实现保值增值,全资、控股企业实现营业收入约达5.73亿元,上缴学校3 240万元,超额完成经资委下达的经营目标。

2. 进一步完善了全资、控股企业的法人治理结构

通过派出董事、监事,积极参加所出资企业重大事项的决策,加强对企业重大财务事项的监管,讨论企业发展和规划问题,维护学校利益。2013年,共派出董事、监事22人,参加所出资企业股东会、董事会88人次。

3. 加强全资、控股企业全成本核算

积极推进全资、控股企业开展全成本核算,做好企业资源占用和使用情况调查,从不同角度对各种成本费用测算和实施全过程控制,在2013年季度预交所得税时合理测算权责发生制应计费用,以降低税负节约运营资金。

4. 参股企业分红及捐赠情况

资产处、资产公司定期对参股企业进行走访,加强对参股企业的沟通、联络与监督,了解企业发展现状,提高优质企业回报学校的能力。2013年共收到参股企业分红211.62万元,此外两家参股企业向东南大学教育基金会捐款35万元。

5. 股权管理工作

(1) 完成江苏三江电器集团超声波电机有限公司的减资工作

因该公司经营业绩不佳,产品未投放市场销售,所以未能按照协议按时向资产公司捐赠第二期出资款。经双方协商,将该公司注册资本1 000万元减至500万元,已于2013年5月22日完成了减资的相关工商变更手续。

(2) 完成江苏东大科技园发展有限公司的增资工作

经东南大学校长办公会审议通过,科技园公司注册资本从100万元增加至1 000万元,其中科技园公司留存收益转增注册资本408.7万元,资产公司用491.3万元购买学校周钰明和王世和两位教授的四项专利,再以无形资产对科技园公司增资491.3万元。为

科技园评估工作及今后的发展奠定了基础。

6. 股权转让工作

（1）完成南京东大电子商务系统集成有限公司的股权转让工作。2013年9月5日完成了所有工商变更手续，资产公司获得投资收益25.66万元。

（2）江苏东大园装饰安装工程有限公司股权转让行为报批工作已得到批复，并通过了教育部财务司备案审核，现已向产权交易所递交相关材料准备挂牌转让。

四、做细做实，经营性门面房及相关园区租赁增效

1. 2013年经营性房地产出租共签订租赁合同82家，出租率100%

截止到12月31日，收缴门面房租金628.12万元，收缴学校企业房租616万元，共计1 244.12万元，比去年增长了52.77万元（增长率4%），解缴税金219.24万元，比去年（205.15万元）增加了6%。

2. 继2012年完成部分门面房与后勤集团的移交工作后

完成校东面房的移交和重新租赁工作。联系办理浦口高新区高新二路03栋厂房土地证所需的各项资料文件，完成土地证的办证工作。

3. 加强安全、消防、卫生检查

除与承租方签订安全责任合同外，全年对所有门面房安全进行了两次普查。平时将出租门面房防火作为重中之重任务来抓，特别是对丁家桥校区周边餐饮业比较集中的门面房进行多次突击查访，及时消除隐患。下半年还向承租户发出加强安全防火的通知。

4. 继续做好大学科技园栖霞园区建设工作

参与栖霞园区维修工程竣工验收和场地清理；协助出版社书库选址、搬迁以及对两栋学生宿舍楼地下室的书库维修改造；参与栖霞园区人才公寓配套服务项目的招商；协助做好园区的管理服务工作。牵头做好大学科技园高新园区建设的前期工作。参与合作共建高新园区的洽谈；协助维修工程设计准备园区建设基本资料；协助做好学校资产处置会议的召集，以及处置资产的统计、清点、搬迁、报废等方面的协调工作，按时完成浦口东校区的资产处置任务。

五、健全服务体系，促进科技成果转化

2013年，学校成立了"东南大学科技成果转化工作领导小组"，审议学校重大产学研合作事宜，在校长办公会授权范围内对学校拥有的知识产权进行处置等。我处牵头科技成果转化具体工作，组建专门队伍，深入院系（中心），为教师团队提供政策咨询和专项服务，每周四定期例会，全年共接待教师团队咨询60人次，共转化22项专利技术（价值2482.5万元）吸纳社会资金（6408万元），组建了5家学科型公司。

1. 新设投资情况

2013年度,充分利用国家大学科技园的平台,重点转化具有东南大学学科特色与优势,具有自主知识产权的科技成果,实现了学校与地方联合或学校自主的国家工程中心,全部实现组建运行公司(详见表一)并跟踪与服务"光传感／通信综合网络国家地方联合工程研究中心",筹建运行公司。

表一 新设投资情况　　　　　　　　　　　　　　　(单位:万元)

序号	公司名称	工程中心名称	资产公司出资数额	持股比例(%)	投资形态	状态
1	南京东大能发科技有限公司	东南大学火电机组振动国家工程研究中心	435	24.17	划转	正常经营
2	江苏东大集成电路系统工程技术有限公司	国家专用集成电路系统工程技术研究中心	900	30	划转	正常经营
3	江苏绿材谷新材料科技发展有限公司	玄武岩纤维生产及应用技术国家地方联合工程研究中心	500	25	新设技术	正常经营
4	南京东大预应力工程有限责任公司	国家预应力工程技术研究中心	545	68.125	划转	正常经营
5	南京光传感/通信综合网络有限公司	光传感通信综合网络国家地方联合工程研究中心	700	43.75	新设技术	筹建

新增投资企业1家,详见表二。

表二 2013年度新投资企业情况简表　　　　　　　(单位:万元)

序号	公司名称	注册资本	资产公司出资数额	持股比例(%)	投资形态	状态
1	南京中兴微通科技有限公司	1800	601.2	33.4	新设	学校已完成8项专利技术评估工作,工商注册正在进行

2. 认缴出资情况

2013年度,积极推进已注册成立的4家企业的认缴资本出资工作,其中2家已出资到位,另2家正在办理学校对资产公司增资的相关报批、备案手续,详见表三:

表三 2013年度认缴资本出资情况简表　　　　　　　　　（单位：万元）

序号	公司名称	注册资本	资产公司出资数额	持股比例（%）	认缴出资办理状态
1	无锡市杰德感知科技有限公司	400	150	37.5	已完成所有报批手续，出资已到位
2	南京市物联网研究与产业化有限公司	4 300	430	10	已完成所有报批手续，出资已到位
3	南京神桥医疗器械有限公司	300	60	20	正在办理学校对资产公司增资有关报批、备案手续
4	南京东检生物科技有限公司	1 600	750	46.88	学校对资产公司增资有关报批、备案手续已办结

3. 吸引新增资本情况

着手对部分科技成果转化企业予以重组，引进具有相关市场背景的企业参股，努力解决公司产品的市场及资金瓶颈。2013年度，完成1家所出资企业的融资工作，详见表四：

表四 2013年度吸引新增资本情况　　　　　　　　　（单位：万元）

序号	公司名称	新增资本	增资后注册资本	资产公司出资数额	持股比例（%）	备注
1	东大能源环保科技有限公司	1 500	2 180	120	17.65	新增资本1 500万元，其中654万元约按照1:2.29的价格作为出资额，其余846万元作为原老股东的增资额

六、服务社会和学校，推进大学科技园建设

2013年度，大学科技园在园区载体建设、科技成果转化及科技项目申报、公共服务体系建设、大学生创业中心建设、内部规范管理、企业文化及运营管理团队建设等方面都取得了较好的成绩。

1."一园多区"建设

"一园多区"建设新设投资情况见表五：

表五　新设投资情况

名称	面积（万平方米）	产业类别	企业数（家）	入住率（%）	备注
长江后街园区	1.9	电子信息技术、各类创意设计、工程设计、集成电路设计	106	100	从业人员约3 000余名
玄东科技园区	1.1		27	98	
栖霞园区	1.8	物联网技术、新能源、电子信息	30	60	"321创业人才"10名,学生创业企业3家
建邺园区	2.1	绿色材料、生物医学	30	90	其中包括国家"千人计划"6名,"321"创业人才11名
下关园区	0.96	新型显示技术、节能环保、文化创意	12	13	其中包括国家"千人计划"1名,"321创业人才"6名
江宁园区	0.5	通信技术、智能电网、光传感等领域和大学生创业			紫金（江宁）园区计划于2014年7月投入使用
高新园区	1.88	软件及电子信息、新能源			改造经费由高新区政府出资3 765万元,现即将进入招投标阶段
苏州园区	2.087 1	软件开发、电子信息、动漫游戏、纳米技术	73	85	入驻企业注册资本总数约4.8亿元人民币,技工贸总收入预计4亿元,实现销售企业比例约75%
扬州园区	4.0	先进装备制造、软件信息、智能电网和古建筑保护			正在建设中

2. 入园企业品质提升

2013年,科技园公司在园企业专利申请总量达87件,其中发明专利39件;专利授权73件,其中发明专利41件,软件著作权授权28件。在园企业承担市级以上科技计划项目19项,其中国家级项目3项、省级项目9项、市级项目7项。入园企业获得银行贷款共计1 100万元。在园企业有1家企业获高新技术企业认定;2家企业获软件企业认定,

2家企业获江苏省科技型中小企业认定,16家企业获江苏省民营科技企业认定。科技园公司也被认定为"区重合同守信用企业"和"工商理论成果转化基地""江苏省信用管理贯标企业""2013年度玄武区科技创新先进集体"。

3. 创新创业富有成效

园区企业共接纳高校实习生296人、应届高校毕业生就业168人,并向江苏省科技企业孵化器协会推荐了10位省级创业导师人选。我校大学科技园大学生创新创业中心获首批"江苏省大学生创业示范基地"认定。

4. 科技园平台项目支持落实

2013年,科技园公司获南京市经信委"南京市小企业创业基地项目"资金10万元、玄武区科技局"公共服务平台(第二年度)"资金100万元、国家"十二五"科技支撑计划17万元项目支持。

(资产经营管理处　孔庆燕)

合作共建与校友会工作

基金会工作综述

2013年,东南大学教育基金会获得各项捐赠2 835万元。新签各类捐赠协议114份,平均每两个工作日签一份协议,协议捐赠金额约1.02亿元。本学年先后评审奖助项目182项,3 427人,总金额1 249万元,较去年同期增长21%。

我校信息科学与工程学院王志功教授、电气工程学院博士生曹瑞武同学双双获得"宝钢教育奖特等奖",这是我校第四次师生同获"特等奖"。

本年度出刊《东南大学教育基金会工作简报》8期,通过邮件发送约4万人次。通过短信平台共发送2.44万条信息。通过新媒体平台"东南大学教育基金会"同名新浪微博、腾讯微博、人人网、微信,本年度净增2.42万浏览量。

通过企业支持,由东南大学教育基金会、东南大学学生处和东南大学教育基金会志愿者协会为2013级新生发起并举办的"回家之路"行李箱赞助活动顺利实施,此次活动有300位家境贫困的新生获得赠送的行李箱。教育基金会还专门设立了"新生爱心基金",并开通"在线捐赠"平台,该笔基金专门用于资助贫困新生,先后有14位新生受到资助。

2013年,我校先后有6位同学罹患重病,教育基金会在得知信息后第一时间从"重大疾病医疗互助基金"给每位重病学生提供1万~2万元资助,并通过各种媒体呼吁学校和社会各界进行募捐,共为重病学生筹资36.4万元。

"教育基金会志愿者协会"成员约160人,为校内规模较大的社团之一。开展了2013"职胜东南"大型求职类企校交流活动、"夏日送清凉"新生送水活动、"你的未来我的梦"支教活动、"回家之路"行李箱赠送活动、"志愿之星"全校志愿者评选活动、宿舍楼道文明环保活动、图书馆爱心红伞、"心系四川阿坝州藏族羌族少数民族学生"大型募捐义卖活动、"启明星"自闭症儿童关爱项目,以及滴水思源,筑爱于行——奖助学金获得者资料采集活动等多项公益活动,在校园内形成了浓郁的"人文关怀"氛围。

为了支持我校各部门、各院系培养综合型高新尖端人才的各项工作,进一步加强校园文化建设,营造良好的全面素质教育氛围,本年度教育基金会在项目拓展方面取得了很大的进展,新增项目涵盖支持校园文化活动、奖励学生论文、赞助学科竞赛、改善医疗硬件环境、服务离退休老干部、关怀应届毕业生活动等近20多项目,支持经费约140万元。

2013年东南大学教育基金会奖助项目设置一览表

序号	项目名称	设立者	总金额(元)
1	杨廷宝奖学金	杨廷宝奖学金基金会	3 000
2	童寯基金	童寯先生家属和建筑学院	基金4万
3	顾冠群、章玉琴奖助学金	顾冠群、章玉琴家属	基金17万
4	齐康基金	齐康院士	2万
5	吕志涛院士奖励金	吕志涛院士	基金10万
6	何振亚、王孝书奖学金	何振亚、王孝书	基金12万
7	缪昌文奖学金	缪昌文院士	基金20万
8	顾毓琇、王婉靖奖学金	顾毓琇、王婉靖	基金3万
9	东南大学建筑设计与理论研究中心——程泰宁奖励基金	程泰宁院士	基金65万
10	孙伟院士奖学基金	孙伟院士	基金50万
11	刘敦桢奖学金	刘敦桢先生家属及好友、东南大学建筑学院	基金4万
12	朱斐、孙绎奖学金	朱斐、孙绎	基金10万
13	陆氏学生奖学金	陆新达、石卫平	基金2万
14	周鹗奖学金	周鹗教授	基金8万
15	冯宇樵奖学金	冯绥安先生	2 500
16	陈圣勋奖学金	陈圣勋先生	2 000
17	陈延年、王劲松奖学金	陈延年、王劲松	基金10万
18	李元坤奖学金	徐元善先生	2 000
19	陈达锋土木工程奖教金	陈达锋先生	基金10万
20	韦博成奖学金	韦博成教授部分海内外学生	1万
21	张秋交通工程奖学金	张秋先生	基金3.7万

(续 表)

序号	项目名称	设立者	总金额(元)
22	金宝桢奖教金、奖学金	南京栖霞建设股份有限公司	基金50万
23	丁大钧教育基金奖助学金	丁大钧教育基金会	基金96万
24	蒋永生奖学金	蒋永生教授家属及学生	基金20万
25	丁德泮医学教育基金	丁德泮医学教育基金委员会	基金6 861美元和3.7万元人民币
26	陈荣生教授创新奖学金	陈荣生教授的学生	基金10万
27	"维俊"奖教金	南京盘龙广告传媒集团	2万
28	"洪范五"奖教金、奖学金	南京盘龙广告传媒集团	2万
29	郝英立奖学基金	高嵩同志及沈锦华、郭金林、沙敏等校友	基金19.2万
30	言恭达奖教金、奖学金	言恭达先生	基金50万
31	"张克恭"土力学奖学金	东南大学交通学院岩土工程研究所	基金3万
32	朱庆麻奖助学金	朱世平校友	基金10万
33	高金衡奖助学金	高明女士	基金10万
34	轩铭奖学金	杨轩铭同学	3 000
35	恽瑛奖助学金	恽瑛教授	基金18万
36	焦廷标奖学基金	南京华新有色金属有限公司	基金500万
37	亿利达刘永龄奖学金、刘永龄助学金	亿利达工业发展集团有限公司	5万
38	许尚龙奖教金	许尚龙先生	基金100万
39	许尚龙光彩事业贫困学生奖助学金	南京21世纪投资集团	基金50万
40	隈利实国际奖助学金	国际科学技术文化振兴会	10万
41	唐仲英德育奖学金	唐仲英基金会(中国)	12万/年
42	叶晶奖学金	叶晶先生	6万
43	大连东岗奖教金、奖学金	大连信恒康医药科技有限公司	基金100万
44	陈江和育鹰奖学金	金鹰企业管理(中国)有限公司	2万
45	杨志峰奖助学金	江苏港峰科技集团	10万
46	刘肖娟奖学金	刘肖娟校友	基金10万
47	张志伟奖助学金	张志伟校友	基金30万
48	龙昌明奖教金	龙昌明校友	基金10万
49	东南大学"苏州工业园区奖学金"	苏州工业园区	15万

(续　表)

序号	项目名称	设　立　者	总金额(元)
50	南京新城科技园奖教金、助学金	南京新城科技园建设发展有限责任公司	16万
51	太仓科教新城创新创业奖学金	太仓市科教新城管委会	基金11万
52	社会团体(华藏)奖学金	新加坡净宗学会	1.5万
53	东南大学教育基金会奖学金、奖教金、奖管金	东南大学教育基金会	15.8万
54	宝钢教育奖	宝钢教育基金会	18.5万
55	光华奖学金	光华教育基金会	40万
56	国盛奖学金	江苏省科学技术协会	6万
57	江苏软件奖学金	江苏省软件行业协会	2.4万
58	金鼎奖学金	严志隆教授	基金6万
59	"交运之星"奖教金、奖学金	王炜教授	1万
60	"交运新星"奖学金	王炜、黄卫、陆键、黄晓明、刘松玉、李旭宏	1.4万
61	"自动化工程师"奖学金	戴先中教授	基金10万
62	外语英才奖学金、助学金	李霄翔教授	基金10万
63	"东南大学交通学院"奖教金、奖学金	东南大学交通学院	基金30万
64	16287奖学金	东南大学16287班	基金11万
65	686奖助学金	电子科学与工程学院86级校友	基金8万
66	5187级奖学金	5187级校友	基金11万
67	71871奖教金	71871级校友	基金13万
68	东南大学5184奖学金	东南大学5184同学会	基金3.3万
69	5281奖助学金	江苏东南交通工程咨询监理有限公司	基金10万
70	常州校友会龙城奖助学金、奖教金	东南大学常州校友会	基金30万
71	无线电系七八级同学奖教金、奖学金	无线电系七八级同学	基金500万
72	仪科校友奖学(教)金	仪器科学与工程学院校友	基金5万
73	广西校友会奖助学金	东南大学广西校友会	基金13.5万
74	徐州校友会奖助学金	东南大学徐州校友会	基金9万
75	盐城校友会奖助学金	东南大学盐城校友会	基金8万
76	天之交子奖助学金	东南大学交通学院21098级校友	基金3万

(续 表)

序号	项目名称	设立者	总金额(元)
77	无线电系77、78级校友奖学基金	信息科学与工程学院77、78级校友	2万
78	广州校友会奖助学基金	东南大学广州校友会	3.5万
79	菲利浦奖教金、奖学金	LG.荷兰菲利浦显示公司	2.1万
80	现代设计集团奖学金、现代杯方案设计大赛奖	上海现代建筑设计集团有限公司	12万
81	南瑞继保奖教金、奖学金	南京南瑞继保电气有限公司	6.1万
82	"东大设计院"奖教金、奖管金、奖学金	东南大学建筑设计研究院	15万
83	栖霞建设奖教金、奖学金	南京栖霞建设股份有限公司	6万
84	鼎泰奖学金	江苏鼎泰工程材料有限公司	基金2万
85	东南大学—英达奖学金	英达热再生有限公司	3万
86	东南大学交通设计院奖学(教)金	东南大学建筑设计研究院交通分院	基金50万
87	CASC公益奖学金	中国航天科技集团公司	5万
88	宁武化工奖助学金	句容市宁武化工有限公司	10万
89	夏普奖学金	南京夏普电子有限公司	2万
90	金智奖教金、奖学金	江苏金智科技股份有限公司	8万
91	江苏电力奖助学金	江苏省电力集团	基金100万
92	金蝶奖教金、奖学金	金蝶软件(中国)有限公司	10万
93	中浩地产人才发展奖教金、奖学金	江苏中浩房地产有限公司	3万
94	联创国际奖学金	上海创联建筑设计有限公司	1万美元
95	BSH奖学金	博西家用电器(中国)有限公司	4.8万
96	雷克奖学金、奖教金	庄昆杰、范国平伉俪	4万
97	"微软小学者"奖学金	微软(中国)有限公司亚洲研究院	1.5万
98	IBM中国优秀学生奖学金	IBM公司	2.4万
99	国微电子奖学金	深圳市国微电子股份有限公司	20万
100	日照钢铁奖教金、奖学金	日照钢铁控股集团有限公司	基金80万
101	百纳奖学金	江苏百纳集团公司	3万
102	福隆奖助学金	厦门福隆置业集团有限公司	2万
103	会丰奖助学金	厦门会丰拍卖有限责任公司	2万
104	三菱电机奖学金	三菱电机机电(上海)有限公司	5万

(续表)

序号	项目名称	设立者	总金额(元)
105	威立雅水务奖学金	南京瀚略商贸有限公司	1万
106	中国路桥奖学金	中国路桥工程有限责任公司	20万
107	东南大学中泰国立奖教金	江苏中泰集团有限公司	30万
108	坚朗奖学金、助学金	广东坚朗五金制品股份有限公司	6万
109	锦华装饰奖教金、奖学金	江苏锦华建筑装饰设计工程股份有限公司	基金20万
110	聚立科技奖教金、奖学金、奖管金	南京聚立工程技术公司	基金30万
111	龙腾奖学金	江苏龙腾工程设计有限公司	3万
112	东方威思顿奖教金、奖学金	烟台东方威思顿电气有限公司	基金10万
113	光一科技奖教金、奖学金	光一科技股份有限公司	基金10万
114	阿尔斯通奖学金	阿尔斯通电网技术中心有限公司	5万
115	贝卡尔特奖学金	贝卡尔特管理(上海)有限公司	5.5万
116	深圳中天装饰奖助学金	深圳中天装饰工程有限公司	23.4万
117	南京长江都市奖助学金	南京长江都市建筑设计股份有限公司	2.2万
118	东大智能奖励金	南京东大智能化系统有限公司	基金60万
119	海特液压机械奖教金	盐城海特液压机械有限公司	4万
120	日正华瑞教学奖教金	北京日正华瑞科技发展有限公司	6 600
121	浙江永利奖教金、奖学金	浙江永利实业集团有限公司	基金20万
122	五十五所电科奖学金	中国电子科技集团公司第五十五研究所	20万
123	亚东奖学金	南京亚东建设发展集团有限公司	基金10万
124	科远自动化奖学金	南京科远自动化集团股份有限公司	5万
125	"三一重机"奖教金、奖学金	三一重机有限公司	5万
126	斯迪克奖学金	苏州斯迪克电子胶粘材料有限公司	基金10万
127	海拉奖学金、奖教金	海拉(上海)汽车工业服务有限责任公司	13万
128	远景智慧奖学金、远景未来奖学金	远景能源(江苏)有限公司	10万
129	东南大学博世奖学金	博世(中国)投资有限公司	20万
130	上海联影医疗奖学金、助学金	上海联影医疗科技有限公司	7万
131	金昇奖励基金	江苏金昇实业股份有限公司	50万

（续　表）

序号	项目名称	设立者	总金额(元)
132	创能电力奖学金、奖教金	南京创能电力科技开发有限公司	基金10万
133	苏博特基金	江苏苏博特新材料股份有限公司	38万
134	中交一公院奖学金	中交第一公路勘察设计研究院有限公司	基金20万
135	苏交科奖学金	江苏省交通科学研究院股份有限公司	基金50万
136	江苏交通院奖学(教)金	江苏省交通规划设计院股份有限公司	基金50万
137	三联奖教金、奖学金	江苏三联生物工程有限公司	1万
138	苏州五建奖教、奖学金	苏州第五建筑工程公司	10万
139	至善奖学金	东南大学后勤服务集团	基金10万
140	雨润奖教金,祝义材奖助学金	雨润控股集团有限公司	50万
141	海联讯奖学金	深圳海联讯科技股份有限公司	基金10万
142	汉桑奖学金	汉桑(南京)科技有限公司	2万
143	谷歌优秀奖学金	谷歌信息技术(中国)有限公司	4.4万
144	汇鸿股份奖教金、奖学金	江苏汇鸿股份有限公司	15万
145	"团结普瑞玛英才班"奖学金	上海团结普瑞玛激光设备有限公司	基金10万
146	江苏大秦奖学金	江苏大秦电气集团	基金20万
147	金陵物流奖学金	江苏金陵交运集团有限公司	基金15万
148	宝供物流奖学金	宝供物流企业集团有限公司	6 000
149	蓝风国际奖学金、奖教金	江苏蓝风国际投资发展有限公司	10万
150	欧级奖助学金	江苏欧级节能科技有限公司	10万
151	泰宁雨水奖助学金	北京泰宁科创雨水利用技术股份有限公司	5万
152	中交路桥建设奖学金、奖教金	中交路桥建设有限公司	20万
153	江苏金陵科技集团公司奖教金、研究生奖学金	江苏金陵科技集团公司	1万
154	创远微波奖学金	上海创远仪器技术股份有限公司	10万
155	科雄奖学金	南京科雄科技有限公司	基金10万
156	罗德与施瓦茨研究生奖学金	罗德与施瓦茨公司	10万
157	射频微波设计竞赛奖	罗德与施瓦茨公司	3.4万
158	丹阳市飓风物流奖助学基金	丹阳市飓风物流有限公司	12万

(续 表)

序号	项目名称	设立者	总金额(元)
159	正保教育奖学金、助学金	北京东大正保科技有限公司	15万
160	东南大学建筑设计与理论研究中心、杭州中联筑境建筑设计有限公司基金	杭州中联筑境建筑设计有限公司	基金20万
161	东南大学同策奖学(教)金	同策房产咨询股份有限公司	基金10万
162	英泰立奖教金	南京英泰立软件开发有限公司	1.5万
163	爱心助学金	蔡泉生校友	2.16万/年
164	160082助学基金	160082班全体校友	3000
165	东南大学法学院251981班助学金	东南大学98级校友会	基金7万
166	东南大学法学院上海校友助学金	东南大学法学院上海校友	基金1.05万元
167	纪辉娇助学金	纪辉娇女士	5万
168	何耀光助学金	何耀光慈善基金有限公司	20万港元
169	爱心人士助学	臧曰镇、吴丽群夫妇	6 000/年
170	温暖助学金	马慧宁、杜明昱母子	2 000/年
171	中国能建集团江苏省电力设计院员工博爱基金	中国能建集团江苏省电力设计院员工	2.5万
172	新长城自强助学金	中国扶贫基金会	1 1040
173	南京宁波商会爱心助学基金	南京市工商业联合会宁波商会	3 000
174	雁行东大励学成长项目	雁行中国基金会	9.6万
175	南京21世纪投资集团助学金	南京21世纪投资集团	6.5万
176	招商银行"一卡通"助学金	招商银行南京分行	10万
177	东大电子—得州仪器助学金	美国得州仪器公司	22.5万
178	星网锐捷奖学金、助学金	福建星网锐捷通讯股份有限公司	2.11万
179	江苏捷宏定向资助金	江苏捷宏工程咨询有限公司	1万
180	GATAN中国博士生奖学金	上海儒博贸易有限公司	1.5万
181	瑞安建业学生交流资助基金	瑞安建业资产管理(香港)有限公司	21.6万
182	华民慈善基金	华民慈善基金会	29.4万

(基金会 滕 航)

校友会工作综述

1. 圆满完成换届工作,产生新一届理事会及其负责人

2013年12月7日下午,东南大学校友总会会员代表大会在东南大学四牌楼校区召开。大会分两个阶段进行,第一阶段为校友总会第四届理事会第五次会议,第二阶段为第五届理事会第一次会议。会议由东南大学校友总会第四届理事会副会长杨树林同志主持,会议主题为审议第四届理事会工作报告和财务报告、选举产生东南大学第五届校友总会理事会组成人员。出席会议的有第四届理事会会长易红校长,林萍华副校长,南京农业大学党委书记左惟,校友总会第四届理事会副会长杨树林、朱建设、赵瑞林、庄宝杰,以及来自国内各地校友会理事代表、在宁理事代表、校内理事代表等80余名会员代表。

会议认真听取了第四届校友总会理事会工作报告和财务报告。

工作报告详细回顾了2009年至今近五年来第四届理事会各方面的工作情况:一、加强了校友会组织建设,初步形成了校友工作体系;二、同时积极加强信息化建设,构筑有效的联系平台;三、通过积极走访各地校友,构筑精神家园;四、校友们的出色表现和杰出贡献,提升了母校的社会声誉;五、校友们对母校在学科建设、招生、毕业生就业、实习等等方面给予了大力支持,校友企业与母校学研鼎力合作;六、各地校友会的校友工作不断深入发展,建校110周年更是校友们展现风采的舞台。校友总会还于2012年成功承办了江苏省高校校友工作第九次研讨会,顺利通过民政部年度年检,并获得中国高等教育学会校友工作研究分会2010年度高校校友工作先进集体荣誉称号。

财务报告对四年来校友总会的经费来源及使用情况进行了说明。

与会校友审议了第四届理事会的工作报告和财务报告,大家一致通过了这两个报告。

本次大会认真听取和审议了校友总会第五届理事会会员人选名单,一致通过产生了东南大学校友总会第五届理事会理事人员。第五届理事会共有理事270人(其中名誉理事36人)。第五届理事会会长、副会长等由第五届理事会理事通过无记名选举方式产生。第四届理事会会长易红继续当选新一届理事会会长,浦跃朴副校长当选为常务副会长,杨树林、朱建设、庄宝杰继续当选新一届理事会副会长,副校长林萍华、南京农业大学党委书记左惟、校党委副书记刘京南、成贤学院基础部部长刘光荣为新当选副会长。

按照教育部社团办要求,此次第五届理事候选人采取大会选举方式产生,对境外校友会及国内不能到场的地方校友会则采用通信方式进行。理事成员主要由校内理事和校外理事组成,校内理事为各院系负责人和相关职能部门负责人,校外理事以各地校友会负责人为候选人选。第五届理事会理事在上届理事会组成人员基础上进行适当的调整,年逾70周岁的理事,调整为名誉理事;除自然减员外,新增理事由地方校友会推荐;境外校友会,暂由总会确定推荐名额和人选。

东南大学校友总会共有48个会员单位。此次大会,34个会员单位派代表到参会,7个会员单位以通信选票方式参会,均同意第五届理事会候选人员当选。参会会员单位

总计达 41 个,符合总会章程中的换届条件,选举结果有效。

2. 校友会组织建设常抓不懈

在校友总会的指导和支持关心下,各地校友会加强校友会组织建设,定期举办年会、联谊等聚会交流活动,凝聚海内外校友。2013 年度新成立 2 个校友会,3 个校友会完成换届,14 个校友会召开年会/联谊会。

- 8 月 11 日,美国波士顿校友会成立;10 月 20 日,生医学院南京系友会成立。
- 6 月 29 日,广州校友会召开 2013 年会暨换届大会;9 月 6 日,无锡校友会召开换届大会,第六届理事会成立;11 月 9 日,江西校友会换届大会在南昌召开。
- 北京(1 月 26 日)、上海(1 月 30 日)、深圳(10 月 27 日)、厦门(10 月 20 日)、泉州(9 月 15 日)、大连(10 月 13 日)、常州(11 月 23 日)、盐城(11 月 24 日)及安徽(11 月 30 日)、云南(11 月 24 日)校友会分别召开了联谊交流会或年会。
- 境外的香港校友会,1 月 19 日召开新春团圆会,之后还举行了多项活动;美国俄州校友会(9 月 14 日)、硅谷校友会(10 月 6 日)及美南校友会(11 月 9 日)等在当地举行 BBQ 联谊活动。

3. 配合学校中心工作,校友总会积极为学校与地方产学研合作搭建交流平台

1 月 9 日,校友总会牵头,淮安校友会大力配合,为东南大学出版社在淮安拓展教材出版发行渠道。

4 月 1 日至 2 日,校友总会安排上海校友代表接待我校师生重点用人单位调研。用人单位对我校学生专业教育、素质能力培养等方面提出积极的意见和建议。校企双方还就加大合作力度、拓宽合作领域、创新合作方式等达成了共识,并进一步探讨了一些校企合作方式的可行性及可操作性。

5 月 25 日,南京市栖霞区投资环境说明会暨东南大学国家大学科技园(栖霞)推介会在北京举行,校友总会、驻京办、北京校友会协办此次推介会。推介会得到了东大校友以及社会企业家的认可,校友纷纷表示愿回宁投资,与母校大学科技园共同发展。

6 月 26 日,校友总会一行和继续教育学院代表为东南大学在上海市域开办各层次成人人才教育事宜与上海校友进行了座谈。座谈会上大家献计献策,提出多种办学理念和办学方法。

9 月 5 日,校友总会联系落实东南大学波士顿校友会作为主要协办单位,成功协助南京市政府在波士顿举办了第二届"321"招才引智推介会。南京代表团返宁后,南京市委组织部人才办公室发函对东南大学波士顿校友会在人才邀请、会场布置和会务组织方面的鼎力支持表示致谢。广大校友对这次活动也给予了充分的肯定,一方面提高了东南大学在国际上的声誉,另一方面也增强了校友之间的友谊和凝聚力。

10 月 9 日,由我校大学科技园、校友总会、苏州校友会以及南京市建邺区人民政府联合举办的南京市建邺区创新创业人才说明会暨东南大学国家大学科技园(建邺)推介会在苏州举行。此次推介会得到了苏州校友企业家们的一致认可,通过积极交流,校友们表示愿回宁投资,共同发展母校大学科技园。

4. 持续做好品牌活动,悉心指导和大力支持校学生职业发展协会举办第七届"暑期实习生招聘会""他乡遇故知"等系列活动

校友总会于3月初开始陆续向北京、天津、上海、浙江、深圳、广州、苏州、无锡、常州等校友会及当地校友企业和部分南京校友企业负责人发出倡议书,诚邀校友企业回校招聘优秀的学弟学妹。

5月17日晚,校友总会指导学生职业发展协会,在东南大学党委研究生工作部和东南大学团委的支持下成功举办了"他乡遇故知"大型校友与毕业生交流会。校友总会为四十余位应届毕业生代表颁发东南大学校友工作联系人证书。"他乡遇故知"系列活动,旨在为即将工作的东大毕业生,搭建一个与同城校友联系和交流互助的平台,帮助大家尽快融入社会。

5月19日,校友总会指导学生职业发展协会成功举办东南大学第七届暑期实习生招聘会,会前向众多社会及校友企业发送邀请函,并得到校友企业的积极响应。招聘会为在校生搭建了很好的平台,借此学生可以获得暑期实习的机会,为今后的就业提前作好准备。

联络嘉宾,支持学校"创业大讲堂"活动。许庆海校友5月21日应邀开讲"美丽的制造业"。

5. 校领导、总会领导带队,积极走访各地校友,加固联谊桥梁

2013年度共走访了23个省、市地区校友会(北京、上海、深圳、广东、福州、厦门、泉州、济南、苏州、无锡、常州、扬州、连云港、淮安、盐城、太仓、郑州、合肥、马鞍山、南昌、长沙、云南、海口),召开当地校友座谈会,加强与校友的感情联络。

6. 热情接待来访校友

2013年共接待来自海内外各地分会及兄弟学校来访、调研近40次。

7. 校友工作形成特色

北京校友企业家联谊会成立。华生校友担任会长。联谊会的建立为校友企业家提供交流合作的平台,实现"联络校友、增进友谊、促进交流、服务母校"的校友会宗旨。扩大整个东南大学企业家群体在社会当中的影响力。

北京青年校友沙龙。沙龙活动分为两种:一种是小型沙龙,规模10人左右,每周或两周一次;一种是大型沙龙,每季度或半年一次,通过校友会邀请部分知名人士到场。每次沙龙活动前1/3的时间由主持人或主讲人引导讨论,剩余时间各参与校友自由沟通交流。

北京、上海、深圳、波士顿部分青年企业家校友组建了跨地区投资平台——六朝松投资俱乐部,共同探讨发展机遇,加强与母校在技术转移方面的合作。

苏州校友咖啡馆。34个校友集资办成"诚朴咖啡"。每周末在店内有不同活动。大家在常态交流中互助成长。

深圳校友会按照校友的体育兴趣组织俱乐部。目前有足球俱乐部、羽毛球俱乐部、高尔夫球俱乐部、登山俱乐部。羽毛球俱乐部每周固定时间活动,交流常态化。其他俱乐部也经常有活动,校友们在健康的社交方式中放松身心、增进感情、交流工作、携手发展。

8. 利用新媒体手段(微博、微信、QQ群),促进母校与校友间及时全面的沟通交流

总会和各地校友分会充分利用可以及时互动的新媒体,增加校友信息传播。

9. 网站和《校友通讯》期刊

网站及时发布各类信息,可接受校友注册和查询及留言,并有年级同学录功能。2013年度编印两期计6000册《校友通讯》,向3万校友发送校友总会电子简报计12次。

(校友总会 张飒兵)

校区与院系及其他

丁家桥校区

一、校区工作

1. 积极开展党建工作。校区党工委积极开展"党的群众路线教育实践活动"。中层干部按照学校党委的要求认真进行"四风"的对照检查,在群众意见收集、梳理的基础上,开展谈心,召开了校区领导班子专题民主生活会,交流查摆问题,制定整改措施,达到了预期目标。

中层干部认真参与组织部在线专题学习培训活动。

校区工委组织"三办"党支部委员前往后勤集团进行党务工作交流。

落实学校加强公文管理的要求,对校区"三重一大"实施办法进行了适时修订。

顺利完成各基层党支部的换届工作。王亮、胡建人、刘培高、李丽分别担任新一届党政办、后勤办、保卫办、退休教师支部的书记。

2. 做好校区服务与协调工作。协调了中国电信学生用卡的问题;解决了校区无存款机的问题;拟定师生办事指南;施工中多次协调与监督施工时间;对校区道路进行出新改造;对学生宿舍垃圾桶进行了规范;加强了校园无主自行车的管理;对违规饲养动物的行为进行了严格批评;对3G遗留问题进行了协调;给青教公寓加装了路灯;给公卫门加装了夜灯;对垃圾场进行了出新改造。

采用固定车位等措施有效缓解校区停车难的状况。

按照学校的安排,与中大医院做好校区南门重建与管理的协调工作,启用公卫楼二道门。

主动梳理校区行政楼与后勤楼使用情况。

3. 顺利完成教育部修购专项工程。求恩三舍、配电房、锅炉房、校区主干道4个改造项目,累计资金逾1 000万元。2014年申报的专项包括:十间教室改造、三舍家具更新、宿舍整体配电改造等3个项目。

4. 努力做好校园安全与稳定工作。校区保卫办从安全宣传教育、消防、稳定、治安、交通管理、大型活动安保、保安物业公司管理等方面开展服务师生的工作。

闻达敏斯物业在元旦后进驻校区，负责校门与安全巡逻等工作。

图书馆、公卫楼消防水改造工程完工。

为6栋学生宿舍、实验室等人员密集场所新增灭火毯899具。更新到期水基灭火器62具、干粉灭火器364具、40 kg推车式灭火器3台、新增干粉灭火器120具，淘汰废旧灭火器135具。

道路出新共画线1 150米，增加车位14个。

全年为师生办理户口迁出318人、迁入170人、户籍咨询703人次、出具户籍证明18份。

5. 遵章完成职员晋升与绩效考核等人事工作。校区教职工反复讨论并顺利通过了绩效工资年底奖励部分的发放方案。谭文龙、张和良晋级为八级职员。张云龙获得中级技师资格。

6. 积极开展文体活动，努力建设和谐校园。校区受学校的委托，协助老干部，对门球场进行了重建，并作为比赛场地开展了驻宁高校退休教师门球赛。

教师节期间联系厂家开展优惠供应米、面、油活动，这是第三次举办的对师生的优惠活动。

二、奖励与荣誉

1. 2013年4月，校区获得中央门街道"五五普法依法治理先进集体"与2012年度"平安创建工作先进校园"。

2. 校区党政办支部"关爱革命老区小学行"活动获得学校2012年最佳党日活动二等奖。

3. 学校工会举办的智力运动会，蒋波、胡建人组合在掼蛋比赛中获得全校第二。

4. 胡建人获得校基金会金宝桢奖教金。

5. 刘培高被评为校工会"三育人"积极分子，张儒祥被评为校工会活动积极分子。

三、人事变动

1. 2013年1月，王亮同志任丁家桥校区党工委委员、副书记兼党校副校长。

2. 2013年3月，增补王亮同志为东南大学工会丁家桥综合委员会委员，并担任东南大学工会丁家桥综合委员会主席。

3. 2013年9月，校区党政办田宇行同志调至校办工作。

4. 谢伟江、方庆红两位教师退休。

（丁家桥校区　李　娜）

建 筑 学 院

建筑学院现有建筑学、城乡规划学、风景园林学三个一级学科博士点和美术学一级学科硕士点,建筑学、城乡规划学、风景园林学三个博士后流动站,建有城镇与建筑遗产保护教育部重点实验室,与UNESCO共建的GIS中心、CAAD国家专业实验室,与瑞典皇家理工学院共建的绿色生态建筑研究中心等学科平台。下设建筑系、城市规划系、景观学系、环境设计系、建筑技术科学系、建筑历史研究所。截至2013年年底,全院在职教工140人,专任教师123人。其中教授31人,副教授50人,28名博士生导师,具有博士学位的专任教师比例达75%。现有3名院士、2名教育部长江学者特聘教授,1名国家杰出青年基金获得者,5人入选教育部"新世纪优秀人才支持计划",16人入选省人才培养计划,3人入选东南大学特聘教授。

一、学科建设

组织完成国家"985工程"三期项目和江苏省优势学科建设项目验收工作。通过这些经费的支持,加大设备购置和实验平台建设方面投入,共安排设备购置和实验平台建设经费514.3万元,其中通过"985"安排经费400万元,通过江苏省优势学科安排经费114.3万元,有效地提升了三个一级学科和城镇与建筑遗产保护教育部重点实验室的实验条件和水平。依托实验室开展了多项国家自然科学重点基金、科技部支撑计划项目的研究。城乡规划学和风景园林学继2011年申报获准新增一级学科"十二五"江苏省重点学科后,在2013年的学科中期检查中获得"优秀"的评估成绩。

二、教学和人才培养工作

加强本科专业建设。结合国家教育部"卓工计划",先后与上海现代建筑设计(集团)有限公司、中国建筑西南设计研究院有限公司和苏州市建筑设计研究院联合申报校企共建"国家级工程实践教育中心"获得成功并正式挂牌,校企双方以此平台为基础,在教学、科研、实践基地建设等领域开展多层次合作,新增卓越课题4个。与美国MIT、苏黎世高工、东京工业大学、美国科罗拉多大学、澳大利亚新南威尔士大学、西班牙巴塞罗那理工学院开展了多次国际联合教学。学院教授全部承担本科生的核心课程的教学工作,目前已开设全英文本科课程3门。教研成果"以培养建筑类卓越人才为目标的立体化教学平台构建与实践"获江苏省教学成果二等奖、东南大学教学成果特等奖。"建筑设计"课程成为国家级首批立项建设的精品资源共享及公开视频课程。获东南大学优秀本科生毕业设计5项。

加强研究生培养工作。常态化、固定化地邀请国际一流外教承担研究生的主干课教学(建筑设计、城市规划与设计、景园规划与设计等课程),新开设全英文课程4门,均衡覆盖了建筑学、城乡规划学和风景园林学三大学科。开设全英文研究生课程5门,与美国MIT、瑞士ETHZ、维也纳理工学院、东京工业大学等开展研究生国际联合教学8次。组织研究生出国深造和参与国际交流,2013年推荐12名博士生到国际知名的建筑院校深造,其专业素质和创新能力得到国际的广泛认可。在江苏省研究生学位论文抽检工作中,抽检硕士学位论文通过率达到100%,抽检博士学位论文11篇,1篇不合格,通过率达到90.9%。

朱渊的博士学位论文(指导教师王建国)荣获全国2013年度百篇优秀博士学位论文奖,成为全国建筑学科十年来也是我院历年来首篇全国百篇优秀博士学位论文;吴国栋的硕士学位论文(指导教师韩冬青)和蒋瑞明的硕士学位论文(指导教师王兴平)获江苏省优秀硕士论文。硕士生李迎成撰写的学术论文(指导教师王兴平)获2013年中国区域科学协会年会"优秀青年论文奖"三等奖。另经申请评定,获教育部博士研究生学术新人奖1项,获江苏省高校研究生科研创新计划项目2项,校级研究生全英文课程资助4项。

三、科研工作

纵向科研项目:2013年学院共获得11项国家自然科学基金资助,其中青年基金7项,面上项目4项,获批经费总额457万元。获1项"十二五"国家科技支撑计划课题资助,国拨经费831万元、国务院各部委项目2项。获江苏省自然科学基金青年基金1项,获教育部博士点基金资助(新教师类)2项。截至年底,纵向经费实际到款额达1 405万元,创我院历史最高纪录。

横向科研项目:2013年学院承担、合作、投标横向项目累计218项,其中建筑系58项,规划系83项,景观系37项,历史研究所16项,建筑技术系18项,其他6项。投标竞赛项目37项,建筑系中标获奖4项,规划系中标获奖10项,景观系中标获奖2项,历史研究所中标获奖1项。合同总金额达1.57亿元。

6月19日,中国国学研究与交流中心项目设计合同签约仪式在我校举行。北京市政府副秘书长张玉平,中国国学研究与交流中心副主任李文亮,校长易红,中国科学院院士齐康,我校常务副校长胡敏强以及资产经营管理处、建筑学院、建筑设计院负责同志等出席签约仪式。中国国学中心位于北京奥林匹克公园文化综合区,是国家级的标志性公共建筑。我校于2010年11月从13家参加中国国学中心第一轮概念性方案的单位中成为5家胜出单位之一,2011年12月又获得第二轮建筑工程设计国际竞赛第一名,并确定中标。2012年9月至10月,优化设计方案向党中央、国务院与北京市主要领导以及建筑界、文史界、艺术界专家学者作了汇报。各方面对设计方案给予了一致的好评。该项目已经国家发改委审批通过,并于2013年11月2日正式开工。

科研获奖:"中国普天信息产业上海工业园总部科研楼"(张彤等)获得全国优秀建筑设计一等奖;在江苏省第十五届优秀工程设计评选中,"西湖东岸城市景观规划——西湖申遗之城市景观提升工程"(王建国、杨俊宴等)、"海宁市城市景观风貌整体城市设计"(段进等)、"苏州火车站地区综合改造城市设计"(段进等)获得一等奖;"南京信息工程大学实验中心"(钟训正等)、"南京大学仙林国际化校区公共教学楼"(韩冬青等)、"如皋如园"(葛明等)、"江苏省南京市青少年社会实践行知基地"(郑忻等)、"溧水城东公园设计"(王晓俊等)、"滁州市菱溪湖公园景观工程设计"(成玉宁等)、"南京浦口中心城区概念性城市设计"(阳建强等)、"无锡市总体城市设计"(王建国等)、"铁路南京站北站房、北广场综合客运枢纽规划"(段进等)、"常州市轨道交通一、二号线站点周边地区控制专项规划"(段进等)、"南京总体城市设计"(王建国等)获得二等奖。此外,"南京钟山风景名胜区博爱园修建性详细规划"(王建国、韩冬青等)获得2013年教育部优秀勘察设计一等奖;"东晋历史文化博物馆暨江宁博物馆"(王建国等)获得2013年江苏省城乡建设系统优秀勘察设计一等奖。

陈薇教授的成果《走在运河线上——大运河沿线历史城市与建筑研究》获得2013年度国家出版基金资助,并由中国建筑工业出版社出版。张十庆教授编著的《宁波保国寺大殿:勘测分析与基础研究》入选中国第四届"三个一百"原创图书出版工程科学技术类原创精品图书。由齐康院士任总编、杨维菊教授任主编、我院多位教师参编的图书《绿色建筑设计与技术》荣获首届江苏省新闻出版政府"图书奖"。吴晓教授结合课题阶段性成果而出版的学术专著《我国大城市流动人口居住空间解析——面向农民工的实证研究》及其相关成果(合作者:王承慧、王兴平等)获得"江苏高等学校第八届哲学社会科学研究优秀成果奖"三等奖。成果"苏南城乡规划中的集约型建设用地指标体系研究"(主要完成人:王兴平、权亚玲等)获得"江苏省建设科学技术奖"二等奖。

四、学术交流和国际会议

学院积极开展与国内外知名大学和企业的交流与合作,组织召开或参加国际会议和学术活动。

2013年11月承办了由中国工程院主办的"2013中国当代建筑设计发展战略国际高端论坛"。论坛组委会主席由程泰宁院士(执行)、马国馨院士、何镜堂院士、王小东院士、崔愷院士担任。论坛邀请了中国建筑界数十位院士和工程设计大师、瑞士著名建筑大师博塔、国际建筑协会前主席考克斯、美国麻省理工学院建筑学院院长桑托斯、哈佛大学设计学院建筑系主任阿巴罗斯、中国香港著名建筑师严迅奇、中国台湾地区著名建筑师姚仁喜等国内外知名建筑学者与建筑师,以及相关部门的政府领导、房地产从业者、传媒界人士共同参与讨论。论坛开幕式由邹德慈院士主持。中国工程院常务副院长潘云鹤院士,江苏省副省长缪瑞林,原建设部部长叶如棠,中国建筑学会理事长车书剑,国际建筑师协会前主席考克斯女士,东南大学校长易红等先后致辞。

3月17日,与篠原一男作品集编辑委员会、东南大学出版社共同合作举办建筑大师篠原一男国际论坛暨《建筑 篠原一男》新书首发仪式;5月21日,主办第一届建筑学研究前沿系列学术论坛——医疗与养老建筑;5月27日,与中国城市规划学会在山西平遥古城共同主办第5届城市规划历史与理论高级学术研讨会暨中国城市规划学会城市规划历史与理论学术委员会年会;6月15—16日,主办"如何教建筑设计——建筑设计教学国际研讨会";8月23—24日,与中国建筑学会建筑史学分会等单位联合主办"宁波保国寺大殿建成1000周年学术研讨会暨中国建筑学会建筑史学分会2013年会";9月20—21日,举办了篠原一男建筑展暨论坛,来自麻省理工学院、东京工业大学、北京大学、同济大学、华南理工大学、国内著名建筑杂志和学报主编等数十位代表参加了展览暨论坛;9月24—26日,承办了"第七届中国威海国际建筑设计大奖赛暨当代中国建筑设计百家名院百名建筑师作品巡展";11月14—16日,与全国高等学校风景园林学科专业指导委员会共同举办"中国首届数字景观国际研讨会",来自国际数字景观学会(DLA)、哈佛大学、澳大利亚国家水敏型城市合作研究中心、首尔大学、中国风景园林学会、全国高等学校风景园林学科专业指导委员会、江苏省建设厅以及相关院校的师生代表参加了此次会议；11月16—17日，牵头与中国民族建筑研究会民居建筑专业委员会、中国建筑设计研究院建筑历史研究所、华东建筑设计研究总院、城市与建筑遗产保护教育部重点实验室（东南大学）在南京合作主办"中国建筑研究室成立60周年纪念暨第十届传统民居理论国际学术研讨会"，来自德国、奥地利、瑞士、日本、韩国、马来西亚以及中国台湾地区、香港地区、澳门地区和中国大陆各地的专家学者、文物局领导等共200余名代表出席参会。

2012年创立了国内相关领域第一本发表全英文原创学术论文的杂志 Frontiers of Architectural Research (FoAR)。FoAR是由教育部主管、高等教育出版社和东南大学建筑学院联合主办的全英文、国际化的学术刊物，覆盖建筑学、城乡规划学、风景园林学三个一级学科，2013年该杂志被遴选成为CSCD来源期刊，全球下载达到70 934次。

五、师资队伍

加强师资队伍建设，引进和培养相结合，优化师资队伍结构。全年共引进新教师4人，晋升副高职称4人，新增博士生导师1人，新增硕士生导师1人。潘谷西教授获得"2013中国风景园林学会终身成就奖"；高祥生教授在中国室内装饰协会上再次获得"室内设计杰出成就奖"；石邢入选江苏省"六大人才高峰"项目资助；阳建强教授入选东南大学特聘教授；杨俊宴荣获首届中国城市规划青年科技奖，并在第九届"吾爱吾师：我最喜爱的十大老师"评选活动中被评为德艺双馨教师；汪晓茜在2013年度东南大学"我最喜爱的研究生导师"评选活动中当选十佳导师之一；张倩在东南大学第二十届青年教授授课竞赛中获二等奖，蔡凯臻、王海宁、李永辉获三等奖；薛力在东南大学首届微课教学竞赛中荣获二等奖。

六、学生工作

学生就业情况：2013届学生就业工作顺利完成，本科生就业率100％(161/161)、硕士生就业率98.1％(156/159)、博士生就业率97.8％(44/45)，名列全校前列。2013届本科毕业生升学出国率为63.4％。学生就业单位层次较高，如央企、国有大型建筑设计院、事业单位和大型房地产企业等，就业地域主要集中在经济发达地区。

学生获奖情况：本科生侯姝彧获得江苏省省级优秀学生干部，011102班获得江苏省先进班集体荣誉称号。主要由我院学生组成的东南大学代表队在"国际太阳能十项全能竞赛"中获得两个单项第一的成绩。组织学生积极参加各项实践活动，学以致用，深入社会，关注民生，在2013年暑期社会实践中，关于快递服务业的调研报告《走不完的最后一公里》荣获东南大学校社会实践一等奖；调研报告《邮局的生存情况调查》《高校中的夕阳红》荣获东南大学校社会实践二等奖。金探花、吴泽宇等10位同学获得校优秀社会实践小分队队员称号。研究生广泛参与各类学术研究，在各类学术刊物发表论文200余篇，获得各类设计奖项40余项。研究生代表队在东南大学第五届研究生辩论比赛中获得冠军。

学生管理：制定完整的学生突发事件处理预案。2013年协同学校有关部门处理学生突发事件4起。学院党政领导、学院办公室、学院学生工作办公室及相关老师在第一时间按照预案参与处理。全年学院无重大安全责任事故。在学生各类评奖评优资助工作中充分发挥学生的民主作用,公示程序和结果,安排纪检委员参与监督,严格按照学校和学院制定的相应规章制度评选,无投诉事件发生。

特殊类型学生帮扶措施与成效:积极帮扶特殊类型学生,对学业有问题的学生严格按照东南大学学籍预警相关文件执行。学办设立学生成长档案,主动与学生谈话并做好相应记录,通过学校、学生和家长间的多方沟通与协作,适时引导和跟踪帮扶支持,保证学习困难学生完成学业。对存在心理问题的学生,学办积极面对,主动与家长联系安排治疗,配合学校心理咨询中心老师进行疏导,并通过开展心理讲座、心理知识展览、心理摄影大赛、心理电影展播、编排心理话剧、培训心理委员、发放心理学励志读本等方式,尽最大力量使学生在校期间保持身心愉悦,顺利走向社会。

七、党政工作

按照学校统一部署,认真组织学习实践群众路线,紧紧围绕学习实践群众路线,系统反思领导班子在工作中存在的问题和不足,逐条分析在官僚主义、形式主义、享乐主义和奢靡之风方面的问题,以群众座谈、问卷调查、民主评议、个别谈话等方式,实事求是地剖析、总结工作方式和工作作风,切实提高管理和服务水平。针对排查反馈的59条意见,逐条落实到人,布置班子成员真抓实干,为群众解决实际问题。

加强基层党组织建设,重点落实党委委员联系基层党支部制度,党员学习制度和"三重一大"集体决策制度。完善党员发展质量保障体系,进一步规范发展党员的各个环节和流程,保障发展党员质量。2013年共发展党员77名,转正党员60名。举办第13期发展对象培训班,共105名发展对象参加培训。组织预备党员参加学校第15期和16期预备党员培训班,共88名预备党员参加培训。抓好支部的党员教育工作,并在党日活动中创新工作形式,组织机关党员赴泾县新四军史料陈列馆现场学习体会群众路线。博士生支部"走进社会主义新农村"系列活动获评江苏省高校最佳党日活动。

以"服务学校发展全局,服务学院学科建设"为指导思想,党政密切配合,准确定位,深化改革,用科学发展观统领全院的教学、科研、管理工作,为学院内涵式发展提供了坚实的组织保障。以新一轮学科评估结果为契机,进一步总结学科评估过程中所体现出来的不足,4月份召开学院战略发展研讨会,全面总结和规划学科发展,围绕核心指标,明确建设重点,使全院教职员工有目标、有方向、有步骤地开拓创新,积极进取。

做好宣传工作,加强院内外的信息沟通和交流。加强与平面媒体、电子传媒等各种媒介的联系,向校报、东大网站以及其他媒体积极投稿或邀约,全方位、多角度及时准确地做好学院的宣传工作。加强学院网站建设和维护,建立了学院英文网站。继续做好学院简报工作,刊出《建筑学院简报》4期。利用电子公告栏、短信、邮件等形式及时向师生传达学校精神、学院动态和师生业绩,加强学院与师生间的信息沟通和交流。

关心师生员工,营造良好环境。关注青年教师和青年学生的成长,注重思想道德建设和学风教风培养,营造良好的学院文化。通过努力为学生宿舍统一更换了老旧家具,协同玄武区政府完成杨廷宝故居改造,提供了新的爱校爱院教育场所。

(建筑学院 贺文琴)

机械工程学院

一、学科建设与科学研究

1. 在2013年揭晓的全国一级学科评估中,机械工程学科在核心竞争力方面获得较好成绩,在教学方面,教学及教材项获全国第二的佳绩,表明本学科具有较强的核心竞争力。
2. 2013年度科研经费创历史新高,达到3 000多万元;发表SCI论文28篇、EI论文78篇。申报发明专利64件、获得授权发明专利39件。
3. 国家自然科学基金面上项目成功申报数量和经费创历史新高,资助经费达610万。1人获博士后青年基金资助。
4. 张永康教授领衔的"关键零部件激光非传统制造控性控形成形技术与装备"项目获江苏省技术发明一等奖;"基于强激光冲击效应的非传统制造技术及其工程应用"获中国机械工业联合会技术发明一等奖。

二、人才培养与国际化合作

1. "机械工程测试与控制技术"入选第二批国家精品资源共享课立项项目,并于2013年9月30日在爱课程网站上线。"机电控制技术"入选第三批国家精品资源共享课立项项目。
2. 获江苏省教学成果二等奖1项,东南大学教学成果奖1项;获江苏省本科毕业设计优秀一等奖1本。
3. 2013年招收本科生254人,硕士研究生177人,其中学术型硕士99人、专业型硕士49人、东南大学—澳大利亚蒙纳士大学联合培养硕士研究生29人;招收博士生28人。2013年本科生及研究生毕业就业率均达到100%。
4. 3名博士生获得优秀博士基金资助,2名博士生在国家留学基金资助下赴美国进行联合培养,与德国Dartmot大学建立院级联合研究生培养协议。出国(境)(含赴中国台湾地区)交流学生数达到20人。
5. 2013年度共组织学术报告会19场,其中11场由国外专家学者主讲,其余8场由国内专家学者主讲。
6. 我院与江西三鑫医疗、江苏联冠、江苏富瑞特装、江苏泰得先进塑胶板材等企业建立了联合研究中心、工程中心或研究生培养基地,并进一步巩固了已经建立的德国的博西公司、三一重机、三星电子战略合作关系。

三、师资队伍建设

1. 晋升教授:苏春、张志胜;晋升副教授:徐江、黄鹏。
2. 倪中华教授获第四期江苏省"333"培养对象科技领军人才称号;幸研教授获第四

期江苏省"333"培养对象科学技术带头人称号；许飞云教授、苏春教授、韩良副教授三人获"六大人才高峰"项目资助；徐江副教授入选"东南大学优秀青年教师教学科研资助计划"。

3. 新进有博士学位的青年教师3人：王荣蓉、吴泽、魏志勇。

四、党委及工会活动

1. 举办第十期入党积极分子培训班，培训学员170余名并获结业证书；举办了面向全院的党史知识竞赛以及面向党员的党章知识竞赛，共有1 200多人参加。全年发展党员163人，预备党员转正154人；全年缴纳党费36 489.58元。

2. 完成基层党支部换届工作，换届后，学院现有在职教职工支部7个；退休教职工支部3个；博士研究生支部5个；硕士研究生支部6个；本科生支部5个。

3. 加强涉密管理工作，积极参加学校组织的涉密人员安全教育活动，新增涉密人员8人。

4. 组织女教工参加学校三八节广播操比赛，获二等奖；参加教职工网球比赛，获得团体亚军、女子单打冠军、男子单打第五名。

5. 学生获省级竞赛奖14人次；国家级竞赛奖35人次；省级以上个人荣誉奖2项（110152江彬获得"江苏省三好学生"荣誉称号；02011223张智捷同学获得江苏省社会实践"十佳使者"称号）；省级以上集体荣誉奖2项（020104班被评为省级先进班集体；11级硕士1班被评为省级先进班集体）。

6. 学生组织逐步完善，在学院党委领导下，形成以团委为中心的六大学生团体架构。学生团体有：学生会、科技协会、学生团体联合会、志愿者协会、新闻社、研究生会。

7. 各学生组织积极开展系列活动，彰显学院特色，丰富校园文化，硕果累累。①2013年12月，在焦廷标馆举办"天机不可械露"迎新晚会，此次晚会形式新颖，节目精彩，共有1 500名学生前来观看。②举办的第四届创新体验竞赛顺利举行，共有2 400名本科生参加此次竞赛，发掘出一大批具有创新能力的优秀人才；举办华东区第一届创新体验竞赛，共有4所学校参加竞赛。③我院研究生会主办的面向全校的南京大屠杀遇难同胞纪念活动于10—12月举行，本次活动为系列活动，在学生中反响强烈，对广大学生进行了一次爱国主义教育，获得校团委的支持与表扬。④"至善大讲堂"继续举办了八期，讲座内容涵盖了就业、留学、艺术、恋爱、素质拓展等方面，是面向整个东南大学的一个文化讲座品牌活动。⑤开展梅园操场夜间物品看管、"头脑王"知识竞赛、迎新生活动、教师节慰问、考研保研交流、正装舞会、新人秀、创意横幅大赛、新老生交流、文化素质讲座等学生活动。⑥举办院运动会、师生体育节、机械杯篮球赛、乒乓球大师赛、机械杯羽毛球赛、校园三对三篮球赛等体育活动。

（机械工程学院　汤　蓓）

能源与环境学院

东南大学能源与环境学院独立建有动力工程及工程热物理、环境科学与工程两个一级学科博士点和博士后流动站,内含热能工程、动力机械及工程、工程热物理、制冷及低温工程、环境工程等十个二级学科。动力工程及工程热物理和环境科学与工程为江苏省一级学科重点学科,动力工程及工程热物理为江苏省优势学科,热能工程二级学科为国家重点学科。热能工程和动力机械及工程为教育部长江学者奖励计划特聘教授设岗学科。

学院现有专任教师134名,教授/研究员48人、副教授/副研究员59人、讲师27人,高级专业技术职务占教师107人,比例为79.85%。拥有中国工程院院士1名、国家百千万人才工程培养对象1人、教育部跨世纪人才1人、教育部新世纪人才8人、江苏省"333工程"中青年科学家1人、江苏省"333工程"中青年科技领军人才4人等。2013年引进4名具有博士学位的优秀青年人才,选派2名老师到海外进修1年以上,退休教职工3名。

一、党务工作

学院党政一直把学科建设置于工作的首要地位。坚持学科建设是龙头、事业发展是硬道理、学科发展是硬任务的工作理念,按照学校党委"国际化"的具体要求,积极主动地进行国际合作。学院党委尽最大努力协调好各方面的工作关系,充分调动广大教职工的积极性和创造性,努力营造良好的软硬件环境,全力以赴做好基础性工作。

学院党委认真组织、积极有序地安排中层干部、全体党员和师生员工的政治理论学习和组织活动。深入落实"十八大会议""习近平的重要讲话""国家中长期教育改革和发展规划纲要""中国共产党党员领导干部廉洁从政若干准则"等文件精神。坚持以建立和完善院内各项管理制度为抓手,完成了学院"三重一大"的修订,促进院内机关为全院教师服务的规范化、程序化、制度化。

学院在校党委的领导下,围绕学校和学院的中心工作,发挥党、团的政治优势和组织优势,取得可喜成绩。环境教师党支部入选江苏省教育工委征集的《江苏高校基层党支部优秀工作案例100例》,是我校6个入选支部中唯一的教师支部;能源与环境学院11—12级本科生党支部,10级本科生第一、第二党支部2013年12月获得东南大学"最佳党日"活动二等奖。

全年培训入党积极分子132名,发展党员203名,预备党员转正150名。毕业本科生和研究生党员比例分别为52%和85%。

由于吕锡武和张小松两位副院长的离任,学院在学校党委的正确领导下,顺利完成了两位副院长的竞聘上岗工作,经群众评议、组织考察、学校党委任命等程序,任命朱光灿、李舒宏两位同志为能源与环境学院副院长。

二、学科建设与人才培养

2013年学院坚持将学科建设作为工作的重中之重,通过不断努力,增强两个一级学科在全国的核心竞争力。学院拥有"动力工程及工程热物理"及"环境科学与工程"两个一级学科博士点和"供热、供燃气、通风及空调工程"跨学科二级学科博士点。"热能工程"是国家重点学科,"动力工程及工程热物理"是国家一级重点学科培育建设点,"环境科学与工程"是江苏省重点学科。能源与环境两个大类方向的交叉、互补和融合更加密切。学科传统优势继续保持,各项指标稳步提升,动力工程与工程热物理一级学科的全国排名上升到第6位(上次学科评估全国第10)。环境科学与工程学科,供热、供燃气、通风与空调工程学科呈现快速发展势头,特别是在承担国家重大科研项目和常州、无锡、宜兴等异地研究院的平台基地建设方面具有新的突破,各项指标名列学校前茅。

2013年学院教育教学质量显著提高,创新人才培养取得新突破。张旭同学被评为江苏省三好学生,刘燮同学被评为江苏省优秀学生干部,030101班被评为江苏省先进班集体。

2013年学院有7名同学获得"第六届全国大学生节能减排大赛"一等奖、6名同学获得三等奖;1名同学获得"中国教育机器人大赛"国家级特等奖;在第七届"三菱电机自动化杯全国大学生自动化大赛暨自动化创新设计竞赛"中2名同学获得一等奖、3名同学获得二等奖;1名同学获得"创新体验大赛"华东区一等奖;多名同学分别获得"中国教育机器人大赛"江苏省赛区特等奖、2013"外研社杯"全国英语演讲大赛江苏省赛区获三等奖、2013ACM/ICPC南京邀请赛银奖,获南京市青年大学生创业大赛资助2项(获65万资助),"第十一届美的MDV中央空调设计大赛"优秀设计奖1项;"比泽尔杯"第七届中国制冷空调行业大学生科技竞赛研究生创新设计二等奖1项;2位学生参与2013中国"国际太阳能十项全能竞赛"(东南大学参赛队)。

2013年,本学院入选国家万人计划青年拔尖人才1名、教育部"新世纪优秀人才"1名、江苏特聘教授1名、江苏省杰出青年1名、江苏省"333高层次人才培养工程"3名、江苏省"六大人才高峰"2名、江苏省"青蓝工程"优秀青年骨干教师1名、南京市"321人才计划"8名、东南大学特聘/青年特聘教授等校级人才计划12名。

2013年1篇博士学位论文获"全国百篇优秀博士学位论文",3篇博士学位论文获"江苏省优秀博士学位论文"。

2013年招收博士生34名、硕士生221名,本科生253名;目前在校博士生202名、硕士生578名(学术型硕士生406名,专业型硕士生172名)、本科生935名。毕业博士生11名、硕士生162(学术型硕士生124名,专业型硕士生38名)、本科生232名,一次就业率接近100%。

三、科学研究

2013年学院继续狠抓科研工作,并把科研工作看成学院上水平、上层次的主要突破口之一。全年新增各类科研项目146项,其中纵向项目40项(国家自然科学基金18项、"973"课题2项、"863"计划1项、科技支撑/重大专项课题2项),横向项目106项(100万以上的项目6项)。

国家自然科学基金项目创历史新高。实现了国家杰出青年科学基金零的突破;面上项目资助率为36.36%,青年基金资助率为100%(其中在工材学部三处——工程热物理与能源利用学科的面上项目/青年基金资助率高达52.17%,位居全国第一);5名副教授职称教师获得面上项目的资助,比例占面上项目总数的62.5%,学院史无先例。此外,7项课题获得2013年度高等学校博士学科点专项科研基金资助(全校共40项),获资助率100%。

2013年科研到款6 047万元,其中纵向经费3 164万元,横向经费2 883万元,同比下降17.74%。

张小松教授团队"夏热冬冷地区建筑冷热湿一体化高效处理技术与装备"获国家技术发明二等奖;"太湖湖泛成因及防控关键技术与工程示范"获江苏省科技进步一等奖;"75t/h～110t/h国产化生物质直燃锅炉系列产品"获江苏省科技进步二等奖;"钙基载体循环煅烧/碳酸化反应捕集CO_2的基础研究"和"焦炉煤气CH_4和气化煤气CO_2重整制合成气关键装备及技术"分别获得2013年度高等学校科学研究优秀成果自然科学二等奖、科技发明一等奖。

学院全年发表SCI收录论文85篇、EI收录论文185篇,入选"表现不俗"论文35篇,获专利授权71项,其中发明专利授权43项,计算机软件著作权4项。

四、国际合作与交流

学院学术交流氛围浓郁,科研和教学国际化逐步推进。2013年23名研究生赴境外参加国际学术会议,其中博士生9人次获校资助。留学基金委资助派出5位博士研究生出国联合培养。

(能源与环境学院 唐慕萱)

信息科学与工程学院

一、概况

全院教职工223人,专任教师193人,其中教授57人,副教授82人,高级专业技术职务占教师比例为72%;具有博士学位人数152人,占教师比例为78.8%;海外博士学位人数24人,占教师比例为12.4%。现有自然科学基金委创新群体2个(2012年新增1个),教育部创新团队3个。国家教学名师1人,江苏省教学名师1人;具有6个月以上海外研修经历人数77人,占教师比例为39.9%。

建有移动通信国家重点实验室、毫米波国家重点实验室、水声信号处理教育部重点实验室、射频电路集成与系统教育部工程研究中心、省射频与光电集成电路工程研究中心、省网络与信息安全高技术研究重点实验室和省数码技术工程研究中心等科研基地;设有国家集成电路人才培养基地、信息与电子国家级专业实践教学示范中心和通信信息江苏省实践与实验教学示范中心各一个。

二、学科建设

继去年"211工程"三期"新一代宽带无线移动通信基础研究平台"项目建设超额完成各项指标,以一级领域排名第三(排名率3.08%)的优异成绩通过国家验收后,今年"985工程"三期"通信技术科技创新平台"项目建设进入尾声,建设成效显著,正在进行验收总结工作。

继去年移动通信国家重点实验室和毫米波国家重点实验室以优异的成绩通过最新一轮评估后,今年9月水声信号处理教育部重点实验室完成了筹建工作,并顺利地通过了教育部的验收。

现有仪器设备总资产2.7亿元,其中40万以上大型贵重仪器共计105台,价值9 300万元,大型设备使用机时共计8万机时,目前共有149台大型设备纳入学校共享平台。

三、科研工作

2013年度学院新立项:863项目2项,国家重大专项7项,国家自然科学基金面上项目7项、青年项目9项、国际合作与交流项目2项,国务院部委项目2项,GF973项目1项,GF863项目2项,省杰青项目1项,省基金面上项目1项、青年基金2项,省科技支撑计划社会发展项目1项,省产学研联合创新资金立项1项,省重大科技成果转化专项资金立项1项。2013年度科研经费到账总计14 256.99万元,其中纵向到账9 130.4万元,横向到账5 126.59万元。

2013年度获江苏省科学技术二等奖1项,发明专利申请223项,实用新型专利申请27项,PCT专利申请7项;发明专利授权127项,实用新型授权20项,国外专利授权1项,计算机软件著作权登记11项。

收录SCI论文122篇,EI论文182篇,ISTP论文60篇,"表现不俗"论文19篇。崔铁军教授课题组关于柔性可共形的表面等离极化激元(SPP)的最新研究成果在美国国家科学院院刊(Proceedings of the National Academy of Sciences)在线发表。这是我校首次以第一作者单位在PNAS上发表学术论文。

四、队伍建设

近三年来,新增"长江学者奖励计划"特聘教授1人,新增"青年千人计划"1人,入选"万人计划"第一批科技创新领军人才1人,入选国家"百千万人才工程"1人,享受国务院政府津贴1人,入选省双创人才计划2人,入选省双创团队1个,入选"333工程"第四期培养对象8人,入选"青蓝工程"培养对象1人,入选"六大人才高峰"2人;入选教育部新世纪优秀人才支持计划2人,校特聘教授4人,校青年特聘教授1人,校优秀青年教师资助计划2人,聘请外国专家兼职教授9人。三年共引进专任教师28人,其中海外引进11人,上岗正高职称3人,上岗副高职称5人。设有两个博士后流动站,进站博士后36人,出站博士后13人,目前在站博士后达40人。

五、人才培养

1. 研究生培养

学院有5个博士点和5个硕士点。2013年,共录取硕士研究生318人,其中全日制专业学位硕士生98人;录取博士生59人,其中公开招考32人,申请考核制8人,硕博连读16人,本科直博3人;接受留学博士生4名,硕士生1名;授予博士学位37人,授予硕士学位323人。

2013年,学院重新制定了研究生培养方案,在新制定的全日制专业硕士培养方案中新增了5门实践类课程,学术类研究生课程中新增"无线传感器网络原理与应用"及"通信信号处理"两门全英文课程。积极开展与企业的合作,已与熊猫集团、中兴通讯、消防集团、中科院南京通信研究所等9家单位建立了江苏省研究生工作站,为全日制专业硕士研究生的培养搭建了很好的平台。积极鼓励和支持研究生参加国际交流,全年国家公派出国至美国、加拿大、英国联合培养博士生8人,资助博士生参加境外国际会议13人;同时进一步加强与国外知名高校合作,除澳大利亚蒙纳士大学外,还与法国巴黎高科密切合作,派往该校联合培养学生事宜正在进行中。

结合"无线通信技术协同创新中心"建设,制定了《优秀博士生培养办法(试行)》和《优秀博士生创新激励基金实施细则》,以调动和激发博士生的学习主动性和科研创新能力;制定并实施了《信息学院研究生学位论文质量控制暂行规定》。

近年来学院在全国优秀博士学位论文和提名奖、省优秀博士或硕士学位均取得了较好的成绩。程钰间同学获2012年全国优秀博士论文;蒋卫祥、李潇同学分别获2012年江苏省优秀博士论文,这两名博士生论文已被学校推荐申报2013年全国优秀博士论文。在省学位论文抽检中,2013年我院共被抽检博士论文6篇、硕士论文16篇,其中2篇硕士论文未通过。

2. 本科生培养

全年为本科生开设课程58门,参加授课教师160人次,其中正高职称教师33人次;教授上核心课(必修课+专业主干课)12门、21人次。

为适应卓越化、国际化、研究型教学的需要,结合人才培养方案的修订,进一步优化整合课程结构,加强综合和学科交叉,使课程体系更为科学。"信息与电子专业实践中心"获批为国家级专业实践示范中心;"信息通信实践教育中心"获批为江苏省实践教学示范中心;本科专业"信息工程"与"电子工程""电气工程"专业一齐获批为江苏省重点专业群。"信息工程"专业为首批进入教育部卓越工程师计划的专业,目前已选拔3届"卓工班"学生,在校企联合人才培养方面做了大量卓有成效的工作。

"数字信号处理"和"信号与系统"为首批国家精品课程。"音乐与科技"和"电子信息导论"为正在建设中的国家视频公开课。由吴镇扬老师编写出版的《数字信号处理》(第二版)为国家级精品教材;由王志功、陈莹梅老师编写出版的《集成电路设计》(第二版)已成为第一批"十二五"普通高等教育本科国家规划教材;由孟桥教授编写出版的《信号与线形系统》获得省"十二五"重点建设教材。同时成立了吴镇扬负责的"信号与信息处理系列课程"的国家级教学团队,建成了国家级信息与电子专业实验中心。

王志功教授的"电子信息基础课程体系改革与实践"获得本年度省教学成果一等奖。王志功教授荣获2013年度"宝钢优秀老师特等奖"。

12级本科生公共课平均通过率为97.33%,11级本科生公共课平均通过率为98.26%。

六、党群工作

院领导班子认真贯彻落实党政联席议事规划,依法依规公平公正办事,制定了学院"三重一大"决策制度实施办法并认真贯彻落实;积极开展党的群众路线教育实践活动,党员干部认真查摆问题和对照检查,进一步增强了群众观念和强化宗旨意识;班子成员把党风廉政建设与学院日常工作和业务工作紧密结合,团结协作,尽职尽责,切实抓好各自分管工作,起好带头作用。

学院组织教师学习和宣讲了教育部、财政部和学校关于进一步规范高校科研行为、加强高校科研项目管理和科研经费管理等相关文件,认真开展自查自纠工作;学院财务规范有序,没有小金库;学院保密工作领导小组认真做好保密宣传教育工作和检查督促工作,涉密人员思想重视,认真执行保密规定;针对师生多校区工作学习的实际情况,院机关努力改进工作作风,为师生做好服务工作。

围绕着党的十八大精神的学习,结合"中国梦"主题教育活动,在学生中开展了以"无线梦想青春力量"为主题的思想教育实践系列活动;本科生党支部与教务处党支部联合共建"学习型、服务型、创新型"三型党支部;以党建带团建,各团支部的工作开展得有声有色,增强了集体的凝聚力,激发了学生的上进心,争做信息好青年。

2013年,161人参加学校预备党员培训班,并顺利通过考核;举办了入党积极分子党校培训班二期,共有190人参加培训;发展新党员130人,转正58人。

学院工会活动和退协活动开展得有声有色,富有成效,得到了校工会、校退协的充分肯定。

七、学生工作

大力推进大学生职业生涯规划工作,对不同学期阶段的本科生开展有针对性的生涯规划系列活动,着力发挥职业生涯规划在学风建设中的引擎作用,以激发学生的成才主体意识。健全了学风建设保障机制,以班主任、班指导、班级委员责任制,优良班风创建,诚信考试教育为抓手,为建设优良学风奠定扎实的基础。完善了学风建设促进体系,开设了"青苗讲坛",帮助学习暂时落后的同学;对于学有余力的同学开设了前沿技术的宣讲和培训等。

充分利用学科优势和科研优势,鼓励本科生大胆走进实验室,直面先进的仪器设备,领教老师前沿的科研任务,培育探索进取的精神,学生课外研学活动踊跃,学科竞赛再创佳绩。在第十三届"挑战杯"全国大学生课外学术科技作品竞赛中,学院的《"微电子肌电桥"——融合虚拟现实的偏瘫康复训练系统》荣获二等奖;在2013年全国电子设计竞赛中,我院学生获全国一等奖3个、二等奖2个,省一等奖7个和二等奖2个的优异成绩,获奖率100%。

学院致力于培养综合全面发展的学生,积极支持学生参加社会实践、青年志愿者等活动。举办了"走进名企"等系列活动;在服务西部地区、暑期支教等社会实践活动中表现突出,2013年暑期大学生社会实践活动全国重点团队1支(全校唯一)、校级一等奖2支;26名学生和1名老师通过层层选拔成为第二届亚洲青年运动会的志愿者,他们用满腔的热情、全面的素质、周到的服务,向世界人民展现出当代大学生的志愿风采,受到了组委会的表彰。

学院以提高毕业生就业率和提升就业质量为目标,2013年度接待40余家招聘企业,积极为招聘企业安排宣讲会及面试场地,利用学院信息发布平台在第一时间发布就业信息共计83条,同时通过开展有针对性的就业指导活动、定期召开年级大会等形式开展详尽的就业指导和教育,以便学生了解掌握就业政策及形势。学生就业率100%,就业质量明显提高。

八、国际交流

今年4月,移动通信国家重点实验室成功主办的美国国际电气和电子工程师协会(IEEE)无线通信与网络(WCNC)国际会议。这是IEEE的旗舰会议之一WCNC年度会议首次在中国举办。IEEE主席等应邀参会并做主题演讲,来自50多个国家的千余名会议论文注册作者及参会代表出席大会。会议录用了超过850篇会议论文和超过25篇专题研讨会学术论文,是WCNC有史以来投稿和录用论文数量最多的一次年度会议,投稿及所录取论文中超过一半来自国外研究机构及学者。

今年10月,毫米波国家重点实验室成功主办了2013 International Symposium on Antennas and Propagation (ISAP2013)国际会议,参会学者400多人,其中有40%是外国学者。

学生参加国际交流逐年递增,目前在校本科生中100余人有境外国际交流或游学经历,其中不乏去世界名校交流的,如剑桥大学、普渡大学、伯克利加州分校、哥伦比亚大学等。

(信息科学与工程学院 华蓉蓉)

土木工程学院

一、党群工作

1. 完成了党风廉政建设教育实践活动的工作,启动了教职工支部换届工作。
2. 在东南大学党委2013年度的表彰中,我院建工系党支部被评为东南大学先进支部;沈杰、高海鹰、张蔼玲、费庆国、范圣刚、梁止水等6位同志被评为东南大学优秀党员,张星同志被评为优秀党务工作者。
3. 张华同志被评为2013年度东南大学优秀辅导员。
4. 本年度全院有140位预备党员转正为正式党员;118位学生加入中国共产党,成为预备党员。
5. 吴刚院长当选江苏省青年联合会第十一届委员会常务委员。

二、学科建设

1. 在最新的一轮教育部学位与研究生教育发展中心组织的全国高校学科评估中(2012年评,2013年1月公布),东南大学土木工程学科位列全国第三(在上一轮的评估中排名第五)。
2. 2013年度获国家科技进步二等奖1项、江苏省科技进步一等奖2项、教育部科技进步一等奖1项。

3. 申报成功国家基金资助课题20项、国家科技重大专项3项、省基金课题8项、省科技专项1项，科研经费稳步提升，纵向经费数跃居全校第二，在全校经费总数列前5名的院系中唯一保持正增长的学院。

4. 获得江苏省教学成果特等奖、一等奖各1项。

三、队伍建设

1. 新增外专千人计划专家1人（Rodrigo Salgado）和青年千人1人（李霞）；新增长江学者讲座教授1人（陆勇）。目前学院有工程院院士1人、各类千人计划专家5人、长江学者讲座教授2人、"杰青"3人。

2. 吴智深教授当选国际结构健康监测与智能基础设施学会（ISHMII）副主席；傅大放教授当选国际雨水利用协会副主席，并被聘为ASCE学术期刊副主编。

3. 李爱群教授当选为新一届高等学校土木工程学科专业指导委员会副主任委员；李启明教授担任房地产开发与管理和物业管理学科专业指导委员会副主任委员。

4. 冯若强入选教育部"新世纪优秀人才支持计划"。

5. 丁幼亮、冯若强、郭力入选江苏省"六大人才高峰"计划。

6. 陆金钰获东南大学优秀青年教师资助。

7. 郭彤入选江苏省"333工程"第三层次培养对象和东南大学青年特聘教授，并获江苏省杰出青年基金资助。

8. 贺志启（东南大学博士）、邓温妮（英国邓迪大学博士）、孙泽阳（东南大学博士）3位青年教师入职；张爱芹、张甜应聘到学院机关工作。

9. 周志红、戴国亮、杨福俊、丁幼亮、费庆国（戴帽）、罗斌（戴帽）等6位教师获正高级专业技术职务任职资格；缪志伟、万春风、袁竞峰、糜长稳、赵学亮等5位教师获副高级专业技术职务任职资格。

10. 周志红教授获"宝钢优秀教师奖"。

四、科学研究

1. 学院科研经费6 723.37万元。

2. 由李爱群教授和郭彤教授等牵头，东南大学为第一主持单位申报的"长大跨桥梁结构状态评估关键技术与应用"项目获2013年度国家科技进步二等奖，这是我院4年内3次牵头获得此奖项。同时，由吕志涛院士和徐赵东教授牵头的项目分别获得了教育部科技进步一等奖、江苏省科技进步一等奖；吴智深教授获2013年中国产学研合作创新奖。

3. 全院获得20项国家自然科学基金资助项目，其中，重大专项1项、面上项目10项、青年项目9项；国家科技重大专项3项；省基金立项8项，其中"杰青"项目1项、面上项目1项、青年项目6项；省科技专项1项。

4. 被SCI收录文章74篇，被EI收录论文57篇。

5. 本年度申请发明专利88项、实用新型44项；授权数发明专利24项、实用新型52项。已经转化的发明专利有4个项目，获转让费756万元。

五、本科教育

1. 李启明等,"现代工程管理人才'一体两翼'型专业核心能力培养的研究与实践"获江苏省教学成果特等奖;邱洪兴等,"土木工程专业工程创新能力培养实现途径的探索与实践"获江苏省教学成果一等奖。

2. 郭正兴教授主持的"土木工程施工"和李爱群教授主持的"工程结构抗震与防灾"两门课程获首批国家级资源共享课程建设项目。

3. 获批校级教改项目14项,其中重点项目4项,培育项目7项。

4. 土木工程专业以优异成绩第4次通过住房和城乡建设部高等教育专业评估,获8年合格有效期;工程管理本科专业、管理科学与工程和土木工程建造与管理两硕士专业再次通过英国皇家特许测量师学会(RICS)的国际专业认证。

5. 费庆国教授获2013江苏省高校微课教学比赛二等奖;在江苏省高校土木工程专业青年教师讲课竞赛中,缪志伟获一等奖,潘钻峰获二等奖;在第二十届东南大学青年教师授课竞赛中,范圣刚、缪志伟、张培伟分别获二等奖,赵学亮、吴邵庆2人获三等奖,万春风、袁竞峰、李德智、秦庆东、王春林获提名奖。

6. 2013年共有285名本科生完成了毕业设计,283人取得毕业证书,283人获得学士学位;王猛的毕业设计论文"复合材料加筋板声-振耦合动响应分析"获2013年度江苏省普通高等学校本专科优秀毕业设计(论文)三等奖(指导教师:吴邵庆)。

7. 樊颖获中国土木工程学会2013年度高校优秀毕业生奖;李兴华、叶波、邱介尧3位同学获2013年江苏省土木工程专业优秀毕业生。樊颖、孔祥羽两位学生荣获东南大学最具影响力本科毕业生,有14位同学获得东南大学优秀毕业生称号。

8. 共推荐66名本科毕业生免试攻读2013级硕士研究生。

9. 完成了2012级231名本科生的大类分流工作。

10. 2013年新立项"国家级大学生创新创业训练计划项目"12项。

11. "全国土木工程专业本科生优秀创新实践成果奖"获一等奖、二等奖、三等奖各1项。

12. "第九届全国周培源大学生力学竞赛"获特等奖1项(获奖者:刘吉)、二等奖1项(获奖者:魏孝胜)、三等奖11项。

13. 在第四届全国高校斯维尔杯"BIM系列软件建模大赛"中我院团队获挑战奖二等奖3项、专项三等奖及全能三等奖各1项。

六、研究生教育

1. 2013年我院总共录取学术型硕士研究生157名、全日制专业硕士研究生88名、博士生51人;共有232位硕士研究生、22位博士生获得学位。

2. 完成了2013年研究生招生专业目录修订,明确桥隧、岩土两个二级学科在土木工程一级学科下招生的独立性;对"建造与管理"的复试科目进行了大的调整,以改善生源结构。

3. 全面修订了"建筑与土木工程""工程管理"专业学位硕士生培养方案。

4. 成功承办了由中国土木工程学会主办的2013土木工程院士知名专家系列讲座暨第四届全国研究生本科生全英文暑期学校,邀请了美国、英国、日本以及我国香港地区和台湾地区的11位国际知名专家学者做讲座,内容涵盖了抗震、减灾、岩土、结构及工程材料等技术和学术领域;第三届市政工程专业全英文暑期学校,由4位海外名校的教授讲授水化学、水力学、水处理工程和环境工程概论4门课。

5. 吕志涛院士指导的博士生潘钻峰的学位论文《混凝土结构的时变效应及受剪性能试验与理论研究》和冯健教授指导的博士生蔡建国的学位论文《新型可展结构的形态分析与运动过程研究》双双获得2013年度江苏省优秀博士学位论文。

七、交流与合作

1. 成功举办了土木90华诞名师讲坛系列讲座,其中,院士、大师学术报告近20场;举办第三届土木工程安全与防灾学术论坛、海外访学回国教师学术沙龙20场;承办了第16届国际雨水大会暨雨水综合利用国际论坛、第10届中日建筑结构技术交流会、茅以升科技教育基金会第22届颁奖大会暨第三届桥梁与隧道工程技术论坛、苏台两地BIM技术及应用研究会、江苏省建经与房地产和工程管理两专业委员会学术年会等10多个学术会议。

2. 与美国马里兰大学、卡耐基梅隆大学,英国女王大学、邓迪大学及我国台湾地区"中央大学"相关院系签署合作协议;吴刚院长率我院代表团访问我国台湾地区和日本的知名高校和企业,签署一系列合作协议,全院教师有58人次、学生24人出国、出境访问,进行学术交流。

3. 美国联邦公路署颜文晖博士受聘我校客座研究员,普渡大学Chad T. Jafvert教授受聘我校客座教授,中国建科院王亚勇教授受聘我校兼职教授。先后接待了美国卡耐基梅隆大学、澳大利亚昆士兰科技大学和蒙纳士大学以及我国台湾地区的台湾大学和"中央大学"等境内外32批次百余位教授及瑞典国立吕勒奥工业大学土木工程学生代表团的来访。

八、学生工作

1. 2013年3—5月,我院本科生和研究生举行大型科普进社区活动。

2. 2013年4月,我院本科生举行"他们,我身边的资助"2013年大学生资助成效微电影活动。

3. 2013年5月,我院举办第十二届大学生结构创新竞赛以及"扑克塔楼"——东南大学趣味结构设计大赛。

4. 2013年5月,我院发起"爱在共青城,助力中国梦"爱心助学募捐倡议。

5. 2013年5月底,我院本科生在九龙湖举办"再见,九龙湖!"送学长学姐系列活动。

6. 2013年5—6月成功举办了评选土木工程学院十佳毕业生活动。

7. 2013年8—9月,我院学生举行"土木工程学院90周年院庆"宣传系列活动。

8. 2013年11月,我院研究生举办大型光棍节主题联谊系列活动。

9. 我院本科生在东南大学第55届田径运动会上获得团体总分甲组第一名,获得东南大学"新生杯"篮球赛冠军、"新生杯"排球赛冠军、"院系杯"篮球赛冠军、"院系杯"排球赛亚军和"院系杯"足球赛亚军;研究生摘得东南大学第十届研究生轻运会团体冠军。

10. 2011级丁大钧班被评为"江苏省先进班集体"并被命名为"江苏省周恩来班"。

11. 我院团委荣获"江苏省五四红旗团委"称号。

12. 2013年9月至12月先后邀请了吕志涛、吴刚、徐学军、孙逊等多位知名专家举行了研究生人文与科学素质讲座。

13. 2013年12月,我院在九龙湖校区成功举办"青春正无限"土木工程学院2014迎新年晚会。

九、其他重要活动

1. 成功举办东南大学土木学科创建暨土木工程系(学院)成立90周年系列庆祝活动,千余校友返回母校参加90周年纪念活动,在四牌楼校区大礼堂举行了纪念大会,取得圆满成功;并在深圳成功举办东大土木办学90周年庆祝会深圳专场。

2. 唐仲英基金会签约捐赠3 000万元支持大型地震模拟振动台为核心的实验平台建设;中南集团签约捐资3 000万元支持土木大楼建设,500万元设立奖学奖教金;收到校友、爱心企业、合作单位及师生现金捐赠718笔320万元。

3. 院代表团赴福建、新疆、北京、深圳、广州、南通等地拜访校友会,拜会黄小晶省长、黄卫常务副主席、孟德明司长、娄宇大师等杰出校友。

4. 教工代表队夺校教职工网球赛团体三连冠,吕令毅和吴伟巍等老师组成的江苏一队获首届"交通杯"全国博士后网球大赛华东大区赛第二名;院退休教职工代表队荣获校老年健身运动会乙组第5名。

(土木工程学院 张爱芹)

电子科学与工程学院、IC学院

电子科学与工程学院共有教职工(含博士后)174名,其中博士生导师33名,教授(研究员)34名,副教授(副研究员)39名,具有博士学位的专任教师比例达到80%。我院拥有"电子科学与技术""光学工程"两个一级学科博士点和博士后流动站,"微电子学与固体电子学"学科和"物理电子学"学科为国家重点学科,"光学工程"学科为江苏省重点一级学科。

一、学科建设

1. "电子科学与技术"一级学科在2013年教育部学科评估中排名全国第二。
2. 顺利通过了"985工程"三期验收工作。
3. "光学工程"为江苏省重点一级学科。

二、科研工作

2013年电子学院在科研方面取得了很大的成绩,其中发明专利及SCI文章都超额完成年度任务。科研到款纵向3 900.76万元、横向1 550.11万元,苏州研究院190万元,无锡96万元,总计5 736.87万元。积极组织申报各类科研项目,新立项项目有:"973"项目2项、"863"项目4项、国家重大专项1项、自然科学基金16项、博士点基金1项、省基金7项、省产学研1项、技装项目2项、其他项目1项,合计35项。论文发表及收录情况:SCI收录210篇;EI收录65篇。特别是SCI论文超额完成任务,1区或影响因子>9有10篇。2013年发明专利申请再次超越2012年,申请项数达268项,实用新型申请52项;PCT申请7项;发明专利授权134项;实用新型授权46项,PCT 2项。获得教育部技术发明一等奖1项,江苏省科技进步一等奖1项。

1. 工程中心积极组织申报科研项目26项,其中:港澳台科技合作专项1项,国家级项目17项,省部级项目7项,无锡分校科研基地建设引导资金拟支持项目1项。

港澳台科技合作专项:"节能家电用智能高压驱动芯片的联合研发",与香港应用科技研究院有限公司联合申报,总经费120万元,该项目是中心首个国际合作项目,项目针对节能家电应用需求,合作解决攻克智能高压驱动芯片自主设计与制造的关键技术,研制出高性能、高可靠的智能高压驱动芯片,摆脱国内节能家电产业对国外产品的依赖,并为新一代单芯片集成智能功率模块的研制提供技术支持。

前沿技术研究类项目:"高效能近阈值集成电路关键技术研究",与清华大学、复旦大学、北京华大九天软件有限公司、北京大学等4家联合申报,总经费2 500万元。

国家科技重大专项:"面向移动智能终端的高性能低功耗嵌入式CPU研发",与龙芯中科技术有限公司、杭州中天微系统有限公司联合申报,总经费2.25亿元。

另外,获得无锡市第四批科技发展计划项目1项,江苏省科技支撑计划1项,3项江苏省自然基金通过验收。2013年年底,工程中心有2项国家重大专项、3项国家自然基金、1项江苏省成果转化即将验收,正着手准备技术和财务的验收材料。

2013年,无锡市科学技术局、无锡市财政局组织专家召开了无锡市政产学研合作计划(重大创新载体)"国家专用集成电路系统工程技术研究中心(无锡)"(项目编号CYES0902)项目验收会,与会专家认真听取了承办单位的项目建设总结报告,考察了建设现场,经过质询讨论,项目完成了合同规定的各项任务,同意通过项目验收。

项目实施期间,建成5个关键共性技术研发实验室:高端SoC设计实验室、移动并行计算示范实验室、移动终端技术开放实验室、数模混合IC设计实验室、SoC功率集成技术实验室,成立了中试基地——无锡东集电子有限责任公司;新增国家级科研项目16项,新增省、市级项目12项;自主研发集成电路产品14项,掌握关键共性技术18项。专利总计226项,其中授权国家发明专利18项,申请并受理国家发明专利123项,授权实用新型专利64项,申请并受理实用新型专利21项;集成电路版图保护达到9项;集成电路IP达到21个;软件著作权达到6项;建立起多种技术服务模式,服务企业43家;培育高新技术企业2家;项目实施期内,中试基地——无锡东集电子有限责任公司销售收入累计达到1.13亿元;通过与企业项目合作,带动合作企业累计新增产值6.3亿元。

2013年,工程中心邀请省科技厅、学校科技处领导以及5位专家来我中心参加4项江苏省项目的验收会议,项目分别是:3项江苏省自然基金(《SoC芯片极低功耗关键技术及功耗评估和优化方法研究》《采用动态信道切换技术提高无线传感器网络通信链路质量算法研究》《非规则重复累积码构造及其置信传播高效译码理论研究》），1项江苏省科技支撑计划（《新一代超结大功率MOS器件设计关键技术研究》），验收专家分别听取了4位项目负责人汇报项目进展情况和成果，并对项目情况进行了质询、答辩和讨论，最后一致通过验收。

2. 显示技术研究中心目前承担了国家"973"、"863"、国家自然科学基金、"111计划"项目（显示科学与技术创新引智基地）、重大国际合作等多项项目。不仅如此，显示中心继续与荷兰飞利浦照明公司、北京航空材料研究院、深圳市华星光电技术有限公司、青岛海信电器股份有限公司、中国科学院光电研究院等多家科研院所和企业开展深度合作研究，均取得了良好的成绩。

3. 先进光子学中心积极参与国家各项科研基金申请，2013年新获得国家自然基金项目2项，教育部归国留学基金1项，国防项目1项。其他各类在研项目共23项，其中国家自然科学基金7项，江苏省项目3项，横向项目9项，国防项目6项，"863"子课题1项，到款科研经费691.6万。2013年发表科研论文被SCI收录35篇，其中影响因子最高7.63，总影响因子104.7，影响因子超过5.0以上的共6篇；2013年新申请发明专利23项，获批2项。

先进光子学中心努力加强实验室基础设施和研究平台建设，购置了尼康倒置显微系统，快速退火炉，奥林巴斯生物显微系统，千级超净室，等离子增强刻蚀机等，大大加强了科研硬件条件。

4. 光传感/通信综合网络技术国家地方联合工程研究中心自1996年起与美国相关大学课题组合作开展光子集成技术研究，此后承接了多项国家/省部级项目，研制出平面光波光路（PLC）波导有限元数值分析平台，构建了PLC光子芯片耦合测试平台，优化设计并成功地研制出PLC型光子器件，掌握了核心技术，"PLC型1×16/32/64光功分器系列"项目获江苏省科技进步一等奖。

"光传感/通信综合网络技术国家地方联合工程研究中心"自成立以来，在学校的领导下，本年度与地方政府洽谈联合组建中心的框架、协议等。中心将在现有技术基础上突破光传感/通信综合网络技术生产的稳定化、规模化及高端化关键性技术，将极大地促进技术集聚和人才集聚，从而为更大规模产业链集聚、产业联盟集聚创造条件，促进我国尽快成为全球光传感/通信综合网络技术的生产和应用大国。

中心成立后的第一个攻关项目为"高速宽带TOSA组件关键技术研究"，南京华脉科技股份有限公司与东南大学签订了1 000万元的技术委托合同，第一批400万元已拨入学校。该项目由东南大学、南京华脉科技股份有限公司、美国Enablence公司共同研究，并正在向国家发改委、工信部等申请重大专项。

本年度完成NSFC面上项目验收2项、江苏省产学研前瞻性项目1项以及3项企业委托项目。完成"PLC型1×8/16/32光功分器系列"项目鉴定。2013年，到款科研经费约600余万元，共获得发明专利授权10件，提交发明专利申请14件，实现专利转化6件，发表学术期刊论文15篇。

5. MEMS教育部重点实验室2013年参与申报成功国家重大仪器专项项目1项、国家"863"计划项目2项，获国家自然科学基金面上项目、青年项目4项，其他省部级各类基金、人才计划项目3项,改为"预先研究项目"2项,横向课题5项,目前在研科研项目总计科研经费超过3 600万元。实验室以第一单位获得教育部技术发明二等奖1项。本年度实验室共发表SCI收录论文34篇。申请国家发明专利94项,获授权国家发明专利34项。在实验室和仪器室的管理工作方面,根据学校工作的相关安排,管理和使用已经达到规范化。在教学中,仪器室管理方面,每周对实验器材进行一次清理,出现损坏及时查明原因并按规定进行维修和赔偿。对损坏的物品及时报损并入账,做到账日清月结,使教学仪器的使用监督常规化,对所缺物品及时和学校及相关部门联系,通过匹配和购进保证了实验教学的正常开展。实验室的档案收集和归档工作方面,严格按照检查验收的归档要求进行归档。促进了实验教学工作的连续性,同时也为保证实验教学的正常开展提供依据。危险药品管理方面,在使用过程中均严格按照《危险药品管理规范》执行,对未用完的药品,根据情况进行合理处理或回收。本学期未发生过危险药品安全事故。

三、国际合作与学术交流

在学院各位老师和同学的共同努力下,电子学院较好地完成了2013年国家公派留学生计划,获联合培养资助2位,另攻读博士学位2位。

2013年上半年,工程中心香港分中心召开了两次管委会会议,就分中心的发展、与主中心的合作等情况进行了讨论,并制订工作计划。2013年1月11日,国家专用集成电路系统工程技术研究中心香港分中心管理委员会召开第一次会议。委员会由香港理工大学常务副校长及应科院科技委员会主席陈正豪教授担任主席,工程中心时龙兴、陆生礼两位老师参加了会议,以及包括来自创新科技署、应科院及香港业界等代表。管理委员会将负责制定分中心的发展方向及监督其运作。在首次会议上,众委员就分中心的目标、路线图及建议的研发项目踊跃发表意见。

2013年5月22日,国家专用集成电路系统工程技术研究中心香港分中心管理委员会召开第二次会议。会议回顾香港分中心组建历程、建设目标和发展蓝图,讨论分中心建设工作最新进展以及与主中心的项目合作情况,最后拟定工程技术委员会成员及工作计划。

2013年7月份,中心与香港分中心联合申报了港澳台科技合作专项"节能家电用智能高压驱动芯片的联合研发"。双方将联合开发,攻克技术难点,完成智能高压驱动芯片的产品原型。另外,中心与香港分中心签订了"General Condition for the supply by Supplier of Goods and/or Services"的付款协议。

2013年2月24日,工程中心王学香老师参加了在深圳召开的CGO2013国际会议,该会议是编译领域国际顶级学术会议,CGO2013会议的ODES 2013 workshop会议主席是目前就职于target compiler technologies nv的Tom Vanderaa,曾经在IMEC从事于可重构处理器ADRES的编译器工作,ODES2013共有2个特邀报告,6篇论文,王学香在会议上汇报了论文工作并得到了与会国际专家的各种建议和反馈,发表的论文可在ACM数据库中检索到。杨军老师两次被邀请前去美国,分别参加美国algotochip公司会议和美国导航学会会议的技术交流讨论。

2013年度,工程中心老师带领学生在日本、马来西亚,以及我国台北、香港、北京、深圳等地参加了 7 次国际会议,发表 11 篇会议论文。

显示技术研究中心及创新引智基地国际合作持续开展,邀请了东南大学客座教授 Engelsen 博士进行了为期一个月的来访、授课,邀请了千人计划专家剑桥大学教授 Arokia Nathan 来访进行合作研究,邀请了荷兰飞利浦公司 DKees ven der Klauw 博士、Ingrid Heynderickx 博士、Sheng Peng 博士、Anand Kumar Dokania 博士、Jean-Paul Jacobs 博士和美国纽约州立大学教授 Paras N. Prasad 博士等多位专家前来访问、讲学、进行合作研究,并举办讲座,给研究生授课。参加中国平板显示会议 CFC2013,发表会议论文 5 篇。参加国际信息显示会议 SID Display Week 2013,发表论文 4 篇。

四、本科教学工作

2013 年度电子学院教师共承担课堂教学任务累计 4 212 课时,按照学院现有专任教师数人均约 42 课时。此外,本年度电子学院有 12 位青年教师参加了青年教师授课竞赛,多名教师获奖或被提名,其中张宇宁副教授参加了 2013 年首届全国微课竞赛获得二等奖。电子学院整体教学工作量安排合理,并建有稳定的督导培训体系,教学秩序良好。

电子学院 2013 年度全部大类基础课和专业主干课都由高级职称教师承担课程组负责人,多位教授直接参与大类基础课和专业主干课课堂教学工作。

2013 年在全院教师的共同努力下,取得了一系列的教学成绩。

1. "芯片和软件协同的嵌入式系统系列课程建设与实践"获 2013 年江苏省教学成果二等奖和东南大学教学成果一等奖。

2. "基于高水平外教合作促进示范课程资源建设及国际工程教育研究合作"获 2013 年东南大学教学成果二等奖。

3. "电子电路基础"2013 年已申报国家精品网络资源共享课程。

4. 学生公共考试通过率(英语四、六级),四级优秀($\geqslant 605$ 分):$17/177=9.6\%$,四级及格率($\geqslant 425$ 分):$173/177=97.74\%$;六级优秀($\geqslant 570$ 分):$5/270=1.85\%$,六级及格($\geqslant 425$ 分):$176/270=65.19\%$。

5. 由蒋卫祥、汤勇明老师指导的学生罗晨阳(学号:06009222)的毕业设计论文《金属基超材料新型单元结构设计》已申报 2013 年江苏省高校优秀毕业设计(论文)。

6. 由崔一平老师指导的学生伍磊(学号:06008424)的毕业设计论文《基于金核银壳纳米棒的高灵敏 SERS 免疫探针的制备及应用》获 2012 年江苏省高校优秀毕业设计(论文)一等奖。

电子学院积极组织本科生参与国际学术和学习交流活动,牵头组织了东南大学与日本早稻田大学 IPS 学院的联合人才培养项目和国际联合学术报告会活动。另外,学院积极宣传和选拔学生参加东南大学多项境外交换生和联合培养项目。2013 年累计超过 20 人参与了出国(境)各类交换生、联合培养及学术交流活动。

电子学院以大学生科协组织作为抓手,各类 SRTP 项目和学科竞赛为途径,积极组织学生参与课外实践的训练。2013 年不仅在学院主办的嵌入式系统设计竞赛和 PLD 设计竞赛中涌现大量优秀作品,更可喜的是,在全国大学生电子设计竞赛、"挑战杯"等重点赛事中也陆续取得学院历史最好成绩。其中,获 2013 年全国大学生电子设计竞赛国家一等奖 5 个队(含混合队 2 个),国家二等奖 2 个队,省一等奖 2 个队、省二等奖 2 个队。获 2013 年第十三届"挑战杯"全国大学生课外学术科技作品竞赛终审决赛全国二等奖 1 项。

五、学生工作

1. 学生培养

电子学院重视对学生综合素质的全面培养,认真做好就业指导工作。带领学生走出校园,参观访问企业与科研院所,了解用人单位的需求,为今后的就业做好准备。截至 2013 年 11 月,2013 届本科生继续升学以及出国率达 60%,就业率 96%;2013 届硕士生就业率为 99.4%,博士生就业率为 100%。就业单位主要有中电、华为及外资等国内外知名企业,就业质量总体较高。

电子学院素有重视学风建设、积极鼓励和引导大学生参与学科竞赛和科研创新活动的优良传统。学生在省级、国家级学科竞赛中屡创佳绩。

在课外研学方面,我院学生积极申报并参与了 30 余项国家、省级实践创新项目和基于教师科研的 SRTP 项目,在中期检查等环节中表现优秀。

2. 学生奖惩

(1) 学生或学生集体获奖数:电子学院本科 10 级郭立勇同学荣获 2013 年度江苏省三好学生荣誉称号。10 级吴爱东同学荣获江苏省优秀学生干部称号。06A113 班荣获江苏省先进班集体称号。

(2) 学生违纪率:电子学院一直注重学生校纪校规的学习教育,学生整体积极向上,遵纪守法。积极开展各种考试诚信教育活动,使学生进一步明确考试纪律的要求,增强诚信考试的意识。2013 年学生违纪率为 0.07%。

3. 学生管理

(1) 学生突发事件有预案,处理有效,无重大安全责任事故。在学生日常管理工作中,电子学院学生工作办公室秉承以学生为本的理念,突发事件有预案,从年级到班级到宿舍多层次、从教到学到管多方位、从辅导员到班主任到班指导多角度通力配合,学生管理工作平稳、有序。

(2) 学生各类评奖、评优资助公开、公平、公正,无投诉。电子学院在各类奖助学金、优秀干部、三好生及优秀生的选拔、评比工作中,做到了公平、公正、公开、透明。在评奖、评优中严格按照各类奖项的管理办法进行,制定了适合本院系实际情况的详细、可操作的评选程序和实施细则,重大奖项成立评审委员会,对于申请学生的相关材料认真评议、核查,必要时召开评选答辩会,确保评选结果科学、有效。评选结果第一时间在学院网站上公示,确保全体学生知晓、认可。贫困生资助方面,在日常生活中深入了解学生的家庭状况和消费习惯,积极关怀帮助贫困学生,为有需要的学生争取困难补助和各项助学金。学院各项评奖、评优以及贫困生资助均获得师生认可,无投诉事件的发生。

(3) 特殊类型学生帮扶措施与成效。电子学院对于学习有困难的后进学生、心理状况不佳的学生倍加关心。对于学习有困难的学生,辅导员定期与其谈话,并与任课老师积极沟通,必要时联系老师对学生进行单独辅导。同时,告知家长学生的学习情况,取得家长的辅助配合。在老师和同学的共同努力下,电子学院的不及格、留级率持续降低,一些问题学生、"边缘"学生得以顺利升级、毕业。

六、党建和行政工作

1. 电子学院认真加强单位党政领导班子建设，充分发挥单位领导班子集体领导的作用，规范和完善学院重大事项议事规则和程序，保证决策的民主化、科学化，提高学院决策水平和办事效率。建立和完善通过党政联席会议讨论和决策本单位重要事项，不定期召开学院党政联席会并做好每次会议记录。学院党政领导班子成员团结协作，战斗力强。始终以学院制定的"十二五"规划为学院发展的纲领性文件和各项具体工作的行动指南。党政班子成员多次召开工作例会，交换看法，统一思想。此外，学院领导注重调查研究，不定期到学院所属的各学科组了解学科发展情况，集思广益，沟通协商，达成共识。无因决策失误造成重大损失。

2. 学院领导班子成员认真落实党风廉政责任制建设，始终坚持以邓小平理论和"三个代表"重要思想为指导，深入落实科学发展观，确保党风廉政建设决策和部署的贯彻落实。坚持集体领导与个人分工负责相结合，做到分工明确，责任到人，谁主管，谁负责，一级抓一级，层层抓落实；坚持把党风廉政建设作为学院党建和学院学科建设的重要内容纳入学院的整体工作。学院党政领导班子依照学校"三重一大"制度有关文件精神，深入学习，统一思想，把正确解决和处理好"三重一大"事项，把坚持贯彻和落实好"三重一大"集体决策制度，作为学院重点工作，作为党风廉政建设的重点工作常抓不懈。

学院科研经费管理严格按照学校财务处颁发的《东南大学科研经费管理办法》及相关实施细则的要求执行，班子成员无任何信访和违纪违规行为。

3. 学院始终做好机关作风建设，对机关全体同志进行爱岗敬业、勇于奉献教育，不断提高主动服务的意识，提高业务水平，提高服务效率。要求学院机关全体同志在学院及上级各职能部门的领导与指导下，充分发扬团队协作精神，立足本职，克服困难，认真履行自己的工作职责，认真做好学院的教学、科研、安全等事务性工作，真正做到服务学校、服务院系、服务师生员工；真正做到让领导满意、让师生员工满意。事实也证明，我们学院的人文环境、科研环境等在和谐中求发展。

（电子科学与工程学院　吴志林）

数　学　系

2013年度数学系党政班子密切配合，全体教职员工奋发进取，在人才培养、学科建设和科学研究等方面取得了优秀的成绩，部分指标有重要突破，为学校的建设作出了重要的贡献。

一、人才培养

1. 教学任务

数学系的教学任务在我校各院系中是非常大的。2013年1—12月一个自然年度，我系共承担全校本科生各类数学课程课时数14 640课时,面上研究生各类课程课时数1 548课时,数学系研究生各类课程课时数2 304课时。其中数学系本科生各类课程课时数2 288课时,各类短期教学实践课时数320课时。数学系除去经学校同意外出进修的青年教师外,2013年自然年度在岗教师80人,平均承担教学课时数231课时。该课时不含各类毕业论文、SRTP的工作量。

2013年数学系所有教授均在一线承担本科生或全校面上研究生各类核心数学课程的教学工作。2013年教授承担的总课时数为1 876课时,平均每个教授承担134课时。在全校居于领先地位。

2. 教学成果

2013年由刘继军教授主持的"大学数学课程体系和教学模式的探索与实践"获江苏省教学成果一等奖。现有三门国家精品课程。2013年《线性代数》教材成功入选国家"十二五"规划教材。现有精品教材3门。2013年数学系数学建模与数学实验、线性代数与几何两门课程成功入选国家精品资源共享课(全校共入选19门课),现已上线运行,在全国数学类课程中位居首位。2013年全国共入选数学类精品资源共享课21门,我校是全国高校中唯一一个入选两门数学课程的高等学校。在专业教材建设上,《近世代数》教材已提交科学出版社准备出版,《数学分析》教材已在一年级试用,《实变函数》教材已在三年级试用,《概率论与数理统计》初稿已完成。

3. 教学质量

近年来我系狠抓教学质量。2012年9月—2013年8月一个学年内,我校面上本科生高等数学、线性代数、概率论与数理统计三门公共课程的通过率分别是90%、92%、88%;面上研究生三门数学公共课程数学建模、工程矩阵论、数值分析的通过率分别是100%、99.7%、97.8%。数学系学生出国出境交流人数8人(本科生6人,研究生2人)。

二、学科建设

2013年,根据学校的统一安排,我系数学和统计两个一级学科未参加全国学科排名,两个学科的有关材料用于支持我校自动控制、计算机等优势学科的评估。数学系现有数学、统计学两个一级学科省重点学科。

平台建设上,数学系现有数学、统计学两个一级学科博士点,全部的数学、统计学一级学科硕士点,统计学专业硕士点,覆盖了我国数学、统计学的全部学科。

2013年,一名博士研究生的学位论文获学校推荐,申报全国百优博士论文,并获得提名。有两位研究生受到国家留学基金资助,赴国外联合培养。历年来的研究生学位论文抽查数学系全部合格。

三、科学研究

数学系目前在研省部级以上项目49项,其中国家自然科学基金28项,教育部项目8项,省自然科学基金13项。2013年成功申请省部级以上项目21项,其中:

(1) 国家自然科学基金项目12项:重大研究计划1项、优秀青年科学基金项目2项(全校共6项)、面上基金项目4项、青年基金项目5项。

(2) 教育部博士点基金项目 2 项。

(3) 省自然科学基金项目 7 项：杰出青年基金 1 项（全校共 8 项）、面上基金项目 1 项、青年基金项目 5 项。

2013 年到款科研经费 587.50 万元。2013 年成功申请经费资助 860 万元。

2013 年 SCI、EI 收录论文 118 篇。

2013 年数学系共获省级科研奖 3 项：

其中，江苏省自然科学三等奖 1 项（第一）；新疆维吾尔自治区科技进步一等奖 1 项（第二获奖单位，排名第四）；浙江省科学技术奖三等奖 1 项（第二获奖单位，排名第二）。

虞文武副教授获 2013 年亚洲控制会议最佳论文奖（唯一的最佳论文奖）。

2013 年 1 月 19 日虞文武副教授、梁金玲教授分获 2012 年度"青年科学之星"信息科学领域金奖和铜奖。

2013 年，我系梁金玲教授获第九届"中国青年女科学家"奖。

四、师资队伍建设

1. 高层次人才

2013 年获国家自然科学基金优秀青年基金 2 项，近 3 年入选各类人才计划数 7 人，其中：江苏省"333 工程"领军人才和带头人各 1 人，教育部"新世纪优秀人才支持计划" 3 人，江苏省高校"青蓝工程"人才 2 人。

2013 年入选江苏省"青蓝工程"科技创新团队 1 个（全校共 2 个）。

国家自然科学基金委员会学科评审组专家 1 人。

2. 人员结构现状

高级专业技术职务占教师比例为 56%，近 4 年聘请了 7 位国外（境外）专家为我系兼职教授。具有海外一年以上学习背景的具有博士学位的教师比例为 32%。

3. 进人质量

2011—2013 年我系共引进 11 人，这些人员具有很高的教学科研水平。其中 2011 年引进的虞文武获得 2013 年 NSFC 优秀青年科学基金；2011 年引进的闫亮获得江苏省青年科学基金、NSFC 青年科学基金、国家人事部博士后基金特别资助（全国数学仅 21 人），同时在我校 2012 年新教师首开课竞赛中取得全校唯一的一个优秀的成绩。2012 年引进的王海兵、温广辉分别获得 2013 年江苏省青年科学基金、NSFC 青年科学基金。在站博士后程尊水获得国家自然科学基金面上项目资助。

4. 教师培养

现有省级以上各类人才 25 人，具有 6 个月以上海外研修经历者占教师比例的 45%。

五、学生教育管理

（一）学生培养

1. 数学系 2013 届本科生 85 人，就业率达到 97%，其中升学率为 46%；研究生就业率达到 100%，主要去向为国家事业单位、银行和 IT 等企业。所有学生均获用人单位好评。

2. 我系学生积极组织和参与校内外各项科研和社会实践活动。系团委成立科协，搭建师生共同探索的学术平台，开展高水平讲座、学术沙龙、数模大赛等活动。2013年暑期社会实践中我系有2个项目获校优秀团队二等奖。

3. 本科生发表SCI论文3篇。

(二) 学生奖惩

我系一年来学生获先进班集体、优秀学生干部及各类竞赛省级以上荣誉10项，无学生违纪违规事件。

(三) 学生管理

1. 学生日常管理。我系积极开展学风建设、宿舍卫生和安全教育。通过定期深入课堂、学生宿舍、召开年级大会等形式了解学生思想动态和进行沟通交流。一年来无突发事件发生，无重大责任事故发生。

2. 奖助学金评定和资助工作。按照"公开、公平、公正"的原则和系奖助学金评选细则及时有效地做好学年评奖评优工作，充分发挥激励引导作用。

3. 密切关注特殊群体。对特殊群体的学生(贫困生、有潜在心理问题学生和学习后进生)，深度关心其学习、生活和心理发育，切实帮助其解决学习、生活和心理问题。定期开展心理健康教育宣传工作，邀请心理专家进行引导和交流。做好奖、助、贷等工作，保证不让一个学生因家庭经济困难而辍学。

六、综合管理

1. 领导班子建设

(1) 数学系认真贯彻党政联席议事规则，凡涉及干部、人事、财务、资产及教学、科研、人才培养等重大事项均经系党政联席会议多次研究决定，会议由专人记录，所有决策事项及决策过程都有记录。

(2) 数学系党政班子团结协作，注意经常沟通协商，集体战斗力强，无因决策失误而造成损失的情况。

(3) 2013年3月，陈文彦副主任领导的高等数学教研团队被江苏省教育科技工会评为"江苏省教育科技系统五一巾帼标兵岗"。

2. 党风廉政建设

(1) 数学系认真贯彻落实党风廉政建设责任制，2013年4月修订"三重一大"决策制度细则并严格执行。

(2) 数学系不断强化科研经费管理，系党政主要领导和分管领导经常通过全系大会和专门会议提出要求，落实上级管理规定，强化督促检查与审核，科研经费管理有效。

(3) 数学系班子成员无信访或违纪违规行为。

3. 管理服务情况

(1) 结合党的群众路线教育实践活动，通过教研室和党支部座谈会、摸底测评及代表访谈等形式，数学系师生及退休职工对全系工作满意度高，机关管理服务水平不断完善和提高。

（2）数学系严格遵守法律、法规和学校财务制度，财务管理规范有序，坚持"收支两条线，签字一支笔"，所有经费往来均通过学校一级财务进行，从不设小金库。

七、其他特色亮点

1. 在基金项目申请中取得多项重大突破。成功申请国家自然科学基金重大研究计划 1 项，国家自然科学优秀青年基金项目 2 项（全校 6 项），江苏省自然科学杰出青年基金 1 项（全校 8 项），以上均是我系的首次成功申请。

2. 我校数学学科 ESI 指标排名在江苏省排名第一、在国内上榜高校（20 所）中排名第九、全世界排名第 104 位（论文数 709，他引数 3 613，篇均他引 5.1）。数学学科 ESI 指标在我校上榜的 7 个学科中排名第二（第一是工程学科（83））。
〔数学学科 ESI 指标排在东南大学之前的有：北京大学（36）、清华大学（60）、上海交通大学（64）、兰州大学（69）、复旦大学（72）、北京师范大学（88）、浙江大学（91）、中国科技大学（103）。〕

3. 数学系对我校工程和物理学科 ESI 排名作出重要贡献：在工程学科 TOP PAPERS 中我校有 73 篇，其中我系教师论文有 40 篇；在物理学科 TOP PAPERS 中我校有 17 篇，其中我系教师论文有 4 篇。

4. 数学系对我校 ESI 整体排名作出重要贡献：我校 TOP PAPERS 有 151 篇，其中我系教师论文有 57 篇（其中：在工程学科中有 40 篇，在数学学科中有 13 篇，在物理学科中有 4 篇）。

（数学系　谢静琪　严昌强）

自动化学院

自动化学院设有控制科学与工程一级学科博士授权点，旗下有 3 个二级学科：控制理论与控制工程、模式识别与智能系统、检测技术与自动化装置，其中控制理论与控制工程为国家重点学科，是我国首批设立的博士和硕士学位授权点，首批国家重点学科，1992 年建立博士后流动站，1998 年设立教育部长江学者奖励计划特聘教授岗。

自动化学院引擎团队：学术精英及党政工团主要成员有国家级教学名师、国家杰出青年科学基金获得者戴先中教授；长江学者、国家杰出青年科学基金获得者田玉平教授；中国自动化学会理事、中国自动化学会青年工作委员会主任委员、国家杰出青年科学基金获得者孙长银教授（以长幼为序）等一级学科带头人。院党委书记袁晓辉；院长费树岷；工会主席蒋珉；分团委书记许倩茹。

学院教职员工总数 71 人，一线教师 55 人，另加"千人计划"国家特聘教授 1 人（短期），具有博士学位教师 40 人，占教师比例的 72%，其中"长江学者"特聘教授 1 人，国家杰出青年基金获得者 3 人，教授 18 人，博导 21 人（含兼职 3 人、副教授博导 3 人）。2013 年学院招收学生 290 名，其中，博士研究生 24 名，硕士研究生 129 名，本科生 137 名。

2013 年，学院全面贯彻落实党的十八大和十八届三中全会精神，认真开展党的群众路线教育实践活动,在学校党委和行政的领导下,学院坚持以邓小平理论、"三个代表"重要思想和科学发展观为指导,为实现"中国梦""东大梦",紧紧围绕国际知名高水平研究型大学建设目标,党政密切配合,团结和带领广大师生员工奋力拼搏,扎实苦干,学院各项工作取得了新进展。

一、党建、思想政治工作

1. 扎实开展党的群众路线教育实践活动,多次召开了学院领导班子专题民主生活会,开展批评和自我批评,剖析了"四风"方面所存在问题的原因,针对对照检查出来的问题,提出了解决问题的办法,制定了具体的整改措施。学院党委对作风之弊、行为之垢,来一次大排查、大检修、大扫除,增强了班子成员贯彻党的群众路线的责任感和使命感。

2. 加强基层组织建设。学院党委深入贯彻党的十八大及全国组织工作会议精神,进一步加强党的基层组织建设,为充分发挥党支部的战斗堡垒作用,切实提高党的建设科学化水平,根据《中国共产党章程》《中国共产党普通高等学校基层组织工作条例》和《东南大学党支部工作条例》的有关规定,按照学校党委《关于做好党支部换届选举工作的通知》(东大委〔2013〕53号)的要求,完成了学院党支部换届选举。重视党员和入党积极分子培训,牵头组织了四学院(与仪科学院、生医学院、建筑学院)联合党校,共培训预备党员75名、党员发展对象89名。严把党员发展质量关,发展教师党员1名、学生党员61名。

3. 推进学习型班子建设。坚持学院理论中心组学习制度,认真过好民主生活会,自觉开展批评与自我批评。开展了校园廉洁文化活动。认真学习《中国共产党党内监督条例(试行)》《中国共产党党员领导干部廉洁从政若干准则》等文件与规定,坚决贯彻落实学校关于党风廉政建设责任制的部署和要求,坚持和完善学院党政联席会议制度,严格执行学院领导班子议事规则。切实加强领导,细化责任,促进班子成员廉洁自律。

二、教学工作

本年度学院核心课程均为具有高级职称的教师承担,教授上核心课的比例在80%以上;选派2名优秀教师出国(里海大学:魏海坤、夏思宇)参加培训,与国际接轨提升授课水平;2名学生获国家公派优秀本科生出国项目资助,将到RMIT学习1年。

2013年度教学方面可圈可点有:

1. 本学年"卓越"工程师培养工作

自动化专业"卓工计划"通过学校中期和江苏省中期检查;全体"卓工班"学生进企业完成毕业设计,学院第二届"卓工班"(实验班)学生毕业;在2012年度建立的盛泰通信生产实习基地基础上,今年新增了赛灵思(Xlinx)公司的合作生产实习基地;此外,与美国国家仪器(NI)共建联合培养基地,双方已签署协议。

2. 本科培养方案修订

围绕"卓越化"、国际化的要求,对2013级本科培养方案作了修订。对自动化专业培养方案的主要调整内容:增设"自动化工程设计导论"新生工程研讨课;"C++程序设计"进行了课程教学大纲调整;其一,在长学期以ANSI C为主(即linux下"C程序设计");其二,长学期讲"C++面向对象和算法"部分(即"C++应用编程");其三,逐步过渡到VC、 java、C#等多选一。

3. 教学成果

"自动检测技术"（周杏鹏教授负责）入选首批国家精品资源共享课程；江苏省"自动化工程实践教育中心"获批，这是我院第一个省部级实践教育示范中心；顺利组织并完成第二届部分高职青年教师培训任务；2013年度学院教改项目获得大丰收：获校级教改项目立项11项（其重点一项），创历年来最好成绩；学院新出台的职称增补条例增加教学必要条件；RMIT两位教师来我院开设全英文课程"Computer Architecture and Organization"；菲尼克斯公司为我院设立奖学奖教金，这是首次有企业专门为我院设立奖学奖教金。我院聘请RMIT电气与计算机学院院长Ian Burnett教授为客座教授；中兴通信为我院开设企业课程"企业素质"，这是学院首次开设真正意义上的企业课程；学院与美国国家仪器（NI）共建联合培养基地，目前双方已签署协议；本科公共课考试通过率达90%。

4. 获国家、省奖

获国家级大学生科研训练计划（SRTP）奖：1项，获省级大学生科研训练计划（SRTP）奖5项。

三、学科建设、科研工作、研究生教育

1. 学科情况

学院现有"控制科学与工程"一级学科博士点，其中"控制理论与控制工程"二级学科为国家重点学科，在刚公布的一级学科排名中，位于第11，与上一轮评估排名相比前进了3位（上一轮评估排名第14）。在"控制科学与工程"一级学科下设5个二级学科，学院所辖"控制理论与控制工程""检测技术与自动化装置""模式识别与智能系统"3个二级学科，另2个"系统工程"和"导航、制导与控制"在学校的管理学院和仪器科学与工程学院。学院有国家重点学科数1个。新增1个江苏省高校科技创新团队"智能机器人感知与控制"。

学院现有"复杂工程系统测量与控制"教育部重点实验室，2013年顺利通过验收。与徐工集团共建了"工程机械智能控制"江苏省工程技术研究中心。与企业共建6个研究生工作站（2013年新获批1个），博士点3个，硕士点3个。

2. 科研工作

(1) 科研项目

① 科研项目数：2013年国家自然科学基金项目立项7项，其中面上项目6项、国际合作与交流项目1项；博士点基金共4项，其中优先发展领域类1项、博士生导师类3项；江苏省自然科学基金项目立项3项，其中杰出青年基金项目、面上项目、青年基金各1项；江苏省支撑计划项目1项；各类国防类项目4项。

② 科研经费数：2013年1月1日至11月28日，科研经费到款总数1 350.72万元，其中纵向项目经费到款761.04万元，横向项目经费到款589.68万元，相比2012年同期纵向和横向经费到款数均有增长。

(2) 学术论文

① 被SCI、EI、Medline收录的代表性论文的他引次数：被SCI引用次数超过20次的

论文有30余篇,其中1篇论文被SCI引频次达90次,3篇论文被SCI引频次超过50次,3篇被引频次超过40次。

② 被SCI、EI、CSSCI收录的论文数:按论文地址在数据库中检索,2013年1月至11月SCI论文收录64篇,EI收录论文146篇,相比2012年同期数量均有增长。

(3) 科研成果

① 科研获奖数

国家自然科学奖二等奖:多源干扰系统的建模、分析与控制理论研究(第一完成单位、第二完成人);江苏省科技进步二等奖:面向节能减排的典型冶金过程先进控制与优化(第一完成单位、第一完成人);江苏省科技进步一等奖:土木结构隔减震若干新装置研究与应用(第一完成单位,与土木学院合作,本院排名第4)。

② 申请、授权专利数及成果已转化或应用的发明专利

2013年1月1日至11月申请发明专利28项,授权发明专利23项。

3. 研究生教育

(1) 研究生课程

目前有7门博士课程,20门硕士课程。

① 全英文研究生专业方面,2013年3月开始启动了学院的研究生全英文专业——控制科学与工程的建设工作,已经研究生院审核批准8门课程的建设计划和课程大纲以及全英文研究生专业网页建设等。

② 教学改革研究方面,积极申报且获得东南大学研究生教改课题立项1项:探索控制科学与工程专业全英文研究生课程的教学改革与实践。

③ 研究生课程的全英文教学方面,先后邀请3位国外著名教授来我院开展研究生课程教学,其中2013年7月美国加州大学宫琪副教授主讲了"非线性系统"的学术专题讲座,2013年11—12月澳大利亚皇家墨尔本理工大学王留萍教授主讲了"工业过程建模与先进控制",2014年1月墨西哥国立自治大学列昂尼德·弗里德曼教授将主讲"控制系统理论"课程。

④ 按照教育部和研究生院的要求,对2013年专业学位研究生培养计划进行了修订,完成了该培养计划对应的英文版本的整理。

(2) 研究生招生工作

本院现有硕士生导师43人,博士生导师18人及兼职博导3人。2013年招收硕士研究生129人(学术型85人,专业型44人),博士研究生24人。2014年入学的博士研究生考试(笔试、面试)工作已完成,共有36人参加笔试和面试。学院提高了复试比例,加大复试淘汰力度,确保筛选质量。招生指标分配是依据导师在往年研究生培育质量和科研到款情况等综合考虑进行的。

(3) 研究生培养

2013年学院有一篇校级优秀博士论文和一篇校级优秀硕士论文,另有2位博士生取得学校优秀博士生基金的资助;获批4位博士生公派出国联合培养;3位硕士生公派出国读取双学位。此外,为加大对专业学位培养力度,在现有的3个企业研究生工作站中聘请了10位研究生导师。组织了4场研究生人文思想学术报告。

（4）研究生论文抽检

2013年学院有5篇江苏省抽检论文（其中1篇博士论文,4篇硕士论文）全部达标。

我院学生就业率在全校名列前茅,2013届本科生就业率98%,硕士生就业率94%,博士生就业率93%。学生就业质量高,本科生主体就业单位有华为技术、苏宁置业、浙大中控、远景能源、南瑞继保等国内知名企业,升学与留学的本科生比例高达50%;有70%以上的研究生到国家控股企业、高等院校、科研院所、国有银行等就业,外资、合资和民营企业就业去向约占30%。

四、共青团、学生会、研究生会、工会、退休协会工作

因地制宜积极开展校园文化和学生创新创业教育。宣传十八大精神,追寻中国梦,组织学生开展了一系列的特色教育和社会实践活动。在2013年度江苏省大学生微电影比赛中,学院报送的《爱的下一站》代表学校参加比赛,获江苏省二等奖。由郭富城等14位明星携手院学生会进行宣传的"似水流年"校园歌手大赛在校园内引起热议,南京团市委、东南大学官方微博等媒体纷纷报道。在2013级新生军训中,学院所在连队四连荣获先进连队、合唱比赛特等奖、军事训练优胜连、宣传报道优胜连等荣誉,辅导员张贺志获优秀指导员。由2012级颛迪撰稿,张鹏、华壁辰、王夕冉等同学参加的"我的梦·东大梦·中国梦"主题演讲比赛获校二等奖。在第55届学生田径运动会中,刘乾石同学获男子110米栏冠军,沈子莹同学获女子垒球、女子铅球亚军。2012级李艺同学的团队荣获2013年社会实践校级二等奖,辅导员许倩茹被评为社会实践优秀指导教师。2010级陈枫同学荣获江苏省三好学生称号。

组织同学积极参加各类科研与学科竞赛。在2013年全国大学生数学建模竞赛中,由2011级3名学生组成的团队荣获东南大学唯一的国家一等奖,另外还有江苏省二等奖、三等奖团队各一组。RoboCup机器人竞赛获国际一等奖1项、全国一等奖2项。智能车竞赛获全国一等奖2项,全国二等奖1项,华东区一等奖1项、二等奖1项。电子设计竞赛获全国一等奖3项,二等奖1项,是历年来最好成绩（全校共9项一等奖）。

支持工会、退休协会做好丰富教职工及退休老同志的业余生活的各项活动。健身操、运动会、踏青等活动使在职教职工业余生活丰富多彩;院党政工会经常看望老同志,支持举办兴趣运动会,关心身心健康,支持老同志关心下一代工作,使他们老有所养、老有所学、老有所乐、老有所为,发挥余热,健康长寿。

五、安全文明校园建设

安全文明校园建设成效显著。为加强我院保密工作,根据《中华人民共和国保守国家秘密法》的要求和学校保密工作管理有关规定,层层落实保密责任制,提升保密技术防范手段,加大保密督查,全面加强和改进保密工作,不断提升保密管理水平。不断增强保密意识,自觉遵守各项保密法规,自觉履行保密职责,严格遵守保密纪律和保密制度,确保国家秘密安全。办公室主任陈益民多次获保卫处先进个人。

（自动化学院　袁晓辉）

计算机科学与工程学院、软件学院

一、学科情况

学院共有3个重点学科,其中"计算机科学与技术"一级学科是江苏省优势学科,下属"计算机应用技术"二级学科是国家重点学科;"软件工程"一级学科是江苏省重点学科。"计算机科学与技术"一级学科在全国120个参评学科中排名17,"软件工程"一级学科在全国106个参评学科中排名16。学院ESI学科排名进入全球前1‰。

拥有"计算机科学与技术"一级学科博士点,包括"计算机系统结构""计算机软件与理论""计算机应用技术"全部3个二级学科博士点,以及"图像处理与科学可视化"博士点和"软件工程"一级学科博士点。

学院有省级以上重点实验室3个(计算机网络和信息集成教育部重点实验室、江苏省计算机网络技术重点实验室、江苏省网络与信息安全重点实验室)、中法联合研究机构1个,以及国家863/CIMS"网络与数据库"工程实验室、中国教育科研网华东(北)地区网络中心等一批科研实验基地,还建有东南大学CIMS技术中心、影像科学与技术实验室、电子商务研究与开发中心、信息安全技术中心、未来网络研究中心、东南大学-IBM云计算研究中心等交叉学科研究机构。

据中国科学评价研究中心发表的关于计算机科学与技术一级学科的评估报告,学院的本科生教育和研究生教育都被评为A^+,都名列全国第8。

二、科学研究

学院注重加强科学研究,提高科技创新能力。近10年来,承担了各类科研项目共250多项,其中国家自然科学基金、国家"973"、国家"863"、国家科技攻关、教育部和江苏省等重要科研项目160多项,获得国际工业领先奖1项、国家科技进步奖8项、部省级奖20多项,在国内外著名的学术期刊和会议上发表论文1 800多篇,其中SCI、EI、ISTP三大检索1000多篇次。

1. 科研项目和经费

本年度学院新增项目共计46项,其中纵向项目30项(包括国家自然科学基金、教育部博士点基金和江苏省自然科学基金等),横向项目16项。部分纵向项目申报及获资助情况如下:

2013年国家自然科学基金申报和获批情况

类 别	申报数	资助数	资助率(%)
杰出青年	2	0	0
重点项目	1	0	0
优秀青年	2	0	0

(续 表)

类 别	申报数	资助数	资助率(%)
国际合作	2	1	50
面上	22	7	31.82
青年	10	3	30

2013年教育部博士点基金申报和获批情况

类 别	申报数	资助数	资助率(%)
国际合作	1	0	0
博导类	2	0	0
新教师	4	2	50

2013年江苏省自然科学基金申报和获批情况

类 别	申报数	资助数	资助率(%)
杰出青年	1	0	0
面上	3	2	66.67
青年	5	2	40

合计科研经费到款2 286.27万元,其中纵向经费1 577万元,横向经费709.27万元,科研经费到款总数与去年同期相比增长23.29%。

2. 学术论文收录和引用

以学院为第一单位发表的SCI收录论文32篇,EI收录论文124篇。据不完全统计,以学院为第一单位近五年发表的学术论文2013年SCI他引53人次,2013年度发表的学术论文SCI他引次数12人次。

3. 科研成果和专利

学院教师申请专利26项,计算机软件著作权登记3项,获发明专利授权数11项。

三、人才培养

学院始终以培养高水平人才为目标,根据人才培养目标定位和社会人才需求,精心制定本科生和研究生培养计划,明确专业人才培养理念是"强化基础、软硬结合、立足系统、面向应用、加强实践"。计算机科学与技术专业成为首批江苏省品牌专业,并成为国家特色专业建设点,还通过了教育部组织的国家工程教育专业认证。"计算机教学实验中心"成为国家及江苏省教学实验示范中心建设点。"数据库原理"成为国家精品课程。

计算机本科生就业率为97.26%,硕士研究生就业率为98.78%,博士研究生就业率为90.91%,软件本科生就业率为98.61%。

1. 本科教学工作

按照"卓越化、国际化、研究型"的教学改革要求,学院2013年度共开设17门校企共建课程、16门全英文课程、16门双语课程、8门新生研讨课程和26门系列专题研讨课程,其中聘请企业专家讲授的课程9门,聘请外教讲授的课程7门。

学院在岗教授、副教授近100%承担本科教学任务,每人均讲授至少一门32学时以上本科课程。

2013年度本科生出国(境)交流共计7人,约占三、四年级学生总数的1.5%,其中2人获得国家留学基金委"优秀本科生国际交流项目"资助。

金远平教授在东南大学"第九届吾爱吾师——我最喜爱的十大老师"评选中荣获"教坛常青树"奖。2013年度由杨全胜老师指导,王冠华同学完成的《具有Trace cache的流水型Minisys CPU的设计》获省优秀本科生论文一等奖。

2013年度学院精心组织教师积极投入和参与各项教学教改活动,共获得2项校级教学成果奖:由金远平教授等人完成的"计算机类卓越化人才持久竞争力培养的探索与实践"获得一等奖;由翟玉庆教授等人完成的"面向系统能力培养的计算机专业实践教学体系建设"获得二等奖。在由教育部高等学校计算机科学与技术教学指导委员会和《计算机教育》杂志社联合举办的"2011—2012年全国计算机教育优秀论文评比"活动中,我院教师(翟玉庆、杨全胜、王晓蔚)所著论文《面向系统的计算机专业实践教学体系》获得一等奖。

2. 研究生培养工作

根据研究生培养方案,本年度共开设研究生课程67门,来自IBM、方正集团等企业的专业讲座15次和为期一个月的综合实训课程,总计4 179学时。

学院不断提升研究生课程教授授课比例。教授主要承担学位基础课课程和专业方向课课程。在博士研究生12门课程中,共有11位教授直接授课,1位副教授讲授计算机基础理论课程。在硕士研究生56门课程中,共有33人次的教授授课,基本覆盖了学院的所有教授。

本年度计算机学院公共课程通过率为100%。软件学院有2位同学在"学位英语"统考中没有通过,通过率为98.82%。

本年度在省学位论文抽查中,我院共有1位博士和4位硕士的论文被抽中,评审结果全部合格,其中博士论文3个盲审评价为优秀、良好、良好。本年度学院缺少全国优博论文及提名,但也正在积极准备,为下一年的省优和国优论文打好基础。

2013年计算机学院研究生出(境)参加国际会议12人次,公派出国3人次。共有4位研究生出国攻读博士学位和出国进行联合学位的攻读。

四、师资队伍

共有教职工143人,其中教师岗96人,实验岗26人;院士1人,教授(研究员)24人,占教师比例25%;副教授(副研究员)47人,占教师比例48.96%;高级工程师5人。

引进高级工程师1人:郝勇生。

3人晋升副教授:汪鹏、薛晖、陈阳。

2人入选第四期江苏省"333人才工程":舒华忠、王红兵。

2人入选江苏省"六大人才高峰":李必信、王红兵。

1人入选"教育部新世纪优秀人才":张敏灵。

1人获东南大学优秀青年教师教学科研资助计划:杨明。

五、党委及工会工作

1. 在群众路线教育实践活动中,学院党政班子按照习总书记的"照镜子、正衣冠、洗洗澡、治治病"总要求,深入查找"四风"方面存在的问题,认真开好民主生活会,积极开展批评和自我批评,深刻剖析问题产生的原因,加强落实整改。

2. 加强党建和党员教育工作。共发展预备党员69名(其中本科生54人,研究生15人),为71名预备党员按时转正。与吴建雄学院联合举办了第四期发展对象培训班,共有88名入党积极分子参加了学习。组织68位预备党员参加学校预备党员培训班。

3. 顺利完成各党支部的换届选举工作。换届后,学院共有党支部27个,其中教工党支部7个,退休党支部1个,本科生党支部7个,研究生党支部12个。

4. 评选出学校"三育人"积极分子2人:李伟、吕建华。

5. 学院女职工在校工会组织的广播操比赛中获得一等奖。学院工会组织教职工参加学校"第三届教职工智力运动会",获团体总分第七名。

6. 组织、协调学院教职工3人参加2013年校工会教职工暑期疗休养。选派教工支部书记1人和青年骨干教师1人参加学校组织的青年教工支部书记和骨干教师培训。组织1位青年博士教师报名"教授博士入企业"活动。

7. 继续加强学院党政班子建设,实行党务公开、党支部书记例会制度、党政联席会议制度、领导班子民主生活会制度,加强领导班子分工协作,逐步实行院务公开,坚持对学院"三重一大"问题实行党政联席会议集体决定的制度。认真贯彻执行《廉政准则》。

六、学生工作及文化活动

坚持辅导员例会制度和学生思想动态每周一报,有紧急情况及时处理。

充分发挥团委和研究生会的作用,开展丰富多彩的学生活动。成功举办了东南大学2013年最具影响力毕业生评选活动初赛,软件学院"魅力班级","大手拉小手"——关爱红山外来务工子弟志愿活动,"用爱连接你我的世界"——关爱自闭症儿童,"华夏雷锋践新行、白衣志愿续华章"——明基医院志愿服务活动,"微笑讲解员"——南京地质博物馆志愿者活动,软件学院"国际志愿者日"宣传活动,东南大学第十届校史校情知识竞赛,百度百科东南大学东大词条征集大赛,东南大学首届"广播剧"大赛和"我和春天有个约会"摄影大赛和踏青活动,东南大学第五届环九龙湖自行车大赛,计算机学院、软件学院第四届院运动会,"e技之长"科技兴趣培训班,东南大学第九届ACM程序设计大赛暨"华为杯"苏、鲁高校大学生程序设计大赛,"东大梦、中国梦"微博征文大赛,"实验室是我家"系列活动之实验室美化大赛。

继续加强班级、团支部、研究生会建设,我院090093团支部获全国五四红旗团支部;090111班获2013年江苏省先进班集体;090121班、711114班获2013东南大学先进班集体;090113支部获东南大学甲级团支部;711114团支部获校特级团支部;090114支部获东南大学国旗团支部提名奖;计算机学院研究生会获2012—2013学年东南大学优秀院系研究生会。

(计算机科学与工程学院 赵永美)

物 理 系

物理系现有物理学"博士后流动站""物理学"一级学科博士点(涵盖理论物理、凝聚态物理、光学、粒子物理与原子核物理、原子与分子物理、等离子体物理、无线电物理、声学等8个二级学科)、"物理学"一级学科硕士点及"课程与教学论"硕士点。本科生按"物理类"招生,设有"物理学""应用物理学""光电信息科学与工程"3个本科专业。我系拥有大学物理、物理实验、双语物理导论、新生引导性实验实践课程四门国家级精品课程,一个国家级实验教学示范中心——物理实验中心,一个国家级教学创新团队,已获国家级教学成果一等奖、二等奖各1项。物理系拥有"计算物理实验室""材料物理实验室""光电物理实验室"3个科研基地。物理系下设物理学教研室、应用物理学教研室、光信息科学与技术教研室、大学物理教研室、物理实验教研室。2013年在职教职工84人,其中专任教师59人,实验技术人员16人。师资队伍中有教授24人(其中博士生导师19人),副教授23人,具有博士学位的专任教师比例达83%。我系现有江苏省教学名师1人,国家课程教学指导委员会委员1人,教育部"新世纪优秀人才支持计划"8人,江苏省"333人才培养工程"4人,江苏省"六大人才高峰"资助计划5人,江苏省"青蓝工程"支持计划5人,东南大学青年特聘教授2人。

一、学科建设

1. 2013年3位教师晋升教授,3位教师晋升副教授。1位教师获得国家优秀青年基金,1位教师获得江苏省杰出青年基金,1位教师入选教育部"新世纪优秀人才"支持计划,1位教师入选江苏省"六大人才高峰"资助计划,1位教师入选江苏省"333人才工程",1位教师入选校青年特聘教授。15位教师赴海外进行合作研究、博士后研究、学术交流等。

2. 今年我校物理学科继续进入ESI国际排名的前1%。

二、科研工作

1. 积极组织和协助老师完成国家自然科学基金项目和省自然科学基金项目的申报工作。2013年共获得项目31项,其中10项国家自然科学基金项目[其中1项优秀青年(董帅)、6项面上项目、2项青年基金、1项国际合作项目],5项省自然科学基金项目[1项杰出青年(王金兰)、3项面上项目和1项青年项目],教育部博士点博导类基金1项和新进教师基金2项,横向4项,其他项目9项。

2. 2013年度批准科研经费总额949万元,科研到款经费达819.70万元,纵向资助总额为736.20万元,横向资助总额为83.50万元。

3. 2013年我系教师以东南大学物理系为第一单位共发表科研学术论文109篇(SCI 95篇,EI 10篇),其中包括在国际顶级期刊Physical Review Letters发表了2篇,ACS Nano 1篇,Materials Science and Engineering R-Reports 1篇。

4. 2013年我系进行了广泛的学术交流活动,共邀请国内外著名教授来物理系讲学和学术报告52次；鼓励教师积极参加各种学术会议。

5. 完成了"985"经费支持的大型设备光学浮区炉的采购工作以及高分辨率光谱仪、纠缠光学系统、非经典光源系统和矢量网络分析仪磁场系统的采购工作，同时在省优势学科经费的支持下，完成了化学气相沉积系统、铁电测试仪、奥林巴斯显微镜、微区集成系统的采购工作。

三、本科教学

1. 日常教学

(1) 本年度物理系开出46门理论课程，15门实验课程，实验教学总人时数约25万(不含开放)，日常教学及运行稳定、顺畅。

(2) 顺利完成了2013级(80人)新生入学教育及2012级(应用物理学专业27人、光信息科学与技术28人、物理学11人)学生专业分流工作。

(3) 进一步贯彻落实导师制，加强对优秀本科生的培养与指导。

2. 督导工作。校、系两极教学督导工作正常有序开展，其中系领导、系督导、教研室主任共听课40多人次，总体情况良好。

3. 教师发展。教师素质和教学水平有了进一步提高。2012年我系获校教学奖励金一等奖1人，二等奖3人；获青年教师授课竞赛三等奖2人，提名奖1人。

4. 课程建设。大学物理、大学物理实验(工科)两门课程成为国家精品资源共享课程。

5. 校级教改项目建设3项。

6. 对外交流

(1) 接待参观。本年度，物理实验中心接待了来自全国各兄弟院校约200人次的交流学习，并接待了近千人次的中学生参观、学习及实验操作。

(2) 外出学习研讨。我系基础课骨干教师外出学习交流约50人次。

(3) 承办竞赛。我系承办了江苏省高校第十届大学生物理及实验科技作品创新竞赛，由我系组织参赛的18份作品获奖率为100%，其中一等奖3项、二等奖4项、三等奖11项，一等奖总数在参赛的42所高校中与苏州大学并列第一。

7. SRTP

(1) 国家级SRTP：立项国家级SRTP项目9项，省级SRTP项目3项，答辩结题项目7项。

(2) 基于教师科研SRTP(校重点)：立项5项，结题4项。

(3) 校级SRTP：校级立项14项、系级4项，校级结题17项。

8. 本科生学术交流情况

(1) 2013年东南大学第八届大学生科技成果展示会，我系林玲芳(10310112)、程都(10110114)两位同学"磁电阻效应的蒙特卡洛模拟"和江健(10310103)、丁小海(10110117)两位同学"石墨烯CVD生长机理的理论研究"获得本次展示会优秀作品二等奖、三等奖。

(2) 2013年"东南大学第三届大学生学术报告会"，我系有7位学生的论文入选并做会议报告,其中张振普、吴颖、刘雨露、刘洋同学的报告获得优秀报告;由倪振华老师指导的本科生刘雨露的会议报告"利用等离子体从原子层面控制二硫化钼厚度"被评为"十佳报告论文"。

9. 本科生以第一作者发表高水平SCI论文3篇,非第一作者SCI论文多篇。

10. 本科生获第十届省物理竞赛一等奖三项,三等奖一项。

11. 毕业设计。2013—2014学年毕业设计(论文)工作正在按计划进行,物理系共有74名同学做毕业设计,其中应用物理专业32人、光信息科学与技术专业29人、物理学专业13人。

12. 2013年物理系教学计划修订。根据学校规定,修订了2013年物理系应用物理学、光电信息科学与工程、物理学3个专业的培养方案。

四、研究生培养

1. 招生工作

(1) 2013年物理系招生录取33名硕士研究生(物理学学科31名,课程与教学论1名、1名担任流动助教),博士研究生13名(硕博连读9名,公开招考4人)。

(2) 2013年报考我系硕士研究生的人数达到50人以上。

(3) 留学生:共接受1名留学生(徐春祥老师接受1名外国留学生读硕士研究生)。

2. 研究生教学

(1) 2013年我系研究生培养方案做了进一步调整:

"课程与教学论"培养方案中由于专业基础课《高等教育学》由原来的3学分56学时改为2学分36学时,增设了由高教出版社主讲学位课程《课程与教学论》2学分32学时。

物理学博士培养方案在研究方向上增加了非线性光学,由原来的10个方向调整为11个方向。

(2) 对2012级24位硕士研究生进行了中期考核工作,包括12位硕士研究生集体开题;对11位博士研究生(2011级博士研究生院10位)进行了中期考核工作,1人延期,其他全部通过。

(3) 2013年我系12名研究生在物理系研究生学术报告分会暨庆祝东南大学111周年校庆研究生学术科技节上宣讲了校庆报告论文,其中蒋盛、唐宝、白静、黄勇潮、孟红的校庆论文被评为优秀论文。

3. 导师申报

无人成功申报。

4. 研究生成果

(1) 2013年研究生发表第一作者SCI论文57篇,EI论文12篇,从科研院统计数据显示,2012年表现不俗论文中研究生为第一作者的论文有17篇。

(2) 2013年我系4人(任重丹、罗小光、毛文娟、邵健)成功申请江苏省普通高校研究生科研创新计划项目(其中任重丹、罗小光、毛文娟3人为省立省助项目、邵健1人为省立校助项目)。

(3) 2013年我系博士研究生毛文娟、代德建、庄金呈获得东南大学优秀博士论文基金项目资助。

5. 学位

（1）2013年我系2010级17名硕士生和11名博士生（刘敏、李永涛、张婷婷、王彦彪、袁雪平、黄兆聪、丁祎、张林、杨志红、田宏玉、傅钰）顺利通过答辩并获得学位。

（2）2013年我系由王金兰教授指导的朱立砚博士论文《新型低维纳米材料的第一性原理计算与设计研究》和由杨永宏教授、徐庆宇教授指导的郑晓红硕士论文《掺杂$BiFeO_3$的制备及多铁性研究》分别获得东南大学优秀博士和硕士论文。

（3）2013年我系有1名硕士学位论文（孙弘扬）被报送江苏省教育评估院抽检，2013年公布2012年抽检论文结果分别为博士论文（杜锦丽）2优1良；硕士论文（王二平）2良1合格；（查婷婷）2良1优。

五、学生工作

1. 在学生思想政治教育中坚持理论学习与实践锻炼相结合，采用"多层次，多样化"的方式，围绕"中国梦"的主题开展各式各样的学习交流活动。同时，我系在重大事件发生之后、放假前后以及平时都密切关注学生思想动态，保持学生思想稳定。

2. 注重专业思想教育，不断加强学风建设。除认真做好本科生、研究生新生入学教育外，还组织转系转专业的综合介绍和分析，以便同学们理性面对、慎重抉择；针对本科二年级学生"转系转专业后痛期"的情况，我系通过年级大会、班会、重点约谈等方式恢复学生自信，学习风气有明显好转；12月，系学生工作刊物更名为《唯物》并已发首期，为全系师生了解物理系学生工作相关咨询提供了良好的平台。

3. 进一步围绕学习《中国共产党普通高等学校基层组织工作条例》《江苏省大学生党员发展工作"三投票三公示一答辩"实施办法》等文件做好党务技能培训，提高党员发展质量，增强党员先进性意识，稳步推进学生党建工作。积极指导、支持各学生党支部开展党日活动，加强支部的凝聚力和党员先进性教育。5月，组织党员、入党积极分子及部分团员集体观看纪录片《信仰》。10月，圆满协助系党委承办了物理系、数学系、材料科学与工程学院党委党校第14期发展对象培训班。本年度，我系研究生刘利清、蒋盛获评东南大学优秀研究生共产党员。

4. 坚持党建带团建，团建促党建，加强对系学生会、研究生会、学生科协的指导，繁荣校园文化。10月，与数学系联合举办秋季运动会；同月，组织2013级本科新生进行素质拓展训练。11月，举办物理系迎新生晚会；同月，本年度"格物论坛"举办首期，邀请了南京航空航天大学理学院院长施大宁作《艺术与物理》讲座。12月，举办"物"动青春2014年迎新年晚会。此外，我系在东南大学第55届校运会上团体总分跃居小系组第4名，女子团体总分居小系组第3名，实现历史性突破；在环九龙湖自行车赛中我系获评"最佳风采奖"第2名；在研究生轻运动会、迎新年万人长跑比赛中也都闪现着我系同学的矫健身姿。

5. 保持良好传统，继续做好学生社会实践工作。今年我系通过细致的动员和培育，组建了12支优秀的暑期社会实践团队，他们奔赴祖国各地，深入基层，调研各类国计民生的课题。8月，通过系内公开答辩，我系选送了2支团队参加学校社会实践成果评比，最终2支团队均获评"校级一级优秀团队"。另我系2名本科生刘智畅、滕腾积极参与创业实践,并将首月几千元营业额捐献给校内患病学生,获得校内师生一致好评。

6. 精心设计、以多种方式开展毕业生文明离校系列活动,丰富毕业生的课余生活,邀请系领导、教研室主任、班主任等参加毕业生欢送会。

7. 切实做好学生日常管理服务工作

（1）坚持以公开、公平、公正的原则做好奖、助、贷、补等各项工作,修改并实施《东南大学物理系学生系级荣誉称号评选暂行条例》。我系100111班获评东南大学2012—2013学年"先进班集体"称号。全年,杨龙等3人获校长奖学金,黄子文被评为校三好学生标兵,李雅琴、杨龙被评为校优秀学生干部,杨佳丽等19人被评为校三好学生,韩宇翔等3人被评为优秀毕业生,李雅琴、陈桢被评为优秀团干部,谷文星等7人被评为优秀团员,杨佳丽等4人获国家奖学金,陈睆等10人获国家励志奖学金,硕士生黎秋航等3人和博士生郎咸忠、代德建获2013年研究生国家奖学金,马亮等4人被评为校优秀研究生干部,郭喜涛等8人被评为校三好研究生,孟红、盛燕获单项奖,印胤、陈晓劼被评为优秀硕士毕业生,孟红被评为优秀团干部,白静被评为优秀团员,另有百余人次获得其他各类补助,共计数十万元。在系级荣誉评选中贾逊等47人被评为系三好学生和三好研究生,徐旸等16人获系社会工作突出贡献奖。

（2）我系党委副书记潘勇涛主持的"物理系大学生自强联盟"项目被评为"2013年东南大学辅导员工作精品项目"并作为全校两个项目之一被选送教育部参加全国评比。

（3）我系2010级本科生刘雨露在倪振华教授指导下,以第一作者身份在国际高水平期刊ACS Nano(影响因子11.421)上发表了题为"Layer-by-Layer Thinning of MoS$_2$ by Plasma"的重要文章。

（4）在江苏省高校第十届大学生物理及实验科技作品创新竞赛中我系赴赛的4份作品获奖率为100%,其中一等奖3项、三等奖1项,使得我校一等奖数在参赛的42所高校中并列第一。

（5）注重安全卫生工作,在全系本科生、研究生中开展了防火安全教育,对学生宿舍和实验室卫生、防火、防盗情况进行了普查和抽查,督导学生不使用违章电器,全年零安全事故。

8. 从2012年下半年起,我系就积极启动了2013届毕业生的就业指导工作,加强毕业生考研、就业指导和服务,举办指导讲座,开展网上咨询,多方收集信息,确保2013届毕业生顺利就业。截至6月,2013届本科生毕业68人,出国、保送和考取读研的24人,2013届硕士研究生毕业24人,读博7人,已就业17人。2013届博士研究生毕业共8人,其中非定向5人,委培生及定向生共3人。同时认真做好2014届学生就业指导工作,9月,提前做好毕业生就业去向的统计,详细掌握学生的毕业去向及其筹备状态,并为毕业生做了专场的求职技能培训,正确分析目前人才市场的形势,结合学生实际,对毕业生开展"就业观念""择业技能"等教育。

9. 其他:配合系里圆满完成江苏省第十届高校大学生物理及实验创新竞赛志愿者组织工作。全年对接盐城地区的阜宁中学、滨海中学、响水中学做好包括自主招生考试等在内的各项本科生招生宣传工作。

六、党建和思想政治工作

1. 按照校党委要求,做好党委常规工作。坚持党政联席会议制度,做到重大决策集体讨论决定。定期召开支部书记例会,认真组织党员学习党的理论及相关文件精神,过好组织生活,认真开展系领导班子民主生活会。进一步加强领导干部的党风廉政建设,加强班子成员服务意识和责任感,努力做好各项工作,以优质的服务和管理赢得全系教职工的信任和支持。

2. 扎实做好党建工作。认真完成全系党建及学生党建工作,坚持高标准、严要求,始终把好党员发展关。

3. 按照校党委的部署和要求,围绕系里的中心工作,组织逐步实施,推动党支部建设,发挥各党支部的战斗堡垒作用和共产党员的先锋模范作用。活动形式多样,教育效果显著。积极开展党日活动,系党委和各支部围绕主旋律,结合重大纪念日,充分发挥革命历史纪念馆等红色教育资源的作用,开展党史教育、实践教育等活动,丰富了创先争优活动内容。

4. 组织党员认真学习、贯彻落实十八大会议精神。深入开展党的群众路线教育实践活动。深入开展反"四风"活动,按照上级党委要求,在全系征求非党员教师对学校、物理系领导班子存在的"四风"问题征求意见和建议。认真总结,及时整改。

5. 全面动员、认真开展支部换届工作。2013年物理系有专业党支部、系机关党支部、大学物理党支部、物理实验教研组党支部、退休教工党支部、2011级硕士生党支部、博士生党支部共计7个党支部顺利进行了党支部改选工作。

生物科学与医学工程学院

2013年,学院紧紧围绕国际一流学科的建设目标,推行质量控制工程,加大改革和创新力度,全面推进各项工作,基本完成学院年初提出的工作目标。

一、基本概况

2013年年末,全院教职员工95人,其中教授30人,副教授30人;新引进5名青年博士,其中海外博士3人(吴富根、韩晓锋、刘宏);国内博士2人(卢晓林、朱存);调入教授1人(吉民);博士后进站7人,出站5人;产业教授获批2人(郑众喜、苏恩本)。

2013年招收生物医学工程本科生105人,招收硕士生91人,其中保送生13人;招收博士生39,其中硕博连读8人,考核制博士3人,本科直博1人,硕士留学生3人,博士留学生4人。另录取工程硕士生8人。截至2013年年底,在校本科生390人,硕士生296人,博士生166人。2013届本科毕业生89名,一次就业率达99%。授予博士学位16人,硕士学位120人。2013年共吸收92名入党积极分子加入了党组织,83名入党积极分子参加了党校培训。

全年江苏省学位办抽检硕博士论文全部通过。顾忠泽教授指导的学生卫敏的论文获

2013年度全国百篇优秀博士论文提名奖;肖忠党教授指导的学生李树春的论文《基于microRNA表达谱的纳米材料与细胞作用研究》获2013年度省优秀博士论文。校优秀博士论文获得者2名。王雪梅教授指导的学生常虎成的论文《石墨烯及其复合物在电化学生物传感中应用》获2013年度省优秀硕士论文。校优秀硕士论文获得者2名。

田正山(导师:徐春祥)和唐勇军(导师:何农跃)共2人获得校优秀博士学位论文基金;马超(导师:何农跃)1人成为校优秀博士学位论文培养对象。11人获得江苏省研究生科研创新计划项目资助(其中6人获得省资助,5人校资助);新增江苏省研究生企业工作站1家(南京基蛋生物科技有限公司)。

二、学科建设与科学研究

1. 年初,教育部学位与研究生教育发展中心发布第三轮学科评估结果,我院生物医学工程学科以高出第二名6分的优势蝉联全国第一。

2. 积极组织本院教师(尤其是青年教师)申报各类国家和省部级科研项目,包括国家自然科学基金、博士点基金、青年教师基金、江苏省自然科学基金、江苏省支撑计划等。今年,国家自然基金申报47项,获资助13项,其中王雪梅教授获1项国家杰出青年基金;博士点基金获助1项;江苏省自然科学基金获助3项。各类项目申报数继续保持上升趋势。本院科研经费到账总数共4 985万元。东南大学-华大基因国家级工程实践教育中心建设项目获批,获得200万建设经费支持。全年发表论文215篇,其中SCI共137篇;申请专利18项。

3. 在国家重大项目组织和争取方面,顾宁教授等参与的项目《纳米材料若干新功能的发现及应用》荣获2012年国家自然科学奖二等奖;顾宁、顾忠泽、陆祖宏等教授在2012—2013年获省部级科技奖5项,其中顾忠泽教授的《新型生物人工肝支持系统的研发与临床研究》荣获2012年省科技进步一等奖。

4. 重视团队建设和拔尖人才的遴选和成长,"青蓝工程"顾忠泽团队成功申报教育部"科技创新团队";顾宁入选江苏省第四期"333高层次人才培养工程"第二层次培养对象,王雪梅、肖忠党、顾忠泽入选江苏省"333高层次人才培养工程"第三层次培养对象;王雪梅获"杰出青年基金",刘宏入选"青年千人计划",孙剑飞获"优秀青年骨干教师",赵祥伟、孙剑飞、杨芳、赵远锦等入选"新世纪优秀人才"。Muhammad Ali Shah、陈陆馗、张怀红三人获得中国博士后科学基金53批面上资助二等资助,曹萌获得中国博士后科学基金54批面上资助二等资助,张立明入选2013年度第一批"省博士后科研资助计划"。徐春祥入选第八批"高峰人才"。

5. 加强2011协同创新计划的预研和项目的立项组织,由我院牵头,联合清华大学、中国航天员科研训练中心、深圳迈瑞公司、北京协和医院、江苏省人民医院、人大附中等国内知名科研院所和企业,创建"个体化健康工程协同创新中心",目前正筹备进入江苏省候选答辩评审阶段。顾宁教授研究组等参与苏州大学纳米协同创新计划取得较好的进展。

6. 积极推动产学研合作,主动推介学院科研成果。进一步推进与江苏省医检所的全面合作;加强与安徽肿瘤医院、南京巨鲨医疗、深圳麦科田生物医疗、迈瑞集团苏州惠生、南京鱼跃等企业院所及南京市浦口区、高新区、江宁区等地方、部门开展产学研研讨与对接,并达成初步合作意向。

7. 围绕建设国际一流学科的目标、国际化的发展要求和坚持"走出去请进来"的宗旨,积极加强对外交流与合作。截止11月底,聘请境外专家来院与会、合作、讲学52人次,其中来华讲学19人次,与会作报告的境外专家32人次,邀请英国剑桥大学来访学者Noorhayati Idros来院洽谈合作。

配合学校国际合作处等单位,学院接待了Nature Communication执行主编、中国台湾地区9所大学师生研习营、Ulm大学代表团等个人团体的参观访问,并与Ulm大学代表团商讨了研究生联合培养模式(联办学位项目)和教师科研合作事宜。

加强国际学术交流,活跃学术气氛,扩大学术影响。举办第一届中日纳米医学研讨会等国际会议3个;已申请举办2014年国际会议3个;组织召开了"第13届全国发光学学术会议"等多个国内学术会议,邀请了200多名国内著名专家前来讲学和做报告,积极与国内兄弟院校的生物医学工程学科开展交流。

重点参与了东南大学—莫纳什大学相关的联合实验室的建设规划和国家层面上对国际联合实验室建议;与东京工业大学、剑桥大学、哈佛大学长期开展了合作研究和人才培养。其中与东京工业大学资源化学研究所每年召开一次国际学术研讨会,每年互派人员互访。与英国剑桥大学高级光电中心有着长期的合作关系,双方都互派教师和学生互访,并共同申报了"中英博士生教育及科研合作伙伴关系项目",得到国家留学基金委为期两年的资助。生物电子学国家重点实验室与哈佛大学维斯研究所一直保持着紧密的合作,每年实验室都派送2—3名博士生和教师到维斯研究所进行合作研究。国际合作为优秀研究生和年轻教师的培养提供了沃土。

三、人才培养

本科生培养方面围绕我校"卓越化,国际化,研究型"本科人才培养模式的全面改革,积极探索"卓越工程师教育培养计划"的实施、课程及教材建设及人才培养的国际合作和交流等方面的工作,强化我院人才培养的特色,同时弥补我院在课程及教材建设方面的薄弱环节,力争取得显著成效,为将来申报教学成果夯实基础。

致力教学方法和课程的改革。邀请江苏省正融科技从事医疗软件开发的技术总监张松经理为学生开设"计算机综合课程设计MFC",特邀"千人"专家高家红教授和胡斌教授为本科生讲解"生物医学工程概论"课程,拓宽学生的专业视野,巩固了学生的专业思想。

教学成果及卓越工程成绩喜人。获校级教学成果一等奖和省级教学成果二等奖各1项,获省优秀毕业设计(论文)二等奖1项;建设第一批英文(双语)课程、系列研讨课程共计10门;王进科教授主编的《生物医学实验》教材正式出版发行;成立了东南大学-华大基因国家级工程实践教育中心,召开了三次中心建设会议;东南大学-华大基因"卓工"计划我院联合培养2010级学生5人,其中有1人代表东大、华大组队参加美国的IGM竞赛并获奖;与江苏鱼跃公司初步合作,并派出1名我院的学生到该公司做毕业设计。

研究生培养工作以"依托学科优势,以导师为主导,培养高质量的研究生"为指导思想,不断增强服务意识,完善工作规范。2013年,在全院老师和全体研究生的努力和支持下,圆满完成了研究生培养环节中各项日常工作,并取得了较好的成绩。

研究生培养工作扎实推进并在某些方面有所创新。强化研究生培养过程管理,发布了"关于规范硕士研究生开题报告和中期考核的通知",要求进行公开开题,学位分委会委员和研究生督导进行检查和监督,以保证开题质量。继续配合研究生招生办公室做了3件探索性的创新工作:一是考核制博士的试点招生工作取得成效;二是加强招生宣传,组织教师去山东大学、合肥工业大学、南方医科大学等学校进行宣讲;三是成功申办暑期夏令营,招生效果显著。

成功举办第二届全国"生物与医学纳米技术"博士生论坛,有效实现"加强基础、促进交流、开阔视野、培养科技后备人才、提高研究生培养质量"的目标。

四、学生教育管理

学院学生工作坚持精英教育理念,以党建为龙头,以思想教育和心理咨询为基础,克服一院三校区的困难,加强新生专业教育和毕业生就业指导,创新、扎实开展各项工作。及时完成各项日常工作,秉承公平公正公开的原则,共计报送108人次各类奖助学金,评比133人次学生个人荣誉,日常管理工作零失误率,各项评奖评优零投诉;学院学生管理严谨,有一套完整的突发事件预案,本年度学生突发事件处理得当、有效,无重大安全责任事故;注重学生学风、考风和学术道德的教育,学生零违纪;学生就业率达到99%,学生出国深造率达到30%以上,就业质量较高。

科学指导学生社团开展丰富多彩的各项活动。全年共组织各类活动62项,其中学院运动会、新老生狂欢节、"生声不息"经验交流等传统精品活动受学生追捧;学院学生志愿者团队"南博志愿讲解员"和"绿光爱心支教社"志愿服务均已持续两年以上,取得较好的社会反响;学生暑期社会实践"红色天空"小分队获"东南大学社会实践二等奖";1项党日活动申报学校最佳党日活动。

鼓励学生积极参加各类学科竞赛和学校各项活动,均取得优异成绩。累计有38人次获得各类科技竞赛奖项,其中,国际奖项15项,全国奖项4项,省级奖项4项,校级奖项15项。获新生杯足球赛亚军,新生杯男子篮球进入八强,院系杯女子排球第一名,新生杯象棋冠军,第55届校运动会乙组第六名,第五届"大力杯"拔河比赛乙组第一名,获研究生轻运动会优秀组织奖,111111班获得东南大学先进班级称号,112101团支部获得东南大学甲级团支部称号。

五、综合管理与精神文明建设

加强领导班子建设。认真贯彻党政联席议事规则,坚持每半月一次例会制度和重大会议纪要制度。学院班子团结协作,战斗力强,无因决策失误造成重大损失。认真贯彻落实党风廉政建设责任制和"三重一大"制度,科研经费管理有效,班子成员无信访和违纪违规行为。

加强党风廉政和机关作风建设。继续坚持以师生为本的服务理念,强化领导干部的责任意识和机关工作人员的服务意识,从群众路线师生评议和各方面反馈来看,师生的满意度较高。本年度新建财务制度1项,完善财务管理制度1项,财务规范有序,不设小金库。

加强网络建设与信息化工作。根据信息更新和为迎接院庆30周年的需要,对学院网页风格和布局实行优化,提高宣传性和实用性,增强对外宣传的实效。新建学院英文网页和系庆30周年网页。

加强校友工作。围绕办好30周年系庆的目标,构筑校友母校共同发展的平台,分别在深圳、南京、北京、上海、苏南、北美等地的校友分会,向校友及时通报学院学校发展情况,共同谋划学院发展大计。广泛联络校友,组织校友暨产学研论坛,积极鼓励和支持校友创业。

六、特色亮点及标志性成果

回顾一年的工作,创新和亮点主要体现在以下几个方面:

一是全面推行"质量控制年"工程。为顺利实现年初设定的计划目标,学院党政班子提出"质量控制年"的工作要求,加强目标管理、过程监控、绩效考核等,切实保障年度目标的实现。

二是科学筹划30周年系庆。明年将是我院办学30周年,学院筹划于2014年6月1日举办办学30周年庆祝活动,弘扬"创业、创新、成长"的精神,届时邀请海内外校友回校与全院师生共商发展大计,凝聚力量,开拓未来。目前筹备工作正有条不紊地推进,创意大赛已拉开系庆序幕,系庆网页在系庆倒计时200天时正式上线运行,各地的校友会筹备会也在学院的支持下纷纷成立,各地校友、产学论坛也在紧锣密鼓地进行中。

三是积极探索新的博士生招生制度,加强研究生招生宣传,提高生源质量。我院率先实行的考核制博士的试点招生工作取得成效;加强招生宣传,组织教师去山东大学、烟台大学、合肥工业大学、南方医科大学等学校进行宣讲;成功申办暑期夏令营,招生效果显著。

四是承担且基本完成了教育部重点学科信息资源系统CERNET的建设,这也是教育部一级学科信息系统工程我校承担的唯一项目。

通过全院师生的不懈努力,2013年我院取得了以下标志性成果:

生物医学工程学科在新一轮学科评估中蝉联第一。

我校成为新一届教育部高等学校生物医学工程类专业教学指导委员会主任单位,万遂人教授当选教学指导委员会主任。

人才工程成果丰硕,新增1名杰出青年基金获得者,新增1名入选"青年千人计划";新增4名教育部新世纪人才。

科研成果取得较大突破,顾宁教授等参与的项目《纳米材料若干新功能的发现及应用》荣获2012年国家自然科学奖二等奖,顾忠泽教授的《新型生物人工肝支持系统的研发与临床研究》荣获2012年省科技进步一等奖。

东南大学-华大基因国家级工程实践教育中心建设项目获批,获得200万建设经费支持。

材料科学与工程学院

材料科学与工程学院共有教职工76人,专职教师51人,专业技术人员16人、院行政人员9人,分别占全院总教职工人数的67.1%、21.1%、11.8%。其中教师和专业技术人员占总教职工人数的88.2%。专职教师中有2名中国工程院院士、多名国家"千人计划"、教育部新世纪优秀人才及江苏省"双创"人才。全院共有教授27人、博士生导师32人、硕士生导师41人。全日制在读本科生432人,硕士研究生26人,博士研究生110人,在站博士后17人。

回顾材料学院2013年度的工作,我院人事处主要围绕学院发展的目标,较好地完成了该年度的工作任务。现将我院2013年人事工作情况简要总结如下:

一、人事工作

1. 人才引进工作

综合考虑我院师资队伍现状,我院在2013年度引进了"千人计划"孙正明教授、副研究员张耀和博士施锦杰。

2. 教师职称晋升工作

按照学院教师考核制度,经过严格审查,王增梅正式转为上岗教授,白晶和郭超晋升为副教授,施锦杰担任讲师。

3. 高层次人才计划工作

孙正明入选国家"千人计划",万克树入选东南大学优秀教师计划,钱春香和刘加平成为江苏省"333工程"培养对象,钱春香同时成为东南大学特聘教授。

二、科研工作

1. 科研经费

2013年我院科研经费到款2 138万元,其中纵向科研经费1 014万元,横向科研经费1 124万元。

2. 积极申请各类科技项目

2013年,我院共有13项国家自然科学基金计划获得批准,其中包括8项面上项目,5项青年科研项目;参与国家重大科技计划1项;设立"江苏省协同创新中心"1处;参与其他省部级项目若干项。

3. 科研基地建设

为进一步加强江苏省土木工程材料重点实验室和江苏省先进金属材料重点实验室的科研基地建设和管理。我院联合同济大学、清华大学等8所高校以及江苏省建筑科学研究院有限公司、中国建筑股份有限公司等五家企业共同组建的"江苏省先进土木工程材料协同创新中心"正式挂牌成立。

4. 科技成果的鉴定、奖励

2013年,我院有多项科技成果通过鉴定,其中绝大多数达到国际先进水平,并获得国家、省部级科技进步奖3项。钱春香教授牵头完成的"混凝土裂缝分龄期防治新材料和新技术及其应用"项目获2013年度国家科技进步二等奖;郭丽萍副教授参加完成的"多场因素耦合作用下高耐久长寿命新型纤维混凝土的研发与工程应用"项目获教育部科技进步二等奖;方峰教授参与完成的"稀土超硬高速钢及工具产品的研制及产业化"项目获江苏省科学技术奖三等奖。

5. 专利申请及授权,论文发表

2013年,我院共获得国家发明专利授权35项;申请国家发明专利73项;使用新型专利3项。发表的论文有80余篇被SCI收录。

三、教学工作

1. 2013年是我院新教学计划实施的第三年(2011级开始实施),新开设的课程和各门研讨课相继开课。我们将材料科学基础、材料制备、性能测试、结构分析4门实验课有机地串联起来,并通过网络实验、创新实验、综合实验等不同类型实验的设置培养学生的基础技能和创新实践能力。

2. 我院的第一门以培养学生创新能力为主的研讨课"材料及其应用"也在2013年短学期正式开课,约120名大二学生参加了10个创新实验项目的研究,并取得了丰硕的效果。同时开设了全英文课程"Mechanics of materials""Cement Chemistry""Condition Assessment and Use of High performance Materials in Repairs and Strengthening of Structures"和"Advanced Engineering Materials",进一步推进了国际化人才的培养。

3. 我院的教学改革已取得了良好的成效,我们在重要期刊上发表教改论文4篇、出版教材3部,2013年本科生出国(境)交流人次为8人,省优毕业论文一篇,共有14位本科学生获得全国性学科竞赛大奖。

4. 材料学院在设备管理上充分发挥教师和学生的共同作用,加强仪器操作培训,让培训合格的人员独立操作大型仪器设备,并且选择一部分优秀人员担任兼职管理员,充分发挥大型仪器在教学和科研中的作用。

至2012年年底,学院共有设备2 216台套,共计5 755万元。2013年新购置设备236台套,包括磁控与离子束溅射台、电液伺服疲劳试验系统、针孔热压烧结炉等大型设备,新增设备资产达600余万元。

四、学生工作

1. 招生规模

2013年学院招收本科生127名,硕士研究生95人和博士研究生22名。

2. 升学就业

2013年应届本科毕业生有52人被录取为研究生,毕业生的就业率在98%以上。

3. 奖助学金

除国家奖学金、励志奖学金等之外,学院还设有欧级奖学金、苏博特奖助学金、缪昌文奖学金、陈延年王劲松奖学金、焦廷标奖学金、金鼎奖学金、光华奖学金等多项材料类专门奖学金,为学生创造了良好的学习和发展空间。2013年,学院本科生共计有209人次获得了各类奖助学金,研究生有63人次获得各类奖助学金。

4. 学生党建

我院设有本科低年级党支部、本科高年级党支部、硕士一年级党支部、硕士二年级党支部、硕士三年级党支部、博士生党支部6个学生党支部。2013年新发展党员40名,转正党员21名。学院共计有40名同学参加2013年第十四期联合党校。

5. 学生活动

在学院团委的指导和带领下,我院以各类科技创新、文化体育、社会实践、志愿者服务等活动为载体,努力为青年学生营造良好的大学学习和生活的氛围,让学生们在各类活动中得到锻炼和成长,为广大青年学生的成长成才服务。2013年,我院开展了一系列学生喜闻乐见的活动,如在宁五所高校"材子联盟"、圣诞送温暖、微电影大赛等活动,在全校甚至是全市范围内产生了良好的影响。

6. 社会实践

社会实践方面,由我院科协组成的小分队获得校级社会实践优秀团队一等奖。我院学生积极报名亚青会志愿者,为各国代表团提供志愿服务。2014年,有更多的同学成为青奥志愿者,将用自己的热情服务于青奥会。

7. 研究生培养

(1) 2013年材料工程(专业学位)培养方案改革,增加了实践教学系列,开设两门实践课("现代材料制备技术与装备""材料工业项目选型与设计"),并且聘请企业老师进行授课。

(2) 张亚梅老师聘请美国工程院院士、现任教于美国西北大学土木工程系的Walter P. Murphy教授来我院授课,并将研究生"水泥化学"课程申报为全英文授课。

(3) 2013年,我院修订了研究生申请学位时的成果考核标准,从有利于培养研究生学业水平出发,提高了原有考核标准,同时区分了学术型硕士研究生和专业学位型硕士研究生考核标准。

(4) 2013年首次招收申请-考核制博士研究生。

(5) 2013年我院招收硕士研究生95人,博士研究生24人,在职硕士2人,总招生人数121人,超过本科招生数。

(6) 2013年我院派出2名博士生到国外高校联合培养,接收3名海外留学生来我院学习。2013年下半年派出3名博士生到国外参加国际会议。

(7) 我院有1名博士生申报优秀博士学位论文基金项目,1名博士生申报优秀博士学位论文培养对象。

(8) 2013年我院与4家江苏省企业单位建立了研究生企业工作站。

(9) 在历年江苏省学位论文质量抽检工作中,我院提交的研究生学位论文均无不合格记录。

人 文 学 院

在校党委和行政的领导、关心和支持下,人文学院全院师生员工在2013年中凝心聚力、同心同德,顺利完成了本年度本科、研究生的教学、科研和其他各项工作任务,以优异的成绩展示了人文学院在本科教学、科研及研究生教育、学科建设、教师培养诸方面的风采,取得了令人满意的成绩,为人文学院和东南大学文科的进一步发展做出了新的努力和贡献。

一、学院概况

1. 学院规模

坐落在南京市江宁区东南大学新校区风景秀丽的九龙湖畔的人文学院文科大楼,有7 000多平方米的办公场所。其中人文学院图书馆(面积近千平方米,藏书6万册)、学术报告厅、高级国际学术活动室、文科实验中心、语音室、即时实播论文答辩室、档案室、体育训练中心等一系列比较完备的教学设施,为学院的教学、科研工作的开展提供了良好的基础和条件。

人文学院现设有:哲学与科学系、公共管理系、旅游学系、中国语言文学系、医学人文系、社会学系及"MPA"研究中心和心理咨询与人力资源测评中心、东方文化研究所、现代社会发展研究所、韩国研究所等学术研究机构。有政治学与行政学、汉语言文学、旅游管理、社会学、哲学五个本科专业。人文学院同时承担了全校研究生公共政治理论课以及人文选修课的教学工作,先后为全校学生开设了近百门人文社会科学类选修课程。

2. 师资队伍

本着建设一支结构合理、素质优良、高效精干的教师队伍的标准和作为我院改革与发展的一个重要任务。人文学院做了如下工作:

(1) 推进师资队伍的国际化

借助学校的招聘平台,我院通过全球招聘,并且向兄弟院校投寄书面招聘启事、他人引荐等途径,多方位引进高水平人才,在这个过程中,注重师资队伍的职称结构比例合理和引进来自海内外知名大学的优秀人才,以利于各学科教师整体知识结构的优化。至2013年年底,我院已引进3位教授,4位副教授,24位讲师。目前我院在职专任教师达82人,高级专业技术职务占老师比例的61%,聘请外国专家兼职教授人数2人,具有海外博士学位的老师达18.3%。

在校领导的关心和支持下,近年来,学院梯队建设速度很快,博士化工程基本完成,博士化比例达到90%。有海外背景的教师比例不断攀升,国际化程度最高的系达80%以上。为使新进教师迅速获得成长和发展,学院把关心青年教师的发展作为工作重点,这项工作也获得校领导的关心。围绕青年教师发展,学院仅本年度就召开各种类型的青年教师发展会议和活动8次,并进行了组织建制和学术活动的规划。

(2) 建设高层次的教学科研团队

至2013年年末,我院拥有教育部长江学者特聘教授2名:樊和平、姚新中;国家高层次人才特殊支持计划(万人计划)1人;江苏省"333工程"第一层次1人,第三层次1人;教育部"新世纪人才"2人;江苏省"青蓝工程"1人。省级以上各类人才共6人,具有6个月以上海外研修经历者达17.1%。

二、学科发展

人文学院是一个有着多专业招生、多层次培养的多学科学院;现拥有哲学一级学科博士点,哲学、社会学、中国语言文学、公共管理4个一级学科硕士点,旅游管理、应用心理学2个二级学科硕士点和MPA、MTA两个专业学位硕士点,本科生教学方面,有哲学、政治学、旅游学、中文、社会学等5个本科专业。人文学院依据其学科多样的现状,在学科发展的布局和成果上呈现出高端冲击与生态交叉的学科发展特征。

2013年全国学科排名中,哲学学科排列第13,虽不是全国最前列,但该学科以20人左右的规模获得与其他老牌综合性大学50人左右规模相同甚至更前的名次,发展效率很高,比"985"二期排名上升4位。现有一级学科哲学和二级学科伦理学两个江苏省重点学科。在"985"三期的基地建设中锻炼了队伍,取得了成果,获得了发展。

2013年获三大基地:江苏省高校哲学社会科学创新基地"道德哲学与中国道德发展研究所";江苏省委省政府决策咨询基地"道德国情调查中心";江苏省委宣传部基地"公民道德与人的现代化研究中心"。

三、人才培养

1. 教学任务的繁重性和双重性

教学任务方面,全院年均课程356门(专业课+公共课),人均授课5门,承担课程最多的教师达到6—7门。除承担各专业、各层次学生的教学和指导工作外,还承担研究生公共课(全校博士、硕士政治理论课)、人文选修课及医学院医学人文方面的课程。

2013年,全院共开设本科生课程196门,6 416课时,教授为本科生授课23门,800课时。本年度学院共开设通识课29门,共928学时;就研究生课程而言,2011—2013年,共开设公共课128门3 723课时,专业课264门11 250课时(其中学位课153门,非学位课111门)。2011至2013年,教授共完成核心课程工作量103门5 067课时。

人文学科的学科特征,使得人文学院的教师在教学过程中,更注重学生创新思维的培训和人文素质的培育,在这些方面也获得了优秀的教学成果。

学院进行教学改革,建立文科试验班,一年级不分专业,推进"六理"教学。中文系由王步高教授培育的中文团队在教学上取得丰硕成果。他们的国家级精品视频公开课"唐诗鉴赏"把唐代诗歌史、代表作家的评介,其代表作品赏析及适当的诗词格律知识相结合,深受学生欢迎。哲科系陈爱华教授通识课"逻辑学"获教学成果优秀奖,陈爱华教授同时还获"积极指导学生自主研学培养学生创新思维"教学成果二等奖。研究生课程中2013年共有6门课程被确定为精品课程。

2. 教学质量的国际性和前沿性

近年来,注重大力推进国际化战略,在课程设置、教育方法等方面与国际接轨,并且引进开设全英文课程、双语课程、研讨课程,我们的学生出国(境)交流比例大大提高。

本科生中,汉语言文学专业出国(境)学生 4 名,旅游管理专业出国(境)学生 6 名,社会学专业出国(境)学生 6 名,政治学与行政学出国(境)学生 3 名。交流国家和境外地区包括美国、英国、加拿大、法国和中国香港地区等。

研究生中,2011 至 2013 年,我院共有 4 名博士生赴境外联合培养,2 名博士生进行短期访学。研究生关注前沿研究,2012 年,获江苏省研究生创新工程项目省立省助 1 项;2013 年,获江苏省研究生创新工程项目省立省助 1 项,省立校助 2 项。

四、学生工作

1. 基本情况

我院目前共有全日制本科生 516 名,研究生 357 名。院党委统筹全院学生管理,同时充分发挥各系管理的主体作用,各系主任建立学生班级联系点,与辅导员、班主任紧密配合,实行管理中心下移,加大全员育人、全方位育人力度,学生教育管理成效明显。学生突发事件有预案,处理有效。一年来学生违规违纪现象明显减少,无重大安全责任事故,学位授予率明显上升,2013 届毕业生学位授予率为 100%;2013 年学院国家奖学金、国家励志奖学金、省级三好生、省级先进班级、校友奖学金等各类获奖数均多于往年。在挑战杯、创业创新大赛、各种体育赛事、文学活动、文艺活动、社会实践得奖率也均有提升。一年来,我院学生工作取得了良好的成绩,彰显工作思路对头、措施务实、成效明显。

2013 年学院招生就业质量进一步提升:本科招生 140 人,生源十分优秀,其中江苏省生源在省内文科排名 700 名以内,外省生源均在各省文科的前 1500 名以内。就业方面:就业率一直保持较高水平,且学生就业层次较高。2013 年本科毕业生年终就业率为 92.73%,其中攻读研究生 27 人(推免 19 人),公务员系统 4 人;事业单位 1 人;大学生村官、国家基层项目 21 人;保险、金融系统 4 人。硕士研究生年终就业率为 92%。公务员、选调生共计 8 人,约占 9%,事业单位、大学生村官共计 20 人,约占 40%,另约 40%的毕业生进入国企、民企工作。3 名同学继续攻读博士学位,或出国深造。已毕业博士研究生就业率为 100%,就业去向多为全国各高校及科研院所。毕业生去向主要是:江苏、上海长三角地带占 62.5%,北京占 3.13%,中西部占 26.56%。

一年来,多次选派辅导员到教育部、省教育厅的辅导员培训基地学习培训,全体辅导员均参加了学校举办的辅导员专题远程培训班;同时根据党委学工部实际制定考核办法,加大学工队伍的考核力度,辅导员、班主任工作责任心明显增强,有 1 名辅导员被评为校级工作先进,并获得学工系统奖教金。

2. 一年来开展的主要工作

(1) 结合学生党组织的发展,稳步开展思想政治工作

按照"最有利于发挥战斗堡垒作用"的原则,在学生中设立学生党支部,本科生按年级设置,研究生按专业设置,共设立了 3 个本科生党支部,5 个研究生党支部。坚持每年一次党员民主评议和党员民主生活会制度,坚持党支部联系班级、对口帮扶困难学生制度。有效地发挥了基层党组织的桥梁、纽带作用和党员的先锋模范作用。

按照"坚持标准、保证质量、改善结构、发挥作用"的原则,认真做好入党积极分子的培养和党员的发展工作,充分发挥学院党校教育培训职能,一年来举办了两期发展对象培训

班,培训发展对象86人次。共选送80人次参加学校举办的两期支部委员培训班、两期预备党员培训班和一期新生党员培训班。坚持标准,严格要求,认真做好党员发展工作,保证党员发展在质和量上的统一。截至2013年11月共发展学生党员79人,转正党员30人,组织发展工作平稳有序进行,党员发展质量得到有力保障和提升。

(2) 结合专业学习,积极实施文化育人工程

在学生工作中,实施"三个一"工程:即参加一次社会实践活动,开展一次社会调查研究,撰写一篇社会调查报告。通过活动的实施,使广大青年学子积极投身于社会中、投身于实践中,在广阔的天地中展示才能、增长才干,有力地拓展了育人途径,促进了院风和学风建设。

同时,本着"学院抓精品、班团抓普及"的工作思路,开展了"五个一"活动,即:参加一次主题教育,研读一本经典著作,聆听一场人文讲座,欣赏一次高雅艺术,参与一项精品活动的文化育人工程。学院组织学生积极参与新生文化季、"中华赞"经典诵读比赛、毕业生文化季以及迎新、院庆各类文艺汇演等大学生喜闻乐见的校园文化活动,促进大学生科学精神和人文素养的全面提升。

(3) 启动人文社科精英人才培养工程

该工程是大众化教育背景下精英教育的一种有益探索,是深入推动我院学生综合素质全面发展的示范工程。从一年级抓起,通过"三自"(自我管理、自我教育、自我服务)能力培养提升,全院重点选拔、滚动培养50名学生骨干,并带动广大学生全面发展。

(4) 发挥人文专业优势,扎实推进校园文化建设

① 扎实有效推进第二课堂活动阵地。结合学生所学专业,将各类活动与专业紧密结合,这样既深化专业特色,又丰富了学生文化生活。

院团委、学生会和科技创新协会成功举办了"中华赞"经典诵读活动、"寻梦金陵"非物质文化遗产文化周活动等。"中华赞"活动经过初赛复赛等两个环节,历时二十天,参与本次大赛院系26个,团队200多个,共600多人,参赛选手紧紧围绕"我的梦·东大梦·中国梦"这一主题,展示了东大学子们昂扬蓬勃的精神面貌,坚持诗歌原创,继承文化传统,融诗乐为一体,得到全校师生一致好评。

"寻梦金陵"非物质文化遗产文化周活动。充分发挥南京作为历史悠久的六朝古都在漫长的城市发展历史中遗留下许多珍贵的非物质文化遗产这个优势,积极贯彻习近平主席有关"中国梦"的讲话精神,通过传承非物质文化遗产,大力弘扬中国精神,拓展广大学生的文化知识视野。

② 加大学生社会实践力度,培养了学生的创新能力。学院通过多种途径组织大学生创新创业活动,提高大学生创新创业意识、培养创新创业精神、提高创新创业能力,充分结合自身优势,发掘学生灵感,并利用自身专业特点,配以老师指导,收到了良好的效果。如在第十六届东南大学"挑战杯"课外科技学术作品竞赛中,我院共有三个代表队进入决赛,取得了一个特等奖,两个一等奖的好成绩。

学院积极拓展社会实践基地,组建了8支调查服务团队等,深入社区、乡镇开展活动。其中有3支实践队伍获批校级社会实践重点团队,在假期深入到基层进行调研服务,取得了突出成绩,如杨帆同学带领的"助梦行动——关爱留守儿童 协助未来梦想"暑期大别山

区支教项目获得了江苏省红十字会、省文明办、省教育厅等六家单位联合主办的博爱青春暑期社会实践优秀项目(全省共评选十个项目),并作为全省四个代表队之一上台作了发言展示和经验交流。

(5) 增强服务意识,帮助学生顺利发展

通过奖、贷、校友捐赠等方式助学,扎实做好贫困生帮扶工作。坚持公开公平公正的原则开展各类评奖评优资助,2013年学院共有17人获得国家奖学金(其中研究生10人),16人获得国家励志奖学金,81人获得国家助学奖学金,60人获得校友奖学金,今年共有9人获得国家助学贷款,学院还设立4个勤工助学岗位,确保每一名经济困难学生能得到有效资助,正常开展学习和生活。

3. 取得的成绩

2013年学院1个班级荣获江苏省先进班集体,1个班级被评为校级先进班集体,1个团支部被评为校级甲级团支部,1人被评为省级优秀学生干部,1人被评为省级三好研究生,3人被评为校级优秀学生干部,1人被评为三好学生标兵,33人被评为校级三好学生,3人被评为校级优秀团干部,13人被评为校级优秀团员,3人获得校长奖学金。在今年第五十五届校田径运动会上,人文学院的健儿们在比赛中沉着机智、敢打敢拼,取得了团体总分第二(其中女子总分第一、男子总分第二)的骄人成绩,同时还获得了优秀组织奖和体育道德风尚奖,彰显了东大人文学子的团结奋斗精神。

在十六届"挑战杯"竞赛中的获奖情况表:

院 系	作品名称	作品负责人	获奖情况
人文学院	城市快速路立体交通建设与公民权益空间化的实现途径探究——以南京、常州、南通为例	叶 菁	校级特等奖
人文学院	关于江苏省大学生村官工作现状的调查和研究	陈骏峰	校级一等奖
人文学院	新生代女农民工对就业歧视的认识及应对调查报告	江 晨	校级一等奖

五、科研成果

长期以来,学院重视科研,强调以科研促进教学,在教师承担大量教学任务的情况下,努力拼搏,2013年,科研上继续取得成果与突破。

1. 科研项目的重大标志性

继2005年获得首批国家社科基金重大招标项目后,2010年樊和平教授再次获得国家社科基金重大招标项目。2013年我院再次获批国家社科基金重大招标项目1项(田海平:生命伦理的道德形态学研究,研究经费80万元),至此我院国家社科基金重大招标项目数占全校文科院系该项目总数的3/5。2013年还获得国家社科基金一般项目、青年项目共2项,国家自然科学基金面上项目1项(研究经费50万元);国家科技支撑计划项目1项(研究经费100万元);教育部规划基金项目2项。

2. 科研队伍的持续成长性

2013年我院科研队伍持续成长,已出版和正在组织出版的专著33部。在《中国社会科学》《哲学研究》等最高级学术刊物上发表论文4篇。继去年青年教师在SSCI期刊上发表论文2篇后,今年旅游学系陈钢华博士作为第一作者和通讯作者在全球顶级旅游学术刊物Journal of Travel Research上发表论文1篇。

3. 科研成果的社会贡献性

2013年,我院科研成果的社会贡献突出表现在,樊和平教授等撰写的《中国伦理道德报告》获江苏省第十二届哲学社会科学优秀成果一等奖。该书和《中国大众意识形态报告》形成两大分析报告和两大数据库,共计200万字,在学术界和社会引起广泛关注。前中央政治局常委李长春同志批示,"提供的信息十分重要,应当高度重视,认真研究"。《人民日报》《光明日报》等多家国家主流媒体作了报道和介绍。

(人文学院 韩 锐)

艺术学院

一、学院概况

2013年,艺术学院共有学生575人,其中本科生337人、硕士生178人(含MFA学生68人)、博士生60人。学院教职工共62人,其中专任教师52人。3位教师晋升为教授,2位教师晋升为副教授,2位教授入选新一届教育部教学指导委员会成员。在教育部学位与研究生教育中心发布的学科评估结果中,我院艺术学理论学科位列全国第一,是江苏省高校在本次学科评估过程中获得的唯一的文科第一名;也是艺术学门类下属的5个一级学科中,北京之外的高校唯一排名第一的一级学科。由中国管理科学院、中国校友会等两家民间权威评估机构发布的一级学科排名中,我院艺术学理论亦被列为第一。

二、党建工作

根据学校党委的工作部署,院党总支开展了群众路线教育实践活动,活动中,严格按照校党委的要求,进行了全面动员和学习。通过座谈会、个别交流等渠道征求到师生的意见建议50多条,并归纳为15个问题。班子成员针对所分管工作和自我的工作表现对照党的纪律、中央八项规定精神以及"四风"方面存在的问题进行对照检查,并召开了院领导班子专题民主生活会,开展批评和自我批评。校党委副书记刘波同志和宣传部李冬梅同志到会指导。学院领导针对问题提出解决对策,实行"一把手"负责制,明确整改责任人,对学院的制度进行了梳理,废除了5项,新建立了3项。

2013年全年共发展学生党员52名,其中研究生10名;为39名预备党员转正;举办了两期发展对象培训班,两次各输送24名入党积极分子参加培训班;12名和28名预备党员参加了预备党员培训班。在2012—2013学年最佳党日活动评选中,艺术学院2012级、2011级研究生党支部组织的党日活动"绿色,我心中的色彩——保护生物的多样性,低碳环境主题系列活动"获得东南大学最佳党日活动三等奖。

三、学科建设与学术研究

在江苏省教育厅组织的省重点学科评估中,学院艺术学理论学科被评为"优秀",是全省被评为优秀的两个文科学科之一。

"中国艺术国际传播战略协同创新中心"于5月25日揭牌。中心由东南大学发起,协同单位有中国艺术研究院、南京大学、哈工大、湖南大学、江南大学、江苏师范大学、蓝海传媒集团、南京水晶石数字科技有限公司等。

王廷信教授当选为新一届教育部艺术学理论专业教学指导委员会委员,刘灿铭教授当选为教育部美术学专业教学指导委员会委员。

汪小洋教授"长江流域道教造像与造像记研究"被列为2012年湖南省哲学社会科学重点项目。

陶思炎教授主持的"十一五"国家社科基金艺术学项目"民俗艺术学研究"结项。

学院徐子方教授的"脉望馆钞校本古今杂剧整理与研究"、汪小洋教授的"中国墓室壁画的图像体系研究"、徐习文副教授的"宋代墓葬图像的文化与审美研究"分别在2013年国家社科基金年度项目中国文学类、宗教学类、哲学类项目中立项。郁火星副教授的"西方艺术方法论研究"获国家社科基金艺术学单列项目。

李倍雷教授的"基于艺术学理论的中国艺术史学方法研究"、甘锋副教授的"范式与突破——西方当代艺术传播理论的多维透视"、陈绘副教授的"'老字号'国货品牌形象设计创新模式研究"入选2013年度教育部人文社科规划基金项目。博士后郭文成申报的"技术时代下海德格尔生态艺术学思想谱系研究"、博士生李颖申报的"民俗艺术的传播生态研究"入选该基金的青年项目。博士后王倩进站后已经获得2013年度国家社科基金1项、中国博士后科学基金一等资助1项和1项省级课题。

张燕教授被选为第四届中国传统工艺研究会副会长。前会长华觉明先生开幕式发言题为《传统工艺研究的范本与标杆——评张燕先生著作〈髹饰录与东亚漆艺〉》,认为此书"视野宽阔,功底深厚","对学科发展有前瞻和指导意义"。此书40余万字,1 000余幅图,上、下两册计五卷,尚在出版流程之中。

学院兼职教授孙晓云当选为新一届江苏省书法家协会主席,兼职教授言恭达当选为新一届省书协艺术总监,我院刘灿铭教授当选为新一届省书协常务理事。

以王廷信教授为团队带头人的"中国传统艺术的传承与传播研究"社科团队进入拟立项建设的社科优秀创新团队名单。

许继峰老师等制作的课件"设计心理学"、陈靖雨老师等制作的课件"时装艺术鉴赏"分获江苏省高校优秀多媒体课件一类奖励和二类奖励,李倍雷教授的《中国当代艺术图像的所指》、陶思炎教授的《略论江苏的纸马艺术》分别获得江苏文艺评论奖一等奖和三等奖。王廷信教授、赵天为副教授主持的"中国戏曲艺术与名著研赏"课程改革项目获东南大学2012年度教学成果奖二等奖,凌继尧教授著述的《经济审美化研究》获教育部第六届高等学校科学研究优秀成果奖艺术学著作类二等奖,李倍雷教授、郝云讲师著述的《中西比较美术学》获得著作类三等奖,姜耕玉教授的电影剧本《河源》获首届江苏省"钟山奖"电影剧本征集活动优秀剧本提名奖,章孔畅讲师主持设计的"两膺上将国之勋臣——洪学智生平事迹陈列展览"和主持设计的"漕水转谷千年载运——楚州博物馆"分别获得全国博物馆十大陈列展览精品奖2011和2012年度优秀奖,其中"两膺上将国之勋臣——洪学智生平事迹陈列展览"还获得安徽省文化厅和文物局颁发的第二届安徽省博物馆纪念馆精品陈列精品奖,学院美术系副教授郭建平、硕士研究生方跃武以及本科生卜祥姿、陈旖旎、杜雨舟、盛业婷、肖学良、张君君等八人的作品入选江苏省高校美术作品展,其中卜祥姿同学的作品被作为优秀奖入选,学院张乾元教授的国画作品《奥斯曼军乐》选入中国美协主办的名家大展,博士生袁宙飞同学的版画作品 The Wing of Hope 入选美国波士顿北美版画双年展,博士后王倩的著作《20世纪希腊神话研究史略》获第三届中国大学出版社图书奖优秀学术著作一等奖。

学院博士后马文友、于亮、方艳、甘锋、叶海涛等承担的科研项目,列入省2013年第二批"省博士后科研资助计划"。

郭建平老师的"中国古代书画著录序跋文献整理与研究"、章孔畅老师的"南朝陵墓雕刻数字化影像研究"被省社科基金立项为一般项目,曾伟老师的"基于江苏城市化进程中的景观设计研究"被立为青年项目。在职博士生楚小庆、饶黎两位同学以所在工作单位名义申报的项目也分别获准立项。博士生张兰芳的项目"媒介演化与艺术传播"获江苏省资助,博士生韩吉安的项目"艺术创意在企业品牌塑造中的价值研究"获校资助。

姜耕玉教授《艺术辩证法》一书,入选"中国图书对外推广计划"和"中国文化著作翻译出版工程"(简称"两个工程")一般推荐项目。陶思炎教授等所著的《民俗艺术学》一书,作为已结项的国家社科基金艺术学项目的最终成果由南京出版社出版。

张燕(长北)教授著述的《传统艺术与文化传统》由福建教育出版社出版;徐子方教授著述的《明杂剧通论》由中国戏剧出版社出版;倪进教授著述的《艺术策划学》由江苏美术出版社出版,主编的教材《艺术类研究生英语教程》由东南大学出版社出版。程万里副教授著述的《汉化四神图像》由东南大学出版社出版;崔之进老师著述的《后印象派艺术的色彩研究》由东南大学出版社出版,许继峰讲师、崔天剑副教授等编著的教材《产品设计程序与方法》由东南大学出版社出版;陈绘副教授的专著《数字时代视觉传达设计研究》由东南大学出版社出版;李倍雷教授、赫云讲师联合著述的《比较艺术学》由南京大学出版社出版;赫云讲师、李倍雷教授著述的《艺术论文写作与学术规范》由南京大学出版社出版。

郑德东讲师的动态雕塑作品"Shaking hands, connecting the world"入围2013国际动态雕塑大赛(The 2013 KAO International Kinetic Art Competition Awards),成为唯一入围华人作品。国际动态艺术组织(KAO)吸纳其为会员,同时推荐为国际雕塑中心(ISC)学术会员。

研究生会邀请学院老师做系列讲座,陶思炎教授讲座题为"文化遗产的识读",李倍雷教授讲座题为"国宝春秋——中国名家书画故事",程万里讲师讲座题为"传统文化传承与发展",郑德东讲师题为"与好奇为伴,与美同行"。

《人民中国》2013年第三期刊登特辑,介绍我院博士生导师言恭达教授的艺术思想和书法作品。

学院承办了由国家文物局、中国艺术研究院、北京市委宣传部、北京市文物局、首都博物馆联盟与我校联合主办的大型主题展——20世纪文化名人的中国梦。

组织承办了"2013文化产业高层论坛暨江苏省文化产业学会年会"。

四、交流合作

我院博士生导师、中央文史馆馆员陶思炎教授在央视播出《2013我们的节日·春节——中华长歌行》节目中担任了学术嘉宾。

3月18日下午,校常务副校长胡敏强教授率社科处处长邱斌教授一行来我院调研,我院党政领导和部分教师参加了调研会。

4月9日,由江苏省人民对外友好协会、乌兹别克斯坦共和国驻上海总领事馆与我校共同主办的"乌兹别克斯坦油画展"在九龙湖校区开展。

4月17日上午,四川美术学院公共教学部主任陈德洪主任一行七人来我院访问交流。

5月3日上午,沈炯副校长率研究生院金保升院长一行来我院调研。

6月15—16日,我院凌继尧教授、徐子方教授、王廷信教授为第二届全国艺术学青年学者论坛做点评嘉宾。

6月21日下午,江苏省委常委、宣传部长王燕文率刘德海副部长、省社科联副主席徐之顺视察我院。

6月26日,《中国社会科学报》头版刊发记者郑飞、吴楠的文章《艺术学科期待高层次整合》。该文采访了我院徐子方教授、王廷信教授。

7月7日至8月2日,朱广宇、岳晓英、郑德东三位老师赴美国里海大学参加研讨课培训。

7月7日,四川大学艺术学院院长黄宗贤教授率部分成员来我院访问交流。

7月19日,王廷信院长陪同蓝海传媒集团顾宜凡董事长在我院博士后流动站水晶石工作站与水晶石公司协商中国艺术国际传播战略协同创新中心的工作。

7月23日,中国作家协会党组成员、副主席、书记处书记、全国政协委员廖奔先生来我院博士后流动站水晶石工作站指导工作。

8月2日,南京东大智能化系统有限公司、南京聚立工程技术公司在我校艺术学院设立奖教金、奖学金仪式在四牌楼校区梅庵举行。两公司共出资50万元。

9月6日,我院动画系和建筑学院合作的中法联合教学成果展于四牌楼校区前工楼一楼展厅举行。

9月11日至12日,在哈尔滨师范大学召开了由我院与哈尔滨师范大学音乐学院、上海大学影视艺术技术学院、《艺术百家》杂志社、教育部名栏工程"艺术学研究"学术委员会以及浙江理工大学中国美学与艺术理论研究中心联合主办的第九届全国艺术学学会年会暨"艺术·文化·传承"学术研讨会。

10月29日至11月1日,陶思炎教授应台湾地区中国文化大学的邀请,赴台北参加"通识领域课程如何编纂《中华文化》教科书工作坊"的研讨会。

11月8日,我院与上海市文联法规处、上海大学影视艺术技术学院、《艺术百家》杂志社共同主办的全国文艺法规学术研讨会在上海举行。

中国作家出版社李玉英女士给我院图书馆捐赠了苏国荣研究员的1487册藏书。

12月4日下午,学生处孙莉玲处长一行来我院就艺术类招生工作进行调研。

12月26日至29日朱鹮国际艺术节2013·东南大学站的活动圆满举办。

五、教学与人才培养

5月6日,我院教学工作会议在榴园宾馆隆重召开。学校副校长郑家茂教授、研究生院培养办主任袁留娣教授出席了会议。

我院辅导员李花、王琳两位老师分获东南大学第三届"辅导员职业技能大赛"二等奖和优胜奖。

动画系同学参与制作的《米粒木匠》入选文化部发布的2012年国家动漫品牌建设和保护计划。

5月14日,东南大学郭广银书记参观我院2009级美术系毕业生主题画展。

5月20日,学院举办2013届本科毕业生作品展暨推介会。

在南京市文联、南京金线金箔总厂等联合承办的"金陵五月风·龙凤杯——南京金箔应用创意设计大赛"中,我院荣获"最佳组织奖"和"指导奖";研究生翟天然同学获金奖,陈烨同学获银奖,陈欣、杨洋、聂自超等同学获铜奖;姚曼青、吴彦楠等同学获优秀奖。

6月3日,周缨老师指导的"四季情境"家具设计展在焦廷标馆二楼展厅开幕。

动画系叶飞扬、张轩慧同学的动画短片 One Day 和刘野、陈若曦同学的《这儿有人了》获得第六届全国美育成果展学生组二等奖,陈波、晁瑞、王盼盼同学的《商人的海市蜃楼》获得三等奖,丁婷、杨文河、欧莹同学的《生命线》获得优秀奖。张顺老师获得大赛优秀组织教师奖和优秀辅导教师奖。

9月9日,2010级动画班"画笔生徽"皖南写生作品展在九龙湖校区展出。

9月18日,由2010级、2011级美术学专业和2011级工业设计专业联袂举办的"婺水映青"陶艺写生汇报展在焦廷标馆二楼展厅展出。

9月22日下午,美术系在梅庵会议室顺利召开教学管理与学科建设师生座谈会,研讨了美术系的教学与科研发展的问题。

11月8日,动画系邀请南京艺德源动漫制作有限公司总裁陶陶先生参与本科教学,陶先生从事动画行业11年,参与了大量国内外动画大片的创作。

六、学生活动

我院2012届毕业生戴卓响应国家的号召毕业后赴延安支教,在冯庄中学担任美术老师。院党总支、团委以及党支部组织募捐,同学们总共捐款1600多元,捐献衣物数百件,并陆续寄达冯庄中学。其中本科生党员蔡萍和入党积极分子赵法瑞自发捐出自己的奖学金,购买了2 000元的文具,寄送给冯庄中学。

我院大三年级贾卜宇、沈婷分别向艺术学院爱心基金捐款2 000元,用以帮助我院经济困难的同学。

我院大二年级张子捷等同学的"咆哮香蕉文化创意设计"创业项目获国家创新创业项目立项并获得10万元经费资助。

5月19日，我院学生研一、研二党支部和240101团支部，与江苏省中国科学院植物研究所在南京中山植物园开展了以"保护生物多样性，低碳环保绿色家"为主题的系列活动。中央电视台、江苏卫视、南京电视台等相关主流媒体对本次活动做了全程报道。

5月28日，由我院学生会、研究生会和东南大学老干部处、东南大学关工委、江苏省书画研究会东南分会主办的"艺术·东大·人生"画展在焦廷标馆展出。

我院研究生王春同学，代表东南大学在2013年全国大学生跆拳道锦标赛上获得女子甲组53公斤级别实战亚军，以及个人品势第三名。

我院大一年级朱碧莹同学的《南京高校气质漫画版》漫画获得广泛关注，并被《光明日报》报道（2013年7月11日第六版）。

9月9日，我院召开第七届学生代表大会，周蔚同学被选为主席。

9月11日，我院研究生会召开换届选举大会，戴卓同学被选为主席。

10月16日，学院2013级研究生新生素质拓展活动在橘园运动场隆重举行，全体研究生新生52人参加。

10月20日，由我院和经济管理学院共同组织的学院体育运动会在九龙湖橘园操场进行。

11月3日，我院2012级工业设计班被评为2013年度江苏省高校先进班集体。

11月13日，2013级研究生党支部举办了主题为"关心西部教育发展，传承西部支教精神"的党日活动。活动邀请了姜军、储光和颉宇川三位分享他们的支教经历。

11月27日，2013年学院第六届艺术文化节"我们艺起去夜市"广场活动在大学生活动中心广场隆重举行。

11月29日，"孟非奖助学基金"颁奖仪式在四牌楼校区春晖堂举行，我院朱艺、周倩获"孟非奖助学基金"奖励并向孟非赠送设计作品。

11月，我院本科生张子捷、葛臣、何霖等同学的创业项目在东南大学科技园、校团委、南京紫金创投联合举办的创业竞赛中获奖，并获得南京紫金创投15万元的风险投资。

12月14日下午，戴卓、黄丹妮、费婧苗、曾馨、彭乙建、胡沁心、陈思、陈烨、张子捷组成的艺术学院代表队在东南大学第五届研究生辩论赛总决赛中进入四强。

12月20日，2014年"艺术之夜"新年晚会暨第七届艺术文化节闭幕式在焦廷标馆隆重举行。

12月24日，梅庵学会联合硕博党支部组织同学来到南京市博物院，进行以"创先争优、承扬党魂、观古系今、博览群物"为主题的参观活动。

法 学 院

一、人才培养

（一）教学任务

1. 教学工作量：本学年度学院共开设各类本科生课程62门，其中双语课8门（包括国际公法学、海商法学、国际经济法学、国际投资法学、英美法律制度、外国刑法学、国际私法学、国际贸易法学)、专题研讨课 7 门、新生研讨课 3 门,面向全校开设的通识课程 6 门,Seminar 课程 7 门。本学年度学院共开设各类研究生课程 86 门。圆满地完成了全年教学任务。

2. 教授上核心课程情况:法学院共有教授 11 人,除 1 人因到镇江市中级人民法院挂职 1 年外,10 名教授分别为本科生上新生研讨课、专业基础课、专业主干课和专题研讨课,11 人全部为研究生上专业课。教授上核心课程比例高。

(二) 教学成果

1. "复合型、应用型法律人才培养的创新与实践"成果分别被评为东南大学一等奖和江苏省优秀教学成果二等奖,实现了法学院该类获奖上零的突破。

2. 《刑法学》获江苏省"十二五"规划教材立项(刘艳红教授主编)。

3. 周佑勇教授牵头主讲的"行政法学"省级精品课程及其配套资源、刘艳红教授牵头主讲的"刑法学"省级成人精品课程及其配套资源实现资源共享。

(三) 教学改革

1. 积极探索实施"卓越法律人才教育培养计划",认真组织修订 2013 级本科人才培养方案,培养方案中单设"工程法方向实验班",进一步夯实了建设国家卓越法律人才基地的条件和基础。

2. 与江苏省高级人民法院、江苏省检察院等单位签署的"全面战略合作协议"进入具体实施阶段,为落实"双千计划",派出龚向和教授、李煜兴副教授和欧阳本祺副教授、黄喆副教授分别到镇江市中级人民法院、江都检察院和秦淮检察院挂职副院长、副检察长。接受南京市中级人民法院民五庭副庭长杭鸣、江苏省检察院研究室副主任桂万先到我院挂职任教。进一步建立"学校—实践部门共同培养"新模式。

3. 我院 2013 年开设两个"老年人权益保护"法律赋能诊所,41 名大三、大二学生在法律诊所接受了系统法律实务训练("法律诊所"是一种以学生为中心,以参与为主要特征的新型教学模式,在教师的指导下,学生走出教室,接触社会现实,运用所学为社会提供法律服务,并在这个过程中培养自己的知识、能力和公众服务意识)。

4. 2013 年校级教学改革与研究立项 4 项,其中重点项目 1 项(李川副教授:情境式双语案例研讨的法律英语教学模式和课程建设研究)。

(四) 教学质量

1. 学生公共考试通过率

国家英语四六级考试情况:本年度我院本科生四级考试通过率为 73.33%;六级通过率为 55.26%(目前我院 2010 级本科生四级通过率已达到 86.00%、2011 级本科生四级通过率已达到 85.20%;2010 级本科生六级通过率已达到 57.90%、2011 级本科生六级通过率为 53.70%)。

国家司法考试情况:本年度我院共有 60 名同学通过国家司法考试,硕士研究生 44 人,本科生为 16 人,通过率分别为 41.51% 和 42.11%(全国司法考试通过率约为 15%)。

2. 学生出国(境)交流情况

本年度我院派出 10 名本科生赴台湾地区政治大学交流学习。

二、学科建设

(一) 学科情况

在教育部2012年第三轮法学一级学科评估中,本院法学一级学科在本轮评估参评的86所高校中整体水平排名第29位,与2009年第二轮学科评估相比,"位次百分位"从61.7%提升到33.7%,实际增长36个百分点;在具有硕士授权的51所高校中位列第1名。

(二) 平台建设

1. 博士点、硕士点数

拥有1个法学一级学科硕士点(设8个研究方向,即法理学、宪法学和行政法学、民商法学、刑法学、诉讼法学、国际法学、工程法学和医事法学)、1个法律专业学位硕士点,并独立招收"马克思主义理论"专业博士生。

2. 省级以上基地、中心数

本年度获批一个省级人才培养基地,即由法学院牵头申报的"东南大学—南京地铁集团有限公司"工程法中心获批"江苏省人文社科研究生工作站"。

积极参与"2011计划",与南京师范大学、苏州大学、扬州大学、江苏省社科院等单位共同设立"区域法治发展协同创新中心";同时,加入由土木工程学院牵头组建的"新型建筑工业化协同创新中心"。

(三) 研究生培养

1. 本年度研究生赴境外交流的人数为10人。
2. 研究生学位论文抽查情况:我院两篇硕士研究生学位论文被抽检,结果均为良好。
3. 本年度获校级优秀硕士论文、省级优秀硕士论文各1篇;获江苏省"高校研究生科研创新计划"资助项目2项。

三、科学研究

(一) 科研项目情况

本年度我院各类科研项目再次获得重大突破:共获得各类科研项目25项,其中,国家社科基金项目3项,省部级项目5项,厅局级项目12项,国际合作项目2项,横向项目3项,经费总额达346万元。

(二) 学术论文情况

本年度我院被CSSCI收录的论文数53篇。其中本学科一级最高刊物《中国法学》《法学研究》收录共7篇。

(三) 科研成果

本年度我院获得各类科研奖励10余项。其中,获得1项国内人文社科最高奖——教育部人文社科优秀成果奖一等奖,即刘艳红教授的专著《实质刑法观》获得教育部第六届高等学校科学研究优秀成果奖(人文社会科学)法学著作类一等奖,这是我院取得的一项重大标志性成绩,也是我校人文社科获得的最高奖励。此外,胡朝阳教授的"社会组织登记管理法律制度研究"获评国家民政部部级课题研究成果奖一等奖,青年教师宋亚辉的"经济政策对法院裁判思路的影响研究"获得2013年第八届中国法学青年论坛一等奖。

本年度还出版专著 10 本。

四、师资队伍建设

(一) 高层次人才

近三年(2011—2013 年)我院入选各类人才计划情况：享受国务院政府特殊津贴专家 1 人(2012 年)、"全国十大杰出青年法学家"1 人(2011 年)、教育部"新世纪优秀人才支持计划"2 人(2011 年、2013 年)、江苏省"333 工程"中青年科技领军人才 2 人(2011 年、2013 年)、江苏省"333 工程"中青年科学技术带头人 1 人(2013 年)、江苏省"五个一批人才"1 人(2011 年)、江苏省高校"大学生最喜爱的教师"1 人(2011 年)、江苏省十大优秀青年法学家 1 人(2013 年)。

(二) 人员结构现状

学院现有专任教师 44 人，其中教授 12 人(1 人退休)、副教授 20 人，高级专业技术职务占教师占比 73%，45 岁以下教师占比 74%，教师博士占比 96%(今年又有 3 人通过答辩获得博士学位，目前学院只有 2 人尚未获得博士学位)。海外博士学位教师 6 人，占教师人数的 13.64%。

聘请日本专家 1 人、台湾地区专家 3 人担任客座兼职教授。聘请 49 位法律实务部门工作的人员担任兼职硕士生导师。

(三) 教师培养

1. 省级以上各类人才数

共 20 余人次：享受国务院政府特殊津贴专家 1 人，"百千万人才工程"国家级人才 1 人，"全国十大杰出青年法学家"1 人，教育部法学类教学指导委员会委员 1 人，教育部"新世纪优秀人才支持计划"5 人，全国优秀教师 1 人，江苏省"333 工程"二层次人才 2 人、三层次人才 1 人，省"五个一批"人才 1 人，省有突出贡献中青年专家 1 人，"省十大优秀青年法学家"3 人及提名奖 2 人，省级教学名师 1 人，江苏省"青蓝工程"优秀青年骨干教师 1 人。

2. 加强青年教师的培养

通过青年教师座谈会和学术沙龙等活动认真与青年教师进行教学科研经验交流、组织首开课培训和青年教师授课竞赛、组织参加英文(双语)教学研讨与培训等方式促进青年教师成长，40 岁以下的青年教师 1 人入选教育部"新世纪优秀人才支持计划"，1 人获得德国洪堡基金学者，1 人入选江苏省"青蓝工程"优秀青年骨干教师培养对象，2 人入选东南大学优秀青年教师科研资助计划，5 人获得学校教学奖励。

3. 具有 6 个月以上海外研修经历者占教师比：36.4%。

五、学生教育管理

(一) 学生培养

1. 学生就业率、就业质量

2013 届本科毕业生共计 44 人，就业率为 97.72%，其中有 20 人升学，分别去往武汉大学、南京大学、东南大学、华东政法大学、华东理工大学、伦敦大学及台湾地区政治大学；

23人就业,就业去向为各基层法院、律师事务所、银行、地产集团等。2013届硕士毕业生共计77人,就业率为97.40%,其中2人升学攻读博士学位,73人就业,就业去向为各级人民法院、其他国家公务员系列、知名高校、企业法务部门等,专业对口,就业质量高。

2. 大学生参与科研和社会实践情况

在2013年,各级本科生积极参与课外研学,其中院系级SRTP项目4项,校级SRTP项目4项,基于教师的SRTP项目3项,省级创新型科研项目5项,国家级创新型科研项目7项。此外,学生们积极开展社会实践活动,其中以陈迪颖同学为组长的暑期社会实践小分队获得"东南大学暑期实践二等奖"荣誉称号。研究生学术氛围浓厚,积极进行学术研究,共组织校内公法论坛10期,工程法论坛5期,有12人次的同学参与到导师的科研项目中,8人次参加省级以上学术研讨会、学术论坛,40多人次参加多类型的专业实践活动,获得"校庆研究生学生报告会优秀论文"5篇,极大地提升了同学们的科研水平、专业素质和实践能力。同时,以法学专业同学为主体成立了"东南大学大学生法律援助中心",通过接受法律咨询、进行法制宣传、完成代理诉讼等活动进一步实现锻炼自己、服务学校、贡献社会、履行法律人职责的目的。

(二) 学生奖惩

1. 省级以上学生或学生集体获奖情况

我院2010级硕士研究生崔荣生同学获得了"江苏省优秀学生干部"荣誉称号;2011级硕士研究生莫静同学获得全国行政法学界最高奖"应松年行政法学奖学金";2010级本科生金雅同学在由江苏省法学会、江苏省教育厅主办的第七届"律苑星辉"法律人风采大赛决赛中获得冠军;2013级本科生吴博伦同学代表我校参加第十三届全国大学生游泳锦标赛,荣获50米自由泳男子甲组第八名、50米仰泳男子甲组第八名。

获得东南大学三好学生16人、东南大学优秀学生干部2人、东南大学三好学生标兵1人、国家奖学金3人、国家励志奖学金8人、东南大学校长奖学金1人,250121班获评东南大学先进班集体。获得东南大学"三好研究生"14人,"研究生优秀干部"7人,"研究生单项奖"7人,"先进班集体"1个,"研究生国家奖学金"7人,"研究生优秀毕业生"7人,"优秀研究生共产党员"7人。

本科生还获得东南大学大学生英语竞赛暨2013全国大学生英语竞赛初赛校级二等奖、东南大学心理协会征文优秀奖、东南大学英语阅读竞赛一等奖、东南大学英语听力竞赛三等奖、全国大学生英语竞赛非专业组校级三等奖、东南大学第三届本科生创新体验竞赛二等奖三等奖等奖项。

2. 学生违纪率

2013年,学生在学院领导老师的教育和关怀下,及时修正行为,遵纪守法,遵守校纪校规,无违纪情况,违纪率为0。

(三) 学生管理

1. 学生突发事件有预案,处理有效,无重大安全责任事故

针对学生突发事件的处理,做好辅导员第一时间了解事件,直接汇报院分管学生工作

的副书记,根据实际情况汇报学校相关领导部门,针对不同的事件采取对应的处理方法,目前无重大安全责任事故,学生突发事件处理及时有效。

2. 学生各类评奖评优资助公平公正,无投诉

学生的各类评奖评优严格按照学校和院系的相关条例进行,通过公告栏、学院网站、短信平台等多渠道及时向学生发布评奖评优相关信息,明确各项基本要求,严格审查学生的各项材料,综合各项条件进行评比,最终评选结果向学生及时公布,保证公平性和公正性,目前无投诉。

3. 特殊类型学生帮扶措施与成效

针对学院的各少数民族学生的困难,尤其是家庭的经济困难,学院老师及时了解学生的情况,根据学生的实际经济情况进行助学金的评审和发放,其中2013年国家助学金关涉维吾尔族、藏族、哈萨克族等24位学生,共计国家助学金一等7人、二等16人、三等1人,"孟非奖助学金"1人,招商银行"一卡通"助学金1人。另外,学院根据学生的突发困难进行相应的临时困难补助和支持,借款帮助急需缴纳学费的困难学生缴清学费,切实帮助少数民族学生解决了实际经济困难,为其学习生活提供便利,得到学生们的肯定和信任。

六、综合管理

(一) 领导班子建设

学院领导班子政治立场坚定,自觉执行党的路线、方针、政策,遵守党的政治纪律,在思想上、行动上始终与党中央保持一致。班子成员能够坚持党性原则,以身作则,真抓实干,分工协助,密切配合,形成"讲正气、讲团结、讲奉献"的工作作风。积极参加党的群众路线教育实践活动,认真征求意见查摆问题,深刻剖析存在问题的原因,并提出切实可行的整改措施。

(二) 党风廉政建设

学院领导班子在学院重大问题和重大决策上,坚持民主集中制,坚决执行"三重一大"决策制度,规范重大事项决策机制和程序,完成"三重一大"制度实施情况自查和科研经费使用情况自查,符合规范,无违规行为。班子成员能认真履行党风廉政建设责任,遵守党纪国法和领导干部廉洁从业若干规定,廉洁自律。对科研经费的管理落实有效,班子成员威信高,没有信访和任何违法违规行为。

(三) 管理服务情况

学院师生对班子及其管理服务人员的满意度高,在年终考核测评上,除1人以外,均被评价为优秀。

学院的财物管理规范有序,财务报销实行严格的三级审批制度。严格控制办公经费使用,科学安排教学、科研、学生经费使用,强化落实群众监督机制,每年向全院教职工报告学院经费使用情况,自觉接受群众监督。学院没有小金库。

七、其他特色亮点

1. 学科交叉集成,特色发展。积极探索法学与理工医强势学科的交叉融合与集成创

新发展,先后建立了"医事法学""工程法学""交通法学"等特色交叉学科方向。本年度,为积极推进工程法学等特色学科发展,与土木工程学院签署战略合作协议,合作共建工程法学学科;经江苏省法学会批准,依托我院成立了"江苏省法学会工程法学研究会",由周佑勇担任会长,极大地提升了我院工程法学研究在全省乃至全国的影响力。此外,周佑勇作为首席专家所承担的国家社科基金跨学科重大项目"现代城市交通发展的制度平台与法律保障机制研究",涉及法学、交通、城市规划、土木工程等多学科的深度整合,开创了"跨学科研究、交叉学科建设与复合型人才培养模式"三位一体的创新平台。我院牵头的"东南大学交通法治与发展研究中心"作为"江苏省交通运输行业政策与法规重点研究基地"开展了多项有影响的活动,发挥了基地作为科学研究、政策研究、立法建议、社会服务等平台的作用。

2. 科学研究的新突破。本年度首次获得1项国内人文社科最高奖——教育部人文社科优秀成果奖一等奖,这是我校历史上第一次获此奖项,也是整个江苏省法学界历史上第一次获得此奖项。此外,本年度我院还首次获得3项国家社科基金项目,首次独立获得1项省级教学成果奖、1个省级人才培养基地,等等。

3. 服务社会的新贡献。先后参与立法起草、论证与决策咨询20余项,接受各类法制培训与宣传以及兼职提供校内外法律服务与重大公益活动数10次。其中,周佑勇、刘艳红受聘担任江苏省十二届人大常委会立法咨询专家组副组长、成员,龚向和兼任南京市人大常委会立法咨询专家,参与多部法规的起草、论证工作;周佑勇兼任江苏省法学会副会长、港商协会副会长及专家团团长、港澳台法律研究会会长等,为全省法学会工作及江苏省政府港澳台实务提供决策咨询服务;刘艳红、施建辉等兼任江苏省人民检察院及南京市、常州市等地法院、检察院专家咨询委员,多次参与重大案件咨询。周佑勇作为"百名法学家百场报告会"报告团成员、南京市普法讲师团成员,先后为各级政府、司法部门进行法制讲座10余次。施建辉教授兼任东南大学法制办副主任,牵头法学院有关教师承担学校所有涉法事务,为学校各项事业的发展提供了良好的法制环境。此外,多位教师分别在镇江市中级人民法院、江都检察院和秦淮检察院挂职副院长、副检察长,或兼职担任律师、仲裁员、人民法院陪审员、人民检察院监督员等。

(法学院 张 宁)

经济管理学院

经管学院现有在职教职工138人,专任教师116人,其中教授31人,副教授53人,讲师32人;博士生导师36人,硕士生导师78人。82名教师具有博士学位,占教师总数的71%。这支队伍中有教育部(跨)"新世纪优秀人才"9人(仲伟俊、王文平、刘新旺、邱斌、舒嘉、何勇、李敏、陈志斌、李四杰),教育部高等学校专业教学指导委员会委员6人(徐康宁、赵林度、仲伟俊、周勤、张玉林、刘晓星),副主任委员2人(徐康宁、赵林度),东南大学特聘教授3人(徐康宁、邱斌、仲伟俊),东南大学青年特聘教授1人(舒嘉),江苏省突出贡献中青年专家1人(仲伟俊),江苏省第四期"333工程"第三层次优秀人才2人(邱斌、陈淑梅),江苏省"青蓝工程"培养对象4人(李庆华、周勤、刘晓星、李敏),"六大人才高峰"入选1人(赵林度)。

一、党委工作

1. 深入开展党的群众路线教育实践活动。在学习教育、征求意见环节,积极动员部署,组织理论学习和思想教育,深入调查研究,面向师生广泛征集意见。在查摆问题、开展批评环节,围绕为民务实清廉要求,采取多种形式,认真检查领导班子及成员在"四风"方面存在的问题,开展批评与自我批评,撰写对照检查材料,深刻剖析存在的突出问题以及产生问题的原因,明确今后的努力方向和改进措施。认真组织召开了领导班子专题民主生活会和民主生活会情况通报会。在整改落实、建章立制环节,制定整改方案,进行集中整治,梳理和完善规章制度,建立健全制度,着力解决师生反映强烈的突出问题。

2. 深入学习贯彻党的十八大精神,加强反腐倡廉建设。组织全院党员和领导干部认真学习党的十八大报告和新修改的党章,在师生员工中开展"中国梦"的宣传教育和学习讨论活动,激励全院师生员工以实际行动贯彻落实党的十八大精神。深化反腐倡廉教育和校园廉政文化建设。学院中心组成员认真参加了十八大精神专题培训班的学习,全面接受了党的政治纪律的教育。年底认真召开领导班子民主生活会,班子成员实事求是剖析工作中取得的成绩和不足之处。同时领导班子和成员认真总结廉政工作,如实报告个人重大事项。

3. 加强党建和党员教育工作。积极稳妥推进党员的发展工作。全年,新增512名学生递交了入党申请书,259名学生被确立为发展对象并参加了党校学习,发展入党积极分子183人,213名预备党员参加了预备党员培训班的学习。做好党员组织关系接转工作,共转进党员127名,转出党员283名。完成党内统计报表的上报工作,梳理全院师生党员名册。同时积极做好党员的教育工作,注意充分发挥党员骨干教师在教学、科研等各项工作中的模范带头作用和教书育人、科研育人作用。在2012—2013学年最佳党日活动评比中,学院荣获学校一等奖、二等奖和三等奖各1项,荣获江苏省教育工委最佳党日活动优胜奖1项。

顺利完成了党支部换届工作。换届后,学院共有50个党支部,其中教工党支部11个(含退休党支部1个)、本科生党支部11个、研究生党支部28个。

4. 积极开展关心下一代工作委员会工作。派学院关心下一代工作委员会成员林琼到江苏大学参观学习,借鉴兄弟院校的有益经验来推动学院关心下一代工作委员会的工作。组织经济管理学院关心下一代工作委员会成员、离退休教授们和学生党员举办青年学生科学素质教育座谈会。此次活动进一步推动了我院常态化关心下一代工作的开展。

二、学科建设

在第三轮全国学科评估中,学院的管理科学与工程学科取得了很好的成绩,排名上升了2位,居全国第13位,在江苏位居第一。学院以此为契机,认真总结学科建设中的经验和存在的问题,加强学科发展的宏观规划和布局,明确下一步的发展任务,把握学科发展的全局,逐步形成良好的学科发展生态,继续保持争先进位的良好态势。全面完成"985"

三期建设任务,以优秀成绩通过专家验收。学院各学科发展的协调性有明显进展,部分薄弱学科呈现加快发展态势。以"提高研究生培养质量,促进高水平科研工作"为主题,学院召开了发展战略暑期研讨会,王保平副校长应邀参会并介绍了相关政策,与会代表积极研讨,充分交流,献计献策。

三、科研工作

1. 科研项目喜获丰收,经费继续稳步增长。赵林度教授获得国家自然科学基金重大项目立项(联合)。一年来,全院共承担科研项目103项,其中国家级项目25项(含国家自然科学基金项目10项、国家社会科学基金项目1项,教育部人文社科基金项目5项),省、市级项目49项。全年科研经费到款额1158万元。

2. 教师发表高水平学术论文成绩突出。为鼓励高水平学术成果的产出,学院出台并正式实施突出成果奖励计划。一年来,学院教师发表学术论文169篇,其中在国内本学科最高级刊物上发表论文22篇,在国际学术刊物上发表论文46篇;出版学术专著和教材10本。学院教师学术水平进一步获得了国内外学术同行的认可。

3. 科研交流保持常态化。认真执行Seminar制度。全年开讲经管学术论坛89期。摸索高级专家系列讲座,组织经管系列讲座2期。学院学术交流的氛围愈加浓厚,全院师生收获颇丰。

四、研究生工作

1. 研究生招生工作。全年招收博士生38人、学术型和专业型硕士178人、工商管理硕士124人、工程硕士45人。

2. 研究生培养工作

(1) 完成了2013年建设高水平大学公派研究生项目,国家公派留学生5人,均为联合培养博士研究生。

(2) 全英文授课国际贸易硕士项目,继续稳定发展,已连续招收6届学生,教学有序,管理规范。全年招收来自世界各国的留学生16名,13名留学生如期顺利毕业。

(3) 研究生培养成果显著。学院获评2013年度江苏省优秀硕士论文、校级优秀博士论文及硕士论文各1篇。据不完全统计,学院研究生发表SSCI检索论文23篇、SCI检索论文35篇、EI检索论文61篇。何建敏教授指导的研究生获全国优秀博士论文提名。全年开设博士生课程32门、硕士生课程153门,获得学校资助双语教学课程2门。研究生积极参与高层次科研项目的研究,获得省普通高校研究生科研创新计划项目6项、普通高校研究生科研创新计划项目(立项)3项、研究生教育教学改革研究与实践课题1项。获批2013年度江苏省企业研究生工作站3个。新增博导3名、硕导3名。

3. 研究生学位授予情况。2013年共有478人获得学位,其中22人取得博士学位,456名学生获得硕士学位(其中学历硕士205人、MBA151人、工程硕士48人,在职工商管理单证硕士52人)。

五、师资队伍建设

1. 人才引进工作。一年来,学院引进了5名优秀青年博士,其中2名来自海外。聘任7名国内知名专家学者为兼职教授,师资队伍实力进一步增强。

2. 人才工程建设。李四杰副教授入选教育部新世纪优秀人才支持计划,陈淑梅教授被增选为江苏省第四期"333工程"第三层次培养对象。在新一轮的申报中,仲伟俊教授入选东南大学特聘教授。鼓励青年教师申报学校优秀青年教师教学科研资助计划,刘修岩老师获得了资助。

3. 职称评审和专业技术岗、管理岗聘用的增补工作。经过评审,吴斌晋升为教授;符小玲、何玉梅、李守伟晋升为副高;冯伟、浦正宁、顾欣认定为讲师。顺利完成新一轮专业技术岗位和管理岗位的聘用增补工作。王云、朱殿明分别晋级为六、七级职员。

4. 博士后工作。我院已有管理科学与工程、应用经济学两个博士后科研流动站。一年来,新增博士后9名,在站博士后人数达到17人。成为学院科研工作的重要补充力量。

六、教学工作

1. 教学任务。顺利完成2013级本科专业(9+1)个教学计划的修订,研讨课程、全英文及双语课程明显增多;排课轮次增加。顺利完成2013届316名毕业生的毕业设计、2012级351名大类学生的专业分流、2010级的推免研工作。

2. 教学成果。获得省级教学成果一等奖1项,校级教学成果一等奖2项、二等奖1项。其中徐康宁等"基于中国情境理念的经管专业国际留学生培养模式的创建与实践"获得省级教学成果一等奖和校级教学成果奖一等奖;赵林度等"基于教学改革实践的'研中学'高层次物流人才培养模式探索"获得校级教学成果奖一等奖。

工商管理专业作为江苏省"十二五"重点专业类建设项目,逐项任务推进落实,稳步前行。学院李东教授的"管理学——解剖组织成长与揭示前沿趋势"被评为国家级精品视频公开课。

3. 教学质量。教育教学水平稳步提升,受学生、学校好评。徐康宁教授、王海燕教授获得校2013年学校奖教金一等奖,蒋安珩等三位老师获得二等奖。全年有26名本科生出国出境交流。

4. 六名教授入选教育部高等学校新一届专业教学指导委员会委员。徐康宁、赵林度、仲伟俊、周勤、张玉林、刘晓星等6名教授当选教育部高等学校新一届专业教学指导委员会委员,其中徐康宁教授、赵林度教授分别担任相应教学指导委员会的副主任委员。这是我院历史上入选全国教学指导委员会成员最多的一次,涵盖经济、管理等6个专业类。同时成功组织了2013年全国经济与贸易类专业教学指导委员会主任委员工作会议。

5. 教改主动积极,获批项目推进扎实、进展顺利。王文武、陈淑梅获批1项省级教改项目;全年学院申报24项校级教改课题,获批重中之重项目2项,重点项目1项,一般项目6项,另有10多项获得校培育项目;新批国创项目5项,省创项目4项,基于教师科研的项目4项,SRTP一般项目168项。

七、MBA 稳步发展，EMBA 培养初见成效

MBA 生源充足，报名人数呈稳步增长的态势，生源质量好。2013 年是上线淘汰率最高的一年，最终录取了 124 人。加强任课教师教学效果测评工作，严格教学管理工作，教学质量继续提升。全年有 148 位同学通过了 MBA 论文答辩，获得了工商管理硕士学位。通过组织 MBA 学员到 LG 南京公司、徐庄软件园、东风悦达起亚等企业参观学习，邀请知名企业家来校举办 8 次讲座，开设一些技能性选修课程等方式加强实践性环节教学。MBA 品牌声誉进一步提升，社会影响进一步扩大。

从招收学员生源情况看，学院 EMBA 的培养层次较高，许多学员为著名大企业的董事长、总经理等企业家。截至 2013 年年底，EMBA 有 7 个班，共 270 余名学员。学院立足高起点、高水准，按照"使成功者更加成功"的宗旨，制定了科学严谨的培养方案，延聘国内外高水平的师资，密切结合江苏社会经济发展的现实，通过组织丰富多彩的教学和实践活动，为学员提供了学习与交流的平台。2009 级、2010 级部分学员已完成学位论文预答辩、答辩，2011 级已进入论文撰写阶段。截至 2013 年年底共有 55 位同学提交的学位申请已顺利通过学校学术委员会的讨论，获得硕士学位。目前已与省中小企业局、国网集团、华东有色、南京市工商银行、南京证券等多家单位达成培养协议，2012 年与马鞍山科达机电公司达成的人才培养合作项目即将完成，近期与光一科技初步达成了人才培养合作意向。

八、国际交流工作

多方位、多层次地推进国际化。越来越多的系开始涉足国际化，有明显进展。稳步推进全英文教学的本科专业改革试点，相关工作进展顺利，效果良好。与澳大利亚皇家理工大学顺利签署了合作交流协议，开展双学位合作项目。与法国雷恩大学、Fordham 的 3+1+1 合作项目等顺利实施。

全英文授课国际贸易硕士项目，继续稳定发展，已连续招收 6 届学生，生源稳定，教学有序，管理规范。来自美国、法国的教授已来学院开展研究生全英文教学。继续推进与莫纳什大学联合培养研究生（国际商务专业），录取新生 33 名。国际学术交流与合作越来越频繁。以学术交流与合作为目的的外事接待几乎每周都有。成功举办了第九届亚太国际贸易学术年会并产生重要影响，协助学校举办首届江苏国际智库论坛，效果良好。

MBA 国际化交流和合作取得了突破性进展。8 位 MBA 同学赴 Fordham University 攻读国际金融硕士学位，均已学成归来；20 位 MBA 同学赴香港进行为期 5 天的参观考察、交流学习，进一步拓宽了国际视野；组织 EMBA 学员至欧洲游学，参观了大众公司以及多家中小企业，学员收获颇丰。

一批青年教师从海外学成归来，对拓展视野、迅速与国际接轨、提高学术水平很有帮助。学院每年以联合培养博士研究生的方式定期派出优秀学生。

九、学生工作

规范学生管理，提高服务质量。组织全体学生参与成长推进计划，指导其围绕职业生

涯规划开展自我教育和管理。开展特色文化活动,积极推进素质拓展。组织读书交流、专业、创业、实践等在内的"先锋"经济管理基础素质系列项目训练,指导学生开展职业生涯规划,积极进行就业指导服务。2013届本科毕业生296人,硕士博士毕业生177人,毕业生实际就业率100%,人均签约机会达到2.16。其中本科67人国内升学,46人出国到哥伦比亚大学、伦敦经济学院等38所世界名校深造。获评优秀毕业生35人、"东南大学最佳影响力毕业生"(并列第一)1人。毕业生就业质量高,在世界著名企业和国家机关就业比例39.93%;在国有企业、国家事业单位、部队、国家机关等就业占57.8%;到西部基层就业17人。用人单位对毕业生的认可度高,来学院招聘的单位数量一直在增加,长期固定单位达到30多家。毕业生对工作岗位的满意度高。

(经济管理学院 王 云)

电气工程学院

电气工程学院的历史最早可以追溯到1923年成立的国立东南大学电机工程系,历经国立中央大学电机工程系、国立南京大学电机工程系、南京工学院电力工程系、南京工学院动力工程系、南京工学院电气工程系、东南大学电气工程系等发展时期,2006年9月正式成立电气工程学院。至2013年已走过90年的办学历程。

学院设有电力工程系、电机与控制系、电力电子技术系3个系。设有"国家级工程实践教育中心""伺服控制技术教育部工程研究中心""江苏省智能电网技术与装备重点实验室""江苏省电力工程实验中心""江苏省伺服控制技术工程研究中心"等5个省部级重点实验室(中心)。

学院设有电气工程一级学科博士学位授权点和博士后流动站,设有电机与电器、电力系统及其自动化、高电压与绝缘技术、电力电子与电力传动、电工理论及新技术等二级学科。其中,电气工程一级学科为江苏省一级学科重点学科和江苏省一级学科国家重点学科培育建设点,电机与电器和电力系统及其自动化两个二级学科为江苏省"十一五"重点学科,自主设立的新能源发电和利用学科为江苏省优势学科。电气工程及其自动化本科专业为江苏省高等学校品牌专业,2006年首个通过教育部工程教育专业认证的专业,2008年被评为国家级特色专业建设点,2011年教育部首批卓越工程师教育培养计划入选专业,2012年入选江苏省高校重点专业类。

一、党委和行政工作

1. 深入开展党的群众路线教育实践活动

学院党委通过组织专题学习、开门听取意见,查摆问题,深入剖析,认真开好专题民主生活会,并做好反馈通报。对征求意见汇总情况进行反复梳理,形成11类73条意见和10条建议,并进行分析评议,制定整改方案,提出解决对策。

2. 召开"东南大学电气工程学院第十一次发展战略研讨会"

研讨会于7月10日在校内举行,主要议题有:电气工程学科发展建设、办学90周年纪念活动筹备工作等。

3. 加强宣传工作

利用举办办学 90 周年纪念活动的契机,开通院庆网站,制作院庆主题视频、展板,整理和出版《东南大学电气工程学院办学 90 周年纪念画册》、东南大学电气工程学院办学 90 周年纪念文集——《电缘》。进一步完善学院中文网站,外塑学院形象;建设英文网站,以适应国际交流的需要。

4. 设立东南大学电气工程学院发展基金

为进一步拓展办学资源,推动电气工程学科建设,应广大校友倡议并经研究,学院于 6 月起设立"东南大学电气工程学院发展基金"。截至年底,共募集资金 440 余万元。

5. 隆重举办"电气工程学院办学 90 周年纪念活动"

10 月 6 日上午,在四牌楼校区大礼堂举行"电气工程学院办学 90 周年纪念大会",东南大学党委书记郭广银、中外 4 位院士、兄弟高校领导及同类院系代表、企事业及校友师生代表,在学院设奖或向"电气工程学院发展基金"捐赠的单位、团体和个人代表等千余人汇聚一堂,共庆东南大学电气工程学院办学 90 周年。当天下午,英国皇家工程院前副院长、皇家工程院院士、英国伯明翰大学副校长理查德·威廉教授,中国工程院院士、东大校友薛禹胜在院士论坛上分别就液态空气、创新思维开展专题讲座,校友代表也齐聚校友论坛进行交流。此前,在校友的联络和协助下,10 月 5 日东南大学与英国伯明翰大学签订了合作备忘录。

6. 制定《电气工程学院奖励性岗位绩效津贴分配暂行方案》

该方案遵循按劳分配、优劳优酬、绩效优先、兼顾公平的基本原则,对专任教师、实验技术人员、管理人员等实行分类考核并根据考核结果按档级分配奖励性岗位绩效津贴,有助于建立健全院内收入分配激励机制。方案于 2013 年 1 月顺利实施。

7. 加强安全保卫和治安综合治理工作,大力整治动力楼内部及周边环境。学院获东南大学 2013 年度综合治理先进单位。

二、学科建设与科研工作

1. 平台建设

在学校 2013 年新建的 12 个校企联合研发中心中,学院承担了 2 个。新建立 3 个国(境)外联合机构,分别是:"东南大学—西门子电力自动化有限公司卓越工程师联合培养基地""东南大学—美国国家仪器公司卓越工程师联合培养基地""东南大学—ANSYS 公司电机技术联合仿真实验室"。

2. 研究生培养

获 2012 年度全国优秀博士论文提名奖 1 篇;获 2013 年度江苏省省级优秀博士论文、优秀硕士论文各 1 篇;获东南大学 2013 年度校级优秀博士论文 1 篇、优秀硕士论文 2 篇。本年度赴境外联合培养 1 人,参加国际会议等境外交流 17 人。

本年度有 14 位全日制博士研究生获得学位,110 位全日制硕士研究生获得学位,37 位在职研究生获得工程硕士学位;获 2013 年度江苏省创新计划省立省助项目 3 个和省立校助项目 1 个。

3. 科研项目情况

全年科研经费到款数为 4 721.06 万元,其中纵向经费为 1 828.4 万元,横向经费为 2 892.66 万元,同比增加 24.9%,增长率在全校工科类学院中排名第 2,经费总数在全校排名第 7,人均科研经费达 79 万元。

共立项国家自然科学基金 11 项,其中国际(地区)合作与交流项目 1 项、优秀青年科学基金项目 1 项、面上和青年基金 9 项,国家自然科学基金获批项目数创历史最好成绩。获批 3 项教育部基金,其中优先发展领域项目 1 项、博导类基金 1 项、留学回国人员科研启动基金 1 项。

纵向项目和横向项目均衡发展。新承担国家级科研项目 12 项,其中"973"重点基础研究计划二级课题 2 项(其中 1 项为"973"二级课题第一完成单位)、国家科技支撑计划子课题 1 项、国家自然科学基金 9 项。新承担部省级科研项目 16 项,其中教育部博士点基金 7 项、江苏省自然科学基金 5 项、江苏省工业支撑计划 3 项、江苏省产学研联合创新资金项目 1 项。其他来自国家电网公司、江苏省电力公司等企业项目共 103 项。

4. 学术论文情况

SCI 收录论文 41 篇、EI 收录论文 135 篇,7 篇 SCI 论文入选 2012 年度"表现不俗"论文。

5. 科研成果

科研获奖取得历史性突破。2013 年共获得 2 项省部级科研奖项,分别是"定子励磁型无刷电机及控制系统的基础理论与关键技术研究"获教育部自然科学一等奖 1 项、"大功率 Z 源/准 Z 源光伏逆变装置及并网电能质量控制系统关键技术与应用"获江苏省科学技术奖二等奖 1 项。

发明专利申请量增长显著。申请发明专利 216 项,较去年全年增长了 148%,远远超过全年应完成 90 项的指标;发明专利授权数为 34 项,实用新型专利授权数为 26 项。实现专利转让 5 项,实现专利应用 5 项。

三、师资队伍建设

1. 高层次人才

2013 年有 2 人分别获国家优秀青年科学基金项目和教育部"新世纪优秀人才支持计划"资助,新增 1 名江苏省"333 高层次人才培养工程"培养对象。

2. 人员结构现状

本专业现有专任教师 60 人,其中 76.7% 具有高级职称,41.3% 为 40 岁以下,90% 具有博士学位;7 人具有海外学位或双学位;外校毕业的占 30%,有校外经历的约占 33.33%,外校毕业及有校外经历的大部分来自清华大学、西安交通大学等国内著名高校,以及美、英、意、日等国家或我国香港地区的院校。

聘请美国约翰霍普金斯大学 Benjamin F. Hobbs 教授、香港理工大学黄少聪、英国伯明翰大学张小平等担任客座教授,聘请"千人计划"特聘专家倪明担任兼职教授,不定期来校为学生开设讲座。

3. 教师培养

目前,在职专任教师中,31人次获省级及以上人才项目,其中,国务院政府特殊津贴2人,国务院学科评议专家组成员1人,国家优秀青年科学基金项目1人,教育部优秀青年教师资助计划1人,教育部"新世纪优秀人才支持计划"1人,江苏省有突出贡献的中青年专家1人,江苏省教学名师1人,江苏省优秀青年骨干教师3人,江苏省"333高层次人才培养工程"培养对象6人,"六大人才高峰"高层次人才项目资助8人,江苏省"青蓝工程"6人。

具有半年及以上海外研修经历者占专任教师的55%。

四、教学工作

1. 教学成果

"基于工程创新能力培养的电气工程专业教学改革探索与实践"获2013年江苏省教学成果特等奖(牵头)。"电子信息基础课程改革与实践"获2013年江苏省教学成果一等奖(参与)。

申报东南大学研究生全英文专业建设项目获得批准,将建设8门全英文研究生课程。建设有国家级精品课程"电机学"、江苏省精品课程"电力系统分析"。《电机学》《电力系统分析》两部教材入选"十二五"国家级规划教材;"电机学"课程被江苏省教育厅推荐申报国家级精品资源共享课。

1人获得教育部"宝钢优秀教师奖",1人获得教育部"宝钢优秀学生"特等奖。获江苏省优秀本科生论文一等奖1项。

2. 顺利通过工程教育专业认证

2013年10月20—23日,中国工程教育认证协会组织专家对学院电气工程及其自动化专业进行工程教育认证现场考察。这是自2013年6月我国加入《华盛顿协议》之后,全国首批接受工程教育认证的专业之一,创造了我国专业认证工作的双第一(2006年6月,曾全国首家接受专业认证)。

3. 继续本科生国际交流访学

向境外知名大学派出5人进行为期半年以上的学习交流,其中美国4人,我国台湾地区1人;6人完成半年以上交流计划学成归来,分别是瑞典、美国以及我国台湾地区各2人。

五、学生管理工作

1. 学生培养

本年度本科生、硕士生首次就业率均达到100%,博士生为97.14%。

由学生申报并通过的国创项目有5项,省创项目有3项;申报基于教师SRTP项目1项,有25个SRTP项目通过验收(其中5个优秀、8个良好),通过率达100%。

社会实践学生参与率为100%,合格率为100%。利用暑假集中组建11个小分队开展大规模的社会实践活动,新成立"小红心"青年志愿者预备役,使社会实践工作常态化、稳定化。获"东南大学暑期社会实践优秀团队二等奖""东南大学暑期社会实践优秀调查报告"各1项;1人获"东南大学暑期社会实践优秀指导教师"荣誉称号,6人获"东南大学暑期社会实践优秀个人"荣誉称号。

2. 学生奖惩

160103班获得"江苏省先进班级"荣誉称号。3人获2013年美国大学生数学建模竞赛一等奖、1人获二等奖;2人获全国大学生数学建模竞赛一等奖、6人获三等奖;5人获江苏省高校第九届大学生物理及实验科技作品创新竞赛二等奖、1人获三等奖;1人在江苏省第四届大学生机械创新设计大赛中获奖;3人获全国大学生电子设计竞赛二等奖;6人获江苏省大学生电子设计竞赛二等奖;27人获国家奖学金;获江苏省三好学生、江苏省优秀学生干部各1人。

3. 学生管理

学院长期开展学生工作沙龙,多次开会讨论关于学生突发事件的处理方案,并形成了《突发事件应急预案》。制定并公布《东南大学电气工程学院本科生奖学金评定规则》(修订稿)等,使评优评奖资助工作规范化、制度化。针对贫困生,完成111名贫困生的审核工作和常规的贷款和评助工作,共协助3位学生完成国家助学贷款,评定共计244 000元的助学金。针对家庭困难、突遭变故、身患疾病等学生,根据《东南大学电气工程学院学生困难补助发放条例》,给予其额外经济资助;同时关注其心理健康和自身发展,重视感恩教育,鼓励学生励志成才。此外,制定《东南大学电气工程学院学生勤工助学办法》,既满足工作需要,又鼓励学生利用课余时间参加劳动,在获取报酬以辅助学业的同时,锻炼自己的综合素质。

(电气工程学院　缪　江)

外国语学院

一、概况综述

外国语学院与时俱进,日益发展。现有教职工135人,其中教授11人、副教授45人,具有博士学位的教师27人,目前,教师中在职攻读博士学位的16人,博士生导师2人,硕士生导师32人。近年来,有近50人次的教师赴国外高校进修或出席不同层次的国际国内学术会议。我院还聘请了10多名国内外语界知名学者(王宁、束定芳、徐珺、周世范、揭侠、石毓智、吕俊、王立非、何高大、杨永林、陈锋、何勇、韩照红教授)为东南大学英语和日语学科的兼职教授、客座教授。常年聘请外籍文教专家6—8人,每年还有相当数量的国外访问学者来院作短期访问和讲学。

2013年5月16日下午,国际知名应用语言学家、美国哥伦比亚大学教授韩照红受聘为我校客座教授。

6月5日,美国达拉斯德州大学中国文学和比较文学教授、孔子学院院长顾明栋在外院报告厅作了题为"Readerly Translation and Writerly Translation: Multiple Roles of an Ideal Translator"的学术报告。

8月18日下午,东南大学客座教授、联合国中文组组长何勇教授应邀与我院30多名教师代表亲切座谈。

由教育部外国语言文学类专业教学指导委员会、英语专业教学指导委员会、教育部大学外语教学指导委员会、高等教育出版社主办,东南大学外国语学院和《中国外语》杂志社协办的"第九届全国外国语学院院长论坛"于2013年5月24—26日在东南大学成功召开。来自全国的精品资源共享课申报课程主持人、外国语学院院长、外语教研室主任以及骨干教师参加了本次论坛,会议围绕国家精品资源共享课建设中的三个重点——转型升级、协同创新、共建共享,开展了切实有效的培训与研讨。出席本次论坛的领导和专家有:国家精品开放课程项目办公室张泽副主任,教育部大学外语教学指导委员会主任委员、南京大学王守仁教授,教育部大学外语教学指导委员会副主任委员、东南大学李霄翔教授,清华大学外国语言研究中心主任杨永林教授,华东师范大学邹为诚教授,扬州大学秦旭教授,河北大学王京华教授等。会议由南京大学王海啸教授、西安外国语大学杨达复教授、华中科技大学刘泽华副教授、西安电子科技大学杨跃教授和东南大学陈美华教授主持。本届院长论坛以"协同创新建设外语类精品资源共享课的探索与实践"为题,为校、省、国家三级精品资源共享课建设搭建了培训、交流、提高的重要平台,取得了良好的效果和社会反响。

2013年11月16日,由江苏省高等学校外语教学研究会主办,东南大学外国语学院承办的"江苏省高等学校外语教学研究会日语分会2013年年会暨国际化背景下的日语教育与日本学研究国际学术研讨会"在东南大学九龙湖校区顺利召开,来自全国40多所高校的100多名日语系负责人、一线教师等出席了本次研讨会。

2013年12月16日下午,应我院日语系邀请,大连外国语大学日语学院博士生导师陈岩教授为日语系师生做了题为"论日汉、汉日翻译的基本原则——对比、神似、汉(和)化"的学术报告。

2013年12月19日周四下午14时许,来自澳大利亚新南威尔士大学的钟勇教授在外院报告厅为我院2013级全体研究生开展了一场讲座。

2013年5月8日,东南大学外国语学院与孙中山纪念馆共建10周年纪念活动在中山陵举行。校党委副书记兼副校长刘波,中山陵园管理局党委书记、局长黄辉,校党委宣传部长毛惠西,校团委书记周勇,外国语学院和孙中山纪念馆的相关领导和百余位学生代表共同参加了纪念活动。

自2002年12月外国语学院与孙中山纪念馆建立共建关系以来,150多名东大学子参加了"走进中山陵"社会实践活动。他们参观景区,熟悉南京历史文化;他们接受培训,掌握讲解技能;他们在展厅或进社区,为游客和市民提供义务讲解。

外国语学院与孙中山纪念馆将继续深化合作、创新形式、巩固品牌。纪念仪式结束后陈美华院长代表外国语学院与孙中山纪念馆签订了下一个十年的共建协议。我们相信,在传承和延续良好的共建基础上,未来的十年一定更加精彩。

2013年3月东南大学外国语学院大学外语部荣获"江苏省巾帼文明岗"先进集体的光荣称号。这一光荣称号的获得大学外语部当之无愧。该部现有教师66名,其中女教师45名,占68.2%。他们承担着全校几千名本科生的全部英语教学和英语课外实践活动的指导任务,始终秉承"教书育人""树人树德"的信念,以强烈的职业责任感和社会责任意识,加强团队文化建设,爱岗敬业、诚实守信、创先争优、科学发展,以良好的职业道德和业务能力受到了广大师生的认可。

在2013年3月13日举行的全校教职工广播体操比赛上,在全部参赛的29支队伍中,外国语学院以良好的精神风貌和整齐、有力的动作赢得了在场观众和评委的一致认可,以总分第一名的好成绩力拔头筹。外国语学院以女职工多为一大特点,女职工占全院总人数的85%,他们除承担着本院教学科研任务外,还承担着全校本硕博各专业全部的外语教学实践任务,是全校承担教学任务最大的单位之一。

2013年12月18日晚,由教务处、校团委主办,外国语学院承办的第六届"华彩绽放"英语话剧比赛决赛暨东南大学莎士比亚戏剧社成立仪式在大学生活动中心一楼圆形报告厅如期举行。此次盛会聚集了来自东南大学各个院系的英语话剧爱好者,出席活动的领导和嘉宾有东南大学教务处处长雷威、外国语学院院长陈美华、副院长朱宏清、院党委副书记兼副院长汤顶华,以及担任决赛评委的诸位教师。

二、学科建设

学院设有外国语言文学一级学科硕士点,拥有外国语言学及应用语言学、英语语言文学和日语语言文学硕士点和翻译专业硕士点,设有英语和日语两个本科专业,具有学士学位和硕士学位授予权。

大学英语一部、二部主要承担大学英语课程,课程体系如下:① 基础课程,教学对象为学校全部非英语专业学生,采用研究型教学手段,适应"分层次、个性化、自主式"的教学需要;② 大学英语高级课程,适用于已经完成大学英语基础阶段学习的本科生,教学内容主要包括学术英语及其他高级语言技能训练;③ 通识课程,包括应用技能类课程、专门用途类课程、人文素质类课程、双语类课程等。研究生外语教学部主要承担学校非英语专业硕士生、博士生公共英语课程的教学任务。围绕培养目标,依据学生英语基础和专业差异,开展分层次教学,开设了多门实用型选修课程。

研究生公共外语教学部承担着全校每年近5 000名硕士生和博士生以及工程硕士、MBA、MPA等的公共英语教学和公共日语、德语、法语和俄语的教学任务。面向硕士研究生和博士研究生开设的外语类学位课程和外语类选修课程包括国际交流英语、国际学术英语、高级学术英语、英美报刊阅读、英语影视和社会文化、中国文化英语导读、英语视听说、高级科技翻译、学术英语口语提高、俄语文学与文化、日语二外、法语二外、德语二外和俄语二外,以及研究生学位日语、德语和法语等10多门课程。摒弃传统教学模式,注重互动实践,运用各种多媒体手段将文本、音像、听说、讲解和讨论、主题发言、辩论等有机地结合在一起,激发起学生的兴趣和参与意识,从多角度予以启发,培养学生自主学习的能力。研究生公共英语教学的改革已初步形成自己的教学特色:

- 将公共外语学习重点从打语言基础转到对语言实际运用能力的培养;
- 课程设置体系突出了高层次、应用型语言课程的特色;
- 尝试开展了以中外教师合作教学和助教参与辅导的教学模式;
- 加大课程形成性评估,规范了教学管理体系。

江苏省教育厅于2013年6月28日发文,公布南京大学"非洲研究所"等9家机构为江苏高校国际问题研究中心,南京理工大学"国际经贸问题研究中心"等6家机构为江苏高校国际问题研究中心培育建设单位。我院申请的"亚太语言政策研究中心"被确定为江苏高校国际问题研究中心培育建设单位,标志着我院的学科建设工作向前迈进了一大步。

"亚太语言政策研究中心"的任务是研究当今语言政策领域的国际前沿问题,重点对比中、美、俄、日、韩、新、加、澳等国的语言政策,为我国制定语言政策、发展语言经济、传播中华文化、创新公共外交、维护国家安全提供借鉴。中心设语言经济与语言政策、语言国际传播与语言政策、语言政治与语言政策等三个研究方向。

为贯彻落实《国务院关于加强教师队伍建设的意见》和《教育部关于全面提高高等教育质量的若干意见》精神,推动高校教师专业发展和教学能力提升,促进信息技术与学科教学融合,搭建高校教师教学经验交流和教学风采展示平台,教育部全国高校教师网络培训中心于2012年12月至2013年10月举办首届全国高校微课竞赛。我院四位老师参加了校赛,郭锋萍、凌建辉老师经过校赛、省赛的选拔,分别获得江苏省微课竞赛一等奖和校级二等奖。郭锋萍老师最终入围全国决赛,获得"首届全国高校微课教学比赛"文史类国家二等奖,这是外语类课程作品中获得的最高奖项。

在2013年上半年结束的全国专业英语四级统测中,我院英语系2011级本科生在笔试和口试两项考试中连创佳绩。

来自全国英语专业共计74 332名大二学生参加了今年的专业英语四级笔试,全国通过率为51.37%。我院英语系同学取得了一次性100%通过率的优异成绩,其中解安琪等12位同学获得优秀等级,优秀率为24%。

在随后进行的全国英语专业口试中,我院英语系学生同样取得了一次性通过率100%的优异成绩,远高于全国54.39%的通过率。此次全国英语专业四级口试共吸引了17 857名学生报名,全国只有100名同学获得优秀等级,我院英语系吴杨同学位列其中,她也是今年我院英语系唯一取得笔试、口试双优的同学。

据统计,我院英语系在历年的全国英语专业四级统测中,优秀、良好和合格的比例在全国高校中均遥遥领先。

三、学术成果

2013年外国语学院人文社科立项:

1. 国家社科基金项目:中国英语学习者句法与语义加工的ERP研究,负责人:李霄翔。

2. 教育部人文社科基金规划项目:动态系统理论对CAF三维互动模式的阐释及其在二语习得中的应用研究,负责人:王涛。

3. 教育部人文社科基金青年项目:"学术资本主义"与教师评价体系——基于中国大学的定性研究,负责人:张静宁。

4. 东南大学出版基金项目:《西方电影艺术修辞学》,作者:吴艾玲。

5. 江苏省教育厅指导项目:基于多元文化视角的英语专业学生"戏剧语言文化教育一体化教学模式"的研究,负责人:林谊。

6. 江苏省教育厅指导项目:中美文化价值取向比较及教育策略探讨——基于中美新闻报道标题中高频词的研究,负责人:凌建辉。

7. 江苏省教育厅专题研究项目:切实加强高校院系二级单位"三重一大"决策制度建设,负责人:汤顶华。

8. 江苏高校国际问题研究中心"亚太语言政策研究中心"培育建设基地,负责人:陈美华。

9. 江苏省社科基金重点项目:大学英语对中国文化传播的现状及思考,负责人:金晶。

10. 江苏省教学改革重点项目:基于学习共同体的大学生英语学习策略模型,负责人:陈美华。

11. 校级重大引导项目:多语种学习者语义网建模对比和语料库研究,负责人:张萍。

12. 江苏省社科联:基于娱乐性网络的非英语专业英语写作的匿名性同伴群评研究,负责人:陈美华。

13. 省教育科学"十二五"规划:现代大学制度在校区管理中的动态价值研究,负责人:张静宁。

14. 东南大学基础科研扶持:大学英语学习者二语心理词库的反应时研究,负责人:曹育诊。

15. 省社科应用研究青年课题:基于D/P记忆模式的高校大学生英语口语能力的横断式研究,负责人:陈峥嵘。

2013省教改、校教改立项:

1. 以提高国际交流能力为目标的大学英语教学改革,等级:重中之重;负责人:朱宏清。

2. 东南大学英语课外实践教学体系构建,等级:重点;负责人:刘蓉。

3. 基于项目的学习模式在大学英语ESP课程中的应用,等级:一般;负责人:吴婷。

4. 国际化人才培养与大学英语高级课程建设,等级:一般;负责人:陈美华。

5. 基于学习共同体的大学生英语学习策略模型,等级:省重点;负责人:陈美华。

6. 在大学英语教学中培养英语语用能力的研究,等级:一般;负责人:陶云。

7. 以批判性思维能力为核心的英语专业人才培养模式改革与实践,等级:一般;负责人:高健。

8. 英语专业教学创新团队建设研究与实践,等级:一般;负责人:胡永辉。

9. 基于电子档案袋的英语重点专业人才培养质量评价体系研究,等级:一般;负责人:朱丽田。

10. 英语专业综合实践教学模式研究,等级:一般;负责人:鲁明易。

11. 学生自我效能感在大学英语课堂学习环境中的研究,等级:一般;负责人:刘萍。

2013东南大学教师教学发展中心立项:

1. 大学英语书面语产出技能(写作和翻译)分级评估体系研究,等级:重点;负责人:范国华。

2. PBL课程的多元化评估和学生绩效管理,等级:重点;负责人:徐晓燕。

3. 蒙纳士大学"英语桥"项目对东南大学国际英语交流课程的启发与借鉴，等级：一般；负责人：郭庆。

我院2011年申报江苏省高等教育教改重点立项"基于英语口语网络测试平台建设的教改模式研究"，项目由我院刘健刚老师和信息科学与工程学院赵力老师联合申报。2013年10月15日专家鉴定会在四牌楼校区进行，专家组成员认为课题研究已经超额完成了项目申请书中的研究任务，研究成果具有一定的前瞻性、创新性和示范性。专家组一致同意课题通过鉴定验收。

2013年度，我院在教学研究方面，取得了喜人的成绩。

1. "大学英语"：国家级精品资源共享课立项项目。
2. 李霄翔（主持）"大学英语研究型教学模式探索与实践"：2013年江苏省教学成果特等奖。
3. 郑玉琪（主持）"英语人才多元能力培养体系的构建与实践"：东南大学教学成果一等奖。
4. 张萍入选江苏省"333工程"第三层次专家。
5. 郭锋萍，2013年全国高校微课教学比赛全国决赛，文史类国家二等奖。
6. 凌建辉，2013年全国高校微课教学比赛，文史类江苏省二等奖。
7. 陈美华（主编）《全新版大学英语视听阅读》：2013年获江苏省高等学校一类优秀多媒体教学课件。
8. 陈美华《大学英语"研究型"课程理论与实践》，2013年江苏省第十一届高等教育科学研究优秀成果三等奖。
9. 陈美华，大学英语课外实践团队。
10. 石玲（主编）《大学体验英语网络版》：省优秀多媒体教学二类课件。
11. 刘健刚、马冬梅《英语口语机考评分系统除噪处理的研究》：2013年度省高校教学管理研究会优秀论文二等奖。
12. 吴婷，第四届"外教社杯"全国高校外语教学大赛江苏赛区综合课组三等奖（江苏省教育厅）。
13. 吴婷，2013年"外研社全国高等学校大学英语教学研修班"教学示范评比二等奖（外语教学与研究出版社）。

2013年我院教师共发表核心期刊论文30篇，出版专著、教材10部。

四、合作交流

蒙纳士"英语桥"项目是针对获得东南大学-蒙纳士大学苏州联合研究生院预录取但雅思考试成绩未达6.5分者而开办的。2013年度我院派出了郭庆、胡庭山、范国华、于辉华4位教师与澳方的Amy、Ros两位教师共同组成"英语桥"的教学团队。东南大学和澳大利亚蒙纳士大学"英语桥"项目2013年度招生129人，学生需要强化学习英语十周，掌握学术英语听、说、读、写等多项技能。最终参加培训的共计128名学员都顺利获得结业证书，从而使得他们获得了东南大学-蒙纳士大学苏州联合研究生院正式录取资格。项目受到东南大学和蒙纳士大学的高度重视，中方沈炯副校长和澳方Tam校长暑假期间曾分别前往视察。外国语学院陈美华院长、刘克华副院长在上课期间曾冒酷暑看望"英语桥"师生，并多次给予指导，给师生以很大鼓舞。

2013年10月23日上午，陈美华院长率分管外事工作的刘克华副院长、英语系主任朱丽田、MIT中心副主任郭庆和院长助理高健奔赴苏州联合研究生院，就我院与澳大利亚Monash University语言文化学院的全面合作与澳方代表Monash University人文学院院长Rae Frances教授、语言文化学院院长Rita Wilson教授充分交换了意见。双方对会谈的建设性成果均表示十分满意。

2013年3月28日，日本爱知县日中友好协会副会长冈崎温及爱知县中文演讲比赛获奖者一行在江苏人民对外友好协会秘书长扈海鸥的陪同下对我院进行了访问，并与日语系师生进行了亲切的交流。

江苏省与爱知县缔结友好关系已有30余年，在凸现地方文化交流中青少年之间交流尤其重要。爱知县代表团成员及外国语学院的师生在九龙湖校区外国语学院和日本文化体验馆进行了热烈而友好的交流，双方就"草根"交流、地区文化、民俗、当下青年人的兴趣爱好、动漫等话题交换了看法。

2013年3月29日上午，日本日中文化协会理事长上山绫子女士一行2人在江苏人民对外友好协会吴丹处长的陪同下来我院访问交流。外国语学院副院长刘克华及日语系吴未未老师接待了上山绫子女士一行。

上山绫子女士长期致力于中日友好事业，积极推动中日民间文化交流活动，并且热心地为在日的中国留学生提供一定数额的奖学金资助，以助其在日本顺利完成学业。刘克华副院长对上山女士为中日民间友好所做出的努力和贡献表示感谢，向其介绍了东南大学外国语学院及日语系的情况，并就日中文化协会在我院设立奖学金等事宜进行了磋商。

2013年8月28日到9月4日，应我院日语系邀请，日本名古屋大学樱井龙彦教授在外国语学院微格实验室，围绕"中日民俗比较论"这一主题，为日语系师生进行了为期一周的集中授课。

樱井龙彦教授为日本名古屋大学国际开发研究科教授、国际亚细亚民俗学会日本部会长。主要从事以中国、韩国、日本为中心的东亚民俗文化比较研究，神话、传说等民间口头文艺学研究。

2013年9月2日，由杉野丞等3名老师率队，高木祥太等20名学生组成的日本爱知工业大学访问团到我校进行为期7天的交流访问。

2013年9月22日，大阪日中友好协会副理事长大薮二朗先生一行对我院进行了友好访问。院党委书记马强、常务副院长刘思明、党委副书记兼副院长汤顶华、副院长兼日语系主任刘克华热情接待了大薮二朗先生一行。

2013年12月4日，俄罗斯圣彼得堡国立信息技术机械与光学大学语言中心的尤莉亚·雷布希娜教授和娜塔丽娅·康德拉绍娃副教授来访。上午，我院党政领导和各系、部负责人与远道而来的客人在九龙湖大会议室进行了热烈而详细的交流。

五、学生工作

由中国日报社主办、21世纪英语教育传媒承办的第十八届中国日报社"21世纪杯"全国英语演讲比赛总决赛于 2013 年 3 月 21—24 日在厦门举行。我院英语系大二学生解安琪获得全国三等奖。

5 月 24 日晚,由东南大学教务处、校团委和外国语学院共同主办的"外研社杯"东南大学"我的梦·中国梦"主题英语演讲比赛在外国语学院报告厅如期举行,张晓等 12 名同学获得三等奖,李鑫迪等 6 名同学获得二等奖,而一等奖则由来自土木工程学院的 2012 级硕士研究生陈项南同学和来自外国语学院的 2012 级本科生赵启眉同学获得。

2013 年 6 月 5 日,第九届中国大学莎士比亚戏剧节(Chinese Universities Shakespeare Festival)在香港中文大学正式开幕。我校代表队由外国语学院朱宏清副院长带队,朱丽田老师担任指导教师,英语专业林双双、尹嘉昕、吴杨和经管学院周星艺同学作为剧组成员参赛。

8 月 23 日是东南大学新生报到的日子,来自各地的莘莘学子怀着对大学生活的无限憧憬来到了南京。在这个特殊的日子里,外国语学院隆重举办了 2013 级学生家长开放日活动。

我院 2010 级研究生罗赟、2010 级本科生陈抒涵在 2012—2013 学年度普通高校争创优良校风活动中成绩显著,被评为江苏省优秀学生干部。

我院 2010 级研究生吴婵在 2012—2013 学年度评比中,荣获江苏省优秀团员、江苏省优秀志愿者称号。

"诚朴助学金"由瞿先生个人出资 22 万元设立,定向资助我院 2013 级 5 名新生,包含学费和生活费在内,每人每年 1.1 万元,直至毕业。

首届"外研社杯"全国大学生英语写作大赛江苏赛区的比赛于 2013 年 10 月 27 日在南京林业大学圆满结束。我院英语系三名选手喜获佳绩,其中张一楠、李梅清荣获一等奖,潘影荣获二等奖。

2013 年 11 月 9 日(周六)在南京师范大学仙林校区举行的第十九届"21 世纪·可口可乐杯"全国英语演讲比赛江苏省决赛中,外国语学院英语系大四学生郑洪影取得江苏省赛区冠军。

2013 年 11 月 16 日,由我校外国语学院大二学生赵启眉、土木工程学院研二学生陈项南、能源与环境学院大三学生李鑫迪组成的东南大学代表队在 2013 年度"外研社杯"全国英语演讲比赛江苏赛区决赛中分别取得一等奖、二等奖和三等奖的好成绩。

11 月 17 日在河海大学鼓楼校区,我院研究生马星城同学获得第三届全国口译大赛江苏省复赛一等奖,成功晋级 12 月份华东赛区的决赛;林瑞雪同学获得三等奖。

六、培训考试

由英国大使馆文化教育处和教育部考试中心共同组织的 2012 年全国雅思考点评估结果表彰大会于 2013 年 4 月在安徽省黄山市召开。东南大学外国语学院荣获"2012 年度雅思考试全国优秀考点"称号。

2013 年 6 月 13 日下午,"南京市领导干部英语能力提升千人计划暨东南大学英语培训基地授牌仪式"在市政府西会议室举行。南京市副市长胡万进向我校外国语学院院长陈美华授牌,我校副校长郑家茂与南京市委常委、组织部长徐金万分别代表学校和市委致辞。

江苏省教委于 2011 年启动"江苏高校中青年教师和校长境外研修"项目,为了提高中青年教师和校长境外研修人员英语听、说、读、写能力和 PETS5 考试通过率,使其能顺利赴境外开展科学研究和学术交流,完成研修任务,每期学员通过参加英语强化班,四会能力以及 PETS5 考试通过率都大大提高。东南大学外国语学院是首批承办培训学校。目前全省共有 6 所高校设有培训点。2013 年 10 月 9 日上午江苏省高校第四期优秀中青年教师和校长境外研修英语强化班在东南大学致知堂举行了开学典礼。

本院是江苏雅思考试中心(IELTS),托福网考考点(TOEFL IBT),全国翻译专业(口译)资格(水平)考点,全国大学四、六级考试江苏省口语考试中心,全国出国培训备选人员外语考试(BFT)江苏省考试中心,国际日本语能力测试(JPT)考点,韩国语能力测试考点(TOPIK),实用日本语鉴定(J.TEST)江苏省总考站,是江苏省日语自学考试主考单位。

本院凭借雄厚的师资和科研实力,为国家和省内教育和企事业单位提供了各类外语培训和咨询。培训内容涵盖雅思考试(IELTS)基础和强化训练,托福网考(TOEFL IBT)培训,大学英语四、六级笔试和口试考前强化培训,外教口语培训,新概念英语,国际日本语能力测试考前强化训练,实用日本语鉴定(A—D、E—F 级)培训,德语零起点至出国考试的强化训练,法语零起点至出国考试的强化训练等课程,提供商务文献、资料翻译以及商务活动的口译等对外服务。

(外国语学院 石戴镕)

体 育 系

体育系有在职教职工 78 人,其中专任教师 70 人,行政及工勤人员 8 人。专任教师中有教授 3 人、副教授 42 人,讲师 20 人,助教 5 人;教师学历结构为博士学位教师 4 人,硕士学位教师 23 人,20 余人修完或在读硕士课程。2013 年退休 3 人(朱道友、李秀华、洪有洲)。

2013 年学校体育工作荣获江苏省体育工作先进学校;在教育部公布的第三批国家精品资源共享课立项项目中"大学体育"榜上有名,成为全国普通本科院校首门立项的体育课程;面向全体学生的群众体育成为全国唯一连续八次荣获全国运动会先进单位的称号;针对学生体质下降所倡导的在微时间、借助微工具、利用微空间、进行微运动、达到微健康的"五微"理念的运动模式在全国引起强烈反响,国内 20 余家媒体的报道和转载,得到教育部体育卫生与艺术司的高度肯定;"东南大学'五位一体'模式切实提升体育运动工作成效"的做法在 2013 年 11 月 26 日、12 月 11 日的江苏省教育厅和教育部网站报道。

一、学科建设与师资队伍

2013 年招收体育学一级学科硕士生 3 人(江小牛、许琼、於晓慧),在校研究生 11 人;完成了第七届体育教学训练学和体育人文社会学 5 名硕士研究生(宋振智、黄颖、孙晓玲、王安妮、沈淮淮)的培养任务,在就业竞争激烈、形势紧张的环境下,5 名硕士毕业生分别在机关和学校就业。体育系现有硕士生导师 7 人:徐南强、蔡晓波、章迅、刘龙柱、陈东良、张惠红、韩军生。

师资队伍的整体素质得到优化,有3名教师晋升副教授职称(严华、李晓智、张文静);有2名教师通过在职进修获得硕士学位(葛志刚、张永宏)。张文静老师参加教育部组织的出国访问学者的外语培训并经考核通过。

二、教学工作

以申报"大学体育"国家精品资源共享课为契机,制作了引导课、身体素质、篮球、排球、足球、乒乓球、网球、定向越野等教学录像和拓展资料,对各教学内容的知识点、能力点进行补充,通过优化课程体系、丰富课程内容、强化课程教学等多种途径和方法,成功获准立项为国家精品资源共享课。

组织完成了理论题库修改工作,修订并完善了《东南大学体育教学指导纲要》,开始了对三年级学生有学分保障的课外体育辅导课,组织申报各级教改课题,2013年2个课题获准学校立项。

2012—2013年第三学期全校学生网上评教平均得分为89.66,体育系教师平均得分为90.91,列全校第二。

三、群众体育

继续强化管理坚持了近40年的学生早操制度,加强了对早操不合格学生过程管理的预警工作;积极探索开展三、四年级学生的课外体育活动和辅导,形成一、二年级学生早锻炼,三、四年级学生课外活动的学生课外体育新体系,为落实每天锻炼一小时提供了保障。

在已形成的"三会六特色三层面"群体竞赛特色的基础上,举办了有17个项目的跨学年的东南大学第六届全校运动会,召开了校第五十五届学生田径运动会,吸引了逾万名学生参赛、表演和参加服务工作,有两个团队打破1项校运动会纪录。2013年全年共举办各级、各类群众性体育竞赛214项次(不含学生自发组织的各类竞赛),参赛人数近160万人次(不含学生早操和有组织的课外活动)。

四、运动竞赛

坚持课余训练,组建了近20支普通学生代表队积极备战江苏省第十八届运动会高校部的比赛,男女篮球、男子足球、棒垒球、网球等普通队在先期结束的省运动会比赛中成绩不俗。

有3名学生参加在俄罗斯喀山举行的第二十七届世界大学生夏季运动会,其中人文学院2011级学生郭璠在女子100米蝶泳比赛中获得本届世界大学生运动会中国代表团在游泳项目中的唯一奖牌——银牌。此外,游泳队、乒乓球队、排球队、定向越野队等在全国大学生比赛中屡获佳绩。

五、科研与学生体质

2013年体育系共申请立项各级各类课题8项(省级以上和校级课题各4个),在各级各类学术期刊上发表论文18篇,其中省级15篇,CSSCI文章1篇,CSCD文章1篇,EI文章1篇,专著1部。

作为全国学生体质监测点，2013年组织抽样了2 500余名来自不同年龄、不同性别、不同城乡学生的体质测试，每人测试数据达14个共计35 000余个。

2013年组织了全校16 000余学生的《国家学生体质健康标准》的测试，每人测试数据为10项，为提高我校执行《国家学生体质健康标准》的力度，在2012年首次将《国家学生体质健康标准》纳入学生评奖评优体系的基础上，进行了不断地完善。

六、党建工作

深入学习和贯彻落实党的十八大精神，开展以"解读分析十八大会议精神"为主题的学习活动，对十八大专题报告的主题、主线、主体内容以及报告所蕴含的新表述、新论断、新要求进行详细解读，供党员教工学习。

按照学校党委的统一部署，扎实推进党的群众路线教育实践活动深入开展，8月21日，黄大卫副校长组织召开了校领导联系院系代表座谈会；8月26日就围绕"四风"问题分党支部对校级领导班子和系领导班子进行了评议；8月28日召开了群众座谈会。针对系领导班子围绕"四风"问题所提的意见，系领导班子于9月10日召开了专题民主生活会，对群众所提的意见逐条进行了剖析，11月29日召开了民主生活会，黄大卫副校长参加了会议，会上系领导班子成员对照"四风"方面存在的问题开展了批评与自我批评。

规范组织建设，完成了体育系各党支部换届工作，并以党的群众教育路线活动为契机，充分发挥基层党组织的战斗堡垒作用，切实提高服务教育和师生的工作能力。

加强反腐倡廉建设，通过精细化管理来保证权力的规范运行。健全领导班子科学、民主决策制度；加强对领导班子成员的监督；加强对干部人事管理、内部财务管理、项目管理、物资采购、科研经费使用、各级各类招生、职称评定、评优、评先等工作的监督；健全民主监督制度、机制，加强对领导干部、重点部位、重点岗位工作人员的教育；加强师德师风教育，围绕反腐倡廉建设重点领域，切实将系务公开工作落到实处。

加强民主建设，成立了体育系二级教代会，召开了首届体育系教职工代表大会，在奖励性绩效岗位津贴发放实施办法的制定过程中，发挥了教代会的积极作用。体育系工会被评为2012—2013年度"工会工作先进集体"。

七、行政与后勤保障

在九龙湖体育馆建设上，一是积极配合校基建部门做好九龙湖体育馆工程建设中的参谋作用；二是对体育馆开馆前所有器材设施招标前技术参数的制定工作；三是进行了体育馆落成后管理体制和方法的调研，为使用、开放做准备。

在结合往年使用、规范管理和充分调研论证的基础上，完成了2014年度中央财政修购基金和体育系经费预算中新增项目的制订和申报工作。经中央财政专家组审定，已落实九龙湖体育馆器材设施专项经费333万元，后勤处负责的四牌楼体育馆维修费169万元，其他体育设施维修费219万元。

八、其他工作

积极配合和承担省教育厅及相关部门开展的服务社会的活动，2013年先后组织了江苏省高校第二十八届体育论文报告会的论文评审工作;承办了全省《国家学生体质健康标准》测试动员和培训工作会议;教育部督查江苏省《国家学生体质健康标准》的动员及检查工作会议;承办了江苏省高校定向越野教练员培训班,以及定向越野与社区共同发展的公益活动。

2013年9月经学校同意,胡济群老师借调到教育部体育卫生与艺术教育司工作。

九、省级以上获奖

2013年学校体育工作荣获江苏省学校体育先进单位。
荣获第十二届全国运动会群众体育先进单位。

附:

东南大学体育系国际级、国家级裁判员名录
2013年东南大学学生参加校外体育比赛成绩一览
2013年东南大学体育系十大新闻

东南大学体育系国际级、国家级裁判员名录

项目	姓名	级别
田 径	陆建明	国际级
	张建宁	国际级
	江 菊	国家级
	刘龙柱	国家级
	王 勤	国家级
	方 元	国家级
	沈 辉	国家级
游 泳	倪小焰	国家级
排 球	钱景虹	国家级
沙滩排球	赵 衡	国家级
乒 乓 球	蔡晓波	国际级
	张学山	国家级
定向越野	方信荣	国家级
	尹红松	国家级
武 术	徐红旗	国家级

2013年东南大学学生参加校外体育比赛成绩一览

大项	小项	参加赛事名称	比赛地点	姓名	院系	名次	教练员	组别
排球	沙排	第九届中国大学生沙滩排球锦标赛	山东青岛	邢凯敏	人文学院	第8名	王 勇	男子专业组
				黄 鹏	经管学院			
				白若冰	人文学院	第6名		男子高水平组
				陶浩源	经管学院			
				袁婷婷	人文学院	第1名	王小红	女子高水平B组
				石馨瑶	经管学院			
				于涵璐				
定向越野	积分赛	全国定向越野锦标赛	广东中山	童文雨	医学院	第8名		精英女子组
	接力赛			肖小月	人文学院	第7名	尹红松 叶培军	精英男子组
				瞿晓艳				
				黄怡轩				
				詹 稳		第1名		
	百米定向	江苏省定向越野锦标赛	江苏宿迁	彭谦敏	经管学院	第2名		精英男子组
				肖小月	人文学院	第1名		精英女子组
				瞿晓艳		第2名		
				黄怡轩		第3名		
	短距离			欧阳尧锋		第1名		精英女子组
				詹 稳		第2名		精英男子组

（续　表）

大项	小项	参加赛事名称	比赛地点	姓名	院系	名次	教练员	组别
定向越野	短距离	江苏省定向越野锦标赛	江苏宿迁	孙文旭	自动化院	第3名		精英男子组
				黄恰轩		第1名		精英女子组
				瞿晓艳		第2名		
				肖小月		第3名		
	中距离			詹　稳		第1名		精英男子组
				黄恰轩	人文学院	第1名	尹红松 叶培军	精英女子组
				瞿晓艳		第2名		
				肖小月		第3名		
	接力赛			詹　稳 彭谦敏 欧阳莞锋		第1名		精英男子组
				黄恰轩 瞿晓艳 肖小月		第1名		精英女子组
游泳比赛	400米自由泳	第十三届全国大学生游泳锦标赛	青岛市	郝　运	人文学院	第1名	倪小焰	高水平组
	200米蝶泳			郭　璠		第2名		
	50米蝶泳			王　畅		第3名		
	50米蛙泳			王　畅		第3名		
	50米蝶泳			刘　兰		第2名		
	100米蝶泳			刘　兰		第2名		

（续　表）

大项	小项	参加赛事名称	比赛地点	姓名	院系	名次	教练员	组别
游泳比赛	100米自由泳	第十三届全国大学生游泳锦标赛	青岛市	刘佼午		第1名		
	200米自由泳			哈斯楠		第5名		
	200米蝶泳					第6名		
	100米蝶泳			周 雪	人文学院	第4名		
	200米蝶泳					第3名		
	200米自由泳			王青青		第6名		高水平组
	400米自由混合泳			王 申	交通学院	第8名		
	50米自由泳			吴博伦	法学院	第3名		
	400米自由泳			高 畅	人文学院	第4名		
	800米自由泳					第7名		
	200米混合泳			陈晓君	经管学院	第3名		
	50米自由泳			王博远	交通学院	第2名		
	100米自由泳			杨雪晴	能环学院			
乒乓球	女子双打	第十八届全国大学生乒乓球锦标赛	山东潍坊市	俞 爽		第3名	倪小焰	丙组
	女子双打			夏 冬				
	男子单打			夏 冬				
	混合双打	江苏省第十八届运动会高校部比赛	南京工业职业技术学院	贺佳婴	人文学院	第5名	方云峰	乙组
	混合双打			夏 冬				
	男子单打			夏 冬		第4名		高水平组
	男子双打			夏 冬				

（续 表）

大项	小项	参加赛事名称	比赛地点	姓名	院系	名次	教练员	组别
乒乓球	男子单打	江苏省第十八届运动会高校部比赛	南京工业职业技术学院	杨亮	人文学院	第4名	方云峰	高水平组
	女子单打			林俐芳	交通学院			
	男子双打			杨雪晴	能环学院			
	女子双打			俞爽	人文学院			
	男子团体			夏冬	经管学院	第2名		
				范无忌	人文学院			
				杨亮	交通学院			
				纪鹏森	人文学院			
	女子团体			林俐芳	交通学院	第4名		
				杨雪晴	人文学院			
				贺佳婴	能环学院			
				俞爽				
网球	男子团体	江苏省第十八届运动会高校部比赛	南京师范大学	李柔	经管学院	第8名	阚新玉	普通组
				殷珺	土木学院			
				周玉卉	吴健雄院			
				孟晓慧	机械学院			
	女子团体			耿纪钊	建筑学院	第3名		
				程可昕	自动化院			
				吴天羽	信息学院			
				欧海帆				

(续表)

大项	小项	参加赛事名称	比赛地点	姓名	院系	名次	教练员	组别
网球	女子单打	江苏省第十八届运动会高校部比赛	南京师范大学	李 柔	经管学院	第1名	阚新玉	普通组
	女子双打			李 柔	经管学院	第4名		
	男子单打			殷 琨				
跆拳道	女子品势	全国大学生跆拳道锦标赛	湖南长沙	程可昕	建筑学院	第5名		
	女子53 kg			王 春	艺术学院	第3名		女子甲组
	男子58 kg			王 春	艺术学院	第2名	李晓智	女子甲组
	男子80 kg			李林华	交通学院	第5名		男子甲组
				巴希尔	建筑学院	第2名		男子乙组
围棋	团体			孙 雄	信息学院			
				宋秋晓	电气学院			
				田珍子	计算机院			
				陈亦路	医学院	第6名		
桥牌	团体	江苏省第十八届运动会高校部比赛	南京邮电大学	王鑫磊	计算机院		钱景虹	普通甲组
				查健锐	能环学院			
				刘 颖	土木学院			
				曾 浩	法学院			
围棋	男子个人			孙 雄	信息学院	第7名		
	女子个人			田珍子	计算机院	第6名		
	女子双人			刘 颖	土木学院	第5名		
桥牌	女子双人			曾 浩	法学院	第4名		

(续 表)

大项	小项	参加赛事名称	比赛地点	姓名	院系	名次	教练员	组别
田径	男子铅球	南京市大学生田径比赛	南京理工大学	王圣萱	电气学院	第1名	丁 亮 刘晓川 肖佩琮	普通组
	女子800米			王 晓	人文学院	第2名		
	男子5 000米			邢 超	软件学院	第6名		
	男子110米栏			高子豪		第4名		
	女子3 000米			黄雪梅	能环学院	第2名		
	男子100米			易 腾	土木学院	第4名		
	男子4×100米			范 一		第8名		
	男子400米栏			施路遥	交通学院	第6名		
	男子跳远			张笑东	信息学院	第4名		
	男子1 500米			孔港港	交通学院	第2名		
	男子110米栏			刘乾石	自动化院	第4名		
	男子4×100米			韩世童		第2名		
	男子800米			张 斌	成贤学院	第3名		
	男子800米			潘华杰				
	男子100米			赵德明				
				黄辰玮				
篮球	男子	江苏省第十八届运动会高校部比赛	淮阴工学院	张家端	交通学院	团体第2名	葛志刚	普通组
				孙石天				
				张铎迈	电子学院			
				刘哲源	人文学院			

(续 表)

大项	小项	参加赛事名称	比赛地点	姓名	院系	名次	教练员	组别
篮球	男子	江苏省第十八届运动会高校部比赛	淮阴工学院	韩泽鹏	信息学院	团体第2名	葛志刚	普通组
				朱广豫	研究生院			
				刘子涛	研究生院			
				孙大桢				
				曹 峰	成贤学院			
				龚雨辰				
				郑 昊				
				黄江熠				
				季旸毅				
				柴 犀				
武术	男子刀术	江苏省第十八届运动会高校部比赛	南京大学	谭鄂川	化工学院	第3名	郭丰平	普通组
	男子棍术			谭鄂川		第7名		
	男子长拳			谭鄂川		第8名		
	女子刀术			廖 孜	吴健雄院	第8名		
棒垒球	男女混合	江苏省第十八届运动会高校部比赛	南京工业大学	牛宇谦	能环学院	第4名	赵 衡	普通组
				阎若琳	物理学院			
				莫 青				
				张 锐	经管学院			
				刘家希	材料学院			

(续 表)

大项	小项	参加赛事名称	比赛地点	姓名	院系	名次	教练员	组别
棒垒球	男女混合	江苏省第十八届运动会高校部比赛	南京工业大学	王佩瑶	生医学院	第4名	赵 衡	普通组
				花 蕊				
				兰 康				
				张心仪	外语学院			
				毛剑楠	交通学院			
				刘逸洲				
				詹嫣红				
				郭行健	土木学院			
				杨 俭				
				刘 炎	集成电路学院			
篮球	女子	江苏省第十八届运动会高校部比赛	航空航天大学	陈丹丹	成贤学院	第2名	李秀华	普通组
				李素娅	电气学院			
				吴嘉琪	材料学院			
				薛 桦				
				孙铭阳	交通学院			
				杨弘越				
				任艺非凡				
				张 蕾	艺术学院			
				杨墨丹	医学院			
				赵怡欣				

(续表)

大项	小项	参加赛事名称	比赛地点	姓名	院系	名次	教练员	组别
篮球	女子	江苏省第十八届运动会高校部比赛	航空航天大学	荣雪宝	建筑学院	第2名	李秀华	普通组
				左亚男				
				董宛莹	机械学院			
				湛伊竺	能源学院			
				陈郁蕾	物理系			
				钱雨婷	材料学院			
				徐晓杨				
健美操	8人组合	江苏省第十八届运动会高校部比赛	中国药科大学	俞丹	经管学院	第8名	武金陵	普通组
				陈若皎				
				王耀卿	交通学院			
				黄佳佳				
				谢倩倩	人文学院			

(体育系 蔡晓波)

2013 年体育系十大新闻

1. 在第十二届全国运动会群众体育先进表彰大会上,我校荣获 2009—2012 年度全国群众体育先进单位,这是我校自 1983 年第五届全国运动会首获全国群众体育先进单位以来唯一连续八次获此殊荣的高校。

2. 教育部发文公布第三批国家精品资源共享课立项课程,我系蔡晓波教授申报的"大学体育"成为目前全国普通高校唯一立项的公共体育共享课程。

3. 12 月 11 日教育部网站一线采风中就"东南大学'五位一体'模式切实提升体育运动工作成效"进行了报道。

4. 10 月 27 日从微小之处入手,引导广大学生在微时间、借助微工具、利用微空间、进行微运动、达到微健康(简称"东大微健康")的运动友好型校园建设启动仪式在九龙湖大学生活动中心广场举行,教育部体育卫生与艺术教育司司长王登峰、共青团南京市委书记单晓峰、南京体育学院副院长王正伦、江苏省教育厅体育卫生与艺术教育处处长杜伟、南京青奥组委会文化教育部部长焦勇等领导出席了开幕式,中新社、江苏广电、南京广电等多家媒体前来现场报道。

5. 在校工会的指导下,体育系第一届教职工代表大会 9 月 4 日上午在春晖堂召开,教代会的成立,对进一步健全和完善体育系的民主政治建设、保障教职工参与民主管理和监督的权利、促进体育系的改革和发展将起着积极的作用。

6. "海信杯"东南大学第五十五届学生田径运动会 11 月 2 日在九龙湖校区桃园体育场隆重举行。有两个团队打破 1 项校运动会纪录,有万余名师生参加运动会开幕式表演、比赛、裁判工作和志愿者服务。

7. 第二十七届世界大学生夏季运动会在俄罗斯喀山闭幕,我校人文学院 2011 级学生郭璠在女子 100 米蝶泳比赛中获得银牌,这是本届世界大学生运动会中国代表团在游泳项目中获得的唯一一块奖牌,也是我校游泳队连续四届参加世界大学生运动会以来取得的最好成绩。人文学院 2012 级学生孙岩,2010 级学生王畅,教练员倪小焰老师参加了本次世界大学生运动会。

8. 美国里海大学女子排球队一行 15 人 4 月 20—23 日到我校交流访问,并与我校女子排球队进行了一场精彩纷呈的友谊比赛,在现场师生的加油助威声中我校女子排球队以 3∶1 战胜了来访的里海大学女子排球队。

9. 3 月 21 日,我校在九龙湖文化素质教育中心举行仪式授予美国人体运动学和体育科学院院士、伊利诺伊大学终身教授朱为模为东南大学客座教授。受聘仪式结束后,朱为模教授为东大师生做了"东方传统养生方法与健身"的学术讲座,朱教授的讲座对将体育融入大学生活、倡导健康积极的生活方式、建立体育锻炼的良好意识在广大同学中产生了共鸣。

10. 我校高水平排球运动员人文学院 2009 级学生李娟被确诊患上慢性粒细胞白血病,体育系教职员工闻此不幸纷纷伸出援助之手,两天的时间共计捐款近 2 万元,部分老师赶往医院看望李娟。

化学化工学院

一、概况

2013年,是全面学习贯彻落实十八大精神的开局之年,在学校职能部门的大力支持下,学院党政紧密团结,一心一意谋发展,通过加强学科建设,大力推进学术团队建设,将原有的化学系、化学工程系、制药工程系和高分子工程与科学系整合成现在的化学系和化学工程系。从而,在提高国际化水平,不断增强化学化工学院的核心竞争力和综合实力,实现学院的快速发展、特色发展、内涵发展及和谐发展,在教学、科研等方面取得了化院历史上最好成绩。

截至2013年年底,全院在职(岗)教职工104人,含专任教师67人、实验室17人、机关管理7人、"有序物质研究中心"8人、药物研究中心5人。教工中有:教授29名(含博士生导师30名),副教授33名(含硕士生导师25人);具有博士学位74人;长江学者1名,入选第四批"青年千人计划"1名,教育部"新世纪优秀人才"5名,教育部"骨干教师"3名,"六大人才高峰"高层次人才5人,省"333人才"4名,"青蓝工程"培养对象3名,"国家杰出青年"资助1名;入选"东南大学青年特聘教授"1名,付大伟教授以东南大学为第一作者单位在Science杂志上发表论文一篇。主办有《化工时刊》全国性学术期刊。

化学化工学院组织结构及研究机构

化学化工学院党委组织结构

学院党委	党委书记	党委副书记	党委委员		党委秘书/人事秘书(兼)
负责人	肖 健	陆 娟	周钰明	马全红	钱 鹰 戚 戎
教工各支部、工会	化学党支部	化工党支部	制药党支部	机关党支部	退休党支部	工会
支部书记/主席	马全红	潘晓梅	郭玲香	戚 戎	乔冠儒	周建成

化学化工学院行政部门

职务	院长	常务副院长、科研副院长	教学副院长	研究生培养副院长	副院长	院长助理	院长助理	院长助理	院长助理	院长助理
负责人	林保平	周钰明	刘松琴	肖国民	熊仁根	王国力	骆培成	杨 洪	蒋 伟	代云茜

化学化工学院各系

名称	化学系	化学工程系
系主任	孙柏旺	周建成

(续 表)

化学化工学院各教学及研究机构									
名称	精细化工研究所	制药工程研究所	东大—海昌/海伦技术研发中心	东南大学有序物质研究中心	东南大学新药研究中心	化学化工学院省级实验教学示范中心	化学化工学院实验中心	江苏省生物药物高技术研究重点实验室	江苏省光电功能材料工程实验室
负责人	周钰明（所长）	吉民（所长）	林保平（主任）	熊仁根（主任）	苟少华（主任）	刘松琴（主任）	刘松琴（主任）	苟少华（主任）	周钰明（主任）

学报及刊物	
名称	《化工时刊》杂志社
负责人	肖国民（社长、主编）

二、党建工作

1. 根据学校党委的部署，化学化工学院领导班子认真学习，贯彻落实中央群众路线教育实践活动的要求和中央八项规定，通过认真学习《论群众路线——重要论述摘编》《厉行节约、反对浪费——重要论述摘编》和《党的群众路线教育实践活动学习文件选编》等材料，观看《周恩来的四昼夜》教育参考片，使活动在学习教育、征求意见、查找问题、开展批评等环节中统一了思想认识，团结全院力量，取得了一些阶段性的成果。

2. 2013年，化学化工学院委员会严格按党章的规定和遵照校《关于做好党支部换届选举工作的通知》（东大委〔2013〕53号）文件精神要求，从党建工作和进一步完善党委组织工作的需要出发，结合学院目前各系划分情况对教职工党支部、退休党支部、学生党支部等各基层党支部进行换届选举。并制定了《关于做好化学化工学院党委所属党支部换届选举工作的通知》（东大化院委〔2013〕3号）及《关于化学化工学院党委所属党支部换届成立领导小组的通知》（东大化院委〔2013〕4号）文件。通过换届，调整后的院党委所属各党支部分别是，教工党支部3个、退休党支部1个、博士生党支部3个、研究生党支部9个、本科生党支部2个。学院基层党支部共计18个。

3. 学院党委按照校党委的党建工作要求，组织学院各党支部认真学习和严格执行《党支部工作条例》、新《中国共产党章程》，规范党员培养、发展与转正等各项组织工作。2013年度，共有95名学生参加学校第9期三学院合办党校，35名学生参加学校党委组织部第15期预备党员培训班，47名学生参加校党委组织部第16期预备党员培训班，并发展学生预备党员38名（其中，本科生23名，研究生15名）。同时，本科生党支部在2013年组织开展的"反对奢侈浪费，争做节粮先锋"最佳党日活动中荣获校二等奖。

4. 2013年，学院党委遵照校党委统一部署，进一步加强学院统战工作的规范化、制度化建设，不断完善学院基层党组织统战工作职责，目前学院共有包括民盟、民建、农工、致公、九三等5个民主党派在内的14位教师。其中，院以上中层领导干部5人，占38.5%；博士学历10人，占16.7%；教授博导7人，占41.2%；副教授5人，占14.29%。学院党委重视统战工作，调动了民主党派参政议政积极性，充分发挥他们在教学、科研和社会服务等方面的积极性与创造性。

三、教学工作

1. "变大班为小班,变大课为小课程"。本院学生在二年级分流后,重要的专业基础课和重要的公共基础课程实行小班上课,便于教师结合专业需求,选取理论联系实际的案例。部分学时较多的学科基础课也将大课改为小课进行,不仅使从事不同学科领域研究的教授将自己的研究成果及学术前沿带进课堂,丰富教学内容,而且能缓解教授们在教学与科研实践安排上的矛盾。"变大为小"的做法适应于学生个性化培养,因材施教,有利于提高教学质量,提升课堂教学效果,受到学生的普遍欢迎。

2. 学院有 97% 的教授给本科生上课,主要讲授本科生大类学科主干课及专业主干课,确保教学质量。所开设的新生研讨课及专业研讨课 70% 以上由教授负责并组建教学团队来开设。新引进教师必须经过学院领导组织的试讲审核环节,规范青年教师上讲台的资格要求,督促青年教师参加学校组织的首开课培训及授课竞赛。学院的教学督导组负责组织教学经验丰富的专家、教师对教学水平有待提高的教师进行听课督导和交流,帮助教师提高教学水平和效果。

3. 2013 年学院推进教学改革,重点加强了"有机化学及有机化学实验课程"建设,在此基础上取得了以下成果:① 成功申报了 1 项江苏省高等教育教学改革研究课题;② "化学化工类基础化学实验创新教学体系的构建与实践"荣获校级教学成果一等奖;③ "工程化学"通过学校通识课程验收,评定成绩为优秀。

4. 根据我校工科强的特点及化学化工学院三个本科专业的特色,我院积极开展本科生全英文教学探索,组织我院 6 位具有多年海外留学经历的中青年教授,分别开设了 8 门全英文课程,其中部分主干课程做到教案、作业上网。同时,聘请瑞士苏黎世理工学院的教授到我院开设课程,受到同学们的普遍欢迎,也为我院同休斯敦大学的"3+1"联合办学打下了坚实的基础。

四、学科建设

1. 化学学科进入世界 ESI 排名前 1‰,且排名由 2010 年的第 745 位(共 923)位显著上升至 2013 年第 435 位(共 1 103)。

2. 江苏省优势学科"新材料及其应用"建设通过学校验收。

3. 2013 年,学院获得"化学工程与技术"一级学科博士点和"化学"一级学科硕士点,现正努力争取化学工程与技术博士后流动站和化学一级学科博士点。

五、研究生教育学术交流工作

化学化工学院始终注重对研究生培养过程的管理,严格执行研究生导师的遴选制度、教学督导评估制度,不断探索和提高研究生教育的管理创新机制。正是这些制度和创新机制的长期、高效执行,使得学院在研究生培养方面的质量不断提高。

1. 在 2013 年江苏省优秀博士论文评选中,我院共有 2 篇论文入选(全校共 13 篇),这些成绩的取得,都是与学院强化研究生培养、实行导师"集体指导制"等创新机制密不可分的。

2. 2013年公派1名博士生到国外大学学习和做研究工作。

3. 2013年我院在省部级硕士、博士论文抽检中,硕士、博士论文抽检的成绩均在优良以上。2013年1月25日,由我院培养的博士毕业生、刚刚留校任教的80后青年教师付大伟博士(指导教师:熊仁根教授)在 Science 杂志上刊发了以我校为第一完成单位的《关于分子铁电晶体的重要研究成果》的论文。

六、科研工作

2013年,以特色建设为重点,在争先进位途径中科研成绩斐然。

1. 科研项目情况

(1) 2013年学院共承担国家自然科学基金、国家"973"子项目、省工业支撑计划、境外合作和企业等各类科研项目65项。其中,"青年973项目"1项(首席科学家:付大伟)、"青年千人计划"项目1项(张袁健)、国家基金16项(8项面上、5项青年、1项国际合作、1项重大预研、1项主任基金)、"973"子项目1项、其他省部级11项(省工业支撑计划2项、省产学研前瞻性项目2项和省自然科学基金7项)。

(2) 截至2013年12月5日,科研经费到账2 075万元,其中纵向经费1 531.5万元,横向经费543.5万元;比2012年全年经费(1 506.5万元)增长38%。

2. 学术论文情况

(1) 熊仁根教授团队的付大伟教授以第一作者和东南大学为通讯作者单位发表了第一篇 Science 论文,是我校和我院历史上的首次突破。

(2) 截至2013年12月,全院发表SCI论文230篇(含合作发表),SCI论文数量处于学校第一,全院在 Science、Chem. Soc. Rev.、J. Am. Chem. Soc. 等国际顶尖杂志上发表多篇高水平学术论文,总体论文质量大幅提高,处于学校领先水平。

3. 主要科研成果

(1) 获2013年省科技厅科技进步三等奖1项。

(2) 2013年发明专利授权42件,申请专利61件,转化发明专利5件。

4. 与江苏豪森药业股份有限公司共同获批建设江苏省生物药物高技术研究重点实验室(江苏省科技厅),2013年顺利通过了省科技厅的验收,与海昌隐形眼镜有限公司/江苏海伦隐形眼镜有限公司建立了"东大—海昌/海伦生物材料工程技术研究中心";2013年间与相关企业成功申报并建立江苏省企业研究生工作站共3个,为研究生培养提供了坚实的基地。

5. 仪器设备由专门省级化学化工实验教学示范中心负责,制定了相关章程,实行全校和全院共享。

七、学生工作

1. 2013年化学化工学院学生就业率,本科生达到97%,其中有45%升学为硕士研究生,研究生总就业率达到95%。

2. 我院学生积极参与校内外各项科研和社会实践活动,学院和各企业联合创办有大学生社会实践基地,本科生和研究生积极参与这些社会实践活动,包括生产实习、社区建设、帮扶孤寡老人和儿童,等等。

3. 2013年,学院学生工作获校级集体荣誉奖5项,无学生违纪违规事件。

4. 学生基本情况

2010—2013级在校学生人数 （单位：人）

年级 分类	2010		2011		2012		2013		合计	总人数
本科生	76		61		66		94		297	
硕士生	123		127		131		142		523	932
博士生	春1	19	春19	30	春17	26	春15	37	112	
	秋18		秋11		秋9		秋22			

八、实验室建设

化学化工学院是一个基础性的学科,承担着全校重要的基础课教学和实验教学任务。学院以新建的6 000平方米——材料化工新大楼启用为契机,将化学化工学院实验中心重新整合,分成实验教学组(由薛忠俊高工负责管理)、实验仪器组(由祁争健教授负责管理),从而,对加强实验中心建设和完善大型设备配置、配合学校在培养复合型人才和创新型人才方面起着不可替代的作用。2013年学院举办了东南大学2013年中学生数理化夏令营,参加了第八届全国大学生化学实验邀请赛。

以上是学院2013年,在各项工作中所取得的成绩。这是学院党政领导班子的紧密团结与配合和全院教职工的齐心协力的结果。全院上下团结一致,充分调动了化学化工学院广大教职工的积极性,大大鼓舞了他们的斗志,凝聚了他们的智慧并进一步增强了大家开拓创新、争先进位、树好形象的责任感和紧迫感。

（化学化工学院　戚　戎）

交通学院

一、概况

交通学院下设8个系(道路工程系、交通工程系、桥梁工程系、地下工程系、运输与物流工程系、港航工程系、测绘工程系、地理信息工程系)、3个研究中心(国家道路交通管理工程技术研究中心东南大学分中心、东南大学城市地下空间研究中心、东南大学物联网交通应用研究中心)及两个产业机构,拥有1个博士后流动站、2个一级学科博士点、8个二级学科博士点和12个硕士点,设置了7个本科专业。

交通学院目前有教职工262人(不含ITS,ITS人事单列),其中,中国工程院院士1人、国家教学名师1人、"千人计划"专家5人、长江学者特聘教授3人、博士生导师50人、教授45人、副教授71人;有博士学位的教师117人,有硕士学位的教师32人。

二、学科建设

1. 以第三轮学科评估为起点,学科建设发展迈上新台阶

今年1月,全国第三轮一级学科评估结果正式公布。我院交通运输工程一级学科在所有参评高校中综合排名全国第一,学科声誉与科学研究排名全国第一,大大突破了"保三争二"的学科评估排名预期目标。学科评估结果说明,交通学院在学术队伍、科学研究、人才培养、学术声誉等方面取得了长足进步,具有出色的学术成就、学术影响力和学科整体水平。学科评估结果为交通学院实现新的跨越式发展,到2020年成为世界上规模最大、国内整体水平最强的交通学院,主干学科和主要研究方向达到国际先进水平的战略目标奠定了坚实的基础。

交通学院学科发展战略研讨会于5月21日隆重召开,王炜院长对本轮学科评估的结果进行了细致分析,系统总结了交通学院在学科建设、队伍建设、科学研究、人才培养、国际合作与交流、实验室与基地建设等方面的成绩与不足,提出了针对下一轮学科评估的工作策略。

2. "985"建设目标胜利完成,重点学科建设项目取得新进展

由学院负责建设的"985工程"三期项目"道路交通科技创新平台"在实施三年之后以"优秀"成绩通过学校组织的验收。项目实施期间,学院坚持"一流学科建设＝一流队伍建设＋一流人才培养＋一流科学研究"的学科建设理念,提出了在学科建设平台上实施队伍建设、人才培养、科学研究的协同发展模式,理顺了以交通运输工程一级学科为基础,以土木工程、测绘工程一级学科中与交通领域相关的二级学科为支撑,以交通运输规划与管理、道路与铁道工程两个国家重点学科为核心的学科发展格局,基本形成了学科间优势互补、特色鲜明、共同发展的现代交通运输工程重点学科群。

作为全省唯一入选的交通类学科,我院承担的江苏高校优势学科建设工程一期项目已进入验收阶段。该项目紧密围绕"学科建设水平显著提升、贡献度显著增强、改革步伐显著加快"的总体目标和"建设高峰学科、培育杰出人才、产出重大成果、引领经济社会发展"的重点任务,全面切实推进项目实施。建设期间在交通运输工程学科优质资源建设、创新团队建设、人才培养及科研创新等方面取得明显突破,全面超额完成了项目建设目标。

3. 高层次队伍建设、高水平学术成果呈现新亮点

由交通学科"千人计划"国家特聘专家冉斌教授领衔的"物联网交通应用研究"团队成功入选江苏省创新团队,成为继王炜教授领衔的"城市交通系统供需平衡的基础理论研究"教育部长江学者创新团队之后交通学院第二个省部级创新团队。该团队致力于物联网在智能交通领域应用方面的研究,将最新的混合交通流理论、自适应的协调主动交通控制理论和实时动态交通分配理论应用于由车、路和交通管理控制中心建立起来的物联网环境,建立针对中国快速城镇化、机动化的新一代交通理论体系。

由缪林昌教授牵头、岩土学科为第一单位完成的"特殊路基土的力学特性与高速公路控制变形成套技术研究"获江苏省科技进步一等奖。该成果针对软土地区高速公路常常出现的桥头跳车、路基沉降过大、膨胀土地区路面结构性破坏、开裂等问题,历经15余年

的不懈努力,研究发明了高速公路建设中各个环节控制变形的关键技术,创立了特殊地基土高速公路控制变形的"准备计算—关键技术—设计方法—施工质保"的成套技术,成功解决了高速公路软土和膨胀土两种特殊地基条件下高速公路控制变形设计与实践的世界难题。

本年度我院共获得20项国家自然科学基金项目资助,项目数量和经费总量实现飞跃,达到历史最好水平。其中交通学科王炜教授申报的"现代城市多模式公共交通系统基础理论与效能提升关键技术"和岩土学科刘松玉教授申报的"城市化过程中天然沉积土污染演化机理与控制技术研究"获得国家自然科学基金重点项目资助,交通学科刘攀教授获得国家自然科学基金优秀青年科学基金项目资助。

4. 以"协同创新"为核心,实验室和基地建设实现新突破

由我院牵头,联合同济大学、清华大学、北京航空航天大学、西南交通大学、浙江大学等国内交通领域一流高校,公安部交通管理科学研究所、公安部道路交通安全研究中心、交通运输部公路科学研究院、中国城市规划设计研究院等科研院所和北京四通智能交通系统集成有限公司、青岛海信网络科技股份有限公司等业内著名企业共同创建的"现代城市交通技术协同创新中心"通过评审入选首批江苏高校协同创新中心(全省唯一的交通类协同创新中心)。

我院"城市智能交通江苏省重点实验室"通过江苏省科技厅审批,成为继"交通运输规划与管理"江苏省重点实验室后我院第2个省级重点实验室。

目前我院围绕城市交通已形成国家道路交通管理工程技术研究中心东南大学分中心、现代城市交通技术江苏省协同创新中心、城市智能交通江苏省重点实验室、交通规划与管理江苏省重点实验室、东南大学物联网交通工程应用研究中心等一系列协同创新平台,为未来更广泛整合交叉学科相关资源,形成我国城市交通行业产业共性技术的世界一流研发基地奠定了坚实基础。

5. 国内外名师走进课堂,学术交流形成新格局

本年度澳大利亚新南威尔士大学王金岭教授、美国伊利诺伊大学芝加哥分校的Krishna Reddy教授、美国华盛顿大学王印海教授、美国佛罗里达大学的彭仲仁教授、美国得克萨斯大学阿林顿分校的Anand Pulppla教授、德国亚琛工业大学的Bernhard Steinauer教授和Markus Oeser教授、德国波鸿鲁尔大学的巫宁教授、美国密西根大学的李志辉教授等一批国内外知名学者受邀为我院本科生、研究生授课,反响热烈。

6月3日,美国田纳西大学地理系首席研究员、国际交通地理领域知名专家萧世伦教授受聘为我校客座教授。受聘仪式结束后萧世伦教授做了题为"Space, Time, and Person-based Geographic Information Science in A Dynamic, Mobile and Connected World"的精彩学术报告。

5月31日,澳大利亚蒙纳士大学土木工程系主任Jeff Walker教授来我院访问,就未来联合博士生培养、本科毕业设计合作项目、科研合作等话题进行了探讨。学院以2012年启动的东南大学与澳大利亚莫纳什大学联合培养交通运输工程硕士研究生项目为契机,依托苏州联合实验室,建立学科对学科、教授对教授的"一对一"科研合作关系。

此外,本年度学院邀请了中国工程院何镜堂院士等国内外著名学者来我院访问和讲

学,同时继续与英国南安普顿大学交通研究所、德国波鸿鲁尔大学交通研究所、德国亚琛工业大学、美国得州农工大学、荷兰代尔夫特理工大学交通运输研究中心、美国威斯康星大学麦迪逊分校、美国伊利诺伊大学香槟分校等国外学术机构保持着密切的学术联系,互派人员往来。全年共邀请境外专家来学院做讲座30多人次,出境访问讲学的教师50多人次,40多人次参加国际会议并宣读论文。

三、科研工作

1. 省部级科技进步奖

经过学院全体教师的共同努力,全院2013年获得各类科技进步奖17项,其中国家级科技进步一等奖1项,省部级一等奖4项、二等奖6项。

- 国家科技进步一等奖:三索面三主桁公铁两用斜拉桥建造技术(黄卫)。
- 江苏省科技进步一等奖:特殊路基土的力学特性与高速公路控制变形成套技术研究(缪林昌、石名磊、王非)。
- 陕西省科技进步一等奖:公路混凝土桥梁承载能力评价方法与加固关键技术及其工程应用(黄侨)。
- 中国公路学会科技进步一等奖:公路预防性养护成套技术体系及政策(黄晓明、李昶)。

2. 瞄准国家级项目("973"、"863"、自然科学基金),提升科研层次

- "973"项目是以解决国家战略需求中的重大科学问题,学院继续在"交通安全的基础理论问题""下一代安全道路设计基础理论及虚拟实验方法研究"等方面进行规划与布局,争取有所突破。
- "863"项目旨在提高我国自主创新能力,学院在"车路协同系统"等领域参与了多项"863"课题,今后将在"高延性水泥基材料开发及在交通基础设施中应用"等领域进行规划布局。
- 学院国家自然科学基金项目数量和经费总量实现飞跃。总体情况为:2006年,3项,59万元;2007年,6项,313万元(王炜院长国家重点基金1项);2008年,11项,332万元;2009年,13项,322万元;2010年,17项,527万元;2011年,19项,836万元,2012年,20项,1 164万元,2013年22项,1 820.7万元。
- 继续参与国家重大工程项目建设与科学研究。我院继续担任全国城市交通"畅通工程"专家组组长单位,并在"沿海大通道"等国家重大工程中以及"国家道路交通安全科技行动计划"等国家重大科学研究计划中承担相关科技攻关与技术服务工作。

3. 科研项目数量稳定,科研经费实现结构性调整

- 全年在研科研项目300多项,科研经费到款达1.1777亿元,其中纵向经费有大幅度提高,科研工作进入新的发展阶段。
- 重点学科纵向科研经费比例稳定,国家重点学科纵向科研经费比例平均达到63.9%,交通运输规划与管理国家重点学科纵向科研经费比例超过66%。
- 岩土、载运、桥梁、地信、测绘、港航等学科科研工作稳步发展,为各学科的快速发展创造了条件。

4. 全年共发表学术论文 294 篇,出版著作、教材 15 部,发明专利及软件著作权授权 82 项。

四、教学工作

2013 年,我院面向国家对交通人才培养的要求,探索并逐渐形成了"一个体系"(与现代化交通建设需求相适应的道路交通类人才培养的知识结构与课程体系)、"三个支撑"(高水准的教师队伍、强支撑的学科平台、高度集成化的资源平台)为主要内容的基于高层次学科平台的道路交通类高素质人才培养模式。

1. "本科教学工程"建设取得良好成绩

(1) 王炜教授领衔的"新形势下道路交通类创新型专业人才培养的改革与实践"获东南大学教学成果一等奖及 2013 年江苏省教学成果一等奖。

(2) 马涛副教授以作品"沥青路面轴载换算"获首届全国高校微课教学比赛一等奖,这也是江苏省本科高校唯一的一等奖。

(3) 黄晓明教授等主编的《路基路面工程(第 2 版)》荣获第三届中国大学出版社图书奖优秀教材奖二等奖。

(4) 建成精品资源共享及公开视频课程数共 2 门,其中"路基路面工程"课程成为国家精品资源共享课;"现代绿色交通"成为国家视频公开课。同时,"交通规划""结构设计原理"两门课程入选第三批国家级精品资源共享课立项建设项目。

(5) 1 人获得东南大学教学奖一等奖,4 人获得二等奖。

2. 本科教学及人才培养质量进一步提高

(1) 交通学院在 2012—2013 学年的网上评教继续位列全校各院系第一名。

(2) 全年本科生出境交流 17 名,其中 CSC 项目派出 6 位本科生赴国外大学短期学习,取得良好成绩。

(3) 陈峻教授申报的"交通运输工程优势学科与特色专业协调建设的资源转换与共享研究"获批江苏省高等教育教学改革重点项目;全院共申请 37 项学校的教改项目,为全校最多,体现了学院教师对教学工作的思考和投入,其中 15 项获准立项建设,22 项作为培育项目同步建设。

(4) 各类 SRTP 项目(校级、省级、国家级、基于教师)立项总数为 158 项,列全校第一。

(5) 在各种竞赛中,共获国际奖 3 项,国家级奖 21 项,省级奖 13 项。其中,获"挑战杯"三等奖 1 项;在第八届全国大学生交通科技大赛决赛中,我院推荐参赛的 3 件参赛作品均进入决赛,并分获一等奖 1 项(排名第一)、二等奖 2 项,总成绩名列全国第一。

3. 以"国际化、卓越化、研究型"为特点的教学工作继续推进

(1) 和加拿大滑铁卢大学签署了本科生交流协议,申请国家留学基金委(CSC)项目已获得批准,为下一步学生的派出打下了坚实基础。

(2) 本年度共有 8 位国外教授参与我院相关课程的全英文教学,10 多位企业专家参与教学,整体上效果良好,达到了预期目的。

(3) 杨军、陈淑燕两位教授以自身的课程为依托参与国际工程教育方法改革项目之

— VCP(Virtual Community Program)。

（4）国家级工程教育实践中心建设工作按计划开展，每年接纳我院10名学生实习及毕业设计。

（5）两家长期合作的单位挂牌"卓越工程师联合培养基地"，每年各接纳我院5—10名学生实习及毕业设计；新签校外实习基地两家。

（6）我院实习教学课程按"计划、执行和总结"规范运行，教务处及专家现场考察后给予充分肯定及表扬；实习经费预算与管理效果明显。

4. 院教学督导组坚持开展督导工作，促进了院教学质量的提高

调整了院教学督导组的人员组成。院教学督导组对全院的教学工作进行全面检查，在跟踪课堂教学的同时，对交通学院毕业设计进行了全过程的检查，提出了很有价值的意见和建议。

5. 日常教学管理正常有序

本年度交通学院本科教学日常运行与评估等管理工作正常有序，专业分流、转系转专业、短学期实践教学、保研等工作均顺利完成。

五、研究生工作

根据学院研究生招生和培养工作的不断发展，继续完善学院博士研究生、硕士研究生招生细则，将研究生招生工作与学院的高水平师资队伍建设、高水平科研工作、高质量创新人才培养相结合，进一步规范了研究生的招生工作。2013年共招生硕士研究生216名，博士研究生52名。

重点加强研究生培养过程的国际化建设。继2012年启动东南大学与澳大利亚蒙纳士大学联合培养交通运输工程硕士研究生项目后，2013年完成了首届研究生的全英文课程授课，实施了专用教室和专业实验室的工程建设，为该专业的建设奠定了基础；2013年选拔了29名优秀学生进入该项目。学院以此为契机，大力积极推动全英文授课、双语授课；重视公派留学人选的遴选，15人入选国家公派研究生项目（2人攻读博士学位，13人联合培养），入选人数居全校前列。

全面实施交通学院博士研究生毕业考核新标准，进一步提高我院博士研究生的科研能力和学术水平，保证学位论文的质量，培养博士研究生的创新能力。全面实施研究生学位论文学术不端行为检测，保证各类研究生学位论文质量，加强学术道德和学术风范建设，进一步规范研究生答辩过程管理，维护学院学术声誉。

积极组织江苏省企业研究生工作站的申报与建设工作，2013年新增江苏省企业研究生工作站2个、研究生校外实践基地1个。引导研究生针对企业的技术难题，在工作站开展工程前沿性课题研究，提升创新能力。企业研究生工作站已经成为研究生培养的重要创新实践基地。

为更好地适应国家经济社会发展对应用型、研究型、高层次人才的迫切需要，调整优化研究生教育类型结构，进一步完善研究生教育培养体系，完成了交通运输工程、测绘科学与技术、水利工程专业三个专业的专业硕士研究生培养方案全面修订工作。

精心组织研究生申报各类创新计划，提升创新能力。2013年，我院共获得江苏省普

通高校研究生科研创新计划项目16项,入选东南大学优秀博士学位论文培育对象2人、东南大学优秀博士学位论文基金9人,入选人数比往年大幅度提升,博士研究生的培养质量不断提升。获得江苏省优秀硕士学位论文1篇,校级优秀博士学位论文1篇、优秀硕士学位论文1篇。

六、学生工作

1. 学生基本情况

交通学院在校学生人数

生源\年级	2010级	2011级	2012级	2013级	合计	总人数
本科生	358	342	335	360	1 395	
硕士研究生	4	175	208	211	598	2 199
博士研究生	44	56	53	53	206	

注:硕、博士10级的人数包括10级及以前未毕业的硕、博士生。

2. 2013年交通学院招生、就业情况

我院2013年的本科招生报到人数为354人,其中,106名女生,248名男生;省内67人,省外278人,港澳台6人(其中台湾2人、香港3人、澳门1人),留学生3人(其中土库曼斯坦2人,也门1人)。交通运输类293人,测绘类61人。

2013年研究生招生情况:硕士研究生211名,其中学术型硕士115名,专业型硕士96名(包含29名蒙纳士-东南大学联合培养班专业型硕士);博士研究生53名,其中春季入学20名,秋季入学33名(包括外籍学生1名)。

圆满完成2013年学校浙江地区和镇江的自主招生、招生宣传及招生录取任务。设立优质生源基地9个。

2013届本科毕业生就业率100%,硕士生就业率100%,博士生就业率99%。本科升学率为42.3%,出国留学率为11%;有8%的硕博生在国内外继续深造,30%本科生和80%硕博生在国内重点企事业单位、高校和政府部门就业。2009级茅以升班有60.5%读研,10.5%出国留学,26.3%就业。

3. 思想政治教育

截至2013年12月底,交通学院现有学生党员794名,其中,本科生298名,硕士研究生429名,交通规划与管理博士研究生67名(其他博士研究生的党建工作放在学科)。2013年发展学生党员275名,其中本科生219名,硕士研究生55名,博士生1名;转正学生党员103名,其中本科生56名,硕士研究生45名,博士研究生2名。

认真做好各类情况学生的思想工作(包括生活贫困生、学习预警生、心理问题生、民族生等),以及国家、学校各项政策的宣传工作、维稳工作;继续充分利用多种媒体资源(人人、微信、微博、微校园平台、QQ群等),拓展学生思政工作的阵地;重视特色的院系文化建设,培养勤奋进取、敢为人先的交院人。

2013学年学院获得江苏省先进班集体2个(214101班、硕士研究生2011级2班)、江

苏省五四红旗团支部1个(2010级茅以升班)、东南大学先进班级2个(2011级茅以升班、217112班);江苏省三好学生1人、江苏省优秀学生干部3人;还获得东南大学优秀院系研究生会、十佳党支部、校先进团委、校文化节优秀组织奖及精品活动等荣誉称号。

4. 学生成长平台的搭建:加强有交通学院特色的院系文化品牌的建设

(1) 实践创新平台

学院除积极组织学生参加各级SRTP外,已经连续举办四届东南大学交通科技大赛,并代表学校在第八届全国交通科技大赛中,获得一等奖1项(排名第一)、二等奖2项,总分全国排名第一的历史最佳成绩。在第十三届"挑战杯"全国大学生课外学术科技作品竞赛中我院学生获得全国三等奖1项、优秀奖1项。另外,获得大学生国际级竞赛奖6人次,国家级竞赛奖36人次,省级竞赛奖15人次。"向阳花"社会实践活动在"爱春蕾"西部女童助学活动的基础上继续开展,我院学生获得2013年"远洋之帆"全国大学生社会实践二等奖,2013年江苏省社会实践优秀团队1个、先进工作者1人、先进个人1人,还获得2013东南大学最佳党日活动一等奖。

(2) 素质拓展平台

学院成立了JOIN学生艺术团、体育俱乐部、课外研学协会(wonderful years俱乐部)等社团,学院面向全体本科生、研究生全年开展各类文体活动50余场,文化素质讲座20余场,荣获近30个体育奖项。其中有较大影响的包括第八届"激情四射"大型露天舞会、第三届JOIN学生素养养成论坛开场讲座建筑大师何镜堂院士"用智慧和汗水书写美好人生"、JOIN艺术团"荟萃艺堂"系列演出等;在本年度中,先后取得了东南大学女子五人制足球赛冠军、"新生杯"团体总分冠军、东南大学第五届"大力杯"拔河比赛冠军、东南大学"迎新年"万人健身长跑比赛团体总分第一。

(3) 职业(就业)发展平台

制定《就业工作管理办法》,借助《就业导论》进行职业发展教育,认真做好供需信息发布收集整理、毕业生推荐、招聘会组织、就业指导咨询和就业困难生帮扶等就业发展工作。2013年共接待用人单位308场次,参与学生达到1800余人次。

学院还以校庆、校友返校聚会、校友会活动等为契机,着力加强校友联系和服务校友工作。2013年前往安徽、山东、深圳、宁波地区举办交通学院大型校友聚会4次;除前往全国各地拜访校友,作为校友大本营,学院全年接待拜访各届校友500多人次。

(4) 国际交流平台(本科生)

为积极推进人才的国际化培养与学术交流,学院组织本科生赴境外高校和交通管理部门,开展座谈、讲座、参观、竞赛、学生社团交流等活动。2013年学院继续选拔17名本科交换生赴我国台湾"中央大学"和逢甲大学、澳大利亚蒙纳士大学、巴黎高科等高校交流学习。另有11名本科生出境开展各类文化和学术交流。

仪器科学与工程学院

仪器科学与工程学院的学科专业创建于1960年,1961年开始招收研究生。1981年和1984年被国务院学位委员会先后批准设立"精密仪器及机械"和"测试计量技术及仪器"两个硕士学位授权点。1990年"精密仪器及机械"二级学科被国务院学位委员会批准为博士学位授权点，1994年"精密仪器及机械"二级学科被评为首批江苏省重点学科，1998年"仪器科学与技术"一级学科被评为江苏省一级重点学科。

1992年5月为了适应学科发展的需要，成立了仪器科学与工程系。2006年9月4日经学校批准成立仪器科学与工程学院，建有教育部国防重点实验室（B类）、一个江苏省重点实验室、一个国土资源部重点实验室。学院设一个本科专业："测控技术与仪器"，一个一级学科博士和硕士点："仪器科学与技术"，4个二级学科博士和硕士点："精密仪器及机械""测试计量技术及仪器""导航、制导与控制"和"微系统与测控技术"。

一、党政工作

1. 学习宣传贯彻党的十八大和十八届三中全会精神。围绕"东大梦·仪科梦·我的梦"主题，通过参观国防园、校史馆、征文活动、师生座谈等形式开展特色活动，积极营造和谐、团结、积极向上的学院氛围，引导广大师生党员统一思想、立足岗位、凝聚力量，为圆"一流学科之梦、一流大学之梦"而努力奋斗，以实际行动贯彻落实党的十八大和十八届三中全会精神。

2. 开展党的群众路线教育实践活动。学院党委加强领导，精心组织，着力抓好"学习教育、查摆问题以及整改落实"三个环节。领导班子成员重点围绕为民务实清廉的要求，针对问题，切实开展批评与自我批评，撰写对照检查材料，召开民主生活会，抓关键，突重点，制定整改措施，切实把教育实践活动与学院人才培养、教学科研、学科建设等中心工作相结合，确保教育实践活动取得实效。

3. 加强党员队伍及基层党支部建设。组织参加"党的十八大报告和党章知识竞赛活动"，加深了大家对十八大精神的领会和理解；以"东大梦·仪科梦·我的梦"为主题开展讨论，培养大家的爱校爱院情怀。顺利完成了党支部换届选举工作。坚持党支部书记例会制度，加强党支部书记培训和党员日常教育。年收缴党费17580.6元。

4. 党风廉政建设和安全保密工作常抓不懈。修订学院"三重一大"决策制度实施办法，进一步规范学院领导班子集体决策程序，在人才引进、职称评审、后备干部推选、招生免研、评优评奖、大额资金使用等方面，力求决策科学化、民主化和规范化，防范决策风险。此外，党委始终坚持安全工作、保密工作的常态化管理，打造和谐平安的学院环境。

5. 扎实推进机关作风建设及校友工作。通过培训及工作交流，不断提高机关工作人员的业务素质；通过建立校友信息库，与校友建立广泛联系，接待校友返校欢聚；关心下一代工作委员会正式成立并召开专题会议，积极探讨如何以老同志为工作主体开展我院关工委工作。

二、学科建设

1. 我院"仪器科学与技术"一级学科在教育部2012年12月的一级学科评估中，位列全国第五，实现前进两位的成绩，达到争先进位的目标。

2. 在2013年8月江苏省"十二五"一级重点学科中期检查中，我院"仪器科学与技术"在全省188个参评学科中评为优秀(全省共14个学科评估为"优秀",东南大学13个学科参评,3个学科评估为优秀)。

3. 获得江苏省优秀硕士论文1篇(王楠,指导老师:宋爱国);获校优博论文科研经费资助1名(乔贵方),获省创新人才培养经费资助1人(罗堪),获校创新人才培养经费资助3人(张红、吴常铖、乔贵方)。

4. 本年度推荐赴境外联合培养研究生4名(项学海、罗堪、熊鹏文、凌云);6名研究生赴境外学术交流,获得国际会议资助(钱宇宁、王勇、张军、冉昌艳、周薇、罗堪)。

5. 在江苏省学位论文抽检中,我院去年抽中的5篇,全部获得通过。

三、科研工作

1. 全院申报国家自然科学基金26项,获批7项;申报江苏省自然科学基金6项,全部获批;申报总装预研基金5项,获批3项,为历史之最;申报教育部博士点导师基金1项、新教师基金4项,获资助新教师基金1项。参与申报成功科技部重大仪器专项2项。

2. 科研经费持续增长。全院有到款的项目132项,到款经费近4000万元,经费总额列全校第8位。

3. 专利论文成果丰硕。全院发表SCI论文49篇,发表EI论文44篇(不含双重收录),较去年大幅增长;全院申报国家发明专利85项,获发明专利授权38项,申报实用新型专利6项,获实用新型专利授权10项,登记软件著作权11项,转化应用发明专利15项,均较去年同期增长。

科技成果奖励申报工作平稳发展。获各级各类科技奖励5项,其中教育部科技进步一等奖1项,日内瓦国际发明奖1项。

四、教学工作

2013年,仪器科学与工程学院本科教学工作在学校人才培养"国际化、卓越化、研究型"为特点的教学理念引导下,全面响应国家"本科教学工程"的各项工作,大力开展教学改革和教学质量保障活动。宋爱国教授负责的"传感器技术"课程,入选第二批国家级精品资源共享课立项项目。

2013年12月,学院向中国工程教育认证协会秘书处递交了"测控技术与仪器"专业工程教育认证申请书。

学院本科生积极参加课外研学及科技创新活动,取得了不俗的成绩,主要包括:2013年全国大学生电子设计竞赛中获全国一等奖一组,省级一等奖一组;2013年美国大学生数学建模竞赛国际级二等奖一组;第十三届"挑战杯"全国大学生课外学术科技作品竞赛中获全国二等奖一组;第四届"北斗杯"全国青少年科技创新大赛二等奖一组等,共35组,多达90余人次。由严如强老师指导的2009级本科生赵锐的毕业设计论文《基于随机共振的旋转部件故障诊断》获得江苏省省级优秀毕业设计二等奖。

学院颁布并实施《仪器科学与工程学院本科教学工作资助与奖励办法》,鼓励学院老师积极参与本科教学建设与改革。先后与美国国家仪器有限公司(NI)中国总部、江苏省计量科学研究院签订了卓越工程师联合培养协议,并举行了揭牌仪式。成功申报并获批江苏省省级实验教学与实践教育中心:测控技术与仪器学科综合训练中心。发表教改论文2篇,其中CSSCI 1篇。获校级教改项目11项,其中重中之重项目1项,重点项目1项。

五、师资队伍

1. 人员结构现状

学院现有教职工69人,其中管理人员10人,专任教师55人,实验技术人员4人。专任教师队伍中教授21人(含重大项目岗教授2人)、副教授24人、讲师10人。具有国内外博士学位教师50人,占专任教师的90%。博士生导师(含兼职)23人,硕士生导师(含兼职)54人。

2. 高层次人才

教育部长江学者特聘教授1人、国家杰出青年基金获得者1人、国家"万人计划"首批"科技领军人才"1人、"新世纪百千万人才工程"国家级人选1人、教育部"新世纪人才"3人、江苏省特聘教授1人、江苏省"333工程"学术带头人5人、江苏省"青蓝工程"学术带头人3人、江苏省"六大人才高峰"7人。

2013年新进教师1人,博士后3人,晋升教授1人(吴涓),副教授2人(祝雪芬、林国余)。

六、学生工作

我院在2013年本科生报到人数为122人,其中省内25名,省外97名。生源情况较好,招生人数同比增长20%。

2013年研究生招生情况:硕士研究生100名,其中学术型硕士59名,专业硕士41名;博士研究生20名(春季入学7名,秋季入学13名)。

2013届本科生就业率达98%,硕士及博士均达100%。我院2013届本科毕业生98人,升学39人,出国留学12人。

圆满完成2013年学校在南京地区自主招生、招生宣传及招生录取任务,多次与对口中学展开交流。

截至2013年12月底,学院共有学生支部13个,学生党员296人,其中本科生44人,硕士生195人,博士57人。2013年度发展学生党员14人,转正学生党员24人。完成预备党员培训48人,发展对象培训56人。毕业生党组织转出86人,2013级硕士新生转入党员64人。

日常管理。按照学校的要求做好各类奖、惩、助、贷、补等工作,在公平、公开、公正的基础上按时做好各类奖学金工作;进一步完善辅导员、班主任、班级工作等各项制度。

七、在校学生情况一览表

生源 \ 年级	2010级	2011级	2012级	2013级	合计	总人数
本科生	102	85	102	121	410	
硕士生	—	82	98	100	280	750
博士生	63(2010级前)	23	17	20	60	

医　学　院

医学院设有5个专业：临床医学(7年制)、临床医学(5年制)、医学影像、医学检验、医学护理，在校本科生1 440人，研究生765人，留学生675人。共有一级学科博士点2个(临床医学、生物学)，二级学科博士点9个(内科学、外科学、免疫学、妇产科学、神经病学、肿瘤学、儿科学、影像医学与核医学、临床检验诊断学)，一级学科硕士点4个(基础医学、临床医学、生物学、护理学)，博士后流动站2个(临床医学、生物学)。

一、学科建设

1. ESI排名：我院临床医学ESI排名2011年进入世界科研机构的前1‰(3 800位)，目前位置为2 020位(总计3 895)，提升1 780位，较2012年年底提升1 200位。在东南大学7个进入ESI排名的学科中位列第5，较前一年度提升1位。

2. 医学院排名及全国百强医院：医学院2013年度排名24位(武书连排名)，较2012年度提升8位，附属中大医院首次晋级全国百强医院，排名89位，放射科排名20位获得最佳专科提名(因服从学校统一安排，医学院的重要材料支持生医学院的学科评估，故未参加教育部的学科评估与排名)。

3. 国家级临床重点专科：2013年度新增医学影像科，新增1个省临床研究中心。

4. 学科评估：完成江苏省组织基础医学一级学科评估获得优秀成绩。

5. 重点学科：完成江苏省临床医学重点学科中期检查及评估，获得良好成绩。

6. 优势学科建设：本年度优势学科建设进展良好，完成优势学科终期评估标志性成果总结。经费审计正在进行中。项目经费正在按照预算计划执行。

7. "985"三期建设：已经完成"985"三期阶段验收总结并通过学校评审，"985"三期建设指标总体超额完成。建设总经费1 200万元已经完成1 100万元，剩余100万元用于中大医院生物样本库建设正在执行中。

8. 平台建设：临床医学各学科平台建设(1 100平方米)交付使用，运转良好。基础医学研究平台完善改造方案已经完成规划正在招标中。

二、科学研究

1. 科研项目

本年度,以滕皋军教授为首席科学家承担的国家"973"计划"基于多模态影像的缺血性脑卒中诊治新技术的关键科学问题研究"项目于2013年2月正式启动。此外,医学院获国家自然科学基金45项(其中优秀青年基金1项),江苏省基金11项,教育部博士点基金2项,博士点新教师基金4项,其他省部级基金5项。总计科研经费到款(截至2013年11月)2 485.76万元,较2012年度增长69.4%。

2. 论文与专著

2013年度医学院共发表SCI收录论文215篇,学科顶尖杂志20篇,其中邱海波教授并列第一作者在国际医学最顶尖杂志 The New England Journal of Medicine 发表论文(影响因子51.66)。出版教材及专著等28部。

2012年发表的论文中"表现不俗"为23篇。

3. 科研成果

获教育部自然科学一等奖1项(刘必成),教育部科技进步一等奖1项(黄培林)。

三、师资队伍建设

2013年新增国家优秀青年基金1名,江苏特聘教授1人,新增江苏省"333"第一层次人才1名,2013年度我院共引进新教师17名,其中8名教师有海外经历,5名教师申报学校高级职称获批准(2名正高、3名副高)。

目前医学院有国家杰出青年基金获得者2名,"973"首席科学家2名,江苏省特聘教授2名,"新世纪百千万人才工程"国家级人选1人,"国家千人计划"1人(2012,第七批企业千人),江苏省"333工程"中青年科技领军人才4人。目前,医学院教授有博士学位者占87%,有6个月以上海外研修经历者占教师比例32%。2013年度优势学科经费选拔优秀青年教师赴海外进修14名(教学、科研及临床)。

四、人才培养

1. 教学任务

本年度,我院完成各专业本科教学工作量共计24 000余学时,留学生教学工作量3 500余学时。此外,大力推行教学改革,获校级教学改革项目11项,全年新完成PBL案例24个,组织培训TUTOR 120人,新开创新型实验研讨课2门(感染与免疫、病理解剖与事故鉴定),开设全英文课程11门。目前,医学院共开设全英文课程54门,双语课程15门。

全院学生SRTP申报校级项目68项,省级学生创新型实验项目5项,国家级学生创新型实验项目8项,基于教师科研的学生创新型实验项目9项。

2. 教学成果

本年度获批教育部高等学校本科教学改革与教学质量工程项目(专业综合改革试点——临床医学专业);获江苏省教学成果一等奖1项;获国家留学生全英文授课精品课

程1门;江苏省精品教材立项1项,公开视频课1门。获得首批拔尖创新医学人才培养模式改革试点(全国总计26所高校);获得五年制临床医学人才培养模式改革试点。

3. 教学质量

我院高度注重教学质量,坚持全体教授必须为本科生授课,其中基础医学教授为本科生授课平均68学时。在提高师资水平的同时,本年度共组织教学督导组成员听课525人次,起到了良好的教学监督作用。本年度,我院还顺利接受了教育部组织的针对留学生教育质量的MBBS教学水平评估。

4. 教学平台建设

获得国家质量工程实践基地建设项目:临床技能综合训练中心。

5. 研究生培养

2013年医学院张志珺教授指导博士生柏峰获得全国百篇优秀博士论文提名,刘必成教授指导博士生汤日获江苏省优秀博士学位论文,居胜红教授指导硕士生王心怡获得江苏省优秀硕士学位论文。

本年度,我院国家公派海外攻读博士学位5人,联合培养博士3人,江苏省学位办抽检学位论文合格率100%。

研究生参加国际会议交流20余人次。第49届欧洲糖尿病协会(EASD)年会上,我院共有11篇论文被录用,是中国地区入选论文最多的单位;2013全美放射年会RSNA影像学科5名研究生获得会议发言交流邀请。

2013年度招收硕士研究生199人(含7年制),博士生51人;2013年授予硕士学位182人,博士学位16人。

6. 获得2013年全国大学生"挑战杯"特等奖(哲社类)

中国慢性病防治"四位一体"管理模式的探究获得2013年全国大学生"挑战杯"特等奖,实现了东南大学在哲学与社会科学类特等奖的突破,这也是本年度东南大学获得的唯一特等奖。

五、国际合作与交流

本学科积极开展国内外学术交流,与美国斯坦福大学医学院、德国汉堡大学医学院、德国乌尔姆大学医学院、英国利物浦大学医学院、澳大利亚蒙纳士大学医学院等国际著名大学医学院在人才培养及科学研究方面开展合作交流,2013年度医学院派出教师到国外学习交流3个月至2年24人次,同时通过国家留学基金委高水平大学公派研究生出国进行联合培养或攻读博士学位的8人,东南大学研究生院专项基金资助研究生出国参加国际会议或短期科研培养20人次。邀请海外专家全英文授课20人次,讲学52人次。华英学人2名。新签3所学校(美国、德国)合作协议。2013年暑期,我院向德国乌尔姆大学、德国汉堡大学、英国利物浦大学及我国台湾中山医学大学四个合作院校共计派出24名学生参与1—3个月时长的国际交流活动,在学校国际化发展的背景下率先为学生搭建了国际交流平台。2013年度招收留学生109名,毕业并获得医学学士52名。

六、实习基地建设

临床实习是医学教育诸环节中极其重要的一环,对此,医学院努力开拓新的实习基地,在 2012 年增加四川大学华西医院(全国排名第二)作为实习基地的基础上,2013 年又增加了浙江大学第二医院和南京军区南京总医院 2 个高水平的临床实习基地。这不仅为提升学生的教学质量,而且为学生的就业、扩展医学院影响力及医学院的学科建设具有重要的意义。

七、学生教育管理

1. 学生培养

2013 年招生规模扩张生源质量显著提高,高出南京医科大学录取分数线 9 分。

我院 2013 届各专业本科生就业率为 98.91%,研究生就业率为 99.58%。院团委完成 2013 年暑期社会实践组织工作和相关指导工作,组织了 300 余名同学参加社会实践。我院的"健康中国梦"项目获得校级一等奖、"'濠'情万丈"获得校级二等奖。此外,我院还结合医学特色,组织了一系列志愿者工作,包括志友服务团、清明公祭志友、劝业路社区志愿活动、天福园社区义诊等,并举办了医学院"大爱无声　志友礼赞"大型公益晚会。

2. 学生奖惩

2013 年度,我院获国家级学生集体奖 1 个(全国"挑战杯"特等奖),国家级学生个人奖 84 人(中国大学生自强之星 1 人,国家奖学金 19 人,国家励志奖学金 45 人,研究生国家奖学金 19 人),获省级学生集体奖 1 个(省先进班级),获省级学生个人奖 3 人(省三好 1 人,省优干 1 人,研究生省优干 1 人)。

本年度,我院无受校纪处分学生。

3. 学生管理

我院对学生突发事件有相应预案,处理有效,无重大安全责任事故。学生各类评奖评优资助公开公平公正,无投诉。

医学院作为全校少数民族数量最多的院系,在少数民族学生中创新性地开展"朋辈教育",取得了很好的工作成效。这种"朋辈教育"模式使每个少数民族同学都很受益。吴志龙老师申报的"朋辈教育在少数民族学生教育管理中的运用"入选 2013 年东南大学辅导员精品项目。

我院藏族学生次央同学成为我校第一个获得国家奖学金的藏族学生,同时还是我校第一个来自内地藏族班的免试研究生,她还获得省"资助成才先进个人"称号,其事迹被省相关部门拍成电影将向社会广为传播。苗族学生龙剑海是国防生,身为学生党员的他在大五期间担任盐城第三人民医院实习组组长,工作出色,表现优异,获得院方一致好评,被评为优秀实习生,同时还获得大连东岗奖学金,他本人也考取解放军 307 医院研究生。

八、综合管理

1. 领导班子建设

坚持党政联席会议事规则和"三重一大"决策制度,完善内部监管制度,强化监督,健全预算管理,变事后监督为事前、事中监督,把财务风险控制在最低限度。每周召开党政联席会,每次党政联席会议均有记录。

2. 党风廉政建设

严格执行中央八项规定和学校九条贯彻规定,认真落实党风廉政建设责任制。在工程改造、仪器设备招标采购、招生、科研经费使用、对外业务交往中严格按政策法规办事。科研经费管理有效,班子成员无信访和违纪违规行为;财务管理规范有序,不设小金库。

3. 管理服务情况

已完成学院二级教代会换届选举,选出执委会,发挥学院二级教代会、工会在学院民主管理中的作用。每月出一期《院情通报》,向全院职工通报学院最新动态和政策导向。通过全院职工大会、支部书记以及学系主任例会、教职工代表大会等方式通报院情及财务情况。

院工会、退协积极组织各种文体活动,既使广大教职工锻炼了身体、愉悦了心情,又达到了凝聚人心、建设和谐校园的目的。在校乒乓球比赛中获得女子单打第一名、男子团体第五名的好成绩。关爱职工健康,购置防雾霾口罩发给职工,坚持送温暖,对重大疾病、困难职工、90岁以上高寿的专家开展慰问活动。

九、深入开展党的群众路线教育实践活动

党的群众路线教育实践活动开展以来,学院设置了意见箱、开通热线和电子邮箱,班子成员召开各类座谈会,开展调研,并利用全院各系主任换届和二级教代会换届之机,深入基层,广泛听取意见。针对这些意见建议,学院领导班子进行了认真梳理和分析,组织召开了领导班子专题民主生活会,做到查找问题不回避、不遮掩,深入剖析问题根源。针对存在的问题,领导班子成员进行了任务认领,提出了相应的整改措施,并在工作实践中边学边改,边查边改,对暂时不能解决的问题也制订了详细的计划。全面梳理了各项规章制度,对需要建立、修改的规章制度制订了计划表,明确了责任人。

公共卫生学院

2013年,学院紧紧围绕"建设国内一流公卫学院"的总体目标,加强领导班子作风建设,团结带领全院师生,求真务实,奋发进取,在教学科研、人才培养和师资队伍建设、党建及学生工作等方面均取得较好成绩,为学院跨越式发展打下了坚实基础。

学院现有4个学科系:劳动卫生与环境卫生学系、营养与食品卫生学系、流行病与卫生统计学系和医疗保险学系。2个本科专业:预防医学、劳动与社会保障(医疗保险专业方向),预防医学为主干学科。学科特色方面:公共卫生与预防医学为一级学科博士点和江苏省一级学科重点学科,劳动与社会保障专业是江苏省重点建设的特设专业,设有社会保障学硕士点。学院还建有公共卫生与预防医学博士后科研流动站、环境医学工程教育部重点实验室,学院还是教育部首批的公共卫生硕士(MPH)培养试点单位。

学院现有教职工55人,其中专任教师47人,教师中,教授(研究员)16人,副教授20

人,博士生导师13人。教师中,具有博士学位和在读博士学位的占总人数的85%以上。

一、教学科研及学科建设

学院学科建设取得新进展,在第三轮全国一级学科评估中,公共卫生与预防医学名列第七,比前一轮评估位次前移二位,成为学院发展中的最大亮点,实现了学院"十二五"规划中一级学科评估位次前移的目标,也为学校争先进位、创建世界一流大学做出了自己的贡献。

2013年,学院科研工作出现了"两个最多"的可喜现象:国家自然基金立项7项、江苏省自然基金立项1项,是获得国家和省部级自然基金项目数最多的一年。全年发表SCI论文45篇,EI收录6篇,论文发表数也是最多的一年。另外,除自然基金外,全年新立其他科研项目32项,教育部博士基金4项,申请专利31项,授权专利4项,获得江苏省卫生厅科技进步一等奖1项,市级科技二等奖1项,表现出科研的良好势头。在公共卫生与预防医学成为江苏省一级学科重点学科的同时,医疗保险专业成为江苏省重点建设的品牌特色专业,获得了力度较大的支持。

学院高度重视教学工作,认真落实学校教学工作会议精神,自觉维护教学工作的中心地位,努力为教学创造良好的环境。全年完成教学工作量7 842学时,教学秩序井然,教学质量稳定,教学效果良好。预防医学和医疗保险两个专业的毕业实习,按教学计划顺利进行,实习学生的良好表现受到实习基地带教老师的好评。

学院高度重视人才培养和师资队伍建设,年内新增博士生导师2名,新晋升教授2名、副教授1名。1名教师入选教育部"新世纪人才",1名教师入选江苏省"333工程"三层次培养计划。在加强人才培养的同时,学院加大人才引进工作力度,经过积极联系,拟引进1名海归助理教授的工作取得了可喜进展。

二、党建及学生工作

学院党委注重自身建设,以建立学习型基层党委目标要求自己,院领导班子成员除参加校党委组织的中层干部理论学习外,还按规定参加了"高等教育管理干部培训平台"学习培训任务,参加学习的5位班子成员,全部超额完成了规定的学习时数。教职工的学习,以党支部为单位,以党员参加组织生活的形式,开展了十八大精神的系统学习。根据在校学生的特点,本科生和研究生党支部,分别举办了以学习十八大精神和"中国梦与我的梦"为内容的教育实践活动,主题鲜明,形式活泼,起到较好的效果。

结合学院实际,学院党委成立了群众路线教育活动领导小组,紧紧围绕"为民、务实、清廉"的总体思路,以领导班子作风建设为重点,从宣传发动、提高认识、征求意见、对照检查到落实整改,建立一整套机制,保证活动的各环节正常有序开展。学院还通过多条渠道,广泛征集群众意见和建议,经过认真梳理,归纳出涉及学院层面的意见和建议共计7条。在党政联席会议上,班子成员逐条进行分析研究,查找原因,制定和落实整改措施。经过积极整改,已取得初步成效,得到了校领导的认可。中央督导组领导莅临学院指导检查群众路线教育活动时,对此也给予了充分的肯定。

认真贯彻执行党风廉政责任制,切实落实党委书记负总责,领导班子成员根据分工、各自对分工和职责范围内的党风廉政工作负责的"一岗双责"工作机制和考核机制。学院还开展了"三重一大"制度落实情况的自查,并在此基础上进一步修订和完善了学院贯彻"三重一大"制度的实施细则,坚持做到凡涉及学院重大事项,一律经过院党政联席会议集体研究决定。坚持院务公开、党务公开,在人才引进、职称晋升、干部选聘、推免出国、评奖评先、组织发展、经费管理、考核方案等师生关心的问题上,自觉接受群众监督。学院党委还坚持每月一次的党支部书记例会制度,及时传达贯彻校党政的有关决议和部署,充分发挥党支部的战斗堡垒作用和党员的先进性。党委重视新形势下的党员教育,党委成员经常和党员开展谈心活动,及时了解党员的思想状况,关心党员的工作学习和生活,关心青年教师的成长。

学生工作也是学院的重头工作,从招生到就业,各个环节都很重要,学院都给予高度重视。特别是在就业形势严峻的情况下,学院要求每一位教师都要关心学生就业,2013届毕业本科生、研究生的就业率分别达到100%。对学生在校期间的培养和教育,尤其是在专业学习上,学院采取多种形式,提高他们的学习兴趣,如学院16名教授全部参加学生核心课程的讲授,教授上课受到学生的欢迎,对学生巩固专业思想起到了不可或缺的作用。学院还开展了高年级学生与大一新生"一帮一"结对帮扶活动,并针对学院民族学生较多的情况,建立了民族生学习、生活帮扶小组。学生第二课堂和社会实践活动也丰富多彩,与南京市红十字血站共建了"大学生道德教育基地",与宜兴市疾控中心共建了"研究生实践基地",举办了第四届"绿色城市,健康生活"全国硕博学术论坛,学生参与这些活动,在专业知识提高的同时,又提高了参与社会活动的能力。

学院新一届分团委以及研究生会、学生会成立以来,在学院党委的关心支持下,积极开展各种活动,丰富大学生在校生活,为创建平安校园、和谐校园发挥共青团组织的作用。岁末举办的"梦缘公卫"迎新文艺晚会,内容丰富,形式新颖,给师生留下了美好印象,增强了学院的凝聚力。对有困难的学生,给予多方面关心,有一名来自新疆维吾尔自治区的民族生患"平山病",由于家境困难,治疗费用难以解决,经多方筹措,学院为其解决了治疗费用,并鼓励他积极战胜病魔,完成在校的学习任务,这位民族生重新走进课堂后给学院党委写了一封长信,表示今后要为民族团结大业做出自己的贡献。

(公共卫生学院 孔房祥)

马克思主义学院

一、学院概况

2013年,我院积极学习贯彻十八大精神,按照"教学为本、科研为基、立德为先、争创一流"的理念,在校党政领导与支持下,扎实开展各项工作,在思想政治理论课教学改革与建设、学科建设与科学研究及师资队伍、综合管理等各方面取得了多项历史性突破,逐步走出积弱已久的局面,呈现出跃升式发展好势头。截至2013年年底,马克思主义学院共有专任教师39人,其中教授4人,副教授15人;目前在读硕、博士生共101名。

二、以"示范点"建设为抓手推进思想政治理论课教学建设

1. 目前,我院承担了四门思想政治理论课的教学工作,平均每位教师承担4个班教学任务。有14位老师开设了22门硕士和博士研究生课程。

2013年上半年,我院承担并开设了全校本科生"中国近现代史纲要"(32课时)、"毛泽东思想与中国特色社会主义理论体系概论"(48课时),其中"中国近现代史纲要"总课时数1 344,教学大班42个,平均每班96.8人,9位教师平均每位教师讲授149.444课时;"毛泽东思想与中国特色社会主义理论体系概论"总课时数1 584,教学大班33个,平均每班118.55人,平均每位教师讲授198课时。

下半年,承担并开设了全校本科生"马克思主义基本原理概论"(48课时)、"思想道德修养与法律基础"(48课时),其中"马克思主义基本原理概论"总课时数1 680,教学大班35个,平均每班114.54人,平均每位教师讲授120课时;"思想道德修养与法律基础"课程我院有4位专职教师承担教学任务,总课时数672,教学大班14个,平均每班78人,平均每位教师讲授168课时。

2. 成功申报并有序推进思想政治理论课省级"示范点"建设。在2013年江苏省高校思想政治理论课示范点立项建设试点项目申报中,我院袁久红教授牵头申报的项目"大学生社会主义核心价值观教育教学创新的探索与实践"获得批准立项,这是近15年我校思想政治理论课获得的省级教改项目。

围绕该项目的建设,我院组织各教研部分别进行教改设计,以社会主义核心价值观为统领开展教学模式创新的探索,总体设计及进展得到省内马克思主义学科同行专家及省教育厅领导的高度认可。校教务处、校教师教学发展中心予以配套支持,立项相关重点项目。目前,4门课的优质资源库建设、"思想道德修养与法律基础"课的体验式教学、"中国近现代史纲要"的案例式教学等教改正在如火如荼地进行。

3. 获多项校、省级教学奖。张三保老师的"中国近现代史纲要"多媒体教学课件在2013年江苏省高等学校优秀多媒体教学课件遴选中,获"省一类优秀课件"。陈良斌老师提交的微课作品"客体对主体的改造——从'斯坦福监狱实验'谈起"在江苏省首届高校微课教学比赛中被评为大赛一等奖,并获江苏省思想政治理论课教学能手竞赛三等奖,黄宏老师获优秀奖。由何苗、周龙英、王荣三位老师共同完成的"思想政治教研部课程资源库建设"项目获校级教学成果奖二等奖。

4. 严格规范管理、教学效果改善。院领导、教研部负责人及教学督导组成员切实负责,跟班听课,对思想政治理论课教师授课尤其是青年教师进行指导和监督。各教研部内部也开展了示范课、观摩课活动,互相学习,互相借鉴,使思想政治理论课质效有明显提升。学科带头人袁久红教授及刘魁教授为本科生讲授思想政治理论课,积极发挥带头作用。

三、学科建设与科学研究

1. 新立项各类项目计13项,其中国家社科基金项目实现零的突破,获得2项,科技部课题1项,教育部课题1项,中国科学基金资助项目1项,省级课题1项,厅局级项目

4项,校级课题3项。科研项目数从2012年的12项增加到25项,翻了一番,2013年立项经费达99.5万元,与2012年60.5万元比较,同比增长了64.5%。无论是科研项目还是立项经费都是我校马克思主义学科有史以来的最佳成绩。

2. 在学校资助下推出了两套丛书——《中国社会主义核心价值观研究丛书》和《西方马克思主义政治哲学前沿研究丛书》。目前已有4本专著《社会主义核心价值体系的中国灵根》《马克思主义与后现代政治——一个建设性的视野》《集体主义价值观的当代阐释》《西方马克思主义生态政治思想》出版。加上我院姜宪明老师出版的《经济法律原理与实务》一书,今年合计共出版5本专著。

3. 2013年度我院教师发表论文计60篇,其中CSSCI论文35篇,一般期刊论文25篇,论文层次明显提升,《哲学研究》《哲学动态》《马克思主义与现实》《马克思主义研究》等本学科权威期刊均有重头文章发表,其中袁久红教授发表在《马克思主义与现实》的文章还被人大复印资料《政治学》第11期转载,产生了一定的影响。

4. 荣获省部级科研奖2项。廖小琴老师的专著《人的精神生活质量研究——小康社会进程中人的发展图景》获得2013年教育部第六届高等学校科学研究优秀成果三等奖。袁久红老师的"江苏红色文化遗产保护与利用战略研究"获2013年度江苏省"社科应用研究精品工程"优秀成果一等奖。

5. 经学校主管部门批准成立了"东南大学社会主义核心价值研究中心",该中心紧密结合当前社会发展实际,围绕社会主义核心价值观开展研究,打造高端学术平台,努力为思想政治理论课教育教学改革服务。

6. 受美方邀请,我院孙志海、刘魁两位教师分别赴美参加"第七届生态文明国际论坛"和"美国中西文化与社会正义暑期高级研讨班"的国际学术会议并在大会发言,深入进行学术交流。

7. 继续举办"思想的力量:马克思主义学术讲坛",本年度共举办了6期"思想的力量"学术报告,分别邀请了青岛社会科学院杨曾宪研究员、中央编译局孔明安研究员、波士顿大学王忠欣教授、南京大学刘林元教授、中国社科院于立新教授和我院袁久红教授做主题发言。

四、研究生培养

1. 2013年,我院共招收研究生26名,其中硕士17名、博士9名,毕业23名,目前在读硕、博士生共101名。学生无违纪、无重大安全事故,就业情况良好。

2. 进一步完善与拓展硕、博士生培养方案,思想政治教育博士点在全国首次开设创业教育研究方向,由胡汉辉教授领衔并招收了2名创业教育研究博士生。这不仅给我校思想政治专业博士点增加了特色,而且也使我校创建江苏省第三批创业教育示范校评估成为一个突出亮点。

3. 学院制定《马克思主义学院研究生培养管理规定》,对研究生导师招生、培养和管理的各个环节进行了规范(包括对硕士、博士实行预答辩制度),取得了明显效果。

4. 我院有1篇硕士毕业论文获得江苏省优秀硕士学位论文,有2篇论文获得校级优秀硕士学位论文,有5位同学获得"校级优秀校庆论文"。

5. 创建首个"研究生工作站"。我院努力打造研究生社会实践与科研平台,与张家港市委宣传部联合申请成立了"江苏省人文社科研究生工作站",签署了人才培养和合作研究课题的协议。本学期有两位同学进站研究,研究课题分别为"区域文明建设对现代化的推动力研究"和"马克思主义大众化的微观路径研究"。硕士研究生还参与了东南大学组织部党建研究项目一项:"东南大学学术诚信体系建设研究——学术不端行为的预防和惩处"。

6. 研究生各类获奖丰硕。我院研究生党支部荣获学校"最佳党日活动"一等奖,连续四届荣获"十佳研究生党支部"荣誉称号。我院学生获得江苏省第六届校园廉洁文化周创新项目三等奖、2013年东南大学"我的中国梦"校园文化建设系列活动优秀奖。1人获得国家奖学金,2人获得"优秀研究生干部"荣誉称号,4人获得"三好研究生"。

五、师资队伍建设与管理创新

1. 本年度引进教师5名,目前我院共有专任教师40人。近三年来新引进教师累计10人,包括教授1人,博士后1人。现具有博士学位教师达28人,占总人数的70%,另有4位博士在读。教师中教授4人,副教授15人,讲师21人,另有4位外聘兼职教授。45岁以下教师占56%,46—55岁教师占33%。

2. 学院加强对教师的培训力度,派出3名教师参加教育部思想政治理论课新教材培训,3名教师参加江苏省高校思想政治理论课暑期培训,1名教师参加教育部组织的教学方法改革的观摩学习,2名教师参加中美过程哲学暑期高级研讨班,还有1名教师参加卓越大学联盟思想政治理论课教学改革经验交流会等。

3. 学院对每位新进的教师都有相应的发展定位与培养计划,其中引进的教授已领衔"马克思主义中国化"二级学科带头人,1名博士培养其为"马克思主义发展史"带头人,另有1名博士培养其为"国外马克思主义"学术带头人,并已承担《西方马克思主义政治哲学前沿研究丛书》主编等。

4. 追求管理高效、民主、廉洁,注重制度建设,在广泛民主讨论基础上已形成了《马克思主义学院教师综合考核及奖励性绩效津贴分配办法》和《马克思主义学院研究生培养管理细则》两个管理文件,规范教师行为,引导教师"教学出效果、科研出成果、工作创一流";积极按照校党政要求,开展群众路线教育实践活动,落实党风廉政建设责任制。

吴健雄学院

截至2013年底,吴健雄学院现有学生477人,电子信息类强化班284人,机械动力类强化班89人,高等理工实验班104人。吴健雄学院在学校各级党政领导的关心和指导下,深刻领会贯彻十八大精神,围绕"立德树人,以学生为本,增进科学管理,全面提升人才培养质量",积极推进人才培养工作的制度化建设和政策保障。

一、党建与思想政治工作

学院围绕党的群众路线的教育实践活动,查摆制约学院建设与发展的问题,开展谈心、批评与自我批评和民主生活活动,认真解决"四风"问题,切实改进工作作风,完善和落实拔尖创新人才培养的各项举措。

认真落实学生党建工作的开展和管理,以党建工作为龙头,不断深化学生党支部建设,促进广大学生党员和入党积极分子在全体学生中自觉发挥先锋模范作用,提高党组织内个体的思想觉悟和行动实践力,提升组织群体的综合实力。依托党员互帮工程,开展党支部内部党员责任意识建设,各支部对所在年级的学生管理发挥了较好的监督作用。在学院党总支的统筹安排下,2013年共组织60名积极分子参加了我院和计算机学院共同组织的第十期发展对象培训班;38名预备党员参加了第十五期、十六期及新生预备党员培训班,6名党员骨干参加了东南大学2013年本科生党支部书记培训班。在保证质量的前提下,共发展预备党员45名,转正41名。

二、教学工作

加强与基础课院系的交流工作,推进数学、物理系列课程改革。与数学系、物理系分别召开研讨会,就课程内容、教学队伍、教改成果、项目执行中存在的困难和问题以及教改经费使用等与基础课系领导、相关教改负责人及任课教师进行交流沟通,提出方案。

推进小班化、研讨型人文通识课程平台建设。联合人文学院、马克思主义学院、经管学院等10多位教学有特色、教学效果优秀的教师,研讨面向吴健雄学院的小班化研讨型人文通识课程建设方案。申报立项校级教改项目"面向吴健雄学院的人文通识系列研讨课建设"。

成立机械动力班人才培养工作组,研讨机械动力强化班人才培养优化方案及师资队伍建设。联合机械工程学院、能源环境学院领导,并邀请该班2009—2013届毕业生,共同探讨机械动力强化班建设方案、存在的问题和困难,并就教学模式改革和师资队伍建设寻求专业院系的支持。

梳理凝练教学改革成果,获江苏省教学成果一等奖。

2013年度我院学生获得省级优秀本科生毕业设计论文一等奖1项。学院2012级学生参加全国大学生英语等级考试,四级通过率100%,六级通过率92.93%。

三、导师制与课外研学工作

2013年4月及10月各进行了一轮导师制工作检查。2011级按考核要求完成学习导师制工作并进入专业导师制阶段;结合各类SRTP及研学项目开展,各年级导师制工作开展情况较好;两次导师制考核共有110多人次承担专业导师和学习导师,其中包括非工科专业的学习导师4人。

我院坚持依托导师制平台、创新实验室和各级SRTP项目广泛开展科技创新活动,有力地促进广大学生创新实践能力的提高。我院今年承办了东南大学第三届大学生学术报告会电类专场。2013年我院共提交26篇论文,10篇论文入选论文集,6篇论文入选报告会;41个项目参加2013年度大学创新创业成果展示会;全年共有74人次40个项目在省级及以上竞赛中获奖;获软件著作权1项。

四、国际化工作

全年共有32名学生出国(境)交流学习。其中4名学生赴美国奥兰多参加AAPT2013国际会议,1名学生赴日本参加早稻田大学7'IPS国际会议;与美国WSU Honors College的交换生项目获留学基金委资助,1名学生获得推荐赴美交换学习1学期;3名学生参加日本早稻田大学IPS学院的3+2联合培养项目;8名学生赴中国台湾地区交换学习,2名赴香港地区交换学习,1名学生参加中法文化交流项目,1名学生赴荷兰参加RoboCup竞赛等。

3名2010级学生获微软小学者称号并获奖学金,5名学生参加微软夏令营活动。

3月、12月分别聘请英国纽卡斯尔大学Patrick Degenaar教授和美国加州州立大学Mohammad Noori教授开设全英文工程系列研讨课。

五、学生工作

学院开展了"树优良学风、育卓越人才"的学风建设活动。依托党员互帮工程,开展党支部内部党员责任意识建设;依托基层团组织建设,开展团支部内部诚信教育,促进优良学风的养成。通过班级读书会,大学生涯规划,邀请高年级学长与学生座谈,"学习微行动,梦想聚能量""健雄学子"评选等各类活动,弘扬、传承、追求卓越的优良学风。

在培养学生实践能力和创新精神上,举办特色活动和品牌项目,开展"梦在东大起航"系列校园文化活动。在第五十五届校田径运动会上蝉联乙组团体总分第1名,获体育道德风尚奖;在新生校史竞赛中摘得桂冠。

学院团委和团支部成功申报学校第二十六届文化节精品活动;610111团支部获得2013年度国旗团支部称号,学院团委获得校"先进团委提名奖"、江苏省"五四红旗建设团委"。

学生暑期社会实践方面,学院两支小分队获"校优秀小分队一等奖",院团委被评为校社会实践"优秀组织奖",纪静老师获"省级优秀指导教师"。在志愿者服务方面,除了部分学生继续加入学校的志愿者协会和支教协会参加志愿服务外,另有22名同学参加2013年亚青志愿者服务工作。

全年共有127人次获得各级各类荣誉称号,87人次获得各类奖学金,40人次获得国家及社会的资助。其中省级及以上荣誉称号个人2项,集体1项。

大爱无疆,真情传递。今年6月底,胡兆宇同学突发病毒性脑炎,学院党总支、学办除了紧急联系安排胡兆宇同学的救治工作,还从多个渠道向全校发起了倡议募捐活动,共募集到善款16.5万多元,用于胡兆宇同学的治疗工作。

六、招生与就业工作

在招生工作方面,学院努力创新新生选拔模式,采用"基于体验式活动"的夏令营选拔模式,取消了往年的笔试环节,取而代之以综合素质面试、英语口语面试、技能实验、素质能力测试、心理测试等创新途径灵活考查学生综合素质。2013级共选拔新生124人,其中高等理工实验班 30 人,电类强化班 67 人,机械动力班 27 人。

在就业工作方面,2013 届有 120 名毕业生,其中有 70 人继续在国内深造,22 人赴美国、加拿大、英国、德国、法国、日本、新加坡以及我国港台地区留学,28 人就业,升学率为 76.7%,就业率达 100%。

(吴健雄学院 李 媛)

海外教育学院

2013 年,海外教育学院在 2012 年工作的基础上,认真贯彻落实党的十八大和党的十八届三中全会精神,紧密围绕《东南大学"十二五"改革和发展规划纲要》和《海外教育学院"十二五"发展规划纲要实施细则》,坚持改革创新,继续使我校的留学生教育工作保持全面、协调、可持续发展。

一、招生工作

概况:2013 年录取学历生 385 人。截至 2013 年 12 月,在校来华留学生人数已达到 1622 人。其中本科生 867 人,硕士研究生 240 人,博士研究生 94 人,学历生占 74%。学历生人数目前在江苏各高校中名列第一。深入生源国与各国学生面对面地宣传了东南大学,并与越南教育发展局签署了以较大规模接受博士层次越南政府奖学金学生的长期合作协议。

启动在线申请系统:2013 年 6 月全面启动在线申请系统。接受所有自费生,包括中介所送学生的申请。申请数总计为 409 份,录取报到人数 156 人,录取率为 38%。

充分利用南京市政府外国留学生奖学金在招生工作中的作用,2013 年,南京市政府外国留学生奖学金首次推出,启动时招生工作已近尾声,学院招生部门克服了多方面困难,顺利完成了南京市政府外国留学生奖学金在我校的评选工作。

加强校内宣传:鼓励教授推荐研究生,优先录取持有导师同意接收函的申请者。鼓励老生推荐新生,在同等条件下予以优先录取。

二、教学教务工作

2013 年度共有 147 名留学生顺利完成学业,获得专业学位。其中学士学位 124 人,研究生学位 23 人。

2013 年 9 月,教育部本科临床医学专业(英文授课)来华留学生教学质量评估专家组依照《来华留学生医学本科教育(英语授课)质量控制标准暂行规定》,对我校"临床医学"(英语授课)专业进行了专项检查评估。我校顺利通过教育部国际合作与交流司关于本科临床医学专业(英文授课)来华留学生教学质量评估。

2013 年 10 月,学院会同校教务处、医学院、经济管理学院、建筑学院召开了我校中国政府奖学金生以及自费生的教学教务问题和学籍与教务管理工作研讨会,基本解决了在校留学生目前遇到的主要问题及困难。

2013年11月，顺利完成国家留学基金委关于"985"高校自主招生项目的招生、培养和管理情况的调研考察。

三、留学生管理工作

进一步完善管理制度。2013年，学院制定了学费与签证时长挂钩的工作方法和规章制度，并严格执行。留学生的缴费情况明显好转，新生缴费率达到95％以上。细化了公费生年审制度，将公费生年审考核真正落到了实处。

2013年6月，会同学校有关部门，顺利完成国家留学基金委首次组办的、有600多名留学生参加的全国性"2013年中国政府奖学金生联谊活动"。

积极参加由教育部国际司发起的全国来华留学生全英文授课精品课程评比活动。我校2门来华留学生全英文授课课程获"全国优秀来华留学生精品课程"。

四、对外汉语教学、科研工作

2013学年，学院汉语中心共开设了32门汉语类课程，共有800多名留学生参加了汉语学习。大部分学生通过汉语学习达到了专业院系的入学要求。

本年度汉语中心共完成专业论文2篇，参与或主持国家级社科项目2项。

五、孔子学院工作

2013年4月我校与田纳西大学（UTK）正式签订关于合作共建孔子学院的协议。

2013年4月，易红校长等赴美国诺克斯维尔，出席我校与美国田纳西大学合作共建的孔子学院揭牌仪式。

2013年4月，刘波副校长率东南大学大学生艺术代表团一行21人成功访问了达拉斯德州大学（UTD）和田纳西大学。

2013年7月，学院为明斯克国立语言大学孔子学院成功举办了第二届为期两周的汉语言文化体验夏令营活动。

2013年10月，田纳西大学校长Jimmy Cheek一行7人应邀访问了我校。

2013年10月，达拉斯德州大学校长David Daniel一行访问了我校。

2013年10月，我校来自白俄罗斯的孔子学院奖学金生参加了在南京江宁织造府博物馆举办的"旗袍文化周"活动。

2013年10月，"爱在南京·国际文化交流日"在南京鼓楼区石头城公园内举行，我校孔子学院奖学金生积极参加了"白俄罗斯风情展"活动，热情地向在宁其他高校的留学生以及当地的居民们介绍了白俄罗斯的生活起居和文化习俗。

2013年11月，我校艺术学院著名书法家刘灿铭教授赴明斯克国立语言大学参与"汉语教学20周年庆"活动并开设中国书法讲座。

2013年12月，在第八届全球孔子学院大会上，由我校与白俄罗斯明斯克国立语言大学合作共建的明斯克国立语言大学孔子学院在本届大会上荣获2013年度"全球先进孔子学院"称号。

（海外教育学院　张小平）

无锡分校

2013年无锡分校紧紧围绕"三高一平台"的发展定位,努力推进各项工作。

一、人才培养工作

1. 本科生培养

一是修订了2013级无锡分校本科人才培养方案,根据学校的统一部署,对专业课程的教学内容和组织形式进行了调整与完善。二是精心组织了2009级学生的毕业设计工作,分校共有58名学生顺利通过答辩:优秀8人(其中校优秀1人,省优秀1人),占13.11%;良好35人,占57.38%;中等14人,占22.95%;及格1人,占1.64%。三是重视学生学习预警工作,坚持以制度为抓手加强教学日常管理工作,及时了解教、学的具体情况,及时回应并较好解决了期中教学检查、毕业设计过程以及毕业班重修等方面的问题。四是分校于短学期首次进行了以开放式实习为主要形式、以企业工程师进行案例解剖的"科研与工程实践"教学活动,使2010级本科毕业班全体同学有效地提高了科研与工程实践认识。五是顺利地完成了2010级本科生的免试研究生推荐工作,共推荐免研生11位同学,其中8位同学留在校内深造,2位同学推荐到上海交通大学,1位同学推荐到北京理工大学。

2. 研究生培养

一是专业硕士规模化培养的各个环节已经形成了良好的规范,并取得了较好的效果。2013级共招收了144人,全部报到注册并进入了课程学习;2012级学生课程已基本结束正进行开题;2011级有129人已开题并通过了中期考核;2010级有113位毕业生已获得"工程硕士学位"。二是继续校企合作计划。平均每三周一次专业讲座,同时请企业工程师在课堂上分享工程案例,组织学生参观华润上华科技有限公司,让学生近距离了解集成电路的生产。三是积极举办科技竞赛,做实校庆论文报告会。今年成功举办了东南大学第六届嵌入式系统设计邀请赛无锡分校赛区活动,启动了IC设计竞赛;严格审阅学生校庆报告会论文,2011级有13名学生以oral和post形式进行论文汇报交流。四是首次开设全英文课程。邀请加拿大维多利亚大学知名教授Dr. Mantis Cheng开设了全英文课程"嵌入式操作系统"(Real Time Operating System),收到非常好的效果。五是鼓励、支持青年教师、学生参加国际交流。郑丽霞老师、杨俊浩同学参加了"国际光电子探测与成像技术学术交流会";凌明老师、赵霞老师受邀参加了TALE 2013;由王斌老师带队,5名2011级同学到早稻田大学进行学术交流。六是修订专硕培养方案,分校独立开设一门企业课程"移动互联网编程",并由分校和IC学院联合进行教学改革探索。七是建立2个企业研究生工作站,分别是苏州中科集成电路技术有限公司研究生工作站、无锡市新硅微电子有限公司研究生工作站。

3. 继续教育培养

一是继续做好成人专升本培养教育,分校共开设了社会急需的电子科学与技术、电子信息工程、土木工程、工程管理、国际经济与贸易等专业,共有在籍学生250名。本学期有63名2013级新生注册报到,并已经完成了第一学期的课程学习;2011级有95名同学顺利完成了毕业论文答辩工作,其中有4名同学可获得学位;本学期还积极组织学位课程考试,考生人数累计达到434人。二是继续做好在职工程硕士培养,今年有27人完成了答辩,29人完成了中期检查,2010级、2011级学生完成了开题和学位课程考试。

4. 素质教育方面

继续实施东南大学无锡分校"至善讲堂"和"ECP企业合作计划",定期邀请企业家、科研专家、教授等为学生进行职业素质讲座,本年度先后邀请了胡汉辉、郭晋林、王洪生、施钟鸣等数10位专家学者。利用校内网络直播系统将学校大型活动向分校学生进行直播,如2013新生文化季、易中天讲座等;带学生回南京参加开学典礼、毕业典礼、研究生轻运动会和羽毛球比赛等各项文体活动,让分校学生融入东大校园文化中去。

5. 校园文化方面

分校加强学工队伍建设,围绕中心工作,开展多项行之有效的活动。本学期开展了东南大学无锡分校"五四"青年节校企足球友谊赛活动,组队参加了东南大学第十届研究生轻运动会并取得团体第六的好成绩,举办"春暖花开 快乐出发"——东南大学无锡分校第二届趣味运动会。开展向东南大学研究生支教点共青城西湖小学捐书、捐电脑活动;携手天一中学共建实验室,义务指导中学生进行趣味性科研实验;"情牵西部·奉献爱心"——向新疆林芝地区献爱心活动;成功举办第二届无线电寻宝大赛;第三届"何乐不为"主题文化周活动、新生杯篮球赛等等。积极开展校地合作,接待江苏省锡山中学师生来分校参加;与新安街道合作共建民兵连基层组织。

6. 学生就业方面

建立"毕业生信息档案",实行"点对点"就业指导;制作统一格式简历,向部分大型公司企业投放,竭力向无锡部分大型公司推荐;利用各种途径将企业请进校园,重点邀请无锡及周边地区的企业来我校进行"一对一"的招聘洽谈会;充分利用网络平台为同学提供全面周到的就业资讯,借助东南大学就业指导中心官网、微信、QQ群等网络平台,向分校毕业生发布最新的招聘信息。2013年实现分校第二届全日制研究生毕业生100%的就业率,本科生69%的升学率再创新高。

二、科学研究与成果转化工作

1. 科研项目申报

组织申报江苏省自然科学基金5项;与无锡士康、无锡东集、无锡中微爱芯公司等合作申报3项物联网招标项目;与无锡新硅微电子、江苏亨鑫科技有限公司联合申请省成果转化项目2项;与江苏百纳环境工程有限公司联合申报产学研前瞻性项目1项;分校牵头,联合清华、北大、复旦、无锡东集申报国家"863"前沿引导性项目"低功耗近阈集成关键技术",申请国拨经费2 500万元,现已入库。现获批省自然基金项目1项,省重大成果转化项目1项,省产学研前瞻性项目1项,省物联网专项1项,无锡市物联网专项2项。启动分校科研引导资金建设项目,分别是:科研基地建设引导项目1项(超导材料与应用技术研究中心)、校企产学研联合科研机构实体化运作引导项目2项(智能功率驱动模块研发中心、大数据压缩与解压缩硬件实验室）。

2. 科研基地建设

积极响应和贯彻落实省委省政府的重要部署，按照江苏省研究院技术领域布局，以及无锡地方集成电路产业发展和企业创新需求，依托东南大学国家专用集成电路工程技术研究中心申报"江苏省产业技术研究院集成电路技术研究所"。目前已完成前期的方案编制和前期调研论证工作，现正与地方沟通、协调，起草与地方共建协议和研究所章程等工作，争取研究所首批获得支持并成功落户无锡分校。完成"国家专用集成电路工程技术研究中心（无锡）"现场验收和"无锡生物芯片实验室"结题验收工作；完成科技厅对地方研究院的调查统计工作，完成无锡市科技局、财政局组织对"东南大学无锡分校产学研合作专项"和"东南大学传感网技术研究中心"重大创新载体机构的季度检查和项目执行情况报告。本学期还根据相关规定，制定了《东南大学无锡分校科研经费管理办法》《东南大学无锡分校科研引导资金建设管理暂行办法》。

3. 校企合作

邀请企业家、科研专家、教授等为学生进行职业素质讲座，校企合作与成果转化：与无锡雪浪环保公司、无锡海达股份公司新建2个校企中心，分别是"东大—无锡雪浪烟气净化联合研发中心""东大—海达隔振技术联合研发中心"。累计与无锡企业建立17家校企联合研发机构，同时"东大—神通超导联合研发中心"落户分校；与华润上华建立的"功率集成技术实验室"在完成第一轮合作的基础上，成功续签合作3年；与56所、702所、中达电机、江阴长电、614所、新纬电池（新区）雪浪环保、罗姆半导体（新区）、雅迪、旌凯超导、德飞科技（新区）、富华科技（新区）建立了深入的产学研合作关系。同时2013年申报专利共81件，其中发明授权31件，发明45件，实用新型5件。完成市、区级资助申报，共有专利134件，发明授权19件，实用新型授权34件，发明68件，实用新型13件。

三、其他工作

1. 认真开展党的群众路线教育实践活动

分校党委按照学校党委的部署，严格执行教育实践活动的规定步骤和程序，坚持把教育实践活动同分校各项具体工作紧密结合起来，抓好学习调研，开门听取意见，查摆突出问题，扎实开展批评，找出了师资短缺问题、地聘人员聘用和待遇问题等6个主要问题，并切实整改落实，努力形成长效机制。

2. 努力抓好党的建设

一是加强党支部建设，要求各支部每月召开一次组织生活会，以集体学习、交流思想、总结经验教训、开展批评与自我批评为中心内容，同时指派党员教师深入学生支部，对支部的组织生活会进行指导和监督，并及时了解学生党员的思想动态。二是做好党员发展工作，本年度分校共发展新党员10名，预备党员转正54名。截至2013年12月20日，分校党员总数为280名。在岗教职工党员12名，占教职工总数的50%；全日制在校生党员264名，占学生总数的59.64%；其中，研究生党员237名，占研究生总数的60.8%；本科生党员27名，占本科生总数的52.3%。以上比例均高于去年同期水平。本年度有30名要求入党的同学被列为积极分子，另有39名同学递交了入党申请书。

3. 加强宣传工作,提高分校的影响力和知名度

一是加强对外宣传工作,全年共有10篇新闻采访被无锡市教育电视台播出;2篇新闻报道刊登在无锡日报的头版和A2版上。《大学研一新生:坚持成就梦想》专访了我校研究生谭燕林同学,展现了分校学子的良好形象和精神风貌;《产学研合作构建专业学位硕士培养新途径》介绍了分校在人才培养上的新举措;《在锡高校:提升科研能力、促进城市转型发展》报道了分校探索教育、科研、生产联合体的新的办学模式,努力服务无锡地方经济建设和社会发展的各个方面;专访了毛成烈、周飚等校友,拍摄了《我和我的母校故事》系列人物故事,展现了分校为无锡市输送了微电子、无线电技术等专业的高层次人才,为无锡IC产业的发展提供了有力的人才支持。二是注重对内宣传工作,紧跟时事动态,积极办好橱窗栏。围绕着"学习传达党的十八大精神""我的梦·东大梦·中国梦""党的群众路线实践活动"等主题出好展板;围绕"讲文明、树新风、中国梦"主题精心制作了50个、100面形式各异的道旗;在教室走廊空间制作了26块东南大学校史展板;在分校图书馆制作了25幅名人名言墙画。同时,抓好时机,及时制作与时政宣传相符的横幅悬挂校园,更换LED显示屏营造积极向上的校园氛围。三是继续做好快讯及网络建设工作,开通了东南大学无锡分校新浪官方微博,更新了近600条微博,并做好网络监管。打造人人网公共主页、新浪微博为核心的网络宣传平台。

4. 相关保障工作

一是图书馆建设,2013年度征订订购中文图书31个批次7 727种,9 613册;订购报纸18种,43份;期刊45种,49份。完成新到馆8 196册图书的验收、典藏工作;回溯编目图书76册。新增了一个阅览室,将原有的一个综合阅览室扩增为现在的科技和社科两个阅览室。制定了《入馆须知》《借阅规则》《阅览规则》等一系列规章制度;举办了一期读书活动,共评出10名读者之星。二是基础设施建设,完成了图书馆阅览室改造工程、学生宿舍舞房建设工程等;协助相关科研平台完成了电力增容改造工程、实验室水电改造工程、办公室改造工程等;完成了录播教室建设工程;完成了招待所二期装修及相应家具等的采购工作。三是设备资产管理,在校本部财务处、设备处、资产管理处等部门的协调下,落实了分校设备建账系统,使得分校及落户分校各平台的设备及固定资产在分校平台上单独建账。设备管理方面严格按照学校规范,对于单价超过1 500元的设备,建立固定资产后确保每台设备有专人管理,做到物、卡、账三者相符。四是安全稳定工作,本年度继续把校园安全稳定工作放在第一位,协调物业公司不断完善校园治安防控体系和突发事件应急处理机制,对可能影响校园安全稳定的问题进行排查,切实维护校园安全稳定。

(无锡分校 单红宇)

成贤学院

一、概况

全院教职工总计752人,其中,专任教师560人,行政人员153人,教辅人员36人,工

勤人员3人。另外，聘请校外兼职教师40人。专任教师中，具有正高级职称的74人，副高级职称的237人，中级职称的217人，初级职称的32人。

全院共设有6个党政管理部门：党政办公室、组织人事部、教学部、学生工作部、财务与资产管理部、后勤管理部；7个直属单位：教育技术中心、图书档案馆、电工电子实验中心、高等教育研究室、保卫办、招生与就业办公室、教师发展中心；8个系和1个部：计算机工程系、电气工程系、电子工程系、土木工程系、经济管理系、机械工程系、建筑与艺术系、化工与制药工程系和基础部。开设专业34个（含方向），在校生9 667名。

二、党建工作

1. 党的组织建设

深入贯彻学习党的十八大和十八届三中全会精神，学习习近平总书记一系列重要讲话，组织开展"我的梦·成贤梦·中国梦"主题活动，深入开展党的群众路线教育实践活动。顺利进行支部换届选举工作。学院1个党支部获得东南大学2012年度"最佳党日活动"二等奖。修改《东南大学成贤学院关于党费收缴的规定》《关于明确党建业务的几个问题的操作办法》等党建工作制度。

2. 党的思想政治建设

加强领导班子和领导干部作风建设，制定《东南大学成贤学院贯彻落实中央改进工作作风、密切联系群众〈八项规定〉和〈实施细则〉的实施办法》，严格遵守中央"八项规定""六项禁令"。修订《党员领导干部联系系（部）工作制度》，从制度上保证学院领导到基层调研了解情况的频度和深度。修订《东南大学成贤学院"三重一大"决策制度实施办法》，推进学院领导班子决策科学化、民主化，防范决策风险。

3. 党员队伍建设

全年发展党员475名，预备党员转正455名。组织第十八期、第十九期入党积极分子培训班和第十六期预备党员培训班，共培训入党积极分子900人，培训预备党员和新生党员366人。

4. 加强宣传阵地建设

坚持正确舆论导向，积极做好舆论宣传和管理工作。院庆期间，编印学院建院十周年画册、制作校庆专刊等，在新华网、人民网、《新华日报》《扬子晚报》《现代快报》《金陵晚报》、江苏卫视、南京电视台等各级各类重点媒体推出了有分量、有影响力的报道。全年共刊发《成贤快讯》34期，刊发《成贤报》7期。

5. 工会工作

学院工会围绕学院中心工作，履行工会职能，团结广大教职工，积极开展各种有益于教职工身心健康的活动。召开第一届教职工代表大会四次会议，对一届三次会议的提案进行回复落实工作。参加东南大学女教职工广播体操比赛获得特等奖。

6. 共青团工作

做好团内推优工作，共推出847名积极分子参加党校培训。以"我的中国梦，青春在行动"为主题开展"团日活动"，以"凝聚青春能量，共筑美丽中国梦、成贤梦"为主题开展暑期社会实践活动。在沿江街道、南京金陵图书馆建立大学生志愿服务基地2个。

三、行政工作

1. 围绕学院十周年院庆,举办了庆典大会暨文艺汇演、建设与发展论坛、大学生创新实践项目展示、系列学术讲座、校友代表报告会、专场音乐会等活动,进一步汇集师生员工和海内外校友力量,扩大社会影响,扎实推进学院事业科学发展,院庆活动取得圆满成功。
2. 完成了学院2013—2014学年初高等教育基层统计报表有关统计数据及各类报表数据的上报工作。
3. 顺利通过2013年江苏省教育厅民办高校年度检查。
4. 东南大学成贤学院教育发展基金会顺利通过江苏省教育厅和民政厅2013年年审。
5. 组织召开了东南大学成贤学院第二届董事会第十一次会议。
6. 成立教师发展中心,启动访问学者选派工作,加强对全院教师的培训指导,促进教师成长和发展。成立科技办公室,促进学院教科研工作的开展。
7. 在全院开展"部门学习日(每个月第二周的周三下午)"活动,督促各单位加强自身建设,与时俱进。
8. 完成2013年招聘工作,确定录用人员16人。
9. 制定出台《东南大学成贤学院专业技术职务评审量化计分办法》,20位同志获得中级专业技术职务任职资格。
10. 完成了全院人事代理人员的社会保险及住房公积金的转移、缴纳及基数调整等工作。
11. 启动"数字化校园"一期工程项目。
12. 接待广东省教育厅代表团、中国矿业大学徐海学院、广西师范大学漓江学院、广西民族大学相思湖学院、广西大学行健文理学院、杭州电子科技大学信息工程学院、天津大学仁爱学院、中国传媒大学南广学院、东南大学女知识分子联谊会理事会等单位来我院调研及交流访问。

四、教学工作

1. 在江苏省学士学位授予权抽查和复查中,学院5个被抽查专业(财务管理、动画、工程管理、国际经济与贸易、机械设计制造及其自动化)经省学位办专家网评均获得"通过"的好成绩。
2. 成功申报税收学、机械工程、软件工程、药事管理4个新专业,召开学院专业建设工作会议。
3. 与东南大学软件学院合作,首次在成贤学院设立工程硕士教学点,并顺利完成首次招生工作。
4. 在东南大学的大力支持下,首次选拔24名新生赴东南大学学习一年。
5. 顺利通过全国CAD应用培训网点的审核,成为全国CAD应用培训网络南京中心的二级网点。
6. 高等教育研究室完成《关于2012年独立学院专业抽检材料评审意见的情况说明

及整改方案》,提交省教育评估院。

7. 4篇毕业设计(论文)获江苏省优秀毕业设计(论文)三等奖,9篇毕业设计(论文)在论文抽检中获合格成绩。

8. 顺利完成2013届毕业生的学位授予工作,20个专业有2 077人符合学士学位授予条件,2012届毕业生中新增26人补授学位。

9. 出台《东南大学成贤学院科研资助与奖励暂行办法》,完成第一批科研项目配套经费17.4万元,奖励2013年度科研与教育教学成果2.324万元。成立了学院第一个科研实验室——东大先进云系统联合研究中心成贤分中心。

10. 喜获2013年度江苏省自然科学基金项目青年基金项目立项资助1项,项目资助经费20万元,是2013年成功申报江苏省青年基金项目的唯一一所独立学院。获批2013年度高校哲学社会科学研究基金4项、江苏省现代教育技术研究课题2项、江苏省教育科学"十二五"规划课题1项、江苏省社科研究课题(青年精品、文化精品)2项、2013年江苏省高等教育教改研究立项课题1项。承担科技部政策法规司委托项目"江苏省加计扣除政策实施情况调查工作"1项,入选无锡市"东方硅谷"计划合作项目1项,主编全国高校学科指导委员会推荐教材1本。

11. 获首届全国微课比赛全国三等奖1名,江苏省一等奖1名,二等奖2名;江苏省第十一届教师现代教育技术应用作品大赛三等奖1个;江苏省数学基础课教师授课竞赛三等奖1个;选拔表彰学院优秀教学奖15名,青年教师授课竞赛奖13名。

12. 新增院级教改项目23项,结题验收院级教改项目21项。

13. 获得江苏省高等学校大学生实践创新训练计划项目立项20项,院级大学生实践创新训练计划项目立项17项。

14. 在"东大科技园——紫金创投学生创业基金"签约仪式上,学院分别与南京途牛科技有限公司等28家企业签订了校外实习实训基地协议。

15. 全年到馆新书27 311册,订购期刊1 249种,订购报纸100份。

16. 学院与美国加州富乐敦州立大学、法国巴黎电子信息学院、英国格林多大学、我国澳门科技大学、我国台湾中原大学等境内外高校建立交流生、硕士项目学习、暑期游学等合作项目18项,参加交流学生44名。

17. 学生竞赛获奖情况:荣获2013年全国大学生数学建模竞赛二等奖1个队、江苏赛区三等奖1个队;2013年全国大学生英语竞赛一等奖4名、二等奖11名、三等奖21名;第九届全国周培源大学生力学竞赛全国三等奖1名、优秀奖6名,江苏赛区一等奖1名、二等奖11名、团体二等奖;第七届"用友杯"全国大学生会计信息化技能大赛总决赛二等奖、三等奖;第二届POCIB全国大学生外资从业能力大赛全国三等奖1名,省一等奖1名、二等奖1名、三等奖4名;第九届"用友新道杯"全国大学生创业设计暨沙盘模拟经营大赛江苏赛区一等奖;第三届"浩辰杯"大学生CAD应用技能大赛华东区一等奖3名、二等奖3名、三等奖3名;第八届"飞思卡尔"杯智能汽车竞赛华东赛区三等奖4项、优秀奖2项;第十届全国大学生电子设计竞赛江苏赛区二等奖4个队;"Omron杯"Sysmac自动化控制应用设计大赛全国三等奖3项;2013年南京室内设计竞赛一等奖1名、二等奖3名、三等奖6名;江苏省第九届室内装饰设计大奖赛一等奖1名、二等奖1名、三等奖3名。

五、学生工作

1. 录取"专转本"新生373人,其中市场营销、自动化、化学工程与工艺专业位居全省同批次专业第一。录取"高起本"学生共2 501名。继续有23个专业(方向)在本二批次招生。

2. 2012届毕业生年终就业率为95.6%,2013届初次就业率为88.29%。有246位同学被东南大学、南京大学、复旦大学、香港城市大学、法国国立工艺学院等著名高校录取为硕士研究生,其中有30位同学考入东南大学攻读硕士学位,考研率达到12%。

3. 评选2013年江苏省先进集体5个、三好学生5名、优秀学生干部4名,国家奖学金5名、国家励志奖学金150名、国家助学金749名。

4. 2012—2013学年大学生医保门诊医疗费用报销共计1 751人,占参保总人数的21.2%,共计报销费用为12.94万元。

5. 全年心理咨询室共计接待来访学生190人/次,学生家长6人/次,心理危机干预3人/次。

6. 举行学院第九届田径运动会。在东南大学第五十五届学生田径运动会中,学院代表队获得团体总分第一名、男子团体总分第一名和女子团体总分第一名的好成绩。

六、财务工作

1. 加强预算管理,规范财务行为。2013年我院全年总收入15 075万元,比上年增长6.83%,其中,财政补助收入377万元,教育事业收入13 128万元,其他收入1 570万元;总支出9 600万元,全部为教育事业支出。

2. 加强固定资产日常管理,定期进行清查盘点,基本做到账实相符。2013年我院固定资产增加2 288台件,价值873万元。截至2013年年底,我院固定资产共35 305台(件),总值达11 930万元。

3. 进一步完善和规范设备采购、招标工作流程,严格按各项规章制度执行,并接受东大纪委监督。2013年全年共完成各类采购、招标项目50余个。

4. 2013年我院审计工作进一步从事后向事中、事前延伸,提高学院资金的使用效益。全年共完成各类工程竣工结算审计项目28项,其中内审项目18项,委托具有资质的审计师事务所审计项目10项,平均核减率8%。

七、后勤工作

以创建江苏省高校后勤工作先进集体为契机,以评促建,以评促改,完善后勤管理各项规章制度,推动落实建设节约型校园各项工作。组织完成二食堂装修、开业,完成机械工程系实验室、化工与制药工程系实验室、北大门、图书馆电子阅览室、土木工程系实验楼改造和田径场雨篷翻修改造。在学生宿舍安装空调573台,新安装课桌椅1 721人/位。植树节新植各类苗木440余株。重点改造绿化文昌院北面地块和山坡等区域。协助东南大学后勤管理处完成复建楼拆除工作,积极配合东南大学在东校区建设科技园的前期各项准备工作。

八、安全保卫工作

以维护校园稳定为中心,切实做好政保、治安、防火、交通、学生户籍等各项工作,创造了良好的校园安全环境。建立健全安全保卫工作责任制,完善保卫工作各项规章制度,更签和补签各级治安保卫工作责任书和防火安全责任书,确定部位安全责任人。完成监控报警系统四期工程,举办各类讲座3次,进行消防培训演练2次,开展消防安全大检查4次,共接报治安案件14起,破获8起,挽回经济损失15 000余元。办理暂住人口和常住人口登记2 316人,办理新生落户326人,办理户口迁移664人。

东南大学成贤学院专业设置一览表

系名称	专业代码及名称	学科类别	学制(年)
计算机工程系	080901 计算机科学与技术	工学	4
	080902 软件工程	工学	4
电子工程系	080801 自动化	工学	4
	080702 电子科学与技术	工学	4
	080701 电子信息工程	工学	4
电气工程系	080601 电气工程及其自动化(电力系统方向)	工学	4
	080601 电气工程及其自动化(继电保护方向)	工学	4
	080601 电气工程及其自动化(输配电工程方向)	工学	4
土木工程系	081001 土木工程(建筑工程方向)	工学	4
	081001 土木工程(道路与桥梁方向)	工学	4
	120103 工程管理	管理学	4
	081801 交通运输	工学	4
	081801 交通运输(城市轨道交通运营管理方向)	工学	4
经济管理系	020401 国际经济与贸易	经济学	4
	120601 物流管理	管理学	4
	120801 电子商务	管理学	4
	120202 市场营销	管理学	4
	120203K 会计学	管理学	4
	020202 税收学	经济学	4
	120204 财务管理	管理学	4
机械工程系	080202 机械设计制造及其自动化(机电一体化方向)	工学	4
	080202 机械设计制造及其自动化(汽车工程方向)	工学	4
	080201 机械工程	工学	4

(续　表)

系名称	专业代码及名称	学科类别	学制(年)
建筑与艺术系	130503 环境设计	艺术学	4
	130310 动画	艺术学	4
	082801 建筑学	工学	4
化工与制药工程系	081301 化学工程与工艺	工学	4
	081301 化学工程与工艺（化工自动化方向）	工学	4
	081302 制药工程	工学	4
	100704T 药事管理	理学	4

东南大学成贤学院在籍学生人数统计　　　　　　　　　　（单位：人）

	毕业生数	招生数	在校生数	毕业班学生数
总数	2 187	2 639	9 667	2 381
本科生	2 187	2 639	9 667	2 381

（东南大学成贤学院　周伟荣）

苏州研究院

一、思想建设

把思想建设放在首位，以集中学习、研讨等多种方式学习十八大精神和新党章，组织党员参加党的十八大报告和党章知识竞赛活动。组织学习十八届三中全会精神、《中共中央关于全面深化改革若干重大问题的决定》等。

按照学校部署，扎实开展党的教育实践活动，制定了实施方案，抓好学习教育、听取意见，查找问题、开展批评，整改落实、建章立制等三个环节，高质量地完成教育实践活动各环节工作和各项任务。结合《苏南现代化建设示范区规划》，积极探索异地办学、服务区域经济和社会发展的模式和机制。

注重贴近实际，传递正能量，加强网站建设，围绕中心工作，发布新闻稿46篇、学生活动稿24篇、招生就业信息若干条。充分发挥橱窗、宣传栏、展板等多种宣传手段，指导研会出版《东大苏韵》2期、出版《研究院工作简报》1期。

二、党建工作

认真贯彻落实高校党组织工作条例，不断完善党政共同负责制，坚持党政联席会制度，规范民主集中制，把日常工作中的难点作为党建工作重点，充分发挥党组织政治核心作用。

按照学校要求落实党风廉政建设责任制,规范执行"三重一大"决策制度,从制度和程序上规范决策行为,坚持领导干部个人重大事项报告,在财务管理、物资采购等重点环节,规范流程。

贯彻"以师生为本"理念,用科学、高效、规范、系统的规章制度完善各项服务管理工作,结合党的群众路线教育实践活动的开展,对原有规章制度保留7项、废除4项、修订4项、新制定6项。

加强学生党支部建设,新成立9个学生党支部,5位党委委员分别联系学生支部,加强对学生党支部的指导。党委对全体研究生支委进行了专题培训,并组织他们参加高教区组织的党务工作人员培训。

荣获校研究生党支部"最佳党日活动"三等奖。本年度共发展学生党员40人、预备党员转正30人。102人参加了高教区联合党校组织的入党积极分子培训班。指导研究生会完成换届工作。

注重学生主体参与,重点以志愿者服务队伍建设为推力,已有200多学生在高教区志愿者平台注册。开展了多次、多项志愿服务。

三、科技工作

2013年共组织申报各类科技计划项目37项,包括:"973"计划1项、国家重大专项计划1项、省级科技计划项目2项、市计划项目30项,新增立项国家级计划1项、部级计划1项、市级计划14项。经过评审,最终共立项15项,苏州市社科联项目申报3项,获得立项1项(为重点资助课题)。年度纵向项目经费合同金额1 500余万元,到账780万元;科研基地申请知识产权104件,其中发明专利95件。

本年度有13个去年立项项目需参加中期检查、16个往年项目结题验收。研究院积极做好组织、协调、指导等各项工作,完成相关材料及网上手续,所有检查均通过主管部门验收。

依托学校科研基地优势,与苏州市科技管理职能部门通力协作,全面开展科技对接和产学研交流活动,2013年累计参加科技对接活动15场次,与200多家地方开发区和企业进行了合作沟通,积极参与独墅湖高教区科协的组建工作,并担当独墅湖博士创新协会、独墅湖巾帼创新协会的主导力量。

东工大—东南大—苏州资源化学研究所、长安与哈曼—东大车联网技术联合实验室、东南大学中国区域发展战略中心、东南大学国家技术转移(苏州)中心先后成立。

四、校园管理

参与完成了东南大学-蒙纳士大学苏州联合研究生院新大楼一系列公共设施、家具、强弱电、消防监控等具体施工技术标准和规范要求的制定提交和实施,目前大楼教学、科研条件已基本具备。

按照学校和地方政府关于资产管理的规定,及时做好新增资产登记入册、保管、维护等工作,与学校设备处保持密切联系,为今后双重管理做好前期准备。完成半年度和年终资产清查工作,共清查设备类资产700余种、14 000多件(套)、办公家具类资产6 300余项。配合财务部门完成年终固定资产审计核对工作。

积极与学校保卫处、地方公安、消防部门联系,及时掌握相关信息和要求。督促各部门、物业进行每周安全自查,每月统一检查,发现问题及时督促整改。配合高教区消防部门开展防火安全活动月和"119消防安全日"活动,增强师生员工消防安全意识和消防安全技能。

参与对物业的监督、考核管理工作,确保研究院的公共环境安全。

五、不断提升服务质量,拓展服务内涵

悉心做好奖惩助贷工作。本年度评选国家奖学金12人、优秀毕业生22人、优秀研究生干部11人、三好研究生20人、优秀研究生党员10人,1个宿舍获得高教区星级文明宿舍,3人获得江苏软件企业奖学金,40人获得苏州工业园区独墅湖奖学金。全年共提供勤工俭学岗位5个,协助当地企业落实资助贫困学生工作。

加强安全稳定工作。在学校和当地公安部门的指导下,开展系列主题安全教育,提高师生员工、学生安全防范意识。关注师生思想动态和心理健康,加强辅导员—班主任—班委的学生网络结构管理图的建设,定期参加高教区心灵驿站组织的心理辅导员例会,安排心理健康知识讲座。

做好联合研究生院的相关工作。协助做好联合研究生院的新生(面)复试、ELBP培训、录取、开学等工作。积极提供前期教学科研临时场地,完成网上选课、教学管理、考务工作,配合做好40余名东大教师和10余名澳方教师来苏授课期间的相关服务。全力协助"东南大学-蒙纳士大学苏州联合研究生院暨联合研究院"正式成立系列活动。

服务驻苏实验室、软件学院(苏州)、大学科技园。关心、支持和帮助驻苏实验室的发展,加强日常管理和服务,在申报项目、人才计划、补贴、装修指导等工作中给予积极支持和推动。参与制订软件学院(苏州)各专业方向的培养计划、培养方案、课程设置、师资安排等工作,协调教学资源,保证教室、设备、软件、网络等环境,为教学工作提供保障。关心大学科技园的工作,配合科技园公司完成进驻公司的公房安排、家具配置以及退房登记、安保物业服务等工作。

拓展校企合作空间和内涵。积极与三星电子电脑、舒尔电子、AMD(超威半导体)等多家当地企业交流合作,为80多名硕士生提供了实习岗位,争取学生就业岗位20多个,争取到三星公司设立助研资金50万元(其中10万元作为奖学金)。继续积极推进"卓越工程师计划""企业研究生工作站"工作。

做好校友会工作。建立东南大学苏州校友会官方微博,开展各种活动,增进校友之间的沟通;完成校友会年检与财务审计等。

(苏州研究院 王文宁)

建筑研究所

一、概况

建筑研究所是高层次教学、科研、建筑设计人才荟萃之地,研究方向主要分为建筑设计、城市规划、风景园林、建筑历史等。现有教师9人(调往建筑学院1人),博士研究生17人,硕士研究生18人。多项设计作品获国家及省部级大奖。

二、科研方面

1. 积极进行国家自然科学基金申报。
2. 获国家自然科学基金"基于中微观尺度评价的城市空间形态紧凑度定量研究"。

三、教学方面

参加建筑学院建筑学一、二年级的建筑设计初步和建筑设计课。

四、招生方面

招收博士研究生1名,硕士研究生5名。

五、工程设计方面

1. 参加福建农林大学智华博物馆投标获第一名。
2. 完成天台山精品酒店方案设计。
3. 完成如东中小学生素质教育基地项目设计。
4. 完成武夷荣昌汇。
5. 厦门气象局委托我单位对厦门气象站新址项目调研设计。
6. 开展武夷民居建筑风格(特色)研究。

(建筑研究所　林　挺)

学习科学研究中心

学习科学研究中心位于四牌楼校区李文正楼,自2003年成立至今已经十年。中心以国际新兴的前沿研究领域——神经教育学为主导开展文、理、工、医跨学科的研究,围绕儿童发展与学习科学开展多学科交叉的转化研究。目前中心在职人数共计27人,其中专任教师23人,行政岗1人,实验岗2人,工勤岗1人。学生人数179人,其中本科生60人,研究生119人(硕士生80人、博士生39人)。

一、人才培养

2013年中心为本院系的本科生开设课程35门,共计1 472学时。

本科生	开课门数	总学时数	人均年学时数
	35	1 472	64 学时/年

副高及以上教师开课18门,占全部课程数的51%,累计848学时,占总学时58%。

副高及以上教师开设课程	开课门数	占总开课数	累计学时	占总学时数
	18	51%	848	58%

高级职称教师开课5门,占全部课程数的14%,累计352学时,占总学时24%。

高级职称教师开设课程	开课门数	占总开课数	累计学时	占总学时数
	5	14%	352	24%

在本科生的专业主干课里共有7门课,累计272学时,2门课由副教授承担,累计80学时,2门课由教授承担,累计80学时。

2013年中心为本院系的研究生开设课程23门,累计972学时。其中全英文课程2门,90学时;研讨课3门,106学时。

研究生	开课门数	总学时数	人均年学时数
	23	972	42.3 学时/年

副高及以上人员开设课程16门,占全部课程数的70%,累计684学时,占总学时70%。

副高及以上教师开设课程	开课门数	占总开课数	累计学时	占总学时数
	16	70%	684	70%

高级职称人员开课8门,占全部课程数的35%,累计360学时,占总学时37%。

高级职称教师开设课程	开课门数	占总开课数	累计学时	占总学时数
	8	35%	360	37%

2013年度中心本科生公共考试通过率分别为:高等数学56.25%、大学物理81.25%、大学英语87.5%。

中心积极鼓励学生参与国际交流,开阔眼界,增长见识。2013年本科生大四有1人出境交流,研究生有7人参加了出国(境)交流,其中2人为公派出国联合培养,5人出国参加国际会议并做会议报告。

二、学科建设

中心结合交叉学科的优势和要求,目前拥有学习科学、神经信息工程二级学科博士点2个,应用心理学、教育技术学、生物医学工程(学习科学)、生物医学工程(神经信息工程)4个硕士点,教育硕士学位授权点1个。

经过多年的摸索和实践,"儿童发展与学习科学教育部重点实验室"已经建设得较为成熟,正在等待教育部专家组的验收。在今年的实验室学术委员会会议中,学术委员会主任韦钰院士表示,科学教育和神经教育学相结合是实验室的特色,因为这个特色,才能够在国际上占有一席之地。明年 5 月重点实验室将承办"儿童早期发展前沿研究国际研讨会",会议将邀请国内外儿童早期发展和教育研究领域的重要专家约 40 人,共同交流、探讨脑科学研究的最新进展对儿童早期发展和教育的影响。

"'做中学'科学教育改革实验项目教学中心"也是中心一项非常重要的工作。该教学中心由中国科协和东南大学合作共建,依托学习科学研究中心和儿童发展与学习科学教育部重点实验室,得到了中国科协青少年科技中心、教育部基础教育司等多方政府机构的支持。教学中心承办了教育部国家级小学科学学科骨干教师培训班和小学科学学科培训团队培训班,共培训全国各地共 700 多名骨干科学教研员和一线教师;承担了国家"做中学"科学教育改革实验项目的教师培训,组织各级培训 100 多场,培训一线科学教师和教研员近 5 000 人。作为中国青少年科技辅导员协会的培训基地,承担了全国和各地区的科技辅导员培训工作,共培训全国各地近 700 多名骨干科技辅导员和校外科技场馆科技工作者。形成了针对不同培训对象的初级培训、模块教学培训、培训者培训、志愿者培训等多项培训内容。

教学中心自主研发了数十个适合于"做中学"项目的案例,广泛用于"做中学"教学实践中,并翻译了三十余篇国际上与科学教育相关的文章。主持并参与的教师培训已超过百场,培训科学教师超过 10 000 人次,取得了巨大的社会影响。

学习科学研究中心的"学习科学"学科还被列为"十一五"期间江苏省重点学科。

中心目前有设备 946 台件,价值 2 000 多万元。其中纳入全校共享的仪器有近红外光学脑成像系统、头戴式眼动追踪系统、三维扫描仪、LC—20AD 高效液相色谱仪、四级线性质谱系统、光学动作捕捉系统 6 台大型仪器。

在研究生学位论文抽检时,中心共有 3 位同学被抽中检查,全部通过检查,评议结果优秀率高,无不及格项。

三、科学研究

中心鼓励教师积极参加国家、省级、校级各类科研项目的申报,2013 年中心在研及新立项的科研项目共有 25 项,申请的经费总数合计 915 万元,已到款 558 万元,教师人均科研经费达到 40 万元。

2013 年学习科学研究中心师生共发表 SCI、SSCI、EI 论文 18 篇,其中 SCI 13 篇、SSCI 1 篇、EI 4 篇。

由中心教师承担的科研项目分别获得了江苏省卫生厅医学新技术引进奖一等奖、南京市科技进步奖二等奖等奖项。

中心教师申请专利 14 项,获得授权的专利 10 项,已转化或应用的发明专利 2 项。

近三年入选教育部"新世纪人才"3 人、江苏省"六大人才高峰"1 人、江苏省"333 工程"中青年学术带头人 1 人、江苏省杰出青年基金资助 1 人、江苏省"青蓝工程"优秀青年骨干教师培养对象 1 人。

四、师资队伍建设

中心有专任教师 23 人,其中具有博士学位的 21 人,占 91%,高级专业技术职务 16 人,占 70%。12 位专任教师都具有 6 个月以上海外研修经历,占教师比率的 52%。近三年新进人员中有 1 人入选教育部"新世纪人才"。

中心聘请的北京大学周晓林教授、北京师范大学周仁来教授、汕头大学吴仁华教授作为兼职教授一直指导中心心理学方向的研究生。聘请了微软公司的沈向洋、李江、林宙辰和香港中文大学的汤晓欧教授以及美国爱荷华大学的 Antonio R. Damasio 教授、纽约大学的 Niobe Way 教授作为中心的客座人员参与学术交流活动。

五、学生教育管理

2013 年学习科学研究中心博士研究生毕业 5 人,4 人参加工作,1 人出国深造,就业率 100%。硕士研究生毕业 22 人,15 人参加工作,2 人出国深造,1 人考取公务员。2009 级本科生共有 18 人,其中保研学生 4 人。

2013 年学生参与社会实践活动,本科生针对 SRTP 项目申报了 5 项,基于教师科研的 SRTP 项目的在研项目 1 项,研究生获得创新基金项目 2 项。

针对本科"科学教育"专业开设的社会实践课 Project Learning III 课程每年进行一次,让学生进入"科学教育"专业实习基地,在基地导师的指导下,深入了解科学教育领域相关产业的发展及产品研发情况。这一实践性非常强的课程得到了教、学、研三方的认可,不仅体现了该课程的合理性和必要性,也让学生增加了实践能力和切身体会,对于研发单位也可以借鉴或采用学生们合理有效的实践方案用于产品。

2013 年中心的本科生获得国家奖学金 1 人,国家励志奖 2 人,社会工作优秀奖 3 人,体育活动优秀奖 3 人,文艺活动优秀奖 3 人,社会实践优秀奖 2 人,唐仲英德育奖学金 1 人。2013 年中心研究生获得国家奖助学金 4 人(博士 1 人、硕士 3 人),评出优秀毕业生 2 人,优秀研究生干部 1 人,校三好生人数 5 人,金昇奖励基金 2 人。中心在学生各类评奖评估资助工作中一贯秉持公开、公平、公正的原则,广泛听取各方意见,组织相关师生按照统一标准进行推荐、打分、评选,评选结果一律张榜公示。遇到学生有异议的地方,老师都能耐心细致地进行解释,确保学生明了。因为坚持了原则,所以中心在这些工作中一直保持零投诉。

中心对于学生工作有预案、有预防,处理有效,主动积极地化解了学生的负面情绪,给予他们正能量。

中心有本科生和研究生近 200 人,其中还有 2 名外国留学生,学生管理工作是一项细致又具体的工作,而我们中心一直没有配备专职学生管理人员,因此学生管理工作都是由学习科学研究中心党支部(隶属于生医学院党委)负责,中心教师本着一颗仁爱之心义务承担着学生管理工作。

对于外国留学生,导师要花费数倍于国内生的精力和时间去一对一、面对面、逐字逐项地与其进行耐心辅导。

对于那些经过严酷的高考刚刚踏进大学校门开始独立生活、学习的本科生们,他们思想还不够成熟,认识事物、判断事物、处理事物的能力还不够,更需要中心的老师以无私的人文关怀,把他们当做自己的孩子,去爱护关心他们。

本科"科学教育"专业是一门新兴的交叉学科,入学初,学生们普遍关心这个专业将来的走向以及课程安排。针对这个问题,中心党政领导、"科学教育"专业的任课老师以及本科生教务老师通过入学教育向全班同学进行专业思想教育,之后再通过课堂教学及专业讲座向学生逐步灌输专业思想,提高学生们学习的积极性。

学习科学研究中心党支部书记柏毅老师一直担任着本科生的教学工作,作为支部书记和任课教师,他与学生接触的时间和机会非常多,有一次,他通过一位本科女同学的请假条发现她存在的思想顾虑,利用课余时间与她长谈了3个多小时,终于了解到了她的真实思想并针对其想法中不成熟的地方加以引导,使她改变了初衷。之后又通过多种方式加强与她的沟通,带她听大师的演讲、带她到中心参观、自掏腰包为其购置生活必需品等,从点点滴滴的细微处引导、关心该同学。通过这些具体的措施这位同学顺利摆脱了刚入学时的思想阴影,积极地投入到了学习生活中,学习成绩一跃而升,在班级里名列前茅。2013年她通过自己的努力获得直博资格,将在学习科学研究中心完成她的博士研究工作。我们都为她的转变感到无比欣慰,并为自己的工作和付出所取得的成绩感到自豪。

六、综合管理

中心设立工作委员会,重大事项集体讨论确定。班子团结协作,无因决策失误造成重大损失的事件,没有在社会上给学校造成不良影响的事件发生。

中心重视安全保卫、治安综合治理、防火安全工作,在各研究室、办公室指定了专人担任安全保卫、治安综合治理负责人,并与他们签署了安全保卫责任书,将责任落实到人。因为有了这些管理制度和措施,所以中心在全校的安全保卫责任制评比中已经有两次被推举获得了"东南大学安全保卫责任评比优秀奖"。

(学习科学研究中心 金 怡)

智能运输系统(ITS)研究中心

一、概况

东南大学智能运输系统(ITS)研究中心是直属于东南大学的二级科研机构,建有教育部智能运输系统工程研究中心,是东南大学为了适应国民经济的飞速发展及我国综合交通运输体系的建设和管理信息化需求而成立的,也是我国最早成立的智能运输系统科研机构之一,在国家一级重点学科交通运输工程下设有交通信息工程与控制和道路与铁道工程两个二级学科,具有博士和硕士学位授予权。中心组建了跨专业、多学科的综合科研队伍,集中了智能交通、道路工程、桥梁工程、轨道交通、电子电工、工业控制等多方向研究人员,团结协作从事中心的科研与教学工作。当前中心有专职教师15人,拥有中国工程院院士1人,长江学者特聘教授1人,江苏省"333工程"首批中青年科技领军人才1人,教育部"新世纪科技领军人才"1人,东南大学青年特聘教授1人,教授4人,副教授8人,博士生导师6人,全部教师都具有博士学位,80%的教师具有在国外科研机构从事科研工作的经历,中心主任由中国工程院黄卫院士担任。

二、学科建设和科研

东南大学智能运输系统研究中心属于一级国家重点学科交通运输工程,包括交通信息工程与控制和道路与铁道工程两个二级学科。交通信息工程与控制是智能运输系统最重要的研究领域之一,是一门多学科交叉的新兴学科,通过多年努力,中心在该学科方向有了很快的发展。"211工程"二期建设项目投入近100万元购置视频交通检测系统、TransCAD软件、动态称重等设备和软件;"985工程"二期建设项目投入200多万元购置交通虚拟现实仿真系统、智能公交信息交互系统、三维空间跟踪定位系统、智能交通IC卡开发系统、智能交通车载平台等设备,建成了完备的科研支撑环境,并在基础研究和工程应用领域取得了一系列的研究成果,涵盖交通信息采集技术、道路交通智能管理和控制、轨道交通运营与管理、3S/汽车检测技术等方向;同时,在交通工程专业开设了交通信息工程与控制本科专业方向。道路与铁道工程是国家重点二级学科,在路基路面结构设计理论与方法、路面结构新材料与新工艺的研究与开发、道路排水技术等方面处于国内领先地位,特别是钢桥面铺装技术已达国际领先水准。中心建立了道桥创新材料开发实验室,配置了整套的国产环氧沥青试验仪器设备。

纵向科研是提升中心研究水平的重要支撑。在纵向科研方向,中心承接了国家自然科学基金项目10余项,承接"973"项目1项;国家科技支撑计划课题1项;"863"计划研究项目2项,其他省部级纵向科研课题20余项。

中心积极参与产学研相结合的协作研究,推动基础理论研究成果的产业化转化。近年来,中心参与了多项国家级重点、重大工程,其中,中心的大跨径钢桥面铺装研究成果在我国80%的跨长江和黄河大跨径钢桥面铺装工程中得到了应用。

中心通过团体协作,主持或参与获得国家科技进步奖4项,交通部科技进步特等奖1项,教育部技术发明奖一等奖1项,教育部自然科学一等奖2项,江苏省科技进步二等奖4项,主编中华人民共和国国家标准1项,发明专利10余项。

三、教学与学生培养管理

研究生的招生和培养教育是中心的重要与核心工作之一。在研究生招生方面,在严格遵守东南大学研究生招生制度的同时,加大中心招生的宣传力度,充分调动各方面的积极性,2013年招收博士、硕士研究生34人,为中心建设高水平的科研机构奠定了基础。

在研究生培养方面,充分依托中心承接的国家和省部级纵向科研课题研究以及国家重点工程建设项目,充分实现课堂教学和科研实践的结合,理论联系实际,在提高研究生基础理论水平的同时,提升研究生参与工程实践、解决实际工程问题的能力;同时,为了培养具有国际视野的高水平科研人才,中心充分重视研究生培养教育的国际化,2013年,中心共派出2位博士研究生到美国高等学校联合培养。

在研究生培养的考核方面,在统一制订中心的研究生培养计划和管理制度的同时,充分发挥和调动中心指导教师的作用,以博导和硕导为核心,落实中心的研究生教育工作,按时完成学校规定的研究生培养环节考核。2013年,中心组织完成了2011级博士、硕士研究生的开题报告工作,完成了2010级硕士研究生以及博士研究生的毕业答辩工作。

四、师资培养

师资培养,特别是青年教师的培养是稳定中心科研队伍、创建可持续发展的高水平科研机构的基础,是中心一直以来的关键工作之一。在教学能力培养方面,中心鼓励教师积极申请或参与学校或其他机构的教学改革项目,参加教学竞赛,撰写教学改革论文,全面提升中心教师的教学水平和视野。同时,一支稳定的研究生导师队伍是维持中心高水平科研和教学工作的保障,中心积极支持并鼓励中心教师出国进修或再深造。

2013年,中心有1名教师获得东南大学教学竞赛三等奖。

五、国际合作与交流

充分的国际合作和交流对培养具有国际视野的高水平研究队伍和研究生具有重要的、不可替代的作用。长期以来,中心和国外的相关科研机构保持了密切的联系和合作,有关高校和研究机构有美国国家沥青技术试验中心、美国加利福尼亚大学伯克利分校、美国弗吉尼亚大学、美国得克萨斯大学奥斯汀分校、美国北卡罗来纳州立大学、美国肯塔基大学、日本茨城大学、瑞士苏黎世高工、日本OMRON公司等。同时中心积极参与相关领域的国际会议,增强国际交流力度。

2013年,中心组织参加了在美国华盛顿举办的美国交通运输协会年会,交流会议论文5篇,邀请并接待来访国际交流学者4人次,派出国际联合培养博士生2名。

(ITS中心 郭建华)

生命科学研究院

一、基本概况

2013年全年,引进海内外专业人员3名,引进或调入技术管理人员2名。至2013年底,研究院有全职研究、管理人员26名;在读学生共计168名。2013年共招收硕士生31名,博士11名;毕业硕士20人,博士7人。

二、创新决策机制,完善规章制度

根据学校对研究院学术特区的定位以及研究院现有人员结构的状况,在坚持党政联席会议决策的基础上,继续实行党政领导与课题组长联席会议制度,讨论研究研究院发展的重大事项,强化民主决策与专家治理。实行行政人员例会制度,该例会制度是与联席会议制度相配套的一种执行机制,研究院及实验室行政人员每2周一次例会,布置落实具体行政事项,为研究院的运行特别是科研工作的正常开展提供保障。

三、学科建设与科技工作成效显著

统筹学科布局。在生物学一级学科下,统筹设置遗传学等六个二级学科,人才培养按生物学一级学科培养,制定培养方案。

学科建设的核心是人才。生命科学研究院密切配合学校人事制度的改革,推进了机制创新,加强人才引进的力度和人才培养的力度。采取的主要措施有:探索和实行新的研究院运行机制(PI 制);试行研究院高层次人才的全球招聘和聘用管理制度;完善和优化考核制度,推行多形式的考核办法;完善人才工作领导机制和工作机制,营造良好的工作氛围。通过这些举措,使学科整体水平有了很大的提高,生物学一级学科硕士点、博士点和博士后流动站得到了充实,继"十五""十一五"遗传学为江苏省重点学科后,生物学被列为江苏省"十二五"一级重点学科。在学术界的影响力和知名度有了很大的提升。

2013年是生命科学研究院在科学研究领域中取得丰硕成果的一年,其中承担5项国家重点基础研究发展计划(973课题子项目),主持863项目首席1项,子课题1项,国家自然科学面上基金15项,重点课题2项,省部级科学基金项目8项,计划科研经费达3348余万元,经费总量大幅提高。发表论文SCI 26篇。值得一提的是,2013年生命科学研究院发表论文的质量得到了大幅提高,谢维教授和韩俊海教授作为通讯作者在国际顶尖神经科学杂志Neuron (IF:15.766)上发表论文1篇;万亚坤研究员以共同第一作者在国际生命科学顶尖期刊Cell(IF:31.957)上发表论文1篇;此外,在国际神经科学著名期刊Journal of Neuroscience上发表论文3篇,在国际顶级分子与细胞生物学杂志EMBO Journal上发表论文2篇,在国际顶级发育生物学杂志Development上发表论文1篇。专利申请3项,授权1项。应邀在国际会议上作报告3人次。

国际交流与合作是研究院科研工作的重要组成部分,2013年度邀请了国内、外知名研究机构的著名专家来室进行讲学、合作研究,加强与国内、外著名研究机构的交流与合作,建立良好的伙伴关系。邀请了国内、外知名研究机构的著名专家来室进行讲学30余场,其中包括加拿大Toronto大学Gabrielle Boulianne教授,加拿大皇家科学院Michael Salter院士,William Trimble院士,John McDonald院士,加拿大UBC的Yutian Wang教授,美国MMHI的Tzumin Lee研究员,约翰霍普金斯LI Min教授等。国际合作研究不断加强,和美国、加拿大、德国、澳大利亚、比利时、瑞典等国的同行进行合作与交流,获得中加健康科学研究课题1项,海外合作基金1项。

四、人才工作及队伍建设进展顺利

人才工作是事关研究院发展的首要工作,研究院高度重视海外杰出青年人才的引进。2013年全年面试海内外专业人才数十人,到岗或签约专职教师及技术人员5人。申报千人计划1名;申报青年千人4名;2013年研究院申报国家自然基金委"国家创新群体"进入终审答辩。新增国家杰出青年基金获得者1名(陆巍)。江苏省"特聘教授"2名(陆巍、赵春杰),教育部"新世纪人才"1名(万亚坤),江苏省"双创人才"1名(刘向东),入选江苏省"博士集聚计划"创新创业博士1名(张子超)。目前全院教师队伍中具有海外留学经历15人,占教师比例86.6%;教师队伍中博士学位比例100%。聘请客座教授2人(Youming Zhang, Xinhui Wang);兼职教授 2 人(段树民院士、高翔教授)。

五、高素质人才培养工作有序推进

加强研究生招生宣传。制作招生宣传册,加强网上宣传,组织专家教授分头赴西北、华中、安徽等著名高校宣讲,邀请安师大领导和应届本科毕业生来院访问,等等,吸引免研生或优秀学生加盟东大生科院。

加正平教授继续在研究院为研究生开设全英文分子神经生物学课程。

2013 年我院研究生获省级优秀博士论文 1 篇;获得国家奖学金 5 人次,宝钢优秀奖学金 1 人次。博士研究生田壵同学获得了中国细胞生物学学会 2013 年全国学术大会上喜获 CST 青年优秀论文二等奖,王宁同学获得 2013 年中国神经科学大会优秀墙报奖,博士研究生李毅参加了国际知名的冷泉港会议并被选作大会报告,是来自全球的 3 个学生报告人之一。

六、扎实做好党建工作

院直属党支部通过党建带动团建和班级建设,通过培养,2013 年 17 位积极分子进行了党校培训,10 位预备党员进行了预备党员党校培训,有 11 位同学吸收为入党积极分子,3 位同学发展为中共预备党员,5 为同学及时转正为中共正式党员。及时组织各党支部开展了两会学习汇报活动和十八届三中全会的学习汇报活动,坚定了大家对社会主义的信念,鼓舞了大家为建设美好中国积极探索科学事业的斗志,有近一半的同半的同学在研二、研三期间升入博士进一步深造,有力的支持了我院科研发展的需要,有两位博士发表了高水平论文。团委及研会通过策划各种活动积极培养了研究生的团队合作精神、组织管理能力、感恩之心、目标意识、正确面对挫折的能力、院的归属感等情商。开展了新老生座谈,院研究生轻运动会,迎新联欢活动,各种学术讲座等同学喜闻乐见的活动,活跃了研究生业余文化生活,让更多的研究生内心充满阳光。

七、加强党风廉政建设,完善后勤保障工作

院直属党支部十分重视党风廉政建设工作,以制定的院"三重一大"制度为导向,加强领导班子队伍建设,健全议事规则和决策程序,年初已把反腐倡廉教育纳入 2013 年度院直属党支部工作计划,一年来,研究院院直属党支部采取预防为主、教育为先的原则,认真学习贯彻落实《中国共产党党员领导干部廉洁从政若干准则》,利用每月举行的党政领导和课题组长联席会议、专题民主生活会、政治理论学习等形式开展廉政教育,规范各类科研经费使用管理。对研究院干部及相关人员严格要求,努力把院领导班子建成廉洁高效、团结协调的领导集体。按照校党委安排部署,组织全院党员干部学习加强党员干部作风建设,对照要求开展自查,提高了认识,提高了工作效率。

为确保研究院日常工作的有效开展,研究院行政办公室本着为科研教学服务的宗旨,认真做好全院教职工的后勤保障工作,规范办公室财务管理制度,积极为新职工解决日常生活和工作中的困难,不遗余力的帮助新进人员尽快熟悉本单位各方面情况,认真及时的传达学校上级部门的各项通知,有效组织开展各类项目的申报工作。此外,行政办公室还

配合院工会开展各类文娱活动,让教师们在紧张的工作之余零距离接近大自然,不仅起到了陶冶情操和放松心情的作用,而且还加深了教师们彼此间的友谊,提高了生命科学研究院的团队凝聚力。根据研究院发展的要求和学校人事管理的要求,通过几上几下反复修改,酝酿产生了"生命科学研究院教职工绩效考评细则",逐步探索制度化长效管理的有效方法。

(生命科学研究院 许 峰)

奖励与表彰

2013年获上级表彰的先进集体、先进个人名单

先 进 集 体

第十二届全国运动会群众体育先进单位
  东南大学
第九届全国大学生运动会校长杯突出贡献奖
  东南大学
第九届全国大学生运动会江苏代表团突出贡献单位
  东南大学
2011—2012年度江苏省体育工作先进学校
  东南大学
2012年江苏省教学工作先进高校
  东南大学
2012年度江苏省教育人才工作先进单位
  东南大学
2012年度江苏省教育宣传工作先进单位
  东南大学
2012年江苏省普通高校学生资助绩效评价结果优秀单位
  东南大学
2011—2012年度江苏省高等学校思想政治教育工作先进集体
  东南大学
2012年江苏省学生军事训练工作先进单位
  东南大学

2011—2012年度江苏省"高校后勤工作先进集体"
　　东南大学
2013年江苏省平安校园
　　东南大学幼儿园
2012年度民革江苏省委先进支部
　　民革东南大学总支部
2011—2013年度民革江苏省委先进支部
　　民革东南大学总支部
2012年度民盟江苏省委省直工委参政议政工作先进集体
　　民盟东南大学委员会
2012年度民进江苏省直工委先进基层组织
　　民进东南大学委员会
2012年度农工江苏省委五星支部
　　农工东南大学委员会
2012年度九三学社江苏省委先进基层组织
　　九三学社东南大学委员会
2012年农工江苏省省直五星支部
　　农工东南大学附属中大医院支部
2012年度江苏省侨联维护侨益工作先进单位
　　东南大学侨联
2012年度江苏省老干部工作"创新创优成果先进奖"
　　东南大学老干部处
2012年江苏省"巾帼文明岗"
　　东南大学外国语学院大学外语部
2012年度江苏省共青团工作先进单位
　　东南大学团委
2012年度"江苏省五四红旗团委"
　　东南大学土木工程学院团委
2012年度江苏省"共青团工作创新创优成果奖"
　　东南大学团委
2012年高校社科科研管理研究管理先进集体
　　东南大学社会科学处
首届高校大学生安全知识竞赛"优秀组织奖"
　　东南大学保卫处
2012年全国高校后勤信息宣传先进单位
　　东南大学后勤服务集团
2012年全国高校学生公寓管理服务工作先进单位
　　东南大学后勤服务集团学生公寓服务管理中心

2012年江苏省卫生系统省级青年文明号
  东南大学附属中大医院康复医学科
2013年江苏省优质护理先进病房
  东南大学附属中大医院心血管内科
2012年江苏省卫生系统护理专业"巾帼文明岗"
  东南大学附属中大医院神经内科护理组
2013年首届江苏省新闻出版政府奖
报刊奖 东南大学学报(自然科学版)编辑部
    先进新闻出版单位奖 东南大学出版社
特别奖 《中国桥梁建设新进展(1991—)》(作者:丁大钧 责任编辑:丁 丁)
图书奖 《绿色建筑设计与技术》(作者:杨维菊 责任编辑:戴 丽)
图书提名奖 《中国佛教美术发展史》(作者:阮荣春 责任编辑:张丽萍)
版权贸易奖 《英国城乡规划》(作者:Barry Cullingworth 责任编辑:徐步政 姜 来)
装帧设计奖 《世界地下交通》(设计者:瀚清堂 责任编辑:徐步政)
装帧设计提名奖 《〈营造法式〉彩画研究》(设计者:皮志伟 程 博 责任编辑:戴 丽)
2013年中华优秀出版物奖
  图书提名奖《〈营造法式〉彩画研究》(作者:李路珂 责任编辑:戴 丽)
2013年香港建筑师学会两岸四地建筑设计大奖 金奖
  东南大学建筑设计研究院有限公司
江苏省第十五届优秀工程设计一等奖
  获奖项目:招商局南京国际金融中心 东南大学建筑设计研究院有限公司
  获奖项目:长兴广播电视台(长兴传媒中心) 东南大学建筑设计研究院有限公司
  获奖项目:南京地质博物馆扩建工程 东南大学建筑设计研究院有限公司
江苏省"巾帼文明岗"
  外国语学院大学外语部
江苏省教育科技系统"五一巾帼标兵岗"
  数学系高等数学教研室 图书馆
江苏省教育科技系统"模范职工小家"
  中大医院分工会、成贤学院分工会
江苏省教育科技系统"工人先锋号"
  国家专用集成电路系统工程技术研究中心
  后勤服务集团物业管理中心
  生物电子学国家重点实验室

先 进 个 人

2013年全国师德标兵
  孙 伟

"千人计划"入选者
  Rodrigo Salgado　孙正明
"青年千人计划"入选者
  叶智锐　张袁健
"长江学者"入选者
  特聘教授　肖　睿　高西奇
  讲座教授　姚新中
2013 年国家杰出青年科学基金获得者
  钟文琪　宋爱国　王雪梅
"万人计划"国家科技创新领军人才入选者
  尤肖虎　王　庆
"万人计划"青年拔尖人才入选者
  钟文琪
"政府特殊津贴"获得者
  陈云飞　高西奇　黄晓明　肖　睿　周佑勇
2013—2017 教育部高等学校教学指导委员会主任委员
  实验教学指导委员会　　　　　　　　　　　　易　红
  电气类专业教学指导委员会　　　　　　　　　胡敏强
  建筑学专业教学指导委员会　　　　　　　　　王建国
  电工电子基础课程教学指导委员会　　　　　　王志功
  生物医学工程类专业教学指导委员会　　　　　万遂人
2013—2017 教育部高等学校教学指导委员会副主任委员
  大学数学课程教学指导委员会　　　　　　　　郑家茂
  公共卫生与预防医学类专业教学指导委员会　　浦跃朴
  土木工程专业教学指导委员会　　　　　　　　李爱群
  自动化类专业教学指导委员会　　　　　　　　戴先中
  经济与贸易类专业教学指导委员会　　　　　　徐康宁
  物流管理与工程类专业教学指导委员会　　　　赵林度
  大学外语教学指导委员会　　　　　　　　　　李霄翔
2012 年教育部"新世纪优秀人才支持计划"入选教师
  李　敏　陈礼明　赵祥伟　刘庆山　王海贤　许传龙　梁金玲　宋　敏　王继刚
2013 年国家基金委优秀青年科学基金
  虞文武　刘淑君　姚红红　花　为　刘　攀　董　帅
2012 年教育部创新团队
  顾忠泽团队
2012 年 "973"项目首席专家
  滕皋军

2013年"973"青年科学家专题
　　　付大伟
国家社科基金重大项目首席专家
　　　现代城市交通发展的制度平台与法律保障机制研究　　　　　　周佑勇
　　　我国产业生态经济系统优化及运行机制研究　　　　　　　　　王文平
2012年江苏省双创人才
　　　郝张成　刘向东　叶智锐
2012年江苏省双创团队
　　　丁峙团队
江苏高校哲学社会科学优秀创新团队
　　　中国传统艺术的传承与传播研究　　　　　　　　　　　　　　王廷信团队
2012年江苏省特聘教授
　　　叶继红　孙伟锋　赵春杰
2012年江苏省"六大人才高峰"入选人员
　　　冷嘉伟　冷　杉　程　强　郭　彤　陈锦祥　王著元　李世华　舒华忠
　　　李小平　倪振华　廖恒成　顾　伟　陈淑燕　程　琳　万亚坤
2012年江苏省"青蓝工程"入选人员
　　　科技创新团队（顾忠泽团队　曹进德团队）
中青年学术带头人
　　　陈继新　吴　京　曹玖新　杨文星　王继刚　沈亚丹　刘晓星　张　萍
　　　任　刚　沈传来
优秀青年骨干教师
　　　刘　磊　宋　敏　李慧玲　单伟伟　李新德　孙剑飞　李　敏　梁戈玉
2012年宝钢特等奖
　　　王建国
2012年宝钢优秀奖
　　　陈良华　杨小庆　周雨青
2013年江苏省"五一劳动奖章"
　　　胡汉辉
第八届"江苏青年五四奖章"
　　　吴　刚
第十届江苏省优秀科技工作者
　　　张志珺
2012年中国科学技术法学会科技法学优秀人才奖
　　　胡朝阳
2012年度民革江苏省委先进个人
　　　杨锡宁　马坤岭　任晓妹

2012年度民进江苏省直工委优秀会员
　　吴国新　张　燕
2012年度九三学社江苏省委先进个人
　　王修信
第二届江苏省侨界贡献奖
　　吕晓迎
2012年致公党江苏省委"为两个率先作贡献"先进个人
　　薛　涛
2012年度"江苏省共青团工作先进工作者"
　　周　勇
2012年度"江苏省优秀共青团干部"
　　凤启龙
2012年江苏省"医德之星"
　　吴国球
2012年江苏省优秀医院管理工作者
　　汤士忠　马根山
2012年江苏省护士创新技能大赛临床护理第一名
　　范海月
第八届挑战杯"复星"中国大学生创业计划竞赛优秀指导教师
　　胡汉辉　朱　涛　陈俊杰　钟　锐　罗　澍　许倩茹　丁媛静　王婧菲
　　何　雯　张文青
2013年国际大学生数学建模竞赛国际级一等奖指导教师
　　国际大学生数学建模竞赛指导团队（陈恩水等）
2013年全国大学生英语竞赛国家级特等奖指导教师
　　全国大学生英语竞赛指导团队（陈美华等）
2012年中国机器人大赛国家级特等奖指导教师
　　中国机器人大赛指导团队（张文锦等）
2013 RoboCup机器人国际比赛国际级一等奖指导教师
　　RoboCup机器人国际比赛指导团队（许映秋等）
2012年国际遗传工程机器设计竞赛（iGEM）金奖、银奖指导教师
　　国际遗传工程机器设计竞赛指导团队（陆祖宏等）
2012届全国大学生电子设计竞赛模拟电子系统设计专题邀请赛（TI杯）国家级一等奖指导教师
　　全国大学生电子设计竞赛指导团队（堵国樑等）
第八届全国大学生交通科技大赛国家级一等奖指导教师
　　全国大学生交通科技大赛指导团队（陈　怡等）
第八届"飞思卡尔"杯全国大学生智能汽车竞赛总决赛国家级一等奖指导教师
　　全国大学生智能汽车竞赛指导团队（谈英姿等）

首届全国大学生金相技能大赛国家级一等奖指导教师
  全国大学生金相技能大赛指导团队(晏井利等)
第七届"三菱电机自动化杯全国大学生自动化大赛暨自动化创新设计竞赛国家级一等奖指导教师"
  全国大学生自动化大赛指导团队(潘　蕾等)
第九届全国大学生运动会江苏代表团优秀教练员
  倪小焰
第九届全国大学生运动会江苏代表团先进个人
  王　强　蔡晓波
2012年江苏省优秀宣传思想文化工作者
  李冬梅
2013年江苏省高校档案工作先进个人
  柳　萍
2012年高校社科科研管理研究管理先进个人
  邱　斌
2012年江苏省学生军事训练工作先进个人
  陆　华　李有祥
2012年江苏省公安厅个人"二等功"
  任祖平
2013年江苏省优质护理服务先进个人
  陈　香　候　雅
2012年全国高校好新闻评选
  言论一等奖　《从尤肖虎身上读到了什么?》　　　　　　　　　郑立琪
  消息一等奖　《王澍在京获颁普利兹克建筑奖》　　　　　　　郑立琪
  通讯一等奖　《做最中国的建筑》　　　　　　　　　　　　　唐　瑭
      《机会总是留给有准备的人》　　　　　　　　　丛　婕
  版面三等奖　《东南大学报》第1200期—第一版　　　　　　嵇　宏
第九届中国建筑学会青年建筑师奖
  袁　玮　钱　锋
全国教科文卫体系统优秀工会工作者
  顾灿美
江苏省"五一劳动奖章"
  胡汉辉
江苏省教育科技系统"五一巾帼标兵"
  钱振东　张建琼　朱　明

东南大学校级荣誉名单

东南大学 2012—2013 年度"工会工作先进集体"

体育系工会
图书馆工会
后勤服务集团工会
附属中大医院工会
东南大学医院工会
能源与环境学院工会环境科学与工程系工会小组
信息科学与工程学院工会机关工会小组
数学系工会概率统计工会小组
计算机科学与工程学院、软件学院工会机关工会小组
产业工会出版社工会小组
校机关工会党办工会小组
校机关工会人事处工会小组

东南大学 2012—2013 年度"优秀工会积极分子"名单

姜宇平	沈建化	刘 鹏	闫 焱	程 洁	龙如明	周声平	郭玉珍	华 光
贾 宁	徐伟炜	张蔼玲	贺龙兵	郑姚生	张 勤	谢静琪	陈益民	李 伟
陶 军	章 羽	李 旗	张天柱	张亚贤	庞超明	陈钢华	何 熠	葛沪飞
伍贻胜	黄允凯	戴秀珍	吴颖岚	方云峰	李晓智	黄镜怡	咸 戎	梁衡弘
鲍香台	潘国锋	沈建翔	周宁平	郑 刚	张又清	杨瑞丽	孔房祥	张子超
潘明烽	曹 翔	丁 冬	张 彬	蒋玉玲	章剑青	曹 毅	张 辰	肖 驰
夏义顺	李银萍	祁广庆	张晓燕	张儒祥	李庭红	丁 苏	黄奕立	黄启云
郝艳娟	蔡永林	张慧慧	孔庆燕	杨丽荣	弓玉祥	董 枫	辛海洋	杨琴华
郝悦悦	徐 立	赵 健	汤从智	杜国平	魏 彬	张 宁		

2013 年科研成果获奖情况

◎2013 年国家自然科学奖
二等奖
多源干扰系统的建模、分析与控制理论研究
孙长银(2) 李 涛(4)

◎2013年国家技术发明奖

二等奖

夏热冬冷地区建筑冷热湿一体化高效处理技术与装备
张小松(1) 殷勇高(2) 梁彩华(3) 李舒宏(4) 徐国英(5)

◎2013年国家科技进步奖

一等奖

三索面三主桁公铁两用斜拉桥建造技术
黄 卫(4)

二等奖

混凝土裂缝分龄期防治新材料和新技术及其应用
钱春香(1) 孙 伟(4) 王瑞兴(6) 李 敏(10)

长大跨桥梁结构状态评估关键技术与应用
李爱群(1) 郭 彤(2) 李兆霞(4) 王 浩(6) 王 莹(10)

土木工程用高性能纤维复合材料制备及应用关键技术
张继文(2) 吕志涛(5)

◎2013年江苏省科学技术奖

一等奖

PLC型1×8/16/32光功分器系列
孙小菡(1) 柏宁丰(2) 蒋卫锋(3) 刘 旭(4) 于 兵(5)

关键零部件激光非传统制造控性控形技术与装备
张永康(1) 倪中华(7)

特殊地基土的力学特性与高速公路控制变形成套技术
缪林昌(1) 石名磊(3) 王 非(4)

土木结构隔减振若干新装置研究及应用
徐赵东(1) 韩玉林(3) 费树岷(4) 杨建刚(5) 郭迎庆(7) 张香成(9)
万春风(10)

二等奖

电磁场边值问题区域分解方法
洪 伟(1) 李卫东(2) 周后型(4) 孙连友(7)

大功率Z源/准Z源光伏逆变装置及并网电能质量控制系统关键技术与应用
郑建勇(1) 梅 军(2)

面向节能减排的典型冶金过程先进控制与优化
李 奇(1) 李世华(2) 陈夕松(6) 方仕雄(8) 杨 俊(9)

人工湿地污水处理理论及关键技术研究与应用
王世和(1) 黄 娟(2) 鄢 璐(3) 雒维国(6) 徐 进(8) 明劲松(9)

三等奖

基于纳米簇仿生功能界面的肿瘤相关生物检测与多模态成像方法
王雪梅(1) 陈宝安(2) 姜 晖(3)

冠心病遗传学基础与早期风险评估
陈　忠(1)　马根山(4)　姚玉宇(5)
◎2013年教育部自然科学奖
一等奖
慢性肾脏病进展关键机制及其诊断标志物研究
刘必成(1)　汤日宁(4)　马坤岭(5)　吕林莉(6)　张建东(7)
定子励磁型无刷电机及控制系统基础理论与关键技术研究
程　明(1)　花　为(3)　张建忠(4)　樊　英(5)　曹瑞武(9)
二等奖
DNA微阵列芯片
陆祖宏(1)　肖鹏峰(2)　白云飞(3)　葛芹玉(4)　刘全俊(5)　何农跃(6)
钙基载体循环煅烧/碳酸化反应捕集CO_2的基础研究
赵长遂(1)　陈惠超(3)　段伦博(4)　梁　财(5)　陈晓平(6)
◎2013年教育部技术发明奖
一等奖
硅基功率集成的可靠性关键技术与应用
孙伟锋(1)　时龙兴(2)　钱钦松(3)　刘斯扬(4)
二等奖
硅基MEMS可制造性设计关键技术及其应用
黄庆安(1)　周再发(2)　李伟华(3)　聂　萌(5)
◎2013年教育部科技进步奖
一等奖
项目名称(略)
徐晓苏(1)　刘锡祥(2)　张　涛(3)　李　瑶(4)　王立辉(5)　李佩娟(6)
吴　峻(7)　程向红(8)　闫　捷(9)　刘义亭(10)　徐振凯(11)
预应力混凝土结构的创新与工程应用
吕志涛(2)　孟少平(4)　刘　钊(5)　王景全(7)　吴　京(9)　秦卫红(11)
贺志启(12)
二等奖
多场因素耦合作用下高耐久长寿命新型纤维混凝土的研发与工程应用
郭丽萍(1)　孙　伟(3)　秦鸿根(5)

2013年教学成果获奖情况

◎2013年国家级专业综合改革试点项目
　临床医学(滕皋军　王立新等)
◎2012年国家级精品视频公开课
　管理学——解剖组织成长与揭示前沿趋势　李　东

传统文化与中医养生　王长松

◎2013年国家级精品视频公开课
唐诗鉴赏　　王步高

◎2012年国家级实验教学示范中心
东南大学信息与电子专业实验中心

◎2012年省级实验教学示范中心
东南大学信息通信实践教育中心

◎国家级临床技能综合实训中心
东南大学临床技能实训中心

◎教育部第一批卓越医生教育培养计划项目试点
东南大学拔尖创新医学人才培养模式改革试点
东南大学五年制临床医学人才培养模式改革试点

◎第一批"十二五"普通高等教育本科国家级规划教材

《城市设计》	王建国
《中国建筑史》(第6版)	潘谷西
《测试技术》(第2版)	贾民平　张洪亭
《工程材料及机械制造基础(Ⅰ)——工程材料》(第2版)	戴枝荣　张远明
《机械设计基础》(第5版)	杨可桢　程光蕴　李仲生
《集成电路设计》(第2版)	王志功　陈莹梅
《工程结构设计原理》(第2版)	曹双寅
《建筑结构设计(第一册)》(套书)	邱洪兴
《工程项目管理》(第3版)	成　虎　陈　群
《工程结构抗震设计》	李爱群　高振世
《砌体结构》	丁大钧
《土木工程概论》	丁大钧　蒋永生
《混凝土结构》(全册)(第4版)	东南大学等
《C++程序设计》(第2版)	吴乃陵　况迎辉
《线性代数》	陈建龙　周建华　韩瑞珠等
《自动化学科概论》	戴先中　赵光宙
《物理学》(全册)(第5版)	马文蔚等
《大学语文(全编本)》	王步高
《电机学》(第2版)	胡虔生　胡敏强
《电力系统稳态分析》(第3版)	陈　珩
《大学体验英语听说教程》1—4册(第2版)(套书)	李霄翔
《土木工程测量》(第3版)	胡伍生　潘庆林
《土力学》(第2版)	张克恭　刘松玉
《交通规划》	王　炜

《交通工程总论》(第3版) 徐吉谦 陈学武
《传感器技术》(第3版) 贾伯年 俞朴 宋爱国

◎2013年省级实验教学与实践教育中心
东南大学测控技术与仪器学科综合训练中心
东南大学自动化工程实践教育中心

◎2012年全国优秀博士学位论文指导教师
张小松 洪伟 刘松玉

◎2012年全国优秀博士学位论文提名论文指导教师
顾忠泽 程明

◎2012年江苏省优秀博士学位论文指导教师
王建国 金保昇 赵长遂 崔铁军 高西奇 徐君祥 顾忠泽 何建敏
陈宝安 张志珺

◎2012年江苏省优秀硕士学位论文指导教师
王兴平 胥建群 徐治皋 李启明 时龙兴 吴建辉 曹进德 陈汉武
王雪梅 陈良华 程明 郑建勇 肖国民 程琳 赵春杰 居胜红 吕乃基

◎2012年江苏省本科优秀毕业设计(论文)一等奖指导教师
许威 崔一平 沈来宏 杨全胜 王兴松 程明

◎2013年东南大学教学奖

特等奖
王志功 阳建强 周志红 黄学良

一等奖
唐芃 王海燕(机械学院) 仇晓黎 盛昌栋 郭延芬 邱洪兴 陈建龙 李铁香
路小波 徐立臻 王晓蔚 白艳锋 王进科 梅建平 聂春雷 樊和平
王海燕(经管学院) 徐康宁 苗丽敏 王小红 智永红 马全红 王昊 黄丽斌
步兵 张开金 王长松 周智勇 王凤华 陈良斌

◎2013年东南大学青年教师授课竞赛

一等奖
董科

二等奖
张倩 段伦博 苏志刚 方云峰 范圣刚 缪志伟 张培伟

江苏省教学成果奖:2013年江苏省教学成果奖

特等奖	现代工程管理人才"一体两翼"型专业核心能力培养的研究与实践	李启明 成 虎 沈 杰 郭正兴 周佑勇 杜 静 陆惠民 黄有亮 刘家彬 陆 彦	土木学院
	基于工程创新能力培养的电气工程专业教学改革探索与实践	黄学良 李 扬 张炎平 林明耀 蒋玉俊 张 靖	电气学院
	大学英语研究型教学模式探索与实践	李霄翔 陈美华 朱善华 郑玉琪 吴之昕 郭锋萍 刘 蓉 杨茂霞 邹长征 石 玲	外语学院
	创新体系、精选内容、优化模式,突出自主研学的电工电子实践课程改革	胡仁杰 堵国樑 黄慧春 管秋梅 顾玉军 王风华 傅淑霞 顾晓洁 赵 扬	电工电子
一等奖	电子电气基础课程改革与实践	王志功 孟 桥 冯 军 黄学良 李文渊 汤勇明 赵鑫泰	信息学院
	土木工程专业工程创新能力培养实现途径的探索与实践	邱洪兴 童小东 舒赣平 郭正兴 黄跃平 陆金钰 陈 镭 周 臻 吴 京 李爱群 叶继红 吴 刚	土木学院
	大学公共数学课程内容体系和教学模式的改革与实践	刘继军 陈文彦 王栓宏 陈建龙 关秀翠 周建华 黄 骏 潮小李 李慧玲 徐 亮	数学系
	基于中国情境理念的经管专业国际留学生培养模式的创建与实践	徐康宁 黄 凯 张玉林 朱志坚 陈淑梅 邱 斌 陈良华 任凤慧 李 东 邵 军	经管学院
	新形势下道路交通类创新型专业人才培养的改革与实践	王 炜 黄晓明 陈 峻 程建川 陈学武 陈 怡 胡伍生 陆 建 黄 侨 高 英 张 航	交通学院
	基于优质资源的综合性大学医学影像学人才培养研究与实践	滕皋军 杨小庆 刘 斌 邓 钢 谢 波 居胜红 杨 明 靳激扬 王慧萍 张俊琴	医学院
	工程拔尖人才培养模式的探索与实践	李爱群 朱 明 钟 辉 况迎辉 孙小菡 王志功 李久贤 熊宏齐	吴健雄学院

(续 表)

二等奖	以培养建筑类卓越人才为目标的立体化教学平台构建与实践	齐 康　龚 恺　王建国　阳建强 张 彤　陈 薇　成玉宁　鲍 莉 王兴平　李向锋	建筑学院
	多学科融合机电实践教学平台建设的探索与实践	张远明　贾民平　张文锦　许映秋 钱瑞明　郁建平　汤文成　祝学云 马天河	机械学院
	芯片和软件协同的嵌入式系统系列课程建设与实践	时龙兴　凌 明　汤勇明　朱 为 杨 军	电子学院
	引导学生自主学习、积极探究、勇于实践——工科大学物理课程教学改革与实践	杨永宏　钱 锋　叶善专　戴玉蓉 解希顺　马文蔚　董 科　张玉萍 陈 乾　张 勇	物理系
	"立足研究，着眼创新"生物医学工程专业高层次人才培养模式探索及实践	顾 宁　汪 丰　陆祖宏　万遂人 张 宇　王进科　黄 雷　吕晓迎 钱卫平　林海音	生医学院
	复合型、应用型法律人才培养的创新与实践	周佑勇　孟鸿志　孟 红　过秀成 成 虎　叶树理　高 歌　陆 璐	法学院

东南大学 2013 年本科教学奖励金获奖名单

一、个人奖

特等奖 4 人

王志功　阳建强　周志红　黄学良

一等奖 30 人

唐 芃　王海燕（机械）　仇晓黎　盛昌栋　郭延芬　邱洪兴　陈建龙　李铁香
路小波　徐立臻　王晓蔚　白艳锋　王进科　梅建平　聂春雷　樊和平
王海燕（经管）　徐康宁　苗丽敏　王小红　智永红　马全红　王 昊　黄丽斌
步 兵　张开金　王长松　周智勇　王凤华　陈良斌

二等奖 60 人

葛 明　李 飚　黄 鹏　周 香　陈九法　赵伶玲　王 欢　王霄峻　俞 菲
陆金钰　刘 钏　杨小丽　李 杰　樊鹤红　戴本球　王 周　吴云建　贺 丹
夏思宇　沈 军　张 祥　薛 晖　林桂粉　戴国民　陈世华　黄 旭　王 翔
蒋安珩　陈歆技　房淑华　薛 倩　范国华　罗天妮　吴 敏　吕 琴　刘 蓉
夏振邦　黄忠辉　方 志　胡 艳　张一卫　赵池航　耿艳芬　李玉宝　马 涛
张 顺　张光珍　喻 丽　张 健　石丽娟　徐 婷　白志茂　郑丽霞　骆 号
潘勇涛　曹志香　李有祥　陈 伟　沈红梅　周龙英

二、专项奖

1. 校教学督导组　　　　　　　　　　　　　　　　　20 000 元
2. 各类学科竞赛
（1）国际大学生数学建模竞赛指导团队　　　　　　10 000 元
（2）全国大学生英语竞赛指导团队　　　　　　　　5 000 元

(3) 中国机器人大赛指导团队　　　　　　　5 000 元
(4) RoboCup 机器人国际比赛指导团队　　　10 000 元
(5) 国际遗传工程机器设计竞赛指导团队　　10 000 元
(6) 全国大学生电子设计竞赛指导团队　　　5 000 元
(7) 全国大学生交通科技大赛指导团队　　　5 000 元
(8) 全国大学生智能汽车竞赛指导团队　　　5 000 元
(9) 全国大学生金相技能大赛指导团队　　　5 000 元
(10) 全国大学生自动化大赛指导团队　　　5 000 元
(11) 全国大学生创业计划竞赛指导团队　　5 000 元

第二十届青年教师授课竞赛获奖名单

一等奖(1 名)

物理系:董　科

二等奖(7 名)

建筑学院:张　倩
能源与环境学院:段伦博　苏志刚
体育系:方云峰
土木工程学院:范圣刚　缪志伟　张培伟

三等奖(42 名)

建筑学院:蔡凯臻　王海宁　李永辉
机械工程学院:罗　晨　王建立　黄　鹏　刘晓军
信息科学与工程学院:唐　路　俞　菲　赵鑫泰
土木工程学院:赵学亮　吴邵庆
电子科学与工程学院:陈　洁　张宇宁　黄　成　李　晨
数学系:吴云建　王小六
自动化学院:张　亚
计算机科学与工程学院:章品正　薛　晖
物理系:龚彦晓
材料科学与工程学院:白　晶　王瑞兴　周雪峰
人文学院:张　娟
马克思学院:陈良斌
经济管理学院:陈洪涛
电气工程学院:陈丽娟
外国语学院:汤　斌　郭锋萍
体育系:李晓智
化学化工学院:代云茜
交通学院:王　卫　王　非
仪器科学与工程学院:曾　洪
艺术学院:郑德东
法学院:陆　璐
学习科学研究中心:梁宗保

公共卫生学院:杨立刚
电工电子中心:顾晓洁(实验)
计算机中心实验中心:陈 伟(实验)

提名奖(35名)

建筑学院:张四维
机械工程学院:夏 丹
能源与环境学院:钱 华 刘西陲 余 冉 郑晓红
信息科学与工程学院:孟洪福
土木工程学院:万春风 袁竞峰 李德智 秦庆东 王春林
电子科学与工程学院:韩 磊 沈长圣 齐 志
数学系:黄性芳 查日军 乔会杰
自动化学院:钱 堃 陈杨杨
计算机学院(软件学院):廖 力 宛 斌 朱 夏
物理系:陈 华(实验)
生物科学与医学工程学院:周 平
材料科学与工程学院:晏井利
人文学院:陶卓立 涂亚峰
经济管理学院:王 宏 熊艳艳
电气工程学院:曲小慧
体育系:张文静
交通学院:丁建文
学习科学研究中心:夏小俊
医学院:李 玲

第二十一届青年教师授课竞赛获奖名单

一等奖(2名)

建筑学院:沈 旸
土木学院:费庆国

二等奖(4名)

数学系:吴 霞
计算机科学与工程学院:李 凯
外国语学院:徐晓燕
学习科学研究中心:卢 青

三等奖(39名)

建筑学院:顾 凯 韩晓峰 易 鑫 李永辉
机械工程学院:戴 敏
信息科学与工程学院:许 威 余旭涛 张 源 唐 路
土木工程学院:张培伟 吴邵庆 王 莹 张文明 黎 冰
电子科学与工程学院:陈 翰 黄见秋 齐 志 韩 磊 黄 成
数学系:汪红霞 闫 亮

计算机科学与工程学院:东　方
物理系:侯吉旋　龚彦晓(实验)
电气工程学院:陈　中
体育系:丁　亮　方　志
交通学院:马　涛　张娟秀
艺术学院:许继锋
法学院:单平基　宋亚辉
学习科学研究中心:梁宗保　张光珍
公共卫生学院:张　红
医学院:王　玲　赵　蕾　吕林莉
吴健雄学院:纪　静

提名奖(48名)

建筑学院:周文竹
机械工程学院:刘晓军
能源与环境学院:殷勇高　周建新　徐啸虎　刘道银　周　宾
信息科学与工程学院:江　彬　康　维
土木工程学院:陆　莹　张　晋
电子科学与工程学院:单伟伟　王　磊　韦　朴
数学系:卢剑权　乔会杰　钟思佳
自动化学院:盖绍彦　陈杨杨　杨　俊
计算机科学与工程学院(软件学院):沈傲东　刘胥影　杨冠羽
物理系:陈　华(实验)
生物科学与医学工程学院:周　平
经济管理学院:林宏志　周路路　李守伟　葛沪飞
马克思主义学院:刘　波
电气工程学院:肖华锋　谭光慧
外国语学院:任佳韫
体育系:陆素文
化学化工学院:程　林
交通学院:张　健　胡晓健　张国柱　熊　文　张　磊　廖　鹏
学习科学研究中心:夏小俊
无锡分校:郑丽霞　赵　霞
公共卫生学院:孙金芳　孔　璐
医学院:孔　岩　盛　蓁(实验)

第四十六届青年教师首次开课培训成绩名单

优秀1人

徐国英(能源与环境学院)

合格41人

| 顾　凯 | 陶岸君 | 周文竹 | 易　鑫 | 刘晓军 | 朱鹏程 | 陆　莹 | 王　莹 | 黄见秋 |
| 王　磊 | 王莉莉 | 周春晖 | 杨万扣 | 东　方 | 赖大荣 | 刘胥影 | 石增良 | 孙　博 |

涂　景　陈　坚　郝　娜　刘　波　孙登峰　朱菊生　陈洪涛　杨　帆　付兴贺
王建华　代云茜　张　宏　周　渝　郑德东　单平基　高　翔　陆　璐　孔　岩
刘　璇　秦　娟　王　玲　梁久红　吴雪萌

第四十七届青年教师首次开课培训成绩名单

优秀 1 人

闫　亮（数学系）

合格 30 人

何　柯　陈惠超　吴义锋　江　彬　许　威　张　彦　蔡建国　何　平　张文明
吕小俊　徐新冬　杨　俊　郭　昊　侯吉旋　曲　颖　许　博　冯　伟　葛沪飞
唐　攀　陈　武　谭光慧　胡晓健　熊　文　张　健　梁金星　冷　玥　孙金芳
焦　蕴　廖　凯　张向荣

第四十八届青年教师首次开课培训成绩名单

优秀

缺

合格 32 人

陈晓东　贾亭立　江　泓　吴嘉峰　张程宾　徐　建　许正彬　徐　照　陈　静
徐　申　陈　阳　刘肖凡　王璐璐　谢卓颖　陈钢华　刘　作　李守伟　浦正宁
周路路　孙　莹　张国柱　莫凌飞　孙立博　王　鹏　徐宝国　梁云宝　刘建利
宋亚辉　张　婷　胡　燕　史悦华　顾　欣

东南大学 2012—2013 学年本科生各类学科竞赛获奖名单

一、2012 年国际遗传工程机器设计竞赛(iGEM)

国际级二等奖

陈牧原　周　乐　凌昕彤　徐小丹　程　鹏　周醒驭　高　珅　樊雪桂凯

国际级三等奖

曾胜澜　赵大地　张　鹤　莫　丹　叶　叶　徐鸿博　管　锐　胡　悦　王　丽
贾正阳　贾昊若　韩　笑

二、2012 年第 37 届 ACM 国际大学生程序设计竞赛(ACM/ICPC)亚洲区预选赛

国际级三等奖

田康维　段　宇　朱铖恺

三、2013 年美国大学生数学建模竞赛

国际级一等奖

居 晟	刘 兵	郑吉卉	温韵清	沈 凯	钱玉明	童 舟	刘晓煜	何博伟
罗 清	潘培龙	夏淑兰	黄冰旸	李 睿	王冬贤	黄 骋	焦德宇	赵懿祺
邵陈希	何 超	葛颖森	王红蕊	刘 彻	何粮宇	任晨曦	郑嘉男	吕 游
夏 辛	熊 健	黄永升	凌昕彤	马晓琳	周醒驭	孙丁茜	胡 赛	杨照辉

国际级二等奖

陶 博	陈子豪	王嘉频	段淞耀	陶 毅	闫天昊	王 辉	张 旭	盛 洁
刘林楠	郭爱文	强 勇	黄威霖	王迅之	唐博文	贺正然	杨 普	熊子瑾
张莹莹	秦天旸	朱江波	张玉坤	汤红健	章 敏	韩晓青	曹言佳	张来团
朱 迪	章恒亮	徐乃阳	秦恺华	苏 阳	刘兆栋	沙小仕	崔宇柯	黄尔平
王安懿	周景锦	朱统晶	崔粟晋	俞 熠	殷砚君	高天翀	陈嘉文	喻翔昊
邱明轩	顾立新	李 峰	史旭超	陈廷欢	王 悦	孙天慧	赵 远	郑俊秋
于海磊	王伟康	郝志强	李晓东	李哲蓉	钱小三	阎萧羽	王忠波	吴 凯
邢月秀	赵立成	张逸驰	于泳波	吉 星	吕雪冬	马一华	白 石	姚 艳
缪 瑶	陈天鹏	朱东博	张弘韬	李 静	叶庆仕	桂一鸣	刘 静	朱媛媛
贾厦雯	邵 淇	侯 创						

四、中国机器人大赛暨 RoboCup 中国公开赛（长沙赛场、合肥赛场、徐州赛场）

国家级一等奖

刘 垚	高海丹	秦昕彤	熊 健	杨忠忠	郑吉卉	李天宇	黄洲荣	施发斌
郭 骎	刘祥骁	王晨阳						

五、首届全国大学生金相技能大赛

国家级一等奖

杨 涛

国家级二等奖

张 越

国家级三等奖

李碧谕

六、"安吉杯"第四届全国大学生物流设计大赛

国家级二等奖

胡亚茜　魏 征　王丽芳　刘湘云　李树冰

七、第七届"飞思卡尔"杯全国大学生智能汽车竞赛总决赛

国家级一等奖

赵行晟　徐乃阳　吴昌盛

国家级二等奖

温　潇　吴展鹏　罗鸿飞

国家级优秀奖

王　霆　王力宇　杨　昆　夏迎舟　袁云辉

八、2012年全国大学生电子设计竞赛模拟电子系统设计专题邀请赛（TI 杯）

国家级一等奖

张添翼　王国鹏　贾子昱　刘　文　李　多　杨彬祺

国家级二等奖

倪　蕤　奚锦程　童华清

九、第六届全国大学生结构设计竞赛

国家级二等奖

朱文辉　周　扬　梅俊逸

十、2012年（第5届）中国大学生计算机设计大赛

国家级二等奖

秦艳荣　王有东　许佩佩

国家级三等奖

张宏波　吴舒扬　陶泽杨

国家级优秀奖

陈　西　吴　限　杨　阳　王馥嵘

十一、2013年"北斗杯"全国青少年科技创新大赛

国家级二等奖

罗　怡　皇甫思怡　虞　洋

国家级优秀奖

庞恩亮　戴　巍　薛　琰　徐美娇　刘　全　张　勇

十二、2012年第二届全国大学生物理实验竞赛

国家级三等奖

张云昊　赵　蓉

十三、第十八届中国日报社"世纪杯"全国英语演讲比赛总决赛

国家级三等奖

解安琪

十四、2012年英特尔杯大学生电子设计竞赛嵌入式系统专题邀请赛

国家级二等奖

朱志青　全　泉　奚锦程

国家级三等奖

陶于阳　贾子昱　王桂存

十五、第二届全国高等学校大学生测绘技能竞赛

国家级三等奖

胡　浩　李军振　汤　枭　杨　佯

十六、第九届中国大学莎士比亚戏剧比赛

国家级优秀奖

周星艺　吴　杨　尹嘉昕　林双双

十七、2012年全国竞赛信息安全技术专题邀请赛

国家级二等奖

朱文远　顾实宜　邱林峥

国家级三等奖

朱筱赟　张皓月　谭杭波　王国鹏　蓝　骥　王有东

十八、第五届全国大学生节能减排社会实践与科技竞赛

国家级一等奖

左文强　孙　畅　钱　宬　高龙飞

国家级三等奖

鲁洁明　桑　超　顾阳阳　陈　波　花亚伟　李梁栋

十九、2012年中国教育机器人大赛

国家级特等奖

沈仕卿 卞骁炜 石 然 史昀珂

国家级一等奖

李啸行

二十、第三届全国大学生工程训练综合能力竞赛

国家级二等奖

刘金肖 何秋熟 常 文

二十一、第八届全国大学生交通科技大赛

国家级一等奖

刘善文 李 烨 董长印 李方卫 郑云壮 罗鸿飞 李 宸

国家级二等奖

汤斗南 王 辰 罗天铭 张美慧 陈若昀 宋皓雪 李轶超 曾琳惠 王剑波
叶力豪

二十二、第六届三菱电机自动化杯全国大学生自动化大赛暨自动化系统应用竞赛

国家级一等奖

史 博 黄世芳 陈 波 王献娉

国家级二等奖

李昌政 姚洋阳 孙文静 陆沈楠

二十三、第九届全国周培源大学生力学竞赛

国家级特等奖

刘 吉

国家级一等奖

唐 皓 姚 浩 蒋 超

国家级二等奖

魏孝胜 李悠扬

省(部、地区)级特等奖

于静巍 陈 邵 鲁 冰 吴吉光

省(部、地区)级一等奖

解虎跃	唐雯珍	郭　飞	郭易木	岳　阳	卢　杨	罗跃建	刘廷峻	谢春蓉
黄瑞瑞	周　力	王　渊	汤继善	袁　宸	何冰冰	陶　毅	胡修秀	杨　森
韩　磊	张良尘	张　诚	唐一萌	何长林	颜川奇	仇　彤	罗斯达	安元旭
穆发利	史泽清	宋正华						

省(部、地区)级二等奖

周炜炜	陶佳跃	何雅雯	赵　柔	蒋苏童	丁智霞	李岩峻	蒋灵杰	徐梓栋
程轶康	陈政阳	陈　凯	凌必超	王溧宜	李　杰	严舒玮	徐红燕	杨　轩
曹青青	梅丹兵	周　鑫	韩宜丹	方　钊	徐浩天	张海平	缪宏伟	

二十四、2013年全国大学生英语竞赛

国家级特等奖

方晗婧	黄智深	程茹洁	王宇阳	徐倩怡	戴　颖

国家级一等奖

宓梦丹	刘逸楠	杭蕴南	张宇丰	秦玉磊	傅新星	吕　旻	王迅之	徐　晶

国家级二等奖

郑　延	吉星霖	王　倩	李晓兴	陆书恒	杨博涵	蒋　超	皮晨瑶	陈　乐
陈丽君	赵俐丽	周于浩	薛　原	左　雯	王天宜	刘奇	张　苑	黄　群
宋　卉	徐健男	吴　巧	吴姝悦	仇晓逢	张一楠	张　睿	曾兰淳	张　慧
董夏鑫	王　烁	徐依斓	郑玉冰	吴梓芊	周　禹			

国家级三等奖

张雯露	冯夏雨	韩　鹏	李　越	孙园园	张晓赫	夏冬婷	杨启凡	张博涵
王颂成	蔡韵雯	汤　静	刘芳硕	王雅倩	韩　旭	于庄浩宇	梁　爽	蒋丽怡
张　倩	夏　萌	林秦怡	吴广臣	邵　茜	李　群	王聘权	邵韵芸	周　杰
陶　朦	史航宇	金　城	石　煜	张　健	李嘉鹏	刘婉莹	汪政扬	黄心怡
张小梦	王禹欣	陈希云	邓金凌	孙小桐	居　晟	曹　屹	李　茵	赵楠楠
章　茵	曹嘉璐	白　岚	许卓颐	张　波	钱　燕	王似佳	王静怡	张翎影
贡怡敏	姜秀夫	杨　杨	李牧原	黄谢田	年吉宁		张　如	刘　策
王　越	顾　潼	梁　将						

二十五、2012年全国大学生数学建模竞赛

国家级二等奖

崔宇柯	沙小仕	黄尔平	陈　琦	张婷婷	季杭为	张莹莹	秦天旸	朱江波
居　晟	周鹏程	郑吉卉	王文捷	薛诗静	单洁玲	刘　全	徐美娇	刘石劢
王红蕊	刘　彻	何粮宇						

省(部、地区)级一等奖

顾俊逸　陈　明　王淑君　李晓东　钱小三　李哲蓉　马徐骏　朱玲燕　祖俊婕
罗　清　潘培龙　夏淑兰

省(部、地区)级二等奖

任晨曦　吕　游　郑嘉男　于泳波　吕雪冬　吉　星　段淞耀　闫天昊　冯　源
孙天慧　郑俊秋　赵　远　黄　骋　赵懿祺　焦德宇　高天翀　陈嘉文　韩东洪
郭立勇　朱媛媛　刘　静　陈凌蛟　冯士睿　沈治恒

省(部、地区)级三等奖

刘晓煜　童　舟　刘　兵　马一华　姚　艳　白　石　刘志成　孙望舒　王安懿
毛丁益　江溯帆　李大可　刘浩波　黄健翔　张　虹　党一菲　吴程熙　王文佳
刘林楠　郭爱文　强　勇　孙丁茜　殷浩楠　万弃寒　刘泽恒　吴东昊　何冰冰
王辉南　冯文华　顾育嘉　于海磊　郝志强　王伟康　叶庆仕　刘　奇　张弘韬
窦建青　金春蓉　贲有成　李少冉　唐伟佳　周晓慧　高　晶　郑　超　胡定禹
崔粟晋　俞　熠　殷砚君　孙　琛　黄晓林　韩　鹏　温韵清　沈　凯　钱玉明

二十六、2012年"外研社杯"全国英语演讲(江苏赛区)大赛

省(部、地区)级二等奖

解安琪　姜秀夫

省(部、地区)级三等奖

张先汉

二十七、第五届江苏省工科院校先进制造技术创新制作比赛

省(部、地区)级一等奖

桂　凯　杨松松

省(部、地区)级二等奖

蔡君丞　陈华宇　林元载

二十八、2012年江苏省土木工程大学生结构创新竞赛

省(部、地区)级一等奖

强翰霖　王　谆　曹徐阳

省(部、地区)级二等奖

夏定风　杨　帆　臧芃乔　杜佳赟　黄　坤　周　雅　张　凡　李瑞琪　宋松涛
潘　漾　陈　钊

二十九、第七届全国信息技术应用水平大赛(江苏赛区)

省(部、地区)级二等奖

陈佳骐　朱　锐　戴　巍　张　哲　金弘晟　柳雨新　钱　澄　庞恩亮　刘天琴　李　飒

省(部、地区)级三等奖

吴张佳妮　朱铖恺　张逸驰　林元载

三十、第二届省普通高等学校大学生化学化工实验竞赛

省(部、地区)级一等奖

赵祥玉　彭　静　陈艺新

省(部、地区)级二等奖

李立雄　施键水　钱　坤

三十一、第九届华东地区高校"伟宏钢构杯"结构设计邀请赛

省(部、地区)级优秀奖

季小泉　於　恒　武玉琼

三十二、第二届江苏省大学生工程训练综合能力竞赛

省(部、地区)级一等奖

刘金肖　何秋熟　常　文　谢许宁　张经辉　罗国海　朱智勇　唐雯珍

省(部、地区)级三等奖

郗浩杰　库后涛　罗利平

三十三、第十八届中国日报社"世纪·可口可乐杯"全国英语演讲比赛江苏地区决赛

省(部、地区)级特等奖

解安琪

省(部、地区)级一等奖

陈抒涵

三十四、第三届"浩辰杯"华东区大学生CAD应用技能竞赛

省(部、地区)级一等奖

陈佳骐　陶　毅　徐振东　钟天铖　戴嘉熙

省(部、地区)级二等奖

周啸天　韩承志　王　虎

省(部、地区)级三等奖

朱峰冰　周　杰　贾泽华

三十五、江苏省高校第九届大学生物理及实验科技作品创新竞赛

省(部、地区)级一等奖

陈　晓　周琪羽　张兆杭　谭艺洋　杨晨熙　张俪园

省(部、地区)级二等奖

林伟坚　徐　凯　韩立功　林　海　季　程　汤智超　刘　瀚　彭　冲

省(部、地区)级三等奖

刘　瀚　周晓飞　展东剑　张　天　张　靓　宗伟康　虞　洋　胡史奇　王　鑫

省(部、地区)级优秀奖

戴　巍　庞恩亮　张　骏　桂一鸣　徐　啸　张骁彬　李　畅

三十六、江苏省第四届大学生机械创新设计大赛

省(部、地区)级一等奖

艾　青　付建新　李晨昊　林元载

省(部、地区)级二等奖

江　铖　韩雪颂　夏本清　张晓波　何　泽　胡海桦　韩晔珍　朱碧玉　李　松　刘露露

省(部、地区)级三等奖

陈丹凤　倪得晶　许胜东　刘弘逸　梁佳琪

三十七、第七届"飞思卡尔"杯全国大学生智能汽车竞赛华东赛区

省(部、地区)级一等奖

温　潇　吴展鹏　罗鸿飞　赵行晟　徐乃阳　吴昌盛　童华清　陈洋洋　杨彬祺　吴里程　刘玮阳　赛

省(部、地区)级二等奖

顾阳阳　夏迎舟　赵安晓

三十八、2012年江苏省大学生电子设计竞赛

省(部、地区)级一等奖

王国鹏	蓝骥	王有东	张晓燕	杨彬祺	苏菲	付宇鹏	李易	刘悦晨
倪蕤	顾馨月	蒋伟	刘文	张添翼	赵安晓	孙天慧	赵蓉	林桂石
徐正港	蔺蓓	周平	宗伟康	刘畅	谢雨蒙	王许莲	颜丽颖	奚锦程
胡赛	葛中鹏	徐晶	陈牧云	李多	刘兆栋	王红蕊	杨照辉	郭谦
吴珏蓉	贾子昱	陶于阳						

省(部、地区)级二等奖

陈子豪	王嘉频	潘晓青	黄洲荣	黄飞燕	尤卫卫	童华清	陈洋洋	刘玮
张博天	洪旸	金晶	苏畅	翁俊杰	吴凯	孙文昭	徐耘	姚群
彭富林	梁振楠	吴丹	陈怀昊	顾一帆	封倩倩	梁凌轩	张益成	刘灿
梅茂奎	王奇	陈诗雨	孙觉非	王正俊	唐建	黄利敏	高春	张剑楠
刘飞非	余士喜	顾实宜	孙正	黄舒夏	董启宏	沈兵	廖振星	张馨月
胡翔	郑嘉琪	王炜波	张云昊	谢宏祥	陈琦	吉宇	钱煦	徐高伟
李峰灯	董云扬	王淑朋						

三十九、东南大学第一届金相实验技能竞赛(见校机教〔2012〕135号)

校级一等奖	李碧谕	等3人
校级二等奖	陈瑞兴	等8人
校级三等奖	徐全平	等13人
校级优秀奖	邵灵芝	等8人

四十、东南大学第十届机械创新设计竞赛(见校机教〔2012〕144号)

校级一等奖	黄志昊	等6人
校级二等奖	李晓东	等8人
校级三等奖	杨奕峰	等12人
校级优秀奖	吕树鹏	等10人

四十一、东南大学第五届大学英语研究型课程十佳团队竞赛(见校机教〔2012〕168号)

校级一等奖	覃若曦	等4人
校级二等奖	沈晓	等10人
校级三等奖	张烁	等31人
校级优秀奖	克拉普	等4人

四十二、东南大学本科生第六届PLD设计竞赛(见校机教〔2012〕171号)

校级一等奖	彭富林	等9人
校级二等奖	翁俊杰	等18人
校级三等奖	顾俊逸	等26人
校级优秀奖	王帆	等12人

四十三、东南大学第三届智能信息处理系统软件设计竞赛(见校机教〔2012〕181号)

  校级特等奖　　　　徐乃阳　　等3人
  校级二等奖　　　　赖少发　　等5人
  校级三等奖　　　　刘　文　　等3人
  校级优秀奖　　　　韩建军　　等11人

四十四、东南大学第九届RoboCup机器人竞赛(见校机教〔2012〕182号)

  校级一等奖　　　　徐　奔　　等15人
  校级二等奖　　　　邱明轩　　等24人
  校级三等奖　　　　陈　彤　　等35人
  校级优秀奖　　　　吕金其　　等72人

四十五、东南大学第三届大学物理课程研究论文竞赛(见校机教〔2013〕31号)

  校级一等奖　　　　韩立功　　等2人
  校级二等奖　　　　赵梦珍　　等5人
  校级三等奖　　　　黄映坡　　等9人

四十六、东南大学第五届节能减排社会实践与科技创新竞赛(见校机教〔2013〕45号)

  校级一等奖　　　　郭思奇　　等9人
  校级二等奖　　　　金　圣　　等18人
  校级三等奖　　　　章广祥　　等24人
  校级优秀奖　　　　王旭冲　　等25人

四十七、东南大学第三届创新体验竞赛(见校机教〔2013〕49号)

  校级特等奖　　　　刘申阳　　等4人
  校级一等奖　　　　岳　磊　　等56人
  校级二等奖　　　　毛安琪　　等110人
  校级三等奖　　　　郭少雄　　等152人
  校级优秀奖　　　　鲁　鑫　　等184人

四十八、东南大学第二届遗传工程机器设计竞赛(见校机教〔2013〕50号)

  校级一等奖　　　　邹　昕　　等7人
  校级二等奖　　　　顾晓卉　　等9人
  校级三等奖　　　　周雯婷　　等9人
  校级优秀奖　　　　吴至榛　　等4人

四十九、第五届"中华赞"经典诵读竞赛(见校机教〔2013〕52号)

  校级一等奖　　　　王　希　　等9人
  校级二等奖　　　　刘瑞媚　　等17人
  校级三等奖　　　　聂　唱　　等22人
  校级优秀奖　　　　童　瑶　　等30人

五十、东南大学第十五届电子设计竞赛(见校机教〔2013〕61号)

  校级一等奖   周晓慧 等33人
  校级二等奖   范栋琛 等48人
  校级三等奖   周模量 等93人
  校级优秀奖   黄 杰 等81人

五十一、东南大学第七届大学生智能车竞赛(见校机教〔2013〕62号)

  校级一等奖   袁 峻 等18人
  校级二等奖   孙 朝 等33人
  校级三等奖   甘子伦 等48人
  校级优秀奖   程茹洁 等63人

五十二、2013年东南大学大学生英语竞赛(见校机教〔2013〕75号)

  校级一等奖   周慕菁 等19人
  校级二等奖   廖南楠 等42人
  校级三等奖   魏震楠 等86人

五十三、东南大学第十届视觉制导机器人竞赛(见校机教〔2013〕83号)

  校级一等奖   孙 朝 等12人
  校级二等奖   孟义军 等23人
  校级三等奖   黄利敏 等30人
  校级优秀奖   郑如生 等83人

五十四、东南大学第六届IEEE标准电脑鼠走迷宫竞赛(见校机教〔2013〕93号)

  校级一等奖   郭思奇 等12人
  校级二等奖   李 松 等28人
  校级三等奖   黄 鑫 等41人
  校级优秀奖   倪立航 等54人

五十五、东南大学第三届大学生CAD技术应用竞赛(见校机教〔2013〕94号)

  校级一等奖   贾泽华 等11人
  校级二等奖   俞 斌 等21人
  校级三等奖   夏天阳 等32人
  校级优秀奖   姚懿航 等41人

五十六、东南大学第三届医学本科生临床技能竞赛(见校机教〔2013〕95号)

  校级特等奖   周兆明 等3人
  校级一等奖   薛 明 等6人
  校级二等奖   徐仲林 等9人
  校级三等奖   凌志新 等12人
  校级优秀奖   夏笑笑 等12人

五十七、东南大学第十二届结构创新竞赛（见校机教〔2013〕102号）

  校级一等奖   王 谆 等45人
  校级二等奖   李舒欣 等93人
  校级三等奖   黄家豪 等138人
  校级优秀奖   马 体 等183人

五十八、东南大学第五届英语演讲竞赛（见校机教〔2013〕105号）

  校级一等奖   赵启眉 等1人
  校级二等奖   吴 杨 等5人
  校级三等奖   杨佳丽 等12人

五十九、东南大学第六届嵌入式系统设计竞赛（见校机教〔2013〕117号）

  校级一等奖   郭立勇 等9人
  校级二等奖   王 芳 等18人
  校级三等奖   张 琰 等18人
  校级优秀奖   邱晔鹏 等13人

六十、东南大学本科生第七届数学建模竞赛（见校机教〔2013〕118号）

  校级一等奖   曹佩哲 等57人
  校级二等奖   王 灿 等87人
  校级优秀奖   郑先臣 等240人

六十一、东南大学第九届大学生程序设计竞赛（见校机教〔2013〕119号）

  校级一等奖   赵隐达 等6人
  校级二等奖   陈星宇 等11人
  校级三等奖   程 耘 等17人
  校级优秀奖   高子豪 等4人

六十二、东南大学第九届本科生物理实验研究论文竞赛（见校机教〔2013〕120号）

  校级一等奖   郑祥杰 等6人
  校级二等奖   江 平 等17人
  校级三等奖   林 松 等19人
  校级优秀奖   宋 璇 等122人

六十三、东南大学本科生高等数学竞赛（见校机教〔2013〕121号）

  校级一等奖   黄子文 等10人
  校级二等奖   王位极 等23人
  校级三等奖   韩 彬 等27人
  校级优秀奖   陈玉辰 等42人

六十四、东南大学第十一届机械创新设计竞赛（见校机教〔2013〕122号）

  校级一等奖   张经辉 等9人
  校级二等奖   陈佳骐 等9人

校级三等奖　　　　　琚安建　等16人
校级优秀奖　　　　　解正康　等17人

六十五、东南大学第五届大学生计算机设计竞赛（见校机教〔2013〕137号）

校级一等奖　　　　　张琰佳　等3人
校级二等奖　　　　　惠　允　等6人
校级三等奖　　　　　薛　琰　等7人
校级优秀奖　　　　　金天翼　等10人

六十六、东南大学第三届交通科技竞赛（见校机教〔2013〕145号）

校级一等奖　　　　　蒋继望　等9人
校级二等奖　　　　　李方卫　等18人
校级三等奖　　　　　汤斗南　等27人
校级优秀奖　　　　　朱　展　等33人

六十七、东南大学第四届本科生广告艺术竞赛（见校机教〔2013〕152号）

校级一等奖　　　　　孔　笛　等4人
校级二等奖　　　　　罗友斌　等8人
校级三等奖　　　　　吴怡凡　等8人
校级优秀奖　　　　　许文娴　等11人

六十八、东南大学第三届可编程序控制器设计竞赛（见校机教〔2013〕157号）

校级特等奖　　　　　袁　宸　等1人
校级一等奖　　　　　吴苏晨　等1人
校级二等奖　　　　　何成洋　等2人
校级三等奖　　　　　陈　超　等3人
校级优秀奖　　　　　冯其旺　等4人

六十九、东南大学第七届力学竞赛（见校机教〔2013〕154号）

校级一等奖　　　　　陈　邵　等14人
校级二等奖　　　　　陶佳跃　等27人
校级三等奖　　　　　曾　强　等42人
校级优秀奖　　　　　夏定风　等27人

七十、东南大学第一届本科生物流设计竞赛

校级一等奖　　　　　袁伟翔　等5人
校级二等奖　　　　　范玉瑶　等5人

七十一、第一届东南大学医学院本科生科研设计大赛

院（系）级一等奖　　李　娜　等30人
院（系）级二等奖　　舒钊彻　等62人

七十二、2013年"北斗杯"全国青少年科技创新大赛东南大学选拔赛

院（系）级一等奖　　惠　允　等13人

2013 年度学习优秀生名单

正式学习优秀生名单(共 181 名)

建筑学院(共 3 名)

王衔哲　陈　乐　刘海芊

机械工程学院(共 5 名)

李岩峻　党瑞明　江　平　赵天菲　徐　辉

能源与环境学院(共 9 名)

姜懿纯　陈晓波　许　扬　盛　洁　沈秋婷　钱　燕　罗跃建　张　楠　付心迪

信息科学与工程学院(共 16 名)

崔宇柯　周景锦　郭明皓　张来团　苏　阳　白　石　薛春林　孙　瑶　沈　浩
赵立成　袁　鸣　李晓兴　赵　越　徐锦丹　杨丽娟　王　苏

土木工程学院(共 7 名)

王苗苗　强翰霖　卢　杨　黄瑞瑞　徐施婧　刘婉莹　王溧宜

电子科学与工程学院(共 7 人)

刘　静　祁　杰　王隶桢　朱媛媛　余　倩　张　澄　金弘晟

数学系(共 2 人)

史旭超　林方正

自动化学院(共 3 人)

陶　鹏　张晓燕　扈　霁

计算机科学与工程学院(共 4 人)

张　驰　张雅琳　王　瑶　潘培龙

物理系(共 2 人)

顾强强　黄智深

生物科学与医学工程学院(共 6 人)

吴华珍　薛诗静　曾胜澜　马纯威　李已晴　李　媛

材料科学与工程学院(共 1 人)

郑　延

人文学院(共1人)

江 晨

经济管理学院(共9人)

吴宣文　赵 洋　戴晶晶　刘 赟　赵异娜　沈小淋　徐雪飞　张 雯　金晓月

电气工程学院(共4人)

苏 晨　谢家昊　宗鹏鹏　丁一阳

化学化工学院(共2人)

严小璇　凌丹丹

交通学院(共13人)

丁 剑　韩 婧　黄 蓉　张 倩　曹 屹　曹青青　宋皓雪　蒋 超　李 莹
尤 佺　姚 浩　罗斯达　李 烨

仪器科学与工程学院(共3人)

沈仕卿　谢雨蒙　尹哲浩

艺术学院(共1人)

周 蔚

法学院(共2人)

邵玉婷　赵雪颖

公共卫生学院(共3人)

张 颖　方 帅　洪 翔

医学院(共10人)

曹丽丽　周雅娴　孙乐家　宋斐斐　徐晓敏　冒晨昱　笪美红　顾冬梅　刘海雁
刘佳萱

吴健雄学院(共64人)

谢宏祥　王璐璐　朱庆明　郝志强　王 晨　王一波　于海磊　陈 超　王 敏
唐伟佳　杨照辉　李隆胜　吕 游　徐 晶　何文剑　周晓慧　葛中鹏　徐晴雯
金天晨　沙小仕　李 臻　张婷婷　张益之　李天一　强 勇　陈敏华　瞿邦昭
常凯文　郑嘉男　罗 平　季杭为　俞佳宝　赵 亮　张 鹿　胡 赛　王小柳
李 茜　李少冉　朱梦瑞　王迅之　卢 旭　熊宽晨　张云昊　田中源　陈凌蛟
陈 琦　梁 霄　严予均　王伟康　陈 倩　卢丽慧　单 一　黄志超　曹正庭
冯士睿　朱荣华　窦建青　张建飞　雷 侃　朱秋瑜　袁 宸　杨新逸　章 敏
朱 航

软件学院(共 4 人)

周琳琳　杜晓静　王　量　蓝　翔

预选学习优秀生名单(共 227 名)

建筑学院(10 名)

宗袁月　张　立　张皓翔　郝子宏　王　伟　张劭然　沈　忱　钱　鑫　吴昌亮
郑振婷

机械工程学院(13 名)

陈雪莲　吴赢东　张　诚　华海涛　苏世勇　钟天铖　吴成博　刘　歌　杨冬萍
武琦琦　赵笠彤　王紫岳　金珊珊

能源与环境学院(10 名)

雷丽君　夏志鹏　马昕宇　张　咪　辛佳磊　陈　功　刘　明　张正华　董　顺
戴中豪

信息科学与工程学院(8 名)

王志远　林宇星　徐　昊　徐倩怡　钱宇超　陈　颖　李　越　印友进

土木工程学院(14 名)

黄贤斌　谢小东　夏烨楠　张祯楠　吴　宁　王凤范　韩　磊　肖　雅　谢鹏飞
施路遥　王　康　徐红燕　张　蓓　陈娇娇

电子科学与工程学院(10 名)

徐媛媛　俞　苗　方天琦　黄泽宇　瞿　悦　吴念尘　胡子炎　王　鹏　胡静洁
侍海峰

数学系(3 名)

江天舒　陈　旋　金臻涛

自动化学院(4 名)

肖子豪　宋　潇　杨子超　陈晓涛

计算机科学与工程学院(5 名)

张雯露　高绮文　王嘉时　姚育华　邓如杰

物理系(3 名)

李　缘　涂　鉴　黄子文

生物科学与医学工程学院(4 名)

蒋　雯　于云雷　陈卓玥　孙炜航

材料科学与工程学院(6名)

梁润黎　郝建霞　姚　磊　张文博　陈佳熠　董恒迪

人文学院(5名)

李　汀　王　倩　杜静宇　郑苏茜　李烨婧

经济管理学院(20名)

胡亚坤　陈　琪　陈　韬　曾萧寒　孙筱霞　吴　巧　张礼乐　杨　如　李苏南
龚晓菲　徐　鲲　王雨嘉　戴巍巍　张　睿　王　杰　拜小霞　李牧原　陈梦赟
丁　赛　郭文丹

电气工程学院(7名)

宋　杉　李　晖　刘梦佳　郎伊紫禾　洪灏灏　曹　智　崔文琪

外国语学院(5名)

邵韵芸　邢　晨　赵艺纹　王静怡　张　波

化学化工学院(4名)

杨怡然　王　芳　缪亚男　林柏松

交通学院(17名)

付　旻　牟　聪　白　洋　邹　晨　郭建珠　龙　漫　任可心　陈宏燕　陈怡林
张云柯　赵　庆　郭智善　薛　原　刘　子　方黄磊　庄棱凯　吴姝悦

仪器科学与工程学院(4名)

陈贻国　任　胜　支康仪　方良骥

艺术学院(5名)

尹剑清　汤舒逸　钱雨婕　董莹莹　张浩田

法学院(3名)

梁锡祥　张思嘉　赵文华

学习科学研究中心(2名)

李超龙　杨筱苑

医学院(15名)

刘　旭　杨　霞　乔　恩　杨文戈　王娅敏　邱　钰　曹格银　孙琦清　张田利
徐晓璇　刘清香　王　倩　徐鸿波　孟祥盼　张文慧

公共卫生学院(2名)

杨辉军　傅　晨

吴健雄学院(41名)

丁翠　陈琼　邵建南　王辰　王文杰　虞正平　丁相程　沈泽阳　徐宇辉
褚军涛　杨超　周于浩　吴晨月　陆倩云　邰伟　周杨　赵富邦　刘念泽
高天翔　李阳　杨丽　张恭　胡煜明　朱思宇　车松阳　王禹欣　蒋励
许阳　万意　陈同广　洪梦姣　吉张鹤轩　唐卓人　林俊浩　林彤　拾颂
王凯旋　吕涛　白岚　程聪　薛弘毅

软件学院(7名)

郭大魁　仇晓逢　黄凯　黄敏　李茵　王敬　陈星宇

2014届推荐免试攻读硕士学位研究生名单

建筑学院(29人)

仲文洲　郑天宇　杨兵　马丹红　肖严航　郑诗茵　刘筱丹　唐秋萍　沈赟
汤晓妮　顾婷婷　闻雯　郭梓峰　邹建国　诸嘉巍　范子菁　陆继杰　徐奕然
王倩妮　颜芳丽　赵超楠　刘奕秋　梁源　王一婧　孙丽君　张涵昱　陆熹
邵星宇　祝颖盈

机械工程学院(36人)

赵天菲　李悠扬　罗国海　陶毅　唐雯珍　周石磊　陈佳骐　李岩峻　刘冬生
尹奇峰　徐振东　刘宗涛　庞云天　胡剑雄　姚懿航　张经辉　汤继善　刘忠臣
钟天铖　何秋熟　赵笠彤　贺从愿　杨冬萍　刘湘云　张诚　琚安建　蔡潇
朱智勇　王虎　党瑞明　解正康　刘金肖　杨旸　谭昭　邵灵芝　姚智骞

能源与环境学院(45人)

陈晓波　谈晨伟　季聪　朱明娟　胡敬阔　陶定坤　林伽毅　于燕　张宝琪
陈小龙　陆佳佳　吴倩芸　蔡天意　杨怀舟　张舒阳　林特　何成洋　沈子婧
陈婷　廖霈之　魏宏阳　刘润加　邵壮　胡灿　韩旭　赵斯楠　蒋淳
刘煜东　孙朝　梁圆圆　刘瑞媚　蒋吕啸　沈秋婷　阮浩　于海泉　隆曦孜
吴苏晨　刘夒　查晓　钱晓颖　马晓飞　郭强　梁修凡　钱琨　陈昕

信息科学与工程学院(55人)

王安懿　程茹洁　云凡　苏阳　付宇鹏　田远　张逸驰　武华阳　黄舒夏
何粮宇　薛春林　罗清　崔宇柯　邢月秀　傅新星　乔丹　韩碧秋　王小廷
徐乃阳　刘先钊　师楠　张来团　吴天一　张天阳　吴凯　孙瑶　王嘉频
杨雷　王忠波　刘志成　曹言佳　祖俊婕　刘艳群　刘兆栋　成茵瑛　孙良栋
邱明轩　吴小宁　刘杰　叶日平　肖方可　董启宏　邱旻翔　高媛　卢亚迪
韩晓青　曹雨　魏睿　袁鸣　徐静影　尹浩浩　顾立新　马徐骏　冯文华
郁翀宇

土木工程学院(69人)

方根深　李梦南　仲夏洁　崔浩然　陆栋　王苗苗　李瑞琪　朱冬平　林肄

何雅雯 於　恒 沈楷程 刘　震 周　扬 冯　瑾 刘　烨 董　洁 何雪英
杨　森 沈宇洲 孙文捷 蒋苏童 尹　航 杨元清 陈　凯 王　渊 虞丽婷
何长林 孙丞江 杨路远 卞　军 花佳耀 朱文辉 魏一豪 丁　菡 舒诚忆
吴元昊 张　军 卢　杨 洪　曼 闵信哲 解虎跃 王　勇 李　敏 钱帅宇
刘　吉 吴吉光 凌必超 钮佳伟 郭明渊 陶佳跃 陈孔阳 李玉祺 黄　珺
开明峰 李红伟 郭　睿 丁智霞 龚春玉 张彬声 廖　杰 张海平 姜忠帅
黎　健 丁晓丽 葛春雷 陈　钊 周　雅 张鹤然

电子科学与工程学院(30人)

廖振星 郑　宇 梁振楠 刘　静 陈廷欢 黄　俊 桂一鸣 郭立勇 蔡虹宇
彭富林 刘　畅 孙　轶 吴　丹 杜锦华 叶子超 沈　兵 孔路平 房　颢
朱媛媛 王隶桢 华　超 吴　蕾 张　恒 尹　鹏 周　鑫 张馨月 席维唯
陈怀昊 夏心怡 黄炬宇

数学系(18人)

恽钧超 倪佩瑶 朱玉君 秦成明 刘　兵 周鹏程 肖　斌 周　欣 蒋丽怡
陶为润 陈天鹏 黄鹏飞 孙丁茜 王　璐 施　敏 黄　群 梁　艳 夏　泳

自动化学院(28人)

熊　健 刘浩波 柳佳男 罗鸿飞 刘　历 袁　婕 冯　源 何　健 曹鹏飞
杨争辉 葛颖森 朱晓霞 郑吉卉 黄永升 吴　奥 黄剑冰 高海丹 李翔辉
叶庆仕 陈　超 曾德伟 黄健翔 崔洪博 彭　博 杨　璺 崔宏宇 夏　辛
张　虹

计算机科学与工程学院(24人)

吴程熙 王　帅 唐　可 刘　垚 赵力阳 冯富琴 潘培龙 何敬怡 涂金林
张　驰 刘　诚 杨正萍 李哲蓉 李晓云 翟天琦 侯　鹏 蔡振盛 徐寒冰
何博伟 虞佳晋 党一菲 吴展鹏 张　凯 曾　力

软件学院(19人)

薛　琰 王　辰 朱王彪 莫文凯 季云竹 陈肖媚 顾兆伦 杜晓静 夏秋思
张文博 吕永涛 冯　楠 周琳琳 邢　超 任　意 温韵清 周　瑞 钱玉明
詹　望

物理系(10人)

刘　波 张弘韬 刘　奇 贾　逊 刘继龙 林玲芳 范兴策 吴　颖 魏　铭
蔡伟民

生物科学与医学工程学院(6人)

薛诗静 马永豪 金　熙 王　洁 王梦婷 周悦媛

材料科学与工程学院(15人)

李碧谕 李　梦 谭　曦 邓　川 詹乐宇 王小武 张军娜 杨秋蔓 冯子荣
郑　延 杨　娴 李　想 何心月 吴喆敏 吕　凯

人文学院(20人)

俞烨彬 朱佳倩 邱 悦 李 优 张天舒 张丹丹 王有凭 高 珊 史 宇
张伟栋 董 宇 顾佳琪 赵丽娟 陆珈怡 刘琦玲 詹梦醒 郑 茗 吴涵玉
娄 琦 申一蕾

经济管理学院(58人)

吴宣文 孙 帅 杨 扬 苏 鹏 王 悦 沈梦姣 陆佳雯 董 瑶 郝鑫怡
孙 成 王一云 张端朋 王佑莘 苏 歆 谭 诚 姚云露 吴晓茹 周哲羽
顾 惠 杨 阳 汤明日 华 烨 王 朗 孙 晴 杨雅晓 陈希云 段美娟
江倩雯 董 颖 赵 洋 崔耀丹 猛 潘 飞 聂一欣 高梦汐 尤博扬
袁菁雯 洪 力 杨建超 潘滕杰 张冰灵 刘鹏飞 杨 琴 寇聪姗 王新槐
戴晶晶 吴佳伦 范玉瑶 朱姗姗 朱 琳 刘名敏 梁 睿 郭晓东 魏 征
刘 炜 李 妍 孙 婕 王丽华

电气工程学院(36人)

苏 晨 杨新婷 庞文杰 刘 源 孙玲玲 徐纬河 陈 明 王煜奇 伦小翔
张静页 彭 冲 沈召源 宗鹏鹏 王克羿 孙 韬 章恒亮 仲宙宇 徐新宇
郑嘉琪 孙 帅 沈秀芬 骆仁松 黄新星 张剑楠 韩 鹏 宋 阳 孙 杰
王家兵 李 泽 文晓雅 徐敏姣 沈运帷 周佺桢 刘博辰 刘 瀚 殷天然

外国语学院(14人)

吉星霖 吉 倩 韩 静 刘逸楠 马 元 逯芳芳 皮晨瑶 周小琳 于 婷
夏 萌 陈 西 周锦婷 高君实 殷刘钢

化学化工学院(15人)

党 珂 陈凌宇 刘云清 耿 怡 周孖熹 徐 彤 卢大鹏 董新新 林 静
施燕琼 李世伟 钱东尔 杜 曼 洪 斌 高鹏程

交通学院(77人)

范晨昊 蒋 松 李 烨 巫诚诚 臧宏阳 张 倩 王 玥 蒋 超 张 引
童 瑶 唐 皓 胡婷婷 刘梦淼 曹 屹 沈佳雁 邢 璐 姚 浩 章 茵
曾琳惠 闫天昊 叶 娇 张小梦 王 慧 姜冬雪 周轶凡 陈若男 洪媛媛
申佩佩 蒋继望 姜济扬 邓家栋 周 杰 张晓赫 陈天银 杨明珠 籍丹萍
徐星璐 陈政阳 董长印 李 锐 许映红 栾 鑫 孔 庄 郑 冬 陈欣垚
王兆卫 杨偲偲 刘 丹 范 玥 施 炎 熊满初 毛礼磊 夏品革 张晓田
张馨岚 郑玉冰 孙丹阳 杨弘越 颜川奇 赵梦珍 颜建国 唐 睿 赖僖敏
单雨辰 杨思琪 武丽佳 尤 佺 吴 倩 朱宇昊 董冬冬 陈 章 段婷婷
梅丹兵 韩 婧 杨灵宇 王一楠 丁 剑

仪器科学与工程学院(19人)

崔粟晋 刘 全 卞骁炜 沈仕卿 沈 飞 邢亚亮 李 昂 杨冬瑞 黄 杰
张 哲 徐美娇 邵知宇 俞 熠 惠 允 王 帆 杨 阳 吴泰洋 邵安成
滕 达

艺术学院(10人)

戴芷宣　张　郁　徐娇娇　谢佳晟　王　萱　张骋杰　张　嘉　沈　婷　孙　梦
诸钰祺

法学院(10人)

邵玉婷　朱欣欣　窦一豪　杜梦秋　侯　甜　赵　华　冯　露　金　雅　陈盼晴
刘凤杰

学习科学研究中心(3人)

徐得微　汪菊霞　张思启

医学院(26人)

王艳杰　孙甜甜　徐婷婷　向珍娟　汤涛涛　卢莹莹　马　洁　黄雯雅　陆照璇
孙晓菁　李　丹　彭红新　曹丽丽　朱亮颖　赵峰峰　封　晔　吴菲菲　张　越
丁梦媛　徐文演　张　扬　高丽娟　吴臣臣　仲文雅　刘　璇　薛　倩

公共卫生学院(13人)

陈明珠　濮韵秋　徐春雨　程　阳　简子海　陈黄慧　施倩雯　杨嘉莹　刘桂圆
夏　惠　张文懿　颜文娟　方　帅

吴健雄学院(49人)

谢宏祥　吴裕安　任晨曦　郝志强　卢　旭　官　蕾　周晓慧　倪春花　易思强
强　勇　窦建青　胡海波　吕　游　李　茜　赵向南　王伟康　丁雨晨　李　峰
冯士睿　张若峤　徐　晶　季杭为　牛昕鑫　杨照辉　唐伟佳　李媛媛　胡　赛
张云昊　缪惠宇　葛中鹏　沙小仕　袁　宸　俞佳宝　李少冉　章　敏　孔向晖
张　鹿　郑嘉男　陈潇鹏　甘　琦　邵陈希　刘　健　郭爱文　王璐璐　康梠锐
陈燕擘　汤红健　黄尔平　陈　超

无锡分校(11人)

孙天慧　郁俊伟　姜　彬　周景锦　郑　超　周　迁　赵　远　高　晶　周锦程
林桂石　吴爱东

2009级七年制生物医学工程专业本硕连读学生名单

王　鸥　任姣雨　蒋浩君　黄蓉蓉　赵至坤　张　卓　杨　曦　栾培玲　贾正阳
马孚骁　薛爱国　章元伟　袁骏杰　慈　铖　黄海诚　吴沛泽　乔子晏　缪婉琳
徐令仪　尚贤丹　苏小清　商臵然　王佩瑶　刘凌洁　胡松涛　康嘉兴　马腾飞
高　坤　张壮壮　郭　靖　张　捷　邹捷萌　李中源　武昊安

2008级七年制临床医学专业本硕连读学生名单

薛　明　尹华云　李　政　曹　丽　董丽婷　吴艳婷　易海玲　张晓溪　温旭智
张李玉　刘　芸　谈　莉　黄　蓉　仲星星　王　野　郑　晗　马战胜　徐仲林

姜成荣	史璐行	吉　鑫	金　汉	王　涛	倪志超	马　祥	王　鑫	刘晓晨
朱莉娜	王婷婷	蔡蓉蓉	胡珊珊	刘一乔	韩　旭	陈　璐	张曼莉	黄梦琪
孙海霞	徐　琳	李　浩	吕一正	何骏驰	叶津池	王晓波	任　东	王公道
崔青扬	崔佳瞿	丁　伟	郭子维	刘艾佳	孙　骏	潘晓雨	曹　婧	顾雪芹
何海菊	俞仁艳	汤佳莉	朱　婷	陈　祎	刘　军	叶德川	倪　明	钱柏锋
蓝春雨	孙灰灰	仲斌演	付　阳	徐　甜	王晓洁	胡明玥	王　丹	黄亚
蔡　英	徐　萌	陆　扬	周　晶	顾丽华	蔡　沁	冯书贤	贡　菊	海曦
于复超	施　璟	凌志新	钟华龙	卢舟周	薛海燕	周兆明	嵇惠宇	张　磊
周恒才	程　浩	樊焰星						

2013年江苏省本科优秀毕业设计(论文)评选获奖情况

序号	院(系)名称	毕业设计(论文)题目	学生姓名	指导教师姓名	获奖等级
1	生物科学与医学工程学院	高性能磁性氧化铁纳米颗粒的制备研究	贾正阳	张　宇	一等奖
2	信息科学与工程学院	基于LTE-A的多用户调度和波束成形技术	余瑞驰	许　威	一等奖
3	经济管理学院	我国人群收入分配公平偏好和满意度调查研究	高华濂	马新建	一等奖
4	计算机科学与工程学院	学术社交网络中的作者指代消解研究	赵健宇	汪　鹏	一等奖
5	艺术学院	格物正心——明式家具的再设计	陶松男	崔天剑 许继峰	二等奖
6	信息科学与工程学院	基于能量收集的绿色物联网无线传感技术及其实现	阳　析	金　石	二等奖
7	电子科学与工程学院	金属基超材料新型单元结构设计	罗晨阳	蒋卫祥 汤勇明	二等奖
8	交通学院	沥青及混合料疲劳自愈特性研究	王昊鹏	杨　军	二等奖
9	能源与环境学院	汽轮机密封内流场及激振力分析与试验研究	姚洋阳	杨建刚	二等奖
10	材料科学与工程学院	第一性原理实例计算	于婷婷	于　金	三等奖
11	土木工程学院	复合材料加筋板的声-振耦合分析	王　猛	吴邵庆	三等奖

2013届校级优秀毕业设计(论文)名单

专 业	学 号	学生姓名	课题名称	指导教师姓名
建筑学	01108223	彭文哲	KUKA数控建造	李 飚
	01108232	黄 潇	BARCELONA ENCOUNTERS:"MEETING PLACE"	鲍 莉
城市规划	01208104	吴晓庆	历史城镇保护、更新与设计	阳建强
	01208107	郝凌佳	北京宋庄:创意•低碳(六校联合毕业设计)	孙世界
景观学	01508111	何 雅	风景名胜区村落控制性规划	唐 军
机械工程及自动化	02009115	沈博文	材料电阻自动测试系统研制	周忠元
	02009124	沈 健	基于局部径向基函数的曲面造型技术研究与应用	齐建昌
	02009422	张兴文	起重机裂纹早期检测与定位方法研究	贾民平
机械设计制造及自动化(教育)	02009224	李 堃	纳米孔内流体动力学分析与离子电流的测量	陈云飞
热能工程	03009002	姚洋阳	汽轮机密封内流场及气流激振力计算分析	杨建刚
	03009010	杨 洋	汽轮机低压排汽缸流场特性研究	胥建群
	03009103	徐 婧	光伏电池阵列设计与优化研究	华永明
	03009211	李 浩	基于CFD的电站蒸汽表面式凝汽器性能研究	杨建明
	03009427	曾骥敏	水相生物油中低碳酸催化加氢实验研究	肖 睿
建筑环境与设备工程	03109615	张 青	新型散热器开发与设计	陈振乾
环境工程	03209720	戴喆秦	双污泥反硝化除磷及诱导结晶磷回收技术	吕锡武
信息工程	04009108	徐沁怡	大规模分布式天线系统的多用户传输方法研究	高西奇
	04009140	杨彬祺	同频率全双工系统的自干扰抵消电路研究	周健义
	04009224	蓝 骥	宽带高效率射频功放研究	周健义
	04009306	阳 析	基于能量收集的绿色物联网无线传感技术及其实现	金 石
	04009423	余瑞驰	基于LTE-A的多用户调度和波束成形技术	许 威
	04009437	陈洋洋	利用调频副载波的数据广播	吴乐南
	04009506	李 峥	大规模MIMO系统导频污染问题研究	金 石
	04009537	朱筱赟	人工辅助的WLAN无线终端定位技术研究与实现	胡爱群
	04009543	顾馨月	有源集成滤波天线设计	汤红军
	04009609	张添翼	基于USRP的深空无线电科学接收机设计	孟 桥

(续 表)

专业	学 号	学生姓名	课题名称	指导教师姓名
土木工程	05109105	郑 珉	山西对口升学图书馆地下室设计	薛国亚
	05109127	周 宇	基于直拱和桁架的厚承台拉压杆模型	戴国亮
	05109138	冯 波	马鞍山供电公司生产用房改建工程修试车管楼工程设计	张志强
	05109239	杭启兵	沧州博物馆结构设计	黄 镇
	05109413	叶 波	南京华新丽华河西项目 A、B 地块 C−1 裙房框架混凝土结构设计	舒赣平
	05109424	吴瑞尧	中天科技电缆有限公司办公楼结构设计	吴 京
工程管理	05209106	樊 颖	003 项目财务评价方案	邓小鹏
工程力学	05309103	汪 璇	构件损伤对其服役性能影响研究	李兆霞
	05309116	王 猛	复合材料加筋板声−振耦合动响应分析	吴邵庆
电子科学与技术	06009138	郭旻轩	综合传感网通用应用软件平台的研制	孙小菡
	06009222	罗晨阳	金属基超材料新型单元结构设计	蒋卫祥
	06009332	林 军	液晶掺杂染料的电压调制激光出射特性	叶莉华
	06009404	姚红燕	一种可编程增益放大器的设计	吴建辉
	06009433	余开浩	电场作用下纳米晶体管失效的动态表征	孙立涛
数学与应用数学	07109123	李逸群	郑州地区区域性暴雨模型的构建与分类研究	殷 翔
	07109129	袁骏青	社会网络演化动力学与统计特性	曹进德
统计学	07309105	张莉萍	基于 MSP 估计的极值指数的检验功效的模拟研究	林金官
自动化	08009112	李 多	超精密国产化显微实验仪器驱动系统开发	叶 桦
	08009203	虞金花	中压智能开关柜综合控制及显示模块的设计与实现	章国宝
	08009327	文 相	基于 FPGA 和 DSP 的视频采集系统设计与实现	金立左
计算机科学与技术	09009140	钟 臻	考虑天气状况的电网运行风险评估方法	倪巍伟
	09009304	陈 浩	面向序贯调度的自适应迭代局部搜索方法	李小平
	09009406	刘 洁	标号不全的多视图分类系统	薛 晖
物理学	10309109	向仟飞	中子星里暗物质以及暗能量影响的相对论模型研究	蒋维洲
应用物理学	10109112	林伟坚	磁/光复合纳米结构的组装和磁场调控	翟 亚
生物医学工程	11109101	李文怡	丝瓜筋力学性能的试验研究	陈 强
生物医学工程（本硕连读）	11209113	贾正阳	高性能磁性氧化铁纳米颗粒的制备研究	张 宇
	11209209	商珞然	基于微流体技术的海藻酸钙纤维制备	赵远锦

(续 表)

专 业	学 号	学生姓名	课题名称	指导教师姓名
材料科学与工程	12009105	莫 秀	贵金属纳米粒子/石墨烯复合结构的制备与光学特性研究	郭新立
	12009222	贾子健	碱激发矿渣的微结构及其优化研究	张亚梅
	12009301	于婷婷	第一性原理实例计算	于 金
政治学与行政学	13109106	陈骏峰	我国"大学生村官"政策的执行问题研究	张 敏
旅游管理	13309124	李 通	我国国际青年旅舍的时空分布特征及其影响因素研究	陈钢华
汉语言文学	13409104	孙爱琪	明清《三国演义》插图与文本关系研究	乔光辉
国际经济与贸易	14209102	胡远泊	交通基础设施、空间集聚与地区收入不平等——基于中国省级面板数据的经验研究	刘修岩
	14209116	蔡清华	基于内需的产业创新和生产组织全球化	何玉梅
工商管理	14309107	高华濂	我国人群收入分配公平偏好和满意度调查研究	马新建
金融学	14509116	贾 玲	金融发展,科技创业活动与区域生产率	杨 勇
	14509212	刘 颖	股权结构、董事会独立性与多元化折价	张向阳
	14509244	胡肖然	产业集群发展中的金融支持	董 斌
经济学	14609102	张鹏飞	企业管理者策略偏好对经济绩效与环境绩效的影响研究	吴利华
物流管理	14809114	王 敏	农产品供应链物资资源协同调度机制研究	赵林度
信息管理与信息系统	14109109	崔少东	废钢铁再制造生产调度问题研究	陈伟达
电气工程	16009123	鹿泉峰	半齿绕开关磁阻电机的优化设计与控制	花 为
	16009526	方越印	Labview环境下电力电子装置人机界面设计	王建华
	16009604	陶 琪	暂态多摆失稳和负阻尼失稳	万秋兰
	16009605	蔡秀花	感应加热器的电磁—热场耦合分析	程 明
	16009609	陈 曦	SVC与TCSC提高暂态电压稳定性协调控制研究	蒋 平
英语	17109110	刁若尘	战后女性的婚姻困境:《雨中猫》和《热铁皮屋顶上的猫》中女主人公对比	朱丽田
	17109111	岳 颖	从目的论的角度比较研究《茶馆》的两个英译本	袁晓宁
	17109310	朱 冰	直面无形的重压——《不能承受的生命之轻》中的"理想化"和"反理想化"主题辨析	吴兰香
化工类	19109206	何艺佳	石墨烯纤维的制备	周建成
	19309111	徐顺奇	新型苊二酰亚胺荧光分子的合成与光物理性质	钱 鹰

(续 表)

专 业	学 号	学生姓名	课题名称	指导教师姓名
交通工程	21009119	汤斗南	基于公交绿波的城市交叉口尾气排放研究	季彦婕
	21109208	王芃	基于信号控制交叉口可变导向车道控制策略的算法实现及软件开发	陈峻
交通运输	21209217	吴进	南京中央公园（规划）慢行交通系统设计	何杰
测绘工程	21309217	高旺	基于区域CORS的卫星钟差反演及其应用研究	高成发
港口航道与海岸工程	21409112	陶安	镇江某30000吨散货码头设计	陈一梅
地理信息系统	21509107	费雪	基于城市路网的车道自动生成方法研究	蔡先华
勘查技术与工程	21609126	施科	柴油污染土的工程性质及快速检测技术试验研究	刘志彬
道路桥梁与渡河工程	21109210	张垚	基于PFC的沥青混合料小梁疲劳试验模拟	马涛
	21709141	杨轩铭	钢桥面铺装裂缝修复材料性能评价	陈磊磊
	21709230	王昊鹏	沥青及混合料疲劳自愈特性研究	杨军
道路桥梁与渡河工程（茅以升）	21009222	万世成	钢混凝土组合结构斜拉桥成桥模拟计算与分析	黄侨
测控技术与仪器	22009119	李居康	基于声电效应的医学影像实验平台设计及实验	宋爱国
	22009201	麻佳琪	图像处理智能机器人	宋光明
	22009203	张俪园	石英振梁加速度计	梁金星
工业艺术设计	24009116	胡馨菱	南京古林公园改造设计	周缨
	24009138	陶松男	明式家具的再设计	许继峰
美术学	24109116	杜雨舟	油画创作中当代图像的意象表达	赫云
法学	25009114	翟润方	论因特网上的版权保护	朱长宝
	25009221	夏伟	民间高利贷的刑法规制	杨志琼
科学教育	26109104	张晓莉	基于技术与设计教育国际比较研究平台的IOS应用设计	夏小俊
生物工程	41109121	葛凌	氧化石墨烯的毒性效应及在秀丽线虫体内的转运	武秋立
预防医学	42108202	叶丁	社区居民乙肝防治健康教育效果评价	王蓓
劳动与社会保障	42209127	陈石	重大传染病防治示范区乙肝病人满意度及反应性研究	巢健茜
软件工程	71109203	曹岑	群智能方法在无线传感器网络节点定位中的应用	倪庆剑
	71109226	赵健宇	学术社交网络中的作者指代消解研究	汪鹏
	71109337	李爽	网络编码的TCP协议的建模与性能分析	张三峰

(续 表)

专业	学号	学生姓名	课题名称	指导教师姓名
信息工程 (无锡分校)	04209716	刘 玮	WLAN账号防暴力破解方法研究	孟 桥
电子科学与技术(无锡分校)	06209530	姚 群	基于线性模式APD的红外传感读出电路系统设计	吴 金

2012—2013学年三好研究生、优秀研究生干部、单项奖和先进班集体名单

三好研究生名单

建筑学院(共29人)

宫　平　　马　骏　　宋　萌　　宋　臻　　王　琪　　许　龙　　朱秋诗　　牛元莎　　张姚钰
徐　静　　徐　杨　　吕晓峰　　程　呈　　王　慧　　周子杰　　韩雨晨　　焦李欣　　林　岩
成　然　　谷亚兰　　仲美学　　侯汝凝　　郑　重　　李雯雯　　张栩然　　刘小音　　张思雨
任鹏远　　朱　丹

机械工程学院(共41人)

巨小龙　　赵　天　　侯　捷　　金　璟　　项　楠　　吴国银　　付　翔　　柯佳佳　　周　浩
焦　伟　　王　凯　　王启飞　　张存继　　戴苏亚　　尹　丹　　朱士伟　　邵　峰　　孙晨飞
游栖霞　　陈福森　　章　寅　　裘英华　　司　伟　　刘晨晗　　杨佳宁　　张廓然　　许飞飞
吴海强　　陈　晨　　陈小飞　　弥　甜　　柳　纯　　马　翔　　曹洁洁　　张　帝　　陈　龙
付　欣　　罗　黎　　文　静　　王春霖　　明　添

能源与环境学院(共42人)

陈欢乐　　杨　振　　张永信　　王　恺　　陈志鹏　　秦　康　　郭　嘉　　南　旭　　李献亮
钱　龙　　任宗党　　高　宇　　王浩泽　　王妍艳　　郭俊山　　李　岚　　陈子静　　孙友源
田　野　　邵志伟　　顾　慧　　宋　涛　　李蔚玲　　谢　俊　　程　清　　陈　曦　　钱俊飞
姚文超　　郜　骅　　施志伟　　刘美婷　　张馨尹　　张　鑫　　赵　超　　张　翔　　胡成山
杨高强　　刘志超　　陈　浩　　石晶晶　　李　洁　　宋祖威

信息科学与工程学院(共76人)

陆珊珊　　唐万恺　　陆时雨　　周　正　　席禹豪　　王海鹏　　刘　硕　　倪大海　　樊艳艳
何　玲　　袁伶华　　樊大朋　　厉璐慧　　董荻莎　　冯　波　　王昶阳　　盖国朕　　张　巍
游检卫　　黄维辰　　江　梅　　马　亮　　刘玉震　　汪　莹　　王晓钰　　蔡菁菁　　葛　梦
张俊琳　　杨云帆　　徐　颖　　由晓宇　　李静一　　黄超凡　　季　辰　　肖福剑　　张晶晶

李亚楠	邵 辰	夏云峰	朱克龙	褚宏云	张 鹏	宋 康	梁 天	羌 波
万 飞	王益健	黄 进	杨学成	崔 楠	郑茂宗	吴红叶	陈文阳	郑祖翔
吕 川	高 歌	顾天斌	伏智超	袁 庄	王立坤	朱文祥	尤 力	史俊诺
郭庆杰	王 莹	潘 磊	郑义林	王六祥	荆舒晟	李 阳	沈 超	谈冬晖
刘 淼	李 恒	王 皓	李 夏					

土木工程学院(共 55 人)

黄一苋	吴若阳	刘华兴	赵丽奇	邵新星	杜嘉宇	李庆亚	陈 达	李靖昌
钱 驰	冯 丹	王圆圆	焦海霞	刘梦洁	陈玲玲	冒丽娜	朱春刚	孟 军
张 堃	张书兵	张玉良	谢 炼	杨 康	万文琪	朱漫莉	陈爱荣	朱哲达
独 巍	蔺志强	黄泓蛟	沈 伟	覃亚男	王鑫锋	薛加烨	陈家勇	孙兰香
袁 鑫	马 增	徐 健	刘 蔚	宋前恩	王雁楠	郑肇鑫	祖 娇	杨千秋
陶玥林	陆建锋	罗 鹏	刘 飞	张 敏	张 蝶	卢 璐	耿方方	王少杰
黄 正								

电子科学与工程学院(共 36 人)

黄建凡	李玉澄	杨 阳	周 谞	林生琴	施晓廉	胡 凯	张月平	武 欣
李东平	杨玲玲	曾倩倩	吴胜保	徐 银	王嘉源	缪 卫	王 浩	马鹏程
方云龙	胡建飞	罗孝松	陈 庆	陈升奇	刘 杰	阙诗璇	汤旭婷	袁冬冬
张 腾	杨庆龄	张玉珍	苏 军	董 蕾	沈昱婷	廖民亮	王彦彬	朱春燕

数学系(共 7 人)

| 杨巧玲 | 陈 亚 | 许文盈 | 张晓辉 | 刘 姣 | 朱辉辉 | 徐仲亚 |

自动化学院(共 20 人)

王 颖	顾文华	李 娜	张俊梅	周秋萍	陈 辰	毛 磊	苏 雅	高 菊
张 露	尹婉琳	翁文婷	张 玮	陈璋雯	沈赛峰	张舒哲	严潇然	吴晓佳
程 亮	张 斌							

计算机科学与工程学院(共 31 人)

彭 莹	叶 飞	彭 程	白云璐	耿国清	孙海霞	陈翠翠	吴江林	杨鹏伟
何亚波	蔡 捷	王金明	朱礼智	曹 旻	胡耀丹	罗 晶	王研昊	朱 默
王春艳	王晖媛	王 芹	马亚洲	李 喆	陈高君	仝 丹	赵 扬	王益艳
查叶飞	刘 莹	牛 欢	钱雪娇					

物理系(共 8 人)

| 孟丽娟 | 盛 燕 | 郭潇潇 | 李 杰 | 姚晓静 | 黄 欣 | 郭喜涛 | 周 苇 |

生物科学与医学工程学院(共 24 人)

裴 琳　金 莲　李林亮　吴 靖　邢莉娜　王尚君　齐 旗　李洲铖　范恒锋
朱家煜　孙丹丹　陈 芸　王 玲　吕 菲　曹凯迪　刘欣冉　曹晓鹏　赵国栋
程 瑶　殷俊环　杨振平　孙 瑞　王 磊　赵 航

材料科学与工程学院(共 14 人)

陈 尧　章 雯　唐智骄　王永进　丁 滔　郭盼盼　吴春晓　圣兆兴　陈 琳
丁俊勇　欧阳建　陶诗文　林 忱　刘苗苗

经济管理学院(共 41 人)

张子超　梁小艳　徐小玲　喻学佳　陈 瑜　刘俐好　李松松　赵天骄　周海波
吴向晴　李 洁　王芳芳　朱 璋　付祝红　李 爽　闫志俊　周文君　王 刚
陆珺花　邵记友　张书菖　徐天舒　高 雅　周甜甜　陈 鑫　伍万坤　狄子良
肖 洪　吴丹丹　濮 静　岑 慧　王艳华　姜凯心　程 莹　黄昊泽　郭 进
沈 杰　卢 鑫　王冯娜　孙皇城　吕芳芳

电气工程学院(共 30 人)

王 婷　顾星辰　李 享　吴 涛　杨绍进　罗海明　吉露露　魏梦飒　白玉庆
宋梦晨　冯 双　管永高　陆婷婷　章 桢　储 凯　戴劲松　张邦富　阳 辉
陈 琛　黄 涛　韩 鹏　严家源　王佳成　熊良根　严 童　黄冬冬　柳庆东
孙成龙　杨 凯　倪玉玲

外国语学院(共 10 人)

周 烨　许海玲　陈 菊　赵 娜　胡 希　王晶晶　刘建华　徐中华　王雪婷
韦舒英

体育系(共 1 人)

陈 莹

化学化工学院(共 31 人)

高鹏然　范叶丽　柳 芳　杨 皓　苏 娟　徐玲玲　孙素文　陶银花　余春华
刘明亮　刘 义　张静静　姚玥玮　詹 侃　张 慧　毛秋霞　梁 静　王 丹
陈国霞　邢甜甜　吴丽荣　王仲杰　刘 莉　王 军　严晓露　车军强　曹凤朝
杨 帆　吴 欣　孔尚尚　田庆文

交通学院(共 48 人)

龚小林　刘擎超　纪翔峰　金光来　郁 烨　朱晟泽　贾文镖　李铉国　张利冬

朱善平	史　勤	崔露愉	刘　阳	赵　晨	李丽苹	黄　潇	刘　灿	邵财泉
许　新	赵琳娜	李　旭	樊　蓉	田荣荣	吴静娴	陈晓武	邓琼华	于姗姗
姬　蔷	杨万波	钱　静	付瑜瑾	钱琳琳	姚　龙	蔡　超	耿鹏智	余江昱
孙洪飞	汪登辉	汪　平	沈天思	杨春红	陶灵犀	潘　攀	张彦彦	刘兆鹏
卢顺达	李笑尘	莫洪韵						

仪器科学与工程学院(共21人)

马雯洁	马　妍	张立云	王雅利	蒋燕飞	吕晶晶	田　磊	熊鹏文	胡海桦
倪得晶	胡世杰	胡　威	郭圣焕	黄　佳	乔贵方	钱宇宁	徐启敏	张　宁
雍　雯	戴　波	喻　伟						

法学院(共14人)

| 莫　静 | 方亚琴 | 毕宝琦 | 段艳霞 | 孟星宇 | 陶丽霞 | 印　莉 | 徐　滟 | 吴晓婷 |
| 汪晓露 | 吴炳辰 | 陈　程 | 倪燕秋 | 张　彧 | | | | |

生命科学研究院(共8人)

| 陈丹丹 | 刘婷隽 | 李金欣 | 杨　颖 | 陈　禾 | 卓　娅 | 张甜甜 | 吴苗苗 |

公共卫生学院(共9人)

| 乙楠楠 | 姚欣雅 | 常旭红 | 陈璐斯 | 钱刘兰 | 周远龙 | 章　蓉 | 徐　青 | 王雨晴 |

医学院(共30人)

郑亚彬	公卫刚	谢剑锋	高志伟	杨翠萍	吴　优	余文敏	刘　静	朱正球
潘明明	蔡施霞	王　颖	周　敏	吴　娱	王　品	左鹏飞	刘　晶	陈苓珊
沈彦婷	王志鹏	嵇丹丹	卢成林	郭嫣婷	苏　凡	郭志浩	黄　嘉	戴雅玥
孙晓萌	蒋心茹	任　龙						

马克思主义学院(共4人)

| 张同婷 | 陈铭霞 | 李珍珍 | 卢凤华 |

人文学院(共19人)

徐小多	江　璇	徐欣成	潘锡杨	王玉霞	储小丽	赵秋丽	王珊珊	朱　猛
平　娜	王　莹	董雨晴	潘海燕	谯亚洲	赵安然	李璞鸥	李　萍	左孝如
宋朋洋								

艺术学院(共9人)

| 阮　璟 | 陈　思 | 魏梦姣 | 张广增 | 张安华 | 郭　蕊 | 周柳伊 | 侯　力 | 张兰芳 |

苏州联合研究生院(共 6 人)

凌绍伟　赵　琳　陈新元　程群群　张　杏　官　睿

建筑研究所(共 3 人)

丁绍恒　黄　梅　胡长涓

高等教育研究所(共 2 人)

杨　洁　王丽根

情报科学技术研究所(共 1 人)

吴　媚

学习科学研究中心(共 5 人)

张　桐　毕　昆　张　静　周友霞　魏方卉

经济管理学院 MBA 中心(共 23 人)

戴蓓蓓　高立燕　金爱国　陆剑峰　缪亚琴　宋广楼　王　斌　赵　勋　赵　一
周春辉　朱学滨　陈靖瑶　陈　薇　华学良　季小康　匡　燕　刘　颢　梅潜心
吴　静　杨晓梦　曾　婷　张天欢　朱　敬

软件学院(共 14 人)

程海南　王尚飞　吴天星　王　佳　张　悦　刘　茜　王一翔　孙　延　孔文飞
沈昊骢　何雅乾　姜天宇　胡　吉　边弘宇

继续教育学院(共 1 人)

朱　婧

集成电路学院(共 31 人)

包华贵　陆　炎　汪国军　林晓娟　朱碧辉　黄红亮　尚壮壮　苏　凯　于永涛
吴元清　蔡金烨　孟振洋　吴兆龙　王炎宝　孙敬敬　孟令杰　崔　哲　李琪琼
林婧婧　杨　磊　杨泽华　汪　晨　虞　宙　张　乐　徐情生　陈凯煜　杨　军
李雪雪　张玲玲　杨致远　杨璐纯

优秀研究生干部名单

建筑学院(共 17 人)

吉星帅　蔡佳林　王丽丽　陈梦姣　张一凡　吴子培　涂　欢　宫汝勃　孙铭泽

何永乐　刘　哲　陈　饶　陈冰晶　余　嘉　陈　月　李佳静　王　暄

机械工程学院(共6人)

刘金锋　夏　磊　刘江华　李成龙　姜双杰　苗馨月

能源与环境学院(共21人)

刘培栋　朱　彦　赵国瑶　黄之成　李　洁　戴薇薇　常　青　吕士武　林　丽
管晓晨　余　敏　王永贞　李盼盼　江楚遥　李兴国　黄　俊　黄　静　周香香
李振亚　位　阳　李　婷

信息科学与工程学院(共38人)

潘　磊　叶　展　王璐露　杨智敏　王　丹　王　磊　褚颖颖　石　逾　范水灵
张新帅　赵小燕　薛明富　马　聪　陈　乐　温云鹏　裴洪彬　缪小龙　姜泽成
刘卫卫　张　莎　刘亦辰　袁　颖　林圣超　何　刚　李正波　王　孜　田　琳
卢从慧　王　毅　贾林琼　陈　鹏　钱　磊　赵　欣　曾　静　王加锋　王雅芳
王雅丽　费　棣

土木工程学院(共28人)

刘佳佳　夏侯遐迩　张红雨　刘元春　谈雨婷　梁止水　蔡文舒　张　健　朱佳斌
谈　龙　董惠雷　徐　博　管东芝　曾　鹏　赵　桉　王　冠　李海建　徐绰然
代　帅　王海涛　江　超　朱智荣　谢国瑞　周雅萍　金晓飞　王　磊　赵　杏
陆　韬

电子科学与工程学院(共18人)

张　肖　裴玉伟　王钟龙　沈　莉　王洋洋　赵　翀　唐路平　王婕妤　叶红亮
翁一士　孙曹钧　茅锦亮　单园园　唐　丹　娄　宁　王海冬　易真翔　杨亚洲

数学系(共5人)

袁其志　任金城　张振明　母建熊　孙旭峥

自动化学院(共9人)

居　奔　朱婷婷　祁　慧　顾李晶　鲁小雨　刘洪振　高雪林　吴　静　丁亚宁

计算机科学与工程学院(共15人)

王会羽　鲁廷明　归耀城　李晶晶　王笑笑　董　丹　施　洵　袁飞飞　翁国庆
陈　萧　陈笑梅　祁　骏　杨成彪　胡敬羽　刘晶洁

物理系(共4人)

刘利清　马　亮　杜如霞　吴章婷

生物科学与医学工程学院(共 10 人)

薛江阳　张　宇　韩　旭　时玉娟　李泽文　田艳艳　钱晓婷　薛　莹　倪石磊
邱　爽

材料科学与工程学院(共 6 人)

韩涛洁　张德忠　李　果　徐晓艳　吕昌略　吁卫燕

经济管理学院(共 23 人)

吴志洋　李春阳　寇贝贝　黄豪杰　卢　建　顾笑贤　吕兴家　杨　琳　庄　园
国许安　韩会朝　薛鹏飞　汪思全　王　琳　孙　琨　赵　江　白　璐　丁维佳
徐　琴　王育亮　王婷婷　孟　石　尤　晟

电气工程学院(共 15 人)

何星晔　任旭超　周　莉　吴串国　张庆华　车　倩　徐陈成　江志明　徐　妲
周　磊　顾天畏　罗　勇　杨庆胜　吴子睿　梅　林

外国语学院(共 4 人)

吴　婵　李维舜　赵　欢　罗晶晶

化学化工学院(共 12 人)

姜　枫　孙贻白　娄　明　李　敏　鲍奇龙　陈剑飞　靳永昌　刘　青　陈　嘉
朱红艳　郭威威　王　凯

交通学院(共 24 人)

俞　灏　高　磊　褚昭明　赵　德　吴海涛　陈泽生　王　征　刘　霞　费　跃
王妤发　韩竹斌　雷　聪　杨　鹏　张　楚　朱贤平　宋昱宇　许　威　晏　辰
马圣昊　耿　威　谢恩怡　罗　航　宋　林　周　旭

仪器科学与工程学院(共 11 人)

刘义亭　戴晨曦　韩　旭　沈　阳　王　宇　张　昊　王卫国　韩晔珍　蒋　勇
凌　云　单梦骁

法学院(共 7 人)

聂宝宝　彭晓佩　朱　峰　翟　冬　陈　婧　刘莹莹　陆　远

生命科学研究院(共 5 人)

王璠璠　李　倍　董　茗　欧梦竹　夏淑婷

公共卫生学院(共5人)

谢彦昕　资海荣　谈柯宏　陶阳红　刘　洋

医学院(共16人)

闻　毅　严雪娇　贺宏丽　刘　丹　李子惠　王　琳　张世军　宋　鹏　万　兴
施龙青　潘　红　孙　洁　张曦文　潘　涛　时蒙蒙　周怡苑

马克思主义学院(共2人)

吴如彬　黄冰清

人文学院(共10人)

陈晓莹　闵海峰　孙利坤　徐真真　郑潇潇　吴庆涛　杨树强　刘　栋　袁　磊
李慧敏

艺术学院(共3人)

方跃武　董甜甜　王　春

苏州联合研究生院(共3人)

方一曙　张　纯　李　扬

高等教育研究所(共1人)

刘　琼

学习科学研究中心(共1人)

刘　楚

经济管理学院MBA中心(共11人)

刘陶然　陆中杰　沈　冀　宋剑锋　郑陆明　黄学武　蒋天静　钱　俊　史郭松
王　娟　王政涛

软件学院(共8人)

张　啸　张　婷　王一帆　沃亚威　林　飞　陈蕊蕊　季一润　欧阳拳均

集成电路学院(共16人)

丁　兵　郭银涛　郭浩杰　秦　汉　李小娟　黄婷婷　朱元钊　曹　鲁　丁　燕
杨泽华　杨　帆　周宇捷　张明灏　严喻冬　任　文　杨志红

研会(共 25 人)

白　莹　卞小丹　戴良冉　陈　辰　顾益岑　刘　锴　马　亮　孙超玲　陆　平
项在华　徐　圆　杨林勇　杨赟洁　于建勇　郑　征　范雪梅　金　莲　刘　飞
刘　宇　汤文倩　王圆圆　阳　辉　杨晶文　张　帅　仲启风

单项奖名单

建筑学院(共 9 人)

沈思思　王　慧　宫汝勃　韩雨晨　孙铭泽　左　为　潘嘉虹　郑　重　王　暄

机械工程学院(共 12 人)

冯　涛　柯佳佳　焦　伟　范　坚　张存继　夏　磊　游栖霞　刘晨晗　陈　晨
陈小飞　刘江华　曹洁洁

能源与环境学院(共 21 人)

刘先立　娄清辉　喻兰兰　张世东　马　琳　张宏升　钱　龙　徐宝江　高　宇
管晓晨　蔡　葵　王松鹤　谢　静　苏继程　周香香　李振亚　徐　伟　赵　超
相　玮　宋祖威　徐　娟

信息科学与工程学院(共 36 人)

陆嘉峰　支　豪　叶　展　项在华　李　明　陈　军　贾成伟　顾晓凤　刘　青
施丽慧　郑迎春　梁文磊　张新帅　沈启辰　李　过　周　煌　王　芳　刘亦辰
郁美霜　袁　颖　金　哲　蔡雪佳　黄新悦　吴红叶　李正波　王　孜　吕　川
吴哲昊　田　琳　伏智超　刘力瑜　宋　超　荆舒晟　王加锋　王雅芳　郑丰琳

土木工程学院(共 12 人)

吴若阳　刘元春　焦友进　崔　鹏　程怀宇　董惠雷　陈家勇　范琳梓　蔡　俊
刘籍蔚　陈项南　卢　璐

电子科学与工程学院(共 11 人)

丁　一　朱　铖　戴　凯　林梦娜　翁一士　孙曹钧　唐　丹　王海冬　袁冬冬
李曼青　谢宇飞

数学系(共 3 人)

韩忠成　许文盈　纪翠翠

自动化学院(共 21 人)

王 颖　张俊梅　祁 慧　王 祎　陈 林　苏 雅　高 菊　鲁小雨　张 露
尹婉琳　翁文婷　刘洪振　高雪林　吴 静　吴晓佳　张 芸　武文静　隋 欣
王 卫　董 娴　叶 浪

计算机科学与工程学院(共 15 人)

丁 玎　王笑笑　许 伟　吴江林　曹 旻　陈笑梅　郭 晨　胡耀丹　米 婷
仝 丹　祁 骏　刘 莹　牛 欢　朱利旻　林文荟

物理系(共 2 人)

孟 红　盛 燕

生物科学与医学工程学院(共 11 人)

张 宇　金 莲　时玉娟　李洲铖　范恒锋　钱晓婷　薛 莹　石路遥　徐涵聪
赵国栋　孙 瑞

材料科学与工程学院(共 10 人)

朱瑞雯　张海燕　章 雯　林金梅　唐智骄　陈 宇　李 果　余 晴　张 吉
李小帅

经济管理学院(共 23 人)

徐梦娟　余海林　赵玉婷　陈 瑜　纪 静　卢 建　郑 征　张子娟　朱 璋
张哲华　李 爽　王明亮　顾益岑　薛鹏飞　王 琳　周甜甜　肖 洪　王倩雯
赵 洁　岑 慧　陆 婷　李晓玉　沈 杰

电气工程学院(共 13 人)

李倩玉　刘 宇　郑 杨　王李东　袁亚云　宁 佳　费 阳　陈 凯　熊良根
须晨凯　柳庆东　王 颖　杨庆胜

外国语学院(共 6 人)

廖 蓉　刘 辰　王新芳　王亚龙　刘 琚　张蓉蓉

化学化工学院(共 14 人)

李 敏　孙素文　陈剑飞　余春华　刘明亮　刘铭霞　廖伟强　武月丽　曹凤朝
周琴琴　郭威威　吴 欣　孔尚尚　田庆文

交通学院(共 21 人)

杨 迪　陈 炎　郑世杰　陈云卿　龚明辉　王玉玲　肖嵩松　张 鑫　林筱怡

朱越然　高柳依　张　翔　焦云涛　孟彩霞　张翼军　朱晶晶　李明鸿　陈　果
况宇亮　左甲鹏　杜　龙

仪器科学与工程学院(共 2 人)

许　诺　王腾蛟

法学院(共 7 人)

莫　静　孟星宇　陶丽霞　吴　昙　吴炳辰　陈　程　王传国

公共卫生学院(共 4 人)

顾　月　金　昊　庞媛媛　李文超

医学院(共 12 人)

庹华为　王晓伟　朱正球　冯　源　万　兴　沈彦婷　白　莹　胡　蒙　谢佳丽
赵　磊　吴　雪　吴旭红

马克思主义学院(共 2 人)

李建花　张　爽

人文学院(共 8 人)

贺佳婴　戴良冉　杨赟洁　张恒宇　丁　磊　章文佩　王　洁　吴宏阳

艺术学院(共 3 人)

刘　梦　田　清　侯　力

苏州联合研究生院(共 3 人)

鲍利亚　秦忪忪　高煦明

建筑研究所(共 1 人)

李　菲

高等教育研究所(共 3 人)

陈开芹　李会芹　艾景娟

软件学院(共 5 人)

杨澄思　杨　斌　赵剑刚　张　岩　管建强

集成电路学院(共 12 人)

包华贵　蔡　伟　李筱媛　杨　磊　于　花　周　超　倪海涛　张明灏　任　文

陈凯煜　李雪雪　尚壮壮

2012—2013年研究生先进班级名单

院系名称	班级
机械工程学院	12级硕士3班
能源与环境学院	12级硕士4班
法学院	12级硕士班
经济管理学院	12级硕士5班
电气工程学院	12级硕士121班
仪器科学与工程学院	12级硕士1班
公共卫生学院	12级研究生班
苏州联合研究生院	12级交通运输工程班

2013届第一批优秀硕士毕业生名单

建筑学院

吴欢瑜

机械工程学院

丁承文　顾　钧

能源与环境学院

严　青　祖可云　赵　春　赵　汶

信息科学与工程学院

张　茜　戴琳琳　吴黄洁　徐志明　杨　岭　丁海燕　赵晶晶　仲华雷　龚淑蕾
宋　扬　许海波　吴鹤意　朱德来　李　凯　李亚洲

土木工程学院

陈　明　宋佰涵　王　凯　张　洋　王高新　季　侃　李盈盈　施海峰　李灵芝

数学系

王心语　杨绍富

自动化学院

刘熔洁

计算机科学与工程学院

李 聪　谷 鹏

物理系

印 胤　陈晓劼

生物科学与医学工程学院

裴 璇　刘芳菁

材料科学与工程学院

王 煜　樊俊江　黄修飞　李杰青　殷晓燕　黄艳萍

人文学院

徐 琴　张胜楠　张远娜　陈 辰　王秀婷　马琳琼　任兆妮

艺术学院

吴彦颐　周之澄

法学院

陈 雪　张 荟

经济管理学院

王 平　汪 阳　杜 慧　姚 丹　崔 玮　刘 蕾　徐媛媛　王 敏　杨晓星
杜雯雯　邱 林　易 舒　徐 倩　高 雅　李 楠

电气工程学院

承 超　谈金晶　吴中泽

化学化工学院

李 怡　逯梦亚

交通学院

胡 林　宋 鑫　陆丽丽　杨 波　李 丹　马雪媛　谢昭瑞　毛淑欣

仪器科学与工程学院

仲小丽

软件学院

陆　杨　程维昶　张　红　李娟娟　薛　炜　俞居正　陈媞媞　詹黎明　戴　源　黄　莹

集成电路学院

高红攀

学习科学研究中心

芮造杰

生命科学研究院

王　洁

马克思主义学院

董　奇　成朋朋

2013届第二批优秀硕士毕业生名单

建筑学院(14人)

滕珊珊　丛喜静　黄　莹　陈　思　刘　振　邱伟杰　王　欣　李小溪　唐　伟　展亚东　沙菲菲　李敏惠　夏　翀　董雍娴

机械工程学院(2人)

魏小龙　何　凡

能源与环境学院(6人)

龚广杰　姜中孝　杨　涛　张　涛　王彦伟　葛举生

信息科学与工程学院(4人)

王裕杰　蒋燕玲　朱　磊　薛敏迪

土木工程学院(16人)

戴维斯　董洛廷　朱　莹　武东超　齐曼亦　裘赵云　尹　亮　余　浩　鲁海燕　苏文涛　程　立　戚家南　龚　俊　陈　喆　胡心一　夏冬平

电子科学与工程学院(6人)

闫以建　方盛江　万维俊　浦　烜　陈洪钧　杨　刚

自动化学院(2人)

王霁平　唐　枫

计算机科学与工程学院(8人)

杨　俊　丁　玲　徐　涛　柳　津　刘智杰　唐作用　孙成峰　吴晓娜

生物科学与医学工程学院(1人)

缪妹妹

材料科学与工程学院(2人)

孙　青　薛晓波

人文学院(4人)

施晓明　张　桦　陈　东　徐　红

艺术学院(2人)

黄大昭　马宏君

法学院(5人)

生沛文　李　波　王薇薇　姚燕芳　崔荣生

经济管理学院(4人)

章靓瑶　高　菲　葛映琳　彭传志

经济管理学院MBA(16人)

谌聪明　方　亮　何　平　黄健刚　李　红　尼　宁　浦淑敏　任　鹏　沈　瑜
唐　丽　陶亚宁　王　晗　徐科威　张　玉　赵　亮　郑薇薇

电气工程学院(4人)

沈　洁　张义莲　吴玉锟　王　琦

外国语学院(6人)

程　慧　刘洪云　陈　晨　蒋海薇　黄芳芳　蒋侃婕

化学化工学院(4人)

周冰瑶　黄鸣鹤　景　尧　张玉虎

交通学院(9人)

卢 静 黄烨旻 蒋 璇 王 建 孙 婵 徐忠乾 朱仁伟 祝谭雍 冯 伟

仪器科学与工程学院(6人)

孙行行 齐荣臣 孙洪涛 史红叶 贡成龙 曹 寅

医学院(18人)

王昀展 陈 洋 彭苗新 黄 艳 王丽平 贺佳佳 高 琪 芙 敏 费夏玮
周 祎 沈振丽 常小峰 窦志敏 陶晨洁 孙 燕 钱丹雯 成 杰 王俊英

公共卫生学院(4人)

王婷婷 刘福康 朱 一 杨传坤

学习科学研究中心(1人)

王 毅

软件学院(苏州)(12人)

张 洁 黄继仙 雷书真 孙晨阳 王智芳 王一博 余东升 刘振盛 朱梦莹
赵 俊 刘 榴 王 浩

集成电路学院(5人)

唐 磊 李建明 王 皓 袁啸宇 张薇薇

2012—2013学年江苏省三好学生、优秀学生干部和先进班集体名单

江苏省三好学生名单

赵天菲 张 旭 周景锦 崔浩然 郭立勇 陈 枫 刘 垚 侯 鹏 刘 奇
胡 悦 左文强 胡远泊 王 悦 袁 园 王越明 李 烨 张 天 冯 露
李 淼 谢宏祥 于少峰

江苏省优秀学生干部名单

侯姝彧 刘 燮 曹言佳 王宇轩 孔祥羽 钱炫丞 吴爱东 孙丁茜 陆俊文
洪 力 王煜奇 陈抒涵 尤 佺 韩 婧 施倩雯 周碧云 邵陈希

江苏省先进班集体名单

建筑学院
　　011102 班
机械工程学院
　　020104 班
能源与环境学院
　　030101 班
土木工程学院
　　2011级丁大钧班(057111)
信息科学与工程学院
　　040105 班
电子科学与工程学院
　　06A113 班
数学系
　　070103 班
计算机科学与工程学院
　　090111 班
经济管理学院
　　145091 班
电气工程学院
　　160103 班
交通学院
　　214101 班
仪器科学与工程学院
　　220103 班
艺术学院
　　240111 班
医学院
　　411101 班
吴健雄学院
　　610111 班

2012—2013学年东南大学先进班集体、三好学生标兵、优秀学生干部和三好学生名单

先进班集体(28)

011111班	020113班	040114班	040112班	051126班	051113班	06A115班
070113班	080121班	090121班	711114班	100111班	111111班	120113班
134111班	142101班	145111班	160112班	171112班	217112班	210111班
220113班	240121班	250121班	421111班	432115班	432121班	610123班

三好学生标兵(33)

建筑学院(1人)
  宗袁月
机械工程学院(2人)
  陈雪莲 刘 歌
能源与环境学院(2人)
  付心迪 许 扬
信息科学与工程学院(2人)
  徐倩怡 卢欣桐
土木工程学院(2人)
  徐施婧 杜永浩
电子科学与工程学院(2人)
  翟 悦 张 澄
数学系(1人)
  江天舒
自动化学院(1人)
  肖子豪
计算机科学与工程、软件学院(2人)
  张雯露 蓝 翔
物理系(1人)
  黄子文
生物科学与医学工程学院(1人)
  马永豪
材料科学与工程学院(1人)
  张文博
人文学院(1人)
  李烨婧

经济管理学院(2人)
　　赵异娜　顾 惠
电气工程学院(1人)
　　宋 杉
外国语学院(1人)
　　张 波
化学化工学院(1人)
　　施燕琼
交通学院(2人)
　　郭易木　陈怡林
仪器科学与工程学院(1人)
　　谢雨蒙
艺术学院(1人)
　　孔令轩
法学院(1人)
　　邵玉婷
学习科学研究中心(1人)
　　杨筱苑
公共卫生学院(1人)
　　洪 翔
医学院(1人)
　　孙乐家
吴健雄学院(1人)
　　梁 霄

优秀学生干部(127)

建筑学院(8人)
　　孙世浩　蔚 风　张 琪　伍铭萱　唐 松　卞勇炜　金 千　唐浩铭
机械工程学院(6人)
　　石 然　尹奇峰　徐瑞君　殷 超　黄林新　汤继善
能源与环境学院(7人)
　　蒲咏梅　叶 瑾　李 通　蔡莼莼　张 鹏　顾家辉　姜懿纯
信息科学与工程学院(7人)
　　马一华　魏婷婷　张 睿　陈 静　佘烨超　王辉南　祖剑君
土木工程学院(10人)
　　商 泽　黄家豪　孙安龙　曹徐阳　施路遥　崔浩然　臧芃乔　龚来凯　马乾根
　　李 贺

电子科学与工程学院(6人)
  俞 苗　高梓怡　张 恒　张 帅　丁 强　范 傲
数学系(2人)
  白苗君　丁嘉沼
自动化学院(4人)
  徐丽娜　万潇月　杨天阳　冯 炽
计算机科学与工程、软件学院(8人)
  朱 帅　杨骏逸　谈晓晔　石 珺　黄 敏　杜惠民　曹文龙　傅 轶
物理系(2人)
  李雅琴　杨 龙
生物科学与医学工程学院(2人)
  李 昊　王月成
材料科学与工程学院(3人)
  李 想　柴胤光　张曼玉
人文学院(3人)
  张伟栋　邱芳芳　贾 凡
经济管理学院(11人)
  潘屹帆　吴佳伦　于涵璐　徐 扬　王旭升　祁 欣　李泽晨　徐 冲　陈 韬　沈 欣　丁 静
电气工程学院(5人)
  周晓飞　文宏辉　徐 沛　刘亚斐　郭少雄
外国语学院(3人)
  赵令君　王 井　宋梦颖
化学化工学院(2人)
  焦文佩　胡 暄
交通学院(11人)
  臧宏阳　唐 旭　缪逸辰　刘 烨　朱宇昊　徐冠豪　方黄磊　许哲谱　田青云　钟 宁　朱婉秋
仪器科学与工程学院(3人)
  石 珂　罗 怡　俱子研
艺术学院(3人)
  赵法瑞　孙艺玮　李怀宇
法学院(2人)
  于佳鑫　景 逸
学习科学研究中心(1人)
  张于亚楠
公共卫生学院(3人)
  殷玥琪　胡晓茜　白 雪

医学院(11人)

聂　唱　刘佳萱　高丽娟　喻　傲　杨墨丹　惠靖雯　吕　妍　孔凌云　李小雨
纪　纤　鹿益绮

吴健雄学院(4人)

吴　迪　杜　翠　王宇鹏　丁奕文

三好学生(1212)

建筑学院(61人)

陈加麒	周心怡	殷荣煊	金探花	孙丽君	徐奕然	钱汇一	王　旋	孙洞明
吴雨桐	杨　林	奚涵宇	杨小剑	吴泽宇	陈　乐	涂雨璇	张维一	黄晓琳
冷先强	李鸿渐	杨书亚	宋　依	李梦柯	王衔哲	许力文	邰大宁	任　广
张文莉	朱　宁	谢　亚	谢相怡	陈晓玲	马　驰	顾兰雨	巫　义	张　立
王　洁	王　伟	王忆伊	蒋　祎	吉倩妘	张军军	钱　鑫	夏纯如	姚严奇
张　祺	俞天乐	王佳玲	陆　浩	甘若凡	傅文武	陈亦奕	李欣叶	张涵昱
李　捷	刘佩鑫	杨怡然	刘耀坤	程可昕	周　霈	孙茂然		

机械工程学院(55人)

罗利平	祁　佩	王　凯	党瑞明	姚健伟	余文斌	陈春水	郭润婷	傅小煜
鲁秀楠	赵远之	王如冰	陈斯祺	张国飞	程龙飞	雷鹏坤	张　恒	刘　鑫
吴丛磊	金珊珊	张莉沙	陈佳骐	李宇峰	吴　景	李树森	杨冬萍	庞云天
华海涛	顾益庆	李　桃	张赢杰	李梦芝	耿垭洲	肖　逸	王紫岳	陈　逸
吴飞翔	胡玉波	刘忠臣	王俊楠	吕　鹏	徐　尧	柳友志	王　昶	苏世勇
李　创	李晓奇	陶　毅	吴赢东	张　诚	陈　峰	沈竹琦	邵灵芝	刘　宏
贺从愿								

能源与环境学院(63人)

刘煜东	张　楠	马昕宇	夏文青	陈霞雯	吴　磊	刘　恋	陈　飞	罗跃建
陈玉婷	赵斯楠	缪晨阳	林江帆	綦亚宙	张晓东	李蓓蓓	刘宗鑫	刘志强
熊　尾	雷丽君	张　倩	刘瑞媚	廖霂之	胡　灿	林义成	隆曦孜	田永清
刘赜深	沈子婧	盛　洁	陈　昕	陈小龙	顾　鑫	王思遐	蔡戎彧	葛芝含
潘杭萍	谢玮祎	钱　燕	朱静文	杨予琪	于　吉	刘宇丹	李　巧	李　昂
张新开	王楚俏	孙　朝	曹琳琳	陶定坤	于　燕	马宇娜	康　达	贺东娇
王　琪	闫景春	许志康	柯希玮	陈明泰	董　顺	陆佳佳	张舒阳	唐圆晨

信息科学与工程学院(71人)

刘兆栋	杨　普	凌森银	赵　越	詹雨豪	张　炯	邢月秀	肖　迪	顾喆旭
姚　艳	杨丽娟	李　静	裴　璐	朱　锐	刘　璐	李骁敏	高璇璇	彭奥奥
周培根	唐从园	邓榆钦	谢旭东	杜立寰	张　洋	肖方可	王冬贤	李晓兴
何璐雅	郁俊伟	孙天慧	张成秋	朱志锐	张凌晗	徐　昊	王宇阳	常天羽
王安懿	曾雨旻	李　享	夏子琪	刘　明	白　石	徐雪浩	赵敏娜	吴文谦
刘　翔	付　思	盖慧英	刘　策	孙　采	王　苏	顾立新	郑　超	孙　瑶

傅新星 苏敏华 张 珂 顾育嘉 洪 旸 卞 慧 刘 杰 王 晨 江 磊
陈 璐 高 媛 赵婧梅 付宇鹏 马颖龙 张少卿 李度洋 柳贺冬靓

土木工程学院(93人)

栾寿福 黄贤斌 肖天琦 黄瑞瑞 吴元昊 薛培楠 李 焜 康 希 卢 杨
戴轩奥 严琳希 钟 鑫 黄 奋 周 达 唐 罂 何长林 金 城 袁钰雯
万 雨 陈鹤鸣 刘婉莹 黄 樊 毕慕超 杨 帆 蒋 咏 王溧宜 沈思思
强翰霖 徐红燕 臧一鹏 陈 达 张祯楠 王正昌 陶佳跃 王 凯 林 津
林 煜 邹仲钦 张楚楚 李志昂 陈珂璠 卞 军 宋松涛 陈孔阳 刘 烨
王 辉 王浩哲 马 燕 俞 乐 宋正华 黄 珺 沈楷程 刘 震 朱 峰
韩 磊 吴 进 顾大伟 王柳英 陆泉栋 张 蓓 肖 雅 王 康 何雅雯
王 鑫 李贵锋 孙求知 丛 戎 蒋丛笑 张开源 王 蕊 姜 韦 韩宜丹
尉迟彬 刘汐宇 孙宝江 王 闻 刘远之 尹 航 吴吉光 谢鹏飞 杨绪南
刘志友 刘 志 王 渊 方根深 蒋苏童 王孟伟 院 伟 刘 凯 夏烨楠
王嘉昌 陈娇娇 朱文辉

电子科学与工程学院(49人)

陈正发 林 聪 夏心怡 李雅棋 毛昱枫 侍海峰 余 倩 石晶晶 唐 涛
金弘晟 屠晨峰 吴晟琦 张铎迈 徐焕文 徐媛媛 胡威漪 姜 勖 梁 琦
廖振星 刘泽恒 傅腾历 雷 笔 姜程程 杜锦华 王俊轶 顾星煜 朱麒文
吴 蕾 周 迁 吴爱东 沈 兵 周珊珊 陈 晨 陆天翼 罗 旺 杨博涵
张梦琳 武 斌 胡子炎 汪宁欢 王 鹏 丁远哲 刘 静 吴旻骏 何煜坤
熊雨薇 戴张印 胡 航 范英辉

数学系(23人)

刘晓玉 张 岸 刘国成 林方正 缪 瑶 翟 帅 刘洪喆 陈天鹏 范敏洁
范 毅 金臻涛 陶 博 温雅静 万佳彧 夏启炜 田方正 崔文凤 秦成明
李 根 孙丁茜 潘冯超 岑运宽 张莹莹(三峡学院交流生)

自动化学院(35人)

刘安国 杨子超 梁 璨 邹 迪 臧 坤 许 乐 刘力铨 吴长虹 夏 雪
庄尚芸 陈晓涛 张 超 潘城屹 戴 澄 耿佳辉 崔 晨 郑亚君 袁 诚
田士勇 丁思娴 张艺璇 李俊环 陶 鹏 张 欢 吕 巍 黄永升 徐 奔
刘 历 孔玮琦 周 鹏 朱晓霞 郑楚婷 曹鹏飞 赵立伟 袁 峻

计算机科学与工程学院、软件学院(71人)

王 瑶 高绮文 李馥杉 张伟旗 杨 云 尹苗苗 王 倩 张 杰 罗 骞
李 林 梁加钊 唐 可 罗 东 吴 俣 柯翔宇 吴雄斌 周滢滢 陈巧云
周立波 张梦微 王永青 潘培龙 周 珽 李晓云 缪 磊 吴嘉楠 杨正萍
虞佳晋 陈泓倩 吴 璇 王嘉时 赵力阳 董 坚 赵子琦 周 桓 马 卓
张欢欢 王晓峰 刘浩然 李可卉 李 茵 李瑞云 申盼盼 邢 超 花 琪
徐 湘 倪泽阳 王安琪 叶茂林 黄 迪 钱玉明 陈星宇 吕 青 陈静雯
王 量 王 飞 黄雪梅 方林果 朱 澍 孙森泓 黄心怡 欧列川 李安琪

周琳琳　黄　凯　解鸿浩　王　烁　李延东　仇晓逢　钱　威　沈　多

物理系(19人)
蔡伟民　郑　顺　顾强强　颜　鹏　黄宗琳　杨　楚　庞　通　黄艺荣　杨寒嘉
吴　颖　胡史奇　周桓立　刘继龙　张新知　林玲芳　杨佳丽　徐　悦　苏凝钢
刘　波

生物科学与医学工程学院(22人)
陈　姗　张凤玲　刘羽霄　鞠　安　王　洁　王亚露　孙炜航　陈中思　余筠如
陈卓玥　常　宁　周雯婷　傅元元　蒋　雯　李　媛　于云雷　李已晴　黄　朔
谢静怡　赵　军　邹　昕　刘佳明

材料科学与工程学院(28人)
刘粒祥　邱　秋　陆　骏　张根垒　董恒迪　施思婷　李天宇　梁润黎　凌　灏
唐诗浩　杨　波　叶少雄　孙　超　袁孟琪　王　健　梁程瑶　李　俊　张小龙
徐　笑　吴喆敏　何心月　卞　仙　朱玉晗　武小冕　王少志　张　爽　董聪聪
陶强兵

人文学院(33人)
艾安蓓　王　艳　李少金　武运帅　雷　琼　陈　丹　杨　俊　张　虹　王旭丹
熊　杰　俞烨彬　戴嶷崎　黄　琰　李　婧　桑晴晴　张晓辰　张欣亭　费　蝶
金　钰　傅莞乔　徐　航　吴秋怡　郑苏茜　羌　笑　郑　茗　李伊萌　王　怡
李　汀　董　宇　李　沫　王洁琳　江　晨　马春兰

经济管理学院(99人)
郭文丹　金雅怡　翁　静　汪黎珺　邵金安　章　维　葛文杰　孙　成　李苏南
朱姗姗　李牧原　董　杨　汪梦丽　陈　城　陈　琪　唐　琦　安梦丹　吕一帆
张露茜　高古月　刘梦婷　杨　扬　尹卓然　孙　婕　方　皓　王泽轩　梁辰玥
范玉瑶　盛　雪　孟　雅　李　杰　孙伟评　张东升　王龙龙　潘雨欣　孙　松
王　英　赵　宇　原　薇　寇海洁　刘　捷　丁妍乔　冯　敏　周　毅　张冰灵
牛小凡　陈宗琴　薛　亮　胡亚坤　蒲云娇　孙艳华　孟素蕊　裴中亚　孙筱霞
徐雪飞　史　可　张市华　寇聪姗　姚叙含　韩佳颖　余建阳　戴麒麟　章　月
刘沛阳　彭宇杰　李　锐　杨　琴　徐　鲲　柳　瑾　沈　耀　李俊雄　张　楚
慕文珺　刘　炜　宗承渊　林　璐　刘欢欢　许媞媞　杨培婧　邵　茜　夏旻越
陆　兰　杨　欣　龚晓菲　张礼乐　芮　宁　张　英　史泽宇　张琬秋　陈妍婷
吴晓茹　张梦欣　陈志红　吴　巧　金晓月　王　杰　沈梦姣　金梦澜　马丁一兰

电气工程学院(44人)
杨　瑾　王　文　张韶文　谢家昊　苏　晨　舒万韬　刘　瀚　卢大川　刘　源
夏泽川　徐　静　朱振宇　刘梦佳　邵　雷　游　帅　沈秀芬　陈富扬　胡铭觐
李　晖　张有为　姜子卿　孙　琛　孟建建　李　泽　樊安洁　宋　阳　孙　烨
刘　赛　谭广颖　朱　妍　丁一阳　陈　明　邵雨薇　袁娜娜　徐敏姣　袁　园
宗鹏鹏　汤智超　张剑楠　黄利敏　邢任之　李明策　曹　智　洪灏灏

外国语学院(26人)

邱骞　韩静　李思成　黄千玳　王晓丽　郝世凯　魏瑶　张可馨　孙晓光
林尔琼　顾蓉　高君实　马元　汪亭　刘诗文　皮晨瑶　于婷　邵韵芸
许梦迪　曹嘉璐　田玮鸿　李瑶　夏萌　殷刘钢　尤其林　刘鹏飞

化学化工学院(20人)

郭皓月　吉浩凡　凌丹丹　董洪霜　缪智辉　王芳　苑国龙　杨怡然　蔡志岚
程然　夏琳　卢大鹏　张健　马萌馨　周雪影　谭鄂川　陈凌宇　林柏松
霍萌萌　朱恺

交通学院(106人)

张煜恒　赵庆　白洋　李中海　张晓田　白一冰　吕俊秀　辛磊　张楠
任可心　陈沁　马羊　王嘉玲　韩笑　夏峰　郑涛　米阳　姚泽恒
杨灵宇　陈章　李杰　曹琪来　张小梦　袁旭洋　杨剑寅　董长印　胡婷婷
陆华杰　董冬冬　冯江华　马文欣　曹柯　陈文娇　邵孜科　周文章　张娴
蔡星　董夏鑫　郭嫚　吴悄然　施炎　田闿　张瑞成　汪宇轩　韩峰
宋开明　方钊　陈豪　王玥　童天志　江神文　徐星璐　刘子洋　张馨岚
孔思力　申佩佩　何嘉晨　万亚玲　李锐　孟腾　尚睿　石颖　郭赵元
李建邺　廖辉　李方卫　周钰笛　徐文胜　龙漫　刘重威　杨鹏　蒋晨昱
徐小童　张蔓苑　唐睿　卿学文　叶文　陈祥炼　林莉　徐刚　廖源铭
陈乐　范晨昊　李林华　万文恺　张翔飞　牟聪　王雯钰　刘晗　张诗乐
李华颖　张孟环　陆佳炜　李居宸　孟琳　刘颖嘉　徐姝祺　章一钒　付旻
项莲　吕方　陈田　邹晨　吴姝悦　杜则行健　任艺非凡

仪器科学与工程学院(26人)

朱彦嘉　刘石劢　张勇　吴之桐　朱雨婷　雷秀　冷明鑫　杨冬瑞　贾文渊
弓静　章颖　姚晨雨　乔楠　吕正　方良骥　史铨　尹哲浩　张琦
王开恺　张天　刘天琴　孟广婵　闫昕　杨阳　塔高明　皇甫思怡

艺术学院(24人)

张浩田　欧妍曼　杨冰清　曹喆　胡月　刘南兰　钱火明　李鹏程　车速稳
陈清竹　尹剑清　钱雨婕　张孝慈　黄敏婕　魏军　董莹莹　李春　陆逸鸣
巢嫄　孟圆敏　周蔚　钱晨　谭成　达敏

法学院(16人)

韩晓　张思嘉　董亚男　林苗苗　顾泽慧　昊沈洁　梁锡祥　刘康乐　王汪洁
鲍齐康　赵文华　于琪　朱海伦　王昕彤　王敏　赵雪颖

学习科学研究中心(4人)

徐得微　张思启　李超龙　汪菊霞

公共卫生学院(26人)

魏超　高慧雯　王照光　陈明珠　邵一珺　郑祎　阚悦　焦蒙　施若莲
姚轶男　孟颖　董淑楠　杨辉军　倪倩　傅晨　马月　王晗莹　濮韵秋
纪双斌　张颖　陶慧文　王洪涛　常胜　刘梦歆　常新蕾　付妤

医学院(94人)

郭　靖　　陆　炜　　王艳杰　　赵　涛　　陈　欣　　林祝丞　　张文慧　　杨　霞　　卢　清
陈小庆　　陈敏洁　　姜　烨　　吴菲菲　　韩晓清　　于　月　　戴王娟　　张　坡　　杨益莲
朱笑笑　　刘雪婷　　樊丹丹　　佟　腾　　谢丹丹　　胡昕滢　　李红霞　　杨　旎　　杨超虎
王希涛　　张田利　　李　晓　　储诚彪　　高雨乔　　孟庆斌　　刘晶华　　杨文戈　　李淑子
刘红丽　　张丹晖　　韩丽飞　　张志恒　　谢睿扬　　王三妹　　鲁　荐　　罗　云　　廖　丹
杨宇宏　　崔　晶　　宋睿泽　　赵谊宁　　赵怡欣　　牛　娅　　康子一　　孟祥盼　　李　颖
王海丽　　丁梦媛　　周　铨　　罗嘉莉　　邱　钰　　施佳楠　　马常欢　　马常乐　　徐婷婷
曹欣华　　郭炅承　　宋丽华　　邹　茜　　尤　鑫　　朱华琛　　时　娟　　封　晔　　孙琦清
金　雯　　焦　娇　　史飞飞　　顾冬梅　　张伟韬　　徐震东　　孙文爽　　施林领　　谢金阳
许安迪　　卞荣荣　　刘　燕　　郝以姝　　曹小彤　　沈　肖　　徐晓敏　　王静静　　王宇铖
沈尤婧　　张　越　　范嘉俊　　吴臣臣

吴健雄学院(104人)

朱梦瑞　　刘林楠　　吴裕安　　强　勇　　罗俊鹏　　薛昊天　　陆倩云　　王璐璐　　朱　航
李少冉　　李文桢　　褚军涛　　牛昕鑫　　赵懿祺　　陈燕擎　　孔向晖　　陈　鑫　　倪春花
陆书恒　　万　意　　陈　琼　　王凯旋　　陈同广　　乔　志　　徐晴雯　　王　历　　戴　颖
史博文　　朱秋瑜　　拾　颂　　虞正平　　杨　超　　王　敏　　李　峰　　唐伟佳　　张婷婷
胡　赛　　王伟康　　许振华　　张云昊　　卢　旭　　张　鹏　　窦建青　　杨新逸　　赵煜健
杨振宇　　牛　畅　　朱思宇　　赵　亮　　季杭为　　邹辉辉　　许墨然　　黄友益　　陈　倩
曹正庭　　张凌翔　　刘　畅　　顾希雯　　张建飞　　吴艳飞　　李　臻　　朱庆明　　洪梦姣
黄志超　　杨　湛　　李建宇　　张若峤　　刘艺璇　　孙朋朋　　陈　晓　　庄浩宇　　车松阳
王一波　　杨照辉　　彭志刚　　杨　攀　　罗　平　　陈　琦　　林俊浩　　刘念泽　　郑欣悦
李隆胜　　李　阳　　胡煜明　　翟邦昭　　姜　琦　　杨文超　　田中源　　白　岚　　任晨曦
文　轶　　沈　圣　　陶轩洁　　蔡爽爽　　汤红健　　张　恭　　熊宽晨　　蒋　励　　王文杰
何文剑　　卢丽慧　　陈斯雨　　王禹欣　　沈泽阳

2013届优秀本科毕业生名单

建筑学院(8名)

卜莞御　　郝凌佳　　黄　潇　　原　满　　田梦晓　　翟　炼　　季　欣　　姚　远

机械工程学院(10名)

张兴文　　沈　健　　徐　磊　　马振兴　　李　堃　　李　佳　　孙小刚　　施杨梅　　谈　适
付建新

能源与环境学院(9名)

张　青　　郑卫东　　李　浩　　戴喆秦　　赵赛男　　史　博　　杨　康　　孙　伟　　林博群

信息科学与工程学院(10名)

徐沁怡　　余瑞驰　　洪烨林　　郭　骏　　蓝　骥　　陈洋洋　　董云扬　　朱筱赟　　阳　析
李　峥

土木工程学院(14名)
　　郑　珉　邱介尧　樊　颖　李兴华　李芮秋　曹芝脐　叶　波　李润青　汪　璇
　　项远辉　章玉婷　许　赟　陈恺文　吴瑞尧
电子科学与工程学院(8名)
　　徐志丽　徐　超　邱俊华　余开浩　李　晨　瞿　晓　姚红燕　郭旻轩
数学系(4名)
　　王　和　夏　丹　张莉萍　李逸群
自动化学院(6名)
　　李　多　王晨阳　文　相　陈洪骏　黄飞燕　尤卫卫
计算机科学与工程学院、软件学院(11名)
　　叶敬宁　史　亮　伍玉舟　谢宛辰　王信力　汪玉泉　曹　岑　赵子扬　朱泽策
　　张凌峰　尹徐珊
物理系(3名)
　　韩宇翔　向仟飞　林伟坚
生物科学与医学工程学院(3名)
　　贾正阳　胡　悦　商珞然
材料科学与工程学院(5名)
　　莫　秀　王燕清　左文强　吴　雨　周　扬
人文学院(5名)
　　徐冠男　强怡芸　汤玲玲　叶　菁　王凯莉
经济管理学院(15名)
　　郑嘉琦　蔡清华　汪　琼　祖雅菲　胡远泊　黄莉娟　王祎焕　胡肖然　刘　颖
　　卞海丽　侯圆圆　张鹏飞　施　瑶　丁　妍　陈　哲
电气工程学院(6名)
　　陶　琪　曹敏健　陈　曦　董美玲　张柯琪　殷慧兰
外国语学院(4名)
　　马晶晶　刁若尘　吴可天　李　阳
化学化工学院(3名)
　　李　乾　张胜男　何艺佳
交通学院(17名)
　　王诗琪　陈　艳　汪吉豪　高　旺　林　浩　王晓春　崔　莹　尤雨婷　汤斗南
　　王昊鹏　徐　凯　曹雪柠　杨　靓　谢忻玥　江云剑　秦晓琼　万世成
仪器科学与工程学院(4名)
　　李　松　谢雨宁　姚逸卿　任宗基
艺术学院(4名)
　　王子乔　郭语涵　李王羽　朱艾琪
法学院(2名)
　　杭憨燕　翟润方

学习科学研究中心(1名)
　　李　璇
公共卫生学院(3名)
　　刘　攀　叶　丁　孟　醒
医学院(13名)
　　关亚娜　高天丽　张李玉　蔡　英　尹华云　汪　成　黄　蓉　何骏驰　沈竹静
　　王婷婷　许含章　张鹏程　周碧云
吴健雄学院(1名)
　　姚洋阳
无锡分校(2名)
　　赵　越　徐　耘

2013届国防生表彰名单

土木工程学院(18名)
　　朱兴波　朱骁枫　周林江　郑国志　张景桥　张　露　张　昊　殷文骏　杨耀然
　　杨　卫　王雨宾　唐　祥　李佳欣　耿　喆　葛　耀　高建岗　董晓鹏　曹应之
数学系(7名)
　　闫　宝　刑天健　闻　洋　沈宇峰　卢文海　何子扬　陈万国
经济管理学院(13名)
　　张瑜辉　余翰绎　谢译萱　王弘兴　王　正　裴　玥　蒙亚熙　刘恋慈　李若昕
　　葛　骁　高　峰　陈天平　陈昌健
医学院(6名)
　　周　锴　张鹏程　阳泽龙　龙剑海　单　惟　陈矗然

2012—2013学年东南大学获国家奖学金学生名单

建筑学院
　　祝颖盈　肖严航　倪晓筠　刘海芊　陈凯翔　吴昌亮　王衔哲　郑振婷　傅文武
　　金探花　郝子宏　沈　忱　宗袁月
机械工程学院
　　华海涛　陈雪莲　金珊珊　张　恒　何品尧　徐　尧　王如冰　李梦芝　刘　歌
　　王　泽　钟天铖
能源与环境学院
　　张　倩　张正华　蔡戎彧　辛佳磊　马昕宇　雷丽君　季巳辰　罗跃建　付心迪
　　顾　鑫　陈小龙　姜懿纯　于　燕
信息科学与工程学院
　　张来团　王红蕊　吴　凯　崔宇柯　白　石　王　晨　褚炜雯　卢欣桐　徐锦丹

赵　越　卞　慧　徐倩怡　徐　昊　裴　璐

土木工程学院
曹徐阳　强翰霖　黄家豪　顾大伟　施路遥　蒋　咏　蒋丛笑　戴轩奥　王㮚宜
王柳英　黄瑞瑞　王　康　肖　雅　陈　达　龚来凯　夏烨楠　沈　浩　张　蓓

电子科学与工程学院
杜锦华　吴旻骏　徐媛媛　刘泽恒　陆天翼　胡子炎　金弘晟　翟　悦　张　帅
侍海峰

数学系
樊　恺　江天舒　金臻涛　刘洪喆

自动化学院
邹　迪　丁思娴　许　乐　陈晓涛　程　翀　黄志亮　杨子超

计算机科学与工程学院、软件学院
潘培龙　姚育华　王一多　张雅琳　霍增炜　高绮文　王嘉时　陈星宇　黄　凯
张　睿　蓝　翔　仇晓逢　郭大魁　黄　敏

物理系
黄智深　张国瑞　杨佳丽　黄子文

生物科学与医学工程学院
孙炜航　刘羽霄　薛诗静　李已晴　马纯威

材料科学与工程学院
刘家希　吴喆敏　梁润黎　张小龙　锁晓静　朱玉晗

人文学院
李烨婧　王　怡　郑苏茜　李　婧　张　欢　艾安蓓　傅莞乔

经济管理学院
郭文丹　王雨竹　寇海洁　李苏南　汪黎珺　王　杰　杨　欣　张　楚　安梦丹
徐雪飞　张礼乐　龚晓菲　沈　欣　丁　赛　胡亚坤　姚叙含　戴晶晶　孙　帅
陈　曦　彭宇杰

电气工程学院
郎伊紫禾　林君豪　徐小涵　谢家昊　徐　静　杨　瑾　宋　杉　盛奕达　丁一阳

外国语学院
王　璐　王　颖　田玮鸿　邵韵芸　何　淼

化学化工学院
凌丹丹　王　芳　杨怡然　林柏松

交通学院
周轶凡　丁　京　何嘉晨　周　杰　王　慧　马文欣　孔　庄　熊满初　胡婷婷
姜济扬　范晨昊　巫诚诚　梅丹兵　谭风雷　杨清浩　曹青青　李　莹　张梦可
罗斯达　罗天铭　龙　漫　汪宇轩　宋开明　辛　磊　白　洋　郭智善　刘子洋
李居宸　付　旻　钟　宁　孙潇昊　岳　阳　邹　晨　任可心　尚　睿　夏　峰
周钰笛　孟　琳　杨　鹏

仪器科学与工程学院
　　余玉卿　陈贻国　尹哲浩　姚晨雨　朱彦嘉
艺术学院
　　汤舒逸　尹剑清　熊梦雨　张浩田　董莹莹
法学院
　　张思嘉　赵文华　赵雪颖
学习科学研究中心
　　杨筱苑
公共卫生学院
　　邵一珺　常　胜　杨辉军　董淑楠　王照光
医学院
　　姜　烨　王三妹　吴臣臣　张　越　吴伟君　杨宇宏　曹小彤　曹欣华　徐晓敏
　　顾　敏　谢　健　杨文戈　杨　霞　张文慧　李　晓　邱　钰　张田利　郭炅承
　　孟祥盼
吴健雄学院
　　王凯旋　陈同广　王禹欣　朱庆明　李隆胜　何文剑　李文桢

2011—2012学年校长奖学金表彰名单

建筑学院(5人)
　　胡雪倩　何　雅　侯姝彧　束　芸　丁　岩
机械工程学院(6人)
　　张俊卿　贺从愿　李岩峻　殷　超　姜晓文　施杨梅
能源与环境学院(7人)
　　李建波　刘煜东　蔡天意　许　扬　钱　燕　张贺志　周文佳
信息科学与工程学院(6人)
　　钱根双　陈洋洋　王宇轩　喻翔昊　白　石　卢欣桐
土木工程学院(10人)
　　章玉婷　陶天友　张　军　周　晨　洪　曼　黄家豪　顾大伟　孙文捷　卢　杨
　　徐文杰
电子科学与工程学院(6人)
　　宇哲伦　瞿　晓　刘　静　吴爱东　金弘晟　胡　航
数学系(3人)
　　恽钧超　陶　博　白苗君
自动化学院(4人)
　　黄洲荣　冯　源　张晓燕　扈　霁
计算机科学与工程学院(4人)
　　刘悦晨　李哲蓉　刘　垚　张雅淋

物理系(3人)
    刘 波 吴其胜 胡史奇
生物科学与工程学院(2人)
    樊雪龙 曾胜澜
材料科学与工程学院(3人)
    杨 娴 张文博 张曼玉
人文学院(3人)
    张 坤 顾佳琪 羌 笑
经济管理学院(11人)
    祝逸超 吴宣文 张 楚 王 璐 顾 惠 周 洁 王一云 徐雪飞 赵异娜 邱 夏 柳 瑾
电气工程学院(4人)
    曹敏健 刘亚羽 刘 瀚 徐小涵
外国语学院(2人)
    吉星霖 张可馨
化学化工学院(2人)
    张胜男 施燕琼
交通学院(10人)
    沈佳雁 唐 睿 黎淘宁 刘慧杰 吴 凡 李晨阳 张学芳 张小梦 陈 艳 李 锐
仪器科学与工程学院(3人)
    朱碧玉 崔粟晋 尹哲浩
艺术学院(3人)
    谢佳晟 周 蔚 汤景淳
法学院(1人)
    冯 露
学习科学研究中心(1人)
    徐若昀
公共卫生学院
    张相依 徐春雨
医学院
    陆 炜 王 琴 曹国瑞 李淑子 郭倚天 余 航 喻 傲 薛 倩 周碧云 周晓宇
吴健雄学院
    邵陈希 卢 旭 周晓慧 李少冉 唐伟佳 张建飞 朱 航 杜 翠 赵 亮 葛中鹏 吴 瀚
软件学院
    杜晓静 江晓薇 蓝 翔 吕 青

2012—2013学年奖教金、奖学金获奖名单

1. 杨廷宝奖学金（杨廷宝奖学金基金会设立）　奖金总额3 000元
   马丹红
2. 童寯基金（童寯先生家属和建筑学院捐赠设立）　基金4万元
   戚梦晓
3. 顾冠群、章玉琴奖助学金（顾冠群、章玉琴家属设立）　基金17万元
   彭奥奥　　　　汤　铭　　　　倪春花　　　　高子豪
   翟　悦
4. 齐康基金（齐康院士设立）　奖金总额1.4万元
   易　鑫
   以上获奖者为建筑学院教师
   翟　炼　　　　金　欣　　　　陈　月
   以上获奖者为学生
5. 吕志涛院士奖励金（吕志涛院士设立）　基金10万元
   王燕华　　　　高海鹰
   以上获奖者为土木工程学院教师
   危大结　　　　樊星辰　　　　朱文辉
   以上获奖者为学生
6. 何振亚、王孝书奖学金（何振亚、王孝书设立）　基金12万元
   梁文磊
7. 缪昌文奖学金（缪昌文院士设立）　基金20万元
   姚佳梅　　　　郭盼盼　　　　於孝牛　　　　崔国健
   詹乐宇　　　　陈玉明　　　　王　凯　　　　王　健
8. 顾毓琇、王婉靖奖学金（顾毓琇、王婉靖设立）　基金3万元
   聂玉敏
9. 东南大学建筑设计与理论研究中心——程泰宁奖励基金（程泰宁院士设立）　基金65万元
   来嘉隆　　　　王　政　　　　陈立国　　　　陈信自
   睢佳俊　　　　李欣叶　　　　王　新　　　　刘筱丹
   奚月林　　　　杨元直　　　　俞天乐　　　　倪贤彬
   李　昂　　　　陈金梁　　　　温子申　　　　汤晓骏
   于　炯　　　　黄菲柳　　　　罗　西　　　　赵　硕
   包宇喆　　　　莘博文　　　　杨柳新
10. 孙伟院士奖学基金（孙伟院士设立）　基金50万元
    吴玉娜　　　　刘　松　　　　易　亮　　　　周良帅
    赵　鹏　　　　丁　滔　　　　邹学武　　　　李晓松

黄振威	邱　秋	曹梦楠	唐　星
薛　桦	李晓晨	唐诗浩	许婷婷
高珊珊	刘欣博	陈佳熠	沈　忱
邓　川	汤倩玉	方龙宇	周　扬
王少志	陈沙然	王怡心	吴嘉鞾
柴胤光	高　鹏	刘晨昱	李　群

11. 刘敦桢奖学金(刘敦桢先生家属及好友、东南大学建筑学院设立)　基金4万元
　　朱　杭

12. 朱斐、孙绎奖学金(朱斐、孙绎设立)　基金10万元

党瑞明	於建成	王　磊	杨　琦
徐振东			

13. 陆氏学生奖学金(陆新达、石卫平设立)　基金2万元
　　张化林

14. 周鹗奖学金(周鹗教授设立)　基金8万元

石子伟	王元凯	庞国庆	沈运帷
胡　翔	吴健超		

15. 冯宇樵奖学金(冯绥安先生设立)　奖金总额2 500元
　　李　浩

16. 陈圣勋奖学金(陈圣勋先生设立)　奖金总额2 000元

谭思远	曾兰淳

17. 陈延年、王劲松奖学金(陈延年、王劲松设立)　基金10万元

李　涛	张国荣	李瑞阳	冯牧仔
孙友康			

18. 李元坤奖学金(徐元善先生设立)　奖金总额2 000元
　　施　瑶

19. 陈达锋土木工程奖教金(陈达锋先生设立)　基金10万元
　　吴绍庆　王　莹　龚维明　陆　莹　徐文平
　　以上获奖者为土木工程学院教师

20. 韦博成奖学金(韦博成教授部分海内外学生设立)　奖金总额1万元
　　一等奖
　　袁其志
　　二等奖

韩忠成	金凤屏	张小菊	代心灵
吴晶晶	薛梦秋	赵俐丽	夏　泳

21. 张秋交通工程奖学金(张秋先生设立)　基金3.7万元
　　朱贤平

22. 金宝桢奖教金、奖学金(南京栖霞建设股份有限公司设立)　基金50万元
　　童小东(土木工程学院)　吴　刚(土木工程学院)　郭　力(土木工程学院)

胡建人(丁家桥校区管理委员会)
以上获奖者为教师

杨　唯	蔡文舒	王海峰	丁一凡
宋润亮	沈宇洲	郑诗阳	吴裕安
唐秋萍	张楚楚	王　鑫	王禹欣
徐浩天	陈志鹏		

以上获奖者为学生

23. 丁大钧教育基金奖助学金(丁大钧教育基金会设立)　基金96万元

| 谈　龙 | 董惠雷 | 谭志成 | 贾　楠 |
| 金　玲 | 刘　凯 | 胡　宽 | 朱明吉 |

24. 蒋永生奖学金(蒋永生教授家属及学生设立)　基金20万元

　　高星宇　　　　刘远之

25. 丁德泮医学教育基金(丁德泮医学教育基金委员会设立)　基金6 861美元和3.7万元人民币

　　栗建民
以上获奖者为公共卫生学院教师

26. 陈荣生教授创新奖学金(陈荣生教授的学生设立)　基金10万元

　　段　荟　　　　邓琼华　　　　汪登辉

27. "维俊"奖教金(南京盘龙广告传媒集团设立)　奖金总额2万元

　　刘　容　刘爱平　任　伟　石明兰　王豫丰　李晓鹏　黄霞丽　王希明　朱晓慧
以上获奖者为图书馆员工

28. "洪范五"奖教金、奖学金(南京盘龙广告传媒集团设立)　奖金总额2万元

　　符少北　邵理家　王琳琳　程　宏　袁曦临　杨明芳　陆　美　朱佳鸣
以上获奖者为图书馆员工

　　洪　程
以上获奖者为学生

29. 郝英立奖学基金(高嵩同志及沈锦华、郭金林、沙敏等校友设立)　基金19.2万元

　　李　健　　　　张竞慧

30. 言恭达奖教金、奖学金(言恭达先生设立)　基金50万元

　　崔天剑　苏景姣　尹　文　孙　菁　赫　云　陈靖雨　王和平　赵天为　崔之进
　　王　琳
以上获奖者为艺术学院教师

陈　烨	朱道远	张兰芳	杨晓辉
张君君	张子捷	高冰宁	张　蕾
钟泽敏	陆逸鸣		

以上获奖者为学生

31. "张克恭"土力学奖学金(东南大学交通学院岩土工程研究所设立)　基金3万元

　　孙安龙　　　　蒋　松　　　　施　炎

32. 朱庆麻奖助学金(朱世平校友设立)　基金10万元
    钱俊飞　　　　　杨攀　　　　　卢丽慧
33. 高金衡奖助学金(高明女士设立)　基金10万元
    侯耀斌　　　　　李瑶　　　　　朱江波　　　　　顾超德
    魏毕　　　　　　刘明明　　　　童舟　　　　　　刘晓煜
    李桂生　　　　　黄群
34. 轩铭奖学金(杨轩铭同学设立)　奖金3 000元/年
    陆华杰
35. 恽瑛奖助学金(恽瑛教授设立)　基金18万元
    谢金晶　　　　　王鸣涛　　　　焦德宇　　　　　朱澍
    谷文星　　　　　蒋志强
36. 焦廷标奖学基金(南京华新有色金属有限公司设立)　基金500万元
    徐江(机械工程学院)　倪中华(机械工程学院)　秦鸿根(材料科学与工程学院)
    白晶(材料科学与工程学院)　何平(人文学院)　刘云虹(马克思主义学院)
    以上获奖者为教师
    陈武　　　　　　沈睿　　　　　陈晓莹　　　　　张帝
    秦清华　　　　　郑潇潇　　　　张晓威　　　　　谢志强
    孙超　　　　　　武岩　　　　　李梦芝　　　　　黄振
    赵洁琼　　　　　谢倩倩　　　　李星迪
    以上获奖者为学生
37. 亿利达刘永龄奖学金(亿利达工业发展集团有限公司设立)　奖金总额2.5万元
    苏阳　　　　　　刘诚　　　　　周琳琳　　　　　宋天豪
    沙小仕
38. 许尚龙奖教金(许尚龙先生设立)　基金100万元
    唐慕萱(能源与环境学院)　杨绿溪(信息科学与工程学院)　宣国富(人文学院)
    卢华兴(交通学院)　杨瑞丽(医学院)　徐晓燕(外国语学院)
    汤君(外国语学院)　邵争(外国语学院)　郭庆(外国语学院)
    魏金美(外国语学院)
39. 许尚龙光彩事业贫困学生奖助学金(南京21世纪投资集团设立)　基金50万元
    江丽萍　　　　　武展妮　　　　马腾飞　　　　　冉琴琴
    邹建国　　　　　高璇璇　　　　张伟宁　　　　　任胜
    刘冬生　　　　　黄鑫鹏　　　　李锐　　　　　　卜祥姿
    戴喆秦　　　　　卢萌凯　　　　赵佳　　　　　　于少峰
    王善超　　　　　储成旭　　　　周海燕　　　　　黄心怡
40. 隈利实国际奖助学金(国际科学技术文化振兴会设立)　奖金总额10万元
    吴海强　　　　　韩朝兵　　　　孙国建　　　　　何超华
    张泽武　　　　　刘江华　　　　王永贞　　　　　廖蓉
    张蓉蓉　　　　　潘琴　　　　　付欣　　　　　　柴保桐

秦小青	刘珍珍	吴 玲	田 胜
刘小九	姚健伟	金珊珊	党 珂
咸 慧	蒋 琴	叶 瑾	钱东尔
严小璇	余文斌	季巳辰	王颂成

以上为新增获奖学生

41. 唐仲英德育奖学金（唐仲英基金会（中国）设立） 奖金总额 12 万元/年

庞日东	蒋永康	刘 杨	方黄磊
徐武剑	金 城	仓 楠	张 琦
李宇峰	王明池	王旭丹	张浩田
曹东晓	张 宇	张 琰	聂 唱
李 创	臧 坤	李牧原	赵 健
宋 轲	汤慧赟	葛文杰	徐宇辉
柯希玮	陈郁蕾	张 晨	马宇娜
于云雷	田青云		

42. 叶晶奖学金（叶晶先生设立） 奖金总额 6 万元

叶 展	黄威力琪	王益艳	曹晓鹏
贾成伟	郭孝家	张俊峰	牟忠德
张小龙	邵珠宏	庄志昆	浦 丹
刘亦辰	李 飞	顾帮忠	陈 慧
李正波	黄州龙	刘 玮	王 磊
王加锋	贾正阳	周悦嫒	周雯婷
陈卓玥	管 锐	邹 昕	

43. 大连东岗奖教金、奖学金（大连信恒康医药科技有限公司设立） 基金 100 万元

刘　璇（医学院）　　赵主江（医学院）　　巢健茜（公共卫生学院）　　徐　冰（中大医院）
秦永林（中大医院）

以上获奖者为教师

蒋 森	万 兴	刘 丹	徐 敏
王昒展	潘 红	孙 燕	刘钜川
薄婷婷	沈燕珏	王玉连	宋睿泽
王屹丰	陈晓云	孙晓菁	黄金健
殷玥琪	龙剑海	顾冬梅	张昕恬
宋 玥	裘奚晨卉	张 扬	徐晓敏
刘宏翔			

以上获奖者为学生

44. 陈江和育鹰奖学金（金鹰企业管理（中国）有限公司设立） 奖金总额 2 万元

董 文	韩 旭	许 彬	骆仁松

45. 杨志峰奖助学金（江苏港峰科技集团设立） 奖金总额 10 万元

韩建德	韩涛洁	姚晓君	曹铭聪

赵勇强	图迪古丽·伊麦提		王家兵
朱松松	张 蓓	俞树伟	张 波
陈瑞兴	黄 恒	周晓飞	逯 露

46. 刘肖娟奖学金（刘肖娟校友设立）　基金 10 万元

赵 亮	张小路	白 璐	王婷婷
卫晓星	蒲云峤	薛 亮	陈 韬
翁 静	沈怡青	卢 建	丁 琳
胡肖然	胡月婷	朱明凯	吕 璐
余以文	张 璇	徐天舒	朱姗姗

47. 张志伟奖助学金（张志伟校友设立）　基金 30 万元

谢 东	傅玮烽	王旭升	王 维
李超龙	裴 璐	戴麒麟	陈 彬
巫文超	李燕梅	沈 菁	李红霞
刘 慧	吴旻骏	张一凡	翟邦昭
汤红铃	杨博涵	韩 静	丁奕文
胡敬阔	吴鼎晟	顾宇炜	王 辰
林江帆	莫 丹	杨 阳	朱王彪
王 奇	李 昊	吴 限	刘 瑶
王何浚	王有凭	宗伟康	王 飞
郁俊伟	许茹芸	马 茹	徐 湘

48. 龙昌明奖教金（龙昌明校友设立）　基金 10 万元

　　姚建平　陈伟达　王 铮　吴广谋
　　以上获奖者为经济管理学院教师

49. 东南大学"苏州工业园区奖学金"（苏州工业园区设立）　奖金总额 15 万元

杨成伟	郑 可	林志勇	王明昕
吴春晓	曹洁洁	陈家勇	陈璋雯
万 语	李 菲	汪 莹	王 超
陈 合	金 莲	黄 梅	朱冠亚
周一丹	吴江林	印玲玲	张建国
吕一明	崔宇柯	夏 敏	王 楠
刘奕秋	张逸驰	姜 彬	刘俊雅
徐肖薇	唐 洧	刘宇男	严天宇
陈佳骐	丁智霞	袁 峻	梁宝坤
谭 昭	周志浩	魏歆七	刘家希

50. 南京新城科技园奖教金（南京新城科技园建设发展有限责任公司设立）　奖金总额 10 万元

　　朱 丹（建筑学院）　李永辉（建筑学院）　张 建（机械工程学院）
　　张 辉（能源与环境学院）　刘 倩（能源与环境学院）　李 芹（信息科学与工程学院）

贾　宁(信息科学与工程学院)　林艺馨(土木工程学院)　陆可人(土木工程学院)
齐　志(电子科学与工程学院)　吴建专(数学系)　杜　睿(数学系)
杨万扣(自动化学院)　陈　曦(计算机科学与工程学院、软件学院)　彭　毅(物理系)
张　宇(生物科学与医学工程学院)　廖恒成(材料科学与工程学院)
葛沪飞(经济管理学院)　梅　军(电气工程学院)　张一卫(化学化工学院)
刘志彬(交通学院)　张　华(交通学院)　曾　洪(仪器科学与工程学院)
章孔畅(艺术学院)　王孔祥(法学院)　李　震(医学院)
石　然(医学院)　白志茂(公共卫生学院)　涂亚峰(马克思主义学院)
沈荣桂(军事教研室)　唐　瑭(党委宣传部)　李　瑛(监察处)
郁红芳(团委)　茅胜华(保卫处)　李建平(保卫处)
宋业春(校长办公室)　蒋建东(研究生院)　俞元生(科研院)　周静波(科研院)
邓志成(人事处)　徐读山(国际合作处)　钮长慧(学生处)　王恒玲(教务处)
高　进(财务处)　魏强荣(财务处)　卜　捷(审计处)　胡小秋(后勤管理处)
田　健(基本建设处)　孔庆燕(资产经营管理处)　马　波(发展委员会)
以上获奖者为教师、管理人员

51. **太仓科教新城创新创业奖学金(太仓市科教新城管委会设立)　基金11万元**
魏婷婷　　　　顾立新　　　　韩晓青　　　　赵　远
付　思　　　　高　媛　　　　魏　睿　　　　杨　雷
张天阳　　　　孙　正

52. **社会团体(华藏)奖学金(新加坡净宗学会设立)　奖金总额1.5万元**
罗智柏　　　　张国瑞　　　　陈声鹭　　　　艾安蓓
史旭超　　　　马　欢　　　　闫　成　　　　邱芳芳
陶　博　　　　金盈盈　　　　李恒真珍　　　吴秋怡
曾黎明　　　　张一驰　　　　徐　笑

53. **东南大学教育基金会奖学金、奖教金、奖管金(东南大学教育基金会设立)　奖金总额15.8万元**
顾青瑶(信息科学与工程学院)　张　华(土木工程学院)　张　勤(数学系)
袁煜昶(数学系)　章　羽(物理系)　顾百青(物理系)　李　晨(外国语学院)
张文丽(外国语学院)　王小红(体育系)　付大伟(化学化工学院)
周文娜(交通学院)　张　涛(仪器科学与工程学院)　陆　璐(法学院)
丛　宾(法学院)　黄少萍(医学院)　戚啸艳(成贤学院)　俞　琰(成贤学院)
冀京红(成贤学院)　潘明烽(成贤学院)　许　燕(党委组织部)
徐　兵(党委宣传部)　芦　颖(党委老干部处)　朱保叶(机关党委)
李吉海(监察处)　陆　挺(团委)　张洪奎(校长办公室)　康小珊(研究生院)
徐　军(科研院)　费　祎(人事处)　侯道平(国际合作处)　邱　斌(社会科学处)
孟　杰(学生处)　赵　晴(教务处)　闻一鸣(资产经营管理处)　张宇欣(审计处)
张　旻(审计处)　刘　静(发展委员会)　高　莹(工会)　陈　华(高等教育研究所)
以上获奖者为教师

白　静	刘俐妤	徐中华	刘　锴
严愿萍	赵文娟	赵　欢	王传国
陈铭霞	朱　婧	居　晟	蔡伟民
张晓辰	汪　亭	缪　瑶	刘继龙
赵怡思	胡文轲	蒋丽怡	张　烁
柳　飔	赵令君	陈天鹏	曹素红
吴　昊	米马纳 DUSHIMIMANA LOUIS MARIE(卢旺达)		

丹特 BIBEK DANTA(印度)　　哈山 AL-YAZIDI HASAN GHALEB ALI(也门)
谢国明 CHEA,KOKMENG(柬埔寨)
海福 AGBEVE ABDUR-RAHMAN HAFIZ(加纳)
以上获奖者为学生

54．宝钢教育奖（宝钢教育基金会设立）　奖金总额18.5万元

宝钢优秀教师特等奖

王建国（建筑学院）

宝钢优秀教师奖

周雨青（物理系）　杨小庆（附属中大医院）　陈良华（经济管理学院）

宝钢优秀学生特等奖

陈时熠 119062

宝钢优秀学生奖

吴泳澎	徐铖铖	左文强	孙觉非
吴　俊	余瑞驰	叶　菁	张益成
侯　勇			

55．光华奖学金（光华教育基金会设立）　奖金总额40万元

陈　强	潘　杰	何贤亭	吴晓琴
王艺琛	郭满意	范琳梓	武胜萍
刘佳佳	蔡　锋	袁　方	严木香
周亚东	王龙花	宋良龙	肖海军
江智远	顾训荣	陈　泉	张庆宇
陈　达	赵斌斌	赵　杏	林金梅
史纯子	黎少华	周学源	王永进
冯　丹	李维维	谢　雪	张　蕾
王圆圆	管东芝	薛伟江	王明明
杨思思	吕　巍	杨　琳	林涣芸
刘海红	曾　鹏	孙　青	马立彬
郑兆辉	刘　贝	董晓真	王珠峰
梁止水	袁　杰	黄艳萍	周可欣
张　凯	任华庆	黄修飞	米传同
贾鸿远	方自奋	周　忠	冯　帆

朱程鹏	徐 郝	吕 凯	戚泽万
杨 卫	马慧妍	谭 曦	刘雅冰
张康琦	郭 飞	孙 权	吴 雨
高 超	杨 洋	吴喆敏	吴佳斌
王睿卉	唐 璺	杨秋蔓	石佩璎
何永洲	韩宜丹	张文博	卞 斌
史锦程	包敦凤	刘 晗	于婷婷
游钧翔	张楚楚	陈希宇	黄 翔
杨泽西	刘峻铭	陆 骏	贾子健
张世春	安元旭	夏晓燕	程 伟
白亚昌	陈梓涵	黄艾婧	朱先军
江 祥	林 煜	曹霄宇	马 燕
徐小鹏	杨明川	张曼玉	陆 栋
黄力飞	梅 方	武和平	王苗苗
邢益坤	徐向阳	徐 笑	刘 吉
邱介尧	王其昊	罗 丹	刘 萍
朱 奇	王柳英	李林起	张鼎钧
胡昊容	伍 艺	张 越	刘予皓
汤晓慧	蒋 咏	李 想	陈 钊
黄诚敏	刘 玚	王小武	杨路远
何长林	陈天圣	陈颖毅	许环富
李 晴	毕慕超	张军娜	蒋灵杰
姜忠帅	吴 昊	华培宜	解虎跃
严 阅	张玥晨	吴 凡	阮国伟
蔡司宇	常云琪	花佳耀	黄 珺
廖 杰			

56. **国盛奖学金（江苏省科学技术协会设立）** 奖金总额6万元

袁易之	张前东	李倩玉	魏梦飒
丁 楠	刘志强	时 鹏	李 泽
李名舒	刘 健	王一多	

57. **江苏软件奖学金（江苏省软件行业协会设立）** 奖金总额2.4万元

陶洪强	曹 琳	张 杨

58. **金鼎奖学金（严志隆教授设立）** 基金6万元

张 浩	韩方玉

59. **"交运之星"奖教金、奖学金（王炜教授设立）** 奖金总额1万元

纵彦凯　鲍香台

以上获奖者为交通学院教师

闫雪彤	孟 琳	徐文胜

以上获奖者为学生

60. "交运新星"奖学金(王炜、黄卫、陆键、黄晓明、刘松玉、李旭宏设立) 奖金总额1.4万元

  李铉国　　　　林筱怡　　　　杜　龙　　　　周　旭
  许　新　　　　许　威　　　　张德富

61. "自动化工程师"奖学金(戴先中教授设立) 基金10万元

  冯　骢　　　　李　多　　　　赵行晟　　　　尤卫卫
  黄洲荣

62. 外语英才奖学金(李霄翔教授设立) 基金10万元

  赵　娜　　　　罗晶晶　　　　唐桦超　　　　尹嘉昕

63. "东南大学交通学院"奖教金、奖学金(东南大学交通学院设立) 基金30万元

  李玉宝　奚振平　耿艳芬　罗　磊
  以上获奖者为交通学院教师
  宋皓雪　　　　孙　川　　　　沈涵瑕　　　　张瑞成
  申佩佩　　　　贡　玮　　　　陈　沁　　　　吴姝悦
  黄奕慧　　　　郭　鹏　　　　邵孜科　　　　陈菲儿
  冯潇潇　　　　籍丹萍　　　　陈文娇　　　　陈　全
  李宝鹏　　　　于泳波　　　　曹　柯　　　　白　洋
  周文章　　　　姜钧陶　　　　赵晶娅
  以上获奖者为学生

64. 16287奖学金(东南大学16287班设立) 基金11万元

  文晓雅　　　　夏　兵　　　　袁　园　　　　张静页
  苏　琳　　　　王淑君　　　　杨　溢　　　　孙　帅
  刘莅文　　　　徐纬河

65. 686奖助学金(电子科学与工程学院86级校友设立) 基金8万元

  夏心怡　　　　薛铭豪　　　　屠晨峰　　　　樊舒舒
  汪东澍　　　　刘　畅　　　　姜程程　　　　王　鹏

66. 5187级奖学金(5187级校友设立) 基金11万元

  严　辰　　　　王孟伟　　　　龚来凯

67. 71871奖教金(71871级校友设立) 基金13万元

  一等奖
  张福保　梁金玲
  二等奖
  黄性芳　刘淑君　谢静琪　闫　亮　殷　翔　朱　平
  以上获奖者为数学系教师

68. 东南大学5184奖学金(东南大学5184同学会设立) 基金3.3万元

  陈小云　　　　王　潮　　　　蒋苏童

奖励与表彰

69. 5281 奖助学金（江苏东南交通工程咨询监理有限公司设立） 基金 10 万元

范雪梅	姚兰兰	陈泽生	孟彩霞
齐 旃	陆金阳	田荣荣	朱 娜
田艳艳	吕 菲	张 鹤	李 沛
王 鸥	王亚露	陈炜宇	张 楠
孙 翌	顾晓卉	陈怡林	杜则行健
傅元元	刘羽霄	韩 峰	张煜恒

70. 常州校友会龙城奖助学金、奖教金（东南大学常州校友会设立） 基金 30 万元

陈立全（信息科学与工程学院） 殷勇高（能源与环境学院） 叶 桦（自动化学院）
江媛媛（档案馆） 毛善锋（东南大学学报）
以上获奖者为教师

汪 隽	韩立峰	朱 叶	周 莉
卞 菲	李 凝	李 汀	李文超
蒋 祎	胡静洁	祝逸超	邹辉辉
刘湘云	陈 枫	顾秋霞	傅 轶
张 鹏	史旭莲	孙艺玮	吴玉萍

以上获奖者为学生

71. 无线电系七八级同学奖教金、奖学金（无线电系七八级同学设立） 基金 500 万元

曹振新（信息科学与工程学院） 宋宇波（信息科学与工程学院）
陈继新（信息科学与工程学院） 唐 路（信息科学与工程学院）
黄永明（信息科学与工程学院） 王 蓉（信息科学与工程学院）
金 石（信息科学与工程学院） 徐琴珍（信息科学与工程学院）
张圣清（信息科学与工程学院） 张在琛（信息科学与工程学院）
徐赵东（土木工程学院） 杨才千（土木工程学院）
倪巍伟（计算机科学与工程学院、软件学院）
薛 晖（计算机科学与工程学院、软件学院）
董 科（物理系） 何 勇（经济管理学院） 毛彩凤（外国语学院）
蔡 嵘（外国语学院） 祝雪芬（仪器科学与工程学院） 梁戈玉（公共卫生学院）
以上获奖者为教师

王恩琪	肖福剑	顾洪成	熊鹏文
黄辉祥	马 鹏	张艳芳	刘胜梅
曹 俊	吴晓纯	陈弋文	袁 斌
黄军林	朱刚毅	郑 杨	王传干
秦成慧	任金城	王 琦	沈启辰
刘 丽	费 跃	徐得微	王桂存
杨建超	张 鹿	丁立南	李竹萱
崔耀丹	季杭为	刘海芊	高成才
陆海涛	王迅之	徐奕然	郑 宇

李 晓	王 历	赵茹梦	胡子炎
陈 明	徐晴雯	吴昌亮	陈 超
杨诗奕	吴 迪	陶 毅	张伟旗
辛 磊	邢 超	朱静文	胡 悦
卞骁炜	蓝 翔	赵安晓	刘琦玲
贾卜宇			

以上获奖者为学生

72. 仪科校友奖学(教)金(仪器科学与工程学院校友设立)　基金5万元

王立辉　潘 伟

以上获奖者为仪器科学与工程学院教师

俞 熠　　丁 彧

以上获奖者为学生

73. 广西校友会奖助学金(东南大学广西校友会设立)　基金13.5万元

陆健亮	梁 璨	刘雅琦	宁一伟
宋潞云	时晞萌	韦夏霆	廖小娴
隆明涛	陆鹏宇	王甫锋	颜辉显
崔 岩	韦东丽	练焱坚	

74. 徐州校友会奖助学金(东南大学徐州校友会设立)　基金9万元

张大敢	侯 聪	焦亚基	刘 畅
王宇阳	陈梦赟	郝敬路	黄 迪
邵 帅	李 睿	郑天宇	刘栗辰

75. 盐城校友会奖助学金(东南大学盐城校友会设立)　基金8万元

喻兰兰	杨 飞	喻 伟	郭欣欣
徐永康	陈沄沄	孙 思	崔 蕾
于戍岭	魏轩辰		

76. 天之交子奖助学金(东南大学交通学院21098级校友设立)　基金3万元

| 郑玉冰 | 施文杰 | 丁 悦 | 王如珺 |
| 毛礼磊 | | | |

77. 无线电系77级、78级校友奖学基金(信息科学与工程学院77级、78级校友)　奖金总额2万元

汪 莹	孙 璐	黄 山	马 鹏
朱冠亚	徐雅南	吴 莉	叶 展
裘洪彬	甄德甫	石 乐	刘 畅
许金玲	孙平山	周 倩	张 珺
林云龙			

78. 广州校友会奖助学基金(东南大学广州校友会)　奖金总额3.5万元

| 林 聪 | 陆 熹 | 陈英聪 | 杨 力 |
| 欧阳煜 | 张梦轩 | 王 敬 | 朱 宁 |

孙　成　　　　　　查海强

79. **菲利浦奖教金、奖学金(LG.荷兰菲利浦显示公司设立)**　奖金总额2.1万元

李　青(电子科学与工程学院)　　刘　昊(电子科学与工程学院)
解希顺(物理系)
以上获奖者为教师
张纪皇　　　　　廖振星　　　　　黄　俊　　　　　郑凌晨
以上获奖者为学生

80. **现代设计集团奖学金、现代杯方案设计大赛奖(上海现代建筑设计集团有限公司设立)**　奖金总额12万元

现代设计集团奖学金
吉星帅　　　　　宫汝勃　　　　　陈俊涵　　　　　朱忠漫
王　蓓　　　　　顾　蓉　　　　　宋丹丹　　　　　杨千秋
张文博　　　　　张开源　　　　　韩思源　　　　　冯　波
李小凡　　　　　陆继杰　　　　　马斯文　　　　　吴元昊
齐向群　　　　　仲文洲　　　　　程　翔　　　　　周伟杰

现代杯方案设计大赛奖
一等奖
关　颖　　　　　张锦松
二等奖
李　智　　　　　邵星宇　　　　　李梓源
三等奖
顾　蓉　　　　　李欣叶　　　　　包　捷　　　　　杨　林
崔百合　　　　　韩思源　　　　　李哲健　　　　　陆继杰

81. **南瑞继保奖教金、奖学金(南京南瑞继保电气有限公司设立)**　奖金总额6.1万元

蒋　平(电气工程学院)　　吕锡武(能源与环境学院)
以上获奖者为教师
喻兰兰　　　　　周　翔　　　　　吉露露　　　　　熊良根
李　洁　　　　　周爱平　　　　　董剑宁　　　　　崔翰韬
闫以建　　　　　王　伟　　　　　付广旭　　　　　杨　俊
徐意婷　　　　　李享益　　　　　彭　冲　　　　　章恒亮
展东剑
以上获奖者为学生

82. **"东大设计院"奖教金、奖管金、奖学金(东南大学建筑设计研究院设立)**　奖金总额15万元

夏　兵(建筑学院)　　朱　雷(建筑学院)　　陈　烨(建筑学院)　　李德慧(建筑学院)
汪晓茜(建筑学院)　　吴　京(土木工程学院)　　邓小鹏(土木工程学院)
陶　津(土木工程学院)　　顾成军(土木工程学院)　　马金霞(土木工程学院)
傅　敏(图书馆)　　丁　冬(图书馆)　　程　菲(图书馆)　　钱　凯(图书馆)

张　亚(图书馆)　　王弋方(图书馆)　　张长华(图书馆)　　季　冰(图书馆)
薛育祁(图书馆)　　张　宏(后勤服务集团幼儿园)　王　玲(后勤服务集团幼儿园)
周　平(后勤服务集团幼儿园)　　徐晓红(后勤服务集团幼儿园)
朱伊琼(后勤服务集团幼儿园)　　史慰萍(后勤服务集团幼儿园)
刘佩兰(后勤服务集团幼儿园)　　黄　平(后勤服务集团幼儿园)
杨竹慧(后勤服务集团幼儿园)　　钱　莉(后勤服务集团幼儿园)
梁　洁(后勤服务集团幼儿园)　　孙冬卉(后勤服务集团幼儿园)
赵晓丽(后勤服务集团幼儿园)　　何　青(后勤服务集团幼儿园)
沈洪洁(后勤服务集团幼儿园)　　陈继英(后勤服务集团幼儿园)
刘　田(后勤服务集团幼儿园)　　高　路(后勤服务集团幼儿园)
胡　敏(后勤服务集团幼儿园)　　归　梅(后勤服务集团幼儿园)

以上获奖者为教职工

莫茗清	陈　勐	王贵妃	彭　贝
吕晓峰	仲美学	万　欣	包轶楠
丁心慧	李志刚	刘梦洁	周　波
钱轶懿	王　暄	李　薇	黄　正
朱冰瑶	刘耀坤	李鸿飞	赖煜川
唐晓兰	李　捷	何雅雯	匡　也
林云瀚	王　峰	刘汐宇	张　蓓

以上获奖者为学生

83. 栖霞建设奖教金、奖学金(南京栖霞建设股份有限公司设立)　奖金总额6万元

孟少平　陈忠范　张志强　张　晋　何小元

以上获奖者为土木工程学院教师

顾　悦	胡雅丽	薛加烨	刘华兴
刘　飞	黄云天	赵明扬	雷清凤
徐红燕	张昭雯	夏　屾	陈一鸣
张　希	毕慕超	冯　瑾	黄慧敏
陆泉栋	陈皓霖	宋松涛	忻之巍
韩　磊	李　好		

以上获奖者为学生

84. 鼎泰奖学金(江苏鼎泰工程材料有限公司设立)　奖金2万元

颜丽波

85. 东南大学—英达奖学金(英达热再生有限公司设立)　奖金总额3万元

一等奖

张　娴

二等奖

吴海涛　　　　　岳　阳

三等奖

张利冬	钟罡	丁贝	祝谭雍
吴爽	吕俊秀	童天志	王坤
刘华琛			

86. 东南大学交通设计院奖学(教)金(东南大学建筑设计研究院交通分院设立) 基金50万元

柏春广　任远　朱小华　王昊
以上获奖者为交通学院教师

王效容	许荔	陈果	袁鑫
李靖	潘攀	牛杰	赵晨
谢恩怡	李贵锋	郭凯	石会云
王家舒	伍艺	唐诗	

以上获奖者为学生

87. CASC公益奖学金(中国航天科技集团公司设立) 奖金总额5万元

一等奖

林绪波	吴熙	李敏

二等奖

朱凯	陈晓乐	林浩	张军
袁骏青			

三等奖

赵静瑶	龚俊	张斌斌	李彦斌
毕恒昌	赵翠方	吴展鹏	艾青
张柯琪	陶于阳		

88. 宁武化工奖助学金(句容市宁武化工有限公司设立) 奖金总额10万元

曾骥敏	吉昊	任妍	窦建青
梁圆圆	黄新锐	高君实	甘琦
郑如生	刘佳明	任乐燚	朱梦瑞
邓阳	徐徐	张健	季云竹
邢月秀	陈丹	单文倩	薛琰
许涵	宗莹	庆婷婷	李可卉
张远	徐鲲	付亚涛	梁振楠
魏成	鲍小雨		

89. 夏普奖学金(南京夏普电子有限公司设立) 奖金总额2万元

一等奖

付宇鹏

二等奖

王如冰　　田玮鸿

三等奖
张　诚　　　　　马一华　　　　　赵艺纹　　　　　苏　钰
罗正位

90. 金智奖教金、奖学金(江苏金智科技股份有限公司设立)　奖金总额 8 万元
樊　英(电气工程学院)　任国林(计算机科学与工程学院、软件学院)
王念春(电气工程学院)　张三峰(计算机科学与工程学院、软件学院)
夏芦胜(电气工程学院)　吴含前(计算机科学与工程学院、软件学院)
熊进萍(电气工程学院)　张文兰(计算机科学与工程学院、软件学院)
以上获奖者为教师
吉顺慧　　　　　李兆峰　　　　　李祥林　　　　　曹　武
李晓云　　　　　梁晓蕾　　　　　杨新婷　　　　　徐新宇
熊海潇　　　　　吴　侯　　　　　朱　瑛　　　　　芦金雨
以上获奖者为学生

91. 江苏电力奖助学金(江苏省电力集团设立)　基金 100 万元
赵丹丹　　　　　赵　翀　　　　　马　旭　　　　　方　琳
欧梦竹　　　　　瞿如敏　　　　　毕巧艳　　　　　黄勇潮
周海波　　　　　曹　阳　　　　　马　聪　　　　　陈　辰
宋连燕　　　　　罗　勇　　　　　徐真真　　　　　姜泽成
吴晓佳　　　　　刘健鹏　　　　　胡吕龙　　　　　曹梦琦
胡　凯　　　　　叶　飞　　　　　唐　叶　　　　　虞　成
石爱珍　　　　　王　涛　　　　　吕　巍　　　　　刘鹏飞
唐林云　　　　　邵星宇　　　　　吴子谦　　　　　殷砚君
沈治恒　　　　　王　豪　　　　　张　虹　　　　　沈仕卿
李　峰　　　　　张建宇　　　　　侯圆圆　　　　　曹　喆
董　翔　　　　　蔡虹宇　　　　　徐　冲　　　　　阳泽龙
陈星宇

92. 金蝶奖教金、奖学金[金蝶软件(中国)有限公司设立]　奖金总额 10 万元
一等奖
耿　新(计算机科学与工程学院、软件学院)　伍贻胜(经济管理学院)
二等奖
李　伟(计算机科学与工程学院、软件学院)
蒋巍川(计算机科学与工程学院、软件学院)
以上获奖者为教师
严　岩　　　　　苗馨月　　　　　袁飞飞　　　　　岑　慧
石智云　　　　　孙海霞　　　　　任顺利　　　　　王育亮
苏召利　　　　　姜海建　　　　　陈　瑜　　　　　黄　超
张存继　　　　　黄茂峰　　　　　孙　琨　　　　　石　然
朱峰冰　　　　　谈　晓　　　　　白　洋　　　　　刘　歌

王大元	刘一鸣	郑锦波	苏世勇
唐 可	徐 扬	宋小琪	王俊楠
杨 云	陈 曦		

以上获奖者为学生

93. **中浩地产人才发展奖教金、奖学金（江苏中浩房地产有限公司设立）** 奖金总额3万元

| 林晓辉 | 王玉娟 | 沙菁洁 | 陈 芳 | 王 亮 | 甘为凡 | 尹利平 | 杨决宽 |

以上获奖者为机械工程学院教师

| 方舒雅 | 龚 焕 | 王晓斌 | 钱 驰 |
| 蒋 奇 | | | |

以上获奖者为学生

94. **联创国际奖学金（上海创联建筑设计有限公司）** 奖金总额1万美元

| 刘嘉阳 | 贾 若 |

95. **BSH奖学金[博西家用电器（中国）有限公司设立]** 奖金总额4.8万元

孙东升	廖霈之	游望秋	杨 琴
胡剑雄	沈子婧	黄冰旸	戴晶晶
张从林			

96. **雷克奖学金、奖教金（庄昆杰、范国平伉俪设立）** 奖金总额4万元

| 王 欢 | 朱鹏程 | 朱珍超 | 张念祖 | 裘文霞 | 赵嘉宁 | 安 良 | 王海明 | 孙庆庆 |
| 王婧菲 | | | | | | | | |

以上获奖者为信息科学与工程学院教师

陆珊珊	李诗桓	华灵佳	胡金鑫
孙晓燕	潘丁玲	顾喆旭	李骁敏
周模量	茆韵天		

以上获奖者为学生

97. **"微软小学者"奖学金[微软（中国）有限公司亚洲研究院设立]** 奖金总额1.5万元

| 吴 宪 | 王维亮 | 施发斌 |

98. **IBM中国优秀学生奖学金（IBM公司设立）** 奖金总额2.4万元

| 刘志昊 | 李哲娴 | 王冠华 | 朱泽策 |

99. **国微电子奖学金（深圳市国微电子股份有限公司设立）** 奖金总额20万元

一等奖

吴元清	吴逸凡	黄婷婷	吴 蕾
李文栋	蔡金烨	杨俊浩	孟振洋
苑冰泉	杨 腾		

二等奖

陈永强	李若舟	蔡春华	于永涛
朱圣清	胡小会	易真翔	王立超
郭 浩	杨 刚	徐晓伟	李 强

| 刘　向 | 杨　淼 | 赵明平 | 赵龙攀 |

100. 日照钢铁奖教金、奖学金(日照钢铁控股集团有限公司设立)　基金80万元

刘　江	程明震	王　颖	季　欣	岳晓英	汪小洋	郭建平	曾　伟	胡　平
魏　彬	于向东	李永春	章旭清	张　宏	张乾元	傅丽莉	薛　扬	郁火星
徐习文	程万里

以上获奖者为艺术学院教师

姚曼青	马　睿	帅　伟	卞晓丹
吴亚莲	陈端端	罗　祺	吴彦楠
焦瑞雯	周亦珩	胡　月	袁　盈
张轩慧	沈丹妮	朱寒知	钱雨婕
夏壹群	周　倩	陈晓青	董莹莹

以上获奖者为学生

101. 百纳奖学金(江苏百纳集团公司设立)　奖金总额3万元

| 李　轩 | 彭小明 | 张树杰 |

102. 福隆奖助学金(厦门福隆置业集团有限公司设立)　奖金总额2万元

梁　艳	杨　龙	李　博	文　鹏
黄鹏飞	赵丽娟	陈钰莹	刘智畅
倪琳林	向珍娟

103. 会丰奖助学金(厦门会丰拍卖有限责任公司设立)　奖金总额2万元

谢有权	胡正雷	李家伟	吴海燕
马　欢	刘　爽	杨莉媛	赖旭杨
黄冰旸	金　雅

104. 三菱电机奖学金[三菱电机机电(上海)有限公司设立]　奖金总额5万元

陆嘉峰	李慧敏	张志伟	孙平山
谢　一	李亚楠	冯裕深	王　莹
徐挺玉	吴嫣雯	盛汪超	石开元
秦恺华	董启宏	侯　逸	和永昌
李　解	贺正然

105. 威立雅水务奖学金(南京瀚略商贸有限公司设立)　奖金总额1万元

谢其涵

106. 中国路桥奖学金(中国路桥工程有限责任公司设立)　奖金总额20万元

刘　莹	陈梓涵	王文杰	杨偲偲
王洪浩	陈福平	左快乐	李文贤
张逸尘	张良尘	郭文姝	李居宸
纪　常	沈思思	魏　来	杨　鹏
覃晓清	胡佳佳	张贺城	刘重威
杨路远	谈逸仙	邢　璐	胡卓良
蒋灵杰	林亚平	颜川奇	林　早

王浩哲	刘　旸	吴　炜	尚　睿
杨　畅	季　一	马宇光	周　昊
张　罕	吴　梵	武丽佳	任　政
孙　跃	商　泽	赵　栎	孙常聪
刘　震	陶　楠	刘　烨	缪冬冬
孟　哲	李　贺	洪媛媛	朱婉秋
付晓丹	马乾根	郑俊秋	柳成林
安元旭	黄瑞瑞	刘颖嘉	郭易木

107. 东南大学中泰国立奖教金（江苏中泰集团有限公司设立）　奖金总额 30 万元

一等奖

赵长遂（能源与环境学院）　李启明（土木工程学院）　金　晶（外国语学院）

二等奖

王志功（信息科学与工程学院）　刘继军（数学系）　田玉平（自动化学院）
陈汉武（计算机科学与工程学院、软件学院）　戴玉蓉（物理系）　何建敏（经济管理学院）
程　明（电气工程学院）　陈熙源（仪器科学与工程学院）　王廷信（艺术学院）
邱海波（附属中大医院）

三等奖

张志胜（机械工程学院）　廖小平（电子科学与工程学院）　周建华（数学系）
谷云曦（物理系）　徐春祥（生物科学与医学工程学院）　张云升（材料科学与工程学院）
岳　璿（人文学院）　刘晓星（经济管理学院）　高　山（电气工程学院）
邹长征（外国语学院）　智永红（体育系）　廖　鹏（交通学院）
凌继尧（艺术学院）　顾大松（法学院）　郑意楠（中大医院）

四等奖

雒建利（建筑学院）　胥建群（能源与环境学院）　郑　军（信息科学与工程学院）
袁　堃（自动化学院）　杨冠羽（计算机科学与工程学院、软件学院）
杨　洪（化学化工学院）　潘树国（仪器科学与工程学院）

108. 坚朗奖学金（广东坚朗五金制品股份有限公司设立）　奖金总额 5 万元

一等奖

吴子培	夏　翀	王倩妮	沈　斌
蔚　风	倪晓筠		

二等奖

郭　兰	强欢欢	朱扬扬	郭梓峰
郑诗茵	吉倩妘	梁　源	孔亦明
黄金辉	李哲健	苏　悦	李志远
吴　迪	陈　杰		

109. 锦华装饰奖教金、奖学金（江苏锦华建筑装饰设计工程股份有限公司设立）　基金 20 万元

王春林　邰扣霞　肖士者　钱　谊　马　慧

以上获奖者为土木工程学院教师

谭福颖	刘元春	秦吉红	李　涛
代　帅	杭启兵	沈　凯	侯　迪
蒋丛笑	陈恺文	曹英杰	曾懋睿
宋凯文	吴　昊	陈芳婷	

以上获奖者为学生

110. 聚立科技奖教金、奖学金、奖管金（南京聚立工程技术公司设立）　基金30万元

倪盼盼（电气工程学院）　姜耕玉（艺术学院）　王　政（电气工程学院）
李　鹏（艺术学院）　徐跃英（电气工程学院）　李倍雷（艺术学院）
赵剑锋（电气工程学院）　许继峰（艺术学院）　姜亚辉（党委武装部）
马　强（保卫处）　李春风（财务处）　林　晓（后勤处）　周　伟（基本建设处）

以上获奖者为教工

任旭超	吴　涛	王逸萍	刘力夫
高　春	殷天然	汤智超	李　腾
孙　杰			

以上获奖者为学生

111. 龙腾奖学金（江苏龙腾工程设计有限公司设立）　奖金总额3万元

李　淼	夏铭谦	孙　韬	马萌馨
张　丁	卞　军	吴奇伟	高鹏程
吕婷玉	钱炫丞	刘亚雯	顾朝阳

112. 东方威思顿奖教金、奖学金（烟台东方威思顿电气有限公司设立）　基金10万元

付兴贺　蒋莉　钱国华　尤鋆　喻洁

以上获奖者为电气工程学院教师

张　丽	聂颖惠	崔晨磊	李媛媛

以上获奖者为学生

113. 光一科技奖教金、奖学金（光一科技股份有限公司设立）　基金10万元

蒋玉俊　谭光慧　王建华　肖华锋　徐志科

以上获奖者为电气工程学院教师

张　帅	袁娜娜	夏　磊	涂天一

以上获奖者为学生

114. 阿尔斯通奖学金（阿尔斯通电网技术中心有限公司设立）　奖金总额5万元

臧　波	刘　宇	储雨奕	李晨昊
侯　捷	吴　茜	桂　凯	张旭东
顾星辰	王晓林	戴　超	朱　峰
李　京	李弘帙	王春森	陈　歌

115. 贝卡尔特奖学金［贝卡尔特管理（上海）有限公司设立］　奖金总额5.5万元

印兆宇	张丽辉	蔡兆文	潘　祥
李　程	唐智骄	孙　畅	李世伟

吴　洁　　　　　　鲍奇龙

116. **深圳中天装饰奖学金**(深圳中天装饰工程有限公司设立)　奖金总额15.6万元

卢开元　　　　陈佳威　　　　于得水　　　　乔　梁
朱兴波　　　　李瑞琪　　　　夏天阳　　　　宋修月
高建岗　　　　刘　畅　　　　施路遥　　　　杨轩铭
孙宇迪　　　　李红伟　　　　袁钰雯　　　　王兆卫
李荣桂　　　　仲夏洁　　　　强翰霖　　　　钟　宁
邱作舟　　　　许俊安　　　　周圣华　　　　孟　哲
卢　硕　　　　孙文捷　　　　王　鑫　　　　姜禹丞
祝庆文　　　　俞　乐　　　　臧芘乔　　　　王蔓亚
张素平　　　　杨　森　　　　杨　帆　　　　李　贺
李兴华　　　　袁杉华　　　　夏定风　　　　成　可
杜　洺　　　　沈楷程　　　　唐逸韬　　　　吴　凡
李黄河　　　　方　兴　　　　林逸超　　　　商　泽
程轶康　　　　刘欣书　　　　曹徐阳　　　　马乾根

117. **南京长江都市奖助学金**(南京长江都市建筑设计股份有限公司设立)　奖金总额2.2万元

张　龙　　　　夏侯遐迹　　　顾志超　　　　刘　滢
薛培楠　　　　院　伟　　　　王丰陵　　　　耿　直
黄　珺

118. **东大智能奖励金**(南京东大智能化系统有限公司设立)　基金60万元

俞文明(信息科学与工程学院)　樊路嘉(电子科学与工程学院)
孙长银(自动化学院)　陆于平(电气工程学院)　李铁柱(交通学院)
况迎辉(吴健雄学院)　章斐然(吴健雄学院)　李轶南(艺术学院)
刘灿铭(艺术学院)　陈　绘(艺术学院)　刘道广(艺术学院)
周　渝(艺术学院)　时巨涛(党委办公室)　钱杰生(实验室与设备管理处)
以上获奖者为教师

聂自超　　　　魏梦姣　　　　宋开明　　　　郭爱文
邱明轩　　　　苏　晨　　　　费婧苗　　　　陈敏华
席维唯　　　　周佺桢　　　　丁　婷　　　　邵　淇
王　豪　　　　曹蔚祎　　　　赵懿祺　　　　严予均
崔洪博　　　　黄　鑫　　　　陈一嘉
以上获奖者为学生

119. **海特液压机械奖教金**(盐城海特液压机械有限公司设立)　奖金总额4万元

彭　英　王兴松　张立武　张书明　陈　斌　马红霞　徐志芳　刘志忠　韩　良
景萃慧　汤　蓓　李晓燕　金传志　冒明山　赵　扬　闫　焱
以上获奖者为机械工程学院教师

120. 日正华瑞教学奖教金(北京日正华瑞科技发展有限公司设立)　奖金总额 6 600 元

　　王　林(医学院)　　袁春燕(中大医院)　　马根山(中大医院)
　　以上获奖者为教师

121. 浙江永利奖教金、奖学金(浙江永利实业集团有限公司设立)　基金 20 万元

　　马民华　　陶思炎　　唐泉泉　　沈亚丹　　郑德东　　李　花
　　以上获奖者为艺术学院教师
　　王诗晓　　　　张广增　　　　汤舒逸　　　　钱　晨
　　姜晰瑶　　　　黄敏婕
　　以上获奖者为学生

122. 55 所电科奖学金(中国电子科技集团公司第 55 研究所设立)　奖金总额 20 万元
　　一等奖
　　陶友龙　　　　董怀朋　　　　徐君君　　　　赵茜茹
　　展山山　　　　朱荣霞
　　二等奖
　　潘　磊　　　　李　磊　　　　徐　涛　　　　江　源
　　刘宏伟　　　　张望伟　　　　魏文龙　　　　陈洪钧
　　伍　磊　　　　陈浩涓　　　　蔡菁菁　　　　祝　靖
　　吴立枢　　　　孙大鹰　　　　江　剑　　　　王　芳
　　刘斯扬　　　　刘　敏　　　　汪国军　　　　毕　玉
　　余辉洋
　　三等奖
　　王文轩　　　　马善乐　　　　华　迪　　　　邹　羽
　　包华贵　　　　汪海洋　　　　杨廉萍　　　　蒯文林
　　廖科源

123. 亚东奖学金(南京亚东建设发展集团有限公司设立)　基金 10 万元

　　韩雨晨　　　　陈冰晶　　　　马池锋　　　　王　韬
　　刘　哲　　　　于　涵　　　　金探花　　　　陈　丰
　　李　晋　　　　谢蔚亭　　　　黄　奋　　　　端木力文
　　孙世浩　　　　刘　巧　　　　方根深　　　　郭　飞
　　倪佳佳　　　　王　洁　　　　袁晨迪　　　　沈禾薇

124. 科远自动化奖学金(南京科远自动化集团股份有限公司设立)　奖金总额 5 万元
　　一等奖
　　凌启程
　　二等奖
　　苏　雅　　　　乔贵方
　　三等奖
　　刘先立　　　　王　林　　　　郭　涛　　　　贾　周
　　黄旻亮　　　　程　诚　　　　李　悦　　　　马　妍

马燕宾	相 玮	童 辰	
郭思奇	徐美娇	徐 奔	杨怀舟
张 哲	周 鹏		

125. "三一重机"奖教金、奖学金(三一重机有限公司设立) 奖金总额5万元

苏 春 王海燕 仇晓黎 黄 卫 顾兴中 朱壮瑞 何红媛 陈 南 齐建昌

以上获奖者为机械工程学院教师

张子锋	江 彬	戴苏亚	陈 龙
王 健	焦 伟	柳 纯	李成龙
魏 巍	罗 超	顾建宏	姜双杰

以上获奖者为学生

126. 斯迪克奖学金(苏州斯迪克电子胶粘材料有限公司设立) 基金10万元

高鹏然	徐玲玲	王仲杰	郭威威
刘 虎	陈剑飞	陈 嘉	孙贻白
张玉虎	靳 磊		

127. 海拉奖学金、奖教金[海拉(上海)汽车工业服务有限责任公司设立] 奖金总额13万元

罗 翔(机械工程学院) 杨兰兰(电子科学与工程学院) 金立左(自动化学院)

张凯锋(自动化学院) 方 霞(教务处) 申翠英(教务处)

以上获奖者为教师

葛 上	陆书芳	孙晨飞	许 可
韩才霞	周秋萍	王雪峰	赵 天
孙曹钧	孟玉静	尤云洁	郭立勇
王泽江	钟天铖	黄健翔	金 月
张延通	叶子超	张 虹	周 鑫

以上获奖者为学生

128. 远景智慧奖学金、远景未来奖学金[远景能源(江苏)有限公司设立] 奖金总额10万元

远景智慧奖学金:

| 何 凡 | 冒建亮 | 张 扬 | 任禹丞 |

远景未来奖学金:

| 刘心蕊 | 赖振龙 | 郫君婷 | 任 杰 |

129. 东南大学博世奖学金[博世(中国)投资有限公司设立] 奖金总额20万元

巨小龙	谢 俊	周 玲	王梦蔚
赵国平	张志强	朱 莲	王云洁
沙红卫	徐淑宏	高 星	王 维
魏志勇	孙 凯	王 刚	孙大鹰
顾海明	周 潞	李 享	包华贵
吴 景	马晓飞	崔佳威	孙 琛

史昀珂	沈 兵	万潇月	徐敏姣
郭润婷	钱 澄	黄志成	陈 西
孙 朝	陈一嘉	汪 琼	

130. 上海联影医疗奖学金(上海联影医疗科技有限公司设立) 奖金总额4万元

一等奖

董世坤　　　　　　曹唱唱

二等奖

薛江阳	汪思源	王建玲	范 霖
裴 璇	朱威宇	程 遥	石路遥
刘欣冉	程 瑶		

131. 金昇奖励基金(江苏金昇实业股份有限公司设立) 奖金总额50万元

钟文琪(能源与环境学院)　傅大放(土木工程学院)
吴建辉(电子科学与工程学院、IC学院)　章国宝(自动化学院)
罗军舟(计算机科学与工程学院、软件学院)　王金兰(物理系)
舒 嘉(经济管理学院)　张 萍(外国语学院)　韩俊海(生命科学研究院)
刘乃丰(附属中大医院)

以上获奖者为教师

李 洁	缪丽华	江亿平	韩林宁
曹蓉蓉	徐宝江	刘利清	张建强
张 翔	刘 楚	于 程	蒋 盛
王倩雯	徐 元	刘 亮	孙海珍
时玉娟	华 浩	潘礼正	高 艳
高 勇	顾 芬	朱 瑛	韩晔珍
郭 婷	汤茗凯	鲍步传	任 园
李 涛	龙冰洁	张思启	孙 彬
丁 静	王伟康	陈凯翔	丁远哲
林双双	陈 琦	吴泽宇	李翔辉
李敉琦	朱荣华	丁宇飞	蒋 雯
张孝慈	王小柳	蔡莼莼	张伟栋
凌志新	张欢欢	陈牧云	汪 艳
王璐璐	李 茵	董 烨	陈 冕
董子瑜	黄映坡	刘 捷	袁 宸

以上获奖者为学生

132. 创能电力奖学金、奖教金(南京创能电力科技开发有限公司设立) 基金10万元

潘 蕾

以上获奖者为能源与环境学院教师

| 娄清辉 | 张世东 | 马运翔 | 钱 龙 |
| 姚文超 | 胡晓雨 | 林 特 | 康 达 |

以上获奖者为学生

133. 苏博特基金（江苏苏博特新材料股份有限公司设立） 奖金总额 38 万元

陈惠苏

以上获奖者为材料科学与工程学院教师

王 冠	孙晶晶	赵 飞	刘 欢
许文祥	徐 婷	杨春雷	华璟怡
王 伟	左文强	杨 涛	向 杰
茆凯强	秦 龙	李 源	赵亚松
黄贤斌	李林起	陆 骏	张诗卉
刘 兵	张彦鹏	安 顺	左永辉
陈心怡	袁 鹏	武和平	陈祥炼
徐 悦			

以上获奖者为学生

134. 中交一公院奖学金（中交第一公路勘察设计研究院有限公司设立） 基金 20 万元

张李明	李 旭	高柳依	阚 吉
蔡 蕾	崔露愉	谢 凯	王 娟
戴文龙	朱荷欢	孙丹阳	左永辉
邓家栋	王 玥	王中岳	王似佳
陈 章	陈欣垚	姜冬雪	黄李原

135. 苏交科奖学金（江苏省交通科学研究院股份有限公司设立） 基金 50 万元

张一凡	顾 羽	徐 菁	范 超
嵇蛟龙	李明鸿	李 伟	郝晓丽
李竹汀	蒋 超		

136. 江苏交通院奖学（教）金（江苏省交通规划设计院股份有限公司设立） 基金 50 万元

吴锦绣 陆 建 闻道秋

以上获奖者为交通学院教师

李佳静	李 娣	王妤发	沈天思
郝辰杰	刘 霞	雷 聪	李雯雯
丁晨滋	张荣荣	闫顺凯	仇婧妍
赵佳曼	汪宇轩	张 艺	高寒玉
胡彦丰	陈 豪	张 琪	徐姝祺
石 颖	王 方	祝颖盈	潘雨诗
李国强	张锦松	李华颖	徐冠豪

以上获奖者为学生

137. 三联奖教金、奖学金（江苏三联生物工程有限公司） 奖金总额 1 万元

王大勇　柳东芳

以上获奖者为医学院教师

马方城　杜冰燕　潘柯莉

以上获奖者为学生

138. 苏州五建奖教、奖学金（苏州第五建筑工程公司设立） 奖金总额10万元

吕明扬(建筑学院)　　赵　扬(机械工程学院)　　钱怡君(能源与环境学院)
许倩茹(自动化学院)　　朱　磊(物理系)　　范　晖(人文学院)
祝　虹(经济管理学院)　　曹　奕(电气工程学院)　　梅震宇(化学化工学院)
张豪裕(仪器科学与工程学院)　　张又清(医学院)　　纪　静(吴健雄学院)
何　晶(团委)　　丁媛静(团委)　　童　伟(学生处)

以上获奖者为教师

严 岩	赵天骄	马 亮	杨晶文
罗 赟	杨林勇	杨赟洁	张 帅
郑 征	项在华	刘 宇	汤文倩
于建勇	孙超玲	陈岱琳	金 莲
阳 辉	黄文洁	白 莹	杨文燮
包峥嵘	张泽中	李志华	陆艳芳
柴胤光	吴菲菲	朱婉秋	孔德博
戴张印	和 兰	詹梦醒	陈 莹
姜 璐	袁天宁	李 泽	覃 爽
姜禹丞	张 霓	邵雨薇	吴松阳
金晓月	沈 蓉	甄 婗	吴涵玉
李 琦	张昕怡	张 浩	王小满
沈 菁	寿炜为	李 想	林玲芳
汪荣狄	范 毅	颜静韬	范怡然
张于亚楠	陈丹青	蒋烨琳	严春蕾

以上获奖者为学生

139. 至善奖学金（东南大学后勤服务集团设立） 基金10万元

李元雪	朱莎莉	刘 燮	吴 敏
曹旻灿	宋 玥	刘雅婷	赵异娜
顾 毓	孙文爽	王 涛	张志恒

140. 雨润奖教金，祝义材奖助学金（雨润控股集团有限公司设立） 奖金总额50万元

费庆国　　黎　冰　　王景全　　杨小丽
以上获奖者为土木工程学院教师

陈梦姣	朱中发	魏 莎	朱慧敏
张 琴	陈义波	赵慧义	宋彬彬
吴炳辰	刘 栋	吴金龙	孟 红
徐克飞	颜小鋆	万晓荣	李 过
尹玉莉	陈 莹	陶阳红	胡长涓
李婷婷	张书菖	黄金凤	苗 琦
张 舰	卢 喆	曹鹏飞	罗翊廷

钱火明	吴志勇	刘晓辉	江溯帆
王汪洁	隆曦孜	任冰坤	马　元
未　明	陈　静	单洁玲	冯恩铎
孙朋朋	许本春	徐静静	孟　欣
姚逸云	陈　晨	雷　琼	徐　军
黄　敏	肖　斌		

以上获奖者为学生

141. 海联讯奖学金（深圳海联讯科技股份有限公司设立）　基金10万元

张欧力	张新帅	周　云	王恩飞
刘飞非	王嘉频	佘烨超	徐倩怡
杨　昆			

142. 汉桑奖学金[汉桑（南京）科技有限公司设立]　奖金总额2万元

程　旭	王晓钰	卢从慧	王黎明
来晓泉	缪小龙	王　毅	陆　翔
岳　帅	吴　凯	赵　突	姚　艳
林桂石	薛春林	王　畑	杜立寰
田　远	袁　鸣	徐锦丹	何璐雅

143. 谷歌优秀奖学金[谷歌信息技术（中国）有限公司设立]　奖金总额4.4万元

黄国强	陈　湉	张骏雪	张　扬
陈　琪			

144. 汇鸿股份奖教金、奖学金（江苏汇鸿股份有限公司设立）　奖金总额15万元

韩　静　陈　健　黄　超　邵　军　张建军

以上获奖者为经济管理学院教师

李春阳	马银花	王思博	卢　鑫
倪菊华	付祝红	孟　石	钦单萍
国许安	章靓瑶	姚叙含	江倩雯
安梦丹	陈洁涵	潘滕杰	胡亚坤
陈　琪	宋　莹	洪　力	唐　琦
徐梦娟	张　津	刘　赟	王高宇
徐小玲	苗　滕	吴佳伦	李　强
郑　征	高　菲	沈梓岳	吴洁莹
郭　静	赵　伟	柏露露	董玉明
赵　欢	陈思思	王　叕	刘巧婷

以上获奖者为学生

145. "团结普瑞玛英才班"奖学金（上海团结普瑞玛激光设备有限公司设立）　基金10万元

夏　磊	李　凯	陈　晨	陈小飞
李　锋	李婷婷	王泽江	王　虎

孟义军	谈 适	蔡 潇	唐雯珍
李晓奇	王 斌	钟天铖	宋 睿
雷鹏坤	王长宝	业崇凡	施嘉察

146. 江苏大秦奖学金（江苏大秦电气集团设立） 基金20万元

朱善平	冯 岑	钱 芳	聂文锋
王 曼	安子贞	钱 静	郭凯斌
陶灵犀	莫洪韵	韩 笑	毛剑东
丁 微	卿学文	钟 宁	叶 文
吕佩雯	张嘉明	刘嵘沁	薛 原

147. 金陵物流奖学金（江苏金陵交运集团有限公司设立） 基金15万元

王晞诺	孙 婕	李文倩	王立宁
胡亚茜	章 月	拜小霞	梁 爽
管适维	李雪莹	何琳莉	丁妍乔
叶梦蝶	欧阳娇	原 薇	邓 超
栾翔宇	夏旻越	刘杰利	张郑熠
周 毅	邵金安	刘名敏	胡 正
田 欢	徐晓博	郭 欣	陈 哲
何 璐	孙 策		

148. 宝供物流奖学金（宝供物流企业集团有限公司设立） 奖金总额6 000元

江亿平	朱珊珊

149. 蓝风国际奖学金、奖教金（江苏蓝风国际投资发展有限公司设立） 奖金总额10万元

曹双寅（土木工程学院） 李兆霞（土木工程学院） 朱志坚（经济管理学院）
鞠昌萍（附属中大医院） 杨维菊（建筑学院）

以上获奖者为教师

赵羽珂	刘靖晗	谭音邑	朱笑笑
赵 丰	王溧宜	张 杰	宋 佳
严琳希	牛 娅		

以上获奖者为学生

150. 欧级奖助学金（江苏欧级节能科技有限公司设立） 奖金总额10万元

王彩辉	邱克超	张 成	刘建双
吴 婵	刘志勇	薛晓波	潘晓强
宦文娟	王雪婷	唐思磊	曹家瑜
文若曦	杨 波	王燕清	郭灵菲
黄 延	王楚妍	阎奕汝	张 爽

151. 泰宁雨水奖助学金（北京泰宁科创雨水利用技术股份有限公司设立） 奖金总额5万元

杨新德	马珍珍	龚 俊	谢云中

孟　军	龚文娟	胡　磊	杜丽君
宋康康	相慧明	陶　赟	翟　林
马　燕			

152. 中交路桥建设奖学金、奖教金（中交路桥建设有限公司设立）　奖金总额 20 万元

顾兴宇　张　航

以上获奖者为交通学院教师

张令刚	杨　阳	王峥嵘	刘　阳
焦云涛	张　楚	丁珣昊	许映红
廖　辉	张佳运	辛泽昊	章　茵
周钰笛	陈民强	周骁玮	孙　鹏
谌　越	夏　峰	吴　满	杨剑寅
陈　田	黄　蓉	张晓田	葛韩林
付　旻	田　天	郝擎支	董冬冬
邹　晨	庄棱凯	徐星璐	王康达
杨宛钰	张蔓苑	陈政阳	杨弘越

以上获奖者为学生

153. 江苏金陵科技集团公司奖教金、研究生奖学金（江苏金陵科技集团公司设立）　奖金总额 1 万元

徐少芸　汤　玫

以上获奖者为计算机科学与工程学院教师

王　勇　祁　骏

以上获奖者为学生

154. 创远微波奖学金（上海创远仪器技术股份有限公司设立）　奖金总额 10 万元

刘　畅	乔　泰	汪　源	陈　刚
孔维宾	曹　行	陈　军	李英俊
张　俊	朱熙铖	罗　莹	宋　锐
陶　醉	杨天杨	蒋　姝	倪大海
吴正阳	赵　赫	向　博	樊艳艳
夏　冬	玄倩倩	杨汶汶	

155. 科雄奖学金（南京科雄科技有限公司设立）　基金 10 万元

| 方　亮 | 李　红 | 唐　丽 | 张永太 |
| 何　平 | 沈　瑜 | 陶亚宁 | 张　玉 |

156. 罗德与施瓦茨研究生奖学金（罗德与施瓦茨公司设立）　奖金总额 10 万元

谢家烨	刘　刚	刘立超	何　玲
杨智敏	储　鹏	陈林辉	薛宗林
金　冲	厉璐慧	季连庆	潘柏操
张　珺	王璐露	王　丹	郑开来
项在华	朱　卉	袁伶华	李顺礼

| 李校石 | 陈宇 | 樊大朋 | |

157. 射频微波设计竞赛奖(罗德与施瓦茨公司设立) 奖金总额3.4万元

曹丽娜	王磊	王玲	范成志
谢力	吴正阳	戴琳琳	徐志明
郁娟	齐宏业	刘畅	季国新
李垚	李辉宇	向渝	
梁启迪	鲁建彬	朱俊	

158. 丹阳市飓风物流奖助学基金(丹阳市飓风物流有限公司设立) 奖金总额12万元

马鹏	夏红云	任彦铭	韩竹斌
丁立	廖源铭	魏征	张兰婷
童瑶	米阳	王蓓琪	孙伟评

159. 正保教育奖学金(北京东大正保科技有限公司设立) 奖金总额10万元

一等奖

陆天翼	周亦秋	张来团	朱锐
王衔哲	朱庆明	褚炜雯	卞慧
丁剑	刘兆栋		

二等奖

欧靖	侯春硕	肖方可	邓榆钦
邵一珺	黄智深	曹雨	赵越
谷娅蓉	王有东	武华阳	江磊
周包壹	王淑朋	韩碧秋	朱铖恺
姜清尘	孙裕	张如	李林旭
吕青	周天	王晓羽	翟江皞
贾浩然			

160. 东南大学建筑设计与理论研究中心、杭州中联筑境建筑设计有限公司基金(杭州中联筑境建筑设计有限公司设立) 基金20万元

| 郑克卿 | 陈鑫 | 王璧君 | 周慧 |
| 董雍娴 | 刘聪 | | |

161. 东南大学同策奖学(教)金(同策房产咨询股份有限公司设立) 基金10万元

杜静 陈韵

以上获奖者为土木工程学院教师

| 谢政民 | 黄祖冠 | 陈明霞 | 孙文捷 |

以上获奖者为学生

162. 英泰立奖教金(南京英泰立软件开发有限公司设立) 奖金总额1.5万元

陈峻(交通学院)　魏海坤(自动化学院)　金辉(公共卫生学院)

孙珩(教务处)　汪文棣(教务处)

以上获奖者为教学管理人员

2013届到基层就业的本科生表彰名单

信息科学与工程学院(1人)
梁　朝
人文学院(4人)
曹素红　邓勇安　陈家齐　余亚妮
化学化工学院(1人)
杨　勇
医学院(1人)
陈正旭

2013届最具影响力毕业生表彰名单

建筑学院(1人)
原　满
信息科学与工程学院(2人)
周　天　周　帅
土木工程学院(2人)
孔祥羽　樊　颖
数学系(2人)
闫　宝　彭伟娜
经济管理学院(1人)
胡肖然
交通学院(1人)
杨轩铭

大 事 记

1月7日 在2012年度国家社科基金(第四批)重大课题招标中,我校经济管理学院王文平教授申报的"我国产业生态经济系统优化及运行机制研究"获重大项目立项资助,建筑学院王兴平教授申报的课题"中国创新型都市圈发展的路径设计与规划导控研究"获2012年度国家社科基金重点项目立项资助。

我校获全国高校哲学社会科学研究管理先进集体和先进个人2个奖项。

1月8日 东大版30种图书喜获"华东地区大学出版社第九届优秀教材、学术专著奖",此次获奖品种以土建、电子类为主,其中《中国城市社会空间结构转型》等6种图书获得一等奖。

1月9日 我校尹立红、王建国、王雪梅、刘灿铭、达庆利、何小元、吴智深、李启明、肖国民、周勤、罗立民、赵春杰、舒华忠、滕皋军、薛涛等15人分别作为教育界、科技界、宗教界及党派代表,当选江苏省第十一届政协委员。

美国普渡大学Chad T. Jafvert教授受聘为我校客座教授。

1月10日 我校许苏明在中国人民政治协商会议南京市第十三届委员会第一次会议上当选南京市第十三届委员会常务委员。

1月11日 我校2012年度高等学校博士学科点专项科研基金课题规模位居全省首位。

1月12日 我校副校长王保平教授当选国际信息显示学会会士(SID Fellow)。

1月14日 东南大学和东南大学国家大学科技园共有7人受聘为"江苏科技创业导师"。他们分别是经济管理学院梅姝娥、刘晓星,能源与环境学院葛仕福,交通学院毛海军,东南大学国家大学科技园总经理江汉,南京途牛科技有限公司CEO于敦德和江苏邦宁科技有限公司董事长徐毅征。

东南大学综合门户网站(校园网主页)喜获"教育部第五届全国高校百佳网站"光荣称号。

1月18日 我校荣获2012年度国家技术发明奖二等奖1项、国家科技进步奖二等奖2项。由东南大学交通学院刘松玉教授团队领衔完成的"钉形双向搅拌桩和排水粉喷桩复合地基新技术与应用"成果获得技术发明二等奖,由土木工程学院吴智深教授团队领衔完成的"纤维增强复合材料的高性能及结构性能提升关键技术与应用"以及由交通学院王炜教授团队领衔完成的"地面公交高效能组织与控制关键技术及其工程应用"分别荣获科技进步二等奖。这是我校连续三年获得三项国家科学技术大奖,土木交通学科的获奖总数位列全省首位。

我校申报的"'云服务'工作模式探索"获江苏省委老干部局颁发的"创新创优成果先进奖",是全省获此奖项的2所高校之一。此外,我校与鼓楼区中央门街道共建的青石村社区被授予"江苏省服务离退休干部示范社区"称号,也是全省获此称号的2所社区之一。

1月19日 我校数学系虞文武副教授、梁金玲教授分别荣获第四届"青年科学之星"金奖、铜奖。

1月23日 国际神经科学顶级期刊 Neuron 发表了我校生命科学研究院"发育与疾病相关基因"教育部重点实验室博士研究生田垚等关于"儿童孤独症关联基因 Neurexin 介导视黄醛转运"的研究成果(Neuron 77,311 - 322,January 23, 2013)。

1月24日 我校理学院罗立民教授、土木工程学院吴智深教授、经济管理学院达庆利教授、化学化工学院肖国民教授分别当选江苏省第十一届政协常委。

我校荣获"江苏省教育人才工作先进单位"光荣称号。

1月25日 我校人文学院马向真教授当选江苏省第十二届人大常委。

我校有序物质科学研究中心熊仁根、付大伟在最新一期 Science 杂志上发表了《分子铁电晶体的重要阶段性研究进展》的论文。

1月28日 我校能源与环境学院张小松教授被评为江苏省"杰出专利发明人",电气工程学院程明教授被评选为"优秀专利发明人"。

1月29日 我校在2012全国学科评估中获得3项第一。

1月31日 我校信息科学与工程学院院长、东南大学移动通信国家重点实验室主任尤肖虎教授和能源与环境学院副院长、博士生导师吕锡武教授分别被评为"感动南京"2012年度人物和"南京好市民"。

2月1日 我校在2013年全省教育工作会议上荣获"全省教育纪检监察先进集体"称号。

2月20日 我校获得18项2012年度江苏省科学技术奖。

我校获得12项2012年度江苏省普通高校本专科优秀毕业设计(论文)奖。

2月22日 我校共获18项2012年度江苏省科学技术奖,名列全省前茅,其中,一等奖4项(合作2项),二等奖5项(合作1项),三等奖9项(合作6项)。由孙伟院士牵头完成的"超高性能混凝土抗爆材料与结构的理论及应用"以及土木工程学院郭彤教授牵头完成的"长大跨桥梁结构状态评估关键技术与应用"成果并列获得科技进步一等奖。

2月26日 东南大学出版社在首届江苏省新闻出版政府奖评奖中荣膺"先进出版单位"称号,成为4家获此殊荣的出版社之一,另有8种图书荣获多项大奖,在省内高校出版社中表现突出,位居前列。

2月27日 我校土木工程学院与美国马里兰大学工学院签订一揽子合作协议。

我校医学院院长、江苏省分子影像与功能影像重点实验室主任滕皋军教授为首席科学家承担的国家"973"计划"基于多模态影像的缺血性脑卒中诊治新技术的关键科学问题研究"项目正式启动。

2月28日 我校生命科学研究院"发育与疾病相关基因"教育部重点实验室万亚坤课题组"关于核孔蛋白调控染色质结构的研究成果"("A Role for the Nucleoporin Nup170p in Chromatin Structure and Gene Silencing",Cell,Volume 152,Issue 5,28 February 2013,Pages 969—983)在 CELL 杂志发表。

3月7日 我校化学化工学院张袁建教授成功入选中组部"青年千人计划"。

3月8日 台湾营建学会代表团一行6人访问我校土木工程学院。

3月10日 教育部科技司高润生副司长和李楠处长莅临我校指导工作。

3月11日 我校召开第十三届纪委八次全委会,学习贯彻十八届中央纪委第二次全会、教育部党风廉政建设视频会议及2013年江苏省教育工作会议精神。

3月21日 我校聘请美国人体运动学和体育科学院院士、伊利诺伊大学终身教授朱为模为东南大学客座教授。

3月22日 教育部任命林萍华、黄大卫为我校副校长。

我校获5项高校科研优秀成果奖(人文社会科学)。其中,法学院刘艳红教授的著作《实质刑法观》获得一等奖;艺术学院凌继尧教授的著作《经济审美化研究》获得二等奖;人文学院樊和平等教授的著作《中国伦理道德报告》,艺术学院李倍雷、郝云教授的著作《中西比较美术学》,马克思主义学院廖小琴老师的著作《人的精神生活质量研究——小康社会进程中人的发展图景》分获三等奖。

3月28日 我校获"2012年度江苏省教育宣传工作先进单位"光荣称号。

我校87级校友、微软亚洲研究院副院长芮勇博士和学术合作经理吴国斌博士一行访问东南大学。

"南京通信技术国家实验室创建"项目顺利通过验收。

3月29日 我校当选为科技部住宅科技产业技术创新战略联盟第一届理事单位。

3月30日 东南大学2013年研究生毕业典礼暨学位授予仪式在四牌楼校区大礼堂举行。共有277位博士研究生、693位硕士研究生分别被授予博士、硕士学位,643位研究生被授予硕士专业学位。

4月7日至10日 由我校信息科学与工程学院移动通信国家重点实验室主办的美国国际电气和电子工程师协会(IEEE)无线通信与网络(WCNC)国际会议在上海国际会议中心举行。这是作为IEEE旗舰会议之一的 WCNC 年度会议首次在中国举办。

4月8日 我校喜获5项高校科研优秀成果奖(人文社会科学)。

4月9日 我校易红校长等52位教授当选新一届全国教学指导委员会委员,在全国高校中位居前列。

4月12日 美国联邦公路署颜文晖博士受聘为我校客座研究员。

4月17日 我校土木工程学院与美国卡耐基梅隆大学土木与环境工程系就双方3+1+1交换学生项目正式签署协议。

4月18日 澳大利亚科技大学联盟 Neil 教授一行5人访问我校。

4月18日至21日 我校举办首届在宁高校大学生论坛。此次论坛以"创意点燃激情,科技铸造梦想"为主题,南京大学、南京工业大学、南京理工大学的化学化工学院研会以及我校化工学院研会的学子参加了此次活动。

4月19日至21日 生命科学研究院博士研究生田垚在中国细胞生物学学会2013年全国学术大会上喜获CST青年优秀论文二等奖。

4月20日至21日 东南大学大学生新闻社获评2013年度江苏省"十佳校媒"。

4月22日 Nature子刊Oncogene在线发表"发育与疾病相关基因"教育部重点实验室樊红课题组仇雪梅等同学关于肝细胞癌的最新研究成果。

4月23日 千人计划特聘专家倪明博士受聘我校兼职教授。

我校民革总支主委马向真教授当选为江苏省家庭教育研究会副会长。

4月28日 中国工程勘察设计大师王亚勇先生受聘我校兼职教授。

4月30日 我校孙立涛教授课题组研究成果在Nature Communications上发表。

5月2日 我校医学院联合德国乌尔姆大学医学院在东南大学附属中大医院学术报告厅举办"中德转化医学研讨会"。

5月3日 我校土木工程学院院长吴刚荣获第八届"江苏青年五四奖章"。

5月4日 计算机科学与工程学院090093团支部获得"全国五四红旗团支部"称号;校团委获得"全省共青团工作先进单位"称号;土木工程学院团委获得"江苏省五四红旗团委"称号;交通学院2010级茅以升团支部获得"江苏省五四红旗团支部"称号;校团委书记周勇获得"全省共青团工作先进工作者"称号,校团委宣传部兼文体部部长凤启龙获得"江苏省优秀共青团干部"称号;外国语学院吴婵同学和交通学院杨轩铭同学分别获得"江苏省优秀共青团员"称号。

5月8日 国家工业与信息化部副部长刘利华、无线电管理局局长谢飞波等一行来我校毫米波国家重点实验室考察调研毫米波技术的研发进展。

"走进中山陵"——孙中山纪念馆与我校外国语学院共建十周年纪念活动在孙中山纪念馆举行。

我校土木工程学院抗震减震科研团队与江阴海达橡塑股份有限公司合作成立的"东南大学—海达股份隔震技术联合研发中心"揭牌成立。

5月10日 我校与中国电子科技集团公司第十一研究所签署科技合作框架协议。

我校医学院袁方国同学荣获2012年度"中国大学生自强之星"称号,是全省4名、全国100名获此殊荣的大学生之一,此外,我校交通学院顾晨昊同学获"中国大学生自强之星"提名奖。

5月12日 我校举办第十二届结构创新竞赛暨第二届南京高校结构创新邀请赛。

5月13日 我校世界一流大学建设被列入苏南现代化建设示范区规划。

5月15日 国际著名学术期刊The EMBO Journal发表我校生命科学研究院"发育与疾病相关基因"教育部重点实验室陆巍课题组的研究成果。

5月16日 国际知名应用语言学家、美国哥伦比亚大学教授韩照红受聘为我校兼职教授。

5月18日 由中国工程院、茅以升科技教育基金会、东南大学共同主办的"茅以升科技教育基金会第二十二届颁奖大会暨第三届桥梁与隧道工程技术论坛"在四牌楼校区举行。

第12届"汉语桥"世界大学生中文比赛白俄罗斯预选赛在白俄明斯克国立语言大学礼堂举办。

5月21日 我校获批18项教育部人文社科一般项目,其中规划基金项目11项,青年基金项目7项。

5月23日 我校图书馆签署"长三角三校图书馆专项合作备忘录"。

5月25日 "中国艺术国际传播战略协同创新中心"在我校揭牌成立。

教育部科技司司长王延觉一行来我校指导"2011计划"建设工作。

"第三届'浩辰杯'华东区大学生CAD应用技能竞赛"在我校工业发展与培训中心举行。

5月25日至26日 我校交通学院在第八届全国大学生交通科技大赛中获得一等奖1项(排名第一)、二等奖2项,总排名第一,这是我校自参加全国大学生交通科技大赛以来的最好成绩。

5月29日 教育部直属高校基本建设管理调研组一行5人来我校对基本建设管理工作进行专项调研。

我校与金陵中学优质生源基地签约授牌仪式在金陵中学举行。

5月30日 中组部干部监督局幺志宏副巡视员一行来我校调研。

5月 在2012年知识产权保护总结工作大会上,我校被评为"专利工作先进集体"。2012年,我校共申请发明专利1 348项、实用新型专利299项、外观设计专利382项,申请量和授权量均居全国高校前列。

我校大学科技园12家企业获得2013年首批江苏省民营科技企业认定。

6月3日 美国约翰斯霍普金斯大学Benjamin F. Hobbs教授受聘我校客座教授。

6月4日 "东大科技园—紫金创投学生创业基金"签约仪式暨东南大学、东南大学成贤学院学生实习实训基地签约授牌仪式在我校举行。

我校获16项2013年度国家社科基金项目。其中一般项目10项、青年项目6项。

6月6日 我校荣获江苏省2011—2012年度"高校后勤工作先进集体"称号。

我校在九龙湖校区焦廷标馆举行大会庆祝建校111周年华诞。

6月7日 我校参与共同设立的"区域法治发展协同创新中心"揭牌成立。

6月8日 我校三名选手入选第27届世界大运会中国代表团。

6月9日 我校与江苏省档案局在四牌楼校区联合举办"纪念6·9国际档案日"档案宣传活动。

6月19日至20日 我校举行2013届本科生毕业典礼暨学位授予仪式。

6月19日 中国国学研究与交流中心项目设计合同签约仪式在我校举行。

6月21日 校机关党委在群贤楼三楼报告厅举行庆祝中国共产党成立92周年党日活动。

我校牵头组建的"公民道德与社会风尚协同创新中心"在我校揭牌成立。这是我校第六个签约揭牌的协同创新中心。

江苏省委常委、宣传部部长王燕文一行来我校考察人文社会科学发展工作。

6月25日 我校召开党委常委扩大会议传达党的群众路线教育实践活动工作会议精神并做工作部署。

6月27日至28日 第九届亚太国际贸易学术年会(Asia Pacific Trade Seminar，APTS)在我校召开。

6月30日 我校黄大卫副校长当选为中国教育后勤协会第一届理事会常务理事。

7月3日 "东南大学—西门子电力自动化有限公司卓越工程师联合培养基地"揭牌仪式举行。

7月4日 我校与美国国家仪器公司(National Instruments，简称NI)举行"卓越工程师"联合培养合作签约及揭牌仪式。

机械工程学院与蒙纳什大学联合举办第一届中澳国际设计论坛。

7月9日 我校与南京高新区签署协议共建东南大学国家大学科技园高新园区。

7月18日 我校人文学院学生郭璠获第二十七届世界大学生夏季运动会中国代表团游泳唯一奖牌。

7月25日 中澳"清洁能源"国际研讨会在我校举行。我校肖睿教授、赵长遂教授、陈晓平教授、沈德魁教授和蒙纳什大学 Klaus Hein 教授、Sankar Battacharya 教授及其团队，以及能源与环境学院的部分师生代表共20余人出席了本次研讨会。

8月16日 2013—2017年教育部高等学校生物医学工程类专业教学指导委员会成立大会暨第一次工作会议在我校举行。

8月17日 中共中央政治局委员、国务院副总理刘延东视察我校"无线谷"实验室，并与我校党委书记郭广银进行了亲切交谈。

8月20日 能源与环境学院赵长遂教授研究团队最新成果在国际顶级刊物Progress in Energy and Combustion Science 发表。

8月22日 我校大学科技园公司获"重合同守信用"企业称号。

9月2日 孙伟院士荣获"全国师德标兵"荣誉称号。

9月3日 国家汉办主任、国务院参事许琳率国家汉办代表团访问我校明斯克国立语言大学孔子学院。

9月9日 东南大学与江苏核电有限公司在田湾核电站现场举行"共建教学实践基地"协议签字暨挂牌仪式。

9月15日 我校杰出校友、中国核动力研究设计院于俊崇院士率团来校访问交流。

9月16日 "2013东南大学新生文化季"在九龙湖校区大学生活动中心广场隆重开幕。校团委副书记陆挺主持开幕式。

9月21日 白俄罗斯共和国教育部部长马斯盖维奇·谢尔盖·亚历山大洛维奇一行来我校访问。

9月22日 "润良介入诊疗中心"在我校附属中大医院新大楼七楼正式挂牌。

9月26日 东南大学—博世战略合作框架协议签约仪式在我校群贤楼三楼报告厅举行。

10月10日 英国伯明翰大学张小平教授受聘为我校客座教授。

10月14日 美国达拉斯德州大学代表团访问我校。

10月22日　我校与公安部交通管理局合作框架协议签字仪式在九龙湖校区举行。

10月24日　澳大利亚蒙纳士大学在东南大学-蒙纳士大学苏州联合研究生院暨联合研究院举行仪式,向我校易红校长等5位名誉毕业生授予名誉博士学位。

10月26日至28日　"第一届中日纳米医学研讨会"在我校举行。

10月30日　田纳西大学代表团访问我校。

10月31日　我校再次成为新一届国际应用科技开发协作网副理事长单位。

"纪念洪范五先生诞辰120周年暨图书馆学思想与实践论坛"在我校李文正图书馆举行。

11月1日　东南大学—ANSYS公司电机技术联合仿真实验室揭牌仪式在四牌楼校区举行。

11月14日　"科技行——走进东大"暨2013年东南大学—苏州市产学研合作对接会在我校举行。

11月30日　我校在"2012年高等院校输出技术成交金额前20名"统计表中名列第一。

11月28日至29日　全国伊斯兰教协会副会长、我校达庆利教授在会上当选为江苏省伊斯兰教协会会长。

12月3日　东南大学大学生法律援助中心揭牌仪式在九龙湖校区举行。

12月4日　我校荣获新华社新华网授予的"2013中国最具魅力高校"称号。

12月7日至8日　东南大学—明斯克国立语言大学孔子学院获评"全球先进孔子学院"。国务院副总理、孔子学院总部理事会主席刘延东出席大会并致辞。

12月9日　我校举行纪念"一二·九"运动78周年系列活动。

12月11日　我校荣获全国高校校园文化建设成果特等奖。由我校党委宣传部申报的"'微'传大爱——东南大学着力打造微博育人新平台"荣获特等奖,成为多年来我校在该奖项评选中取得的最好成绩,也是江苏高校今年获得的唯一特等奖。

12月15日　首届江苏省大学生工程管理创新、创业与实践竞赛在我校举行。

12月21日　我校连续四年蝉联全国研究生数学建模竞赛第一。

12月23日　江苏省高级人民法院院长许前飞受聘我校兼职教授。

12月28日　我校大学科技园获得"2013年省级重点培育小企业创业基地"认定。

12月29日　我校校友陆军获得"2013年度CCTV十大科技创新人物"奖。

12月27日　王延觉司长一行到我校进行"2011计划"调研。